**HEYNE‹**

# DAS PAUL BOCUSE STANDARDKOCHBUCH

Übersetzt und bearbeitet von
Bernd und Isabelle Neuner-Duttenhofer

WILHELM HEYNE VERLAG
MÜNCHEN

Titel der französischen Originalausgabe:
LA CUISINE DU MARCHÉ
Deutsche Übersetzung und Bearbeitung von
Bernd und Isabelle Neuner-Duttenhofer

**FSC**
Mix
Produktgruppe aus vorbildlich
bewirtschafteten Wäldern und
anderen kontrollierten Herkünften

Zert.-Nr. SGS-COC-001940
www.fsc.org
© 1996 Forest Stewardship Council

Verlagsgruppe Random House FSC-DEU-0100
Das für dieses Buch verwendete
FSC-zertifizierte Papier *Holmen Book Cream*
liefert Holmen Paper, Hallstavik, Schweden.

## 12. Auflage

Copyright © 1976 by Flammarion, Paris
Copyright © der deutschen Ausgabe 1997 by
Econ Verlag GmbH, Düsseldorf und Wien
Genehmigte Taschenbuchausgabe im
Wilhelm Heyne Verlag, München,
in der Verlagsgruppe Random House GmbH
Printed in Germany 2010
Umschlaggestaltung: Martina Eisele Grafik · Design, München
Umschlagfoto: Eric Robert/Corbis Sygma
Satz: Schaber, Wels/Österreich
Druck und Bindung: GGP Media GmbH, Pößneck

ISBN 978-3-453-08076-8

# Inhaltsübersicht

Vorwort von Paul Bocuse .................................. 7

Vorwort der Übersetzer und Bearbeiter ................. 16

Die Grundregeln der Kochkunst ........................ 20
Mittlere Garzeiten für einige Braten · Das Anrichten · Das Tranchieren · Das Würzen · Einkaufsmengen
Erklärung einiger Ausdrücke und Anmerkungen zu Verfahren, Geräten und Zutaten ........................ 29

Kleine Vorspeisen · *Hors d'œuvre* ..................... 45
Kalte Hors d'œuvre ...................................... 48
Warme Hors d'œuvre ..................................... 60

Galantinen, Pasteten, Terrinen und Vorspeisentorten
*Les galantines, pâtés, terrines, timbales et tourtes* ...... 77

Eierspeisen · *Les œufs* .................................. 89

Suppen · *Les potages et les soupes* ................... 115

Saucen · *Les sauces* ................................... 149

Fische · *Les poissons* .................................. 181

Schalentiere, Schnecken und Froschschenkel
*Les coquillages mollusques, crustacés, escargots et grenouilles* ............................................. 255

Schlachtfleisch · *Les viandes de boucherie* ........... 275
Rindfleisch · *Le bœuf* .................................. 276
Kalbfleisch · *Le veau* .................................. 323
Hammel, Lamm und Milchlamm
*Le mouton, l'agneau de prés-salé, l'agneau de lait* ...... 351
Schweinefleisch · *Le porc* .............................. 377
Innereien · *La triperie* ................................. 391

Geflügel · *Les volailles* .................................. 417

Wild · *Le gibier* ........................................ 477

Gemüse und Beilagen · *Les légumes* .................. 523

Die Gemüsearten und ihre Zubereitung
*Les l'egumes et leur cuisson* ............................... 524

Gemüse · *Legumes* ...................................... 531

Pilze · *Les champignons* ................................. 618

Nudeln · *Pâtes alimentaires* .............................. 633

Reis · *Le riz* ............................................ 636

Dessert · *Les desserts* .................................. 645

Die verschiedenen Teigsorten · *Les pâtes et leurs déridès* ........ 646

Torten-Cremes, Creme-Saucen, Puddings und Reisspeisen
*Les crèmes, les bavavoises, les charlottes, les puddings, le riz* .......... 701

Krapfen und ausgebackene Küchlein, Waffeln, Crêpes
und Pfannkuchen, Omeletts und Soufflés
*Les beignets, les gaufres, les crêpes, les omeletts, les soufflés* ........... 741

Zucker, Schokolade, Meringen (Baiser), Eis und Sorbets
*Le sucre, le chocolat, les meringues, les glaces, les sorbets* ............ 772

Süßspeisen mit Früchten · *Les entremets de fruits* ............. 797

Register deutsch ........................................ 833

Table Alphabetique des Recettes ...................... 849

*Meinem Vater und Fernand Point gewidmet,
beide Schöpfer der Guten Küche.*

Jeden Morgen gehe ich auf den Markt und schlendere zwischen den Ständen und Auslagen umher – dies ist eine Tradition in Lyon, die ich schwerlich entbehren könnte. Nur wenn ich die Waren selbst aussuche, weiß ich, daß der eine Bauer hervorragende Kardonen anbietet, der andere den besten Spinat anbaut und jener heute morgen seinen vorzüglichen Ziegenkäse auf den Markt gebracht hat. Oft weiß ich nicht einmal, was ich zu Mittag kochen werde: Der Markt entscheidet – und dies, so glaube ich, macht die wirklich gute Küche aus.
Bei der Zusammenstellung unserer Menüs berücksichtige ich natürlich die Jahreszeit. Wenn die Hasenjagd aufgeht, wird Hase zubereitet; im Frühjahr gibt es zartes Lamm und junges Gemüse: Auch der Kalender stellt unser Menü zusammen.
Ich bin dem Leser dieses Buches eine Erklärung über den von mir gewählten Titel »La Cuisine du Marché« (die Küche des Marktes) schuldig. Alle Rezepte, ob einfach oder kompliziert, können nur gelingen, wenn die Hausfrau beim Einkauf auf dem Markt ihrer Stadt oder ihres Dorfes jene Produkte mit hoher Qualität aus- und herauszusuchen versteht, die sie für die Zubereitung ihrer Gerichte benötigt. Ich wage deshalb sogar zu behaupten, daß die Zubereitung eines erlesenen Gerichtes zwar nicht immer auf Anhieb gelingt, ein totales Mißlingen aber ebensowenig zu befürchten ist, wenn die Grundzutaten von ausgezeichneter Qualität sind. Eine Binsenweisheit – die jedoch jeder vergessen zu haben scheint. Kurzum, für das Gelingen eines Gerichtes zählen zwar das Wissen um die Methode und das handwerkliche

Geschick. Jedoch scheint mir die Auswahl der Produkte auf dem Markt genauso entscheidend.

Was aber findet heutzutage die Hausfrau auf dem Markt? Ich höre von allen Seiten, es gäbe keine guten Produkte mehr. Bereits 1908 klagte darüber der Autor eines Kochbuches, und 1860 behaupteten die Gebrüder Goncourt, das Fleisch hätte seinen Geschmack von ehedem verloren. Ich könnte leicht bis ins 17. Jahrhundert zurückgehen, um einen ganzen Katalog kulinarischer Klagen zusammenzustellen!

Auch wenn dies überraschend wirkt, behaupte ich, daß man heute überhaupt und überall die bestmöglichen Produkte finden kann, unter anderem dank der modernen Transportmittel. Man braucht sich nur Zeit zu nehmen, zu suchen und zu beobachten, eben auf dem Markt umherzubummeln. Es ist leider so, daß unsere Zeitgenossen allmählich den Ablauf der Jahreszeiten und der von diesen beeinflußten Riten und Zeremonien zu vergessen scheinen. Man ißt Spargel zu Weihnachten, Erdbeeren zu Neujahr und Wild zu Ostern! Muß man wirklich daran erinnern, daß die besten Tomaten im August und die besten Kirschen im Juni reif sind ... daß also der Kalender tatsächlich ständig die Menüs beeinflußt?

Daher sollte die Hausfrau mein Buch nicht mit der Absicht aufschlagen, gerade jetzt ein bestimmtes Gericht zu kochen. Ich rate ihr vielmehr, auf den Markt einkaufen zu gehen und zu sehen, was gerade angeboten wird. Erst nach dem Kauf sollte sie in meinem Buch ein Rezept heraussuchen, um das erstandene Produkt zu verarbeiten. Wenn sie dagegen von zu Hause weggeht, um z. B. Seezungen zu kaufen, und sie darauf beharrt, obwohl die Merlane so schön glänzen und die Goldbrassen gerade so frisch sind, wenn sie dann trotz allem minderwertige Seezungen nach Hause bringt, dann ist der Erfolg ihrer Mahlzeit (leider) ganz bestimmt gefährdet.

## Die Neue Französische Küche

Mir wird manchmal vorgeworfen, ich sei nicht jeden Tag auf diesem hochgepriesenen Markt, ich sei vielmehr in Japan, in den USA oder sonstwo ... Ich reise allerdings, aber immer nur kurz. 3 Tage hier, 48 Stunden dort – selten länger. Ich glaube, daß Reisen wichtig sind, um anderswo das zu sehen, was nicht zu mir kommen kann. Je häufiger man in die Ferne reist, desto mehr erfährt man, wie aktiv andere sind und wie sie sich weiterentwickeln. Diese Erfahrung anderer kann mir und so auch wieder anderen nützen. Deshalb muß ich einfach Köche in anderen Ländern besuchen. Ein Koch ist im Grund ein ewiger Geselle. Er muß seine Wanderschaft abgelegt haben, am besten sogar mehrmals. Und derjenige, der sich heutzutage weiterbilden will, sollte nicht nur im eigenen Lande reisen, sondern muß die Welt sehen! Ich kehre von jedem fremden Land mit vielen neuen Ideen zurück. So habe ich beispielsweise in Hongkong festgestellt, daß man dort Gemüse ausgezeichnet zuzubereiten versteht, das heißt nur sehr kurz gart. Ich habe von dort eine für mich ganz neue Art mitgebracht, Zuckererbsen anzurichten. Bisher hatte ich sie immer mit Speck und Zwiebeln gedünstet und nun plötzlich muß ich erfahren, daß sie wunderbar schmecken, wenn sie wie grüne Bohnen in Salzwasser gekocht werden.

Dieses Buch soll beides bewirken: an die Ursprünge unserer kulinarischen Traditionen zurückführen und gleichzeitig neue Aussichten eröffnen auf das, was wir erreichen können, wenn wir unsere Nachbarn oder gar ferne Länder beobachten. Mein Buch will also das Herkömmliche mit dem Neuen verbinden.

Journalisten besuchen mich, Gäste fragen mich ... sie wollen alles über die sogenannte Neue Französische Küche wissen. Im Grunde genommen ist diese Neue Küche allein die echte, wahre Küche. Aber wie könnte man sie genauer definieren? Vor allem wohl – wie bereits gesagt – durch die Sorgfalt um die Qualität aller Zutaten. Was das angeht, darf man niemals mogeln. Man muß stets das beste Fleisch, Gemüse usw. suchen. Egal, ob für ein kleines Landgasthaus oder ein berühmtes Restaurant. Wenn es darum geht, einen Merlan oder einen Lachs auszuwählen, so muß man eben den besten Merlan und den besten Lachs suchen. Dies gilt natürlich im gleichen Maße für die Hausfrau.

Ein weiterer Grundsatz der Neuen Küche ist die Bewahrung des Eigengeschmacks der verschiedenen Lebensmittel: Man soll als Koch nichts anderes tun, als den ursprünglichen Geschmack der Gerichte vollendet zur Geltung zu bringen. In der Alten Küche lag das Hauptaugenmerk der Zubereitungen mehr in der Auffälligkeit als im kulinarischen Wert, während in der Neuen Küche alles eine eigene Existenzberechtigung bekommen hat. Nehmen wir zum Beispiel eine »Bocuse-Spezialität«, den Seewolf (Loup de mer) in Teigkruste mit Hummerschaum. Der Fisch ist in Teig gehüllt, aber man braucht diesen Teig nicht zu essen. Er dient nur dazu, das Aroma des Seewolfs zu bewahren. Man muß auch die Füllung, den Hummerschaum nicht essen, denn dieser ist hauptsächlich dazu da, eine gewisse Feuchtigkeit abzugeben, ohne die der Seewolf dazu neigen würde, auszutrocknen. Die Verfechter der Neuen Küche unterwerfen sich anderen Regeln, wie ich schon mehr oder weniger erwähnt habe: Kein Menü im voraus planen, sondern in aller Herrgottsfrühe auf den Markt gehen und sein Menü auf Grund der gefundenen Waren zusammenstellen. Dies beinhaltet automatisch die Notwendigkeit, die Menüs zu vereinfachen, leichter zu gestalten. Man braucht nicht mehr jene sterilen Saucen-Fonds, jene gleichförmigen Marinaden und kulinarischen Abnormitäten wie das überlange Abhängen.

Fernand Point, mein Lehrer für alles in allem, hat bereits vor dem Krieg alle diese überreichen Saucen, all diese komplizierten, viel zu reichhaltigen Gerichte und Garnituren verbannt, die im 19. Jahrhundert Gesetzeskraft hatten. Die Vereinfachung in der Zubereitung der Gerichte hat auch auf die Garzeiten Einfluß. Fisch muß, so merkwürdig es klingen mag, rosa an den Gräten serviert werden. Aber fast immer ist er verkocht! Grüne Bohnen müssen noch knackig sein, den Zähnen etwas zu beißen geben, und die Nudeln müssen fest (also »al dente«) sein.

Einen weiteren Grundsatz von Fernand Point habe ich nicht vergessen: Man kann nur mit Liebe gut kochen, weil es vor allem darum geht, um einen Tisch herum Atmosphäre von Freundschaft und Brüderlichkeit zwischen den Menschen zu schaffen. Dies scheint mir sehr wesentlich. Sowohl die Hausfrau als auch der große Koch sollen nur die Gerichte zubereiten, die sie auch gerne zubereiten. Wenn eine Hausfrau ein Hähnchen brät – besonders, wenn es ein Bresse-Hähnchen ist –, muß sie davon überzeugt sein, daß sie etwas Gutes mit Liebe zubereitet. Ich glaube, es ist leichter, für Leute zu kochen, die man gerne hat; es schmeckt dann auch besser.

Ich möchte auch auf folgendes hinweisen: Beim Kochen sollte man immer der Improvisation Spielraum lassen. Ein großer Dirigent sagte einmal, daß er bei der öffentlichen Aufführung eines lang geprobten Werkes der Fantasie und der Improvisation immer Platz einräumt. Dies gilt auch für die Hausfrau, die sich davon freimachen muß, einem Rezept wörtlich zu folgen, und die in der Lage sein muß, in letzter Minute eine Zutat, vielleicht, weil sie sie einfach nicht beschaffen konnte, durch eine andere zu ersetzen. Wenn die Hausfrau zum Beispiel ein Hähnchen in Rotwein zubereiten will und es fehlen ihr gerade Speck und kleine Zwiebelchen, sie sollte sich keine Sorgen darüber machen. Wenn das Hähnchen und der Wein gut sind, wenn alles richtig gesalzen und gepfeffert wurde, kann sie den Speck weglassen und die Zwiebeln durch Schalotten oder Lauch ersetzen. Sie soll sich vor allem nie als Sklave dieses Buches fühlen, sondern Initiativen ergreifen. Und warum nicht auch risikoreiche Initiativen? Wenn sie behauptet, sie sei nicht begabt, so ist doch die Tatsache, daß sie ein neues Rezept ausprobiert, schon ein Zeichen dafür, daß sie Lust am Kochen hat. Man kann sich daher eine gewisse Freiheit in der Ausführung, eine fantasievolle Gestaltung erlauben – selbstverständlich vorausgesetzt, daß man im Ton bleibt und dem Duktus des Gerichtes folgt.

Dies sind, so scheint mir, einige Merkmale der Neuen Französischen Küche, und ich bin mit einigen Kollegen stolz darauf, diese erneuerten kulinarischen Traditionen dem Publikum bekanntmachen zu können, sowohl an Bord von Air-France-Flugzeugen als auch in Japan, wo ich in Osaka die Ehre hatte, die Küche unseres Landes in der größten dortigen Hotelfachschule »Shizuotsuji« 1500 Lehrlingen und Gesellen vorzustellen und näherzubringen – dem vierzehnjährigen Anfänger wie dem zweiundachtzigjährigen Berufskoch, der sich fortbilden wollte. Übrigens glaube ich, daß ich dabei genausoviel gelernt wie gelehrt habe.

## Die Mahlzeiten

Ich finde, daß unsere Mahlzeiten immer zu reichhaltig sind. Meiner Ansicht nach sollte man beim Verlassen des Tisches noch ein bißchen Hunger haben. Ein einziges warmes Gericht scheint mir, auch bei einem großen Essen, vollauf zu genügen. Eine Hausfrau, die nur *ein* warmes Gericht zubereitet, dieses aber gut, kann sicher sein, ihre Gäste zufriedenzustellen. Diese Essen mit warmer Vorspeise, warmem Fischgericht, warmem Fleischgericht und warmer Nachspeise sind schlichtweg tödlich! Sie sind um so unsinniger, als sie eine ungeheure Arbeit verlangen und als für die geladenen Gäste der Anblick einer erschöpften Gastgeberin, die den ganzen Tag in der Küche verbracht hat und die nicht am Tisch sitzen bleiben kann, sondern ihre Küche überwachen muß, etwas äußerst Trauriges ist. Jede Hausfrau muß ihre Grenzen kennen und soll nicht versuchen, mit Berufsköchen in einen Wettstreit zu treten – will man deren ausgeklügelte Küche kosten, dann soll man ins Restaurant gehen. Die Gastgeberin soll das Einfache suchen und nicht nach Backfett riechend zu Tisch kommen. Sie soll lieber das Käsesoufflé anbieten, das ihr immer gelingt, und anschließend z.B. noch eine Gänseleber servieren. Im allgemeinen sollte sie nur Gerichte auswählen, die sie im voraus zubereiten kann, damit sie entspannt am Tisch sitzt. Ich erlaube mir, den Hausfrauen einen weiteren Ratschlag zu erteilen: öfters das Gericht zuzubereiten, das sie wirklich können. Sie sollte zwei oder drei Gerichte vollendet beherrschen, z. B. ein wunderbares Käsesoufflé oder einen Kartoffelauflauf. Wenn sie außerdem noch ein Geflügel in Sahnesauce zubereiten oder eine Lammkeule braten kann, dann ist ihr der Erfolg sicher.

## Die Mengenangaben

In seinem berühmten Kochbuch macht Fernand Point keinerlei Mengen- oder Gewichtsangaben. Er ist damit meiner Ansicht nach etwas zu weit gegangen, er setzt zuviel voraus. In meinem Buch gibt es dagegen annähernde Mengenangaben. Wenn ich aber 100 g Zwiebeln schreibe, bedeutet das nicht, daß, wenn die Hausfrau 80 oder 130 g verwendet, das Gericht mißlingen würde. Das gleiche gilt für Mehl, Blätterteig, etc. ... Es hat wenig Sinn »50 g Mehl« zu schreiben. In meinem Heimatort Collonges haben wir denselben Müller seit 20 Jahren. Wir wissen also, daß wir von seinem Mehl 500 g für den Blätterteig brauchen. Wenn wir uns aber eines Tages aus irgendeinem Grund an einen anderen Müller wenden müssen, wird uns nichts anderes übrigbleiben, als alle Rezepte umzuarbeiten, in denen Mehl enthalten ist. Auf alle Fälle muß man jedesmal, wenn man vor dem Herd steht, wieder bei Null anfangen! Die Hausfrau soll nicht buchstabengetreu allem folgen, was in diesem Buch geschrieben steht: Ich gebe nur die Grundzüge eines bestimmten Gerichts an, sie dagegen soll mit ihrem Geschmack, ihrer Fantasie und ihrem Einfallsreichtum kochen. Ich greife sehr oft auf die Rezepte von Guérot zurück, die ich wunderbar finde. Alfred Guérot war einer der größten und vollkommensten Köche der ersten Hälfte dieses Jahrhunderts. Er hat dank seiner umfassenden Kenntnisse und seines schriftstellerischen Talents eine Synthese aller Bestrebungen unseres Berufes erarbeitet. Seine Rezepte sind die perfektesten, die es gibt, und ich übernehme sie hier zum großen Teil. In der Küche wird nichts erfunden! Die Grundzutaten sind immer die gleichen: Geflügel, Fleisch, Gemüse ... Auf der anderen Seite gibt es die Traditionen, denen man natürlich jene Neuerungen und Veränderungen angedeihen lassen muß, von denen ich vorher sprach. So habe ich die Rezepte von Guérot überarbeitet, verändert und unserer Zeit angepaßt. Und genauso soll auch die Hausfrau mit den Ratschlägen von Bocuse umgehen.

## Die Garzeiten

Das einzige, was aus diesem Buch unmittelbar und genau übernommen werden soll, sind vielleicht die Garzeiten, wenn überhaupt! Eine Hausfrau kann einen Ofen besitzen, der 230 Grad anzeigt, aber tatsächlich nur 180 Grad heiß ist! Die einzige sichere Angabe lautet: »Eine Viertelstunde kochen lassen.« Hier bestehen keine Zweifel. Aber man ist nie sicher, welche Hitze in einem Ofen herrscht. Und schiebt man nur z. B. ein Geflügel in den Ofen, so ist es in viel kürzerer Zeit gar, als wenn man drei hineinschiebt, denn in diesem Falle sinkt die Temperatur zunächst viel stärker ab. Ganz allgemein kann man sagen, daß man sich immer wieder von neuem vergewissern muß, wie gut der Herd heizt. Dies ist das Wesentliche.

## Die Weine

Ich kann sehr wohl verstehen, daß man während eines ganzen Essens nur Champagner trinkt: Das ist ebenso einfach wie köstlich. Es ist schwieriger, aber auch befriedigender, diejenigen Weine herauszufinden, die ganz speziell zu jedem einzelnen Gericht passen. Aber auch auf diesem Gebiet, glaube ich, sollte sich die Hausfrau nicht fürchten, Neuerungen einzuführen. Man kann durchaus einen Rotwein zu Austern trinken, ich habe dagegen nichts einzuwenden. Man kann auch zu Wild einen Riesling, einen fruchtigen und ausgeprägten Elsässer Wein reichen. Man sollte jedoch sehr, sehr vorsichtig sein und bei Unsicherheit lieber den überlieferten Grundregeln folgen.
Immer entscheidend ist die Qualität des Weins; man muß also wissen, wo und bei wem man ihn kauft. Die besten Weine sind diejenigen, die aus einem Weingut stammen, dessen Name allein auf dem Etikett schon ein Zeichen von Qualität ist. Es gibt aber auch sehr gute Händler. Ich serviere Wein, vor allem Rotwein sehr kühl, besonders den Beaujolais. Die Burgunderweine reiche ich zwischen 10 und 12 Grad, die Weißweine zwischen 8 und 10 Grad, und die Bordeauxweine werden zwischen 15 und 16 Grad eingeschenkt. Viele Leute meinen, daß einen Wein »chambrieren« darin besteht, ihn in die Nähe des Kamins oder der Heizung zu stellen. Es bedeutet aber vielmehr, ihn in das Zimmer des Hauses zu bringen, das keine Heizung hat. Der Wein hat genug Zeit, in Ihrem Glas warm zu werden ...

## Das Anrichten

Meine Gesprächspartner sind häufig entsetzt, wenn sie von mir hören, daß ich keinen Wert auf das Anrichten lege. Es stimmt, daß wir heute weit von jener kulinarischen Kunst zu Beginn des Jahrhunderts entfernt sind, als jedes Gericht von seinem Hersteller nicht nur Kenntnisse der Kochkunst, sondern auch Maler- und Architektentalent verlangte. Fisch, Fleisch, Gemüse und Nachspeisen mußten in Form von Pyramiden, chinesischen Türmen und Kathedralen angerichtet werden!
Wenn heute eine Hausfrau eine Languste anrichten will, so sollte sie nicht versuchen, den Stil den Händlers an der Ecke zu imitieren und eine Schaufensterdekoration aufzubauen. Sie braucht die Languste nur in zwei Teile zu schneiden und mit ihrem Sud zu servieren – wenn sie frisch gekocht und noch lauwarm geöffnet wurde, wird sie eine Köstlichkeit für die Gäste sein. »Große Küche« bedeutet keinesfalls »komplizierte Küche«. Große Küche kann eine gekochte Pute sein, eine Languste, die im letzten Augenblick zubereitet wurde, ein Salat frisch aus dem Garten, gerade eben angemacht.
Ich hoffe, in dieser Einleitung die wesentlichen Regeln der Kunst der »Cuisine du Marché« gegeben zu haben. Dieses Buch bietet alle Einzelheiten und Erläuterungen, die für den Erfolg eines einfachen oder eines komplizierten Essens erforderlich sind.
An dieser Stelle möchte ich Louis Perrier herzlich danken, der mir bei diesem Unternehmen sehr geholfen hat.
Ich wünsche meinen Leserinnen und Lesern alles Gute. Sie sollen nicht den Mut verlieren, wenn sie nicht auf Anhieb ein kulinarisches Kunststück vollbringen. Ist Kochen eine Begabung? Ich weiß es nicht genau: Es gibt wohl manchmal so etwas wie Prädestination: So findet man z. B. in meiner Familie Köche seit sieben Generationen. 1634 waren meine Vorfahren Müller in Collonges, und 1765 wurde ein Teil der Mühle in ein Restaurant umgebaut ... Was mich betrifft, so habe ich 1942 in einem kleinen, von Claude Maret geführten Restaurant in Lyon angefangen. Es war Krieg, und es gab nichts zu essen. Man mußte irgendwie zwischen dem schwarzen Markt und den Schwierigkeiten, sich Lebensmittel zu besorgen, zurechtkommen. Diese Atmosphäre des Durchwurstelns hat mir sehr geholfen, daß ich in meinem Beruf so ungefähr alles selber machen kann. Seither haben sich die Zeiten geändert, ich koche aber weiter. Eines Tages, ich hoffe bald, werde ich in dieser Gegend ein Haus kaufen. Die Küche wird ganz nach meinen Vorstellungen gebaut werden. Ich werde meinen Herd,

einen schönen Tisch aus Holz aufstellen, und wenn ich noch fit bin, koche ich täglich vier bis fünf Essen und serviere auf diese Weise die echte Küche von Bocuse. Man kann dann Wasser trinken (wenn es sein muß), darf aber nicht rauchen! Ich werde also aus Freude und Freundschaft weiterarbeiten ... Einer unserer Moralisten sagte, der Tisch sei ein Altar, nur dazu gedeckt und geschmückt, um darauf den Kult der Freundschaft zu zelebrieren. Die Hausfrau sollte diesen Grundsatz nie aus den Augen verlieren: Wenn sie aus Freude und Liebe kocht, werden ihr die hier beschriebenen Gerichte sicherlich gelingen.

# Vorwort der Übersetzer und Bearbeiter

Das Vorwort von Paul Bocuse ist, wie das ganze Buch, natürlich völlig auf die Verhältnisse in Frankreich zugeschnitten. Wer Frankreichs Märkte kennt, weiß, wovon Bocuse spricht. Aber, wird man sich fragen, was nützen die ganzen Ratschläge in unserer Situation, wo wir doch fast alle auf das eintönige, genormte Angebot von Supermärkten angewiesen sind? Wir können doch gar nicht über den Markt schlendern und so einkaufen, wie Bocuse es von uns verlangt. Wir haben keine Bresse-Hühner zur Verfügung, es gibt nur in manchen Großstädten auf Märkten und in Delikateßgeschäften die Möglichkeit, wirklich feine Bohnen zu bekommen und unter verschiedenen Tomatensorten diejenigen auszuwählen, die wirklich noch nach Tomaten schmecken. Wo gibt es noch echte Bachforellen – und nicht die schneller wachsenden Regenbogenforellen, die – weil mit Fischmehl gefüttert – nur aufdringlich schmecken und mangels Bewegung schlaffes Fleisch haben. Was als Lamm angeboten wird, ist junger Hammel – die Gesetze für die Bezeichnung sind nur geändert worden, damit die Züchter größere Tiere verkaufen können. Selbst die Kälber sind schon halbe Rinder.
Die Zutaten, auf die Bocuse so großen Wert legt, sind also nicht leicht zu beschaffen. Der wahre Feinschmecker wird deshalb Konsequenzen ziehen. Er wird auf einige Zubereitungen verzichten und sich mit dem begnügen, was er auch hier in ausgezeichneter oder doch wenigstens in guter Qualität bekommen kann. Danach wird er eifrig suchen und sich auch damit abfinden, daß er manchmal nicht einfach einkaufen gehen kann, sondern auf einen vielleicht weit entfernten Markt fahren muß. Er wird sich im Freundeskreis umhören, nach Quellen für gute Erzeugnisse forschen. Er wird einen Fischhändler ausfindig machen, auf den er sich verlassen kann, und sich einen Metzger »heranziehen«, der ihm sein Fleisch richtig abhängt und zuschneidet. Das geht – mit ein wenig Geduld und freundlicher Bestimmtheit kann man in recht kurzer Zeit einiges erreichen.
Um Ihnen die Arbeit zu erleichtern, haben wir bei den einzelnen Rezepten und darin verlangten Produkten Anmerkungen angefügt

und erklärt, wie Sie auch auf unseren Märkten ebenbürtige Qualität finden, was Sie unter Umständen manchmal statt dessen verwenden können und wie Sie im einzelnen vorgehen sollten, wenn Sie einiges nicht in der verlangten Qualität finden können. Diese Mühe sollten Sie auf keinen Fall scheuen. Schließlich, denken Sie immer daran: Mittlerweile sind Sie mit Ihren Qualitätsbestrebungen gottlob nicht mehr allein. Der Augenblick ist günstig! Alle Welt interessiert sich für gutes, für besseres, bekömmlicheres Essen. Und: Gesundheit ist heutzutage Trumpf. Vernünftig zubereitete Mahlzeiten aus guten Zutaten sind gesund! Auch die Händler reagieren, sind keineswegs schlechten Willens: Wenn von vielen Seiten die Aufforderung zu Qualität kommt, dann werden sich eben auch die Händler schneller und gründlicher mit dieser Veränderung der Verbrauchergewohnheiten befassen und ihnen Rechnung tragen. Wir leben schließlich in einem Land, das nicht nur vom Angebot, sondern auch von der Nachfrage beherrscht wird – steter Tropfen höhlt den Stein.

Erst wenn solche »Vorarbeiten« geleistet sind, kann der Feinschmecker denken, sich Bocuses Rezepte mit Berechtigung zu eigen zu machen. Beim Durchblättern dieses Buches wird man nämlich sehr schnell merken, daß auch Bocuse nur mit Wasser kocht – daß es kaum ein anderes Geheimnis seines Erfolges gibt als eben die sorgfältige Auswahl der Zutaten. Die Rezepte klingen manchmal so furchtbar »normal«, daß man nicht glauben mag, der berühmteste Koch der Gegenwart könnte hinter ihnen stehen. Und doch ist es selbstverständlich so: Kleinigkeiten entscheiden! Und dabei natürlich nicht nur die bessere Qualität der Zutaten, sondern auch etwa die Art des Bratens, des Würzens, die Garzeit und die Sorgfalt, die bei Vor- und Zubereitung auch den kleinsten, scheinbar unwichtigsten Details gewidmet wird.

Gewiß, es ergeben sich Schwierigkeiten für die heimische Küche: Immer wieder tauchen Fonds auf, die man nicht für eine einzige Speise zubereiten kann: Da hilft nichts, als einmal eine große Menge herzustellen und den Rest portionsgerecht für spätere Gelegenheiten einzufrieren. Es wird auf Feuer bzw. auf Gas gekocht, während man selbst vielleicht mit einem Elektroherd zurechtkommen muß: Da hilft dann nichts, als Energie zu verschwenden, auf einer glühend roten Platte anzubraten und dann auf einer auf kleine Hitze geschalteten Platte weiterzugaren. Mal werden von so vielen Zutaten so kleine Mengen verlangt, daß man seine Händler zur Verzweiflung treiben würde, ließe man sie sich alle genau abwiegen: Da ist es dann nötig, das Rezept zu vereinfachen und unter Umständen etwas wegzulassen oder gleich für mehrere Mahlzeiten zu kochen und den Rest einzufrieren. Es kommt auch vor, daß so viele Arbeitsgänge gleichzeitig durchgeführt werden müssen, daß man sieben Hände brauchte: Da muß das auf viele Restaurant-Köche zugeschnittene Rezept eben gestrafft werden, oder man muß sehr lange vorarbeiten, um die benötigten Sachen bereitzustellen. Auch wird man häufig auf das zeitaufwendige Zuschneiden von Gemüse verzichten und nur Würfel anstelle von olivenförmigen Möhren verwenden.

Nun, das alles läßt sich bewältigen, und wenn man dann auch noch über das verlangte Küchenmaterial verfügt, kann kaum mehr etwas schiefgehen. So braucht man Gußeisentöpfe oder irdene, feuerfeste Kasserollen, die jeweils einen gut schließenden Deckel haben müssen. Dann eine Serie von Kasserollen oder Töpfen, in der Größe jeweils den angegebenen Mengen möglichst genau entsprechend. Sie sollten möglichst keine Plastikgriffe haben, damit man sie auch in den Ofen schieben kann. Weiterhin benötigt man breite und hohe Töpfe in verschiedenen Materialien. Nicht immer wird man das von den Rezepten geforderte Gerät in der Küche haben: Hier muß man improvisieren können. Aber auch wissen, daß ein irdener Schmortopf nicht durch einen Topf aus beschichtetem Aluminium ersetzt werden kann, weil die Wärmeleitfähigkeit vollkommen anders ist. In jedem Falle sollte man sich für die Auswahl der Töpfe so genau wie möglich an die in den Rezepten gemachten Angaben halten.

Sowohl bei den Küchengeräten als auch bei den küchentechnischen Ausdrücken wurde darauf verzichtet, die französischen Bezeichnungen als eine Art Fachsprache beizubehalten. Es schien uns unsinnig, einen mit Fremdwörtern gespickten Text vorzulegen, auch wenn dieser vielleicht, oberflächlich gesehen, das Buch »anspruchsvoller«, professioneller hätte aussehen lassen. Da wir jedoch davon ausgegangen sind, daß das Werk in erster Linie im Haushalt Verwendung finden und von (interessierten) Laien gelesen wird – und nicht von Fachleuten, die ohnehin die Verfahrenstechniken kennen –, haben wir entsprechende deutsche Ausdrücke gewählt oder die einzelnen Arbeitsgänge beschrieben. Der besseren Verständlichkeit wegen wurde auch – neben den einführenden Worten von Bocuse zu den Grundregeln der Kochkunst und den darin enthaltenen Beschreibungen auch einiger Spezialausdrücke – eine Erklärung weiterer häufiger auftauchender Begriffe sowie Anmerkungen zu Verfahren, Geräten und Zutaten angehängt.

Um Leserin und Leser, vor allem aber natürlich denjenigen unter ihnen, die ein Rezept nachkochen wollen, die Arbeit zu erleichtern, haben wir die Zutaten fast immer in einem Block zusammengefaßt und nach der Reihenfolge der Verwendung geordnet. Wichtig schien uns jedoch, die französischen Titel der Rezepte beizubehalten. Denn auf der einen Seite charakterisieren die international verständlichen Bezeichnungen die klassischen Gerichte in hinreichender Weise, auf der anderen Seite sind gerade die Köche der Neuen Französischen Küche wortschöpferisch tätig und bringen – in direktem Zusammenhang mit neu entwickelten oder abgewandelten Gerichten – ungewohnte Titel. Als Beispiel sei der »Navarin de homard« erwähnt. Ein Navarin ist eigentlich ein Lamm- oder Hammeltopf mit Gemüsen. Die Bezeichnung illustriert hier in großen Zügen, auch wenn in Verbindung mit Hummer verblüffend, wie der Hummer zubereitet wird – nämlich wie ein Ragout mit Gemüse.

Die Anwendung bestimmter Zubereitungsmethoden für bisher stets ganz anders angerichtete Dinge, ist für die Neue Französische Küche sehr bezeichnend – nicht nur die Verwendung frischer Zutaten, die kurzen Garzeiten und die leichten Saucen. Man wird in diesem Buch oft erstaunliche Beispiele dafür finden, wie Zutaten in neuer Weise verwendet werden. Dennoch läßt sich leicht ersehen, daß Bocuse keine völlig umstürzenden Neuerungen in die Küche eingebracht hat. Deshalb rechnet man ihn auch eher zum traditionellen Flügel der Neuen Küche, der durchaus das Herkömmliche pflegt und nur maßvoll den Verhältnissen und Gewohnheiten der neuen Zeit angepaßt hat. So gibt es (außer dem japanischen Lachs) keinen rohen Fisch, wie bei den Revolutionären der Küche. Auch das Mehl ist keineswegs aus der Küche verbannt, und die Gemüse sind zwar knackig, aber doch gargekocht. Bocuse, als Schüler des großen Fernand Point, ist, wie einige andere berühmte Kollegen (etwa die Gebrüder Troisgros oder Haeberlin), sowohl der klassischen Kochkunst als auch der Küche seiner Heimat (also der legendenumwobenen Küche des Lyonnais) verhaftet und propagiert keine tiefgreifenden Veränderungen. Seine Küche ist einzuordnen in die große Tradition französischer Kochkunst, die sich stets den Zeiten gemäß zu erneuern wußte. Gerade diese Fähigkeit, sich zu verändern, kennzeichnet schließlich jede Kunst. Auf diesem Gebiet hat Bocuse unbestritten Poinierarbeit geleistet und gilt deshalb zu Recht als einer der größten Köche der Gegenwart. Er hat auch zwei deutsche Meisterköche ausgebildet, die heute ein eigenes Restaurant betreiben: Herrn Franz Keller jun. in Oberbergen am Kaiserstuhl und Herrn Eckart Witzigmann in München.

*Die Übersetzer und Bearbeiter*

# Die Grundregeln der Kochkunst

Alle Küchenarbeiten und Zubereitungen beruhen, gleichgültig, ob sie einfach oder kompliziert sind, auf ganz bestimmten Grundregeln. Diese müssen immer peinlich genau beachtet und eingehalten werden, wenn alle Arbeiten gleichmäßig gut gelingen sollen, die für die vollkommene Zubereitung eines Menüs nötig sind.
Diese Prinzipien beziehen sich auf alle Küchenarbeiten, ebenso auf die Vorbereitungen wie auf die Garmethoden, das Aufschneiden und Tranchieren und das Anrichten.

## Die Vorbereitungen

Hierunter versteht man diejenigen Arbeiten, die nötig sind, um ein Lebensmittel für das Garen fertig zu machen:
- Fleisch wird von den Knochen gelöst oder entbeint, *pariert*, in Stücke, Würfel oder Scheiben geschnitten, *gespickt*;
- Innereien werden *gewässert*;
- Geflügel oder Wild wird ausgenommen, geputzt, *abgeflämmt, bridiert, bardiert*, gefüllt (*farciert*);
- Gemüse wird geputzt, geschält, gewaschen *blanchiert, tourniert*;
- Fische werden ausgenommen, geschuppt, von Flossen und Schwanz befreit, gehäutet und *filiert*.

*Parieren* nennt man das Säubern des Fisches von allen nicht dazugehörigen Teilen; anhängende Fleischteile und das Fett werden abgeschnitten, außen liegende Sehnen, Häute und Adern werden sorgfältig entfernt. Den Abfall nennt man *Parüren*. Er findet häufig für Saucen und Fonds Verwendung.

*Spicken* heißt das Durchziehen von Fleisch mit Speck. Dazu führt man mit einer speziellen Spicknadel fette Speckstreifchen unter die Oberfläche des Fleischs, und zwar in dichten, gegeneinander versetzten, möglichst geraden Reihen. Der Sinn liegt darin, vor allem mageres Fleisch beim Braten mit dem unter Einwirkung der Hitze schmelzenden Fett zu versorgen, so daß das Fleisch nicht trocken werden kann.

Auf diese Weise spickt man Rindsfilet, Kalbsbries, ein Fricandeau, Grenadins, einen Kaninchen- oder Hasenrücken usw. Größere Stücke, vor allem Schmorbraten, werden nicht nur oberflächlich, sondern längs durch das ganze Stück gespickt. Die Speckstreifen sind bleistiftstark und so lang wie das Fleischstück. Sie werden zunächst gewürzt und für 2 Stunden in eine Marinade gelegt. Dann zieht man sie mit einer großen Spicknadel in Faserrichtung durch das Fleisch, wobei sie gleichmäßig oder nach einem bestimmten Muster verteilt werden sollten, da ihre Anordnung beim Anschneiden in den Fleischscheiben zu sehen ist.

*Wässern*: Das Einlegen von Fleisch (Bries, Hirn) in kaltes Wasser, um das Blut auszuziehen und das Fleisch schön weiß zu bekommen.

*Abflämmen* muß man gerupftes Geflügel und Fleisch mit Schwarte. Es könnten noch Reste von Federkielen, kleine Federn, Haare oder Borsten auf der Haut vorhanden sein, die beim Braten verbrennen und einen unangenehmen Geruch entwickeln. Der Geschmack von Geflügel, Fleisch oder Sauce würde stark beeinträchtigt. Man brennt diese Überreste daher über einer Flamme ab. Entweder über Gas oder Spiritus, meist reicht auch ein auf volle Flamme gestelltes Taschenfeuerzeug.

*Bridieren* nennt man das Zusammenbinden von Geflügel, das gegrillt oder gebraten wird. Es gibt verschiedene Methoden, die für das jeweilige Geflügel erklärt werden.

*Bardieren* muß man die besonders zarten und fleischigen Teile von Geflügel (vor allem die Brüstchen), damit die Hitze nicht direkt an das Fleisch kommt und dieses austrocknet. Dazu verwendet man 2 bis 3 mm dicke Speckscheiben, die flach (und nicht wie üblich quer) aus fettem, frischen (grünen) Speck geschnitten werden. Die schützende Fettschicht hält die Hitze so lange zurück, daß das zarte Fleisch gleichzeitig mit den anderen Teilen des Geflügels gar ist.

*Blanchieren*, auch Abbrühen, Überbrühen genannt: Ein küchentechnischer Ausdruck, der mit dem ursprünglichen Sinn (blanche = weiß) nur noch in wenigen Fällen in Verbindung steht. Das Blanchieren ist ein kurzes Kochen, meist in Salzwasser. Es hat in verschiedenem Sinn Bedeutung: Der Garprozeß wird eingeleitet, das eingelegte Fleisch (z. B. Bries) wird in den äußeren Regionen etwas fester und kann nun behandelt werden, Schärfe, Bitterkeit oder strenger Geschmack wird entfernt, manche Gemüse werden weicher, und Farben werden besser erhalten. Sehr häufig werden blanchierte Speisen anschließend *abgeschreckt*, also in reichlich kaltem oder unter fließendem Wasser rasch abgekühlt und abgetropft. Man gibt das Blanchiergut teilweise in das

sprudelnd kochende Wasser, teilweise setzt man es in kaltem Wasser auf. Angaben hierzu in den Rezepten.
*Tournieren* nennt man das schmückende *Zuschneiden* von Champignons oder das Zerteilen von Gemüse in Form von Eiern, Oliven oder Knoblauchzehen. Manchmal auch *kannelieren*, also mit Riefen versehen.
*Filieren* kann man praktisch alle Fische, doch wird es häufig nur bei Plattfischen (Seezunge, Scholle, Kliesche) vorgenommen. Dazu bedient man sich eines Messers mit langer, biegsamer Klinge, mit dem man die Filets von den Gräten schneidet und abhebt.

## Die Garmethoden

Es gibt fünf Methoden, Lebensmittel (Fleisch) zu garen: *Schmoren, Kochen, Poelieren, Braten* und *Grillen*. Alle diese Methoden sind sowohl im Verfahren als auch im Ergebnis vollkommen unterschiedlich, reichen aber dennoch aus, um der Küche eine unendliche Zahl von Zubereitungsmöglichkeiten zu eröffnen.
*Das Schmoren* bleibt vor allem großen Fleischstücken vorbehalten. Diese läßt man meist 5 bis 6 Stunden in einer Marinade ziehen, auch werden sie oft gespickt. Nachdem man das Stück aus der Marinade genommen hat, wird es abgetrocknet und in Butter oder anderem Fett auf allen Seiten etwas angebraten. Je nach Art der Zubereitung wird nun die Marinade ganz oder zum Teil angegossen und mit Kalbs-Fond oder Fleischbrühe angereichert. Nun wird der Topf hermetisch, also so dicht wie möglich verschlossen, damit der Braten ganz langsam gar schmort (oder köchelt) – gleichgültig ob auf dem Herd oder im Ofen.
Als *Kochen* bezeichnet man ein Garen in heftig sprudelnd kochendem Wasser. *Pochieren* oder *Sieden* dagegen ist das Garen bei etwas geringerer Hitze, wobei die mehr oder weniger große Flüssigkeitsmenge nur kaum wahrnehmbare Blasen entwickelt, eigentlich nicht richtig kocht.
Das *Poelieren*, umständlich, aber anschaulich *Braundünsten* genannt, muß stets bei mäßiger Hitze vor sich gehen. Dabei wird keine Flüssigkeit zugefügt, das Fleisch gart nur in der am Anfang zugegebenen Butter und dem während der Zubereitung aus dem Fleisch tretenden Saft. Nach einem kurzen Anbraten wird der Topf gut verschlossen und in den Ofen gestellt. Sehr häufig begießen. Zum Schluß ist der Saucen-Fond ein richtiges Konzentrat geworden.
Für das *Braten* gibt es zwei Möglichkeiten: im Ofen oder am Spieß. Die zweite Methode ist der ersten unwidersprochen überlegen. In beiden Fällen treibt die auf das Fleisch einwirkende Hitze die Säfte zurück und

in der Mitte des Fleisches zusammen, während außen um das Fleisch herum eine undurchlässige, braune Kruste entsteht. Die Bildung dieser Schicht muß so schnell wie möglich durch kräftiges Anbraten erreicht werden, denn sie verhindert ein Austreten der Fleischsäfte, hält das Fleisch also saftig. Läßt man das Fleisch nach dem Braten ohne Hitzeeinwirkung ruhen, so verteilen sich die in der Mitte zusammengetriebenen Säfte wieder gleichmäßig im ganzen Stück, dringen wieder in die äußeren Regionen zurück. Es ist sehr empfehlenswert, das Fleisch während des Bratens immer wieder mit Bratfett – keinesfalls mit Brat-Fond – zu begießen.

Das *Grillen* folgt denselben Regeln: Anbraten und Bräunen des der direkten Hitzeeinwirkung ausgesetzten Fleischs, Konzentration und Zurückfließen der Säfte im Inneren. Die große Kunst ist es, die Hitze des Feuers und den Abstand des Fleischs so einzurichten, daß das Bräunen in einer Geschwindigkeit vor sich geht, die der Größe und der Stärke des auf den Grill gelegten Fleischstücks entspricht. Das Grillgut wird immer nur einmal umgewendet, wobei man einen Bratenwender und nicht eine Gabel oder ein anderes spitzes Instrument benutzt, denn jedes Anstechen würde ein Auslaufen von wertvollem Saft zur Folge haben.

Gulasch, Ragouts, in der Pfanne Gebratenes und Ausgebackenes werden nach Verfahren zubereitet, die sich von den oben genannten Methoden ableiten oder daraus zusammengesetzt sind. Der Leser wird Erklärungen und grundsätzliche Überlegungen hierzu in den betreffenden Kapiteln finden.

## Mittlere Garzeiten für einige Braten

*Nach den angegebenen Bratzeiten muß das Fleisch je nach Größe noch 15 bis 30 Minuten bei halb geöffneter Türe im ausgeschalteten Ofen ruhen.*

### Rind
Rückenstück: 1 bis 12 Minuten pro kg.
Filet und Lende (Roastbeef): 10 bis 12 Minuten pro kg.
Hochrippe: 18 Minuten pro kg.

### Lamm und Hammel
Hinterstück: 15 bis 18 Minuten pro kg.
Karree (Rippenstück): 18 bis 25 Minuten pro kg.
Schulter: 18 bis 20 Minuten pro kg.

Keule: 20 bis 25 Minuten pro kg.
Sattel: 15 bis 18 Minuten pro kg.

## Kalb
Karree (Rippenstück): 30 Minuten pro kg.
Rücken und Nuß: 35 Minuten pro kg.

## Schwein
Karree (Rippenstück, rohes Kasseler): 25 bis 30 Minuten pro kg.
Filet (Lende): 30 bis 35 Minuten pro kg.

## Geflügel
Ente (»nantais«, normale Ente): 35 bis 40 Minuten für eine Ente von ca. 1 kg.
Ente (»rouennais«, Blutente): 18 bis 25 Minuten für eine mittelgroße Ente.
Baby-Puter: 50 bis 55 Minuten für ein mittelgroßes Tier von etwa 2 kg.
Taube: 20 bis 25 Minuten.
Poularde: 40 bis 50 Minuten für ein mittelgroßes Tier.
Hähnchen: 30 bis 35 Minuten für ein mittelgroßes Tier.


## Das Anrichten

Das Anrichten ist die letzte, abschließende Arbeit bei der Zubereitung eines Gerichts. Es wird noch in der Küche vorgenommen und soll erst so kurz wie möglich vor dem Servieren erfolgen.
Beim Anrichten muß man immer große Vorsicht walten lassen. Das Gericht soll sich einfach, aber doch elegant präsentieren. Guter Geschmack ist nötig, um vollendet zu dekorieren und zu garnieren, ohne daß dabei der Qualität und dem Geschmack der Speisen Gewalt angetan wird. Vor allem bei heißen Gerichten ist das oberste Gebot, daß sie auch heiß auf den Tisch kommen und daß der Geschmack nicht der äußeren Gestaltung, der Form geopfert werden darf.
Im allgemeinen richtet man in einem Luxusrestaurant auf silbernen, goldenen oder in kristallenen Schalen und Schüsseln an. Für Porzellan oder Steingut, wie es meist in den Haushalten zur Verfügung steht, gelten dieselben Regeln: Die Platten und Schüsseln müssen absolut sauber sein, ausreichend, jedoch nicht übermäßig groß. Der Rand der Platte muß beispielsweise immer frei bleiben, darf nicht belegt oder dekoriert werden.

Wichtig ist auch, daß die Art der Anrichtung den Erfordernissen des Servierens, also etwa des Tranchierens, des Aufteilens und Vorlegens entspricht. Alles, was diese Arbeiten so erschweren würde, daß sie länger als unbedingt nötig dauern oder den Servierenden ungeschickt wirken lassen könnte, muß unbedingt vermieden werden.

## Das Tranchieren

Es ist praktisch unmöglich, ohne einige Kenntnisse der Anatomie richtig aufzuschneiden. Man muß daher genau aufpassen und, vor allem bei Schlachtfleisch, zuallererst herausfinden, in welcher Richtung die Fasern verlaufen, damit man das Fleisch im rechten Winkel zu ihnen aufschneiden kann. Man wird sehr schnell bemerken, daß nur auf diese Weise korrekt aufgeschnittenes Fleisch zart ist und sich angenehm kauen läßt. Beißt man nämlich längs zur Faser in das Fleisch, so können die Zähne eindringen, und es wirkt zart. Beißt man jedoch quer zur Faser zu, so treffen die Zähne auf die Fasern, können nicht eindringen und auch zartes, mürbes Fleisch erscheint zäh.

## Das Würzen

An erster Stelle muß hier das *Salz* genannt werden, obwohl es eigentlich kein Gewürz, sondern ein Mineral ist. Das richtige Salzen ist zwar eine einfache Maßnahme, doch hat es für die Küche eine grundlegende, überaus wichtige Bedeutung. Es erfordert Fingerspitzengefühl, sicheren Geschmack, größte Vorsicht und genaues Wissen um die für eine bestimmte Speise nötige Menge. Auch der Zeitpunkt des Salzens ist für das Gelingen eines Gerichts entscheidend.
Weiterhin gibt es die verschiedenen *Gewürze*. Im allgemeinen kann man sagen, daß die Gewürze – Ausnahmen sind selten – die Aufgabe haben, ihr besonderes Aroma in einen übergeordneten, zusammenfassenden Geschmack einer Speise einzubringen und nicht hervorschmecken dürfen. Es soll eine Verstärkung einer Geschmacksrichtung erreicht werden, die je nach Art des Gerichts mehr oder weniger stark zum Vorschein kommen kann. *Gewürze* sind oder stammen von aromatischen Pflanzen. Sie werden teils frisch, teils getrocknet verwendet.

Hier einige der wichtigsten und gebräuchlichsten Gewürze:
Pfeffer, Muskatnuß, Macisblüte, Gewürznelke, Zimt, Senf, Koriander, Kümmel, Kreuzkümmel, Fenchel, Wacholder, Ingwer, Curry, Paprika, Safran, Anis, Sternanis.
Petersilie, Kerbel, Estragon, Thymian, Rosmarin, Bohnenkraut, Lorbeerblatt, Salbei, Dill, Basilikum.
Zitronen-, Orangen- oder Mandarinenschale, Vanille, Tee, Kaffee, Schokolade.
Häufig werden die einzelnen Gewürze durch Gewürzmischungen ersetzt, die zwar einfacher und praktischer zu handhaben sind, aber den Nachteil mit sich bringen, ein immer wiederkehrendes, gleichförmiges Aroma zu liefern.

Hier das Rezept für eine gute Kräuter-Gewürz-Mischung:
10 g getrocknete Lorbeerblätter, 10 g getrockneter Thymian, 10 g getrockneter Rosmarin, 10 g getrocknetes Basilikum, 10 g Macisblüte, 20 g Muskatnuß, 15 g Zimt, 20 g Gewürznelken, 10 g Paprika, 10 g weißer Pfeffer.
Die sorgfältig getrockneten Kräuter und die Gewürze im Mörser zerstoßen und durch ein engmaschiges Sieb reiben, damit ein feines Pulver entsteht. Zurückbleibende, größere Teile erneut im Mörser stoßen und wieder in das Sieb geben. Auf diese Weise alle Zutaten vollkommen zu einem Pulver verarbeiten. In einen luftdicht schließenden Behälter füllen und dunkel und trocken aufbewahren – die Mischung hält sich sehr lange.

Weiterhin gibt es die *Speisewürzen* oder *Würzzutaten*, die in sechs Gruppen unterteilt werden können:
Saure Würzzutaten: Essig, Saft von unreifen Trauben, Zitronensaft.
Scharfe, beißende Würzzutaten: Knoblauch, Schalotte, Zwiebel, Winterzwiebel, Schnittlauch, Lauch, Meerrettich, Rettich und Radieschen.
Süße und süßliche Würzzutaten: Zucker, Honig, rote Rüben.
Fette Würzzutaten: Öl, Butter, tierische Fette.
Gemischte Würzzutaten: Senf und abgeleitete Zubereitungen, Würzsaucen, Mixed Pickles, saure Gurken, Silberzwiebeln, Kapern und andere in Essig eingelegte und konservierte Gemüse, wie Kapuzinerkressesamen, grüne Tomaten, Mini-Melonen, Chilischoten, Paprika, Blumenkohl usw.

*Anm. der Übersetzer:* Eine besondere Rolle beim Würzen von Speisen spielt in der Französischen Küche der »bouquet garni«, der *Kräuterstrauß*.

Er besteht aus Petersilienstengeln, Lorbeerblatt und Thymian. Diese Zusammensetzung kann von Fall zu Fall durch beliebige Kräuter erweitert werden, doch ist der geschmackliche Dreiklang der angeführten Gewürze sehr charakteristisch. Es handelt sich dabei tatsächlich immer um ein Sträußchen, das mit Küchengarn zusammengebunden wird, damit man es vor dem Anrichten leichter herausnehmen kann. Das Verhältnis, in dem die Gewürze gemischt werden, ist variabel, doch kann man grundsätzlich von 6 Stengeln Petersilie, ½ Lorbeerblatt und 1 Zweiglein Thymian ausgehen. Das *Lorbeerblatt* wird meist frisch verwendet, ebenso der *Thymian*, den man in Frankreich nicht, wie bei uns, gerebelt, sondern in Büschelchen von kleinen Zweigen kauft.

## Einkaufsmengen
(Jeweils für eine Person)

### Fische und Krustentiere, nicht ausgenommen

| | |
|---|---|
| Aal | 200 g |
| Bouillabaisse (Fische für) | 500 g |
| Butt | 350 g |
| Forelle | 200 g |
| Froschschenkelpaare | 10 Stück |
| Goldbrasse | 350 g |
| Gründling | 200 g |
| Hecht | 300 g |
| Hering | 200 g |
| Hummer | 400 g |
| Kabeljau | 200 g |
| Karpfen | 200 g |
| Lachs und Lachsforelle | 200 g |
| Languste | 400 g |
| Makrele | 200 g |
| Meerbarbe | 250 g |
| Merlan | 250 g |
| Muscheln | 500 g |
| Neunauge | 200 g |
| Plötze | 200 g |

| | |
|---|---|
| Renke (Felchen, Schnäpel) | 180 g |
| Rochen | 400 g |
| Saibling | 200 g |
| Sardine | 200 g |
| Scampi | 400 g |
| Schellfisch (geräuchert) | 200 g |
| Seehecht | 200 g |
| Seeteufel (Lotte – netto) | 250 g |
| Seezunge (zum Braten) | 250 g |
| (zum Filieren, für 2 Personen) | 500 g |
| Steinbutt | 400 g |
| Stint | 150 g |
| Stockfisch (gesalzen) | 150 g |
| Stör | 300 g |
| Thunfisch | 200 g |
| Wolfsbarsch (bar, loup) | 350 g |

## Rind-, Lamm-, Hammel- und Schweinefleisch zum Grillen oder Braten

| | |
|---|---|
| Ohne Knochen, enthäutet und von Sehnen befreit | 200 g |
| Zum Schmoren, für Ragouts und Eintöpfe | 400 g |

### Geflügel und Kaninchen

| | |
|---|---|
| Hähnchen | 400 g |
| Ente | 400 g |
| Pute, Truthahn | 400 g |
| Gans | 400 g |
| Kaninchen | 350 g |
| Kaninchen-Hinterstück | für 2 Personen |

### Wild und Wildgeflügel

| | |
|---|---|
| 1 Hase (3,5 kg) | für 6 Personen |
| 1 Hasenrücken | für 2 Personen |
| Reh, Hirsch, Wildschwein | 250 g pro Person |

| | |
|---|---|
| 1 Rebhuhn | für 2 Personen |
| 1 Fasan | für 4 Personen |
| 2 Wachteln (Drosseln) | pro Person |
| 1 Schnepfe | für 2 Personen |
| 1 Wildente | für 2 Personen |

# Erklärung einiger Ausdrücke und Anmerkungen zu Verfahren, Geräten und Zutaten

*Abhängen:* Rindfleisch und Wild sowie Wildgeflügel müssen vor dem Verzehr reifen, mürbe werden. Bei Rindfleisch rechnet man 2 bis 3 Wochen, für Wild und Wildgeflügel haben sich die Ansichten in den letzten Jahren geändert. Heute läßt man das Fleisch zwar einige Tage mürbe werden, vermeidet jedoch unter allen Umständen jeglichen Haut-goût. Dadurch wird auch ein scharfes Beizen und Marinieren überflüssig.

*Ablöschen:* Das Aufgießen von Flüssigkeit in eine heiße Bratpfanne oder einen Topf, um den am Boden angerösteten, festhaftenden Bratensatz zu lösen.

*Abrühren:* Mehl mit Wasser, Milch und/oder Eiern zu einem Teig mischen.
Eine Sauce mit Eigelb unter ständigem Schlagen dicklich werden lassen.

*Abschlagen:* Teig kräftig auf die Unterlage werfen – vor allem schon gegangenen Hefeteig, damit er seine Blasen verliert. Der Teig wird dadurch feinerporig.

*Abschmecken:* Alle Speisen müssen vor dem Anrichten auf ihre Würze geprüft werden. Jetzt werden die letzten Korrekturen angebracht, vor allem der Salzgehalt abgestimmt.

*Absetzen:* Die Saucen der Neuen Küche, die häufig zum Schluß noch eine Butterzugabe erhalten, können bei zu großer Erhitzung auseinanderfallen. Der Fond setzt sich dann von der Butter ab. Dasselbe kann auch bei Creme-Suppen passieren

*Anbraten:* Das Anbraten muß stets bei größter Hitze erfolgen, damit sich die Poren des Fleischs sofort schließen. Butter muß haselnußbraun sein, Öl muß gerade zu rauchen beginnen. Erst danach wird bei milderer Hitze weiter gebraten.

*Angelika (Engelswurz):* Stiele einer Pflanze, die wie Zitronat kandiert werden. Durch die schöne grüne Farbe gut für Dekorationen geeignet.

*Aufschlagen:* In der Neuen Küche werden Saucen am Schluß häufig noch mit Sahne oder Butter geschlagen (montiert), bis sie leicht, luftig und schaumig werden. Diese empfindlichen Saucen setzen sich leicht ab.

*Ausfallen:* Bei Überhitzung von Eier-Saucen gerinnt das Eigelb und trennt sich von der Butter. Dabei entstehen Krümel, die Sauce ist verdorben.
Beim Erhitzen von Butter setzt sich eine weißliche Masse, die Molke, ab. Auch diesen Vorgang nennt man Ausfallen. Die Molke wird für Saucen, zum Braten und zum Backen häufig entfernt – siehe »Butter klären«.

*Auslegen:* Terrinen oder Kuchenformen werden für Pasteten oder Kuchen, Puddings und Charlotten mit dünnen Speckscheiben oder Teig ausgelegt.

*Ausstechen:* Äpfel werden mit einem speziellen Apfelausstecher von den Kerngehäusen befreit.
Teig wird für Dekorationen oder Pasteten und Kuchen mit speziellen Weißblechformen ausgestochen.

*Auswalken:* Teig wird mit den Handballen gegen die Unterlage gedrückt und vom Körper weggeschoben. Dadurch wird er besonders gründlich gemischt.

*Blindbacken:* Will man einen Kuchenboden erst nach dem Backen belegen, so wird eine Form damit ausgeschlagen. Dann gibt man in die Form getrocknete Hülsenfrüchte oder Kirschkerne, die nur für diesen Zweck verwendet werden. Der Teig wird nun im Ofen etwas länger als normal gebacken, wobei er durch die Beschwerung nicht aufgehen und seine Form verlieren kann.

*Braun werden:* Einige Lebensmittel (Äpfel, Champignons, Artischocken, Kardonen und viele andere) werden durch Kontakt mit dem Sauerstoff der Luft braun, oxydieren. Man kann dies durch Säuern mit Essig oder Zitronensaft verhindern oder durch das Isolieren mit einer Fett- bzw. Ölschicht.

*Braun werden lassen, bräunen:* Ein langsames Rösten bei nicht zu starker Hitze, etwa von Mehl für eine braune Einbrenne oder von Zwiebeln.

Bräunt man zu schnell, so entstehen Bitterstoffe, weil die Lebensmittel verbrennen, verkohlen.

*Butter:* Eine der wichtigsten Zutaten in der guten Küche, die sich durch nichts auch nur annähernd ersetzen läßt. Während bei uns in Deutschland hauptsächlich Sauerrahm-Butter angeboten wird, findet man in Frankreich fast nur Süßrahm-Butter. Sauerrahm-Butter ist längere Zeit haltbar, ohne sich im Geschmack zu verändern – bei Butter aus süßer Sahne kann man das nur erreichen, indem man sie leicht salzt. Aber selbst dann beginnt sie nach einiger Zeit, sich im Geschmack zu verändern, vor allem aber bekommt sie die Eigenschaften, die auch die Sauerrahm-Butter in der Küche unterlegen macht: Beim Erhitzen flockt diese wesentlich leichter aus und ist daher für das Binden von Saucen nur wenig geeignet. Süßrahm-Butter verhält sich auch beim Backen anders, benötigt weniger Mehl und haftet nicht so leicht an der Form. Und schließlich ist die Süßrahm-Butter der Sauerrahm-Butter geschmacklich weit überlegen. Der große Wert, den man in Frankreich auf die Qualität der Butter legt, hat dazu geführt, daß nahezu alle Milch erzeugenden Gebiete eine für sie charakteristische, geschmacklich genau erkennbare Butter liefern. Während die eine für dieses Gericht bevorzugt wird, eignet sich jene besser für ein anderes. So werden in großen Restaurants bis zu sechs verschiedene Butterarten verwendet.

*Butter klären:* Die Butter erhitzen, bis sie flüssig wird, und die ausfallende Molke abheben. Nach dem Entfernen dieser wasserhaltigen Eiweißstoffe bleibt das reine Butterschmalz zurück, das nun weitaus stärker erhitzt werden kann, ohne bitter zu werden.

*Corail:* Bezeichnung für die besonders zarten und wohlschmeckenden Geschlechtsteile von Krusten- und Schalentieren. Bei der Jakobsmuschel etwa ist dieser Teil tatsächlich korallenrot, beim Hummer dagegen grünlich.

*Coulis:* Eine dicke, püreeartige Sauce.

*Court-Bouillon:* Sud, vor allem für Fische, Krusten- und Schalentiere.

*Croûton:* Geröstete Brotscheibe. Manche Gerichte werden auf Croûtons angerichtet, andere damit nur verziert. Auch als Suppen-Einlage.

*Crème fraîche:* Siehe »Sahne«.

*Deglacieren:* Siehe »Ablöschen«.

*Dekantieren:* Das Abgießen von Flüssigkeiten. So wird Wein dekantiert, damit er klar vom Satz (Depot) getrennt eingeschenkt werden kann. Saucen dekantieren: Das oben schwimmende Fett wird abgegossen.

*Durchziehen lassen:* Lebensmittel werden in eine Flüssigkeit gelegt oder mit Gewürzen eingerieben. Dann läßt man sie ruhen, damit sie den Geschmack der Zutaten aufnehmen können. Bei Fleisch sagt man dazu »Marinieren«, bei Früchten »Mazerieren«.

*Einbrenne:* Helle, goldgelbe oder braune Mischung aus in Fett (meistens Butter) geröstetem Mehl. Auch Schwitze genannt.

*Entrée:* Einführendes Gericht, das ein Menü eröffnet. Davor werden Vorspeisen (Hors d'œuvres) und Suppen gereicht. In einer großen Speisefolge fast immer ein Fisch- oder helles Fleischgericht. In den heute üblichen, gestrafften Menüs meist das erste Hauptgericht.

*Entremets:* Wörtlich übersetzt ein Zwischengericht, im heutigen Sprachgebrauch eine Süßspeise oder ein Dessert. Die Bezeichnung ist aus der Alten Küche übernommen worden, wo zwischen Fleisch- und Fischgerichten immer wieder Süßspeisen in der Menüfolge auftauchten.

*Essig:* In Frankreich fast ausschließlich Weinessig. Es gibt Essige aus allen Weinbaugebieten, die begehrtesten sind Essige aus Burgund, Bordeaux und aus der Champagne. Zentrum der Essig-Herstellung ist jedoch Orléans. Im Elsaß wird viel Honig-Essig verwendet, in der Normandie Apfelessig. Französischer Essig hat meist 7 bis 8 Prozent Säure, muß daher vorsichtiger dosiert werden als unser normaler Essig (nur 20 von 100 Weinessig), der im allgemeinen 5 Prozent Säure hat. Sehr beliebt sind gewürzte Essige, besonders mit Estragon oder Schalotten; doch gibt es auch Essige mit Knoblauch, grünem Pfeffer und anderen Spezialitäten. In großen Restaurants werden auch Beeren-Essige verwendet (vor allem Himbeer- und Erdbeeressig), seit neuestem erfreut sich Sherry-Essig großer Beliebtheit.

*Farbe nehmen lassen:* Beim Anbraten vor allem von Gemüsen wichtig. Die Hitze muß so geregelt sein, daß die Gemüse nicht Wasser ziehen und schwitzen, so daß sie zu kochen beginnen, darf aber auch nicht so groß sein, daß die Gemüse richtig braten. Erst nach und nach bekommen sie, während sie immer trockener werden, eine hellgelbe bis goldbraune Farbe.

*Farce – farcieren:* Eine Masse, meist Fleisch oder Fisch, die zum Füllen geeignet ist. Streichfähig bis fest, muß sie beim Erhitzen abbinden, das heißt durch natürlich im Fleisch oder im Fisch enthaltenes oder zusätzlich hineingegebenes Eiweiß abbinden. Farcieren nennt man entweder das Füllen selbst oder auch das Zubereiten der Füllmasse.

*Fines herbes:* Feine Kräuter. Meist versteht man darunter eine Mischung zu annähernd gleichen Teilen aus Petersilie, Kerbel und Estragon.

*Flambieren:* Das Übergießen und Abbrennen eines Gerichtes mit Alkohol.

*Fleuron:* Meist halbmondförmiges Blätterteigstückchen, das zur Dekoration oder als Garnierung an Speisen mit Sauce gegeben wird.

*Flötenbrot:* Die »flûtes« sind sehr dünne, lange Weißbrote, die fast nur aus Kruste bestehen. Dickere Brote heißen »baguettes«, Stangen- oder Meterbrot.

*Fond:* Dicke Sauce, die beim Braten, Schmoren oder Dünsten entstehen kann oder speziell angesetzt wird. In der großen Küche immer vorrätig, um Speisen mit Aroma zu versehen oder Saucen anzusetzen.

*Formen:* Jede Landesküche kennt besondere Formen für Kuchen, Pasteten, Puddings, Eis oder auch zum Servieren. Die häufigsten in Frankreich verwendeten Formen sind: Große und kleine Baba-Form (wie kleine oder große Becher nach oben etwas auseinandergehend, häufig verziert, große Formen mit einer Tülle in der Mitte), Biskuit-Form (für Savoyer Biskuit ähnlich wie die Baba-Form, sonst eine einfache, tiefe Form mit geraden Wänden – entsprechend einer Springform), Génoise-Form (zylindrisch und glatt), Brioche-Form (rund, nach oben weit ausladend mit tiefen Rillen in den Seitenwänden), Savarin-Form (Kranzform mit abgerundetem oder glattem Boden, als Krone auch reich verziert), Charlotten-Form (rund, mit nach oben auseinandergehenden, glatten Seitenwänden), Gugelhupf-Form (runde, meist kannelierte Form mit großer Tülle in der Mitte, fast immer aus gebranntem Ton), Becher-Form (Timbale – wie Charlotten-Form), Parfait-Form (sehr hohe, langgezogene Form mit abgerundeter Spitze), Pudding-Form (wie unsere Pudding-Formen), Obstkuchen-Form (flach, rund oder eckig, meist mit gewelltem Rand). Die Spring-Form ist kaum bekannt, man setzt in Frankreich meist Ringe, die es in verschiedenen Größen gibt, direkt auf das Kuchenblech.

*Garnieren:* Sowohl das Umlegen von einer Hauptspeise mit den dazugehörigen Beilagen als auch das Anreichern von Suppen oder Saucen mit einer Einlage. Hat in der französischen Küchensprache nichts mit Verzieren zu tun. So ist die

*Garnitur:* Fester Bestandteil eines Gerichts. Die Garnitur, z. B. bestehend aus Gemüsen, Krustentieren, Innereien, bestimmt meist sehr stark den Charakter einer Zubereitung, nach der das Gericht auch benannt wird.

*Gelieren:* Das Erstarren von Saucen und anderen Flüssigkeiten, die Gelatine oder Pektine enthalten. In der kalten Küche sehr wichtig, da die Saucen dann mit Kalbsfüßen oder Schweineschwarten zubereitet und stark eingekocht werden müssen. Sie sollen dabei aber nicht gummiartig hart werden, sondern nur ein wenig fest werden.
Das Überziehen mit Gelee oder Aspik.

*Glace:* Sehr stark eingekochter, beinahe gelierender Fleisch- oder Fischfond. Dient als würzende Zugabe und zur Stabilisierung von Saucen.

*Glacieren:* Etwas in einer gezuckerten, leicht karamelisierten Sauce garen und mit der Sauce dabei überziehen – beispielsweise junge Zwiebeln, Möhren oder kleine Rübchen.
In Zucker-Sirup so lange kochen, bis auch die Mitte vom Zucker erreicht und glasig ist – etwa Kastanien.

*Glasieren:* Etwas mit Zucker bestreuen und unter dem Salamander, dem Grill oder im sehr heißen Ofen überbacken, bis ein glänzender, manchmal karamelisierter Überzug entsteht.
Etwas, zum Beispiel einen Kuchen, mit Zuckerguß oder Marmelade überziehen.

*Gratinieren:* Einen Auflauf oder ein anderes Gericht mit Semmelbröseln, Käse und Butter bestreuen und im Ofen oder unter dem Grill bzw. dem Salamander überbacken, bis sich eine goldene Kruste bildet. Gebundene Saucen rasch überbacken, bis sie eine goldbraune, Blasen werfende Schicht bilden.

*Hacken:* Ein Begriff, der eigentlich aus der alten Küchentechnik übernommen wurde, heute aber in anderem Sinne verwendet wird. Um Fleisch oder Fisch zu zerkleinern, wurden sie früher mit dem Messer gehackt – heute dreht man sie durch den Fleischwolf. Auch Kräuter werden nicht mehr gehackt, sondern zerschnitten, wobei man sich immer mehr einer Schere bedient und nicht mehr auf einem Holzbrett schneidet, weil dieses die wertvollen, aromatischen Säfte der Kräuter aufsaugt. Auch Zwiebeln werden deshalb nicht mehr gehackt, sondern vorsichtig zerschnitten.

*Haut-goût:* Früher beliebter Geschmack von Wild – heute strikt abgelehnt. Dieses »Aroma« beginnender Verwesung, dem man kulinarischen Wert attestierte, war nichts anderes als eine zwangsläufig auftretende Erscheinung, da man noch nicht über geeignete Mittel verfügte, das Fleisch ausreichend lange frisch zu halten. Die Schwierigkeiten ergaben sich vor allem durch den langen Transport, denn schon in frühen Zeiten waren die Wälder und Felder um die Hauptstadt der Eßkultur, Paris, ganz einfach leergejagt. Und bis dann eben ein Reh aus den Pyrenäen oder den Vogesen, per Kutsche transportiert, auf die königliche Tafel kam ...

*Herd:* Paul Bocuse kocht auf einem Herd, der noch echtes Feuer unter seinen dicken Eisenplatten hat. Und wenn er etwas anbrät, so stellt er den Topf auf eine lebhafte Flamme. In der Übersetzung wurden diese Bezeichnungen beibehalten, weil sie so anschaulich sind. Auf einem Gasherd, dem in Frankreich üblichen Herd, ist es ja auch tatsächlich noch so. Auf einem Elektroherd aber muß man ganz anders arbeiten. Da kann man nicht schnell volle Hitze geben und kurz danach weiterschmoren. Man muß hier häufig die Platte wechseln, wobei viel Energie verlorengeht. Aber das läßt sich bei guter Küche nicht vermeiden. Denn brät man sein Fleisch nicht bei ausreichender Hitze an – und nimmt dabei auch ein Spritzen des Fetts in Kauf – so wird es später beim langsameren Fertigbraten seinen Saft verlieren, es trocknet aus und wird zäh. Dies gilt für viele Arbeitsgänge, wobei vor allem das Warmhalten und das leise Sieden problematisch sind. Auf einem großen Herd, wo die Seiten nur mild beheizt sind, ist das einfach; auf einem Herd mit Platte oder Gas muß man sich gut auskennen (ganz schwierig wird das bei Elektroplatten mit Thermostat, weil hier die Hitze immer notgedrungen schwankt) und notfalls eine Asbestplatte verwenden.

Die Tücken des Backofens hat Bocuse schon angesprochen: Hier hilft nur die Erfahrung und ein genaues Beobachten. Leider ist die Hitzeverteilung in unseren normalen Öfen nie gleichmäßig, so daß man sich von vornherein damit abfinden muß, keine Spitzenergebnisse zu bekommen. Läßt sich dann auch Ober- und Unterhitze nicht getrennt einstellen, ist man schon beinahe verloren.

*Julienne:* In feine Streifen geschnittenes Gemüse, Fleisch, Schinken, Fisch oder Obst. Je nach Art der Verwendung sollen die Streifen die Stärke eines Streichholzes oder eines Strohhalms haben.

*Jus:* Beim Braten von Fleisch oder Geflügel austretender Saft, der beim Abkühlen geliert (Kalb oder Huhn) bzw. dicklich wird (Hammel oder

Rind). Man kann Jus auch aus Fleischresten und Knochen herstellen (siehe »Fond«).

*Kandieren:* In Zucker kochen, bis auch das Innere erreicht wird. Vor allem für Obst, Zedrat- und Orangenschalen (Zitronat, Orangeat) sowie für Blüten (Veilchen, Rosenblätter usw.).

*Karkasse:* Rücken- und Rippenknochen von Geflügel.

*Klären:* Suppen, Saucen oder Aspik-Flüssigkeit kalt mit Eiweiß verrühren, langsam unter ständigem Umrühren zum Kochen bringen und abseihen. Beim Erhitzen gerinnt das Eiweiß, wobei es alle die Flüssigkeit verunreinigenden Teilchen einschließt. Beim Abseihen bleibt das Eiweiß dann im feinen Sieb oder im Tuch zurück, und die Flüssigkeit ist vollkommen klar.
Siehe auch »Butter klären«.

*Kochgeschirr:* Die französische Küchensprache hat, systematisch, wie sie ist, für jede Art von Topf eine ganz bestimmte Bezeichnung. Diese Bezeichnungen wurden in der Übersetzung nicht übernommen, weil es bei uns gar nicht alle Topfarten gibt, die meistens sogar ungebräuchlich sind. Man kann sich in allen Fällen jedoch mit dem hiesigen Topf-Angebot behelfen.
Wichtig ist jedoch folgendes: Die Größe und die Form eines Topfes müssen der Zubereitungsart entsprechen. So verwendet man zum Kochen einer Suppe eher einen hohen Topf, zum Bereiten eines Ragouts, wo erst gebraten wird und dann Flüssigkeit eingekocht werden soll, einen breiten Topf mit großer Bodenfläche. Will man im Ofen schmoren, so nimmt man am besten einen Topf aus feuerfestem Ton, Jenaer Glas oder auch einen gußeisernen Bräter. Bei vielen Zubereitungen wird zunächst auf dem Herd angebraten, dann im Ofen weiter gegart. In diesem Fall muß man darauf achten, daß der Topf keine Plastikgriffe hat und daß der Deckel gut schließt. Sonst den Topf lieber mit Folie verschlossen in den Ofen stellen.
Häufig wird von Bocuse eine Bratplatte angegeben. Diese Art von Pfanne ohne Stiel ist bei uns nicht gebräuchlich, man kann sie nur von ausländischen Herstellern bekommen. Auch hier kann man sich mit einer Pfanne behelfen, die, wenn sie nachher in den Ofen muß, allerdings ebenfalls keinen Plastik- oder Holzgriff haben darf.

*Krokant:* Zum einen mit Zucker gebrannte, in Blätter oder Stifte geschnittene Mandeln, Haselnüsse oder Pistazien (auch bei uns Krokant genannt), zum andern auch mit Zuckerguß überzogene Mandeln, die bei uns als gebrannte Mandeln verkauft werden.

*Legieren:* Eine Suppe oder Sauce mit einer Mischung aus Eigelb und Sahne abrühren, also vorsichtig erhitzend, aber nicht kochend, binden.

*Manschette:* Meist verzierte Papierhüllen, die man auf heraustehende Knochen von Fleisch (vor allem bei Koteletts) oder Geflügel steckt, um diese zu kaschieren und damit man sie ohne sich zu beschmutzen anfassen kann.

*Marinieren:* Siehe »Durchziehen lassen«. Heute mehr und mehr in den Hintergrund tretendes Verfahren, um Fleisch oder Fisch haltbar zu machen, ihm einen bestimmten Geschmack zu verleihen oder einen fremden, unangenehmen Geschmack (etwas Haut-goût) zu übertönen.

*Maße:*
1 EL = 1 Eßlöffel = 15-20 g
1 TL = 1 Teelöffel = 5-8 g
1 Prise = 1-5 g
1 Messerspitze = $\frac{1}{10}$-1 g
1 Likörglas = 2 cl
1 Südweinglas = 5 cl

*Mazerieren:* Siehe »Durchziehen lassen«.

*Mehlbutter:* Eine meist zu gleichen Teilen aus Butter und Mehl verknetete Mischung, die man heiß an eine Sauce oder Suppe gibt, um diese zu binden. Dann nicht mehr lange (höchstens 3 Minuten) kochen lassen, weil das Mehl sonst durchschmecken könnte.

*Mignonette:* In Blättchen oder feine Stücke zerteilter Pfeffer, der vor allem für Steaks verwendet wird.

*Mörser:* Instrument aus Marmor, Porzellan oder Holz, in dem Lebensmittel zu Pulver oder Mus zerstampft werden. Heute fast nur noch in Restaurants verwendet, da die hiermit ereichten Ergebnisse auch mit modernster Technik nicht erreicht werden können. Beim Zerstampfen schließen sich sowohl die Aroma- als auch die Quellstoffe in besonders guter Weise auf. Im Haushalt kann man sich mit einem Fleischwolf begnügen, wenn man das zerkleinerte Gut anschließend durch ein feines Sieb treibt. Noch besser ist eine Moulinette, ein spezieller elektrischer Apparat, dessen Messer mit hoher Geschwindigkeit rotieren und der alle Lebensmittel nach Wunsch hackt oder zu einem Mus verarbeitet.

*Moulinette:* Siehe »Mörser«.

*Nappieren:* Das Überziehen von Speisen mit Sauce. Diese muß so dickflüssig sein, daß sie in einer dünnen Schicht das ganze Gericht bedeckt.

*Oxydieren:* Siehe »braun werden«.

*Panade:* Mischung aus Mehl und einer Flüssigkeit, meistens Milch, die einer dünneren Mischung aus Fisch oder Fleisch und Eiweiß so viel Festigkeit gibt, daß man Klößchen oder ein Soufflé daraus bereiten kann.

*Paniermehl:* Mischung aus frischem, noch nicht vollkommen getrocknetem Weißbrot ohne Rinde (am besten Toastbrot-Krume) und Mehl. Ist leichter als Semmelbrösel und wird, durch die noch darin enthaltene Feuchtigkeit, schneller braun.

*Passieren:* Durch ein Sieb streichen oder treiben, auch durch ein Tuch drücken. Siehe auch »Sieb«.

*Persillade:* Fein gehackte Petersilie, meist noch mit etwas Knoblauch vermischt. Wird in der Lyonnaiser Küche sehr oft in letzter Minute noch über Fleisch- oder Fischgerichte gegeben.

*Pochieren:* Das Garziehen in sehr heißer, beinahe kochender Flüssigkeit. Auch Terrinen werden, in ein Wasserbad gestellt, im Ofen pochiert.

*Ramequin:* Kleine, portionsgerechte Gratinierförmchen.

*Reduktion - reduzieren:* Saucen oder Bratenfonds werden eingekocht, damit sie eine dichtere Konsistenz gewinnen und das Aroma konzentrieren. Dies ist vor allem sehr wichtig, wenn die Sauce mit Butter oder Sahne gebunden werden soll, denn nur, wenn die zu bindende Flüssigkeit dick genug ist, kann sie die Butter ohne Sahne aufnehmen, ohne sich sofort wieder von ihr zu trennen.

*Ruhen lassen:* Fleisch oder Geflügel muß nach dem Braten einige Zeit an einem warmen Ort (zwischen zwei heißen Tellern oder im abgeschalteten, geöffneten Ofen) ruhen, damit sich die Säfte im Innern verteilen können und beim Anschneiden nicht herauslaufen.

*Sahne:* In Frankreich kennt man praktisch weder das, was wir süße Sahne (Rahm) nennen, noch das joghurtähnliche Produkt, das bei uns als saure Sahne verkauft wird. Dort gibt es *crème fraîche, crème épaisse* und *crème double* sowie *crème fleurette*. Crème fraîche ist die dicke, zähflüssige Sahne, die man erhält, wenn man Milch lange genug stehen läßt, um dem Fett zu erlauben, sich an der Oberfläche abzusetzen. Heute erreicht man das freilich durch Zentrifugieren. Diese Sahne wird, wenn man ihr keine Fremdstoffe zusetzt, nach einiger Zeit dick – je nach Jahreszeit dauert das Stunden oder Tage. Bei uns, wo man die Sahne flüssig halten will, damit man sie bequem zu Schlagsahne verarbeiten kann, verhindert man dieses Dickwerden durch Homogenisiren, Abtöten der Keime und chemische Zusätze. Die dicke Sahne hat den Vorteil, daß sie eine Sauce viel besser bindet. Man kann dies mit unserer normalen Sahne nur erreichen, indem man sie dick einkocht (was allerdings den Fettanteil erhöht) oder indem man sie einige Tage über das angegebene Datum hin stehenläßt, am besten etwas geöffnet. An der Oberfläche bildet sich dann eine Schicht mit echter, ganz leicht säuerlicher, dicker Sahne. Das geht jedoch nur, wenn die Sahne nicht zu stark mit konservierenden Stoffen versetzt wurde. Leider wird die Sahne in vielen Gegenden Deutschlands so stark behandelt, daß sie bereits vor dem Dickwerden schlecht, d. h. bitter wird. Gute Sahne gibt es vor allem im Süden Deutschlands, ansonsten ist man auf Mitbringsel aus England, Dänemark oder Frankreich angewiesen. Crème épaisse und Crème double sind jeweils noch dicker gewordene Sahne, die auch einen höheren Fettanteil als die üblichen 30 Prozent aufweisen. Crème fleurette ist eine ganz frisch abgeschöpfte Sahne, die sehr gut durch unsere deutsche Sahne ersetzt werden kann. Will man eine dicke Sahne rasch herstellen, so kann man auch normale süße Sahne mit etwas saurer Sahne oder Joghurt vermischen und einen Tag stehen lassen. Vorsicht aber beim Kochen, die Sahne kann dann unter Umständen gerinnen und ausflocken!

*Salamander:* Ein fast ausschließlich in Restaurants gebräuchliches Gerät mit einer Heizschlange. Wenn man diese sehr stark aufheizt, bis sie rot glüht, kann man damit Speisen rascher und wirkungsvoller gratinieren als unter dem Grill. Vor allem Holländische Sauce oder ähnlich empfindliche Verbindungen lassen sich nur mit dem Salamander gut gratinieren, da die Hitze dann lediglich die Oberfläche erreicht und deshalb die Sauce nicht gerinnen kann.

*Sauce fertig machen:* Ganz zum Schluß, also direkt vor dem Servieren noch einmal abschmecken, mit Butter oder Sahne verrühren und nach Belieben noch mit einem Spritzer Wein vermischen, damit sie schön glänzt.

*Sauté:* Rasch angebratenes und dann weiter gedünstetes oder geschmortes Gericht, ähnlich wie Gulasch.

*Sautieren:* Sehr rasch anbraten, damit die Oberfläche sofort mit einer Kruste versehen wird. Der Ausdruck bedeutet springen (sauter): Die Hitze muß so groß sein, daß das sautierte Gut nicht ruhig auf dem Pfannen- oder Topfboden liegt, sondern leicht hüpft.

Auch Hochwerfen von Fleisch, Gemüse oder Pfannkuchen, um das Bratgut umzuwenden.
Das Durchschütteln von Gemüsen, die sich ganz zum Schluß noch mit Saucen-Fond oder Butter überziehen sollen (kräftiges Schwenken).

*Schalotten:* In Frankreich eine sehr übliche, bei uns leider weitgehend unbekannte, zwiebelartige Speisenwürze. Schalotten sind würziger, gleichzeitig feiner und weniger aufdringlich im Geschmack als Zwiebeln. Am besten sind die länglichen, grauen Schalotten aus der Provence und dem Südwesten oder die violetten Schalotten aus der Bretagne. Grünliche und gelbbraune Schalotten in runder Form sind weniger empfehlenswert. Man kann sich behelfen, indem man normaler, ausgereifter Zwiebel eine Spur Knoblauch zugibt.

*Senf:* Französischer Senf ist grundsätzlich anders aufgebaut als deutscher Senf. Meist nicht so fein gemahlen, immer fast ausschließlich aus Braunsenfsaat, wird er mit Essig (Weinessig) angemacht und nur gesalzen und nicht weiter gewürzt. Er eignet sich gut zum Abschmecken von Saucen, soll aber nicht mitgekocht werden. Früher wurde der berühmte Senf von Dijon mit dem Saft unreifer Trauben (verjus) bereitet, heute nimmt man fast ausschließlich Essig.

*Sieb:* In der Restaurantküche werden weitaus mehr verschiedene Siebe verwendet, als man einem normalen Haushalt zumuten kann. Hier genügt es, ein sehr feines kleines, ein großes feines und ein großes grobes Sieb zu besitzen. Ein Spitzsieb dient im allgemeinen zum Abseihen von Saucen und läßt sich durch ein normales, feines Sieb ersetzen. Manche Saucen werden durch ein Passiertuch gegeben. Hier nimmt man entweder das ganz feine Sieb oder behilft sich mit einem Tuch – besonders geeignet sind Mullwindeln. Auch das immer wieder verlangte Haarsieb (tatsächlich aus Pferdehaar hergestellt) läßt sich heute durch ein feinmaschiges Drahtsieb ersetzen. Schließlich verwendet man in Frankreich sehr häufig auch Siebe aus Aluminiumblech mit kleinen Löchern – vor allem zum kräftigen Ausdrücken von Fleisch und Gemüse in Saucen. Auch hierzu kann man bequem ein Drahtsieb nehmen.

*Spachtel:* Instrument zum Umrühren von Saucen. Hierzulande ist das vergleichbare Gerät der Kochlöffel. Der Spachtel hat jedoch den Vorteil, daß er eine gerade Kante am Ende hat, womit man den Boden eines Topfes oder einer Pfanne glatt abschabend säubern bzw. Ansetzendes lösen kann. Auch sind mit den rechtwinkligen Ecken die Bodenränder der Töpfe erreichbar, was mit einem Kochlöffel nicht der Fall ist. Man kann sich nur mit den Speziallöffeln behelfen, die ebenfalls eine nicht abgerundete Seite sowie ein Loch in der Mitte haben – übrigens ist dies ein typisches Beispiel, wie nachlässig die Geräteindustrie ist, denn der Kochlöffel, der für die früher gebräuchlichen Kochkessel mit abgerundetem Boden ein sinnvolles Instrument war, ist heute etwas außerordentlich Unpraktisches.

*Spitzendeckchen:* Tauchen bei der Anrichtung vor allem von Süßspeisen immer wieder auf. Heute fast immer aus Papier.

*Spritztüte:* Konditorgerät aus Leinen oder Plastik, in das Cremes, Sahne, dicke Saucen oder Farcen sowie Pürees gefüllt werden, um mit einer beliebig großen, leicht zu befestigenden Tülle glatt, gezackt oder in anderer Form gespritzt werden zu können. Es gibt heute auch praktische Instrumente aus festem Plastikmaterial, die einfacher zu handhaben sind.

*Terrine:* Form aus gebranntem Ton oder Steingut. Besonders geeignet zum Garen hitzeempfindlicher Speisen, weil das poröse Material die Hitze sehr sanft an das Gargut leitet. Ganz allgemein in irdenen Formen zubereitete Speisen.

*Tour:* Das Umschlagen und Ausrollen von mehreren Blätterteiglagen. Man sagt dann: eine Tour geben.

*Tränken:* Biskuit- und Gènoise-Böden läßt man vor dem Garnieren mit Obst vor dem Servieren in Alkohol liegen oder beträufelt sie damit, bis sie sich vollgesogen haben und weich werden.

*Trocken werden lassen:* Wenn Fleisch oder Gemüse angebraten wird, gibt man zum Aromatisieren und Lösen des Bratfonds häufig eine Flüssigkeit (meist Wein oder Kalbs-Fond) dazu. Vor dem weiteren Zubereiten läßt man nun diese Flüssigkeit wieder so weit verdampfen, bis sie fast völlig eingekocht ist.

*Überbacken:* Siehe »gratinieren«.

*Überglänzen:* Um ein schöneres Aussehen zu erreichen, zieht man Garnituren häufig vor dem Anrichten noch durch Fleisch-Glace oder knapp geschmolzenes Aspik, damit sich ein glänzender Überzug bildet. Auch das Begießen von kalten Speisen mit Aspik.

*Überziehen:* Siehe »nappieren«.

*Unterheben – unterziehen:* Vorsichtiges Vermischen von empfindlichen Flüssigkeiten oder einer Flüssigkeit bzw. Creme mit Eischnee, der dabei nicht zusammenfallen darf. Dazu hebt man die dichtere Masse mit einem Spachtel oder Teigschaber hoch und mischt die daraufliegende, leichtere Masse vorsichtig in einer Drehbewegung hinein.

*Vanille-Zucker:* In Frankreich ein gängiges Produkt, gemischt aus Zucker und getrocknetem Vanillemark. Bei uns nur mit braunem Zucker und Vanillemark in Reformhäusern erhältlich. Nicht zu verwechseln mit:

*Vanillin-Zucker:* Besteht aus Zucker und künstlichem Vanille-Aroma und ist echtem Vanille-Zucker weit unterlegen.

*Vinaigrette:* Die normale Salatsauce, bestehend aus Weinessig (vinaigre), Öl (Olivenöl), Pfeffer und Salz. Manchmal angereichert mit Senf und Kräutern (vor allem Estragon). Wird gerne zu gekochtem oder kaltem Fleisch gereicht.

*Warm halten:* Vor allem Fleisch oder Fisch muß warm gehalten werden, wenn die Sauce fertig gemacht wird. Kleinere Stücke legt man zwischen zwei heiße Teller, größere werden in den ausgeschalteten Ofen bei leicht geöffneter Tür geschoben und zweckmäßigerweise mit Alufolie abgedeckt, damit sie nicht austrocknen. Siehe auch »ruhen lassen«. Beim Warmhalten austretende Säfte werden zum Schluß noch beigemischt.

*Wasserbad:* Kombination aus zwei Töpfen, die man sich selbst zusammenstellen oder auch in perfekter Ausführung kaufen kann. Sehr hitzeempfindliche Speisen, etwa Béarner oder Holländische Sauce werden im Wasserbad bereitet, weil das nur heiße, noch nicht kochende Wasser eine sanfte Erwärmung der Speisen erlaubt. Terrinen werden im Wasserbad pochiert.

*Wasser ziehen lassen:* Das langsame Dünsten von Gemüse im offenen Topf, wobei die sanfte Hitze bewirkt, daß das Gemüse mehr Wasser abgibt, als verdunsten kann. Dabei tritt keine Bräunung auf, das Gemüse nimmt keine Farbe. Dieser Vorgang ist unerwünscht, wenn Gemüse, Fisch oder Fleisch angebraten werden sollen. Wasser zieht Kochgut entweder durch zu geringe Hitze oder weil zuviel davon im Topf oder in der Pfanne liegt. Vor allem Fleisch oder Fisch wird dann zäh, weil sich keine schützende Kruste bilden kann. Man verwendet, um das zu verhindern, möglichst großflächige Töpfe und gibt zum Anbraten immer nur einen Teil der insgesamt benötigten Menge hinzu. Wenn die erste Portion gebraten ist, nimmt man sie heraus und brät portionsweise den Rest.

*Ziselieren:* Das feine Einschneiden von auf Fleisch liegenden Fettschichten, die dadurch mehr Fett abgeben und die Hitze schneller in das

Fleisch eindringen lassen. Dasselbe gilt bei Fischen, wobei nebenher noch ein Zerschneiden von lästigen Gräten erreicht wird. Außerdem kann das Brat- oder Grillfett in den Fisch eindringen.

Das feine Einritzen von mit Eigelb bestrichenem Teig (vor allem Blätterteig), der auf diese Art verziert wird.

*Zuckerwaage:* Ein ebenso einfaches wie nützliches Instrument, das genau die Konzentration von Zucker in einer Flüssigkeit anzeigt. Eigentlich unerläßlich für die Herstellung von Eis und feinen Nachspeisen. Im Fachhandel leider nicht erhältlich – daher praktisch nur über Beziehungen zu bekommen: Fragen Sie Ihren Konditor, damit er Ihnen eine Waage über den Bäcker- und Konditor-Einkauf besorgt.

Die kleinen Vorspeisen (Hors-d'œuvre) stellen den Auftakt eines mehrgängigen Mittagessens dar. Sie werden sozusagen am Rande der eigentlichen Speisenfolge serviert, das heißt, als kleine Beiläufigkeiten, als Vorgeschmack dessen, was nun kommen soll: Vor dem eigentlichen Essen (œuvre) gereicht, sollten sie sich von diesem deutlich abheben. Sie dürfen keineswegs den Hunger wirklich stillen und müssen daher vielfältig, leicht und anregend sein.

Die warmen Vorgerichte bleiben vorzugsweise dem Abendessen reserviert.

Die Liste der Hors-d'œuvre ist unbegrenzt. Die Speisenzusammenstellungen, die auf diesem Gebiet möglich oder erlaubt sind, hängen nur vom Einfallsreichtum dessen ab, der sie zubereitet. Dieses Kapitel enthält daher weitaus mehr praktische Vorschläge als zahlreiche klassische Definitionen.

## Kalte Hors-d'œuvre

Hier kann man folgende Gruppen aufstellen:
verschiedene Wurstsorten und kalte Pasteten;
einfache und gemischte Salate;
Krusten- und Schalentiere; Fische;
Pilze sowie einige Gemüse;
kalte Eierspeisen;
Canapés, Blätterteigschnittchen (Millefeuilles) und ähnliches.

## Warme Hors-d'œuvre

Diese haben große Ähnlichkeit mit den kleinen Entrées, den Gerichten, die ein Menü üblicherweise einleiten. In manchen Menüs können sie deren Platz voll einnehmen. Hierzu gehören:
Schalentiere;
Pilze; Zusammenstellungen auf Gemüsegrundlage;
Soufflés;
Toasts;
Croquetten, Fritiertes, Beignets und ähnliches;
Krusteln, kleine Pastetchen;
Pasteten und Halbmondpastetchen (Rissolen);
kleine Aufläufe (Ramequins) und Pailetten;
heiße Wurstgerichte;
Verschiedenes.

Diese Liste muß vervollständigt werden durch verschiedene Buttermischungen (»beurre composé«), die eine große Hilfe bei der Zubereitung von Hors-d'œuvre sind und ihrer Vielfalt zugute kommen.

# Salatsaucen

### Erstes Rezept:
In eine Salatschüssel Salz, Pfeffer, feine Kräuter oder andere besonders ausgesuchte Gewürze geben. Mit 1 EL Weinessig auflösen, dann 3 EL Öl zufügen.

### Zweites Rezept:
Essig und Öl durch den Saft einer Zitrone und 3 EL Sahne ersetzen.

### Drittes Rezept:
2 hartgekochte Eigelb durch ein Sieb streichen – sie dürfen jedoch nur gerade eben hart sein, sonst wird sie trocken und nicht cremig.
In eine Salatschüssel geben und gründlich mit Salz, Pfeffer und 1 TL scharfen Senf vermischen. In kleinen Mengen unter ständigem, heftigem Schlagen mit dem Schneebesen zunächst 1 EL Essig und dann 3 EL Öl hineinarbeiten. Die Sauce soll gut gebunden und leicht sein. Zum Schluß das in feine Streifen geschnittene Eiweiß darunterrühren.

### Viertes Rezept:
Salzigen und recht fetten Brustspeck in nicht zu kleine Würfel schneiden. In einer Pfanne erst auslassen und anschließend anbraten. Über den gepfefferten, nur leicht mit Salz gewürzten Salat geben. Essig schnell in der noch heißen Pfanne erhitzen und ebenfalls darüber gießen; alles rasch vermischen und sofort servieren. Dieses Rezept enthält kein Öl, es wird durch das Fett des Specks ersetzt.
*Anm. der Übersetzer:* Dieses Dressing eignet sich nur für hartblättrige Salate (Endivien, Löwenzahn, Radicchio), die nicht durch den heißen Speck zusammenfallen.

### Fünftes Rezept:
Alle Salatzutaten werden leicht mit Salz, Pfeffer und feinen Kräutern gewürzt und dann mit einer leichten Senf-Mayonnaise angemacht.
Manche gemischten Salate kann man ebenso als Hors-d'œuvre wie als Begleitung zu kalten Gerichten reichen. Andere wiederum sind richtige kalte Vorspeisen (Entrées).
Die gemischten Salate werden immer in Salat- oder Kristallschüsseln angerichtet. Die Dekoration und das Geschirr werden als fester Bestandteil bei der Zusammenstellung eines bestimmten Salates betrachtet – dabei zeichnet sich der gute Geschmack durch Einfachheit aus.

# Kalte Hors-d'œuvre

## Salade de haricots verts
## Salat von grünen Bohnen

*Für 6 Personen: 1 kg feine grüne Bohnen (haricots verts aus Frankreich, Italien oder Kenia Prinzeß-Bohnen), 4 enthäutete und entkernte Tomaten, 50 g frische Trüffeln, 250 g frische Champignons. – Für die Sauce: 5 EL Walnußöl, 2 EL Rotweinessig (am besten aus Beaujolais); 2 sehr fein geschnittene Schalotten, Salz, frisch gemahlener Pfeffer*

Die grünen Bohnen putzen, also die Enden abbrechen und möglicherweise vorhandene Fäden entfernen. In reichlich sprudelnd kochendem Salzwasser kurz kochen, dabei knackig lassen. Sofort in kaltem Wasser abschrecken und abtropfen. In eine Salatschüssel geben und darüber die geviertelten Tomaten sowie die in feine Streifen (Julienne) geschnittenen Trüffel und Champignons verteilen. Erst am Tisch mit der Vinaigrette-Sauce anmachen, in der sehr fein geschnittene (oder auch geriebene) Schalotten verrührt wurden. Statt der Schalotten notfalls junge Zwiebeln nehmen.

## Salade Café de Paris
## Salat »Café de Paris«

*Kopfsalat, Salz, Pfeffer, Öl, Essig, Geflügelbrüste, Mayonnaise, Vinaigrette-Sauce, Anchovis-Filets, grüne Oliven, hartgekochte Eier*

Den Kopfsalat ganz normal mit einer einfachen Vinaigrette anmachen. In der Mitte einer Salatschüssel steil aufhäufen. Darauf fächerartig in dünne Scheiben geschnittene Geflügelbrüste (gekocht oder gebraten) anrichten – auch die Schenkel kann man verwenden. Alles mit einer dünnen Schicht sehr leichter und flüssiger Mayonnaise bestreichen. Ein Kopfsalatherz, das einige Minuten in 1 EL Vinaigrette-Sauce gelegen hat, auf die Spitze des Salatberges setzen. Rundherum mit eingelegten, längs entzweigeschnittenen Anchovis-Filets, entkernten grünen Oliven und hartgekochten Eivierteln dekorieren.

## Salade niçoise
## Nizzaer Salat

*Zu gleichen Teilen Kartoffeln, Tomaten, grüne Bohnen und Kopfsalatherzen, Öl, Essig, Salz, Pfeffer, 1 Zwiebel, ein paar Kerbelblätter*

Die Kartoffeln in Wasser kochen, abschrecken, schälen und in dünne Scheiben schneiden. Aus den gut reifen Tomaten den Stielansatz sowie die umliegenden, nicht ganz reifen Partien herausschneiden, häuten, entkernen und schließlich in Viertel schneiden. Die grünen Bohnen putzen und in Salzwasser knackig gar kochen. Alles in einer Salatschüssel vermengen und mit den in die einzelnen Blätter zerlegten Salatherzen vermischen. Mit Öl, Essig, Salz, Pfeffer, der sehr fein zerschnittenen Zwiebel und den erst im letzten Moment gezupften Kerbelblättern würzen und umwenden.

## Salade de bœuf Parmentier
## Rindfleischsalat mit Kartoffeln

*Gekochtes Ochsen- bzw. Rindfleisch, ebensoviel Kartoffeln, Salz, Pfeffer, Öl, Essig, fein geschnittene Zwiebeln, Kräuter nach Geschmack*

Das gekochte Fleisch (etwa Reste vom Pot-au-feu) in nicht zu große Würfel schneiden, ebenso gekochte oder gedämpfte Kartoffel. Noch heiß mit den übrigen Zutaten anmachen und gut durchziehen lassen.

## Salade de homard ou de langouste
## Langusten- oder Hummersalat

*Kopfsalat, Vinaigrette-Sauce, hartgekochte Eigelb, Hummer- oder Langustenschwänze, Mayonnaise, Anchovis-Filets, Kapern*

Einen Salat aus Kopfsalatherzen bereiten und mit einer Vinaigrette anmachen, die mit harten, aber nur kurz gekochten, zerdrückten Eigelb verrührt wurde. In einer Salat- oder Glasschüssel anrichten und darauf kreuzförmig Scheiben oder Schnitzel aus Hummer- oder Langustenschwänzen auslegen. Diese mit einer leichten Mayonnaise überziehen und mit in Rauten geschnittenen Anchovisfilets, einigen Kapern und hartgekochten Eivierteln garnieren.

## Salade de betteraves
## Salat von roten Rüben (Beete)

**Erstes Rezept:**
*Rote Rüben (Beete), Salz, Pfeffer, Essig, Öl, gehackter Kerbel oder Petersilie*

Die ausgesucht roten Rüben vorzugsweise im Ofen oder unter der Asche, sonst in kochendem Wasser garen. Diejenigen absondern, die einen starken Geschmack nach Erde aufweisen. Schälen und in Streifen (große Julienne) oder feine Scheiben schneiden. Mit den angegebenen Zutaten anmachen.

**Zweites Rezept:**
Die gleiche Zubereitung wie oben, aber pro rote Rübe eine mittelgroße Zwiebel dazugeben, die im mäßig warmen Ofen gegart und erkaltet in Scheiben geschnitten wurde.

**Drittes Rezept:**
*Rote Rüben (Beete), Salz, Pfeffer, Saft von ½ Zitrone, 2 EL dicke Sahne (crème fraîche), 1 TL scharfer Senf, Kerbel*

Die Rüben im Ofen, unter glühender Asche oder im Wasser garen, häuten und in dicke Streifen, Würfel oder feine Scheibchen schneiden. Mit Salz, Pfeffer, Zitronensaft, Sahne und Senf anmachen. In kleinen Schälchen oder Salatschüsseln anrichten und kurz vor dem Servieren mit je einer Prise gehacktem Kerbel bestreuen.

## Salade de pommes de terre
## Kartoffelsalat

*1 kg Kartoffeln, gelb und festkochend (am besten holländische), Salz, 6 EL trockener Weißwein, Pfeffer, Essig, Öl, gehackter Kerbel und gehackte Petersilie, Zwiebeln oder Schalotten*

Die Kartoffeln in Salzwasser so kochen, daß sie nicht zerfallen. Wasser abgießen und die Kartoffeln am Herdrand ausdampfen lassen, damit sie trocken werden. Noch heiß schälen, in Scheiben schneiden und sofort, also noch heiß, mit dem Weißwein begießen und durchziehen lassen. Dann mit den übrigen Zutaten würzen, nach Belieben sehr fein zerschnittene Zwiebeln oder Schalotten zufügen.

## Salade de tomates
## Tomatensalat

**Erstes Rezept:**

*Tomaten, Vinaigrette-Sauce, Estragon*

Gut gereifte Tomaten auswählen. Die Stielansätze und die benachbarten Partien, die im allgemeinen nicht ganz reif sind, herausschneiden. Sechs Sekunden in kochendes Wasser halten, abtropfen, unter kaltem Wasser abschrecken und häuten. Die Tomaten in Scheiben von 1 mm Dicke schneiden, das Fruchtwasser und die Kerne entfernen. In einem Schälchen anrichten, mit Vinaigrette-Sauce begießen und mit einer Prise gehacktem Estragon bestreuen. Vor dem Servieren einige Minuten durchziehen lassen.

**Zweites Rezept:**

*Tomaten, Vinaigrette-Sauce, Kerbel, Estragon, Zwiebeln*

Die Tomaten wie oben angegeben vorbereiten. Leicht zusammendrücken, damit sie ihr Wasser und die Kerne verlieren, dann aber vierteln, anstelle sie in Scheiben zu schneiden. In einer Salatschüssel mit Vinaigrette-Sauce, gehacktem Kerbel und Estragon sowie einer fein geschnittenen Zwiebel würzen und eine Stunde durchziehen lassen. Umwenden und in einer Kristallschüssel anrichten. Mit hauchdünn geschnittenen Zwiebelringen belegen, die sich überschneiden; in die Mitte eine Prise gehackten Kerbel geben. Am Tisch präsentieren und dann vor dem Servieren ein letztes Mal umwenden, damit sich die einzelnen Elemente des Salates mischen und von der Würze vollständig durchdrungen werden.

## Salade demi-deuil
## »Halbtrauer«-Salat

*Kartoffeln, Trüffeln, 1 gehäufter TL Senf, 1 TL Essig, Salz, Pfeffer, 1 guter EL Sahne*

Die Kartoffeln in Wasser kochen, schälen und in große Würfel schneiden. Eine ebenso große Menge von rohen oder gekochten, in dicke Streifen geschnittenen Trüffeln zufügen. Mit einer Senf-Sahne-Sauce anmachen: Dazu Senf, Essig, Salz und Pfeffer vermischen und zum Schluß mit Sahne verrühren. In einer Salatschüssel anrichten.

## Salade de concombre
### Gurkensalat

*1 Gurke, feines Salz, Pfeffer, Öl, Essig, fein gehackter Kerbel*

Die Gurke schälen und der Länge nach halbieren. Mit einem Löffel die Kerne aus dem Fruchtfleisch lösen; dieses in dünne Scheiben schneiden, auf einer Platte ausbreiten und mit feinem Salz bestreuen. Gut mischen, in eine Salatschüssel geben und eine Stunde durchziehen lassen, damit die Gurken möglichst viel Wasser abgeben. Dieses abgießen, die Gurken trocken schütteln und mit den angegebenen Zutaten anmachen. Auf einem Vorspeisenteller anrichten.

## Salade de chou-fleur
### Blumenkohlsalat

*1 Blumenkohl, Essig, Salz, Vinaigrette-Sauce, Senf, K bel*

Einen festen und weißen Blumenkohl in die einzelnen Röschen zerteilen. Die Stiele recht kurz abschneiden, die verbleibenden Stielansätze jeweils schälen. In Wasser, das mit etwas Essig gesäuert wurde, waschen, damit die winzigen Schnecken, die sich in den Röschen verbergen können, herausgespült werden. 5 Minuten überbrühen, abtropfen und dann in gesalzenem Wasser (10 g Salz pro Liter) gar kochen. Sehr leise kochen lassen, damit die Röschen nicht beschädigt werden. Erneut abtropfen, auf kleinen Schälchen oder in Schüsseln anrichten und mit einer Vinaigrette-Sauce begießen, die mit Senf und gehacktem Kerbel angereichert wurde.
Zum Tisch bringen, vorzeigen und erst dann vorsichtig umwenden und servieren.

## Salade de céleri ou rémoulade
### Selleriesalat (Staude)

*1 Staude Bleichsellerie, Vinaigrette-Sauce, Senf, Salz, Pfeffer, Zitronensaft und dicke Sauce (crème fraîche) oder Remouladen-Sauce*

Das schön helle Herz der Selleriestaude freilegen, die äußeren, harten Stangen für eine Suppe oder ähnliches zurückbehalten. Falls nötig, auch von den inneren Stangen am Rücken verlaufende Fäden abziehen. Die zarten Stangen in 8 bis 10 cm lange Abschnitte teilen, diese wiederum in dünne Scheiben schneiden, jedoch an der einen Seite nicht ganz durchschneiden, so daß die Abschnitte wie eine Ziehharmonika zusammenhalten. Für 40 Minuten in kaltes Wasser legen. Herausnehmen und sorgfältig abtropfen. Mit einer Vinaigrette-Sauce, die mit sehr viel Senf und den übrigen Zutaten angerichtet wurde oder auch mit Remouladen-Sauce anmachen.

## Salade de célerie-rave ou rémoulade
## Selleriesalat (Knolle)

**Erstes Rezept:**
*1 Sellerieknolle, Salz, 1 TL Senf, 1 Prise frisch gemahlener weißer Pfeffer, ½ EL Essig, 10 EL Öl*

Die geschälte Sellerieknolle in feine Streifen (Julienne) schneiden und leicht mit Salz bestreuen. Alles gut vermischen, in eine Terrine geben und eine Stunde durchziehen lassen. Die Julienne abtropfen und mit einem Tuch oder Küchenpapier trocknen. Dann mit folgender Sauce anmachen:
In einer Schale Senf, eine Prise Salz, Pfeffer und Essig vermischen und auflösen. Unter kräftigem Schlagen mit dem Schneebesen nach und nach das Öl tropfenweise wie bei einer Mayonnaise hineinarbeiten. Die Selleriestreifchen müssen von dieser gut gebundenen Sauce völlig eingehüllt sein. In Salatschüsselchen oder auf Vorspeisentellerchen anrichten.

**Zweites Rezept:**
Die Selleriestreifchen (Julienne) 5 Sekunden überbrühen, abtropfen und abkühlen lassen. Dann wie oben angegeben anmachen.

**Drittes Rezept:**
Die Selleriestreifchen (Julienne), die man auch mit einer Rohkostraffel herstellen kann, eine halbe Stunde im Saft einer Zitrone ziehen lassen. Dann mit einer stark mit Senf gewürzten Mayonnaise oder Remouladen-Sauce anmachen.

## Salade de chou rouge ou chou de Milan
## Rotkohl- oder Wirsingsalat

**Erstes Rezept:**
*1 kleiner Kohlkopf, feines Salz, Knoblauchzehen, frisch gemahlener Pfeffer, Lorbeerblätter, Essig*

Vom Kohlkopf die äußeren Blätter entfernen, bis nur noch das feste, innere Herz übrig ist. Die einzelnen Blätter ablösen, die harten Rippen herausschneiden, gut waschen, abtropfen, übereinanderlegen und in feine Streifen schneiden. Diese Streifen 6 Minuten mit kochendem Wasser überbrühen, dann gründlich trocken schütteln. Nun in Schichten in eine Terrine füllen. Jede Schicht mit etwas Salz bestreuen, mit einer Knoblauchzehe belegen und etwas Pfeffer sowie ein Stückchen Lorbeerblatt daraufgeben. Schließlich mit aufgekochtem und wieder erkaltetem Essig begießen, bis der Kohl vollkommen bedeckt ist. Zwei Tage marinieren lassen. Nachsehen, ob der Essig immer noch alles bedeckt (nötigenfalls Essig zufügen), das Gefäß verschließen und kühl aufbewahren, bis der Kohl auf eine der folgenden Arten verwendet wird:
a) ohne weitere Zutaten servieren;
b) Abtropfen und mit 3 EL Öl auf 150 g Kohl anmachen;
c) Nach einem erneuten Würzen und Vermischen mit Öl die gleiche Menge säuerlicher, in feine Scheiben geschnittener Äpfel zufügen und umwenden.

**Zweites Rezept:**
In einem Topf ⅕ l Essig aufkochen lassen; die Kohlstreifen zufügen, einige Minuten heftig kochen, dann abkühlen lassen. Im Moment des Servierens den Kohl herausnehmen, etwas abtropfen lassen und mit Salz, Pfeffer und Öl anmachen.
Bei beiden Verfahren wird der Kohl zart und leichter verdaulich gemacht.

## Harengs marinés
## Marinierte Heringe

Sie werden wie die Makrelen (siehe Seite 55) zubereitet.
*Anmerkung* – Es ist empfehlenswert, die marinierten Fische zwei Tage vor dem Gebrauch zuzubereiten und inzwischen an einem recht kalten Ort gut durchziehen zu lassen.

## Petits rougets à l'orientale
## Kleine Meerbarben auf orientalische Art

*12 kleine Meerbarben aus dem Mittelmeer, 4 EL Olivenöl, Salz, frisch gemahlener Pfeffer, 1/10 l trockener Weißwein, 4 gehäutete, entkernte und gewürfelte Tomaten, 1 Zweig Thymian, 1/2 Lorbeerblatt, 1 zerdrückte Knoblauchzehe, 1 Prise Safran, 1 Zitrone*

Die Kiemen der Meerbarben entfernen, die Fische aber nicht ausnehmen. Schuppen, abwischen und dicht nebeneinander in eine mit Öl ausgestrichene, feuerfeste Platte legen. Mit Salz und Pfeffer würzen. Öl, Weißwein, die zerdrückten Tomaten und die Gewürze miteinander vermischen und über die Fische gießen. Alles in heißem Ofen 8 bis 10 Minuten überbacken und abkühlen lassen.
Sehr kalt servieren, vorher auf jeden Fisch eine vollkommen geschälte Zitronenscheibe legen.
*Anm. der Übersetzer:* Meerbarben findet man bei uns immer häufiger tiefgekühlt aus Italien (Triglie). Allerdings handelt es sich um eine weniger feine Art. Vorsicht, die Fische haben viele Gräten. Man kann das Gericht 24 Stunden im Kühlschrank durchziehen lassen, was dem Geschmack sehr zugute kommt.

## Maquereaux marinés
## Marinierte Makrelen

*12 kleine Makrelen, Salz, frisch gemahlener Pfeffer, 1/4 l trockener Weißwein, 1/2 l Essig, 1 mittelgroße Möhre in feinen Scheiben, 1 große Zwiebel in dünnen Ringen, 1 Zweig Thymian, 1/2 Lorbeerblatt, 2 Zitronen*

Die Makrelen ausnehmen, auswaschen, die Flossen abschneiden und abtrocknen. Dicht nebeneinander in eine feuerfeste Platte legen. Mit Salz und Pfeffer würzen und mit einer Marinade aus den angegebenen Zutaten begießen, die vorher 20 Minuten gekocht hat. Im Ofen 8 bis 10 Minuten gar ziehen, dann abkühlen lassen.
Sehr kalt servieren, vorher auf jeden Fisch eine vollkommen geschälte Zitronenscheibe legen.

## Moules au Safran
## Safranmuscheln

*2 kg gut gereinigte Mies-Muscheln, 1 große Zwiebel, ⅕ l trockener Weißwein, 1 Stengel Petersilie, 1 Zweig Thymian, ½ Lorbeerblatt, 1 Prise frisch gemahlener Pfeffer, 1 Prise Safran, 4 EL Öl*

In einem großen Topf die Muscheln, die in kleine Würfelchen geschnittene Zwiebel, den Wein und die Gewürze vermischen. Rasch auf großer Flamme erhitzen und öfters durchschütteln, damit sich alle Muscheln öffnen. Vom Feuer nehmen und die Kochflüssigkeit in einen anderen Topf abgießen. Auf großer Flamme rasch um ⅔ einkochen, dabei das Öl zugeben, das sich mit der heftig aufwallenden Flüssigkeit zu einer leichten Emulsion verbinden soll. Abkühlen lassen. Von jeder Muschel eine Schalenhälfte entfernen, die Muscheln in der anderen Hälfte nebeneinander auf eine Platte oder auf Vorspeiseteller anrichten und mit dem Kochsud begießen. Gut gekühlt servieren.

*Anm. der Übersetzer:* Den Kochsud durch ein feines Sieb oder ein Tuch abgießen, damit aller Sand zurückbleibt. Die Sauce erst zum Schluß, falls nötig, salzen.

## Artichauts à la grecque
## Artischocken auf griechische Art

*12 kleine Artischocken von der länglichen Sorte, 12 kleine weiße Zwiebeln –* Für die Marinade: *½ l Wasser, 15 g Salz, 10 Pfefferkörner, 3 Zitronen (Saft), 1 Zweig Thymian, ½ Lorbeerblatt, 1 Zweiglein Sellerieblätter, 1 Prise Fenchelsamen oder 1 Zweig frischer Fenchel, 15 Korianderkörner, ⅕ l Öl*

Von den Artischocken den Stiel und die unteren harten Blätter abschneiden; auch die Blattspitzen um 2–3 cm kürzen; diese Herzen vierteln und zusammen mit den geschälten Zwiebeln in die heftig kochende Marinade werfen, die auf folgende Art zubereitet wurde: Das Wasser zum Kochen bringen, die übrigen Zutaten hineingeben, das Öl aber erst nach 5 Minuten, zusammen mit Artischocken und Zwiebeln. Etwa 20 Minuten kochen lassen; zur Garprobe aus einem Artischockenboden ein Blatt herauslösen – das muß leicht gehen. In eine Terrine füllen und abgekühlt servieren.

*Anm. der Übersetzer:* Für dieses Gericht braucht man sehr kleine Artischocken, die zu uns nur im Frühjahr aus Süditalien kommen. Man kann sich jedoch auch mit den noch vor dem Kochen sauber ausgeschnittenen und geviertelten Böden der großen Artischocken behelfen; es entsteht dabei allerdings viel Abfall. Manchmal fügt man der Marinade noch etwas trockenen Weißwein zu.


## Paillettes d'anchois
## Anchovisstäbchen

*Blätterteig, Anchovisbutter*

Aus dem Blätterteig (gut geeignet sind Reste) einen hauchdünnen, 6 cm breiten Streifen ausrollen. Mit einer Gabel häufig einstechen und im heißen Ofen backen. Nach dem Erkalten eine dicke Schicht Anchovisbutter daraufstreichen und in Stäbchen zerschneiden. Sofort servieren, solange sie noch frisch und leicht sind.


## Champignons à la grecque
## Champignons auf griechische Art

*250 g kleine, weiße, ganz frische und feste Champignons, ¼ l Wasser, 3 EL trockener Weißwein, 2 Zitronen (Saft), 1 Stück Zucker, 5 g Salz; 1 Prise Fenchelsamen oder ein kleiner Zweig Fenchel, 10 Korianderkörner, 1 Zweig Thymian, ½ Lorbeerblatt, 10 Pfefferkörner, 1 Zweiglein Sellerie (alle diese Gewürze in einem kleinen Säckchen verschlossen); 3 EL Öl*

Die Champignons sorgfältig reinigen, vor allem Sand und Erde am Stielende entfernen. Ganz kurz überbrausen, sofort trocken schütteln. Wasser, Weißwein, Zitronensaft und die angegebenen Gewürze in einem Topf aufsetzen und 5 Minuten kochen lassen. Nun die Champignons zufügen und weitere 5 Minuten kräftig sprudelnd kochen. Jetzt das Öl zufügen, wobei sich eine leichte Emulsion bildet. Abkühlen lassen.
In eine irdene Schüssel umgießen und gut gekühlt servieren.

## Chou-fleur à la grecque
## Blumenkohl auf griechische Art

*1 Blumenkohl, Salz, 12 kleine weiße Zwiebeln, 3 Tomaten, Marinade wie für »Artichauts à la grecque«*

Einen schönen weißen und festen Blumenkohl auswählen und in die einzelnen Röschen zerteilen. Die Stiele der Röschen sorgfältig schälen. Gründlich waschen und in kochendes, mit 10 g Salz pro Liter versetztes Wasser werfen. 5 Minuten kochen lassen, herausnehmen, unter kaltem Wasser abschrecken und abtropfen lassen. Weiter wie Artischocken zubereiten: Mit den Zwiebeln in die kochende Marinade geben. Kurz vor dem Ende der Kochzeit die gehäuteten und entkernten, in Viertel geschnittenen Tomaten zufügen.

## Poireaux à la grecque
## Lauch auf griechische Art

*Einige Lauchstangen, Salz, Marinade wie für »Artichauts à la grecque«*

Von den Lauchstangen das Weiße auslösen und auf 8 bis 10 cm Länge zurechtschneiden. Etwa 10 Minuten in kräftig gesalzenem Wasser blanchieren. Abtropfen, abschrecken und weiter wie die Artischocken zubereiten.

## Salade de champignons
## Champignonsalat

*300 g mittelgroße, feste, weiße und ganz frische Champignons, Salz, Pfeffer, 1 Prise Zucker, 1 Zitrone (Saft), Sahne oder Öl, Kräuter und Gewürze nach Belieben*

Die Champignons sorgfältig putzen und waschen, in dünne Scheiben schneiden (blättern) und in eine Salatschüssel geben. Mit Salz, frisch gemahlenem Pfeffer, Zucker, Zitronensaft und Sahne oder auch Öl anmachen. Nun nach Belieben weiter würzen mit Estragon oder Kerbel, gehacktem Fenchellaub oder Thymianblüten, zerdrücktem Knoblauch, getrockneten Gewürzen oder anderem. Das Würzen ist eine Frage des Geschmacks und der Abstimmung.

## Petits oignons à l'orientale
## Kleine Zwiebeln auf orientalische Art

*Kleine Zwiebelchen in gleichmäßiger Größe, trockener Weißwein, Öl, 3 Tomaten, Salz, Pfeffer, 1 Knoblauchzehe, einige Korianderkörner, 1 gute Prise Safran*

Die Zwiebelchen schälen und nebeneinander auf dem Boden einer entsprechend großen Bratpfanne ausbreiten. Mit einer Mischung aus Weißwein und Öl zu gleichen Teilen aufgießen, bis sie eben bedeckt sind. Dann mit gut reifen, gehäuteten, entkernten und fein zerdrückten Tomaten bedecken. Mit Salz, frisch gemahlenem Pfeffer, geriebenem oder ausgepreßtem Knoblauch und einigen Korianderkörnern würzen und zum Schluß mit recht viel Safran bestreuen, der das Gericht geschmacklich dominieren soll. Einen Deckel auflegen, zum Kochen bringen und leise köcheln lassen, bis die Zwiebeln gerade gar geworden sind. Abkühlen lassen, in eine Schüssel füllen und kalt stellen. Ohne weitere Veränderung servieren.

*Anm. der Übersetzer:* Man findet bei uns nur selten die richtigen Zwiebelchen. Entweder verwendet man junge Frühlingszwiebeln oder besorgt sich im Winter oder Frühjahr in einem Gärtnereigeschäft kleine Saatzwiebeln. Man sollte sich aber vergewissern, daß sie nicht chemisch behandelt wurden. Notfalls verwendet man die kleinen, flachen italienischen Zwiebeln (Cipolline).

## Œufs farcis au paprika
## Gefüllte Eier mit Paprika

*Hartgekochte Eier, Butter oder dicke Sahne (crème fraîche), Salz, Paprikapulver*

Die Eier kochen, aber nicht zu hart werden lassen (das Gelbe darf keinen blau-grünen Rand bekommen). Abschrecken, schälen und der Länge nach aufschneiden. Das Gelbe herauslösen und in einem Schälchen mit einer Gabel zerdrücken. Mit ebensoviel zimmerwarmer Butter oder dicker Sahne vermischen und mit Salz und Paprika nach Geschmack würzen. Diese Creme in die Eiweißhälften zurückfüllen, dabei leicht aufgehäuft glattstreichen.
Auf Vorspeisentellerchen servieren.

## Fromage hongrois
## Ungarischer Käse

Für 6 Personen: *300 g Doppelrahm-Frischkäse (Gervais), 6 schöne rote oder grüne Paprikaschoten, 50 g Butter, 30 g milde, gehackte Zwiebeln, 20 g erstklassiger ungarischer Paprika (Delikateß-Paprika), 10 g Kümmelsamen, 20 g fein geschnittener Schnittlauch, Salz, weißer Pfeffer*

Die Paprikaschoten waschen, trocknen, den Stielansatz herausschneiden und die Kerne entfernen. Die Butter schmelzen lassen und die Zwiebeln darin andünsten, ohne sie Farbe annehmen zu lassen. Abgekühlt mit dem Gervais vermischen, die übrigen Gewürze hineinarbeiten, vorsichtig mit Salz und frisch gemahlenem Pfeffer abschmecken. Diese Creme in die Paprikaschoten füllen.
Die Paprikaschoten auf einer Käseplatte servieren.

# Warme Hors-d'œuvre

## Huîtres à la florentine
## Austern auf Florentiner Art

Für 6 Personen: *36 flache Austern (Bélons, Impérials, Limfjord), 6 kräftige Handvoll Spinat, Salz, 120 g Butter, Muskatnuß, eventuell 1 Prise Zucker, geriebener Parmesan oder Gruyère (Greyerzer Käse), etwas frische Semmelbrösel, etwas geschmolzene Butter*

Die Austern öffnen und das Fleisch von den Schalen lösen. In ihrem Wasser aufbewahren, die unteren, stark gewölbten Schalen sorgfältig reinigen. Den Spinat putzen, alle Stiele und dicken Blattrippen entfernen. In kochendes, gut gesalzenes Wasser geben, zusammenfallen lassen, vom Feuer nehmen und 10 Minuten ziehen lassen. Den Spinat herausnehmen, abschrecken, gut abtropfen lassen und schließlich fest drücken, damit alles Wasser herausgepreßt wird.
In einer Pfanne rasch die Hälfte der Butter erhitzen. Wenn sie zu schäumen beginnt, den Spinat dazugeben. Salzen, mit einer Spur eben geriebener Muskatnuß würzen und, wenn der Spinat nicht ganz jung und etwas bitter ist, mit einer Prise Zucker süßen. Bei starker Hitze

etwa 2 Minuten ständig umwenden. Neben dem Feuer die restliche Butter hineinarbeiten

Die gereinigten Austernschalen erhitzen und mit dem Spinat füllen. In jede Schale eine gut abgetropfte und vom dunklen, fransigen Rand befreite Auster setzen. Austern und Spinat reichlich mit einer Mischung aus geriebenem Käse und Semmelbrösel bestreuen. Mit einigen Tropfen geschmolzener Butter beträufeln und in den sehr heißen Ofen, dicht unter die Hitzequelle (nur Oberhitze oder unter den Grill) schieben. 5 bis 6 Minuten gratinieren, bis sich die Oberfläche goldbraun färbt.

Jeweils 6 Austern auf einem mit einer Serviette ausgelegten Teller servieren.

## Quiche Lorraine
### Lothringer Specktorte

Für 4 Personen: *150 g Auslegeteig (pâte à foncer), 50 g geräucherter Brustspeck in dünnen Scheiben, 20 g Butter, 50 g Gruyère (oder Emmentaler), ebenfalls in dünnen Scheiben, 1 kleine, sehr fein geschnittene Zwiebel, $2/5$ l Sahne oder Milch, 3 Eier, Salz, frisch gemahlener Pfeffer*

Den Teig ausrollen und eine runde Kuchenform von 20 cm Durchmesser damit ausschlagen. Die Speckscheiben etwas entsalzen; dazu etwa 2 Minuten in kochendes Wasser geben. Dann in einer Pfanne in der gut heißen Butter ein wenig schmelzen und leicht kroß werden lassen. Herausnehmen und abwechselnd mit den Käsescheiben auf dem Tortenboden auslegen. Die Zwiebeln in der Speckbutter garen, ohne daß sie Farbe annehmen. Die Eier mit der Sahne oder Milch (nach Belieben auch einer Mischung von beidem) schlagen und neben dem Feuer mit den Zwiebeln vermischen. Diese Mischung leicht pfeffern und salzen – dabei beachten, daß Speck und Käse im allgemeinen schon etwas salzig sind. Alles über Speck und Käse auf die Torte gießen. 35 Minuten im gut heißen Ofen bei starker Unterhitze backen.

*Anmerkung:* Wenn eine Quiche Lorraine in einem Ofen gebacken werden soll, der von unten nicht ausreichend Hitze liefert (und das ist bei Haushaltsherden häufig der Fall), empfiehlt sich, den Boden zuerst blind zu backen. Dazu mit einem feinen Papier (Pergament) bedecken und mit Kirschkernen oder getrockneten Hülsenfrüchten, die man freilich dafür opfern muß, auffüllen, damit sich der Boden nicht hebt.

## Risotto aux foies de volailles
## Geflügelleber-Risotto

*Für 4 Personen: 1 mittelgroße Zwiebel, 60 g Butter, 125 g Reis, ½ l helle Fleischbrühe, 6 Geflügellebern, Salz, Pfeffer, 6 schöne Champignons, 1 Schalotte, 1 EL gebundener Kalbs-Jus*

Die sehr fein geschnittene Zwiebel in ⅓ der Butter in einem Topf hellgelb werden lassen. Den Reis zufügen und in der Butter erhitzen. Die Fleischbrühe zufügen, bedecken und 18 Minuten leise kochen lassen. In diesem Moment den Reis in einen anderen Topf geben, vorsichtig das zweite Drittel der Butter untermischen, abschmecken und in eine tiefe Schüssel geben.
Die Lebern halbieren, mit Salz und Pfeffer würzen und im letzten Drittel der Butter bei lebhafter Flamme rasch anbraten. Sie dürfen jedoch nicht zu durch braten und müssen innen noch rosa sein. Die geputzten, geviertelten Champignons und die fein gehackte Schalotte dazugeben, alles rasch erhitzen und gar werden lassen, ganz zum Schluß mit dem Kalbs-Jus neben dem Feuer verrühren.
*Anmerkung:* Der Reis soll sich, obwohl vollkommen gar, locker voneinander trennen und darf nicht klebrig sein.
*Anm. der Übersetzer:* Man kann Reis und Geflügelleber getrennt reichen oder kurz vor dem Servieren vermischen.

## Aubergines provençales
## Provenzalische Auberginen

*4 kleine Auberginen, Fett zum Ausbacken, 1 EL Öl, 4 mittelgroße Tomaten, 1 kleine Knoblauchzehe, Salz, Pfeffer, etwas Butter, Semmelbrösel, Tomatensauce oder weitere Butter*

Die Auberginen längs aufschneiden und 5 Minuten im heißen Fett backen. Das Fruchtfleisch weitgehend herauslösen und grob hacken. Inzwischen in einer Pfanne in 1 EL Öl die gehäuteten, entkernten und dann zerdrückten Tomaten anbraten, die zerdrückte Knoblauchzehe und das gehackte Fruchtfleisch der Auberginen zufügen. Mit Salz und Pfeffer abschmecken. Die Auberginen auf einer gebutterten, feuerfesten Platte anrichten, mit den Tomaten füllen und mit geriebenem frischen Toastbrot oder Semmelbröseln bestreuen. Mit geschmolzener Butter beträufeln und im Ofen gratinieren. Die fertigen Auberginen entweder von einer Tomatensauce umgeben servieren oder im letzten Moment mit frisch geschmolzener, schaumiger Butter besprengen.

## Croquettes de coquillages
## Muschel-Kroketten

*750 g Muscheln, 200 g Champignons, 50 g Butter, 6 EL Béchamel-Sauce, 2 Eigelb, 50 g nicht zu frisches geriebenes Toastbrot, 50 g Mehl, 1 ganzes Ei, Ausbackfett, Tomatensauce*

Die Muscheln sorgfältig waschen und diejenigen, die Schlamm enthalten, absondern. In einem großen Topf erhitzen, bis sie sich öffnen. Die Muscheln aus den Schalen nehmen, den fransigen Rand entfernen, das Fleisch in grobe Würfel schneiden.
Die Champignons reinigen, rasch waschen, abtropfen, abtrocknen und ebenfalls in Würfel schneiden. Die Butter in einer Pfanne erhitzen, bis sie zu schäumen beginnt, die Champignons kurz auf großer Flamme garen. Dann die Muscheln zufügen sowie die sehr dick eingekochte Béchamel-Sauce. Zum Schluß neben dem Feuer die beiden Eigelb unterziehen, wie es bei den Geflügelkroketten erklärt wird, und die Kroketten, wie dort angegeben, fertigstellen.
*Anm. der Übersetzer:* Um die Muscheln sich öffnen zu lassen, erhitzt man etwas Wein und Wasser in einem großen Topf. Die Muscheln hineingeben, Deckel auflegen und 3 bis 4 Minuten auf großer Flamme kochen. Die Muscheln müssen sich nun geöffnet haben. Den Sud durch einen Kaffeefilter geben und für eine Suppe oder Sauce aufheben (kann auch eingefroren werden).

## Fritots
## Ausgebackenes

Die Fritots erlauben, wie viele andere Vorspeisen, auch eine gute Resteverwertung. Fisch, Muscheln, Geflügel, Fleisch, Innereien oder Gemüse werden in kleine Stäbchen oder Stücke geschnitten, in Ausbackteig getaucht und in rauchendem Fritierfett schwimmend ausgebacken.
Man serviert sie, wie auch kleine Krusteln, mit Sauce oder einer gewürzten Butter (beurre composé).

## Soufflés au parmesan
### Parmesan-Soufflés

Für 4 Personen: *2/5 l Milch, 75 g Mehl, Salz, Pfeffer, Muskatnuß, 60 g Parmesan (oder Gruyère), 30 g Butter, 4 Eier*

Die Milch aufkochen lassen; wenn sie etwas abgekühlt ist, in kleinen Mengen zum Mehl gießen und stetig mit einem Kochlöffel durchrühren, bis eine homogene, glatte Mischung ohne Klümpchen entsteht. Leicht salzen, mit etwas Pfeffer und einer Prise Muskatnuß abschmecken. Wieder erhitzen, dabei ständig umrühren. Beim ersten Aufkochen vom Feuer nehmen und in diese cremige Sauce sofort den Parmesan oder Gruyère, die Butter und schließlich die mit 2 EL Milch verschlagenen Eigelb hineinrühren.
Die Eiweiß getrennt sehr fest und schaumig schlagen und so vorsichtig unter die oben hergestellte Mischung heben, daß der Schnee nicht – bzw. so wenig wie möglich – zusammenfällt.
Mit dieser Masse kleine Porzellanförmchen füllen und im mäßig heißen Ofen 10 Minuten backen. Sofort servieren.
*Anm. der Übersetzer:* Der Käse löst sich am besten in der Milch auf, wenn er frisch gerieben dazugegeben wird. Den Eischnee wirklich sehr fest schlagen und unter die etwas abgekühlte Masse heben. Die Förmchen buttern, evtl. mit Semmelbröseln ausstreuen. Nur bis zu ¾ Höhe füllen, damit die Soufflémasse Platz zum Aufgehen hat.

## Soufflés au jambon
### Schinken-Soufflés

Für 10 Personen: *250 g magerer gekochter Schinken, 30 g Butter, 1 Prise Paprikapulver, ½ l Béchamel-Sauce, 3 Eier*

Den Schinken mit der Butter vollkommen zerstoßen, durch ein feines Sieb passieren und das erhaltene Püree mit Paprika würzen. Die Béchamel-Sauce erhitzen und die Schinkenmasse darin verrühren. Nun rasch die 3 Eigelb zufügen, zum Schluß die zu einem sehr festen Schnee geschlagenen Eiweiß unterziehen. Dabei darauf achten, daß der Schnee nicht zusammenfällt.
In eine gebutterte Souffléform oder kleine Porzellanpfännchen füllen. Im mittelheißen Ofen backen. Die Masse geht gut auf und verdoppelt

ihr Volumen über der Soufflèform, wenn man diese bis beinahe zum Rand füllt. Daher muß das Soufflé sehr rasch serviert werden, ehe es zusammenfällt.

*Anm. der Übersetzer:* Man kann den Schinken auch mehrmals durch die feine Scheibe des Fleischwolfs drehen oder in der Moulinette pürieren und dann gründlich mit der Butter vermischen. Die Béchamel-Sauce sollte gut gewürzt, aber nicht zu salzig sein, denn auch der Schinken ist gesalzen.

## Croquettes de volaille
## Geflügel-Kroketten

*250 g gekochtes Geflügelfleisch, 100 g frische Champignons, 100 g magerer gekochter Schinken oder geräucherte Zunge, 50 g rohe Trüffeln (vor allem während der Saison), 150 g Butter, 2/5 l Geflügel-Samt-Sauce, 2 Eier, 50 g nicht zu frisches Toastbrot, 50 g Mehl, 1 ganzes Ei, Ausbackfett, Tomatensauce*

Geflügelfleisch, Champignons, Schinken oder Zunge und Trüffeln in kleine Würfel schneiden. In einer entsprechend großen Pfanne die Butter stark erhitzen, dann die Champignons zufügen, einige Sekunden später auch die Trüffel und schließlich die Samt-Sauce. Rasch auf die Hälfte einkochen. Dann das Geflügel zufügen. Nochmals kurz aufwallen lassen, vom Feuer nehmen und schnell 3 Eigelb in die Sauce ziehen. Nicht mehr kochen lassen. Diese Masse auf eine große gebutterte Platte geben, etwas ausstreichen, mit einem Stück Butter abtupfen und abkühlen lassen.

Während dieser Zeit das Toastbrot zerbröseln, mit etwas Mehl bestäuben und in einem Tuch völlig zerdrücken. Nun durch ein feines Sieb treiben oder durch den Fleischwolf drehen: damit hat man ganz frisches Paniermehl.

Die abgekühlte Kroketten-Masse in 50 g schwere Abschnitte zerteilen. Jeden leicht in etwas Mehl rollen, bis alle Teile die Form eines Korkens haben. Das Ei in einer kleinen Schüssel verschlagen, die Kroketten darin eintauchen und schließlich in dem Paniermehl wälzen (will man das Paniermehl nicht frisch herstellen, kann man sich mit getrockneten Semmelbröseln begnügen, doch ist das weniger empfehlenswert). Erst zum Servieren die Kroketten in gut heißem Ausbackfett fritieren. Sie müssen außen knusprig und golden, innen cremig weich sein. Auf Servietten anrichten und getrennt dazu eine Tomatensauce reichen.

## Laitance de carpe sur toast sauce moutarde
## Karpfenmilch mit Senfsauce auf Toast

*1 Karpfenmilch (oder 12 Heringsmilcher), trockener Weißwein, Zitronensaft oder Essig, Salz, Pfeffer, kleine und dünne, geröstete Toastbrotscheiben, Senfsauce*

Die Karpfenmilch (oder Heringsmilcher) in eine Pfanne legen und einen Sud aus Weißwein, ebensoviel Wasser, einigen Tropfen Zitronensaft oder Essig, Salz und Pfeffer darübergießen, bis sie bedeckt ist (ca. ¼ l Flüssigkeit). Auf kleiner Flamme pochieren, ohne die Flüssigkeit kochen zu lassen. Sowie sie gar ist, die Milch herausnehmen, abtropfen und mit Küchenpapier abtupfen. Auf die vorbereiteten Toastbrotscheiben legen und mit einer Senfsauce überziehen, die mit dem eingekochten Sud der Milch bereitet wurde.
Die Milcher müssen vor der Zubereitung in kaltem Wasser gewässert, sorgfältig von allen blutigen Partien gereinigt, gewaschen und abgetrocknet werden.
*Anm. der Übersetzer:* Karpfen- oder Heringsmilcher bekommt man bei uns nur auf besondere Vorbestellung beim Fischhändler. Es handelt sich dabei um die Drüsen der geschlechtsreifen männlichen Tiere.

## Beignet de laitances et beignets d'anchois
## Fischmilcher- und Anchovisbeignets

*12 Fischmilche, trockener Weißwein, Salz, Pfeffer, Öl, ½ Zitrone (Saft), Ausbackteig, Fett zum Ausbacken, 1 Bund Petersilie, Anchovisfilets*

Die gewässerten und gereinigten Milcher in einem Sud aus Weißwein, ebensoviel Wasser, Salz und Pfeffer, ohne sie zu kochen, gar sieden. Im Sud abkühlen lassen. Herausnehmen, abtropfen und sorgfältig trocken tupfen. 1 Stunde in einer Marinade aus etwas Öl und Zitronensaft ziehen lassen. Kurz vor dem Servieren jeden Milcher einzeln durch einen nicht zu dicken Ausbackteig ziehen und rasch in heißem Fett schwimmend goldbraun backen.
Auf Servietten anrichten, jeweils ein Sträußchen fritierte Petersilie danebenlegen.
Die Anchovisfilets läßt man ebenfalls in Öl marinieren, trocknet sie ab, zieht sie durch den Teig und bäckt sie wie die Milcher aus.

## Ramequins au fromage
## Käsetörtchen

Teig: *125 g Mehl, 60 g Butter, 3 Eier, ¼ l Wasser, 1 Prise Salz, etwas geriebene Muskatnuß, geriebener Gruyère oder Emmentaler*

Aus den angegebenen Zutaten einen Brandteig bereiten, der jedoch nicht gezuckert wird. Mit einem Suppenlöffel und mit Hilfe eines Messers, das häufig in lauwarmes Wasser getaucht wird, damit der Teig nicht an der Klinge kleben bleibt, kleine Bällchen abstechen und formen, die halb so groß wie Hühnereier sein sollen. Dazu zunächst den Löffel mit Teig reichlich füllen, dann mit dem Messer schabend auf ein Kuchenblech drücken. Zwischen jedem Teighäufchen 8 cm Zwischenraum lassen. Die Oberfläche dieser Törtchen mit etwas verquirltem Ei bestreichen, das man vorher von den für den Teig verwendeten abgenommen hat. Mit geriebenem Käse bestreuen, der mit dem Messer unter leichtem Druck an die Törtchen geklebt wird. Im heißen Ofen 15 Minuten backen.


## Welsh rare bit ou rôtie galloise
## Welsh rare bit oder Walliser Toast

*1 Toastbrot, Butter, ¼ l Bier, 1 Prise englischer Senf, 100 g Gloucester- oder Chesterkäse, 1 Msp. Cayennepfeffer*

Aus einem Toastbrot kleine Toasts herausschneiden, grillen oder toasten und buttern. Diese kleinen Röstbrote auf einer feuerfesten Porzellanplatte anrichten.
Das Bier zusammen mit etwas Senfpulver (falls nicht zur Hand, ½ TL normalen Senf nehmen) leicht einkochen. Nun den in sehr kleine Stücke geschnittenen Käse darin auflösen. Mit Cayennepfeffer abschmecken und, wenn der Käse vollkommen aufgelöst ist, neben dem Feuer 20 g Butter zufügen. Diese Mischung über die heißen Toasts gießen, bis sie vollständig damit überzogen sind.
Schnell in den sehr heißen Ofen (oder unter den Grill) stellen, damit die Oberfläche schön glasiert, das heißt eine herrliche goldene Farbe bekommt. Sofort servieren.

## Beignets de cervelle
## Hirnkrapfen

*1 Kalbshirn oder 3 Lammhirne, ¼ l Wasser, ½ EL Essig, Salz, Olivenöl,
¼ Zitrone (Saft), 1 Prise zerdrückter Kerbel, Pfeffer, Ausbackteig, Fett zum
Ausbacken, Petersilie*

Das Kalbshirn oder die Lammhirne in kaltes Wasser legen, damit das Blut herausgezogen wird. Die umhüllende dünne Haut abziehen und in einem Sud aus Wasser, Essig und einer guten Prise Salz garen. Das Hirn in kaltem Wasser zusetzen, dieses langsam zum Kochen bringen, dann bei kleinster Flamme 10 Minuten, ohne zu kochen, das Hirn gar ziehen lassen. Herausnehmen, abtropfen und in Würfel von etwa 3 cm Kantenlänge schneiden. 20 Minuten in einer Marinade aus Olivenöl, Zitronensaft, Kerbel, Salz und Pfeffer ziehen lassen, zwischendurch immer wieder umwenden.
Inzwischen einen Ausbackteig herstellen. Die abgetropften Hirnwürfel einzeln durch diesen Teig ziehen und nach und nach im sehr heißen Fett schwimmend ausbacken. Schön golden auf einer Serviette anrichten und mit Sträußchen von fritierter Petersilie garniert sofort servieren.
*Anm. der Übersetzer:* In der neuen Küche wird Hirn (ebenso wie Bries) häufig vor dem Überbrühen abgezogen, was eine recht delikate Arbeit ist. Leichter geht es nach dem Überbrühen, doch ist das Hirn dann weniger ansehnlich.

## Croustade bressane
## Krustenpastete nach Art der Bresse

*250 g Auslegeteig, getrocknete Bohnen, Linsen, Erbsen oder auch Kirschkerne,
zu gleichen Teilen Hühnerbrüste, Trüffeln und frische Champignons, Butter,
Madeira oder Portwein, Sahne oder Béchamel-Sauce*

Den Auslegeteig auf 3 mm Dicke ausrollen. Mit einer runden oder ovalen Ausstechform und einer bestimmten Form (für kleine Brioches, für Kuchen oder für Schiffchen) Teigstücke herauslösen. Die Formen damit ausschlagen, den Teig mit der Gabelspitze öfters einstechen und mit einem Durchschlag- oder Luftpostpapier bester Qualität (um schlechte Geruchsentwicklung zu vermeiden) tapezieren. Mit den

trockenen Hülsenfrüchten oder speziell für diese Fülle bereitgehaltenen Kirschkernen füllen. Im mittelheißen Ofen backen, Gemüse (oder Kerne) und Papier entfernen und warm halten.
Erst direkt vor dem Servieren mit einer Füllung aus Hühnerbrüsten, Trüffeln und Champignons garnieren. Zunächst die gereinigten und gewürfelten Champignons in gut heißer Butter dünsten. Dann die Trüffelwürfel zufügen und, je nach Menge, einen oder mehrere EL Portwein oder Madeira. Endlich das kleingeschnittene Hühnerfleisch und einige EL Sahne (falls nicht vorhanden Béchamel-Sauce nehmen). Die Flüssigkeit rasch auf die Hälfte einkochen, vom Feuer nehmen und mit reichlich frischer Butter binden. Die Mischung muß sehr cremig werden. Abschmecken und in die Krusten füllen.
Man kann hier auch alle Garnituren verwenden, die für kleine Pastetchen vorgesehen sind.

## Petits pâtés à la bourgeoise
## Pastetchen bürgerlicher Art

*250 g Blätterteig, Wurstbrät, 1 Eigelb*

Den Blätterteig auf 5 mm Dicke ausrollen. Mit einer Ausstechform von 6 cm Durchmesser ausschneiden oder in Quadrate von 5 cm Kantenlänge zerteilen. Die Hälfte der Teigplättchen auf ein kalt abgespültes Kuchenblech legen und die Ränder leicht mit einem Pinsel, einer Feder oder einem in Wasser getauchten Tuch anfeuchten. In die Mitte jeder Teigplatte eine Kugel aus gut gewürztem Wurstbrät von der Größe einer Walnuß setzen und etwas flach drücken. Mit jeweils einem Teigblättchen abdecken, alles leicht zusammendrücken und die oberen Teigplatten mit dem Daumen an die unteren andrücken. Die Oberfläche der Pastetchen mit einem geschlagenen Eigelb einstreichen und mit der Messerspitze nach Belieben einritzen. Im heißen Ofen 15 Minuten backen.
*Anm. der Übersetzer:* Wenn Sie tiefgekühlten Blätterteig verwenden, sollten Sie folgendermaßen verfahren: Die noch gefrorenen Teigplatten auf einer Seite mit zerlassener Butter bestreichen. Wenn diese Butter wieder hart geworden ist, und die Teigplatten gerade eben aufgetaut sind, die Platten übereinander legen und mit der Teigrolle nach verschiedenen Richtungen auf die angegebene Dicke ausrollen. (Nicht hin und her rollen!)

## Saucisses au vin blanc
## Chipolata in Weißwein

*Chipolata (kleine Knoblauchwürste), Butter, Toastbrot, trockener Weißwein, 1 EL Kalbs-Jus, 1 TL Tomatensauce oder 2 TL frisches Tomatenmark*

Die Würste in einer kleinen Pfanne in Butter anbraten und auf rechteckig zugeschnittenen Toastscheiben anrichten, die im Fett der Würste ebenfalls angebraten werden. Auf einer vorgewärmten Anrichteplatte warm halten. In die Pfanne für jeweils 6 Würstchen 1 EL Weißwein geben und um ⅔ einkochen. Kalbs-Jus und Tomatensauce oder -mark zufügen. In letzterem Fall einige Minuten köcheln lassen. In den knapp bemessenen, sehr heißen Sud zwei Butternüßchen geben und neben dem Feuer kräftig hineinarbeiten, damit die Sauce gut gebunden wird. Über die heißen Würstchen gießen und sofort servieren.

## Paillettes aux anchois
## Kleine Anchovisstangen

*250 g Blätterteig, 1 Ei, Anchovisfilets*

Den Blätterteig auf 3 mm Dicke ausrollen, in 10 cm breite Streifen schneiden und von diesen wiederum 5 mm breite Stäbchen abteilen. Mit einem verquirlten Ei bestreichen. Darauf die gewässerten (und somit entsalzenen) und wieder trocken getupften, in 2 cm lange Streifchen geschnittenen Anchovisfilets setzen. Auf ein Kuchenblech legen und im heißen Ofen 12 Minuten backen.

## Pommes de terre Nantua
## Kartoffeln nach der Art von Nantua

*Holländische oder andere vorwiegend fest kochende Kartoffeln von der Größe eines Hühnereis, Krebsschwanzragout, Nantua-Sauce*

Die Kartoffeln im Ofen garen. Wie eine Tabaksdose öffnen und das Innere zum Teil herauslösen. Mit einem Krebsschwanzragout füllen, das mit Nantua-Sauce gebunden wurde. Auf Servietten servieren.

## Paillettes au parmesan
## Kleine Parmesanstangen

*250 g Blätterteig, 200 g Parmesan oder geriebener Gruyère (oder Emmentaler), nach Belieben auch Paprika oder Cayennepfeffer*

Blätterteig ausrollen, mit der Hälfte des Käses bestreuen und zusammenschlagen. Erneut ausrollen und diese Prozedur wiederholen. Der 3 mm dick ausgerollte Blätterteig wird dann in Streifen von 10 cm Breite abgeteilt. Diese werden auf einem Kuchenblech ausgelegt und im recht heißen Ofen gebacken.
Die Stangen werden gerne zu einigen klaren Suppen gereicht. Man kann sie zusätzlich mit einer Prise Paprika oder einer Messerspitze Cayennepfeffer würzen.

## Saucisson en brioche
## Wurst in Brioche-Teig

*Für 5 bis 6 Personen: 1 luftgetrocknete Schweinswurst von 1 kg Gewicht und 30 cm Länge, ¼ l Beaujolais, 500 g einfacher Brioche-Teig, 2 Eigelb, Mehl, nach Belieben Sauce Périgueux*

Die Wurst in einem Topf mit reichlich kaltem Wasser aufsetzen. 30 Minuten leicht sieden, nicht kochen. Dann vom Feuer nehmen und im Sud abkühlen lassen. Herausnehmen, häuten und einige Minuten in einer feuerfesten Form in den sehr heißen Ofen legen, damit das überflüssige Fett schmilzt und abläuft. Fett wegschütten, die Wurst mit Beaujolais begießen und im Ofen wieder trocken werden lassen.
Den Brioche-Teig zu einer Platte ausrollen, die etwas länger als die Wurst und 15 cm breit ist.
Die Wurst mit verquirltem Eigelb bestreichen und in Mehl umwenden. Den Brioche-Teig ganz leicht mit Wasser bestreichen und die Wurst darin einwickeln. Teig an den Enden verschließen. Die Oberfläche mit Eigelb bestreichen und mit zurückbehaltenen Teigresten oder einfach einer Messerspitze verzieren.
Auf ein Kuchenblech setzen und den Teig einige Zeit gehen lassen. Im heißen Ofen bei etwa 220 Grad rund ½ Stunde backen.
Man serviert die Wurst in Brioche-Teig in Scheiben geschnitten, manchmal von einer besonders guten Périgueux-Sauce begleitet.

## Saucisson chaud à la lyonnaise
### Heiße Lyoner Würstchen

Für 4 Personen: *1 ganz erstklassige, luftgetrocknete Schweinswurst (Saucisson pur porc) von 800 g, 1 kg Kartoffeln (am besten »Belle-de-Fonteney«, sonst eine andere Sorte, die sehr fest kochend ist, etwa »Grata«), Butter*

Die Wurst in einem großen Topf mit 2 bis 3 Litern kaltem Wasser aufsetzen. Wenn das Wasser zu sieden beginnt, die Hitze drosseln und die Wurst 25 bis 30 Minuten ohne zu kochen gar ziehen lassen. Dann den Topf vom Feuer nehmen und die Wurst weitere 15 Minuten fertig pochieren. Dazu Kartoffeln reichen, die von gleicher Größe sein müssen, geschält und hübsch zugeschnitten und entweder in Salzwasser oder im Dampf nicht zu weich gekocht wurden.
Dieses sehr einfache, typisch Lyoner Gericht wird mit frischer Butter genossen.


## Beurres composés
### Verschiedenartig gemischte Butter

Gemischte Butter erhält man, wenn man frische Butter mit verschiedenen Nahrungsmitteln vermischt, etwa gekochtem Fleisch, Fisch, Schalentieren und Gemüsen oder im Mörser zerstoßenen Gewürzen, und sie dann durch ein Haarsieb oder einen Siebbeutel treibt. Gemischte Butter wird bei manchen Hors-d'œuvre-Zubereitungen benötigt, oft auch zur Vervollkommnung von Saucen. In einigen Fällen wird sie erhitzt oder einfach geschmolzen und mit den zugesetzten Gewürzen oder Aromaten vermischt. Auf diese Weise bereitet man auch Buttermischungen zu, die zusätzlich färben sollen, etwa Krabben-, Krebs- oder Hummerbutter.


## Beurre d'anchois
### Anchovis-Butter

Im Mörser 15 in Wasser entsalzene Anchovisfilets fein zerstoßen (oder in der Moulinette hacken), zum Schluß zusammen mit 200 g frischer Butter durch ein Haarsieb drücken.

## Beurre d'ail
## Knoblauch-Butter

Die gleiche Zubereitung mit 8 Knoblauchzehen, 5 g Salz und 300 g frischer Butter.


## Beurre vert-pré ou de cresson
## Grüne oder Kresse-Butter

*Kerbel, Estragon, Pimpernelle, Petersilie und Schnittlauch zu gleichen Teilen, Butter, Pfeffer, Salz, reichlich Kresse*

Die Kräuter waschen und in kochendes Wasser werfen. 1 Minute kochen lassen, abgießen, abtropfen und unter kaltem Wasser abschrecken. Erneut abtropfen lassen und gut ausdrücken. Grob hacken, abwiegen und mit der gleichen Menge Butter im Mörser zerstoßen. Würzen und durch ein feines Sieb streichen. Zum Schluß eine gute Handvoll Kresse (vorzugsweise Brunnenkresse ohne Stiele) fein hacken und unter die Butter mischen. Der Kressegeschmack soll deutlich dominieren.


## Beurre de foie gras
## Stopfleber-Butter

**Erstes Rezept:**
Im Mörser 150 g gegarte Stopfleber (Gans oder Ente) mit 150 g frischer Butter zerstoßen, würzen und innig vermischen. Durch ein feines Sieb treiben. Mit einer Messerspitze rotem Cayennepfeffer abschmecken.

**Zweites Rezept:**
100 g rosa gegarte Stopfleber durch ein feines Sieb streichen. 100 g Butter weich werden lassen (nicht schmelzen) und mit dem Spachtel zu einer Creme aufarbeiten. Im lauwarmen Behälter mit dem Schneebesen schlagen und nach und nach das Stopfleberpüree sowie 1 EL Portwein hineinarbeiten. Mit einer Prise Salz und einer Messerspitze Cayennepfeffer würzen.

## Beurre de Roquefort
## Roquefort-Butter

100 g Roquefort-Käse mit 200 g frischer Butter innig vermischen.


## Beurre d'escargots
## Schnecken-Butter (Buttermischung für Schnecken)

*20 g grobes Salz, 1 g frisch gemahlener Pfeffer, etwas frisch geriebene Muskatnuß, 50 g zerdrückter Knoblauch, 40 g fein gehackte Schalotten, 50 g süße Mandeln, 100 g fein gehackte Petersilie, 1 kg gute Butter*

In einem Mörser Salz, Pfeffer, Muskatnuß, Knoblauch, Schalotten und Mandeln zusammen stoßen, bis eine glatte Paste entstanden ist. Nun die Petersilie und die gut zimmerwarme Butter zufügen und erneut stoßen, bis alle Zutaten völlig miteinander vermischt sind.
Vor Gebrauch diese Schneckenbutter in einen irdenen Topf füllen und einige Zeit gut gekühlt durchziehen lassen.


## Beurre d'amandes
## Mandel-Butter

*100 g süße Mandeln, Wasser, 125 g frische Butter*

Die Mandeln in sprudelnd kochendes Wasser geben, kurz aufwallen lassen, dann abtrocknen und schließlich schälen, indem man die Haut durch ein Pressen zwischen Daumen und Zeigefinger entfernt. Im Mörser zerstoßen (oder in der Moulinette zerkleinern), dabei immer wieder einige Tropfen kaltes Wasser zufügen, damit die Mandeln nicht ölig werden und eine glatte Paste entsteht. Zum Schluß die Butter dazumischen.

## Beurre Bercy
## Ochsenmark-Butter

*¹/₁₀ l trockener Weißwein, 2 sehr fein gehackte Schalotten, 100 g Butter, 250 g Ochsenmark, Salz, 1 TL gehackte Petersilie, ½ Zitrone (Saft), frisch gemahlener Pfeffer*

Den Weißwein in einem Topf zum Kochen bringen, die Schalotten zufügen und alles auf die Hälfte reduzieren. Lauwarm werden lassen und mit dem Schneebesen oder dem Spachtel nach und nach 100 g zimmerwarme Butter dazumischen. Nun das gewürfelte, in Salzwasser pochierte und sorgfältig abgetropfte Ochsenmark, die Petersilie, den Zitronensaft, eine kleine Prise Salz und den Pfeffer zufügen und alles innig vermischen.
Wird lauwarm zu gegrilltem Fleisch oder Fisch serviert.

## Beurre de crevettes
## Krabben-Butter

Im Mörser zu gleichen Teilen Nordseekrabben (Garnelen) und frische Butter zerstoßen und vermischen. Anschließend durch ein feines Sieb streichen. Verwendet man diese Butter zu Suppen oder Saucen, passiert man sie zusammen mit diesen durch das Sieb, was dem Geschmack sehr zugute kommt.

## Beurre d'écrevisses
## Krebs-Butter

*Gekochte Krebsschalen (mit den cremigen Teilen im Innern), Butter, etwas Möhre und Zwiebel, Salz und Pfeffer*

Die Krebsschalen grob zerdrücken, in etwas Butter anbraten und für je 12 Krebse 1 TL Mirepoix (in winzige Würfel geschnittene Möhren – nur das Rote verwenden –, vermischt mit ebensoviel Zwiebelwürfelchen und in gewürzter Butter angebraten) zugeben. Dann wie bei der Krabben-Butter verfahren.

## Beurre de homard ou de langouste
### Hummer- oder Langusten-Butter

Die gleichen Zutatenmengen und die gleiche Zubereitung wie Krebs-Butter.

## Beurre de moutarde
### Senf-Butter

100 g frische Butter mit 1 TL Dijon-Senf vermischen.

## Beurre de noix
### Walnuß-Butter

Mengen und Zubereitung wie bei der Mandel-Butter (siehe S. 74).

## Beurre de paprika
### Paprika-Butter

100 g frische Butter mit einer guten Prise Paprikapulver vermischen.

## Beurre de raifort
### Meerrettich-Butter

Im Mörser 50 g frisch geriebenen Meerrettich zerstoßen und 125 g frische Butter hineinarbeiten. Durch ein feines Sieb streichen.

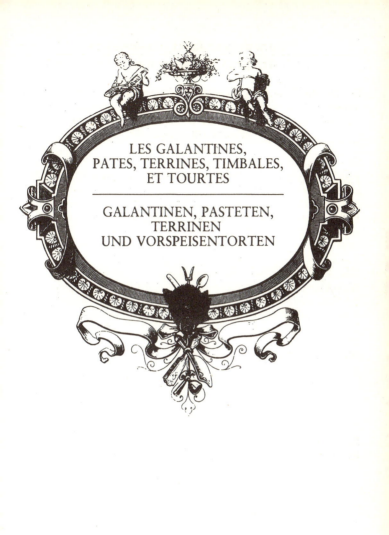

## Farce pour pâtés et terrines
## Farce (Füllung) für Pasteten und Terrinen

*400 g Kalbsnuß, 400 g Schweinefilet, 500 g frischer, fetter Speck, 30 g gewürztes Salz, 3 Eier, ¹/₁₀ l Cognac. Wenn die Farce für eine Wildpastete oder Terrine bestimmt ist, verwendet man an Stelle der Kalbsnuß das entsprechende Fleisch (auch bei Geflügel)*

Die verschiedenen Fleischsorten sorgfältig von allen Häuten, Adern und Sehnen befreien, vom Speck die Schwarte abschneiden. Alles in kleine Würfel schneiden und mehrmals durch den Fleischwolf drehen oder im Mörser oder in der Moulinette pürieren. Wenn die Masse vollkommen homogen geworden ist, das Salz, nacheinander und einzeln die Eier und schließlich den Cognac einarbeiten.
Den richtigen Würzgrad der Farce nachprüfen, indem ein kleines Stück in etwas kochendes Salzwasser pochiert wird.
*Anm. der Übersetzer:* Die Prüfung ist nötig, denn die Würze verhält sich in der pochierten (gegarten) Farce anders als in der rohen. Das gewürzte Salz kann man sich selbst herstellen, indem man getrocknete Kräuter (Thymian, Rosmarin, Lorbeerblatt, Basilikum, Majoran, Salbei, Sellerie, Petersilie und evtl., vor allem für Wild, Liebstöckel) mit Salz im Mörser zerstäubt.


## Terrine de veau
## Kalbsterrine

*400 g Kalbsnuß, 400 g Schweinefilet, 500 g frischer fetter Speck, 300 g magerer, gekochter Schinken, Salz, frisch gemahlener Pfeffer, Gewürze, 4 cl Cognac, die oben angegebene Farce für Pasteten und Terrinen, genügend frische, fette und dünn geschnittene Speckscheiben, um die Terrinenform damit auszuschlagen und das Fleisch damit zu bedecken, 1 Zweig Thymian, 1 Lorbeerblatt*

Die angegebenen Fleischsorten sorgfältig von Häuten, Adern und Sehnen, den Speck von der Schwarte befreien. In Würfel von 3 cm Kantenlänge oder in klein-Finger-große Streifen schneiden. Mit Salz, Pfeffer und Gewürzen (Majoran, Thymian, Basilikum, evtl. ein

Stückchen Lorbeerblatt, Koriander oder Piment) bestreuen, mit Cognac begießen und gut vermischen. 2 Stunden marinieren lassen, zwischendurch umwenden.

Die Fleischfarce mit diesen Stücken und der Marinade vermischen oder nur die Marinade dazugeben. Die Terrine mit den Speckscheiben ausschlagen und die gesamte Farce mit Fleischstücken hineinfüllen oder abwechselnd Farce und Fleischstücke in mehreren Lagen hineingeben. Mit Farce abschließen. Alles mit einer Speckscheibe bedecken. In der Mitte ein kleines Loch machen, rechts und links davon den Thymianzweig und das Lorbeerblatt legen. Den Deckel aufsetzen und die Terrine ins Wasserbad (in einer Bratschüssel, die mit heißem Wasser gefüllt wird) stellen. Im heißen Ofen mindestens 1½ Stunden garen.

Da sich diese Zeit nach Form der Terrine und Art der verwendeten Zutaten richtet, ist der richtige Garpunkt schwer anzugeben. Man kann ihn jedoch vor allem daran erkennen, daß der aus der Terrine austretende, an den Rändern köchelnde Satz (Jus) vollkommen klar geworden ist.

In diesem Augenblick aus dem Ofen nehmen und den Deckel abheben. Auf das Fleisch ein in der Terrinenform zugesägtes Brettchen legen und mit einem Gewicht von etwa 250 g beschweren.

Dieses Pressen hat den Zweck, der Masse einen inneren Zusammenhalt zu geben, der ohne diese Maßnahme nicht erreicht werden kann. Beim Schneiden der Terrine in Scheiben würde diese sonst in einzelne Stücke zerfallen. Würde man aber ein zu schweres Gewicht verwenden, so würde das Fett aus dem Fleisch gedrückt und die Terrine wäre nicht mehr saftig und geschmeidig.

Vor dem Servieren die Terrinenform sorgfältig waschen und auf eine mit einer gefalteten Serviette ausgelegte Platte setzen.

*Anm. der Übersetzer:* 1. Terrine mit *breit* **geschnittenen Speckscheiben** auslegen und nur zu ⅔ füllen, da der Speck zwei-Finger-hoch Fett absetzen kann, und die Terrine sonst überläuft.

2. Terrine vor dem ersten Servieren mindestens 3 Tage im Kühlschrank ruhen lassen, dann ist der Geschmack besser.

## Terrine du cordon bleu
## Terrine des »Blauen Bandes«

Diese Terrine kann Kalbfleisch, Geflügel, Feder- oder Haarwild enthalten. Dabei werden die Zutaten wie für die Kalbfleischterrine bemessen – die Zubereitungsart allerdings ist anders.
Alle verwendeten Fleischsorten sorgfältig von Häuten, Adern und Sehnen befreien und in Streifen von der Größe eines Zeigefingers schneiden. Mit Salz, frisch gemahlenem Pfeffer, einer Prise Thymian, pulverisiertem Lorbeerblatt und einer Messerspitze frisch geriebener Muskatnuß würzen. Gut umwenden, bis sich alles innig vermischt, in eine Salatschüssel geben und mit einem Likörglas Cognac begießen. Drei Stunden marinieren lassen, zwischendurch umwenden.
Nach dieser Zeit die Fleischstücke herausnehmen und trockenrütteln.
30 g Butter in einer Pfanne erhitzen. Wenn sie zu schäumen beginnt, die Fleischstücke hinzufügen und anbraten, bis sie eben Farbe angenommen haben; dabei ständig umwenden, damit sie gleichmäßig anbraten. Mit einem Schaumlöffel herausnehmen und in eine Schüssel geben.
Die zurückgebliebene Marinade in die Pfanne geben, ein zweites Glas Coagnac zufügen und eine Minute kochen lassen, bis sich die angebratenen Fleischsäfte vollkommen gelöst haben. Über die Fleischstücke gießen und abkühlen lassen. Eine Terrine mit Speckscheiben ausschlagen. Abwechselnd die Fleischfarce und die Fleischstücke in Lagen hineinfüllen, mit der zurückgebliebenen Marinade begießen, den Deckel auflegen und wie die Kalbsterrine im Wasserbad im heißen Ofen garen; 1½ Stunden etwa, wenn die gleiche Fleischmenge verwendet wurde.
Dann abkühlen lassen, ohne den Deckel zu entfernen. Wenn die Terrine gerade noch lauwarm ist, ⅕ l aus folgenden Zutaten bereitetes Gelee darübergießen: Fleischabfälle und Knochen vom Kalb oder Haarwild, Karkasse von Geflügel oder Wildgeflügel sowie Kalbsfuß und -schwarte, die die notwendigen gelierenden Substanzen enthalten sowie Gewürzen, Weißwein und Wasser. Dieses Gelee fließt in die Terrinenmasse ein, erstarrt und gibt dem Ganzen Halt.
Wie eine normale Terrine aufschneiden.

## Pâté d'anguilles
## Aal-Pastete

*1,4 kg Flußaale, Salz, Pfeffer, Muskatnuß, Öl, 1/5 l trockener Weißwein, 2 EL Cognac, 125 g Butter, 3 Schalotten, 1 TL gehackte Petersilie, 4 hartgekochte Eier, Blätterteig (eine Platte von der Größe eines Tellers, 4 mm dick ausgerollt), 1 Ei, 1/5 l sehr stark eingekochter Fischfond (Demi-glace), Fischglace oder reduzierter Fischsud*

Die Aale häuten, ausnehmen und auswaschen. Nun längs in zwei Hälften zerteilen; dazu rechts und links von der Rückengräte einschneiden und die fleischigen Teile abheben, so daß die Mittelgräte übrig bleibt. Die erhaltenen Filets schräg so zerschneiden, daß etwa 8 cm lange Schnitzel entstehen. Diese in ausreichend gesalzenes, kochendes Wasser werfen. Wenn das Wasser erneut aufkocht, die Aalstücke herausnehmen, abschrecken, abtropfen lassen und trocken tupfen. Mit 12 g Salz, 5 g frisch gemahlenem Pfeffer, einer Messerspitze Muskatnuß, etwas Öl, 1/10 l Weißwein sowie dem Cognac würzen. Umwenden und 2 Stunden marinieren lassen.

In einer ausreichend großen Pfanne 50 g Butter erhitzen und darin zunächst die fein gehackten Schalotten, ohne sie Farbe annehmen zu lassen, weich dünsten. Dann die gut abgetrockneten Aalschnitzel hineinlegen und 10 Minuten bei kleiner Hitze dünsten. Mit Petersilie bestreuen.

Die Schnitzel in verschiedenen Lagen in eine runde, tiefe und feuerfeste Platte aus Steingut oder Porzellan schichten; zwischen jede Lage eine Schicht aus hartgekochten Eischeiben legen, die ebenso wie die Aalschnitzel gewürzt werden. Die Marinade mit dem übrigen Weißwein mischen und darübergießen, bis Fisch und Eier beinahe bedeckt sind. 50 g Butter in kleine Stückchen zerteilen und daraufsetzen. Das Ganze mit der vorbereiteten Blätterteigplatte abdecken. Diese mit verschlagenem Ei einstreichen und verzieren; darauf leicht ritzend eine Zeichnung, etwa eine Rose oder Blätterranken, auftragen. Mit der Messerspitze in der Mitte eine Öffnung in den Teig schneiden, damit der beim Backen entstehende Dampf entweichen kann. Bei mittlerer Hitze 1½ Stunden im Ofen garen.

Kurz vor dem Servieren durch die Öffnung in der Deckplatte eine aus dem konzentrierten Fischfond, der neben dem Feuer leicht mit der restlichen Butter aufgeschlagen wurde, und Fischglace oder reduzierten Fischfond bereitete Sauce gießen.

## Pâte chaud ou froid de caneton Gaston Richard
## Warme oder kalte Entenpastete »Gaston Richard«

*1 schöne Fleischente, Butter, Pfeffer, Salz, 500 g Auslegeteig, 1 kg Fleischfarce (siehe S. 83), 125 g feste, weiße Champignonköpfe, rohe Trüffelscheiben nach Belieben; 1 Prise Thymianblüten, 1 Prise pulverisiertes Lorbeerblatt, 1 Ei, $1/5$ l Madeira-Sauce*

Die vorbereitete Ente 15 Minuten im heißen Ofen braten, zwischendurch mit Butter bestreichen und würzen: Die Ente ist jetzt sehr blutig gebraten. Die Flügelansätze mit dem gesamten Brustfleisch von dem Gerippe lösen, die Haut abziehen und alles Fett entfernen. Das erhaltene Fleisch in winzige, dünne Filets (aiguillettes) schneiden. Eine Charlottenform buttern und mit dem Teig ausschlagen. Darauf rundherum eine 1 cm dicke Schicht Farce streichen. Auf den Boden eine Lage Entenfilets legen, darauf eine Lage der in feine Blätter geschnittenen Champignons geben, die in der Bratbutter der Ente kurz gegart wurden, um sich mit dem Aroma der Ente vollzusaugen. Man kann auch frische rohe Trüffelscheiben zufügen. Darauf wieder eine Schicht Farce geben, dann Entenfilets und Champignons und so weiter, bis alle Zutaten verbraucht und die Form voll ist. Mit einer Lage Farce abschließen.

Das Ganze mit Thymianblüten und Lorbeerpulver bestreuen und eine Teigplatte auflegen. Die Ränder anfeuchten und fest zusammendrückend mit dem Teig der Seitenwände verbinden. Mit einem verschlagenen Ei einstreichen, leicht ritzend verzieren und in die Mitte ein Loch in den Teig schneiden, damit der Dampf entweichen kann.
Bei mittlerer Hitze im Ofen backen.

Zum Servieren die Pastete auf eine runde Platte stürzen. Den Boden der Pastete 1 cm dick waagerecht vorsichtig abschneiden und abheben. In dreieckige Stücke teilen, jeweils ein Dreieck pro Person, und rund um die Pastete gleichmäßig anrichten. Auf die angeschnittene Pastete 1 EL Madeira-Sauce gießen, den Rest getrennt in einer Sauciere servieren.

Man kann die Oberseite der Pastete kurz vor dem Servieren auch mit einem zu einer Rose zugeschnittenen oder kannelierten Champignonkopf dekorieren, der kurz in Butter gedünstet wurde. Kranzförmig werden darum Trüffelscheiben gelegt, alles mit Madeira-Sauce überzogen.

Man kann die Pastete auch kalt ohne Sauce servieren.

Für die Farce:
*250 g sehr fetter, frischer Brustspeck, 150 g Butter, 250 g Kalbsnuß, 250 g Kalbs- oder Schweineleber, 4 Schalotten, 40 g frische Champignons, 150 g rohe Trüffeln, je 1 Prise pulverisiertes Lorbeerblatt und Thymian, 20 g Salz, 1 starke Prise frisch gemahlener Pfeffer, $^1/_{10}$ l Demi-glace, etwas Madeira, 6 Eigelb*

Die Schwarte des Specks entfernen, den Speck in Würfel schneiden und in 50 g Butter in einer Pfanne auslassen und leicht anbraten. Die Würfel mit einem Schaumlöffel herausnehmen und auf einem Teller bereitlegen. Im erhaltenen Fett das in große Würfel geschnittene Kalbfleisch anbraten. Ebenfalls herausheben und zum Speck geben. Nun rasch, ebenfalls in diesem Fett, die in große Würfel geschnittene Leber zusammen mit der Leber der Ente anbraten, ohne sie Farbe annehmen zu lassen. Auch herausheben zu dem bereits angebratenen Fleisch geben. Im Fett nun zusammen die gehackten Schalotten, die sorgfältig gereinigten Champignons, die Trüffel und die Gewürze garen. Schließlich Speck, Kalbfleisch und Lebern zufügen. Nach 2 Minuten vom Feuer nehmen und mit Demi-glace und Madeira angießen, den Fond lösen (deglacieren). Nun alles in einen Mörser geben, das ausgelöste Fleisch der Entenschenkel zufügen und alles zu einer feinen Paste verarbeiten. Zum Schluß die restlichen 100 g Butter sowie nach und nach die Eigelb hineinarbeiten. Durch ein feines Sieb streichen, mit einem Spachtel glatt und luftig rühren und in Salzwasser pochieren. Nötigenfalls nachwürzen und die Farce wie oben angegeben verwenden.

*Anm. der Übersetzer:* Um die Zutaten der Farce im Mörser zu zerstampfen, braucht man schon ein Spezialwerkzeug mit beinahe mannsgroßem Stößel. Die Hausfrau wird es sich einfacher machen und alles mehrmals durch den Fleischwolf drehen oder/und in kleinen Portionen mit der Moulinette zerkleinern (das bringt die besten Ergebnisse). Unbedingt eine gute, frische Ente verwenden, die mindestens 2,5 kg wiegen sollte, und nicht zu fett sein darf.

## Mousse de volaille froide
## Kalter Geflügel-Schaum

Ein mit Körnern ernährtes Hühnchen von etwa 1,3 kg sorgfältig nach den Angaben braten, die für gebratenes Geflügel auf Seite 417 f. zu finden sind. An einem frischen Ort, jedoch nicht im Kühlschrank, abkühlen lassen. Dann die Haut abziehen und alles Fleisch der Brüste und der Schenkel auslösen, wobei man etwa 350 g erhält. Dieses Fleisch durch den Fleischwolf drehen und im Mörser fein zerstoßen. Durch ein Sieb treiben und wie die Stopfleber-Mousse (Mousse de foie gras) Seite 471 f. zubereiten.

## Timbales de morilles Antonin Carême
## Morchelpastete »Antonin Carême«

*Für 6 bis 8 Personen: Gut ½ l Béchamel-Sauce (Seite 160), 400 g Godiveau (Kalbsfarce mit Ochsennierenfett, siehe Anmerkung unten), 50 g Trüffeln, 1 kg ganz frisch geerntete Morcheln, 100 g Butter, je 1 Prise Salz und Pfeffer, ¼ Zitrone (Saft), ⅛ l dicke Sahne (crème fraîche), 5 Eigelb, 1 weiterer EL dicke Sahne, 2 hartgekochte Eier*

Zunächst die Béchamel-Sauce bereiten. Dann den Godiveau kneten und mit den fein gehackten Trüffeln vermischen. Den erdigen Fuß der Morcheln abschneiden und wegwerfen, den Rest der Füße ebenfalls abschneiden, waschen und zu der Béchamel-Sauce geben. Die Morcheln mehrmals in frischem Wasser gründlich waschen, damit aller Sand aus den Vertiefungen gespült wird. 1 Dutzend besonders schöner Morcheln zurückbehalten. Den Rest mit 60 g Butter in eine Kasserolle geben, das Salz, frisch gemahlenen Pfeffer, den Zitronensaft und 2 EL Wasser zufügen. Unbedeckt auf großer Flamme 7 Minuten kochen. Sehr große Morcheln halbieren oder vierteln. Dann die Morcheln herausnehmen und abgetropft in einen Teller geben. Den Kochsud in die nochmals durch ein feines Sieb passierte Béchamel-Sauce gießen, auch die Sahne zufügen und alles einkochen, bis nur noch ⅖ l Sauce übrig ist. Nun neben dem Feuer mit den Eigelb binden: Diese zunächst mit der Sahne verrühren; dann 2 EL heiße Béchamel-Sauce unter ständigem Rühren zufügen, damit die Eigelb angewärmt werden; schließlich diese Mischung in dünnem Faden unter kräftigem Rühren in die Béchamel-Sauce gießen. Die Kasserolle wieder auf das Feuer zurückstellen und die Sauce bei schwacher Hitze unter stetem Rühren erwärmen, bis sie beinahe den Siedepunkt erreicht. Rasch vom Feuer nehmen, denn die Sauce könnte sonst gerinnen – sie muß nun aber sehr dick geworden sein. Die vorbereiteten Morcheln untermischen und abkühlen lassen.

Eine hohe, nicht zu breite Kuchenform (Génoise-Kuchen) reichlich buttern und mit ¾ des Godiveau auskleiden. Die Schicht soll gleichmäßig 2 cm stark sein. Bis 2 cm unter die Oberkante nun mit der Béchamel-Morchel-Mischung füllen und mit einer Schicht aus dem restlichen Godiveau abdecken. Die Oberfläche glattstreichen und mit einem gebutterten, auf die Form zugeschnittenen Papier belegen. Diese Form in einen ofenfesten Topf stellen und mit kochendem Wasser bis kurz unter den Rand der Form aufgießen. In diesem Wasserbad in den Ofen schieben und 55 Minuten pochieren.

Aus dem Ofen nehmen, die Form aus dem Wasserbad heben und 10 Minuten ruhen lassen. Auf eine ausreichend große, runde Platte stürzen und rundum mit den in Scheiben geschnittenen hartgekochten Eiern und den zurückbehaltenen, in etwas Butter gedünsteten Morcheln garnieren. Die Garnitur kann auch wesentlich reicher ausfallen.

*Anm. der Übersetzer:* Frische Morcheln bekommt man bei uns nur noch selten, und dann auch nur zu horrenden Preisen. Man muß daher auf Dosenware oder getrocknete Morcheln zurückgreifen, auch das ist sündhaft teuer, will man die vorgeschriebene Menge erreichen. Für 1 kg eingeweichte Morcheln benötigt man ca. 150–400 g getrocknete Morcheln, je nach Herkunft und Qualität. Selbstverständlich handelt es sich um die exquisiten Spitz- oder Speisemorcheln, nicht um die chinesischen.

Godiveau: Diese Mischung läßt sich nur mit einem Kutter – einer Zerkleinerungsmaschine der Metzger – oder einer Moulinette herstellen, wenn man nicht 4 Stunden mit dem Mörser stampfen will.

200 g Kalbsnuß pürieren, ebenso 300 g Ochsennierenfett. Beides durch ein Sieb treiben. Mit Salz, Pfeffer und einer Spur Muskatnuß würzen. 2 ganze Eier hineinarbeiten, durch ein feines Sieb streichen und über Nacht in den Kühlschrank stellen. Nun nochmals gut durcharbeiten und ca. 120 g fein zerstoßenes Eis hineinarbeiten, bis es sich aufgelöst und vollständig mit der Fleischmasse verbunden hat. Wenn der Godiveau sehr fest ist, etwas Wasser zufügen, scheint er zu flüssig, ein Eiweiß hineinschlagen.

## Les timbales
### Füllpasteten

Zur Zeit des berühmten und erfindungsreichen Meisterkochs und -patissiers Antoine Carême waren diese Timbales außerordentlich komplizierte Gerichte. Sie waren zusammengesetzt aus teilweise oder gar nicht gegarten Elementen, die in einer Charlotteform eingerichtet, pochiert und gestürzt serviert wurden.
Füllpasteten können für eine oder auch für 6 bis 12 Personen zubereitet werden. Eine typische und gleichzeitig klassische ist die Timbale à la milanaise.

## Timbale à la milanaise
### Füllpastete auf Mailänder Art

Für 6 Personen: *Feiner Auslegeteig, 250 g Makkaroni oder Spaghetti, 10 g Salz, 150 g Butter, 4 EL dick eingekochtes Tomatenpüree, 100 g magerer gekochter Schinken, weißer Pfeffer, Garnitur »Financière«, Demi-glace, Tomatenpüree, 1 Ei*

Den Teig 5 bis 6 mm dick ausrollen und damit eine Charlotteform ausschlagen, den Teig mit einer Gabel einstechen. Die Nudeln, die von erstklassiger Qualität sein müssen, in 1 l sprudelnd kochendes Wasser werfen, in dem 10 g Salz aufgelöst wurden. Erneut zum Kochen bringen, dabei mit einem Spachtel umrühren, damit die Nudeln nicht aneinanderkleben können. Dann die Kasserolle an den Herdrand bzw. auf kleinste Flamme stellen und die Nudeln zugedeckt, ohne zu kochen (am besten die Temperatur bei 90 Grad halten) 20 bis 25 Minuten gar ziehen lassen. Die Zeit richtet sich nach Qualität, Herkunft und Art des verwendeten Mehls oder Grießes. Die Nudeln sollten auf jeden Fall noch etwas fest bleiben, dürfen nicht ganz weich werden.
Dann gut abtropfen, in die trockene Kasserolle zurückgeben, einige Minuten erwärmen, damit die überflüssige in den Nudeln enthaltene Flüssigkeit ausdampfen kann. Mit 150 g frischer, in kleine Stückchen zerteilter Butter bestreuen, das Tomatenpüree und den in feine Streifchen geschnittenen Schinken zufügen. Den Pfeffer darüber mahlen und alles vermischen, indem man die Kasserolle mit einer

wiederholten Bewegung von unten nach oben schwenkt, wie man es macht, wenn man einen Pfannkuchen in der Luft umwendet. Dadurch werden die Nudeln nicht zerbrochen oder zerrissen und verbinden sich hervorragend mit der schmelzenden Butter.

Während die Nudeln kochen, eine Garnitur »Financière«, also nach Finanzmannsart, zubereiten – dazu gehören Trüffel, Hahnenkämme und -nieren sowie Kalbsbries. Knapp mit Demi-glace angießen und kräftig mit frischem Tomatenpüree würzen.

Zur endgültigen Fertigstellung der Pasteten gibt es zwei Möglichkeiten:

1. In die mit Teig ausgeschlagene Charlotteform abwechselnd in Schichten die Nudeln und die Garnitur »Financière« einfüllen. Wenn die Form beinahe voll ist, einen Teigdeckel auflegen und fest drückend an den Rand löten, der mit etwas Wasser befeuchtet wurde. Mit Teigresten verzieren, mit verschlagenem Ei bestreichen und im heißen Ofen 40 Minuten backen. Vorsichtig aus der Form nehmen und servieren.

2. Die vorbereitete Teigschicht der Charlotteform mit Luftpost- oder Durchschlagpapier auskleiden und die Form mit Kirschkernen oder trockenen Hülsenfrüchten belegen. Im heißen Ofen blind backen. Herausnehmen, den Inhalt aus der Pastete entfernen, den Teig aus der Form nehmen und innen und außen mit Eigelb bestreichen. Einige Sekunden in den Ofen zurückstellen, damit sie trocknet und eine schöne goldene Farbe bekommt.

Zum Servieren diese Form abwechselnd mit Schichten von Nudeln und Garnitur »Financière« füllen. Obenauf einen gewölbten Deckel legen, der ebenfalls aus Auslegeteig über einer Papierkugel gebacken wurde und der die Größe der Timbale haben muß. Dieser Deckel ist ebenfalls mit Teigresten (Blättern) dekoriert und, mit Eigelb bestrichen, übergoldet worden.

Auf einer zusammengefalteten Serviette servieren.

*Anmerkung:* Diese zweite Möglichkeit ist im Haushalt leichter zu verwirklichen.

## Tourte des gastronomes
## Torten-Pastete

*Für 6 Personen: 2 runde Blätterteig- (oder Halbblätterteig)platten von 35 cm Durchmesser und 8 mm Stärke, 6 Kalbsbriese, Butter, Pfeffer, Salz, Zitronensaft, 125 g frische Champignons, 1 Ei, Madeira*

Eine der Teigplatten in eine Tortenform legen und 7- bis 8mal mit einer Kuchengabel einstechen. Die gereinigten und halbierten Kalbsbriese (Seite 406) in etwas Butter mit Pfeffer, Salz, einigen Tropfen Zitronensaft sowie zum Schluß etwas Wasser, ohne Farbe nehmen zu lassen, leicht anbraten. Die Kalbsbriese in die Mitte des Tortenbodens nebeneinanderlegen, einen etwa 5 cm breiten Rand frei lassen. Mit den in feine Scheiben geschnittenen, leicht in Butter angebratenen und mit etwas Salz und Pfeffer gewürzten Champignons bedecken. Mit 1 EL zerlassener Butter beträufeln.
Den Rand der Torte mit einem in Wasser getränkten Läppchen gut befeuchten und am Rand mit den Daumen drückend festlöten. Die Randoberfläche nochmals befeuchten und den Rand nun so eindrehen, daß die untere Schicht die obere einwickelt.
Die Oberfläche mit einem verschlagenen Ei bestreichen und entweder durch Einritzen mit einem spitzen Messer oder mit ausgestochenen Teigstückchen dekorieren. In die Mitte mit der Messerspitze ein Loch schneiden, damit der Dampfabzug gewährleistet ist. 25 bis 30 Minuten im heißen Ofen backen. Dann sofort sehr heiß zu Tisch bringen. Dazu eine Sauce aus dem Bratfond von Bries und Champignons, mit wenig Wasser gelöst und mit etwas Madeira aromatisiert, reichen. Auf jeden Teller nur ½ - 1 EL Sauce neben dem Tortenstück servieren.

# LES ŒUFS

## EIERSPEISEN

In einem Menü gehören die Eierspeisen zu den kleinen »Entrées«, also den Vorgerichten, die zwischen den Vorspeisen (Hors d'œuvre) und den Hauptgerichten eingenommen werden. Im allgemeinen rechnet man zwei Eier pro Person. Eier müssen immer ganz frisch gegessen werden – ebenso aus geschmacklichen Gründen wie aus ernährungshygienischer Notwendigkeit.

Die Frische eines Eies läßt sich durch die Eiprobe (Schwimmprüfung) bzw. am Gewicht feststellen. Ein tagesfrisches Ei von mittlerer Größe wiegt ca. 60 g, die Luftkammer am abgerundeten Ende des Eis ist kaum wahrnehmbar; jeden weiteren Tag nimmt ihr Volumen ein wenig zu. Wenn man ein ganz frisches Ei am Ohr schüttelt, so hört man nichts, bei älteren Eiern vernimmt man schwache, dumpfe Laute. Ein frisches Ei geht im Wasser unter, ein zehn Tage altes Ei dagegen schwimmt. Man kann zwei grundsätzlich verschiedene Zubereitungsprozesse für Eier unterscheiden: einmal die unvermischt gegarten Eier, also Spiegeleier, weiche, wachsweich oder hart in der Schale gekochte Eier, Setzeier, geformte, pochierte oder gebackene Eier. Zum anderen Rührei und Omelettes, für die Eiweiß und Eigelb vermischt werden.

## Œufs sur le plat
### Spiegeleier

Diese Art, Eier zu garen, scheint einfach – doch gibt es eine kleine Schwierigkeit, die man meistern muß, damit die Eier wirklich perfekt gelingen. Das ist der genaue Garpunkt, der eben in dem Moment erreicht ist, wenn das Eiweiß milchig und das Eigelb wachsweich geworden ist. Dabei muß sich letzteres mit einem zarten, glänzenden Schleier überzogen haben, der in der Küchensprache Spiegel genannt wird. Schließlich muß man auch darauf achten, daß die Eier nicht am Boden an- und festbraten.

*2 Eier, 15 g Butter, Salz*

Die Hälfte der Butter in einer Pfanne oder einer entsprechend großen, feuerfesten Platte zergehen lassen. Wenn die Butter zu schäumen beginnt, die Eier nacheinander auf einen Teller schlagen, durch den Geruch auf ihre Frische prüfen, in die Butter gleiten lassen und mit der restlichen, weichgerührten Butter begießen. Das Eiweiß mit einer leichten Prise Salz bestreuen. In den gut vorgeheizten Ofen schieben und unter ständiger Überwachung gar werden lassen, damit die oben angesprochenen Ergebnisse erzielt werden. Man kann die Eier zur Not auch auf dem Herd zubereiten, muß sie dann aber ständig mit heißer Butter begießen, die man mit einem TL vom Rande der Pfanne abschöpft.

Wenn die Spiegeleier mit einer Garnitur serviert werden, so wird diese entweder vor dem Garen auf der Pfanne oder Platte verteilt oder nachher zu den Eiern gegeben.

## Œufs sur le plat à la florentine
### Spiegeleier auf Spinat

Für 6 Personen: *400 g Spinat, Salz, 85 g Butter, Pfeffer, Muskatnuß, 50 g magerer gekochter Schinken, 5 kleine Scheiben roher Schinken, 12 Eier*

Den Spinat waschen und von den Stielen sowie gelben Blättern befreien. In sprudelnd kochendem Salzwasser gar kochen. Herausnehmen, abschrecken, abtropfen lassen und gut ausdrücken, damit die Blätter kein Wasser mehr enthalten. Durchdrehen und durch ein feines Sieb treiben. Dieses Püree in eine Pfanne geben, in der 30 g Butter erhitzt wurden. Mit Salz, Pfeffer und einem Hauch geriebener Muskatnuß würzen. Rasch unter ständigem Rühren erhitzen, dann neben dem Feuer 25 g frische Butter und 50 g sehr fein gewürfelten mageren gekochten Schinken dazumischen. 6 kleine Eierpfannen buttern und den Boden jeweils mit einer Scheibe rohem Schinken auslegen. Darauf jeweils eine Lage Spinat geben und auf dem Herd erhitzen. Die Eier hineinschlagen, mit einigen Tropfen zerlassener Butter beträufeln, leicht salzen und wie oben angegeben fertig zubereiten.

## Œufs sur le plat au beurre noir
### Spiegeleier mit brauner Butter

*Butter, Eier, Salz, Essig*

Die Eier werden wie angegeben zubereitet und vor dem Servieren mit braun gewordener zerlassener Butter, die mit einem Schuß Essig gelöscht wurde, übergossen. Diese Butter schmeckt sehr angenehm, ist aber schwer verdaulich; daher nicht zuviel verwenden.

## Œufs sur le plat aux tomates
### Spiegeleier mit Tomaten

*Butter, zerdrückte Tomaten, Zucker, Salz, Eier*

Entweder eine Platte buttern, die zerdrückten Tomaten, die mit Zucker und Salz gewürzt und ohne Kerne und Haut in Butter zu Püree gedünstet wurden, hineingeben, die Eier darüberschlagen und auf die Art der Spiegeleier auf Spinat zubereiten oder die Eier normal braten und zum Schluß mit Tomatenpüree garnieren.

## Œufs au bacon on au lard maigre
### Spiegeleier mit Speck oder Frühstücksspeck

*2 dünne Scheiben geräucherter oder ungeräucherter, magerer Brustspeck oder Frühstücksspeck (2 mm dick), 10 g Butter, 2 Eier*

Von den Speckscheiben möglicherweise vorhandene Knorpel und die Schwarten abschneiden. 3 Minuten in kochendem Wasser abbrühen, dann abtropfen und abtrocknen und in der schäumenden Butter kurz anbraten. Die Eier darübergeben und wie oben angegeben zubereiten.

## Œufs pochés
### Pochierte oder Verlorene Eier

Für diese Zubereitung müssen die Eier absolut frisch sein. Das ganze frische Eiweiß stockt nämlich sofort beim Kontakt mit kochendem Wasser, hüllt das Eigelb dabei vollkommen ein und bleibt in regelmäßiger, länglicher Form. Das nicht mehr frische Eiweiß breitet sich zunächst aus, verzweigt sich beim Stocken und läßt Teile des Eigelbs frei, die Form wird flach und unregelmäßig.

*Wasser, Essig, Eier, verschiedene Garnituren*

Einen breiten, nicht zu tiefen Topf verwenden. Zu ¾ mit Wasser füllen, dieses mit 1 EL Essig je Liter säuern und zum Kochen bringen. Am Topfrand 1 Ei aufschlagen und direkt über dem Wasser an der Stelle, wo das Wasser am meisten sprudelt, öffnen und vorsichtig ins Wasser gleiten lassen, damit das Eigelb nicht verletzt wird und das Eiweiß eine vollkommene Hülle bildet. Nacheinander die benötigten Eier hineinschlagen (jedoch nicht mehr als 8) und den Topf an den Herdrand bzw. auf kleine Flamme stellen, damit das Wasser nur noch leicht siedet. Das Garen, hier Pochieren genannt, dauert nicht länger als 2½ bis 3 Minuten.

Die fertigen Eier nacheinander vorsichtig mit einem Schaumlöffel herausheben. Mit einem leichten Druck des Zeigefingers nachprüfen, ob die Eier gar genug sind – sie müssen noch recht weich und nachgiebig sein. Nun rasch in kaltes Wasser tauchen, damit sie nicht weitergaren können. Mit der Hand herausnehmen und die rundherum abstehenden Fäden abschneiden. In gesalzenes, gut lauwarmes Wasser legen, wenn die Eier heiß gereicht werden, in kaltes, wenn sie Bestandteil eines kaltes Gerichtes sein sollen.

Pochierte Eier kann man auf sehr verschiedenartige Weise anrichten oder verwenden.

Warm serviert man sie auf einem nach einer bestimmten Art zubereiteten Reis mit Curry-, Tomaten- oder anderen Saucen. Man serviert sie auch auf Champignon-, Geflügel-, Spargel- oder anderen Pürees, auf einem Salpicon oder Hachis von Fisch, Krustentieren, Fleisch, Geflügel oder Wild. Sie werden auf diesen Zubereitungen angerichtet und mit einem Ring von Herzogin-Kartoffeln umgeben und mit einer Sauce (Suprême, Mornay, Béchamel, Rahm, Holländische Sauce o. ä.) begossen. Sehr gut paßt ein pochiertes Ei in eine ausgezeichnete Kraftbrühe (entfettete und kräftige Fleischbrühe). Auch mit Gemüsen kann man pochierte Eier hervorragend kombinieren, etwa mit Sauerampfergemüse, mit in Butter, Sahne oder Sahne-Sauce gedünstetem Spinat.

Kalt werden sie in mit Rotwein oder Madeira aromatisiertem Gelee serviert. Auch garniert man mit ihnen geröstete und mit vermischter Butter bestrichene Brotscheiben. Diese Anrichtungen werden mit blanchierten und abgeschreckten Estragonblättern, Schinken, geräucherter Zunge, Trüffeln und milden Paprikaschoten – in feine und kurze Streifchen (Julienne) geschnitten – verziert. Das Ganze wird mit einigen Löffeln Gelee überglänzt. Man reicht pochierte Eier auch mit einfachen oder gemischten Salaten, etwa mit Spargelspitzen, russischem Salat o. ä. Sie werden dann mit einer leichten, nach Belieben mit Sahne verrührten Mayonnaise begossen. Im allgemeinen kann man die Garnituren und die Anrichtungsarten für pochierte Eier auch für wachsweiche Eier anwenden und umgekehrt.

## Œufs sur le plat au jambon
## Spiegeleier mit Schinken

*1 Scheibe roher Schinken (1 mm dick), 10 g Butter, 2 Eier*

Die Schinkenscheibe in einem Topf mit ½ l kaltem Wasser aufsetzen. Langsam erhitzen, bis das Wasser beinahe zu kochen beginnt. Herausnehmen, abtrocknen und in einer Pfanne in der schäumenden Butter anbraten. Umdrehen und sofort danach die Eier darüberschlagen. Wie angegeben fertig werden lassen.


## Œufs pochés à la florentine
## Verlorene Eier auf Spinat

*Für 4 Personen: 500 g Blattspinat, Salz, Butter, Pfeffer, Muskatnuß, evtl. 1 Prise Zucker, 8 pochierte Eier, Mornay-Sauce, 1 Scheibe Toastbrot, geriebener Gruyère oder Parmesan, zerlassene Butter*

Von den Spinatblättern die Stiele entfernen. Spinat gründlich waschen und in sprudelnd kochendem Salzwasser (10 g Salz pro Liter Wasser) garen. Den Spinat nur kurz kochen, damit er grün und fest bleibt. Herausnehmen, unter kaltem Wasser abschrecken, abtropfen lassen und schließlich kräftig auspressen, um alles Wasser herauszudrücken.
In einer Pfanne ein knapp eigroßes Stück Butter schmelzen lassen. Den Spinat zufügen, salzen, pfeffern, mit etwas Muskatnuß und einer Prise Zucker würzen, wenn der Spinat aus der Nachsaison stammt und etwas bitter sein sollte. Vom Feuer nehmen und nochmals mit frischer Butter verrühren. Den Spinat auf einer gebutterten, flachen, feuerfesten Porzellanform verteilen und die 8 pochierten Eier daraufsetzen. Mit ein wenig Mornay-Sauce begießen und über jedes Ei etwas frisch geriebenes Toastbrot sowie Gruyère oder Parmesan streuen. Mit wenig zerlassener Butter beträufeln und im sehr heißen Ofen gratinieren. Man kann die Eier auch portionsweise zu zweien auf kleinen Platten oder in Pfännchen oder Näpfen anrichten.
*Anm. der Übersetzer:* Die Eier nicht zu lange pochieren und nicht zu stark abschrecken, damit sie beim Gratinieren nicht zu fest werden. Statt im Ofen kann man auch unter dem Elektrogrill gratinieren.

## Œufs pochés à la bordelaise
## Verlorene Eier nach der Art von Bordeaux

*Kleine Törtchen aus Blätterteig (2 pro Person), Wasser, Essig, Eier, Salz, Markscheiben*
Für die Bordeaux-Sauce: *2 Stück Zucker, 3 Gläser roter Bordeaux-Wein, 1 EL gehackte Schalotten, 1 kleines Kräutersträußchen, Salz, Pfeffer, 3 TL Mehlbutter (aus 1 EL frischer Butter und 1 TL Mehl), ½ Knoblauchzehe, 1 TL gehackte Petersilie, frische Butter, Kalbs-Jus oder Fleisch-Glace*

Zunächst die Sauce zubereiten. Dazu in einer Pfanne die Zuckerstückchen schmelzen und zu einem hellgelben Karamel werden lassen. Mit Wein angießen, ablöschen und aufkochen. Die Schalotten, das Kräutersträußchen (Petersilie, Thymianzweig, Stückchen Lorbeerblatt) zufügen und mit Salz sowie einer Prise frisch gemahlenem Pfeffer würzen. Um ⅓ einkochen und mit der Mehlbutter binden, die in kleinen Stückchen zu der kochenden Sauce gegeben wird. Mit dem Schneebesen gut durchschlagen und vom Feuer nehmen. Das Kräutersträußchen entfernen. Die halbe Knoblauchzehe mit einem scharfen Messer in die Sauce schaben, die Petersilie dazugeben und alles noch einmal kurz aufkochen lassen. Durch ein feines Sieb oder ein Tuch seihen. Mit einem eigroßen Stück frischer Butter verrühren und abschmecken. Die Sauce gewinnt an würzender Kraft, wenn man sie mit etwas Kalbs-Jus oder Fleisch-Glace einkocht. Da diese bereits gesalzen sind, darf die Sauce erst nach dem Einkochen mit Salz abgeschmeckt werden.

Nun die übrigen Zutaten vorbereiten und das Gericht zusammenstellen.

Die kleinen Blätterteigtörtchen entweder selbst zubereiten oder fertig kaufen (man kann sich auch mit den handelsüblichen tiefgekühlten Produkten oder fertig gebackenen Pastetchen für Königin-Pastetchen behelfen – Anmerkung der Übersetzer) und nur im Ofen erhitzen. Wasser mit Essig aufkochen, die Eier wie angegeben darin pochieren und in Salzwasser warm halten. Die gewässerten Markscheiben in Salzwasser kurz pochieren. In jedes Törtchen (Pastete) ½ EL Sauce geben, ein abgetrocknetes Ei hineinlegen, je 1 Markscheibe daraufsetzen und wieder mit ½ EL Sauce begießen. Den Rest der Sauce getrennt reichen.

## Œufs pochés Henri IV
## Verlorene Eier »Heinrich IV«

*Für 4 Personen: 8 Artischocken, Wasser, Mehl, Salz, Essig oder Zitronensaft, Butter, Pfeffer, 8 pochierte Eier, 8 EL Sauce Béarnaise, 1 Tomate, 3 EL schwach gesalzener Kalbs-Jus, nach Belieben noch Champignon- oder Tomatenpüree*

Die Artischocken entblättern, überbrühen, den Stiel abschneiden und das Heu entfernen. Dann in mit etwas Mehl gebundenem, mit Essig und Salz aufgesetztem Wasser kochen, bis sie knapp gar geworden sind. Herausnehmen, abtropfen und abtrocknen und in einer Pfanne in 30 g Butter mit der Innenseite nach unten leicht gepfeffert und gesalzen 15 Minuten zugedeckt dünsten. Nach der halben Zeit umwenden, dabei in jeden Boden ein erbsengroßes Stück Butter legen. Die fertigen Artischockenböden auf einer gut vorgewärmten Platte anrichten, auf jeden Boden ein gut abgetropftes Ei geben. Mit je 1 EL Sauce Bèarnaise bedecken und darauf ein kleines Stück (⅛ Schnitz, gehäutet und entkernt) in Butter weichgedünstete Tomate legen.
In der Pfanne, in der die Artischockenböden gedünstet wurden, den Kalbs-Jus auf die Hälfte einkochen, dann ein schönes, gut walnußgroßes Stück Butter hineinarbeiten. Abschmecken und neben den Artischockenböden auf der Platte verteilen.
Man kann dieses Gericht noch reicher gestalten und auf die Böden zunächst etwas Champignon- oder stark eingekochtes, gebuttertes Tomatenpüree füllen, dem man eine Prise gehackten Estragon zugefügt hat.

## Œufs moulés
## Gestürzte Eier

*Butter, Eier, Salz, weißer Pfeffer*

Pro Person 2 Förmchen reichlich ausbuttern. Am besten nimmt man Darioles-Förmchen (für Creme-Törtchen oder Baba-Kuchen) mit geraden Wänden wie bei einem kleinen Becher. In jedes Förmchen ein ganz frisches Ei schlagen und mit einer Prise Salz und einem Hauch weißem Pfeffer würzen. Die Förmchen nun in eine geeignete Pfanne mit ausreichend hohem Rand stellen. Die Pfanne mit kochendem Wasser füllen, bis die Förmchen zu ⅔ im Wasser stehen, den Deckel auflegen und die Eier etwa 10 Minuten pochieren.

Das Pochieren wird hier sozusagen im Wasserbad (bain-marie) vorgenommen. Dabei soll das Wasser nicht richtig kochen, sondern nur eben sieden. Sollte es doch einmal zu kochen beginnen, so gibt man rasch 2 EL kaltes Wasser in das Wasserbad. Die Eier sind gar, wenn das Eiweiß vollkommen gestockt ist und auf Fingerdruck noch elastisch nachgibt, ähnlich wie bei wachsweichen Eiern.

## Œufs pochés à l'oseille
### Verlorene Eier auf Sauerampfer

Die pochierten Eier werden auf Sauerampferpüree angerichtet und mit je ½ EL gutem, stark eingekochtem und fettem Kalbs-Jus beträufelt.

## Œufs moulés Antonin Carême
### Gestürzte Eier »Antonin Carême«

*Gestürzte Eier, Gänsestopfleber, Butter, Austern, Sahne-Sauce*

Die Eier werden auf ein kleines Stück kurz in Butter angebratene Gänseleber (frisch) gestürzt und mit entbarteten, pochierten und mit etwas Sahne-Sauce gebundenen Austern bedeckt.

## Œufs en cocotte
### Eier in Förmchen

Der Garungsprozeß ähnelt dem des Eis in der Schale; die Ergebnisse sind ausgezeichnet.

*Butter, Salz, Eier*

Die Förmchen (meist kleine Pfannen mit oder ohne Stiel) innen leicht ausbuttern – dazu am besten leicht erhitzen. In jedes Pfännchen einige Salzkörner streuen und ein frisches Ei hineinschlagen. Nebeneinander in eine hochrandige Pfanne stellen, mit kochendem Wasser bis zu ⅔ Höhe angießen und im Ofen 8 Minuten garen.
Die Förmchen aus dem Wasser nehmen, abtrocknen, mit etwas feinem Salz bestreuen und zum Servieren auf einer Serviette anrichten.

## Œufs en cocotte aux tomates
## Eier in Förmchen mit Tomaten

Für 1 Person: *2 gut gereifte Tomaten, Butter, Salz, Pfeffer, 2 Eier, gehackte Petersilie, nach Belieben 1 TL feingeschnittene Zwiebel*

Aus den Tomaten die Stielansätze und die umgebenden noch nicht voll ausgereiften Teile entfernen. Die Tomaten kurz in kochendes Wasser halten, sofort die Haut abziehen, die Früchte öffnen und die Kerne sowie das Fruchtwasser entfernen. Das Fruchtfleisch fein würfeln und in einem nußgroßen Stück Butter garen. Mit Salz und Pfeffer würzen und so lange kochen lassen, bis eine Art Marmelade entstanden ist. Die vorgewärmten Förmchen mit Butter ausstreichen und mit dem Tomatenpüree vollkommen überziehen. Die Eier in die Mitte schlagen und vor dem Servieren auf jedes Ei 1 kleines Häufchen Tomatenpüree und 1 Prise feingehackte Petersilie geben.

Man kann das Tomatenpüree auch mit Zwiebeln aromatisieren. Diese dünstet man zunächst in Butter, ohne sie Farbe nehmen zu lassen, weich, ehe man die gewürfelten Tomaten zufügt.

*Anm. der Übersetzer:* Für das Weichdünsten von Tomaten bis zum Stadium einer »Marmelade« muß man ca. 30–45 Minuten rechnen.

## Œufs à la couqe
## In der Schale weichgekochte Eier

Um wirklich köstlich zu sein, müssen die Eier für diese Zubereitung vom Tage selbst stammen. Diese Bedingung ist wesentlich!

Zunächst nachsehen, ob die Schale keine Risse aufweist. Die Eier in ein Sieb legen und dieses in sprudelnd kochendes Wasser hängen, so daß die Eier vollständig mit Wasser bedeckt sind.

Vom Wiederbeginn des Kochens 3 Minuten warten, herausnehmen und sofort in einer Schale mit heißem Wasser servieren.

Das vollendet gekochte Ei hat ein insgesamt milchiges Eiweiß. Wenn es kurz gekocht wurde, ist das Innere noch kalt und das Eiweiß glibberig; zu lange gekocht, ist das Eiweiß hart und zäh und das Eigelb teilweise hart.

*Anm. der Übersetzer:* Die Kochzeit der Eier läßt sich schwerlich genau bestimmen, denn sie hängt von der Größe und der Temperatur der Eier ab. Kühlschrankkalte Eier brauchen etwas länger als zimmerwarme.

## Œufs en cocotte aux champignons
## Eier im Förmchen mit Champignons

*100 g feste und frische Champignons, Butter, Sahne, Salz, Eier*

Die Champignons putzen und gut, aber rasch waschen. In feine Blättchen schneiden und in einer Pfanne in 30 g schäumender Butter 3 Minuten halb braten, halb dünsten. Durch ein Sieb treiben, in einer Schüssel auffangen und mit 1 EL Sahne verrühren. Mit etwas Salz vorsichtig würzen.
Die Förmchen ausbuttern und mit dem Champignonpüree auskleiden. In die Mitte je 1 Ei schlagen, im Wasserbad garen und vor dem Servieren in jede Form noch 1 TL Sahne füllen.

## Œufs en cocotte à la crème
## Eier im Förmchen mit Sahne

Für 3 Personen: *⅒ l Sahne, Salz, 6 Eier, Butter*

Die Sahne zum Kochen bringen und mit einer kleinen Prise Salz würzen. 6 Förmchen erhitzen und in jedes ½ EL der eingekochten Sahne geben. Jeweils 1 Ei hineinschlagen und 2 kleine Butterstückchen darübergeben.
Wie oben angegeben zubereiten (8 bis 10 Minuten im heißen Ofen garen) und servieren.

## Œufs durs
## Harte Eier

In einem ausreichend großen Topf das für die vorgesehene Menge an Eiern benötigte Wasser zum Kochen bringen. Die Eier in ein Sieb oder einen Durchschlag mit großen Löchern legen und in das kochende Wasser senken. Vom Augenblick des Wiederaufkochens an mittelgroße Eier 9 Minuten, große Eier 10 Minuten kochen. Dann die Eier im Sieb herausheben und sofort in kaltes Wasser tauchen, damit sie sich anschließend besser schälen lassen.
Darauf achten, daß die angegebenen Kochzeiten nicht überschritten werden: Das Eigelb wird sonst zäh und das Eigelb trocken.

## Œufs durs aux oignons dits à la tripe
## Harte Eier mit Zwiebeln

*Für 3 bis 4 Personen: 3 mittelgroße Zwiebeln, 30 g Butter, 1 gehäufter EL Mehl, Salz, weißer Pfeffer, Muskatnuß, ½ l Milch, 30 g Butter oder 1 EL Sahne, 6 Eier*

Die Zwiebeln fein schneiden; wenn es nicht neue sind, 5 Minuten in kochendheißem Wasser ziehen lassen, dann abtropfen und abtrocknen. In einer kleinen Kasserolle in 30 g zerlassener Butter bei kleiner Hitze zugedeckt halb gar werden lassen, ohne daß sie Farbe bekommen. Nun das Mehl darüberstreuen, mit einer Prise Salz, ein wenig frisch gemahlenem Pfeffer und einer Messerspitze geriebener Muskatnuß würzen. Bei milder Hitze diese Einbrenne 10 Minuten, ohne sie zu färben, zusammenkochen lassen. Vom Herd nehmen und abkühlen lassen. Dann die kochende Milch in kleinen Mengen dazugeben, dabei ständig mit dem Schneebesen durchschlagen. Den Topf auf das Feuer zurücksetzen und die Sauce unter kräftigem Schlagen zum Kochen bringen, damit sich keine Klümpchen bilden. Auf großer Flamme 20 Minuten kochen lassen. Schließlich neben dem Feuer 30 g Butter oder 1 EL Sahne zufügen.

Inzwischen die Eier hart kochen und schälen. Kurz vor dem Servieren die heißen, in dicke Scheiben geschnittenen oder geviertelten Eier hineingeben.

Man kann die Sauce auch durch ein feines Sieb streichen. Dann die Zwiebeln zu einem Püree zerdrücken und durch das Sieb passieren, so daß man statt der Sauce mit Zwiebeln praktisch ein Zwiebelpüree (coulis Soubise) erhält.

*Anmerkung:* Wenn Béchamel-Sauce zur Hand ist, ersetzt man die Milch durch die gleiche Menge Sauce.

## Œufs durs à la crème d'oseille
## Harte Eier mit Sauerampfer

*100 g Sauerampfer, 40 g Butter, 1 gehäufter EL Mehl, ⅖ l Milch, Salz, Pfeffer, 60 g Butter oder 2 EL Sahne, hartgekochte Eier*

Den gewaschenen, von den Stielen befreiten Sauerampfer in feine Streifen schneiden. In einer Kasserolle mit 40 g Butter erhitzen und bis zur völligen Verdunstung aller Flüssigkeit garen. Einen gehäuften EL Mehl dazugeben und auf kleiner Flamme 5 Minuten unter ständigem Wenden ziehen, dann abkühlen lassen. Mit einem Spachtel oder Kochlöffel rührend nun in kleinen Mengen nach und nach die kochende Milch einarbeiten, mit Salz und Pfeffer würzen und 15 Minuten köcheln lassen. Die Sauce durch ein feines Sieb passieren und dabei den Sauerampfer mit durchdrücken. Wieder aufkochen und neben dem Feuer 60 g Butter oder 2 EL Sahne unterziehen. Die eben gekochten, geschälten Eier in eine vorgewärmte Schüssel geben und mit der Sauerampfer-Sauce überziehen.

## Œufs durs sur purées diverses
## Harte Eier auf verschiedenen Pürees

Hartgekochte Eier werden wie pochierte Eier auf verschiedenen Gemüsepürees serviert. Am besten eignen sich Spargel-, Kresse-, Endivien-, Sellerie-, Champignon-, Möhren-, Kopfsalat-, Spinat- und Eßkastanienpüree.

## Œufs mollets
## Wachsweiche Eier

Die wachsweichen Eier werden wie die hartgekochten Eier zubereitet. In einem Sieb oder Durchschlag mit großen Löchern werden sie in kochendes Salzwasser getaucht. Vom erneuten Aufkochen an rechnet man 6 Minuten für mittelgroße Eier. Das Sieb herausheben und die Eier in kaltem Wasser abschrecken. Vorsichtig schälen und in heißem Salzwasser warm halten, wenn die Eier heiß serviert werden.
Alle Zubereitungsarten bzw. Anrichtungen für verlorene (pochierte) und für harte Eier (außer, wenn diese gefüllt werden) eignen sich auch für wachsweiche Eier und umgekehrt.

## Œufs mollets soubise
### Wachsweiche Eier mit Zwiebelpüree

Für 4 Personen: *4 große Zwiebeln, Butter, Salz, 8 EL Béchamel-Sauce, 2 EL Sahne, 8 große Champignonköpfe, etwas Zitronensaft, 8 wachsweiche Eier*

Die Zwiebeln würfeln und 5 Minuten blanchieren. Gut abtropfen und in einer Kasserolle in 30 g Butter mit einer Prise Salz auf kleiner Flamme langsam weich dünsten – die Zwiebeln müssen dabei hell bleiben. Durch ein feines Sieb streichen. Das Püree in einer Pfanne mit der recht dick eingekochten Béchamel-Sauce erhitzen, aufkochen lassen, sofort wieder vom Feuer nehmen und mit 2 EL Sahne oder ebensoviel Butter verrühren. Abschmecken. Die Champignons mit etwas Zitronensaft beträufelt grillen oder in Butter weich dünsten. In letzterem Falle den Kochfond in die Sauce rühren. Die Champignonköpfe auf eine runde, vorgewärmte Platte setzen, in jeden ein wachsweiches Ei legen und alles mit dem sämigen Zwiebelpüree bedecken.

## Œufs poêlés
### Setzeier

Die Setzeier sind eine Variante der Spiegeleier. Man läßt die Butter, in die die Eier geschlagen werden, lediglich heißer und haselnußbraun werden. Dadurch wird den Eiern ein besonderer und sehr angenehmer Geschmack gegeben. Nach dem Einschlagen oder Eingleiten der Eier wie für Spiegeleier angegeben verfahren.
Man reicht zu Setzeiern Schinken, geräucherten oder ungeräucherten Speck, Frühstücksspeck sowie verschiedene Gemüse.

## Œufs poêlés aux tomates
### Setzeier mit Tomaten

Für 1 Person: *1 große, gut reife Tomate, 1 EL Olivenöl, Salz, Pfeffer, 2 Eier, 10 g Butter*

Die Tomate schälen, halbieren und den Stielansatz herausschneiden, das Fruchtwasser mit den Kernen entfernen. In einer Pfanne im rauchenden Olivenöl auf beiden Seiten braten, bis die Hälften flach werden, zwischendurch mit Salz und Pfeffer würzen. Dann auf jede Tomatenhälfte ein Ei schlagen, das Eiweiß mit einer Prise Salz bestreuen. Im Ofen rasch garen, bis die Eier einen Spiegel bekommen. Auf einen vorgewärmten Teller gleiten lassen und die Eier mit der heißen, in der Bratpfanne braun (schwarz) gebrannten Butter beträufeln.

## Œufs frits
### Gebackene Eier

*⅕ l Öl, Eier, Salz*

Das Öl in einer Pfanne erhitzen. Wenn es zu rauchen beginnt, die Pfanne leicht neigen, damit sich das Öl an einer Seite sammelt. Nun ein in eine Schüssel geschlagenes Ei hineingleiten lassen. Das Eiweiß, das sofort stockt, wirft dabei große Blasen. Diese immer wieder sehr schnell mit einem in das Öl getauchten Kochlöffel über das Eigelb stülpen, das ganze Ei dabei ständig umdrehen, so daß das Eigelb vollkommen vom Eiweiß umhüllt wird und wachsweich bleibt. Das Ei insgesamt nur 1 Minute garen, es muß nun goldgelb sein. Auf einem Tuch (oder Küchenpapier) abtropfen lassen und mit einer kleinen Prise Salz würzen. Diese Eier immer nur direkt vor dem Servieren bereiten. Gebackene Eier werden sehr häufig auf einer in etwas Butter in der Pfanne gebratenen rohen Schinkenscheibe gereicht oder auch auf gegrilltem oder in Butter gebratenem, magerem Brustspeck oder Frühstücksspeck.
Man kann sie auch mit einer in Butter und mit feinen Kräutern angebratenen Pilzgarnitur reichen: frischen Zucht- oder Wiesenchampignons, Morcheln, Pfifferlingen oder Moospilzen (Mousserons), kleingeschnitten; oder auch mit in Butter gedünstetem Blattspinat.
Man reicht sie als Begleitung zu gegrillten Nieren, zu den kleinen sogenannten Chipolatas oder zu gegrillten bzw. gebratenen Lammkoteletts. Außerdem sind sie klassischer Bestandteil des Hähnchens à la Marengo und des Kalbskopfes Schildkrötenart. Man serviert auch gerne zu den gebackenen Eiern Tomaten-Sauce oder Perigueux- bzw. italienische Sauce.

## Œufs frits à la milanaise
## Gebackene Eier Mailänder Art

Für 3 bis 6 Personen: *Salz, 150 g Spaghetti oder Makkaroni, Pfeffer, 2 EL Tomaten-Sauce oder 2 Tomaten, evtl. etwas Butter, 30 g geriebener Parmesan oder Gruyère, 70 g Butter, 6 gebackene Eier, 3 Tomaten, 1 EL Olivenöl, 6 Stengel Petersilie, Tomaten-Sauce*

1 l Wasser zum Kochen bringen und 10 g Salz darin auflösen. Die Nudeln hineingeben und unbedeckt 20 Minuten mehr ziehen als kochen lassen. Herausnehmen und sorgfältig abtropfen lassen. In den trockenen Topf zurückgeben, mit Pfeffer und Salz würzen und 2 EL Tomaten-Sauce oder 2 geschälte, durch Pressen entkernte, vom Fruchtwasser befreite Tomaten, die in etwas Butter mit Salz und Pfeffer geschmolzen wurden, zufügen. Mit dem geriebenen Käse sowie 50 g Butter in Flöckchen vorsichtig verrühren, damit die Nudeln nicht reißen oder zerdrückt werden.
Eine Pastetenform mit der restlichen Butter einstreichen und die Nudeln gleichmäßig einfüllen. Die Form nicht zu kräftig auf ein Tuch stoßen, damit sich die Nudeln setzen können. In ein Wasserbad stellen und im nicht zu heißen Ofen 18 bis 20 Minuten pochieren. Herausnehmen, 5 Minuten ruhen lassen und auf eine vorgewärmte runde Platte stürzen. Um die Pastete herum abwechselnd die gebackenen Eier und halbierte, mit Öl beträufelte, gegrillte Tomaten anrichten. Auf jede Tomate ein Büschel fritierte Petersilie setzen.
Dazu eine Saucière mit Tomaten-Sauce reichen.

## Œufs frits à l'américaine
## Gebackene Eier auf amerikanische Art

Die gebackenen Eier werden auf gekochten Schinkenscheiben angerichtet und mit gegrillten Tomaten umlegt.

## Omelettes
## Das Omelett

Ein Omelett kann man flach oder gerollt zubereiten, je nach Geschmack oder Garnitur. Um ein Omelett vollendet zubereiten zu

können, ist die Praxis nötiger als jeder Ratschlag, denn das notwendige handwerkliche Geschick kann man nur durch Erfahrung erwerben.
Wenn das Omelett eine Garnitur erhält, reichen 3 Eier für 2 Personen aus; ohne Garnitur rechnet man 2 Eier pro Person.
Man sollte ein Omelett nicht aus mehr als 8 Eiern zubereiten; sonst lieber 2 oder mehrere Omeletts getrennt herstellen.
Die Eier nur mit der Gabel mit wenigen Bewegungen durchschlagen, so daß Eigelb und Eiweiß sich zwar vermischen, letzteres aber seine Viskosität, also seine schleimige Zähflüssigkeit, nicht verliert. Denn schlägt man zu lange, so wird die Eimasse flüssig und bläht sich beim Kontakt mit der heißen Butter nicht auf. Das Omelett wird dann schwer und hat einen weniger angenehmen Geschmack.
Die Eier aufschlagen, salzen und erst im letzten Augenblick leicht schlagend vermischen – schlägt man sie zu früh, so bräunen die Eier. Dann in eine Pfanne gießen, in der bei starker Hitze die Butter (10 g für 2 Eier) geschmolzen wurde. Die Butter muß schäumen und eben beginnen, sich haselnußbraun zu färben. Wenn die Eier mit der heißen Butter in Kontakt kommen, beginnen sie zunächst am Rande der Pfanne zu stocken. Mit Hilfe einer Gabel muß man nun sehr schnell diese Partien in die Mitte schaufeln, damit ein gleichmäßiges Garen erreicht wird. Wenn die gewollte Festigkeit des Omeletts erreicht ist – vollkommen gar und fest (bien cuite), gerade eben gar und weich (à point), halbgar und noch etwas glibbrig (baveuse, also »sabbernd«, wie es die Feinschmecker in Frankreich vorziehen) –, läßt man die Pfanne 2 Sekunden ruhig auf dem Feuer stehen, ohne umzurühren. Dann neigt man sie mit der linken Hand gegen das Feuer und rollt das Omelett mit der rechts gehaltenen Gabel zum gegenüberliegenden Rand. Nun gibt man mit der linken Hand der rechten einen Stoß, dessen Wirkung sich auf die Pfanne fortpflanzt: Das Omelett springt hoch und rollt sich vollends auf. Jetzt gibt man schnell ein Nüßchen Butter in die Pfanne, um das Omelett schön golden zu färben (dorure), läßt das Omelett umgekehrt auf eine vorgewärmte längliche Platte gleiten, berichtigt, falls nötig, sein Aussehen und läßt ein auf eine Messerspitze gespießtes Stückchen Butter darübergleiten, um das Omelett zu überglänzen (vernissage).
Dieses saubere, faltenlose Omelett wird sofort serviert: Man muß geradezu darauf warten.
Im allgemeinen werden Omeletts garniert, gefüllt oder verschiedenartig gewürzt (immer mit Salz, meist auch mit Pfeffer).

## Omelettes garnies et fourrées
## Garnierte und gefüllte Omeletts

Es gibt Hunderte von Füllungen oder Garnituren für Omeletts: hier nur einige der geläufigsten, die auch für die Hausfrau am leichtesten zuzubereiten sind.
Die Garnituren sind jeweils für Omeletts aus 6 Eiern bemessen.

## Omelette aux champignons
## Champignon-Omelett

*60 g frische Champignonköpfe, Butter*

Die Champignons rasch waschen und in feine Blätter schneiden. In etwas Butter in der Omelettpfanne anbraten und nur ganz leicht Farbe annehmen lassen. Dann die Eimasse darübergießen und das Omelett wie angegeben zubereiten.

## Omelette au jambon
## Schinken-Omelett

40 g magerer gekochter Schinken werden gewürfelt und unter die leicht geschlagene Eimasse für das Omelett gemischt. Zubereitung wie angegeben.

## Omelette au lard
## Speck-Omelett

*60 g magerer Brustspeck, 30 g Butter*

Vom Speck zunächst die Schwarte abschneiden. In kleine Würfel von 7 bis 8 mm Kantenlänge schneiden. 6 Minuten in sprudelnd kochendem Wasser blanchieren, gut abtropfen und abtrocknen. In der Omelettpfanne in der Butter anbraten, bis die Würfel leicht kroß werden. Dann die Eimasse darübergießen und wie angegeben ein Omelett bereiten.

## Omelette au fromage
### Käse-Omelett

40 g geriebener Gruyère (oder Emmentaler) wird unter die geschlagene Eimasse gerührt.

## Omelette à l'oseille
### Sauerampfer-Omelett

*12 junge Sauerampferblätter, 25 g Butter, ½ TL gehackter Kerbel*

Den Sauerampfer sorgfältig waschen, abtropfen und die Blätter einzeln abtrocknen. In breite Streifen schneiden und in der Butter in der Omelettpfanne zusammenfallen lassen. Die leicht geschlagenen Eier mit dem Kerbel vermischen, in die Pfanne geben und das Omelett wie gewohnt zubereiten.

## Omelette aux fines herbes
### Omelett mit feinen Kräutern

*1 TL frisch gehackte Petersilie, etwas fein gehackte junge Lauchzwiebel oder in kleine Röllchen geschnittener Schnittlauch*

Die Kräuter gleich zu Anfang in die leicht geschlagenen Eier geben, das Omelett wie angegeben bereiten.
*Anm. der Übersetzer:* Man fügt oft noch eine Spur Estragon und etwas Kerbel bei.

## Omelette lyonnaise
### Omelett auf Lyoner Art

*1 mittelgroße Zwiebel, 25 g Butter*

Die Zwiebel in winzig kleine Würfel schneiden. In der Omelettpfanne in der Butter dünsten und eine hellgoldene Farbe annehmen lassen. Dann die leicht geschlagenen Eier darübergießen und das Omelett wie angegeben zubereiten.

## Omelette aux morilles
### Morchel-Omelett

*60 g kleine Morcheln, 30 g Butter*

Die Morcheln sehr sorgfältig waschen, damit aller Sand aus den Öffnungen gespült wird. Vierteln und in der Butter anbraten, bis sie recht trocken geworden sind. Die Eimasse darübergießen und ein Omelett wie angegeben bereiten.
*Anm. der Übersetzer:* Man kann natürlich auch getrocknete Morcheln verwenden, die man vorher in lauwarmem Wasser einweicht. Das Omelett wird noch würziger, wenn man eine Spur sehr fein gehackter Schalotte und ebenso Petersilie zufügt. Auch kann man die Morcheln mit etwas Sherry, Madeira oder Portwein trocken werden lassen.

## Omelette aux truffes
### Trüffel-Omelett

2 mittelgroße rohe Trüffeln werden in nicht zu dünne Scheiben oder kleine Würfel geschnitten. Rasch in der heißen Omelettpfanne in Butter erhitzen und die leicht geschlagenen Eier darübergießen.
*Anm. der Übersetzer:* Verwendet man Dosentrüffeln (oder auch Trüffelschalen), so läßt man diese nach dem Anbraten im Trüffelsaft recht trocken werden oder fügt etwas Madeira hinzu.

## Omelette aux tomates
### Tomaten-Omelett

*1 große, gut gereifte Tomate, Salz, Pfeffer, 1 Messerspitze Zucker, ½ EL Öl oder 25 g Butter, 1 Prise gehackte Petersilie*

Die Tomate häuten, den Stielansatz und die unreifen Stellen darum herum ausschneiden, das Fruchtwasser mit den Kernen herauspressen und das Fruchtfleisch in große Würfel schneiden. Mit Salz, Pfeffer und Zucker würzen und in einer Pfanne in Öl oder Butter garen. Wenn die Stückchen zu schmelzen beginnen, die gehackte Petersilie darüberstreuen und die leicht geschlagene Eimasse zugießen. Das Omelett wie angegeben zubereiten.

## Omelette aux foies de volaille
## Omelett mit Geflügelleber

*2 Geflügellebern, Salz, Pfeffer, Butter, 1 EL Madeira oder Portwein, 2 EL konzentrierter Kalbs-Jus*

Die Geflügellebern in nicht zu kleine Würfel schneiden, vorsichtig mit Salz und frisch gemahlenem Pfeffer würzen. In einer kleinen Pfanne nicht zuwenig Butter sehr stark erhitzen und die Leberstücke darin rasch anbraten. Sie sollen außen rundherum hellbraun, innen aber noch rosa sein. Die Lebern herausnehmen und auf einem vorgewärmte Teller warm halten. Den Madeira oder Portwein in die Pfanne geben und um die Hälfte einkochen. Nun den Kalbs-Jus zufügen und wiederum um die Hälfte einkochen. Die Pfanne vom Feuer nehmen und eine große Butternuß hineinarbeiten, die Leberstückchen wieder hineingeben und in der Sauce schwenken, wobei sie sich wieder erwärmen.

Wie auf Seite 104 angegeben ein Omelett bereiten. Vor dem Zusammenrollen in die Mitte ⅔ der Lebermasse geben, jedoch keine Sauce. Das Omelett rollen und auf eine vorgewärmte lange Platte umwenden. Auf der Oberfläche längs einen kleinen Einschnitt machen, diesen etwas aufbiegen und ½ EL der Sauce hineingießen. Den Rest der Lebern über dem Einschnitt verteilen und die übrige Sauce rund um das Omelett gießen.

## Omelette chasseur
## Omelett nach Jägerart

*Wie zum Omelett mit Geflügelleber (siehe oben), zusätzlich 1 kleine Schalotte und 4 mittelgroße Champignons*

Die Schalotte fein hacken und die gewaschenen Champignons in dünne Blätter schneiden. Beides in der Butter zunächst leicht anbraten, in der anschließend die Leberwürfel gebraten werden. Ansonsten wie das Omelett mit Geflügelleber zubereiten.

## Omelette au foie gras
### Gänseleber-Omelett

In einer Omelettpfanne werden Gänseleberwürfel (von einer frischen Stopfleber) erwärmt. Dann werden die leicht geschlagenen Eier darübergegossen und das Omelett wie gewohnt zubereitet.

## Omelette aux courgettes
### Zucchini-Omelett

Für 4–5 Personen: *1 nicht zu großer Zucchini, Salz, Pfeffer, Butter, 8 Eier, 1 TL gehackte Petersilie*

Den Zucchini schälen und in dünne Scheiben schneiden. Die Scheiben mit Salz und Pfeffer würzen und in Butter in einer Omelettpfanne anbraten. Wenn sie gerade eben durch sind und leicht Farbe genommen haben, die leicht geschlagenen, gewürzten und mit Petersilie vermischten Eier darübergießen. Omelett wie oben fertig machen.

## Omelette aux pointes d'asperges
### Omelett mit Spargelspitzen

*1 kleiner Bund grüner Spargel, Salz, Butter*

Die Spargel sorgfältig waschen und den zarten oberen Teil in erbsengroße Stückchen schneiden. Diese in Salzwasser gar kochen. Herausnehmen, gut abtropfen und in zwei Butternüßchen in einer Pfanne erneut erhitzen. Pfanne vom Feuer nehmen und die Buttersauce abbinden lassen. Mit ⅔ der Spargel das wie üblich zubereitete Omelett vor dem Zusammenrollen füllen, den Rest zum Schluß auf dem Omelett anrichten.

## Omelettes plates
### Flach-Omeletts

Diese Omeletts erhalten im allgemeinen eine Garnitur, werden jedoch nicht zusammengeschlagen; sie behalten also die Form der Pfanne. Sie werden wie Pfannkuchen umgewendet.

## Omelette aux noix
## Nuß-Omelett

Für 4 Personen: *20 Walnüsse, Butter, 8 Eier*

Die Walnußkerne auslösen. Handelt es sich um frische, junge Walnüsse, so muß man unbedingt die dünne, bittere Haut abziehen. Die Nüsse hacken und in die Pfanne geben, wenn die Butter eben zu schäumen beginnt. Ganz kurz danach auch die leicht geschlagene und gewürzte Eimasse hineingießen. Wenn das Omelett die gewünschte Festigkeit bekommen hat, läßt man es einige Sekunden auf dem Feuer stehen, damit es unten schön golden wird. Dann wendet man es wie einen Pfannkuchen und läßt auch diese Seite golden werden. Schließlich auf eine vorgewärmte runde Platte gleiten lassen.
*Anmerkung:* Wählen Sie eine Pfanne, die so bemessen ist, daß das Omelett etwa 3 bis 4 cm dick wird.
*Anm. der Übersetzer:* Wer geschickt ist, wendet das Omelett in der Luft, d. h., er wirft es so hoch, daß es umgedreht in die Pfanne zurückfällt. Sonst läßt man es auf einen Teller oder Topfdeckel gleiten, stülpt die Pfanne darauf und dreht das Ganze um. Das ist zwar nicht elegant, aber auf jeden Fall sicherer!


## Omelette à la crême
## Sahne-Omelett

3 EL Sahne zu einem luftigen, festen Schaum schlagen (Vorsicht, daß nicht durch zu langes Schlagen Butter entsteht), mit den Eiern vermischen, in die heiße Pfanne gießen und wie angegeben ein Omelett bereiten.


## Omelette aux rognons
## Omelett mit Nieren

Wird genau wie das Omelett mit Geflügellebern zubereitet. Vorzugsweise Lamm- bzw. Junghammelnieren verwenden (eine pro Person). Bevor man diese in Würfel schneidet, entfernt man die umgebende Haut und die innenliegenden Sehnen und Adern.

## Omelette Parmentier
## Omelett »Parmentier«

Für 4 bis 5 Personen: *2 mittelgroße Kartoffeln, Butter, 8 Eier, Salz, Pfeffer, 1 TL gehackte Petersilie*

Die Kartoffeln schälen und in gleichmäßige, dünne Scheiben schneiden. In kaltem Wasser waschen, bis das Wasser klar abläuft, abtropfen lassen und abtrocknen. In einer Omelettpfanne 2 Butternüßchen erhitzen. Wenn die Butter zu schäumen beginnt, die Kartoffelscheiben so hineinlegen, daß sie nicht untereinander liegen. Unter häufigem Wenden garen, bis sie auf allen Seiten schön golden, aber noch nicht wieder trocken geworden sind. Die leicht geschlagenen und mit Salz, Pfeffer und Petersilie gewürzten Eier darübergießen; das Omelett wie oben beschrieben fertig machen.

## Omelette André Theuriet
## Omelett »André Theuriet«

Das Omelett wird mit Morcheln in Sahne gefüllt und auf eine vorgewärmte Platte gestürzt. Die beiden Enden werden mit in Butter gedünsteten Spargelspitzen garniert und eine große in Butter erhitzte Trüffelscheibe auf die Mitte gelegt.

## Omelette à la savoyarde
## Omelett auf Savoyer Art

Für 4 bis 5 Personen: *Butter, 2 gekochte Kartoffeln mittlerer Größe, 8 Eier, Salz, Pfeffer, 40 g geriebener oder fein geraspelter Gruyère oder Parmesan, 1 TL gehackter Kerbel*

Die Butter in einer Omelettpfanne erhitzen und darin die in gleichmäßige Scheiben geschnittenen Kartoffeln anbraten. Wenn sie auf beiden Seiten schön golden geworden sind, die leicht geschlagenen, mit Salz und Pfeffer gewürzten und mit Käse und Kerbel verrührten Eier darübergießen. Wenn das Omelett auf der Unterseite golden geworden ist, wie einen Pfannkuchen umwenden, auch die zweite Seite golden werden lassen und auf eine vorgewärmte runde Platte gleiten lassen.

## Œufs brouillés
## Rühreier

Die Schwierigkeit bei der Zubereitung von Rühreiern besteht darin, eine vollkommene Vermischung von Eigelb und Eiweiß zu erhalten, die cremig und ohne Knötchen sein muß. Man erreicht das, wenn man die folgenden Ratschläge beachtet: Die Eier in eine Schüssel schlagen, mit Pfeffer und Salz würzen und mit einer Gabel leicht, wie zu einem Omelett, schlagen. In einer der Eiermenge angemessenen, nicht zu großen Pfanne 10 g Butter je Ei schmelzen lassen. Die Eimasse hineingießen und bei milder Hitze langsam erwärmen. Dabei mit einem Holzspachtel ständig umrühren. Man kann diese langsame Erwärmung am sichersten in einem Wasserbad erreichen. Wenn die Eier den richtigen Garpunkt erreicht haben, also zu einer lockeren Creme geworden sind, nimmt man die Pfanne vom Feuer und rührt zum Schluß pro Ei noch ein kleines Butternüßchen unter die Masse.

Man serviert die Eier in Pastetenformen, kleinen Krustenpastetchen, in kleinen Töpfchen oder ganz einfach in Gemüseschälchen mit einer Garnitur.

Die meisten der für Omelette angegebenen Garnituren finden auch bei den Rühreiern Verwendung und umgekehrt.

## Œufs brouillés au bacon
## Rühreier mit Frühstücksspeck

*100 g Frühstücksspeck, etwas Butter, Eier*

Den Speck von einer möglicherweise vorhandenen Schwarte befreien. In kleine Würfel schneiden. Diese 5 Minuten in sprudelnd kochendem Wasser blanchieren, dann abtropfen. Nun in der für die Rühreier vorgesehenen Pfanne in einer Butternuß leicht anbraten. Herausnehmen und auf einem vorgewärmten Teller warm halten. Die Rühreier wie oben angegeben zubereiten. Zum Schluß die Speckwürfel wieder zu den Eiern geben, gut untermischen und servieren.

## Œufs brouillés à la purée de champignons
## Rühreier mit Champignon-Püree

*125 g frische, weiße Champignons, Butter, Salz, Zitronensaft, Eier*

Die Champignons putzen, waschen, abtrocknen und in dünne Scheiben schneiden. 3 Minuten in einer Pfanne mit 2 Butternüßchen bei starker Hitze anbraten. Mit einer Prise Salz und einigen Tropfen Zitronensaft würzen. In ein Sieb über einer Schüssel schütten und mit einem Stößel oder Kochlöffel durch das Sieb streichen.
In der verwendeten Pfanne die Rühreier bereiten und zum Schluß das Champignon-Püree zufügen.

## Œufs brouillés aux pointes d'asperges
## Rühreier mit Spargelspitzen

Die fertigen Rühreier vorsichtig mit in Dampf gegarten und in Butter geschwenkten grünen Spargelspitzen vermischen. Auf die angerichteten Rühreier ein Büschel Spargelspitzen setzen.

# LES POTAGES ET LES SOUPES

## SUPPEN

## Les potages et les soupes
## Suppen

Ich habe die Suppen in zwei große Gruppen unterteilt: die klaren Suppen und die gebundenen Suppen. Jede von ihnen vereint in sich wieder verschiedene Untergruppen. So gehören zur ersten die Fleischbrühe und die Kraftbrühe, jeweils mit oder ohne Einlage. Zur zweiten Gruppe gehören diejenigen Suppen, die durch das Auflösen oder Zerdrücken der Grundelemente gebunden sind, zum Beispiel die Pürees, sowie die Suppen, denen ein oder mehrere Bindemittel zugefügt wurden, etwa eine Einbrenne, gekochter Reis, verkochtes Brot, Eigelb, Sahne und ähnliches.
Nochmals: Suppen müssen immer sehr heiß in vorgewärmten Tellern serviert werden!


## Le pot-au-feu
## Suppen-Eintopf


Der Pot-au-feu ist eine der Grundlagen der Küche. Er liefert die Fleischbrühe und damit die Flüssigkeit für zahlreiche Suppen. Und er bildet die Reserve für die immer wieder benötigte Brühe, sei es, um Saucen aufzugießen oder verschiedene schnell oder unverhofft zubereitete Speisen anzureichern.
Fleischbrühe, die man aufheben will, muß immer zunächst durch ein feines oder Haarsieb gegossen werden, denn die Gemüse, vor allem die Möhren, bewirken eine baldige Gärung. Dann wird die Brühe nochmals aufgekocht. Man läßt sie in einer glasierten Terrine, einer Schüssel aus Fayence oder emailliertem Metall abkühlen. Am besten stellt man diese Behälter auf etwas Luftdurchlässiges, damit durch einen Luftstrom das Abkühlen beschleunigt wird.
Ein Pot-au-feu für 12 Personen sollte mit einer so großen Menge Fleisch zubereitet werden, daß sich daraus mindestens 2 volle Mahlzeiten servieren lassen.

*200 g Rippenknochen, 1,5 kg Rinderhaxe, 500 g Schulterstück, 500 g Schwanzstück, 500 g Schaufelstück, 500 g Ochsenschwanz, 500 g Kalbshaxe, 500 g Hammel-Halsstück, 300 g Lauch, 2 Sellerieknollen, 300 g*

*Möhren, 1 Kräuterstrauß (½ frisches Lorbeerblatt, Petersilie, Kerbel, Thymian), 5 Markknochen (3 cm lang), Salz, Pfefferkörner, 1 Hühnchen von etwa 1,5 kg, Trüffelscheiben, 250 g Zwiebeln, 4 Nelken, 1 Knolle Knoblauch, 300 g runde Rübchen, 1 Fenchelknolle, 1 Maiskolben, 500 g Tafelspitz, 3 große, reife Tomaten*

Den Boden eines sehr großen Topfes mit den Rippenknochen so bedecken, daß das daraufgelegte Fleisch den Boden nicht berühren kann. Auf die Knochen zunächst die Rinderhaxe, das Schulterstück und schließlich den Ochsenschwanz legen. Mit der Kalbshaxe und dem Lammnacken abschließen. Nun mit so viel kaltem Wasser aufgießen, daß alles gut bedeckt ist. Noch nicht jetzt salzen, sondern erst nach dem Abschäumen – jedoch die Wassermenge für die Salzzugabe abmessen. Den Topf auf lebhaftem Feuer erhitzen und dann sprudelnd kochen lassen, aber nicht zudecken, sonst würde die Brühe trübe.

Inzwischen die Gemüse putzen. Lauch und Sellerie in warmem Wasser waschen, damit Sand und Erde vollkommen entfernt werden. Den Kräuterstrauß aus den angegebenen Zutaten, umwickelt mit dem Grün des Lauches, zusammenbinden. Auf jedes Ende der Markknochen eine Möhrenscheibe legen und festbinden, damit das Mark nicht auslaufen oder herausfallen kann. Nach etwa 20 Minuten Kochzeit den Topf abschäumen. Mit einer Suppenkelle (und nicht mit einem Schaumlöffel) das Fett und die schaumig-schmutzigen Eiweißpartikel abnehmen. Am besten stellt man dazu den Topf an den Herdrand bzw. nur halb auf die Platte, damit Schaum, Fett und Unreinheiten sich an einer Seite des Topfes sammeln. Nun die Hitze reduzieren, und alles weitere 20 Minuten leise vor sich hin kochen lassen. Ein weiteres Mal abschäumen. Mit grobem Salz salzen (etwa 10 g pro Liter rechnen) und einige in ein Mousseline-Tuch gehüllte Pfefferkörner zufügen. Dem vorbereiteten Hühnchen die Trüffelscheiben zwischen Haut und Brust schieben, ebenfalls in die Brühe legen. Die Zwiebeln mit Nelken spicken, eine Zwiebel halbieren und die Schnittflächen auf der sehr heißen Platte bräunen – das gibt der Suppe Farbe. Zwiebeln, Knoblauch und alle Gemüse (außer den Tomaten) in die Suppe geben, die Lauchstangen zusammenbinden. Wieder abschäumen und weitere 40 Minuten leise kochen lassen. Auch in dieser Zeit ab und zu abschäumen. Nach 15 Minuten den Maiskolben herausnehmen. Überhaupt die Gemüse nach und nach herausnehmen, wenn sie gar sind. Dazu immer wieder mit einer Spicknadel prüfen, ob sie sich leicht durchstechen lassen. Jeweils mit dem Schaumlöffel dann vorsichtig herausheben und am Herdrand oder auf warmer Platte in einem Topf

warm halten, nachdem sie mit 2 Kellen Brühe übergossen wurden. Schließlich auch das Hühnchen herausnehmen und in einem zweiten Topf mit etwas Brühe wie die Gemüse warm halten.
Das übrige Fleisch wiederum 30 Minuten unter öfterem Abschäumen kochen lassen. Kalbshaxe und Lammnacken herausnehmen und mit dem Hühnchen warm halten. Nach einer weiteren Stunde den Tafelspitz an einer an dem Topfgriff befestigten Schnur in die Brühe hängen. Die Markknochen und auch die Tomaten zugeben. Wieder abschäumen und 12 bis 15 Minuten kochen, je nach Dicke des Tafelspitzes. Nun alles Fleisch herausnehmen, ebenso die Markknochen, von denen man die Möhrenscheiben entfernt – das Mark ist unversehrt geblieben. Hühnchen und Gemüse nochmals kurz in der Brühe erhitzen.
In die Mitte einer großen Platte die Rinderhaxe legen. Das andere Fleisch und das Hühnchen darum herumlegen, ganz außen die Gemüse anrichten. Alles mit etwas Brühe begießen, die übrige Brühe in einer Suppenschüssel getrennt servieren.
Man kann den Pot-au-feu auch in 3 Gängen in Suppentellern reichen: 1. die Brühe mit geröstetem Brot, geriebenem Käse, Pfeffermühle, grobem Salz und (nach Belieben) Rotwein; 2. das zerlegte Hühnchen, umgeben von der Kalbshaxe, dem Ochsenschwanz, begleitet von Brühe oder einer Sauce, die aus 1 EL Weinessig, 4 EL Walnußöl, Salz, Pfeffer und 20 g frisch abgezupften Kerbelblättchen bereitet wurde; 3. die Rinderhaxe mit etwas Schwanzstück, Schulterstück, den Gemüsen und Brühe.
*Anmerkung:* Wenn es sehr viele Gäste gibt, kann man den Pot-au-feu mit einer Pute, Fasanen, Rebhühnern, frischer oder gepökelter Schweinehaxe bzw. Schweinerücken, einer Lammkeule (die wie der Tafelspitz gegart wird) sowie Kohl und Blumenkohl (die getrennt in Salzwasser gekocht werden) bereichern.

## Petite marmite
### Rindfleischtopf mit Gemüsen

Für 6 Personen: *1 kg Rinderhaxe (ohne Knochen), 1 kleines Huhn, 2 l Fleischbrühe, 200 g Möhren, 200 g weiße Rüben, 150 g Lauch (nur das Weiße), 50 g Sellerie, einige kleine Markknochen, geröstetes Weißbrot, geriebener Käse (Gruyère oder Emmentaler)*

Die Rinderhaxe in große Würfel schneiden, kurz überbrühen und abtropfen lassen. In einen irdenen Topf legen, der 8 l faßt und das zuvor ¼ Stunde im heißen Ofen überbräunte Huhn zufügen. Mit 2 l Brühe und ½ l kaltem Wasser angießen. Langsam zum Kochen bringen und den aufsteigenden Schaum abschöpfen. Aus den Möhren das gelbe Innere herauslösen, die äußere rote Schicht ebenso wie die Rüben zu kleinen olivenförmigen Stückchen schneiden und in die Brühe geben. Den Lauch in 5 cm lange Abschnitte teilen und mit dem zurechtgeschnittenen Sellerie ebenfalls zufügen. Alles ganz leise und stetig 4½ Stunden köcheln lassen. Im Topf mit den in wenig Brühe pochierten Markknochen und dünnen, gerösteten Weißbrotscheiben sowie geriebenem Käse servieren.

*Anmerkung:* Wenn man das Gericht wirklich aufmerksam und langsam köcheln läßt, vermindert sich die Flüssigkeit nicht um mehr als ½ Liter. Die Brühe ist dann genau richtig gesalzen, und es ist auch nicht nötig, mehr als den anfangs mitaufgesetzten halben Liter Wasser zuzufügen.

## Soupe à la jambe de bois
### Holzbein-Suppe

Hier das Rezept der sagenhaften Holzbein-Suppe, wie es mir Henry Clos-Jouve aufgetragen hat, Ihnen zu berichten, und wie sie seit undenklichen Zeiten in Lyon zubereitet wird: Nehmen Sie erst mal einen irdenen oder kupfernen, innen verzinnten Kessel. Aber'n sauberen. Dann tun Sie eine ordentliche Rindshaxe rein und gießen mit Wasser auf. Salz dazu, Zwiebeln, Nelkennägel und alles mögliche, was einen interessanten Geschmack geben kann. Lassen Sie nur ganz langsam köcheln, aber schäumen Sie immer wieder ab. Wenn die Brühe dann endlich klar ist, tun Sie Lauch, weiße Rüben und Sellerie dazu. Dann auch 3 Kalbshaxen, 'ne Schweineschulter, 'ne Pute, Rebhühner, 'ne Lammkeule und schönen Tafelspitz. 'ne halbe Stunde bevor das Ganze fertig sein soll, noch einige Bresse-Hühner, kurz darauf einige mit Trüffeln und Pistazien gespickte Schweinswürste. Wenn dann alles fertig ist, tragen Sie die Schüssel auf und legen Sie obenauf den Knochen von der Ochsenhaxe, damit man auch erkennen kann, daß es sich wirklich um 'ne Holzbein-Suppe handelt. Dazu gibt's Beaujolais; aber ohne, daß Sie drauf achten, wieviel getrunken wird. Guten Appetit!

# Les consommés
# Die Kraftbrühen

Die Kraftbrühen bestehen aus schwach gesalzener Fleischbrühe, deren Schmackhaftigkeit durch eine meist beträchtliche Zugabe von Fleisch und Gewürzen verstärkt wird.

**Für 2 l Kraftbrühe:** *2½ l Fleischbrühe, 650 g mageres, vollkommen entfettetes Rindfleisch (am besten Blume bzw. Rose), 1 Hühnerklein, ½ Möhre, das Weiße von 3 Lauchstangen, 1 Eiweiß*

Das Fleisch und das Hühnerklein fein hacken, Möhre und Lauch in kleine Würfel schneiden. Alles zusammen mit dem Eiweiß in einer Kasserolle gut vermischen und unter ständigem Rühren mit einem hölzernen Kochlöffel die kalte oder höchstens lauwarme Fleischbrühe hineingießen. Ganz langsam unter ständigem Rühren erhitzen. Sowie die Flüssigkeit zu kochen beginnt, vom Feuer nehmen und auf den Herdrand bzw. eine schwach vorgeheizte Platte stellen. Während 1¼ Stunden nun leicht sieden, also nicht ganz kochen lassen. Nach dieser Zeit hat sich die Brühe mit den Säften und Aromastoffen von Fleisch und Gemüse vollgesogen, hat sich um die neu gelieferten Substanzen bereichert und ist eine Kraftbrühe geworden.
Durch ein Leinentuch gießen, das vorher in lauwarmes Wasser getaucht und gut ausgewrungen wurde.
Nach diesem Filtern muß die Kraftbrühe vollkommen klar sein. Diese Klärung wurde durch die gerinnenden Eiweißstoffe von Fleisch und Eiweiß erreicht.

## Consommé de volaille
## Geflügel-Kraftbrühe

Diese Kraftbrühe unterscheidet sich von der normalen durch den ausgeprägten Geflügelgeschmack.

*Wie für die normale Kraftbrühe, zusätzlich 1 Hühnchen von etwa 800 g, 2 weitere Hühnerklein, die rohen Knochen eines Huhnes (Karkasse)*

Zubereitung ebenso wie die normale Kraftbrühe.
Das Hühnchen kann hervorragend für alle möglichen warmen und

kalten Gerichte weiterverwendet werden, etwa Geflügelkroketten oder Geflügel-Mayonnaise.

## Consommé printanier
## Kraftbrühe auf Frühlingsart

*Möhren, weiße Rüben, grüne Erbsen, grüne Bohnen, Fleischbrühe, einige Kerbelblätter*

Die Möhren und Rüben von den Zutaten für den Pot-au-feu, der die Brühe zu dieser Consommé liefert, abnehmen. Zu kleinen Stäbchen von 2 cm Länge und 4 mm Breite und Höhe zuschneiden oder mit einem Löffelchen in Perlen oder winzigen Oliven ausstechen. Zu gleichen Teilen Erbsen zufügen und in kleine Rauten geschnittene grüne Bohnen. Alle Gemüse in wenig Brühe garen und die Suppe mit Kerbelblättchen würzen.

## Consommé à la royale
## Kraftbrühe auf königliche Art

Eine ganz leicht mit Tapioca-Mehl gebundene Consommé, die mit hübsch zugeschnittenen Stückchen einer Stürzcreme (Eierstich) garniert wird: entweder schneidet man Rauten oder Würfelchen zurecht oder sticht mit kleinen Förmchen figürliche Motive aus.

*Für die königliche Garnitur: 4 Eier, 1/4 l Milch, 1/4 l vollkommen entfettete Fleischbrühe, 1 Prise Salz, 1 Messerspitze Muskatnuß*

Die Eier schlagen und durch ein feines Sieb passieren, um die Keimzellen und Befestigungsstränge zu entfernen. Die Milch und die warme, aber nicht heiße Fleischbrühe zufügen. Würzen. In eine flache Kuchenform gießen und im Wasserbad wie eine Stürzcreme stocken lassen. Dabei darauf achten, daß das Wasser nie zum Kochen kommt, es würden sich sonst Bläschen im Eierstich bilden.
Abkühlen lassen, stürzen und in regelmäßige Scheiben schneiden. Diese in vorgesehener Weise zuschneiden bzw. ausstechen. Die Formen vorsichtig in die kochendheiße Kraftbrühe gleiten lassen, ohne sie zu zerbrechen.

## Consommé Colbert
### Kraftbrühe »Colbert«

Kraftbrühe auf Frühlingsart, der man pro Portion ein kleines pochiertes Ei zufügt.

## Consommé aux œufs pochés
### Kraftbrühe mit pochierten Eiern

Eine normale oder eine Geflügel-Kraftbrühe mit einem pochierten Ei pro Person servieren.

## Consommé julienne
### Kraftbrühe mit Gemüse

*Möhren (nur das äußere Rote verwenden), weiße Rüben, das Weiße von Lauchstangen, etwas Stangensellerieherz, Fleischbrühe, frische Erbsen, Kraftbrühe*

Die Gemüse in kleine Stäbchen bzw. Streifchen schneiden und in etwas Fleischbrühe garen. Zum Schluß grüne Erbsen zufügen. Jeweils pro Gast einen knappen EL dieser Gemüse in guter Kraftbrühe servieren.
*Anm. der Übersetzer:* Die Stäbchen dürfen nicht stärker als Streichhölzer sein.

## Consommé brunoise
### Kraftbrühe mit kleinen Gemüsen

*200 g Möhren (nur das äußere Rote verwenden), 200 g weiße Rüben, das Weiße von 2 Lauchstangen, 1 kleiner Zweig Staudensellerie, 2 EL Fleischbrühe, Kraftbrühe, Kerbel nach Belieben*

Alle Gemüse in winzig kleine Würfelchen schneiden, vermischen, kurz überbrühen und abtropfen. In der Fleischbrühe bei milder Hitze gar dünsten. Die Kraftbrühe auf Tassen verteilen und in jede Tasse 2 TL der kleinen Gemüse geben. Nach Belieben jeweils einige der abgetropften Kerbelblättchen zufügen.

## Consommé aux profiteroles
### Kraftbrühe mit Profiteroles (Backerbsensuppe)

Die Kraftbrühe wird garniert mit Profiteroles (haselnußgroßen Brandteigküchlein), die man aus normalem Brandteig und etwas geriebenem Parmesan oder Gruyère gerührt und im gut heißen Ofen gebacken hat.

## Consommé Célestine
### Flädlesuppe

Eine ganz leicht mit Tapioca-Mehl gebundene Kraftbrühe, die mit in sehr feine Streifen geschnittenen, ungezuckerten Pfannkuchen garniert wird.

## Croûte-au-pot
### Kraftbrühe mit Brotkrüstchen

*Möhren, weiße Rüben, Lauch, Fleischbrühe, geriebener Gruyère, Flötenbrot (sehr dünne, französische Weißbrotstangen), Kohl nach Belieben*

Die Gemüse in kleine, olivenförmig zugeschnittene Stückchen bzw. Streifen schneiden und in wenig nicht entfetteter Fleischbrühe langsam gar ziehen lassen. Dazu geriebenen Gruyère und auf einer Serviette im Ofen frisch geröstete Flötenbrotstücke (ohne die Krume) servieren.
Man kann auch ein wenig Kohl dazu reichen, den man in einigen Löffeln fetter Fleischbrühe gegart hat.

## Consommé aux quenelles de volaille
### Kraftbrühe mit Geflügelklößchen

In einer Geflügel-Kraftbrühe werden kleine Klößchen von der Größe einer provenzalischen Olive pochiert, die man aus Geflügelfarce und Sahne hergestellt hat.

## Consommé aux truffes
## Kraftbrühe mit Trüffeln

In einer Geflügel-Kraftbrühe werden kleine Perlen oder kleine Würfel von rohen Trüffeln 2 Minuten gekocht. Im Moment des Servierens mit etwas Portwein aromatisieren.

## Consommé froid
## Kalte Kraftbrühe

Die kalte Kraftbrühe wird im allgemeinen sehr kalt, jedoch nicht geeist, in Tassen serviert.
Sie muß bei dieser Temperatur die Kosistenz eines sehr flüssigen Gelees haben, das heißt halb erstarrt, sirupartig sein.
Um dieses Stadium zu erreichen, muß die Kraftbrühe zwangsläufig sehr reich an Fleischauszügen oder, aus Gründen der Wirtschaftlichkeit, mit einem Bindemittel – Tapioca-Mehl oder Stärke – versetzt sein. Allerdings rate ich von der Verwendung von Stärke ab, denn sie bindet mindestens $1/3$ der verschiedenen in der Kraftbrühe vorhandenen Konzentrate an sich und neutralisiert dadurch den Geschmack. Ich rate eher zu einer leichten Zugabe von Tapioca-Mehl, das diesen Nachteil nicht hat. Man kann ungenügende Konzentration der Geliermittel schließlich auch durch eine ganz kleine Zugabe von Gelatine ersetzen, jedoch scheint mir das Tapioca-Mehl natürlicher, geschmacklich kräftiger und ist daher vorzuziehen.
Gibt man der Kraftbrühe rohe Tomaten hinzu, so erhöht sich die Flüssigkeit durch das in dem Fruchtfleisch enthaltene Wasser um 90 %. Um diese unerwünschte Verlängerung der Kraftbrühe, die dadurch sofort einen großen Teil ihrer Würze verliert, zu vermeiden, empfehle ich die Verwendung von zuvor gekochten und zu einem dicken Püree reduzierten Tomaten.

## Consommé au fumet du céleri
## Kalte Kraftbrühe mit Sellerie-Essenz

Zunächst wie für die kalte Geflügelbrühe vorgehen. Wenn sich das Tapioca-Mehl aufgelöst hat, die Hälfte eines Staudenselleriaherzens hinzufügen und 25 Minuten leise köcheln lassen. Weiter wie S. 125.

## Consommé de volaille
### Kalte Geflügel-Kraftbrühe

In einen Liter kochende Geflügelbrühe, die wie im Rezept auf Seite 120 angegeben bereitet wurde, läßt man 4 EL Tapioca-Mehl rieseln, rührt um und kocht sie langsam 15 Minuten lang.
Dann gießt man sie durch ein Haarsieb oder Tuch, läßt sie erkalten und serviert sie in Tassen.

## Consommé au fumet d'estragon
### Kalte Kraftbrühe mit Estragon-Essenz

Wie die kalte Sellerie-Kraftbrühe zubereiten, jedoch den Sellerie durch einen Zweig Estragon ersetzen. Nur 15 Minuten köcheln lassen.

## Consommé madrilène
### Kalte Kraftbrühe Madrider Art

**1. Rezept:**
*6 große, sehr reife Tomaten, 1 l Kraftbrühe, 1 kleiner Zweig Estragon, 1 Knoblauchzehe, 4 EL Tapioca-Mehl*

Die Tomaten halbieren, auspressen und durch ein feines Sieb streichen. Dieses Püree in die Kraftbrühe geben, den Estragon und die Knoblauchzehe zufügen. Aufkochen, mit Tapioca-Mehl binden und 40 Minuten leise köcheln lassen. Durch eine Serviette gießen und erkalten lassen.

**2. Rezept:**
*1 l Geflügel-Kraftbrühe, 6 große, reife Tomaten, 4 EL Tapioca-Mehl*

Wie auf Seite 120 angegeben eine Geflügel-Kraftbrühe bereiten, jedoch gleich zu Anfang ein aus den Tomaten dicklich eingekochtes Püree zufügen. Mit dem Tapioca-Mehl binden und 25 Minuten kochen lassen.
*Anmerkung:* Die zusätzliche Bindung durch das Tapioca-Mehl ist nicht nötig, wenn die Konzentration an natürlichen Geliermitteln in der Kraftbrühe so groß ist, daß sie von selbst beinahe erstarrt.
Gleichgültig, ob es sich um das erste oder zweite Rezept handelt: die Kraftbrühe muß vollkommen klar sein.

# Les soupes
# Suppen

Die Grundlage der Suppen bildet stets ein oder mehrere Gemüse, die entweder zu Püree zerdrückt, in feine Streifchen (Julienne) oder in Scheibchen – also zunächst in kleine Stücke und dann in feine Blätter von 1 mm Dicke – geschnitten werden.

Möhren kommen bei diesen Suppen nicht selten vor. Ich empfehle stets, die Wurzeln hauchdünn zu schälen oder zu schaben, sie dann längs zu spalten und den gelben inneren Kern zu entfernen. Dieser Kern ist hart und hat einen strengen Geschmack. Die äußere Schicht in Scheibchen schneiden, überbrühen und abschrecken. Dies trifft jedoch nicht auf ganz junges Gemüse zu, das man unvorbereitet verwenden kann.

Dagegen müssen weiße Rüben großzügig geschält werden. Die Stärke, die diese abzuschälende Schicht haben muß, erkennt man deutlich, wenn man eine Rübe durchschneidet.

Ganz allgemein rechnet man mit 60 g vorbereitetem Gemüse auf 1 ½ l Flüssigkeit.

Hat man das oder die Gemüse fertig vorbereitet, so muß man sie unbedingt auf folgende Art zubereiten: Wählen Sie eine Kasserolle aus, die gerade ausreichend für die gewünschte Suppenmenge ist. Mit Butter aufs Feuer stellen. Wenn die Butter geschmolzen und heiß, jedoch noch nicht bräunlich ist, werden die Gemüse zugefügt. Nun die Gemüse am Herdrand bzw. auf ganz kleiner Flamme sanft schmoren, damit das Wasser der Gemüse nach und nach herausschwitzt und die Butter sich mit dem Aroma der Gemüse durchsetzen kann.

## Soupe à l'ail
## Knoblauchsuppe

*2 l Wasser, 2 Nelken, 1 kleiner Zweig Salbei, 25 g Salz, 1 Prise Pfeffer, 20 Knoblauchzehen, 20 kleine Scheiben Flötenbrot, geriebener Gruyère oder Parmesan, Olivenöl*

In einer Kasserolle das Wasser mit Nelken, Salbei, Salz, Pfeffer und Knoblauchzehen aufsetzen, zum Kochen bringen und 15 Minuten leise köcheln lassen.

Die Brotscheiben auf einer Bratenplatte oder dem Ofenblech nebeneinanderlegen. Auf jede Scheibe eine gute Prise geriebenen Käse streuen und einige Tropfen Olivenöl träufeln. Im sehr heißen Ofen rasch gratinieren.

Die Brotscheiben in einer Suppenschüssel anrichten. Die Suppe abschmecken, falls nötig, nachwürzen und kochendheiß durch ein feines Sieb über das Brot gießen. Sofort servieren.

## Soupe aux truffes Elysée
### Trüffelsuppe »Elysée«

Für 1 Person: *2 EL fein gewürfelte, in Butter gedünstete Gemüse (bestehend aus dem Roten von Möhren, Zwiebeln, Sellerie sowie Champignons zu gleichen Teilen), 50 g frische, rohe Trüffeln, 20 g rohe Fettleber, ¼ l doppelte Geflügel-Kraftbrühe, 60 g Blätterteig, 1 Eigelb*

Zunächst in eine kleine, für 1 Person berechnete Suppenschüssel (Terrine mit den für die Stadt Lyon typischen Löwenköpfen als Griffen) die vorbereiteten Gemüse geben. Darauf die in unregelmäßige Scheiben geschnittenen Trüffel legen und mit der ebenfalls in unregelmäßige Scheiben geschnittenen Gänseleber abschließen. Mit der Geflügel-Kraftbrühe aufgießen.

Die Suppenschüssel nun mit einer dünnen Blätterteigplatte hermetisch verschließen. Die Teigplatte vorher mit verquirltem Eigelb bestreichen.

Die Suppenschüssel in den auf 220 Grad vorgeheizten Ofen schieben. Das Garen braucht nicht besonders lange. Der Blätterteig geht in der Hitze auf und bekommt eine schöne goldene Farbe. Die Suppe ist dann fertig.

Man ißt die Suppe, indem man die Teigkruste mit dem Löffel zerbricht, wobei die Brösel in die Suppe fallen sollen. Diese Suppe wurde Monsieur und Madame Valéry Giscard d'Estaing gewidmet. Sie verspeisten sie auf diese Weise als Auftakt des üppigen Mittagessens, das anläßlich der Dekoration von Paul Bocuse mit dem Kreuz der Ehrenlegion – als Bannerträger der französischen Kochkunst – durch den Staatspräsidenten die besten Küchenchefs Frankreichs vereinte. Der großartige Empfang fand am Dienstag, dem 25. Februar 1975 im Elysée-Palast statt.

## Oxtail clair
## Klare Ochsenschwanzsuppe

*1,5 kg Ochsenschwanz, 3 mittelgroße Zwiebeln, 3 mittelgroße Möhren, 100 g Butter, 1 Kräuterstrauß (Petersilie, ½ Lorbeerblatt, 1 Zweig Thymian), 1 Stange Staudensellerie, 1-3 EL Madeira, 2-3 EL Cognac, 3 l Kraftbrühe, ½ l Wasser, Garnitur aus Möhren, weißen Rüben und Sellerie (Herz einer Staude)*

In einem Topf oder auf dem Ofenblech den in Stücke geteilten Ochsenschwanz und die jeweils geviertelten Zwiebeln und Möhren in der Butter anrösten. Alles in einen großen Topf geben, den Kräuterstrauß, die Selleriestange, Madeira und Cognac zufügen. Auf kleiner Flamme zugedeckt auf die Hälfte einkochen, dann mit Kraftbrühe und Wasser aufgießen, 4 Stunden ganz leise sieden lassen.

Durch ein feines Tuch seihen. Für jeden Gast ein schönes Stück Ochsenschwanz auswählen und jeweils 1 EL Gemüsegarnitur zufügen, die man aus olivenförmig zugeschnittenen Möhren und weißen Rüben sowie dem Herzen des Selleries, das getrennt in etwas Kraftbrühe gegart wurde, zubereitet hat. Mit der sehr heißen Kraftbrühe übergießen und sofort servieren.

## Soupe fermiére
## Pächterin-Suppe

*2 Möhren, das Weiße von 4 Lauchstangen, ¼ Weißkohl, 2 mittelgroße weiße Rüben, 2 mittelgroße Kartoffeln, 150 g Butter, 2 l Fleischbrühe oder Wasser (dann zusätzlich 15 g Salz), ½ Flötenbrot oder entsprechend viel Mischbrot*

Die Möhren schälen, waschen, spalten und das gelbe Herz herausnehmen. Auch die anderen Gemüse waschen und schälen. Lauch und Kohl in feine Streifen, die übrigen Gemüse in dünne Scheibchen schneiden. 50 g Butter in einer Kasserolle erhitzen, die Gemüse (außer den Kartoffeln) zufügen und 15 Minuten vorsichtig dünsten. Wenn die Gemüse weich geworden sind, mit der Fleischbrühe oder mit Wasser aufgießen. 25 Minuten ganz leise köcheln lassen, dann die Kartoffeln zufügen und weitere 20 Minuten kochen.

Das Brot in dünne Scheiben schneiden, im Ofen rösten und mit der restlichen Butter in einer Suppenschüssel einrichten. Vor dem Servieren die Suppe nochmals abschmecken, gegebenenfalls nachwürzen und über das Brot gießen. Den Deckel auflegen, damit das Brot gut durchziehen kann.

## Soupe auvergnate
### Suppe nach Art der Auvergne

*3 Möhren, 2 mittelgroße weiße Rüben, 1 kleiner, fester Kohlkopf, 4 Lauchstangen, 100 g Linsen, 4 l Wasser, 1 kg gepökelter Schweinskopf, Mischbrotscheiben*

Die Gemüse putzen, waschen und schälen, bei den Möhren das gelbe Herz entfernen. Die Linsen 2 Stunden in kaltem Wasser einweichen, dann abtropfen lassen. Alle Zutaten in einem passenden Topf bei kleiner Flamme 3 Stunden kochen.
Zum Servieren die Brühe in eine mit Mischbrotscheiben ausgelegte Suppenschüssel gießen. Den Schweinskopf und die Gemüse auf einer Platte angerichtet getrennt reichen.

## Soupe de courge
### Kürbissuppe

*Für 6 bis 8 Personen: 1 Kürbis von 3 bis 4 kg (vorzugsweise einen Muskat-Kürbis), 250 g geröstete Weißbrotwürfel, 100 g geriebener Gruyère, Salz, Pfeffer, 2 l frische Sahne*

Das Oberteil des Kürbisses so abschneiden, daß man eine Art Suppenschüssel mit Deckel erhält. Den Deckel beiseite legen. Den Kürbis aushöhlen, so daß alle Kerne entfernt werden. Nun in Lagen abwechselnd die Weißbrotwürfel und den geriebenen Käse einfüllen. Salzen, pfeffern und das gesamte Innere mit der Sahne vollgießen. Die »Suppenschüssel« mit ihrem »Deckel« so dicht wie möglich verschließen. In den heißen Ofen stellen und etwa 2 Stunden garen. Zum Servieren zunächst den ganzen Kürbis auftragen. Den Deckel abnehmen und mit Hilfe eines Löffels das Kürbisfleisch lösen. Mit der Suppenkelle rührend alle Zutaten vermischen, bis die Suppe geschmeidig und cremig wird. Nötigenfalls nachwürzen.

## Soupe ardennaise
## Ardenner Suppe

*6 Chicorée-Herzen, das Weiße von 2 Lauchstangen, 2 mittelgroße Kartoffeln, 150 g Butter, 1 l Wasser, 8–10 g Salz, ½ l Milch, ½ Flötenbrot oder die entsprechende Menge Stangenbrot*

Die Gemüse putzen, waschen und schälen. Den Chicorée und den Lauch in feine Streifchen, die Kartoffeln in dünne Scheiben schneiden. In einer Kasserolle 50 g Butter erhitzen, die Gemüse hineingeben und zugedeckt 15 Minuten dünsten. Die Gemüse sollen weich werden, ohne anzubraten. Das Wasser zufügen, salzen. Bei mäßiger Hitze 45 Minuten kochen lassen. Zuletzt die Milch zufügen.
Das Brot in feine Scheiben schneiden und im heißen Ofen leicht rösten. Mit den restlichen 100 g Butter in einer Suppenschüssel einrichten.
Die Suppe nochmals abschmecken und gerade vor dem Servieren kochendheiß über das Brot gießen.
*Anm. der Übersetzer:* Den Chicorée vor dem Zerteilen in Streifen längs halbieren und das bittere weiße Herz herausschneiden.

## Gratinée lyonnaise
## Lyoner Zwiebelsuppe

*Für 4 bis 6 Personen: 600 g braune Zwiebeln, 150 g Butter, 2 EL Mehl, 2½ l Wasser, Salz, Pfeffer, 1 kleiner Kräuterstrauß (½ Lorbeerblatt, Petersilie, Thymian), 200 g Weißbrot (am besten Flötenbrot), 250 g geriebener Gruyère, 4 Eigelb, 1 kleines Glas Madeira*

Die Zwiebeln in feine Scheiben schneiden. In einer großen Pfanne in der Butter anbraten und eine schöne Farbe nehmen lassen, ohne daß sie verbrennen. Dann mit Mehl bestäuben und häufig umwenden, bis auch das Mehl etwas Farbe genommen hat. Nun die Zwiebeln in einen Topf geben, der bereits 2½ Liter Wasser enthält. Salzen, pfeffern und den Kräuterstrauß zufügen. Auf kleiner Flamme etwa 30 Minuten köcheln lassen.
Den Kräuterstrauß herausnehmen und die Zwiebeln mit der Bouillon durch ein Sieb streichen oder durch die Flotte Lotte drehen.

Eine feuerfeste Suppenterrine mit dem in feine Scheiben geschnittenen und im Ofen etwas getrockneten Brot auslegen, zwischen die einzelnen Scheiben insgesamt die Hälfte des geriebenen Käses streuen. Die Suppe nochmals abschmecken und über das Brot gießen und mit dem Rest des Käses bestreuen.

Die Suppenschüssel in den heißen Ofen stellen, den Käse schmelzen und eine schöne goldene Farbe nehmen lassen. Die Suppe zum Servieren an den Tisch bringen. In einer kleinen Schüssel die Eigelb mit dem Madeira vermischen und unter kräftigem Rühren mit der Suppenkelle unter die Suppe mischen, die dadurch leicht abbindet und eine vollkommen homogene Flüssigkeit werden muß.

*Anmerkung:* In Lyon schätzt man diese Suppe besonders am Abend und ißt sie zu Hause oder mit Freunden nach dem Theater.

## Soupe paysanne
### Bauernsuppe

*Das Weiße von Lauchstangen, Butter, 1 festes Kohlherz, helle Fleischbrühe oder gesalzenes Wasser, 2 große, mehlige Kartoffeln, getrocknete Weißbrotscheiben*

Die Lauchstangen in feine Streifen schneiden und in Butter anrösten, wie es für Suppenzwiebeln gemacht wird: sehr langsam eine gute Farbe nehmen lassen, ohne daß der Lauch anbrennt. Das Kohlherz in grobe Streifen schneiden und in sprudelnd kochendem Wasser blanchieren. Abtropfen, zu dem Lauch geben und weich dünsten. Mit Brühe oder Wasser aufgießen und 1 Stunde kochen lassen. Nun 2 große, mehlig kochende Kartoffeln zufügen. Nach 30 Minuten die Kartoffeln grob zerdrücken und die Suppe in eine mit getrockneten Weißbrotscheiben und frischer Butter ausgelegte Suppenschüssel gießen.

## Soupe à l'oseille
### Sauerampfer-Suppe

Wie die Lauchsuppe (Seite 145) zubereiten, jedoch den Lauch durch Sauerampfer ersetzen, der in der Butter nur eben weich werden soll, was nur wenige Minuten dauert.

## Soupe savoyarde
## Savoyer Suppe

*50 g fetter Speck, 4 Lauchstangen, 1 Zwiebel, 1 Stange Staudensellerie, 2 mittelgroße Kartoffeln, 1 l Wasser, Salz, ½ l Milch, 100 g Brot, geriebener Käse (Gruyère oder Parmesan)*

Den Speck ohne Schwarte in winzige Würfel schneiden und in einer Kasserolle schmelzen lassen. Lauch, Zwiebel und Sellerie in kleine Streifen, die geschälten Kartoffeln in dünne Scheiben schneiden und das Gemüse zum Speck geben. 15 Minuten bei milder Hitze dünsten lassen, zwischendurch umrühren. Mit dem Wasser aufgießen, salzen und weitere 35 Minuten langsam köcheln lassen. Die Milch zufügen und wieder kurz aufkochen lassen. Das Brot in kleine Scheiben schneiden, auf das Backblech setzen, mit geriebenem Käse bestreuen und im heißen Ofen gratinieren. Dieses Brot in eine Suppenschüssel geben und zum Servieren die kochendheiße Suppe darübergießen.

## Potée bourguignonne
## Burgunder-Suppentopf

Dieser Topf ist eine Petite Marmite (Suppentopf mit Gemüse – Seite 118), der neben den angegebenen Einlagen noch ein ordentliches Stück schwach gepökeltes Schweinefleisch, eine rohe Knoblauchwurst, das Herz eines Kohlkopfs und einige gewürfelte Kartoffeln enthält. Letztere werden erst ½ Stunde vor dem Servieren zugegeben.
Die Brühe wird über Mischbrot gegossen aufgetragen, das Fleisch und die Gemüse werden auf einer Platte angerichtet und gleichzeitig serviert.

## Soupe ménagère
## Hausfrauen-Suppe

*3 Möhren, 2 weiße Rüben, 4 mittelgroße Lauchstangen, 3 Kartoffeln, 200 g Kohl, 150 g Sellerie, 2½ l Wasser, 200 g gepökelter Brustspeck, 150 g Brot*

Die Gemüse putzen, waschen und in grobe Würfel schneiden. Zusammen mit Wasser und Speck in einem großen Topf 1½

Stunden kochen. Den Speck herausnehmen, in kleine Stücke schneiden und zusammen mit dem in Scheiben geschnittenen Brot in eine Suppenschüssel geben. Die Suppe nochmals abschmecken und mit allen Gemüsen über das Brot gießen.

## Soupe à la normande
## Normannische Suppe

*Möhren, Kartoffeln, Lauch, Butter, helle Fleischbrühe oder gesalzenes Wasser, Kartoffeln, Reis, Sahne, Brotscheiben*

Von den Möhren das Gelbe auslösen, das Rote ebenso wie die geschälten Kartoffeln in Scheiben, das Weiße der Lauchstangen in feine Streifen schneiden – von jedem muß nun die gleiche Menge vorhanden sein. Möhren und Lauch in Butter andünsten; wenn sie weich sind, mit Brühe oder Wasser aufgießen. 1 Stunde kochen lassen, dann die Kartoffeln zufügen sowie einige Löffel Reis. Weitere 30 Minuten kochen. Neben dem Feuer reichlich Sahne einziehen. Eine Suppenschüssel mit getrockneten Weißbrotscheiben auslegen und frische Butter darauf verteilen. Kurz vor dem Servieren die heiße Suppe darübergießen.

## Soupe nîmoise
## Nimeser Suppe

*50 g Butter, das Weiße von 3 Lauchstangen, 300 g Kohl, das Herz einer Selleriestaude, 100 g Perlgraupen oder Reis, 1 Prise zerdrücktes Basilikum, 15 g Salz, 2 l Wasser, geriebener Gruyère*

In einer Kasserolle die Butter erhitzen und die in feine Streifen geschnittenen Gemüse zufügen. Auf kleiner Flamme langsam weich dünsten, von Zeit zu Zeit umrühren. Die Graupen zufügen und mit Basilikum und Salz würzen. Mit Wasser angießen und 45 Minuten kochen lassen.
Nimmt man statt Graupen Reis, so läßt man die Suppe zunächst 15 Minuten kochen, gibt erst dann den Reis dazu und läßt nochmals 30 Minuten kochen.
Zu dieser Suppe wird geriebener Gruyère gereicht.

## Soupe minestra
## Minestrone

*50 g frischer Brustspeck, 1 mittelgroße Zwiebel, das Weiße von 2 Lauchstangen, 1 große Möhre, 1 mittelgroße weiße Rübe, 1 Stange eines Staudenselleries, 1 kleines Kohlherz, Salz, Pfeffer, 1 Prise Zucker, 1½ l helle Fleischbrühe (schwach gesalzen oder Wasser, mit 10 g Salz je l gesalzen), 2 große, reife Tomaten, 180 g frische grüne Erbsen (enthülst), 1 kleine Handvoll grüne Bohnen, 1 große, mehlige Kartoffel, 100 g Spaghetti, 50 g fetter Räucherspeck, 1 kleine Knoblauchzehe, 1 Prise Basilikum, 1 Prise Kerbel*

Den Speck in winzige Würfelchen schneiden und in einer Kasserolle auslassen. Die fein geschnittene Zwiebel sowie den sehr fein gewürfelten Lauch zufügen. Im Fett des Specks eine hellgoldene Farbe nehmen lassen. Inzwischen das Rote der Möhre, die weiße Rübe, die Selleriestange und den Kohl ebenfalls in winzige Würfelchen schneiden, in die Kasserolle geben und umwenden. Mit Salz, Pfeffer und einer Prise Zucker würzen, wieder umwenden, zudecken und 15 Minuten langsam dünsten. Mit Brühe oder Wasser aufgießen und 30 Minuten leise köcheln lassen.

Dann die gehäuteten, entkernten und gewürfelten Tomaten zufügen, ebenso die Erbsen, die in 2 cm lange Stücke geschnittenen Bohnen, die gewürfelte Kartoffel und die zerbrochenen Spaghettis (oder andere Nudeln). Eine Stunde ganz leise sieden lassen.

Die Suppe kurz vor dem Servieren nochmals aufkochen lassen, den geschabten und anschließend mit der Knoblauchzehe im Mörser zu Mus zerstampften Speck hineingeben und etwas Basilikum und feingeschnittenen Kerbel daraufstreuen. Sofort auftragen.

# Les garbures
# Die Eintöpfe aus dem Südwesten

Die köstliche Garbure stammt aus dem Béarn. Es gibt sie inzwischen in vielen verschiedenen Abwandlungen, die sich immer wieder neu benennen, die aber in Wirklichkeit nichts anderes als Variationen über ein und dasselbe gastronomische Thema einer Region sind. Hier ein Grundrezept:

## Garbure béarnaise
### Béarner Garbure

*Weiße Rüben, Möhren, Kohl, grüne Bohnen, weiße Bohnen, 1 Stück Brustspeck, 1 Stück eingemachte Gans (confit d'oie), Wasser, Salz, getrocknete Brotscheiben, geriebener Käse (Gruyère), Pfefferkörner*

Einen Topf aus Ton verwenden. Alle möglichen frischen Gemüse der Jahreszeit hineingeben, das Fleisch zufügen und mit Wasser bedecken. Aufkochen und dann 3 Stunden leise sieden. Nach der halben Kochzeit abschmecken und nötigenfalls salzen.

In einer flachen, feuerfesten Terrine abwechselnd die Gemüse, den Speck und die eingemachte Gans (beides in kleinere Stücke zerschnitten) einschichten. Darauf die getrockneten Brotscheiben anrichten. Mit geriebenem Käse bestreuen, einige Pfefferkörner darübermahlen und mit einigen Löffeln der fetten, von oben abgenommenen Brühe übergießen. Eine gute Viertelstunde im Ofen überbacken, bis die Oberfläche goldbraun wird. Zusammen mit der Suppe servieren, die im Tontopf oder einer Suppenschüssel aufgetragen wird.

*Anmerkung:* Hier einige einfache Abwandlungen dieser Garbure. Crécy (mit Möhren), nach Art des Limousin (mit Eßkastanien), Pächterin-Art (mit viel Lauch und zerdrückten Kartoffeln), mit weißen Rüben oder nach Art der Dauphiné (mit Kartoffeln und Kürbis) usw. Alle diese Suppentöpfe werden im allgemeinen mit in Butter gerösteten Weißbrotscheiben serviert, die mit einer dicken Schicht Püree aus dem entsprechenden Gemüse bestrichen, mit geriebenem Käse bestreut und gratiniert werden. Diese Scheiben werden in die Suppenschüssel gelegt und mit der heißen Brühe übergossen.

## Soupe cultivateur
### Suppe nach Art der Landwirte

Alle möglichen Gemüse der Jahreszeit werden in grobe Würfel geschnitten und in fein gewürfeltem, ausgelassenem Speck weich gedünstet, dann mit Wasser aufgegossen, gesalzen und 1 Stunde gekocht. Nach der halben Kochzeit werden Kartoffeln, junge Erbsen und kleingeschnittene grüne Bohnen zugefügt. Die fertig gekochte Suppe wird über Brotscheiben und Butterstückchen gegossen.

## Garbure à l'oignon
## Zwiebel-Garbure

Eine Zwiebelsuppe, die mit einer großen, mehligen, zerdrückten Kartoffel gebunden und über getrocknete und gegrillte Weißbrotscheiben gegossen, dann reichlich mit geriebenem Käse bestreut und mit Butterflöckchen belegt langsam im Ofen gegart wird, bis sich eine goldene Schicht auf der Oberfläche bildet.

## Bortsch à la russe
## Russischer Borschtsch

*200 g rote Beete, das Weiße von 1 mittelgroßen Lauchstange, 1 Zwiebel, 200 g Kohl, 1 Stange Staudensellerie, Salz, Butter, 1½ l helle Fleischbrühe, oder gesalzenes Wasser, 700 g Schulterstück, 1 kleine Ente oder 2 Entenklein, 1 Zweig Fenchel, ¹/₁₀ l leicht saure Sahne*

Die roten Beete, den Lauch, die Zwiebel, den Kohl und den Sellerie in nicht zu kleine Stücke schneiden. Alle Gemüse vermischen, mit einer Prise Salz würzen und in einem großen, für den Borschtsch bestimmten Topf in Butter langsam weich dünsten. Mit Brühe oder Wasser aufgießen und zum Kochen bringen. Nun das mit kochendem Wasser abgebrühte Schulterstück zufügen. 2½ Stunden kochen, zwischendurch immer wieder abschäumen. Dann die in Butter rundum angebratene Ente oder, um der Sparsamkeit willen, 2 Entenklein und den Fenchel zugeben. Weitere 40 Minuten kochen lassen. Zum Servieren das Schulterstück und die Ente bzw. die Entenklein herausnehmen. Das Fleisch aufschneiden und die Knochen auslösen, von der Ente die Brüste abheben, in Scheiben schneiden und alles Fleisch wieder in die heiße Suppe zurückgeben.
Neben dem Feuer den Saft der roten Beete und die Sahne unter ständigem Rühren einziehen. Sofort servieren.

## Panade
## Brotsuppe

Brotsuppen werden aus großen Brotwürfeln bereitet, die nach Belieben in Butter gebraten sein können und mit Milch aufgegossen werden. Diese kann man auch mit Wasser verschneiden. Zum Schluß

werden sie mit einer Mischung aus Eigelb und Sahne oder Milch gebunden (legiert). Man kann auch in Streifen geschnittenen Sauerampfer, Kopfsalat, Spinat oder Brunnenkresse zufügen.
Die Konsistenz entspricht der einer Sahne- oder Samtsuppe. Normalerweise verwendet man altbackenes oder hartes Brot.

## Panade au céleri
### Brotsuppe mit Sellerie

Eine Abwandlung der normalen Brotsuppe, der Stauden- oder Knollensellerie zugefügt wird.

# Les soupes de poissons
# Fischsuppen

## Soupe de poissons
### Fischsuppe

**Grundrezept für 8 Personen:**

*1,5 kg Fisch mit weißem Fleisch, sonst Karpfen, Petermann, Knurrhahn oder Heringskönig, 4 mittelgroße gehackte Zwiebeln, 3 zerdrückte Knoblauchzehen, 2 Nelken, 1 Lorbeerblatt, 15 Fenchelkörner oder einen kleinen Zweig, 2 gut reife Tomaten, geschält, ausgepreßt, entkernt und gehackt, 25 g Salz, 1 Prise Pfeffer, $1/10$ l trockenen Weißwein, 3 l Wasser, $1/4$ l Öl, Brotscheiben, 1 EL gehackte Petersilie oder Kerbel*

Die Fische in Stücke schneiden und in einen passenden Topf legen. Die angegebenen Würzzutaten darauf verteilen, den Weißwein und das Wasser angießen. So schnell wie möglich zum Kochen bringen. Beim ersten Aufwallen das Öl hineingießen und die Suppe 15 Minuten heftig kochen lassen. Unterdessen die Brotscheiben auf das Backblech legen, leicht mit Öl beträufeln und im Ofen rösten. Nach Wunsch mit einer Knoblauchzehe abreiben und in eine Suppenschüssel legen. Im Augenblick des Servierens die Suppe nach Belieben durch ein Sieb gießen und mit gehackter Petersilie oder Kerbel bestreuen. Schnell servieren und gleichzeitig die Fische auf einer besonderen Platte angerichtet bereitstellen.

## Soupe d'écrevisses (Bisque d'écrevisses)
## Krebssuppe

*150 g Reis, 1 l helle Fleischbrühe, 40 g Möhren (nur das rote Äußere), 40 g Zwiebeln, 1 Petersilienwurzel, gut 150 g Butter, 1 kleiner Zweig Thymian, 1 Stück Lorbeerblatt, 20 Krebse zu je etwa 40 g, Salz, Pfeffer, Cognac, Weißwein, dicke Sahne, Paprika*

Den Reis waschen, bis das Wasser unten klar herausläuft und in ⅔ der Fleischbrühe sprudelnd gar kochen. Inzwischen die Möhren, die Zwiebeln und die Petersilienwurzel in winzige Würfel schneiden. In etwas Butter in einer Pfanne bei schwacher Hitze weich dünsten, ohne sie Farbe nehmen zu lassen.

Den Thymian und das Lorbeerblatt zufügen und die Hitze stark erhöhen. Die Krebse zufügen, pfeffern und salzen. Die Hitze muß sehr stark sein, damit die Krebse sofort tot sind und sich schnell röten. Mit dem Cognac begießen und flambieren. Nicht lange brennen lassen, sondern sofort mit dem Weißwein ablöschen. 8 Minuten kochen lassen. Alles in einen großen Mörser kippen, die Rückstände in der Pfanne mit einigen Löffeln der zurückbehaltenen Fleischbrühe ablösen. Die Hälfte der Krebsschwänze aus dem Mörser nehmen, auslösen und in etwas Fleischbrühe warm halten. Die Panzer in den Mörser zurückgeben. Alles zu einer feinen Paste zerstampfen. Den heißen Reis zufügen und diese Mischung mit dem Stößel kräftig durcharbeiten, bis sie leicht und cremig wird. Nun in ein sehr feines Sieb geben und so lange durchrühren, bis die zerstoßenen Panzer vollkommen trocken geworden sind.

Die erhaltene Flüssigkeit in eine Kasserolle gießen und kräftig aufkochen lassen. Mit der restlichen Fleischbrühe und Sahne so weit verlängern, bis die Konsistenz einer normalen Suppe erreicht ist. Vom Feuer nehmen und 150 g Butter einschlagen. Mit Paprika zu leichter Schärfe würzen.

Die Suppe, die die rosarote Farbe von gekochten Krebsen haben muß, mit den in Scheiben geschnittenen Krebsschwänzen servieren.

*Anm. der Übersetzer:* Hat man keinen großen Mörser, so muß man die Krebse in mehreren Gängen in einem kleinen Mörser zerstampfen, den man in Geschäften für Apotheken- und Laborbedarf kaufen kann. Nach Belieben mit Cayennepfeffer abschmecken.

## Soupe de moules
## Muschelsuppe

> Für 10 Personen: *4 kg Miesmuscheln (vorzugsweise Bouchots), 1 Flasche (0,7 l) Pouilly-Fuissé, Schalotten, 50 g Petersilie, 100 g Butter, ¼ l Olivenöl, 300 g gehackte Zwiebeln, 300 g in Streifchen geschnittener Lauch, 3 l Wasser, 4 kg Mittelmeerfische, 1,5 kg geschälte, entkernte und gehackte Tomaten, 50 g frischer Fenchel, ½ Lorbeerblatt, 1 Zweig Thymian, 10 g Safranfäden, Pfeffer, Salz, ¼ l Sahne, Brotscheiben, geriebener Käse*

Die gut gewaschenen und gebürsteten Muscheln in ¼ l Weißwein mit Schalotten, Petersilie und Butter erhitzen, bis sie sich öffnen. Dann vom Feuer nehmen und beiseite stellen. Das Olivenöl in einem 8 bis 10 l fassenden Topf erhitzen. Zwiebeln und Lauch hineingeben und auf kleiner Flamme 5 Minuten garen. Das Wasser, den restlichen Wein, den Kochsud der Muscheln, die Fische, die Tomaten sowie die Aromaten und Gewürze zufügen und 40 Minuten durchkochen. Diesen Sud durch ein feines Sieb gießen, die festen Bestandteile, vor allem die Fische, gut auspressen, damit auch die in ihnen enthaltenen Säfte der Suppe zugute kommen. Den Sud erneut aufkochen und abschmecken. Die ausgelösten Muscheln dazugeben, die Suppe mit Sahne abrühren und noch 2 Minuten kochen lassen. In einer Suppenschüssel servieren und getrennt geröstete Brotscheiben und geriebenen Käse dazu reichen.

*Anm. der Übersetzer:* Die Bouchots sind besonders kleine und wohlschmeckende Muscheln vom Mittelmeer – die handelsüblichen Muscheln können ohne weiteres verwendet werden. Statt des Pouilly-Fuissé kann man auch anderen trockenen, leichten und fruchtigen Weißwein verwenden. Wer keine Mittelmeerfische bekommt, kann sich mit Rotbarsch, Dornhai und Scholle behelfen. Da Safran sehr teuer ist, kann man etwas weniger verwenden; auch einige Fäden erst zum Schluß zugeben, wodurch das Aroma besser zum Ausdruck kommt. Den Muschelsud unbedingt durch ein Tuch seihen, bevor er in die Suppe gegeben wird – er enthält fast immer noch Sand und Schalenstückchen.

# Les potages liés
# Gebundene Suppen

Unter dieser allgemeinen Bezeichnung sind die verschiedensten Arten von Suppen zusammengefaßt, die man je nach Art der Bindung wiederum in Püreesuppen, Samtsuppen, Sahnesuppen und Spezialsuppen unterscheiden kann.

Die Püreesuppen können aus einem oder aus mehreren Gemüsen in verschiedener Zusammensetzung bestehen.

Manche Gemüse, wie weiße Rüben, Möhren, Blumenkohl, Kürbis und ähnliche, benötigen ein mehliges Gemüse als Zusatz, etwa Bohnen, Linsen usw. oder ein Bindemittel, wie Kartoffeln, Reis, Mehlbutter oder dergleichen.

Püreesuppen aus Geflügel werden durch eine Zugabe von Reis gebunden, Wildsuppen mit Linsen, solche aus Schalentieren mit Reis oder gebratenen Brotwürfeln (Croûtons). Gegrillte oder in Butter gebratene Brotwürfel, die anschließend in etwas Flüssigkeit zerkocht werden, sind ein Bindemittel von unvergleichlicher Zartheit.

Eine gut gebundene Suppe kann man an der angenehmen Samtigkeit erkennen, die der Gaumen empfindet. Nicht selten ist es dazu nötig, die in der Flüssigeit frei herumschwebenden mehligen Bestandteile einer Suppe durch eine zusätzliche Bindung zu stabilisieren. Das geschieht entweder durch Mehlbutter – einer Mischung zu gleichen Teilen aus frischer Butter und Mehl – oder durch die schon erwähnten aufgelösten Brotwürfel. Man vermeidet dadurch etwas, was auf keinen Fall passieren darf: daß sich etwa bei einer mit Linsen, Bohnen, frischen oder getrockneten Erbsen bereiteten Püreesuppe die festen Bestandteile im Teller absetzen und die Flüssigkeit sich an der Oberfläche sammelt.

Verwendet man frische Gemüse, so müssen sie in dünne Scheiben geschnitten und dann in Butter langsam weich gedünstet werden – man rechnet 100 g Butter für 700 g Gemüse. Trockene Gemüse werden vor der Zubereitung lediglich bis zu 2 Stunden eingeweicht und nicht in Butter gedünstet. Manche Gemüse müssen vor der Zubereitung überbrüht oder blanchiert und abgeschreckt werden – Einzelheiten werden in den Rezepten jeweils angegeben.

Je nach Art der Suppe wird mit Fleischbrühe, Milch oder Wasser angegossen. Im allgemeinen rechnet man $1/3$ Püree und $2/3$ Flüssigkeit.

Wichtige Empfehlung: Je schneller eine Suppe nach ihrer Zubereitung serviert wird, desto besser schmeckt sie. Daraus folgt, daß man die

Kochzeit sehr genau bemessen und die Suppe im richtigen Augenblick aufsetzen muß, damit sie zur vorgesehenen Zeit serviert werden kann. Erst in letzter Minute wird die Suppe fertiggestellt; mit 40 g Butter oder Sahne pro Liter Flüssigkeit, die man rasch unterzieht. Dazu nimmt man die Supe vom Feuer – die Suppe ist dann ausreichend heiß, kocht aber nicht mehr. Denn das ist ein absolutes Prinzip: Eine Suppe, die mit Butter aufgerührt wird, darf nicht kochen. Sonst würde der Geschmack der Butter stark verändert, und ihre nahrhaften Eigenschaften gingen verloren.

## Les veloutés
## Samtsuppen

Die grundlegenden Bestandteile einer Samtsuppe sind Butter, Mehl und Flüssigkeit. Hinzufügen kann man Geflügel-, Fisch-, Krustentier- oder Gemüsepüree, die abschließende Bindung (Legierung) besteht aus einer Mischung aus Eigelb und Sahne.
Dabei ist die Zubereitung stets dieselbe:
Die Butter in einem Topf schmelzen lassen und dieselbe Menge Mehl (Gewicht) zufügen. Mit einem Holzlöffel oder -spachtel gut vermischen und bei kleiner Flamme 15 Minuten vor sich hin kochen lassen. Dabei darauf achten, daß diese oft mit dem unschönen Wort »Schwitze« bedachte Mischung nicht braun wird – sie muß ganz hell bleiben, darf keineswegs rösten. Um beim Aufgießen Klümpchen zu vermeiden, läßt man sie nun etwas abkühlen. Erst dann gießt man nach und nach in kleinen Mengen unter kräftigem Schlagen mit dem Schneebesen die kochende Flüssigkeit dazu. Das kann klare Fleisch-, Geflügel-, Wild- oder Fischbrühe, evtl. auch Milch sein. Unter ständigem Rühren zum Kochen bringen und langsam 35 Minuten leise am Herdrand oder auf kleiner Flamme kochen lassen.
Während des Kochens bildet sich an der Oberfläche eine Haut, die man mit den sich darin absetzenden Verunreinigungen aus Butter und Mehl ab und zu entfernt. Dann gießt man die Suppe durch ein feines Sieb oder ein Tuch und läßt sie erneut aufkochen. Das entsprechende Püree wird eingerührt, und die Suppe wird neben dem Feuer mit Eigelb und Sahne gebunden. Dazu vermischt man zunächst etwas Suppe mit der Sahne und den Eigelb und erwärmt sie etwas, damit sie nicht durch den plötzlichen Kontakt mit der heißen Suppe gerinnen. Die Suppe

wird während des Eingießens der Eier ständig geschlagen und schließlich wieder erhitzt, bis sie etwa 85 Grad heiß geworden ist. Auf keinen Fall kochen lassen, die Eier würden sonst gerinnen.
Die Suppe soll cremig sein und das Aussehen einer sehr leichten Sauce haben.
*Anmerkung:* Um eine Suppe vollendet zu binden, muß man folgendermaßen vorgehen: Zunächst nimmt man den Topf vom Feuer, so daß die Flüssigkeit nicht mehr kocht. Die Eier trennen. Für jeden Liter Suppe 3 Eigelb (die Eischnüre und -keime entfernen) in eine kleine Schüssel schlagen und mit $\frac{1}{10}$ Liter Sahne vermischen. Mit dem Schneebesen schlagend nach und nach $\frac{1}{4}$ l Suppe hineinrühren. Nun die ungebundene Suppe schlagen und die Ei-Sahne-Mischung langsam hineingießen. Die Suppe wieder erhitzen, aber nicht mehr kochen lassen. Zum Schluß auf 1 l Suppe 100 g in kleine Stücke zerteilte Butter zufügen, schmelzen lassen und in die Suppe rühren. Abschmecken, nötigenfalls noch mal nachwürzen und servieren.

## Les Crèmes
## Sahnesuppen

Die Zubereitung der Sahnesuppen ist ähnlich wie die der Samtsuppen. Die Flüssigkeit, mit der angegossen wird, ist stets leicht gesalzene Milch, eventuell mit heller Fleischbrühe vermischt. Auch die Bindung ist anders: Man verwendet nur ganz frische, dicke Sahne (crème fraîche), meist kein Eigelb.

### Crème d'Argenteuil ou d'asperges
### Spargel-Cremesuppe

*650 g dicke, weiße Spargel, 1 l Sahnesuppe, $\frac{1}{5}$ l sehr frische, dicke Sahne, etwas kochende Milch, Gewürze*

Den Spargel schälen, in Stücke schneiden und 8 Minuten überbrühen. Abtropfen und in die kochende Sahnesuppe gießen. Kochen, bis die Spargel weich sind. Durch ein feines Sieg passieren, dabei die

Spargelstücke fest ausdrücken, so daß ein Spargelpüree durch das Sieb gestrichen wird. Erneut aufkochen (nötigenfalls im Wasserbad warm halten) und direkt vor dem Servieren mit der Sahne abrühren und binden. Wird die Suppe dick, mit etwas kochender Milch verdünnen. Abschmecken, bei Bedarf nachwürzen und in einer gut vorgewärmten Suppenschüssel servieren.

*Anm. der Übersetzer:* Die verlangte Sahnesuppe herstellen aus 50 g Butter und 50 g Mehl. Mehl durchziehen lassen und mit 1 l Milch wie zu einer Samtsuppe aufgießen, glattrühren und aufkochen.

## Crème de céleri
## Sellerie-Cremesuppe

*200 g Reismehl, ½ l Milch, 1½ l helle Fleischbrühe, 1 Staude Sellerie, 1/10 l dicke Sahne*

Das Reismehl mit der kalten Milch verrühren. Die Flüssigkeit zum Kochen bringen und unter ständigem, kräftigem Schlagen mit dem Schneebesen die Reismehl-Milch-Mischung unterziehen. Den Sellerie putzen und die zarten inneren Stangen in kochendem Wasser einige Minuten blanchieren. In Stücke schneiden und 2 Stunden in der Suppe leise kochen lassen. Alles durch ein feines Sieb passieren und den Sellerie gut ausdrücken, so daß ein Püree entsteht. Zum Schluß mit der Sahne binden.

## Crème de cresson et d'oseille
## Kresse-Creme mit Sauerampfer

Zunächst mit Milch eine Samtsuppe zubereiten und mit Sahne verrühren. Nun je 1 l Suppe 100 g Kresse zufügen. 5 Minuten kochen lassen, dann durch ein feines Sieb streichen. Den Sauerampfer in dünne Streifen schneiden, in Butter weich dünsten und direkt vor dem Servieren in die Suppe geben; pro Person einen guten TL rechnen. Zum Schluß mit einer Prise Kerbel und kleinen, in Butter geriebenen Brotwürfelchen bestreuen.

*Anm. der Übersetzer:* Mit Kresse ist Brunnen- oder Wasserkresse gemeint, die einen feineren Geschmack als Gartenkresse besitzt – notfalls kann man sich jedoch mit dieser behelfen.

## Crème Germiny
## Cremesuppe »Germiny«

Diese Suppe ist sicherlich eine der feinsten Sahnesuppen, die man sich vorstellen kann. Die Zubereitung, an sich nicht schwer, erfordert aber die Aufmerksamkeit, die für das Gelingen einer englischen Creme (von der sie sich auch ableitet) nötig ist.

> Für 4 Personen: *200 g Sauerampfer, Butter, 1 l klare Fleischbrühe, 10 Eigelb, ⅕ l dicke Sahne, Kerbel, nach Belieben winzige, in Butter gebratene Brotwürfel und Cayennepfeffer*

Den Sauerampfer sorgfältig waschen, die Stiele entfernen und in feine Streifen schneiden. In einem Topf reichlich Butter zergehen lassen, den Sauerampfer zufügen, weich werden lassen und mit der Fleischbrühe aufgießen. Heftig durchkochen.
In der Zwischenzeit in einer großen Schüssel die Eigelb gut mit der Sahne verrühren. Dann ganz langsam unter ständigem Rühren mit dem Kochlöffel etwas heiße Sauerampferbrühe hineingießen. In den Topf zurückgießen und bei kleiner Flamme (Unerfahrene sollten ein Wasserbad verwenden) erhitzen und wie eine Dessert-Creme, ohne zu kochen, abrühren, bis sie dicklich zu werden beginnt.
In diesem Augenblick vom Feuer nehmen, 50 g frische Butter in kleinen Stückchen einrühren und eine Prise gehackten Kerbel oder frisch abgezupfte Kerbelblätter dazugeben. In eine Suppenschüssel gießen, in die man vorher nach Belieben in Butter geröstete Weißbrotwürfelchen gelegt hat.
Die Butter stets erst kurz vor dem Servieren einrühren. Man kann auch mit Cayennepfeffer etwas abschmecken.


## Crème de homard
## Hummer-Cremesuppe

Einen Hummer von 600–700 g auf amerikanische Art zubereiten (Seite 264), im Mörser zerstoßen, durch ein feines Sieb und anschließend durch ein Tuch passieren. Mit ¾ l Cremesuppe aufgießen und mit Sahne vollenden.

## Velouté princesse
### Hühner-Cremesuppe

*80 g Butter, 50 g Mehl, 2 l Wasser, 1 junges Suppenhuhn, Suppengrün, Gewürze, Sahne, weitere 100 g Butter, 6 Eigelb, grüne Spargelspitzen*

Die Butter in einem großen Topf zergehen lassen, das Mehl zufügen und andünsten, ohne es zu färben. Dann mit einer aus dem Suppenhuhn, Gemüsen und Gewürzen bereiteten Bouillon aufgießen. Die fleischigen Teile des Huhns (vor allem die Brüste) auslösen, Haut entfernen. Mit $1/10$ l Sahne und 100 g Butter im Mörser fein pürieren. Die Paste durch ein sehr feines Sieb streichen und beiseite stellen. In einer anderen Schüssel die Eigelb mit etwas Sahne verrühren. Erst direkt vor dem Servieren die Samtsuppe mit der Butter-Huhn-Mischung aufschlagen und schließlich mit dem Eigelb binden. Mit in Salzwasser kurz gekochten grünen Spargelspitzen garnieren.

# Les purées
# Püree-Suppen (pürierte Suppen)

## Potage poireaux et pommes de terre
### Lauchsuppe

*Das Weiße von 5 oder 6 mittelgroßen Lauchstangen, Butter, 1 l klare Fleischbrühe (ersatzweise gesalzenes Wasser), 500 g mehlige Kartoffeln, Weißbrotscheiben*

Den Lauch waschen und in Streifchen schneiden. In Butter weich dünsten, dann mit Fleischbrühe aufgießen. Eine Stunde leise vor sich hin kochen lassen. Die Kartoffeln schälen und in dünne, regelmäßige Scheiben schneiden. Zum Lauch geben und 20 Minuten kochen. In einer Suppenschüssel servieren, die vorher mit einigen im Ofen getrockneten Brotscheiben und 60 g frischer Butter ausgelegt worden ist.

## Potage Parmentier
## Kartoffelsuppe

*Das Weiße von 2 Lauchstangen, reichlich Butter, 500 g mehlige Kartoffeln, 1 l klare Fleischbrühe oder Wasser, Salz, Milch, 1 EL Mehlbutter, 2 EL dicke Sahne, Weißbrot, Kerbel*

Den Lauch waschen und in Ringe schneiden. Langsam in 25 g Butter weich dünsten. Die geviertelten Kartoffeln zufügen. Mit Fleischbrühe oder Wasser – dann aber salzen – auffüllen. 25 Minuten kochen lassen und durch ein Sieb bzw. ein Tuch passieren; dabei den Lauch gut ausdrücken. In den Topf zurückgeben und mit Milch bis zum gewünschten Punkt verdünnen. Aufkochen und die Mehlbutter in der Suppe auflösen. Vom Feuer nehmen und die Sahne sowie die Butter in kleinen Stückchen hineinarbeiten. Mit kleinen in Butter gebratenen Weißbrotwürfeln und einer Prise frisch abgezupfter Kerbelblätter servieren.

## Potage Dubarry ou crème de chou-fleur
## Blumenkohlsuppe

*600 g Blumenkohl, Salz, 100 g Butter, 350 g mehlige Kartoffeln, 1 l Milch, ¼ l klare Fleischbrühe (ersatzweise gesalzenes Wasser), weitere Milch oder dicke Sahne (crème fraîche), weitere Butter, Kerbel, Weißbrot*

Den Blumenkohl putzen, in Salzwasser kurz blanchieren, abschrecken und abtropfen lassen. Mit 100 g Butter in einem Topf 20 Minuten weich dünsten. Dann 350 g gewürfelte Kartoffeln, Milch und Fleischbrühe (oder 1¼ l Wasser mit 15 g Salz) zufügen und nochmals 20 Minuten kochen.
Durch ein feines Sieb passieren. Das erhaltene Püree wieder erhitzen, kurz aufkochen lassen, vom Feuer nehmen und mit kochender Milch oder dicker Sahne auf das gewünschte Maß an Konsistenz bringen. Erst vor dem Servieren mit Butter verrühren, mit einigen Kerbelblättchen würzen und mit kleinen in Butter gebratenen Weißbrotwürfeln bestreuen.

## Purée de pois
## Erbsenpüree-Suppe

*350 g Erbsenbruch (getrocknet), 1½ l Wasser, 10 g Salz, 10 g Zucker, 50 g magerer Speck, 1 Möhre, 1 kleine Zwiebel, einige Petersilienstengel, 1 Stück Lauch, 1 Zweig Thymian, ½ Lorbeerblatt, Fleischbrühe oder Milch, 1 EL Mehlbutter, Butter, Weißbrot, Kerbel*

Die Erbsen 2 bis 3 Stunden in Wasser einweichen. Dann sorgfältig waschen, bis das Wasser absolut klar bleibt. Von diesem Waschen hängt der Erfolg der Suppe sehr wesentlich ab, denn an den Erbsen haftet sehr häufig ein hartnäckiger Geschmack nach Rupfen (von den Säcken) und Staub. Nun in einem Topf mit Wasser, Salz und Zucker aufsetzen. Aufkochen und sorgfältig abschäumen. Inzwischen den Speck fein würfeln, überbrühen und auslassen, hierzu 2 EL fein gewürfelte Möhren und 1 EL Zwiebeln geben. Weich dünsten und der Erbsensuppe zufügen. Die angegebenen Gewürze dazu und alles 2 Stunden kochen lassen. Durch ein feines Sieb (besser noch ein Tuch) passieren, wieder aufkochen und mit Fleischbrühe oder Milch bis zum gewünschten Grad verdünnen. Die kochende Suppe mit etwas Mehlbutter abrühren, damit sich das Püree nicht absetzen kann. Nach erneutem Aufkochen mit etwas Butter neben dem Feuer glattrühren. Mit kleinen, in Butter gebratenen Brotwürfeln und Kerbelblättern servieren.

*Anmerkung:* Die Bindung mit der Mehlbutter verhindert ein Auseinanderfallen von Flüssigkeit und Erbspüree im Teller des Gastes. Das gleiche Resultat kann man mit einigen in Butter gebratenen Weißbrotwürfeln erreichen, die man mit den Erbsen zerkochen läßt.

## Potage cressonnière
## Kressesuppe

**1. Rezept:**
Ebenso wie die Potage Parmentier zubereiten, jedoch anstelle des Lauchs eine Handvoll Brunnenkresse nehmen. Zum Schluß mit kurz blanchierten Kresseblättern bestreuen.

## 2. Rezept:

*1 Bund Kresse (Brunnenkresse, ca. 150 g), Butter, 300 g mehlige Kartoffeln,*
*½ l Fleischbrühe, gekochte Milch, Butter oder Sahne*

Die Kresse gründlich waschen, grob zerschneiden und in Butter andünsten. Wenn sie weich ist, 300 g mehlige Kartoffeln in Scheiben zufügen und mit Fleischbrühe (oder normal gesalzenem Wasser) aufgießen. 20 Minuten kochen, dann durch ein feines Sieb streichen. Erneut aufkochen und mit gekochter Milch auf die gewünschte Menge verdünnen. Neben dem Feuer mit Butter oder Sahne abrühren.

# LES SAUCES

## SAUCEN

Die ausgefeilte Vielfalt der Saucen ist der fundamentale Reichtum der französischen Küche. Die Bedeutung dieses Schlüsselkapitels wird unseren Lesern kaum entgehen. Dennoch beschränken wir uns im folgenden auf eine Sammlung von Rezepten, die für die Hausfrau üblich ist; wir vermeiden dadurch Rezepte, die zu kompliziert sind, deren Ausführung eine lange Berufserfahrung verlangt oder deren Grundvorbereitungen mit den häuslichen Mitteln nicht darzustellen sind.

Man unterscheidet zwei große Gruppen von Saucen: die weißen und die braunen Saucen. Andererseits kann man die weißen Saucen unterteilen in diejenigen, die durch eine braune, helle oder weiße Einbrenne (Mehlschwitze) gebunden werden, in diejenigen, die aus einer Verbindung von Eigelb und Butter, Sahne oder Öl entstehen, welche miteinander zu einer mehr oder weniger stabilen Emulsion geschlagen werden, und schließlich in diejenigen, die aus einem fetten oder mageren Coulis (konzentrierten Auszug) bestehen.

Zwei weiße, die Béchamel-Sauce und die Samt-Sauce, sowie eine braune, die sogenannte Spanische Sauce, sind im Grunde genommen die Mutter-Saucen, die jeweils in ihrer Gruppe einer Menge von Saucen als Ausgangspunkt dienen. Auf den folgenden Seiten wird ein Teil davon beschrieben. Die Béchamel-Sauce wird aus weißer Einbrenne und Milch bereitet, die Samt-Sauce aus heller Einbrenne und Jus oder hellem Fond, die Spanische Sauce aus brauner Einbrenne und Jus oder dunklem Fond. In der Familienküche können Jus und Fond durch eine einfache Brühe oder Kraftbrühe ersetzt werden, doch büßt die damit bereitete Sauce immer einen erheblichen Teil ihrer Würze und Kraft ein.

# Les jus ou fonds de cuisine
# Jus und Fonds

Im Kapitel Suppen wurde bereits das Rezept des klassischen Pot-au-feu angegeben, der die klare Fleischbrühe oder kräftige Gemüse-Fleischbrühe liefert.

## Jus ou fond brun
### Brauner Bratensaft oder braune Grundbrühe – Brauner Jus oder Fond

Es werden ausschließlich Kalbsknochen und -fleisch verwendet: vorzugsweise die sogenannten zweitklassigen Stücke wie Hals, Schulter, Flanken, Brust und Haxe.

*Für 2 Liter: 1 kg Kalbfleisch, 250 g Kalbsknochen, Butter oder anderes Fett, 1 mittelgroße Möhre, 2 mittelgroße Zwiebeln, 1 Kräuterstrauß (aus einigen Petersilienstengeln, 1 Zweig Thymian, 1 Stück Lorbeerblatt), 100 g frische Schwarten, 2½ l Wasser, 1 Prise Salz von ca. 30 g*

Das Fleisch in Würfel schneiden und die Knochen kleinhacken. Alles in einer gebutterten und gefetteten Bratpfanne verteilen und bei guter Hitze im Ofen anbraten. Öfters umwenden, bis das Ganze eine schöne braune Bratenfarbe bekommen hat.

Inzwischen eine ausreichend große Kasserolle mit den in 4 mm dicke Scheiben geschnittenen Gemüsen und dem Kräuterstrauß auslegen, darauf die Schwarten und schließlich die angebratenen Fleischstücke und Knochen legen.

10 Minuten bei kleiner Hitze ziehen lassen, bis die Feuchtigkeit der Gemüse austritt. Ein Glas Wasser in die Kasserolle gießen, aufkochen lassen und damit die Rückstände der angetrockneten Fleischsäfte lösen (deglacieren).

Wenn das Gemüse im Topf beinahe trocken geworden ist, diese Flüssigkeit zugießen und nahezu vollkommen einkochen. Diese Prozedur mit neuem Wasser noch zweimal wiederholen, dabei jedesmal besonders darauf achten, daß das Einkochen aufhört, wenn sich unten etwa 1 EL Flüssigkeit beim Kippen des Topfes ansammelt.

Schließlich das Wasser aufgießen und salzen. Langsam zum Kochen bringen, öfters abschäumen und auf sehr milder Hitze mindestens 5 Stunden leise köcheln lassen.

Der Jus wird nun durch ein Spitzsieb in eine Terrine abgegossen. 15 Minuten ruhen lassen, dann sorgfältig das Fett abschöpfen und aufbewahren – es kann in der Küche noch mannigfach verwendet werden. Wenn der Jus völlig abgekühlt ist, gießt man ihn durch ein Tuch in einen anderen Behälter. Dabei darauf achten, daß die Unreinheiten, die sich am Boden der Terrine abgesetzt haben, nicht mitgegossen werden. Der Jus ist nun vollkommen klar, kräftig und von einem bernsteinfarbenen Braun.

In der alten, klassischen Küche wurde dieser Jus Kalbssaft (blond de veau) genannt – die Bezeichnung läßt die Würze ahnen.

## Jus ou fond blanc
### Weißer Bratensaft oder weiße Grundbrühe – Heller oder weißer Jus oder Fond

Die Zubereitung ist dieselbe wie für den braunen Jus, doch entfällt das anfängliche Anrösten im Ofen, das für die dunkle Farbe verantwortlich ist. Die Klarheit, die den weißen Jus auszeichnen muß, wird durch ein sehr langsames Aufkochen und ein ständig aufmerksam überwachtes Kochen erreicht.

## Fond de volaille brun ou blanc
### Brauner oder weißer Geflügelfond

Dem entsprechenden oben angeführten Rezept wird entweder 1 Huhn oder 4 Hühnerklein zugefügt.

## Fond de gibier
### Wildfond

*2 kg Wildfleisch mit Knochen, 1 Rebhuhn, 1 alter Fasan, 1 mittelgroße Möhre, 1 mittelgroße Zwiebel, 1 Zweig Salbei, einige Wacholderbeeren, 1 Kräuterstrauß (Petersilie, Thymian, Lorbeerblatt), ⅕ l trockener Weißwein, 2½ l Wasser*

Die sogenannten niederen Fleischstücke hierzu verwenden. Am besten eignet sich größeres Wild, etwa Reh, doch kann man sich auch mit Hase oder Wildkaninchen behelfen. Fleisch und Knochen sowie das Geflügel (man kann ersatzweise auch mehrere Karkassen verwenden) in einer Bratpfanne verteilen und wie für den braunen Jus beschrieben (Seite 151) im Ofen bräunen. Dann die Gemüse wie angegeben schneiden, ziehen und Feuchtigkeit verdampfen lassen, schließlich auch das Deglacieren und dreimalige Trockenkochen vornehmen. Dann mit Weißwein und Wasser angießen und 4 Stunden kochen lassen. Alles Weitere wieder wie für den braunen Jus.

## Fond de poisson dit »fumet de poisson«
## Fischfond, genannt Fischessenz

Es ist ratsam, für den Fischfond nur Fische mit weißem Fleisch zu verwenden, die im allgemeinen auch auf den Märkten reichlich angeboten werden: etwa Merlan (Wittling), Schellfisch, Goldbarsch, Heilbutt, Scholle oder ähnliche. Am besten aber sind die Seezungengräten und -abfälle, die von keinem anderen Fisch geschmacklich erreicht werden. Nur sie sind einer wirklichen »Fischessenz« würdig!
Die Zubereitung ist denkbar einfach.

*2 kg Fisch oder Seezungengräten, 2 l Wasser, 2 große Zwiebeln, einige Petersilienwurzeln mit Grün, 2 EL gehackte Champignonhäute oder -stiele, ¼ Zitrone (Saft), 3 g Salz*

Die Fische in einen hohen Topf geben und mit Wasser bedecken. Zum Kochen bringen, ab und zu abschäumen. Nun die in dünne Ringe geschnittenen Zwiebeln, die gewürfelten Wurzeln und die übrigen Würzzutaten hineingeben und 30 Minuten leise vor sich hin kochen. Durch ein Tuch abseihen und in einer glasierten Terrine kühl aufbewahren.
Man darf die Fischessenz nicht zu stark würzen und salzen, denn sie wird fast immer eingekocht und dient dazu, entweder Saucen abschließend zu würzen oder wird als Unterlage für Butter- bzw. Sahnesaucen verwendet, wenn diese nicht durch eine Einbrenne oder Eigelb gebunden werden sollen.

# Les courts-bouillons divers
# Verschiedenartige Würzbrühen

## Blanc pour cuissons diverses
## Mehlsud

Mit dem Wort »blanc« bezeichnet man in der Küchensprache einen Sud, der sich folgendermaßen zusammensetzt: Auf 1 l Wasser gibt man 8 g Salz, 1 gut gehäuften EL Mehl, 2 EL Essig oder – in manchen Fällen – den Saft von ½ Zitrone. Zunächst vermischt man das kalte Wasser mit dem Mehl, gibt dann die übrigen Zutaten dazu und bringt es zum Kochen. Nun gibt man im allgemeinen noch eine mit einer Nelke gespickte Zwiebel, eine mittelgroße, längs geviertelte Möhre und einen Bund Petersilie zu, an dem man einen Thymianzweig und ein Stück Lorbeerblatt befestigt hat. Will man in diesem Mehlsud Innereien garen, dann ist es ratsam, noch 2 EL gehacktes Kalbs- oder Rindernierenfett zuzufügen. Das Fett schmilzt und bildet auf der Oberfläche der Brühe einen Film, der verhindert, daß die zuzubereitenden Dinge mit der Luft in Berührung kommen und dadurch schwarz werden. Den Mehlsud nun 30 Minuten kochen, durch ein feines Sieb abgießen und erkalten lassen. Jeweils nach den in verschiedenen Rezepten gemachten Angaben verwenden. Man verwendet diesen Sud hauptsächlich, um Innereien von Lamm, Kalb, Rind und Schwein zu kochen, auch Hahnennieren oder -kämme sowie einige Gemüse, etwa Artischocken, Kardonen, Schwarzwurzeln und ähnliches. In diesem Fall verzichtet man meist auf eine Fettbeigabe.

## Cuisson ou blanc pour champignons
## Sud für Champignons

*¹⁄₁₀ l Wasser, 1 gute Prise Salz, ½ Zitrone (Saft), 40–50 g Butter, 250–300 g Champignons*

Das Wasser zum Kochen bringen, Salz und Zitronensaft zufügen und die Butter darin schmelzen lassen. Wenn alles sprudelnd kocht, die gut gereinigten und schnell gewaschenen Champignons hineinwerfen. 5 Minuten heftig kochen lassen. Dann in eine glasierte Terrine umfüllen und mit gebuttertem Papier oder Alufolie zudecken, damit keine Luft darankommen kann.

# Les roux: brun – blond – blanc
## Braune, helle und weiße Einbrennen

Die Einbrenne dient dazu, eine Sauce zu binden – Ausnahmen sind nur die Emulsionen wie die Holländische, die Béarner und ähnliche Saucen; hier wird mit Eigelb gebunden. Besonders wichtig: Einbrennen müssen stets mit großer Sorgfalt und Aufmerksamkeit hergestellt werden.

Für alle 3 Arten von Einbrennen sind die Mengen gleich: 500 g Butter und 600 g Mehl. Man erhält schließlich 1 kg fertige Einbrenne.

Die Butter schmelzen und erhitzen, bis sie klar wird, bis also das enthaltene Wasser verdampft ist. Nun das Mehl zufügen und mit Hilfe einen Holzspachtels oder -löffels innig mit der Butter vermischen.

Diese Mischung nach und nach sehr vorsichtig erhitzen und ganz langsam garen, damit die in diesem Zusammenhang wichtigen Bestandteile des Mehls, die Stärken zu fermentieren beginnen. Während dieses Vorgangs bildet sich daraus das wasserunlösliche Dextrin, das die Eigenschaft besitzt, die Lösungsflüssigkeit anzudicken.

Während der Zubereitung ständig umrühren und die Hitze stets konstant halten, bis die Einbrenne die Farbe einer dunklen Havanna bekommen hat – wenn es sich um eine braune Einbrenne handelt. Für eine helle Einbrenne rechnet man eine kürzere Zeit – die Farbe soll eher ins Gelbliche spielen. Bei weniger Hitze und in kürzerer Zeit bereitet man die weiße Einbrenne zu.

Die gesamte Röstzeit sollte aber immerhin nicht kürzer als 15 Minuten sein.

Man kann Einbrennen auf Vorrat herstellen und in Steinguttöpfen kühl gestellt aufbewahren.

Man verwendet sie immer kalt und gießt mit einer kochendheißen Flüssigkeit auf. Um jede Bildung von Mehlklümpchen zu vermeiden, sollte man stets auf diese Weise vorgehen: Die Einbrenne in den Topf geben (oder gleich hierin herstellen), in dem die Sauce oder Suppe zubereitet wird. Eine kleine Menge der kochendheißen Flüssigkeit (Jus, Fond, Brühe oder Milch) zugießen. Mit dem Schneebesen durchschlagen und eine vollkommen homogene teigartige Mischung rühren. Jetzt langsam bis zum Siedepunkt erhitzen und unter ständigem Schlagen die gewünschte Flüssigkeitsmenge zufügen. Kochen lassen.

*Anmerkung:* Wir empfehlen für braune Saucen, das Mehl durch Torrefaktion, ein Röstverfahren, trocken zu bräunen. Das ist gesünder und schließlich auch einfacher. Das Mehl wird auf ein trockenes Backblech gestreut und bei mittlerer Hitze im Ofen braun gefärbt. Man kann es in einer Dose gut verschlossen aufbewahren. Das gebräunte Mehl wird einfach mit dem kalten Fond verrührt und zum Kochen gebracht.

*Anm. der Übersetzer:* Paul Bocuse stellt hier – im Restaurationsbetrieb üblich – eine sehr große Menge Einbrenne her. Für den Haushalt dürften im allgemeinen 40–50 g Butter und 50–60 g Mehl ausreichend sein – das genügt für ½–1 l Sauce oder Suppe, je nach der gewünschten Konsistenz. Häufig vermischt man heute die Butter mit gleichen Teilen Mehl. Zwar kann man die Einbrenne auf Vorrat zubereiten, doch sollte man sie nicht länger als 4–5 Tage im Kühlschrank aufbewahren.

Nach dem Angießen mit Flüssigkeit sollte die Sauce oder Suppe mindestens 20 Minuten, besser wesentlich länger – bis zu 2 Stunden sind für Saucen durchaus zu empfehlen – kochen, damit jeglicher Mehlgeschmack verschwindet.

## Les grandes sauces ou sauces mères
## Grundsaucen

Aus einer Einbrenne entsteht – je nach Art – eine Sauce einer bestimmten Grundrichtung, zu der es jeweils eine Typenbezeichnung gibt: Eine braune Einbrenne mit dunkler Flüssigkeit aufgegossen ergibt den Typ »Spanische Sauce«, eine helle Einbrenne mit hellem Fond aufgegossen ergibt den Typ »Samt-Sauce« und eine weiße Einbrenne mit Milch aufgegossen ergibt den Typ »Béchamel«.

### Sauce espagnole
### Spanische Sauce

Für 1 l Sauce: *50 g frischer Brustspeck, 1 Zweig Thymian, 1 Stück Lorbeerblatt, 1 mittelgroße Möhre, 1 mittelgroße Zwiebel, 150 g fertig zubereitete braune Einbrenne, 2 l brauner Kalbsfond (ersatzweise schwach gesalzene dunkle Fleischbrühe), $1/10$ l trockener Weißwein, $1/5$ l frisches eingekochtes Tomatenpüree*

Den Speck in feine Würfelchen schneiden und in der Kasserolle auslassen, in der die Sauce zubereitet werden soll. Die Aromaten sowie die in feine Würfelchen geschnittene Karotte und Zwiebel (Mirepoix genannt) zufügen und vorsichtig erhitzen, bis sich alles leicht zu bräunen beginnt. Das geschmolzene Fett des Specks abgießen und die Einbrenne zufügen. Wie im Grundrezept angegeben, den Fond und schließlich den Weißwein zufügen. Nun ganz leise halb über das Feuer oder auf die Platte gestellt 2 Stunden köcheln lassen. Zwischendurch immer wieder die Verunreinigungen abnehmen, die sich am Topfrand gegenüber der Stelle absetzen, an der die Sauce Blasen wirft.

Hat man die Einbrenne nicht auf Vorrat, so bereitet man sie im Saucentopf selbst zu und gibt den getrennt in einer Pfanne gebratenen Speck und die Gemüse hinein. Die Pfanne wird in diesem Fall mit dem Weißwein abgelöscht, der Bratensatz gelöst und in die Sauce gegeben.

Nach 2 Stunden Kochzeit wird die Sauce durch ein Tuch oder ein feines Sieb passiert, erneut zum Kochen gebracht und mit dem Tomatenpüree verrührt. 1 weitere Stunde kochen, auch jetzt wieder die sich absetzenden Verunreinigungen abheben. Wird die Sauce für eine spätere Verwendung aufgehoben, gießt man sie durch ein Tuch in eine glasierte Tonschüssel und läßt sie abkühlen. Dabei muß man sie immer wieder mit einem hölzernen Kochlöffel kräftig durchrühren, damit sich keine Haut bilden kann. Diese würde sonst beim Wiederaufwärmen Klümpchen bilden.

## Demi-glace
### Braune Kraftsauce

Diese Sauce ist ein verbesserter Abkömmling der Spanischen Sauce. Diese wird zunächst auf $2/3$ des ursprünglichen Volumens eingekocht und dann mit einem sehr kräftigen Kalbsfond wieder leicht verdünnt. Man versteht hier, warum die Grundsaucen und die Fonds, aus denen sie bereitet werden, immer nur schwach gesalzen sein dürfen.
Üblicherweise wird die Demi-glace zum Schluß neben dem Feuer noch mit einem Schuß guten Madeira abgeschmeckt.

## Sauce velouté ou sauce blanche
## Samt- oder weiße Grundsauce

Diese Sauce erhält man aus einer Mischung von 125 g heller Einbrenne mit 1 l hellem Fond oder heller Fleischbrühe. Zunächst die Einbrenne wie angegeben (Seite 155) herstellen, mit der Flüssigkeit aufgießen und 1½ Stunden leise kochen lassen. Die Unreinheiten, wie bei der Spanischen Sauce angegeben, immer wieder abheben.
Beschaffenheit und Schmackhaftigkeit dieser Sauce müssen ihrem Namen entsprechen, der ihr aufgrund gerade dieser Eigenschaften verliehen wurde: sie muß samtig sein.


## Sauce suprême
## Geflügelrahm- oder Suprême-Sauce

Eine weitere Sauce, die sich von der Samt-Sauce ableitet. Sie wird verfeinert und angereichert mit der gleichen Menge Geflügelfond, um ¾ eingekocht und mit ¼ der Gesamtmenge Sahne verrührt.

*1 l Samt-Sauce, 1 l Geflügelfond, ³⁄₁₀ l dicke Sahne, 100 g Butter*

Die Samt-Sauce mit dem Geflügelfond in einen Topf geben und unter ständigem Rühren auf großer Flamme auf ¼ der Masse einkochen. Zwischendurch in kleinen Mengen immer wieder Sahne zufügen, insgesamt ⅕ l. Wenn die Reduktion, also das Einkochen, beendet ist, ist die gesamte Menge von Samt-Sauce, Geflügelfond und Sahne auf knapp ⅓ der Ausgangsmenge eingekocht. Nun passiert man sie durch ein Tuch oder feines Sieb, schmeckt noch einmal ab und zieht unter kräftigem Rühren die restliche Sahne und die Butter ein.
Die Sauce muß leicht, glänzend und schmackhaft sein.


## Sauce au beurre
## Buttersauce

*120 g Butter, 50 g Mehl, ³⁄₁₀ l sehr heißes Wasser, Salz, Zitronensaft, nach Belieben 2 Eigelb*

Aus 60 g Butter und dem Mehl eine helle Einbrenne herstellen, 15 Minuten kochen, dann etwas abkühlen lassen. Das kochend heiße

Wasser unter ständigem Schlagen mit dem Schneebesen aufgießen und alles glattrühren. Etwas salzen und je nach Verwendung mit etwas Zitronensaft würzen.

Erhitzen, jedoch beim ersten Aufkochen vom Feuer nehmen. Neben dem Feuer nun 60 g (oder auch mehr) Butter hineinarbeiten.

Die Sauce muß recht cremig sein und kann mit weiterem Zitronensaft abgeschmeckt werden. Schließlich kann man sie auch wie die Deutsche Sauce mit Eigelb abrühren – jedoch die Sauce nicht zu stark erhitzen.

*Anmerkung:* Man kann diese Sauce auch herstellen, ohne die Mischung aus Butter und Mehl durchzukochen. Letzteres dazu in der beinahe geschmolzenen Butter auflösen, mit dem beinahe kochenden Wasser aufgießen, gerade einmal aufkochen lassen und neben dem Feuer buttern. Das Ergebnis ist ebenfalls ausgezeichnet.

## Sauce tomate
### Tomatensauce

Für 1 l: *1,5 kg gut reife Tomaten, 50 g Brustspeck, 1 mittelgroße Möhre, 1 mittelgroße Zwiebel, 1 Zweig Thymian, 1 Stück Lorbeerblatt, Butter, 1 EL Mehl, 4 Knoblauchzehen, 1 Prise Salz, 1 Prise Pfeffer, 1/4 l heller Fond, 2 Stück Zucker, 1 EL Weinessig*

Die Tomaten häuten, entkernen und das Fruchtwasser ausdrücken. Speck, Möhre und Zwiebel in kleine Würfelchen schneiden und zu einer Mirepoix vermischen. Mit Thymian und Lorbeerblatt in etwas Butter in dem Topf, in dem die Sauce zubereitet werden soll, erst dünsten und dann etwas anbraten. Wenn alles eine leichte Farbe genommen hat, das Mehl darüberstäuben. Untermischen und langsam wie zu einer hellen Einbrenne anrösten. Die Tomaten, die Knoblauchzehen, Pfeffer Salz, den Fond und schließlich die in einer kleinen Pfanne zu hellem Karamel geschmolzenen und mit Essig abgelöschten Zuckerstückchen zufügen.

Unter Rühren aufkochen und anschließend zugedeckt mindestens 1½ Stunden köcheln lassen – wenn möglich, im Ofen. Durch ein feines Sieb oder Tuch passieren und erneut aufkochen, damit alle beim Passieren hineingebrachten Gärstoffe zerstört werden; in eine glasierte Tonschüssel gießen. Die Oberfläche mit einem Butterstückchen abklopfen, damit eine luftisolierende Fettschicht entsteht und die Sauce keine Haut bilden kann.

## Sauce béchamel
## Béchamel-Sauce

*125 g helle Einbrenne, 1 l Milch, 60 g helles und mageres Kalbfleisch, Butter, 1 mittelgroße Zwiebel, 1 Zweig Thymian, 1 Prise Pfefferkörner, Muskatnuß, 1 Prise Salz*

Zunächst die Einbrenne bereiten und mit Milch ablöschen, wie im Grundrezept (Seite 155) angegeben. Zum Kochen bringen, dabei ständig durchrühren, um eine wirklich glatte Sauce zu erhalten. Nun das Kalbfleisch in feine Würfel schneiden und in Butter mit einer feingehackten Zwiebel, Thymian, zerdrückten Pfefferkörnern, einem Hauch Muskatnuß und einer Prise Salz etwas andünsten. Die Sauce darüber gießen und alles 1 Stunde kochen lassen. Nun durch ein Sieb oder ein Tuch in eine glasierte Schüssel passieren, ohne die am Topf klebenden Teile, die meist durch die Hitze einen braunen Ton angenommen haben, herauszulösen. Ein Stück Butter auf ein Messer oder eine Gabel stecken und damit auf die Oberfläche der Sauce klopfen, damit sich keine Haut und dadurch Klümpchen bilden können.
Wenn die Sauce als Fasten-Sauce zubereitet wird, ersetzt man das Kalbfleisch durch Weißfisch.
Aus Zeit- oder Geldgründen kann man das Kalbfleisch weglassen – aber natürlich leidet darunter der Geschmack!

## Sauce allemande appelée aussi sauce parisienne
## Deutsche oder Pariser Sauce

So wie die Demi-glace sich von der Spanischen Sauce ableitet, hat sich die Deutsche Sauce (die übrigens ebensowenig deutschen Ursprungs ist, wie die Spanische Sauce etwas mit Spanien zu tun hat) aus der Samt-Sauce entwickelt.
So ist die Deutsche Sauce nichts anderes, als eine Samt-Sauce, die mit Eigelb verbunden wird:

*1 l Samt-Sauce, 5 Eigelb, 1 Prise Pfefferkörner, Muskatnuß, 4 EL Champignon-Sud, ½ TL Zitronensaft, Butter*

Die Samt-Sauce zum Kochen bringen und so lange einkochen, bis sie zu einer leichten Creme geworden ist; dabei ständig mit einem Spachtel durchrühren. Die Sauce wird glänzend und muß den Spachtel vollkommen bedecken (nappieren), das heißt, mit einer dicken Schicht einhüllen. Unterdessen in einer kleinen Schüssel die Eigelb mit dem zerdrückten oder grob gemahlenen Pfeffer (mignonette), einem Hauch geriebener Muskatnuß, Champignon-Sud, Zitronensaft und einigen kleinen, frischen Butterstückchen mit dem Schneebesen schlagend verrühren. Nach und nach löffelweise etwas von der eingekochten Samt-Sauce zugeben und hineinmischen. Dann den Hauptteil der Samt-Sauce vom Feuer nehmen und diese Mischung kräftig mit dem Schneebesen schlagend unterziehen. Langsam bis kurz unter den Siedepunkt erhitzen, nicht aufhören zu schlagen. Sofort vom Feuer nehmen, durch ein feines Sieb oder Tuch in eine glasierte Schüssel passieren und – falls die Sauce nicht gleich verwendet wird – stetig kalt rühren.

Die fertige Sauce erhitzen, noch mal abschmecken und neben dem Feuer 100 g frische Butter pro Liter am Anfang verwendeter Samt-Sauce einziehen. Die Sauce sollte dann nicht mehr kochen.

# Les petites sauces brunes
# Braune Saucen

## Sauce genevoise
## Genfer Sauce

*1 Lachskopf, 150 g feingeschnittenes Gemüse, Butter, Öl, ½ l guter Rotwein, ⅓ l Bordelaiser Sauce (ohne Mark), 500 g Champignonstiele, nach Belieben 1 Stück Anchovis-Butter oder 1 TL Sardellenpaste*

Den Lachskopf mit den Gemüsen in einem Gemisch aus Butter und Öl dünsten. Das Fett abgießen und mit Rotwein auffüllen. Auf ¹⁄₁₀ l Flüssigkeit einkochen, die Bordelaiser Sauce und die Champignonstiele zufügen. 15 Minuten leise kochen lassen, dabei den sich am Topfrand absetzenden Schaum mit Verunreinigungen abnehmen. Durch ein feines Sieb oder Tuch passieren, erneut aufkochen lassen und neben dem Feuer mit 50 bis 100 g frischer Butter aufrühren. Als besondere Verfeinerung noch Anchovis-Butter oder Sardellenpaste zufügen.

## Jus lié
## Gebundener Kalbssaft

*Gut 1 l brauner Kalbs-Jus, 1 TL Stärke*

Den Kalbs-Jus um ¾ auf ¼ der ursprünglichen Menge einkochen. Die Stärke mit etwas kaltem Kalbs-Jus verrühren, den eingekochten Jus damit binden. Wieder 2–3 Minuten kochen lassen, beiseite nehmen und warm halten.

Dieser Kalbssaft muß klar, durchsichtig und von einer Konsistenz sein, die an den Saft erinnert, den man beim Braten eines Stück Kalbfleisches in einer Kasserolle nur durch die austretenden Fleischsäfte, also ohne Flüssigkeit anzugießen, erhält.

Ich möchte bemerken, daß die Verwendung von Stärke oder Pfeilwurz-Mehl (arrow-root – ein Stärkemehl besserer Qualität) als Bindemittel ein kulinarischer Betrug ist, dem man eine geschmackliche Wirkung zuschreibt, der aber tatsächlich nur schadet. Im übrigen kann man die Stärke sehr vorteilhaft durch die gleiche Menge Tapioca-Mehl ersetzen. Man muß den damit gebundenen Kalbssaft allerdings mindestens 15 Minuten kochen, damit seine Durchsichtigkeit nicht getrübt wird.

## Sauce bordelaise
## Bordelaiser Sauce

*30 g Butter, 1 gehäufter TL gehackte Schalotten, 1 Prise zerdrückte Pfefferkörner, 1 Stück Lorbeerblatt, 1 Zweig Thymian oder Quendel (wilder Thymian), ⅕ l guter roter Bordeaux-Wein, ⅕ l Demi-glace (Seite 157) oder, falls nicht vorhanden, Spanische Sauce, 60 g ganz frisches Ochsenmark, Salz*

In einer Kasserolle ein kleines Stückchen Butter schmelzen lassen. Wenn sie aufschäumt, die Schalotten zufügen und goldgelb werden lassen. Nun die Gewürze und allen Wein zufügen, rasch aufkochen und auf großer Flamme einkochen, bis nur noch 2 EL Flüssigkeit übrig sind. Die Demi-glace zufügen und 15 Minuten leise köcheln. Durch ein feines Spitzsieb gießen und abschmecken. Erst kurz vor dem Servieren neben dem Feuer kräftig rührend die restliche Butter hineinarbeiten und das Mark zugeben, das in kleine Würfel geschnitten und in siedendem Salzwasser pochiert wurde.

## Sauce madère
## Madeira-Sauce

Dieselbe Sauce wie Seite 164, zubereitet mit Abfällen (Häute und Stiele) von Champignons, durch ein feines Sieb oder Tuch passiert und erst dann mit Madeira und Butter vollendet.

## Sauce charcutière
## Sauce nach Wurstmacher Art

*1 mittelgroße Zwiebel, 65 g Butter, 1/5 l trockener Weißwein, 3/10 l Demi-glace oder Spanische Sauce, 60 g Essiggürkchen (Cornichons)*

Die Zwiebel sehr fein hacken und in einer kleinen Pfanne in 15 g Butter hellgelb werden lassen. Mit Weißwein aufgießen und diesen bei guter Hitze soweit einkochen, bis nur noch 2 EL Flüssigkeit übrigbleiben. Die Demi-glace zufügen und 15 Minuten ganz leise köcheln lassen. Vom Feuer nehmen und kurz vor dem Servieren die restlichen 50 g Butter kräftig durchrührend in die Sauce ziehen; ganz zum Schluß die gehackten oder in Scheiben geschnittenen Gurken zufügen.

## Sauce piquante
## Pikante Sauce

*1 mittelgroße Zwiebel, 2 große Schalotten, 75 g Butter, 3 EL Weinessig, 3/10 l Demi-glace oder Spanische Sauce, 2 mittelgroße Essiggürkchen (Cornichons), Pfeffer (aus der Mühle)*

Zwiebel und Schalotten in 15 g Butter in einer Pfanne mehr zergehen lassen als anbraten – sie sollen zunächst beinahe gar werden. Dann die Hitze höher schalten und hellgelb braten. Den Essig zufügen und auf 2 TL Flüssigkeit einkochen. Die Demi-glace zufügen und 15 Minuten leise köcheln lassen. Vom Feuer nehmen und 60 g Butter unter kräftigem Rühren darin zergehen lassen. Zum Schluß mit frisch gemahlenem Pfeffer leicht scharf abschmecken.

## Sauce madère et champignons
## Madeira-Champignon-Sauce

*250 g frische, kleine, weiße Champignons, 60 g Butter, ½ l Demi-glace oder Spanische Sauce, ¹⁄₁₀ l guter Madeira*

Die Champignons, die nicht abgezogen werden müssen, wenn sie wirklich weiß und frisch sind, zunächst gründlich reinigen. Dazu die sandigen Teile der Stiele abschneiden, dann waschen, aber nur so kurz wie möglich im Wasser lassen, damit sie nicht auslaugen bzw. dunkel und wäßrig werden.

20 g Butter in einer Pfanne erhitzen, bis sie haselnußbraun wird. Die gut abgetropften Champignons hineingeben und bei starker Hitze rasch anbraten. Mit der Demi-glace ablöschen – man kann auch Spanische Sauce nehmen, aber das ist weniger gut. Die Sauce leicht einkochen lassen, damit sie mit dem danach zugegebenen Madeira wieder die anfängliche Menge erreicht. Den Madeira neben dem Feuer zugießen, er darf auf keinen Fall mitkochen. Zum Schluß ebenfalls neben dem Feuer kräftig rührend den Rest der Butter einarbeiten. Vor dem Servieren nochmals abschmecken.

## Sauce Robert
## Robert-Sauce

Dies ist eine pikante Sauce, der zum Schluß zusammen mit der Butter 2 TL Senf und eine Prise Zucker zugefügt werden. Den Senf auf keinen Fall kochen!

## Sauce à l'estragon
## Estragon-Sauce

*⅕ l trockener Weißwein, 25 g Estragon, ³⁄₁₀ l Demi-glace, Spanische Sauce oder gebundenen Kalbssaft, 60 g Butter*

Den Weißwein auf die Hälfte einkochen. Nun hierin einen Zweig Estragon (20 g) 10 Minuten ziehen lassen. Die Demi-glace zufügen und alles um ein weiteres Drittel einkochen. Durch ein feines Sieb oder Tuch passieren und neben dem Feuer mit frischer Butter aufrühren. Zum Schluß mit einem TL fein gehackten Estragon würzen.

## Sauce gratin
## Gratin-Sauce

*60 g Butter, 6 gehackte Schalotten, 200 g frische Champignons, 1/5 l trockener Weißwein, 1/2 l Demi-glace oder Spanische Sauce, 1 TL gehackte Petersilie, 1/4 Zitrone (Saft)*

Ein nußgroßes Stück Butter in einer Pfanne zergehen lassen und erhitzen, bis die Butter sich haselnußbraun färbt. Die Schalotten und die im letzten Augenblick fein gehackten Champignons (sie würden sonst dunkel werden) zufügen. Auf großer Flamme rasch unter ständigem Wenden trocken werden lassen. Den Weißwein zugeben und fast vollständig verdampfen. Erst dann die Demi-glace zufügen und 10 Minuten leise kochen lassen. Vom Feuer nehmen, die restliche Butter hineinarbeiten, mit der Petersilie und ganz zum Schluß mit Zitronensaft würzen.

Die Sauce soll recht dickflüssig sein.

## Sauce chasseur
## Jäger-Sauce

*60 g Butter, 3 EL Öl, 100 g frische, weiße Champignons, 1 TL gehackte Schalotten, 1/10 l trockener Weißwein, 1/5 l Demi-glace oder Spanische Sauce, 3 große, reife Tomaten oder 3 EL Tomatenpüree, je 1 gute Prise gehackter Estragon und Kerbel*

Die Hälfte der Butter mit dem Öl in einer Pfanne stark erhitzen. Die geputzten, gewaschenen und in feine Scheiben geschnittenen Champignons hineingeben und auf großer Flamme leicht anbraten. Die Schalotten zufügen und einige Augenblicke mitbraten. Den Weißwein angießen und um gut die Hälfte einkochen. Jetzt die Demi-glace und das Tomatenpüree hineinrühren. Verwendet man frische Tomaten – was vorzuziehen ist –, so werden zunächst die Stielansätze mit den umliegenden Partien, die Haut, die Kerne und das Fruchtwasser entfernt. Dann werden sie grob gehackt und kurz nach den Schalotten in die Pfanne gegeben.

In beiden Fällen 10 Minuten leise köcheln lassen. Neben dem Feuer mit der restlichen Butter verrühren und mit Estragon und Kerbel würzen.

## Sauce diable
## Teufels-Sauce

Diese Sauce wird wie die Sauce charcutière (Seite 163) hergestellt, doch läßt man die Gurken weg und verwendet statt der Zwiebel 3 Schalotten. Die Sauce durch ein feines Sieb oder Tuch passieren und mit frisch gemahlenem Pfeffer oder einer Messerspitze Cayennepfeffer würzig abschmecken. Letzteren empfehlen wir weniger, denn er ist eigentlich kein Gewürz, sondern vielmehr ein Feuer, das den Gaumen auf höchst unangenehme Weise entflammt.

## Sauce italienne
## Italienische Sauce

*60 g Butter, 100 g frische, weiße Champignons, 1 TL gehackte Schalotten, $1/10$ l trockener Weißwein, 1 EL eingekochtes, konzentriertes Tomatenmark, $1/5$ l Demi-glace oder Spanische Sauce, 40 g magerer Schinken in winzigen Würfelchen, $1/4$ Zitrone (Saft), einige Petersilienstengel*

Ein nußgroßes Stück Butter in einer Pfanne zergehen lassen und kräftig erhitzen. Die fein gehackten Champignons zufügen, kurz anbraten und die Schalotten sowie den Weißwein zugeben. Auf 2 EL Flüssigkeit reduzieren. Das Tomatenmark (oder 3 gut reife, gehackte Tomaten, ohne Haut, Kerne und Fruchtwasser) und die Demi-glace einrühren, schließlich auch den gewürfelten Schinken. 10 Minuten leise köcheln lassen, dann neben dem Feuer die restliche Butter hineinarbeiten, den Zitronensaft zufügen, abschmecken und mit gehackter Petersilie würzen. Nach Geschmack und Verwendung kann man die Sauce auch sehr vorteilhaft mit einer Prise gehacktem Estragon zubereiten.

## Sauce Périgneux
## Périgneux-Sauce

Hierzu eine Madeira-Sauce (Seite 164) zubereiten und für je $1/2$ l Sauce 100 g gehackte Trüffeln zugeben. Verwendet man Dosentrüffeln, so gibt man die in der Dose enthaltene hocharomatische Flüssigkeit (Jus) zu der Sauce. Frische Trüffeln sollte man zunächst roh hacken und in einer Pfanne in heißer Butter kurz andünsten. Hier hinein gießt man dann die vorbereitete Madeira-Sauce.

## Sauce périgourdine
### Périgord-Sauce

Die Sauce unterscheidet sich von der vorhergehenden nur durch den Zuschnitt der Trüffeln: Hier werden sie nicht gehackt, sondern in 1 mm dünne Scheiben geschnitten und in die Sauce gegeben.

## Sauce au vin de Porto
### Portwein-Sauce

Die Sauce wird ebenso wie die Madeira-Sauce (Seite 164) hergestellt, nur wird der Madeira durch Portwein ersetzt. Zum Schluß schmeckt man die Sauce mit dem Saft einer gut reifen, süßen Orange und dem Saft einer halben Zitrone ab.

## Sauce portugaise
### Portugiesische Sauce

*1 große Zwiebel, 2 EL Öl, 1200 g Tomaten, 3 Knoblauchzehen, 1 Prise Salz, 1 Prise Pfeffer, 1 Prise Zucker, 1 Bund Petersilie, 1 Zweig Thymian, 1 Stück Lorbeerblatt, Butter*

Die Zwiebel kleinschneiden und im Öl ganz langsam gelb werden lassen. Die Tomaten, die gut reif sein müssen, häuten, entkernen, auspressen und grob hacken – es sollen 800 g Fruchtfleisch übrigbleiben. Zu den Zwiebeln geben, die zerdrückten Knoblauchzehen zufügen, mit Salz, Pfeffer, Zucker und einem Kräuterstrauß aus Petersilie, Thymian und Lorbeerblatt würzen. ½ Stunde ganz sanft kochen lassen. Den Kräuterstrauß herausnehmen, nachwürzen und neben dem Feuer kurz vor Gebrauch Butter einrühren, wenn man die Sauce nicht dazu verwendet, den Bratenfond des Gerichts zu lösen, zu dem sie gereicht wird.

## Sauce rouennaise
## Roueneser Sauce

*½ l Bordelaiser Sauce ohne Mark, 3 rohe Entenlebern, 1 Likörglas (4 cl) Cognac, 50 g Butter oder Stopfleber, frisch gemahlener Pfeffer*

Die Bordelaiser Sauce erwärmen, aber nicht kochen lassen. Die Entenlebern roh durch ein feines Sieb streichen, mit etwas Bordelaiser Sauce vermischen und diese Masse unter ständigem Rühren in die übrige Sauce ziehen. Die Sauce langsam erhitzen, dabei unaufhörlich mit einem Spachtel oder Kochlöffel kräftig durcharbeiten. Kurz vor dem Aufkochen vom Feuer nehmen und durch ein feines Sieb, besser ein Passiertuch treiben, damit sich die Lebern völlig in der Sauce auflösen und ihr einen cremigen Charakter geben. Zum Schluß den Cognac und 50 g frische Butter oder 50 g pürierte Stopfleber zufügen. Vor dem Servieren gut abschmecken und mit etwas frisch gemahlenem Pfeffer würzen.

*Anm. der Übersetzer:* Am besten verwendet man zum abschließenden Aufschlagen der Sauce frische Enten-Stopfleber. Man kann sich auch mit Gänseleber behelfen, am besten frisch, sonst aus der Dose (au naturel, bloc, lingot; jedoch nicht mousse, crème, pâte, purée).

## Sauce au vin rouge
## Rotwein-Sauce

*1 große Zwiebel, 1 mittelgroße Möhre, Butter, 2 Knoblauchzehen, ½ l guter Rotwein, 1 Prise Salz, 1 Prise Zucker, ½ l Demi-glace oder Spanische Sauce*

Die Zwiebel und das rote Äußere einer mittelgroßen Möhre in winzig kleine Würfelchen schneiden. Diese Mirepoix in Butter 20 Minuten weich dünsten, dabei immer wieder umrühren, damit sie nicht anbrät. Wenn die Mirepoix durch und durch weich ist, die zerdrückten Knoblauchzehen zufügen. Kurz erhitzen und über das Gemüse den Rotwein gießen. Mit je einer Prise Salz und Zucker würzen und um ⅔ einkochen. Nun die Demi-glace oder Spanische Sauce zufügen und 20 Minuten leise köcheln lassen. Durch ein feines Sieb oder Tuch passieren und dabei die Gemüse gut ausdrücken. Erneut aufkochen, vom Feuer nehmen und mit mindestens 50 g frischer Butter vollenden.

## Sauce poivrade
## Pfeffer-Sauce

*1 mittelgroße Möhre, 2 mittelgroße Zwiebeln, 1 Stück Sellerie, 20 g Butter, ½ l Wildmarinade, ¾ l Demi-glace oder Spanische Sauce, Karkassen oder Abfälle von Wild, den abgelösten Bratensatz des zu begleitenden Wildbratens, nach Belieben 1 TL Johannisbeergelee und 1 TL Dijon-Senf, frisch gemahlener Pfeffer*

Das rote Äußere der Möhre, die Zwiebeln und das Selleriestück in sehr kleine Würfel schneiden und alles zusammen in der Butter weich dünsten, zum Schluß auch ganz leicht anbraten, bis eine hellgoldene Farbe entsteht. ½ l Marinade zufügen, die von der Marinade abgenommen wird, in dem die zu begleitenden Bratenstücke gezogen haben. Um ⅔ einkochen, mit Demi-glace oder Spanischer Sauce aufgießen und Karkassen oder Wildreste zufügen. Auf kleinster Flamme zugedeckt 3 Stunden durchkochen lassen.

Durch ein feines Sieb oder ein Tuch passieren, dabei die Gemüse und die Wildreste gut ausdrücken, praktisch pürierend mit durchs Sieb treiben. Neben dem Feuer mit dem gelösten Bratenfond des Wildbratens und den beim Anschneiden austretenden Säften verrühren. 1 TL Johannisbeergelee (wenn man diese Mischung mag) und 1 TL Dijon-Senf darin auflösen. Allerdings ist auch der Senf Geschmackssache und keineswegs zwingend. Nicht mehr kochen lassen. Zum Schluß die Sauce mit nicht zuwenig frisch gemahlenem Pfeffer würzen.

## Sauce à la moelle
## Mark-Sauce

Diese Spezialsauce für Gemüse wird wie die Bordelaiser Sauce (Seite 162) zubereitet, doch verwendet man anstelle des Rotweins trockenen Weißwein. Die Markmenge wird verdoppelt, wobei die Hälfte in Würfel geschnitten und zur Sauce gegeben, die andere Hälfte in Scheiben über dem Gemüse verteilt wird.

Man kann die Sauce auch zu pochierten oder wachsweichen Eiern sowie zu gegrilltem Fisch reichen.

## Sauce Duxelles
### Champignon-Sauce

*Butter, 1 TL gehackte Schalotten, 100 g frische Champignons, ¹⁄₁₀ l trockener Weißwein, ³⁄₁₀ l Demi-glace oder Spanische Sauce, 1 TL gehackte Petersilie, Pfeffer, Salz*

Etwas Butter in einer Pfanne erhitzen und auf kleiner Flamme darin ganz langsam die Schalotten gelb werden lassen. Nun die möglichst weißen und festen, gereinigten, rasch gewaschenen und fein gehackten Champignons zufügen. Bei guter Hitze ganz trocken braten, dann mit dem Weißwein angießen und auch diesen fast vollständig verkochen lassen. Die Demi-glace oder die Spanische Sauce zufügen. Notfalls guten Kalbs-Jus verwenden und 2 EL gebundene, sehr konzentrierte Tomatensauce zufügen. Einige Minuten heftig kochen und dabei um ⅓ reduzieren lassen.

Vom Feuer nehmen und mit soviel frischer Butter als nur möglich verrühren. Die Petersilie zufügen und abschmecken.

*Anmerkung:* Bei manchen Zubereitungen werden Duxelles, die angebratene Mischung von Schalotten und Champignons, ohne zugegossene Flüssigkeit verwendet. Hier muß man sich nach den Angaben bei den einzelnen Rezepten richten.


# Les petites sauces blanches
# Weiße Saucen

## Sauce Mornay
### Käse-Sauce (Mornay-Sauce)

*½ l Béchamel-Sauce, 50 g geriebener Gruyère oder Emmentaler, 2 Eigelb, 3–4 EL Sahne, 1 eigroßes Stück Butter*

Die Béchamel-Sauce aufkochen und den geriebenen Käse darin verrühren, bis er sich vollständig aufgelöst hat. Die Sauce neben dem Feuer (sie darf auf keinen Fall mehr kochen) mit 2 Eigelb binden (legieren), die man in einem Schälchen mit 1 EL Sahne verrührt hat (notfalls Milch verwenden). Die Sauce wieder langsam unter

ständigem Schlagen mit dem Schneebesen erhitzen, bis sie eben aufzukochen beginnt. Sofort vom Feuer nehmen und mit 2–3 EL Sahne und der Butter verrühren.
Die Sauce muß ausreichend dickflüssig sein, um die Speisen, mit denen sie gereicht wird, vollständig zu umhüllen. Obwohl sie sehr schwer scheint, soll sie beim Essen einen cremig und geschmeidig-saftigen Eindruck machen.
Wenn sie einen Fisch begleiten soll, ist es vorteilhaft, dieser Käse-Sauce den eingekochten Fond des betreffenden Fisches zuzufügen.

## Sauce crème
## Sahne-Sauce, Rahm-Sauce

*1 l Béchamel-Sauce, $3/10$ l dicke Sahne (crème fraîche), 50 g Butter, etwas Zitronensaft*

Die Béchamel-Sauce mit $1/5$ l Sahne vermischen, zum Kochen bringen und bei starker Hitze auf etwa $3/4$ l Sauce einkochen – dabei ständig umrühren. Durch ein feines Sieb oder ein Tuch (Mousseline oder Windel) gießen. Erneut aufkochen, wieder vom Feuer nehmen und die restliche Sahne, die Butter und einige Tropfen Zitronensaft einziehen. Im Wasserbad warm halten, nicht mehr kochen lassen.

## Sauce au vin blanc pour poisson
## Weißweinsauce zu Fisch

*$1/2$ l Fisch-Samt-Sauce, $1/10$ l Fisch-Essenz, $1/10$ l trockener Weißwein, 2 Eigelb, 2 EL dicke Sahne (crème fraîche), 2 EL Champignon-Sud, 100 g Butter*

Die Fisch-Samt-Sauce mit einer auf die Menge von 1 EL Flüssigkeit reduzierten Mischung aus Fisch-Essenz und Weißwein verrühren. Die Eigelb mit der Sahne und dem Champignon-Sud verquirlen und die Sauce damit legieren. Durch ein feines Sieb oder Tuch passieren und unter stetem, recht kräftigem Durchschlagen mit einem Kochlöffel oder Spachtel bis kurz unter den Siedepunkt erhitzen. Vom Feuer nehmen und die Butter in kleinen Stückchen hineinarbeiten.

## Sauce crevette
## Garnelen-Sauce

Hierzu ½ l Weißwein-Sauce (siehe S. 171) verwenden, aber statt mit normaler Butter mit Krabbenbutter (Seite 75) fertig machen. Die Sauce soll eine blaß-rosa Farbe mit einem leichten Lachs-Ton haben. Diesen erreicht man entweder durch eine kleine Zugabe von färbender Krebs-, Langusten- oder Hummerbutter oder durch etwas stark konzentriertes Tomatenpüree.

## Sauce normande
## Normannische Sauce

*½ l Fisch-Samt-Sauce, ⅕ l Champignon-Sud, ⅒ l Austern-Sud (Austern-Wasser, in denen die Austern pochiert wurden), 3 EL dicke Sahne (crème fraîche), 4 Eigelb, 125 g Butter*

Die Fisch-Samt-Sauce erhitzen und mit Champignon- und Austern-Sud verrühren. Um ⅓ einkochen und mit den mit Sahne verquirlten Eigelb legieren. Durch ein feines Tuch (Windel, Mousseline) passieren, wieder auf das Feuer setzen und unter ständigem Rühren langsam bis kurz vor dem Siedepunkt erhitzen. Vom Feuer nehmen und mit dem Schneebesen kräftig schlagend frische Butter in kleine Stückchen hineinarbeiten.

## Sauce Bercy pour poisson
## Fisch-Sauce »Bercy«

*2 EL sehr fein gehackte Schalotten, 120 g Butter, ⅕ l trockener Weißwein, ⅕ l Fisch-Essenz, ¾ l Fisch-Samt-Sauce, Pfeffer, gehackte Petersilie*

Die Schalotten in 20 g Butter langsam weich werden lassen, ohne daß sie Farbe annehmen. Mit Weißwein und Fisch-Essenz angießen und um ⅓ einkochen. Die Fisch-Samt-Sauce zugeben und 10 Minuten kochen lassen. Vom Feuer nehmen und 100 g frische Butter hineinarbeiten. Mit frisch gemahlenem Pfeffer würzen und im Augenblick des Servierens mit einer starken Prise gehackter Petersilie verrühren.

## Sauce Nantua
### Krebs-Sauce (Nantua-Sauce)

*½ l Béchamel-Sauce, ⅕ l dicke Sahne (crème fraîche), 50 g Krebsbutter, weißer Pfeffer, Cayennepfeffer, Salz*

Die Béchamel-Sauce erhitzen und die Sahne zufügen. Auf großer Flamme unter ständigem Rühren mit einem Spachtel oder Kochlöffel die Sauce auf eine normale Konsistenz einkochen – sie soll wie eine gebundene Sauce erscheinen. Vom Feuer nehmen und mit der in kleinen Stückchen zugegebenen Krebsbutter aufschlagen. Zum Schluß sorgfältig abschmecken.


## Sauce cardinal
### Hummer-Sauce (Kardinal-Sauce)

Die Sauce wird ebenso zubereitet wie die vorhergehende, jedoch ersetzt man die Krebsbutter durch Hummerbutter. Sie gewinnt, wenn man sie durch die Zugabe von stark eingekochter Fischessenz kräftiger zubereitet, gegenüber der Nantua-Sauce. Man rechnet ⅕ l Fischessenz, reduziert auf 1 EL Flüssigkeit. Man kann auch 1 EL Trüffel-Jus zufügen, falls Trüffel auch als Garnitur verwendet werden.


## Sauce aux câpres commune
### Einfache Kapern-Sauce

Butter-Sauce mit kleinen Kapern vermischen, und zwar etwa 3 EL Kapern auf ½ l Sauce rechnen. Nicht mehr kochen lassen.


## Sauce Joinville
### Sauce »Joinville«

Eine Weißwein-Sauce für Fisch bereiten und so reich wie möglich mit halb Krebs-, halb Krabbenbutter aufschlagen. Zum Schluß für je ⅕ l Sauce 1 EL in feine Streifen geschnittene Trüffeln zugeben.

## Sauce soubise
## Zwiebel-Sauce (Sauce »Soubise«)

*200 g Zwiebeln, 80 g Butter, ½ l Béchamel-Sauce, 2 EL dicke Sahne (crème fraîche)*

Die Zwiebeln in dünne Scheiben schneiden, mit kochendem Wasser überbrühen, abschrecken und sorgfältig abtropfen. In 30 g Butter in einer hohen Pfanne langsam weich dünsten – die Zwiebeln dürfen aber nicht anbraten, sie müssen völlig weiß bleiben. Die Béchamel-Sauce zufügen und 20 Minuten leise köcheln lassen. Durch ein feines Sieb oder Tuch treiben, dabei die Zwiebeln gut ausdrücken und möglichst vollkommen durchpassieren. Erneut aufkochen, vom Feuer nehmen und die Sahne sowie die Butter hineinarbeiten.

## Sauce soubise tomatée
## Zwiebel-Sauce mit Tomaten

Die Zwiebelsauce wie oben zubereiten und mit eingekochtem Tomatenmark (Püree) verrühren, und zwar auf 2 Teile Zwiebelsauce 1 Teil Tomatenmark rechnen.

## Sauce Smitane
## Sauce »Smitane«

*1 schöne, große Zwiebel, 60 g Butter, ⅕ l trockener Weißwein, ½ l Sahne (crème fraîche), Salz, Zitronensaft*

Die Zwiebel kleinschneiden, mit kochendem Wasser überbrühen, abschrecken, sorgfältig abtropfen und in 30 g Butter in einer hohen Pfanne langsam weich dünsten. Häufig umrühren und darauf achten, daß die Zwiebeln hell bleiben und nicht anbraten. Mit Weißwein angießen und diesen bei guter Hitze so weit verkochen lassen, bis nur noch ½ EL Flüssigkeit übrig bleibt. Die Sahne und 1 Prise Salz zufügen, rasch aufkochen und um ⅓ reduzieren. Die Sauce durch ein feines Tuch (Mousseline, Windel) passieren. Erneut aufkochen und dann neben dem Feuer die restliche, in kleine Stücke zerteilte Butter hinzufügen. Die Sauce kräftig durchrühren und mit Zitronensaft würzen, damit sie einen leicht säuerlichen Geschmack bekommt.

## Sauce au cary
## Curry-Sauce

*1 mittelgroße Zwiebel, Butter, 1 Zweiglein Thymian, 1 Stück Lorbeerblatt, 1 Messerspitze Macisblüte, 50 g Mehl, 20 g Curry-Pulver, ¾ l Weiße Grundbrühe, helle Brühe oder Fisch-Essenz, wenn die Sauce Fisch begleiten soll, 4 EL dicke Sahne (crème fraîche) oder Kokosmilch*

Die Zwiebel kleinschneiden und in etwas Butter ganz langsam zugedeckt weich dünsten und eine hellgelbe Farbe nehmen lassen. Die Gewürze, das Mehl und den Curry zugeben und 10 Minuten unter häufigem Umrühren leicht anrösten. Mit einer der Brühen aufgießen und 30 Minuten leise köcheln lassen. Die Sauce durch ein feines Sieb oder ein Tuch passieren, dabei die Zwiebel und den Curry gut ausdrücken. Erneut aufkochen und mit Sahne, besser mit Kokosmilch fertig machen, wenn man sie zur Hand hat.
*Anmerkung:* Man kann die Curry-Sauce auch mit einem einfacheren Verfahren in hervorragender Qualität herstellen: Sehr konzentrierten und kräftigen Geflügel-Fond mit Kalbs-Jus vermischen, mit reichlich Zwiebeln und Curry stark würzen, auskochen, durch ein feines Sieb oder Tuch passieren und mit Pfeilwurz-Mehl binden.
*Anm. der Übersetzer:* Als Kokos-Milch bezeichnet man die kremige Paste, die auch unter Kokos-Creme oder Kokos-Paste in Dosen oder Tuben in Feinkostgeschäften angeboten wird.

## Sauce Chantilly ou sauce mousseline commune
## Einfache Schaumsauce

½ l Butter-Sauce mit 5 EL sehr steif geschlagener Sahne verrühren. Aufpassen, daß die Sahne nicht durch zu langes Schlagen zu Butter wird!
*Anm. der Übersetzer:* Bocuse verwendet 4 EL dicke Sahne (crème fraîche), die er mit 1 EL Milch verrührt. Unsere süße Sahne (Schlagsahne) ist für diese Sauce noch besser geeignet, schlägt auch, wenn sie kalt verwendet wird, nicht so leicht in Butter um.

## Sauce aux herbes
## Kräuter-Sauce

*½ l Butter-Sauce, 2 TL gehackte Petersilie, 2 TL gehackter Kerbel, 2 TL gehackter Estragon*

Die Butter-Sauce erhitzen. Kurz vor dem Servieren mit den Kräutern vermischen, die einzeln mit kochendem Wasser überbrüht, abgeschreckt und trocken gepreßt wurden.

## Sauce hollandaise commune
## Einfache Holländische Sauce

Hier gibt es zwei Möglichkeiten. Entweder man verwendet ½ l Buttersauce, die man mit 3 Eigelb, 3 EL Champignon-Sud oder 1 EL mit Zitronensaft gesäuertem Wasser legiert und verrührt. Oder man nimmt ½ l Béchamel-Sauce und bindet sie auf dieselbe Weise. Dann arbeitet man jeweils neben dem Feuer soviel Butter wie möglich hinein, denn je mehr Butter die Sauce enthält, desto feiner ist sie. Sie soll recht dickflüssig, aber dennoch cremig sein.

# Les sauces riches émulsionnées
# Reich aufgeschlagene Saucen

## Sauce hollandaise
## Holländische Sauce

*1 EL Weißweinessig, 3 EL Wasser, 1 Prise frisch zerdrückter Pfeffer, 3 Eigelb, 250 g Butter in ausgezeichneter Qualität, 1 Prise Salz*

In einem kleinen Topf den Essig, 1 EL Wasser und den Pfeffer erhitzen. Diese »magenfreundlich« (gastrique) genannte Mischung auf die Flüssigkeitsmenge von 1 TL reduzieren.
Abkühlen lassen. Die Eigelb und 2 EL kaltes Wasser zufügen. Mit einem Schneebesen durchschlagen und ganz langsam und vorsichtig erhitzen. Die Masse auch dabei ohne Unterlaß kräftig mit dem Schnee-

besen schlagen. Dabei darauf achten, daß der Schneebesen alle Stellen des Topfbodens erreicht, damit sich kein Eigelb absetzen und gerinnen kann.
Falls der Ausführende nicht genügend Erfahrung hat, raten wir ihm, den Topf in ein heißes, jedoch nicht kochendes Wasserbad zu stellen. Die Erhitzung der Eigelb, die zu einem nur eben beginnenden Garwerden führen darf, ist langsamer und damit der Erfolg sicherer. Tatsächlich handelt es sich darum, für die später zuzufügende Butter ein Bindemittel, eine besonders geschmeidige Stütze herzustellen.
Eine Überhitzung oder ein zu langes Garen der Eigelb würde sie zu kleinen, körnigen Teilen gerinnen lassen, wobei sie ihre Bindefähigkeit und Geschmeidigkeit verlieren würden. Die erste, schwierigste Stufe der Saucenherstellung besteht also darin, die Eigelb vollkommen schaumig zu schlagen und sie dabei einer ständig zunehmenden Hitze auszusetzen, die ein glattes und kremiges Dickwerden der Masse hervorruft.
Wenn der Eigelbschaum die Konsistenz einer gut abgesetzten, dicken Sahne (créme fraîche) erreicht, gibt man nach und nach unter ständigem, kräftigem Schlagen die halb geschmolzene Butter (»en pommade«) in Tropfen oder die feste Butter in kleinen Stückchen dazu. Neue Butter stets erst dann zufügen, wenn die vorherige vollkommen in der Mischung aufgegangen ist. Zum Schluß mit Salz abschmecken. Stellt man fest, daß die Sauce zu dick wird, so gibt man während des Aufschlagens (»monter une sauce«) ab und zu einige Tropfen lauwarmes Wasser dazu. Dieses Verfahren ist dem brutalen Zusatz einer verdünnenden Flüssigkeit am Ende der Zubereitung vorzuziehen.
Eine auf diese Weise hergestellte Holländische Sauce ist schmackhaft, nicht zu flüssig und doch leicht. Sie wird zum Schluß abgeschmeckt und bei sehr mäßiger Hitze im Wasserbad warm gehalten. Wird sie überhitzt, so trennen sich Eigelb und Butter wieder, die Sauce fällt auseinander (dreht oder kippt, wie man manchmal auch in Anlehnung an das etwas unkorrekte französische »tourne« sagt). Sollte dieser Unfall einmal eintreten, so muß man die Sauce erneut aufschlagen. Man gibt in einen Topf 1 EL heißes Wasser und zieht die auseinandergefallene Sauce Tropfen für Tropfen unter ständigem Schlagen mit dem Schneebesen hinein.
Nach Gebrauch und Geschmack kann man die Essig-Wasser-Pfeffer-Reduktion zu Beginn weglassen und die Eigelb nur mit Wasser aufschlagen. In diesem Fall wird die Sauce erst zum Schluß mit einigen Tropfen Zitronensaft gesäuert.

Nochmals: Eine wirklich köstliche Sauce erhalten Sie nur, wenn Sie das oben beschriebene Verfahren anwenden und Butter allerbester Qualität nehmen!

Aus Gründen der Sparsamkeit kann man die Sauce mit einem mehr oder weniger großen Anteil von Butter-Sauce (Seite 158) vermischen. Doch ist das Verfahren nicht empfehlenswert, wenn es auch eine deutliche Verbilligung bedeutet und die Sauce weniger empfindlich gegen Überhitzung macht.

*Anm. der Übersetzer:* Es kommt sehr auf die Qualität der Butter an, die ganz frisch sein muß. Sauerrahmbutter ist nicht geeignet.

## Sauce mousseline
### Schaumsauce

Eine Holländische Sauce wie oben beschrieben, die mit ⅓ ihres Volumens an Schlagsahne vermischt wurde.

## Sauce béarnaise
### Bearner Sauce

> Für 6 Personen: *250 g Butter, 3 mittelgroße Schalotten, 3 EL Weißweinessig, 1 Zweig Estragon, 1 Prise Kerbel, 1 Prise frisch zerdrückte Pfefferkörner, 4 Eigelb, 1 Prise Salz*

Ein nußgroßes Stück Butter in einem Topf zergehen lassen und die feingehackten Schalotten darin 10 Minuten bei sanfter Hitze weich dünsten. Dann Essig, Kräuter und Pfeffer zufügen und die Flüssigkeit auf die Menge von 2 TL einkochen. Die Eigelb zufügen und unter ständigem Schlagen erhitzen, wie es für die Holländische Sauce erklärt wurde, der Eischaum soll jedoch etwas fester werden. Schließlich die Butter hineinarbeiten und die fertige Sauce durch ein Tuch oder ein feines Sieb passieren. Mit je einer kleinen Prise gehacktem Kerbel und Estragon würzen und im Wasserbad bei milder Hitze warm halten.

Die Sauce muß bedeutend fester und dickflüssiger sein als die Holländische, sie soll eher die Konsistenz von Senf haben. Hierfür sorgt der etwas höhere Gehalt an Eigelb.

Wie die Holländische Sauce kann auch die Béarnaise mit Butter-Sauce (Seite 158) gestreckt werden, doch verliert sie dann den größten Teil ihrer Feinheit.

## Sauce Choron
## Sauce »Choron«

Béarner Sauce, der ¼ ihres Volumens an sehr konzentriertem Tomatenpüree (Mark) hinzugefügt wird.

## Sauce maltaise
## Malteser Sauce

Holländische Sauce, der Blutorangensaft und einige Tropfen Curaçao zugefügt werden.

# Les sauces froides
# Kalte Saucen

## Sauce mayonnaise
## Mayonnaise

Diese Mayonnaise verdient eine sorgfältige Beschreibung ihrer Herstellung, denn sie wird häufig benötigt und ist Grundlage für viele andere kalte Saucen.

Ihr Aufbau ist einfach und altbekannt. Kulinarisch interessierte Bücherwürmer haben ihre Ursprünge in den Arbeiten des Apicius gefunden, aber das will noch lange nicht heißen, daß ihre Quellen nicht in noch früheren Zeiten anzusetzen sind. Die Zubereitung ist unter bestimmten Bedingungen ganz leicht.

Da sie aus sonnigen Gegenden stammt, fürchtet sie die Kälte. Man muß daher Rührschüssel, Eier und Öl auf Zimmertemperatur bringen, um sicher ein gutes Resultat zu bekommen. Und weil sie hauptsächlich aus einem flüssigen und trägen Element besteht, verlangt sie ein kräftiges Durchschlagen, um wirklich schmackhaft, ausreichend konsistent und doch leicht zu werden. Von ihren Grundstoffen her wäre sie ohne den Zusatz einer Säure, entweder Essig oder Zitronensaft, schwer verdaulich.

*6 Eigelb, 10 g feines Salz, 1 gute Prise frisch gemahlener weißer Pfeffer, 2 EL Weinessig oder der Saft von 1 kleinen Zitrone, 1 l Öl*

Von den Eigelb die Keime entfernen. Zusammen mit Salz, Pfeffer, Essig oder Zitronensaft in eine Terrine geben und mit einem Schneebesen schlagend vermischen, bis sie schaumig und etwas fest geworden sind. Nun zunächst tropfenweise das Öl zufügen, das die gleiche Temperatur haben muß, dabei ständig kräftig schlagen. Wenn die Masse zu fest wird, mit etwas Essig oder, wenn die Sauce säuerlich genug ist, mit Wasser verdünnen. Das Öl nun nach und nach unter stetem Schlagen immer schneller zugießen, bis alles verbraucht ist.

Was diese ganze Prozedur bezweckt, ist die perfekte Mischung von Eigelb und Öl, die stetig fortschreiten muß und nicht unterbrochen werden darf, damit die Sauce von einer gleichmäßig kremigen Beschaffenheit wird, damit sie luftig wird und schließlich einen möglichst hohen Grad von Leichtigkeit und Geschmeidigkeit erreicht. Wie bei der Holländischen Sauce dienen die Eigelb als Stütze und Bindemittel, an die sich das flüssige, fette Öl anlagert. Dies geschieht jedoch nur dann, wenn die Verbindung durch kräftiges Durchschlagen gründlich und langsam herbeigeführt wird, wobei sich die Temperatur etwas erhöhen und die Masse luftig werden muß.

Ich zögere nicht, Ihnen zu empfehlen, das einst obligatorische hölzerne Gerät – Spachtel oder Kochlöffel – durch einen Schneebesen zu ersetzen. Wenn auch der Spachtel im Restaurant noch üblich ist, so empfiehlt sich der Schneebesen bei der kleineren Masse an Mayonnaise, die man im Haushalt herstellt. Zwar dauert die Zubereitung um einiges länger, sowohl was den Geschmack als auch die entstehende Menge angeht.

Wenn die Mayonnaise schließlich fertig ist, kann man sie vor einem Auseinanderfallen wirkungsvoll schützen, indem man 1 kleines Löffelchen kochenden Weinessig einrührt. Falls dies doch einmal geschehen sollte, so kann man den Schaden leicht beheben, indem man die Ursachen, die begangenen Fehler beseitigt. Entweder waren die Zutaten zu kalt, oder die Sauce wurde zu schnell aufgeschlagen – oder beides zusammen. Man gibt dann am besten 1 EL gut lauwarmes Wasser in die Rührschüssel und gießt wiederum ganz langsam unter ständigem Schlagen die auseinandergefallene Sauce hinein.

*Anm. der Übersetzer:* Man wird eine Mayonnaise heute wohl nicht mehr mit der Hand rühren, sondern mit dem elektrischen Handmixer, dem Rührstab oder im Mix-Aufsatz. Für alle Methoden jedoch gilt das gleiche: Die Zutaten sollten zimmerwarm sein, müssen zumindest die gleiche Temperatur haben. Und in jedem Fall erzielt man die leichtesten, luftigsten Mayonnaisen, wenn man das Öl erst nach und nach dazugibt und nicht - wie in den meisten Rezeptheften für Mixer angegeben - alles zusammen in den Mixer füllt. Auch auseinandergefallene Mayonnaise kann man im Mixer sehr gut wieder homogenisieren. Welches Öl verwendet wird, richtet sich nach dem persönlichen Geschmack, die beste Mayonnaise erhält man natürlich mit feinem Olivenöl (huile vierge - olio vergine - Jungfernöl, kalt gepreßt), doch kann man auch anderes gutes Pflanzenöl verwenden, dessen neutralerer Charakter besser zu manchen Speisen paßt.

Mayonnaise läßt sich gut verschlossen im Kühlschrank mindestens 1 Woche aufbewahren.

## Sauce aïoli
### Aïoli — provenzalische Knoblauch-Mayonnaise

*8 Knoblauchzehen, 2 Eigelb, 1 Prise Salz, $^3/_{10}$ l Öl, $^1/_2$ Zitrone (Saft)*

Den Knoblauch in einem Mörser zu einer Paste zerstoßen. Die Eigelb und das Salz in diese Paste mischen und mit dem Stößel des Mörsers heftig arbeitend das Öl tropfenweise unterziehen. Die Sauce muß eine kremige Beschaffenheit haben, die durch leichte Zugaben von Zitronensaft und - wenn die Sauce genügend gesäuert ist - Wasser aufrechterhalten wird.

*Anm. der Übersetzer:* Hat man keinen Mörser, so zerdrückt man die Zehen in einer Knoblauchpresse und vermischt sie dann in einer Schüssel mit dem Eigelb, die mit dem Schneebesen schaumig geschlagen werden. Für die Aïoli empfiehlt sich unbedingt erstklassiges Olivenöl, das durchaus einen kräftigen Geschmack haben soll. Junge Knoblauchzehen werden ganz verwendet, bei älteren muß man den aufdringlich-scharf schmeckenden grünen Trieb entfernen.

## Sauce andalouse
### Andalusische Sauce

1 l Mayonnaise wird mit $^1/_5$ l konzentriertem Tomatenpüree (Mark) verrührt, dann kommen 2 in feine Streifchen geschnittene milde Paprikaschoten hinzu.

## Sauce ravigote
## Ravigote-Sauce

*5 g feines Salz, 1 Prise frisch gemahlener Pfeffer, 2 EL Kapern, 1 TL gehackte Petersilie, je 1 TL gehackter Kerbel und Estragon, 1 TL Senf, 1 mittelgroße Zwiebel, 2 EL Essig, 5 EL Öl*

Salz, Pfeffer, die leicht zerdrückten Kapern, Kräuter, Senf und die fein geschnittene Zwiebel in einer Schüssel mit dem Essig vermischen und dann mit Hilfe des Schneebesens unter kräftigem Schlagen das Öl hineinrühren, bis sich eine fest gebundene Sauce ergibt.
Wenn diese Sauce zu Kalbskopf oder Kalbsfüßen serviert wird, gibt man zum Schluß noch 3 EL vom jeweiligen Kochsud dazu.

## Sauce remoulade
## Remouladen-Sauce

*1 l Mayonnaise, 2 EL Kapern, 6 Essiggürkchen (Cornichons), Petersilie, Kerbel, Estragon, Schnittlauch, nach Belieben 1 TL Anchovispüree (Sardellenpaste)*

Die Mayonnaise mit den leicht zerdrückten Kapern, den gehackten Cornichons, gehackten Kräutern und Anchovispüree vermischen.

## Sauce tartare
## Tataren-Sauce

Dieselbe Zusammensetzung wie Remouladen-Sauce, lediglich das Anchovispüree wird durch 2 TL Dijon-Senf ersetzt.

## Sauce mayonnaise à la crème
## Sahne-Mayonnaise

Mayonnaise, die nicht mit Essig, sondern mit Zitronensaft zubereitet wurde, wird mit ¼ ihres Volumens an steifgeschlagener Sahne vermischt. Abschmecken, denn die Sauce muß sicherlich nachgewürzt werden.

## Sauce verte
## Grüne Sauce

*1 Portion Mayonnaise, 1 gute Handvoll Spinatblätter, 1 Zweig Estragon,
1 gute Prise Kerbel, weiterhin jeweils eine Prise sehr fein gehackter Kerbel,
Estragon, Schnittlauch und Petersilie*

Zunächst die Mayonnaise fertigstellen. Den geputzten, von faulen Blättern, Stielen und harten Blattrippen befreiten Spinat waschen, abtropfen und mit dem Estragonzweig und dem Kerbel im Mörser zerstoßen oder – aber das ist weniger gut – sehr fein hacken. In ein Tuch hüllen und sehr stark pressen. Den auslaufenden Saft in einem kleinen Behälter auffangen und diesen in ein heißes Wasserbad stellen. Unter der Einwirkung der Hitze zersetzt sich der Kräutersaft in eine klare Flüssigkeit und feste, grüne Teile. Wenn dieser Prozeß abgeschlossen ist, alles durch ein Tuch oder feines Sieb gießen. Mit der zurückbleibenden grünen Masse die Mayonnaise färben. Zum Schluß die gehackten Kräuter untermischen.

*Anm. der Übersetzer:* Stellt man die Mayonnaise im Mixer her, so kann man die gehackten Kräuter mit dem Eigelb zufügen – die Schneidemesser pürieren die Kräuter sehr fein. Allerdings dürfen nur junge Kräuter verwendet werden, die noch nicht zu viele Bitterstoffe aufweisen.

## Sauce portugaise (froide)
## Kalte Portugiesische Sauce

*1 große Zwiebel, 2 Schalotten, 8 El Olivenöl, 1/5 l trockener Weißwein, 2/5 l zerdrückte Tomaten (concassée), Salz, Pfeffer, 1/2 Zitrone (Saft)*

Die Zwiebel und die Schalotten fein schneiden und ganz langsam in 3 EL Olivenöl in einer Pfanne hellgelb werden lassen. Wenn sie völlig weich geworden sind, mit dem Weißwein angießen und diesen so lange einkochen, bis er fast vollkommen verdampft ist. Die zerdrückten Tomaten (gehäutet, entkernt, jedoch nicht ausgepreßt und somit auch nicht vom Fruchtwasser befreit) zugeben und mit Salz und frisch gemahlenem Pfeffer würzen. Aufkochen lassen und so lange reduzieren, bis ein nicht zu dickes Püree entsteht.

Diese Sauce neben dem Feuer mit dem restlichen Olivenöl (ca. 1/10 l) aufschlagen, mit dem Zitronensaft würzen und nochmals abschmecken.

## Sauce Vincent
### Sauce »Vincent«

½ l Grüne Sauce (Seite 183), etwa 10 junge Sauerampferblätter, 3 hartgekochte Eigelb, je 1 TL gehackter Kerbel und Estragon

Die grüne Sauce wird mit dem fein gehackten Sauerampfer sowie den durch ein Sieb passierten Eigelb verrührt und mit den Kräutern vermischt.

## Sauce gribiche
### Gribiche-Sauce

5 nur gerade eben hartgekochte Eier, Salz, Pfeffer, 2 EL Weinessig, 1 TL Senf, ⅖ l Öl, je 1 TL gehackter Kerbel und Estragon, 1 TL Kapern, 3 Essiggürkchen (Cornichons)

Die Eigelb mit Salz und Pfeffer in einer Terrine oder Schüssel zerdrücken. Diese Paste zunächst mit dem Essig und dem Senf gut verrühren, dann tropfenweise unter ständigem Schlagen das Öl wie zu einer Mayonnaise angeben. Falls nötig, durch weitere Zugaben von Essig oder lauwarmem Wasser die cremige Konsistenz erhalten. Zum Schluß die Kräuter, die leicht zerdrückten Kapern und die gehackten Cornichons untermischen. Die Eiweiß in sehr kleine Würfelchen schneiden und ebenfalls in die Sauce rühren. Abschmecken.
Im Grunde genommen ist dies eine gewürzte Mayonnaise, die statt mit rohen mit gekochten Eigelb bereitet wird.

## Sauce raifort
### Meerrettich-Sauce

1 TL Senf, 2 EL Essig, 50 g Meerrettich, 1 Prise feines Salz, 50 g Zucker, 500 g in Milch eingeweichtes und gut ausgedrücktes Toastbrot ohne Rinde, ½ l dicke Sahne (crème fraîche)

Den Senf mit dem Essig in einer Schüssel verquirlen, den frisch geriebenen Meerrettich zufügen, Salz und Zucker darin auflösen. Mit der Brotmasse vermischen und diesen Teig mit der Sahne zu einer dickflüssigen Sauce verrühren.

## Sauce chaud-froid blanche
## Weiße Chaudfroid-Sauce

*Für ½ l Sauce: 40 g Butter, 40 g Mehl, ¾ l kräftige, helle Geflügelbrühe, 25 g Abfälle und Stiele frischer Champignons, 3/10 l dicke Sahne (crème fraîche), 3/10 l heller Aspik*

Aus Butter und Mehl eine helle Einbrenne zubereiten, gut durchkochen und mit der Geflügelbrühe angießen. Aufkochen, die Champignons zufügen und alles 1 Stunde leise köcheln lassen. Zwischendurch von Zeit zu Zeit die sich absetzenden Verunreinigungen entfernen.
Man kann statt dieser Zubereitung mit einigem Vorteil auch dieselbe Menge guter Samt-Sauce nehmen.
Die ausgekochte Sauce mit ⅕ l Sahne vermischen, den Aspik zufügen und unter ständigem Rühren mit einem Spachtel auf großer Flamme einkochen, bis nur noch ½ l Flüssigkeit vorhanden ist. Vom Feuer nehmen, die restliche Sahne zufügen und alles durch ein feines Sieb oder ein Tuch in eine glasierte Tonschüssel passieren. Unter häufigem Rühren – damit sich keine Haut und somit Klümpchen bilden können – lauwarm werden lassen.
Mit dieser Sauce die vorgesehenen Speisen überziehen oder einhüllen, bevor sie geliert.

## Sauce chaud-froid brune
## Braune Chaudfroid-Sauce

*⅖ l Demi-glace, Madeira, ⅖ l Aspik*

Die Demi-glace aufkochen, mit Madeira aromatisieren und den Aspik darin auflösen. Auf großer Flamme unter ständigem Rühren auf die Hälfte einkochen. Dann durch ein feines Sieb oder ein Tuch passieren und in einer glasierten Tonschüssel etwas abkühlen lassen, ab und zu durchrühren, damit keine Haut entsteht. Vor dem Erstarren verwenden.
Man kann diese Sauce ebenso mit Portwein, Sherry, Marsala und anderen ähnlichen Südweinen parfümieren.

## Sauce rouennaise (froide)
## Kalte Roueneser Sauce

*²/₅ l Bordelaiser Sauce, 1 Entenleber, 2 Geflügellebern, 1 Prise Salz, 1 EL Cognac, ¹/₁₀ l konzentrierter Kalbs-Jus, 2 EL Sherry*

Zunächst die Bordelaiser Sauce zubereiten oder erhitzen. Die Lebern durch ein Sieb streichen, mit Salz und frisch gemahlenem Pfeffer würzen und dieses Püree mit dem Cognac (fine Champagne) verdünnen. Zu der Bordelaiser Sauce den recht gelatinösen Kalbsjus geben und alles auf etwa ³/₁₀ l einkochen. Nachwürzen und vom Feuer nehmen. Die Lebermasse mit einigen Löffeln der reduzierten Sauce vermengen, diese Mischung dann unter Rühren mit dem Schneebesen in die restliche Sauce gießen. Durch ein feines Sieb oder ein Tuch passieren, alle Rückstände gut durchrühren.
Abkühlen lassen, dabei ab und zu durchrühren. Wenn die Sauce noch lauwarm ist, mit dem Sherry parfümieren.
*Anm. der Übersetzer:* Die Lebern müssen beim Passieren durch das Sieb sehr fein zerdrückt werden, damit sie die Sauce binden können. Die Sauce muß beim Einrühren noch heiß sein, darf aber nicht mehr kochen, da sonst das Eiweiß der Lebern ausflocken würde. Trockenen Sherry (fino oder amoubillado dry) verwenden.

# Les marinades
# Marinaden

Die Aufgabe und der Sinn von Marinade ist es, das eingelegte Fleisch zu konservieren, die Fleischfasern zarter zu machen und das Fleisch mit den in ihr enthaltenen Aromastoffen zu durchdringen.

## Marinade crue (pour viande de boucherie ou venaison)
## Ungekochte Marinade für Schlachtfleisch und Wild

*1 mittelgroße Möhre, 2 Zwiebeln, 4 Schalotten, 1 Stange Sellerie, 2 Knoblauchzehen, einige Petersilienstengel, 1 Zweig Thymian, ½ Lorbeerblatt, 1 kleine Prise zerdrückte Pfefferkörner, 2 Nelken, 1 l trockener Weißwein, ²/₅ l Essig, ⅕ l Öl*

Möhre, Zwiebeln und Schalotten in feine Scheiben schneiden. Die Hälfte dieser Gemüse auf dem Boden eines Gefäßes verteilen, welches das zu marinierende Fleischstück so aufnimmt, daß es von der angegebenen Marinadenmenge gut bedeckt wird. Das Fleischstück darauflegen, die restlichen Gemüse sowie die angeführten Gewürze darüberstreuen, Weißwein, Essig und schließlich das Öl hineingießen. Letzteres bleibt auf der Oberfläche und verhindert damit jeglichen Kontakt von Fleisch und Marinade mit der Luft, so daß keine Zersetzung eintreten kann.

An einem kühlen Platz aufbewahren, das Fleisch öfters in der Marinade umwenden. Die Dauer des Marinierens richtet sich nach der Größe des Fleischstückes und der Raumtemperatur. Der Vorgang verläuft im Sommer schneller, und so kann der Zeitraum für große Fleischstücke im Winter 5 bis 6 Tage betragen, während im Sommer 1 bis 2 Tage ausreichen.

## Marinade cuite
### Gekochte Marinade

*Zutaten wie für die ungekochte Marinade*

Das Öl in einem Topf erhitzen und darin die Gemüse ganz leicht bräunen. Weißwein, Essig und Gewürze zufügen und ½ Stunde leise kochen lassen. Völlig abgekühlt über das zu marinierende Fleisch gießen.

*Haltbarmachung von Marinaden:* Um ein schnelles Verderben von Marinaden vor allem im Sommer zu verhindern, ist es vorteilhaft, der Marinade pro Liter 1 g Borsäure zuzumischen. Außerdem sollte man die Marinaden alle 3 bis 4 Tage aufkochen. Man muß sie dann jeweils durch eine Zugabe von ⅕ l Weißwein oder ⅒ l Essig erneut säuern, denn durch das Kochen vermindert sich der Alkohol- und Säuregehalt der Mischung.

*Anmerkung:* Für manche Zubereitungen kann man mit Gewinn statt des Weißweines Rotwein verwenden.

# Les saumures
# Das Pökeln

Unter Lake versteht man eine Lösung von Meersalz, eventuell Zucker und Salpeter in Wasser, die dazu bestimmt ist, Lebensmittel durch das Einsalzen zu konservieren. Man unterscheidet in Trocken- und Naßpökeln, wobei heute die geschmackliche Veränderung durch das Pökeln den Vorrang vor dem eigentlichen Konservieren hat.

## Saumure au sel
## Trockenpökeln

Hier rechnet man auf 1 kg Meersalz 40 g Salpeter (Pulver). Beides in erforderlicher Menge vermischen und mit den einzusalzenden Lebensmitteln in ein spezielles Gefäß aus Ton, Steingut oder Holz (Pökelfaß) füllen. Dabei besonders darauf achten, daß nirgends Hohlräume entstehen. Pro kg Salz auch 1 Zweig Rosmarin und 1 Lorbeerblatt zufügen. Den Behälter luftdicht verschließen.

Eingesalzene Fleischstücke müssen ganz außerordentlich frisch sein und dürfen kein Zeichen von Verderben aufweisen. Am besten verwendet man nur solche Tiere (oder Fleischteile) zum Pökeln, die erst 24 Stunden geschlachtet sind, wenn also das abgekühlte Fleisch fest zu werden beginnt. Die Monate Dezember, Januar und Februar sind für das häusliche Einpökeln der am besten geeignete Zeitraum.

## Saumure liquide
## Naßpökeln

*5 l Wasser, 2 ¼ kg Meersalz, 150 g Salpeter, 300 g Zucker, 12 Pfefferkörner, 12 Wacholderbeeren, 1 Zweig Thymian, 1 Lorbeerblatt, 1 Kartoffel*

Alle Zutaten außer der Kartoffel in einen Topf geben und zum Kochen bringen. Den Salzgehalt mit Hilfe der Kartoffel überprüfen. Die geschälte Kartoffel in die Lake werfen; schwimmt sie, so muß man etwas Wasser zufügen, bis sie beginnt, nach unten zu sinken; wenn sie von Beginn an nach unten sinkt, so muß man etwas Salz zufügen oder die

Lake einkochen, bis die Kartoffel beinahe an der Oberfläche gehalten wird. Die Kartoffel herausnehmen.
Abkühlen lassen und über die einzusalzenden Stücke gießen, die vollkommen von der Lake bedeckt sein müssen.

## Les gelées diverses
## Aspik-Herstellung

Aspik erhält man durch die Auflösung der gelatinösen Substanzen, die in manchen Fleischarten enthalten sind. Man verwendet vor allem Kalbshaxe, Kalbs-, Schweins- und Ochsenfüße sowie Schweineschwarten.
Man erhält Aspik natürlich auch durch Zugabe von Gelatine zu einem Fond (Kalbs- oder Geflügel-Jus, Fleischbrühe usw.). Allerdings ist dieses Verfahren nicht empfehlenswert, höchstens im Sommer ist es vorteilhaft zu verwenden, wenn nämlich hohe Temperaturen die Zubereitung mancher kalter Gerichte, die gestürzt werden müssen, außerordentlich schwierig macht.

> Für 1 l Aspik: *250 g Kalbshaxe, 250 g zerhackte Kalbsknochen, 250 g Schwanzrolle vom Rind (Ochse), 1 ausgebeinter und überbrühter Kalbsfuß, 50 g frische Speckschwarten, 50 g Möhren, 50 g Zwiebeln, das Weiße von 1 Lauchstange, 1 Stange Sellerie, 1 Zweig Thymian, 1 Stück Lorbeerblatt, 1¼ l Wasser, 10 g Salz*

Die Zubereitung erfolgt wie für die weiße oder braune Grundbrühe (Fonds; Seite 150 f.). Die Zutaten leicht bräunen, wenn man einen etwas gefärbten Aspik haben will, ohne anzubraten sofort aufsetzen, wenn der Aspik klar sein soll. Für Geflügelaspik nimmt man natürlich reichlich Geflügelreste, -karkassen und -knochen hinzu, überhaupt empfiehlt sich immer eine kleine Zugabe, denn jeder Aspik wird dadurch reicher im Geschmack.
*Die Festigkeit:* Bevor man den Aspik klärt oder verwendet, muß man den Grad seiner Festigkeit prüfen. Dafür gibt man ½ EL der wie angegeben zubereiteten Aspik-Basis auf einen Teller und stellt diesen kalt. Nach einigen Minuten kann man die Festigkeit leicht nachprüfen und entscheiden, ob noch Gelatine zugefügt werden muß.

*Die Klärung:* Auf dem flachen Boden einer Kasserolle 125 g ganz mageres Rindfleisch, etwas Estragon und Kerbel verteilen, alles grob hackt. 1 Eiweiß zufügen und mit dem Schneebesen rührend den gerade lauwarm gewordenen Aspik zugießen, der vorher gründlich entfettet wurde. Dieses Entfernen ist sehr wichtig, da der Aspik sonst nicht vollkommen klar wird. Langsam zum Kochen bringen, dabei unaufhörlich umrühren. Beim ersten Aufkochen an den Herdrand schieben und ganz langsam, kaum wahrnehmbar vor sich hin köcheln lassen. Nach 35 Minuten durch eine nasse, sehr gut ausgewrungene Serviette filtern.

*Das Aromatisieren:* Aspiks werden im allgemeinen mit Likören und Südweinen aromatisiert, wobei sich letztere besonders eignen. An erster Stelle sind Madeira, Portwein, Marsala, Sherry und Frontignan (gekochter Muskatwein) zu nennen. Man fügt sie dem Aspik erst zu, wenn dieser lauwarm geworden ist, und rechnet $1/10$ l Südwein auf 1 l Gelee. Fügt man Wein (Champagner, Elsässer, Sauternes oder anderen) hinzu, so muß man $1/5$ l auf 1 l Gelee nehmen. Da diese Weinzugaben in doch schon größerer Menge die Gelierfähigkeit des Aspiks deutlich beeinträchtigen, muß man bereits bei der Herstellung auf ausreichende Konzentration achten.

*Anm. der Übersetzer:* Nur in einer großen Restaurantküche gibt es heute noch Herde, wo man einen Topf an den weniger beheizten Rand schieben kann, damit der Inhalt nur noch leise kocht. In einer Haushaltsküche sieht das anders aus: Bei Gas dreht man auf kleinste Stufe zurück und nimmt eine Asbestplatte, beim Elektroherd heizt man bereits vorher eine zweite Platte etwas auf (Stufe 1 bei 3gradiger, Stufe 4 bei 10gradiger Skala), schiebt den Topf von der stark beheizten Platte auf diese und dreht gleichzeitig noch um $1/2$ bzw. 2 Stufen zurück.

# LES POISSONS

## FISCHE

Fische haben für die Ernährung ziemlich genau die gleichen Eigenschaften wie Fleisch. Sie sind außerordentlich leicht verdaulich, besonders die mageren Fische, wie Seezunge, Merlan etc. Ihr Gehalt an Mineralien, insbesondere an Phosphor, ist wesentlich höher als der von Fleisch.
Man kann wohl ohne weiteres behaupten, daß Fisch zu den edlen Nahrungsmitteln gehört. Eine Bedingung muß dazu aber immer erfüllt werden: Fisch hat von tadelloser Frische zu sein! Denn da Fisch ganz extrem schnell verderblich ist, kann mangelnde Frische leicht zu Vergiftungen mit Verdauungsbeschwerden führen. Es ist daher sehr wichtig, daß man die Anzeichen einer beginnenden Zersetzung deutlich zu erkennen lernt: Das Fleisch von frischem Fisch ist fest, sein Geruch unverfälscht. Das Auge ist nicht in die Höhle eingesunken und macht geradezu einen lebendigen Eindruck. Die Schuppen haben einen kräftigen Glanz, die Kiemen sind scharlachrot gefärbt. Wenn ein Fisch ganz frisch, gerade eben gefangen wurde, also nur kurze Zeit tot ist, so krümmt sich sein Körper zu einem Halbkreis. Das Fleisch eines sehr frischen Fisches ist in gekochtem Zustand saftig, schmackhaft und bietet den Zähnen etwas Widerstand, das von nicht mehr frischem Fisch ist fade und weich, der Geruch zumindest verdächtig.

## Préparation préliminaire des poissons
## Die Vorbereitung von Fischen

Bevor Fische zubereitet werden, müssen sie ausgenommen, geschuppt und von den Bauch-, Rücken-, und Schwanzflossen befreit werden. Bei diesen Arbeiten darauf achten, daß man sich nicht an den Flossenspitzen sticht, denn die Stiche einiger Fische sind schmerzhaft, manche sogar gefährlich. Wenn die Schuppen sich nicht leicht lösen, wie dies etwa bei der Schleie der Fall ist, taucht man den Fisch einige Sekunden in kochendes Wasser.
Im einzelnen geht man bei der Vorbereitung der Fische auf folgende Weise vor:
Zunächst entfernt man die Kiemen. Dann schuppt man den Fisch, indem man mit einem Messer mit starker Klinge gegen die Schuppen kratzt. Anschließend macht man einen kleinen Schnitt in den Bauch und nimmt die Eingeweide heraus. Dabei auch den Streifen mit geronnenem Blut entlang der Rückengräte entfernen. Schließlich schneidet man mit einer starken Schere alle Flossen ab und stutzt den

Schwanz. Den Fisch innen und außen unter fließendem kalten Wasser gründlich waschen, mit einem Tuch abtupfen und – wenn überhaupt – an einem gut gekühlten Ort aufbewahren.

## Différents modes de traitement des poissons
## Die verschiedenen Garmethoden für Fisch

1. In einem speziellen Sud.
2. Geschmort (sehr langsam und vorsichtig mit wenig Flüssigkeit auf einer Grundlage von würzenden Beigaben und Gewürzen gegart).
3. Pochiert (in nicht zuviel Flüssigkeit mit Weiß- oder Rotwein, Champignon-Sud, Fisch-Fond etc. langsam gar gezogen).
4. Blau (den Fisch, zum Beispiel eine lebende Forelle getötet, vorbereitet und sofort in einen mit Essig oder Wein gesäuerten Sud geworfen).
5. Gegrillt.
6. Fritiert, also ausgebacken.
7. Gebraten, also Müllerin Art.
8. Überbacken.

## Cuisson au court-bouillon
## Im Sud gegarter Fisch

Wenn der oder die Fische hergerichtet, ausgenommen und außen und innen gut gewaschen sind, legt man sie in einen Topf von geeigneter Form. Ganze Fische oder große Fischstücke werden auf den Gitter- oder Locheinsatz eines Fischkochtopfs oder eines Steinbuttopfes (Turbotière) gelegt und mit einem der auf Seite 196 f. aufgeführten abgekühlten Sude begossen, bis die Flüssigkeit etwa 4 bis 5 cm über dem Fisch steht. Rasch erhitzen. Beim ersten Aufkochen den Topf vom großen Feuer ziehen und am Herdrand bzw. auf zurückgeschalteter Flamme oder auf einer weniger stark geheizten Platte weitergaren, ohne daß die Flüssigkeit kocht. Der Fisch soll also gesotten, pochiert werden. Ein richtiges, längeres Kochen würde den Fisch verformen, das Fleisch würde stellenweise aufbrechen und zerfallen.

Wenn Fischscheiben, die niemals weniger als 3 bis 4 cm stark sein dürfen, im Sud zubereitet werden sollen, so empfehlen wir, die Scheiben in den kochenden Sud zu geben, damit die im Fisch enthaltenen Substanzen nicht auslaugen, sondern im Fisch verbleiben.

## Poissons braisés
## Geschmorter Fisch

Diese Garmethode wendet man im allgemeinen bei großen, ganzen Fischen an. Häufig spickt man sie auf einer Seite mit Speck, Trüffeln, Essiggurken (Cornichons), Möhren etc., die man zuvor in kleine Stäbchen von 4 bis 5 mm Seitenlänge schneidet. Der Boden des Topfes, der jeweils genau auf die Größe des Fisches bemessen sein muß, wird reichlich gebuttert und dann mit in Scheiben geschnittenen, würzenden Beigaben bestreut: Möhren, Zwiebeln, Schalotten und Champignons werden am häufigsten verwendet. Der Fisch wird auf allen Seiten außen und innen gewürzt und auf dieses Gemüsebett gelegt. Bis zu ¾ seiner Höhe wird nun eine Mischung aus halb Weiß- oder Rotwein, halb Fischfond angegossen.

Auf großer Flamme rasch bis zum Siedepunkt erhitzt, wird der Fisch anschließend im gut heißen Ofen fertig gegart. Dabei läßt man den Deckel des Kochgerätes stets einen Spalt offen, damit der angegossene Fond durch Verdunstung wenigstens teilweise reduziert wird. Zwischendurch wird der Fisch immer wieder begossen.

Der Fond, der durch die ständige Verdunstung immer kräftiger wird, bildet durch das häufige Begießen des Fisches auf diesem eine glänzende Haut, die gegen Ende der Garzeit eine braune Farbe mit goldenem Schimmer annimmt. Diese Haut hat einen besonders angenehmen Geschmack. Man nennt diesen Vorgang das Glacieren des Fischs.

Wenn der Fisch gar ist, wird er herausgehoben, sorgfältig abgetropft, auf einer Servierplatte angerichtet und mit einer Glocke oder einem anderen Gerät (z. B. auch Alufolie) abgedeckt und warm gehalten. Der verbliebene Fond wird durch ein feines Sieb oder ein Tuch passiert, dann nach Bedarf eingekocht und schließlich nach den Angaben der jeweiligen Rezepte weiter verarbeitet.

## Poissons pochés à court mouillement
## In wenig Flüssigkeit pochierter Fisch

Dieses Verfahren ist besonders einfach und empfehlenswert. Eine feuerfeste Bratform, die möglichst genau den Maßen des Fisches entsprechen soll, wird reichlich gebuttert. Der Boden wird mit den dem jeweiligen Rezept entsprechenden Beigaben bestreut und gewürzt. Nun wird der Fisch daraufgelegt und mit soviel Flüssigkeit (Wein oder Fisch-Fond oder eine Mischung aus beiden) angegossen, daß er eben nicht ganz bedeckt ist. Kleine Butterstücke oder -flöckchen werden über den ganzen Fisch verteilt. Die angegossene Flüssigkeit auf dem Herd zum Kochen bringen, dann die Form in den Ofen schieben und den Fisch unter häufigem Begießen garen.

Wenn der Fisch gar ist, wird er herausgenommen, abgetropft und warm gestellt. Der Fond wird als Hauptbestandteil der begleitenden Sauce verwendet, deren spezielle Fertigstellung in den einzelnen Rezepten aufgeführt ist.

## Poissons frits
### Fritierter (ausgebackener) Fisch

Von allen Fetten ist Öl am besten zum Fritieren geeignet, weil es sich am höchsten erhitzen läßt, ohne zu verbrennen – manche Öle bis zu 300 Grad. Diese nötige Hitze ist erreicht, wenn das Öl zu rauchen beginnt. Dabei muß man aber beachten, daß sich die Hitze auch nach der Größe der Fische richtet, die fritiert werden. Je kleiner der bzw. die Fische sind, desto mehr muß das Öl erhitzt werden, damit die Hitze sofort auf die Fische einwirkt, sie regelrecht angreift. Mittelgroße Fische, die bei zu großer Hitze fritiert werden, garen ebenso wie auf dem Grill nicht mehr gleichmäßig weiter, weil sich die bereits erwähnte isolierende Schutzschicht formt. Große Fische eignen sich nicht zum Fritieren. Sehr wichtig: Sobald der oder die Fische in das rauchende Öl getaucht werden, kühlt es sich plötzlich ab. Man muß daher nötigenfalls die Temperatur auf großer Flamme sofort wieder erhöhen, damit wirklich rauchend fritiert und nicht nur leise geköchelt wird.

In jedem Falle muß genügend Öl vorhanden sein, damit das Fritiergut wie in einem Bad vollständig darin eintaucht. Nach jedem Gebrauch muß das verwendete Öl durch ein Tuch geseiht werden, um die sich absetzenden Teile des Mehls, der Semmelbrösel oder der Brotkrumen, in die man die Fische meist vor dem Fritieren einhüllt, vollständig zu entfernen.

## Poissons à la mounière ou au gratin
### Gebratener Fisch (»Müllerin«) oder überbackener Fisch

Siehe hierzu die jeweiligen Rezepte: Forelle »Müllerin«, Seezunge »Müllerin«, Féra.

## Poissons grillés
## Gegrillter Fisch

Nur kleine oder mittelgroße Fische eignen sich zum Grillen. Die technischen Schwierigkeiten, die sich beim Grillen eines großen Fisches ergeben, können wohl nur von einem erfahrenen Koch bewältigt werden.

Ein mittelgroßer Fisch muß auf beiden Seiten mit kleinen Einschnitten versehen werden, die quer oder schräg zur Längsachse des Fisches verlaufen sollen. So wird die Hitze gleichmäßig verteilt und damit der Garprozeß erleichtert.

Die Hitze der Holzkohle, des Gas- oder Elektrogrills muß sich stets nach der Größe des oder der zu grillenden Fische richten. Wird ein Fisch zu heiß gegrillt, das heißt zu schnell einer zu hohen Temperatur ausgesetzt, passiert nämlich folgendes: Durch die übermäßige Hitze verbrennt die Oberfläche und bildet so auf dem Fisch eine Art Schutzhülle, die jedes weitere Eindringen der Hitze und somit das Garen des Fisches verhindert.

Grillt man einen ganzen Fisch, der sich ja zum Schwanzende hin verjüngt, muß er der Hitze so ausgesetzt werden, daß er am Ende überall gleichmäßig gar ist. Das bringt erhebliche Schwierigkeiten mit sich und macht die eigentliche Kunst des Grillens aus.

## Les courts-bouillons
## Verschiedene Fischsude

Fische, die auf diese Art zubereitet werden, müssen vollkommen im Sud untertauchen. Es gibt sehr unterschiedliche Sude, die aber alle gut durchkochen müssen, ehe der Fische hineingegeben wird. Je nach Größe des Fischtopfes muß man die im folgenden angegebenen Sudmengen proportional verändern.

## Court-bouillon blanc pour turbot ou grosses barbues
## Heller Sud für Steinbutt und große Butte

*3 l Wasser, ⅕ l Milch, 45 g Salz, 4 Zitronenscheiben, entkernt und geschält*

Alles vermischen, aufkochen und abkühlen lassen. Kalt über den vorbereiteten Fisch gießen, der gerade gut bedeckt sein soll.

## Court-bouillon au vinaigre
## Essig-Sud

*3 l Wasser, ⅕ l Essig, 40 g Salz, 2 mittelgroße Möhren in Scheiben, 2 große Zwiebeln in Ringen, einige Petersilienstengel, 1 Zweig Thymian, ½ Lorbeerblatt, einige Pfefferkörner*

Alle Zutaten bis auf die Pfefferkörner aufsetzen und 30 Minuten kochen lassen. Dann erst die Pfefferkörner zufügen und weitere 10 Minuten kochen. Durch ein Sieb gießen und abkühlen lassen. Kalt über den vorbereiteten Fisch gießen (wird aber auch ab und zu heiß verwendet).

## Court-bouillon au vin blanc
## Weißwein-Sud

Dieselben Zutaten wie für den Sud mit Essig. Letzteren jedoch weglassen und die Hälfte des Wassers durch trockenen Weißwein ersetzen. Ebenso 40 Minuten kochen.

## Court-bouillon au vin rouge
## Rotwein-Sud

3 l Rotwein werden mit den gleichen würzenden Beigaben aufgesetzt, die für den Essig-Sud verwendet werden. 40 Minuten leise köcheln lassen, durchseihen.

# Les poissons d'eau douce
# Süßwasserfische

## Anguille
## Aal

Um sich geschmacklich voll zu entfalten, wird der Aal einer barbarischen Behandlung unterworfen: Er wird lebendig abgezogen. Um die Leiden des Tieres zu mildern, wird es mit einem Lappen am Schwanz gepackt und dann wie ein Seil auf einen Tisch oder eine andere harte Unterlage geschlagen, bis es vollkommen betäubt ist. Nun wird die Haut unterhalb des Kopfes rundherum 2–3mal eingeschnitten und mit einem Fleischerhaken oder einer Messerspitze etwas vom Fleisch gelöst. Die Haut wird umgeschlagen und mit einem starken Ruck vollkommen abgezogen. Dabei muß man stets ein Tuch oder Lappen verwenden, damit man die schleimige Haut und den Kopf gut festhalten kann und nicht abrutscht. Den Aal am Bauch aufschneiden und ausnehmen, dabei besonders darauf achten, daß das entlang der Rückengräte gestockte Blut vollständig entfernt wird. Die Flossen entfernen, den Kopf abschneiden und den Fisch in kaltem, fließendem Wasser waschen.

*Anm. der Übersetzer:* Bei uns ist es verboten, die Tiere lebend zu häuten. Im allgemeinen wird der Fischhändler den Aal töten, indem er ihn mehrmals in seiner ganzen Länge auf den Boden wirft. Auch dieses Verfahren ist etwas brutal, aber Aale sind nun einmal zählebig. Auch das Häuten wird der Händler übernehmen. Man kann den Aal auch vor dem Häuten ausnehmen, auf einen Wasserhahn stülpen und die mit dem Messer um den Kopf eingeschnittene, etwas gelöste Haut mit einer Beißzange ruckartig abziehen. Wenn der Aal auch nach Stunden noch beim Zerschneiden zuckt, ja sogar noch die kleinen Stücke in der Pfanne sich bewegen, so geschieht das keineswegs, weil das Tier nicht tot ist; es sind vielmehr automatische Reaktionen der Nerven. Man kann dem ein wenig abhelfen, indem man den gehäuteten Aal mit Salz abreibt und ¼–½ Stunde liegen läßt, ehe man ihn wäscht – dadurch wird dem Fisch auch Wasser entzogen, was der Konsistenz seines Fleisches zugute kommt.

## Anguille en pochouse
## Aal nach Art der »Pochouse«

Der Aal wird zubereitet wie auf Burgunder Art, doch kommen noch 125 g Speck hinzu. Frischer Speck wird in Würfelchen geschnitten (hat man nur gesalzenen, so muß er vorher kurz überbrüht und abgeschreckt werden) und in dem Topf ausgelassen, in dem anschließend die Zwiebeln gedünstet werden.

*Anm. der Übersetzer:* Die Pochouse ist eine Art Fisch-Eintopf aus Süßwasserfischen, die vor allem am Doubs, einem Fluß im Jura an der Grenze zu Burgund, zubereitet wird.

## Anguille à la flamande dite »au vert«
## Aal auf flämische Art, »Aal grün« genannt

*1 Aal von 700-800 g, Butter, 2 mittelgroße Zwiebeln, 1 Stange Staudensellerie, trockener Weißwein, Salz, Pfeffer, 125 g Sauerampfer, 125 g Brunnenkresse, 50 g Taubnessel (mit weißen Blüten), 1 TL gehackte Petersilie, 1 TL Kerbel, 1 Prise Salbei, 1 Prise Bergbohnenkraut, 1 Prise frische Pfefferminze, 4 Eigelb, 2 EL dicke Sahne (crème fraîche)*

Den Aal häuten, ausnehmen, waschen und in 6 cm lange Abschnitte zerteilen. In einer hohen Pfanne in Butter rundherum anbraten. Gegen Ende der Bratzeit die in winzige Würfelchen geschnittenen Zwiebeln und Selleriestange zugeben und ebenfalls leicht anbraten. Mit Wein aufgießen, bis alles gerade eben bedeckt ist. Mit Salz und frischgemahlenem Pfeffer würzen. Den Sauerampfer in Streifen schneiden und mit der abgerupften Kresse, den Taubnesselblättern, der Petersilie und dem Kerbel sowie den übrigen, in ein Stoffsäckchen verschlossenen Kräutern in den Sud geben. Bei guter Hitze 15 Minuten kochen lassen. Dann das Kräutersäckchen herausnehmen, die Aalstücke vorsichtig herausheben, damit sie nicht zerbrechen, und zwischen zwei gut vorgewärmten Suppentellern warm halten. Die Eigelb mit der Sahne verrühren und mit dieser Mischung den Sud legieren, wie es bei den Saucen beschrieben wurde. Die Aalstücke wieder in die Sauce legen und vollkommen mit dieser einhüllen. Dazu die Pfanne einige Male mit einer kreisenden Bewegung schwenken. Abschmecken und warm oder kalt servieren.

## Matelote d'anguille à la bourguignonne dite »meurette«
## Matrosengericht von Aal auf Burgunder Art, genannt »Meurette«

*1 Aal von 700–800 g, Butter, 50 g Zwiebeln, 50 g Möhren, 1 Knoblauchzehe, 1 kleiner Bund Petersilie, 1 Zweig Thymian, ½ Lorbeerblatt, Salz, Pfeffer, Rotwein, etwa 20 kleine Zwiebelchen, Zucker, etwa 20 kleine, frische, weiße Champignons, Mehlbutter, nach Belieben 2 TL Anchovis-Butter, Krebse, Croûtons*

Den Aal häuten, ausnehmen, waschen und in 7 bis 9 cm lange Abschnitte zerschneiden. Eine Pfanne mit hohem Rand reichlich buttern und mit Scheiben von Zwiebeln und Möhren auslegen. Zugedeckt sanft erhitzen und die Gemüse langsam 15 bis 20 Minuten weich dünsten. Die zerdrückte Knoblauchzehe mit dem Bund Petersilie zugeben, der mit dem Thymian und dem halben Lorbeerblatt bereichert wurde. Mit Salz und frisch gemahlenem Pfeffer würzen. Auf den Gemüsen die Aalstücke anrichten und mit gutem Rotwein aufgießen, bis sie gerade eben bedeckt sind. Rasch zum Kochen bringen und zugedeckt 20 Minuten leise köcheln lassen. Inzwischen die Zwiebelchen schälen, kurz in kochendem Wasser blanchieren, abtropfen und zugedeckt in einem breiten Topf in Butter dünsten. Mit etwas Salz und Zucker würzen. Die Zwiebeln müssen während des Garens langsam eine goldgelbe Farbe bekommen und, wenn sie fertig sind, vollkommen golden sein. Man nennt das »glacieren«: Die Zwiebeln sind umhüllt von der mit Zucker leicht karamelisierten und wieder aufgelösten Flüssigkeit, die während des Garens aus den Zwiebeln selbst ausgetreten ist. Jetzt die geputzten und gewaschenen Champignonköpfe zufügen und alles auf großer Flamme einige Sekunden heftig anbraten, dann den Aalsud durch ein Sieb hineingießen. Aufkochen lassen, die Aalstücke zugeben und noch 3 bis 4 Minuten kochen lassen. Mit 12 g Mehlbutter (siehe unten) je ¹⁄₁₀ l Sud binden. Dazu kleine Stückchen der Mischung in den Sud fallen lassen und darin auflösen, indem man den Topf in eine schwingende Drehung versetzt. Die Sauce wird dicklich, glatt und glänzend und umhüllt zum Schluß die Aalstücke und Gemüse. Abschmecken und neben dem Feuer 100 g frische Butter in die Sauce ziehen. Gleichzeitig kann man etwas Anchovis-Butter zufügen (aus gewässertem, entsalzenem und im Mörser zerstoßenem Anchovis und ebensoviel Butter, alles gut vermischt und durch ein feines Sieb gestrichen).

In einer tiefen, vorgewärmten Schüssel anrichten und mit gekochten Krebsen sowie ½ cm dicken, in Rautenform zugeschnittenen und in Butter gerösteten Weißbrotscheiben (Croûtons) garnieren.

*Mehlbutter:* 60 g frische Butter und 40 g Mehl auf einem Teller mit einer Gabel vermischen. Man kann diese Mehlbutter sehr gut im Kühlschrank aufbewahren.

*Anmerkung:* Wenn man den Aal aufbewahren oder für eine andere Zubereitung bereithalten will, so hebt man die Aalstücke nach dem Garen aus ihrem Sud und legt sie in eine irdene Schüssel. Den Sud gießt man durch ein feines Sieb darüber. In dem beim Abkühlen erstarrenden Sud kann man den Aal im Kühlschrank einige Tage aufbewahren.

*Anm. der Übersetzer:* Um zum Schluß die Butter einzuziehen, schwenkt man den Topf in einer kreisenden Bewegung, bis die Sauce alle Butter vollkommen aufgenommen hat. Nicht umrühren, da die Aalstücke sonst zerfallen. Die Menge der Sauce richtet sich nach dem persönlichen Geschmack und der Größe der Pfanne bzw. des Topfes. Man kann das Gericht mit sehr viel (bis zu 1 l), aber auch mit wenig Sauce (⅓ l) zubereiten.

## Anguille à la crème
### Aal in Sahne

*1 Aal von 700–800 g, Salz, Butter, 50 g Zwiebeln, 50 g Möhren, 1 Knoblauchzehe, 1 kleiner Bund Petersilie, 1 Zweig Thymian, ½ Lorbeerblatt, Salz, Pfeffer, trockener Weißwein, 12 Krebse, 24 kleine, weiße Champignons, 1 EL Cognac, ³⁄₁₀ l dicke Sahne (crème fraîche), Mehlbutter, Croûtons*

Den Aal häuten, ausnehmen, waschen und in Stücke schneiden. Diese mit Salz bestreuen und ¼ Stunde ziehen lassen. Dann abtrocknen und wie oben angegeben mit den entsprechenden Zutaten wie die Matelote bereiten, jedoch statt mit Rotwein mit Weißwein angießen. Inzwischen die Krebse waschen und in einer hohen Pfanne auf großem Feuer in Butter sautieren (scharf anbraten). Die gewaschenen und geputzten Champignonköpfe zufügen und mit Salz und frisch gemahlenem Pfeffer würzen. Nach 2 bis 3 Minuten 1 EL Cognac (fine champagne) und 2 EL trockenen Weißwein zugeben. 5 Minuten kochen lassen, dann Krebse und Champignons getrennt herausnehmen. Die Krebsschwänze auslösen und zu den Champignons geben, die Köpfe und Panzer im Mörser zerstampfen. Den erhaltenen Brei in den Kochsud der Krebse und Champignons geben, auch den

Aalsud zufügen. Zum Kochen bringen und um ⅓ reduzieren. ⅕ l Sahne zufügen, erneut kurz aufkochen und durch ein feines Sieb oder Tuch passieren. Diese Sauce über die in der schon verwendeten Pfanne vereinten Aalstücke, Krebsschwänze und Champignons gießen. Wieder aufkochen lassen und mit 15 g Mehlbutter je ⅒ l Sauce binden. Das Verfahren ist beschrieben im Rezept für die Matelote (Seite 200), die Sauce soll aber etwas dicker werden als bei dieser. Abschmecken und neben dem Feuer mit der übrigen Sahne vermischen, die die Sauce natürlich wieder etwas verdünnt.

In einer tiefen, gut vorgewärmten Schüssel anrichten und mit ½ cm dicken, herzförmig zugeschnittenen und in Butter gerösteten Weißbrotscheibchen (Croûtons) dekorieren.

Man kann das Gericht auch in einer Blätterteig-Pastete (Vol-au-vent) servieren.

## Brochet
### Hecht

Hechte werden häufig nur in einem Sud pochiert und mit verschiedenen Saucen gereicht, etwa Holländischer Sauce, Butter-Sauce, Ravigote-Sauce etc. Kleine Hechte werden meist in Matrosengerichten zubereitet.

## Brochet à la nantaise, dit »au beurre blanc«
### Hecht auf Nanteser Art mit »weißer Butter«

*1 Hecht von 1,5 bis 2 kg, Fischsud mit Essig. – Für die Sauce: Butter, 3 Schalotten, 1 EL Wasser, 2 EL Essig oder ⅒ l Muskateller-Wein, je 1 Prise Salz und frisch gemahlener Pfeffer*

Den vorbereiteten Hecht im Fischsud garen: Sowie der Sud nach dem Einlegen des Fisches wieder zu kochen beginnt, wird der Topf vom Feuer gezogen und auf kleine Hitze gestellt, so daß der Fisch nur leise siedend pochiert. Je nach Größe etwa 20 bis 25 Minuten rechnen.

Inzwischen in einem Topf in etwas Butter die feingehackten Schalotten andünsten. Wasser, Essig oder Wein und die Gewürze zufügen und alles um ⅔ einkochen. Auf milder Hitze nun nach und nach in kleinen Stückchen 200 g Butter hineinschlagen. Die Butter darf dabei nicht schmelzen, sondern muß eine cremeartige Konsistenz behalten. Schlägt man unaufhörlich und ausreichend kräftig, so wird sie sehr schön schaumig und richtiggehend weiß – daher der Name dieser Art Sauce.

Den Hecht aus dem Sud nehmen, abtropfen lassen und auf einer Serviette anrichten. Getrennt dazu die weiße Butter reichen, sowie sie fertig ist, denn sie darf auf keinen Fall warten, kann auch nur schlecht warm gehalten werden. Anm.: Es gibt verschiedene, von Gegend zu Gegend unterschiedliche Verfahren, eine hervorragende weiße Butter herzustellen. Eines ist durch seine Einfachheit besonders empfehlenswert: Man gibt zu der oben angegebenen Reduktion ¹⁄₁₀ l des Hechtsudes und kocht alles wieder um ⅔ auf großer Flamme ein. Dann gibt man, während der Sud heftig kocht, die in nußgroße Stücke zerteilte Butter nach und nach hinein. Beim Schmelzen mischt sich die Butter mit der kräftigen Reduktion, und durch das heftige Kochen bildet sich beinahe von alleine eine stabile Emulsion. Während des Vorganges kann man trotzdem die Sauce mit dem Schneebesen kräftig durchschlagen. Die Sauce vom Feuer nehmen, sowie die Bindung gelungen ist.

*Anm. der Übersetzer:* Den Hecht vom Händler vorbereiten lassen, nötigenfalls noch zu Hause den Rest erledigen: Der Fisch muß von den Flossen befreit und geschuppt, dann ausgenommen und gewaschen werden. Auch die Kiemen entfernen. An der Rückengräte längs einen Einschnitt machen, damit der dickere Rückenteil gleichzeitig mit den Bauchpartien gar wird.

Der Muscadet oder Muskateller ist ein trockener, etwas herber Loire-Wein aus der Gegend von Nantes, der sich durch seine Säure besonders gut für diese Zubereitung eignet. Am besten verwendet man frische salzige Butter aus der Charente oder der Normandie (dann die Reduktion nicht salzen), auf keinen Fall Sauerrahmbutter nehmen, sie würde ausflocken. Von den beiden angegebenen Verfahren bringt das erste eine luftigere und leichte Sauce, aber den Nachteil, daß sie schnell abkühlt. Das zweite erzeugt eine heiße, besser warm zu haltende Emulsion, die aber etwas mächtiger und nicht ganz so fein ist.

## Brochet braisé aux champignons
## Hecht geschmort mit Champignons

*1 Hecht von 2 kg, Salz, Pfeffer, kleine, weiße Champignons, ⅕ l Sherry, ⅕ l heller Kalbs-Fond, 300 g Butter, ⅕ l Sahne (crème fraîche), 4 cl Cognac (fine champagne)*

Den Hecht schuppen, ausnehmen und gründlich waschen. Mit Salz und Pfeffer rundherum einreiben. Einen genau passenden Fischkochtopf mit einem Bett aus kleinen, gut gereinigten und gewaschenen Champignons ausfüllen. Den Hecht darauflegen. Seitlich den Sherry und den Kalbsfond angießen, den Fisch mit 150 g Butter in kleinen Flöckchen belegen. In den heißen Ofen schieben und unbedeckt 30 Minuten braten. Zwischendurch den Hecht häufig begießen, damit er nicht austrocknet und am Ende eine schöne goldene Farbe hat. Den Fisch herausheben und auf einer Servierplatte anrichten, mit den gut abgetropften Champignons umlegen und warm halten. Den Bratfond in eine Kasserolle gießen und rasch auf die Hälfte einkochen. Die Sahne zugießen und erneut leicht einkochen. Vom Feuer nehmen und die Butter in kleinen Stückchen unterschlagen, zum Schluß mit dem Cognac würzen. Abschmecken und den Hecht mit dieser elfenbeinfarbenen Sauce begießen.
*Anmerkung:* Wenn der Hecht als Fastengericht auf den Tisch kommen soll, ersetzt man den Kalbs-Fond durch eine gleichgroße Menge recht kräftig eingekochten Seezungen-Fond.


## Brochetons »Tatan Nano«
## Junghechte »Tantchen Nano«

*Für 4 Personen: 4 junge Hechte zu 150–180 g, 24 schöne Froschschenkel, 1 Eiweiß, ⅕ l Sahne, 20 g Schalotten, 100 g frische Champignons, ¹⁄₁₀ l trockener Weißwein, 200 g Spinatblätter, weitere 200 g Butter, 2 Eigelb –*
*Fond: Suppengrün, Zwiebel, Petersilie, Butter, Pfeffer, Salz*

Die Hechte schuppen, die Flossen abschneiden und die Kiemen entfernen. Am Rücken entlang einschneiden und die Gräten herausnehmen (wenn man mit einem Löffelrücken das Fleisch zurückschiebt, erreicht man, daß die so unangenehmen ganz feinen Nadelgräten der Fische herausgezogen werden). Die Fische durch diese Öffnung ausnehmen.

Die Froschschenkel entbeinen (man muß unbedingt Froschschenkel verwenden, die nicht in Eis gelagert waren, denn dieses treibt das Fleisch mit Wasser auf). Mit den Hechtgräten und den Froschschenkelknochen einen Fond ansetzen. Dazu zunächst fein gewürfeltes Suppengrün, etwas Zwiebel und Petersilie zusammen mit den Fischresten in etwas Butter andünsten. Pfeffern, ganz leicht salzen und mit Wasser aufgießen. Gut auskochen, bis nur noch wenige EL Flüssigkeit übrig sind.

Das Fleisch der Froschschenkel im Mörser zusammen mit dem Eiweiß zerstoßen. Durch ein feines Sieb streichen, damit alle Fasern aus der Masse entfernt werden. Wie eine feine Klößchen-Farce auf Eis mit $1/10$ l Sahne aufarbeiten und kräftig abschmecken. Die übliche Garprobe machen, nötigenfalls die Mischung verbessern.

Die Hechte mit dieser Farce füllen und die Fische verschließen. Wenn man das Fleisch gegeneinanderdrückt, hält es auf Grund seines hohen Gelatinegehalts die Fische von alleine zusammen. In einer gebutterten, feuerfesten Form auf einem Bett von fein gehackten Schalotten und blättrig geschnittenen Champignons einrichten. Mit Weißwein und dem inzwischen fertig gewordenen Fond angießen. Würzen. Mit einem gebutterten Papier (oder Alufolie) abdecken und im Ofen bei milder Hitze ca. 15 Minuten schmoren. Die fertigen Junghechte auf einem Tuch abtropfen lassen. Die Haut entfernen, alle herausstehenden Flossenansätze herausziehen. Nun die Fische mit blanchierten und gewürzten Spinatblättern einhüllen, dabei nur die Köpfe herausschauen lassen. Warm stellen. Währenddessen aus dem durchgeseihten Fond der Fische eine Samt-Sauce herstellen, die nur mit der Butter aufgeschlagen und dann mit einer heiß abgerührten Mischung aus der restlichen Sahne und den Eigelb legiert wird. Die Junghechte auf einer vorgewärmten Servierplatte anrichten und auf jedem mit $1/4$ der zurückbehaltenen, blättrig geschnittenen Champignons einen Streifen legen. Mit der durch ein feines Sieb oder ein Tuch passierten Sauce überziehen (nappieren) und im heißen Ofen, unter dem Grill oder unter dem Salamander glacieren, also die Oberfläche goldbraun färben.

## Quenelles de brochet à la lyonnaise
## Lyoner Hechtklößchen

*Für 25 Klößchen zu je etwa 100 g: ½ l Milch, 450 g Butter, 600 g Mehl, 450 g Hechtfleisch ohne Haut und Gräten, 75 g Salz, gut 1 g gemahlener Pfeffer, frisch geriebene Muskatnuß, 3 Eiweiß, 12 Eier*

Als erstes wird die sogenannte Panade hergestellt, die dem Klößchen-Teig später die Festigkeit gibt:
In einem breiten Kessel oder Topf mit dickem Boden die Milch aufsetzen und zum Kochen bringen. 100 g Butter zufügen, schmelzen lassen und in diese heftig kochende Mischung auf einmal das gesiebte Mehl schütten. Mit dem Schneebesen kräftig schlagend alles zu einer glatten Paste verarbeiten. Den Topf vom Feuer nehmen und auf ganz kleiner Hitze trocken werden lassen. In dieser Zeit – insgesamt etwa 20 Minuten – ständig mit einem hölzernen Kochlöffel oder Spachtel durchrühren und umwenden. Die Panade schließlich an einem kalten Ort abkühlen lassen.
Die Farce wird in einem Mörser bereitet: Das Hechtfleisch mit 25 g Salz, Pfeffer und Muskatnuß nach und nach zerstoßen, bis eine gleichmäßige Paste entstanden ist. Durch ein feines Sieb streichen, wieder in den Mörser zurückgeben und mit dem Stößel nun zunächst die Eiweiß und schließlich die völlig abgekühlte Panade hineinarbeiten. Wenn diese Mischung gelungen ist, die ganzen Eier nach und nach einziehen, endlich die restliche, nur ganz vorsichtig erwärmte und zu einer Creme gerührte Butter. Die vollkommen homogene Mischung vor dem Pochieren kalt stellen, damit sie sich noch verfestigen kann.
Zum Pochieren in einem großen Topf 5 l Wasser aufsetzen und mit 10 g je Liter salzen. Mit einem Speziallöffel (man kann sich auch mit einem großen, länglichen Eßlöffel oder einem Meßlöffel behelfen) aus dem Teig Klößchen von ca. 100 g abstechen und formen. Jeweils etwa 5 Klöße im sehr heißen, aber nicht kochendem Wasser pochieren. Nach etwa 15 Minuten sind sie gar und werden, falls man sie nicht sofort verwendet, in kaltem Wasser vollständig abgekühlt, abgetropft und kühl aufbewahrt. Sie können 2 bis 3 Tage aufbewahrt und je nach Bedarf verwendet und zubereitet werden, mit Sahne, Nantua-Soße oder überbacken.
*Anm. der Übersetzer:* Früher hat man besonderen Wert darauf gelegt, daß die Hechtklößchen eine regelmäßige Form erhalten. Sie sollten eine absolut zylindrische, längliche Rolle sein. Heute ist man freier geworden,

zieht im Gegenteil ein einfach abgestochenes, nicht mehr weiter bearbeitetes Klößchen vor. Nach allerneuester Art sehr leicht zubereitete Klößchen ohne Panade lassen sich ohnehin nicht formen (Zusammensetzung Seite 206 und Seite 208). Man kann das Hechtfleisch auch in der Moulinette pürieren und die Masse anschließend in einer metallenen Schüssel auf Eis gestellt aufarbeiten. Die Kälte und die frühzeitige Zugabe von Salz sind unbedingt nötig, damit die Masse quellen und das Eiweiß sich aufschließen kann.

## Carpe à la juive
## Karpfen auf jüdische Art

*1 Karpfen von 2 kg, 2 große Zwiebeln, 3 Schalotten, 1/5 l Öl, 2 gehäufte EL Mehl, 3 Knoblauchzehen, 1 Bund Petersilie, 1 Zweig Thymian, 1 Stück Lorbeerblatt, trockener Weißwein, Fisch-Fond oder Kalbs-Fond oder Wasser, 4 weitere EL Öl, Pfeffer, Salz, 2/5 l Öl für die Sauce*

Den Karpfen ausnehmen, schuppen und gut säubern. Den möglicherweise enthaltenen Milcher aufheben. Den Fisch in Scheiben von 2 cm Stärke schneiden. Die Zwiebeln und Schalotten kleinschneiden und im Öl in einer ausreichend großen, hochrandigen Pfanne bei milder Hitze hellgelb werden lassen. Die Karpfenstücke nebeneinander hineinlegen und einige Minuten im heißen Öl anbraten. Umdrehen, mit Mehl bestäuben und dieses fest anziehen, jedoch keine Farbe nehmen lassen. Das Öl muß das Mehl wie eine Einbrenne aufnehmen, daher vorsichtig umrühren oder mit der Pfanne hin und her schieben. Die zerdrückten Knoblauchzehen und das Kräutersträußchen zugeben. Mit halb Weißwein, halb Fisch-Fond (Kalbs-Fond, notfalls auch einfach mit Wasser) aufgießen, bis die Stücke gerade eben bedeckt sind. Nochmals 4 EL Öl zufügen, mit Salz und frisch gemahlenem Pfeffer würzen und zugedeckt auf milder Hitze 20 Minuten garen.
Die einzelnen Stücke herausnehmen, gut abtropfen und so auf eine Platte legen, daß der Fisch wieder seine ursprüngliche Form erhält. Den Kochsud um 2/3 einkochen. Den Kräuterstrauß herausnehmen. Neben dem Feuer den Sud mit dem angegebenen Öl aufschlagen, dabei das Öl ganz langsam wie zu einer Mayonnaise zufügen. Abschmecken und gegebenenfalls nachwürzen, dann die Sauce über den Karpfen gießen und alles abkühlen lassen. Dabei geliert die Sauce. Kalt mit reichlich feingehackter Petersilie bestreut servieren.

## Quenelles de brochet (méthode ancienne)
## Hechtklößchen nach alter Art

*250 g sehr trockenes, gereinigtes Rindernierenfett oder 125 g Fett, vermischt mit 125 g gut gewässertem, hellem Rindermark, 250 g Hechtfleisch ohne Haut und Gräten, 10 g Salz, je 1 Prise Pfeffer und geriebene Muskatnuß, 6 Eier, 260 g Panade, Mornay-Sauce, geriebener Gruyère oder Emmentaler, Semmelbrösel, zerlassene Butter*
Für die Panade: *125 g Mehl, 4 Eigelb, 50 g zerlassene Butter, $1/5$ l Milch, je 1 Prise Salz und geriebene Muskatnuß*

Panade: wie eine ungezuckerte Konditor-Creme herstellen. Dazu das gesiebte Mehl mit den Eigelb und der Butter vermischen.
Nach und nach in kleinen Mengen die heiße Milch dazugeben und hineinmischen. Würzen und auf nicht zu großer Flamme ständig rührend erhitzen und kurz aufkochen lassen. Kalt stellen.
Das Fett in kleine Stücke zerschneiden, von Fasern, Häuten, Adern und anderen Durchwachsungen befreien und fein hacken. Das Hechtfleisch im Mörser zu einer glatten Creme zerstoßen. Mit dem Fett und den Gewürzen vermengen und wieder so lange durcharbeiten, bis eine vollkommene Vermischung erreicht ist. Nach und nach die Eier zufügen – je nach Konsistenz der Masse können auch 5 genügen oder 7 nötig sein. Anschließend die abgekühlte Panade unterziehen und alles durch ein feines Sieb streichen. Den erkalteten Teig 2 cm dick auf eine Platte ausstreichen und bis zum folgenden Tag in den Kühlschrank stellen.
Mit der Hand die Klößchen formen. Dazu mit den Fingerspitzen eine Portion der Farce auf einem mit Mehl bestäubten Brett oder Tisch zu einer Art Wurst ausrollen, die nur die Stärke eines Fingers hat. In 8 cm lange Abschnitte teilen. In knapp siedendem Salzwasser 7 bis 8 Minuten pochieren (die fertigen Klößchen müssen beim Berühren einen festen Eindruck machen), gut abtropfen lassen und in einer feuerfesten Form nicht zu dicht nebeneinander legen. Mit einer leichten Mornay-Sauce bedecken und mit einer Mischung aus geriebenem Käse und frisch aus Toastbrot hergestellten Semmelbröseln bestreuen. Mit etwas zerlassener Butter beträufeln und 8 bis 10 Minuten im heißen Ofen überbacken.
Dieses Gericht, das die Händler und Restaurants in Lyon zu ihrer großen Spezialität gemacht haben, wird sofort serviert und brennendheiß gegessen.

*Anm.:* Heute ersetzt man das Rindernierenfett meist teilweise oder ganz durch frische Butter. Das Ergebnis ist eindeutig besser.

## Laitances de carpe
## Karpfenmilch oder -milcher

Karpfenmilch ist etwas sehr Feines. Man kann sie auf sehr verschiedene Arten zubereiten, etwa pochiert, gebraten oder als Garnitur zu Eiergerichten, Fischen usw. Für die Familienküche empfehlen wir, die Karpfenmilch auf Müllerin Art zuzubereiten, wie es für Forelle (Seite 212) angegeben ist.

## Féra
## Felchen

Der Felchen ist ein Verwandter des Lachses, gehört zur Familie der Salmoniden. Man trifft ihn fast ausschließlich in den Seen der Schweiz und im Bodensee an. Die für ihre Qualität berühmtesten sind die des Genfer und des Bodensees. Sein Fleisch ist fett, weiß, zart und sehr schmackhaft.

Wie so oft, so ist auch für den Felchen die einfachste Zubereitung die beste:

*Felchen, Salz, Pfeffer, Öl, Mehl, Butter, Zitronensaft, gehackte Petersilie*

Die Felchen schuppen, ausnehmen, waschen und trockentupfen. Salzen, pfeffern und rundum ganz leicht einölen. In Mehl wenden, dann kräftig schütteln, damit das überflüssige Mehl abfällt.

Eine feuerfeste Porzellanform erhitzen und ein recht großes Stück Butter darin schmelzen lassen. Wenn die Butter aufschäumt, die Fische hineinlegen und im gut heißen Ofen garen. Dabei häufig begießen. Während des Garens die Fische einmal umwenden. Wenn sie fertig sind, haben sie sich mit einer leichten Kruste aus dem in der Butter gerösteten Mehl überzogen und eine goldbraune Farbe bekommen. Man serviert sie in der Form, in der sie zubereitet wurden. Im letzten Augenblick träufelt man über die Fische einige Tropfen Zitronensaft und bestreut sie mit frisch gehackter Petersilie, die man kurz überbrüht hat und die noch etwas Feuchtigkeit enthalten muß. Nun gießt man darüber heiße, fast haselnußbraun gewordene Butter, die durch die in der Petersilie enthaltene Feuchtigkeit eine kurze Zeit schaumig gehalten wird. In dieser kurzen Zeit muß die Platte aufgetragen werden, so daß die Gäste es noch rauschen hören.

## Goujon
## Gründling

Der Gründling ist einer der besten unserer kleinen Flußfische, vor allem, wenn er aus tiefen Gewässern mit steinigem Grund stammt. Am besten schmecken Gründlinge in Fett ausgebacken, also fritiert.

## Goujons frits
## Fritierte Gründlinge

*Möglichst kleine Gründlinge, Milch, Mehl, Öl zum Ausbacken, Salz, Petersilie, Zitrone*

Die Fischchen mit der Messerspitze aufschlitzen und ausnehmen, waschen, abtrocknen und in etwas Milch legen. Nach einiger Zeit herausnehmen, abtropfen und auf der Hand rollend nacheinander und einzeln in Mehl wenden. In einen Fritierkorb legen und in rauchendes Öl tauchen. Nach 3 bis 4 Minuten herausheben und rasch entfetten. Mit Salz bestreuen und sofort ganz heiß und knusprig servieren. Dazu pyramidenförmig aufbauen und mit fritierter Petersilie und Zitronenvierteln umlegen.
*Anm. der Übersetzer:* Die Petersilie gut waschen und ausschütteln, dann in einem Tuch oder Küchenpapier sorgfältig abtrocknen. Das ist wichtig, denn sonst spritzt es stark, wenn die Petersilie in das heiße Öl getaucht wird. Petersilie wird nur wenige Sekunden fritiert, sie verkohlt sehr schnell und schmeckt dann verbrannt.

## Lavaret
## Renke und Schnäpel

Die Renke und der Schnäpel sind sehr verwandte Fische, die zur Familie der Salmoniden gehören. Man findet die Renke in den Alpenseen, den Schnäpel in den norddeutschen Seen. Die besten Renken kommen aus den tiefen Seen mit klarem Wasser. Sie werden wie Forellen zubereitet.

## Omble chevalier
## Saibling oder Schwarzritter

Ebenfalls ein Salmonide, ist dieser feinste aller Süßwasserfische auch der seltenste. Er lebt in den tiefen Alpenseen mit reinem Wasser, vor allem in Savoyen, der Schweiz und in Bayern (auch in Schottland). Ebenso wie die Lachs- oder Seeforelle wird er meist gebraten oder in Sahne-Sauce zubereitet. Sein Fleisch hat eine zart-rosa Farbe und schmeckt außerordentlich würzig.

## Perche
## Barsch

Kleine Barsche oder Bärschlinge (in der Schweiz und am Bodensee Egli genannt) werden vorzugsweise wie Gründlinge fritiert.
Größere Fische, die 1 bis 2 kg wiegen können, werden wie Forellen zubereitet. Ihr Geschmack ist übrigens sehr ähnlich.

## Mousse chaude de truite de rivière au coulis d'écrevisses
## Heißer Forellenschaum mit Krebs-Sauce

*600 g Bachforellenfleisch ohne Haut und Gräten, 20 g Salz, frisch gemahlener Pfeffer, 4 Eiweiß, 1 l doppelte Sahne (crème double), Butter, 1 kg schöne große Krebse mit roten Scheren, Salz, 120 g Butter, $1/10$ l Cognac, 1 l Fisch-Fond, bereitet aus Gräten, Kopf und Flossen der verwendeten Forellen, 1 EL Mehl, $1/10$ l Sahne*

Das Forellenfleisch mit Salz und Pfeffer im Mörser zerstoßen. Nacheinander die Eiweiß einarbeiten. Wenn alles zu einer glatten, homogenen Masse geworden ist, durch ein feines Sieb streichen. Auf Eis stellen und die Sahne einschlagen. Eine große Savarin-Form ausbuttern und mit der Schaummasse füllen. In ein heißes Wasserbad stellen und zugedeckt im mittelheißen Ofen etwa 45 Minuten gar ziehen lassen.
Die Krebse mit dem Kopf zuerst in sprudelnd kochendes Salzwasser werfen. Herausnehmen, die Schwänze abtrennen, auslösen und das Fleisch beiseitelegen. Die Panzer und Schalen im Mörser zerstoßen und in einem Topf in 50 g Butter anbraten, damit sie die

charakteristische rote Farbe bekommen. Den Cognac zufügen und auf die Hälfte einkochen. Den stark aromatisierten Forellen-Fond zugießen und einige Minuten auf kleiner Flamme durchkochen. Leicht mit Mehlbutter (aus 1 EL Mehl und 20 g Butter geknetet) binden und nachwürzen. Mit Sahne verrühren, nochmals aufkochen lassen und durch ein feines Sieb abgießen, dabei die Krebsschalen gut auspressen. Den heißen Forellenschaum auf eine große, runde und gut vorgewärmte Silber- oder Porzellanplatte stürzen. In die Mitte des Kranzes die Krebsschwänze legen, die kurz in der restlichen Butter gedünstet haben und mit etwas Krebssauce gebunden werden. Die übrige Sauce getrennt reichen, als Beilage eine Schüssel mit Reis-Pilaw. Man kann den Schaum auch in kleinen Portionsförmchen bereiten, das Gericht mit darübergestreuten Trüffelscheiben anreichern und den Rand mit Blätterteig-Fleurons umlegen.

*Anm. der Übersetzer:* Bocuse spricht ausdrücklich von Krebsen mit roten Scheren (nach dem Kochen), den ursprünglich in Zentraleuropa vorkommenden Tieren. Bei uns sind sie durch Krebspest und Wasserverschmutzung praktisch ausgestorben; Nordhäuser und Eichstätter Krebse gehören der Vergangenheit an. Nur in wenigen guten Delikateßgeschäften gibt es noch manchmal deutsche oder Krebse mit roten Scheren aus Finnland und Schweden zu kaufen. Die meist angebotenen Krebse aus der Türkei besitzen helle, weißliche Scheren und sind geschmacklich weit unterlegen.

Die Forellen sollten aus einem Wildbach bzw. aus einer guten Zucht stammen, wo sie langsam und nicht mit Kraftfutter gemästet werden. »Bachforelle« ist die Bezeichnung für die Forellenart (andere, meist verkaufte Art: Regenbogenforelle) und bedeutet nicht, daß die Fische aus Bächen stammen. Statt der Savarin-Form kann man eine normale Guglhupf-Form verwenden.

## Truites au bleu
## Forelle blau

Diese Zubereitung ist einfach, gehört aber zu den besten. Einzige Voraussetzung: Man benötigt lebende Forellen. Nur wenige Minuten bevor man die Forellen serviert, fischt man sie aus dem Aquarium und tötet sie durch einen kräftigen Schlag auf den Kopf. Nun nimmt man die Kiemen heraus, schneidet den Bauch mit dem Messer auf und holt mit der Messerspitze den Darm und den an der Rückengräte verlaufenden Blutstrang heraus. Die Forellen werden weder gewaschen noch abgewischt, damit die dünne Schleimschicht, die sie bedeckt, nicht beschädigt oder entfernt wird. Man läßt die Fische in einen heftig wallenden, stark mit Essig gesäuerten Fischsud gleiten. Schwach siedend rechnet man mit 7 bis 8 Minuten Garzeit für Forellen von etwa 150 g (Portionsforellen).

Die Forellen, die dann einen hellblauen Farbton angenommen haben, herausnehmen und auf einer Serviette anrichten. Als Beilage Dampfkartoffeln, in einer Sauciere halb geschmolzene, cremig gerührte und mit einigen Tropfen Zitronensaft abgeschmeckte Butter reichen.

Blau zubereitete Forellen kann man kalt und mit einer Öl-Ravigote-Sauce oder einer leichten Mayonnaise reichen.

## Truites de riviere »à la meunière«
## Forelle »Müllerin«

*Forellen, Salz, Pfeffer, Öl, Mehl, Butter, Zitronensaft, Petersilie*

Die Forellen ausnehmen, auch die Kiemen entfernen, waschen und sorgfältig abtrocknen. Salz und Pfeffer mit etwas Öl vermischen und die Forellen damit einreiben. In Mehl wenden, das überflüssige Mehl abtropfen. In einer Pfanne reichlich Butter mit etwas Öl erhitzen, bis sie richtiggehend schäumt, und die Fische hineinlegen.

Beim ersten Kontakt mit der heißen Butter wird der Fisch schockartig angebraten. Dieser Vorgang muß genau überwacht werden, denn er muß auf großer Flamme schnell erfolgen, damit der Fisch nicht an der Pfanne festklebt; aber dennoch ohne Übertreibung, denn sonst würde sich eine Schicht aus Fett und Mehl bilden, die wie ein Schutzschild ein leichtes Eindringen der Hitze vermindert und somit ein ordnungsgemäßes Garwerden unmöglich machen würde. Die Schwierigkeit besteht beim gesamten Garen darin, daß die Temperatur richtig geregelt wird: die Fische sollen braten und nicht Wasser ziehen und dadurch kochen. Sind die Forellen auf einer Seite gar, werden sie umgedreht und fertig gebraten.

Wenn die Fische eine goldene Farbe und eine leichte Kruste bekommen haben, werden sie herausgenommen und auf einer sehr heißen Platte angerichtet. Einige Tropfen Zitronensaft darüberträufeln und mit einer guten Prise grob gehackter Petersilie bestreuen, die erst in allerletzter Minute kurz heiß überbrüht und abgetropft wurde. Zu der Bratbutter ein Stück frische Butter geben, rasch haselnußbraun werden lassen und über die Petersilie gießen. Diese heiße Butter bildet auf der feuchten Petersilie einen reichlichen und duftenden Schaum, der sich lange genug hält, wenn man den auf diese Weise köstlich zubereiteten Fisch ohne Verzug auf den Tisch bringt.

## Quenelles de poisson ou farces
## Fischklößchen oder Fisch-Farce

Fischklößchen und Fisch-Farcen werden im allgemeinen aus dem Fleisch von Wittling (Merlan), Hecht oder auch manchmal anderen weißen Fischen bereitet. Nur selten nimmt man dunkelfleischige Fische (etwa Lachs).

Man unterscheidet die Klößchen – wie bei Kalb, Geflügel oder Wild – in zwei Kategorien: die einfachen Klöße und die feinen Klöße. Die feinen, auch Schaumklößchen (Mousseline) genannt, unterscheiden sich nicht von den Geflügel-Mousselinen. Das fein zerstoßene Fleisch wird mit Eiweiß und Sahne schaumig aufgearbeitet. Die Proportionen sind dabei dieselben.

Es ist jedoch unerläßlich, auf die Unsicherheiten bei der Zusammensetzung der einzelnen Zutaten hinzuweisen, denn hier gibt es nichts, was mathematisch festzulegen wäre. Das Festwerden (Stocken) der Klöße oder der Farce kommt durch das Gerinnen der im Fischfleisch enthaltenen Eiweißstoffe zustande. Da der Eiweißgehalt jedoch je nach Art der verwendeten Fische, ihrem Alter, ihrer Größe und ihrer Herkunft schwankt, benötigt man eine mehr oder weniger große Menge von zusätzlichem Eiweiß, das den Eiweißgehalt der Fische ergänzen muß, um auch die zugefügte Sahne fest werden zu lassen. Daraus ergibt sich ein ständiges Suchen und Tasten, und es gehört ein gutes Maß an Fingerspitzengefühl dazu, damit ein optimales Ergebnis erreicht wird.

Die einfachen Fischklößchen sind eine Mischung aus Fischfleisch, Panade und Eiern (etwa Hechtklößchen). Sie können mit Butter oder Sahne erheblich verfeinert werden.

# Les poissons de mer
# Die Meeresfische

## Barbue
## Butt

Der Butt oder Glattbutt gehört wie Steinbutt und Seezunge zu der Familie der Plattfische und zu den feinsten Fischen überhaupt. Alle für Seezunge und Steinbutt zutreffenden Zubereitungsarten lassen sich auch auf ihn anwenden. Die mittelgroßen Fische sind im allgemeinen die besten.

## Filets de barbue grillés Saint-Germain
## Gegrillte Buttfilets »Saint-Germain«

*1 mittelgroßer Butt, Salz, Pfeffer, Olivenöl, frisches »Mie de pain« (frisches Paniermehl), Butter, Zitronensaft, kleine gegrillte Tomaten, Béarner Sauce*

Den Butt zunächst auf beiden Seiten häuten und ausnehmen. Die Filets abheben: Längs der Rückengräte (Rückgrat) das Fleisch bis auf diese einschneiden. Die Umrisse der Filets an Kopf, dem äußeren Rand zwischen den Haupt- und den kleinen, verlängerten Gräten sowie am Schwanz ebenfalls mit einem Einschnitt versehen. Nun schiebt man die Spitze eines sehr biegsamen Messers hinter dem Kopf möglichst flach in den mittleren Einschnitt und zieht das Messer fest aufdrückend zwischen Gräten und Filet gleitend zu sich hin. Diesen Vorgang wiederholt man, bis das Filet völlig gelöst ist und hebt auch die übrigen Filets auf diese Weise ab. Kopf und Gräten werden aufgehoben für einen Fisch-Fond oder eine Fischsuppe. Nochmals überprüfen, ob an den Filets nicht Gräten oder abstehende Teile hängen, die Filets waschen und abwischen. Salz und Pfeffer mit ein wenig Olivenöl verrühren und die Fischstücke damit einreiben. Die eine Seite der Filets mit etwas frischem Paniermehl bestreuen. Dieses mit einer Messerklinge leicht anklopfen, damit es gut am Fisch haftet. Mit einigen Tropfen zerlassener Butter beträufeln. Auf den gut vorgeheizten Grill legen, die panierte Seite zuerst dem Feuer ausgesetzt. Dabei darauf achten, daß die Hitzeeinwirkung nach der Stärke der Filets ausgerichtet wird. Da die Filets zum Beispiel zum Schwanzende hin immer dünner werden, muß die Glut an dieser Stelle weiter vom Grill entfernt sein als vorne. Grillt man mit Gas oder elektrisch, richtet man die Filets so ein, daß die dünnen Teile nicht direkt unter dem Grillstab liegen und weniger intensiv bestrahlt werden. Auf diese Art werden die Filets gleichmäßig gar, und die dünneren Partien trocknen nicht aus. Die Filets mit einem Spachtel vorsichtig umwenden, wenn sie zur Hälfte gar sind und fertig grillen. Auf einer gut vorgewärmten länglichen Platte anrichten und mit einigen Tropfen einer direkt darüber ausgepreßten Zitronenhälfte beträufeln. Mit kleinen gegrillten und gewürzten Tomaten umlegen, die man auch mit Reis-Pilaw oder in Salzwasser gekochtem und mit Butter gebundenem Reis füllen kann. Zusammen serviert man eine Sauciere mit Béarner Sauce. Einfacher ist es, die Filets in der Pfanne in Butter zu braten, wie es für »Müllerin« angegeben wurde. Man kann auch den ganzen Butt grillen, wozu man nur die dunkle Haut abzieht und die weiße sorgfältig schuppt. Es ist dann zwar noch schwieriger, den Fisch richtig zu garen, aber er schmeckt feiner, weil die Filets während der Erhitzung noch den in den Gräten enthaltenen, würzigen Saft aufnehmen.

## Bouillabaisse
## Provenzalische Fischsuppe

Die inzwischen weltberühmte Bouillabaisse ist ein typisch provenzalisches, sogar Marseiller Gericht. Ihre Ursprünge liegen in den Eßgewohnheiten der Fischer, die noch an Bord ihrer Schiffe bestimmte Fische wie einen Eintopf (Pot-au-feu) zubereiten, wobei sie weniger Wasser zusetzen. Die Würzkraft des Mittelmeers und die Gewürze südlicher Länder auf der einen, die von großen Köchen eingebrachten Verfeinerungen auf der anderen Seite haben aus der einfachen Fischsuppe ein göttliches Gericht gemacht.

*Für 6 Personen: 60 g Zwiebeln, das Weiße von 1 mittelgroßen Lauchstange, $^1\!/_{10}$ l Olivenöl, 1,5 kg frisch gefangene Fische, wenn möglich noch lebend und (ebenfalls wenn möglich) bestehend aus: Drachenkopf, Meersau, Merlan, Meerbarbe, Petermännchen, Heringskönig, Meeraal und Languste, 2 geschälte, entkernte und zerdrückte, jedoch nicht ausgepreßte Tomaten, 15 g geriebener Knoblauch, 1 große Prise grob gehackte Petersilie, je 1 Zweig Thymian und Bergbohnenkraut, 1 Lorbeerblatt, 1 Zweig Fenchel, 1 Hauch Anis und eine Prise Safran, Salz, Pfeffer, Fisch-Bouillon, bereitet aus den Köpfen der oben erwähnten Fische, 40 g Butter, mit Knoblauch abgeriebene, geröstete Weißbrotscheiben (Croûtons)*

Die Fische schuppen, ausnehmen, Köpfe, Flossen und Schwänze abschneiden, die Rümpfe sorgfältig auswaschen. Aus den entfernten Teilen ohne Salz mit reichlich Wasser einen Fischfond kochen. Hat man zufällig Seezungengräten oder Steinbuttköpfe zur Hand, so gibt man diese mit in den Fond. Die Zwiebeln und den Lauch fein hacken und in einer großen Kasserolle in 2 EL Olivenöl langsam weich dünsten. Dabei ständig umrühren, damit die Gemüse keine Farbe nehmen. Nun alle Fische, jedoch nicht die Langusten, auf die Gemüse legen. Die zerdrückten Tomaten, den Knoblauch und die übrigen Gewürze darauf verteilen, kräftig salzen und pfeffern und mit dem Fischfond aufgießen, bis alle Fische gut bedeckt sind. Die in kleine Stückchen zerteilte Butter darauflegen und das restliche Olivenöl zugießen. Auf allergrößter Hitze rasch zum Kochen bringen. Die Languste inzwischen in kochendes Wasser werfen und herausnehmen, sowie sie tot ist. Den Schwanz quer in Stücke schneiden und in die Suppe geben, sowie diese das erste Mal aufwallt. 15 Minuten so stark wie möglich kochen lassen. Die Heftigkeit des Kochens bewirkt, daß sich der Fischfond, der durch die aus den Fischstücken gezogene Würze noch kräftiger wird, mit dem Öl und der Butter vermischt und daß schließlich die Konsistenz einer Creme-Suppe erreicht wird. Da sich diese Verbindung aber rasch auflöst, wenn die Flüssigkeit nicht mehr kocht, muß man das äußerst schmackhafte Gericht sehr rasch servieren. Hierzu werden die Fische ganz vorsichtig herausgenommen und auf einer vorgewärmten Platte angerichtet. Die Suppe wird kochend in eine Terrine gegossen, in die man mit Knoblauch abgeriebene, mit Öl beträufelte und im Ofen gebackene Weißbrotscheiben gelegt hat.

Hier noch eine wichtige Empfehlung: Das Würzen und feine Abschmecken der Suppe vor dem Servieren ist der eigentliche Höhepunkt bei der Zubereitung; hier kommt es darauf an! Der Safrangeschmack soll die beherrschende Note sein, der Safran muß seine Würzkraft und seine goldene Farbe hineinbringen. Aber man muß ihm den Fenchel und den Anis mitgeben, und zwar in Abmessungen, die nur der erfahrene Koch im Griff hat – und auch dann nur, wenn er wirklich abschmecken kann und genau weiß, wie der so gesuchte Geschmack zustande kommt. Weil das starke Aroma von Fenchel und Anis oft zu Fehlern beim Würzen führt, können einige Tropfen Absinth (Pernod, Ricard oder ähnliches), mit großer Vorsicht zugefügt, an ihrer Stelle verwendet werden.

*Anmerkung:* Manche fügen der Bouillabaisse Schalentiere, etwa Mies-, Venus- oder Herzmuscheln zu. Davon ist jedoch abzuraten, denn der

Geschmack der Muscheln ist zu stark, und nur zu oft haben sie die Eigenschaft, Sand in die Suppe mitzubringen.

*Anm. der Übersetzer:* Eine echte Bouillabaisse läßt sich bei uns kaum herstellen, da die nötigen Fische nicht auf dem Markt sind. Drachenkopf und Meersau gehören unbedingt hinein, lassen sich durch den verwandten Goldbarsch nur schlecht ersetzen. Merlan und Seebarbe mag man finden – letztere jetzt häufiger gefroren in Kaufhäusern und großen Supermärkten. Petermännchen oder Queise landen bei uns leider oft immer in den Fischmehlfabriken, das gleiche gilt für den nur bei uns wegen seines angeblich zu festen und zu trockenen Fleisches verachteten Heringskönig (Sankt-Peters-Fisch). Sein wohlschmeckendes Fleisch wird allerdings nur durch zu langes Garen zäh! Auch den Meeraal findet man bei uns selten, er ist seiner vielen Gräten wegen unbeliebt (nicht zu verwechseln mit Seeaal, einer Haifischart). Insgesamt muß man sagen, daß eine nach Art der Bouillabaisse zubereitete Fischsuppe mit den handelsüblichen Fischen zwar weit von einer echten Bouillabaisse entfernt ist, daß man aber kaum auf sie herunterschauen muß. Man muß nur mehrere Fischsorten mischen, wobei sich in erster Linie die folgenden anbieten: Kabeljau, Merlan, Rotzunge, Seeteufel (Karbonadenfisch), Heilbutt und Seeaal.

## Cabillaud
## Kabeljau

Häufig wird Kabeljau pochiert oder gegrillt serviert. Man schneidet ihn dazu in 2 cm dicke Scheiben, dann wie in der Einleitung angegeben verfahren. Zu pochiertem Fisch reicht man Butter-, Sahne- oder Samt-Saucen sowie Holländische Sauce, zu gegrilltem Béarner oder gekräuterte Holländische Sauce, eventuell auch eine gewürzte Mayonnaise.

## Cabillaud à la ménagère
## Kabeljau nach Hausfrauenart

*Das Mittelstück von 1 großen Kabeljau, sehr viel Butter, Salz, Pfeffer, kleine neue Kartoffeln, junge weiße Zwiebeln, 2–3 EL Olivenöl, gehackte Petersilie, 1 Zitrone*

Aus dem geschuppten und gewaschenen Kabeljau das Mittelstück von 30 bis 35 cm Länge schon vom Fischhändler herausschneiden lassen.

Zu Hause nochmals waschen, möglicherweise vorhandene Innenhäute entfernen. In einer geeigneten irdenen, feuerfesten Form, die im Ofen kurz erwärmt wurde, sehr viel Butter zerlassen. Den außen und innen mit Salz und Pfeffer eingeriebenen Fisch in die Mitte hineinlegen und rundherum kleine neue Kartöffelchen und junge weiße Zwiebelchen legen. Man rechnet etwa ¾ Kartoffeln und ¼ Zwiebeln. Sind die Gemüse nicht ganz jung, so muß man sie zunächst blanchieren, dann abtropfen lassen und salzen. Die Gemüse müssen alle auf dem Boden der Form liegen, damit sie, immer in Butter getaucht, gar und schön golden werden können.

Alle Zutaten mit zerlassener Butter beträufeln. In den Ofen schieben und unter häufigem Begießen mit der Bratbutter garen. Die Butter kann man ohne Nachteil – eher mit Gewinn – mit einigen Löffeln Olivenöl vermischen.

Kurz vor dem Servieren mit reichlich gehackter Petersilie bestreuen. Daneben Zitronenviertel servieren, die über dem geteilten, auf vorgewärmten Tellern verteilten Fisch ausgepreßt werden.

## Colin
### Seehecht

Der Seehecht sollte in der Familienküche einen großen Raum einnehmen. Er wird zu jeder Jahreszeit in ausreichenden Mengen angeboten (auch gefroren) und ist daher einer der billigsten Fische überhaupt. Es gibt wenig Abfälle und Gräten, das Fleisch ist weiß und fein und ist für alle Zubereitungsarten geeignet. Man kann den Fisch warm oder kalt servieren, ganz oder in Scheiben geschnitten zubereiten, pochieren, fritieren, backen, braten oder nach Art der Müllerin reichen – er schmeckt immer ausgezeichnet, wenn er richtig gewürzt ist.

Das Fleisch des Seehechts ist nahrhaft, aber dennoch leicht verdaulich und daher ebenso für schwer arbeitende Menschen wie für Intellektuelle oder auch Kranke geeignet.

*Anm. der Übersetzer:* Dasselbe gilt für den Seelachs (eigentlich lieu noir, aber häufig ebenfalls mit »Colin« bezeichnet).

## Colin à la portugaise
## Seehecht auf portugiesische Art

Für 6 Personen: *6 Scheiben Seehecht (oder Seelachs) zu je 240 g, Salz, Pfeffer, 1 große Zwiebel, 225 g Butter, 6 EL Olivenöl, 2 Knoblauchzehen, 1 kg reife Tomaten, 300 g in Salzwasser ¾ gar gekochter Reis, ⅕ l trockener Weißwein, gehackte Petersilie*

Die Fischscheiben mit Salz und Pfeffer einreiben. Die Zwiebel hacken und in 25 g Butter in dem später verwendeten Topf braten oder einer hochrandigen Pfanne andünsten. Weitere 100 g Butter zufügen und schmelzen lassen, das Olivenöl ebenfalls dazurühren. Die Fischscheiben hineinlegen, mit den zerdrückten Knoblauchzehen würzen und die gut reifen, vom Stielansatz befreiten, gehäuteten und entkernten, jedoch nicht ausgepreßten, dann gehackten Tomaten darüber verteilen. Mit Reis bedecken und mit dem Weißwein angießen.

Den Topf oder die Pfanne zudecken und auf großer Flamme 10 Minuten kochen lassen. Den Deckel abnehmen und weitere 8 bis höchstens 10 Minuten kochen lassen. Die Verdampfung bewirkt eine teilweise Reduktion der aus den Tomaten ausgebratenen Flüssigkeit und des Weines. Vom Feuer nehmen und die Fischscheiben vorsichtig herausnehmen und auf einer vorgewärmten runden oder länglichen Platte anrichten. Warm stellen. Die restlichen 100 g Butter in Stückchen schneiden, in den Topf geben und durch eine kreisende Bewegung schmelzen und mit Reis und Tomaten verbinden lassen. Die Mischung soll nur leicht gebunden sein und nicht eine dicke Masse bilden. Abschmecken und über die Fischscheiben gießen. Mit Petersilie bestreut servieren.

## Daurade
## Goldbrasse

Die Goldbrasse wird von einem wahren Panzer aus dicken und harten Schuppen geschützt, die man vollkommen entfernen muß, ehe man den Fisch weiter verarbeiten kann. Man nimmt ihn aus, läßt aber Rogen oder Milch an ihrem natürlichen Platz, wenn man welche findet. Wird die Goldbrasse im Ganzen serviert, so läßt man zum Garen den Kopf daran und schneidet nur die Flossen ab und den Schwanz zurecht.

Es gibt verschiedene Arten von Goldbrassen. Die schmackhafteste hat einen perlmuttfarbenen, transparenten Wulst von einem Auge zum anderen und lebt im Mittelmeer. Man darf sie nicht mit der Goldbrasse verwechseln, die im chinesischen Meer zu finden ist. Kleine Goldbrassen können wie die Meerbarben behandelt werden: gegrillt, fritiert, Müllerin usw. Mittelgroße oder große Goldbrassen werden gebraten, pochiert, gefüllt wie die Alse (Maifisch - mit Sauerampfer), überbacken, wie Seezungen mit Weiß- oder Rotwein, nach der Art von Dieppe, auf portugiesische Art usw.

*Anm. der Übersetzer:* In Kaufhäusern und großen Supermärkten sowie in italienischen und anderen mediterranen Spezialgeschäften findet man immer häufiger gefrorene Goldbrassen (Orata), die ausgezeichnet schmecken. Die ebenfalls dort angebotenen Zahnbrassen (Dentice) haben einen intensiveren, weniger feinen Geschmack.

## Daurade farcie
## Gefüllte Goldbrasse

*1 große Goldbrasse von etwa 1,5 kg, 225 g Butter, 4 Schalotten, 250 g frische Champignons, Salz, Pfeffer, Rosmarin, 1/5 l trockener Weißwein, 1 große Tomate, 100 g Semmelbrösel, 1 Ei, 1 EL frisches Paniermehl*

Die Goldbrasse schuppen, die Kiemen entfernen und den Fisch durch diese Öffnung ausnehmen; Flossen abschneiden. Die Hälfte der Butter in einer Pfanne schmelzen und die gehackten Schalotten darin ganz langsam weich werden lassen, ohne daß sie dabei Farbe nehmen. Für diesen Vorgang etwa 15 bis 20 Minuten rechnen. Dann die Pfanne stark erhitzen und die sorgfältig geputzten und gehackten Champignons hineingeben. Rasch trocken braten, mit Salz, Pfeffer und einer Messerspitze Rosmarin würzen und mit 1/10 l Weißwein begießen. Die geschälte, entkernte und gehackte Tomate zugeben und alles auf großer Flamme stark einkochen. Vom Feuer nehmen und die Semmelbrösel sowie das geschlagene Ei zufügen, gut untermischen und die Masse abschmecken. Wenn die Goldbrasse Milch oder Rogen enthalten hat, so mischt man diese jetzt noch der Füllung bei.

Den Fisch mit dieser Masse durch die Kiemen füllen und in eine reichlich gebutterte, feuerfeste Form legen. Mit Salz und Pfeffer würzen, mit dem restlichen Weißwein angießen und den Fisch mit 1 EL frischem Paniermehl bestreuen. Die übrigen 100 g Butter in kleine Stückchen teilen und über dem ganzen Fisch verteilen. In den Ofen schieben und unter häufigem Begießen 40 Minuten garen.

## Daurade Bercy
## Goldbrasse »Bercy«

Für 5–6 Personen: *1 große Goldbrasse von etwa 1,5 kg, Salz, Pfeffer, 275 g Butter, 2 Schalotten, 1 Bund gehackte Petersilie, trockener Weißwein*

Die Goldbrasse schuppen, ausnehmen, waschen und die Flossen abschneiden. Den dicken Rücken auf beiden Seiten alle 2 cm schräg leicht einschneiden. Mit Pfeffer und Salz einreiben. Eine große, flache Auflaufform mit 50 g Butter reichlich ausfetten, mit gehackten Schalotten und gehackter Petersilie ausstreuen. Den Fisch darauflegen und mit Weißwein angießen, bis die Goldbrasse zu ⅓ im Wein liegt. Mit 100 g geschmolzener Butter beträufeln und in den vorgeheizten Ofen schieben. 25 bis 30 Minuten garen, zwischendurch sehr häufig mit dem Kochsud begießen. Den Fisch herausnehmen und auf einer gut vorgewärmten länglichen Platte anrichten. Mit einer Glocke oder einer anderen, tiefen Platte zudecken, damit der Fisch nicht abkühlt und austrocknet.

Falls der Kochsud zu reichlich ist, auf großer Flamme rasch auf die Menge reduzieren, die zum Verspeisen des Fisches nötig ist. Vom Feuer nehmen und kräftig rührend in kleinen Stückchen 125 g Butter in den Kochsud arbeiten. Dabei wird dieser Sud zur Sauce, wird durch die Butter gebunden. Abschmecken und die Goldbrasse damit übergießen. Einige Minuten in einen sehr heißen Ofen, unter den Grill eines Elektro- oder Gasofens oder einen Elektrogrill stellen, um der Sauce eine schöne goldene Farbe zu geben. Sofort servieren.

Man kann natürlich auf das Vergolden verzichten und auch die Sauce etwas weniger reich und aufwendig halten. Statt der 125 g Butter gibt man dann zum Schluß nur 75 g Mehlbutter in kleinen Stückchen in den heftig wallenden Kochsud, der durch die einfache Auflösung der Mehlbutter gebunden wird. Nur ganz kurz kräftig durchrühren und über die Goldbrasse gießen.

## Eperlans
## Stint

Am besten schmecken die sehr kleinen Stinte, die entweder auf Spieße gesteckt fritiert oder wie die Gründlinge fritiert und pyramidenförmig angerichtet werden. Große Stinte kann man wie Wittlinge zubereiten, mit denen sie übrigens viel Ähnlichkeit haben. Allerdings besitzen sie eine für ihre Größe unverhältnismäßig große Zahl an Gräten, so daß sie sehr unangenehm zu essen sind.

## Esturgeon
### Stör

Wie der Lachs ein Wanderfisch, lebt der Stör abwechselnd in Salz- und Süßwasser. Man trifft ihn vor allem in den großen Flüssen Rußlands und in der Donau an, in sehr viel kleinerer Zahl auch in der Gironde im Südwesten Frankreichs. Früher gab es ihn sogar im Unterlauf der Elbe. Der Stör kann eine beachtliche Größe erreichen, bis zu 6 m lang werden.
Aus dem Rogen des Störs wird durch ein besonderes Verfahren der begehrte Kaviar hergestellt. Sein Fleisch ist fest, ölig und von zweitklassiger Qualität. Man findet ihn recht selten auf dem Markt. Sein Preis ist relativ hoch. Am besten schmeckt er, wenn er wie geschmortes Kalbfleisch zubereitet wird.
*Anm. der Übersetzer:* Immer häufiger wird Stör bei uns geräuchert angeboten. Die für eine andere Zubereitung unangenehmen Eigenschaften kommen hier positiv zum Tragen: Die Festigkeit gibt Halt, so daß aus dem weißen Fleisch sehr dünne Scheiben geschnitten werden können, und der hohe Fettgehalt sorgt dafür, daß die Fasern nicht austrocknen – geräucherter Stör ist eine Delikatesse.

## Fricandeau d'esturgeon
### Stör-Spickbraten

Ein Stück Stör häuten und in 4 cm dicke Scheiben schneiden. Wie einen Kalbs-Spickbraten mit Speckstreifen durchziehen. In einer reichlich gebutterten, tiefen Pfanne auf einer Unterlage von in Scheiben geschnittenen Möhren und Zwiebeln einrichten und gar schmoren. Mit dem entstandenen Fond und einer Garnitur von kleinen Zwiebeln, Oliven, Gemüsen (Spinat, Sauerampfer, Zucchini, überbackenem Kartoffelpüree) oder Pilzen (gebratenen Steinpilzen, Pfifferlingen, Morcheln oder anderen) servieren.

## Haddock ou aiglefin Fumé
## Geräucherter Schellfisch

Man findet geräucherten Schellfisch ganz oder filetiert. Meistens wird er in einer Mischung aus Wasser und Milch kalt aufgesetzt und vom ersten Ankochen an gerechnet 8 bis 10 Minuten pro kg pochiert. Er wird abgetropft auf einer Serviette angerichtet und mit schaumig gerührter Butter und Dampfkartoffeln serviert.

*Anm. der Übersetzer:* Das Gericht stammt aus der englischen Küche, wo sich der geräucherte Schellfisch größerer Beliebtheit als der frische erfreut. Man kann statt dessen auch geräucherten Lengfisch, Kabeljau, Seelachs oder Goldbarsch nehmen.

## Hareng
## Hering

Der Hering kam einst sehr häufig vor und wurde zu niedrigen Preisen angeboten – er war ein beliebtes Volksnahrungsmittel. Nach der Überfischung der vergangenen Jahrzehnte und der darauffolgenden Knappheit wird er heute wieder in ausreichender Menge gefangen, jedoch zu mittleren bis manchmal hohen Preisen verkauft. Immerhin, seit er nicht mehr unbegrenzt gefischt werden kann, ist man sich bewußt, wie gut er schmeckt: Vor allem ganz frisch ist er ausgezeichnet; allerdings durch den relativ hohen Fettgehalt nicht leicht verdaulich. Man sollte ihn daher vorzugsweise zum Mittagessen servieren.

Hering schmeckt am besten gegrillt, fritiert oder Müllerin (gebraten), jeweils begleitet von einer gut gewürzten Sauce, wie etwa Senf-Sauce, oder in einer Marinade gekocht und kalt serviert. Geräucherter Hering wird gegrillt oder kalt mariniert und als Vorspeise gereicht.

Die Milch (also die männlichen Geschlechtsorgane) des Herings ist sehr gesucht und wird als feine Garnitur oder als eigenständiges Gericht gereicht. Am bekanntesten ist Heringsmilch »Villeroy«: Die Heringsmilche werden in eine sehr stark eingekochte, weiße Grundsauce getaucht, paniert und fritiert.

Die Zubereitung der Heringe ist denkbar einfach: Sie werden durch die Kiemen ausgenommen, wobei man Milch oder Rogen an ihrer Stelle läßt, stark abgerieben, um die Schuppen zu entfernen, gewaschen und abgetrocknet. Nun macht man auf jeder Seite kleine Einschnitte, um das Eindringen der Hitze und somit das Garen zu erleichtern. Etwas Öl mit Salz und Pfeffer vermischen, die Fische damit einreiben und auf den Grill legen oder zusätzlich in Mehl wenden und in einer Pfanne in sehr heißer Butter braten.

## Harengs frais marinés
## Marinierte grüne Heringe

*12 grüne (frische) Heringe, 1 Handvoll Salz, Zwiebeln, Möhren, einige Petersilienstengel, 1 Zweig Thymian, 1 Lorbeerblatt, einige zerdrückte Pfefferkörner, 2 Nelken, trockener Weißwein, Essig, etwas Öl*

Die Heringe ausnehmen, schuppen und waschen. Reichlich einsalzen und 6 Stunden ziehen lassen. Abtropfen, abwischen und in eine irdene Schüssel schichten, die mit Zwiebel- und Möhrenscheiben sowie den übrigen Gewürzen ausgelegt wurde. Mit Zwiebel- und Möhrenscheiben abdecken und mit einer Mischung aus Weißwein und Essig zu gleichen Teilen aufgießen, bis alles bedeckt ist. Mit einem geölten Papier belegen. Vorsichtig zum Kochen bringen, einen Deckel aufsetzen und 15 Minuten leise köcheln. Abkühlen lassen und bis zum Servieren im Kochsud aufbewahren.

## Lotte de mer ou baudroie
## Seeteufel oder Anglerfisch

Der Seeteufel muß stets vor der Zubereitung gehäutet werden. Sein festes und weißes Fleisch gehört unbedingt in die Bouillabaisse und andere Fischsuppen.
Meistens wird der Seeteufel wie Kabeljau oder Seelachs zubereitet.
*Anm. der Übersetzer:* Der außerordentlich häßliche Fisch mit einem riesigen Kopf galt bei uns lange Zeit als unverkäuflich. Inzwischen haben ihn die Feinschmecker entdeckt, und er kommt bereits ohne Kopf und gehäutet auf den Markt, leider unter den unterschiedlichsten Namen: So heißt er selten Seeteufel oder Angler(fisch), häufiger Karbonadenfisch, manchmal Forellenstör und in international belieferten Läden (wie französisch) einfach Lotte. Recht oft serviert man ihn in italienischen Restaurants, hier unter der Bezeichnung »coda di rospo«.

## Loup de la Méditerranée en croûte
## Seewolf (Wolfsbarsch) aus dem Mittelmeer in Teigkruste

Der Seewolf aus dem Mittelmeer hat ein außerordentlich feines, weißes Fleisch mit einem ganz exquisiten und sehr würzigen Geschmack. Man kann ihn auf verschiedene Weise zubereiten: pochiert, geschmort, als kaltes Gericht oder, und so findet er am meisten Liebhaber, auf Fenchel gegrillt; es sei denn, er wird in Teigkruste zubereitet.

> Für 6—8 Personen: *1 Seewolf von etwa 3 kg, Kerbel- und Estragonblätter, Salz, Pfeffer, Blätterteig aus 500 g gesiebtem Mehl, 375 g Butter, 10 g Salz und ¼ l Wasser, Eigelb, Butter oder »Weiße Butter«*

Den Seewolf ausnehmen, auswaschen und häuten. Dabei darauf achten, daß das Fleisch nicht eingeschnitten oder eingerissen wird. Kopf und Schwanz unversehrt lassen, die Flossen abschneiden. Den Rücken längs der Gräten bis zur Hauptgräte aufschneiden. In diese lange Öffnung frisch gepflückte Kerbel- und Estragonblätter legen, salzen, pfeffern und den Fisch wieder verschließen. Auf der Bauchseite ebenso verfahren. Den bereits vorher fertiggestellten Blätterteig zu zwei dünnen Platten ausrollen, die etwas länger und breiter als der Fisch sein müssen. Den Seewolf auf eine Platte legen, die andere Platte darüberschlagen. Beide Platten rund um den Fisch fest aneinanderdrücken, so daß dieser gut eingehüllt wird und seine Form sich genau abzeichnet. Mit einem scharfen Messer die überstehenden Teigteile abschneiden, dabei für die Flossen andeutungsweise etwas Teigrand stehenlassen. Auf diesen Flossen einige Streifen einritzen und mit abgeschnittenem Teig Kiemen und Augen des Fisches nachformen. Den Teig mit Eigelb bestreichen und, um die Ähnlichkeit mit einem echten Fisch zu verstärken, auf dem Teig die Schuppen imitieren. Dazu einen Ausstecher nehmen und die Schuppen halbkreisförmig eindrücken. Diese etwas mühsame Arbeit verlangt viel Geduld und eine gewisse Geschicklichkeit. Den fertig vorbereiteten Seewolf auf dem Kuchenblech in den 220 Grad heißen Ofen schieben. Wenn die Oberfläche des Teiges sich zu bräunen beginnt, auf 180 Grad zurückschalten, damit der Fisch innen und außen gleichmäßig gar wird, ohne daß der Teig verkohlt. Etwa 1½ Stunden Garzeit veranschlagen.

Den Seewolf auf einer langen Platte anrichten und erst am Tisch in

Portionen teilen. Man reicht dazu nur geschmolzene oder »Weiße Butter«.

*Variante:* Man kann den Seewolf, bevor er in den Teig gehüllt wird, auch mit diesem ausgezeichneten Hummerschaum füllen: Im Mörser 200 g rohes Hummerfleisch zerstampfen, auch den Corail, den Rogen, eines Hummers zufügen. Mit 10 g Salz, einer Prise frisch gemahlenem Pfeffer und einem Hauch fein geriebener Muskatnuß würzen. Durch ein feines Sieb passieren, in einer Schüssel auf Eis 200 g doppelte Sahne (crème double) kräftig hineinarbeiten und zum Schluß 100 g Pistazien und Trüffeln zufügen.

*Anm. der Übersetzer:* Seewolf gibt es bei uns nur selten zu kaufen, nur die besten Delikatessengeschäfte und gute Restaurants lassen ihn aus Frankreich oder Italien kommen. Da er als einer der edelsten Fische gilt, ist er entsprechend teuer.

## Escalopes de lotte sautées
## Gebratene Seeteufel-Schnitzel

*6 große, 2 cm dicke Seeteufel-Schnitzel, Salz, Pfeffer, 1 Ei, 1 EL Öl, frisches Paniermehl, 100 g Butter, 1 EL Olivenöl, ½ Zitrone (Saft), gehackte Petersilie, evtl. weitere Butter, nach Belieben Tomaten-Sauce*

Die Schnitzel aus dem breiten vorderen Teil eines großen Seeteufels schneiden. Leicht flach klopfen, mit Salz und frisch gemahlenem Pfeffer würzen. Das Ei mit dem Öl und einer Prise Salz verschlagen, die Schnitzel durchziehen und in frischem Paniermehl umwenden. Mit der breiten Klinge eines Messers leicht andrücken. Die Butter mit dem Olivenöl recht krätig in einer Pfanne erhitzen und die Schnitzel nebeneinander hineinlegen. Umdrehen, wenn sie zur Hälfte gar und auf der Unterseite schön golden geworden sind, und fertig braten.

Auf einer Servierplatte anrichten, den Saft einer halben Zitrone darüberträufeln, mit gehackter und kurz überbrühter Petersilie bestreuen und die Bratbutter heiß darübergießen. Genügt die Bratbutter nicht, so läßt man noch etwas Butter in der Pfanne schmelzen und haselnußbraun werden. Getrennt dazu kann man eine Tomaten-Sauce reichen.

## Limande — Limande-sole
## Kliesche — Rotzunge

Beide zu den Plattfischen zählenden Arten können anstelle der teuren Seezunge verwendet werden, freilich ohne diese zu ersetzen oder ihre Feinheit zu erreichen. Das Fleisch von Kliesche und Rotzunge ist weniger zart und schmackhaft, eher brüchig und etwas faserig.
Alle für Butt und Seezunge angegebenen Zubereitungen können auch für Kliesche und Rotzunge angewendet werden.

## Loup au varech à la façon de Michel Guérard
## Seewolf in Seetang nach Michel Guérard

Für 4 Personen: *2 große Handvoll frischer Seetang, 1 Seewolf von 1,5 bis 1,8 kg, Salz, Pfeffer, ¼ l trockener Weißwein* – Sauce: *1 Tomate, 1 Paprikaschote, 30 g gemischte Kräuter (Petersilie, Kerbel, Estragon, Basilikum, Schnittlauch), Salz, Pfeffer, 2 Zitronen (Saft), ¹⁄₁₀ l feines Olivenöl (kalt gepreßt, huile vierge, olio vergine)*

Eine lange, tiefe und feuerfeste Form mit ⅓ des Seetangs auslegen. Den Seewolf ausnehmen, die Flossen abschneiden, innen salzen und pfeffern und auf den Seetang legen. Mit dem übrigen Seetang bedecken und mit Weißwein begießen. Die Form mit Alufolie zudecken. In den auf 200 Grad vorgeheizten Ofen schieben und etwa 30 Minuten garen.
Auf einer vorgewärmten Platte anrichten und folgende Sauce dazu servieren:
Die Tomate häuten, entkernen und sehr fein hacken, die Paprikaschote in winzige Würfelchen schneiden und beides in eine Schüssel geben. Die fein gehackten Kräuter, Salz, frisch gemahlenen Pfeffer und den Zitronensaft zufügen und alles innig mit dem Olivenöl vermischen. Den Schnittlauch kann man durch feingehackte Schalotten oder etwas Zwiebel ersetzen.
Man kann den Seewolf auf dieselbe Weise auch in einem Fischkochtopf auf dem Herd garen.
*Anm. der Übersetzer:* Frischen Seetang bekommt man bei uns nur in Ausnahmefällen: Manche Versender packen ihre Austern in Seetang ein. Man muß sich also in der Fischabteilung eines guten Delikatessengeschäfts umsehen – wenn man Glück hat, erhält man dort Seetang (geschenkt). Die Mühe lohnt!

## Filets de lotte frits
### Fritierte Seeteufel-Schnitzel

Die Schnitzel wie im Rezept auf Seite 227 angegeben vorbereiten, dann in Milch tauchen und mit Mehl bestäuben. In rauchend-heißem Fett fritieren, abtropfen lassen, auf einer Serviette anrichten, mit fritierter Petersilie und Zitronenvierteln garnieren.

## Foie de lotte
### Seeteufel-Leber

Die Leber des Seeteufels, die eigentlich nichts anderes als die Milch dieses Fisches ist, wird – wie die nun tatsächliche Leber der Rutte, Trüsche oder Aalraupe – von den Feinschmeckern ganz besonders geschätzt. Man bereitet sie wie die Milch anderer Fische, doch benötigt sie eine etwas längere Garzeit. Am besten schmeckt sie, wenn man sie im Ofen brät.

## Foie de lotte au plat
### Gebratene Seeteufel-Leber

*½ Seeteufel-Leber (Milch), Salz, Pfeffer, 150 g Butter, Öl, ½ Zitrone (Saft)*

Die Seeteufel-Leber (Milch) mit Salz und Pfeffer würzen. In einer irdenen Form, die man auch zu Tisch geben kann, die Butter stark erhitzen. Die Leber (Milch) hineinlegen und fest werden lassen. Dann die Form mit geöltem Pergamentpapier oder Alufolie abdecken und in den vorgeheizten Ofen schieben. Während des Garens häufig begießen. Die Leber (Milch) nimmt während des Bratens einen Teil der Butter auf. Nötigenfalls neue Butter zufügen, damit die Leber (Milch) ständig in einer ausreichenden Menge Butter gart. Vor dem Servieren mit Zitronensaft beträufeln.

## Maquereau
## Makrele

Wie der Hering ist die Makrele, die vor allem im Frühjahr reichlich gefangen wird, ein relativ preiswertes Nahrungsmittel, das allerdings nicht leicht verdaulich ist. Die Vorbereitung ist ebenso einfach: Man nimmt sie durch die Kiemen aus und reibt sie kräftig ab. Dann werden die Flossen entfernt und die beiden Rückenseiten mit leichten Einschnitten versehen.

### Maquereaux au beurre noir
### Makrelen mit brauner Butter

*1 l Wasser, 10 g Salz, $1/10$ l Essig, einige zerdrückte Pfefferkörner, Makrelen, gehackte Petersilie, 1 weiterer Schuß Essig oder Zitronensaft, Butter*

Zunächst einen Sud aus Wasser, Salz, Essig und Pfefferkörnern bereiten. Gut durchkochen und abkühlen lassen. Die Makrelen, die alle von möglichst gleicher Größe sein sollen, einlegen und langsam zum Kochen bringen. Beim ersten Aufwallen den Topf vom Feuer ziehen und die Fische je nach Größe 10 bis 15 Minuten im Sud ziehen lassen. Die Makrelen herausheben, abtropfen lassen und auf einer Platte anrichten. Einige Augenblicke in den heißen Ofen stellen, damit sie trocken werden. Mit gehackter Petersilie bestreuen und mit etwas Essig oder Zitronensaft beträufeln. Vor dem Servieren mit in einer Pfanne stark erhitzter, dunkelbrauner Butter begießen.

### Filets de maquereaux à la florentine
### Makrelenfilets auf Florentiner Art

*Für 6 Personen: 6 nicht zu kleine Makrelen, Salz, Pfeffer, Fisch-Fond (Seite 153), trockener Weißwein, Butter, Spinat, $1/5$ l Mornay-Sauce, geriebener Käse, frisches Paniermehl*

Die Makrelen wie oben beschrieben vorbereiten. Die Filets abheben. Dazu den Fisch auf die Seite legen und am Rücken vom Kopf her das Filet zur Hälfte einschneiden. Anschließend das Filet vom Schwanz her ganz lösen, indem die Rückengräte mit der flachen Klinge eines

Messers immer wieder vom hochgezogenen Filet auf den Tisch heruntergedrückt wird.
Die Filets in eine feuerfeste, flache Auflaufform legen und mit Salz und Pfeffer würzen. Bis zur halben Höhe mit einer Mischung zu gleichen Teilen aus Fischfond und Weißwein angießen. Auf den Filets Butterflöckchen verteilen. Zugedeckt in den vorgeheizten Ofen schieben und 8 bis 10 Minuten garen.
Inzwischen den Spinat bereiten – entweder mit Butter oder mit Sahne, durchgedreht oder als Blattspinat. Den heißen Spinat in eine ausreichend große, flache, vorgewärmte Form füllen, in der das Gericht auch serviert wird. Die sorgfältig abgetropften Makrelenfilets darauflegen. In die Mornay-Sauce den Kochsud der Makrelen gießen; dabei aber darauf achten, daß die Sauce nicht zu flüssig wird. Die Filets und den Spinat mit dieser Sauce überziehen, alles mit geriebenem Käse und Paniermehl bestreuen, mit Butter beträufeln und im heißen Ofen oder unter dem Grill golden überkrusten (gratinieren).

## Maquereaux grillés
## Gegrillte Makrelen

*Mittelgroße Makrelen, zerlassene Butter oder Öl, Salz, Pfeffer, Haushofmeister-Butter*

Die Makrelen wie Seite 230 angegeben vorbereiten. Zerlassene Butter oder Öl mit Salz und Pfeffer vermischen und die Fische damit einreiben. Auf den gut heißen Grill legen. Die Hitze so einrichten, daß der spindelförmige Körper der Fische gleichmäßig gegart wird. Umdrehen, wenn die dem Feuer ausgesetzte Hälfte gar ist. Auf einer länglichen Platte anrichten und getrennt dazu Haushofmeister-Butter servieren. Wenn die Makrelen sehr groß sind, kann man das gleichmäßige Garen erleichtern, indem man die Fische vom Rücken her öffnet, ohne die beiden Hälften zu trennen. Mit gewürzter, zerlassener Butter beträufeln und so auf den Grill legen, daß das Innere zuerst gegart wird. Umwenden und von der äußeren Seite her grillen. Zum Servieren wieder zusammenklappen.
*Anmerkung:* Man kann den hinteren, dünneren Teil der Fische beim Grillen vor zu großer Hitze schützen, wenn man, nachdem sich bereits eine schöne Kruste gebildet hat, unter diesen eine dünne Kartoffelscheibe legt.

## Merlan
## Wittling oder Merlan

Das Fleisch des Wittlings ist zart, leicht verdaulich und daher besonders für Kranke geeignet. Da es sehr leicht zerbrechlich ist, bereitet man den Fisch am besten im Ganzen zu. Er wird durch die Kiemen ausgenommen, und da er nur wenig Schuppen hat, genügt es, ihn leicht zu salzen und anschließend fest abzureiben.
Am besten wird er fritiert, in der Pfanne oder im Ofen gebraten, überbacken oder wie andere Fische mit weißem Fleisch zubereitet (siehe Rezepte für Seezunge).

## Merlan frit
## Fritierter Wittling

*Wittlinge mittlerer Größe, Milch, Mehl, Fett oder Öl zum Fritieren, Salz, Petersilie und Zitronenviertel*

Den Wittling wie oben beschrieben vorbereiten, auf jeder Seite 5- oder 6mal leicht einschneiden, in Milch tauchen und in Mehl wenden. Erst kurz vor dem Servieren in das rauchende Fett oder Öl geben. Dabei die Ratschläge beachten, die in der Einleitung des Fischkapitels zum Fritieren gegeben wurden, damit der Fisch auch gleichmäßig und richtig ausgebacken wird. Den fertigen Fisch herausnehmen, mit einem Tuch oder Küchenpapier abtupfen, leicht salzen und sofort servieren, damit die goldfarbene, krustige Oberfläche nicht weich werden kann.
Dazu serviert man fritierte Petersilie und Zitronenviertel.

## Merlan au plat
## Gebratener Wittling

*1 Wittling, Salz, Pfeffer, Butter, 2 EL Weißwein, ¼ Zitrone (Saft)*

Den wie oben vorbereiteten Wittling vom Rücken her öffnen und aufklappen. Mit Salz und Pfeffer würzen und in eine reichlich gebutterte, feuerfeste Form legen. Mit dem Weißwein und Zitronensaft beträufeln und mit Butterflöckchen belegen. Auf dem Herd anbraten, dann in den vorgeheizten Ofen stellen und unter häufigem Begießen 10 bis 15 Minuten braten. Nach dieser Zeit hat der Fisch den Weißwein und die Butter fast vollständig absorbiert und hat sich durch das häufige Begießen mit einer goldenen, dickflüssigen Schicht überzogen. Sofort servieren.

## Morue
### Stockfisch

Stockfisch ist eingesalzener und anschließend auf Gestellen an der Luft getrockneter Kabeljau; es gibt jedoch manchmal auch nur gesalzenen, nicht voll getrockneten (grünen). Stockfisch wird vor allem in Norwegen, Grönland und Neufundland hergestellt und war vor langer Zeit eines der wichtigsten dauerhaften Nahrungsmittel. In jedem Falle muß Stockfisch vor der Zubereitung von seinem Konservierungsmittel befreit, also entsalzt werden.
Beim Einkauf darauf achten, daß der Stockfisch einen sehr braunen Rücken hat, der Bauch dagegen silbrig schimmert. Er muß dick sein, das Fleisch weiß und mit kurzen Fasern. Auf keinen Fall dünne, flache Fische mit hartem und gelblichem Fleisch nehmen.
Zunächst unter fließendem kalten Wasser waschen und auf allen Seiten sorgfältig abbürsten. Dann in Stücke von etwa 125 g zerbrechen und in kaltes Wasser legen. Entweder unter fließendem oder wenigstens mehrmals erneuertem Wasser 24 Stunden wässern und dadurch gründlich entsalzen.
Das Kochen selbst ist sehr einfach: Die gewässerten Stücke abtropfen, mit der Haut nach außen aufrollen und mit einer Schnur wie eine Roulade zusammenbinden. In einen Topf legen und mit kaltem Wasser reichlich bedecken. Zum Kochen bringen, beim ersten Aufwallen die Hitze reduzieren oder auf eine andere Platte ausweichen, damit der Stockfisch ohne zu kochen je nach Größe in 15 bis 18 Minuten gar ziehen kann. Zwischendurch abschäumen, den Topf jeweils wieder zudecken.
Jetzt kann der Stockfisch auf verschiedene Weise zubereitet werden, am schmackhaftesten ist dieses Gericht:

## Brandade de morue aux truffes
### Stockfisch-Püree mit Trüffeln

Zunächst wie im folgenden Rezept angegeben ein Stockfischpüree bereiten. Trüffel in große Würfel schneiden, in Butter andünsten und unter das Püree mengen. Alles in Form einer Halbkugel anrichten, mit Trüffelscheiben dekorieren und rundherum einen Kranz aus gerösteten Weißbrotscheiben (Croûtons) legen.

## Brandade de morue à la ménagère
### Stockfisch-Püree Hausfrauenart

Für 6 bis 8 Personen: *500 g Stockfisch mit sehr weißem Fleisch, $2/10$–$3/10$ l kaltgepreßtes Olivenöl, 1 Knoblauchzehe, $1/10$ l Sahne oder Milch, 100 g gekochte, heiße Kartoffeln, 1 Prise frisch gemahlener weißer Pfeffer, Salz, 1 Zitrone (Saft)*

Den Stockfisch wie oben beschrieben vorbereiten, entsalzen und kochen. Abtropfen, die hellen und dunklen Häute sowie die Gräten entfernen und das Fleisch in kleine Blättchen zerteilen. In einer Kasserolle mit dickem Boden $1/10$ l Olivenöl erhitzen. Den geblätterten Stockfisch und die zerdrückte Knoblauchzehe zufügen. Mit einem hölzernen Kochlöffel oder einem Spachtel diese Masse kräftig durcharbeiten, bis der Fisch zerfallen und zu einer glatten Paste geworden ist. Nun die Kasserolle vom Feuer nehmen oder die Hitze mildern. Stetig weiter mit dem Kochlöffel durcharbeiten, dabei nach und nach das restliche Öl und die Sahne oder die Milch untermischen. Zum Schluß die zerdrückten, in der Schale oder im Dampf gekochten Kartoffeln zufügen, mit Pfeffer und – falls überhaupt nötig – mit Salz würzen. Zum Schluß den Zitronensaft gut in die Masse arbeiten. Das Püree muß jetzt eine glatte, leichte, luftige und sehr weiße Paste sein.

Man serviert das Püree heiß, in Form einer Halbkugel auf einer Platte angerichtet und mit kleinen, in Butter oder Öl gerösteten Weißbrotscheiben (Croûtons).

## Morue à la lyonnaise
## Stockfisch auf Lyoner Art

*500 g gekochter Stockfisch, 3 mittelgroße Zwiebeln, 20 g Butter, 2 EL Öl,*
*3 mittelgroße gekochte Kartoffeln, Pfeffer, Petersilie, 2 TL Essig*

Den wie oben angegebenen vorbereiteten, entsalzenen und gekochten Stockfisch von allen Gräten und Häuten befreien. In kleine Blättchen zerteilen und bei milder Hitze in den geöffneten Ofen stellen, damit das überflüssige Kochwasser verdunstet und der Fisch etwas trockener wird. Inzwischen die Zwiebeln in feine Streifchen schneiden und in einer Pfanne oder einem Topf bei schwacher Hitze in dem Butter-Öl-Gemisch andünsten. Wenn sie weich und hellgelb geworden sind, die in Salzwasser gekochten, geschälten und in Scheiben geschnittenen Kartoffeln zugeben. Bei guter Hitze anbraten, bis Zwiebeln und Kartoffelscheiben ein wenig Farbe bekommen haben. Jetzt den Stockfisch zufügen, alles vermischen, einige Augenblicke kräftig anbraten und mit etwas frisch gemahlenem Pfeffer würzen. Eine gute Prise frisch gehackte Petersilie zufügen, nochmals umwenden und anrichten. In der leeren Pfanne den Essig erhitzen und kochend über den Stockfisch träufeln. Sofort servieren.

## Raie
## Rochen

Man sollte stets den sogenannten Buckel-Rochen kaufen, den man an den Noppen erkennt, die wie Knöpfe vereinzelt auf der Haut sitzen. Diese Rochen – leider nur selten zu finden – haben das zarteste Fleisch. Den Rochen unter fließendem Wasser waschen und bürsten, um den schleimigen Überzug zu entfernen. Die dicken, fleischigen Seitenflossen abtrennen und in Stücke von etwa 200 g zerteilen. Mit dem mittleren Teil des Schwanzes und den beiden fleischigen Wangen, die sich an jeder Seite des Kopfes befinden, in einen Topf legen. Mit Wasser aufgießen, bis alles gut bedeckt ist, normal salzen und mit $1/10$ l Essig auf 1 l Wasser säuern. Langsam zum Kochen bringen, ständig abschäumen und beim ersten Aufwallen beiseite ziehen, damit der Fisch etwa 15 Minuten ohne zu kochen pochieren kann. Die Rochenteile herausnehmen, abtropfen, häuten und auf einer vorgewärmten Platte anrichten. Dazu eine kräftig gewürzte Sauce (Kapern-Sauce, Normannische Sauce) oder, und das ist die klassische Art der Zubereitung, mit brauner Butter servieren:

## Raie au beurre noir
## Rochen mit brauner Butter

*Vorbereiteter Rochen, Salz, Pfeffer, Kapern, Petersilie, Butter, Essig*

Den auf einer vorgewärmten Platte angerichteten Rochen mit Salz und frisch gemahlenem Pfeffer würzen. Zerdrückte Kapern und etwas gehackte Petersilie darüberstreuen. In einer Pfanne Butter schmelzen lassen und erhitzen, bis sie dunkelbraun geworden ist. Schnell über den Fisch gießen und in die Pfanne etwas Essig schütten. Nur eben kräftig aufrauschen lassen, dann ebenfalls über den Fisch träufeln. Das Ganze muß sehr schnell vor sich gehen. Dazu Dampfkartoffeln reichen.

## Rougets (rougets-barbets)
## Rote Meerbarbe

Man unterscheidet besonders die Meerbarbe mit den beiden Bartfäden am Unterkiefer; der Rücken ist rot, die Seiten und der Bauch sind silberrosa, der Schwanz ist stark gegabelt, das Fleisch weiß, fein und sehr delikat. Der köstliche Fisch lebt über den felsigen Gründen des Mittelmeers und ernährt sich von den winzigen Meerespflanzen, die auf diesen Felsen wachsen.
Der Fisch muß stets sehr frisch verwendet werden. Seine Vorbereitung ist einfach: abreiben und die Kiemen herauslösen; die Eingeweide jedoch nicht herausnehmen, denn die Barbe ist die Schnepfe des Meeres. Die einzige Zubereitungsmethode, die ihren Wert entsprechend zum Ausdruck bringt, ist das Grillen:
Wenn die Barben gar sind, auf einer heißen Servierplatte anrichten, getrennt dazu eine Sauciere mit Haushofmeister-Butter auftragen.
Am Tisch, in Gegenwart der Gäste, die Köpfe abtrennen und entfernen. Die Fische vom Rücken her öffnen, die Innereien vorsichtig herausholen und mit der Haushofmeister-Butter vermischen. Die Gräten abheben und die Sauce über das Fischfleisch gießen. Den Geschmack mit einigen Tropfen Zitronensaft und etwas frisch gemahlenem Pfeffer hervorheben und abrunden, dann das göttliche Gericht schnell servieren.
*Anm. der Übersetzer:* Meerbarben findet man bei uns nur selten frisch, jedoch kommen sie immer häufiger tiefgekühlt auf den Markt, vor

allem aus Italien (Triglie). Es handelt sich hierbei freilich um eine andere, nicht so feine Art. Auch diese Fische sind nicht ausgenommen – die Innereien kann man nach vorsichtigem Auftauen im Kühlschrank ebenso verwenden, denn Meerbarben besitzen keine Galle.

## Rouget à l'orientale
## Meerbarben auf orientalische Art

Die Meerbarbe bereichert auch die Liste der kalten Gerichte und ist, auf orientalische Art zubereitet, je nach Menüzusammenstellung eine Vorspeise oder ein kaltes Fischgericht von erlesener Art zu Beginn der Mahlzeit.

*Meerbarben, Pfeffer, Salz, Mehl, Öl, Zitronen, Kerbel.* – Für die **Tomatensauce:** *1 kg Tomaten, 2 EL Öl, Salz, Pfeffer, 1 Knoblauchzehe, 1 Prise Zucker, 1 Messerspitze Safran, 1 Büschelchen Fenchellaub, 1 kleiner Zweig Thymian, 1 Stück Lorbeerblatt (zermahlen), einige Korianderkörner, 1 EL gehackte Petersilie*

Die Meerbarben mit Pfeffer und Salz würzen, mit Mehl bestäuben und sehr schnell in einer Pfanne in wenig Öl nach Art der Müllerin anbraten. In eine flache, feuerfeste Auflaufform legen, die vorher mit Öl ausgestrichen wurde. Mit geschmolzenen Tomaten bedecken, die auf folgende Art zubereitet werden:
Gut reife Tomaten mit kochendem Wasser begießen, häuten und entkernen. Das Innere in ein Sieb geben und das abtropfende Fruchtwasser aufbewahren. Das Tomatenfleisch mit einer Gabel zerdrücken und mit dem Fruchtwasser in einen Brattopf mit rauchendem Öl geben. Mit Salz und Pfeffer würzen, eine zerdrückte Knoblauchzehe und eine Prise Zucker zufügen. Unbedeckt langsam so lange einkochen, bis etwa ¾ des Fruchtwassers und der Markflüssigkeit verdunstet sind. Mit Safran, Fenchellaub, Thymian, dem zermahlenen Lorbeerblatt, Korianderkörnern und gehackter Petersilie würzen.
Die angebratenen Meerbarben mit diesem Tomatenmark bedecken und fertig garen. Zunächst auf dem Herd zum Kochen bringen, dann zugedeckt 8 bis 10 Minuten in den Ofen stellen. Abkühlen lassen und die Meerbarben mit dünnen, gut abgeschälten Zitronenscheiben geschmackvoll verzieren. In die Mitte jeder Scheibe ein Kerbelblatt setzen und recht kalt, am besten aus dem Kühlschrank, servieren.

## Rouget à la provençale
## Meerbarben auf provenzalische Art

Dieses Gericht ist eine heiße Variante des vorhergehenden, der Meerbarben auf orientalische Art; man kann es jedoch ebenfalls kalt servieren.

*6 Meerbarben, Pfeffer, Salz, Mehl, Öl, 1 große Zwiebel, 6 Fleischtomaten, 1 Knoblauchzehe, 1 Prise gehackte Petersilie, 100 g schwarze, entkernte Oliven, Zitronensaft*

Wie im vorhergehenden Rezept die Meerbarben würzen und in Öl anbraten. Aus der Pfanne nehmen und in eine flache, feuerfeste Auflaufform nebeneinanderlegen. Im Bratöl die gehackte Zwiebel langsam andünsten, ohne daß sie Farbe nimmt. Die gehäuteten, entkernten, ausgepreßten und grob gehackten Tomaten, die zerdrückte Knoblauchzehe, die Petersilie und die Oliven zufügen, mit einer Prise Salz und frisch gemahlenem Pfeffer würzen und alles 10 Minuten durchköcheln lassen. Über die Meerbarben gießen und diese 10 Minuten im vorgeheizten Ofen fertig garen. Mit einigen Tropfen Zitronensaft abschmecken und sofort heiß servieren.

## Rougets de la Méditerranée — Sauce au pistou
## Mittelmeerbarben mit Basilikum-Sauce

*Für 4 Personen: 8 ganz frische, leuchtend-rote Meerbarben aus dem Mittelmeer zu je 100 g. – Für den Sud: ¾ l trockener Weißwein, 1¼ l Wasser (vorzugsweise ungechlortes Mineralwasser aus Evian), 50 g Möhren in dünnen Scheiben, 50 g Zwiebeln in Scheiben, 35 g grobes Meersalz, 15 g Petersilienstengel, 15 g Selleriestengel, 15 g Lauch in Scheiben, ½ Lorbeerblatt, 1 kleiner Zweig Thymian, 10 g Pfefferkörner, 2 Nelken, 2 Korianderkörner, je 4 Orangen- und Zitronenscheiben (ungespritzt). – Für die Sauce: ⅕ l Olivenöl, gehackte Kräuter: 20 g Basilikum, 10 g Petersilie, 5 g Estragon, 5 g Kerbel, 5 g Schnittlauch; 1 zerdrückte Knoblauchzehe, 1 Zitrone (Saft), 10 g Salz, frisch gemahlener Pfeffer*

Die Meerbarben wie oben vorbereiten. Aus den angegebenen Zutaten einen Sud aufsetzen und 15 Minuten heftig durchkochen. Die

Meerbarben einlegen, zum Kochen bringen, jedoch beim ersten Aufwallen vom Feuer ziehen und 15 Minuten ohne zu kochen gar ziehen lassen. Auf einer vorgewärmten Platte gut abgetropft anrichten und getrennt dazu die aus den angegebenen Zutaten an einem nicht zu kühlen Ort gerührte Sauce reichen. Im Sommer kann man die Meerbarben auch kalt servieren.

## Sardines
## Sardinen

Frische Sardinen sind meistens etwas salzig, da sie zum Transport nicht nur in Eis, sondern auch in Salz verpackt werden – ihr sehr empfindliches und zartes Fleisch verdirbt sonst noch schneller. Am Atlantik und am Mittelmeer, wo sie am besten sind, ißt man sie sofort nach dem Fang, im allgemeinen nur gegrillt mit frischer Butter.
*Anm. der Übersetzer:* Sardinen findet man jetzt in guter Qualität auch gefroren.

## Sardines antiboises
## Sardinen auf die Art von Antibes

*500 g frische Sardinen, 2 EL Olivenöl, 2 große Zwiebeln, $1/10$ l trockener Weißwein, 6 Tomaten, Salz, Pfeffer, nach Belieben Anchovis-Butter*

Die Sardinen ausnehmen und abreiben. In einer Pfanne das Öl erhitzen, bis es zu rauchen beginnt. Die Sardinen darin auf beiden Seiten rasch anbraten. Herausnehmen und warm halten. In dem zum Braten verwendeten Öl (nötigenfalls neues Öl zugießen) die in Streifchen geschnittenen Zwiebeln langsam weich dünsten, ohne daß sie Farbe nehmen. Mit Weißwein angießen. Rasch einkochen, bis nur noch $1/3$ der Flüssigkeitsmenge übrig ist. Die gehäuteten, entkernten, ausgedrückten und grob gehackten Tomaten hineingeben, mit Salz und Pfeffer würzen und weiter auf die Hälfte einkochen, bis eine recht dicke, beinahe püreeartige Sauce entsteht. Diese Sauce in eine flache Auflaufform gießen, die Sardinen darauflegen und alles im heißen Ofen 5 Minuten überbacken. Nach Belieben dazu Anchovis-Butter servieren.

## Saumon
## Lachs, Salm

Der Lachs lebte früher zunächst in unseren großen Flüssen, in denen er sich auch vermehrt, und wanderte dann ins Meer. Heute kommt er in unseren verschmutzten Gewässern nicht mehr vor, sondern muß aus Norwegen, Schottland, Irland oder Kanada importiert werden. Er kann bis zu 2 m lang werden, doch sind die besten Fische von mittlerer Größe.

Man kann den Lachs auf zwei grundsätzlich verschiedene Arten zubereiten: als ganzen Fisch oder zerteilt, entweder quer in Scheiben, die auch Kotelett (in frz. bei Fischen »darne«) genannt werden, oder schräg zur Rückengräte (wie Räucherlachs geschnitten) in Schnitzel. Ich rate, den Lachs im Ganzen zuzubereiten, außer zum Grillen und Braten nach Art der Müllerin.

Im allgemeinen läßt man den Lachs im Sud gar ziehen und serviert ihn warm mit Holländischer Sauce, Schaum-Sauce, Sahne-Sauce, Garnelen-Sauce, Genfer Sauce usw. oder kalt mit Mayonnaise, Grüner Sauce, Ravigote-Sauce usw.

Ansonsten eignen sich alle Rezepte für pochierte, gegrillte oder geschmorte Zubereitungen großer Fische. Außerdem bereitet man aus Lachs eine ursprünglich aus Rußland stammende Pastete, den Kulibiak:

### Coulibiac de saumon
### Kulibiak aus Lachs

*500 g einfacher Brioche-Teig ohne Zucker, 350 g Lachsfleisch ohne Haut und Gräten, Salz, Pfeffer, Butter, 50 g frische Champignons, 1 mittelgroße Zwiebel, 100 g grober Weizengrieß, helle Fleischbrühe, 1 hartgekochtes Ei, 40 g Vesiga (das ausgelöste, getrocknete Rückenmark des Störs)*

Den Brioche-Teig zu einem Rechteck ausrollen, in das man später alle Zutaten einschlagen kann. Das Lachsfleisch in ½ cm dicke Scheiben schneiden, salzen, pfeffern und in Butter kurz anbraten, bis sie eben fest zu werden beginnen. Herausnehmen und abkühlen lassen. Nun die gehackten Champignons und Zwiebeln in der Butter weich dünsten, ebenfalls abkühlen lassen. Den Grieß in Brühe weich kochen und würzen. Er soll wie körniger Reis nicht aneinanderkleben, aber trotzdem weich sein. Das Ei und die Vesiga, die 5 Stunden in Wasser

eingeweicht und dann 3 Stunden in Wasser oder heller Fleischbrühe gekocht hat, grob hacken.
Alle Zutaten, wie bei der Pâté Pantin (Seite 347) erklärt, übereinanderschichten. Den Teig umschlagen, fest aneinanderdrücken und die Paste umgekehrt auf ein Backblech setzen. 20 Minuten mit einem Tuch zugedeckt an einem warmen Ort gehen lassen. Mit zerlassener Butter bestreichen, kleine Schnitte einritzen und in die Mitte der Paste ein Loch schneiden, damit die beim Backen entstehenden Dämpfe abziehen können. Im gut heißen Ofen 35 Minuten backen. Sofort heiß servieren, davor nur einige Löffel schaumig gerührte Butter in das Loch in der Mitte geben.

*Anm. der Übersetzer:* Vesiga, eine etwas altertümlich anmutende Zutat, kann man in Deutschland kaum bekommen. Es war früher vor allem in Rußland sehr begehrt. Man kann es bei dieser Pastete weglassen, muß dann nur entsprechend mehr Lachsfleisch verwenden.

## Escalope de saumon à l'oseille des frères Troisgros
## Lachsschnitzel mit Sauerampfer nach den Gebrüdern Troisgros

Für 8 bis 10 Personen: *1,5 kg frischer Lachs (Schwanzteil), ¼ l trockener Weißwein, ¼ l trockener Wermut (Noilly Prat), ¼ l Fisch-Fond, 80 g gehackte Schalotten, ½ l Sahne, Salz, Pfeffer, 100 g Sauerampfer, ¹⁄₁₀ l Öl*

Den Lachs schräg zur Hauptgräte in dünne Schnitzel schneiden. Weißwein, Wermut und Fisch-Fond in einer Kasserolle aufsetzen, die Schalotten zufügen und alles einkochen, bis der Fond sirupartig zu werden beginnt. Durch ein feines Sieb gießen, die Sahne zufügen und wiederum einkochen, bis sich eine gewisse Bindung einstellt. Inzwischen den Sauerampfer putzen, waschen und jeweils mehrere Blätter aufeinanderlegen und zusammenrollen. In Streifen schneiden und ganz kurz in Salzwasser zusammenfallen lassen. Abtropfen und in die fertig eingekochte Sauce geben. Die Lachsscheiben salzen, pfeffern und im heißen Öl braten. Die dünnen Scheiben benötigen jeweils nur einige Sekunden auf jeder Seite, um gar zu werden. Brät man sie zu lange, so trocknen sie aus und werden zäh.
Die Lachsschnitzel auf vorgewärmten Tellern anrichten und mit Sauerampfer-Sauce überziehen oder umgießen. Nach Belieben die Sauce auch getrennt reichen. Mit einem Blätterteig-Fleuron (Halbmond oder Fisch) garnieren.

## Saumon cru Renga-Ya
## Roher Lachs »Renga-Ya«

Zu diesem Rezept wurde ich durch die japanische Küche, die ich auf mehreren Reisen kennenlernen konnte, angeregt.

Für 1 Person: *1 frisch geschnittenes Lachsschnitzel von etwa 120 g, Salz, Pfeffer, 1 EL Olivenöl, ¼ Zitrone (Saft), etwas Schnittlauch, nach Belieben 1 EL Kaviar*

Das Lachsschnitzel erst unmittelbar vor dem Servieren aus einem ganz frischen Lachs schneiden. Auf einen sehr kalten Teller legen, salzen, leicht aus der Mühle pfeffern, mit Olivenöl beträufeln und das Zitronenviertel darüber ausdrücken. Mit Schnittlauchröllchen bestreuen und mit frisch getoastetem Weißbrot servieren. Nach Belieben auf die Mitte der Scheibe ein Häufchen frischer Kaviar setzen.
*Anm. der Übersetzer:* Das Gericht ist bekannt nach dem Restaurant von Paul Bocuse in Japan.


## Sole
## Seezunge

Die Seezunge ist der feinste aller Plattfische. Ihr Fleisch ist weiß, fest, aber dennoch zart und leicht verdaulich. Die Art der Vorbereitung einer Seezunge richtet sich ganz nach der Zubereitung. Es gibt hier zwei grundsätzlich unterschiedliche Verfahren, nämlich zum einen das Garen des ganzen Fisches, zum anderen das Garen der abgelösten Filets.
Die ersten Vorbereitungen sind bei beiden Verfahren die gleichen: Der Kopf wird schräg direkt an den Filets abgeschnitten. Dann schneidet man den Schwanz ab und hebt mit der Messerspitze das äußere Ende der dunklen Haut ein wenig an. Man faßt es mit einem Tuch und zieht die Haut ruckartig mit einer kraftvollen Bewegung nach vorne ab, während man die Rückengräte mit der anderen Hand auf die Unterlage drückt. Dies muß mit einer kontinuierlichen Bewegung vor sich gehen, damit sich das Fleisch nicht an der Haut klebend von den Gräten löst.

Soll die Seezunge im Ganzen gegart werden, schuppt man nun die Haut der weißen Seite und schneidet mit einer starken Schere den rund um die Seezunge verlaufenden Flossenkranz ab. Dabei sollten alle die kleinen Gräten mit entfernt werden, die von nur wenig Fleisch bedeckt sind. Die Seezunge sieht zwar dann weniger schön und stattlich aus, denn es verbleiben nur die Filets mit den darunterliegenden Hauptgräten. Jedoch lösen sich die äußeren Flossengräten nach dem Garen sehr leicht und vermischen sich dann mit der Sauce oder der Garnitur, was beim Essen sehr unangenehm sein kann. Zum Schluß schneidet man noch den Bauch auf und entfernt die Eingeweide, wäscht die Seezunge und trocknet sie mit einem Tuch oder Küchenpapier ab.

Um ein gleichmäßiges Garen zu erreichen, schneidet man die abgezogene Seite häufig noch rechts und links der Hauptgräte ein. Will man die Filets abheben, so zieht man nach der dunklen Haut auch die weiße auf die gleiche Weise ab. Dann ritzt man mit der Messerspitze rund um die Filets und löst diese schließlich, indem man mit einem Messer mit dünner und biegsamer Klinge von der Hauptgräte ausgehend flach an den Gräten schabend unter die Filets fährt und diese mit ziehenden Schnitten von den Gräten schneidet. Die 4 Filets werden flach auf den Tisch gelegt und mit einem schweren Messer oder einem kleinen Fleischklopfer leicht flach geklopft, damit die Fasern ein wenig zerstört werden und die Filets sich beim Garen nicht aufbiegen. Die Messerklinge bzw. den Fleischklopfer etwas anfeuchten, damit die Filets nicht daran kleben bleiben.

Alle Abfälle der Seezunge, Kopf, Flossen und Gräten, werden immer nutzbringend zu einem kleinen Fisch-Fond ausgekocht, der zum Angießen des Fisches oder zur Saucenherstellung dient.

Eine Seezunge für 2 Personen sollte unvorbereitet 350 bis 400 g wiegen, das entspricht durchschnittlich 260 g reinem Fleisch. Die ausgelösten Filets ergeben dann etwa 225 g. Man rechnet stets 2 Filets pro Person.

## Sole au champagne
## Seezunge in Champagner

*Für 2 Personen: 1 Seezunge von 350 bis 400 g, Butter, Salz, trockener Champagner (brut), Seezungen-Fond (siehe unten), Zutaten für eine der drei unten aufgeführten Saucen*

Die Seezunge wie auf Seite 242 beschrieben vorbereiten und aus den Abfällen und etwas Champagner einen kleinen Fond bereiten.
Eine feuerfeste, flache Form in der Größe der Seezunge reichlich buttern und mit etwas Salz ausstreuen. Die Seezunge mit der abgezogenen Seite nach unten hineinlegen. Mit einer Mischung aus halb Champagner (oder, für Seezunge in Weißwein, mit einem trockenen Weißwein), halb Seezungen-Fond aufgießen, bis die Seezunge gerade eben noch nicht bedeckt ist. Auf der Seezunge einige Butterflöckchen verteilen, alles mit gebuttertem Papier oder Alufolie abdecken und auf dem Herd zum Kochen bringen. In den vorgeheizten Ofen schieben und langsam pochieren, bis der Fisch gar ist, was etwa 12 bis 15 Minuten dauert. Man kann den genauen Punkt daran erkennen, daß sich die Filets leicht von den Gräten lösen lassen.
Den Fisch vorsichtig mit einem Spachtel herausheben und auf einer gut vorgewärmten Servierplatte anrichten. Mit einer anderen Platte zudecken, damit der Fisch nicht abkühlt und austrocknet, während die Sauce zubereitet wird. Diese kann man auf verschiedene Weise fertigstellen. Ich gebe hier drei Möglichkeiten an, wobei vor allem die erste für die Hausfrau, die ja nicht wie ein Restaurant verschiedene Fonds und Saucen bereithalten kann, in Betracht kommen dürfte:
Erste Saucenvariante:

*80 g Butter, 20 g Mehl, Pfeffer, Salz*

Den Kochsud der Seezunge in eine Kasserolle gießen und stark einkochen. 30 g Butter mit dem Mehl verkneten und diese Mehlbutter in den kochenden Sud geben. Dabei löst sich die Butter auf und bindet die Sauce. Vom Feuer nehmen und die restliche Butter kräftig rührend hineinarbeiten. Mit Pfeffer und Salz abschmecken. Die Flüssigkeit, welche die warm gehaltene Seezunge abgegeben hat, in diese Sauce rühren und die Seezunge mit der Sauce übergossen auftragen.
Zweite Saucenvariante:

*3 EL Fisch-Samtsauce oder Béchamel-Sauce, 1 Eigelb, etwas kalter Fisch-Fond, Milch oder Champignon-Sud, 50 g Butter*

Den Kochsud der Seezunge in eine Kasserolle gießen und um ⅔ kochen. Fisch-Samtsauce oder Béchamel-Sauce zufügen und gut verrühren. Das Eigelb mit ½ EL Fisch-Fond, Milch oder Champignon-Sud verrühren und die Sauce neben dem Feuer damit binden (legieren). Nicht mehr kochen lassen, sondern nur erhitzen, bis die Sauce dicklich zu werden beginnt. Mit Butter und Seezungenflüssigkeit wie oben fertigmachen und den Fisch mit der Sauce übergossen servieren.

Dritte Saucenvariante:

*1 Eigelb, 1 EL kalter Fisch-Fond, Milch oder Champignon-Sud, 100 g Butter*

Den Kochsud der Seezunge in einer Kasserolle um ⅔ einkochen und mit dem Eigelb, das mit Fisch-Fond, Milch oder Champignon-Sud verrührt wurde, legieren. Im Wasserbad erhitzen, bis das Eigelb die Sauce dicklich macht, die Sauce dabei mit dem Schneebesen wie zu einer Holländischen Sauce schaumig schlagen. Abschmecken und neben dem Feuer nach und nach mit der Butter schaumig aufschlagen. Die Seezungen-Flüssigkeit zugeben, die sehr leichte und luftige Sauce über den Fisch gießen und sofort servieren.

## Sole frite
### Fritierte Seezunge

Für 1 Person: *1 Seezunge von etwa 250 g, Milch, Mehl, Öl zum Fritieren, Salz, Zitronenviertel, Petersilie*

Die Seezunge wie angegeben vorbereiten; nur die dunkle Haut abziehen, die weiße lediglich schuppen. In Milch legen, in Mehl wenden und das überflüssige Mehl abklopfen. In rauchendes Öl tauchen und 8 bis 10 Minuten nach den im Einleitungskapitel gegebenen Ratschlägen ausbacken. Der Fisch muß dann vollkommen durchgegart, golden und knusprig sein. Aus dem Öl heben, abtropfen lassen, mit einem Tuch oder Küchenpapier abtupfen, mit Salz bestreuen und auf einer vorgewärmten Platte anrichten. Mit Zitronenvierteln und einem Strauß fritierter Petersilie, die nur eine Sekunde in das heiße Öl getaucht und dann gesalzen wird, umlegen und sofort servieren.

## Sole grillée
## Gegrillte Seezunge

*1 Seezunge von etwa 250 g, Salz, Pfeffer, zerlassene Butter oder Öl*

Die Seezunge wird wie zum Fritieren vorbereitet, jedoch ritzt man die weiße Haut mit der Messerspitze noch rautenförmig ein. Salzen, pfeffern und durch zerlassene Butter oder Öl ziehen. Auf den heißen Grill mit der weißen Haut nach unten legen. Die Hitze so regeln, daß der dünnere Schwanzteil nicht zu schnell gegart und dadurch trocken wird. Nach 3 Minuten die Seezunge mit einem Spachtel, der zwischen Grill und Seezunge geschoben wird, hochheben und die Seezunge etwas umdrehen, damit die Grillstäbe jetzt im Winkel versetzt zu der ersten Position verlaufen. Nach weiteren 3 Minuten die Seezunge mit einer raschen Bewegung mit dem Spachtel umdrehen. Die weiße Haut ist jetzt goldgelb und mit einem dunklen, hübschen Gittermuster versehen, das die heißen Grillstäbe auf ihr hinterlassen haben. Mit etwas Butter beträufeln und leicht mit Salz bestreuen, das sich auflöst und in das Fleisch eindringt.
Man serviert die Seezunge mit dem Gittermuster nach oben, umlegt mit gegrillten Tomaten oder gegrillten Champignons, mit zerlassener Butter, Haushofmeister-Butter, Anchovis-Butter, Béarner Sauce oder Sauce »Choron«.

## Sole meunière
## Seezunge Müllerin

Für 1 Person: *1 Seezunge von etwa 250 g, etwas Öl, Salz, Pfeffer, Mehl, 80 g Butter, 1 EL Olivenöl, 1 Zitrone, 1 TL gehackte Petersilie*

Die Seezunge wie üblich vorbereiten; die schwarze Haut abziehen, die weiße nur schuppen. Etwas Öl mit Salz und Pfeffer verrühren und die Seezunge außen und innen damit einreiben. In Mehl wenden, überflüssiges Mehl abklopfen. In einer möglichst ovalen Pfanne – die auch den Ausmaßen der Seezunge entsprechen sollte, damit nicht zu viel Butter benötigt wird und neben der Seezunge verbrennt – 30 g Butter mit 1 EL Olivenöl erhitzen und vermischen. Die Seezunge mit der weißen Haut nach unten hineinlegen und zunächst scharf anbraten.

Das ist wichtig, denn ist die Hitze zu gering, so bleibt die Haut an der Pfanne kleben. Auch während des Bratens darf die Butter nicht so weit abkühlen, daß sie nur noch kocht. Die Seezunge nach 5 bis 6 Minuten mit dem Spachtel umdrehen und fertig braten.

Auf einer gut vorgewärmten Servierplatte anrichten, deren Rand mit kleinen Zitronenschnitzchen belegt werden kann, die man aus einer längs halbierten Zitrone geschnitten hat, nachdem die Schale mit riefenartigen, quer verlaufenden Einschnitten versehen worden war. Einige Tropfen Zitronensaft über die Seezunge träufeln und die gehackte, im letzten Augenblick noch überbrühte und daher noch feuchte Petersilie daraufstreuen. Die restlichen 50 g Butter zur Bratbutter geben, rasch erhitzen, bis sie haselnußbraun wird, und über die Seezunge gießen. Wenn die heiße Butter mit der feuchten Petersilie in Berührung kommt, schäumt sie heftig auf. Der Schaum hält sich einige Zeit und kann, wenn schnell serviert wird, noch die Gäste erfreuen.

## Sole meunière à la niçoise
## Seezunge Müllerin auf Nizzaer Art

*2 gut reife Tomaten, 20 g Butter, 1 Prise Salz, 1 Prise Zucker, ½ kleine Knoblauchzehe (erbsengroß), 1 Seezunge und die Zutaten, die im Rezept »Seezunge Müllerin« (Seite 246) angegeben sind, nach Belieben Zucchini, Auberginen und Gurken*

Aus den Tomaten die Stielansätze ausschneiden. Die Früchte häuten, auspressen, um die Kerne und das Fruchtwasser zu entfernen, und in Viertel zerteilen. In einer Pfanne in Butter mit Salz, Zucker und der zerdrückten Knoblauchzehe garen, bis eine Art Kompott entsteht. Abschmecken. Inzwischen die Seezunge nach Art der Müllerin zubereiten und auf einer vorgewärmten Platte anrichten. An jedem Ende der Seezunge ein Häufchen Tomatenkompott pyramidenförmig anrichten.

Auch Zucchini, Auberginen und Gurken harmonieren sehr gut mit diesem Tomatenkompott und der Seezunge. Will man zwei Gemüse (oder mehrere) reichen, so richtet man sie abwechselnd um die Seezunge an.

## Sole Bercy
### Seezunge »Bercy«

**Für 2 Personen:** *1 Seezunge von 350 bis 400 g, Butter, 1 Schalotte, Salz, Pfeffer, trockener Weißwein, Champignon-Sud oder Seezungen-Fond (aus den Abfällen der Seezunge), 1 TL gehackte Petersilie, Zitronensaft*

Eine feuerfeste, irdene Platte reichlich buttern und mit der sehr fein gehackten Schalotte ausstreuen. Auf dem Herd vorsichtig erhitzen und die Schalotte in der Butter ganz langsam weich dünsten, ohne sie Farbe nehmen zu lassen. Das dauert etwa 10 Minuten.

Die wie auf Seite 246 beschrieben vorbereitete Seezunge rundherum mit Salz und Pfeffer einreiben und mit der weißen Haut nach oben auf die Schalotten legen. Mit Weißwein und Champignon-Sud oder Seezungen-Fond jeweils zur Hälfte, falls alle drei vorhanden, zu je einem Drittel, aufgießen, bis die Flüssigkeit den Fisch gerade noch nicht ganz bedeckt. Butterflöckchen auf der Seezunge verteilen. Auf dem Herd zum Kochen bringen, dann für etwa 10 Minuten in den vorgewärmten Ofen schieben. Häufig begießen.

Die fertige Seezunge herausnehmen, gut abtropfen lassen und auf eine vorgewärmte Servierplatte legen. Mit einer anderen Platte abdecken und warm halten, während die Sauce zubereitet wird.

Den Kochsud der Seezunge in eine kleine Kasserolle gießen und rasch einkochen, bis nur noch 4 EL Flüssigkeit übrig sind. In diesen sirupartigen Fond nach und nach 60 g in kleine Stückchen zerteilte Butter einziehen, indem man die Kasserolle mit einer kreisenden Bewegung schwenkt. Die Butter verbindet sich schmelzend mit dem Fond und bildet so eine dickflüssige Sauce. Die frisch gehackte Petersilie zufügen, mit einigen Tropfen Zitronensaft würzen, mit Pfeffer und Salz abschmecken und die gut abgetropfte Seezunge mit der Sauce überziehen.

Wenn man einen sehr heißen Ofen, einen Gas- oder Elektrogrill oder einen Salamander hat, stellt man die Seezunge nun einige Sekunden nahe an die Hitzequelle, damit sich die Sauce mit einem herrlichen, goldfarbenen Schleier überzieht. Es ist sehr wesentlich, daß dies geschieht, ohne daß die Sauce zu kochen beginnt. Sie würde bei zu starker Erhitzung nämlich auseinanderfallen. Man kann dieses Überglänzen, das im Grunde sehr einfach ist, aber dem Geschmack sehr zugute kommt, bei einer Vielzahl von Fischrezepten anwenden, wobei sich nur die Zutaten und Garnituren verändern.

Damit das Verfahren wirklich gelingt, sind ausnahmsweise weniger Geschick und Erfahrung nötig als theoretisches Wissen. Man muß nur folgendes beachten: Eine Bindung zwischen Butter und Fond stellt sich nur dann ein, wenn letzterer konzentriert genug ist, wenn also die aus dem Fisch gezogenen gelatinösen Substanzen sich in genügender Menge in dem Fond befinden, um die Flüssigkeit auf eine der geschmolzenen Butter ähnliche Dichte zu bringen. Nur dieser stützende Halt kann das Fett der Butter innig mit dem im Fond enthaltenen Wasser verbinden. Bei dem extrem starken Einkochen des Fischfonds wird man bemerken, daß sich die Flüssigkeit nach und nach grau färbt und eine sirupartige Konsistenz gewinnt. Würde man sie noch weiter einkochen, so würde sie schließlich beinahe fest, ehe sie antrocknen und verbrennen würde. Den konzentrierten Fischfond, einen Extrakt, nennt man »Glace«. Diese Fisch-Glace enthält gleichzeitig die bindenden wie die geschmacksgebenden Substanzen. Aus Gründen der Sparsamkeit und der Praktikabilität kann man die Sauce zu diesem klassischen Gericht auch nach einem der im Rezept »Seezunge in Champagner« angegebenen Verfahren fertigmachen. In jedem Falle geht man hier vom Kochsud der Seezunge aus.


## Sole aux champignons ou sole bonne femme
## Seezunge mit Champignons (Hausfrauenart)

Die Seezunge wird wie im vorhergehenden Rezept »Bercy« zubereitet. Die einzige Veränderung ist die Zugabe von 4 oder 5 in feine Scheiben geschnittenen Champignons, die man auf den Schalotten verteilt, wenn diese gar sind.


## Sole aux tomates ou à la portugaise
## Seezunge mit Tomaten (portugiesische Art)

Die Seezunge wird ebenfalls wie die Seezunge »Bercy« zubereitet, doch gibt man auf die gegarten Schalotten diesmal zwei große, gut reife, gehäutete, entkernte und grob gehackte Tomaten, die man in etwas Butter hat weich werden lassen.

## Sole aux moules dite marinière
## Seezunge mit Muscheln (Seemannsart)

*Für 2 Personen: 500 g Muscheln, 1 EL trockener Weißwein, 20 g Butter, 1 Seezunge und die Zutaten wie für Seezunge in Champagner, jedoch den Champagner durch trockenen Weißwein und den Seezungen-Fond durch Muschel-Sud ersetzen (siehe unten)*

Die Muscheln waschen und bürsten und aufpassen, daß keine schlammige Muschel dabei ist. In einem Topf mit dem Weißwein und der Butter aufsetzen, zudecken, rasch erhitzen und sich öffnen lassen. Den erhaltenen Sud durch ein Tuch gießen, in einer Schüssel auffangen und die aus der Schale genommenen und entbarteten Muscheln hineinlegen. Die Seezunge wie im Rezept »Seezunge in Champagner« angegeben mit Weißwein und Muschelsud zubereiten. Auch die Sauce nach einer der Varianten fertigstellen. Die Muscheln in etwas Sud erhitzen und entweder in die Sauce geben und den Fisch damit begießen oder um den Fisch herum anrichten und alles mit Sauce überziehen. Ich empfehle, bei der Saucenherstellung den Muschelsud nicht zu stark einzukochen, denn ein zu dicker Fond wäre ohne Feinheit und hätte eine zu aufdringliche Würzkraft.

## Sole à la bourguignonne
## Seezunge auf Burgunder Art

*12 kleine Zwiebelchen, Butter, 12 kleine Champignonköpfe, alle Zutaten von Seezunge »Bercy«, 6 EL guter Rotwein, 1 kleine Prise Zucker, Weißbrot*

Die geschälten Zwiebelchen in Butter leicht anbraten und ganz langsam beinahe gar werden lassen. Dann die Champignons zufügen und alles fertig garen.
Inzwischen eine Seezunge wie im Rezept Seezunge »Bercy« angegeben zubereiten. Den Kochsud der Seezunge ebenfalls auf 4 EL einkochen. In einer anderen Kasserolle den Rotwein mit etwas Zucker auf die Menge von 1 EL Flüssigkeit reduzieren. Den eingekochten Fond sowie die inzwischen aus der Seezunge ausgetretene Flüssigkeit zufügen und die Sauce vollenden, wie im Rezept »Bercy« angegeben. Die Zwiebeln und Champignons um die Seezunge legen, alles mit der Sauce überziehen und ohne zu überglänzen servieren. Mit einigen in kleine Rauten geschnittenen und in Butter gerösteten Weißbrotscheiben (Croûtons) belegen.

## Sole normande
## Seezunge auf normannische Art

Für 2 Personen: *1 Seezunge von etwa 300 g, Butter, Salz, 1 EL trockener Weißwein, 1 EL Champignon-Sud, Seezungen-Fond aus den Abfällen der Seezunge, ⅛ l Normannische Sauce, pochierte Muscheln, Garnelenschwänze, pochierte Austern, in Butter mit etwas Zitronensaft gedünstete Champignons, Trüffelscheiben, einige panierte und fritierte Gründlinge, 2 gesottene Krebse, Blätterteig-Fleurons*

Die vorbereitete Seezunge in eine reichlich gebutterte Form legen und salzen. Mit Weißwein, Champignon-Sud und Seezungen-Fond angießen, bis die Seezunge beinahe bedeckt ist. Den Fisch mit Butterflöckchen belegen, mit gebuttertem Papier oder Alufolie abdecken und ohne zu kochen im Ofen gar ziehen lassen. Die Seezunge herausnehmen, abtropfen und auf einer ausreichend großen, gut vorgewärmten Platte anrichten. Inzwischen den Sud auf 2 EL Flüssigkeit reduzieren und die Normannische Sauce dazugeben. Die Seezunge mit den entbarteten Muscheln, den Garnelenschwänzen, den Austern und den Champignons abwechselnd umlegen und alles mit der Sauce überziehen. Auf die Seezunge einen Streifen aus Trüffelscheiben legen. Am einen Ende der Platte die Gründlinge pyramidenförmig anrichten, an das andere die beiden Krebse, deren Schwanz hochgebogen wurde, setzen. Alles mit einer Girlande aus kleinen Blätterteig-Fleurons verzieren.

## Thon grillé
## Gegrillter Thunfisch

Für 1 Person: *1 Scheibe Thunfisch (möglichst aus dem Schwanzstück), etwa 2 cm dick, Salz, Pfeffer, 1 kleine Zwiebel, einige Petersilienstengel, 1 Zweiglein Thymian, 1 Stück Lorbeerblatt, 2 EL Olivenöl, 1 EL trockener Weißwein, ½ Zitrone (Saft)*

Die Thunfischscheibe salzen, pfeffern und mit den übrigen Zutaten (1 EL Öl zurückbehalten) versehen in einem Suppenteller ungefähr eine Stunde durchziehen lassen. Öfters umwenden. Zum Grillen herausnehmen, sorgfältig abtrocknen, mit dem übrigen Öl beträufeln und grillen. Dabei die auf Seite 240 f. gegebenen Ratschläge (bei »Salm«) beachten. Mit Mayonnaise, Remouladen-Sauce oder Tataren-Sauce servieren.

## Thon braisé à la ménagère
### Geschmorter Thunfisch Hausfrauenart

Für 6 Personen: *1 frische Thunfischscheibe von etwa 1,2 kg, 4 EL kaltgepreßtes Olivenöl, 50 g gehackte Zwiebeln, Salz, Pfeffer, 300 g geschältes, entkerntes und ausgepreßtes Tomatenfleisch, ¼ l Weißwein, 1 Kräuterstrauß (aus Petersilie, ½ Lorbeerblatt und je 1 kleiner Zweig Rosmarin und Thymian)*

Die Thunfischscheibe 1 Stunde in kaltem Wasser wässern, damit das Blut ausgezogen und das Fleisch schön hell wird. In einem gußeisernen Topf das Olivenöl erhitzen und die Zwiebeln darin andünsten, ohne sie Farbe nehmen zu lassen. Die Thunfischscheibe abtrocknen, mit Salz und Pfeffer einreiben und auf die Zwiebeln legen; nach 5 Minuten umdrehen. Das zerdrückte Tomatenfleisch, den Weißwein und den Kräuterstrauß zufügen, mit Pfeffer und Salz würzen und den Deckel auflegen. Auf kleiner Flamme etwa 30 Minuten ganz leise schmoren lassen. Die fertig gegarte Thunfischscheibe auf einer tiefen vorgewärmten Platte anrichten und mit der Sauce, die recht dick sein muß (nötigenfalls etwas einkochen, in der Zwischenzeit den Fisch warm halten), und in Form einer Halbkugel angerichtetem kreolischem Reis als Beilage servieren.

*Anm. der Übersetzer:* Frischer Thunfisch ist bei uns leider nur selten zu finden. Man kann sich jedoch mit dem häufiger angebotenen Heringshai behelfen.

## Turbot et turbotin
### Steinbutt

Der Steinbutt gehört zu den besten Plattfischen. Sein Fleisch ist sehr weiß, schmackhaft und würzig. Die besten Fische werden im Ärmelkanal und in der Nordsee gefangen. Ein nicht zu großer Steinbutt (turbot) heißt in der französischen Küchensprache turbotin, er wiegt dann zwischen 1 und 3 kg. Für diese kleinen Steinbutte bieten sich alle bei Butt und Seezunge angegebenen Rezepte an. Große Fische eignen sich für die komplizierten Gerichte der großen Küche oder werden einfach pochiert.

## Turbot ou turbotin poché
## Pochierter Steinbutt

Der Steinbutt wird in einem speziellen Topf, einer sogenannten Turbotière gegart. Der rautenförmige Topf hat einen Locheinsatz, auf dem man den fertigen Fisch herausheben und abtropfen lassen kann, ohne daß er zerbricht. Der Steinbutt wird zunächst ausgenommen, geschuppt, von den Flossen befreit und gewaschen. Dann schneidet man den Rücken (die dunkle Seite) längs der Rückengräte ein und legt ihn mit der hellen Seite nach oben auf den Locheinsatz der Turbotière. Mit kaltem Wasser aufgießen, bis er bedeckt ist. Auf je 3 l Wasser $1/5$ l Milch, 45 g Salz und 4 Zitronenscheiben zufügen. Zum Kochen bringen, beim ersten Aufwallen abschäumen und auf kleiner Flamme nur eben siedend den Fisch gar ziehen lassen. Die Garzeit richtet sich nach der Größe des Fisches, als Faustregel kann man etwa $1/4$ Stunde je kg rechnen.

Zum Servieren den Fisch auf dem Locheinsatz herausheben und gut abtropfen lassen. Dann auf eine große, nach den Maßen des Fisches ausgesuchte und gut vorgewärmte Platte oder ein mit einer Serviette überzogenes Holzbrett gleiten lassen. Als Beilage Salz- oder Dampfkartoffeln und eine der folgenden Saucen reichen: zerlassene Butter, Holländische Sauce, Schaum-Sauce, Kapern-Sauce, Béarner Sauce, Haushofmeister-Butter, Weißwein-Sauce, Garnelen-Sauce.

Der Steinbutt enthält besonders viel Gelierstoffe und eignet sich daher nur schlecht für kalte Gerichte. Reste können dagegen sehr gut in Jakobsmuschelschalen überbacken oder in anderweitigen warmen Anrichtungen verwendet werden.

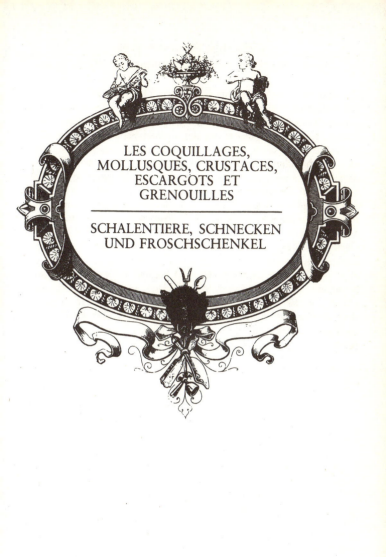

LES COQUILLAGES,
MOLLUSQUES, CRUSTACES,
ESCARGOTS ET
GRENOUILLES

SCHALENTIERE, SCHNECKEN
UND FROSCHSCHENKEL

## Coquilles Saint-Jacques
## Jakobsmuscheln oder Pilgermuscheln (Scallops)

Die Jakobsmuscheln mit einer Bürste unter fließendem Wasser gründlich reinigen. Mit der gewölbten Seite nach unten auf den heißen Herd oder in den sehr heißen Ofen legen, damit sich die Muscheln ein wenig öffnen. Mit einem Messer an der flachen Schale schabend die sogenannte Nuß, den Muskel, der die beiden Schalenhälften zusammenhält, abschneiden und den Deckel abnehmen. Mit einem Messer mit sehr biegsamer Klinge den Muskel auch von der unteren, gewölbten Schale lösen. Den Fransenrand und die Häute von der Nuß entfernen, den orangeroten Rogen (Corail) und die Nuß sorgfältig waschen und für die kommende Zubereitung beiseite stellen. Will man in den Muschelschalen servieren – seien es die Jakobsmuscheln selbst oder Gerichte aus Fischresten –, so bürstet man nun auch das Innere der Schalen sauber aus.

*Anm. der Übersetzer:* Leider findet man bei uns in Deutschland Jakobsmuscheln nur selten lebend, in der Schale, angeboten. Tiefgekühlte, eßfertig vorbereitete Muscheln brauchen nur aufgetaut zu werden, sind aber in der Qualität deutlich unterlegen, werden leicht zäh. Gereinigte Muschelschalen zum Anrichten, Überbacken und Servieren findet man in guten Haushalts- und Feinkostgeschäften.


## Coquilles Saint-Jacques à la ménagère
## Jakobsmuscheln nach Hausfrauenart

Für 6 Personen: *12 Jakobsmuscheln, 250 g frische, weiße Champignons, gut 250 g Butter, 1 EL Mehl, 2 Eigelb, Semmelbrösel. – Sud: $1/4$ l Wasser, $1/10$ l trockener Weißwein, 1 Zweig Thymian, 1 Stück Lorbeerblatt, $1/2$ fein gehackte Zwiebel, 1 Prise Salz, 1 Prise Pfeffer*

Die Jakobsmuscheln wie oben angegeben vorbereiten bzw. auftauen lassen. Die Nüsse von dem Corail trennen. In einem Sud, der aus den angegebenen Zutaten bereitet wurde und mindestens 10 Minuten gekocht hat, die Nüsse 4 Minuten pochieren. Herausnehmen, abtropfen und in $1/2$ cm dicke, runde Scheiben schneiden. Die Champignons putzen, waschen, abtrocknen und in dünne Blättchen schneiden. 50 g Butter in einer Pfanne zergehen lassen und die Champignons darin rasch garen, ohne sie anzubraten. Die Jakobsmuscheln zufügen, alles vermischen und zugedeckt warm halten. In einem Topf 100 g Butter schmelzen, das Mehl zufügen, gut mit der Butter vermischen und 10 Minuten andünsten, ohne daß es Farbe nimmt. Abkühlen lassen. In diese kalte Masse nach und nach in kleinen Mengen den heißen, durch ein Sieb gegossenen Sud zufügen und mit dem Schneebesen glatt rühren. Aufkochen lassen und die Sauce unter ständigem Schlagen mit dem Schneebesen 1 Minute kochen und dicklich werden lassen. Die Eigelb mit 2 EL der Sauce verrühren und neben dem Feuer langsam in die Sauce gießen und unterziehen. Den Topf aufs Feuer zurücksetzen und unter stetigem Schlagen die Sauce erhitzen, bis sie beinahe zu kochen beginnt. Jedoch auf keinen Fall kochen lassen, das Eigelb würde sonst hart werden und in Bröselchen ausfallen; die Sauce würde dann ihre Geschmeidigkeit verlieren. Mit dem Schneebesen oder einem Spachtel 100 g Butter neben dem Feuer in kleinen Stückchen zugeben und kräftig unter die Sauce ziehen. Abschmecken.

6 Jakobsmuscheln in kochendes Wasser werfen, abtropfen, abtrocknen und jeweils 1 EL Sauce hineingeben. Das Fleisch von etwa 2 Jakobsmuscheln darauflegen, die Champignons darüber verteilen und jeweils 2 Corails daraufsetzen. Mit Sauce überziehen, mit Semmelbrösel bestreuen, mit etwas zerlassener Butter beträufeln und im sehr heißen Ofen oder unter dem Grill kurz überbacken, bis sich eine goldene Farbe auf den Muscheln bildet.

Auf einer mit einer gefalteten Serviette ausgelegten Platte servieren.

## Ragoût de coquilles Saint-Jacques aux truffes fraîches
## Jakobsmuscheln-Ragout mit frischen Trüffeln

Für 1 Person: *Je nach Größe 3 bis 5 Jakobsmuscheln, 50 g frische Trüffeln, 3 EL gute Demi-glace, 50 g in Salzwasser gekochter Blattspinat, Butter, Salz, Pfeffer*

Die Jakobsmuscheln wie oben beschrieben öffnen und reinigen bzw. auftauen lassen. Ohne zu kochen mit den in dünne Scheiben geschnittenen Trüffeln in der Demi-glace pochieren. Die gekochten Spinatblätter gut ausdrücken, in etwas Butter wieder erhitzen und mit Salz und Pfeffer würzen. Auf einem heißen Teller oder in einer großen Muschel ausbreiten und das Jakobsmuschelragout darüber verteilen.

## Huîtres
## Austern

Die Austern wurden schon bei den Vorspeisen kurz angesprochen (Seite 60). Hier noch zwei Zubereitungen, die für eine gute Menüzusammenstellung manchmal nützlich sein können. Ansonsten sollte man stets im Auge behalten, daß frische Austern aus Marennes, Belon oder Cancale roh genossen für den Liebhaber in ihrer ganz natürlichen Einfachheit eine unübertreffliche Speise sind.

## Huîtres frites en brochettes
## Fritierte Austernspießchen

Für 4 Personen: *24 Austern, 1 Zitrone (Saft), 1 Ei, Semmelbrösel, Öl zum Fritieren, Petersilie, 1 weitere Zitrone*

Die Austern öffnen und vorsichtig von den Schalen lösen. Das Wasser durch ein Tuch gießen, auffangen und mit dem Saft einer Zitrone aufkochen. Die Austern, ohne sie zu kochen, 2 Minuten darin pochieren, bis sie steif werden. Herausnehmen, auf einem Tuch oder Küchenpapier abtrocknen. Durch das geschlagene Ei ziehen und in Semmelbröseln wenden. Auf 4 Spießchen stecken, dabei zwischen den Austern jeweils ein wenig Raum lassen. 2 Minuten im rauchendheißen Öl fritieren. Mit kurz fritierter Petersilie und Zitronenvierteln rasch servieren.

## Huîtres au gratin
## Überbackene Austern

Für 1 Person: *6 Austern, gehackte feine Kräuter (Petersilie, Kerbel, Estragon), Zitronensaft, Semmelbrösel, Butter*

Die Austern öffnen, von den Schalen lösen und in der unteren, gewölbten Schale lassen. Mit Kräutern bestreuen, mit etwas Zitronensaft beträufeln und einer Prise Semmelbrösel bedecken. Zerlassene Butter darüberträufeln und im sehr heißen Ofen 3 bis 4 Minuten überbacken. In der Schale auf einer gefalteten Serviette auftragen.

## Moules
## Muscheln (Pfahl- oder Miesmuscheln)

Die Muscheln zunächst gut waschen; entweder nur bürsten, wenn die Schalen glatt sind, oder auch mit einem Messer schaben, wenn, was oft vorkommt, kalkige Gehäuse von See-Anemonen auf ihnen haften. Die Fäden (Bärte) entfernen, mit denen sich die Muscheln an Felsen oder künstlichen Pfahlbänken festhalten. Durch einen leichten Druck zwischen Daumen und Zeigefinger, wobei man versucht, die Muschelschalen seitlich aufeinander zu verschieben, prüfen, ob sie gut sind: nur mit Sand oder Schlamm gefüllte Muschelschalen fallen dann auseinander. Mehrmals in frischem Wasser gründlich waschen und schließlich abtropfen.

## Moules à la marinière
## Muscheln Seemannsart

*2 kg Muscheln, 1 mittelgroße Zwiebel, 100 g. Butter, $\frac{1}{10}$ l trockener Weißwein, 2 EL gehackte Petersilie, 1 Prise gemahlener weißer Pfeffer, eventuell Salz*

Die Muscheln wie oben beschrieben reinigen und waschen. Die Zwiebel sehr fein schneiden und in einem großen Topf, der alle Muscheln fassen kann, in 50 g Butter ganz langsam weich dünsten, ohne daß sie dabei Farbe nimmt. Hierfür 15 bis 20 Minuten rechnen. Den Weißwein angießen, Muscheln hineingeben und mit Petersilie und Pfeffer bestreuen. Den Topf dicht verschließen und auf großer Flamme rasch erhitzen, damit die Muscheln sich in wenigen Minuten alle geöffnet haben. Die Muscheln herausnehmen und zugedeckt in einer Suppen- oder Gemüseschüssel warm halten. Den erhaltenen Sud in eine nicht zu große Kasserolle umgießen, dabei den letzten Teil der Flüssigkeit zurückbehalten, der trotz gründlichen Waschens noch Schlamm und kleine Schalentierchen enthalten kann. Wenn man eine starke Sauce will, den Sud nun auf die Hälfte einkochen, sonst so lassen. In jedem Falle nach dem Aufkochen vom Feuer nehmen und die restlichen 50 g Butter kräftig rührend hineinarbeiten. Die Muscheln damit begießen und mit der übrigen Petersilie bestreuen. Rasch servieren – überhaupt müssen die Muscheln im letzten Augenblick zubereitet werden; die Gäste müssen sie regelrecht erwarten! Zu früh bereitete und warm gehaltene Muscheln werden braun, trocken und zäh und verlieren alle geschmacklichen Vorzüge.

## Crevettes
## Garnelen (Krabben)

Garnelen müssen lebend gekocht werden, am besten in Meerwasser. Man behilft sich häufig mit einem stark gesalzenen Sud, wobei man 30 g Meersalz (Reformhaus, möglichst ungereinigt) auf 1 l Wasser rechnet. Weiterhin kann man 1 Thymianzweig, 1 Lorbeerblatt und 10 zerdrückte Pfefferkörner zufügen. Man gibt die Garnelen in den kochenden Sud, läßt sie 3 Minuten heftig wallen, hebt sie heraus und läßt sie abkühlen. Sie werden dann ausgelöst und als Garnitur zu Fischen und Saucen verwendet.

*Anm. der Übersetzer:* Nur an der Nordseeküste – und auch dort nicht immer – bekommt man bei uns lebende Garnelen. Im allgemeinen werden sie nämlich sofort nach dem Fang an Bord der Krabbenkutter in Meerwasser gekocht und dann zum Frischverkauf, zum Einfrieren oder zur Konservierung angelandet. Frische Garnelen schmecken ungleich würziger als konservierte, allerdings erlauben die neuen Sterilisierungsverfahren auch hervorragende Konserven, so daß die Unterschiede immer kleiner werden.

Die hier angesprochene Garnele (eigentlich »Sandgarnele«) ist die kleine, im gekochten Zustand grau-braun-rötliche Art. Die etwas größeren Tiefseegarnelen sind rosa-rot bis intensiv-rot, schmecken weniger würzig und werden in Frankreich eigentlich nur kalt als Vorspeise, häufig auch zur Dekoration gereicht. Bei uns werden sie relativ günstig gefroren angeboten.

## Court-bouillon pour crustacés
## Sud für Krustentiere

Für 4 l Sud, der im allgemeinen für die Zubereitung im Familienhaushalt ausreichend ist, lieber zuviel, als zuwenig Sud rechnen: *3 l Wasser, 1 l trockener Weißwein, ¼ l Essig, 40 g Salz, 15 zerdrückte Pfefferkörner, 1 Lorbeerblatt, 2 kleine Zweige Thymian, 1 Zweig Stangensellerie, einige Stengel Petersilie, 1 in Scheiben geschnittene Zwiebel*

Alle Zutaten in einen mindestens 6 l fassenden Topf geben, zum Kochen bringen und wenigstens 20 Minuten heftig wallend kochen lassen. Nach Belieben vor dem Einlegen der Krustentiere durchseihen.

## Crabes ou tourteaux
## Taschenkrebse

Sie werden in einem wie nebenstehend zubereiteten Sud 30 Minuten pro kg gekocht. Im Sud abkühlen lassen, abtropfen und alles Fleisch sowie den Corail auslösen. Das muß sehr sorgfältig geschehen, damit keine Bänder, Spelzen und Splitter im Fleisch verbleiben oder mit ihm vermischt werden. Mit diesem Fleisch sodann eines der unten angeführten köstlichen Gerichte bereiten:

## Bouchées de crabe
## Taschenkrebs-Pastetchen

Kleine, heiße Blätterteigpastetchen mit einer Mischung aus Taschenkrebsfleisch und der Hälfte einer der folgenden Saucen füllen: Amerikanische Sauce, gut gewürzte Tomaten-Sauce, Rahm-Sauce, Mornay-Sauce, Curry-Sauce und ähnliche. Die andere Hälfte der Sauce wird in einer Saucière getrennt gereicht.

## Crabe à la parisienne
## Kalter Taschenkrebs auf Pariser Art

Für 1 Person: *1 Taschenkrebs, Möhren, weiße Rüben, Kartoffeln, feine grüne Bohnen (haricots verts), gut gewürzte Mayonnaise, gehackte Petersilie, 1 gekochtes Ei*

Den Taschenkrebs wie oben angegeben kochen und im Sud abkühlen lassen. Das Fleisch auslösen, dabei den Panzer so aufschneiden, daß Ober- und Seitenteile eine Schale bilden. Die Beine entfernen, den Panzer säubern. Das ausgelöste Fleisch in Stückchen teilen und mit der gleichen Menge gekochter Gemüse vermischen. Mit Mayonnaise anmachen und in den Panzer füllen. Mit Petersilie und gehacktem Ei bestreuen.

## Crabe en pilaf
## Taschenkrebs-Pilaw

Boden und Wände einer gebutterten Biskuit-Form mit einer recht dicken Schicht gekochtem, noch heißem Reis bedecken. Mit einer der im vorhergehenden Rezept aufgeführten Saucen etwas Taschenkrebsfleisch binden und in die Mitte füllen. Mit einer Reisschicht abdecken. Zusammendrücken und warm halten. Kurz vor dem Servieren stürzen, beliebig verzieren und mit einer Saucière voll der entsprechenden Sauce zu Tisch bringen.

## Gratin de queues d'écrevisses Fernand Point
## Krebsschwanzauflauf nach Fernand Point

*Für 4 bis 6 Personen: 2 kg lebende Krebse, 130 g Butter, 50 g Zwiebeln, 50 g Möhren, 1/10 l Cognac, 1/2 l trockener Weißwein, 1 EL Tomatenpüree, 1 Kräuterstrauß (Petersilie, Thymian, 1 Stück Lorbeerblatt mit reichlich Estragon), Salz, Pfeffer, Cayennepfeffer, 30 g Mehl, 1/4 l Sahne, 50 g Trüffeln, 1/10 l Holländische Sauce*

Die Krebse nacheinander kopfüber in sprudelnd kochendes Wasser werfen. Jeweils nach 5 Minuten herausheben, abtropfen lassen und die Schwänze sowie die großen Scheren auslösen. Die Panzer und Rümpfe der Krebse in einem Mörser zerstoßen. Diese Masse in 50 g Butter in einer Kasserolle andünsten. Die in kleine Würfelchen geschnittenen Zwiebeln und Möhren zufügen und ebenfalls kurz andünsten. Die Hälfte des Cognacs angießen, erhitzen und flambieren. Mit Weißwein ablöschen, nötigenfalls so viel Wasser zufügen, daß alles eben bedeckt ist. Das Tomatenmark einrühren, den Kräuterstrauß hineinlegen und mit Salz, Pfeffer und einer Messerspitze Cayenne abschmecken. Auf kleiner Flamme etwa 20 Minuten köcheln lassen. Durch ein feines Sieb oder ein Tuch passieren, die Rückstände gut ausdrücken und die erhaltene Flüssigkeit mit Mehlbutter (aus je 30 g zimmerwarmer Butter und Mehl geknetet) binden. Unterdessen in den restlichen 50 g Butter die ausgelösten Schwänze und Scheren ganz langsam dünsten und ganz leicht anbraten. Mit dem restlichen Cognac ablöschen und den Bratfond lösen. Die Sahne und die inzwischen fertiggestellte Sauce zugießen. Die in feine Streifchen geschnittenen Trüffeln einrühren, einige Minuten kochen, vom Feuer nehmen und alles mit der Holländischen Sauce verrührend leicht binden. Abschmecken und in kleinen, feuerfesten Portionsförmchen anrichten. Die Oberfläche unter den Salamander oder dicht unter dem sehr heißen Elektrogrill kurz gratinieren. Sofort servieren.

*Anm. der Übersetzer:* Der Auflauf wurde von dem sagenhaften Fernand Point, dem vor 20 Jahren verstorbenen Besitzer des Restaurants »La Pyramide« in Vienne, entwickelt. Point war unbestritten der größte Koch der vierziger und fünfziger Jahre und wirkte stilbildend. Ebenso wie Paul Bocuse haben auch andere große Köche der Gegenwart bei Point ihre entscheidenden Erfahrungen gemacht.

Vorsichtig beim Gratinieren des Gerichts: Die Sauce darf nicht kochen, sonst fällt sie auseinander! Übrigens ist es in Deutschland verboten, wie in Frankreich die Krebse zu »kastrieren«, das heißt mit der mittleren Schwanzflosse vor dem Kochen den Darm herauszuziehen, was in Frankreich stets gemacht wird.

## Écrevisses à la bordelaise
## Krebse auf Bordelaiser Art

Für 4 Personen: *24 Krebse, 1 mittelgroße Möhre, 1 Zwiebel, 2 Schalotten, 180 g Butter, Salz, 1 Zweig Thymian, 1 Lorbeerblatt, $1/10$ l Cognac, $3/10$ l trokkener Weißwein, 3 EL Tomatenpüree, je 1 Prise gehackter Kerbel und Estragon*

Die Krebse waschen. Möhre, Zwiebel und Schalotte in winzig kleine Würfelchen schneiden. Die Gemüse in 30 g Butter in einem großen Topf ganz langsam weich dünsten, dabei keine Farbe nehmen lassen. 50 g frische Butter zufügen, schnell erhitzen und schmelzen lassen. Die Krebse hineingeben, ebenso Salz, Thymian und Lorbeerblatt und die Krebse auf lebhaftem Feuer braten, bis sie schön rot geworden sind. Mit Cognac und Weißwein angießen und das Tomatenpüree untermischen. Zugedeckt 8 bis 10 Minuten durchkochen. Die Krebse herausnehmen, in einer Gemüseschüssel anrichten und warm halten. Die Sauce rasch auf die Hälfte einkochen, vom Feuer nehmen und 100 g Butter in kleinen Stückchen zugeben, hineinarbeiten. Mit Kerbel und Estragon würzen, abschmecken und über die Krebse gießen.

## Écrevisses à la nage
## Gekochte Krebse

Für 12 Personen: *Je nach Größe 60 bis 80 Krebse, 1 Möhre, 2 Zwiebeln, 2 Schalotten, ½ l Wasser, ½ l trockener Weißwein, 15 g Salz, 1 gute Prise frisch gemahlener Pfeffer, 1 Kräuterstrauß aus einigen Petersilienstengeln, 1 Lorbeerblatt, 2 Thymianzweigen und 1 Selleriezweig*

Die Krebse gründlich waschen. Die Gemüse in dünne Scheiben schneiden und zusammen mit den übrigen Zutaten in Wasser und Wein so lange leise kochen, bis sie weich sind. Heftig aufwallen lassen, die Krebse hineingeben, zudecken und 8 bis 10 Minuten auf großer Flamme kochen. Die Krebse herausnehmen, abtropfen und in einer Kristallschale pyramidenförmig anrichten. Den Kochsud durchseihen, etwas einkochen und über die Krebse gießen. Lauwarm oder kalt servieren.

## Homard à l'américaine
## Hummer auf amerikanische Art

Für 2 Personen: *1 lebender Hummer von 800– 900 g, Salz, 4 EL Öl, frisch gemahlener Pfeffer, 1 Zwiebel, 2 Schalotten, ¼ Knoblauchzehe, ⅕ l trockener Weißwein, 3 EL Fisch-Fond (ersatzweise auch Wasser), 4 EL Cognac, 2 mittelgroße Tomaten (ersatzweise ¹⁄₁₀ l Tomatenpüree), 2 bis 3 Estragonstengel, 1 Messerspitze Cayennepfeffer, 100 g Butter, je 1 Prise gehackter Kerbel und Estragon, sehr fein geschnittene Petersilie*

Den Hummer waschen und kopfüber in reichlich sprudelnd kochendes Salzwasser werfen. Nach einigen Sekunden, wenn er tot ist, herausnehmen und zerschneiden: Zunächst die Scheren direkt am Körper abschneiden und ihre Schalen zerbrechen. Den Schwanz in 5 bis 6 Ringe teilen. Den Brustpanzer längs aufschneiden und das kleine Hautsäckchen innerhalb des Kopfes, das den für die Verdauung nötigen Kies enthält, herauslösen. Alle cremigen Substanzen und den grünlichen, paradoxerweise Corail genannten Teil in einem Schüsselchen auffangen.

Das Olivenöl in einer tiefen Pfanne stark erhitzen; die Hummerstücke hineinlegen, wenn es zu rauchen beginnt. Mit Salz und Pfeffer würzen. Die Hummerstücke scharf braten und umwenden, bis sie rundum eine tiefrote Farbe bekommen haben. Dann herausnehmen und warm halten. Die fein geschnittene Zwiebel in das Öl geben, auf kleiner Flamme häufig rührend weich dünsten, ohne sie Farbe nehmen zu lassen. Kurz vor dem Garwerden die sehr fein gehackten Schalotten und die zerdrückte Knoblauchzehe zufügen. Nach kurzem Dünsten das noch in der Pfanne vorhandene Öl abgießen. Weißwein, Fisch-Fond und 2 EL Cognac hineingießen und den Bratsatz lösen. Die gehäuteten, durch Pressen entkernten und entwässerten Tomaten hacken und mit Estragon und Cayennepfeffer in die Pfanne geben. Alles vermischen, die Hummerstücke darauflegen und zugedeckt 20 Minuten garen. Hummerstücke wieder herausnehmen, in einer Gemüseschüssel anrichten und warm halten. Den Estragon aus dem Kochsud nehmen, die Flüssigkeit um die Hälfte einkochen, vom Feuer nehmen und mit einer Mischung aus 50 g zimmerwarmer Butter und den vorhin zurückbehaltenen, cremigen Innereien des Hummers binden.

Die Sauce wieder aufs Feuer setzen, vorsichtig erwärmen, aber nicht mehr kochen lassen. Dabei ständig kräftig durchschlagen. Mit Kerbel und Estragon würzen und abschmecken. Zum Schluß neben dem Feuer weitere 50 g Butter hineinarbeiten und mit dem restlichen Cognac aromatisieren. Diese Sauce über die Hummerstücke gießen und mit der fein gehackten Petersilie bestreuen.

Nach Belieben getrennt dazu Pilaw-Reis reichen.

*Anmerkung:* Mehr und mehr entfernt man heute vor dem Servieren Panzer und Schalen des Hummers. Der Gast kann dann das Gericht mit Gabel und Löffel genießen und beschmutzt sich nicht die Finger. Diese Abweichung von der klassischen Präsentation des Gerichts ist empfehlenswert.

*Anm. der Übersetzer:* In Frankreich wird der Hummer zu diesem Gericht lebend zerteilt – das ist in Deutschland verboten. Die großen Köche, die einst das Zerteilen bei lebendigem Leibe (Vivisektion) für unerläßlich hielten, sind allerdings heute mehr und mehr bereit, auf dieses Verfahren zu verzichten. Tatsächlich ist nicht bewiesen, daß das Fleisch dann zarter und wohlschmeckender ist. Auf eines muß man jedoch achten: Tötet man den Hummer in kochendem Wasser, so kann es passieren, daß die cremigen Partien im Brustpanzer fest werden, daß die dort reichlich vorhandenen Eiweißstoffe gerinnen. Man sollte daher den Hummer vorher in den Kühlschrank (Gemüsefach) legen, damit er kalt und nicht zu reaktionsschnell ist – er leidet darunter nicht, lebt in der Natur schließlich auch in sehr kaltem Wasser. Er muß sofort aus dem kochenden Wasser genommen werden, wenn er tot ist, d. h. sich mit einem Ruck gestreckt oder zusammengezogen hat.

## Navarin de homards
## Hummertopf

*Für 4 Personen: 2 lebende Hummer zu je 700 g, 6 kleine, junge Kartoffeln, 200 g feine grüne Bohnen, 100 g frisch ausgepalte Erbsen, je 100 g olivenförmig zugeschnittene Möhren und weiße Rüben, Salz, 200 g Butter, 3 Schalotten, 6 kleine, weiße Zwiebelchen, 1/4 l trockener Weißwein, 1/4 l Hühnerbrühe, Pfeffer, je 1 Prise gehackter Kerbel und Estragon*

Die Hummer waschen, bürsten und abspülen. In kochendes Wasser werfen und sobald sie tot sind, wieder herausnehmen. Alle Gemüse putzen und getrennt in Salzwasser blanchieren. Kartoffeln, Bohnen und Erbsen in kochendes Wasser geben, Möhren und weiße Rüben kalt aufsetzen. Die Gemüse dürfen dabei nicht ganz gar gekocht werden. Abschrecken und gut abtropfen lassen.

Die Hummer zwischen Brustpanzer und Schwanz teilen. Die Schwänze jeweils in 4 Stücke schneiden. Die Brustteile längs spalten und die kleinen, Kies enthaltenden Hautsäckchen entfernen. Die cremigen, Corail genannten Teile auslösen und beiseite stellen. Die Scheren zerklopfen.

Die Hummerstücke in einem Brattopf in 100 g Butter 3–4 Minuten anbraten. Die fein geschnittenen Schalotten und die ganzen Zwiebelchen zufügen und kurz unter ständigem Rühren anbraten, ohne Farbe nehmen zu lassen. Die vorbereiteten Gemüse zufügen, salzen und aus der Mühle pfeffern. 5 Minuten zwischen Braten und Dünsten weitergaren und dabei umrühren, damit sich alle Zutaten vermischen. Wein und Hühnerbrühe angießen, zudecken und noch etwa 10 Minuten köcheln lassen.

Den Sud dann in einen Topf gießen und 15 Minuten einkochen lassen. Hummer und Gemüse in der Zwischenzeit auf schwacher Hitze zugedeckt warm halten. Den eingekochten Sud mit der restlichen Butter aufschlagen, die man gut mit dem zurückbehaltenen Corail vermischt hat. Abschmecken und im letzten Augenblick Kerbel und Estragon zugeben.

Die Sauce über die Hummerstücke gießen und alles noch einmal erhitzen, jedoch vor dem ersten Aufkochen vom Feuer nehmen. Während des Erhitzens ständig umrühren, damit sich die Sauce nicht trennt. Sofort servieren.

Die Stücke in 50 g Butter rasch und heftig auf allen Seiten anbraten. Mit Cognac und Wein übergießen und einkochen lassen, bis beinahe alle Flüssigkeit verdampft ist. Die Sahne zufügen, mit Salz und Cayennepfeffer würzen. Zudecken und 15 Minuten leise köcheln lassen. Die Hummerstücke dann aus der Sauce nehmen und das Fleisch aus den Schalen lösen. Mit den Trüffelscheiben (die mit Portwein oder Trüffelsaft kurz in Butter gedünstet wurden) vermischen und warm halten. Die Sauce um $1/3$ einkochen. Die restlichen 50 g Butter mit den zurückbehaltenen cremigen Substanzen vermischen. Die Sauce vom Feuer nehmen und mit dieser Mischung kräftig verrühren. Nochmals erhitzen, aber nicht mehr kochen lassen. Hummerfleisch und Trüffeln in einer Becherform (Timbale) anrichten und mit der Sauce übergießen.

## Homard à la crème
## Hummer in Sahne-Sauce

Für 2 Personen: *1 Hummer von 800–900 g, Salz, 100 g Butter, 4 EL Cognac, $1/10$ l trockener Weißwein, $3/10$ l Sahne, 1 Messerspitze Cayennepfeffer, 20 kleine Trüffelscheiben*

Den Hummer vorbereiten, töten und zerschneiden, wie es im Rezept für »Hummer auf amerikanische Art« angegeben ist.

## Mayonnaise de homard
## Hummer-Mayonnaise

Für 4 Personen: *1 Hummer von 800–900 g, Sud für Krustentiere (Seite 260), Salz, Pfeffer, Essig, Öl, Kopfsalat, Mayonnaise, Anchovis-Filets, hartgekochte Eier, Kapern*

Den Hummer im Sud kochen und abkühlen lassen. Auslösen und das Fleisch in kleine Schnitzelchen schneiden. Diese mit Salz und Pfeffer würzen, schließlich mit einigen Tropfen Essig und Öl beträufeln. Eine Salatschüssel mit in Streifen geschnittenem Kopfsalat auslegen, die Hummerscheiben kranzförmig darauflegen und mit der Mayonnaise überziehen. Mit Anchovis-Filets, Eivierteln und Kapern verzieren, in die Mitte des Kranzes ein Salatherz setzen. Erst am Tisch umwenden.

## Homard thermidor
## Hummer »Thermidor«

*Für 2 Personen: 1 Hummer von etwa 800 g, Salz, Pfeffer, Öl, 80 g Butter, 2 EL Mehl, ¼ l Milch, 2 EL Sahne, 1 Eigelb, 1 gehäufter TL scharfer Senf, Holländische oder Mornay-Sauce*

Den Hummer wie auf S. 264 angegeben in kochendem Salzwasser töten. Herausnehmen und der Länge nach in zwei Hälften schneiden. Das Fleisch mit Salz und Pfeffer würzen und mit einigen Tropfen Öl beträufeln. Die Hälften mit dem Panzer nach unten in eine Bratform legen und im gut heißen Ofen 15 Minuten backen. Zwischendurch immer wieder mit zerlassener Butter beträufeln. Inzwischen aus 50 g Butter und dem Mehl eine helle Einbrenne bereiten, 15 Minuten gut durchdünsten lassen und cremig rühren. Mit Milch angießen und 1 Minute kochen. Vom Feuer nehmen und mit dem mit Sahne verquirlten Eigelb legieren. Die Sauce mit Senf verrühren – nicht mehr kochen lassen. Das Hummerfleisch aus den Schwanzhälften lösen und in Scheiben schneiden. Diese mit etwas Sauce aneinanderbinden und in den Panzer zurücksetzen. Mit Holländischer oder Mornay-Sauce bedecken (ersatzweise die oben hergestellte Sauce nehmen, der Rest wird in einer Saucière getrennt gereicht) und im Ofen oder unter dem Grill leicht überbacken.

## Homard au porto
## Hummer mit Portwein

*Für 2 Personen: 1 Hummer von 800–900 g, Sud für Krustentiere (Seite 260), 80 g Butter, ¹⁄₁₀ l Portwein (nicht zu süß), ⅕ l Sahne, Salz, 1 Eigelb, 1 Messerspitze Cayennepfeffer*

Den Hummer in einem vorher hergestellten Sud etwa 15 bis 18 Minuten kochen. Herausnehmen, abtropfen und in Stücke schneiden. Diese in einer Kasserolle in 50 g Butter langsam erhitzen. Mit Portwein angießen und etwas einkochen lassen. Die Sahne zufügen, mit wenig Salz würzen und 4 bis 5 Minuten kochen. Die Hummerstücke herausnehmen, den Panzer entfernen und das Fleisch in einer Schale anrichten. Die Sauce neben dem Feuer mit dem Eigelb legieren, zum Schluß noch 30 g Butter einziehen und mit Cayennepfeffer vorsichtig abschmecken. Über den angerichteten Hummer gießen und sofort servieren.

## Langoustes et langoustines
## Langusten und Langustinen (Scampi)

Man kann sie wie Hummer zubereiten, jedoch werden sie vorzugsweise kalt gegeseen. Die Vorbereitung ist wie für alle Krustentiere gleich: Sie werden gewaschen, in kochendem Salzwasser bzw. im Sud getötet und dann weiterverarbeitet. Die Tiere immer im Sud abkühlen lassen, damit sie nicht trocken und zäh werden. Wenn sie vollkommen abgekühlt sind, nimmt man sie heraus und stößt ganz vorne am Kopf mit einer Messerspitze ein Loch in den Panzer. Dann stellt man sie auf den Kopf und läßt den beim Kochen eingedrungenen Sud ablaufen.
*Anm. der Übersetzer:* Langusten sind bei uns weniger beliebt als Hummer – in Frankreich ist das anders. Hier zieht man im allgemeinen die Languste vor. Langustenschwänze werden in zunehmendem Maße tiefgekühlt angeboten, sie kommen meist aus Kuba, Chile, Südafrika oder Südostasien. Vor der Zubereitung muß man sie langsam im Kühlschrank auftauen lassen, da sie sonst zäh werden. Die Qualität ist sehr unterschiedlich – auf jeden Fall sollte man darauf achten, daß man rohe, ungekocht eingefrorene Ware bekommt.
Anders ist dies leider bei den Langustinen, die fast nur abgekocht und gefroren angeboten werden. Sie kommen bei uns meist unter der Bezeichnung Scampi (Einzahl »Scampo«) auf den Markt, heißen auch Seekrebs, norwegischer oder Tiefseehummer.
Sehr häufig werden nur die Schwänze verkauft, denn im Brustpanzer und in den langen, schmalen Scheren gibt es nur wenig Eßbares.
Achtung: In Italien – wie auch bei allen aus Italien importierten Krustentieren – wird die Bezeichnung Scampi sehr weitläufig verwendet. Längst nicht alles, was Scampi heißt, ist eine Langustine. Auch alle möglichen Arten von Geißelgarnelen erhalten diesen Namen, vor allem, wenn nur die Schwänze verkauft werden. Diese Garnelenschwänze sind allerdings von der Qualität her nicht unbedingt schlechter, doch schmecken sie weitaus besser in warmer Zubereitung, während die Langustinen besser kalt – oder gegrillt – gegessen werden.

## La langouste grillée aux deux sauces
## Gegrillte Languste mit zwei Saucen

Für 2 Personen: *1 lebendige Languste von 800 g (oder 2 Langusten zu etwa 400 g), Salz, Pfeffer, 50 g Butter, Petersilie, Choron-Sauce, Amerikanische Sauce*

Die Languste kopfüber in kochendes Salzwasser werfen, 2 bis 3 Minuten kochen, bis die Languste tot und das Fleisch etwas fest ist. Herausnehmen, längs in zwei Hälften teilen, das Fleisch salzen und pfeffern und mit zerlassener Butter einstreichen. Mit der Fleischseite zur Hitzequelle bei milder Hitze etwa ¼ Stunde grillen. Dabei aufpassen, daß das Fleisch nicht austrocknet – die kleinen Langusten brauchen entsprechend weniger Zeit. Auf einer mit einer Serviette oder waffelartig geprägtem Papier ausgelegten Platte anrichten und mit Petersilie umlegen. Dazu wird Choron- und Amerikanische Sauce getrennt in Saucièren gereicht, weiterhin Kreolischer Reis. Auf diese Weise kann auch Hummer zubereitet werden.


## Escargots
## Schnecken

Hauptsächlich zwei Arten werden in Frankreich gegessen, die Weinbergschnecken und ihre kleinen grauen Verwandten (petit gris). Bei uns in Deutschland gibt es nur die Weinbergschnecken. Man kann sie vorbereitet in Dosen kaufen oder selbst sammeln – allerdings gibt es für das Sammeln inzwischen Beschränkungen, so daß im allgemeinen an einem Ort nur jedes zweite Jahr gesammelt werden darf; auch dürfen nur Schnecken ab einer bestimmten Größe genommen werden. Diese Maßnahmen waren wichtig, da für die Konservenindustrie, in erster Linie für die französische, rücksichtslos auch in Deutschland, vor allem im Süden, gesammelt wurde und die Weinbergschnecken vom Aussterben bedroht waren. Natürlich lohnt sich das Sammeln nur dann, wenn man die etwas unangenehme und recht langwierige Zubereitung der frischen Schnecken nicht scheut. Gewiß sind sie schmackhafter als Dosenschnecken, manche Gerichte lassen sich auch nur mit frischen Schnecken herstellen. Doch sind die Unterschiede zwischen konservierten und selbst zubereiteten Schnecken nicht übermäßig groß.

Am besten verwendet man Schnecken, die sich bereits für den Winterschlaf mit einem Kalkplättchen verschlossen haben. Sonst muß man sie auf jeden Fall einige Tage hungern lassen – vor allem im Frühjahr, denn die Schnecken können Kräuter gefressen haben, die für Menschen unbekömmlich sind.

Die Schnecken werden dann in mehrmals gewechseltem Wasser gründlich gewaschen, bis aller Schleim entfernt ist. Grundsätzlich werden die Schnecken nicht – wie früher immer empfohlen – in Salz gelegt, um den Schleim zu lösen. Dieses Verfahren verändert den Geschmack der Tiere sehr nachteilig. Nun werden die Schnecken in sprudelnd kochendes Salzwasser geworfen und 5 Minuten blanchiert. Herausnehmen, abtropfen und unter fließendem Wasser abschrecken. Aus dem Häuschen nehmen (am besten mit einer Nadel) und den dunklen Darmtrakt am Ende des Tieres entfernen.

Die Schnecken in eine Kasserolle geben und mit halb Wasser, halb trockenem Weißwein gut bedecken. Je Liter Flüssigkeit mit folgenden Zutaten würzen: 1 mittelgroße Möhre, 1 Zwiebel, 2 Schalotten, alles in Scheiben, 1 Kräutersträußchen aus 10 Petersilienstengeln, 1 Thymianzweig und 1 Lorbeerblatt, 1 Prise Pfeffer, 8 g Salz. Zum Kochen bringen, abschäumen, dann 3 Stunden köcheln lassen. Die Schnecken in einer Schale im Sud abkühlen lassen.

Je nach Rezept weiterverarbeiten, entweder in einem Ragout oder in die Häuschen gefüllt. Dazu die geleerten Häuschen gründlich waschen: In viel Wasser ½ Stunde gründlich (nach Belieben mit etwas Soda) auskochen, abtropfen, abspülen und trocknen.

## Escargots à l'alsacienne
### Schnecken auf elsässische Art

Die Zubereitung ist ebenfalls wie bei den Schnecken auf Burgunder Art, doch werden die Schnecken anders vorbereitet. Die gewaschenen, blanchierten und vom Darm befreiten Schnecken werden nicht in viel Sud, sondern in wenig Flüssigkeit, die sie nur gerade eben bedeckt, 3 Stunden gar gekocht. Dieser Flüssigkeit werden einige frische Schweineschwarten und ein kleines Stück Kalbshaxe zugegeben, um einen sehr kräftigen und gelatinösen Fond zu erhalten.

Die Schnecken werden dann mit etwas von diesem Gelee in die Häuschen gesetzt und mit einer wie oben angemachten Butter verschlossen, die sich beim Backen mit dem Fond vermischt. Ebenfalls mit Semmelbröseln bestreuen und 8 Minuten im heißen Ofen überbacken.

## Escargots à la bourguignonne
## Schnecken auf Burgunder Art

*Für 8 Personen: 48 Schnecken mit Häuschen (vorbereitet wie Seite 270), 10 g Knoblauch, 30 g Schalotten, 20 g Petersilie, 12 g Salz, 2 g Pfeffer, 250 g Butter, Semmelbrösel*

Den Knoblauch fein zerdrücken, die Schalotten und die Petersilie sehr fein hacken. Alles zusammen mit Salz und frisch gemahlenem Pfeffer verrühren und gut mit der zimmerwarmen Butter vermischen.
In jedes Schneckenhäuschen ein haselnußgroßes Stück von dieser Butter geben. Jeweils eine kalte, abgetropfte Schnecke in ein Häuschen stecken und dabei die Butter tiefer hineindrücken. Mit der restlichen Butter die Häuschen zuschmieren. Auf eine Platte oder in Schneckenteller setzen, die vorher mit etwas Wasser befeuchtet wurden. Auf jede Schnecke etwas frische Semmelbrösel streuen und 8 Minuten im heißen Ofen überbacken. Sofort servieren.

## Escargots à la mode de Chablis
## Schnecken auf die Art des Chablis

Die Schnecken werden wie oben zubereitet, doch steckt man in die Häuschen vor den Schnecken nicht ein Butternüßchen, sondern ½ TL fein gehackte Schalotten, die in eingekochtem Weißwein gegart wurden.

## Grenouilles sautées à la bordelaise
## Gebratene Froschschenkel auf Bordelaiser Art

*Für 1 Person: 12 Paar Froschschenkel, Mehl, 30 g Butter, Salz, Pfeffer, 1 Schalotte, 1 TL frisches Paniermehl, 1 Prise gehackte Petersilie*

Die Froschschenkel mit Mehl bestäuben, das überflüssige Mehl gut abklopfen. In schäumender Butter in einer Pfanne auf großer Flamme rasch auf beiden Seiten etwas anbraten. Mit Salz, frisch gemahlenem Pfeffer und der fein gehackten Schalotte würzen, im letzten Augenblick auch noch ganz wenig frisches Paniermehl zugeben. Mit der Petersilie bestreuen und servieren.

## Grenouilles à la poulette
### Froschschenkel »Poulette«

*24 Paar Froschschenkel, trockener Weißwein, einige Tropfen Zitronensaft, Butter, Salz, Pfeffer, 1 kleine Zwiebel, 3 Stengel Petersilie, 1 kleiner Zweig Thymian, 1 Stück Lorbeerblatt, 100 g frische, weiße Champignons, 3 Eigelb, ¹/₁₀ l Sahne, Petersilie*

Die Froschschenkel in einem Sud aus Weißwein, Zitronensaft, etwas Butter, Salz, frisch gemahlenem Pfeffer, der in Streifchen geschnittenen Zwiebel und den Gewürzen pochieren. Wenn die Flüssigkeit nach dem Einlegen wieder aufkocht, die in Blättchen geschnittenen Champignons zufügen. Zugedeckt leise gar köcheln lassen. Champignons und Froschschenkel herausnehmen, abtropfen lassen und warm stellen. Die Sauce durch ein Tuch seihen und, wenn nötig, einkochen. Die Eigelb mit Sahne verquirlen und die Sauce neben dem Feuer damit legieren. Die Champignons und die Froschschenkel wieder in die Sauce geben, 50 g Butter zufügen und alles gut vermischen. Abschmecken und heiß in einer Becherform, bestreut mit gehackter Petersilie, servieren.

*Anm. der Übersetzer:* Froschschenkel gibt es bei uns praktisch nie frisch, sondern nur tiefgekühlt. Diese müssen zunächst langsam vollständig auftauen, am besten im Kühlschrank. Dann mit einem Tuch oder Küchenpapier sorgfältig abtrocknen und etwas ausdrücken, damit das beim Waschen vor dem Einfrieren aufgesogene Wasser aus dem Fleisch gepreßt wird.

## Grenouilles à la lyonnaise
### Froschschenkel auf Lyoner Art

**Für 1 Person:** *12 Paar Froschschenkel, Mehl, Butter, Salz, Pfeffer, 1 Zwiebel, 1 Spritzer Essig, gehackte Petersilie*

Die Froschschenkel leicht mit Mehl bestäuben und in schäumender Butter in einer Pfanne auf allen Seiten etwas anbraten. Salzen, aus der Mühle pfeffern und die getrennt in Butter weichgedünstete, in Streifchen geschnittene Zwiebel zufügen. Auf einem vorgewärmten Teller anrichten, etwas Essig in die Pfanne geben und kurz aufkochen, den Fond lösen. Über die Froschschenkel gießen und diese mit der Petersilie bestreuen.

## Grenouilles frites
## Fritierte Froschschenkel

*24 Paar Froschschenkel, ½ Zitrone (Saft), etwas Öl, 1 TL gehackte Petersilie, 1 zerdrückte Knoblauchzehe, 1 Prise Salz, frisch gemahlener Pfeffer, Ausbackteig, Öl zum Ausbacken, Petersilie*

Die Froschschenkel eine Stunde im Zitronensaft, Öl und den Gewürzen marinieren lassen, zwischendurch immer wieder umwenden. Dann jedes Froschschenkelpaar einzeln durch Ausbackteig ziehen und nacheinander in rauchend heißem Öl fritieren. Wenn sie schön golden sind, herausnehmen, auf einem Tuch oder Küchenpapier abtropfen und auf Servietten mit einem Sträußchen fritierter Petersilie anrichten. Sofort servieren.

# LES VIANDES DE BOUCHERIE

## SCHLACHTFLEISCH

## Le bœuf · Rindfleisch

Übersichtstafel über Fleischstücke, ihre Qualität und ihre Verwendung

Tableau des classifications des quartiers et pièces de boucherie

| | zum Braten | zum Grillen | zum Schmoren | zum Köcheln (Gulasch) | zum Kochen | | Innereien |
|---|---|---|---|---|---|---|---|
| erste Qualität | Rückenstück Filet Lende (Roastbeef) hintere Hochrippe Rumpsteak | Filet Lende hintere Hochrippe Rumpsteak Culotte | Filet Lende hintere Hochrippe Rumpsteak Culotte | Culotte | Pointe de Culotte Tranche grasse Gîte à la noix | } Keule | Nieren Leber Hirn Kaldaunen Füße Schwanz Rückenmark Zunge Herz |
| zweite Qualität | vordere Hochrippe | Tranche grasse vordere Hochrippe Onglet Hampe | Tranche grasse Gîte à la noix Paleron Macreuse vordere Hochrippe Bavette | Tranche grasse Gîte à la noix Paleron Macreuse Bavette Hampe | Jarret Talon de collier Jumeaux Macreuse Plat de côtes Crosse poitrine Bavette Flanchet Surlonge Collier Backe | } Schulter<br>} Brust<br>} Hals<br>} Kopf | |

## Deutscher Schnitt

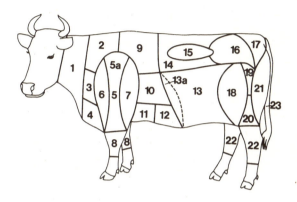

1 Hals
2 Halsgrat/Zungenstück
3 Leiterstück
4 Brustspitze
5 Schulternaht
5a Mittelbug
6 Schulterspitze (Falsches Filet)
7 Dicker Bug
8 Vorderhaxe
9 Hochrippe
10 Querrippe/Schalrippe
11 Brustkern
12 Nachbrust
13 Bauchlappen
13a Kronfleisch
14 Roastbeef (Lende)
15 Filet
16 Nuß
17 Hufte (Tafelspitz)
18 Rose/Blume
19 Unterschale/Schwanzstück
20 Oberschale/Kluft
21 Schwanzrolle
22 Haxe
23 Schwanz

# Französischer Schnitt

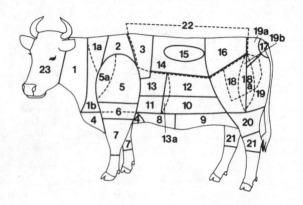

1 Collier
1a Surlonge
1b Talon
2 Côtes découvertes
3 Côtes couvertes (premières)
4 Poitrine/Grosse poitrine
5 Macreuse
5a Jumeaux
6 Paleron
7 Jarret
8 Tendron
9 Flanchet
10 Plat de côtes couvertes
11 Plat de côtes découvertes
12 Bavette
13 Hampe
13a Onglet
14 Contre-Filet/Faux-Filet
15 Filet
16 Rumsteak
17 Queue
18 Tranche grasse
18a Tendre de tranche
19 Culotte
19a Pointe de culotte
19b Gîte à la noix
20 Gîte ronde/de derrière
21 Crosse
22 Aloyau
23 Joue

*Vorbemerkung der Übersetzer:* Rindfleisch ist nicht gleich Rindfleisch! Dagegen aber: Wirsing ist in Frankreich wie in Deutschland Wirsing, eine Forelle läßt sich in beiden Sprachen eindeutig bezeichnen. Beim Fleisch ist das anders – weil es anders zugeschnitten wird. Für Filet, Lende (Roastbeef), Rumpsteak, Haxe, Hals und Schwanz gibt es keine Schwierigkeiten. Aber Schulter, Brust- und Bauchteil sowie Schlegel (Keule) werden ganz verschieden zerlegt. In der Tabelle (Seite 276) finden Sie daher bei Abweichungen im Schnitt nur eine Aufzählung nach den französischen Bezeichnungen, auf der folgenden Seite dann eine Erklärung in vergleichenden Schnitt-Zeichnungen. Denn eine genaue Übersetzung ist natürlich nicht möglich, wenn das entsprechende Stück bei uns nicht geschnitten wird, also nicht existiert bzw. nur von einem besonders kundigen und auch freundlichen Metzger speziell ausgelöst werden kann. In den Rezepten werden daher in solch strittigen Fällen vergleichbare, im normalen Geschäft erhältliche Fleischstücke angegebem

Aber es gibt, gerade was Rindfleisch betrifft, noch einen anderen Unterschied: die Qualität. Ein französisches Rind muß (außer dem berühmten »Charolais«) durchaus kein besseres Fleisch liefern als ein deutsches. Da es aber anders, vor allem länger abgehangen wird, schmeckt es auch anders und besser. Man rechnet in Frankreich mit 2 bis 3 Wochen Abhängen auch für die zweiten Fleischqualitäten, während bei uns nur im Idealfall die ersten so lange abgehangen werden, die zweiten dagegen praktisch sofort in den Handel kommen. Es ist klar, daß man dann, da Fleisch heute vor allem gebraten oder gegrillt gegessen wird, den unerfreulichen Steaker braucht, um die nicht mürbe gewordenen Fleischfasern zu zermalmen oder zerhacken. Richtiges Abhängen wird dadurch nicht ersetzt.

Das Gelingen eines Gerichts ist stets an die Voraussetzung gebunden, daß man Fleisch von guter Qualität auszuwählen weiß und daß man das richtige Fleischstück für die vorgesehene Garmethode nimmt. Man benötigt zum Braten oder Grillen eben andere Fleischstücke als zum Kochen, zum großen Schmorbraten oder zum Schmoren in kleinen Stücken.

Die Einteilung in zwei Qualitätsstufen und Kategorien nach der Garmethode ist daher für die gute, bewußte Küche unerläßlich.

*Zwischenbemerkung der Übersetzer:* Der Schnitt von Fleisch, das Zerlegen eines Rindes, ist, wie gesagt, in Frankreich grundsätzlich anders als in Deutschland. Aber auch das genaue Auslösen und Zurichten von einzelnen Muskeln ist selbstverständlich. Fett, Sehnen und anhängende Fleischstücke werden stets entfernt (auf Wunsch wird Fleisch zum

Braten, Grillen oder Schmoren dann noch in Speckscheiben gewickelt und eingebunden), so daß man nur reines Fleisch erhält und nicht zu Hause noch eine »Zuwaage« entfernen muß. Die Genauigkeit beim Zerlegen (für 1 ganzes Rind braucht ein deutscher Metzger etwa 6 Stunden, ein französischer dagegen mindestens 15 Stunden!) führt natürlich aber zu einer genaueren Klassifizierung und einer sehr detaillierten Benennung der einzelnen Fleischteile.

Übrigens: »Bœuf« heißt eigentlich »Ochse«. Wenn man jedoch von »viande de bœuf« spricht, so meint man heute ganz allgemein »Rindfleisch«, schließt auch Kuhfleisch nicht mehr aus.

Die gute Qualität von Rindfleisch kann man an folgenden Merkmalen erkennen:

1. Eine lebhafte rote Farbe, fest, etwas elastisch beim Berühren.
2. Reich durchzogen mit kleinen Fettäderchen, »durchwachsen« oder »marmoriert«.
3. Mit einer dicken Schicht von weißem oder hellgelbem Fett umgeben.
4. Das Fleisch, vor allem die Lende (Roastbeef) ist prall, nach außen gewölbt, erscheint nicht schwächlich. Kuhfleisch hat eine feinere Strukturierung als Ochsen(Rind)fleisch, das von alten Tieren hat eine braunrote Färbung. Alles magere, weiche, blasse oder dunkelrote Fleisch ist von minderer Qualität.

## Remarques particulières aux parties de 1$^{er}$ choix
## Bemerkungen zum Fleisch erster Qualitätsstufe

Das Fleisch erster Qualitätsstufe kommt ausschließlich aus dem Rückenstück (aloyau). Es ist das Stück zwischen Schulter und Schlegel und liefert das Hochrippenstück, das Filet, die Lende (Roastbeef) und das Rumpsteak, den vorderen Teil der Hüfte. Man kann dieses Rückenstück im Ganzen zubereiten (nur auf Bestellung erhältlich), nach dem amerikanischen (englischen) Schnitt in Steaks teilen und erhält dann (von hinten) das Sirloin-Steak, das Pine Bone-Steak, das Porterhouse-Steak, das T-Bone-Steak, das Club-Steak und schließlich das Rib-Steak; oder die oben erwähnten Fleischteile auslösen und einzeln verwerten.

Das *Filet* hat das zarteste Fleisch, ist daher das gesuchteste und auch am teuersten. Man kann es ganz oder als großes Stück braten, nachdem es zugerichtet, gespickt oder mit Speck umwickelt wurde. Es liefert ganz ausgezeichnete Braten. Die Bratzeit beträgt im Ofen 12 bis 15

Minuten je kg, am Spieß muß man 15 bis 18 Minuten rechnen.
Ansonsten zerteilt man es in fünf verschiedene Arten von Fleischstücken, die jeweils anders benannt und zubereitet werden:
1. *Filetsteaks:* Quer zur Fleischfaser geschnittene, 1–2 Finger dicke Scheiben aus dem dicken Ende des Filets (Filetkopf).
2. *Chateaubriands:* Quer zur Fleischfaser geschnittene, 2–3 Finger dicke Scheiben aus dem breiteren, vorderen Teil des Mittelstücks.
3. *Filetstücke:* Quer zur Fleischfaser geschnittene, 1–2 Finger dicke Scheiben aus dem mittleren Teil des Mittelstücks.
4. *Tournedos:* Quer zur Fleischfaser geschnittene, 2 Finger dicke Scheiben aus dem schmaleren, hinteren Teil des Mittelstücks.
5. *Filets mignons:* Parallel zur Fleischfaser geschnittene, 1 Finger dicke Scheiben aus dem schmal zulaufenden Ende.

Die *Lende* oder das *Roastbeef* wird von den Knochen gelöst und wie das Filet im Ganzen oder in großen Stücken gebraten. Die Garzeiten sind die gleichen. Man schneidet es auch häufig in Scheiben und nennt die gegrillten Stücke Rumpsteak, Entre-côte oder Rostbraten.

Das *Rumpsteak* wird ebenso zubereitet.

Der *Rippenbraten* (von den hinteren Rippen; in der Mitte ist der auslaufende, nach vorne hin immer kleiner werdende Kern des Roastbeefs deutlich zu erkennen) wird aus dem Stück zwischen achtem und letztem Brustwirbel geschnitten. Man brät es im Ganzen oder in großen Stücken, vorzugsweise mit den Ansätzen der Rippenknochen, weil es dann saftiger bleibt. Im Ofen rechnet man 15 bis 18 Minuten je kg, am Spieß 20 bis 22 Minuten. Das ausgelöste Fleisch wird oft in Scheiben geschnitten, ebenfalls gegrillt und dann als Entre-côte (Zwischenrippenstück) oder als Ochsenrippe (Hochrippe, Rinderkotelett) bezeichnet; es ist das eigentliche Rostbratenstück.

## Préparation des pièces à rôtir
## Die Vorbereitung von Bratenstücken

Alle Fleischstücke müssen vor dem Braten besonders behandelt und vorbereitet werden.

Das *Rinderfilet* wird von allem Fett, Sehnen und Häuten befreit, dann gespickt oder mit Speck umwickelt (bardiert).

Das *Roastbeef* (Lende) wird von der starken Sehnenfläche auf dem Rücken befreit. Dazu hebt man zunächst die Fettschicht ab, entfernt dann die darunterliegenden Sehnen und legt das Fett wieder auf das Fleisch zurück.

Das *Rippenstück* wird gestutzt, das heißt die Rippen werden kurz abgesägt, die anhängenden Fleischteile abgeschnitten. Alle anderen Fleischstücke, die man braten will, werden ebenfalls von jeglichem Fett und den Sehnen befreit und mit großen, sehr dünn geschnittenen Speckscheiben umlegt.

Zuletzt wird das betreffende Fleischstück mit Schnur eingebunden. Es soll dabei nicht fest verschnürt, verpackt, sondern lediglich in Form gehalten werden. Das Fleisch darf keinesfalls durch zu straff gespannte Schnüre zusammengepreßt sein, denn während des Garens spannen sich die Schnüre und brauchen daher zu Anfang etwas Spiel. Im übrigen ist anzuraten, die Schnüre nach ⅔ der Bratzeit aufzuschneiden.

Sonstige Braten:

Die *Kalbsnuß* wird gespickt, wenn sie als Bratenstück (Fricandeau) geschmort werden soll.

Die *Lammkeule* wird vom oberen Teil des Knochens befreit, damit man sie besser aufschneiden kann. Wenn sie mit Knoblauch gespickt wird, sollte man die Zehen nur zwischen Haut und Fleisch oder zwischen die unversehrten Muskeln schieben und keine Einschnitte in das Fleisch machen, um dort die Zehen hineinzustecken – das Fleisch würde zuviel Saft verlieren.

*Geflügel* und *Feder- und Haarwild* wird immer zusammengebunden und meistens mit Speck umwickelt, damit es nicht austrocknet.

## Piquage des viandes
## Das Spicken

Das Spicken des Fleisches mit kleinen Speckstiften hat den Zweck, ein Austrocknen von etwas magerem Fleisch zu verhindern. Die Speckstreifen werden versetzt so eingezogen, daß sie auf beiden Seiten herausschauen. Sie brauchen nur die Oberfläche des Fleisches zu erreichen, das durch die direkte Einwirkung der Hitze besonders gefährdet ist, trocken zu werden. Beim Garen schmilzt das im Speck enthaltene Fett, gibt Aroma ab und durchdringt das Fleisch mit einer Schicht, die weder Luft heran- noch Feuchtigkeit herausläßt: dadurch bleibt das Fleisch saftig.

Umwickelt man das Fleisch mit einer dünnen Speckscheibe, so schützt man es einmal vor einer zu direkten Hitzeeinwirkung, zum anderen wird auch hier das Fleisch von dem beim Erhitzen schmelzenden Fett durchdrungen und saftig gehalten.

*Anm. der Übersetzer:* Im allgemeinen gibt man heute dem Umwickeln den Vorzug, da beim Spicken immer Fleischfasern verletzt werden und beim Braten dann doch wertvoller Fleischsaft ausläuft – der zwar der Sauce zugute kommt, der Saftigkeit des Fleisches aber Abbruch tut.

## Les rôtis
### Das Verhalten des Fleisches beim Braten

Beim Braten im Ofen, beim Grillen oder auch beim Braten in der Pfanne wird ein Fleischstück, Geflügel oder Wild gegart, indem die Hitze von außen beginnend nach und nach bis zum Mittelpunkt des Fleisches vordringt. Dabei gart ganz natürlich zunächst die äußere Schicht, während das Fleisch innen noch kalt und roh bleibt. Auf dem Fleisch bildet sich eine Kruste. Beim weiteren Garen werden die Säfte, da sie durch die Kruste nicht austreten können, von der Hitze regelrecht nach innen gedrückt. Es bildet sich, je weiter das Garen fortschreitet, im Inneren des Fleisches eine immer größere Ansammlung von Säften, die infolgedessen unter immer größerem Druck stehen. Ist diese erste Phase des Garens abgeschlossen, muß eine zweite folgen. Dabei wird die Verdrängung der Säfte wieder aufgehoben: Entfernt man nämlich das Fleisch aus der direkten Einwirkung offener (Spieß) oder abgestrahlter Hitze (Ofen) und läßt es ruhen, dann fließen die jetzt vom Hitzedruck befreiten Säfte vom Inneren des Fleisches wieder zurück bis in die Randzonen. Sie dringen in das Gewebe ein, geben ihm eine schöne rosa Farbe und vollenden damit den Garprozeß. Sogar die krustige Hülle wird von innen her erweicht, sie ist schließlich nicht mehr eine dicke Schicht, sondern eine schmale braune Linie, die eine rote oder weiße Fleischscheibe umschließt und deren schönes Aussehen unterstreicht. Beim Anschneiden fließt, wenn das Fleisch ausreichend geruht hat, nicht eine große Menge von Saft aus, es bilden sich vielmehr auf der Oberfläche nur kleine, etwas fette Tröpfchen, je nach Art des Fleisches von rosa oder goldener Farbe. Voraussetzung für das Funktionieren dieses Verfahrens ist, daß das Fleisch nicht zu weit durchgebraten wird. Es darf außen nicht hart werden, muß innen zwar warm sein, keineswegs aber dürfen die Säfte so stark erhitzt werden, daß ihre Eiweißstoffe gerinnen. Dann wäre ein Zurückfließen nicht mehr möglich. Man beachte auch, daß während des Ruhens die in den äußeren Schichten gespeicherte Wärme noch weiter nach innen vordringt und so das Fleisch noch immer gart, auch wenn es von außen nicht mehr erhitzt wird.

## Conduite des rôtis
## Das Braten

Man kann am Spieß oder im Ofen braten. Für die Hausfrauen ist im allgemeinen der Ofen das übliche; erst mit der Erfindung des Haushaltsgrills und erst seit man die Romantik eines offenen Feuers wiederentdeckt hat, gewinnt der Spieß erneut an Bedeutung – an den großen offenen Feuern der alten Küche das einfachste Verfahren. Tatsächlich ist der Spieß dem Ofen überlegen, da das Bräunen, die Krustenbildung an der frei zirkulierenden Luft bedeutend feiner ist. Die Kruste schmeckt auch besser, vor allem wenn man zum Feuer besondere Hölzer verwendet, etwa Buchenholz oder Weinreben, die ihre ätherischen, geschmacksbildenden Substanzen an das ihren Flammen ausgesetzte Fleisch weitergeben. Im Ofen dagegen findet das Braten in einem geschlossenen Raum statt, in dem sich eine dämpfige Atmosphäre bildet, die die Krustenbildung immer wieder teilweise aufhebt. Gleichgültig, ob am Spieß oder im Ofen: Das Fleisch muß zunächst scharfer Hitze ausgesetzt werden, damit es schockartig angebraten wird. Dadurch nur entsteht eine undurchlässige Eiweißkruste. Die Hitze muß dennoch auch auf die Größe des Fleischstücks Rücksicht nehmen: Große Stücke dürfen nicht so heiß angebraten werden wie kleine, sie werden später der Hitze ja noch länger ausgesetzt, so daß die Kruste dann zu hart werden würde. Auf jeden Fall wird nach dem Anbraten die Hitze vermindert, indem man das Fleisch vom Feuer entfernt, die Strom- oder Gaszufuhr drosselt oder eine andere Schutzmaßnahme ergreift, etwa einen Schirm aufstellt.

Brät man im Ofen, so muß das Fleisch auf einem Rost liegen, um zu verhindern, daß es in seinem Bratensaft oder im Fett ruht. Brät man am Spieß, so muß man eine Abtropfpfanne unterschieben, damit Saft und abtropfendes Fett aufgefangen werden. Mit dem Fett – und nicht mit dem Bratensaft – wird das Fleisch während des Garens immer wieder übergossen.

Wenn man viel Erfahrung hat, kann man durch einfachen Druck feststellen, wann das Fleisch gar ist (außer bei Geflügel). Hat man diese

Erfahrung nicht, muß man sich an die Richtzeiten halten, die in der Einleitung dieses Kapitels bzw. bei den einzelnen Rezepten angegeben sind. Dann überprüft man den Gargrad mit einer Nadel, indem man diese bis in die Mitte hineinstößt. Beim Herausziehen erscheinen an diesem Stich einige Tropfen des Bratensaftes: Er muß hellrosa sein, wenn es sich um rotes Fleisch von Rind, Hammel oder Wild handelt, und farblos bei weißem Fleisch von Kalb, Lamm oder Schwein. Geflügel wird über einem Teller so geneigt, daß aus dem Inneren etwas Saft herauströpfelt. Wenn das Tier gar ist, muß er ebenfalls völlig farblos und klar laufen.

## Les jus de rôtis
### Der Bratensaft

Wenn nicht ausnahmsweise in einem Rezept angegeben, muß ein Braten immer mit dem beim Braten entstandenen Saft serviert werden. Und hat man richtig gebraten, so ist der im Brattopf oder der Abtropfpfanne aufgefangene Saft stets ausreichend. Brät man im Ofen, so muß man besonders auf die Unterhitze achten, vor allem, wenn der Topf direkt auf dem Boden des Ofens steht. Ist sie zu groß, so kocht der Bratensaft ein, er trocknet schließlich an, karamelisiert und wird bitter. Andererseits verbrennt auch die Bratbutter. Man stellt den Topf deswegen auf den Rost oder schiebt eine isolierende Platte unter den Topf. Weiterhin gießt man einige EL Wasser oder helle Fleischbrühe an.

Der Bratensaft wird zum Schluß je nach Fettgehalt teilweise oder gar nicht entfernt. Dabei darf man nie vergessen, daß es gerade die fetten Substanzen sind, die den Geschmack binden und übertragen. Vollkommen entfetteter Bratensaft schmeckt meist langweilig.

## Le dressage et le découpage des rôtis
### Das Anrichten und Aufschneiden von Braten

Im allgemeinen wird ein Braten ganz einfach auf einer länglichen, gut vorgewärmten Platte angerichtet und mit einem oder zwei Eßlöffeln Bratensaft übergossen. Den übrigen Bratensaft serviert man in einer Saucière getrennt dazu. Werden zum Braten Gemüse gereicht, serviert man sie entweder in Gemüseschalen oder richtet sie um den

Braten herum an. Sie sollten mit Geschmack danebengelegt werden, entweder in Häufchen an den Enden des Bratens oder, vor allem dann, wenn man viele verschiedene Gemüse vorgesehen hat, rund um den Braten, ebenfalls in Häufchen, wobei die Gemüsesorten immer abwechseln müssen. Die Gemüse dürfen nie auf dem Rand der Platte liegen, sondern auf dem Plattenboden – man muß daher die Platte recht groß wählen, darf aber auch nicht übertreiben.

Bei großen Prunkdiners schmückt man große Bratenstücke üblicherweise mit kleinen silbernen oder versilberten Bratenspießchen, die mit einem schmückenden Griff versehen sind. Auf diese Spießchen reiht man kunstvoll verschiedene Leckerbissen, die der Garnitur des Bratens entsprechen, etwa Krebse, Champignons, Trüffeln, Hahnenkämme und ähnliches.

Schlachtfleisch wird stets in dünnen Scheiben quer zur Faser geschnitten. Es ist einfach zu verstehen, warum rechtwinklig zur Faser geschnitten werden muß, wenn man sich den Kauvorgang klarmacht: Nur wenn quer zur Faser geschnitten wurde, können die Zähne beim Zubeißen in das Gewebe des Fleisches eindringen und es leicht zerteilen. Schneidet man das Fleisch aber mit der Faser, so treffen die Zähne beim Beißen auf den Widerstand des Gewebes. Selbst ein zartes Fleisch erscheint dann hart und zäh.

## Les grillades et les sautés
## Das Grillen und Sautieren

Unter Grillen versteht man das Braten von normalerweise kleinen Fleischstücken am offenen Feuer, unter Sautieren das sehr rasche Braten auf großer Flamme in einer hochrandigen Pfanne (Schwenkpfanne).

Die Hitzequelle muß beim Grillen stets glühen – gleichgültig, ob man mit Holzglut, Holz oder Steinkohle, Gas oder Elektrizität grillt. Die Intensität der Hitzeeinwirkung muß sich dabei stets nach der Größe, vor allem der Dicke des Grillguts richten.

Ganz allgemein gilt auch für das Grillen all das, was im Kapitel Braten ausgeführt wurde.

Zunächst muß der Grill gut vorgeheizt werden, der Rost muß durch die darüber oder darunter befindliche Hitzequelle beinahe glühen. Das Grillgut wird mit zerlassener Butter eingestrichen und dann auf den Rost gelegt. Nach einigen Minuten wird das Fleischstück mit einem

Spachtel gehoben und um ¼ Umdrehung versetzt wieder auf den Rost gelegt. Dadurch entsteht das typische Grillmuster, das die heißen Stäbe des Rosts auf dem Fleisch in dunkler Farbe hinterlassen. Wenn das Fleisch gerade eben zur Hälfte gar ist, wird es mit dem Spachtel umgedreht. Es wird mit Salz bestreut, das durch die aus der angebratenen Oberfläche tretenden Fleischsäfte aufgelöst wird und nach und nach in das Innere des Fleisches eindringt. Wenn die zweite Hälfte des Fleisches gar geworden ist, wird es auf eine vorgewärmte Servierplatte gelegt, und zwar mit der zuletzt der Hitze ausgesetzten Seite nach oben, die nun ihrerseits gesalzen wird. Vor dem Servieren läßt man das Fleisch einige Minuten ruhen, damit sich das Salz auflösen und eindringen kann. Außerdem schmeckt dunkles Fleisch – Rind und Hammel – am besten, wenn es blutig gegrillt wird und dann beim Ruhen langsam nachgart, während sich die Säfte verteilen. Es ergeben sich natürlich während des Grillens und anschließenden Ruhens die bereits am Anfang für den Braten beschriebenen Reaktionen.

Grillt man zu scharf, bildet sich schnell eine starke Kruste, die die Hitze davon abhält, weiter einzudringen. Das Fleisch ist dann außen beinahe verbrannt, innen aber noch roh. Auch das Ruhen hilft dann nicht mehr viel: Das blutige, noch kalte Innere ist weich, das mehrere Milimeter dicke, schwärzliche Äußere ist hart und trocken.

Für das *Sautieren* gilt im Prinzip das gleiche, doch wird mit Fett in einer hochrandigen Pfanne gegart (eine normale Bratpfanne empfiehlt sich weniger, da das sehr heiße Fett stark spritzt). Das Fett wird abgegossen, der entstandene Bratensatz wird mit wenig Flüssigkeit gelöst und mit dem Fleisch gereicht.

## Les braisés
## Das Schmoren

Das richtige Schmoren zählt zu den schwierigsten Garmethoden überhaupt. Es gehört eine große Erfahrung dazu, wirklich optimale Ergebnisse zu erzielen, man muß sehr aufmerksam sein und peinlich genau arbeiten.

Die besten Schmorstücke haben ein Ochse (Rind) von 3 bis 6 Jahren und ein Hammel von 1 bis 2 Jahren. Das Fleisch jüngerer Tiere eignet sich nicht, es wird besser gebraten oder gegrillt. Älteres Fleisch ist zu faserig und trocken, auch eine verlängerte Garzeit nützt dann nichts, hebt vielmehr die Fehler noch stärker hervor.

Nimmt man zum Schmoren Fleischstücke aus der Schulter oder dem Schlegel des Rinds, so muß man sie stets vorher spicken (wie Seite 282 f. beschrieben). Schmorbraten aus dem Rückenstück brauchen nicht gespickt zu werden, denn sie sind, wenn das Fleisch von einem guten Tier stammt, ausreichend mit kleinen Fettäderchen durchwachsen.
Auch beim Schmoren verhält sich das Fleisch, wie es beim Braten ausführlich dargestellt wurde. Im übrigen wird der Leser über das Verfahren des Schmorens in den einzelnen Rezepten für Schmorbraten genau informiert.
Es bleibt jedoch anzumerken, daß die kalte Küche die Schmorbraten etwas anders als heute üblich zubereitet hat. Vor allem sind es die Besorgnis um Einsparungen und die Notwendigkeit, aus einem Stück Fleisch verschiedene Gerichte zu gewinnen, die moderne Restaurants und ihre Köche gezwungen haben, ein besonders reiches und überaus saftiges und geschmackvolles Verfahren beinahe aufzugeben: Früher wurde ein Schmorbraten so lange gegart, bis es nicht mehr möglich war, ihn mit einem Messer in Scheiben aufzuschneiden. Das Fleischstück wurde sozusagen zu Kompott gemacht, nahm zum Schluß dabei alle Aromastoffe und auch den Schmor-Fond wieder in sich auf und wurde immer besser. Buchstäblich schmelzend wurde es mit einem Löffel serviert und verspeist, dem einzigen Instrument, mit dem es sich gut zerteilen ließ.
Feinschmecker, die die Möglichkeit dazu haben, sollten nicht zögern, dieses alte Verfahren anzuwenden, denn auf keine andere Weise erreicht man eine solche Konzentration des Aromas, eine solche Schmackhaftigkeit.

## Les poêlés
### Das langsame Braten (Poêlieren)

Wenn man ein Stück Fleisch oder ein Geflügel poêliert, so greift man damit auf das vielleicht am meisten den häuslichen Gegebenheiten entsprechende Garverfahren zurück, das gleichzeitig eines der einfachsten und besten ist. Man gart ein Stück Fleisch in etwas Butter in einem Gefäß (Pfanne, Schwenkpfanne, Tiegel oder Kasserolle), das genau der Größe des Fleischstücks entsprechen muß. Das Garen geschieht vorzugsweise im Ofen, doch geht es auch auf dem Herd. Die Hitzezufuhr ist – anders als beim Sautieren – nur gering, das Fleisch brät langsam vor sich hin, wird aber nicht wie beim Schmoren zugedeckt. Trotzdem verdampft kaum Flüssigkeit, und die beim Garen austretenden Säfte bilden mit der Bratbutter einen dicken, sirupartigen und köstlich schmeckenden Bratensaft.

## Les fritures
## Das Fritieren

Es empfiehlt sich, zum Fritieren nur robuste, tiefe, runde oder ovale, auf jeden Fall ausreichend große Töpfe zu verwenden, die nur zur Hälfte mit Fett oder Öl gefüllt sein sollten.
Wirklich ideal zum Fritieren ist das absolut geschmacklose Erdnußöl. Man kann zwar auch jene tierischen Fette verwenden, die ebenfalls ohne zu verbrennen eine hohe Temperatur erreichen, doch kann man sie in keinem Fall so stark erhitzen wie die pflanzlichen Fette. Es gibt neben den Ölen die gehärteten Fette, die speziell für das Fritieren ausgewählt und behandelt wurden.
Von allen tierischen Fetten ist das Rindernierenfett am ehesten zu empfehlen. Kalbsnierenfett ist zwar feiner im Geschmack, doch widersteht es hohen Temperaturen nicht. Hammelfett ist schlichtweg schlecht, man kann von seinem Gebrauch nur abraten. Schweinefett kann man äußerstenfalls noch verwenden, doch sollte man es eher den Zubereitungen vorbehalten, bei denen es auch eine würzende Funktion bekommt.
Butter fängt ab 130 Grad an zu verbrennen, ist also zum Fritieren ungeeignet. Die meisten tierischen Fette erreichen 180 Grad, dann fangen sie leicht an zu rauchen. Schweineschmalz und Flomen vertragen bis zu 250 Grad, Pflanzenöle jedoch verbrennen erst ab etwa 300 Grad.
Die verschiedenen Hitzegrade des Fritierfetts kann man auf folgende Art leicht bestimmen:
a) Mittelheiß. Wirft man ein Blatt Petersilie hinein, so beginnt das Fett drumherum leicht zu schäumen.
b) Heiß. Das Fett rauscht auf, wenn man etwas Feuchtes hineingibt. An einem hölzernen Kochlöffelstiel bilden sich Bläschen, die langsam an die Oberfläche steigen.
c) Sehr heiß. Das Fett raucht, sein Geruch steigt in die Nase.
Man muß das Fritierfett nach jedem Gebrauch durch ein Tuch oder Papier filtern, damit alle Verunreinigungen und Rückstände, die jedes Fritiergut hinterläßt, vollkommen entfernt werden. Bleiben diese

Teilchen im Fett, so verbrennen sie und beschleunigen die Abnützung des Fetts, das bald anfängt, unangenehm zu riechen und allem Fritierten einen schlechten Geschmack mitteilt. Das Fett stets in einem Steinguttopf aufbewahren.

## Aloyau rôti, filet et contre-filet, train de côtes et rumsteak rôtis
## Gebratenes Rückenstück, Filet, Rippenstück oder Rumpsteak und gebratene Lende

Es ist üblich, daß bei einem Menü entweder Rückenstück, Filet oder Lende gebraten oder geschmort gereicht werden. Die im folgenden jeweils für ein bestimmtes Fleischstück angegebenen Rezepte gelten auch für die anderen Fleischstücke, ebenso für Rippenstück und Rumpsteak. Das Aussehen, Anrichten und Aufschneiden richtet sich nach den jeweiligen Stücken. Im Einleitungskapitel der Braten wurde bereits die Vorbereitung und das Braten mit einer grundsätzlichen Zeitangabe für das Garen erwähnt.
Alle diese Fleischstücke können von jeder Gemüseart begleitet werden, es gibt eigentlich nichts, was nicht zu ihnen paßte. Im folgenden einige typisch, für ähnliche Zubereitungen exemplarisch ausgewählte Rezepte.

## Filet de bœuf Richelieu
## Rindsfilet »Richelieu«

*1 Rindsfilet, Spickspeck, 1 mittelgroße Möhre, 1 große Zwiebel, Salz, zerlassene Butter, $\frac{1}{5}$ l Kalbs-Fond oder eine helle Fleischbrühe (ersatzweise Wasser) – Garnitur: geschmorter, mit Champignonpüree gefüllter Kopfsalat, gefüllte Champignons und Tomaten und geschmolzene Kartoffeln, hackte Petersilie, $\frac{1}{10}$ l Madeira, frisch gemahlenes Meersalz*

Das Rindsfilet vollkommen von allem Fett, allen Sehnen und Flechsen befreien, besonders den über die volle Länge des Filets verlaufenden faserigen Seitenstreifen entfernen. Nun wird das Filet mit kleinen Speckstreifen gespickt, die 4 cm lang und so stark wie eine Spicknadel sein sollen. Dazu legt man das Fleisch über einen umgedrehten Suppenteller und zieht mit der Spicknadel die Speckstreifchen an der Stelle der größten Biegung des Fleisches längs zur Faser so durch das Fleisch, daß beide Enden herausschauen. Das Filet wird daraufhin etwas weiter über den Teller gezogen und erneut gespickt. Die einzelnen Speckstreifchen werden in einer Reihe hintereinandergesetzt, die nächste Reihe nach einer kleinen Drehung des Fleisches 2 cm daneben. Dabei sollen die Streifen etwa auf halber Höhe der vorhergehenden Reihe eingezogen werden, so daß sich die Reihen gegeneinander versetzen.

Diese Speckstreifen, die, längs zur Faser eingebracht, diese nicht verletzen und das Fleisch also auch nicht austrocknen, haben die Aufgabe, das Fleisch während des Bratens ständig mit austretendem Fett zu versorgen, sozusagen automatisch zu begießen.

Das Filet mit Schnur einbinden, damit es seine Form behält. Dazu etwa alle 6 cm einmal mit einer Schnur umwickeln und leicht anziehen.

Die Möhre und die Zwiebel in dünne Scheiben schneiden und eine große Bratform damit auslegen. Das Filet von allen Seiten salzen, auf das Gemüsebett legen und mit zerlassener Butter übergießen. In den auf 220 Grad vorgeheizten Ofen schieben und wie in der Einleitung »Braten« angegeben garen. Währenddessen häufig begießen und darauf achten, daß die Gemüse und der aus dem Filet austretende Fleischsaft nicht zu stark anbraten oder gar schwarz werden.

Verfügt man über einen Schmortopf passender Größe, so kann man das Filet auch wie im Kapitel »Das langsame Braten (Poêlieren)« angegeben zubereiten, das Innere soll aber blutig bleiben. Für Braten wie Poêlieren rechnet man etwa 12 bis 15 Minuten pro kg je nach Geschmack. Nach Ende der Bratzeit prüft man den Garungsgrad durch Drücken oder Einstechen und hält das Filet auf der geöffneten Ofentüre auf einer anderen, vorgewärmten Bratform warm, während sich die Säfte im Fleisch verteilen.

In die für das Garen verwendete Bratplatte (oder den Schmortopf) gießt man etwas Kalbs-Fond, Fleischbrühe oder Wasser, löst den Bratensatz und läßt die Flüssigkeit 5 Minuten leise köcheln. Durch ein feines Sieb seihen und warm halten. Das Filet auf eine ausreichend große, vorgewärmte Platte legen und abwechselnd einen Kopfsalat, einen Champignon, eine Tomate und ein Häufchen geschmolzener Kartoffeln darum herum anrichten. Auf die Kartoffeln etwas fein gehackte Petersilie streuen. Den losgekochten Bratenfond mit dem während des Ruhens aus dem Fleisch gelaufenen Bratensaft neben dem Feuer verrühren und mit Madeira abschmecken. Ein wenig von dieser Mischung über das Fleisch tröpfeln, den Rest in einer Saucière getrennt reichen.

Den Gästen wird zunächst der ganze Filetbraten mit der reichen Garnitur gezeigt. Sodann wird das Fleisch aufgeschnitten und jeweils eine Scheibe auf einen sehr heißen Teller gelegt. Daneben gibt man von jeder Garnitur ein Häufchen und gießt neben (nicht auf) das Fleisch eine oder zwei TL des Bratensafts. Die herrlich rosa gefärbte Fleischscheibe bestreut man mit einem Hauch von frisch geriebenem Meersalz.

Man kann das Gericht wesentlich vereinfachen, indem man nicht vier, sondern nur ein oder zwei Garnituren dazu serviert. Man benennt das Gericht, das trotzdem ein Bratenstück großen Stiles bleibt, dann einfach nach der dazu gereichten Garnitur, z. B. mit geschmortem Kopfsalat.

## Filet de bœuf bouquetière
### Rindsfilet nach Art der Blumenmädchen

Das Filet wird vorbereitet, gespickt, gebraten oder poêliert, wie im vorhergehenden Rezept angegeben. Man richtet es an und umlegt es mit verschiedenen Gemüsen (deren Zubereitung im Kapitel Gemüse): Möhren, glacierten weißen Rüben, in Butter geschwenkten grünen Bohnen und Erbsen sowie mit kleinen, olivenförmig zugeschnittenen und gebratenen Kartoffeln.

## Filet de bœuf sauce madère et champignons à la ménagère
### Rindsfilet in Madeira-Sauce mit Champignons nach Hausfrauenart

Dieses Gericht eignet sich besonders gut für ein Familienessen. Die Zubereitung ist einfach, vor allem kommt die Hausfrau ohne die in einer großen Restaurantküche immer vorrätigen Fonds aus. Das Rezept kann daher als Vorbild für viele ähnliche Zubereitungen dienen.

Für 8 Personen: *1,5 kg Rindsfilet aus dem Mittelstück, 125 g fetter Speck zum Spicken, 60 g Butter – Für die Sauce: 1 kleine Möhre, 1 mittelgroße Zwiebel, 100 g Butter, 45 g Mehl, 1/5 l trockener Weißwein, 1 l schwach gesalzene Kalbfleischbrühe, 2 EL konzentriertes Tomatenmark, einige Petersilienstengel, 1 Zweig Thymian, 1 Stück Lorbeerblatt, 250 g frische, feste, weiße Champignons, Salz, Pfeffer, 1/10 l trockener, erstklassiger Madeira*

Zunächst mit der Saucenzubereitung beginnen, da diese insgesamt 1½ Stunden kochen muß und somit viel länger braucht als das Filet. Die Möhren und die Zwiebel in winzig kleine Würfelchen schneiden. In einer Kasserolle, die ausreichend groß sein muß, um nachher die ganze Sauce aufnehmen zu können, mit 40 g Butter ganz langsam weich dünsten. Erst zum Schluß die Hitze etwas hinaufsetzen und die Gemüse leicht anbraten. Das Mehl darüberstäuben, gut mit der Butter und dem Gemüse vermischen und bei nicht zu starker Hitze ganz langsam unter ständigem Rühren rösten, bis alles eine hellbraune Farbe angenommen hat. Vom Herd nehmen und abkühlen lassen; nach und nach zuerst mit dem Weißwein und dann mit der Kalbsbrühe aufgießen und stetig kräftig schlagend glattrühren. Von der Kalbsbrühe jedoch 1/10 l zurückbehalten. Auch das Tomatenmark dazurühren, Petersilienstengel, Thymian und Lorbeerblatt zufügen. Die Kasserolle wieder auf das Feuer setzen und mit dem Schneebesen rührend die Sauce langsam erhitzen, damit sich keine Klümpchen bilden. Nun die Fleischteile, die vom Filetstück noch entfernt werden mußten, nach sorgfältigem Entfetten zugeben, ebenso 4 oder 5 geputzte und in Scheiben geschnittene Champignonstiele. 45 Minuten unbedeckt leise köcheln lassen. In dieser Zeit immer wieder die Haut mit den Verunreinigungen und dem Fett abnehmen, die sich durch das Kochen stets von neuem bildet. Nach 4- oder 5maligem Wiederholen ist die Sauce schon recht sauber und wirkt klar. Auch bleiben vom Mehl nur die stärkehaltigen Verbindungen zurück, die eine feine, leichte und geschmeidige Konsistenz der Sauce garantieren.

Nach 45 Minuten Kochzeit passiert man die Sauce durch ein feines Sieb in eine andere Kasserolle, wobei man die Rückstände, also Fleischabfälle und Gemüse, kräftig ausdrückt. Man setzt die Sauce wieder auf und läßt sie weitere 30 Minuten köcheln, um sie vollends zu klären. Dabei gibt man immer wieder 1 oder 2 EL von der zurückbehaltenen Kalbsbrühe dazu, wodurch das Klären noch gründlicher geschieht.

Inzwischen wird das wie im Rezept »Richelieu« vorbereitete, gespickte und eingebundene Fleisch mit der Butter wie angegeben gebraten oder poëliert. Ruhen lassen.

Die Champignons gut putzen: Das erdige Ende abschneiden und die Köpfe rasch in 2mal erneuertem Wasser waschen. Die Pilze keinesfalls im Wasser liegen lassen, sondern sofort herausnehmen, abtropfen lassen und abtrocknen. Einige besonders schöne Köpfe für die Garnitur übrig behalten, den Rest in Viertel schneiden. Eine ausreichend große, hochrandige Pfanne, die später auch noch die Sauce aufnehmen kann, erhitzen. Die restliche Butter darin schmelzen und haselnußbraun werden lassen. Nun alle Champignons hineinwerfen und unter stetigem Wenden leicht anbraten. Vom Feuer nehmen und die vorher zubereitete Sauce durch ein Tuch oder ein sehr feines Sieb dazugießen. Aufkochen lassen, dann auf kleiner Flamme nur siedend 5 Minuten fertig garen. Vom Feuer nehmen und abschmecken. Ohne zu kochen bis zum Servieren warm halten.

Das fertig gebratene Fleischstück, das inzwischen ruhend seine Säfte verteilt hat, auf einer vorgewärmten Platte anrichten und mit den ganzen Champignonköpfen umlegen. Warm stellen.

Den Madeira sowie den Bratfond und den Saft, der während des Ruhens aus dem Fleisch gelaufen ist, in die Sauce rühen. Auf keinen Fall darf die Sauce nun noch einmal kochen oder zu stark erhitzt werden, denn dann würden Alkohol sowie Aroma des Madeira sich verflüchtigen, und das Eiweiß des noch leicht blutigen Fleischsaftes würde in Flöckchen gerinnend ausfallen. Das Fleisch mit etwas Sauce beträufeln, den Rest in einer Saucière getrennt auftragen.

Die Saucenmenge soll sich übrigens während des Kochens auf ½ l reduzieren, das heißt, über die Hälfte der anfangs verwendeten Flüssigkeit muß verdampfen.

Es ist ganz selbstverständlich, daß man, wenn man eine Demi-glace zur Verfügung hat, diese an Stelle der oben zubereiteten Sauce verwendet, denn sie ist wesentlich kräftiger und wohlschmeckender. Man bereitet dann die Champignons wie angegeben und gießt mit ½ l Demi-glace auf – weiter wie oben. Auch die hier zubereitete Sauce wird natürlich noch besser, wenn man statt der Kalbsbrühe einen dunklen Kalbs-Fond verwendet.

## Filet de bœuf Saint-Germain
## Rindsfilet »Saint-Germain«

*Für 15 Personen: 2,5 kg Rinderfilet aus dem Mittelstück, 200 g fetter Speck zum Spicken, 90 g Butter – Für die Garnitur: Erbsenpüree: 3 l Wasser, 30 g Salz, 800 g frische, möglichst nicht zu kleine Erbsen (bereits ausgelöst, also gepalt), 1 Handvoll Spinatblätter, 250 g Butter, 2 EL dicke Sahne, nach Bedarf 1 Prise Zucker, weißer Pfeffer, Salz, 5 Eier, 6 Eigelb, Butter zum Ausstreichen der Förmchen, glacierte Möhren, Schloßkartoffeln, etwas gehackte Petersilie, Bearner Sauce*

Zunächst die Gemüsegarnitur vor- und zubereiten, erst gegen Ende mit dem Braten des Fleisches beginnen. Dieses wird wie (Seite 281) angegeben von Fett und Sehnen befreit, gespickt, umwickelt und gebraten oder poëliert. Ruhen lassen, anrichten und mit der Gemüsegarnitur umlegen.

Erbsenpüree: Wasser und Salz in einem Topf aufkochen und die Erbsen zufügen. Auf großer Flamme nicht ganz gar kochen, den gewaschenen Spinat zugeben und weitere 5 Minuten kochen lassen. Vom Feuer nehmen, die Gemüse abtropfen lassen und durch ein feines Sieb passieren – der Spinat wird zugegeben, damit das Püree eine schöne grüne Farbe bekommt. Nun das heiße Püree in einer Terrine mit einem Spachtel kräftig durcharbeiten und nach und nach die Butter in kleinen Stückchen zugeben, ganz zum Schluß erst die Sahne einarbeiten. Falls die Erbsen nicht süß genug sind, nun noch mit etwas Zucker abschmecken; würzen. Die Eier mit den Eigelb ein wenig verrühren, doch sollen sie nicht schaumig werden. Ohne kräftig zu schlagen oder zu rühren, nun die Masse in das Erbsenpüree ziehen. 15 kleine Kuchen- oder Baba-Förmchen (Beschreibung Seite 33) mit zerlassener Butter ausstreichen und bis 1 cm unter den Rand mit diesem Püree füllen. In eine ofenfeste tiefe Pfanne oder eine Bratform stellen und mit kochendem Wasser bis auf die Höhe der Füllung in den Förmchen aufgießen. In diesem Wasserbad im nicht zu heißen Ofen 35 Minuten pochieren – dabei darf das Wasserbad auf keinen Fall kochen. Man muß daher ständig aufpassen und 1 oder 2 EL kaltes Wasser nachgießen, falls das Wasser doch zu kochen anfängt. Das Püree ist fertig, wenn es beim Berühren einen festen, leicht elastischen Eindruck macht. Bis zum Servieren im Wasserbad warm halten, doch 2 bis 3 Minuten vor dem Stürzen herausnehmen, damit sich das Püree besser von der Form löst.

Das Filet auf einer großen, gut vorgewärmten Platte anrichten und mit etwas Bratensaft übergießen, nachdem die Fäden abgenommen wurden. An den beiden Enden der Platte die gestürzten Erbsenpüree-Timbalen halbkreisförmig anrichten, an die beiden Seiten abwechselnd die glacierten Karotten und Butterkartoffelhäufchen legen, diese mit etwas gehackter Petersilie bestreuen.

Dazu in einer Saucière Béarner Sauce oder *Valois-Sauce* reichen. Letztere ist nichts anderes als eine Béarner Sauce, die kurz vor dem Servieren mit dem beim Ruhen aus dem Fleisch gelaufenen Saft verrührt wurde. Man zieht am Tisch schließlich noch den beim Anschneiden erhaltenen Fleischsaft unter.

*Anm. der Übersetzer:* Zum Erbsenpüree eignen sich gut die tiefgekühlten Erbsen, die bei uns in besserer Qualität als frische Erbsen zu erhalten sind – man spart außerdem die nicht unbeträchtliche Zeit, die man sonst zum Auspalen der Erbsen benötigen würde.

### Filet de bœuf à la financière
### Rindsfilet auf Finanzmannsart

Für 8 Personen: *1,5 kg Rinderfilet aus dem Mittelstück, 125 g fetter Speck zum Spicken, 60 g Butter, ½ l Madeira-Sauce (wie im vorstehenden Rezept angegeben, jedoch ohne die Champignons) – Garnitur: kleine, weiße Champignons, in Butter gedünstet, Trüffelscheiben, Hahnenkämme und -nieren, die in einem Sud aus heller Fleischbrühe, 1 EL Mehl und dem Saft von ½ Zitrone oder 1 EL Weinessig gekocht wurden, Kalbsklößchen oder ein in 1 cm dicke Scheiben geschnittenes, weiß geschmortes Kalbsbrieschen*

Das Rinderfilet vorbereiten und braten oder poêlieren, wie im Rezept »Richelieu« (Seite 290) angegeben. Die Sauce mit den Zutaten der Garnitur vermischen. Beides getrennt reichen.

### Steak tartare
### Beefsteak Tatar

Für 1 Person: *200 g Filetkopf, Salz, frisch gemahlener Pfeffer, 1 Eigelb, Fleischbrühe, Kapern, Zwiebel, Petersilie*

Das Fleisch von allem Fett und allen Sehnen gut befreien. Fein hacken oder durch den Fleischwolf drehen und mit Salz und Pfeffer würzen. Alles durchkneten und dem Fleisch die Form eines Eishockey-Pucks von 3 cm Stärke geben. Auf einen Teller legen und mit einem unter kaltes Wasser gehaltenen Teelöffel eine Vertiefung in die Mitte drücken. Das rohe Eigelb hineingeben.

Mit einer Schale oder Tasse voll heißer Fleischbrühe und drei kleinen Schälchen reichen, die Kapern, sehr fein geschnittene Zwiebeln und gehackte Petersilie enthalten.

## Steak aux œufs au miroir
### Gebratenes Tatar mit Spiegeleiern

*200 g Filetkopf, Salz, frisch gemahlener Pfeffer, 25 g Butter, 2 Spiegeleier, 2 EL Kalbs-Fond*

Ein Hacksteak wie oben für das Tatar beschrieben zubereiten und in Butter in einer Pfanne auf beiden Seiten braten, bis es außen braun, innen aber noch rosa ist. Mit den Spiegeleiern belegen und dem in der Bratpfanne auf die Hälfte eingekochten Kalbs-Fond umgießen.

## Hamburger ou steak haché
### Hamburger oder Hacksteak

Für 1 Person: *1 mittelgroße Zwiebel, 50 g Butter, 200 g Filetkopf, Salz, frisch gemahlener Pfeffer, 1 EL Kalbs-Fond*

Die Zwiebel in kleine Würfelchen schneiden und in einer kleinen Pfanne in 25 g Butter weich dünsten, aber nicht anbraten lassen. Wie oben ausgeführt ein Tatar bereiten und mit den Zwiebeln vermischen. Dem Steak seine Form geben und in der für die Zwiebeln verwendeten Butter auf beiden Seiten braun braten. In der Pfanne dürfen keine Zwiebelwürfelchen mehr verblieben sein, denn sie würden verbrennen und den Bratensatz bitter machen. Das Steak ist gar, wenn etwas roter Fleischsaft auf der Oberfläche erscheint. Auf einem gut vorgewärmten Teller anrichten, die restliche Butter in die Pfanne geben, den Kalbs-Fond zufügen und alles 2 Minuten zusammen kochen lassen. Das Steak damit begießen und sofort servieren. Nach Belieben auch ein Spiegelei darüberlegen.

## Bœuf à la ficelle
## Ochse an der Schnur

*Für 6 Personen: 2 kg von Sehnen und Fett befreites, eingeschnürtes Rinderfilet, 25 g Salz, 5 Pfefferkörner, 200 g Möhren, 200 g weiße Rüben, 6 Lauchstangen, 2 Stauden Sellerie, 3 Tomaten, 1 Zwiebel, 3 Nelken, 1 Zweig Petersilie, Kerbel, Estragon, geröstete Weißbrotscheiben (Croûtons), geriebener Gruyère (oder Emmentaler)*

In einem sehr großen Topf 3 l Wasser aufsetzen. Salz und Pfeffer zufügen, ebenso die geputzten und in Stäbchen geschnittenen Möhren und Rüben, das Weiße der Lauchstangen, die Sellerieherzen, die geschälten und entkernten Tomaten sowie die mit den Nelken gespickte Zwiebel und die Kräuter. 5 Minuten kochen lassen. Dann das Ochsenfilet hineinlegen, das mit einem Schnurende am Griff des Topfes befestigt wird, so daß es frei in der Brühe hängt und leicht herausgenommen werden kann. Die Brühe wieder aufkochen lassen und sorgfältig abschäumen. Das Fleisch nun leise siedend 10 bis 15 Minuten pro Pfund garen lassen, so daß es beim Anschneiden innen noch rosa ist. Man serviert mit dem Fleisch die Brühe, die man leicht buttern kann, zusammen mit den Croûtons und geriebenem Käse.

Das Fleisch reicht man aufgeschnitten auf einer großen Platte, umlegt mit den verschiedenen Gemüsen und gibt dazu eine mit Estragon und Schnittlauch gewürzte Tomaten-Sauce. Oder man serviert es einfach mit grobem Salz (Reformhaus), Essiggürkchen (Cornichons) und in Essig eingelegten Zwiebelchen. Man kann auch Remouladen-Sauce dazu geben.

*Anmerkung:* Auf die gleiche Art kann man auch die Spitze der Schwanzrolle und die Hochrippe zubereiten, auch eine Lammkeule schmeckt so gesotten ausgezeichnet.

## Châteaubriand
## Châteaubriand

Man nimmt hierzu, wie bereits erwähnt, ein 400 bis 500 g schweres Stück aus dem vorderen Teil des Mittelstückes, also aus dem stärksten Teil eines Rinderfilets. Es wird zunächst sehr gründlich von Fett,

Sehnen und Flachsen befreit und dann – wie im Einleitungskapitel »Grillen« angegeben – gegrillt. Die klassische Garnitur sind »Pommes de terre soufleés«, also ausgebackene, aufgeblasene Kartoffelscheiben und Haushofmeister-Butter oder Béarner Sauce. Auch reicht man stets einen Strauß Brunnenkresse dazu. Manchmal ersetzt man die Haushofmeister-Butter durch eine andere Buttermischung und die ausgebackenen Kartoffeln durch Strohkartoffeln oder Bratkartoffeln, auch grüne Bohnen und andere Gemüse kann man servieren.

*Haushofmeister-Butter:* 100 g Butter, 1 TL frisch gehackte Petersilie, 4 g feines Salz, einige Umdrehungen der Pfeffermühle, ½ Zitrone (Saft). Alles bei milder Hitze vermischen, bis eine dickliche Creme entsteht. Entweder in einer Saucière getrennt servieren oder auf dem Châteaubriand, dessen Hitze die Butter schmelzen läßt.

Als Hauptgericht serviert man das Châteaubriand für 2, eventuell auch für 3 Personen. Als Zwischengericht kann man es auch für 4, sogar 5 Personen reichen. In jedem Fall wird es zunächst als ganzes Stück mit den verschiedenen Garnituren präsentiert. Dann wird es auf der Servierplatte zerschnitten, und zwar verteilt man das Châteaubriand nicht senkrecht, sondern leicht schräg zur Faser. Jedes Stück wird auf einen gut vorgewärmten Teller gelegt. An die eine Seite des Fleisches setzt man einige aufgeblasene Kartoffeln (oder eine andere entsprechende Beilage), gegenüber legt man einige Kressestengel. Neben das Fleisch – und nicht darauf – gibt man jeweils 1 TL Haushofmeister-Butter und von dem rötlichen Saft, der beim Anschneiden aus dem Fleisch gelaufen ist. Über das Fleisch kann jeder Gast nach Belieben etwas Meersalz und einen Hauch Pfeffer mahlen – die hierzu notwendigen Mühlen sollten übrigens stets zur Ausstattung eines gepflegten Tisches gehören.

## Cœur filet sauté ou grillé
### Gebratenes oder gegrilltes Filetsteak

Hierunter versteht man eine Scheibe aus dem mittleren Teil des Rindsfilets, die nach dem Entfernen der Sehnen und des Fetts noch etwa 150 g bis 200 g wiegt.

Es wird in der Pfanne wie ein Tournedos (siehe S. 300) zubereitet, am Grill wie das Châteaubriand. Die Garnituren und begleitenden Saucen können wie bei diesen Fleischstücken gewählt werden.

## Filets mignons
## Filetspitzen

Das dünn zulaufende Ende des Filets ist zu schmal, um noch Tournedos daraus schneiden zu können. Man zerteilt das von Sehnen und Fett befreite Fleischstück daher längs zur Faser in recht dünne Beefsteaks.

> Für 2 Personen: *1 Filetspitze, Salz, frisch gemahlener Pfeffer, zerlassene Butter, frisches Paniermehl*

Die Filetspitze wie angegeben vorbereiten und zerschneiden. Die fingerdicken Steaks mit einem Fleischklopfer, der Fläche eines Hackbeils oder einem großen Küchenmesser leicht klopfen. Mit Salz und Pfeffer würzen, die Gewürze mit einer Messerklinge fest an das Fleisch drücken. Durch zerlassene Butter ziehen und sofort danach im Paniermehl wenden. Auch das Mehl wieder mit einem Messer andrücken. Mit dem Messerrücken auf beiden Seiten des Fleisches ein Gittermuster in die Panade drücken. Auf den sehr heißen Grill legen und mit etwas zerlassener Butter beträufeln. Blutig braten. Mit Gemüse und einer Saucière mit Haushofmeister-Butter, Béarner, Choron-, Valois-Sauce servieren. Über diese panierten Filetspitzen darf beim Servieren niemals eine flüssige Sauce gegossen werden. Bratenfond, Périgueux-Sauce, Madeira-Sauce und ähnliche würden die knusprige Kruste sofort aufweichen. Will man diese Saucen oder einen Fond reichen, müssen sie immer getrennt in einer Saucière aufgetragen und auf den Teller und nicht über das gegrillte Fleisch gegossen werden. Auch nur etwa ½ EL Sauce rechnen.

## Tournedos et médaillons
## Tournedos und Medaillon

Das Medaillon ist nichts anderes als eine Spielart des Tournedos – es wird aus demselben Teil des Filets (dem dünneren Ende des Mittelstücks) geschnitten, im allgemeinen jedoch ein klein wenig dünner. Tournedos und Medaillon werden gegrillt oder gebraten und eins wie das andere garniert und angerichtet.

Zunächst wird das ganze Filetstück sorgfältig von Fett und Sehnen, Flachsen und nicht zum Filet gehörenden Fleischteilen befreit. Dann werden die einzelnen Tournedos in einer Stärke von mindestens 4 cm, höchstens aber 6 cm geschnitten. Im allgemeinen umwickelt man nun diese Scheiben mit dünnen Streifen von grünem Speck (also ungeräuchertem, ungesalzenem, frischem Speck, der dem Fleisch keinen fremden Geschmack abgeben kann), welche die gleiche Breite wie die Tournedos haben müssen. Man fixiert sie mit Küchenschnur, die man je nach Stärke der Scheibe 2- oder 3mal herumwickeln muß, um den Tournedos die regelmäßige Form einer dicken, runden Scheibe zu geben.

Soll das Tournedos gegrillt werden, so verfährt man wie beim Châteaubriand (Seite 298) und serviert es mit einer der in den folgenden Rezepten angegebenen Garnitur.

Ich habe aber bei der Zubereitung von Tournedos eine ausgeprägte Vorliebe für das rasche Braten auf großer Flamme, das Sautieren. Denn dabei entsteht ein Bratensatz, der abgelöst (deglaciert) eine ausgezeichnete Basis für begleitende Fonds oder Saucen bildet und diesen eine größere Schmackhaftigkeit verleiht.

## Tournedos à la béarnaise
## Tournedos auf die Art des Béarn

Für 6 Personen: *6 Tournedos zu je etwa 100 g, 6 Streifen frischer Speck, Butter, 2 EL Öl, Pfeffer, Salz, 6 Toastbrotscheiben, neue, junge Kartoffeln, gehackte Petersilie, Béarner Sauce, Kalbs-Fond*

Die Tournedos wie im vorhergehenden Rezept vor- und zubereiten. Auf einer runden, gut vorgewärmten Platte 6 auf die Form der Tournedos zugeschnittene, 1½ cm dicke, in Butter geröstete Croûtons verteilen. Mit den Tournedos belegen. In der Mitte in Butter gegarte, leicht angebratene neue Kartoffeln (oder Bratkartoffeln) aufhäufen und mit gehackter Petersilie bestreuen. Auf jedes Tournedos einen Rand aus Béarner Sauce geben oder spritzen und in die Mitte dieses Kranzes ½ TL von mit Kalbs-Fond abgelöstem und neben dem Feuer mit Butter aufgeschlagenem Bratensatz geben. Weitere Béarner Sauce getrennt in einer Saucière reichen.

## Tournedos à l'arlésienne
## Tournedos auf die Art von Arles

> Für 6 Personen: *8 Tournedos zu je etwa 100–110 g, 6 Streifen frischer (grüner) Speck, 2 EL Öl, 125 g Butter, Salz, frisch gemahlener Pfeffer, 6 gleichmäßig große Fleischtomaten, 2 mittelgroße Auberginen, 2 EL Mehl, Fett zum Ausbacken, 2 große Zwiebeln, etwas Milch, $1/5$ l Kalbs-Fond, $1/10$ l Madeira, 1 Prise gehackte Petersilie*

Die Tournedos wie oben angegeben vorbereiten, mit den Speckstreifen umwickeln und einbinden. In einer Pfanne das Öl mit 30 g Butter erhitzen, bis die Mischung stark schäumt und zu rauchen beginnt. Die Tournedos einlegen, die sich durch die Hitze sofort verschließen und nicht anbraten können. Unbedeckt 4 Minuten braten, dann mit einem Spachtel umwenden – und nicht mit einer Gabel, die nur ein unnötiges Loch im Fleisch verursachen würde, durch das wertvoller Fleischsaft ausliefe. Die jetzt oben liegende, angebratene Seite mit Salz und frisch gemahlenem Pfeffer würzen. Die zweite Seite 3 Minuten braten. Dann die Schnüre und die Speckstreifen von den Tournedos entfernen und die Scheiben rundherum in der Butter so rollen, daß die vom Speck geschützte Seite vollkommen angebraten wird.

Mit der zuletzt gebratenen Seite nach oben auf eine vorgewärmte Platte legen und mit Salz und Pfeffer würzen. Warm stellen und ruhen lassen, damit das Fleisch fertig gart und sich die Säfte in ihm verteilen können. Während die Tournedos gebraten werden und ruhen, wird die Gemüsegarnitur aus Tomaten, Auberginen und Zwiebeln zubereitet. Es ist empfehlenswert, die einzelnen Gemüse schon vorher bereitzulegen, damit alles schnell geht und heiß auf den Tisch kommt.
Tomaten: Die Stielansätze mit den umgebenden, unreifen Partien ausschneiden und die Früchte ausdrücken, um Kerne und Fruchtwasser zu entfernen. Das Innere mit Salz und Pfeffer würzen. Die Tomaten zugedeckt in einer hochrandigen Pfanne in 30 g Butter weich dünsten.
Auberginen: Die Früchte schälen und in Scheiben von 2 bis 3 mm Stärke schneiden. Leicht salzen und mit 1 EL Mehl bestäuben. Alles vermischen, das überflüssige Mehl abklopfen und die Scheiben 5 Minuten in rauchend-heißem Fett (am besten geeignet ist Öl) fritieren. Herausnehmen, wenn sie eine schöne goldene Farbe haben und knusprig geworden sind und auf einem Tuch oder Küchenpapier abtropfen lassen.
Zwiebeln: Die Zwiebeln schälen und in Ringe schneiden. Diese kurz in Milch tauchen, mit Mehl bestäuben, durchschütteln, um überflüssiges

Mehl zu entfernen, und nach den Auberginen 3 Minuten fritieren. Sie müssen dann schön golden geworden sein. Auf einem Tuch oder Küchenpapier abtropfen und leicht salzen.

Sauce: Die Kochflüssigkeit der Tomaten und den Kalbs-Fond in die zum Braten der Tournedos verwendete Pfanne gießen. Auf großer Flamme rasch um ¾ einkochen. Vom Feuer nehmen, den Madeira und den Fleischsaft, der beim Ruhen aus den Tournedos gelaufen ist, zufügen und die restliche Butter (65 g) hineingeben. Alle Zutaten durch ein kreisendes Schwenken der Pfanne innig miteinander verbinden und die Sauce in eine vorgewärmte Saucière gießen.

Eine runde vorgewärmte Platte kreisförmig mit den Tomaten belegen. Auf jede Tomate ein Tournedos legen, darauf wiederum einige Zwiebelringe. In die Mitte kuppelförmig die Auberginenscheiben anrichten und mit etwas gehackter Petersilie bestreuen. Auf den Boden der Platte 1-2 EL der Sauce gießen, damit er gerade eben bedeckt ist.

## Tournedos sautés à la bordelaise
## Gebratene Tournedos auf Bordelaiser Art

Für 6 Personen: *6 Tournedos zu je etwa 100 g, 6 Streifen frischer Speck, 80 g Butter, 2 EL Öl, Salz, frisch gemahlener Pfeffer, 6 schöne Scheiben Rindermark, 8 EL Bordelaiser Sauce, gehackte Petersilie*

Die Tournedos vor- und zubereiten, wie im Rezept »Tournedos auf die Art von Arles« angegeben. Auf eine vorgewärmte, runde Platte legen und auf jedes eine in Salzwasser pochierte Scheibe Rindermark legen. Die Bratpfanne mit Bordelaiser Sauce deglacieren und den Bratensatz lösen. Neben dem Feuer 50 g Butter einziehen. Die Tournedos mit dieser Sauce überziehen, auf die Markscheibe etwas Petersilie geben. Sofort heiß servieren.

## Tournedos chasseur
## Tournedos auf Jägerart

Die Zubereitung wie für die »Tournedos mit Champignons«, jedoch werden die Champignons hier in dünne Scheiben geschnitten. Außerdem gibt man ganz zum Schluß beim Buttern der Sauce auch noch einen gehäuften TL mit Kräutern, zu gleichen Teilen aus Estragon und Petersilie gemischt, dazu. Danach die Sauce nicht mehr kochen lassen.

## Tournedos sautés aux champignons
## Gebratene Tournedos mit Champignons

Für 6 Personen: *6 Tournedos zu je etwa 100 g, 6 Streifen frischer Speck, 2 EL Öl, 150 g Butter, Salz, frisch gemahlener Pfeffer, 250 g kleine, weiße Champignons, 1/10 l trockener Weißwein, 1/5 l Demi-glace oder 2/5 Kalbs-Fond, gehackte Petersilie*

Die Tournedos vor- und zubereiten, wie im Rezept »Tournedos auf die Art von Arles« (Seite 302) angegeben.
In der Zwischenzeit die Champignons zubereiten: Putzen, rasch waschen und abtrocknen. 6 schöne Köpfchen aussuchen und mit einem Gemüsemesser (Buntmesser) wie eine Rosette kannelierend einschneiden. Die übrigen Champignons halbieren oder vierteln, wenn sie größer als eine Murmel sein sollten. In der Pfanne, in der die Tournedos gebraten wurden, 50 g Butter schmelzen lassen und vorsichtig erhitzen, ohne daß die angebratenen Fleischsäfte verbrennen. Die Champignons hineingeben und 5 Minuten bei guter Hitze braten. Dann den Weißwein zufügen und um 2/3 einkochen. Nun auch mit Demi-glace oder Kalbs-Fond angießen – nimmt man letzteres, so muß die Flüssigkeit noch einmal die Hälfte reduziert werden. Vom Feuer nehmen und mit den restlichen 70 g Butter fertigmachen. Abschmecken.
Die Tournedos auf einer runden, vorgewärmten Platte kreisförmig anrichten. Auf jedes Fleischstück einen kannellierten Champignon legen, die übrigen Champignons in die Mitte häufen. Die Tournedos mit Sauce be- und umgießen und auf die kannellierten Champignons je ein wenig frisch gehackte Petersilie streuen.

## Tournedos Bercy
## Tournedos nach Art der Weinhändler

Für 6 Personen: *6 Toastbrotscheiben, 2 cm dick, rund zugeschnitten mit 7 bis 8 cm Durchmesser, Butter, 6 Tournedos zu je etwa 100 g, 6 Streifen frischer Speck, Pfeffer, Salz, 2 EL Öl, Ochsenmark-Butter*

Die Toastbrotscheiben in Butter rösten und auf einer vorgewärmten Platte auslegen. Darauf die wie im Rezept »Tournedos auf die Art von

Arles« angegeben vor- und zubereiteten Tournedos setzen. In die Bratpfanne den Wein gießen und um ¾ einkochen. Dann den Kalbs-Fond zufügen und wiederum auf ⅔ einkochen. Neben dem Feuer ein nußgroßes Stück Butter zufügen und durch Schwenken der Pfanne in die Sauce ziehen. Die Tournedos mit dieser Sauce übergießen und schließlich auf jedes Fleischstück 1 TL weiche Ochsenmark-Butter geben. Weitere Butter getrennt in einer Saucière reichen.

## Tournedos forestière
## Tournedos auf Försterart

Für 6 Personen: *6 Tournedos zu je etwa 100 g, 6 Streifen frischer Speck, 6 EL Öl, 200 g Butter, Salz, frisch gemahlener Pfeffer, 6 Scheiben Toastbrot, rund zugeschnitten, 600 g Waldpilze (Morcheln, Steinpilze, Pfifferlinge und ähnliche), gehackte Petersilie, ¹⁄₁₀ l Kalbs-Fond*

Die Tournedos vor- und zubereiten, wie im Rezept »Tournedos auf die Art von Arles« (Seite 302) angegeben.
Inzwischen die Toastbrotscheiben in Butter anrösten und warm stellen. Die Pilze sorgfältig putzen, nur wenn sie sehr schmutzig sind, auch ganz schnell waschen. Dann sofort aus dem Wasser nehmen, abtropfen und abtrocknen. Größere Pilze in Scheiben schneiden. 4 EL Öl in einer Pfanne erhitzen. Sowie es zu rauchen beginnt, die Pilze hineinwerfen und bei starker Hitze 5 Minuten heftig braten (soutieren). Mit Salz würzen. Dann in einem Sieb abtropfen lassen, das verbleibende Öl aus der Pfanne abgießen und statt dessen 50 g Butter darin schmelzen lassen. Die Pilze wieder hineingeben und bei nicht zu großer Hitze etwas anbraten lassen. Nötigenfalls noch einmal nachsalzen, aus der Mühle leicht pfeffern.
Die Croûtons auf einer runden Platte in einem Kranz anrichten, die Tournedos darauflegen. In der Mitte die Pilze aufhäufen und mit etwas gehackter Petersilie bestreuen. Die Tournedos mit einer Sauce beträufeln, die in der Bratpfanne mit eingekochtem Kalbs-Fond, zum Schluß neben dem Feuer mit Butter aufgeschlagen, zubereitet wurde. Sofort noch ganz heiß servieren.
Man kann zu den Pilzen je nach Geschmack auch im letzten Moment noch 1 TL feingehackte Schalotten geben.

## Tournedos Henri IV
## Tournedos »Heinrich IV.«

*Für 6 Personen: 6 Tournedos zu je etwa 100 g, 6 Streifen frischer Speck, 2 EL Öl, 100 g Butter, Salz, frisch gemahlener Pfeffer, 6 Scheiben Toastbrot, rund zugeschnitten, 700 g große Kartoffeln, 6 Artischockenböden, 1 EL Mehl, ½ Zitrone (Saft), ⅕ l Béarner Sauce, Kerbel, Estragon, ¹/₁₀ l Kalbs-Fond*

Die Tournedos vor- und zubereiten wie im Rezept »Tournedos auf die Art von Arles« (Seite 302) angegeben.
Inzwischen die Toastbrotscheiben in Butter rösten und warm stellen. Die Kartoffeln schälen und mit einem speziellen Ausstecher haselnußgroße Bällchen daraus schaben. Diese Bällchen in 50 g Butter in einem Topf rundherum leicht anbraten und weich garen. Die Artischockenböden in 1 l Salzwasser, dem etwas Mehl und Zitronensaft zugegeben wurden, nicht ganz gar kochen. Dann in Scheiben schneiden und in Butter anbraten.
Die Croûtons in der Mitte einer runden, vorgewärmten Platte anrichten und die Tournedos darauflegen. Jedes mit einem Rand aus Béarner Sauce versehen. Um die Tournedos abwechselnd Häufchen mit den *Haselnuß-Kartoffeln* und den Artischocken anrichten, die vorher jeweils gut abgeschmeckt wurden. Auf die Kartoffeln zum Schluß noch ein wenig gehackten Kerbel und Estragon streuen.
Den Kalbs-Fond in die Bratpfanne geben, den Bratsatz los- und die Sauce einkochen. Jeweils 1 TL Sauce auf die Tournedos in den Kranz aus Béarner Sauce geben. Den Rest der Béarner Sauce getrennt servieren.

## Tournedos à la moelle
## Tournedos mit Mark

*Für 6 Personen: 6 Tournedos zu je etwa 100 g, zerlassene Butter, Salz, Pfeffer, 6 große Scheiben Rinder(Ochsen-)mark, ¹/₁₀ l Bordelaiser Sauce, Butter*

Die Tournedos mit zerlassener Butter bestreichen und wie im Einleitungskapitel »Grillen« (Seite 286 f.) angegeben grillen. Das Rindermark, das lange gewässert sein muß, um schön hell zu sein, 5 Minuten in nahezu kochendem Salzwasser ziehen lassen. Die Tournedos auf eine gut vorgewärmte Platte legen, auf jedes eine Scheibe Rindermark setzen. Alles mit etwas eingekochter und neben dem Feuer mit Butter aufgerührter Bordelaiser Sauce überziehen.

## Tournedos Clamart
### Tournedos »Clamart«

Für 6 Personen: *6 Tournedos zu je etwa 100 g, 6 Streifen frischer Speck, 2 EL Öl, 150 g Butter, Salz, frisch gemahlener Pfeffer, 3 große, im Ofen gebackene Kartoffeln, 6 blindgebackene Torteletts aus ungezuckertem Sandteig, 350 g junge Erbsen auf französische Art zubereitet, $1/10$ l trockener Sherry, $1/5$ l Kalbs-Fond*

Die Tournedos vor- und zubereiten, wie im Rezept »Tournedos auf die Art von Arles« (Seite 302) angegeben.
Inzwischen die noch heißen Kartoffeln aufbrechen, das weiche Innere der Kartoffeln aus den hartgebackenen Schalen lösen und in einem Schälchen mit Pfeffer, Salz sowie 50 g Butter zerdrücken und mit einer Gabel vermischen.
Aus dieser teigartigen Masse 6 kleine Scheiben in der Größe der Tournedos formen und auf beiden Seiten in etwas Butter in einer Pfanne anbraten. Mit einem Spachtel vorsichtig umwenden. Kranzförmig auf einer runden Platte anrichten und die fertig gebratenen Tournedos darauflegen. Zwischen das Fleisch jeweils ein heißes, blindgebackenes (also zwischen 2 Tortenförmchen oder mit trockenen weißen Bohnen ausgelegt gebacken, damit sich der Teig nicht aufwellt und verformt) Tortelett legen und mit den Erbsen füllen, die zum Schluß mit etwas frischer Butter geschwenkt wurden. Die Bratpfanne mit Sherry und Kalbs-Fond ablöschen, Flüssigkeit um $2/3$ einkochen. Vom Feuer nehmen und mit der restlichen Butter verrühren. In einer Saucière getrennt servieren – die Sauce auf keinen Fall mit dem Fleisch servieren, denn sie würde die Kartoffel-Pucks zu früh aufweichen.

## Tournedos Choron
### Tournedos »Choron«

Für 6 Personen: *6 Tournedos zu je etwa 100 g, 6 Streifen frischer Speck, 2 EL Öl, 150 g Butter, Salz, frisch gemahlener Pfeffer, 6 Scheiben Toastbrot, rund zugeschnitten, 6 Artischockenböden, 1 EL Mehl, ½ Zitrone (Saft), 2 Bund grüne Spargel (200 g Spargelspitzen), 6 EL Kalbs-Fond, 1 kg Pariser Kartoffeln, ⅕ l Sauce »Choron«*

Die Tournedos vor- und zubereiten, wie im Rezept »Tournedos auf die Art von Arles« angegeben.
Inzwischen die Weißbrotscheiben in Butter rösten und warm stellen. Die Artischockenböden in 1 l Salzwasser, dem Mehl und Zitronensaft zugegeben wurden, nicht zu gar kochen. Dann pfeffern und salzen und in Butter auf beiden Seiten andünsten. Die Spargelspitzen in Salzwasser knackig-gar kochen und abtropfen lassen. Neben dem Feuer vorsichtig in frischer Butter schwenken und würzen. Die Bratpfanne mit dem Kalbs-Fond ablöschen, den Bratsatz lösen und die Flüssigkeit auf die Hälfte einkochen.
Auf einer großen, runden, vorgewärmten Platte die Croûtons kreuzförmig anrichten und die Tournedos darauflegen. Zwischen die Tournedos jeweils einen Artischockenboden legen und mit den Spargelspitzen füllen. In die Mitte der Platte die Pariser Kartoffeln häufen. Die Tournedos mit einem Rand von Sauce »Choron« versehen und in die Mitte dieses Kranzes jeweils 1 TL der Bratensauce gießen. Sofort servieren.

## Bœuf à la mode
### Gespickter Rinderschmorbraten in Wein

Für 6 Personen und zwei Mahlzeiten (eine warme und eine kalte): *200 g frischer Speck, Salz, Pfeffer, zermahlener Thymian und pulverisiertes Lorbeerblatt, ⅒ l Cognac, 10 Stengel Petersilie, 1,8 kg gut abgehangenes Schwanzstück vom Rind (Schwanzrolle oder Mäuserl), ⅖ l trockener Weißwein, 2 Kalbsfüße, 50 g frische Schweineschwarte, 60 g Fett (Butter, Schweineschmalz, Kalbsnierenfett oder auch Gänseschmalz), 1 mittelgroße Möhre, 1 große Zwiebel, 1 Kräuterstrauß, 1 l Kalbfleischbrühe oder Kalbs-Fond, 5 Knoblauchzehen – Für die Garnitur: 500 g Karotten oder Möhren, 20 kleine Zwiebelchen, Butter*

Den Speck in lange Streifen schneiden, die etwa der Größe eines normalen Bleistifts entsprechen sollen. In einen Suppenteller legen, mit Salz, Pfeffer und einer Messerspitze zermahlenem Thymian und zerriebenem Lorbeerblatt würzen. 2 EL Cognac darüberträufeln, alles gut vermischen und 20 Minuten durchziehen lassen. Zwischendurch mehrmals umwenden. Mit diesen Speckstreifen nun das Fleisch spikken. Zunächst die Blätter der Petersilie hacken, über die Speckstreifen streuen und mit diesen vermischen. Mit einer Spicknadel für große Fleischstücke nun die gewürzten Speckstreifen längs zur Faser durch das ganze Fleisch ziehen, ohne die Fasern zu verletzen. Die Verteilung der Streifen soll so erfolgen, daß nach dem Aufschneiden alle Scheiben ein möglichst gleichmäßiges, schachbrettartiges Muster aufweisen. Das Fleisch nun mit Salz, frisch gemahlenem Pfeffer, zermahlenem Thymian und zerriebenem Lorbeerblatt einreiben und in einen nicht zu großen, der Größe des Fleischstücks möglichst genau entsprechenden Behälter legen. Mit dem Cognac (dem bisher unverwendeten und dem der Speckmarinade) und dem Weißwein aufgießen, die das Fleisch möglichst vollkommen bedecken sollen. Kühl stellen und 5 Stunden marinieren lassen, dabei das Fleisch ab und zu umwenden, damit die Gewürze ihr Aroma gut an das Fleisch abgeben.

Die Kalbsfüße ausbeinen und blanchieren, also in viel kaltem Wasser aufsetzen und 10 Minuten kochen lassen, dann unter kaltem Wasser abschrecken und fest zusammenbinden. Die Knochen in kleine Stückchen zerbrechen bzw. zerklopfen. Die Schweineschwarte ebenfalls überbrühen, abschrecken, aufrollen und zusammenbinden.

Das Fleischstück aus der Marinade nehmen, abtropfen lassen und sorgfältig trockentupfen. Ohne zu zerren leicht zusammenbinden, damit es nur eben seine Form behält. Eine ausreichend große Kasserolle auswählen und die Butter oder das Schmalz darin stark erhitzen. Das Fleisch hineingeben und auf allen Seiten kräftig anbraten. Zum Schluß die zerkleinerte Möhre und die geviertelte Zwiebel zufügen und ebenfalls leicht anbraten lassen. Dann die Kalbsfüße, die Knochen, die Schwarte, den Kräuterstrauß aus den Petersilienstengeln, Lorbeerblatt und Thymian, die Marinade und die Fleischbrühe (bzw. den Fond), welche das Fleisch eben bedecken sollen, sowie die Knoblauchzehen dazugeben. Zum Kochen bringen, zudecken und dann langsam und regelmäßig, ohne plötzliche Temperaturschwankungen, 4 Stunden vor sich hin köcheln lassen. Dies kann auf dem Herd geschehen, besser jedoch im Ofen. Kocht die Brühe zu stark, so wird sie trübe, fade und bekommt einen unangenehmen Beigeschmack. Wenn das Gericht jedoch nur eben köchelt oder siedet, reichert sich die

Brühe mit den nach und nach aus dem Fleisch, der Schwarte und den Füßen austretenden Säften und Gelierstoffen an und wird dickflüssig und schmackhaft.
Inzwischen die Karotten oder Möhren und die Zwiebeln zubereiten. Karotten in Form und Größe kleiner Nüsse, Möhren olivenförmig zuschneiden. Alte Rüben spalten; das gelbe Innere entfernen und wegwerfen, denn es ist hart und von strengem Geschmack; das rote Äußere 15 Minuten blanchieren. Bei jungem Gemüse sind beide Maßnahmen notwendig. Die Zwiebeln schälen und in etwas Butter in einem flachen Topf oder einer Bratpfanne allseitig goldbraun anbraten. Das Fleisch nach 4 Stunden Kochzeit aus dem Sud nehmen, ebenso die Kalbsfüße und die Schwarte. Den Sud durch ein feines Sieb passieren, 5 Minuten ruhen lassen und das an die Oberfläche gestiegene Fett abschöpfen. Die Füße und die Schwarte auswickeln und in kleine, 1 cm große Würfel schneiden. Das Fleisch in eine wiederum ausreichend große Kasserolle legen, die nun etwas größer sein muß, weil noch das Gemüse zugefügt wird. Dieses mit den gewürfelten Kalbsfüßen und der Schwarte vermischen und seitlich neben das Fleisch legen. Den entfetteten Sud zugießen, erneut aufkochen, zudecken und noch eine weitere Stunde ganz leise köcheln lassen. Nach dieser Zeit muß eine Spicknadel ganz leicht, ohne jeglichen Widerstand zu finden, in das Fleisch eindringen können. Der Sud soll nun dickflüssig, beinahe sirupartig sein und sich während des Kochens auf knapp ½ l reduziert haben.
Das Fleisch vorsichtig herausheben und auf eine vorgewärmte Servierplatte legen. Die Schnüre entfernen und die vermischte Garnitur rund um das Fleisch anrichten. Mit etwas Sud begießen und sofort zu Tisch bringen.
*Anm. der Übersetzer:* Das Fleisch wird in nicht zu dicken Scheiben aufgeschnitten, mit Gemüse, Kalbsfuß sowie Schwarte umlegt und mit etwas Sud begossen auf einem vorgewärmten Teller serviert.
Nach Belieben mit etwas Petersilie bestreuen. Grobes Salz dazu reichen.
Für die zweite, die kalte Mahlzeit die Hinweise auf Seite 322 beachten.

## Entrecôte à la bordelaise
## Zwischenrippenstück (Rostbraten) auf Bordelaiser Art

Für 1 Person: *1 Scheibe Rostbraten, einige 3 mm dicke Scheiben Rindermark, Salz, frisch gemahlener Pfeffer, Sauce »Bonnefoy« (siehe nächste Seite)*

Das Entrecôte wie auf Seite 285 f. angegeben grillen. Wenn es halb gar ist, mit einem Spachtel umdrehen, salzen und pfeffern und kurz weitergrillen. Bevor es gar ist, auf die Oberseite die in Salzwasser 5 Minuten blanchierten Markscheiben legen. Wenn das Fleisch gar ist, mit Hilfe eines Spachtels vorsichtig herunternehmen und auf eine ausreichend große, gut vorgewärmte Platte legen. Das Mark mit etwas Sauce »Bonnefoy« besprenkeln.

*Sauce »Bonnefoy«:* Wird wie »Bordelaiser Sauce« zubereitet, jedoch wird an Stelle des Rotweins ein trockener Weißwein genommen.

*Anmerkung:* Das Entrecôte wird wie eine Lendenschnitte oder ein Rumpsteak – gleichgültig ob gegrillt oder gebraten – mit ausgebackenen Kartoffeln serviert: Aufgeblasenen Kartoffeln, Strohkartoffeln, Pommes frites, Pommes chips und ähnliches.

*Anm. der Übersetzer:* Das Entrecôte ist besonders schwer zu grillen, da es sehr dünn geschnitten ist. Die Hitze muß sehr groß sein, damit sich die Poren des Fleisches sehr schnell verschließen, die Oberfläche rasch braun wird, das Innere jedoch leicht blutig bleibt. Nur kurz ruhen lassen, das Fleisch kühlt relativ schnell aus.

## Côte de bœuf à la moelle au vin de Brouilly
## Ochsenrippe mit Mark in Brouilly

**Für 2 Personen:** *1 Ochsenrippe (Ochsenkotelett) von etwa 1 kg, Salz, Pfeffer aus der Mühle, 130 g Butter, 30 g feingehackte Schalotten, 1 Flasche Brouilly (0,7 l), 1 gestrichener EL Mehl, 1 EL gehackte Petersilie, 100 g Rindermark*

Die Ochsenrippe salzen und pfeffern. Eine breite, niedere Kasserolle mit dickem Boden erhitzen und 50 g Butter darin schmelzen lassen. Wenn sie aufschäumt, die Ochsenrippe hineinlegen und eine schöne braune Farbe nehmen lassen. Man rechnet, wenn man sie innen schön rot haben will, pro Seite 5 Minuten Bratzeit. Herausnehmen, auf eine vorgewärmte Servierplatte legen und warm halten.

Die Schalotten in der Bratbutter andünsten, ohne sie Farbe nehmen zu lassen. Den Wein zufügen und rasch auf die Hälfte einkochen. 30 g Butter mit dem Mehl verkneten und diese Mischung in kleinen Flöckchen in den heftig kochenden Wein geben, der so gebunden wird. Vom Feuer nehmen und nach und nach die restliche Butter kräftig rührend hineinarbeiten und die Sauce damit glatt und geschmeidig rühren. Zum Schluß etwas gehackte Petersilie zufügen. Auf die

Ochsenrippe die Markscheiben legen, die vorher gewässert und in leicht gesalzenem Wasser blanchiert wurden. Entweder mit Sauce übergossen servieren oder die Sauce getrennt reichen.
*Anmerkung:* Es ist immer von Vorteil, wenn man in Weinsaucen ganz zum Schluß etwas Butter einzieht, denn die Butter beseitigt jegliche Säure und hebt den Geschmack.
*Anm. der Übersetzer:* Der Brouilly ist ein leichter Beaujolais, den man jung verwenden muß. Paul Bocuse liebt ihn besonders, hat ihn sozusagen zu seinem Hauswein gemacht. Seine Fruchtigkeit ohne übermäßige Säure ist in keinem anderen Wein zu finden.

## Bœuf à la bourguignonne
## Rindfleisch auf Burgunder Art

*Für 6 Personen: 1,5 kg Rindfleisch aus der Schwanzrolle oder aus der Unterschale, 150 g frischer (grüner) fetter Speck mit Schwarte, Salz, frisch gemahlener Pfeffer, zermahlener Thymian, zerriebenes Lorbeerblatt, 1/10 l Cognac, 1/5 l roter Burgunder, 1 Kalbsfuß, 100 g Butter, 2 EL Mehl, 1 l Kalbfleischbrühe, einige Petersilienstengel, 1 Thymianzweig, 1 Lorbeerblatt, 400 g frische, weiße Champignons, 200 g magerer Brustspeck, 24 kleine Zwiebelchen*

Das Fleisch von Fett und Sehnen befreien. Vom Speck die Schwarte abschneiden und beiseite legen. Den Speck in lange, bleistiftstarke Streifen schneiden und das Fleisch damit in Faserrichtung spicken. Das Fleisch mit Salz, Pfeffer und den Gewürzen einreiben und in Cognac und Rotwein in einem passenden Gefäß 3 Stunden marinieren lassen. Zwischendurch immer wieder umwenden. Den Kalbsfuß ausbeinen und zusammenbinden, die Knochen in kleine Stücke zerschlagen.
Das Fleisch aus der Marinade nehmen, abtropfen lassen und sorgfältig trockentupfen. In reichlich Butter auf allen Seiten in einer ausreichend großen Kasserolle braun anbraten.
Fleisch wieder herausnehmen und auf eine Platte legen. Die Butter mit dem Mehl bestäuben und dieses langsam unter stetigem Rühren bräunen lassen. Mit der Marinade und der Fleischbrühe aufgießen, aufkochen lassen und dabei ständig mit dem Schneebesen rühren, damit sich keine Klümpchen bilden. Das Fleisch wieder in diese recht klare und nicht zu dicke Sauce legen, die es gerade eben bedecken soll. Einen Kräuterstrauß aus Petersilie, Thymian und Lorbeerblatt zu-

fügen, ebenso den Kalbsfuß, die Knochen, die kurz blanchierte und zusammengebundene Speckschwarte sowie die gereinigten Stiele der Champignons. Den Deckel auflegen und alles ganz leise und regelmäßig 4 Stunden vorzugsweise im Ofen köcheln lassen.

Den Brustspeck in Würfel von etwa 1 cm Kantenlänge schneiden und 5 Minuten überbrühen, abtropfen und auf Küchenpapier sorgfältig trocknen. In einer Pfanne in einem kleinen Stückchen Butter anbraten, herausnehmen und auf einem Teller bereitstellen. In derselben Butter nun die geschälten Zwiebelchen rundherum anbraten.

Das Fleisch, den Kalbsfuß und die Schwarte nach 4 Stunden Kochzeit aus dem Sud nehmen. Diesen durch ein feines Sieb passieren und in die Kasserolle zurückgießen. Das Fleischstück, den in kleine Würfel geschnittenen Kalbsfuß, die ebenfalls gewürfelte Schwarte, die Zwiebeln und die geviertelten Champignonköpfe hineingeben. Erneut aufkochen, zudecken und nochmals 1 Stunde ganz leise köcheln lassen. Nach dieser Zeit muß sich der Sud stark reduziert haben, darf nur wenig mehr als ½ l betragen. Sonst unbedeckt weiter einkochen.

Das Fleisch in einer tiefen Platte anrichten, mit den Zwiebeln und Pilzen umlegen und mit der Sauce begießen. Sofort auftragen.

## Daube du maître Philéas Gilbert
## Geschmortes Rindfleisch nach dem Küchenchef Philéas Gilbert

*Für 6 Personen: 1,8 kg Rindfleisch, zu gleichen Teilen aus Unterschale, Oberschale und Schulternaht, 250 g frischer (grüner) Speck, Salz, frisch gemahlener Pfeffer, zermahlener Thymian, zerriebenes Lorbeerblatt, Thymian mit Blüten, gehackte Petersilie, ¹⁄₁₀ l Cognac, ½ Flasche roter Burgunder, 2 Schalotten, einige Stengel Petersilie, 125 g frische Schweineschwarten, 1 Kalbsfuß, 250 g magerer Brustspeck, 4 große Zwiebeln, 4 Knoblauchzehen, 4 mittelgroße Möhren, 60 g Butter oder Schmalz, 1 Kräuterstrauß, ½ l schwach gesalzene Fleischbrühe, einige dünne Speckscheiben, Mehl*

Das Fleisch von Fett und Sehnen befreien und in Würfel von etwa 80 g zerteilen. Den frischen Speck in Streifen, so groß wie ein kleiner Finger, schneiden. Die Streifchen sollen etwa 6 cm lang sein. Mit Salz, frisch gemahlenem Pfeffer und den Gewürzen bestreuen oder mit etwas zermahlenem Thymian mit Blüten. Mit frisch gehackter Petersilie vermischen und 1 Stunde durchziehen lassen.

Jeden Fleischwürfel mit Salz, Pfeffer und den Gewürzen bestreuen und gut umwenden. In eine Schüssel geben, mit Cognac und Rotwein begießen, die in dünne Scheiben geschnittenen Schalotten und die klein geschnittenen Petersilienstengel zufügen und alles 2 Stunden durchziehen lassen. Zwischendurch hin und wieder umwenden.

Die Schweineschwarten und den entbeinten Kalbsfuß in kaltem Wasser aufsetzen und 5 Minuten blanchieren. Unter kaltem Wasser abschrecken und in kleine Würfel schneiden. Die Knochen des Kalbsfußes zerklopfen. Auch den Brustspeck in Würfel schneiden und in kochendem Wasser kurz überbrühen. Die Zwiebeln grob zerhacken, die Knoblauchzehen an einer Messerspitze zerreiben, beides gut vermischen und zwischen 2 Tellern aufbewahren, damit die Zwiebeln an der Luft nicht braun werden. Die Möhren in Scheiben schneiden, das gelbe Innere bei alten Möhren entfernen.

Die Fleischwürfel aus der Marinade nehmen, abtropfen lassen und sorgfältig trockentupfen. In einer tiefen Bratpfanne die Butter oder das Schmalz erhitzen und die Fleischwürfel nach und nach (jeweils nur 5 oder 6 Stücke hineingeben) darin auf allen Seiten anbraten. Die fertig angebratenen Fleischwürfel auf einer Platte bereitstellen.

Einen ausreichend großen, irdenen, feuerfesten Topf mit den Knochen des Kalbsfußes auslegen. Darauf 1/3 der Fleischwürfel verteilen, hierauf die Hälfte der Möhren, der Zwiebeln, des Kalbsfußes, der Schwarten und des Brustspeckes geben. Mit Salz bestreuen, das mit zermahlenem Thymian und zerriebenem Lorbeerblatt sowie frisch gemahlenem Pfeffer vermischt wurde. Eine zweite Fleischschicht darüberbreiten und mit der zweiten Hälfte Kalbsfuß, Schwarten, Brustspeck, Möhren, Zwiebeln und Gewürzen bedecken. Einen Kräuterstrauß aus Petersilie, Lorbeerblatt und Thymian darauflegen und den Rest der Fleischwürfel über dem Ganzen verteilen. Die Marinade und die Fleischbrühe aufgießen – die Flüssigkeit muß gut 1 cm über der letzten Lage stehen. Mit den frischen, ungesalzenen Speckscheiben bedecken. Aus Mehl und etwas Wasser einen dicken Teig rühren und auf den Rand des Topfes streichen. Den Deckel auflegen, der durch den Mehlbrei fest und dicht mit dem Topf schließen muß, damit beim Garen kaum Flüssigkeit verdampfen kann.

Den Topf auf eine kleine Flamme setzen. Wenn der Inhalt zu kochen beginnt, in den mittelheißen Ofen schieben und 5½ Stunden langsam und gleichmäßig vor sich hin kochen lassen. Die beste Hitze liefert übrigens ein Bäckerofen, wenn er nach der letzten Brotfuhre ausgeschaltet wird und nur noch langsam Hitze abgibt. Hat man die Möglichkeit, bei einem Bäcker zu backen, so sollte man sein Schmorfleisch stets zu ihm bringen!

Das fertige Gericht aus dem Ofen nehmen und einige Minuten stehen lassen, damit sich das Fett oben absetzt. Den Deckel heben und die Mehlkruste entfernen. Die Speckscheiben oben abnehmen und das Fett abschöpfen oder mit Küchenpapier absaugen. Den Kräuterstrauß entfernen, nach Bedarf nachwürzen und im Topf zu Tisch bringen.

## Estouffade de bœuf
### Geschmortes Rindsragout

Für 6 Personen: *250 g magerer Brustspeck, 60 g Butter, 800 g Schulternaht vom Rind, 3 mittelgroße Zwiebeln, 10 g Salz, 1 Prise frisch gemahlener Pfeffer, 2 EL Mehl, 2 Knoblauchzehen, ½ l guter Rotwein, 1 l schwach gesalzener Kalbs-Fond oder auch Kalbfleischbrühe, 1 Kräuterstrauß, 250 g Champignons*

Den Speck in grobe Würfel schneiden, kurz überbrühen, abtrocknen und in 30 g Buter in einem Topf, der auch alle übrigen Zutaten aufnehmen kann, kurz anbraten. Den Speck herausnehmen und beiseite stellen. In diesem Fett nun nach und nach das in 100 g schwere Würfel zerteilte Fleisch nur ein wenig anbraten. Zum Schluß alles Fleisch hineingeben, die geviertelten Zwiebeln zufügen und ebenfalls anbraten. Mit Salz und Pfeffer würzen und das Mehl darüberstäuben. Alles gut vermischen und unter ständigem Umwenden braun werden lassen, ohne daß etwas anbrennt, weil zu dunkel gewordene Zwiebeln einen bitteren Beigeschmack liefern würden. Dann die zerdrückten Knoblauchzehen zufügen und nur ganz kurz erhitzen, bis sie ihr unverwechselbares Aroma ausströmen. Mit dem Wein ablöschen und diesen auf großer Flamme um ⅔ einkochen lassen. Den Kalbs-Fond bzw. die Kalbfleischbrühe zugießen, die eben die Höhe des Fleisches erreichen soll. Unter Rühren zum Kochen bringen, die Speckwürfel und einen Kräuterstrauß (aus Petersilie, Thymian und Lorbeerblatt) zufügen, den Deckel auflegen und das Gericht 3 Stunden im mittelheißen Ofen langsam schmorend köcheln lassen.

Die Champignons putzen, rasch waschen, abtropfen lassen und vierteln. Die restliche Butter in einen Topf geben, der ebenso groß wie der zum Schmoren verwendete ist. Erhitzen, bis sie zu schäumen beginnt, und die Champignons darin 5 Minuten auf lebhaftem Feuer braten. Den Topf vom Feuer ziehen, wenn sich die Champignons zu bräunen beginnen. Das Schmorfleisch aus dem Ofen nehmen und die

Fleisch- sowie die Speckwürfel mit einem Schaumlöffel auf die Champignons legen. Die Sauce im Topf 5 Minuten stehen lassen, damit sich das Fett oben absetzen kann. Das Fett abschöpfen oder mit Küchenpapier absaugen und die Sauce je nach Konsistenz einkochen oder etwas verlängern. Sie soll leicht gebunden sein und »kurz«, das heißt, sie soll das Fleisch nachher nur zur Hälfte bedecken. Abschmecken und durch ein feines Sieb auf Fleisch und Champignons seihen; dabei die Rückstände mit einem Kochlöffel gut auspressen. Alles wieder erhitzen und auf ganz kleiner Flamme zugedeckt weitere 15 bis 20 Minuten köcheln lassen. In einer tiefen Schüssel anrichten und dazu Salzkartoffeln reichen.

*Anmerkung:* Man kann die Garnitur bzw. die Sauce durch 500 g gehäutete, von Kernen und Fruchtwasser befreite Tomaten bereichern, die man zusammen mit den Champignons zugibt. Man muß jedoch beachten, daß die im Fruchtfleisch der Tomaten trotz Ausdrückens enthaltene Flüssigkeit die Sauce erheblich verlängert, so daß diese meist noch eingekocht werden muß, bevor sie wieder zu dem Gericht gegeben wird.

Man kann dieses Schmorragout, das ein ausgezeichnetes Gericht aus der alten Küche ist, auch mit Weißwein zubereiten.

## Carbonade à la flamande
### Geschmorter Rostbraten auf flämische Art (Karbonaden)

Für 6 Personen: *800 g Rindfleisch aus der Schulternaht oder aus dem hinteren Rippenstück (ausgelöst), Salz, frisch gemahlener Pfeffer, 3 EL Schweineschmalz, 3 große Zwiebeln, 30 g Mehl, 2/5 l Bier, 3/5 l Fleischbrühe, 1 TL Essig, 1 Kräuterstrauß (aus Petersilie, Thymian und Lorbeerblatt), Mehl zum Verschließen des Topfes*

Das sauber von Sehnen und Fett befreite Fleisch in kleine Beefsteaks (Karbonaden) von ca. 50 g zerteilen und mit Salz und Pfeffer würzen. Das Schmalz in einer tiefen Pfanne erhitzen und die Fleischscheiben darin auf beiden Seiten kurz anbraten. Auf einem Teller beiseite stellen. Die Zwiebeln in feine Scheiben schneiden und diese nach dem Fleisch ebenfalls im Schmalz hellgelb braten. Auch die Zwiebelringe herausnehmen und beiseite stellen. Nun das Mehl im Schmalz unter ständigem Rühren hellbraun werden lassen. Mit Bier und Fleischbrühe ablöschen und mit einem Schneebesen durchschlagend aufkochen lassen und glattrühren. Mit Salz, Pfeffer, Zucker und Essig würzen.

15 Minuten leise durchkochen lassen. In einem irdenen Topf, einer Terrine oder einer ausreichend großen Tonpfanne, wie man sie zum Fondue verwendet, die Fleischscheiben und die Zwiebelringe abwechselnd einschichten, in die Mitte das Kräutersträußchen legen. Die Sauce durch ein feines Sieb darüberseihen, den Rand der Form mit einer Paste aus Mehl und Wasser bestreichen und den Deckel darauflegen, der nun hermetisch schließen muß. Aufkochen lassen und im mittelheißen Ofen langsam und regelmäßig 3 Stunden weitergaren. Die Form dann aus dem Ofen nehmen, den Deckel mit dem Mehlrand abnehmen, das Kräutersträußchen entfernen und die Karbonaden 6 Minuten stehen lassen, damit sich das Fett oben absetzt. Dieses abschöpfen oder mit Küchenpapier absaugen. Die Sauce nochmals abschmecken – sie muß jetzt leicht gebunden und darf nicht zu reichlich sein. In der verwendeten Form zu Tisch bringen.

Man kann die Karbonaden auch anders servieren: Die Fleischstückchen werden in einer tiefen Platte oder einer Schüssel angerichtet. Warm halten und zudecken, damit sie nicht austrocknen. Die Zwiebeln nun mit der Sauce durch ein feines Sieb treiben, damit man ein regelrechtes Püree erhält. Dieses gut vermischen, nochmals aufkochen und über die Karbonaden gießen.

## Plat de côtes et poitrine de bœuf
## Schälrippe und Ochsenbrust

Beide Fleischpartien werden im allgemeinen für den Pot-au-feu (Seite 116 f.) verwendet. Rippen und Brust werden mit den Gemüsen serviert, die gleichzeitig als Würze wie als Garnitur dienen. Dazu reicht man eine Mühle, mit der man das Salz ganz frisch und grob mahlen kann, Essiggurken (Cornichons), Sahnemeerrettich und Senf.

Zu Rippen und Brust passen als weiteres Gemüse noch Sauerkraut, gedämpfter Weißkohl, Wirsing, Rosenkohl, Rotkohl, gefüllter Kohl, mit Fleischbrühe gekochter Reis und Pürees aus frischen oder getrockneten Gemüsen. Häufig richtet man sie auch nur mit Saucen an, vor allem Reste lassen sich so ausgezeichnet verwerten. Es eignen sich alle stark gewürzten, etwas sauren und scharfen Saucen, wie Pikante Sauce, Jäger-Sauce, Robert-Sauce usw. Schälrippe und Brust können auch gepökelt und mit Teigwaren (Nudeln, Makkaroni, Spaghetti, Lasagne) gereicht werden.

## Plat de côtes salé
## Gepökelte Schälrippe (oder Ochsenbrust)

Für 6 Personen: *2 kg Schälrippe oder Ochsenbrust mit Knochen.* – Für das Einsalzen: *Meersalz, 40 g Salpeter (Apotheke), 1 Zweig Thymian, 1 Lorbeerblatt, 1 Prise Pfeffer.* – Für die Zubereitung: *2 mittelgroße Möhren, 2 große Zwiebeln, 2 Gewürznelken, 1 Kräuterstrauß (aus einigen Petersilienstengeln, 1 Thymianzweig und 1 Lorbeerblatt), 300 g frische oder 150 g getrocknete Teigwaren, Salz, Pfeffer, Muskatnuß, 100 g geriebener Gruyère, Emmentaler oder Chester, 50 g Butter*

Ein schönes Stück Schälrippe aussuchen, das eine dicke Fleischauflage mit starken Durchwachsungen aufweist und eine weiße oder hellgelbe Fettschicht besitzt. Schon vom Metzger die Knochen mehrmals durchsägen lassen, damit man das Fleisch leichter aufschneiden kann und jeder Gast ein Fleischstück mit anhängendem Knochen bekommt. Das Fleisch mit einer Spicknadel mehrmals einstechen.

In einer Schüssel 2 gute Handvoll Meersalz und den fein zerstoßenen Salpeter innig vermengen. Mit dieser Mischung das Fleisch auf allen Seiten kräftig einreiben. Ein wenig von dem Salz in eine Schüssel legen, die eben das Fleisch gut aufnehmen kann. Das Fleisch darauflegen und das übrige Salz daraufstreuen. Thymian und Lorbeerblatt grob zerreiben und mit dem Pfeffer auf das Salz geben. An einen kühlen Ort stellen und im Winter 10 bis 12 Tage, im Sommer und bei feuchtem Wetter 6 bis 8 Tage durchziehen lassen. Das Stück alle 2 Tage umdrehen und jedesmal wieder gut mit Salz bedecken.

Nach der entsprechenden Zeit das Fleisch herausnehmen und unter fließendem kalten Wasser gründlich waschen. In einer Kasserolle mit den geviertelten Möhren und Zwiebeln mit kaltem Wasser bedeckt aufsetzen, einen Kräuterstrauß dazugeben. Aufkochen lassen, abschäumen und wie einen Pot-au-feu ganz langsam siedend 3 Stunden garen. Es ist wichtig, daß das Wasser nicht richtig kocht, sondern nur eben leise Bläschen macht. Jedoch darf es auch nicht zu wenig heiß sein und vor allem nicht aufhören zu sieden, denn dadurch würde der Garprozeß gestört, und das Fleisch bekommt einen Schock, der einen schlechten Geschmack verursachen könnte.

Frische Nudeln 15 Minuten vor dem Servieren in eine Kasserolle mit normal gesalzenem, kochendem Wasser werfen. Wieder aufkochen lassen und dann bei ganz milder Hitze zugedeckt ohne zu kochen 10 Minuten ziehen lassen. Bei getrockneten Nudeln muß man meist

20, manchmal auch 30 Minuten, je nach Sorte, rechnen. Das Wasser abgießen und die Nudeln in einem Sieb sorgfältig abtropfen und etwas ausdampfen lassen. Jedoch noch solange sie ganz heiß sind, in eine vorgewärmte Kasserolle geben, mit etwas frisch gemahlenem Pfeffer und Muskatnuß würzen und nötigenfalls mit einer Prise Salz abschmecken – dabei daran denken, daß der Käse salzig ist, der nun mit der in kleine Stückchen zerteilten Butter unter die Nudeln gemischt wird. Mit einer Gabel so lange durchrühren, bis sich Käse und Butter vollkommen aufgelöst haben, und damit die Nudeln einhüllen und binden.

Die Schälrippe aus dem Sud nehmen und auf eine große, lange Platte legen. An den Enden jeweils die Nudeln anrichten oder diese getrennt in einer Schüssel servieren; das Fleisch dann mit ½ Kelle Sud übergießen.

## Bœuf en miroton
### Gekochtes Rindfleisch mit Zwiebeln

Für 6 Personen: *700 g gekochtes Rindfleisch (Siedfleisch), 6 große Zwiebeln, 60 g Butter oder auch frischer, fetter, geriebener Speck, 1 gehäufter EL Mehl, 2 EL Essig, ½ l Fleischbrühe oder Kalbs-Fond, 1 EL konzentriertes Tomatenpüree oder 3 frische, gehäutete, ausgepreßte und zerdrückte Tomaten, 2 Knoblauchzehen, Pfeffer, 1 gehäufter TL gehackte Petersilie, 1 EL Semmelbrösel*

Die Zwiebeln in feine Streifchen schneiden und 5 Minuten abbrühen, um ihnen die beißende Schärfe zu nehmen. Abtropfen lassen und peinlich genau trockentupfen.
In einer feuerfesten, irdenen Form oder einem Topf die Butter bzw. das frisch geriebene Fett auf dem Herd vorsichtig erhitzen und die Zwiebeln darin eine hellgelbe Farbe nehmen lassen. Das muß auf kleinem Feuer ganz langsam geschehen, dabei immer wieder mit einem hölzernen Kochlöffel umrühren. Zum Schluß das Mehl darüberstäuben und ebenfalls rösten, bis es mit den Zwiebeln eine hellbraune Farbe bekommen hat. Den Essig zufügen und alles abkühlen lassen. Nun erst mit der beinahe kochenden Fleischbrühe (oder Fond) unter ständigem Schlagen mit dem Schneebesen langsam aufgießen. Das Mehl vollkommen in der Brühe verrühren, bis es keine Klümpchen mehr gibt. Tomatenmark oder Tomaten und die zerdrückten Knoblauchzehen dazugeben und etwas Pfeffer darübermahlen. Zum

Kochen bringen und im Ofen oder auf kleiner Flamme mindestens 20 Minuten köcheln lassen.
Etwa 15 Minuten vor dem Servieren das Rindfleisch in 3 mm dicke Scheiben schneiden und auf einer großen, feuerfesten Platte ausbreiten. Die Sauce nochmals abschmecken, dann über das Rindfleisch gießen, das vollkommen bedeckt sein muß. Auf dem Herd zum Kochen bringen, mit gehackter Petersilie und Semmelbröseln bestreuen, mit etwas zerlassener Butter beträufeln und im heißen Ofen nochmals etwas köcheln und gratinieren lassen. Auf der heißen Platte auftragen.
*Anmerkung:* Man kann die Sauce des Mirotons auch mit einem EL Senf oder geriebenem Meerrettich oder mit in dünne Scheibchen geschnittenen Essiggürkchen (Cornichons) würzen. Dann darf die Sauce aber nicht mehr kochen, und das Gericht muß etwas anders fertiggestellt werden. Die Gewürze werden im Essig aufgelöst und nach dem Durchkochen neben dem Feuer eingerührt. Dann gibt man das Fleisch hinzu und läßt alles zugedeckt ohne zu kochen auf kleinster Flamme einige Zeit durchziehen. Man serviert diese Variante auf einer tiefen, vorgewärmten Platte, mit gehackter Petersilie reichlich bestreut. Den Rand der Platte kann man mit Gurkenfächern verzieren. Weitere Verzierungs- bzw. Anrichtevorschläge: mit heißen, hartgekochten Eivierteln umlegen; mit dünnen, in Öl knusprig ausgebackenen Scheiben von Auberginen oder Zwiebeln servieren; das Fleisch vor dem Überbacken mit in Salzwasser gekochten, in dünne Scheiben geschnittenen Kartoffeln umlegen und diese mit Sauce überziehen.

## Le bœuf froid
## Kaltes Rindfleisch

Gebratenes oder gegrilltes Rindfleisch, etwa Roastbeef, Hochrippe, Rückenstück oder Filet, müssen stets innen noch gut rosa sein. Das Anrichten ist einfach: Das Fleisch wird hergerichtet, also von allen Häuten, Sehnen, Adern und Fett oder auch angebratenen bzw. verkohlten Stellen befreit. Es wird entweder »natur« gereicht oder mit einer dünnen Schicht Aspik (Gelee) überzogen, das man, wenn es halb erstarrt ist, mit einem Löffel auf das Fleisch träufelt. Das Fleisch wird auf einer großen Platte angerichtet, wenn es mit einer Garnitur umlegt, auf einer gerade passenden, wenn es allein gereicht werden soll. Im letzteren Falle umgibt man das Fleisch nur mit etwas gehacktem Gelee oder belegt den Innenrand der Platte mit in verschiedenen Formen ausgestochenen Geleestückchen. Als Garnitur nimmt man fast immer einen Gemüsesalat, der aus einer oder mehreren Gemüsesorten bestehen kann. Die Gemüse läßt man nach dem Kochen, ohne sie abzuschrecken, im Sud abkühlen. Abtropfen lassen und mit einer der folgenden Saucen umwenden: einer Vinaigrette (Salatsauce), einer Remouladen-Sauce oder einer sehr leicht gerührten Mayonnaise, die man im Verhältnis 1 : 4 mit halberstarrtem Gelee vermischt, wenn der Salat um das Fleisch herum gestürzt oder im Häufchen angerichtet werden soll. Natürlich ist diese Maßnahme unnötig, wenn man den Salat in einer Schüssel reicht.

## Filet ou contre-filet froid ménagère
## Kaltes Filet oder Roastbeef Hausfrauenart

Hierzu ein schönes Fleischstück poëlieren, also langsam halb braten, halb schmoren. Bei Raumtemperatur und nicht im Kühlschrank abkühlen lassen. Fett und Sehnen entfernen und das Fleisch in sehr regelmäßige, 3 mm dicke Scheiben schneiden. Mit dem im Topf verbliebenen, sorgfältig entfetteten und durch ein Tuch gegossenen Bratfond überziehen, der gerade fest zu werden beginnt. Auf jeder Scheibe soll nur ein dünner Film zurückbleiben. Auf einer Platte übereinandergelegt anrichten und mit gehacktem Aspik oder Kresse (vorzugsweise Brunnenkresse) umgeben. Dazu Gemüsesalat servieren.

## Daube froide
## Kalter Schmorbraten

Die in der Terrine erkalteten Reste des Schmorbratens »Philéas Gilbert« (Seite 313) ergeben ein ausgezeichnetes Gericht für ein leichtes Sommer-Mittagessen.
Die gelierenden Bestandteile aus Kalbsfuß, Schweineschwarten und dem Fleisch reichen aus, um das Gericht so fest werden zu lassen, daß es sich wie eine Pastete oder Terrine in Scheiben schneiden läßt.

## Bœuf à la mode (froid)
## Kalter Rinderschmorbraten

Dieses Gericht ist besonders im Sommer eine so ausgezeichnete Verwendung der Reste eines warmen Bœuf à la mode, daß man fast immer – wie auch auf Seite 308 f. angegeben – mehr zubereitet, als man auf einmal essen kann, die zweite Mahlzeit also schon von vornherein mit einkalkuliert.

*Zusätzlich: Kalbs-Fond oder Kalbfleischbrühe, 2 oder 3 Blatt Gelatine, Petersilie, Essiggürkchen (Cornichons)*

Das Fleisch und die Gemüsegarnitur voneinander trennen. Letztere in der Schmorflüssigkeit 2 bis 3 Minuten kochen lassen. Die Sauce durch ein Sieb abgießen. Möhren, Zwiebeln und Kalbsfuß heraussuchen und auf einem Teller bereitlegen. Die Schwartenstückchen herausnehmen, denn sie verlieren beim Abkühlen ihre Zartheit. Die Schmorflüssigkeit, wenn nötig, mit Kalbs-Fond oder Kalbsbrühe aufgießen, bis die Menge ausreicht, um alles Fleisch und Gemüse in einer Form zu bedecken. Die Gelatineblätter in kaltem Wasser einweichen, dann in den Schmorfond geben und kurz aufkochend in ihm auflösen. Die Festigkeit des Gelees überprüfen: Dazu 2 EL abnehmen und kalt stellen. Das Gelee soll mit einem Messer geschnitten werden können, aber doch zart bleiben und darf nicht gummiartig wirken. Ein zu festes Gelee ist nämlich weder angenehm zu essen noch besonders schmackhaft. Abschmecken und dabei im Auge behalten, daß das Abkühlen die Wirkung des Salzes etwas abschwächt und daß ein richtig gesalzenes, warmes Gericht, wenn es kalt gegessen wird, durchaus fade erscheint. Eine passende Charlotten-, eine Pudding- oder eine ähnliche Form mit Gelee ausgießen und erstarren lassen. Auf den Boden der Form einige Möhren und Zwiebeln sowie etwas krause Petersilie mit Geschmack verteilen. Darauf das Fleischstück legen, das die Wände der Form nicht berühren soll. Um das Fleisch herum abwechselnd Möhren, Zwiebeln und Kalbsfuß so dicht wie möglich einschichten, damit möglichst wenig Hohlräume übrigbleiben. Das beinahe erstarrte Gelee darübergießen; da nur wenig zwischen die Gemüse laufen soll, muß man beim erwähnten Verlängern des Fonds mit viel Vorsicht arbeiten. Kühl stellen und erstarren lassen. Am besten erst nach einem Tag servieren. Dazu die Form einen Augenblick in heißes Wasser halten, abtrocknen und den Inhalt auf eine im Eisschrank gekühlte Platte stürzen. Diese mit einigen Cornichons verzieren.

Man kann den Bœuf à la mode auch einfacher anrichten: Das Fleisch in regelmäßige Scheiben schneiden und halb übereinanderliegend auf einer nicht zu flachrandigen Platte schuppenartig anrichten. Möhren, Zwiebeln und Kalbsfuß darum herumlegen, mit dem Schmorfond übergießen, dem man nach Bedarf noch etwas Gelatine zugefügt hat, und erstarren lassen. Da man das Gelee in diesem Fall – es braucht ja nicht gestürzt zu werden – sehr viel weniger fest benötigt und eventuell sogar jegliche Gelatinezugabe überflüssig ist, schmeckt es sehr viel kräftiger.

*Anmerkung:* Man kann dieses Feinschmeckergericht auch nach den Regeln der alten Küche »für den Löffel« zubereiten. Dann wird das Fleisch in mehr Fond als angegeben so lange gegart, bis man es nicht mehr schneiden kann, sondern mit dem Löffel essen muß. Sicherlich ist dieses Rezept nicht wirtschaftlich, aber es zeitigt einen Höhepunkt der Vollkommenheit.


# Le veau
# Kalbfleisch


Kalbfleisch guter Qualität ist weiß oder von einem sehr hellen Rosa. Das Fett ist vollkommen weiß und dick an der Brust und auf den Nieren. Fleisch wie auch Fett wirken sehr fest. Diese gehobene Qualität findet man nur bei 2 bis 3 Monate alten Tieren, die lediglich mit Kuhmilch und Mehl, nicht aber mit Kraft-, Silo- oder Grünfutter ernährt wurden und keinesfalls auf der Weide waren.

Weniger gutes Kalbfleisch ist rosa und sogar rötlich, weich und meistens mager. Wenn das Fleisch schlaff und gelatinös ist, stammt es von zu jungen und zu früh geschlachteten Tieren.

*Anm. der Übersetzer:* Letzteres ist heute kaum noch zu befürchten, denn Kälber werden meist viel später geschlachtet, als Bocuse es hier fordert. Außerdem werden sie stets mit Kraftfutter gemästet, so daß es sehr schwerfallen wird, Kalbfleisch von der oben geforderten Qualität überhaupt zu bekommen.

*Die Aufteilung des Kalbes:* Man unterscheidet grundsätzlich in vier Kategorien: Den Schlegel, die Schulter, das dazwischenliegende Rückenstück und Nacken-Brust-Flanken-Partie.

Der Schlegel (die Keule) läßt sich wiederum in 4 Teile zerlegen: die

Nuß (noix), die Oberschale, die Unterschale und die Haxe. Außer der Haxe eignen sich diese Stücke zum Braten, Schmoren und für Schnitzel (escalopes), Grenadins (kleine, dicke Schnitzel) und große, dünne Schnitzel für Kalbsrouladen oder -vögerl. Eine große Scheibe quer durch den ganzen Schlegel geschnitten heißt Beinscheibe (rouelle), doch gibt es sie heute nur noch in wenigen Gebieten. Besonders fein ist das dem Schwanz benachbarte Schwanzstück (quasi).

Die Schulter wird vor allem zu Bratenstücken und für Ragouts oder Gulasch verwendet.

Das Rückenstück teilt sich auf in den Nierenbraten (Longe – bestehend aus Filet, Lende, den dazwischenliegenden Knochen und manchmal einem Stück der anhängenden Bauchlappen), das hintere und das vordere Rippenstück (carrés couverts und découverts). Schneidet man aus einem ganzen Kalbsrücken den Nierenbraten doppelt heraus, so erhält man den Sattel (selle). Nierenbraten und Karrees werden vor allem gebraten oder geschmort. Häufig schneidet man sie auch zu Koteletts auf. Der vierte Teil, bestehend aus Bauchlappen, Schälrippen, Brust, Hals und Nacken sind Fleischstücke zweiter Qualität, jedoch vor allem im Haushalt sehr begehrt. Aus dem abgelösten Fleisch der Schälrippen und den Bauchlappen bereitet man Rollbraten, mit Knochen sind die Schälrippen wie die Schulter vor allem als Schmorfleisch zu verwenden (ganz oder zerteilt, die Schulter häufig gefüllt), doch kann man sie auch in Ragoûts zubereiten oder kurzbraten. Nacken und Hals verwendet man zu Ragoûts oder Gulasch.

Die Innereien vom Kalb gelten als vorzügliche Delikatessen: Kopf, Leber, Nieren, Lunge, Herz, Bries (Milch, Schweser), Hirn, Zunge, Füße und auch das Fett (vor allem aus dem Nierenbecken), das sich vielseitig verwenden läßt.

## Quasi de veau bourgeoise
## Kalbsbraten auf bürgerliche Art

Für 12 bis 15 Personen: *1 Stück Kalbsbraten aus dem Schwanzstück oder aus der Nuß von 2–2,5 kg, 1 Kalbsfuß, 250 g frische Schwarten, 500 g Kalbsknochen, 1 große Möhre, 2 große Zwiebeln, 150 g Butter, Salz, Pfeffer, einige Stengel Petersilie, 1 Lorbeerblatt, 1 kleiner Thymianzweig, 2 Tomaten*

Den Kalbsfuß ausbeinen, mit den Schwarten kurz in kochendem Wasser überbrühen, kalt abschrecken und abtropfen lassen. Die Kalbs-

knochen wie die Knochen des Fußes in kleine Stücke hauen oder zerklopfen und mit möglicherweise am Fleisch vorhandenem Fett und dem in Scheiben geschnittenen Gemüse im Ofen braun braten.
In einer Kasserolle, einem Schmortopf oder einem anderen geeigneten Topf ausreichender Größe, der einen vollkommen dicht schließenden Deckel haben muß, reichlich Butter zergehen lassen. Das mit Salz und frisch gemahlenem Pfeffer eingeriebene Fleischstück hineinlegen und den Rest der Butter in Flöckchen daraufsetzen. Den Topf ohne Deckel in den auf mittlere Temperatur (ca. 180 Grad) vorgeheizten Ofen schieben. Das Fleisch rundum golden braten, dazu immer wieder umwenden und begießen. Darauf achten, daß die Butter nicht anbrennt. Wenn alle Seiten regelmäßige Farbe genommen haben, das Fleischstück herausnehmen und in den Topf zunächst die angerösteten Knochen und Gemüse, dann die zerteilten Schwarten, den Kalbsfuß, die zu einem Strauß gebundenen Kräuter sowie die geschälten, entkernten und zerdrückten Tomaten geben. Das Fleisch darauflegen und den Topf nun so dicht wie möglich verschließen.
Den Topf wieder in den Ofen stellen und das Fleisch 2½ Stunden bei mittlerer Hitze unter häufigem Begießen mit dem Bratfond garen. Bei diesem Vorgang (beinahe einem Poêlieren), der langsam vor sich gehen muß, bildet sich aus dem austretendem Fleischsaft unter der Einwirkung der Hitze eine Dampfwolke, die sich, da sie nicht entweichen kann, am Deckel niederschlägt und von dort auf das Fleisch heruntertropft. So wird das Fleisch, vor allem in einem speziellen Schmortopf, ständig mit Feuchtigkeit berieselt, sozusagen automatisch begossen. Dabei verbindet sich das Kondenswasser immer wieder und immer stärker mit den aus den Knochen, den Schwarten, dem Kalbsfuß, den Gemüsen und den Gewürzen austretenden, würzenden und gelatinösen Bestandteilen und bildet nach und nach einen hellen, aromatischen und sirupartigen Fond, der am Ende als Sauce zu dem Fleisch gereicht werden kann. Wenn die Hitze nicht zu groß ist, reicht dieser Fond ohne Verlängerung völlig aus. Sollte die Hitze trotz aller Aufmerksamkeit zu stark werden und läuft der Fond Gefahr, anzutrocknen, zu verbrennen und bitter zu werden, so fügt man etwas Kalbs-Fond, Kalbfleischbrühe oder auch Wasser zu. Das kann besonders auch dann passieren, wenn der Deckel nicht wirklich dicht schließt. Am Ende der Garzeit den Deckel abnehmen und den Braten mit der Rundung nach oben einige Minuten der direkten Hitzeeinwirkung aussetzen. Dabei häufig begießen, damit der dick gewordene Saft das Fleisch mit einer glänzenden Schicht überzieht. Den Bratenfond durch ein feines Sieb gießen und ohne ihn zu entfetten in

einer Saucière zu Tisch bringen – er muß dickflüssig, goldbraun und ein wenig fett sein. Der Braten wird am Tisch in 2 mm dünne Scheiben quer zur Faser über die ganze Breite aufgeschnitten. Man wird sehr bald bemerken, ob das Fleisch richtig gegart wurde. Wenn man die Messerklinge durchgezogen hat, erscheinen auf dem hellweißen, saftigen Fleisch sofort einige Tröpfchen von sehr hellem, kaum rosa gefärbtem Saft. Hat man den Braten übergart, so erscheint das Fleisch trocken, ist weder saftig noch schmackhaft.

Als Beilage serviert man im allgemeinen ein Gemüse oder eine Gemüsemischung. Am gebräuchlichsten sind: Blumenmädchen-Garnitur (Artischockenböden mit glacierten Möhren und weißen Rüben, grünen Bohnen, Erbsen und Blumenkohl), bürgerliche Garnitur (glacierte Zwiebeln und Möhren, Speckwürfel, Kartöffelchen), Gärtnerin-Garnitur (grüne Erbsen, grüne Bohnenkerne, grüne Bohnen, Möhren, weiße Rüben, Blumenkohl), Spinat, gedünstete Endivien, geschmorter Chicorée, Sauerampfer, Erbsen, Sellerie, Möhren; verschiedenartige Teigwaren, Kopfsalat, Auberginen, Zucchini, Perlzwiebeln; verschiedene Pürees, etwa Champignons, Kartoffeln, Sellerie, Sauerampfer und ähnlichem.

Bei der Zubereitung dieses Bratens behält man übrigens einige Nebenprodukte übrig, die leicht zu oder in anderen Gerichten verarbeitet werden können:

Die Knochen, die 3 Stunden beinahe trocken erst geröstet und dann geschmort wurden, haben längst noch nicht alle in ihnen enthaltenen Geschmacksstoffe abgegeben. Man legt sie daher in eine kleine Kasserolle, fügt je eine in Scheiben geschnittene Möhre und Zwiebel zu, salzt mit einer guten Prise und gießt 1½ l Wasser auf. Dann läßt man aufkochen und erhält nach 3 Stunden leisem Köcheln einen ausgezeichneten Kalbs-Fond für andere Zubereitungen.

Den Kalbsfuß reicht man, wenn man ihn nicht zu einer Gemüsegarnitur verwendet hat, als Vorspeise heiß mit einer Vinaigrette-Sauce.

Die in kurze Streifchen geschnittenen Schweineschwarten gibt man zu auf bürgerliche Hausfrauenart zubereiteten Möhren oder Bohnen.

## Fricandeau
### Kalbsfricandeau

Das Fricandeau besteht aus einer 6 bis 7 cm dicken Scheibe aus der Kalbsnuß, die parallel zur Faser geschnitten wurde.

Die Scheibe zunächst auf beiden Seiten leicht klopfen, um die Fasern zu zerstören und dann mit dünnen Streifchen von frischem Speck spicken wie auf Seite 282 f. für das Rindsfilet angegeben. Die Zubereitung des Fricandeau ist wie für den vorstehenden Kalbsbraten, jedoch ist die Garzeit der Stärke des Fleisches entsprechend kürzer.

Man kann das gespickte Fricandeau, das ständig durch das schmelzende Fett genährt wird, auch schmoren, um es schließlich mit dem Löffel zu essen. Das ist zwar nicht wirtschaftlich, man erhält jedoch ein Gericht von seltener Schmackhaftigkeit, gleichgültig, ob es warm oder kalt serviert wird. Als Beilage empfehlen sich die für den Kalbsbraten angeführten Gemüse.

## Selle de veau
### Kalbssattel oder Kalbsrücken

Der Sattel vereinigt in einem großen Stück die beiden hier Filet genannten Nierenbraten, also die Lenden und die Filet mignon genannten eigentlichen Filets. Er beginnt hinter den Rippen und endet an der Keule.

Die Nieren werden entfernt, doch läßt man das weitere Fett daran, schneidet die Bauchlappen etwas ab und schlägt sie nach innen ein, um die Filets mignons zu schützen. Dann wickelt man das ganze Stück in große, dünne und frische (grüne) Speckscheiben und bindet diese mit Schnur fest.

Die Zubereitung ist wie beim »Kalbsbraten auf bürgerliche Art«, doch muß das Fleisch womöglich noch häufiger begossen werden. Kurz vor dem Ende der Garzeit, die etwa 3 Stunden beträgt, nimmt man die Speckscheiben ab und läßt die wiederum häufig begossene Oberfläche goldbraun werden. Man schneidet den Sattel mit einem großen, langen Messer auf, das man flach auf das Filet legt und dann zum Rückgrat hin vordringen läßt: So entstehen hauchdünne, schmale, längliche Scheibchen.

Als Beilage kann man alle zum Kalbsbraten und zur Beinscheibe vorgeschlagenen Gemüse reichen, wenn man ein einfaches Menü gibt. Der Sattel erscheint jedoch häufig auf großen Festessen. Als eindrucksvolles und schmackhaftes Fleischgericht wird er dann reicher und raffinierter garniert und zubereitet, wie etwa der Kalbssattel »Prinz Orlow«, der eines der klassischen Rezepte der großen Küche darstellt.

## Carré de veau
## Kalbskarree oder Kalbsrippenstück (Rippenspeer)

Das Kalbskarree ist das Stück, das am Sattel anschließt. Es umfaßt die ersten (hinteren) 8 Rippenwirbel. Man stutzt auf jeden Fall die Rippen, auch ist es ratsam, die Knochen des Rückgrats zu entfernen, denn sie stören stets beim Aufschneiden. Das Fleisch wird von Fett und Sehnen befreit, mit frischem Speck gespickt (wie Seite 282 angegeben) oder mit Speckscheiben umwickelt und dann wie der Kalbsbraten (Seite 324) zubereitet. Man kann zum Kalbskarree jedes nur denkbare Gemüse und alle möglichen Garnituren reichen. Meist jedoch wird das Rippenstück zu Koteletts geschnitten und auch vorzugsweise verwendet.

## Selle de veau prince Orlof
## Kalbssattel »Prinz Orlof«

*1 Kalbssattel, frischer Speck, 1 Kalbsfuß, 250 g frische Schwarten, 500 g Kalbsknochen, 1 große Möhre, 2 große Zwiebeln, 150 g Butter, Salz, Pfeffer, einige Stengel Petersilie, 1 Lorbeerblatt, 1 kleiner Thymianzweig, 2 Tomaten. – Für die Garnitur: 1 kg Zwiebeln, 350 g Butter, Salz, Zucker, 1½ l stark eingekochte Béchamel-Sauce, 125 g geriebener Gruyère oder Emmentaler, 2 Eigelb, 3–4 EL Sahne, 1/10 l dicke Sahne (crème fraîche épaisse), geriebene Muskatnuß, frische Gänsestopfleber, Portwein, Trüffel, kleine Artischockenböden, 2 EL Mehl, 1 Zitrone (Saft), grüne Spargelspitzen oder junge Erbsen*

Den Kalbssattel vor- und zubereiten, wie es oben und im Rezept »Kalbsbraten auf bürgerliche Art« (Seite 324) erklärt wurde. Für die Garnitur die Zwiebeln schälen, in Ringe schneiden und 5 Minuten in kochendem Wasser abbrühen. Herausheben, abtropfen lassen, trockentupfen und in 100 g Butter mit etwas Salz und einer großen Prise Zucker zugedeckt weich dünsten. Die Hälfte der Béchamel-Sauce mit 75 g geriebenem Käse, den Eigelb, Sahne und 25 g Butter zu einer Mornay-Sauce verarbeiten.
Die andere Hälfte zu den Zwiebeln geben und diese Mischung weiter kochen lassen, bis sich die Zwiebeln praktisch in der Béchamel-Sauce aufgelöst haben. Durch ein feines Sieb oder ein Tuch passieren, in

einem Topf erneut 2 Minuten kochen lassen, dann vom Feuer nehmen und mit 125 g Butter und der dicken Sahne (nötigenfalls etwas mehr Sahne verwenden) nach und nach verrühren, bis das Zwiebel-Püree (purée soubise) die Konsistenz einer Paste bekommen hat. Abschmecken, gegebenfalls nachwürzen, vor allem etwas frisch geriebene Muskatnuß gibt eine angenehme Note.

Der fertig gegarte und überbräunte Kalbssattel wird nun herausgenommen und mit den Bauchlappen nach unten auf eine Bratplatte gesetzt. Den Fond gießt man durch ein feines Sieb und hält ihn bis zum Gebrauch warm. Jetzt wird der Sattel präpariert:

Gut 1 cm vom äußeren Rand der Filets entfernt auf der ganzen Länge mit der Messerspitze jeweils einen tiefen Einschnitt machen. Am Rückgrat entlangfahrend die Filets von diesem lösen und schließlich mit Vorsicht abheben. Beide Filets nun in ½ cm dicke, leicht schräg geschnittene Scheiben zerteilen. Die Filets wieder zusammensetzen, dabei zwischen die Scheiben jeweils ½ EL Zwiebelpüree, 1 in Portwein pochierte Scheibe Gänsestopfleber und eine große, in etwas Bratfond 2 Minuten gekochte Trüffelscheibe geben. Das Innere der beiden Höhlungen im Kalbssattel mit Zwiebelpüree ausstreichen und die beiden Filets wieder hineinsetzen. Das übrige Zwiebelpüree in die Mornay-Sauce mischen, die sehr cremig sein soll, und den ganzen Kalbssattel damit überziehen. Mit dem restlichen Käse bestreuen, mit 50 g zerlassener Butter beträufeln und unter dem Salamander, einem Grill oder sehr heißen Ofen rasch goldgelb überbacken (gratinieren). Den Sattel vorsichtig auf eine große, lange Servierplatte setzen. Rundherum kleine, zuvor in Wasser mit Mehl und Zitronensaft weich gekochte, dann gewürzte und in 50 g Butter angebratene Artischockenböden legen. Darauf kleine Häufchen von Spargelspitzen oder Erbsen anrichten, die in Salzwasser gekocht und in Butter oder Sahne in der Pfanne geschwenkt wurden, in der man zuvor die Artischocken angebraten hat. Darauf jeweils eine Trüffelscheibe legen, die ganz zum Schluß mit den Artischockenböden kurz gebraten wurde – die Spargelspitzen nehmen mit der Butter dann zusätzlich das Trüffelaroma auf.

Der Bratenfond wird in einer Saucière getrennt dazu gereicht. Beim Servieren gießt man für jeden Gast ½ EL davon neben die Kalbsscheibe.

Auf diese Weise zubereitet und serviert ist der »Kalbssattel Orlow« ein Gericht für große Gelegenheiten.

## Rouelle de veau
## Kalbs-Beinscheibe

Die Beinscheibe, 6 bis 7 cm dick aus der Mitte des Schlegels geschnitten, enthält jeweils einen Teil der wichtigsten Fleischstücke der Kalbskeule: Nuß, Ober- und Unterschale. Sie wird wie das Fricandeau zubereitet, jedoch verzichtet man auf das Spicken.
Als Beilage reicht man ein Püree aus Sauerampfer, Spinat oder Endiviensalat oder auch geschmolzene Tomaten.

## Côtes de veau
## Kalbskoteletts

Kalbskoteletts werden am besten rasch gebraten und nicht gegrillt, sie bleiben dann nämlich wesentlich saftiger. Auch sollten sie nicht zu dünn geschnitten werden, da sie sonst leichter austrocknen. Ein ideales Kalbskotelett wiegt etwa 250 g und reicht für 2 Personen. Man sollte stets den herausstehenden Rippenknochen völlig frei machen (das sieht schöner aus, auch kann man eine Manschette daraufstecken) und den meist lose anhängenden Knochen des Rückgrats entfernen.
Ganz gleichgültig, welche Garnitur man für die Kalbskoteletts wählt, sie werden stets wie folgt zubereitet:

Für 6 Personen: *3 Kalbskoteletts zu je 250 g, 30 g Butter, Salz, frisch gemahlener Pfeffer*

Die Butter in einer Pfanne erhitzen und darin langsam die Koteletts braten, wobei man sie ab und zu wieder flach in die Pfanne drücken muß. Nach 7 bis 9 Minuten umdrehen und leicht mit Salz und Pfeffer würzen. Nach weiteren 7 bis 9 Minuten auf eine runde, vorgewärmte Platte legen, und zwar mit der bereits gewürzten Seite nach unten. Nun auch die zweite Seite leicht salzen und pfeffern. Die Koteletts mit einer Glocke oder einem weiteren, umgedreht daraufgelegten und ebenfalls vorgewärmten Teller abdecken. So können sie durchziehen und werden während der Fertigstellung der Sauce oder Beilagen warm gehalten.

## Côtes de veau à la ménagère
## Kalbskoteletts Hausfrauenart

*Für 6 Personen: 3 Kalbskoteletts zu je 250 g, 80 g Butter, Salz, frisch gemahlener Pfeffer, 250 g junge Zwiebelchen, 250 g kleine, neue oder nußgroß zugeschnittene Kartoffeln, 3 EL Kalbs-Fond, Fleischbrühe oder Wasser, gehackte Petersilie*

Die Koteletts wie oben angegeben in einer nicht zu kleinen Bratform zubereiten. Die Zwiebeln und die Kartoffeln schon vorher in 50 g Butter rundherum braten, bis sie zu ¾ gar sind. Dann zu den auf der einen Seite fertig gebratenen Koteletts geben, würzen, die Form zudecken und alles zusammen fertiggaren. Erst im letzten Augenblick noch Kalbs-Fond oder Brühe, ersatzweise auch nur Wasser zufügen und den Bratensatz kurz loskochen. Mit einer Prise gehackter Petersilie bestreuen, die Bratform auf eine große, runde Platte setzen und die Koteletts auftragen.


## Côtes de veau aux champignons
## Kalbskoteletts mit Champignons

*Für 6 Personen: 3 Kalbskoteletts zu je 250 g, 60 g Butter, Salz, frisch gemahlener Pfeffer, 350 g frische Champignons, 3 El trockener Weißwein, 3 EL Kalbs-Fond (ersatzweise Fleischbrühe oder Wasser), gehackte Petersilie*

Die Koteletts wie oben angegeben braten und warm halten. Die Champignons in die Bratbutter geben – kleine Pilze ganz lassen, größere vierteln. Leicht anbraten, mit Salz würzen und den Weißwein zufügen. Auf die Hälfte einkochen, dann den Kalbs-Fond angießen, kurz durchkochen, vom Feuer nehmen und mit der restlichen Butter umschwenken. Den Saft, der während des Ruhens aus den Koteletts gelaufen ist, einrühren, alles über die angerichteten Koteletts gießen und mit gehackter Petersilie bestreuen.

## Escalopes de veau
## Kalbsschnitzel

Schnitzel nennt man gut 1 cm dicke Scheiben, die quer zur Faser aus dem Filet, dem Rippenstück, vor allem aber aus der Nuß geschnitten werden. Ihr mittleres Gewicht beträgt 120 bis 150 g.
Da sie so dünn sind, müssen sie bei sehr starker Hitze gebraten werden. Häufig werden sie paniert, jedoch ist das keineswegs nötig. Paniert man sie aber, darf man sie auf keinen Fall zum Servieren mit Bratenfond oder Sauce begießen, denn das hätte nur das ärgerliche Resultat, die eigentlich knusprige Hülle aufzuweichen.

### Escalopes panées au beurre noisette
### Panierte Schnitzel mit haselnußbrauner Butter

Für 6 Personen: *6 Schnitzel zu je etwa 120 g, Salz, 1 Prise Paprika oder Pfeffer, 1 Ei, 2½ EL Öl, 125 g angetrocknetes Toastbrot, 120 g Butter, ½ Zitrone, 2 TL Kapern, 2 TL gehackte Petersilie, 2 hartgekochte, noch heiße Eier, nach Belieben 12 Anchovisfilets in Öl*

Die Schnitzel mit einem Fleischklopfer oder einem Hackbeil flachklopfen. Dadurch werden die Fasern zerstört und die Schnitzel größer – sie sind schließlich nur noch 7 bis 8 mm dick. Auf beiden Seiten mit Salz und Paprika oder Pfeffer würzen. Das Ei in einem Suppenteller mit 1 Prise Salz und ½ EL Öl verquirlen. Die Toastbrotscheiben ohne Rinde in feine Brösel zermahlen. Die Schnitzel zunächst durch die Eimasse ziehen, dann auf beiden Seiten dünn mit den Bröseln bedecken. Mit einer Messerklinge die Brösel leicht an das Fleisch klopfen, damit sie fest darankleben und sich beim Braten nicht lösen. 60 g Butter mit dem restlichen Öl in einer Pfanne oder Bratplatte erhitzen – diese muß so groß sein, daß alle Schnitzel gut darin Platz haben, ohne übereinander zu liegen. Recht stark erhitzen und die Schnitzel hineinlegen, die sofort scharf anbraten müssen. Die Brösel müssen auf beiden Seiten eine schöne goldene Farbe bekommen; dann stellt man die Pfanne beiseite und läßt die Schnitzel bei milderer Hitze fertig braten. Insgesamt mit 8 Minuten Bratzeit rechnen. Auf einer sehr heißen Platte anrichten, den Saft von ½ Zitrone darüberträufeln und mit den restlichen 60 g Butter begießen, die man in der Bratpfanne, aus der man vorher das Bratfett abgegossen hat, schnell haselnußbraun hat werden lassen. Das muß alles sehr schnell gehen, die Butter muß sofort nach dem

Zitronensaft über die Schnitzel gegossen werden. Nun umlegt man die Schnitzel noch rasch mit kleinen Häufchen von Kapern, gehackter Petersilie, gehacktem Eiweiß und gehacktem Eigelb, nach Wunsch auch mit Anchovisröllchen. Rasch servieren, denn die Schnitzel müssen knusprig auf den Tisch kommen. Grundsätzlich gilt für alle Rezepte mit Panierung: Die Gäste müssen die Schnitzel erwarten, keinesfalls dürfen die Schnitzel auf die Gäste warten müssen.

Als Beilage eignen sich vor allem gekochte und dann in Butter gebratene, besser noch roh gebratene Kartoffeln in dünnen Scheiben. Man kann an ihrer Stelle auch roh in Scheiben geschnittene und gebratene Artischockenböden reichen.

## Escalopes de veau à la viennoise
## Wiener Schnitzel

*Wie im vorstehenden Rezept, jedoch nur das Eiweiß der hartgekochten Eier, zusätzlich 1 Zitrone und 6 entkernte Oliven, weitere 60 g Butter*

Die Schnitzel wie oben beschrieben zubereiten. Auf jedes der angerichteten Schnitzel 2 vollkommen geschälte und entkernte Zitronenscheiben und 1 Olive legen. Rundherum die Anchovisröllchen verteilen und an den Rand der Platte kleine Häufchen von Kapern und gehacktem Eiweiß setzen. Die Schnitzel mit der haselnußbraunen Butter beträufeln.

Zum Servieren jedem Gast das Schnitzel auf einen heißen Teller legen. Die Kapern und das Eiweiß mit 60 g ebenfalls gebräunter Butter vermischen und auf jedes Schnitzel 1 EL geben. Als Beilage stark geröstete Bratkartoffeln aus gekochten oder rohen Kartoffeln reichen.

## Escalopes de veau à la milanaise
## Kalbsschnitzel auf Mailänder Art

Die gleiche Vor- und Zubereitung wie für die »Panierten Schnitzel mit haselnußbrauner Butter« (Seite 332), jedoch gibt man zu den frisch geriebenen Toastbrotbroseln noch ¼ der Menge an geriebenem Parmesan, Gruyère oder Emmentaler. Man richtet die Schnitzel turbanartig auf in einer halbkugelförmigen Schale geformten, in die Mitte einer runden Platte gestürzten »Makkaroni auf Mailänder Art« an und reicht dazu eine leichte, reich mit Butter aufgerührte Tomaten-Sauce.

## Grenadins
## Kalbsgrenadins

Grenadin nennt man ein schmales und dickes Schnitzel, das mit einigen kleinen Streifchen von frischem, fettem Speck gespickt und wie ein Fricandeau langsam gebraten (poêliert) oder geschmort wird. Eigentlich ist ein Grenadin ja auch nichts anderes als ein kleines Fricandeau.

> Für 6 Personen: *800 g aus dem Nierenbraten ausgelöstes Filet oder frisches Kassler ohne Knochen, 100 g frischer, fetter Speck, Salz, Pfeffer, 125 g Butter, 1 mittelgroße Möhre, 1 große Zwiebel, 1 Kräuterstrauß (aus einigen Stengeln Petersilie, 1 Zweiglein Thymian und ½ Lorbeerblatt), 4 frische Schweineschwarten, ½ l Kalbs-Fond oder schwach gesalzene Fleischbrühe und ¹/₁₀ l trockener Weißwein, wenn das Fleisch geschmort wird*

Das Fleisch sorgfältig von Fett und Sehnen befreien und in kleine, 3 cm dicke Schnitzel schneiden. Mit Speckstreifen spicken und mit Pfeffer und Salz würzen. Die Butter in einer Bratplatte oder einer Pfanne erhitzen, die Grenadins hineinlegen und auf beiden Seiten langsam eine schöne Farbe nehmen lassen. Herausnehmen und zwischen zwei heißen Tellern warm halten. In der Pfanne nun die in sehr dünne Scheiben geschnittene Möhre und Zwiebel zusammen mit dem Kräutersträußchen hellgelb dünsten. Die Butter dabei auf keinen Fall zu stark erhitzen, damit sie nicht anbrennt und der Bratensaft der Grenadins nicht karamelisiert. Die kurz überbrühten Schweineschwarten und die Kalbsgrenadins Seite an Seite darauflegen. Zudecken und 15 Minuten bei mittlerer Hitze im Ofen garen, wobei die Gemüse Saft ziehen.

Werden die Grenadins poêliert, so bräunt man nun die Grenadins unter häufigem Begießen ohne Deckel im Ofen.

Dabei darauf achten, daß der ohne Zugabe gewonnene Fond nicht einkocht – falls die Gefahr bestehen sollte, gibt man einige Löffel Kalbs-Fond oder schwach gesalzene Fleischbrühe daran. Das Bräunen dauert nur etwa 10 Minuten.

Werden die Grenadins dagegen geschmort, so muß man mit weiteren 50 Minuten rechnen. Nach dem zugedeckten Garen mit dem Weißwein aufgießen und diesen auf dem Herd um ⅔ einkochen. Nun mit Kalbs-Fond aufgießen, bis das Fleisch gerade eben noch nicht bedeckt ist. Wieder zudecken, jedoch den Deckel so auflegen, daß ein

Spalt offen bleibt. 40 Minuten im heißen Ofen schmoren – durch den Spalt entweicht ständig Dampf, so daß der Fond am Ende um ⅔ eingekocht ist. Dann den Deckel abnehmen, das Fleisch nahe an die Oberhitze stellen und unter ständigem Begießen die Oberfläche der Grenadins glacieren und die herausschauenden Speckstreifen bräunen. Die dabei entstehende dünne und glänzende Schicht sieht nicht nur schön aus, sondern verbessert auch den Geschmack sehr wesentlich.

Im Kranz um eine beliebige, zu Kalbfleisch passende Gemüsegarnitur anrichten und mit dem vorher noch einmal abgeschmeckten, durch ein feines Sieb passierten Schmorfond gießen.

## Médaillons ou noisettes de veau
## Kalbsmedaillons oder -nüßchen

Diese Fleischscheiben von 100 bis 110 g werden aus dem Filet geschnitten, entsprechend also dem aus dem Rindsfilet geschnittenen Tournedos. Nur in diesem Fall ist die Form und die Feinheit auch tatsächlich in Übereinstimmung mit der anspruchsvollen Bezeichnung. Man rechnet ein Medaillon pro Person.

Zubereitung und Anrichtung der Kalbsmedaillons entspricht weitgehend denen von Kalbskoteletts und denen von Tournedos. Alle Saucen und Garnituren sind untereinander austauschbar.

## Médaillons de veau à la compote d'oignons
## Kalbsmedaillons auf Zwiebelkompott

Für 8 Personen: *8 Scheiben zu je etwa 110 g und gut 1 cm Dicke aus dem echten Filet geschnitten, Salz, Pfeffer, Mehl, 150 g Butter, 5 cl Madeira, ¹/₁₀ l trockener Weißwein, ¾ l dicke Sahne (crème fraîche), 30 g Périgord-Trüffel –*
Für das Zwiebelkompott: *1,5 kg weiße Zwiebeln, 100 g Butter, Salz, Pfeffer, 3 cl Weinessig, ¹/₁₀ l Sahne*

Die Kalbsmedaillons salzen, pfeffern und leicht mit Mehl bestäuben. In einer ausreichend großen, flachen Kasserolle mit dickem Boden in 125 g Butter auf beiden Seiten rasch braten. Sie sollen innen noch weich und nicht ganz durch sein, weil sie beim Warmhalten etwas weitergaren. Die goldbraunen Medaillons werden dazu auf eine gut

vorgewärmte Platte gelegt, mit gebuttertem Pergamentpapier zugedeckt und vorn im Ofen bei geöffneter Tür warm gehalten.
Inzwischen die überflüssige Bratbutter aus der Kasserolle abgießen und den Bratensatz mit Madeira und Weißwein ablöschen. Um ¾ einkochen, dann die Sahne einrühren und auch diese auf starker Flamme rasch einkochen, bis die Sauce dicklich und geschmeidig wird. Abschmecken. Zum Schluß die in feine Streifchen geschnittenen und in der restlichen Butter nicht ganz weich gedünsteten Trüffeln zufügen – rohe Trüffeln etwas länger dünsten als die nicht so aromatische Dosenware.
Bereits vorher sollte man das Zwiebelkompott zubereitet haben: Die Zwiebeln schälen und in dünne Ringe schneiden. In einem Topf in Butter zugedeckt ganz langsam schmelzen lassen, nur mit etwas Salz und Pfeffer würzen. Nach halber Kochzeit den Essig zufügen, einige Minuten durchkochen lassen und dann die Sahne einrühren. Zugedeckt weiterkochen, bis die Zwiebeln völlig weich und das Kompott recht dick geworden ist.
Zum Servieren auf einer vorgewärmten Platte 8 Zwiebelkompotthäufchen anrichten und jeweils ein Medaillon darauflegen. Den auf der Platte zurückgebliebenen, aus den Medaillons gelaufenen Saft rasch in die Sauce rühren und alles dünn mit dieser Sauce überziehen. Man kann die Medaillons auch sofort auf gut vorgewärmten Tellern portionsweise anrichten – sie können dann etwas heißer serviert werden.

## Médaillons de veau à l'estragon
## Kalbsmedaillons mit Estragon

Für 6 Personen: *6 Medaillons von 100 bis 110 g aus dem echten Filet oder dem Filet des Nierenbratens (Longe), 60 g Butter, 3 EL Olivenöl, Salz, Pfeffer, ¹⁄₁₀ l trockener Weißwein, ⅕ l guter Kalbs-Fond, 1 schöner Zweig frischer Estragon*

In einer Bratplatte oder Bratpfanne, die ausreichend groß ist, um eben alle Medaillons nebeneinander aufzunehmen, die Hälfte der Butter und das Olivenöl erhitzen. Wenn die Mischung zu rauchen beginnt, die auf beiden Seiten gesalzenen und gepfefferten Medaillons hineinlegen und auf kleinerer Flamme langsam auf beiden Seiten goldbraun werden lassen, wie es bei Kalbskotelett und -schnitzel beschrieben wurde. Insgesamt 10 bis 12 Minuten braten.

Dann die Medaillons herausnehmen und zwischen zwei heißen Tellern warm halten. Das Bratfett abgießen und den Bratsatz mit dem Weißwein ablöschen. Um $2/3$ einkochen und den Kalbs-Fond zugießen. So lange einkochen, bis die Flüssigkeit der benötigten Sauce entspricht. Vom Feuer nehmen und die Medaillons hineinlegen, auch die herausgelaufene Flüssigkeit zufügen. Mit 1 gut gehäuften TL frisch gehacktem Estragon bestreuen, zudecken und 5 Minuten ohne zu kochen durchziehen lassen. Ein erneutes Aufkochen würde das Fleisch hart werden lassen und das feine Aroma des Estragons verfremden.

Die Medaillons auf einer heißen, runden Servierplatte anrichten. Auf jedes Fleischstück 4 oder 5 ganze Estragonblättchen legen, die vorher in kochendes Wasser getaucht wurden, um sie weich zu machen. Die Sauce mit der restlichen Butter umschwenken, noch mal abschmecken und die Medaillons damit begießen.

## Médaillons de veau sautés chasseur
## Kalbsmedaillons auf Jägerart

*Für 6 Personen: 6 Kalbsmedaillons, vorzugsweise aus dem Filet, 100 g frische, weiße Champignons, 2 Schalotten, 1 EL Tomatenmark oder 2 Tomaten, je 1 große Prise gehackter Kerbel, Estragon und Petersilie, Salz, Pfeffer, 3 EL Olivenöl, 50 g Butter, $1/10$ l trockener Weißwein, $1/5$ l Spanische Sauce oder Demi-glace, ersatzweise guten Kalbs-Fond und 1 Messerspitze Stärkemehl oder 10 g Mehlbutter, 1 weitere Prise gehackte Petersilie*

Die Champignons putzen, rasch in zweimal erneuertem Wasser waschen, abtropfen, abtrocknen und in dünne Blätter schneiden. Die Schalotten fein hacken und, wenn man frische Tomaten verwendet, diese mit kochendem Wasser überbrühen, häuten, die Stielansätze ausschneiden, auspressen, um Fruchtwasser und Kerne zu entfernen, und zerdrücken oder fein hacken. Die Kräuter bereitstellen. Die Medaillons leicht klopfen und mit Salz und Pfeffer würzen. In einer Bratplatte oder Bratpfanne das Olivenöl mit $1/3$ der Butter erhitzen und die Medaillons nebeneinander hineinlegen. Auf jeder Seite etwa 5 bis 6 Minuten braten, bis sie eine goldbraune Farbe bekommen haben. Herausnehmen und zwischen 2 heißen Tellern warm halten.

In dem Bratfett jetzt die gehackten Schalotten anbraten und hellgelb werden lassen. Dann die Champignons zufügen und ebenfalls noch etwas braten. Den Weißwein angießen und fast ganz verkochen lassen. Das Tomatenmark oder die zerdrückten Tomaten und die Spanische Sauce, die Demi-glace oder den Kalbs-Fond zugeben, aufkochen und alles 5 Minuten lang ein wenig reduzieren. Wenn man nur Kalbs-Fond zur Verfügung hat, nun die Sauce mit dem etwas kaltem Wasser verrührten Stärkemehl oder mit Mehlbutter binden. Die Sauce vom Feuer nehmen, die gehackten Kräuter zufügen und die restliche Butter unter kräftigem Schwenken einziehen. Abschmecken und den Saft, der während des Warmhaltens aus den Medaillons gelaufen ist, in die Sauce rühren. Die Medaillons auf einer vorgewärmten runden Platte im Kranz anrichten und mit der Sauce und den Champignons bedecken. Mit etwas gehackter Petersilie bestreuen. Insgesamt etwa 25 Minuten für die Zubereitung rechnen.

## Paupiettes de veau
### Kalbsvögel oder Kalbsrouladen

Kalbsvögel nennt man die aufgerollten, aus Nuß und Oberschale dünn geschnittenen Kalbsschnitzel. Sie werden zunächst mit Salz, Pfeffer und Muskatnuß gewürzt und dann mit einer beliebigen Farce bestrichen (wonach das Gericht schließlich auch benannt wird). Nun werden sie wie Pfannkuchen (Crêpes) aufgerollt, in eine dünne Scheibe frischen Speck gewickelt, mit einem Faden zusammengebunden und geschmort. Hier ein Beispiel für die Zubereitung, wobei die Füllung durch eine andere ersetzt werden kann:

Für 6 Personen: *6 dünne, große Kalbsschnitzel zu je etwa 100 g, Salz, Pfeffer, Muskatnuß, 6 dünne Scheiben frischer Speck, reichlich Butter, 1 kleine Möhre, 1 Zwiebel, einige frische Schweineschwarten, 1 Kräuterstrauß (aus 5 bis 6 Petersilienstengeln, 1 Thymianzweiglein, ½ Lorbeerblatt), ⅕ l trockener Weißwein, ⅕ l Kalbs-Fond oder schwach gesalzene Fleischbrühe –* Für die Füllung: *100 g Kalbfleisch, Salz, Pfeffer, Muskatnuß, 1 mittelgroße, gekochte Kartoffel, ein wenig Milch, 50 g Butter, 1 Ei, etwas dicke Sahne (crème fraîche) oder Béchamel-Sauce, 125 g frische Champignons, 2 Schalotten, 1 TL gehackte Petersilie*

Zunächst die Füllung (Farce) herstellen: Das Kalbfleisch von Fett und Sehnen befreien und hacken. In einem Mörser mit 1 Prise Salz, etwas frisch gemahlenem Pfeffer und 1 Messerspitze geriebener Muskatnuß zerstampfen. In eine kleine Schüssel umfüllen. Die Kartoffeln schälen und in dünne Scheiben schneiden. Diese in einen kleinen Topf geben und so weit mit Milch auffüllen, daß die Scheiben gerade bedeckt sind. 10–15 Minuten kochen lassen, wobei sich die Milch so stark reduzieren muß, daß man nachher eine dickliche Paste erhält. Um diese herzustellen, die Kartoffelscheiben mit der Milch in den Mörser geben und alles noch heiß ganz fein zerstampfen. Das Kalbfleisch und 30 g Butter zufügen, alles gut vermischen und schließlich auch das Ei hineinarbeiten. Je nach Konsistenz noch etwas Sahne oder Béchamel-Sauce zufügen. Diese Farce durch ein Sieb passieren und mit einem Kochlöffel in der Schüssel kräftig durcharbeiten, bis sie etwas schaumig und leicht wird. Die Champignons putzen, waschen, abtropfen, abtrocknen und fein hacken. Mit den ebenfalls fein gehackten Schalotten rasch in der restlichen, haselnußbraunen Butter braten, bis sie trocken geworden sind. Diese Masse und die Petersilie in die Farce mischen. Abschmecken. Die Schnitzel auf eine Stärke von etwa 7 mm flachklopfen, mit etwas Salz, Pfeffer und Muskatnuß würzen und auf jedes ⅙ der Füllung streichen. Zusammenrollen, mit Speck umhüllen und einige Male mit einem Faden umwickeln. Eine hohe und nicht zu große Kasserolle reichlich buttern, erhitzen und die in Scheiben geschnittene Möhre und Zwiebel hineingeben. Bei milder Hitze erst weich werden und dann ein wenig Farbe nehmen lassen. Hierauf die Schweineschwarten legen und schließlich die Kalbsvögel aufrecht hineinstellen. In die Mitte den Kräuterstrauß stecken. Zudecken und 15 Minuten bei mittlerer Hitze im Ofen das Fleisch leise dünsten und Flüssigkeit ziehen lassen. Herausnehmen, den Weißwein angießen und auf dem Herd bei starker Hitze fast vollkommen verkochen lassen. Mit Kalbs-Fond oder Fleischbrühe angießen, bis die Kalbsvögel gerade eben bedeckt sind. Ein gebuttertes Pergamentpapier darauflegen, den Deckel aufsetzen und 1¼ Stunden im nicht zu heißen Ofen köcheln lassen. Dabei gegen Ende der Garzeit, wenn die Flüssigkeit mehr und mehr verdampft, immer häufiger begießen.

Die fertigen Kalbsvögel vorsichtig herausnehmen, die Fäden und den Speck entfernen und die Röllchen in einem Kranz auf einer runden, vorgewärmten Platte anrichten. In die Mitte eine der nachstehenden Garnituren aufhäufen. Den Schmorfond durch ein Sieb passieren, noch einkochen, wenn er zu reichlich ist, und über die Kalbsvögel gießen. Als Garnitur oder Beilage eignen sich für Kalbsvögel besonders: Champignons in Sahne oder Béchamel-Sauce, in Butter gebratene Gurken, geschmolzene Tomaten, Spaghetti oder andere Nudeln auf Mailänder Art, Kronprinzessin-Kartoffeln, diese jedoch getrennt gereicht, da die Sauce sie aufweichen würde, Spargelspitzen oder Erbsen, in Salzwasser gekocht und mit Butter geschwenkt, gehobelte Artischockenböden in Butter gebraten, Champignon-Püree und ähnliches.

## Poitrine de veau farcie et braisée
## Gefüllte Kalbsbrust, geschmort

Für 6 Personen: *800 g Kalbsbrust, 100 g Butter, 2 Zwiebeln, 125 g frische Champignons, 125 g mageres Schweinefleisch, 150 g frischer Speck mit Schwarte, Gewürzsalz (Thymian und Lorbeerblatt mit Salz fein zerrieben), 1 Ei, 1 TL gehackte Petersilie, 1 Prise gehackter Estragon, 1 Likörglas Cognac, 1 mittelgroße Möhre, 125 g Kalbsbaxe, 1 Kräuterstrauß (aus einigen Stengeln Petersilie, 1 Zweiglein Thymian und ½ Lorbeerblatt), 1/10 l trockener Weißwein, ½ l Kalbs-Fond oder schwach gesalzene Kalbfleischbrühe*

Die Kalbsbrust vom Metzger entbeinen und einschneiden lassen, so daß eine Tasche entsteht.
Etwas Butter in einem kleinen Topf schmelzen lassen und darin 1 feingehackte Zwiebel ganz langsam weich dünsten. Die Champignons rasch putzen, waschen, abtropfen, trocknen und hacken. Zu den Zwiebelchen geben und rasch in 3 bis 4 Minuten trockenbraten. In eine kleine Schüssel umfüllen und bereitstellen. Das Schweinefleisch und den von der Schwarte befreiten Speck hacken und in einem Möser zerstoßen oder zweimal durch die feine Scheibe des Fleischwolfs drehen. Mit einer Prise Gewürzsalz zu einer einheitlichen Masse durcharbeiten. Am besten geht dies tatsächlich in einem Mörser, man kann sich jedoch auch mit einem Holzspachtel und einer Schüssel begnügen – die Mischung wird dann allerdings nie so innig und läßt später beim Braten das Fett leichter ausfließen. Notfalls kann man auch Bratwurstmett verwenden. Die Fleischmasse mit dem Champignon-Zwiebel-Gemisch, dem Ei, den Kräutern und dem Cognac vermischen und nochmals gut durcharbeiten. Ein wenig Farce abstechen und in Salzwasser pochieren. Diese gegarte Farce abschmecken und gegebenenfalls nachwürzen.

Die Kalbsbrust innen mit Gewürzsalz einreiben und die Farce in einer gleichmäßig dicken Schicht einfüllen. Die Öffnung mit einem dicken Faden zunähen.

Die Möhre und die zweite Zwiebel in Scheiben schneiden und in einem ausreichend großen Schmortopf mit den zerhackten Brustknochen leicht in Butter anbraten. Hierauf die in kleine Stücke zerteilte Schwarte, die Kalbshaxe, den Kräuterstrauß und schließlich die Kalbsbrust legen, die man mit der restlichen, zerlassenen Butter einstreicht. 15 Minuten zugedeckt in den auf mittlere Temperatur vorgeheizten Ofen stellen. Herausnehmen, den Wein angießen und auf dem Herd fast vollständig einkochen lassen. Mit dem Kalbs-Fond oder der Fleischbrühe auffüllen, bis die Flüssigkeit beinahe so hoch wie das Fleisch steht, und aufkochen lassen. Mit einem gebutterten Pergamentpapier belegen, den Deckel aufsetzen und mindestens 2 Stunden langsam im Ofen köcheln lassen. Dann den Deckel und das Papier entfernen, auch die Knochen aus dem Fond nehmen, der um etwa ⅔ eingekocht sein muß. Sonst auf dem Herd etwas reduzieren und anschließend im Ofen unbedeckt einkochen lassen. Dabei die Brust häufig begießen, damit sie sich mit einer dünnen, glänzendgoldenen Schicht überzieht.

Die fertige Brust auf einer vorgewärmten Platte anrichten, die Fäden herausziehen und die durchpassierte Sauce über das Fleisch gießen.

Dazu getrennt ein Gemüse reichen: Geschmorte Herzen von Staudensellerie, die man die letzte Zeit mit der Kalbsbrust zusammen schmoren kann; geschmortes Sauerkraut, ebenfalls mit der Kalbsbrust und zusätzlich einigen Parüren (Abfällen) von Gänsestopfleber zubereitet; geschmorten Kopfsalat, Spinat, Endiviensalat, Sauerampfer; glacierte junge Möhren oder Karotten, alle denkbaren Pürees aus frischen oder getrockneten Gemüsen usw.

## Tendron de veau
## Kalbsbrustspitzen

Hierunter versteht man den äußersten Teil der Brust, wo die Rippen aneinanderstoßen. Die Knochen laufen hier in weichen, gelatinösen Knorpeln aus und haben einen ganz speziellen, feinen Geschmack. Dieses Stück ist in Kalbsfrikasseees unerläßlich.

Die einfachste und gleichzeitig beste Art, Kalbsbrustspitzen zuzubereiten, ist das Schmoren. Man serviert sie stets mit einer Gemüsebeilage.

## Tendron de veau braisé
## Geschmorte Kalbsbrustspitzen

*1 Stück Kalbsbrustspitzen, Butter, Möhren, Zwiebeln, Salz, Pfeffer, trockener Weißwein, Kalbs-Fond*

Das Fleischstück in Einzelstücke von etwa 130 g zerhauen, die dann dicker als breit sind. In einer tiefen Pfanne (die ausreichend groß sein muß, um alle Fleischteile nebeneinandergelegt aufnehmen zu können) reichlich Butter erhitzen und die Brustspitzen darin auf beiden Seiten langsam golden braten. Herausnehmen und zugedeckt bereitstellen. In der Bratbutter Möhren- und Zwiebelscheiben etwas anbraten. Die Brustspitzen mit Pfeffer und Salz würzen und auf dem Gemüse einrichten. 1 Stunde langsam im Ofen zugedeckt dünsten. Dann mit etwas trockenem Weißwein angießen und diesen beinahe vollkommen verdampfen lassen. Mit schwach gesalzenem Kalbs-Fond bis zur halben Höhe der Fleischstücke aufgießen und die Pfanne für 1 Stunde unbedeckt in den Ofen stellen. Während der ganzen Zeit häufig begießen. Nötigenfalls weiteren Kalbs-Fond zufügen.

Am Ende der Garzeit sind die Brustspitzen außerordentlich zart und weich, und der Fond, den man durch ein feines Sieb passiert, ist dick und sirupartig eingekocht und hat eine goldene Farbe. Läßt man die Brustspitzen in ihrem gelierenden Fond abkühlen, so erhält man ein ganz vorzügliches kaltes Gericht, das mit Gemüsesalaten serviert wird.

## Jarret de veau à la ménagère
## Kalbshaxe Hausfrauenart

Für 4 Personen: *1 Hinterhaxe von einem Milchkalb zu etwa 1,5 kg, Salz, Pfeffer, 80 g Butter, 1 große Zwiebel, 250 g junge Möhren, 2 gut reife Tomaten, $1/10$ l trockener Weißwein, $1/5$ l Kalbs-Fond, 1 kleiner Kräuterstrauß*

Die Kalbshaxe mit Salz und Pfeffer einreiben. In einem möglichst ovalen Bratentopf auf allen Seiten in der heißen Butter kräftig anbraten. Dann nacheinander die in große Würfel geschnittene Zwiebel, die in Scheiben geschnittenen Möhren und, nachdem diese leicht angebraten wurden, die gehäuteten, entkernten und gehackten Tomaten zufügen und schmelzen lassen. Mit Weißwein und Kalbs-Fond aufgießen, den Kräuterstrauß zufügen und zugedeckt bei nicht zu großer Hitze im Ofen etwa 2 Stunden schmoren lassen.

Die Haxe in einer Schüssel mit den Gemüsen, von denen man den Kräuterstrauß entfernt hat, mit dem Bratensaft übergossen servieren. Man kann zu diesem ausgezeichneten Familiengericht frische, in Butter geschwenkte Nudeln reichen.

## Jarret de veau aux petits pois printaniers
### Kalbshaxe mit Frühlingserbsen

*1 Kalbshaxe, Salz, Butter, ¹/₁₀ l trockener Weißwein, schwach gesalzene Fleischbrühe (ersatzweise Wasser), 500 g junge Erbsen (gepalt), 2 Kopfsalat, 12 kleine, weiße Frühlingszwiebeln, Pfeffer, 1 Prise Zucker, 1 winziges Kräutersträußchen oder 1 Zweig Bergbohnenkraut*

Die Kalbshaxe vom Metzger in Scheiben von 5 bis 6 cm Stärke schneiden (und sägen!) lassen. Mit Salz einreiben und von beiden Seiten in einem flachen Topf in Butter goldbraun braten. Mit Weißwein angießen und diesen fast vollkommen verkochen lassen. Fleischbrühe oder Wasser zufügen, bis die Flüssigkeit in halber Höhe der Fleischscheiben steht. Zudecken und langsam 2 Stunden schmoren lassen.

In einem Topf etwas Butter schmelzen. Die Erbsen, die in feine Streifen geschnittenen Herzen der Salatköpfe, die geputzten Zwiebelchen, 1 Prise Salz, 1 Prise Pfeffer, 1 Prise Zucker und das Kräutersträußchen (oder Bohnenkraut) zufügen, alles vermischen und bei zunächst kleiner, dann größerer Hitze zugedeckt 15 Minuten kochen lassen, ohne das Kräutersträußchen zu den Kalbshaxenscheiben zu geben. Weitere 30 Minuten garen, dabei das Fleisch häufig begießen. Der Bratensaft soll nicht sehr reichlich sein, doch sollen die Erbsen ein wenig in ihm schwimmen.

Abschmecken und in einer weiteren Schüssel die Scheiben anrichten. Mit den Erbsen umlegen und alles mit dem sirupartigen Fond übergießen.

## Fricassée de veau à l'ancienne
## Kalbsfrikassee nach alter Art

Für 6 Personen: *800 g helles Kalbfleisch, zu je ⅓ aus den Brustspitzen, der Brust und der Schulter, 60 g Butter, Salz, schwarzer Pfeffer, 1 mittelgroße Möhre, 1 Zwiebel, 1 Gewürznelke, 30 g Mehl, helle Kalbfleischbrühe oder Wasser, 1 Kräuterstrauß (aus 5 Stengeln Petersilie, 1 Zweiglein Thymian und 1 Lorbeerblatt), 12 kleine weiße Zwiebelchen, 125 g frische Champignons, ¼ Zitrone (Saft), 2 Eigelb, Milch oder Sahne, frisch geriebene Muskatnuß*

Das Fleisch in große Würfel schneiden. Die Butter in einer ausreichend großen Bratform erhitzen und die mit Salz und Pfeffer eingeriebenen Fleischstücke, die in Scheiben geschnittene Möhre sowie die geviertelte Zwiebel, wobei ein Viertel mit der Nelke gespickt wird, hineingeben. Alles langsam 15-20 Minuten dünsten, ab und zu umrühren. Dann mit dem Mehl bestäuben, gut durchmischen und weitere 10 Minuten braten, ohne daß das Mehl dabei Farbe nimmt. Mit schwach gesalzener Fleischbrühe (ersatzweise Wasser) aufgießen, bis das Fleisch eben bedeckt ist. Nimmt man Wasser, muß man noch leicht salzen. Zum Kochen bringen, dabei ständig umrühren, damit sich Mehl und Flüssigkeit vollkommen verbinden, und das Kräutersträußchen zugeben. Zudecken und im Ofen oder auf dem Herd 2 Stunden leise köcheln lassen.

In der Zwischenzeit die Zwiebelchen schälen, kurz abbrühen, abtropfen lassen und in einem kleinen Topf in Butter weich dünsten. Gut aufpassen, daß sie dabei keine Farbe nehmen. Die Champignons putzen, zweimal rasch waschen, abtropfen und trockentupfen. Die Stiele abschneiden und in das Frikassee geben. Die Köpfe vierteln und in einer Pfanne mit etwas Butter 2 Minuten rasch anbraten, dann mit 1 Prise Salz würzen und mit einigen Tropfen Zitronensaft beträufeln, damit sie weiß bleiben. Die Champignons zu den Zwiebeln geben, den Topf zudecken und warm halten.

Die Eigelb in einem Schüsselchen mit etwas Milch oder Sahne (oder auch Fleischbrühe) verquirlen, etwas zerlassene Butter zugeben und mit Muskatnuß würzen.

Wenn das Frikassee gar ist, die Fleischstücke ohne die Gemüse mit einem Schaumlöffel aus der Sauce heben. In eine Schüssel geben, die Zwiebeln und die Champignons zufügen und alles zugedeckt warm halten. Die Sauce auf großer Flamme mindestens um die Hälfte einkochen, dabei ständig umrühren. Die Sauce wird dabei so dick, daß man sie anschließend gut mit Sahne oder Milch verdünnen kann. Am besten schmeckt das Frikassee natürlich, wenn man dicke Sahne (crème fraîche) verwendet. Vom Feuer nehmen.

Eine Kelle dieser Sauce unter ständigem Schlagen mit dem Schneebesen in die vorbereitete Eier-Sahne rühren. Den Rest des Zitronensafts zufügen und diese Mischung in dünnem Strahl in die Sauce gießen, wobei es unerläßlich ist, diese ständig mit dem Schneebesen durchzurühren. Dies alles muß so schnell wie möglich vor sich gehen, damit die Sauce noch ausreichend heiß ist, um die Eigelb so stark zu erhitzen, daß sie die Sauce dicklich abbinden und dennoch nicht ihre Geschmeidigkeit verlieren und krümelig ausfallen. Notfalls die Sauce noch einmal auf eine schwache Flamme stellen und stetig rührend binden lassen – Vorsicht, sie wird leicht überhitzt! Zum Schluß kann man noch, um der Sauce jeden nur möglichen Wohlgeschmack zu verleihen, etwas Butter in kleinen Flöckchen hineinziehen. Abschmecken und gegebenenfalls nachwürzen. Die Sauce durch ein feines Sieb auf die gut warm gehaltenen Fleischstücke, Zwiebeln und Champignons gießen, dabei die Möhrenscheiben und Zwiebelstücke leicht ausdrücken. Alles vorsichtig vermischen, damit die Sauce alles einhüllt, und sofort auftragen.

Als Beilage Reis auf Kreolische Art oder Salzkartoffeln auf gut vorgewärmten Tellern reichen. Manchmal serviert man das Frikassee nur mit kleinen Croûtons oder Fleurons umlegt. Die Croûtons sticht man herzförmig aus Toastbrotscheiben und röstet sie in Butter, die Fleurons mit einem kannelierten, halbmondförmigen Ausstecher aus einer Blätterteigplatte oder Blätterteigresten und überbäckt sie im Ofen, bis sie goldgelb und knusprig sind.

## Blanquette de veau
## Weißes Kalbsragout

*Die gleichen Zutaten wie oben*

Das Fleisch wird in Fleischbrühe gekocht, dann wird aus Butter und Mehl eine helle Einbrenne bereitet und diese mit der Brühe abgelöscht. Die Gemüsegarnitur zufügen und mit Eigelb und Sahne abrühren.

## Sauté de veau Marengo
## Kalbsragout »Marengo«

Für 6 Personen: *800 g Kalbfleisch, zu je ⅓ aus Brustspitzen, Brust oder Hals und Schulter, 100 g Butter, 2 EL Olivenöl, Salz, Pfeffer, 1 Möhre, 2 mittelgroße Zwiebeln, 20 g Mehl, 2 Knoblauchzehen, ¹⁄₁₀ l trockener Weißwein, 500 g Tomaten oder ⅕ l Tomatenmark, 1 Kräuterstrauß (aus einigen Stengeln Petersilie, 1 Zweiglein Thymian und ½ Lorbeerblatt), ½ l Kalbs-Fond oder schwach gesalzene Fleischbrühe, 12 kleine Zwiebelchen, 125 g frische Champignons, ¼ Zitrone (Saft), 6 ausgestochene, in Butter geröstete Toastbrotherzen, 1 TL gehackte Petersilie*

Das Fleisch in große Würfel schneiden. In einer ausreichend großen Kasserolle 50 g Butter und das Olivenöl erhitzen. Wenn die Mischung zu rauchen beginnt, die gesalzenen und gepfefferten Fleischstücke, die in Scheiben geschnittene Möhre und die geviertelten Zwiebeln hineingeben. Bei guter Hitze unter häufigem Umwenden auf allen Seiten anbraten. Alles mit Mehl bestäuben und dieses beim weiteren Braten eine goldbraune Farbe nehmen lassen. Die zerdrückten Knoblauchzehen zufügen und einige Sekunden erhitzen. Dann mit dem Weißwein ablöschen und diesen um ⅔ einkochen lassen. Nun das Tomatenmark oder die gehäuteten, durch Auspressen von Kernen sowie Fruchtwasser befreiten und zerdrückten Tomaten zufügen, ebenso den Kräuterstrauß und so viel Kalbs-Fond oder Fleischbrühe (ersatzweise Wasser nehmen und noch leicht nachsalzen), bis das Fleisch gerade eben bedeckt ist. Zum Kochen bringen und dabei ständig umrühren, damit sich das Mehl, ohne Klümpchen zu bilden, mit der Flüssigkeit verbindet. Zudecken und auf kleiner Flamme 1 Stunde leise köcheln lassen.

Die Zwiebelchen schälen und kurz überbrühen (bei jungen Frühlingszwiebeln nicht notwendig), abtropfen, abtrocknen und in 25 g Butter in einer kleinen Kasserolle auf allen Seiten schön golden braten. Die Champignons putzen, rasch und gründlich waschen und abtropfen lassen. Die Stiele abschneiden und in das Ragoût geben. Die Köpfe großer Champignons schälen und vierteln, mittelgroße nur schälen. Die Schalen ebenfalls in das Ragoût geben. Kleine, sehr weiße Champignons lassen, wie sie sind. Auch die Champignons in einer zweiten, größeren Kasserolle in 25 g Butter anbraten, bis sie beginnen, leicht Farbe zu nehmen und trocken zu werden.

Nachdem das Fleisch 1 Stunde geköchelt hat, die Stücke ohne das

Gemüse mit einem Schaumlöffel aus der Sauce heben und auf die Champignons legen. Die golden gebratenen Zwiebeln darüberstreuen, zudecken und warm halten. Die Sauce einige Minuten stehen lassen, damit das Fett an die Oberfläche steigen kann. Dieses dann abschöpfen, die letzten Reste mit Küchenpapier absaugen. Die Sauce durch ein feines Sieb über das Fleisch gießen, die zurückbleibenden Gemüse fest ausdrücken. Abschmecken und nochmals etwa 20 Minuten zugedeckt leise köcheln lassen.

Kurz vor dem Servieren noch mit Zitronensaft würzen, in eine Becherform oder eine tiefe Schüssel füllen, mit den Croûtons umlegen und mit Petersilie bestreuen. Sofort auftragen.

## Pâté Pantin du maître Ferdinand Wernert
## Blätterteig-Pastete nach Art des Küchenchefs Ferdinand Wernert

Für 10 Personen: Für den Teig: *500 g Mehl, 15 g Salz, 150 g Butter, 1 Ei, etwa 1/5 l Wasser, je nach Feuchtigkeit und Beschaffenheit des Mehls* – Für die Füllung: *500 g Kalbsnuß, 800 g fetter, frischer Speck, 250 g roher, magerer Schinken, 20 g gewürztes Salz, Thymianblüten, etwas Lorbeerblatt, 1/10 l Cognac, 180 g Schweinefilet, 2 Eier*

Den Teig am Vortag bereiten und viermal einschlagen (4 Touren machen), wie es auf Seite 656 beschrieben ist. Die Lagerung von 12 Stunden macht den Teig fester, weniger elastisch. Für die in die Pastete einzulegenden Fleischstücke zunächst aus der Kalbsnuß 8 Quader von 15 cm Länge und 1½ cm Breite und Höhe schneiden. Vom Speck 2 große, dünne Scheiben von 20 cm Breite und 30 cm Länge bzw. 4 Scheiben mit 15 cm Länge abhobeln. Aus dem restlichen Speck und dem Schinken ebenfalls jeweils mit den oben angegebenen Maßen 8 Quader schneiden. Alle Quader in eine Schüssel geben und mit dem Salz, fein zermahlenem Thymian und Lorbeerblatt bestreuen und fest einreiben. Dann mit dem Cognac begießen und durchziehen lassen. Während der folgenden Arbeiten immer wieder umwenden.

Das Schweinefilet sowie alles übrige Fleisch von der Kalbsnuß, dem Speck und dem Schinken in Würfel schneiden und ebenfalls mit Salz, zermahlenem Thymian und Lorbeerblatt würzen. Anschließend mehrere Male durch die feine Scheibe des Fleischwolfs drehen und dann im Mörser fein zerstoßen. Dabei die geschlagenen Eier (1 EL davon abnehmen und beiseite stellen) und den Cognac zugießen, der von den Fleischquadern beim Marinieren nicht aufgenommen wurde. Besitzt man weder Fleischwolf noch Mörser, so läßt man alles entweder beim Metzger durchdrehen oder hackt das Fleisch sehr fein und stößt es dann mit einem Kochlöffel in einer Schüssel so heftig, daß sich die einzelnen Fasern auflösen. *(Anm. der Übersetzer:* Hierzu läßt sich der Bequemlichkeit halber mit vorzüglichem Ergebnis die Moulinette verwenden.)

Um zu prüfen, ob die Farce richtig gewürzt ist, sticht man ein kleines Bällchen ab und pochiert es in wenig Salzwasser – man muß stets berücksichtigen, daß eine rohe Farce anders schmeckt als eine gegarte. Dem Teig nun nochmals 2 Touren geben und ¾ davon mit einer Teigrolle zu einer rechteckigen, möglichst langen Platte von 35 cm Seitenlänge und einer Stärke von 8 mm ausrollen. Die Ränder mit einem spitzen Messer gerade schneiden, die Teigreste nach Belieben für die Verzierung aufbewahren. In die Mitte dieser Teigplatte 1 der großen oder 2 kleine Speckscheiben legen. Darauf eine Lage Farce streichen, dann abwechselnd Quader von Kalbsnuß, Speck und Schinken darauf verteilen. Wieder mit Farce bestreichen und erneut Quader so daraufschlegen, daß schließlich im Querschnitt in hübsches Muster entsteht. So fortfahren, bis alles aufgebraucht ist, auf jeden Fall mit Farce abschließen. Hierauf die anderen (beiden anderen) Speckscheiben legen.

Mit einem nassen Lappen oder einem Pinsel die Teigränder befeuchten und die beiden Längsseiten nach oben schlagen, so daß sie sich in der Mitte berühren. Die jetzt noch flach liegenden Enden mit der Teigrolle auswellen und dann ebenfalls über die Pastete schlagen, deren gesamte Oberfläche man zuvor mit Wasser befeuchtet hat, damit die Teiglappen gut darauf haften. Dieses »Anlöten« durch leichten Fingerdruck verstärken. Wieder die gesamte Oberfläche anfeuchten und eine aus dem zurückbehaltenen Teig in der genau passenden Größe ausgerollte Teigscheibe darauflegen. Vorher den Rand mit einem Messer glatt schneiden, damit er beim Backen schön blättrig aufgeht.

Mit einer Konditorzange oder mit Daumen und Zeigefinger den Rand der Pastete schräg in regelmäßigen Abständen zusammenzwicken. Die Oberfläche mit dem zurückbehaltenen, verschlagenen Ei einstreichen und mit oberflächlich in den Teig hineingeritzten Mustern verzieren. Auf der Rückenlinie der Pastete nun mit der Messerspitze zwei Öffnungen von 1 cm Durchmesser einschneiden und in jede einen Kamin aus zusammengerolltem, mit Butter bestrichenem Pergamentpapier stecken, damit die beim Backen entstehenden

Dämpfe besser entweichen können. Die Pastete in den nicht zu heißen Ofen schieben. Wenn der Teig eine helle, goldbraune Farbe bekommen hat, schützt man ihn vor dem Verbrennen, indem man ein Stück angefeuchtetes Papier darüberlegt. Dieses muß jedoch von guter Qualität sein und darf keinen schlechten Geruch entwickeln, denn der würde sich unwillkürlich der Pastete mitteilen. Man kann auch Alufolie verwenden, die man mit der blanken Seite nach oben darauflegt. Die Pastete sollte nach 1¼ Stunden Backzeit gar sein. Man stellt dies durch ein absolut untrügliches Zeichen fest: Wenn der nach etwa 1 Stunde aus den Kaminlöchern herauslaufende Saft immer dicker wird und schließlich eine Art Fleischglace bildet, die sirupartig fest wird, dann ist die Pastete gar.

Man kann die Pastete heiß, lauwarm oder kalt servieren. Bitte beachten, daß die heiße Pastete außerordentlich schwierig aufzuschneiden ist.

*Anmerkung:* Man kann das Rezept mit Trüffeln, Gänsestopfleber, Geflügel oder Wild anreichern. In jedem Falle ist sie eine der bemerkenswertesten feinschmeckerischen Schöpfungen, in der die Kunst der Küche und der Konditorei eine erhabene Verbindung eingehen.

## Quenelles de veau au beurre
## Kalbsklößchen in Butter

Für 500 g Farce (als Garnitur ausreichend für 8–10 Personen, als Entrée für 6 Personen): *250 g Kalbsnuß oder Oberschale, ⅕ l Wasser, 10 g Salz, 135 g Butter, 100 g gesiebtes Mehl, 1 Prise Pfeffer, 1 Messerspitze geriebene Muskatnuß, 2 Eier*

Zunächst bereitet man die sogenannte Panade, die die Aufgabe hat, den Klößchen Halt und Festigkeit zu geben. In einer Kasserolle kocht man das Wasser mit Salz und 50 g Butter auf. Dann gibt man neben dem Feuer das Mehl in einem Schwung dazu und rührt eine homogene Mischung. Wieder auf das Feuer setzen und unter ständigem Rühren so viel Wasser verdampfen und das Mehl abbinden lassen, bis der Teig trocken wird und sich vom Topfboden und -rand löst. Die Panade auf einem Teller abkühlen lassen.

Das Kalbfleisch in Würfel schneiden und fein hacken oder durch den Fleischwolf (feine Scheibe) drehen, am besten mehrere Male. Das durchgedrehte Fleisch in einen Mörser geben und kräftig mit dem

Stößel zerstampfen. Die kalte Panade zufügen und weiter durcharbeiten, bis alles miteinander vermengt ist. Dann die restliche Butter hineinmischen, zum Schluß Salz, Pfeffer, Muskatnuß und schließlich löffelweise die verquirlten Eier und weiter alles durcheinanderstoßen, bis eine glatte, cremige Masse entstanden ist. Die Farce in ein feines Sieb geben und mit dem Stößel oder einem Löffel kräftig rührend und drückend in eine Schüssel passieren. Nochmals mit einem Kochlöffel kräftig durchmischen und einige Zeit kalt stellen. Dabei mit Alufolie bedecken, damit die Farce bis zum Gebrauch nicht mit Luft in Berührung kommt.

Die Farce dann mit einem Löffel in eine Spritztüte füllen, die mit einer Tülle ohne Verzierung von ½ cm Durchmesser versehen wurde. Die Tüte verschließen und in eine große, vertiefte Bratenplatte (oder Bratform bzw. einen großen Topf) schmale, 8 cm lange Stäbchen spritzen, die sauber voneinander getrennt in einem Abstand von 5 cm liegen müssen, damit sie beim Aufgehen nicht aneinanderkleben. Zugedeckt an kühlem Ort etwas ruhen lassen.

Eine Viertelstunde vor Gebrauch mit kochendem Salzwasser aufgießen, bis die Klößchen reichlich bedeckt sind. Die Bratplatte oder den Topf auf den Herd stellen und bei milder Hitze das Wasser eben sieden lassen. Die Klößchen sind gar, wenn sie frei schwimmen und einem leichten Fingerdruck Widerstand leisten.

Diese Klößchen dienen als Garnitur zu Blätterteigpasteten (Vol-auvents), Königinpastetchen und ähnlichem, werden als kleine Entrées aber auch alleine, nur mit einer Sauce, etwa einer leichten Mornay-Sauce gereicht.

*Anmerkung:* Man kann die Farce durch eine Zugabe von Sahne (crème fraîche) anreichern, was die Klößchen sehr viel zarter und feiner macht. Der Anteil der Panade wird dann verringert, wenn man sie nicht sogar ganz wegläßt. Dafür gibt man mehr Eiweiß dazu. Um der endgültigen Beschaffenheit der Klößchen sicher zu sein, sollte man stets ein wenig Farce mit einem Löffel abstechen und in Salzwasser pochieren. Je nach Bedarf kann man dann der Masse vor dem Spritzen der Klößchen noch Eiweiß (wenn sie nicht binden) oder Sahne (wenn sie zu fest werden) zufügen.

## Le veau froid
### Kaltes Kalbfleisch

Kalbsnierenbraten, Rippenstück (Karree), Filet, Nuß, Fricandeau und alle Braten werden, ob langsam gebraten (poêliert) oder geschmort, wie das kalte Rindfleisch zubereitet und serviert. Am besten schmeckt kaltes Kalbfleisch, wenn es langsam im eigenen Saft gebraten (poêliert) wurde. Der Fond wird sorgfältig entfettet, durch ein feines Sieb passiert und ergibt ein unvorstellbar herrliches Aspik. Dazu reicht man gekochtes, abgekühltes, als Salat angemachtes Gemüse, etwa eine mit Mayonnaise umgewendete Gemüsemischung.


## Le Mouton, l'Agneau de Pré-Salé, l'Agneau de lait
## Hammel, Lamm und Milchlamm

Das Fleisch eines ausgewachsenen Tieres, also eines Hammels, hat eine lebhaft rote Farbe, ist fest, prall und fett. Die Keulen sind fleischig gewölbt, der Sattel ist breit und fett. Überall ist das Fett gut verteilt und reichlich, dabei sehr weiß und hart.
Das Lamm ist ein junger, noch nicht voll entwickelter Hammel. Sein Fleisch ist viel zarter und schmackhafter als das des erwachsenen Tieres. Es hat eine blaß-rote Farbe, das Fett ist ebenfalls weiß.
*Zwischenbem. der Übersetzer:* In Frankreich besonders geschätzt werden die sogenannten »pré-salé«, Lämmer, die auf den unvergleichlichen Weiden am Rande des Ärmelkanals und des Atlantik gegrast haben. Pré-salé heißt so viel wie »salzige Wiese« – die Lämmer, die das würzige Gras dieser von der Salzgischt übersprühten und mit Seetang gedüngten Weiden gefressen haben, besitzen einen besonders zarten, gesuchten Geschmack. Man bekommt heute fast nur in guten und erstklassigen Restaurants diese teuren Tiere, von denen die allerbesten aus der Gegend von Coutances stammen. Was in den Läden als »pré-salé« angeboten wird, ist im allgemeinen nichts anderes als ein ganz normales, auch nur unter Umständen aus der Normandie oder Bretagne stammendes Lamm. Bei uns in Deutschland hat man ohnedies nur wenig Auswahl. Eindeutig läßt sich nur eines sagen:

Unsere Lämmer sind weit besser als ihr Ruf. Sie schmecken würzig, sind nur selten fad und flach im Fleisch und haben ein ausreichendes Fettpolster. Dagegen hapert es sehr mit dem Zuschnitt und dem Abhängen. Unsere Metzger müssen noch lernen, Lammfleisch richtig zu behandeln. Häufiger kommt neuseeländisches Lammfleisch gefroren auf den Markt. Es ist keineswegs von schlechter Qualität, doch fehlt ihm die aromatische Würze europäischer Lämmer. Dies allerdings erfreut die Neuseeländer, da der spezifische Lammgeschmack (der zu Unrecht immer wieder mit dem unangenehm-strengen Hammelgeschmack verwechselt wird) in Deutschland so wenig geschätzt wird, daß sie sich mit Erfolg eine Marktchance erwartet haben. Das Milchlamm ist ein ganz junges Tier, das noch nicht abgesetzt, also ausschließlich von Muttermilch ernährt ist und noch nicht geweidet hat. Sein Fleisch ist blaß-rosa, beinahe weiß. In Frankreich genießt das Pauillac-Lamm besonderen Ruf, in Deutschland sind Milchlämmer fast nirgends zu bekommen. Der Hammelgeschmack verändert sich übrigens nach der Jahreszeit. Im Sommer, also während der Schur, ist er am aufdringlichsten; die strenge Note verstärkt sich noch beim Braten.

## Division
### Das Zerlegen des Lammes

Milchlamm, Lamm und Hammel werden auf die gleiche Weise aufgeteilt. Die begehrtesten Teile sind die Keulen, der Sattel und die Karrees. Als zweite Qualitätsstufe werden Schulter, Brust und Hals angeboten, schließlich gibt es noch die vor allem vom Lamm sehr geschätzten Innereien.
Läßt man die beiden Keulen aneinander, so erhält man das Doppelstück, beide Keulen bilden mit dem Sattel zusammen das Hinterstück. Diese riesigen Braten sind die Glanzstücke großer Festmähler. Sie werden praktisch immer gebraten serviert.
Der Sattel besteht aus den beiden Filets (entspricht dem beim Rind »Lende« oder »Roastbeef« genannten Fleischstücken) und auf der Unterseite, von den umgeklappten Bauchlappen geschützt, den Filets mignons, also den wirklichen Filets. Schneidet man den Sattel oder Rücken in 3 bis 4 cm breite Scheiben, so erhält man Hammel-Chops (mutton-chops) bzw. Lamm-Chops (lamb-chops). Erstere stammen von einem längs gespaltenen, letztere haut man aus dem ganzen Sattel. Die beiden Karrees aus dem Rippenstück teilen sich in zwei Qualitäten,

die besseren hinteren Partien und die weniger fleischigen vorderen Stücke. Aus ihnen schneidet man die Koteletts.
Alle diese Stücke werden gebraten, poêliert (langsam gebraten), pochiert (gesotten), sautiert (in der Pfanne gebraten) oder gegrillt. Die Zubereitungsart richtet sich vor allem auch nach der Größe.
Die Schulter wird gebraten oder geschmort und wird in der Hauptsache zu Ragouts verwendet.
Den Hals nimmt man ebenfalls zu Ragouts und Gulasch, ebenso die Brust, aus der man auch verschiedene kleine Gerichte bereiten kann.
Das Milchlamm kann man zwar ebenso wie Lamm und Hammel zubereiten, doch zieht man im allgemeinen für das außerordentlich zarte Fleisch spezielle Rezepte vor.

## Gigot de mouton rôti
## Gebratene Hammelkeule

Um das Aufschneiden zu erleichtern, empfehle ich, zunächst den Schenkelknochen auszulösen. Dazu mit einem langen Messer rund um den Knochen fahren, ohne das Fleisch aufzuschneiden. Den Knochen im Gelenk drehen und herausziehen. Wenn die Keule sehr fett ist, die dicken Schichten entfernen; jedoch soll die Keule immer von einer dünnen Fetthaut umgeben sein.
Lammfleisch verbindet sich besonders gut mit dem Aroma von Knoblauch. Seit alters her spickt man daher die Keule mehr oder weniger stark mit Knoblauchzehen. Dazu sollte man aber auf keinen Fall mit einem Messer Löcher in das Fleisch stechen und so die Fasern zerstören, sondern die geschälten Knoblauchzehen zwischen die verschiedenen Muskelstränge schieben, die am breiten Hüft- wie am schmalen Knieende zu erkennen sind.
Die Keule auf einen Rost über einer Bratform legen, mit zerlassener Butter einstreichen, mit Salz einreiben und in den mittelheißen Ofen schieben. Die Garzeit beträgt etwa 20 Minuten pro kg. Während des Bratens häufig begießen. Am Ende der Bratzeit 6 EL Wasser in die Bratform gießen, damit sich der Bratenfond löst. Dann alles warmgestellt ruhen lassen. Eine Hammelkeule soll innen immer blutig serviert werden, jedoch muß sie auf jeden Fall heiß sein.
Den Bratenfond in einer heißen Sauciére reichen, auf keinen Fall entfetten.
*Anm. der Übersetzer:* Die Bratzeit von 20 Minuten scheint auf den ersten

Blick sehr kurz. Doch liebt man in Frankreich das Hammel- und Lammfleisch sehr blutig. Man sollte den Ofen beim Einschieben auf 240-250 Grad vorgeheizt haben und stellt dann den Thermostat auf 220 Grad. Nach 25-30 Minuten, je nach Größe der Keule, stellt man den Herd ab. Nach Ende der errechneten Garzeit wird die Ofentür geöffnet und der Braten etwas nach vorn gezogen. Nun läßt man ihn noch 10-15 Minuten ruhen, damit er fertig gart und sich die Säfte verteilen können (wie beim Rindfleisch).

### Das Aufschneiden von Hammel- oder Lammkeule

Zunächst auf den herausstehenden Knochen einen Knochenhalter schieben und fest verschrauben. Sonst den Knochen mit einer Papiermanschette festhalten.
1. Den Halter mit der linken Hand fassen und etwas hochheben, die Nuß der Keule auf der Unterlage ruhen lassen. Mit der rechten Hand nun die kleine Nuß parallel zum Knochen aufschneiden, dabei das Messer von sich wegdrückend hin und her bewegen. Wenn der Knochen erreicht ist, dreht man die Keule um und schneidet die Nuß auf dieselbe Weise auf, jedoch nicht parallel, sondern leicht schräg zum Knochen.
2. Bei einem anderen Verfahren hält man die Keule wie angegeben, doch schneidet man zu sich hin, und zwar rechtwinkelig zum Knochen. Auch hier muß die Keule gedreht werden, wobei ebenfalls dann alles Fleisch vom Knochen entfernt werden kann.
Wichtig: Da der aus der Keule fließende Saft und der Bratenfond sehr fett sind, müssen die Teller, auf denen serviert wird, ganz besonders heiß sein. Beachtet man dies nicht, so erstarrt das Fett sehr bald, denn von allen tierischen Fetten hat Lamm- oder Hammelfett den niedrigsten Schmelzpunkt. Das Gericht würde dann sehr verlieren und längst nicht mehr so gut schmecken.

### Gigot de pré-salé rôti
### Gebratene Lammkeule

Eine Lammkeule wird auf dieselbe Art und auf das Kilogramm gerechnet genauso lange gebraten wie eine Hammelkeule.
Brät man eine Lammkeule (oder auch eine Hammelkeule) am Spieß, so

muß man die Bratzeit pro kg um 5 Minuten verlängern. Auch dann muß die Keule aber an einem gut warmen Ort ruhen, damit sich die Säfte im Fleisch verteilen können. Unter den Spieß schiebt man eine Bratpfanne, die das abtropfende Fett und den Fleischsaft auffängt – beides wird getrennt in einer Sauciere gereicht.

Als Beilage zu Lamm- oder Hammelkeule eignen sich besonders gut: grüne oder weiße Bohnen, Kartoffelpüree, Schloß- oder junge Bratkartoffeln, Kartoffeln nach Art von Sarlat, doch kann man eigentlich auch alle anderen frischen oder getrockneten Gemüse reichen.

## Gigot bouilli à l'anglaise
## Auf englische Art gekochte Keule

*1 Lamm- oder Hammelkeule, Wasser, Salz, 12 kleine Karotten (ersatzweise Möhren), 4 weiße Rüben, 4 Zwiebeln, 1 Gewürznelke, 1 Kräuterstrauß (aus einigen Stengeln Petersilie, 1 Lorbeerblatt und 1 Zweig Thymian), 4 große mehlige Kartoffeln, 1 Zweig Sellerie, 130 g Butter, frisch gemahlener Pfeffer, 60 g Mehl, 2–3 EL Kapern*

Die Keule von überflüssigem Fett befreien, jedoch eine dünne Fettschicht darauflassen. Den Schenkelknochen herauslösen. Die Keule in einen großen, mit sprudelnd kochendem Wasser gefüllten Schmortopf legen – sie muß vollkommen mit Wasser bedeckt sein. Pro Liter Wasser 10 g Salz zufügen, ebenso die Karotten, die Rüben und die geviertelten Zwiebeln, wobei man in 1 Viertel die Gewürznelke gesteckt hat. Auch den Kräuterstrauß, die geschälten Kartoffeln und den Selleriezweig hineingeben. Wenn das Wasser erneut zu kochen beginnt, den Topf auf eine kleine Flamme stellen bzw. die Temperatur herunterschalten und die Keule nur leise siedend 30 Minuten je kg gar werden lassen. Die Keule alleine auf eine große Platte legen und aufschneiden. Als Beilage die mit großer Vorsicht mit einem Schaumlöffel herausgehobenen Karotten und Kartoffeln in eine Schüssel geben. Die Rüben zerdrücken und mit 30 g Butter, etwas Salz und frisch gemahlenem Pfeffer vermischt getrennt servieren. Dazu in einer Saucière eine auf folgende Weise zubereitete Butter-Sauce auf englische Art reichen: 100 g Butter erhitzen und 60 g Mehl darin hellgelb werden lassen. Dann mit so viel Brühe von der Keule aufgießen, daß eine nicht zu dicke Sauce entsteht. Aufkochen und glattrühren, dann noch 10 Minuten kochen lassen. Durchpassieren, abschmecken und 2 bis 3 EL Kapern zufügen.

## Gigot rôti aux haricots à la bretonne
## Gebratene Keule mit weißen Bohnen auf bretonische Art

Die Keule wird wie bereits beschrieben gebraten. Man reicht dazu den eigenen, auch wenn er sehr fett sein sollte, nicht entfetteten Bratenfond und weiße Bohnen auf bretonische Art. Man kann die Bohnen auch als Püree servieren.

## Haricots à la bretonne
## Bohnen auf bretonische Art

*1 kg wie gewöhnlich gekochte weiße Bohnen (frisch oder getrocknet), 1 mittelgroße Zwiebel, 25 g Butter oder Bratfett von der Lammkeule, $1/10$ l trockener Weißwein, $1/5$ l eingekochtes Tomatenpüree oder 400 g frische, gehäutete, ausgepreßte und gehackte Tomaten, 2 Knoblauchzehen, 1 TL gehackte Petersilie, frisch gemahlener Pfeffer*

Während die Bohnen kochen, die Zwiebel fein hacken und in der Butter oder dem Bratfett langsam weich dünsten. Den Weißwein zufügen und um $2/3$ einkochen. Tomatenpüree oder Tomaten zugeben und 10 Minuten köcheln lassen. Die zerdrückten Knoblauchzehen und die Petersilie einrühren, nochmals aufkochen lassen und vom Feuer nehmen. Mit grob gemahlenem Pfeffer würzen. Die Bohnen abtropfen und mit der Sauce vermischen und binden. Wenn der Lamm- oder Hammelfond sehr fett ist, kann man das überflüssige Fett mit großem Gewinn zum Abrunden der Bohnen verwenden.
*Anm.:* Das Binden der Bohnen mit der Sauce soll nicht heißen, daß eine Art Püree entstehen darf: Das Gemüse soll mit Saft umgeben sein, so daß es weder trocken wirkt, noch die Bohnen in der Flüssigkeit schwimmen.

## Double, baron et selle
## Doppelstück, Hinterstück und Sattel

Die Zubereitung dieser Teile entspricht der Zubereitung der Keule. Die passenden Beilagen sind ebenso die gleichen wie die Garzeit: 20

Minuten pro kg. Der genaue Garpunkt eines Sattels läßt sich im übrigen leicht feststellen:

Man sticht eine Spicknadel in das Rückenmark. Nach einer Minute zieht man sie wieder heraus und hält sie an den Handrücken. Wenn die Nadel kalt ist, so ist der Sattel noch nicht gar. Ist sie gut lauwarm, so ist der Sattel gerade richtig, wenn man ihn noch 10 Minuten bei geöffneter Ofentür und ausgeschaltetem Herd ruhen läßt. Ist die Nadel aber richtig heiß, so ist der Sattel bereits übergart und in der Mitte und am Knochen nicht mehr rosig.

Das Zurichten und Aufschneiden des Sattels:

Bevor man den Sattel in den Ofen schiebt, werden die Bauchlappen gestutzt und die verbliebenen Teile so unter den Sattel umgeschlagen, daß die kleinen Filets davon umhüllt werden. Mit Schnur zusammenbinden.

Wenn der Sattel fertig gebraten ist und etwas geruht hat, legt man ihn auf eine Platte und dreht ein Ende zu sich hin. Rechts und links der Wirbelsäule macht man knapp an den Knochen entlang zwei tiefe Einschnitte. Nun schneidet man mit einem großen Messer waagerecht zum Rückgrat hin dünne Scheiben über die ganze Länge des Sattels. Hat man so ein Filet aufgeschnitten, dreht man die Platte um 180 Grad und schneidet das zweite Filet auf die gleiche Art auf. Nun dreht man den Sattel um, schlägt die Bauchlappen zurück und löst die echten, kleinen Filets aus.

Man legt die Fleischscheiben auf sehr heiße Teller (diese müssen wirklich sehr heiß sein, damit das Fett auf keinen Fall zu schnell erstarrt). Der Bratfond, der ebenfalls sehr heiß sein muß, wird keinesfalls auf, sondern neben das Fleisch gegossen, das dadurch seine schöne Farbe und seinen vollen Geschmack behält. Ist der Bratfond nicht zu salzig, empfiehlt es sich, auf jede Fleischscheibe etwas feines Meersalz zu streuen (am besten frisch gemahlen), was den Geschmack des Fleisches noch besser zur Geltung bringt.

## Selle d'agneau des gastronomes
## Lammsattel nach Art der Gastwirte

*Für 12 Personen: Für den Sattel: 1 Lammsattel von etwa 2,5 kg, einige Kalbsknochen, Salz, Pfeffer, 150 g Butter, Kalbsfett oder Schweineschmalz, 1/5 l Kalbs-Fond (Seite 150 f.) – Für die Trüffeln: 12 mittelgroße, gleichmäßige Trüffeln, 1/10 l Cognac, 1/5 l trockener Champagner (brut), Salz, Cayennepfeffer, 4 EL Kalbs-Fond – Für die Hahnennieren: 12 Hahnennieren, 1/4 l helle Fleischbrühe oder gesalzenes Wasser, 1/2 EL Mehl, 1/2 TL Essig oder 1/4 Zitrone (Saft), 1/10 l Kalbs-Fond, 1 TL Portwein oder Madeira – Für die Eßkastanien: 24 schöne, große Eßkastanien, eventuell Ausbackfett, 1/2 l helle Fleischbrühe, 1 Zweig Sellerie, Butter – Für die Champignons: Püree aus 500 g Champignons, 12 Törtchen aus ungezuckertem Sandteig*

Den Lammsattel parieren, das heißt, alle nicht dazugehörigen Teile entfernen. Vor allem die auf der zum Sattel gehörenden Fettschicht liegende Haut abheben. Die Fettschicht jedoch daraufassen und mit einer Messerspitze gitterförmig einritzen, damit die Hitze besser in das Fleisch eindringen kann. Auf der Unterseite die beiden Fettpolster, in denen die Nieren eingebettet sind, herauslösen. Die Bauchlappen stutzen und so über die kleinen Filets schlagen, daß diese vollkommen bedeckt sind, dabei die Bauchlappen gleichmäßig und fest zusammenziehen. Vier- bis fünfmal nicht zu fest mit einer Schnur umwickeln – diese muß so sitzen, daß sich das Fleisch während des Garens leicht noch um das notwendige Maß ausdehnen kann.

In einen ausreichend großen Schmortopf entweder einen Rost, besser eine Lage kleingehackter bzw. zerklopfter Kalbsknochen legen. Darauf den Lammsattel mit der Fettschicht nach oben einrichten, mit Salz und Pfeffer einreiben und mit zerlassener Butter, Kalbsfett oder Schweineschmalz beträufeln. Im heißen Ofen braten, dabei dreimal umwenden und zum Schluß häufig mit dem Bratenfond begießen, damit sich die fette Oberfläche des Sattels mit einer schönen, goldbraunen Färbung überzieht.

Man muß mit einer Bratzeit von etwa 18 Minuten pro kg, also mit rund 45 Minuten rechnen. Wenn man meint, der Braten sei gar, steckt man in das Rückenmark eine Spicknadel. Nach einer Minute zieht man sie heraus und hält sie an den Handrücken. Ist sie lauwarm, so ist das Fleisch gerade richtig. Man schaltet den Ofen aus und läßt den Sattel darin auf einer vorgewärmten Platte noch 15 Minuten bei geöffneter Tür ziehen.

In den Schmortopf gießt man 1,5 l guten Kalbs-Fond und läßt ihn 5 Minuten leise kochen, damit sich der während des Bratens an den Knochen und dem Topf festgesetzte Fleischsaft löst. Durch ein feines Sieb in eine kleine, hohe Kasserolle gießen und einige Minuten stehen lassen, damit sich das Fett an der Oberfläche sammelt. Möglichst alles Fett abschöpfen und den Fond abschmecken. Je nach Bedarf nachsalzen oder, wenn nötig, mit etwas Wasser verlängern.

Während der Sattel im Ofen brät, kann die Garnitur (die Beilagen) zubereitet bzw. fertiggemacht werden, denn damit die Arbeiten kurz vor dem Servieren nicht zu groß werden, um auch allen Details die notwendige Aufmerksamkeit und Genauigkeit bei der Zubereitung zukommen zu lassen, ist es nahezu unerläßlich, bereits am Vortag die vorbereitenden Arbeiten zu erledigen. Hierzu gehört das Kochen der Hahnennieren, das Bürsten der Trüffeln und ihr Einlegen in Cognac in einem geschlossenen Gefäß, das Schälen der Kastanien, das Putzen der Champignons und die Herstellung der Törtchen. Hat man dies alles erledigt, kann man während des Bratens alle Arbeiten bequem parallel erledigen.

Die Trüffeln: Die gesäuberten, in Cognac durchgezogenen Trüffeln ganz in eine kleine, gut schließende Kasserolle legen, den Champagner und den Cognac der Marinade aufgießen, mit Salz und einer Messerspitze Cayennepfeffer würzen. Auf lebhaftem Feuer 5 Minuten kochen lassen, vom Feuer nehmen, die Trüffeln herausheben und zugedeckt warm halten. 4 EL Kalbs-Fond zum Trüffelsud geben und alles auf 3 EL Flüssigkeit einkochen. Die Trüffeln in diesen dicken, sirupartigen Sud legen, darin hin und her schütteln und ihn so vollkommen von den Trüffeln aufnehmen lassen.

Die Hahnennieren: Die Nierchen mit einer Nadel einmal durchstechen, damit sie beim Kochen nicht aufplatzen. Dann in kaltes Wasser legen und weiß werden lassen. $1/4$ l helle Fleischbrühe (oder gesalzenes Wasser) aufkochen, etwas Mehl in kaltem Wasser gelöst zufügen, mit Essig oder Zitronensaft säuern. Die Nieren in die kochende Brühe geben, den Topf vom Feuer nehmen und die Nieren darin 5 Minuten pochieren. $1/10$ l Kalbs-Fond so weit einkochen, bis kaum noch Flüssigkeit vorhanden ist. Die abgetropften Nieren hineingeben und darin umschwenken, bis sie mit der sirupartigen Flüssigkeit vollkommen überzogen sind. Man kann dem eingekochten Fond auch neben dem Feuer noch 1 TL Portwein oder Madeira zufügen.

Die Eßkastanien: Die Früchte zunächst aus der festen Schale lösen; dann 5 bis 6 Minuten in den heißen Ofen legen, 2 Minuten in heißem Fett fritieren oder mit kochendem Wasser überbrühen, um die dünne

Haut vollkommen abziehen zu können. Mit einem Selleriezweig in der Fleischbrühe etwa 20 Minuten leise kochen lassen, so daß sie ganz bleiben und nicht zu weich werden. Abtropfen und in einer Pfanne, die so groß sein muß, daß alle Kastanien darin nebeneinander Platz haben, so lange in Butter leicht anbraten, bis sie rundum hellgolden gefärbt sind. Die Champignons und die Törtchen: Aus den Champignons ein Püree bereiten und dieses in kleine Törtchen füllen, die zwischen zwei Formen aus Sandteig blind gebacken wurden.

Den Sattel auf eine große, lange Platte legen, die alle Garnituren auf ihrem Boden fassen kann, so daß ihr Rand frei bleibt. Um den Braten herum abwechselnd ein Törtchen mit Champignonpüree und einer Hahnenniere sowie je eine Trüffel und eine Kastanie anrichten. Den Rücken mit 1 oder 2 EL Bratensaft begießen, den Rest in einer Saucière reichen. Um das Servieren zu erleichtern und abzukürzen, kann man den Sattel schon in der Küche aufschneiden, die einzelnen Scheiben wieder in ihrer alten Form zu den Filets zusammensetzen und dann am Tisch schnell auf unbedingt sehr heißen Tellern servieren.

## Carré d'agneau ou filet rôti
## Gebratenes Lammkarree oder -filet

Karree ist der Rippenteil, der die beiden hinteren Rippenseiten mit den vollen Nüßchen umschließt. Die Rippenknochen werden auf die bei Koteletts übliche Länge gestutzt, ihre Enden müssen vollkommen freigelegt werden. Die Knochen des Rückgrats möglichst entfernen, damit das Aufschneiden erleichtert wird, die Haut und die obere Fettschicht werden abgehoben. Man rechnet mit einer Garzeit von 12 bis 15 Minuten pro kg in sehr heißem Ofen – anschließend läßt man das Karree noch im abgeschalteten, geöffneten Ofen ruhen, wobei es weitergart und sich die Säfte im Fleisch verteilen.

Als Filet bezeichnet man die Hälfte des Sattels, wenn dieser mitten durch das Rückenmark geteilt wurde. Um es zu braten, entfernt man die daraufliegende Haut, schneidet den Bauchlappen ab und löst es vollkommen von den Knochen. Nun salzt und pfeffert man die Innenseite und kann es wieder auf den Rückenknochen zurücksetzen, auf den man es mit Küchenschnur festbindet. Auch für das Filet rechnet man im sehr heißen Ofen 12 bis 15 Minuten pro kg.

Zum Servieren gießt man zunächst den größten Teil des Fettes aus der Bratform ab. Dann gießt man etwas Fleischbrühe, Kalbs-Fond oder auch Wasser an, um den beim Braten am Topf angesetzten Fleischsaft zu lösen. Den Bratfond getrennt in einer Saucière reichen, eventuell mit einer Garnitur versehen. Als Beilage sind die bei Keule, Sattel und Kotelett erwähnten Gemüse ebenso geeignet.

*Anmerkung:* Das Filet nicht ausgebeint zu braten, ist vom geschmacklichen Gesichtspunkt her vorzuziehen, doch ist das Aufschneiden dann natürlich erschwert.

## Filet d'agneau Parmentier
## Lammfilet mit Kartoffeln

*1 ausgelöstes Lammfilet, Butter, 2 große Kartoffeln, Salz, 1 Prise gehackte Petersilie, 2 EL Kalbs-Fond*

Das Filet von allen anhängenden Fleisch- und Fetteilen befreien und in einer auch für die Kartoffeln ausreichenden Bratform in Butter rundherum goldbraun anbraten. Dann gibt man die in Würfel von 2 cm Kantenlänge geschnittenen Kartoffeln hinzu, die, um die anhaftende Stärke zu entfernen (sie würde die Kartoffelwürfel sonst beim Braten aneinanderkleben lassen), in Wasser gewaschen und sorgfältig getrocknet wurden. Im gut heißen Ofen weiterbraten, dabei die Kartoffeln ab und zu umwenden und das Filet oft begießen.

Zum Servieren das Filet auf einer langen Platte anrichten, an die Enden jeweils ein Kartoffelhäufchen setzen und mit Petersilie bestreuen. Die Bratform mit 2 EL Kalbs-Fond angießen, den angesetzten Fleischsaft ablösen und mit dieser klaren Sauce das Filet begießen.

## Division du carré, du filet de mouton ou d'agneau
## Das Zerlegen von Lamm- oder Hammelkarree und -filet

Das Karree kann in Koteletts zerlegt werden, wobei die hinteren eine bessere Qualität haben als die vorderen. Außerdem erhält man die Schälrippen.

Aus Sattel bzw. Filet schneidet man etwa 5 cm dicke Scheiben und erhält so mutton- bzw. lamb-chops, sogenannte englische Koteletts. Den oder die anhängenden Bauchlappenstreifen würzt man mit Pfeffer und Salz, rollt sie nach innen ein und steckt sie mit einem Spießchen fest. Lamm-Chops werden meist aus dem ganzen, Hammel-Chops aus dem längs geteilten Sattel (Filet) geschnitten.

Sowohl Kotelett als auch Lamm- und Hammel-Chops werden am besten gegrillt.

Wenn das Fleisch beinahe gar ist, setzt man den schmalen, fettigen Rücken der Glut aus, damit auch dieser gut gegrillt wird. Dann zieht man bei den Chops den Spieß heraus und grillt auch die Innenseite der aufgerollten Bauchlappen.

Vor dem Servieren läßt man die Koteletts oder Chops einige Minuten warm gestellt ruhen, dann richtet man sie mit einem Bund Brunnenkresse an. Von dieser entfernt man die langen Stiele, so daß von dem Büschelchen nur die Blätter zu sehen sind. Als weitere Beilage reicht man ein Gemüse, wobei alle Arten, die bereits bei anderen Lamm- oder Hammelgerichten angegeben wurden, geeignet sind. Immerhin bevorzugt man im allgemeinen mit etwas Butter geschwenkte grüne Gemüse: grüne Bohnen, junge Erbsen, Spargelspitzen, Artischockenböden, auch weiße Bohnen oder fritierte Kartoffeln, wie Aufgeblasene Kartoffeln, Pommes frites, Strohkartoffeln, Pommes chips sowie weiterhin Kartoffelpüree.

## Côtelettes d'agneau panées, sautéses ou grillées
## Gebratene oder gegrillte panierte Lammkoteletts

*Gebraten:* Die Koteletts aus den vorderen Rippen erst in einem Teller in mit Salz und Pfeffer verquirltem Ei, dann in Paniermehl (Seite 38) wenden. Das Mehl mit dem Messer leicht festklopfen. In einer tiefen Pfanne etwas Butter klären und darin die Koteletts auf beiden Seiten langsam braten, wobei sie gleichzeitig außen eine schön gefärbte Kruste bekommen und innen gar werden sollen. Nach der Hälfte der Bratzeit die Koteletts umdrehen, die Oberseite leicht salzen, am Ende die Koteletts wieder umdrehen, abtropfen lassen und auch die zweite, zuletzt gebratene Seite salzen.

*Gegrillt:* Die Koteletts mit Öl oder zerlassener Butter einstreichen, mit Pfeffer und Salz würzen und mit feinen, hellen Semmelbröseln bestreuen. Erneut mit zerlassener Butter beträufeln, auf den stark vorgeheizten Rost legen und bei milder Hitze grillen.

Als Beilage zu gegrillten Koteletts reicht man Ausgebackene Kartoffeln, zu gebratenen ein feines Püree aus Kartoffeln oder frischen Erbsen.

## Côtelettes de mouton à la Champvallon
## Hammelkoteletts »Champvallon«

Für 6 Personen: *6 vordere Hammelkoteletts, 60 g Butter, Salz, Pfeffer, 2 Knoblauchzehen, 2 große Zwiebeln, ½ l Fleischbrühe oder heller Kalbs-Fond (Seite 150), 1 Kräuterstrauß (auf einigen Stengeln Petersilie, 1 Zweiglein Thymian und ½ Lorbeerblatt), 6 mittelgroße, gelbfleischige Kartoffeln, 1 Prise gehackte Petersilie*

Die Butter in einer Pfanne erhitzen, in der alle Koteletts nebeneinander Platz haben. Wenn sie zu schäumen beginnt, die Koteletts hineinlegen und leicht salzen und pfeffern. Nicht zu heftig anbraten, damit die Butter nicht verbrennt. Dann umwenden, die angebratenen Seiten würzen und die Koteletts auch auf der zweiten Seite eine schöne Farbe nehmen lassen.

Die Koteletts jetzt nebeneinander in eine ausreichend große, mit einer Knoblauchzehe ausgeriebene, feuerfeste Platte legen. In die Bratpfanne die in feine Streifchen geschnittenen Zwiebeln geben und unter ständigem Wenden hellgelb werden lassen. Dann mit der Hälfte der Fleischbrühe oder des Kalbs-Fonds aufgießen, 5 Minuten kochen lassen, schließlich so über die bereitgestellten Koteletts gießen, daß diese gleichmäßig mit Zwiebeln bedeckt sind. So viel Flüssigkeit nachgießen, daß die Koteletts gerade bedeckt sind. Zum Kochen bringen, den Kräuterstrauß zugeben, zudecken und 30 Minuten in den recht heißen Ofen stellen.

Die Kartoffeln schälen, waschen, abtrocknen und in dünne Scheiben hobeln. Nach 30 Minuten anfänglicher Garzeit die Koteletts mit den Kartoffelscheiben bedecken, mit der restlichen Fleischbrühe aufgießen, zum Kochen bringen und im heißen Ofen wiederum 20 Minuten zugedeckt garen. Dann den Deckel abnehmen, die restlichen abgeriebenen Knoblauch zufügen und die Kartoffeln häufig mit dem Bratfond begießend weitere 20 Minuten im Ofen garen. Der Fond kocht dabei langsam ein und wird dicklich. Außerdem wird er von dem Fleisch und den schließlich weichen Kartoffeln aufgesogen. Auf den Kartoffeln bildet sich ein dunkelgoldener, wohlschmeckender Überzug. Zum Schluß mit gehackter Petersilie bestreuen, in der Form servieren.

## Côtelettes d'agneau à la parisienne
## Lammkoteletts auf Pariser Art

Die Koteletts grillen und mit gegrillten Tomaten und gegrillten Champignons anrichten. Die Champignons in Butter oder Haushofmeister-Butter zubereiten.

## Côtelettes de mouton sautées aux cèpes
## Hammelkoteletts mit Steinpilzen

*Hammelkoteletts, Olivenöl, Pfeffer, Salz, Steinpilze, Butter, Petersilie, Knoblauch, trockener Weißwein, Tomaten-Sauce*

In einer Pfanne 2 EL Olivenöl erhitzen und, wenn es zu rauchen beginnt, nebeneinander die leicht geklopften und mit Pfeffer und Salz gewürzten Koteletts hineinlegen. Nach halber Garzeit die Koteletts umdrehen und fertig braten. Die vorstehenden Knochen mit einer Manschette versehen und die Koteletts kranzförmig auf einer vorgewärmten, runden Platte anrichten. In die Mitte die in Butter und Öl zu gleichen Teilen angebratenen Steinpilze legen. Sie werden zunächst gut angeröstet, zum Schluß dann mit gehackter Petersilie, einer Spitze geriebenem Knoblauch und einer Prise frisch gemahlenem Pfeffer abgeschmeckt. Die Pfanne mit 2 EL trockenem Weißwein ablöschen und den Bratensatz ablösen. Etwas einkochen und 2 EL leichte Tomaten-Sauce zugeben. Neben dem Feuer ein Stück Butter in die Sauce arbeiten, diese über die Hammelkoteletts gießen und alles sofort servieren.

## Côtelettes de mouton Pompadour
## Hammelkoteletts »Pompadour«

*Hammelkoteletts, Butter, Salz, Pfeffer, Kartoffelkroketten (siehe nebenstehend), Artischockenböden, 1 EL Mehl, ½ Zitrone, Linsenpüree, Kalbs-Fond oder Demi-glace oder Périgueux-Sauce, Madeira* – Für die Kartoffelkroketten: *500 g Kartoffeln, Salz, 100 g Butter, 4 Eigelb, Muskatnuß, Mehl, 1 Ei, Semmelbrösel, Öl zum Ausbacken*

Die Koteletts wie üblich in Butter braten und mit Salz und Pfeffer würzen. An jeden Rippenknochen eine Papiermanschette stecken und die Koteletts turbanartig auf einer runden, vorgewärmten Platte anrichten. In der Mitte eine Pyramide aus Kartoffelkroketten aufschichten. Um die Koteletts herum im Kreis Artischockenböden legen, die zunächst mit Mehl und Zitronensaft in ½ l Wasser gekocht und dann 15 Minuten in Butter gedünstet wurden. Die Böden mit Linsenpüree (oder einem anderen Püree aus frischen oder getrockneten Gemüsen) füllen. Die Bratpfanne mit einigen Löffeln Kalbs-Fond, Demiglace oder Périgueux-Sauce ablöschen. Neben dem Feuer die Sauce mit Madeira parfümieren und in einer Saucière getrennt zu den Hammelkoteletts reichen.

*Reiche Kartoffelkroketten:* Die Kartoffeln schälen und leise kochend in Salzwasser gar kochen. Die Kartoffeln sollen auf Druck nachgeben, jedoch dürfen sie nicht aufplatzen oder gar zerfallen. Sorgfältig abtropfen und im Topf auf kleiner Flamme ohne Deckel einige Minuten ausdampfen lassen.
In ein feines Draht- oder Haarsieb geben und mit einem Stampfer durchpassieren. Das muß durch Druck geschehen und nicht durch rührende Bewegungen, denn dadurch würde die Masse ineinandergedreht und elastisch. Den Kartoffelbrei in einer Kasserolle kräftig mit der in kleinen Stücken zugegebenen Butter vermischen. Beim Aufarbeiten mit dem Kochlöffel wird das Püree schön weiß. Nun die Eigelb hineinrühren und mit Salz und Muskatnuß abschmecken. Diesen Teig auf eine gebutterte Platte ausstreichen und auch die Oberfläche buttern, damit sie nicht braun wird. Abgekühlt in kleine, nußgroße Stückchen zerteilen und auf dem Tisch zu Kugeln rollen. Ganz leicht mit Mehl bestäuben, durch das geschlagene Ei ziehen und in den Semmelbröseln wenden, die fest an den Kroketten haften müssen. Einige Minuten in gut heißem Fett schwimmend ausbacken, bis sie eine schöne goldene Farbe haben. Herausheben und auf Küchenpapier abtropfen lassen. Schnell anrichten und servieren, damit die Oberfläche schön knusprig bleibt.

## Noisettes d'agneau à la dauphine
## Lammnüßchen »Dauphine« (Kronprinzessin)

*4 Lammnüßchen aus den Rückenfilets (4 cm dick geschnitten), Butter, Salz, Pfeffer, Toastbrotscheiben, Kronprinzessin-Kartoffeln (siehe unten), 2 EL trockener Weißwein, $^1/_{10}$ l Kalbs-Fond* – **Für die Kartoffelkroketten:** *500 g Kartoffeln, Salz, 100 g Butter, 4 Eigelb, Muskatnuß, Mehl, 1 Ei, Semmelbrösel, Öl zum Ausbacken, 350 g soufflierter Ausbackteig ohne Zucker*

Von den Lammnüßchen alles Fett und alle Sehnen entfernen. Die Scheiben leicht klopfen und in Butter auf beiden Seiten braten, sie sollen innen rosa sein. Schon während des Bratens mit Salz und Pfeffer würzen. Auf einer vorgewärmten, runden Platte auf in Butter gerösteten, 1 cm dicken, in Form der Nüßchen zugeschnittenen Toastbrot-Croûtons anrichten. Rundum wie eine große Perlenkette die Kronprinzessin-Kartoffeln anordnen. Die Bratpfanne mit Weißwein ablöschen und diesen fast ganz einkochen lassen. Danach mit Kalbs-Fond angießen und diesen ebenfalls um $^1/_3$ einkochen. Neben dem Feuer Butter in kleinen Flöckchen in die Sauce arbeiten. Die Nüßchen sehr zart mit etwas Sauce überziehen, den Rest getrennt in einer Saucière reichen.

*Kronprinzessin-Kartoffeln:* Zunächst einen Kartoffelteig wie im vorstehenden Rezept angegeben zubereiten. Nun auf 2 Teile Kartoffelteig 1 Teil soufflierten Ausbackteig hineinmischen. Den Teig in mehrere Abschnitte teilen und diese in nicht zu kleinen Röllchen auf dem leicht mit Mehl bestäubten Tisch ausrollen. In nußgroße Stücke schneiden und jeden Abschnitt in die Form eines kleinen Eies rollen. Durch das mit Salz, Pfeffer und etwas Öl geschlagene Ei ziehen und in den Semmelbröseln wenden. Dieses mit den Fingern gut an den Kroketten festdrücken.
Nebeneinander in den Fritierkorb legen und auf einmal in das rauchende Fett halten. Nach 7 bis 8 Minuten sind die Kroketten fertig, die man im Fett ab und zu bewegen muß, damit sie schön gleichmäßig gefärbt werden. Auf einem Tuch oder Küchenpapier abtropfen lassen, mit einer Prise Salz bestreuen und anrichten.

## Epaule d'agneau rôtie
## Gebratene Lammschulter

*1 zarte Lammschulter, Salz, Pfeffer, zerlassene Butter, 3-4 EL Fleischbrühe*

Da das Fleisch der Lammschulter von vielen Sehnen und Flechsen durchzogen ist, kann man nur die Schulter wirklich junger Lämmer zum Braten nehmen. Hammelschultern muß man in jedem Fall schmoren oder als Ragout zubereiten.

Man kann die Schulter mit oder ohne Knochen braten. Wird sie entbeint, so läßt man schon vom Metzger das Schulterblatt entfernen und, ohne die Schulter aufzuschneiden, den Mittelknochen herausnehmen, der sich leicht auslösen läßt. Schließlich wird der Beinknochen direkt am noch verbliebenen Stumpf abgesägt. Das Innere mit Salz und Pfeffer würzen und die Schulter in der Verlängerungslinie des Stumpfes so zusammenrollen und festbinden, daß der Stumpf wie bei der Keule als Griff dienen kann.

Dennoch ist anzuraten, die Schulter nicht zu entbeinen und im Ganzen zu braten, weil dadurch weniger Fleischsaft austreten kann und der Knochen seine geschmacklichen Wirkstoffe an das Fleisch abgeben kann. Freilich wird dadurch das Aufschneiden nicht gerade vereinfacht. Und außerdem paßt diese Art der Zubereitung nur für einen Familientisch, an dem die Anzahl der Gäste dafür sorgt, daß die ganze Schulter bei diesem Essen verzehrt wird.

Die Schulter auf den Rost einer Bratenplatte legen oder auf den Rost des Herdes und einen Topf oder die Tropfpfanne darunterstellen. Mit Salz und Pfeffer würzen und mit zerlassener Butter beträufeln. Unter häufigem Begießen im heißen Ofen braten, dabei darauf achten, daß der Bratensatz nicht anbrennt. 10 bis 12 Minuten Bratzeit pro kg rechnen, dann die Schulter noch 20 Minuten bei geöffneter Türe im abgeschalteten Ofen ruhen lassen. Den Bratensatz mit Fleischbrühe oder Wasser löschen und diese klare Sauce nach dem Abschmecken, ohne sie zu entfetten, getrennt zum Fleisch servieren.

## Epaule d'agneau boulangère
## Lammschulter auf Bäckerart

*1 zarte Lammschulter, Salz, Pfeffer, 60 g Butter, 3 mittelgroße Zwiebeln,*
*4 große holländische Kartoffeln*

Die Schulter wie im vorstehenden Rezept vorbereiten. Dann im heißen Ofen in einer ausreichend großen, feuerfesten Platte rasch auf allen Seiten eine schöne braune Farbe nehmen lassen. Zwiebeln und Kartoffeln schälen, waschen und abtropfen. Die Zwiebeln in feine Streifen, die Kartoffeln in hauchdünne Scheibchen schneiden und alles mit etwas Salz bestreuen. Die Schulter aus der Form nehmen und zuerst die Zwiebeln, darauf die Kartoffeln in einer dünnen Schicht hineinfüllen. Die Schulter wieder darauflegen und mit zerlassener Butter beträufeln. Unter häufigem Begießen im heißen Ofen fertig braten.

In der Form servieren, vorher die Fäden abnehmen, falls die Schulter entbeint wurde. Übrigens braten Zwiebeln und Kartoffeln etwas an und saugen sich mit Butter und Lammfond und Lammfett voll. Es ist kein Fehler, wenn das Gemüse am Boden der Platte festbäckt – man hebt sie beim Servieren mit ab und serviert sie den Gästen.

## Epaule de mouton braisée aux navets
## Geschmorte Hammelschulter mit weißen Rüben

*1 entbeinte, mit Salz und Pfeffer gewürzte und zusammengebundene Hammel-*
*schulter, 50 g Butter, 15 kleine Zwiebeln, 500 g weiße Rüben, 1 Prise Zucker,*
*⅕ l trockener Weißwein, ½ l schwach gesalzene Fleischbrühe, 1 Kräuterstrauß,*
*1 Knoblauchzehe*

Die Butter in einem ovalen Schmortopf erhitzen und die Zwiebeln darin leicht anbraten. Inzwischen die weißen Rüben recht dick schälen, vierteln und dicke Stücke in regelmäßige, große Nüsse schneiden. Die Zwiebeln aus dem Topf nehmen, an ihrer Stelle nun die Rübenstücke mit etwas Zucker bestreut darin leichte Farbe nehmen lassen. Herausnehmen und mit den Zwiebeln zusammen warm halten.

Die Schulter in den Schmortopf legen und auf allen Seiten anbraten. Mit Weißwein angießen, diesen fast ganz einkochen und schließlich die Fleischbrühe zugeben, welche die Schulter bis zu ¾ bedecken soll. Den Kräuterstrauß und die Knoblauchzehe hineinlegen, aufkochen und im Ofen zugedeckt 2 Stunden schmoren. Zwischendurch das Fleisch immer wieder begießen, und zwar desto öfter, je mehr der Fond einkocht. Nach den 2 Stunden rund um das Fleisch die Zwiebeln und Rüben einrichten. Wenn der Fond nicht mehr alles bedeckt, mit etwas Fleischbrühe oder Wasser nachgießen – aufpassen, daß die Sauce nicht zu salzig wird. Zugedeckt weitere 25–30 Minuten schmoren, immer wieder begießen.

Die Schulter auf einer tiefen Platte servieren, umgeben von den Gemüsen und begossen mit dem Fond, der auf das für das Verspeisen gerade notwendige Maß eingedickt sein soll.

## Epaule de mouton farcie à la mode du Berry
## Gefüllte Hammelschulter nach Art des Berry

*1 entbeinte Hammelschulter, Salz, das Weiße von 3 Lauchstangen, 2 Staudenselleriestangen, 1 Kräuterstrauß, 1 Zwiebel, 1 Gewürznelke, 2 mittelgroße Möhren, 500 g Sellerieknollen, 3 große holländische Kartoffeln, 100 g Butter, Pfeffer – Für die Farce: 250 g feines Bratwurstfleisch, 1 zerdrückte Knoblauchzehe, 1 Ei, 1 TL gehackte Petersilie, 40 g Toastbrot, in Fleischbrühe eingeweicht, Salz, Pfeffer, Gewürze, 1 mittelgroße Zwiebel, Butter*

Zunächst die Farce herstellen. Dazu alle angegebenen Zutaten, zum Schluß auch die gehackte, in etwas Butter weich gedünstete Zwiebel, gut miteinander vermischen. An Stelle des Knochens in die entbeinte Schulter füllen, diese zusammenrollen und so einbinden, daß die Farce gut verschlossen wird. Die Schulter nun in einen passenden, ovalen Schmortopf legen und gerade eben mit Wasser bedecken, dem man pro Liter 10 g Salz zufügt. Zum Kochen bringen und als Garnitur Lauch, Selleriestangen, Kräuterstrauß, die mit einer Nelke gespickte Zwiebel und die Möhren zufügen. 1¼ Stunden leise kochen lassen, dann die geviertelten oder geachtelten Sellerieknollen hineinlegen. Nach weiteren 25 Minuten Schmoren die Kartoffeln zugeben. Wenn die Kartoffeln gar sind, aber noch nicht auseinanderfallen, alle Gemüse vorsichtig herausheben, abtropfen lassen und durch ein Sieb passieren. Dieses Püree in einem breiten Topf auf großer Flamme unter beständigem Rühren kochen, damit es etwas trockener wird. Wenn es schon recht dick ist, vom Feuer nehmen und die Butter hineinarbeiten. Mit Salz abschmecken und 4 bis 5 Pfefferkörner darübermahlen. Ganz zum Schluß eventuell noch einmal etwas Sud zugeben.

Die Schulter auf eine Platte legen, die Schnüre entfernen und das Fleisch mit etwas Schmorflüssigkeit begießen. Den Rest des Suds in einer Saucière reichen, das Gemüse in einer Schüssel.

## Poitrine ou épigrammes d'agneau
## Lammbrust oder Epigramm vom Lamm

*Für 6 Personen: 500 g Lammbrust, ⅕ l trockener Weißwein, 1 Zwiebel, 1 Möhre, 1 Kräuterstrauß, Salz, 1 Ei, etwas Öl, 125 g frisches Paniermehl, 50 g zerlassene Butter, 6 Lammkoteletts*

In einer tiefen Pfanne oder einem flachen Topf die Brust mit dem Weißwein, den in dünne Scheiben geschnittenen Gemüsen und dem Kräuterstrauß aufsetzen. So viel Wasser aufgießen, bis alles bedeckt ist, mit 10 g Salz auf 1 l Flüssigkeit würzen, zudecken und etwa 40 Minuten leise kochen lassen.

Je nach Zartheit des Fleisches schon vor Ablauf dieser Zeit eine Garprobe machen: löst sich das Fleisch leicht von den Knochen, so ist es fertig. Herausnehmen und in einen großen Teller legen. Die Knochen entfernen. Die gut abgetropfte Brust nun auf die eine Hälfte eines Küchentuches legen, die andere Hälfte darüberschlagen. Ein Holzbrett darauflegen und mit einem zusätzlichen Gewicht von 1 kg beschweren. Unter diesem fast vollkommen abkühlen lassen. Die Brust aus dem Tuch wickeln und jeweils schräg Stücke abschneiden, die in Form und Größe einem Lammkotelett entsprechen – es sollen sich 6 Stücke ergeben. Diese Stücke durch das mit etwas Öl und einer Prise Salz verschlagene Ei ziehen, dann im Paniermehl wenden und dieses mit einer Messerklinge leicht auf das Fleisch drücken. Auch die Koteletts panieren, leicht klopfen, mit Pfeffer und Salz würzen, dann mit zerlassener Butter beträufeln und anschließend in dem Paniermehl wenden. Alle Fleischstücke mit Butter beträufeln und bei sehr milder Hitze grillen.

Im Kranz auf einer runden, vorgewärmten Platte abwechselnd anrichten. In die Mitte eine Gemüsepyramide setzen, etwa eine Gemüsegarnitur nach Gärtnerinart, junge Erbsen, Spargelspitzen, Gemüsepürees, geschmorte Endivien und ähnliches.

## Ragôuts, sautés et navarin
## Ragouts, Gulaschs und Navarin (Lammtopf)

Brust, Nacken, vordere Koteletts und Schulter von Lamm und Hammel eignen sich vor allem gemischt ganz ausgezeichnet für diese etwas deftigen Gerichte.

# Navarin
## Lammtopf (Klassisches Rezept)

Für 6 Personen: *800 g Hammelfleisch (zu gleichen Teilen aus Brust, Nacken, vorderen Koteletts und Schulter), 1 große Zwiebel, 1 mittelgroße Möhre, Butter oder Bratfett, Salz, Pfeffer, 1 Prise Zucker, 2 EL Mehl, 2 Knoblauchzehen, 2 EL Tomatenpüree oder 3 frische Tomaten, 1 Kräuterstrauß, 400 g kleine Kartoffeln, 24 kleine Zwiebelchen, 125 g magerer Brustspeck*

Die Schulter und die Koteletts entbeinen und in Stücke von etwa 60 g schneiden. Möglicherweise vorhandene Sehnen und fettige Partien entfernen. Brust und Nacken werden ebenfalls in Stücke geschnitten, jedoch entfällt das Auslösen.

Die Fleischwürfel nacheinander in mehreren Gängen mit der geviertelten Zwiebel und der in breite Ringe geschnittenen Möhre in Butter oder Fett rundherum bei starker Hitze anbraten. Dabei salzen und pfeffern.

Wenn alles Fleisch schön angebraten ist, sämtliche Stücke in den Topf geben, das überflüssige Bratfett abgießen und das Fleisch mit etwas Zucker bestreuen. Umwenden und auf lebhaftem Feuer braten, bis der Zucker eben karamelisiert – er gibt dem Topf dann eine schöne Farbe. Schließlich das Mehl zugeben und einige Augenblicke hellbraun rösten. Den zerdrückten Knoblauch zugeben und kurz erhitzen. Dann mit Wasser aufgießen, bis das Fleisch vollständig bedeckt ist. Das Tomatenpüree oder die Tomaten sowie den Kräuterstrauß zugeben und alles unter ständigem Umrühren zum Kochen bringen. Dann zudecken und 1 Stunde im Ofen langsam garen lassen. Nach dieser Zeit den gesamten Topfinhalt in ein über eine Schüssel gesetztes Sieb gießen. Die schönen Fleischstücke von den Knochen lösen und aus den Haut- und Fettabfällen sammeln, auch die Gemüse beiseite lassen. Die Fleischstücke in einen sauberen Topf legen, die geschälten Kartoffeln darauflegen. Wenn sie zu groß sind, vorher zerschneiden und zu Kugeln von der Größe eines kleinen Eies zuschneiden. Die Zwiebelchen schälen und in dem abgebrühten, in Würfel geschnittenen und ausgelassenen Speck rundum anbraten und glacieren lassen. Ebenfalls über die Fleischstücke geben. Die Sauce, auf der sich während der Ruhezeit das Fett oben absetzen konnte, sorgfältig entfetten und abschmecken. Über das Fleisch, die Kartoffeln und die Zwiebel verteilen und mit Wasser verlängern, falls zu wenig Sauce übrig ist. Erneut zum Kochen bringen und dabei noch einmal eine

Stunde zugedeckt im Ofen leise köcheln lassen. Auf einer tiefen, runden, gut vorgewärmten Platte anrichten.
*Anm. der Übersetzer:* Man kann den Navarin auch ganz langsam auf dem Herd gar köcheln lassen.

## Cary de mouton aux reinettes
## Hammel-Curry mit Äpfeln

Für 6 Personen: *1,5 kg Hammelfleisch (aus Schulter, Brust, Nacken und vorderen Koteletts), 2 EL Schweineschmalz oder Butter, Salz, Pfeffer, 10 g Curry, 1 große Zwiebel, 2 EL Mehl, 1 Kräuterstrauß (aus einigen Stengeln Petersilie, 1 Zweiglein Thymian und 1 Stück Lorbeerblatt), 200 g Reinetten (Goldparmäne, Canada oder auch Boskop), 1 Banane, $^1/_{10}$ l dicke Sahne (crème fraîche), 150 g Reis*

Das Fleisch von den Knochen lösen und in Würfel von etwa 60 g schneiden. Schmalz oder Butter in einer Pfanne oder einem Topf erhitzen. Das mit Salz, Pfeffer und Curry gewürzte Fleisch darin rundherum anbraten. Wenn es halbwegs angebraten ist, die gehackte Zwiebel zugeben und alles gut bratend leicht Farbe nehmen lassen. Dann das Mehl darüberstäuben und unter ständigem Umwenden hellbraun werden lassen. Dabei darauf achten, daß zum Schluß nicht noch die Zwiebeln anbrennen und bitter werden. Mit Wasser aufgießen, bis das Fleisch gerade bedeckt ist, den Kräuterstrauß zufügen und umrührend zum Kochen bringen. Im mittelheißen Ofen langsam 2½ Stunden gar werden lassen.
Die Äpfel schälen, vierteln oder achteln und die Kerngehäuse entfernen. Die Banane schälen und in 3 Stücke schneiden. Apfel- und Bananenstücke in einem Topf, der später das ganze Ragout aufnehmen kann, in Butter garen. Dann das Ragout in ein Sieb schütten, die Sauce in einer Schüssel auffangen. Die schönen Fleischstücke heraussuchen und zu den Äpfeln geben. Die Fettschicht, die sich auf der Sauce abgesetzt hat, sorgfältig abschöpfen und die Sauce um $^1/_3$ einkochen. Mit der Sahne verrühren, abschmecken und durch ein feines Sieb über das Fleisch gießen. Den Topf kreisend schwenken, damit sich Fleisch, Gemüse und Sauce gut vermischen. Die Sauce darf

nun nicht zu knapp sein, damit sie den Reis, der auf indische Art zubereitet wird geschmeidig macht. In einer Schüssel (den Reis getrennt) servieren.

*Anm.:* Das zum Angießen verwendete Wasser kann sehr vorteilhaft durch Kokosmilch ersetzt werden. Dazu reibt man das Fruchtfleisch einer frischen oder getrockneten Kokosnuß. Das zusätzlich möglichst noch im Mörser zerstoßene Fruchtfleisch mit lauwarmem Wasser bedecken und 1 Stunde durchziehen lassen. In ein feines Sieb oder ein Tuch gießen und alle Flüssigkeit (die Milch) durch starkes Pressen herausdrücken.


## Ragoût de mouton printanier
## Lammtopf auf Frühlingsart

Im Grunde ist dieser Topf nichts anderes als ein Navarin mit anderer Gemüsegarnitur. Die Herstellung ist daher im ersten Teil auch genau die gleiche.

Für 6 Personen: *800 g Hammelfleisch, 1 große Zwiebel, 1 mittelgroße Möhre, Butter oder Bratfett, Salz, Pfeffer, 1 Prise Zucker, 2 EL Mehl, 2 Knoblauchzehen, 2 EL Tomatenpüree oder 3 frische Tomaten, 1 Kräuterstrauß, 12 kleine Zwiebelchen, je 20 g olivengroße Stückchen vom roten Äußeren von Möhren und von weißen Rüben, 20 kleine Kartöffelchen, 200 g grüne Erbsen, 1 Handvoll feine grüne Bohnen, gehackte Petersilie, Kerbel*

Nach dem Heraussuchen des Fleisches und dem Entfetten der Sauce diesen Topf folgendermaßen zusammenstellen:
Die Zwiebelchen in Butter anbraten und glacieren. Möhren und weiße Rüben 15 Minuten in Butter dünsten. Diese Gemüse und die geschälten Kartöffelchen zum Fleisch geben, mit der Sauce bedecken, zum Kochen bringen und im Ofen 25 Minuten garen. Dann die frisch ausgelösten (gepalten) Erbsen und die in 4 cm lange Rauten geschnittenen Böhnchen zugeben.
Weitere 30 Minuten leise im Ofen köcheln. In einer Becherform oder Schüssel anrichten und mit frisch gehackter Petersilie und einem Hauch Kerbel bestreuen.

## Ragoût de mouton à l'irlandaise (Irish stew)
## Irish Stew

*Für 6 Personen: 1,5 kg Hammelfleisch (zu gleichen Teilen aus Schulter, Nacken, Brust und vorderen Koteletts), 3 große, mehlige Kartoffeln, 3 große Zwiebeln, 1 Kräuterstrauß (aus Petersilienstengeln, 1 Zweiglein Thymian und 1 Stück Lorbeerblatt), Salz, Pfeffer, 12 kleine holländische Kartöffelchen, 12 kleine Zwiebeln, 2 helle Selleriestangen, 1 Prise zerdrückter Salbei, gehackte Petersilie*

Schulter und vordere Koteletts auslösen und wie Brust und Nacken in etwa 60 g schwere Stücke schneiden. Die großen Kartoffeln schälen, in Viertel zerteilen und diese wiederum in feine Scheibchen schneiden. Die großen Zwiebeln schälen und fein schneiden.
In einen für das ganze Ragout ausreichend großen Topf ⅓ der gehackten Zwiebeln und darauf ⅓ der Kartoffelscheiben streuen. Darauf die Hälfte der Fleischstücke legen. Mit Salz und frisch gemahlenem Pfeffer würzen. Den Kräuterstrauß in die Mitte legen und eine neue Schicht Zwiebeln und Kartoffeln darüberstreuen. Den Rest des Fleisches einschichten, wieder mit Salz und frisch gemahlenem Pfeffer würzen und schließlich mit einer dritten Schicht Zwiebeln und Kartoffeln abdecken. An Pfeffer nicht sparen, das Ragout soll etwas scharf schmecken.
Mit heißem Wasser aufgießen, bis alles bedeckt ist, zum Kochen bringen und zugedeckt im Ofen bei mittlerer, aber gleichmäßiger Hitze garen.
Die kleinen Kartöffelchen schälen. Hat man nur größere zur Hand, so viertelt man größere Kartoffeln und schneidet die entstandenen Ecken weg, bis man ebenfalls nußgroße bzw. auch olivenförmig-längliche Kartöffelchen bekommt. Bis zum Gebrauch in kaltes Wasser legen. Die Zwiebelchen schälen und die Selleriestangen in Stäbchen schneiden. Das Ragout, das nach 1½ Stunden schon beinahe gar ist, aus dem Ofen nehmen. Die Kartoffeln und die Zwiebeln sollten sich vollkommen aufgelöst haben. Wenn einige Stückchen übriggeblieben sein sollten, diese mit einem Schaumlöffel zerdrücken. Die vorbereiteten Gemüse, Kartoffeln, Zwiebeln und Sellerie, in die Sauce rühren und den Salbei daraufstreuen. Wenn die Flüssigkeit durch zu starkes Einkochen oder eine besonders mehlige Beschaffenheit der Kartoffeln zu dick geworden ist, mit der nötigen Menge heißem Wasser verlängern.

Aufkochen lassen, abschmecken und auf das Ragout ein auf die Topfgröße zugeschnittenes gebuttertes Stück Alufolie legen, den Deckel aufsetzen und den Topf für weitere 45 Minuten in den mittelheißen Ofen stellen. Nun prüfen, ob die Kartöffelchen und die Zwiebeln gar sind. Nötigenfalls noch etwas länger in den Ofen stellen. Das Stew in einer vorgewärmten Schüssel sehr heiß servieren, zum Schluß noch mit frisch gehackter Petersilie bestreuen. Auch die Teller müssen sehr heiß auf den Tisch gestellt werden.

*Anm.:* Man kann das Stew auch anders binden. Dazu gießt man nach den ersten 1½ Stunden den ganzen Inhalt in ein Sieb, liest die schönen Fleischstückchen heraus und legt sie in den ausgespülten Topf zurück. Die Gemüse passiert man durch das Sieb. Diese Sauce ist dann natürlich feiner, gleichmäßiger, doch bringt das Verfahren keine geschmacklichen Vorteile.

## Baron, gigot, carré ou quartier d'agneau de lait rôti et persillé

### Hinterstück, Keule, Rippenstück oder Viertel vom Milchlamm, mit Petersilie gebraten

Das Fleisch des Milchlamms hat einen wenig ausgeprägten Geschmack – bei der Zubereitung muß man dem Rechnung tragen. Unserer Meinung nach schmeckt es mit Petersilie gebraten am besten.

*Das ausgewählte Bratenstück, Salz, Pfeffer, Butter, 1 gehäufter EL gehackte Petersilie, 2 EL frisches Paniermehl, 1 erbsengroßes Stück Knoblauch*

Das Bratenstück mit Salz und Pfeffer einreiben und auf den Rost einer Bratenplatte bzw. den Rost des Ofens legen – dann eine Fettpfanne darunterstellen. Reichlich mit zerlassener Butter beträufeln und im mittelheißen Ofen unter häufigem Begießen mit der Bratbutter etwa 20 Minuten braten.

Inzwischen aus Petersilie, Paniermehl und zerriebener Knoblauchzehe eine Mischung bereiten und diese 5 Minuten vor Bratende auf die obere Seite des Bratens streuen. Mit zerlassener Butter beträufeln und bei jetzt starker Hitze fertigbraten, bis das Paniermehl eine schöne Farbe bekommen hat.

Sehr heiß mit der Bratbutter übergossen servieren. Dazu in einer Schüssel mit Petersilie bestreute Bratkartoffeln reichen.

## Sauté d'agneau de lait printanier
## Milchlamm-Ragout mit Frühlingsgemüsen

*1 Milchlammviertel, Butter, Salz, Pfeffer, junge Gemüse wie Möhren, weiße Rüben, kleine Zwiebelchen, junge Erbsen, grüne Böhnchen, 2–3 EL Kalbs-Fond*

Das Lammfleisch in große Stücke von 100–120 g zerteilen. In einem breiten Topf, der ausreichend groß ist, damit alle Stücke auf dem Topfboden liegen können, in reichlich Butter rasch anbraten. Mit Salz und Pfeffer würzen und zugedeckt bei milder Hitze weitergaren. Die Stücke umdrehen, wenn sie schön braun geworden sind; erneut würzen. Inzwischen die Gemüse getrennt zubereiten. Die Möhren und die weißen Rüben werden olivenförmig zugeschnitten oder in Scheiben gehobelt und wie die Zwiebelchen glaciert, die Erbsen werden auf französische Art zubereitet oder wie die grünen Bohnen in Salzwasser gekocht.
Wenn das Fleisch gar ist, richtet man es auf einer vorgewärmten runden Platte an. In der Bratbutter werden die Gemüse kurz umgeschwenkt und vermischt, dann gibt man Kalbs-Fond dazu, läßt kurz aufkochen, verteilt alles über dem Fleisch und serviert schnell.

## Carré, gigot, baron, selle, épaule d'agneau et de mouton froids
## Kaltes Lamm- oder Hammelfleisch

Man kann alle gebratenen Lamm- und Hammelstücke (Rippenstück, Keule, Hinterstück, Sattel oder Schulter) kalt servieren.
Dazu reicht man Aspik, Gemüse- oder grünen Salat, auch Würzbeilagen wie Essiggurken (Cornichons) und ähnliche sowie eine kalte Sauce.

# Le porc
# Schweinefleisch

Schweinefleisch ist fett, fest und beinahe weiß infolge des Ausblutens, durch das die betäubten Schweine im allgemeinen geschlachtet werden. Es ist schwer verdaulich, das heißt, es liegt schwer im Magen, jedoch sind seine Substanzen leicht zu verwerten, weshalb es ein besonders gutes Nahrungsmittel für kleine Kinder darstellt.

Im allgemeinen ist rotes, schlaffes und wenig fettes Fleisch von minderer Qualität; es stammt von alten oder schlechtrassigen Schweinen oder von falsch gemästeten. Man muß hier entschieden vom Kauf absehen, vor allem wenn das Fleisch eingesalzen werden soll. Gerade hierzu eignen sich viele Teile des Schweins. Frisch werden im allgemeinen der Nacken, die Filets, die Koteletts und die Schlegel (Schinken) verwendet. Schälrippen, Brust oder Haxen werden eher für 2 bis 3 Tage in das Salzfaß gelegt.

Das Schwein liefert weiterhin sein Blut, sein Fett (Schmalz), die Därme, den Magen (zum Füllen), die Füße, den Kopf, die Leber und die Haut, woraus Blutwurst, Würstchen, rohe oder gekochte Würste, Hart- und Trockenwürste, die panierten oder getrüffelten Füße, die Darmwürste (andouillettes), Leberpasteten und -würste, Preßsack, Schweinskopf und andere Sülzen gemacht werden.

*Anm. der Übersetzer:* In Frankreich wird Schweinefleisch viel weniger als bei uns frisch gegessen, sondern meist zu Wurstwaren und Schinken verarbeitet. Das Kapitel Schweinefleisch ist daher auch für unsere Begriffe sehr mager. Unterschiedliche Fleischqualität spielt eine nicht zu unterschätzende Rolle. Vor allem hängt man in Frankreich auch das Schweinefleisch ab – natürlich nicht so lange wie Rind –, anstatt es wirklich schlachtfrisch zu verwenden. Auf der anderen Seite ist das Pökeln noch sehr viel verbreitet, so daß man in manchen Gegenden fast nur eingesalzenes Schweinefleisch bekommt.

## Le jambon
### Der Schinken

Die beste Zeit, einen Schinken einzusalzen, ist die kalte Jahreszeit, genauer vom 15. Dezember bis zum 15. Januar. Das ist auch die Zeit, in der die Schweine im allgemeinen besonders fett sind, vor allem dann, wenn sie mit Mais, Kastanien, Kartoffeln und mit in Milchprodukten gelösten Mehlstoffen gemästet wurden. Das Tier wird bei kalter und trockener Witterung gestochen, 24 Stunden lang gut ausgekühlt und dann zerlegt. Der Schinken, den man auch vom Metzger beziehen kann, wird direkt an der Wirbelsäule abgetrennt und knapp oberhalb des Knies gestutzt. Der obere Teil des Schenkelknochens und das Becken werden ausgelöst. Die Schulter kann zur gleichen Zeit auf die gleiche Weise behandelt werden.

## Das Pökeln

*250 g feines Meersalz (Reformhaus), 125 g Farinzucker, 50 g Salpeter (Apotheke), 1 frischer Schinken (Schlegel)* – **Weiterhin:** *1 kg Meersalz, 2 l kaltes Wasser, 125 g Zucker, 2 Lorbeerblätter, 1 großer Zweig oder 1 gute Prise Thymian, 1 Zweig Rosmarin, 4 Salbeiblätter, 25 g Pfefferkörner, 25 g Korianderkörner, 6 Gewürznelken, 12 Wacholderbeeren, 1 schöne Petersilienpflanze mit Wurzel, 5 g Stangenzimt, je 1 Prise Majoran, Muskatnuß, Bergbohnenkraut (oder normales Bohnenkraut), Macisblüte und Kreuzkümmel (cumin)*

Die angegebenen Zutaten in einem sauberen Gefäß gut miteinander vermischen. Den Schinken mit der Schwarte nach unten auf einen peinlich sauberen Tisch legen. Den Keulenknochen nun mit der linken Hand halten und mit der rechten Hand in einer stetigen Hin- und Herbewegung einen Teil der Salzmischung in den Schinken massieren, bis er alles aufgenommen hat. Auch die Schwarte und die übrigen Seiten so behandeln, bis alles Salz verarbeitet ist. Diese vorbereitende Arbeit ist sehr wichtig; von ihrer Gründlichkeit hängt die schöne rosa Farbe ab, die aufgewendete Mühe und Zeit zahlen sich immer durch den Erfolg aus. Den Schinken nun mit der Schwarte nach unten in ein absolut sauberes, hölzernes oder irdenes Pökelfaß legen. Die Ausmaße dieses Behälters sollen der Größe des Schinkens möglichst genau entsprechen, damit nicht zu viel Salz benötigt wird. Auf den Schinken nun 500 g Meersalz streuen, das Faß mit einem Tuch und dem Deckel verschließen. Den Schinken 2 Tage so ruhen lassen, dann umdrehen, wobei er möglichst wenig berührt werden soll. Erneut 500 g Meersalz darüberstreuen und weitere 2 Tage ruhen lassen.
Nach dieser Zeit den Schinken herausnehmen und auf einer sauberen Platte mit einem Tuch bedeckt kühl stellen. Das Salz aus dem Salzfaß

in einen ganz sauberen Topf schütten, mit Wasser aufgießen, den Zucker und alle angegebenen Gewürze zufügen. Zum Kochen bringen, 3 Minuten kochen lassen, dann vom Feuer nehmen und zugedeckt abkühlen lassen.

Den Schinken in das Pökelfaß zurückgeben und diese vollkommen abgekühlte Pökellake durch ein Tuch darübergießen. Die Menge der Lake sollte ausreichen, den Schinken vollständig zu bedecken, wenn das Pökelfaß in der richtigen Größe gewählt wurde. Den Schinken im folgenden alle 2 Tage mit Hilfe einer Spezialgabel (nie mit den Händen!) umdrehen. Ist er nicht vollkommen von der Lake bedeckt, so muß man ihn unbedingt täglich umwenden.

Normalerweise rechnet man, daß der Schinken eines Schweines von 90 bis 100 kg 20 Tage pökeln soll. Will man den Schinken nicht lange aufbewahren, so kann man sich mit der halben Zeit begnügen – dann muß er jedoch sofort nach dem Entnehmen aus dem Salzfaß gegart werden. Man braucht ihn dann übrigens nicht mehr durch Wässern zu entsalzen.

*Das Trocknen und Räuchern:* Der gepökelte Schinken kann geräuchert oder ungeräuchert aufbewahrt werden. In beiden Fällen muß er trocknen. Dazu wird er in einen sauberen, trockenen und luftigen Raum gehängt. Nach 6monatigem Trocknen kann der Schinken in dünne Scheiben geschnitten roh gegessen werden.

Man kann ihn jedoch viel früher schon räuchern. Dazu wird er recht hoch in einen Kamin gehängt, in dem man Pflanzen und grüne Zweige abbrennt, die besonders viel aromatische und harzige Substanzen enthalten: Eiche, Lorbeer, Wacholder, Ginster, Weinreben und andere mehr.

Man kann den Schinken, wenn er 20 Tage gepökelt wurde, zu jedem Zeitpunkt zum Kochen verwenden. Er muß dann nur je nach Dauer der Trockenzeit 6 bis 12 Stunden im kalten Wasser liegend entsalzt werden. Je länger er getrocknet wurde, desto höher ist natürlich die Salzkonzentration im Fleisch.

Den Schinken nach dem Wässern wiegen. Gut abbürsten und unter fließendem kaltem Wasser waschen. In einen großen Kessel oder Schmortopf legen und vollständig mit kaltem Wasser bedecken. Eine gute Handvoll zu einem Bündel zusammengeschnürtes Heu hineingeben. Zum Kochen bringen, dann den Topf vom Feuer ziehen und auf dem Herdrand bzw. einer ganz milde eingestellten Platte den Schinken nur gerade eben sieden, keinesfalls kochen lassen. Man rechnet bei einem Pochieren bei 80 Grad etwa 20 Minuten pro Pfund.

Den Schinken im Sud kühlen lassen – es sei denn, er wird heiß serviert. Dann abtropfen lassen und nach einem der beiden nachstehenden Verfahren fertigmachen.

Entweder die Schwarte abnehmen und das überflüssige Fett entfernen, das man für ein Kohl- oder Sauerkrautgericht aufbewahrt, mit Puderzucker bestäuben und in den sehr heißen Ofen oder unter den Salamander stellen. Bei allergrößter Hitze muß der Zucker ganz schnell schmelzen, sofort karamelisieren und das Fett des Schinkens mit einer bernsteinfarbenen, glänzenden Schicht überziehen. Der Schinken sieht so einladender aus und wird auch schmackhafter.

Oder er wird durch ein Schmoren glaciert. 30 Minuten bevor der Schinken im Sud gar geworden wäre, nimmt man ihn aus diesem heraus, hebt die Schwarte ab und entfernt das überflüssige Fett. Nun legt man den Schinken in einen Schmortopf von möglichst genau passenden Maßen und begießt ihn mit $\frac{1}{2}$ l Madeira, Portwein, Frontignan oder Banyuls (beides gekochte Weine aus Südfrankreich), Sherry oder Marsala. Den Topf nun zugedeckt 1 Stunde in den Ofen stellen, den Schinken dadurch fertigschmoren. Zwischendurch sehr häufig begießen. Dann mit Puderzucker bestäuben und wie oben im geöffneten Topf im sehr heißen Ofen oder unter dem Salamander glacieren.

Warme Schinken werden im allgemeinen mit einer Gemüsebeilage und einer Sauce serviert, die aus Madeira-Sauce oder auch Demiglace sowie dem sehr sorgfältig entfetteten Wein des Schmorfonds bereitet wird Unter den am besten geeigneten Gemüsen möchte ich die folgenden aufzählen: Straßburger Sauerkraut (mit Speck, Schinken und Knoblauchwürsten), Spinat auf Florentiner Art (Blattspinat mit Mornay-Sauce), mit Speck geschmorter Chicorée, geschmorte Sellerieherzen, Gurken in Mornay-Sauce, Garnitur nach Gärtnersart (Möhren, weiße Rüben, grüne und weiße Bohnen, Blumenkohlröschen), Spätzle, Erbsen »Clamart« (auf Artischockenböden), geschmorter Kopfsalat usw.

## Chausson Lucas-Carton
### Hefeteigtasche »Lucas-Carton«

Für 4 bis 5 Personen: *500 g Brioche-Teig, 300 g geschmorter Schinken (aus dem unteren, weicheren und gelatinösen Teil mit etwas Fett geschnitten), 1 große frische Trüffel, Butter, 125 g frische Gänsestopfleber, 125 g frische, weiße Champignons, Portwein, Salz, Pfeffer, Macisblüte, 1 Ei, $\frac{1}{10}$ l klare Demi-glace*

Den Teig in einer ovalen Platte von 7 bis 8 mm Stärke ausrollen und häufig mit einer Gabel einstechen. Auf der einen Teighälfte (die andere wird später über die Füllung geklappt) die Füllung aus den übrigen, jeweils getrennt vorbereiteten und gemischt angeordneten Zutaten aufschichten. Den Schinken in einige Stücke zerteilen, die Trüffel in dicke Scheiben schneiden und in einer Pfanne in Butter erhitzen. Die Stopfleber in 2 oder 3 Schnitzel schneiden und diese ebenfalls in der Butter kurz anbraten, bis sie fest werden. Dann herausnehmen und die in dünne Scheiben geschnittenen Champignons darin rasch anbraten. Mit 2 EL Portwein angießen und diesen fast vollständig einkochen. Die Pfanne vom Feuer nehmen und mit einem Stück frischer Butter eine dicke Sauce herstellen. Alle Zutaten werden während des Bratens mit etwas Salz, frisch gemahlenem Pfeffer und einer kaum wahrnehmbaren Spur gemahlener Macisblüte gewürzt.

Den Rand der Teigplatte mit dem verquirlten Ei bestreichen und die frei gebliebene Hälfte über die Füllung schlagen. Mit einem leichten Fingerdruck die Ränder gut zusammenlöten und dann, jeweils schräg verwindend, den unteren Rand in einem Wulst über den oberen eindrehen. Die halbmondförmige Teigtasche in eine ausreichend große Kuchenfom legen und die Oberfläche mit dem verquirlten Ei bestreichen.

Mit kleinen, aus Brioche-Teig ausgeschnittenen Rautenstückchen verzieren, die wie Blätter an einem mit der Messerspitze eingeritzten Aderwerk angesetzt werden. Auch diese Stückchen mit Ei überziehen. Die Teigtasche im recht heißen Ofen goldgelb backen. Das beim Herausnehmen herrlich duftende Gericht sofort servieren und mit einer stark eingekochten, gut geklärten Demi-glace servieren, die man neben dem Feuer noch mit Portwein und Butter verfeinert und mit frisch gemahlenem weißen Pfeffer gewürzt hat. Von der kräftigen Sauce genügen 3 TL pro Person.

*Anmerkung:* Man kann diese Teigtasche auch mit Halbblätterteig zubereiten. Man kann sie als warme Vorspeise wie oben beschrieben reichen oder als großes Entrée, begleitet von in Butter gebratenen Morcheln, die in Sahne geschwenkt und mit Portwein parfümiert werden.

*Anm. der Übersetzer:* Lucas-Carton ist ein berühmtes Feinschmecker-Restaurant in Paris, das in den sechziger Jahren seine große Zeit hatte.

## Jambon chaud garni de légumes divers
## Warmer Schinken mit verschiedenen Gemüsen

Pochierter und abgekühlter Schinken wird sehr häufig wieder aufgewärmt und mit Gemüse, gebundenem Kalbs-Fond oder einer braunen Sauce gereicht. Wir empfehlen, genau nach dem hier geschilderten Verfahren vorzugehen, denn man könnte sonst eine beinahe sichere Enttäuschung erleben.

Eine beliebige Gemüsegarnitur zubereiten und sehr heiß auf einer ebenfalls sehr heißen Platte anrichten. Den Schinken so dünn wie möglich aufschneiden – es ist besser, für jeden Gast mehrere Scheiben zu servieren, denn dicke Schinkenscheiben schmecken weit weniger gut – und die Scheiben nebeneinander auf dem Gemüse ausbreiten. Mit einer vorgewärmten Glocke oder einer Schüssel zudecken und auftragen. Die von dem Gemüse gespeicherte Hitze staut sich unter dieser Abdeckung und reicht aus, die Schinkenscheiben zu erwärmen. Unbedingt auf gut vorgewärmten Tellern servieren. Dazu eine Demiglace oder gebundenen Kalbs-Fond reichen, welche mit Madeira, Sherry, Portwein oder ähnlichem aromatisiert wurden.

## Mousse froide de jambon
## Kalter Schinkenschaum

*500 g gekochter magerer Schinken (Reste und unbrauchbare Abschnitte eignen sich gut), 1/5 l Samt-Sauce, Salz, Pfeffer, 1/5 l heller Madeira-Aspik, 2/5 l dicke Sahne (crème fraîche épaisse)*

Den Schinken kleinwürfeln, durch den Fleischwolf drehen und im Mörser zu einer kleinen Paste zerstampfen. Nun nach und nach die kalte Samt-Sauce zufügen. Durch ein feines Sieb (am besten ein Haarsieb verwenden) drücken und in einer Schüssel auffangen. Diese in zu feinem Schnee zerstampftes Eis stellen und kräftig mit einem Spachtel oder Kochlöffel durcharbeitend nach und nach 2/3 des halb geschmolzenen Aspiks hineinziehen. Mit Salz und Pfeffer abschmecken. Schließlich die halbsteif geschlagene Sahne gründlich hineinarbeiten.

Eine der Schaummenge entsprechende Form mit dem restlichen Aspik ausgießen und die Form überall dünn damit überziehen (verspiegeln). Dazu die Form im Eis drehen – durch die Kälte erstarrt das Gelee schneller. Nun den Schinkenschaum einfüllen und im Kühlschrank durchziehen und fest werden lassen. Um das Gelee auf eine blitzende Silberplatte zu stürzen, taucht man die Form eine Sekunde in heißes Wasser. Sorgfältig abtrocknen, damit keine Tropfen auf die Silberplatte fallen. Diese umgekehrt auf die Form legen und beides fest aneinanderdrückend mit einer plötzlichen Bewegung umdrehen. Die Form von dem Schaum abnehmen, der rosa durch die glänzende und durchsichtige Geleeschicht schimmert. Sofort servieren.

## Boudins noirs aux pommes reinettes
### Blutwurst mit Äpfeln

Für 1 Person: *1 Stück Blutwurst, 1 großer Apfel (vorzugsweise Goldparmäne, Canada oder auch Boskop), Butter, Salz, 1 Spur Zimt*

Den Apfel schälen, die Kerne entfernen, in große Stücke schneiden und in Butter in einer Pfanne anbraten. Zum Schluß, wenn die Apfelstücke beinahe gar sind, die Hitze heraufschalten, damit die Stücke etwas anbräunen. Mit einer kleinen Prise Salz und einem kaum bemerkbaren Hauch Zimtpulver bestäuben. Die Blutwurst einige Male fein einschneiden, damit die Hitze besser eindringen kann, und in einer kleinen Pfanne in Butter anbraten. Wenn sie schön kroß geröstet ist, die Apfelstücke darum herumlegen und noch 4 bis 5 Minuten leise schmoren lassen, damit sich die Aromen mischen können. Heiß servieren.

## Jambon au foin
### Schinken im Heu

*1 geräucherter Schinken, nur schwach gesalzen, von etwa 3 kg, 250 g frisches oder trocken aufbewahrtes Heu, 1 Zweig Thymian, 2 Lorbeerblätter, 6 Gewürznelken, 10 Wacholderbeeren*

Vom Schinken die Haxe absägen und den Hüftknochen auslösen. Über Nacht in kaltes Wasser legen, um den Schinken noch weiter zu entsalzen.
In einen Kessel oder einen großen Schmortopf legen, vollständig mit Wasser bedecken, das Heu und die Gewürze zugeben. Zum Kochen bringen, dann auf kleiner Flamme bei 80 bis 90 Grad etwa 15 bis 20 Minuten pro Pfund, insgesamt also 1½ bis 2 Stunden pochieren. Nach dem Kochen die Schwarte entfernen. Man kann den Schinken in Heu heiß oder kalt servieren – in letzterem Falle im Sud abkühlen lassen.

## Côtes de porc
## Schweinskoteletts

Schweinskoteletts sollten mindestens 2 bis 3 cm dick geschnitten werden. Sind sie dünner, so trocknen sie beim Garen aus. Am besten schmecken sie gegrillt oder gebraten.

*Gegrillt:* Die Koteletts mit zerlassener Butter oder Schweineschmalz bestreichen, mit Salz und Pfeffer würzen, mit Semmelbröseln bestreuen und bei mäßiger Hitze grillen.

*Gebraten:* Bei milder Hitze in Butter oder Schmalz in einer tiefen Pfanne oder in einer Kasserolle braten. Sie nehmen dann langsam Farbe und trocknen nicht aus. Den Bratfond stets ablöschen und die begleitende Sauce damit anreichern. Im allgemeinen reicht man Pikante Saucen, Sauce »Robert« oder Sauce nach Wurstmacherart. Als Gemüse eignen sich Kartoffelpüree, Kronprinzessin-Kartoffeln, Bratkartoffeln, dick eingekochtes Apfelmus und ähnliches.

## Echine de porc, petit salé d'échine aux choux farcis
## Schweinenacken oder gepökelter Nacken mit gefülltem Kopfkohl

*1 Stück Schweinenacken, Meersalz, zermahlener Thymian, zerriebenes Lorbeerblatt, 1 Zweig Thymian, 1 Lorbeerblatt, 1 EL Zucker, 1 Möhre, 1 große Zwiebel, 1 Gewürznelke, gefüllter Kopfkohl*

Während der kalten Jahreszeit ein Stück Schweinenacken halb einpökeln. Dazu mit gewürztem, feinem Meersalz einreiben, in eine Schüssel legen und mit Meersalz bedecken. Am folgenden Tag aus dem Salz nehmen und erneut kräftig mit Salz einreiben. In einen ganz sauberen Steinguttopf betten. 1 Zweig Thymian und 1 Lorbeerblatt darauflegen sowie 1 EL Zucker darüberstreuen und mit Salz auffüllen. Mit einem Tuch abdecken und 8 Tage kühl stellen. Wenn das schmelzende Salz das Fleisch nicht ganz bedeckt, muß es jeden Tag mit einer Gabel umgedreht werden. Nie mit den Händen berühren.
Wenn das Fleisch gut durchsalzen ist, herausnehmen, waschen und

mit kaltem Wasser aufsetzen. Zum Kochen bringen und mit der gevierteltem Möhre und der mit einer Nelke gespickten, ebenfalls geviertelten Zwiebel würzen. Auf kleiner Flamme siedend etwa 20 Minuten pro Pfund gar ziehen lassen.

Auf einer runden Platte, umlegt mit Kohlrouladen (die etwa die Größe eines Apfels haben sollen) servieren. Dazu Dampfkartoffeln und etwas Brühe des Schweinenackens reichen.

## Carré et filet de porc frais
## Schweinskarree und Schweinerücken

Hier zwei gleichermaßen empfehlenswerte Methoden, ein frisches Schweinskarree (Rippenspeer) oder einen Schweinerücken zu garen.

### 1. Rezept:

*1 Schweinskarre oder Schweinerücken, Salz, Pfeffer, Schweineschmalz*

Das Karree nicht auslösen, nur alle 3 cm einen Einschnitt in die Wirbelsäule sägen lassen, damit man das Fleisch später leichter aufschneiden kann. 2 Stunden bevor es gebraten werden soll, mit Salz und Pfeffer einreiben. Das Karree auf eine metallene oder irdene Bratpfanne setzen, mit flüssigem Schmalz beträufeln und in den gut heißen Ofen schieben. Das Fleisch häufig begießen und umwenden, bis es vollkommen gar ist – rosa oder gar blutig gebratenes Schweinefleisch ist unbekömmlich und schwer verdaulich. Je nach Stärke des Stückes mit 25 bis 30 Minuten Bratzeit je kg rechnen.

### 2. Rezept:

*1 Schweinskarree oder Schweinerücken, Salz, Pfeffer, Möhren, 1 Zwiebel, 2 Gewürznelken, 1 Knoblauchknolle, das Weiße von 2 Lauchstangen, 1 Stange Bleichsellerie, 2 bis 3 EL zerlassenes Schweineschmalz*

Das Fleisch vorbereiten lassen und würzen, wie oben beschrieben. Mit den Möhren, der gespickten Zwiebel, dem Knoblauch, dem Lauch und dem Sellerie wie zu einem Pot-au-feu aufsetzen. Mit kaltem Wasser bis 2 cm über das Fleisch aufgießen. Mit 10 g je Liter Wasser salzen, zum

Kochen bringen und abschäumen. Leise siedend, also ohne zu kochen, etwa 30 Minuten pro kg gar ziehen lassen. Dann herausnehmen, abtropfen lassen und in eine Bratform mit rauchendem Schweineschmalz legen. Das Fleisch damit begießen und im sehr heißen Ofen rasch etwas Farbe nehmen lassen. Mit Sauce »Robert«, Pikanter Sauce oder einem EL Kalbs-Fond, der mit etwas Bratfond verrührt wurde, servieren.

*Anmerkung:* Will man den Kochsud des Fleisches nicht verwenden, weil der Geschmack doch recht kräftig ist, so kann man das Fleisch auch in die lebhaft kochende Brühe geben.


# Le porc froid
## Kaltes Schweinefleisch

### Porc rôti froid avec salade de chou vert ou rouge
### Kalter Schweinebraten mit Weiß- oder Rotkohlsalat

*Kalter Schweinebraten, Essiggürkchen (Cornichons), eingelegter Weiß- oder Rotkohl, Äpfel*

Man kann hierzu ein Stück Fleisch besonders braten oder aber auch Reste verwenden. In jedem Fall wird das Fleisch in sehr dünne Scheiben erst kurz vor dem Servieren aufgeschnitten. Auf einer runden Platte die Fleischscheiben dachziegelartig übereinandergelegt in einem Kranz anordnen. Mit Gurkenscheiben oder -fächern dekorieren.

Dazu Weiß- oder Rotkohlsalat servieren, der kurz vor dem Servieren mit in dünne Scheiben geschnittenen, süßen Äpfeln vermischt wird. Man kann zu kaltem Schweinefleisch auch andere Gemüsesalate reichen, etwa aus Kartoffeln, Blumenkohl, grünen oder weißen Bohnen, einen gemischten Gemüsesalat, auch mit Cornichons, Kapern und ähnlichem. Auch schmecken alle kalten, von Mayonnaise ausgehenden Saucen sehr gut dazu.

# Recettes de charcuterie familiale
# Rezepte für eigene Wurstwaren

## Rillettes de porc
## Eingekochtes Schweinefleisch

*1 frische Schweinebrust, 100 g Meersalz (Reformhaus), Lorbeerblatt, Thymian, Macisblüte, Zimt, (Berg-)Bohnenkraut, Salbei, Majoran, Basilikum, Muskatnuß, Nelken, Pfeffer, 75 g Flomen, 5 g Paprika, weitere Flomen oder Schweineschmalz*

Von der Schweinebrust die Rippen, die Knochen, die weichen Brustspitzen und die Schwarte entfernen. Das Fleisch auf allen Seiten kräftig mit fein zerstoßenem Meersalz einreiben, das mit 1 Prise der oben angegebenen, pulverisierten Kräuter und Gewürze vermischt wurde. In ein Tuch wickeln und 2 Stunden durchziehen lassen. Dann die Brust in Würfel von etwa 3 cm Kantenlänge schneiden. 75 g Flomen in einer Kasserolle schmelzen lassen, die Fleischstücke hineingeben und ganz langsam auf allen Seiten anbraten. Dabei darauf achten, daß sie wirklich gleichmäßig braten, damit man ein klares und weißes Schmalz bekommt. Mit einem Schaumlöffel die nun zu hellgoldenen Grieben gewordenen Brustspeckwürfel herausheben. Das Schmalz zu späterem Gebrauch in ein Gefäß abgießen. Die Grieben hacken oder durch die grobe Scheibe des Fleischwolfs drehen und in die Kasserolle zurückgeben. Ein Glas Wasser angießen und die Grieben bei sehr milder Hitze 7 bis 8 Stunden ganz langsam garen. Dabei immer wieder umrühren und das stetig verdunstende Wasser ersetzen. Nach der angegebenen Zeit muß dann alle Feuchtigkeit verdunstet sein. Das Fleisch vom Feuer nehmen und mit Paprika würzen. Zu diesem Grieben-Püree endlich das zurückbehaltene Schmalz geben und die Masse unter häufigem Umrühren abkühlen lassen. Sie muß schließlich fein und geschmeidig sein und beim Probieren einen gut durchgekochten, schmelzenden Eindruck hinterlassen, den man nur durch das lange und langsame Garen erreichen kann.
Die Rillettes in nicht zu große, etwa ½ l fassende Steinguttöpfe füllen. Dabei immer fest andrücken, damit nirgends kleine Lufttaschen entstehen können. Mit einer 1 cm dicken Schicht gut durchgekochtem Flomen oder Schweineschmalz abdecken.
Will man die Rillettes länger aufbewahren, dann empfiehlt es sich, die

Töpfe noch 25 Minuten in ein kochendes Wasserbad zu stellen. Während des anschließenden Abkühlens immer wieder in den Töpfen durchrühren, damit die Masse sich nicht absetzt und wirklich homogen und geschmeidig bleibt. Dann mit einer Fettschicht und Alufolie abdecken.

*Anm. der Übersetzer:* Die Rillettes werden in vielen Gegenden Frankreichs hergestellt. Am bekanntesten sind die von Le Mans. Sie sind ein ganz ausgezeichneter Brotaufstrich, wenn auch nicht gerade kalorienarm. Man kann sie, gut verschlossen, mehrere Wochen im Kühlschrank aufbewahren.

## Fromage de tête de porc
## Schweinskopfsülze

*1 kleiner Schweinskopf von 3 bis 4 kg, Meersalz (Reformhaus), Gewürze (siehe vorstehendes Rezept), 500 g frische Schweineschwarten, 2 große Möhren, 2 große Zwiebeln, 2 Gewürznelken, 1 kleine Knoblauchknolle, 1 sehr großer Kräuterstrauß (aus Petersilie, Thymian und Lorbeerblatt), Pfeffer*

Den Schweinskopf abflämmen und sorgfältig schaben. Hirn und Zunge herausnehmen, dann den Kopf längs spalten. Auch quer noch einmal zerteilen. Die vier Teile wie die Zunge auf allen Seiten kräftig mit gewürztem, fein zerstoßenem Meersalz einreiben. Dieses Einreiben 5mal wiederholen, dann die Kopfstücke und die Zunge mit den Schwarten in eine Terrine legen, mit einer dünnen Salzschicht bestreuen, mit einem Tuch abdecken und 4 Tage an einem kühlen Ort pökeln lassen.

Nach dieser Zeit die Fleischstücke herausnehmen, das Salz abklopfen und die Stücke gut abwischen. Mit der Zunge, den Schwarten, den Möhren, den mit Nelken gespickten Zwiebeln, dem gehäuteten Knoblauch und dem Kräuterstrauß in eine ausreichend große Kasserolle schichten. Dabei darauf achten, daß sowenig Hohlräume wie möglich entstehen. Mit Wasser aufgießen, bis alles eben bedeckt ist. Langsam zum Kochen bringen und den aufsteigenden Schaum immer wieder abschöpfen. Jetzt die Kasserolle auf kleine Flamme setzen und den Kopf zugedeckt ganz leise siedend 3 Stunden kochen.

Dann die Kopfstücke, die Zunge und die Schwarten herausheben, abtropfen lassen und auf eine Platte legen. Wenn sie etwas abgekühlt sind, alle Knochen auslösen. Die dünnen Teile der Ohren beiseite legen. Das Fleisch, die Zunge und die dicken Teile der Ohren in Würfel von 2 cm Kantenlänge schneiden. Alles in eine Schüssel geben und überprüfen, ob das Fleisch ausreichend gesalzen ist. Nötigenfalls nachsalzen, auf jeden Fall mit frisch gemahlenem Pfeffer abschmecken und ⅕ l der ebenfalls abgeschmeckten Brühe durch ein feines Sieb darübergießen. Alles miteinander vermischen. Mit den Schwarten eine Terrine, eine Salatschüssel oder ein anderes Gefäß auslegen, das sich auf jeden Fall nach oben verjüngen muß, damit man den Schweinskopf stürzen oder besser herausheben kann. Erst ⅓ des Fleisches und des Kochsuds hineinfüllen, dann die Hälfte der flachen Ohren darauflegen, wieder ⅓ des Fleisches und Sud darübergeben, mit den restlichen Ohren abdecken und mit dem übrigen Fleisch und dem Kochsud abschließen. Mit einem zugeschnittenen Stück Alufolie zudecken und ein passendes Holzbrettchen darauflegen. Hierauf ein Gewicht von 500 g stellen. 24 Stunden lang abkühlen und erstarren lassen.

Man kann den Schweinskopf zum Servieren stürzen oder auch in der Form lassen. Wir raten, ihn in der Terrine oder Schüssel zu lassen, wenn er nicht auf einmal verspeist wird. Dann kann er nämlich nicht so stark austrocknen, und es genügt, ihn mit einem Stück Alufolie abzudecken.

## Paté de foie de porc
## Schweineleberpastete (Terrine)

*250 g Schinkenfett oder frischer Speck, 250 g mageres, völlig entsehntes Schweine- oder Kalbfleisch, 500 g Schweineleber, 50 g Salz, 1 Prise Gewürze (siehe »Rillettes« – Seite 387), 2 Schalotten, 1 mittelgroße Zwiebel, 1 Likörglas Cognac, 250 g in Milch eingeweichtes, entrindetes Toastbrot, 1 EL gehackte Petersilie, 3 frische Eier, 4 große, dünne Scheiben frischer Speck, 1 Lorbeerblatt, 1 Zweiglein Thymian, Mehl*

Das Schinkenfett oder den Speck, das magere Fleisch und die Leber jeweils in Würfel von 2 cm Kantenlänge schneiden. Jede Fleischsorte auf eine Platte legen und mit dem angegebenen Salz sowie den Gewürzen bestreuen. Die Schalotten und die Zwiebel ganz fein hacken.

Den Speck in einen breiten, flachen Topf oder eine hochrandige Pfanne geben, erhitzen und dabei nur ein ganz klein wenig auslassen, jedoch leicht anbraten. Dann die Leber hinzufügen und auf großer Flamme anbraten und steif werden lassen. Sofort die Schalotten und Zwiebeln zugeben, ebenfalls kurz braten. Vom Feuer nehmen und den Cognac angießen, um den Bratensatz zu lösen. Alles umwenden, in eine Terrine umfüllen und abkühlen lassen. Dann Speck, Fleisch und Leber grob hacken oder durch die große Scheibe des Fleischwolfs drehen. Das in Milch eingeweichte und fest ausgedrückte Toastbrot, die Petersilie und die Eier zufügen, von denen man die Keime (Hagelstränge) entfernt hat, weil sie sich nicht leicht vermischen lassen und dann beim Gerinnen in der Terrine weiße Punkte hinterlassen würden. Mit einem Spachtel oder Kochlöffel gut durcharbeiten, bis eine einheitliche Farce entstanden ist.

Eine kleine Kugel abstechen und im Ofen pochieren, um den richtigen Würzgrad festzustellen. Nach Bedarf mit Salz oder Kräutern nachwürzen.

Den Boden und die Seiten einer Pastetenform oder einer passenden Terrine mit 3 Speckscheiben ausschlagen. Die Leberfarce fest andrückend hineinfüllen und mit der vierten Speckscheibe abdecken. Auf diese das Lorbeerblatt und den Thymianzweig legen. Etwas Mehl mit wenig Wasser zu einem dicken Brei rühren und damit den Rand der Terrine einstreichen. Den Deckel aufsetzen, der nun vollkommen dicht schließen muß. Natürlich muß die Terrine so ausgesucht sein, daß sie mit der Farce gerade gefüllt ist.

Die Terrine nun in eine mit heißem Wasser gefüllte Bratform stellen und in den mäßig heißen Ofen schieben. Etwa 1 Stunde garen, dabei das verdunstende Wasser immer wieder durch neues, kochendheißes Wasser ersetzen. Der genaue Garpunkt der Terrine läßt sich an diesen Anzeichen ablesen: Das zunächst an die Oberfläche steigende Fett ist trübe; wenn es klar geworden ist, ist auch die Terrine gar. Während dieser Klärung setzt sich der mit dem Fett aufsteigende Fleischsaft am Rand der Terrine ab; wenn er sirupartig dick wird, ist die Terrine gar. Wenn man eine feine Spicknadel in die Terrine steckt und sie nach zwei Minuten herauszieht, muß sie richtig heiß sein, wenn die Terrine gar ist; man hält sie zur Überprüfung an den Handrücken.

Die fertige Terrine aus dem Ofen nehmen und unbedeckt ¼ Stunde abkühlen lassen. Dann ein passendes Brettchen darauflegen und mit einem Gewicht von etwa 500 g beschweren. Vollständig abkühlen lassen. Die richtige Auswahl des Gewichts zum Beschweren ist sehr wichtig. Denn das Pressen hat die Aufgabe, beim Abkühlen alle Bestandteile der Terrine innig miteinander zu verbinden und darf nicht das noch flüssige Fett aus der Farce herauspressen. Ist das Gewicht zu leicht oder preßt man überhaupt nicht, so bröckelt die

Terrine beim Anschneiden auseinander. Preßt man zu stark, so drückt man das Fett heraus; die Terrine wird trocken und verliert ihren Geschmack und ihre Geschmeidigkeit.

Zum Servieren wird die Form gewaschen und sauber abgewischt und auf eine lange, mit einer Serviette belegte Platte gesetzt. Man schneidet am Tisch ½ cm dicke Scheiben ab und hebt sie vorsichtig heraus.


# La triperie
# Innereien

Unter Innereien versteht man
beim Rind: Leber, Herz, Lunge, Zunge, Nieren, Hirn, Rückenmark, Backen, Füße, Pansen und Kaldaunen
beim Kalb: Leber, Herz, Lunge, Nieren, Rückenmark, Bries, Gekröse, Kopf, Hirn und Füße
beim Hammel und Lamm: Nieren, Leber, Hirn, Zunge, Bries und Füße
beim Schwein: Leber, Nieren, Hirn, Füße, Kopf, Blut, Magen und Darm.

Die meisten Zubereitungsarten lassen sich unabhängig davon anwenden, ob die Innereien von dem einen oder dem anderen Tier stammen. Vor allem bei Leber, Herz, Lunge, Nieren, Rückenmark und Hirn.

Bei anderen, wie beim Bries und bei der Zunge, sind die Zubereitungen von der Größe der Organe abhängig. Die Füße werden, je nachdem, ob sie vom Rind, Kalb, Hammel oder Schwein stammen, anders zubereitet. Ähnlich ist es beim Pansen, Magen, den verschiedenen Därmen, dem Gekröse und dem Kopf.

Blut und Därme vom Schwein werden fast ausschießlich für Wurstwaren verwendet, spielen in der Küche eine untergeordnete Rolle.

*Anm. der Übersetzer:* In der französischen Küche spielen die Innereien eine weitaus größere Rolle als bei uns – sowohl in der feinen, als auch in der alltäglichen und rustikalen Küche. Hier können wir noch (oder wieder?) viel lernen!

## Amourette de bœuf ou de veau
### Rinder- oder Kalbsrückenmark

Das Rückenmark ist feiner als das vom Rind.
*Vorbereitung:* Das Mark mindestens 12 Stunden in öfters gewechseltem Wasser wässern. Dann die Haut und die umgebenden Sehnen vorsichtig abziehen, dabei darauf achten, daß die hirnartige Masse nicht zerdrückt wird. Einen Sud aus 1 l Wasser, 10 g Salz, 1 EL Essig, 1 Zweiglein Thymian und 1 Stück Lorbeerblatt aufsetzen und das Rückenmark hineinlegen. Langsam zum Kochen bringen, beim ersten Aufwallen vom Feuer nehmen und bei kleiner Flamme 5 Minuten pochieren. Im Sud abkühlen lassen und bis zum Gebrauch darin aufheben. Für die weitere Zubereitung gelten alle für Hirn angegebenen Rezepte.
*Anm. der Übersetzer:* Das Rückenmark wird bei uns normalerweise nicht angeboten – man muß es daher stets vorbestellen.

## Cervelle de mouton, de veau, de porc
### Hammel-, Kalbs- und Schweinehirn

Das Hirn mindestens 12 Stunden in kaltem, mehrmals gewechseltem Wasser wässern. Die Häute, anhängenden Adern und geronnenen Blutreste entfernen und erneut wässern, damit das Hirn schön weiß wird. Dann wird das Hirn im allgemeinen pochiert, da man es nur in wenigen Zubereitungen roh verwendet.
Einen Sud aus 1 l Wasser, 10 g Salz, 1 EL Essig oder dem Saft von $\frac{1}{2}$ Zitrone, $\frac{1}{2}$ Lorbeerblatt, 1 Zweiglein Thymian sowie je 1 in Scheiben geschnittene Möhre und Zwiebel aufsetzen, 25 Minuten kochen, abkühlen lassen und durch ein Sieb passieren. Das Hirn in den kalten Sud legen, langsam zum Kochen bringen und dabei immer wieder abschäumen. Je nach Größe bei milder Flamme ganz leise siedend 10 bis 15 Minuten pochieren. Wird das Hirn nicht sofort verwendet, läßt man es im Sud abkühlen und bewahrt es darin auf.

## Cervelle au beurre noir ou noisette
### Hirn mit brauner oder haselnußbrauner Butter

*1 pochiertes, heißes Hirn, Salz, Pfeffer, Petersilie, Butter, 1 Schuß Essig*

Das heiße Hirn in 1 cm dicke Scheiben schneiden und diese auf eine gut vorgewärmte Platte legen. Mit etwas Salz, ein wenig frisch gemahlenem Pfeffer und frisch gehackter Petersilie bestreuen. Mit brauner oder haselnußbrauner Butter übergießen, die man im letzten Augenblick in einer Pfanne erhitzt hat. Sofort danach einen Schuß Essig in die Pfanne geben, erhitzen und rasch über das Hirn gießen.

## Cervelle à la meunière
### Hirn nach Art der Müllerin

*1 rohes, gewässertes und gereinigtes Hirn, Salz, Pfeffer, Mehl, 40 g Butter, ¼ Zitrone (Saft), gehackte Petersilie*

Das Hirn in 1 cm dicke Scheiben aufschneiden. Diese salzen, pfeffern und in Mehl wenden, überflüssiges Mehl abklopfen. In einer Pfanne die Butter erhitzen, die Hirnscheiben hineinlegen, auf beiden Seiten rasch anbraten, dann auf kleiner Flamme 5 Minuten gar werden lassen. Auf einer heißen Platte anrichten, Zitronensaft daraufträufeln und Petersilie darüberstreuen. Zum Schluß die Bratbutter darübergießen, der man, falls nötig, noch etwas frische Butter zugefügt hat.

## Beignets de cervelle sauce tomate ou Orly
### Gebackenes Hirn mit Tomaten-Sauce »Orly«

*1 gewässertes, pochiertes Hirn, Salz, Pfeffer, ½ Zitrone (Saft), Ausbackteig, Öl zum Ausbacken, Petersilie, 1 Zitrone, Tomaten-Sauce*

Von dem noch warmen Hirn alle Häute und Adern entfernen, in große Würfel oder in Scheiben schneiden. Mit Pfeffer und Salz bestreuen und mit etwas Zitronensaft beträufeln. Eine kurze Zeit darin ziehen lassen, dann in Ausbackteig tauchen und nach und nach in rauchendheißem Öl fritieren. Herausheben, wenn der Teig knusprig ist und eine schöne goldene Farbe angenommen hat. Die Stücke auf Küchenpapier abtropfen lassen, mit 1 Prise Salz bestreuen und auf einer runden, mit einer gefalteten Serviette ausgelegten Platte pyramidenförmig aufschichten. Auf die Spitze der Pyramide ein Sträußchen in letzter Sekunde ausgebackener Petersilie setzen, auf die Platte noch die halbierte oder geviertelte Zitrone legen. Getrennt dazu in einer Saucière die Tomaten-Sauce reichen.

Lammbries kann auf die gleiche Art und Weise zubereitet werden.

## Cervelle sautée à la niçoise
## Gebratenes Hirn auf die Art von Nizza

Für 2 Personen: *1 rohes, gewässertes und gereinigtes Hirn, Salz, Pfeffer, Mehl, 40 g Butter, ¼ Zitrone (Saft), gehackte Petersilie.* – Für die geschmolzenen Tomaten: *2 große, reife Tomaten, 1 EL Olivenöl, Salz, Pfeffer, ½ Knoblauchzehe, 1 Prise gehackte Petersilie, 1 Estragonblatt, 6 bis 8 kleine schwarze, entkernte Oliven (aus Nizza, ersatzweise 2 normale schwarze Oliven), Butter*

Das Hirn nach Art der Müllerin zubereiten, die Scheiben auf einer gut heißen, runden Platte in Kranzform anrichten und mit auf provenzalische Art geschmolzenen Tomaten anrichten.


## Fondue de tomates à la provençale
## Geschmolzene Tomaten auf provenzalische Art

Die Tomaten häuten, die Stielansätze herausschneiden, die Früchte pressen, um Kerne und Fruchtwasser zu entfernen, hacken oder zerdrücken und in eine kleine Pfanne mit rauchendem Olivenöl geben. Mit Salz und frisch gemahlenem Pfeffer würzen und 10 Minuten kochen lassen. Dann die halbe, fein zerdrückte Knoblauchzehe, die Petersilie, das Estragonblatt und die Oliven zugeben. Nur noch einmal kurz erwärmen, dann neben dem Feuer ein Stück frische Butter hineinarbeiten. Das etwas dickliche Mus, das fruchtig nach Tomaten und nach frischer Butter schmecken soll, zum Schluß etwas pikant abschmecken.


## Le foie
## Leber

Ochsen- oder Rinderleber ist nicht selten sehr stark mit Sehnen durchzogen und beinahe immer von mäßiger Qualität. Schweineleber verwendet man meist in Terrinen und Pasteten, die Hammelleber bereitet man mit anderen Innereien zu einem Ragout. Nur die Kalbsleber besitzt feinschmeckerische Werte.

## Foie de veau à l'étuvée
## Geschmorte Kalbsleber – Burgunder Spezialität

*Für 6 Personen: 1,5 kg Kalbsleber aus dem dicken Teil, 20 große, frische, fette Speckstreifen zum Spicken, Salz, Pfeffer, 1 Prise gehackte Petersilie, 1 Prise gemischte Gewürze, 1 Kalbs- oder Schweinsnetz, 30 g Butter, 1 Stück Schweineschwarte, 150 g Zwiebeln, 300 g junge Möhren bzw. nur das rote Äußere von alten Möhren, 1 Kräuterstrauß (aus 10 Petersilienstengeln, 1 Zweiglein Thymian und ½ Lorbeerblatt), 2 Knoblauchzehen, 1 Likörglas Cognac*

Schon vom Metzger die Speckstreifen zuschneiden lassen – sie sollen bleistiftstark und so lang wie die Leber sein (die Schwarte des Specks mit einpacken lassen). Die Speckstreifen auf einen Teller legen, salzen, pfeffern, mit Petersilie und Gewürzen mischen und 15 Minuten durchziehen lassen.

Die Kalbsleber wie ein geschmortes Ochsenfleisch (Seite 287 f.) mit den Speckstreifen spicken. Die Leber außen salzen, pfeffern und mit den gemischten Gewürzen abreiben. In das Netz einwickeln und dieses durch einige Umwicklungen mit Schnur festbinden. In einem der Leber recht genau entsprechenden Topf oder einer Ton-Kasserolle die Butter erhitzen und die Leber hineingeben, die sofort anbraten muß und keinen Saft abgeben darf, in dem sie sonst kochen würde. Mit dem Schaumlöffel umdrehen, damit sie nicht eingestochen wird, und auf allen Seiten leicht bräunen. Nun die Schwarte auf den Boden des Topfes legen, die Leber wieder darauf einrichten. Um die Leber herum die gehäuteten und geviertelten Zwiebeln, die geschabten, längs geviertelten Möhren, den Kräuterstrauß und die Knoblauchzehen anordnen. Die Gemüse etwas zusammendrücken und den Deckel auflegen, der sehr dicht schließen muß (nötigenfalls den Rand mit Mehlbrei bestreichen und so den Deckel »anlöten«). Langsam erhitzen, bis aus dem Inneren ein leises Bratgeräusch zu hören ist. Den Topf dann sofort vom Feuer nehmen und in den schwach geheizten Ofen schieben.

Man kann auf das Schmoren im Ofen verzichten und den Topf bei milder Hitze auf dem Herd stehen lassen. Früher, und das ist die beste Art zu schmoren, hat man den Topf auf eine Brennstelle mit nicht zu heißer Glut gesetzt und hat in einen vertieften oder umgekehrt aufgelegten Deckel ebenfalls etwas rote Glut gelegt.

Die Leber auf die eine oder andere Art 3 Stunden leise schmoren lassen, nach der halben Zeit den Cognac zugießen. Da der Topf gut

verschlossen ist und also kein Dampf entweichen kann und da bei sehr milder Hitze gegart wird, erfolgt praktisch kein Einkochen der Säfte, die Leber und Gemüse abgeben. Wenn die Garzeit zu Ende ist, schwimmt die Leber daher zur Hälfte in ihrem Saft.
Zum Servieren die Leber auf eine heiße Platte legen, die Schnüre und die Reste des Netzes entfernen und die Leber zugedeckt warm halten. Die Gemüse ohne Kräuterstrauß und Schwarte durch ein Sieb passieren und in einer kleinen Kasserolle zum Kochen bringen. Den Schmorsaft entfetten und in das Gemüsepüree gießen, das, wenn richtig geschmort wurde, allen Saft aufnehmen kann, um dann die Konsistenz einer leichten Tomaten-Sauce zu haben. Die Sauce über die Leber geben und heiß servieren.
*Anm.:* Auch kalt schmeckt dieses Gericht ganz ausgezeichnet. Man läßt die Leber dann in ihrer Sauce abkühlen, bevor man sie aufschneidet.

## Brochettes de foie de veau
### Kalbsleberspießchen

*300 g möglichst große, weiße Champignons, 2 Schalotten, 30 g Butter, 2 EL trockener Weißwein, 2 EL Tomatenpüree, 1/5 l Kalbs-Fond (Seite 150 f.), 30 g Mehlbutter (aus 25 g Butter und 1 TL Mehl), 1 EL gehackte Petersilie, 200 g gesalzener, magerer Brustspeck, Salz, Pfeffer, 2 EL Semmelbrösel oder Paniermehl*

Die Champignons putzen und waschen. Die Stiele am Kopf abschneiden und die Wölbung des Kopfes abflachen. Alle Abfälle sehr fein hacken. Die Schalotten ebenfalls sehr fein hacken und in einem kleinen Topf in der Butter weich dünsten. Die gehackten Champignons dazugeben und bei guter Hitze trocken werden lassen. Den Weißwein angießen und einkochen, bis er fast ganz verschwunden ist. Das Tomatenpüree und den Kalbs-Fond zugeben und erneut um 1/3 einkochen. Mehlbutter in kleinen Flöckchen zugeben, schmelzen lassen, nochmals kurz aufkochen, vom Feuer nehmen und abschmecken, die Petersilie zufügen. Vom Speck die Schwarte entfernen, das Fleisch in Quader von 3½ cm Seitenlänge und 8 mm Stärke schneiden. Diese in kaltem Wasser aufsetzen, 5 Minuten abkochen und dann abtropfen lassen.
Die Leber in dicke Scheiben und dann in Quader von 4 cm Seitenlänge und 2 cm Stärke schneiden.

Das Öl in einer Pfanne erhitzen und darin, sowie es raucht, die in 7 bis 8 mm starke Rädchen geschnittenen Champignons anbraten. Mit Salz würzen und 1 Minute kräftig braten (sautieren). Mit dem Schaumlöffel herausheben und auf einen Teller legen. Die Pfanne mit dem Öl wieder erhitzen, die Leberstücke hineingeben, salzen und pfeffern und auf großer Flamme rundum nur eben fest werden lassen. Herausnehmen, abtropfen und auf einem Teller bereithalten.

Ebenso mit dem Speck verfahren und auch ihn etwas anbraten.

In einer Schüssel die Leber- und Speckstücke, die Champignons und die vorbereitete Sauce vermischen, die alle Fleischstücke und die Champignons vollkommen einhüllen soll.

Die Fleischstücke und Champignons nun abwechselnd auf Metallspießchen stecken, mit Leber beginnen, dann ein Stück Speck und einen Champignon aufspießen und so fort, bis alles verbraucht ist. Jeweils mit einem Leberstück abschließen. Die Spieße in Semmelbröseln oder frischem Paniermehl wenden. Mit zerlassener Butter beträufeln und auf einen gut vorgeheizten Rost legen, jedoch nur einer mäßigen Glut aussetzen. Wenn die Brösel jeweils goldgelb geworden sind, die Spieße um ¼ Drehung wenden. Für die gesamte Garzeit etwa 15 Minuten rechnen.

Zu den Spießen in einer Saucière Tomaten-Sauce oder Haushofmeister-Butter reichen.

## Foie de veau grillé Bercy
### Gegrillte Kalbsleber »Bercy«

Für 6 Personen: *6 Scheiben Kalbsleber zu je etwa 110 g und 1½ cm Dicke, 60 g Butter, Salz, Pfeffer, Mehl, 100 g gewässertes Rindermark, 1 fein geschnittene Schalotte, 1/10 l trockener Weißwein, 1/10 l Kalbs-Fond, 125 g Mehlbutter aus 100 g Butter und 20 g Mehl, 2 TL gehackte Petersilie, ¼ Zitrone (Saft)*

Die Leberscheiben mit zerlassener Butter einstreichen. Mit Salz und Pfeffer würzen und in Mehl wenden. Das überflüssige Mehl durch leichtes Klopfen wieder entfernen, dann jede Scheibe mit einigen Tropfen zerlassener Butter besprenkeln und auf den heißen Rost über einer starken Glut (am besten aus Holzkohle) legen. Nach 2 Minuten die Scheiben jeweils um 90 Grad drehen, so daß die Stäbe des Grillrosts ein Gittermuster hinterlassen können. Nach weiteren 2 Minuten die Scheiben umdrehen und wie oben verfahren. Dann die Scheiben auf eine vorgewärmte Servierplatte legen, zudecken, warm halten und ruhen lassen. Das gut gewässerte und daher helle Mark mit einem in sehr heißes Wasser getauchten Messer in 3 mm dicke Scheiben schneiden. In eine Kasserolle mit kochendem, gesalzenem Wasser geben und 5 Minuten leise siedend pochieren.

Etwas Butter in einem kleinen Topf schmelzen lassen, die Schalotte hineingeben und, ohne Farbe nehmen zu lassen, weich dünsten. Mit Weißwein angießen und diesen auf 2 bis 3 EL Flüssigkeit einkochen. Nun den Kalbs-Fond zufügen und ebenfalls auf die Hälfte reduzieren. Vom Feuer nehmen. Die Mehlbutter in kleinen Stückchen dazugeben, ebenso das gut abgetropfte Mark, 1 Prise Salz, 1 Prise Pfeffer, 1 TL gehackte Petersilie und den Saft des Zitronenviertels. Langsam alles wieder erhitzen, dabei die Pfanne kreisend auf dem Herd hin und her bewegen, damit sich alle Zutaten beim Schmelzen der Butter innig vermischen. Nur noch kurz aufkochen lassen, dann vom Feuer nehmen. Den aus den Lebern inzwischen ausgelaufenen Saft in die Sauce geben, vermischen und die Sauce über die Lebern gießen. Mit gehackter Petersilie bestreuen und mit einer Schüssel voll Dampfkartoffeln servieren.

## Foie de veau sauté à la lyonnaise
### Gebratene Kalbsleber auf die Art von Lyon

Für 6 Personen: *6 Scheiben Kalbsleber, 60 g Butter, Salz, Pfeffer, Mehl, 4 große Zwiebeln, 1 EL Essig, gehackte Petersilie*

Die Hälfte der Butter in einer Pfanne erhitzen. Unterdessen die Leberscheiben mit Salz und frisch gemahlenem Pfeffer würzen, in Mehl umwenden und das überflüssige Mehl wieder abklopfen. In der inzwischen haselnußbraun gewordenen Butter auf jeder Seite 2 Minuten braten. Auf eine vorgewärmte Servierplatte legen, zudecken und warm halten.

Die andere Hälfte der Butter in die zum Braten verwendete Pfanne geben. Wenn sie gut heiß ist, die in feine Streifchen oder kleine Würfel geschnittenen Zwiebeln zufügen und bei mäßiger Hitze unter fast ständigem Wenden ganz langsam hellgelb und weich werden lassen. Dann den Essig und den aus den Lebern gelaufenen Saft zugeben, nicht mehr kochen lassen. Die Pfanne hin und her bewegen, damit alle am Pfannenboden angebratenen Säfte gelöst werden. Die Leberscheiben mit den Zwiebeln und dem erhaltenen Saft bedecken und mit gehackter Petersilie bestreuen.

*Anm.:* Auf diese Weise kann man auch Schweineleber zubereiten.

## Gras-double de bœuf
### Ochsenpansen

Den Pansen kauft man im allgemeinen bereits gekocht beim Metzger. Findet man ihn nicht vorbereitet, so wird er zunächst gewässert, dann sorgfältig gebürstet, nochmals gewaschen und schließlich 25 Minuten in sehr viel kochendem Wasser abgebrüht. Herausnehmen, abtropfen, unter kaltem Wasser abschrecken und mit einem Messer abkratzen, bis alle anhängenden, riechenden Teile von dem Muskel entfernt sind.

*Anm. der Übersetzer:* Der Pansen, also der speziell für das Wiederkäuen ausgebildete Magen, erfreut sich in Frankreich großer Beliebtheit. Er besteht aus einem festen, jedoch nicht zähen Muskel. Bei uns oft nur in Innereien-Läden oder als Hundefleisch verkauft, wird er sehr verkannt. Ein Versuch, der ohnehin preiswert ausfällt, lohnt sich. Man sollte sich aber nicht von dem Geruch erschrecken lassen, den das Fleisch beim ersten Aufkochen ausströmt. Nach dem Kochen riecht das Fleisch nicht mehr. Übrigens: In manchen Gegenden gibt es den Pansen zusammen mit Kaldaunen – vorgekocht in Dosen, die man nur noch verfeinern muß.

Für das Kochen: *1 gesäuberter Pansen, 2-3 l Wasser, 20-30 g Salz, 2 Möhren, 2 Zwiebeln, 2 Gewürznelken, 1 Kräuterstrauß (aus 12 Petersilienstengeln, 3 Zweigen Thymian, 1 Lorbeerblatt), 1 Knolle Knoblauch*

Den Pansen in so viel Wasser aufsetzen, daß er gut bedeckt ist. Die längs gespaltenen Möhren, die mit Nelken gespickten Zwiebeln, den Kräuterstrauß und den Knoblauch zugeben und alles 6 Stunden zugedeckt leise sieden lassen. Den Pansen dann im Sud abkühlen lassen. Herausnehmen, abtropfen, zusammenrollen und bis zum Gebrauch kühl aufbewahren.

## Gras-double à la lyonnaise
## Pansen auf die Art von Lyon

Für 6 Personen: *700 g vorbereiteter, gekochter Pansen, 4 große Zwiebeln, 4 EL Öl, 30 g Butter, Salz, Pfeffer, gehackte Petersilie, 1 EL Essig*

Den Pansen in große Streifen von 5 bis 6 mm Stärke, die Zwiebeln in feine Streifchen schneiden. Das Öl in einer Pfanne erhitzen, die so groß sein muß, daß die Pansenstreifen ausgebreitet darin Platz haben. Wenn das Öl zu rauchen beginnt, die Zwiebeln hineingeben und bei kleiner Flamme langsam weich dünsten, dabei ständig umwenden. Gegen Ende der Garzeit das Feuer wieder verstärken, damit die Zwiebeln etwas anrösten. Dann vorsichtig aus der Pfanne nehmen und auf einen Teller legen. Das Öl in der Pfanne zurücklassen und die Butter zufügen. Erhitzen und die Pansenstreifen darin anbraten. Probieren, ob sie ausreichend gesalzen sind. Gegebenenfalls nachsalzen und reichlich mit frisch gemahlenem Pfeffer würzen. Die Streifen nun bei guter Hitze rasch braten und gut durchrütteln bzw. durch geschicktes Hochwerfen vermischen. Zum Schluß eine gute Prise Petersilie zufügen. Den Pansen in einer Backform oder Schüssel anrichten. Den Essig in die heiße Pfanne geben und den Pansen damit beträufeln. Nochmals Petersilie daraufstreuen und sofort auf heißen Tellern servieren.

## Langue de bœuf, de mouton
## Rinder- und Hammelzunge

Rinderzunge wird frisch oder eingesalzen (gepökelt) serviert. Die frische Zunge vor der Zubereitung auf jeden Fall 2 oder 3 Stunden in kaltem Wasser wässern. Alle nicht eßbaren Teile, vor allem die Knochen am Ende und die Haut, entfernen.
Letztere kann man leicht nach einer beliebigen Zubereitung abziehen, doch ist es besser, die Zunge zunächst in kaltem Wasser aufzusetzen, dann 20 Minuten zu kochen, herauszunehmen, abzutropfen und zu häuten. Dann legt man die Zunge in einen Steinguttopf und läßt sie abkühlen. Mit Salz bestreuen und 24 Stunden durchziehen lassen. Zwischendurch umwenden, wenn das Salz zu schmelzen beginnt.
Hammelzungen werden oft nur in einem Sud gekocht (siehe nächste Seite) und mit einer Mayonnaise oder ähnlichen Saucen (Tatar) kalt gegessen.

## Langue de bœuf braisée la bourgeoise
### Rinderzunge auf bürgerliche Art

Die Zunge wird zubereitet wie der Rinderschmorbraten in Wein, doch wird sie nicht mit Speck gespickt, sondern ein oder mehrere Male mit einer Speckscheibe umwickelt.

## Langues de mouton à la purée de lentilles
### Hammelzungen mit Linsenpüree

Für 6 Personen: *6 Hammel- oder Lammzungen, 50 g fetter Speck, 1 mittelgroße Möhre, 1 mittelgroße Zwiebel, 1 Kräuterstrauß (einige Petersilienstengel, 1 Zweig Thymian, 1 Lorbeerblatt), 80 g Schweineschwarte (von der für die Linsen verwendeten Brust), ⅕ l trockener Weißwein, ½ l schwach gesalzene Fleischbrühe oder auch Kalbs-Fond – Für das Linsenpüree: 450 g Linsen, Salz, 1 Zwiebel, 1 Gewürznelke, 1 kleine Möhre, ½ Knolle Knoblauch, 1 Kräuterstrauß, 150 g eingesalzene Schweinebrust, 30 g Butter, Pfeffer*

Die Zungen in mehrmals erneuertem kaltem Wasser 2 Stunden wässern. In eine Kasserolle legen, mit kaltem Wasser bedecken, erhitzen und 8 Minuten kochen lassen. Mit einem Schaumlöffel herausnehmen, in kaltes Wasser legen und abkühlen lassen. Die Zungenwurzeln stutzen, die Zungen häuten und beiseite legen. In einem Brattopf, in dem die Zungen dicht nebeneinander gelegt gerade Platz haben, den in kleine Würfel geschnittenen Speck auslassen. Die in Scheiben geschnittenen Möhren und Zwiebeln darin hell anbraten und wieder herausnehmen. Nun die Zungen ebenfalls leicht anbraten und herausnehmen. Das überflüssige Fett aus dem Topf abgießen und den Boden mit den Möhren- und Zwiebelscheiben auslegen. Den Kräuterstrauß zufügen, die in Stücke geschnittene, kurz überbrühte Schwarte darüberstreuen und die Zungen darauf einrichten. Mit dem Weißwein um ⅔ einkochen. Dann mit Fleischbrühe auffüllen, bis die Zungen gerade bedeckt sind, ein zurechtgeschnittenes und gebuttertes Papier darauflegen, den Deckel aufsetzen und die Zungen im Ofen bei milder Hitze 2 Stunden garen. Der Schmorfond muß dann durch das Verdunsten recht dick und sirupartig geworden sein. Kurz vor dem Servieren nimmt man den Deckel ab, begießt die Zungen reichlich mit ihrem Fond und setzt sie der Hitze des sehr heißen Ofens oder des Salamanders aus. Der Fond karamelisiert auf den Zungen und überzieht sie mit einer glänzenden, hübsch anzuschauenden und sehr schmackhaften Schicht.

*Linsenpüree:* Die Linsen durchseihen, um Steine oder andere Fremdkörper und Abfälle herauszulesen, waschen und 2 Stunden in lauwarmem Wasser einweichen. Herausnehmen, abtropfen, in eine Kasserolle geben, reichlich mit Wasser bedecken und zum Kochen bringen. 5 Minuten kochen, die Linsen herausheben und abtropfen lassen, Wasser abgießen. So viel frisches Wasser hineinfüllen, daß die Linsen später darin gerade schwimmend bedeckt sind. Je Liter Wasser 5 g Salz zugeben, weiterhin die mit der Nelke gespickte Zwiebel, die längs gespaltene Möhre, die Zehen der halben Knoblauchknolle, den Kräuterstrauß und den Speck (dessen Schwarte für die Zunge verwendet wurde). Aufkochen lassen, die blanchierten Linsen hineingeben, Schaum abschöpfen und auf kleiner Flamme 1¾–2 Stunden leise köchelnd weich werden lassen.

Dann die Linsen herausheben, die Gemüse und den Speck entfernen und die Linsen noch ganz heiß durch ein feines Sieb treiben. Nicht abkühlen lassen, denn schon wenn die Linsen nur noch warm sind, lassen sich die stärkehaltigen Substanzen nur schwer durchpassieren. Das Linsenpüree in einer Kasserolle auffangen und auf großer Flamme unter ständigem Wenden einkochen und recht dick werden lassen. Zum Schluß mit etwas Zungenfond vermischen, bis das Püree eine normale Konsistenz bekommt. Vom Feuer nehmen, die Butter untermischen und einige Pfefferkörner grob darübermahlen. Nicht mehr kochen lassen. Das Püree wie eine Kuppel in der Mitte einer Schüssel aufhäufen, die Zungen mit der glänzenden Seite nach oben darauf rundherum anrichten. Jede Zunge mit einem kleinen Löffel des durch ein feines Sieb gegossenen Fonds begießen und die Zungen in den in 6 Scheiben zerteilten Speck legen. Den Fond noch einmal abschmecken und getrennt in einer Saucière reichen.

## Rognons de veau ou de mouton
### Kalbs-, Lamm- oder Hammelnieren

Kalbs-, Lamm-, Hammel- oder auch Schweinenieren dürfen während des Garens nie kochen, da sie sonst zäh werden. Man bereitet sie stets ganz kurz vor dem Servieren zu, immer bei starker Hitze und sehr rasch, am besten gegrillt bzw. schnell oder langsam gebraten, also

sautiert oder poêliert. Bei jedem Verfahren gibt es unveränderliche Regeln:
Gegrillt: Die Nieren werden geöffnet und auf den sehr heißen Rost über mittelstarke Glut gelegt.
Sautieren: Die Nieren werden zerschnitten und in eine große, gerade so bemessene Bratpfanne mit hohem Rand gegeben, daß alle Stücke auf dem Pfannenboden liegen und so von der in der Pfanne schäumenden Butter zischend angebraten werden.
Poêliert: Die Nieren werden ganz in einen heißen metallenen oder irdenen Topf mit Butter belegt, in dem sie sofort anbraten. Man bereitet so in der Hauptsache Kalbsnieren zu. Nieren dürfen nie zu lange garen, sie werden sonst zu trocken. Der richtige Grad ist erreicht, wenn die Hammel- oder Lammnieren innen noch rosa, Kalbs- oder Schweinenieren gerade durch und ganz zart bräunlich sind.

## Rognons sautés au madère
### Gebratene Nieren in Madeira

Für 2 Personen: *4 Lamm- oder 1 Kalbsniere, Salz, Pfeffer, 50 g Butter, $^1/_{10}$ l guter Madeira, $^1/_{10}$ l Spanische Sauce, Demi-glace oder auch Kalbs-Fond und Mehlbutter*

Lammnieren längs spalten, die Haut abziehen und die Hälften schräg noch einmal teilen. Kalbsnieren in große Würfel schneiden. Jeweils Sehne, Adern und Fett entfernen. Auf einem Teller mit Salz und frisch gemahlenem Pfeffer bestreuen und sorgfältig durchmischen. 30 g Butter in einer hochrandigen Pfanne schmelzen lassen, und, wenn sie zu zischen beginnt, die Nieren auf sehr großer Hitze rasch anbraten. Bei diesem Vorgang die Nieren auf keinen Fall Wasser ziehen und dadurch kochen lassen, denn dann würden sie hart. Leichte Farbe nehmen lassen und zwischen zwei vorgewärmten Tellern warm halten.
Den Madeira in die Pfannen gießen, den Bratfond lösen und alles um die Hälfte einkochen. Spanische Sauce oder Demi-glace zufügen, 2 Minuten kochen lassen, vom Feuer nehmen und die restlichen 20 g Butter einziehen. Die Nieren mit dieser Sauce vermischen und heiß in einer Schüssel oder Becherform servieren.
Hat man weder Spanische Sauce noch Demi-glace, so kann man sich mit Kalbs-Fond behelfen, den man um die Hälfte einkocht und mit einer Prise Stärkepulver oder einem kleinen Stückchen Mehlbutter bindet.

## Rognons de veau ou de mouton au riz pilaf
## Kalbs- oder Hammelnieren im Reisrand

Für 6 Personen: *12 Hammel- oder 3 Kalbsnieren, Salz, Pfeffer, 50 g Butter, 1/5 l Madeira-Sauce, gehackte Petersilie* – Für den Reis: *500 g Carolina-, Patna- oder anderer erstklassiger Reis, 120 g Butter, 2 große Zwiebeln, 1 l Fleischbrühe oder heller Kalbs-Fond*

Zunächst den Reis in einem Sieb unter fließendem kalten Wasser so lange waschen, bis das Wasser unten klar herausläuft. Dies ist die einzige Möglichkeit, den unangenehmen Geschmack nach Staub und Rupfensack zu vermeiden. Inzwischen 80 g Butter schmelzen lassen und, wenn sie zu schäumen beginnt, die fein geschnittenen Zwiebeln hineingeben. Langsam weich dünsten, ohne sie Farbe nehmen zu lassen. Dann den gut abgetropften Reis zugeben und so lange umwenden, bis er sich vollkommen mit Butter vollgesogen hat. Dann die kochende Fleischbrühe (oder den Fond) aufgießen, den Deckel auflegen und im Ofen 18 bis 20 Minuten schmoren lassen. Herausnehmen, die restliche Butter in kleinen Stückchen zum Reis geben und diesen mit einer Gabel durcharbeiten, bis er locker und körnig wird. Während der Reis gart, die Nieren vor- und zubereiten, wie in dem Rezept »Gebratene Nieren in Madeira« (Seite 403) angegeben.

Den Reis in eine Savarin-Form (Kranz-Form) füllen und auf eine runde Platte stürzen. In der Mitte die Nieren anrichten und mit Petersilie bestreuen. Die Madeira-Sauce wie einen Ring um den Reisrand gießen.

*Anm.:* Man kann den Reisrand mit allen nur denkbaren Gewürzen und Garnituren hervorragend verändern. Angaben hierzu im Kapitel Reis.

## Rognons de veau à la moutarde
## Kalbsnieren in Senfsauce

Für 6 Personen: *3 Kalbsnieren, Salz, Pfeffer, 1 Schalotte, 100 g Butter, 1 Likörglas guter Cognac, 4 EL dicke Sahne (crème fraîche épaisse), 1 TL scharfer Senf (Dijon), 1 Zitronenschnitz, 1 Prise gehackte Petersilie*

Die Nieren häuten, entfetten, auswaschen, abtrocknen und mit Salz und frisch gemahlenem Pfeffer würzen. Die Schalotte fein schneiden und, ohne sie zu braten, in 20 g Butter in einer Kasserolle weich werden lassen. In einem feuerfesten, möglichst irdenen Topf 50 g Butter kräftig erhitzen und die ganzen Nieren darin auf allen Seiten rasch bräunen. Dann 12 Minuten in den gut heißen Ofen schieben. Die Nieren müssen herausgenommen werden, wenn sie innen noch richtig rosa, beinahe blutig sind. Die Nieren auf einem Teller in Scheiben von ½ cm Stärke schneiden, diese in den Topf zurücklegen, mit ⅔ des Cognacs begießen und flambieren. Dabei den Topf hin und her bewegen. Den beim Zerschneiden der Nieren aufgefangenen Saft sowie die Nieren zu den Schalotten geben, zudecken und warm halten. In den immer noch heißen irdenen Topf nun die Sahne geben, auf die Hälfte einkochen und vom Feuer nehmen. Den Senf einrühren, mit einigen Tropfen Zitronensaft und frisch gemahlenem Pfeffer würzen – der Senf darf nicht mehr kochen. Die Nieren mit den Schalotten und dem Saft in diese Sauce geben, die übrige Butter in kleinen Stückchen darüber verteilen, mit der gehackten Petersilie bestreuen und den restlichen Cognac zugießen. Alles innig vermischen, so daß die gut gebundene Sauce die Nieren vollkommen einhüllt. Zum Schluß mit Salz würzen und abschmecken. Rasch auf sehr heißen Tellern servieren.

*Anm. der Übersetzer:* Es ist nicht einfach, dieses Gericht vollendet zu bereiten. Vor allem Anfänger sollten die Nieren nicht flambieren, da sie bei diesem Vorgang leicht hart werden können. Bocuse selbst findet das Flambieren nicht unbedingt notwendig. In diesem Falle werden die Nieren im Ofen noch länger gebraten, bis sie beinahe gar sind – etwa 18–20 Minuten. Sie müssen dann, vor allem zum Schluß, häufig begossen werden. Der Cognac wird nach den Nieren kurz im Topf erhitzt, der Bratensaft damit gelöst und zu den Schalotten gegeben. Man kann auch auf das Salzen der Nieren zu Beginn verzichten – hierdurch können sie ebenfalls hart werden – und das Gericht erst im letzten Augenblick mit Salz würzen.

## Rognons sautés aux champignons
### Gebratene Nieren mit Champignons

Die Nieren werden vorbereitet und gebraten wie im Rezept auf Seite 403 angegeben. In der Bratbutter brät man rasch 8 geviertelte Champignons an, würzt mit etwas Salz und Pfeffer und gießt statt mit Madeira mit trockenem Weißwein auf. Weiter wie oben.

## Rognons de mouton grillés
## Gegrillte Hammel(Lamm-)nieren

Für 6 Personen: *12 Hammel(Lamm-)nieren, zerlassene Butter, Salz, Pfeffer, 100 g Haushofmeister-Butter*

Die Nieren längs zu ⅔ durchschneiden, die dünne Haut abziehen und je 2 geöffnete Nieren parallel zum Schnitt auf einen Metallspieß stecken, so daß man 6 Spieße erhält. Mit zerlassener Butter einstreichen, mit Salz und Pfeffer würzen und auf einen gut heißen Rost über eine nicht zu heiße Glut legen. Nach 3 Minuten wenden und rosa grillen. Auf einer langen, vorgewärmten Platte auslegen, in die Mitte jeder Niere 1 TL Haushofmeister-Butter setzen und an den Enden der Platte die gewählte Beilage anrichten. Im allgemeinen reicht man Strohkartoffeln, Pommes frites, Aufgeblasene Kartoffeln, Streichholz-Kartoffeln und ähnliche.

## Ris de veau
## Kalbsbries

Das Kalbsbries ist unbestritten eines der edelsten Stücke der großen, anspruchsvollen Küche. Es wird meist in verhältnismäßig aufwendiger Weise zubereitet und nicht selten mit anderen teuren Zutaten garniert.

Die Vorbereitungen sind stets die gleichen: Das Bries wird mindestens 5 bis 6 Stunden in mehrmals erneuertem, kaltem Wasser gewässert, damit es schön weiß wird.

Dann kurz abbrühen. Dazu in kaltem Wasser in einer Kasserolle aufsetzen und langsam zum Kochen bringen. Zwischendurch ab und zu mit dem Kochlöffel umrühren. Das Bries kurz nach dem Aufwallen herausnehmen, es soll nicht garen, sondern nur die äußere Schicht soll fest werden. Abtropfen und in reichlich kaltem Wasser abschrecken. Das Bries putzen. Das heißt, die Nuß (den runden Teil) vom Hals (dem länglichen Teil) trennen und alle faserigen, fetten und knorpeligen Partien entfernen.

Von hier an ist die Behandlung des Bries von der weiteren Zubereitung abhängig, doch wird es häufig noch gepreßt, damit es beim Garen einen Halt hat und nicht auseinanderfällt. Dazu schlägt man es in ein Tuch ein, legt es zwischen 2 Brettchen und beschwert das obere

mindestens 1 Stunde lang mit 2 kg. Das Bries wird dadurch flach, von regelmäßiger Form und kann leicht in Scheiben geschnitten werden.
*Anm. der Übersetzer:* Das Bries (Schweser, Milch) ist eine Drüse, die junge Tiere zur Milchverwertung benötigen und die sich bei zunehmendem Alter zurückbildet. Das Bries eines Milchkalbes ist daher das feinste. Grundsätzlich gilt: Je jünger das Tier, desto zarter und größer das Bries. Übrigens ist das Bries in Frankreich die bei weitem begehrteste und daher auch teuerste Innerei, während es bei uns nur regional gefragt ist.

## Ris de veau aux écrevisses et aux pois gourmands
## Kalbsbries mit Krebsen und Zuckererbsen

Für 6 Personen: *6 Milchkalbsbriese, 100 g Butter, 50 g Zwiebeln, 50 g Möhren, 1/10 l trockener, weißer Wermut, 1/10 l trockener Weißwein, 1/2 l heller Kalbs-Fond, Salz, Pfeffer, 1 Kräuterstrauß, 1/2 l Sahne, 100 g frische Champignons, 400 g gegarte, ausgelöste Krebsschwänze, 20 g Trüffel, 600 g Zuckererbsen*

Die Briese 24 Stunden in mehrmals erneuertes, kaltes Wasser legen. Wie oben beschrieben kurz blanchieren, abschrecken und putzen.
Die in feine Scheiben geschnittenen Zwiebeln und Möhren in etwas Butter in einer Kasserolle bei milder Hitze Saft ziehen und weich werden lassen. Die vorbereiteten Kalbsbriese daraufliegen, mit Wermut, Wein und dem Fond angießen. Salzen und pfeffern. Den Kräuterstrauß hineinlegen, zudecken und sehr sanft und langsam 20 bis 30 Minuten garen. Die Briese herausnehmen und zugedeckt warm stellen. Den Schmorfond durch ein feines Sieb passieren und rasch einkochen, bis er dick und sirupartig wird. Die Sahne und die in Scheiben geschnittenen Champignons zufügen und die Flüssigkeit wiederum einkochen, bis sie dicklich und cremig wird. Abschmecken und die Briese, die Krebsschwänze und die in Streifchen geschnittenen Trüffeln zufügen.
Die in Salzwasser gekochten, in Butter geschwenkten und kurz angebratenen, gewürzten Zuckererbsen auf einer tiefen Platte verteilen, Briese daraufliegen. Alles mit der Sauce übergießen und mit den Krebsschwänzen, den Trüffeln und den Champignons garnieren.
Sofort auf heißen Tellern servieren.
Man kann die Zuckererbsen auch durch in Butter gedünsteten Blattspinat ersetzen.

## Rognons de mouton grillés vert-pré
## Gegrillte Hammel(Lamm-)nieren »Wiesengrün«

Die Nieren werden vorbereitet und gegrillt, wie im vorstehenden Rezept angegeben. Auf der einen Seite der Servierplatte richtet man Strohkartoffeln an, auf der anderen einen Strauß Brunnenkresse.


## Ris de veau poêlé
## Langsam gebratenes (poêliertes) Kalbsbries

*Für 1 Person: 1 Kalbsbries, feine Streifchen von frischem, fettem Speck, Butter, 1 große Zwiebel, 1 mittelgroße Möhre, 1 Stück frische Schweineschwarte, Salz, 1 winziges Kräutersträußchen, einige EL guter Kalbs-Fond, 2 in Butter geröstete Weißbrotscheiben*

Das Kalbsbries wässern, überbrühen, abschrecken und putzen. In ein Tuch wickeln, zwischen 2 Brettchen legen und mindestens 1 Stunde lang mit 2 kg beschweren. Wie für das Rindsfilet erklärt, mit mehreren Lagen von feinen Speckstreifen mit einer dünnen Spicknadel durchziehen.

Einen flachen Brattopf, in dem das Bries gerade eben Platz hat, reichlich buttern. Den Boden mit der in dünne Scheiben geschnittenen Zwiebel und Möhre ausstreuen. Bei milder Hitze langsam andünsten, bis das Gemüse ganz leicht zu braten beginnt. Die Schwarte in kleine Würfelchen schneiden und darüberstreuen. Das in Nuß und Hals aufgeteilte Bries so darauflegen, daß die gespickte Seite nach oben kommt. Mit etwas Salz bestreuen und seitlich zwischen Bries und Topf verbliebene Zwischenräume mit dem Kräutersträußen und den sehnigen und knorpeligen Abfällen des Brieses ausfüllen. Mit zerlassener Butter übergießen und bei milder Hitze im Ofen je nach Größe 25 bis 30 Minuten garen. Dabei sehr oft mit der Butter und dem aus dem Bries austretenden Fleischsaft übergießen. Falls nicht genug Saft entsteht oder der Saft zu schnell verdunstet, einige Löffel guten Kalbs-Fond zugeben und den Topf zudecken.

Je weiter das Bries gart, desto häufiger muß es begossen werden. Dabei wird der Fond immer konzentrierter und sirupartig, bis er schließlich auf dem Bries karamelisiert und es mit einem lockeren, herrlich goldenen und glänzenden Film überzieht. Zum Schluß den Deckel abnehmen, damit diese Schicht glaciert.

Der Fond ist jetzt stark eingekocht, es sind nur noch wenige EL übrig, und er muß hell, etwas fett und durch die natürlichen Gelierstoffe der Schwarte leicht gebunden sein. Das Bries ist jetzt gar, darf aber weder austrocknen noch zerfallen. Das Fleisch muß durch und durch fest sein und muß sich vom Messer sauber schneiden lassen. Die beiden in Butter gerösteten Croûtons auf eine heiße Platte legen, je den Hals und die Nuß des Brieses auf ein Croûton legen und das Bries mit 1 EL Bratenfond begießen. Mehr Sauce ist überflüssig, sie würde die Croûtons nur unnötig aufweichen. Den Rest der Sauce in einer heißen Saucière getrennt reichen.

Dazu ein Gemüse reichen: Frische Erbsen auf französische Art oder nur in Butter geschwenkt; Spargelköpfe in Sahne-Sauce; Champignons, Steinpilze, Morcheln, Pfifferlinge; Spinat; grüne Bohnen; geschmorten Kopfsalat, Chicorée oder Staudensellerie; alle möglichen Gemüse-Pürees; Trüffeln; Pilaw-Reis; Teigwaren; geschmolzene oder gebratene Tomaten usw. oder eine ganze Garnitur, etwa auf Finanzmannsart (aus Hahnenkämmen oder -nieren, grünen Oliven, Trüffelscheiben und Champignonköpfen in Demi-glace), à la Godart (aus Kalbfleischklößchen mit gehackten Trüffeln und Champignons, Zungenstreifchen, Champignons, Trüffeln und Hahnenkämmen in Gemüse-Weißwein-Sauce mit Demi-glace), à la Nantua (mit Krebsschwänzen und Trüffeln in Krebs-Sauce), nach Art der Périgord (mit Trüffeln in Madeira-Sauce) usw.

## Ris de veau braisé à blanc
## Geschmortes Kalbsbries in weißer Sauce

Das Schmoren des Brieses wird ebenso durchgeführt wie das im vorhergehenden Rezept geschilderte langsame Braten. Nur werden die Gemüse nicht angebraten, und es wird im Ofen bei sehr milder Hitze zugedeckt geschmort.

Dieses Verfahren wendet man an, wenn das Kalbsbries mit Gemüsen in einer hellen Sauce serviert wird, etwa Béchamel-Sauce, Sahne-Sauce, Samt-Sauce, oder wenn das Bries als Garnitur für Blätterteig-Pasteten und -Pastetchen, Becher-Pasteten und ähnliches verwendet werden soll.

## Escalopes de ris de veau sautées
## Gebratene Kalbsbries-Schnitzel

Das Bries wie bereits beschrieben vorbereiten und in 3 oder 4 Scheiben schneiden. Diese mit Salz und Pfeffer würzen, leicht mit Mehl bestäuben und wie Kalbsschnitzel in sehr heißer Butter braten. Im Kreis auf einer runden Platte anrichten, in die Mitte eine Gemüsegarnitur geben. Den in der Pfanne angebratenen Fleischsaft mit 2 EL Kalbs-Fond lösen und die Briesschnitzel damit begießen.


## Ris de veau grillé maréchal
## Gegrilltes Kalbsbries auf Marschallsart

*Für 6 Personen: 1 Kalbsbries von 800–900 g, 12 kleine Artischocken, Wasser, Mehl, Zitronensaft, Salz, 150 g Butter, Pfeffer, 1 Bund grüne Spargel, 6 mittelgroße Trüffeln, 1 Likörglas Cognac, ¹/₁₀ l Champignon-Püree (Seite 619)*

Das Kalbsbries wässern, überbrühen, abschrecken, putzen und in Hals und Nuß aufteilen. Beide Teile wie oben beschrieben zwischen zwei Brettchen pressen.
Die Böden aus den Artischocken ausschneiden und in einem Sud aus Wasser, etwas Mehl und Zitronensaft, mit 10 g Salz pro Liter gesalzen, beinahe gar kochen. Herausheben, abtropfen und in einem kleinen Topf in Butter dünsten. Mit Salz und Pfeffer würzen.
Die Spargel waschen und zerschneiden: Die Spitzen zu 4 kleinen Bündeln zusammenbinden, die zarten Teile der Stangen in Würfel schneiden. In reichlich sprudelnd kochendem Salzwasser garen, herausnehmen, abtropfen, in einem Topf in Butter fertigdünsten. Die Bündel herausnehmen, auf einem Teller warm halten und die Würfelchen neben dem Feuer mit etwas frischer Butter schwenken. Mit Salz und Pfeffer würzen. Die Trüffeln in recht dicke Scheiben schneiden und rasch in sehr heißer Butter anbraten. Mit Salz und Pfeffer würzen. Mit dem Cognac angießen und diesen beinahe vollständig einkochen. Vom

Feuer nehmen und mit einem frischen Butterstückchen umschwenken.
Während dieser Arbeiten die beiden Briesstücke längs in jeweils zwei Hälften schneiden, diese mit Butter einstreichen, salzen und bei milder Hitze grillen. Auf einer heißen, runden Platte in Kreuzform anrichten. Zwischen jeweils 2 Arme des Kreuzes 3 Artischockenböden in einer geraden Linie legen. Die mittleren mit den Trüffelscheiben, die äußeren mit den Spargelwürfelchen, die dann mit den Büschelchen gekrönt werden, und die innen mit Champignon-Püree garnieren. Die Briesstücke mit 1 EL zerlassener Butter beträufeln.

## Tête de veau
## Kalbskopf

Für 12 Personen: *1 ganzer Kopf eines Milchkalbes mit Knochen, 1 Zitrone, 10 l Wasser, 50 g Mehl, ⅕ l Weißweinessig, 2 Möhren, 2 mittelgroße Zwiebeln, 4 Gewürznelken, 1 Knolle Knoblauch, 1 Kräuterstrauß, Salz, Pfeffer*

Den Kalbskopf putzen und waschen. 24 Stunden in mehrmals gewechseltes, sehr kaltes Wasser legen. Herausnehmen, abtropfen und alle Teile (Maul, Backen, Ohren usw.) mit Zitronensaft einreiben. Aus Wasser, in etwas Wasser verrührtem Mehl und Essig einen sogenannten weißen Sud bereiten, die gespaltenen Möhren, die mit Nelken gespickten Zwiebeln, den Knoblauch, einen großen Kräuterstrauß, Salz und Pfeffer zufügen. Den Kalbskopf hineinlegen. Zum Kochen bringen und auf kleiner Flamme etwa 2 Stunden sieden lassen. Während dieser Zeit immer wieder den entstehenden Schaum abschöpfen.
Der Kalbskopf wird ganz aufgetragen und am Tisch zerlegt. Man reicht dazu verschiedene Saucen: Vinaigrette, Grüne Sauce, Gribiche-Sauce, Tataren-Sauce, Remouladen-Sauce usw.
*Anm. der Übersetzer:* Auf diese Weise werden auch Kalbsfüße zubereitet und serviert. Ein besonderer Reiz liegt nicht zuletzt in der Zusammenstellung von heißem Fleisch und kalter Sauce.

## Pieds de mouton
### Hammelfüße

*Vorbem. der Übersetzer:* Hammelfüße sind eine große Spezialität von Paul Bocuse, der sie selbst außerordentlich gerne und oft ißt. Leider bekommt man sie bei uns nur selten angeboten und muß sie daher bestellen. Man sollte den Metzger bitten, die Füße ebenso wie Schweinsfüße vorzubereiten, also zu schaben und zu überbrühen. Am besten sind natürlich die Füße junger Lämmer.

Die Hammelfüße abflämmen und mit einer Messerspitze das kleine, mollige Haarbüschel zwischen den beiden Hufen herausschneiden. Die Füße werden zunächst wie der Kalbskopf in einem weißen Sud gekocht, jedoch etwas weniger Mehl verwendet. Die Füße erst in den Sud geben, wenn er gerade zu kochen beginnt. Dann auf kleiner Flamme leise siedend 2½ bis 3 Stunden garen. Die Füße sind fertiggekocht, wenn sich der große Knochen, das Schienbein, leicht und ohne daß die Haut beschädigt wird, herausziehen läßt. Die Füße im Sud lauwarm abkühlen, dann auf einem Sieb abtropfen lassen. Die Füße von älteren Tieren, die noch nicht gar sind, herauslesen und nochmals im Sud kochen. Die Schienbeinknochen jedenfalls noch heiß herauslösen und die Füße in eine Terrine mit dem durch ein Sieb gegossenen weißen Sud legen, falls Sie sie nicht gleich verwerten. Im Sud, der beim Abkühlen zu Aspik erstarrt, können die Füße einige Tage lang aufbewahrt werden.

## Pieds de mouton à la poulette
### Hammelfüße »Poulette«

Für 5 Personen: *20–25 Hammelfüße (man sollte stets 4 bis 5 Füße pro Person rechnen), 300 g frische, weiße Champignons, 75 g Butter, 1 Zitrone (Saft), 1 Prise Salz, gehackte Petersilie* – Für die Poulette-Sauce: *150–200 g Butter, 60 g Mehl, 1 l helle Fleischbrühe, Champignon-Abfälle und Kochsud von oben, 4 Eigelb, Muskatnuß, gehackte Petersilie*

Die Hammelfüße nach der oben angegebenen Art vorbereiten. Im Sud etwas abkühlen lassen, herausheben und abtropfen. Auf einem Teller vorsichtig die winzigen Knöchelchen herauslösen, möglichst ohne die Füße zu beschädigen. Wieder in den Sud zurücklegen und erhitzen – sie sind nun servierbereit.

Die erdigen Stellen an den Stielen der Champignons abschneiden, die Pilze in mehrmals erneuertem Wasser gründlich waschen, jedoch rasch arbeiten, damit sich die Köpfe nicht öffnen und braun werden. Gut abtropfen und die Stiele direkt unter den Köpfen abschneiden. Die Köpfe tournieren: Das heißt, die Köpfe rundum so sauber und geschickt schälen, daß sie den Eindruck machen, sie seien auf einer Drehbank zugeschnitten worden. Es gibt auch noch eine andere Art zu tournieren: Dabei wird die Schale in kleinen Spänen entfernt. Man setzt ein Küchenmesser in der Mitte der Champignonköpfe an und dreht es mit der rechten Hand um einen Viertelkreis an den Rand, wobei man den Pilz ruhig hält. Nun dreht man den Pilz, mit der linken Hand gegen das Messer drückend, dieser Bewegung entgegengesetzt zurück. Wiederholt man diesen Arbeitsgang stetig drehend mehrere Male, so sieht der Champignonkopf wie eine Rosette aus. Die Abfälle und Füße aufbewahren, sie werden für die Sauce verwendet.

Die tournierten Champignons jeweils sofort in einem kochendheißen Sud aus $1/5$ l Wasser, der angegebenen Butter, Zitronensaft und einer Prise Salz werfen. Wenn alle Champignons beisammen sind, den Topf zudecken, auf großer Flamme 3 Minuten kochen und in eine Terrine abgießen. Mit einem gebutterten, zugeschnittenen Stück Papier abdecken, damit die Champignons nicht mit der Luft in Berührung kommen.

Für die *Sauce* in einem $1\frac{1}{2}$ bis 2 l fassenden Topf etwa 90 g Butter schmelzen lassen. Wenn sie zu schäumen beginnt, das Mehl einrieseln lassen und mit einem Spachtel gut in der Butter verrühren. 10 Minuten bei milder Hitze anziehen lassen, ohne daß dabei das Mehl Farbe nimmt. Abkühlen lassen und nach und nach in kleinen Mengen unter ständigem Schlagen mit dem Schneebesen die kochende Fleischbrühe und den größten Teil des Champignonsuds zugießen. Nicht zu schnell gießen und kräftig schlagen, damit sich keine Klümpchen bilden und die Mischung etwas flüssig bleibt und nicht zu fest wird. Die Sauce zum Kochen bringen, dabei immer weiter schlagen. Beim Aufkochen die Champignonschalen und -stiele hineingeben und auf kleiner Flamme etwa 30 Minuten köcheln lassen. Von Zeit zu Zeit die Haut mit den Verunreinigungen abnehmen, die sich am Topfrand absetzen. (Hat man zufällig diese Menge Samt-Sauce zur Hand, so kann man sich die erwähnte Zubereitung sparen.)

Die Sauce durch ein feines Sieb in einen anderen Topf abseihen und neben dem Herd mit den Eigelb binden (legieren). Die Eigelb zunächst sorgfältig vom Eiweiß trennen und die Hagelstränge entfernen. Mit dem zurückbehaltenen Champignonsud, einem Dutzend kleiner

Butterstückchen und einer Messerspitze frisch geriebener Muskatnuß in einem Schälchen vermischen. Ganz langsam unter ständigem Rühren eine Suppenkelle beinahe kochender Sauce in diese Mischung gießen – aufpassen, daß die Eigelb dabei nicht hart werden. Wenn alles innig miteinander vermengt ist, diese Masse in einem steten Strahl in die kräftig geschlagene Sauce gießen. Vorsichtig unter beharrlichem Rühren erhitzen, bis die Sauce beinahe kocht und recht dick geworden ist. Sofort vom Feuer nehmen und mehr oder weniger stark mit Butter anreichern. Abschmecken.

Die aus dem heißen Sud genommenen Hammelfüße abtropfen lassen und mit einem Tuch oder Küchenpapier abtrocknen. In einen breiten Topf legen und die in etwas Sud erhitzten Champignonköpfe darübergeben. Nun alles mit der Sauce bedecken und den Saft der halben Zitrone darüberpressen. Alle Zutaten mit einer ruckhaften Bewegung vermischen, die man am besten erreicht, wenn man mit der linken Faust auf das Handgelenk der rechten schlägt, mit der man den Topf hält. Auf diese Weise hüllen sich die Füße vollständig mit der Sauce ein, und diese vermischt sich mit dem Zitronensaft. In eine Becherform oder eine Schüssel füllen, mit einer Prise gehackter Petersilie bestreuen und auf sehr heißen Tellern servieren.

## Pieds de mouton sauce rémoulade
### Hammelfüße mit Remouladen-Sauce

Die Hammelfüße in einem weißen Sud wie angegeben kochen, abtropfen, dann sorgfältig und vollständig entbeinen. Mit einer stark mit Senf verrührten Remouladen-Sauce vermischen und mit roher, sehr fein geschnittener Zwiebel würzen. In einer Kristallschüssel anrichten und mit gehacktem Kerbel und Petersilie bestreut servieren.

## Pieds de porc
### Schweinsfüße

Man kann Schweinsfüße wie Kalbsfüße, also wie Kalbskopf zubereiten oder auch wie Hammelfüße schmoren. Im allgemeinen bereitet man sie jedoch auf eine ganz eigene Art zu, die aus ihnen ein ganz erlesenes Gericht machen.

## Pieds de porc grillés sauce rémoulade
## Gegrillte Schweinsfüße mit Remoulden-Sauce

*20 Schweinsfüße, 300 g Lauch, 2 Sellerieknollen, 300 g Möhren, 1 Kräuterstrauß (1 Bund Petersilie, 1 Lorbeerblatt, 1 Zweig Thymian, etwas Kerbel), Pfefferkörner, 250 g Zwiebeln, 4 Nelken, 1 Knolle Knoblauch, 300 g weiße Rüben, Salz, trockener Weißwein, zerlassene Butter, frisches Paniermehl, Remoulden-Sauce*

Möglichst vordere Schweinsfüße aussuchen, die den hinteren überlegen sind. Abflämmen oder überbrühen und schaben. Jeden Schweinsfuß in einen Leinenstreifen wickeln und mit Schnur festbinden, um ein bei der langen Kochzeit sonst unvermeidliches Zerfallen zu verhindern.

In einen großen Schmortopf legen und mit den angegebenen Gemüsen und Gewürzen belegen. Mit Wasser auffüllen, bis alles bedeckt ist, und pro Liter Wasser 10 g Salz und $1/10$ l trockenen Weißwein zufügen. Zum Kochen bringen, abschäumen und zugedeckt ganz leise entweder auf dem Herd oder im Ofen 10 Stunden sieden lassen.

Nötigenfalls kochendes Wasser nachgießen, damit die Füße immer bedeckt sind. Im Sud abkühlen lassen.

Herausheben und aus den Leinenstreifen wickeln. In leicht geschmolzener, zu einer Creme gerührter Butter, dann in Paniermehl wälzen. Mit zerlassener Butter beträufeln und bei milder Hitze langsam an Holzglut grillen. Auf heißen Tellern servieren. Dazu in einer Saucière Remoulden-Sauce reichen, als Beilage Bratkartoffeln oder schaumiges Kartoffelpüree.

## Pieds de porc grillés sauce béarnaise
## Gegrillte Schweinsfüße mit Béarner Sauce

Zubereitung und Beilage wie oben, jedoch die Remoulden-Sauce durch Béarner Sauce ersetzen.

# LES VOLAILLES

## GEFLÜGEL

Dieses Kapitel beschäftigt sich mit einer großen Familie, die von den Puten über die Perlhühner, die Enten, die Gänse und die Tauben bis zu den Hühnern reicht, die mit Poularden und Kapaunen, Brathühnern, Masthühnern und Stubenküken die wichtigste Gruppe stellen. Man kann sagen, daß alle diese Tiere gebraten ganz ausgezeichnet schmecken.

Widmen wir uns zunächst den Hühnern: Poularden und Kapaunen, also kastrierte und daher besser zu mästende Hühner bzw. Hähne, stellen in einem Menüplan Hauptgerichte besonderen Anspruchs dar. Sie werden gebraten, pochiert oder poêliert. Brathähnchen werden vorzugsweise in einem Ragoût als bemerkenswertes Vorgericht gereicht. Masthähnchen und Stubenküken eignen sich meist jedoch besser zum Braten im Topf oder zum Grillen.

Die Poularden und Kapaune, die heute nur noch selten gezogen werden und die sich ohne weiteres durch eine Poularde ersetzen lassen, sind unwidersprochen das beste Hühnergeflügel. Durch die Art ihrer Aufzucht und die besondere Pflege, die man ihnen dabei zukommen lassen muß, erreichen sie ein Gewicht von 1,8 bis 3 kg, manchmal sogar mehr. Sie unterscheiden sich von anderem Geflügel durch ihre Größe, ihre helle, beinahe weiße Farbe und die feinkörnige Struktur ihrer Haut. Der Hals und die Füße sind dick, das Brustbein ist noch knackig und an seinem Ende (Brustbeinfortsatz) biegsam.

Diese Charakteristika treffen übrigens auf alles junge Geflügel zu. Alte Tiere erkennt man am dünnen Hals, den langen Krallen und am verknöcherten Brustbeinfortsatz.

Gleichgültig ob sie gebraten, pochiert oder poêliert werden, die Vorbereitung der Poularden und der Kapaune ist immer die gleiche:

Ausnehmen, abflämmen, die noch in der Haut steckenden Federkiele herausziehen und zusammenbinden (bridieren). Je nach Zubereitungsart gibt es hier zwei verschiedene Verfahren. Zum Braten oder Pochieren werden die Füße abgeflämmt oder überbrüht und gehäutet, dann werden noch die Sporne gekürzt. Nun werden die Schenkel mit einer Schnur fest an den Bauch gebunden, die Füße bleiben als Verlängerung des Schenkels. Zum Poêlieren werden die Füße ebenso vorbereitet und zurechtgeschnitten. Dann werden sie umgebogen, auch die Fußgelenke werden eingeknickt, und die Füße werden in seitlich in die Haut geschnittene Täschchen gesteckt. Die außen verlaufende Sehne im Fußgelenk durchtrennen, die Schenkel mit einer Schnur umwickeln und in dieser Position befestigen. Die Füße liegen jetzt auf den Schenkeln und rahmen die beiden Brustfilets ein.

Wenn das Geflügel pochiert werden soll, muß man die Brüstchen vor-

her mit Zitrone abreiben, damit sie schön weiß bleiben, und sofort danach mit einer Scheibe fetten, frischen Specks abdecken.
Soll das Geflügel getrüffelt werden, taucht man die Schenkel und die Brüste einige Sekunden in kochende Fleischbrühe oder kochenden hellen Fond, damit das Fleisch fester und die Arbeit dadurch leichter wird.
Stubenküken können mit 7 bis 10 Wochen auf den Tisch gebracht werden. Meist werden sie gebraten oder gegrillt.
Das Brathähnchen verdient diese Bezeichnung erst mit 4 oder 5 Monaten. Man bereitet es hauptsächlich im Topf, gegrillt oder gebraten zu, manchmal auch in der Pfanne gebraten. Das Masthähnchen, das – wie der Name schon sagt – einer intensiven Mast ausgesetzt wird, ist ein Mittelding zwischen Brathähnchen und Poularde. Es liefert die Geflügelbrüstchen (Suprêmes) und wird insbesondere als Ragout zubereitet, manchmal indessen auch gebraten, geschmort oder poêliert.
Schließlich gibt es noch die Innereien: Flügelspitzen, Hals und Kaumagen werden zu kleinen Vorgerichten verarbeitet, Leber, Kämme und Nieren kommen in bestimmte Garnituren.

*Anm. der Übersetzer:* Die klare Definition der einzelnen Stadien der Hühner, in Frankreich noch durchaus möglich, ist bei den deutschen und aus dem Ausland in großem Stil importierten Massenhähnchen vergebliche Liebesmüh. Brathähnchen sind bei uns Jungmasthähnchen, die also nicht nur natürliches Futter aus Körnern (Mais, Weizen), sondern spezielles Kraftfutter bekommen haben. Nur Jungmasthähne sind wirklich Hähne, ansonsten können Hähnchen auch Hühnchen sein. Und eine Poularde ist nichts anderes als ein etwas länger gemästetes Hähnchen (Hühnchen) von mindestens 1150 g, das manchmal auch 1,5 kg erreichen kann – entspricht also dem französischen Masthähnchen. Eine echte Poularde dürfte in Deutschland nur schwer zu finden sein – daraus ergeben sich bei einigen der folgenden Rezepte Schwierigkeiten. In Großstädten dürfte man, ebenso wie auf dem Land, vielleicht mal ein frisches, noch sorgfältig gemästetes Huhn bekommen, das ähnliche Qualitäten wie eine Poularde aufweist.
An das mit Recht berühmte Geflügel aus der Bresse, der Landschaft zwischen Lyon und dem Jura, an dieses Geflügel freilich kommt auch das beste deutsche Bauernhähnchen nicht heran. Die besondere Rasse mit festem, würzigem Fleisch wird von seit langem spezialisierten Bäuerinnen und Mastbetrieben mit reinem Naturfutter aufgezogen. Wer dieses Geflügel nicht kennt, versteht nicht, warum Paul Bocuse so viele Hühner-Rezepte bringt und so außerordentlich reichhaltige Zubereitungen bevorzugt.
Tatsächlich wäre es eine unverzeihliche Verschwendung, Trüffel und

frische Gänseleber in Hähnchen zu stopfen, die mit Hormonen und mit einem durch Fischmehl angereicherten Kraftfutter hochgepäppelt, dann im Eiskanal gewässert und schließlich eingefroren wurden.
Besorgen Sie sich also mindestens ein frisches, sorgfältig gemästetes Huhn auf dem Markt, wenn Sie eines der folgenden Rezepte ausprobieren wollen.
Eine weitere Schwierigkeit ergibt sich durch unser Lebensmittelgesetz: Für einige Zubereitungen verwendet Bocuse das frische Blut der Hähnchen oder Poularde, vor allem der Enten. Es ist verboten, das Blut bei uns zu verkaufen (lebende Hähnchen oder Enten bekommt man ebenfalls nicht, was in Frankreich keine besonderen Schwierigkeiten macht – zumindest nicht für einen berühmten Küchenchef), und so müssen wir hier auf diese Zugabe verzichten. Die hellrosa, aus gefrorenen Hähnchen oder Enten beim Auftauen herauslaufende Flüssigkeit besteht im übrigen hauptsächlich aus dem im Eiskanal aufgesogenen Fremdwasser und sollte auf keinen Fall verwendet werden.
Hier noch einige grundsätzliche Hinweise zum Zusammenbinden (Bridieren) und Umwickeln mit frischem, grünem Speck (Bardieren): Gleichgültig, ob man das Tier wie in Frankreich mit den Füßen (Ständern) kauft oder wie bei uns üblich bereits unter dem Unterschenkel gestutzt – das Verfahren ist dasselbe. Man spart sich lediglich das Einschneiden der Haut in den Flanken. Zunächst wird die Poularde innen und außen gepfeffert und gesalzen. Dann schneidet man die Flügelspitzen und den Dornfortsatz an den zweiten Flügelgelenken ab. Dann dreht man die Flügel um und steckt das Ende unter den Flügelansatz. Nun legt man das Huhn auf die Brust und zieht mit einer großen Nadel einen Faden durch die Schenkelgelenke quer durch den Vogel. In umgekehrter Richtung fährt man durch Flügelgelenke und Halsansatz und verknotet die beiden Enden, so daß die Oberschenkel neben den Brüstchen nach vorne gezogen werden. Dann legt man den Vogel auf den Rücken und am Ende des Brustbeins wieder zurück. Man legt nun beide Schlaufen um das Ende der Schenkelknochen, zieht diese damit fest an den Körper und verknotet die Enden (möglicherweise vorhandene gestutzte Füße werden vorher nach innen gebogen und in einen seitlichen Einschnitt gesteckt; die Sehne im Fußgelenk durchtrennen, sie könnte sich sonst beim Braten so stark spannen, daß die Fäden reißen). Nun legt man auf Brust und Schenkel eine große, dünn geschnittene Scheibe fetten, frischen Specks und bindet sie durch 3 oder 4 Umwicklungen mit Küchengarn fest.
Die Hühnervögel besitzen einen besonders muskulösen Magen, in dem kleine Steinchen die im Kropf eingeweichte Nahrung zermahlen.

Diesen Magen nennt man »Kaumagen«, weil er die Aufgabe von Zähnen und Mund übernimmt.

## Poularde poêlée châtelaine
## Braun gedünstete Poularde auf Burgfrauenart

Für 6 bis 8 Personen: *1 große Poularde von 1,8 kg (ausgenommen 1,4 kg), Salz, Pfeffer, 1 große Scheibe frischer Speck, 60 g Butter, etwa 50 Eßkastanien, ⅖ l Kalbfleischbrühe oder Kalbs-Fond (Seite 150 f.), 1 Stange Staudensellerie*

Die innen und außen gesalzene und gepfefferte, bridierte und bardierte Poularde in eine Kasserolle legen, in der 30 g Butter zerlassen wurden. Zudecken und langsam bei milder Hitze im Ofen oder auf kleiner Flamme garen. Das Poêlieren genau überwachen: Die Poularde soll zwar dünsten, aber dabei doch etwas braun werden. Sie muß immer wieder gewendet werden. Dabei darauf achten, daß sie meistens auf den Schenkeln oder auf dem Rücken, so wenig wie möglich jedoch auf der Brust liegt. Da bei diesem Verfahren kaum Flüssigkeit verdunstet, bildet sich auf dem Boden der Kasserolle eine kleine Menge von dickem, fettem und goldenem Fond.

Inzwischen die Schale der Kastanien kreuzweise einschneiden, die Kastanien grillen oder in heißem Öl kurz backen und die Schale sowie die Haut ablösen. In etwas Brühe oder hellem Kalbs-Fond pochieren, eine kleine Stange Sellerie zufügen. Eine Viertelstunde, bevor die Poularde gar ist, die Speckscheibe und die Schnüre entfernen, die sie zusammenhalten, und die Poularde mit der Brust nach oben in die Kasserolle zurücklegen. Die nicht ganz gar gekochten Eßkastanien um die Poularde in die Kasserolle geben. Unbedeckt in den Ofen stellen, die Poulardenbrust und die Kastanien häufig mit dem Fond begießen. Dabei darauf achten, daß die Kastanien nicht zerdrückt werden. Die Oberfläche der Poularde und der Kastanien wird jetzt goldgelb. Die Poularde auf einer Platte anrichten und die Kastanien wie einen Ring aus großen Perlen rundherum anrichten. Mit dem Fond begießen.

## Poularde au gros sel
## Poularde mit grobem Salz

*1 Poularde, Salz, Pfeffer, 1 Scheibe fetter Speck, 10 neue Karotten (oder 3–4 Möhren), 10 kleine weiße Rübchen, 10 weiße Frühlingszwiebeln, 6 kleine, junge Lauchstangen, klare Kalbfleischbrühe oder heller Kalbs-Fond, grobes Meersalz*

Die Poularde wie in der Einleitung beschrieben vorbereiten und in eine Kasserolle legen, die möglichst genau der Größe des Tieres entsprechen sollte. Die olivenförmig zugeschnittenen Karotten und Rübchen, die Zwiebelchen und die auf 6 cm Länge gestutzten, weißen Lauchstangen zufügen. Mit der Brühe oder dem Fond aufgießen, bis gerade eben alles bedeckt ist. Zum Kochen bringen und abschäumen. Zudecken und auf kleiner Flamme leise köcheln lassen, bis die Poularde gar ist. Um dies zu prüfen, mit einer Spicknadel in den dicksten Teil des Schenkels stechen. Fließt der Saft noch rosa heraus, so ist die Poularde noch nicht gar. Fließt er klar, so ist der richtige Garpunkt erreicht.

Die Poularde auf einer runden Platte anrichten und das Gemüse in kleinen Häufchen darumlegen. Getrennt dazu die Brühe in einer Saucière reichen. Diese Brühe wird um so kräftiger und wohlschmeckender sein, je passender der Topf für das Pochieren ausgewählt wurde und je weniger Brühe oder Fond also nötig war, um alles zu bedecken.

Dazu eine Schale mit grobem Meersalz reichen.

*Anm. der Übersetzer:* In etwa lehnt sich dieses Rezept an den Pot-au-feu an, der üblicherweise ebenfalls mit grobem Salz serviert wird. Man bekommt es in Reformhäusern. Noch besser schmeckt ungereinigtes, graues Meersalz. Auch eine Pfeffermühle bereitstellen. Um die Flüssigkeit in der Kasserolle so gering wie möglich zu halten, stopft man auch Gemüse jeweils seitlich unter die Poularde.

## Poularde pochée à l'estragon et au riz
## Pochierte Poularde mit Estragon und Reis

Die Poularde wie im vorstehenden Rezept pochieren, jedoch nur ⅓ des Gemüses in den Sud geben. Auf einer runden Platte anrichten und dazu Pilaw-Reis und in einer Saucière den Sud reichen, der auf folgende Art bereichert wurde:

Den Sud aufkochen und 1 TL Tapioca-Mehl darin verkochen, bis es sich vollkommen aufgelöst hat und die Sauce leicht gebunden ist. Einige Estragonblättchen darin ziehen lassen, dann durch ein Tuch abseihen.

## Poularde de Bresse au riz sauce suprême
## Poularde mit Reis und Geflügel-Rahmsauce

*1 Poularde, Salz, Pfeffer, 1 Scheibe fetter Speck, 1¼ l Kalbfleischbrühe oder heller Kalbs-Fond (Seite 150), 1 mittelgroße Möhre, 1 Zwiebel, 1 Gewürznelke, 1 Kräuterstrauß (Petersilienstengel, 1 Zweiglein Thymian, 1 Stück Lorbeerblatt) – Für den Reis: 200 g Reis, 90 g Butter – Für die Sauce: 70 g Butter, 15 g Mehl, 1/10 l dicke Sahne (crème fraîche épaisse), ½ TL Zitronensaft, 1 Messerspitze geriebene Muskatnuß, Salz, Pfeffer*

Die Poularde vorbereiten und pochieren, wie es im Rezept »Poularde mit grobem Salz« beschrieben ist. Den Sud nicht zu reichlich gestalten und mit den angegebenen Zutaten würzen.

Den Reis in einem Sieb unter fließendem Wasser waschen, bis es unten klar herausläuft. In einen Topf geben und mit reichlich kaltem Wasser aufgießen. Aufkochen lassen und 5 Minuten unter häufigem Umrühren kochen. Abgießen und unter lauwarmem Wasser gründlich spülen, damit alle stärkehaltigen Substanzen, die beim Kochen ein Zusammenkleben der Körner verursachen, weggespült werden. Dann ⅗ l Poularden-Sud in die Kasserolle gießen, wenn die Poularde zu ¾ gar ist. Den Reis zufügen und 50 g Butter zugeben. Zum Kochen bringen, zudecken und im heißen Ofen 15 Minuten garen. Sowie der Reis fertig ist, 40 g frische Butter zugeben und die Körner mit einer Gabel kräftig umwendend lockern.

Für die Sauce 20 g Butter in einer Kasserolle schmelzen lassen und 15 g Mehl (1 gestrichener EL) 10 Minuten darin, ohne Farbe nehmen zu lassen, andünsten. Abkühlen lassen und nach und nach mit 3/10 l sehr heißem Poularden-Sud aufgießen. Zum Kochen bringen und dabei mit einem Schneebesen glattrühren. 10 Minuten leise köcheln lassen. Die Sauce durch ein feines Sieb oder ein Tuch in einen flachen, breiten Topf gießen und ständig rührend auf großer Flamme auf die Hälfte einkochen. Dabei wird die Sauce so dick, daß sie mit 1/10 l Sahne verdünnt werden muß. Vom Feuer nehmen und mit Zitronensaft und Muskatnuß würzen. Abschmecken und die sehr weiße und cremige Sauce mit 50 g frischer Butter fertigmachen.

Nun entweder den Reis wie einen Sockel auf einer länglichen Platte anrichten, die von der Speckscheibe und den Fäden befreite Poularde mit der Brust nach oben darauflegen, diese mit Sauce überziehen und den Rest der Sauce in einer Saucière getrennt servieren oder die Poularde alleine auf eine Platte legen, mit etwas Sud übergießen und den Reis sowie Sauce gesondert reichen.

## Poularde pochée princesse
## Pochierte Poularde Prinzessin-Art

Die Poularde wie S. 423 zubereiten, jedoch auf den Reis verzichten. In die Geflügel-Rahmsauce in Butter gedünstete Trüffelscheiben oder -viertel geben. Bei frischen Trüffeln auch die Butter, bei Dosentrüffeln den in der Dose enthaltenen Fond zugeben. Wie angegeben anrichten, um die Poularde herum in einem weißen Sud pochierte und in Butter gargedünstete Artischockenböden legen, in diese in Dampf oder Salzwasser gegarte Spargelspitzen füllen, die mit etwas frischer Butter oder einem Löffel Geflügel-Rahmsauce geschwenkt wurden.


## Suprêmes de volaille, filets et côtelettes de volaille
## Geflügelbrüste, -filets und -koteletts

Diese Bezeichnungen wurden nur für den kulinarischen Sprachgebrauch und die Küchenliteratur erfunden und haben nicht, wie etwa beim Schlachtfleisch, eine anatomische Begründung. Sie sind hier ganz einfach Synonyme für ein und denselben Teil des Geflügels, wie Brüstchen, französisch auch noch »l'aile« (Flügel), »le blanc« (das Weiße) oder »L'estemac« (Magen) genannt. In jedem Falle ist es die fleischige Partie, die rechts und links auf dem Brustbein liegt. In der gehobenen Küchensprache nennt man die Brüste »Suprêmes«, wenn sie von einer Poularde, »Filet« oder »Kotelett«, wenn sie von einem Masthuhn oder einem großen Brathuhn stammen.

In jedem Fall werden die Brüste, die fleischigsten Teile eines Huhnes, ausgelöst, das heißt von den Knochen abgehoben. Dazu schneidet man zuerst die Flügelspitze ab, dann entfernt man die Haut mit dem anhängenden Fett. Nun macht man einen tiefen Einschnitt auf der Mitte der Brust und fährt mit dem Messer rechts und links direkt am Brustbein entlang. Mit der Messerspitze schneidet man schließlich das Fleisch im Gelenk des Flügels ab und löst es als jeweils ganzes Bruststück vom Gerippe, der sogenannten Karkasse. Die Knochen bleiben blank und ohne anhaftende Fleischteile zurück, wenn man geschickt dabei vorgeht.

Man kann die Brüstchen einer schönen, großen Poularde, die »Suprêmes«, in zwei Teile trennen, einmal in das sogenannte »Filet mignon«, das sich sichtbar vom übrigen Teil, dem »Filet« abhebt. Dieses wiederum schneidet man schräg in 2 oder 3 herzförmige Stücke, die man leicht klopft. Die Brüstchen von Mast- oder großen Brathühnern, die »Filets«, läßt man stets ganz.

Koteletts nennt man die Brüstchen, wenn man sie mit dem gestutzten Flügel im Flügelgelenk löst, wenn also der oberste Flügelknochen als Stummel wie bei einem Kotelett daranbleibt. Ansonsten werden diese Koteletts wie andere Brüstchen behandelt.

Koteletts nennt man aber auch gehacktes Hühnerfleisch oder mit dicker Sauce gebundene Hühnerstückchen, wenn diese in Kotelettform gebracht werden.

Da diese Fleischteile, gleichgültig welchen Namen sie haben oder von welchen Tieren sie stammen, sich durch eine besondere Zartheit auszeichnen, gibt es eigentlich nur drei Arten der Zubereitung.

1. Die Brüstchen mit Salz und Pfeffer würzen, leicht mit Mehl bestäuben oder in Mehl wenden, dabei überflüssiges Mehl abklopfen. Nicht zu dicht nebeneinander in eine Bratform mit etwas heißer Butter legen und rasch auf beiden Seiten goldbraun braten, ohne daß die Butter dabei bräunt.

2. In zerlassener, jedoch nicht heißer Butter wenden, pfeffern und salzen und in eine reichlich gebutterte Bratform legen. Einige Tropfen Zitronensaft darüberträufeln, einen Deckel auflegen und die Bratform je nach Größe der Brüstchen 5 bis 8 Minuten in den gut heißen Ofen schieben.

3. Die Brüstchen in zerlassener Butter wenden, würzen, in frischem Paniermehl wenden, mit einigen Tropfen zerlassener Butter oder Geflügelschmalz beträufeln und auf einem Grillrost über nicht zu starker Glut grillen.

Für alle drei Methoden gilt gleichermaßen, daß die Brüstchen erst kurz vor dem Servieren gegart werden. Sie müssen innen zart sein und können nicht warten oder warm gehalten werden, denn dadurch werden sie zäh. Außerdem muß die Hitze stets so groß sein, daß sie nicht Wasser ziehen und in ihrem Saft zu kochen beginnen.

Diese Art, Geflügel zu servieren, ist nicht so kostspielig, wie man auf den ersten Blick vermuten könnte. Die Karkassen können Suppen, Eintöpfe oder Saucen bereichern.

Die Innereien und der Rücken können in Ragouts oder Frikassees zubereitet werden. Und die Schenkel kann man gegrillt, gebraten oder pochiert servieren, wenn man sie nicht in kleine Würfelchen schneidet und zusammen mit Speck und Gemüsen als Garnitur verwendet oder kleine Vorgerichte wie Koteletts, Pastetchen, Kroketten und ähnliches daraus macht.

## Poularde de Bresse truffée en vessie Joannes Nandron
## Getrüffelte Poularde in der Blase »Joannes Nandron«

*Für 4 Personen: 1 Poularde (aus der Bresse) von etwa 1,8 kg, 8 schöne Trüffelscheiben, 1 Schweinsblase (in gesalzenem und mit Essig gesäuertem Wasser gut gewässert), Salz, Pfeffer, Madeira, 10 l helle Hühnerbrühe – Für die Füllung: je 50 g Möhren, weiße Rüben und Knollensellerie, mit einem kleinen Gemüseausstecher rund ausgestochen und in Salzwasser gegart; 50 g junge blanchierte und abgeschreckte Erbsen; 50 g feine grüne Bohnen, in Salzwasser gegart und in kleine Stäbchen geschnitten, das gekochte Weiße von 1 Lauchstange, 200 g Kalbfleisch-Mousse (aus 120 g Kalbfilet, Salz, Pfeffer und 80 g dicker Sahne – Zubereitung siehe unten), nach Belieben noch je 50 g fein gewürfelte Trüffel, Gänsestopfleber sowie die Leber der Poularde*

Die Poularde ausnehmen, vom Rücken her aufschneiden und ausbeinen. Dazu mit der Messerspitze an den Knochen entlangfahrend das Fleisch immer weiter loslösen und zurückschieben, die Karkasse an den Flügel- und Schenkelgelenken abtrennen und herausnehmen. Schenkel- und Flügelknochen nicht auslösen.

Die Trüffelscheiben unter die Haut schieben, je 2 Scheiben auf die Schenkel und die Brüste legen.

Aus den angegebenen Zutaten eine Fülle bereiten. Für die Kalbfleisch-Mousse das Fleisch im Mixer pürieren, in eine Schüssel geben, salzen und pfeffern.

Die Schüssel auf zerschlagenes Eis stellen und die Masse mit einem Kochlöffel kräftig durcharbeiten. Nach und nach die dicke Sahne (crème double) hineinarbeiten und abschmecken. Die Mousse soll sehr leicht und schaumig sein. Alle Zutaten vermischen und in die Poularde füllen, den Lauch in die Mitte stecken. Die Poularde zunähen, in ihre ursprüngliche Form drücken und so zusammenbinden, daß sie diese Form behält.

Die Schweinsblase umstülpen und die Poularde hineinstecken. Eine Prise Salz, frisch gemahlenen Pfeffer und einige EL Madeira zufügen. Die Schweinsblase mit Schnur dicht verschließen. Aus dem Geflügelklein und der Karkasse mit 10 l Wasser eine helle Hühnerbrühe bereiten, in einem großen Topf zum Kochen bringen und die Poularde in der Blase einlegen. Auf kleiner Flamme leicht siedend etwa 1½ Stunden langsam gar ziehen lassen.

Die Poularde in der Blase auf eine Platte legen und zu Tisch bringen, erst vor den Gästen herausnehmen. Die Flügel und die Schenkel ab-

schneiden und die Brüste teilen. Auf jeden Teller ein Stück Fleisch legen und mit einigen Löffeln der Füllung garnieren.
Man kann nach Belieben noch gute Geflügel-Rahmsauce (Seite 158) und Pilaw-Reis dazu reichen.
*Anm. der Übersetzer:* Das Gericht, eine der großen Spezialitäten von Paul Bocuse, ist Joannes Nandron gewidmet. Dieser verdiente Küchenchef aus Lyon – »bester Arbeiter« 1958 (die höchste Auszeichnung, die man in Frankreich seitens der Berufsköche erwerben kann) – hat sehr viel für die freundschaftliche Atmosphäre der Köche im Lyonnais getan.

## Poularde de Bresse truffée mère Brazier
## Getrüffelte Poularde nach Art der Mutter Brazier

Für 4 Personen: *1 Poularde (aus der Bresse) von 1,6–2 kg, 8 schöne, große Trüffelscheiben, ½ Zitrone, Salz, Pfeffer, 1 mittelgroße Zwiebel, 2 Gewürznelken, das Weiße von 4 Lauchstangen, 200 g junge Möhren, 150 g weiße Rüben, 1 Stange Staudensellerie*

Die Poularde rupfen, abflämmen und ausnehmen. Die Trüffelscheiben unter die Haut schieben. Dazu vom Hals her mit dem Finger die Haut vom Fleisch lösen und die Trüffelscheiben in die entstandene Tasche schieben. Jeweils 2 Scheiben auf die Schenkel und die Brüstchen legen. Dann die ganze Poularde mit Zitrone abreiben und zusammenbinden, wie auf Seite 418 f. beschrieben.
In einem großen Topf 4 l Wasser aufsetzen, gut, aber nicht zu reichlich mit Salz und Pfeffer würzen und die Gemüse zufügen. Wenn der Sud zu kochen beginnt, die Poularden hineingeben und beim erneuten Aufkochen den Topf auf kleine Flamme stellen, so daß die Poularde nur leicht siedend gar ziehen kann. Man rechnet mit 30 bis 40 Minuten für eine Poularde von 1,8 kg.
Die Poularde wird mit ihrer Brühe und den Gemüsen serviert. Dazu reicht man Pilaw-Reis und grobes Salz.
*Anm. der Übersetzer:* In und um Lyon haben Frauen, die »Mères« (Mütter), in der Küche immer eine größere Bedeutung gehabt als in anderen Gegenden Frankreichs. Die Mère Brazier war eine der berühmtesten, die nach dem letzten Krieg auch drei Sterne im Guide Michelin errang. Paul Bocuse hat auch bei ihr gelernt.

## Volaille de Bresse sautée au vinaigre
## Essig-Huhn

Für 4 Personen: *1 Huhn von 1,5 kg, 150 g Butter, Salz, Pfeffer, 4 Schalotten, ¼ l guter Weinessig*

Das Huhn ausnehmen und in 8 Stücke teilen (Anleitung Seite 418 f.). In einem flachen Brattopf, der die Stücke gerade eben nacheinander aufnehmen kann, 100 g Butter erhitzen. Die Hühnerstücke mit Salz und Pfeffer einreiben und in der Butter, die dabei nicht bräunen darf, auf allen Seiten leichte Farbe nehmen lassen. Den Deckel auflegen und die Stücke im nicht übermäßig heißen Ofen etwa 20 Minuten weitergaren. Wenn sie fertig sind, herausheben, auf einer vorgewärmten Platte anrichten, zudecken und warm halten. Die gehackten Schalotten, ohne sie zu färben, in der Bratbutter braten. Mit dem Essig ablöschen, den Bratfond lösen und die Flüssigkeit rasch auf die Hälfte einkochen. Vom Feuer nehmen und mit den restlichen 50 g Butter aufschlagen. Die Sauce über die Hühnerstücke gießen, die vollständig von ihr überzogen sein sollen.

## Suprêmes de volaille Françoise
## Poulardenbrüstchen »Françoise«

Für 1 Person: *1 Poulardenbrüstchen, 100 g grüne Spargelspitzen, Salz, 60 g Butter, Pfeffer, Mehl, 2 EL dicke Sahne (crème fraîche), Muskatnuß*

Die Spitzen der Spargel abschneiden und zu kleinen Bündeln zusammenbinden. Den zarteren Teil der Stangen in 2 cm lange Abschnitte schneiden. Alle Spargel in gesalzenes, sprudelnd kochendes Wasser werfen und einige Minuten kochen. Sowie sie gar sind, herausnehmen und mit etwas Butter in einem kleinen Topf umschwenken und etwas weiterdünsten. Mit Salz würzen. Das Poulardenbrüstchen 10 Minuten vor dem Servieren mit Salz und frisch gemahlenem Pfeffer würzen, in Mehl wenden und das überflüssige Mehl abklopfen. In einem kleinen Pfännchen etwas Butter erwärmen und das Brüstchen hineinlegen. Mit zerlassener Butter beträufeln, das Pfännchen zudecken oder mit Folie dicht verschließen und in den sehr heißen Ofen stellen. Etwa 5 bis 8 Minuten, je nach Größe des Brüstchens, rechnen. Gegen Ende der Garzeit mit dem Anrichten beginnen: Die Spargelspitzen aus dem Topf nehmen und auf einem heißen Teller warm halten. Die Abschnitte nochmals mit etwas Butter umschwenken und nicht ganz in der Mitte eines großen, sehr hohen Tellers aufhäufen. Die Bündel mit den Spitzen öffnen, die Spitzen auf das Häufchen setzen und mit 1 TL beinahe geschmolzener Butter beträufeln. Das Poulardenbrüstchen halb auf den Teller, halb auf das Spargelhäufchen legen und mit der Sauce überziehen, die sehr rasch in der letzten Minute bereitet wird.

Sowie das Brüstchen aus der Pfanne genommen wird, die Sahne zufügen und auf großer Hitze aufkochen lassen. Mit einer Prise Salz, etwas frisch gemahlenem Pfeffer und einer Messerspitze Muskatnuß würzen. Nach kurzem Kochen wird die Sahne, die beim Erhitzen zunächst flüssig wurde, durch das Einkochen wieder dicklich. In diesem Moment vom Feuer ziehen und ohne zu kochen 20 g frische Butter hineinarbeiten. Noch kurz abschmecken und über das Brüstchen gießen, das nicht mehr warten darf. Alles dies muß sehr schnell gehen und darf gerade nur ½ Minute dauern.

## Suprêmes de volaille Antonin Carême
### Geflügelbrüstchen »Antonin Carême«

*Für 4 Personen: Annakartoffeln (Seite 610), 6 mittelgroße Trüffel (roh), 4 schöne Geflügelbrüstchen, Salz, Pfeffer, reichlich Butter, Mehl, ¹⁄₂₀ l Portwein, 4 EL dicke Sahne (crème fraîche)*

Für die Annakartoffeln, die in Größe eines Desserttellers und nicht höher als 3 cm zubereitet werden sollen, schneidet man 4 Trüffel in feine Streifchen und schichtet sie zusammen mit den Kartoffeln in die Form.

In die Geflügelbrüstchen jeweils 5 kleine Einschnitte machen. Die beiden restlichen Trüffel in kleine Segmente schneiden und diese in die Einschnitte stecken. Die Brüstchen mit Salz und Pfeffer würzen, mit Mehl bestäuben und in eine gebutterte Bratform legen, die die Brüstchen gerade gut aufnimmt. Mit Butter beträufeln, zudecken, in den sehr heißen Ofen schieben und je nach Größe 5 bis 8 Minuten braten. Die Annakartoffeln auf eine vorgewärmte runde Platte stürzen, die Geflügelbrüstchen darauflegen. Den Portwein und die Sahne in die sehr heiße Pfanne gießen, den Bratenfond lösen und die Sauce rasch um die Hälfte einkochen. Vom Feuer nehmen und etwas Butter einziehen. In einer anderen Pfanne 3 bis 4 EL Butter haselnußbraun werden lassen und die Geflügelbrüstchen damit übergießen.

Die Portwein-Sauce in einer Sauciere getrennt dazu reichen.

*Anm. der Übersetzer:* Carême, der große Koch des beginnenden 19. Jahrhunderts, wurde und wird von den Meistern der Neuen Küche immer wieder als abschreckendes Beispiel dargestellt. Gewiß, seine Garmethoden sind von der Technik überholt, und seine Anrichtungen sind mehr von der Architektur als vom Geschmack bestimmt. Es ist jedoch nicht zu leugnen, daß er einer der Schöpfer der modernen Küche ist und Zusammenstellungen gefunden hat, die auch heute noch ihre Gültigkeit haben. Es ist erstaunlich, wie oft man beim Lesen seiner Bücher auf Gerichte stößt, die als ganz neu erfunden gepriesen werden.

## Côtelettes de volaille, volailles sautées ou fricassées, poulets sautés
## Koteletts, Ragouts und Frikassees von Geflügel

Zu diesen Gerichten eignet sich ein fleischiges, zartes Masthuhn am besten. Es wird stets zunächst nach alter, ausgeklügelter und festgelegter Art zerteilt:
Die Beine ablösen, dabei Schenkel und Keule an einem Stück lassen. Den Oberschenkelknochen kurz über dem Gelenk mit dem Schienbein (Knie) abbrechen und herausziehen. Das Schienbein direkt über dem Fußgelenk kürzen. Dieses Gelenk und die Krallen von den Füßen abschneiden, diese kurz in kochendes Wasser werfen und mit einem Tuch abreiben, um die Haut zu entfernen.
Die Flügelspitze am äußeren Gelenk abschneiden. Das Huhn mit der linken Hand auf dem Schenkel halten und ein Messer in das Gelenk neben dem Halsansatz schieben. Kräftig drückend so den Flügel abheben und dabei in Richtung der Schenkel schneiden, so daß ⅓ der Brust mit abgehoben wird.
Brust und Rücken voneinander trennen. Dazu mit einem Hackbeil durch einen kräftigen Schlag die Karkasse direkt an den Brustseiten abhauen. Die Karkasse zurechtschneiden, das heißt, die kleinen herausstehenden Rippen- und Schulterknochen stutzen. Die Karkasse noch quer in 2 Stücke teilen.
Auf diese Weise erhält man 7 Teile, wobei man das Brustbein auch noch längs in 2 Hälften zerschneiden kann, so daß es schließlich 8 Teile sind. Außerdem bleiben Hals, Flügelspitzen und Füße sowie die Innereien.

*Grundzubereitung:* Gleichgültig, mit welcher Sauce oder welcher Garnitur: Die Zubereitung von Ragouts oder Frikassees beruht immer auf den gleichen Arbeitsgängen.

Sehr wichtig ist die Auswahl des passenden Brattopfs, in dem alle Teile des Huhns nebeneinander Platz haben sollen. Sie dürfen sich nicht beengen, weil sie beim Anbraten sonst Wasser ziehen und eher kochen würden, der Topf darf jedoch auch nicht zu groß sein. In diesem Topf 50 g Butter oder 25 g Butter und 2 EL Öl erhitzen. Die mit Salz und Pfeffer gewürzten Geflügelstücke hineinlegen und auf beiden Seiten hellgolden braten. Die Butter soll dabei ihre helle Farbe behalten, darf nicht bräunen. Der Vorgang muß genau beobachtet werden, damit die Temperatur nicht zu hoch wird. Zudecken und die Hühnerstücke im nicht übermäßig heißen Ofen fertig braten. Die Flügel und die Brüstchen nach 8 bis 10 Minuten herausnehmen, die dickeren und festfleischigeren Schenkel noch 5 bis 8 Minuten länger darin lassen. Wenn alle Stücke gebraten sind (auch die Karkassen, den Hals, die Flügelspitzen und die Füße mitbraten), auf eine Platte legen, zudecken und warm halten.

Danach wird der Bratensatz gelöst (deglaciert), der sich während des Garens am Topfboden angesetzt hat. Es handelt sich dabei um den eiweißhaltigen Fleischsaft, den die Hitze herausgetrieben hat und der zum Teil geronnen, zum Teil gebraten ist. Um diese besonders charakteristischen und schmackhaften Substanzen als Grundlage für eine Sauce nutzen zu können, müssen sie mit einer Flüssigkeit angegossen und losgekocht werden. Als erstes gießt man das freie, überflüssige Fett ab, so daß nur noch eine hauchdünne Fettschicht im Topf verbleibt. In den Topf gießt man nun die je nach Rezept gewählte Flüssigkeit: Wein, Alkohol, Champignon-Sud, Geflügel- oder Kalbs-Fond und ähnliches. Aufkochen lassen und die Flüssigkeitsmenge nach den jeweiligen Rezeptangaben reduzieren. Zum Schluß eine Sauce oder einen Fond zufügen, falls verlangt. Wenn die Sauce fertig ist, die Karkassenstücke, die Füße, den Hals, die Flügelspitzen, den Kaumagen und die Schenkel zugeben und 3 bis 4 Minuten darin schmoren lassen. Dann, ohne sie zu kochen, die Brüstchen und die Flügel darin erwärmen.

Zum Servieren auf einer heißen länglichen oder runden Platte die Karkassen in der Mitte anrichten. Rechts und links davon die Flügelspitzen und die Füße, an die Enden Hals und Kaumagen (die übrigen Innereien, vor allem die Leber, werden zu anderen Gerichten verwendet) legen. Auf die Karkassen kommen die Brüstchen, die an den Enden übereinandergekreuzten Schenkel und schließlich die Flügel. Die

nochmals abgeschmeckte und fertiggestellte Sauce darübergießen, so daß alle Teile von ihr überzogen sind.
Wird das Hähnchen zu Frikassee hell gebraten, so ist das Verfahren ähnlich, nur das Anbraten entfällt. Die Fleischstücke werden nur in warme Butter gelegt, ohne zu zischen, langsam gebraten und zugedeckt im mittelheißen Ofen etwas länger fertig gegart. Das Ablöschen geht wie oben geschildert vor sich, doch nimmt man meistens dicke Sahne (crème fraîche), Samt-Sauce, Deutsche Sauce oder Béchamel-Sauce.

## Poulet sauté aux champignons
## Hähnchenragout mit Champignons

Für 4 Personen: *1 Masthähnchen, 100 g Butter, Salz, Pfeffer, 150 g frische Champignons, 1 gestrichener EL Mehl (15 g), 1/10 l trockener Weißwein, 1/5 l Kalbs-Fond (ersatzweise Fleischbrühe), 2 EL Tomatenpüree, 1 Prise gehackte Petersilie*

Das Hähnchen zerlegen, salzen, pfeffern und in 50 g Butter braten, wie vorstehend angegeben. Aus dem Brattopf nehmen und warm halten. In die schon vorhandene Bratbutter etwas frische Butter (oder 1 EL Öl) geben, erhitzen und die geputzten, rasch gewaschenen und in dünne Blättchen geschnittenen Champignons hineingeben. Auf großer Flamme rasch braten, damit das in ihnen enthaltene Wasser verdunstet. Mit Mehl bestäuben, salzen und pfeffern und das Mehl hellbraun werden lassen. Mit dem Weißwein angießen und diesen zur Hälfte verkochen lassen. Dann den Kalbs-Fond und das Tomatenpüree zufügen und gut mit dem Mehl verrühren. 5 Minuten durchkochen, die Karkassen und die Schenkel einlegen und weitere 5 Minuten schmoren lassen. Vom Feuer nehmen und auch Brüstchen und Flügel einlegen. Durch eine schwenkende Bewegung in der Sauce erwärmen und alles gut überziehen.
Die Hähnchenteile wie oben angegeben anrichten, die Sauce nach Bedarf noch etwas einkochen, dann neben dem Feuer noch 30 g frische Butter kräftig einrühren. Abschmecken und über die Hähnchenteile gießen. Alles mit gehackter Petersilie bestreuen.
*Anmerkung:* Verfügt man über Spanische Sauce oder Demi-glace, so verwendet man eine dieser Saucen als Fond zum Angießen und verzichtet auf das Mehl.

## Volaille de Bresse aux écrevisses
## Huhn mit Krebsen

*Für 4 Personen: 1 Masthuhn (aus der Bresse) von etwa 1,4 kg, 60 g Butter, Salz, frisch gemahlener Pfeffer, 50 g Schalotten, 50 g Möhren (nur das äußere Rote), 1 Glas Cognac (2 cl), ⅕ l trockener Weißwein, 100 g geschälte, entkernte und zerdrückte Tomaten, 1 Knoblauchzehe, 24 Krebse auf Bordelaiser Art, evtl. 2 EL dicke Sahne (crème double), Petersilie, Estragon*

Das Huhn ausnehmen, abflämmen und wie auf Seite 418 f. beschrieben in 8 Stücke teilen. In einer flachen, breiten Kasserolle mit dickem Boden 40 g Butter erhitzen. Die Hühnerstücke mit Salz und frisch gemahlenem Pfeffer einreiben und in der heißen Butter rundum gleichmäßig hellbraun braten. Häufig umwenden, dabei darauf achten, daß die Butter nicht bräunt.

Die Schalotten und das Rote der Möhren in winzig kleine Würfelchen schneiden und zu den Hühnerstücken geben. Die Kasserolle zudecken und bei milder Hitze im Ofen oder auf dem Herd 15 Minuten knapp köcheln lassen, damit die Hühnerstücke dann erst zur Hälfte gar sind. Dabei soll der Bratensaft leicht festbraten. Falls nötig, das Fett abschöpfen. Mit Cognac und Weißwein angießen und den Bratenfond lösen. Etwas einkochen, dann die zerdrückten Tomaten und die ebenfalls zerdrückte Knoblauchzehe zugeben. Alles langsam weiterkochen, dabei die Kasserolle unbedeckt lassen, damit die Sauce leicht reduziert. Inzwischen die Krebse auf Bordelaiser Art zubereiten. Die Schwänze auslösen, die Sauce durchpassieren, jedoch nicht wie im Rezept angegeben mit Butter fertigmachen. Die gegarten Hühnerstücke aus der Kasserolle nehmen, auf eine heiße Platte legen und warm halten. Den Sud etwas einkochen und die Krebs-Sauce dazugeben. Einige Minuten heftig durchkochen, dann die Sauce neben dem Feuer mit der restlichen Butter oder (und) mit der Sahne binden. Die Geflügelstücke und die Krebsschwänze noch einmal für einige Minuten in die Sauce legen und ohne zu kochen durchziehen lassen, damit sich die verschiedenen Aromen durchdringen können. Abschmecken und, falls nötig, nachwürzen.

Die Hühnerstücke mit den Krebsschwänzen in einer tiefen Platte oder einer Schüssel anrichten, mit der Sauce überziehen und mit fein gehacktem Estragon und Petersilie bestreuen. Man kann das Gericht auch mit schönen Krebsen garnieren, die zur Schau mit hochgebogenem Schwanz und nach hinten gedrückten Scheren danebengelegt werden.

## Poulet sauté aux morilles ou aux cèpes
## Hähnchenragout mit Morcheln oder Steinpilzen

*Für 4 Personen: 1 Masthähnchen, 55 g Butter, 3 EL Öl, Salz, Pfeffer, 200 g Morcheln oder Steinpilze, 1 TL gehackte Schalotten, $^1/_{10}$ l trockener Weißwein, 6 EL Kalbs-Fond, 1 Prise gehackte Petersilie*

Das Hähnchen vor- und zubereiten, wie im Rezept »Hähnchenragout mit Champignons« (Seite 432) angegeben, jedoch statt 50 g Butter nur 25 g und 2 EL Öl zum Anbraten nehmen. Die fertigen Stücke warm halten. Einen weiteren EL Öl zum Bratfett geben und die sorgfältig gereinigten Morcheln (in den Kammern ist oft viel Sand und Erde enthalten) oder Steinpilze in nicht zu großen Stücken zufügen. 3 Minuten auf lebhaftem Feuer braten, dann die feingehackten Schalotten darüberstreuen und mit Salz und frisch gemahlenem Pfeffer würzen. Die Hähnchenteile bis auf Brüste und Flügel darauflegen, zudecken und 5 Minuten im heißen Ofen dünsten.
Wieder herausnehmen, auf dem Herd ohne Deckel erhitzen, den Weißwein angießen und fast vollständig verkochen lassen. Nun den Kalbs-Fond zugeben, weitere 2 Minuten kochen und die Brüstchen und Flügel zugeben. Vom Feuer nehmen und etwas durchziehen lassen. Die Hähnchenstücke auf einer vorgewärmten Platte anrichten. Ohne zu kochen, 30 g frische Butter in die Sauce hineinarbeiten. Abschmecken, gegebenenfalls nachwürzen und die Hähnchenstücke damit überziehen. Alles mit gehackter Petersilie bestreuen.

## Poulet sauté chasseur
## Hähnchenragout auf Jägerart

*Für 4 Personen: Wie im Rezept »Hähnchenragout mit Champignons«, zusätzlich 1 EL feingehackte Schalotten, 1 Likörglas Cognac, 1 reife Tomate, je $^1/_2$ TL gehackter Estragon und Kerbel*

Das Hähnchen wie oben angegeben zubereiten, jedoch vor dem Bestäuben mit Mehl noch die Schalotten mit anbraten. Vor dem Weißwein den Cognac angießen, flambieren und nach 2 Sekunden durch Auflegen des Deckels die Flamme ersticken. Mit dem Kalbs-Fond auch eine frische, gehäutete, entkernte, ausgepreßte und grob gehackte Tomate zugeben. Mit der Butter zum Schluß auch gehackten Estragon und Kerbel zugeben.

Auch hier kann man auf das Mehl verzichten, wenn man über eine Spanische Sauce oder über Demi-glace verfügt. Diese dicken Saucen binden ausreichend, das Gericht wird leichter und schmackhafter.

## Poulet sauté à l'estragon
## Hähnchenragout mit Estragon

*Für 4 Personen: 1 Masthähnchen, 50 g Butter, Salz, Pfeffer, $1/_{10}$ l trockener Weißwein, $1/_{10}$ l Kalbs-Fond, je 1 Prise frischer gehackter Kerbel und Estragon*

Das zerteilte Hähnchen braten, wie im Grundrezept (Seite 418) angegeben. Die Hähnchenstücke auf einer vorgewärmten Platte anrichten. Den Weißwein in den Brattopf gießen, den Fond lösen und alles auf die Hälfte einkochen. Den Kalbs-Fond zufügen, weitere 3 Minuten kochen lassen und vom Feuer nehmen. Abschmecken, gegebenenfalls nachwürzen und den beinahe noch kochenden Fond mit Kerbel und Estragon verrühren und aromatisieren. Die Hähnchenstücke mit wenig klarem Fond begießen.
Dazu in einer Schüssel kleine, in Butter leicht angebratene Pariser Kartoffeln reichen.

## Poulet sauté printanier
## Hähnchenragout mit Frühlingsgemüse

*Für 4 Personen: 1 Masthähnchen, 50 g Butter, Salz, Pfeffer, 4 EL Kalbs-Fond – Für das Gemüse: je 50 g junge Möhren oder Karotten, weiße Rüben, kleine Zwiebelchen, junge Erbsen und feine grüne Bohnen, Butter*

Das Hähnchen zerteilen und braten, wie im Grundrezept (Seite 418 f.) angegeben. Mit dem Kalbs-Fond ablöschen und auf eine vorgewärmte Platte legen. Um die Hähnchenteile das Gemüse getrennt in kleinen Häufchen anrichten.
Die Möhren oder Karotten und die weißen Rüben olivenförmig ausstechen oder zuschneiden. Wie die Zwiebelchen in Butter andünsten und glacieren (Seite 582). Die Erbsen und die in kleine Stäbchen geschnittenen Bohnen in Dampf oder in Salzwasser garen und anschließend in Butter schwenken.
Alles mit wenig Fond begießen.

## Poulet sauté à la Marengo
## Hähnchenragout »Marengo«

Für 4 Personen: *1 Masthähnchen, Butter, Salz, Pfeffer, 12 mittelgroße Champignons, 1 Knoblauchzehe, $^1/_{10}$ l trockener Weißwein, $^1/_5$ l Tomaten-Sauce, $^1/_{10}$ l Kalbs-Fond, 4 gebackene Eier, 4 in Butter gedünstete oder im Sud gekochte Krebse, 4 herzförmig zugeschnittene und in Butter geröstete Weißbrotscheiben (croûtons), 4 dicke Trüffelscheiben, 1 Zitronenviertel, 1 Prise gehackte Petersilie*

Das Hähnchen vorbereiten und in 50 g Butter, wie im Rezept »Hähnchenragout mit Champignons« (Seite 432) angegeben – zusammen mit den ganzen Champignonköpfen –, braten. Die Stücke herausnehmen und warm halten. Die Champignons beiseite legen. In die heiße Bratbutter eine zerdrückte Knoblauchzehe geben und erhitzen. Sofort darauf mit dem Weißwein ablöschen und diesen auf $^2/_3$ einkochen. Dann die Tomaten-Sauce und den Kalbs-Fond zugießen. Einkochen. Die Karkassen und die Schenkel zugeben, etwas schmoren lassen, schließlich vom Feuer nehmen und auch Brüste und Flügel darin ziehen lassen. Die Hähnchenstücke herausnehmen und auf einer gut vorgewärmten Platte anrichten. Die Sauce nochmals etwas einkochen, dabei die zurückbehaltenen Champignons und die Trüffelscheiben noch 2 Minuten mitkochen. Die Hähnchenstücke mit den gebackenen Eiern, den troussierten Krebsen (den Schwanz nach oben und die Scheren nach hinten biegen, die Scheren dann in den Schwanz stecken) und den Croûtons garnieren. Die Sauce vom Feuer nehmen, abschmecken und mit reichlich frischer Butter kräftig durcharbeiten. Über die Hähnchenstücke gießen, alles mit einigen Tropfen Zitronensaft beträufeln und mit gehackter Petersilie bestreuen.

## Poulet sauté lyonnaise
## Hähnchenragout auf Lyoner Art

Für 4 Personen: *1 Masthähnchen, 50 g Butter, Salz, Pfeffer, 12 kleine Zwiebelchen, $^1/_{10}$ l trockener Weißwein, 4 EL Kalbs-Fond, gehackte Petersilie*

Das Hähnchen zerteilen und braten, wie im Grundrezept (Seite 418 f.) angegeben. Wenn die fertig gegarten Brüstchen und Flügel herausgenommen werden, zu Schenkeln und Karkasse die in Salzwasser blanchierten Zwiebeln geben und 5 Minuten schmoren lassen. Hähnchenteile dann auf vorgewärmter Platte anrichten und mit den Zwiebeln umlegen, die sich mit dem fettigen Hähnchen-Fond vollgesogen und eine hellgoldene Farbe angenommen haben. Den Fond mit Weißwein ablöschen und diesen um ⅔ einkochen, dann Kalbs-Fond zugießen, abschmecken, nochmals aufkochen und alles über die Hähnchenteile und die Zwiebeln gießen. Letztere mit etwas gehackter Petersilie bestreuen.

## Poulet sauté à la portugaise
## Hähnchenragout auf portugiesische Art

Für 4 Personen: *1 Masthähnchen, 75 g Butter, 2 EL Öl, Salz, Pfeffer, 1 mittelgroße Zwiebel, 2 Knoblauchzehen, ¹/₁₀ l trockener Weißwein, 3 schöne, große, gut reife Tomaten, gehackte Petersilie*

Das zerteilte Hähnchen in 25 g Butter und 2 EL Öl, wie im Grundrezept (Seite 418 f.) angegeben, braten. Wenn Brüstchen und Flügel gar sind, alle Hähnchenteile herausnehmen und warm stellen. In das Bratfett die feingeschnittene Zwiebel geben und auf kleiner Flamme zunächst weich dünsten und schließlich eine hellgelbe Farbe nehmen lassen. Ab und zu umwenden. Die zerdrückten Knoblauchzehen zugeben, kurz erhitzen, mit dem Weißwein ablöschen und diesen beinahe vollständig einkochen. Die Tomaten mit kochendem Wasser überbrühen, häuten, den Stielansatz herausschneiden und die Früchte auspressen, um sämtliche Kerne und das im Fruchtfleisch enthaltene Wasser zu entfernen. Grob hacken und in die Weinreduktion geben. Mit Salz und frisch gemahlenem Pfeffer würzen, die Schenkel und die Karkassenstücke des Hähnchens zufügen und zugedeckt im heißen Ofen 7 bis 8 Minuten garen. Die Hähnchenteile wieder herausnehmen, den Saucen-Fond noch etwas einkochen und abschmecken. Mit einer weiteren Prise frisch gemahlenem Pfeffer kräftig würzen, vom Feuer nehmen und etwas gehackte Petersilie einrühren. Die Hähnchenstücke in die Sauce geben, umschwenkend darin erwärmen und mit der Sauce tränken. Anrichten, wie im Grundrezept angegeben, und die Sauce, die nun nicht mehr kochen darf, mit 50 g frischer Butter kräftig durcharbeiten, bis die Butter vollkommen eingezogen ist. Das angerichtete Hähnchen damit übergießen und gut einhüllen, schließlich noch mit gehackter Petersilie bestreuen.

## Poulet sauté aux truffes
## Hähnchenragout mit Trüffeln

Für 4 Personen: *1 Masthähnchen, 150 g Butter, Salz, Pfeffer, 150 g frische Trüffeln, ⅕ l trockener Champagner, 2 EL Madeira*

Das Hähnchen zerteilen und in 50 g Butter braten, wie im Grundrezept (Seite 418 f.) angegeben. Brüstchen und Flügel, wenn sie gar sind, herausnehmen. Zu den Schenkeln und Karkassen die in Viertel oder Achtel geschnittenen, rohen Trüffeln geben und alles noch 5 bis 8 Minuten schmoren lassen. Die Hähnchenstücke herausnehmen und mit den Brüstchen und Flügeln wie ausgeführt anrichten, die Trüffeln jedoch im Topf lassen. Den Bratfond mit Champagner ablöschen, diesen um ⅔ einkochen. Vom Feuer nehmen, den Madeira einziehen und die restlichen 50 g Butter in die Sauce arbeiten. Die Trüffeln in der Sauce kräftig hin und her bewegen, damit sie ihren Geschmack abgeben und sich mit Sauce überziehen. Über die Hähnchenteile gießen.

## Volaille de Bresse à la broche
## Masthähnchen am Spieß

Für 4 Personen: *1 Masthähnchen (aus der Bresse) von 1,6 kg, Salz, Pfeffer, 50 g Butter, nach Belieben einige Trüffelscheiben*

Das Hähnchen sauber ausnehmen und zusammenbinden (Seite 418 f.). Innen und außen mit Salz und frisch gemahlenem Pfeffer einreiben. Auf einen Spieß stecken und mit 50 g halb geschmolzener und zu einer weichen Creme gerührter Butter bestreichen. Den Spieß vor einem schönen, rotglühenden Holzfeuer aufstellen und das Hähnchen ständig drehend braten. Eine Tropfpfanne darunterstellen. Während des Bratens das Tier immer wieder mit dem aufgefangenen Bratfett begießen. Etwa 45 Minuten Bratzeit rechnen. Sofort nach dem Braten servieren, das Geflügel würde durch eine auch noch so kurze Wartezeit viel von seinem vorzüglichen Geschmack einbüßen. In einer Saucière den in der Tropfpfanne aufgefangenen Bratsaft reichen.
Man kann das Hähnchen vor dem Zusammenbinden auch trüffeln, indem man einige schöne Trüffelscheiben zwischen Schenkel bzw. Brüstchen und Haut schiebt.

*Anm. der Übersetzer:* Selbstverständlich kann man das Hähnchen auch unter dem Elektrogrill bereiten. Während des Bratens nur mit dem Fett, nicht aber mit dem ebenfalls abtropfenden Fleischsaft begießen, weil dieser karamelisieren und einen bitteren Geschmack hinterlassen würde. In der Saucière den entfetteten Fleischsaft reichen und mit dem beim Tranchieren aus dem Geflügel gelaufenen Saft mischen. Nochmals mit Salz und Pfeffer abschmecken.

## Poulet de Bresse en soupière
## Hähnchen in der Suppenterrine

Für 4 Personen: *1 Masthähnchen (aus der Bresse) von 1,4 kg, 2 geviertelte Kopfsalatherzen, 100 g frisch ausgelöste (gepalte) Erbsen, 100 g extrafeine, frische grüne Bohnen, 60 g neue weiße Rübchen, 100 g in Stäbchen geschnittene, junge Möhren, 4 kleine weiße Zwiebelchen, 100 g Butter, Salz, frisch gemahlener Pfeffer, 1 Prise Zucker, 200 g Blätterteig*

Das Hähnchen wie in der Einleitung (Seite 418 f.) angegeben vorbereiten und zusammenbinden. In eine große, feuerfeste Suppenterrine legen (am besten eine Terrine mit Fuß, die an der Seite 2 Löwenköpfe hat – dies ist die klassische Suppenterrine aus Lyon).
Das Hähnchen mit den angegebenen Gemüsen umlegen, Butterflöckchen darüber verteilen, salzen, aus der Mühle pfeffern und eine Prise Zucker über das Gemüse streuen. Die Terrine mit einer dünnen Blätterteigplatte abdecken und in den auf 200 bis 210 Grad vorgeheizten Ofen stellen. Nach 5 bis 10 Minuten den Blätterteig mit einem Blatt Alufolie belegen, damit er während des Backens nicht zu dunkel wird. Nach 45 Minuten den Ofen ausschalten, aber die Terrine noch ¼ Stunde darin lassen.
Zum Servieren die verschlossene Terrine zu Tisch bringen. Mit der Messerspitze die Blätterteigplatte vom Rand lösen und abheben – der Duft, der nun aus der Terrine strömt, ist bereits äußerst angenehm! Das Hähnchen wie üblich tranchieren und auf vorgewärmten Tellern verteilen. Jeweils eine Portion Gemüse und ¼ des Teigdeckels danebenlegen.
*Anm. der Übersetzer:* Man kann auch auf den Blätterteig verzichten und statt dessen die Terrine gleich mit einem Blatt Alufolie verschließen, das man mit einer Schnur fest um den Wulst der Terrine bindet.

## Poulet de Bresse au sel
## Hähnchen in Salzkruste

Für 4 Personen: *1 Masthähnchen (aus der Bresse) von 1,6 kg, Pfeffer, 4 kg grobes Meersalz*

Das Hähnchen, wie in der Einleitung (Seite 418 f.) erklärt, zusammenbinden, jedoch die Füße abschneiden. Innen leicht pfeffern, nach Belieben auch Trüffelscheiben unter die Haut schieben.
Einen ausreichend großen Topf – vorzugsweise aus Gußeisen, jedoch nicht emailliert – vollkommen mit Alufolie ausschlagen, die Folienblätter lang überstehen lassen. Eine gute, 3–5 cm starke Salzschicht hineinfüllen und das Hähnchen in die Mitte mit der Brust nach unten darauflegen. Das restliche Salz darüberstreuen, bis das Hähnchen vollkommen bedeckt ist. Die Folienenden übereinanderschlagen, damit das Ganze völlig dicht verschlossen ist. Den Topf für 1¼ Stunden in den sehr heißen Ofen (250–280 Grad) schieben. Zum Servieren den durch die ausströmende Feuchtigkeit entstandenen Salzblock auf eine große Platte stürzen, die Alufolie entfernen. Den Salzblock erst am Tisch aufklopfen und das Hähnchen herausnehmen. Wenn alles richtig gemacht wurde, ist das Hähnchen jetzt goldbraun, gerade durchgebraten, und auch das an manchen Stellen an der Haut klebende Salz kann leicht entfernt werden.
Hauptsächlich durch das im Salz enthaltene Jod aromatisiert, hat das Hähnchen einen unvergleichlichen Geschmack und ein herrlich saftiges Fleisch.
*Anm. der Übersetzer:* Dies ist eines der bekanntesten Rezepte von Paul Bocuse. Wahrscheinlich hat das ausgefallene Verfahren zu dieser Berühmtheit beigetragen, doch wäre das gar nicht nötig, denn das Ergebnis spricht für sich. Wichtig ist jedoch, daß man tatsächlich das richtige Salz verwendet: Feines Salz umschließt das Hähnchen zu dicht, so daß es nicht gut ausdampfen kann und nicht bräunt. Nur Meersalz (oder jodiertes Salz) enthält das angesprochene Jodaroma, das den Reiz des Gerichtes ausmacht – am meisten ist natürlich in grauem, ungereinigtem Meersalz vorhanden, das man in guten Reformhäusern bekommt. Doch genügt auch reines, aber grobes Salz.

## Fricassée de poulet vallée d'Auge
## Hühnerfrikassee »Vallée d'Auge«

Für 4 Personen: *1 Masthähnchen von etwa 1,4 kg, 90 g Butter, Salz, Pfeffer, 20 g Mehl, ½ l helle Fleischbrühe, 1 Kräuterstrauß (aus 1 kleinem Bund Petersilie, 1 Zweiglein Thymian und ½ Lorbeerblatt), 12 kleine Zwiebeln, 12 mittelgroße, frische Champignons, ¼ Zitrone, 2 Eigelb, Muskatnuß, ¹⁄₁₀ dicke Sahne (créme fraîche), Toastbrot-Croûtons*

Das Hähnchen, wie auf Seite 418 f. angegeben, in Stücke schneiden. Dann zusätzlich die Schenkel von den Keulen trennen, die Brüste in 3 Teile und die Karkasse in 4 Teile zerschneiden. In einer breiten, flachen Kasserolle, die eben alle Hähnchenteile aufnehmen kann, 30 g Butter erhitzen und die Fleischstücke hineingeben. Auch die Flügelspitzen, den Hals, die Füße und den Kaumagen zufügen. Mit Salz und frisch gemahlenem Pfeffer würzen. Das Fleisch bei milder Hitze auf allen Seiten leicht anbraten, dabei aber keine Farbe nehmen lassen. Häufig mit einem Holzlöffel umwenden. Mit dem Mehl bestäuben, durchmischen und alles einige Minuten weiterbraten, ohne daß sich das Mehl verfärbt. Mit der Fleischbrühe aufgießen und gut umrührend das Mehl darin auflösen. Langsam zum Kochen bringen. Den Kräuterstrauß hineingeben, den Deckel auflegen und ganz langsam 35 Minuten köcheln lassen (hat man keine Fleischbrühe, kann man auch mit Wasser aufgießen; dann mit einer geviertelten Möhre, einer mit 1 Nelke gespickten Zwiebel und 5 g Salz würzen).
In der Zwischenzeit die kleinen Zwiebeln in eine kleine Kasserolle geben, eben mit Wasser bedecken, 1 Stück Butter und 1 Prise Salz zugeben und in diesem Sud gar kochen. Die Champignons putzen, waschen, vierteln und in eine andere kleine Kasserolle in 1 EL kochendes Wasser werfen. Den Saft von ¼ Zitrone darüberträufeln, etwas Butter zufügen und salzen. 4 Minuten heftig kochen lassen, dann in eine Schüssel geben.
Die Eigelb in eine Schüssel schlagen, 2 EL Champignonsud zugießen, einige Butterstückchen und frisch geriebene Muskatnuß darangeben und schließlich alles mit der Sahne vermischen.
Wenn das Hähnchen gar ist, alle Stücke aus der Sauce heben und in einen anderen Topf legen. Die abgetropften Zwiebeln und Champignons darüberstreuen. Warm stellen.
In die Eigelb-Sahne-Mischung ganz langsam und in kleinen Mengen, unter ständigem Schlagen mit dem Schneebesen, 1 Suppenkelle voll

heißer Sauce gießen. Dann diese Mischung ebenfalls unter ständigem Schlagen mit dem Schneebesen in die Sauce gießen. Auf kleine Flamme setzen, vorsichtig erhitzen und dicklich rühren – nicht mehr kochen lassen. Vom Feuer nehmen und mit den restlichen 30 g Butter vermischen. Abschmecken. Die Sauce durch ein feines Sieb oder Tuch über das Hähnchen gießen. Den Topf mit einer kreisenden Auf-und-ab-Bewegung schwenken, damit sich die Fleischstücke gut mit der Sauce vermischen und vollkommen von dieser eingehüllt werden. In einer runden, gut vorgewärmten Schüssel servieren. Mit herzförmig zugeschnittenen, in Butter gerösteten Croûtons verzieren.

*Anmerkung:* Man kann dieses Rezept auch mit einem noch zarten Suppenhuhn bereiten, jedoch muß man dann die Kochzeit entsprechend verlängern. Die Garnitur kann man durch etwa 15 kleine, runde, ganz junge Karotten ergänzen, die in Butter gedünstet und glaciert werden. Man serviert sie entweder mit der Frikassee-Sauce getrennt oder mit den Zwiebeln und Champignons vermischt.

*Anm. der Übersetzer:* Das Gericht ist nach einem Tal in der Normandie, der »Vallée d'Auge«, benannt, das durch die hervorragende Qualität seiner Sahne bekannt geworden ist. Übrigens sagt man im Deutschen nie Hähnchen-, sondern Hühnerfrikassee, auch wenn dieses nicht aus einem (Suppen-)Huhn zubereitet wird.

## Coq au vin à la bourguignonne
### Hahn in Rotwein auf Burgunder Art

*Für 6 Personen: 1 Masthähnchen von 1,8 kg, Salz, Pfeffer, 100 g magerer Brustspeck, 50 g Butter, 12 kleine Zwiebelchen, 125 g frische, weiße Champignons, 1 EL Mehl, 2 Knoblauchzehen, ½ l Burgunder Rotwein, 1 Kräuterstrauß (aus Petersilie, 1 Zweig Thymian und 1 Stück Lorbeerblatt), ½ l schwach gesalzene Fleischbrühe, ersatzweise Wasser, 3 EL Cognac, nach Belieben in Butter geröstete Croûtons*

Das Hähnchen zerteilen, wie im Grundrezept (Seite 418 f.) angegeben. Alle Teile mit Flügelspitzen, Füßen, Hals und Kaumagen (jedoch nicht die Leber) auf einen Teller legen, salzen und aus der Mühle pfeffern. Den Speck in kleine Würfel schneiden und in einem kleinen Topf mit kaltem Wasser aufsetzen. 5 Minuten kochen lassen, abtropfen und trockentupfen.

Die Butter in einer irdenen Kasserolle erhitzen und die Speckwürfel mit den Zwiebelchen langsam darin anbraten. Wenn alles schön gebräunt ist, herausnehmen, abtropfen und auf einem Teller beiseite stellen.

Die Champignons putzen, rasch waschen und, wenn sie groß sind, vierteln. Die Kasserolle auf eine große Flamme setzen, die Champignons hineingeben und kurz anbraten. Herausheben, abtropfen und zu den Speckwürfeln geben.

Immer in derselben Butter, die durch das Fett des Specks angereichert ist, nun die Hähnchenteile bei guter, aber nicht übermäßiger Hitze anbraten. Mit Mehl bestäuben, vermischen und das Mehl im Ofen unbedeckt leicht braun werden lassen. Nach 5 Minuten die Kasserolle wieder auf den Herd stellen und die zerdrückten Knoblauchzehen hineingeben. Alles 1 Minute durchrühren, dann mit dem Rotwein angießen. Unter ständigem Rühren zum Kochen bringen und das Mehl im Wein auflösen. Den Kräuterstrauß hineinlegen, auch Speck, Zwiebeln und Champignons zufügen. Mit so viel Fleischbrühe oder Wasser auffüllen, daß die Flüssigkeit gerade eben die Höhe der Zutaten erreicht, den Topf zudecken und alles im mittelheißen Ofen ganz langsam 45 Minuten garen.

Aus dem Ofen nehmen, die Hähnchenstücke und die Garnitur mit einem Schaumlöffel herausheben und in einer Schüssel warm halten. Die Sauce noch rasch reduzieren, falls sie nicht konzentriert genug, also während des Schmorens nur wenig eingekocht ist, die Sauce durch ein feines Sieb über die Hähnchenstücke gießen. Die irdene Kasserolle auswaschen, Hähnchenstücke, Gemüse und Sauce wieder hineinfüllen und kurz aufkochen lassen.

Die Leber des Hähnchens in Würfel schneiden, mit Salz und einer Prise Pfeffer würzen und rasch in einem kleinen Topf in ein wenig Butter leicht anbraten. Durch ein feines Sieb treiben und mit dem Cognac verrühren. Die Kasserolle mit dem Hähnchen vom Feuer nehmen und etwas von der heißen Sauce in einem dünnen Strahl unter kräftigem Rühren zu der Leber gießen. Diese Mischung dann wiederum ganz langsam in die Kasserolle geben, die dabei in einer kreisenden Bewegung geschwenkt werden muß, damit sich die Leber völlig mit der Sauce vermischt und diese durch die Hitzeeinwirkung der Zutaten und der Kasserolle bindet.

Die Sauce soll sehr cremig sein.

Nochmals abschmecken und in einer Schüssel oder der Kasserolle, in der das Ragout zubereitet wurde, servieren. Letzteres ist besser, weil das Gericht besser warm gehalten wird. Man kann herzförmig zugeschnittene, in Butter gebratene Weißbrotscheiben obenauf legen.

*Anm. der Übersetzer:* Paul Bocuse bindet die Sauce zusätzlich mit dem Blut des Hähnchens oder 3 EL Schweineblut, das jeweils mit etwas Essig verrührt wird, damit es nicht sofort gerinnt. Diese Eigenschaft des Blutes, nämlich bei höherer Temperatur durch das enthaltene Eiweiß zu gerinnen, führt beim abschließenden Erhitzen der Sauce, wenn dieses vorsichtig durchgeführt wird, zu einer zusätzlichen Bindung. Man erreicht das ohne Blut auch durch die Leber allein, wenn diese nur sehr kurz gebraten und innen blutig ist. Will man die Sauce noch dicker, so löst man vor der Leber einige Flöckchen Mehlbutter darin auf. Übrigens heißt das Gericht beharrlich »Coq au vin«, also »Hahn in Wein«, auch wenn man meist Poularden oder Masthähnchen verwendet, weil es Hähne nur noch selten gibt.

## Coq au fleurie
### Hähnchen in Fleurie

*Für 8–10 Personen: 1 schöner, mit Körnern gefütterter Hahn, ersatzweise 1 großes Masthähnchen, 1 Flasche Fleurie (ein leichter Beaujolais, nicht älter als 3 Jahre), 1 Möhre, 1 große Zwiebel, 1 großer Kräuterstrauß (aus 1 Bund Petersilie, einigen Thymianzweiglein und 1 Lorbeerblatt), einige Knoblauchzehen, 10 Pfefferkörner, 1 guter EL Schweineschmalz, Salz, Cognac, 1–2 EL Mehl, Butter, 20 kleine Zwiebelchen, 200 g durchwachsener Brustspeck, 500 g frische Champignons, etwas Mehlbutter, Toastscheiben*

Den Hahn oder das Hähnchen zerteilen, wie im Grundrezept (Seite 418 f.) angegeben. Zusätzlich die Schenkel von den Keulen sowie die beiden Flügel teilen. Alle Stücke in eine Schüssel geben und mit dem Wein begießen. Um die Marinade zu würzen, die in Scheiben geschnittene Möhre und Zwiebel zufügen, ebenso den Kräuterstrauß, einige ungeschälte Knoblauchzehen und die zerdrückten Pfefferkörner. Mindestens 24 Stunden an einem kühlen Ort zugedeckt durchziehen lassen.

Am Abend vor der Verwendung oder wenigstens einige Stunden davor die Hähnchenstücke aus der Marinade nehmen und in einem Sieb oder Durchschlag abtropfen lassen. Sie müssen etwas antrocknen, damit sie gebraten werden können. Die Marinade sowie die Würzzutaten aufbewahren.

In einem breiten, flachen Brattopf das Schweineschmalz erhitzen. Die Hähnchenstücke salzen und im heißen Schmalz kräftig anbraten. Wenn sie auf allen Seiten eine schöne Farbe genommen haben, mit Cognac flambieren, nach kurzer Zeit den Deckel auflegen, um die Flamme zu ersticken.

Mit Mehl bestäuben, gut durchmischen und einige Minuten in den Ofen stellen, um das Mehl zu rösten. Die Zwiebel- und Möhrenscheiben in etwas Butter weich dünsten und zum Fleisch geben, ebenso den Kräuterstrauß. Mit dem Wein der Marinade angießen und erhitzen, dabei ständig rühren, damit sich das Mehl mit dem Wein verbindet. Zudecken und auf kleiner Flamme leise vor sich hin köcheln lassen. Je nach Alter und Zartheit des Tieres mit 45 bis 60 Minuten Kochzeit rechnen. Die Hähnchenstücke mit den Gemüsen herausnehmen und in einer Schüssel warm halten. Die in Butter gedünsteten und glacierten Zwiebelchen, den in Würfel geschnittenen und leicht angebratenen Speck und die in Butter gedünsteten Champignons zufügen und alles vermischen.

Die Sauce aufkochen lassen und einige Flöckchen Mehlbutter darin schmelzen lassen, um sie leicht zu binden. Abschmecken und durch ein Sieb über das Hähnchen und die Garnitur gießen. Dazu dreieckig zugeschnittene, in Butter goldbraun geröstete Toastbrotscheiben (Croûtons) reichen.

*Anm. der Übersetzer:* Paul Bocuse bindet die Sauce nicht mit Mehlbutter, sondern mit dem Blut des Hahnes oder des Hähnchens, das er beim Schlachten auffängt und mit Essig und etwas Wein verrührt, damit es nicht sofort gerinnt (siehe vorstehendes Rezept).

## Poulet en cocotte à la bonne femme
## Geschmortes Hähnchen auf Hausfrauenart

*1 Masthähnchen, 50 g Butter, Salz, Pfeffer, 50 g magerer Brustspeck, 10 kleine Zwiebelchen, 20 olivengroß zugeschnittene Kartöffelchen, 1 Prise gehackte Petersilie*

Einen Schmortopf nehmen, in dem das Hähnchen und die sparsam zugegebenen Gemüse gerade nebeneinander Platz haben. Die Gemüse müssen im Fett und im Bratfond des Hähnchens garen.
Die Butter in dem Topf erhitzen und das mit Salz und Pfeffer gewürzte Hähnchen hineinlegen. Das Hähnchen von allen Seiten auf dem Herd kurz anbraten, dann zugedeckt im Ofen garen.
Häufig umwenden und begießen.
In der Zwischenzeit den Speck in Würfel schneiden und 10 Minuten in sprudelnd kochendem Wasser blanchieren. Abtropfen lassen. Auch die Zwiebeln und die Kartoffeln in Salzwasser so lange blanchieren, daß sie beinahe gar sind.
Wenn das Hähnchen zur Hälfte gar ist, Speck, Zwiebeln und Kartoffeln in den Topf geben. Diesen wieder in den recht heißen Ofen schieben, damit die Gemüse im Fett leicht anbraten. Wieder häufig begießen. Würzen, dabei aber beachten, daß der Speck salzig ist. Das Hähnchen im Topf mit Petersilie bestreut servieren.

## Volailles rôties
## Gebratenes Geflügel — Poularde, Mast- und Brathähnchen

Es gibt zwei Arten zu braten: im Ofen oder am Spieß. Beide Verfahren haben bestimmte Eigenheiten, die in einem theoretischen Kapitel bereits besprochen wurden (Seite 418 f.). Dabei ist das Prinzip für Poularde, Mast- und Brathähnchen stets dasselbe, lediglich die Bratdauer ändert sich je nach Größe des Geflügels.
Im Ofen:
Das innen und außen mit etwas Salz gewürzte, zusammengebundene Geflügel auf den Rost einer Bratplatte oder auf den Rost im Ofen legen und eine Tropfpfanne darunterschieben. Mit zerlassener Butter begießen. Während des Bratens bei guter Hitze wird das Geflügel, das die

meiste Zeit auf den Schenkeln liegen soll, häufig mit dem Bratfett begossen. Dieses besteht aus der am Anfang zugegebenen Butter und dem abtropfenden Fett des Geflügels. Nicht mit dem ebenfalls aus dem Geflügel laufenden Fleischsaft begießen, der sich, weil er schwerer ist als Fett, am Boden der Bratplatte oder Tropfpfanne ansammelt.

Wird der Garprozeß gut überwacht und nicht zu schnell geführt, so sollten Fleischsaft und Fett ausreichen, um das Geflügel zu begleiten. Falls nicht, gibt man kurz vor Ende der Bratzeit 1 bis 2 EL warmes Wasser daran.

Am Spieß:

Das Feuer oder die Glut bzw. die Hitze eines Elektro- oder Gasgrills richtet sich stets nach der Größe des Tieres – je größer, desto weniger stark die Hitze. Auch hier wird das Geflügel, das außen und innen gepfeffert, zusammengebunden und längs auf den Spieß gesteckt wurde, mit zerlassener Butter begossen. Die Tropfpfanne darunterstellen und während des Bratens bzw. Grillens des Geflügels mit dem aufgefangenen Fett begießen. Der erhaltene Fleischsaft genügt als Begleitung für das Fleisch.

Gebratenes oder gegrilltes Geflügel wird im allgemeinen mit einem Strauß Brunnenkresse und dem nicht entfetteten, mit Salz und frisch gemahlenem Pfeffer abgeschmeckten Bratensaft gereicht. Im übrigen kann man jedes nur denkbare Gemüse dazu servieren.


## Poulet de grain grillé à l'américaine
### Gegrilltes Hähnchen auf amerikanische Art

Das Hähnchen vor- und zubereiten, wie im Rezept auf Seite 448 angegeben. Auf einer großen, länglichen Platte anrichten und 6 dünne Scheiben gebratenen Speck (Bacon-Frühstücksspeck) darauflegen. Mit 6 kleinen, gegrillten Tomaten und 6 gegrillten Champignons umlegen. Dazu eine Saucière mit Teufels-Sauce reichen.

## Poulet de grain grillé à la diable
## Gegrilltes Hähnchen auf Teufelsart

Für 2 Personen: *1 Brathähnchen, Salz, zerlassene Butter, Senf, frisches Paniermehl, Teufels-Sauce*

Das Hähnchen ausnehmen, abflämmen und die Füße zurechtstutzen, wie auf Seite 418 f. angegeben. Die Fußgelenke in seitlich in die Haut des Hähnchens eingeschnittene Taschen setzen und die Sehnen im Gelenk durchtrennen, damit sie sich unter der Hitzeeinwirkung nicht spannen und die Beine strecken können. Auch die von den Spitzen befreiten Flügel nach innen biegen und das Mittelgelenk in einen kleinen Einschnitt stecken.

Das Hähnchen nun längs vom Hals bis zum Bürzel auf dem Rücken spalten und die beiden Hälften aufbiegen. Etwas flach klopfen, mit Salz bestreuen, auf eine Bratplatte legen, mit zerlassener Butter begießen und im Ofen halb gar braten. Dann herausnehmen und mit Senf bestreichen, der mit etwas Wasser verdünnt wurde, mit dem Paniermehl bestreuen, mit zerlassener Butter beträufeln und unter dem Grill fertig garen. Dazu Brunnenkresse reichen und fritierte Kartoffeln: Pommes frites, Strohkartoffeln, ausgebackene Kartoffelwürfel oder ähnliches. Die Teufels-Sauce getrennt in einer Saucière servieren.

## Les volailles froides
## Kaltes Geflügel

Serviert man Geflügel, das gebraten oder pochiert wurde, kalt, so darf man es nie in den Kühlschrank stellen (es sei denn, er ist auf 8 bis 10 Grad eingestellt). Wird das Geflügel nämlich zu stark gekühlt, so wird es zäh, fade und unangenehm zu essen. Es ist daher anzuraten, das Geflügel bei ganz normaler Raumtemperatur auf einer Platte abkühlen zu lassen, natürlich möglichst nicht in der Küche.

Wie kaltes Fleisch servieren, dabei die Hinweise auf Garnituren und Saucen beachten (siehe Seite 320 f.).

## Mousse de volaille
### Geflügelschaum

Der Geflügelschaum wird wie die Schinken-Mousse auf Seite 382 hergestellt. Man umlegt ihn mit einem kaum gefärbten champagnerfarbenen Gelee aus Geflügelresten und -knochen.

## Poularde pochée à la gelée
### Poularde in Aspik

*1 Poularde oder 1 Masthähnchen, guter, heller und gelatinöser Kalbs-Fond, 1 Strauß Estragon*

Das, wie auf Seite 418 f. angegeben, vorbereitete Geflügel in einen hohen Topf legen, in den es gerade eben hineinpaßt. Mit so viel Kalbs-Fond aufgießen, daß es gerade eben bedeckt ist. Aufkochen lassen und abschäumen, dann den Deckel auflegen und das Fleisch auf kleiner Hitze ganz leise köchelnd gar ziehen lassen. Einen Strauß frischen Estragon in einen passenden Behälter legen, die Poularde oder das Hähnchen daraufsetzen und den Fond darübergießen, der das Geflügel vollständig bedecken muß. Abkühlen lassen. Den Vogel häuten, entbeinen und so zerschneiden, daß viele, nicht zu dicke Scheiben entstehen. Diese dachziegelartig übereinander in eine flache Schüssel geben und mit dem leicht nach Estragon schmeckenden Fond bedecken, der durch ein Tuch gegossen wurde und bei richtigem Garen vollkommen klar und durchsichtig sein und alle Geflügelstücke bedecken muß. Er soll beim Erstarren so wenig fest werden, also so schwach gelatinös sein, daß man ihn nicht stürzen kann. Nur dann schmeckt das Aspik wirklich fein. Bis zum Servieren kalt stellen.

*Anm. der Übersetzer:* Man kann die Poularde oder das Hähnchen auch in dem Topf abkühlen lassen, in dem das Geflügel zubereitet wurde. Das Estragon-Sträußchen dann in den Topf stecken. Das erkaltete Aspik sorgfältig entfetten. Nach dem Zerteilen des Geflügels das Aspik nochmals ein wenig erhitzen, den Estragon-Strauß darin lassen. Nicht mehr kochen. Dann den Strauß herausnehmen und die Oberfläche des Aspiks mit Küchen- oder Löschpapier belegen und so entfetten, bis keine Augen mehr darauf zu sehen sind. Abkühlen lassen und lauwarm über die Geflügelscheiben gießen.

## Mayonnaise de volaille
## Geflügel-Mayonnaise

*Salatherzen, Salz, Essig, kaltes Geflügel, Mayonnaise, rote Rüben, Tomaten, Kapern, Essiggürkchen (Cornichons), entkernte Oliven, hartgekochte Eier, Anchovis-Filets, marinierter Hering*

Die einzelnen Zutaten richten sich in der Menge natürlich nach der Anzahl der Personen, aber auch nach dem persönlichen Geschmack. Den Kopfsalat in Streifen schneiden, waschen, abtropfen und sehr gut abtrocknen. Mit einer Prise Salz bestreuen und mit einigen Tropfen Essig besprenkeln. Umschwenken und in einer Kristall- oder Salatschüssel aufhäufen. Hierauf das entbeinte, gehäutete und in Scheiben geschnittene Geflügelfleisch legen. Eine üppige Schicht gut gewürzter Mayonnaise darüberstreichen und mit den angegebenen Zutaten hübsch dekorieren. Obenauf wie einen Busch das Salatherz setzen. Den Salat unvermischt zu Tisch bringen, dann erst alle Zutaten miteinander umwenden, durch die Mayonnaise binden und würzen.

## Dinde de Crémieu truffée
## Getrüffelte Pute

Hier ein Putenrezept von meinem Großvater väterlicherseits, wie man es seit langen Zeiten in meiner Familie ausführte. Man kann es natürlich nur im Winter, jedoch nicht bei Frost, zubereiten.
»Nehmen Sie eine Pute (vorzugsweise aus Crémieu) von 2 bis 3 kg. Mit 400 g Wurstbrät und ebensoviel gehackten Trüffeln füllen. Einige Trüffelscheiben unter die Haut schieben und die Pute zusammenbinden. Die Pute in Pergamentpapier wickeln und in einen Jutesack stecken. Im Garten ein nicht zu tiefes Loch graben, die Pute hineinlegen und wieder mit der Erde bedecken. Die Kälte und die Feuchtigkeit erlauben den Trüffeln, all ihr Aroma zu entfalten und an die Pute abzugeben. Nach 2 Tagen herausnehmen und 1½ Stunden in einem Sud aus reichlich Wasser, Möhren, Sellerie, Zwiebeln, Lauch, Gewürznelken, Salz, Pfeffer, einer Kalbshaxe und einem zerteilten Ochsenschwanz pochieren. Mit den Gemüsen und Pilaw-Reis servieren.«
*Anm. der Übersetzer:* Die Puten aus Crémieu, einem kleinen Ort östlich von Lyon, erfreuen sich in dieser Gegend des besten Rufs. Ansonsten

sind die Puten und Puter aus dem Südwesten Frankreichs die berühmtesten. Sie sind den Produkten deutscher Mastbetriebe weit überlegen, nicht zuletzt deshalb, weil man in Frankreich weniger Wert darauf legt, das Putenfleisch fettfrei und kalorienarm zu bekommen. Es trocknet daher nicht so leicht aus wie das Fleisch des hiesigen Diätgeflügels.

### Dinde farcie aux marrons
### Mit Kastantien gefüllte Pute

*1 junge, noch nicht jährige Pute (Baby-Puter) von 2-2,5 kg, Salz, Pfeffer, zerriebener Thymian, gemahlenes Lorbeerblatt, 300 g mageres Schweinefleisch (aus der Keule oder Filet), 300 g frischer, fetter Speck, 10 g gewürztes Salz, 300 g Flomen, 2 Schalotten, 1 Likörglas Cognac, 750 g Eßkastanien, 1 Stange Bleichsellerie, Fleischbrühe, 2 große Speckscheiben*

Die Pute zunächst bratfertig vorbereiten, wenn dies noch nicht geschehen ist. Dazu die Flügelspitzen kappen, die verbliebenen Federkiele herausziehen und die Haut rundum abflämmen.
Ausnehmen: Zunächst die Haut des Halses auf dessen Rückenseite über die ganze Länge aufschneiden und zurückschieben. Den mit Körnern gefüllten Kropf herausnehmen. Die Haut ganz lassen, den Hals am Brustansatz abschneiden. Das Flügelbein, ein kleines, V-förmiges Knöchelchen, welches das Eindringen des Fingers zum Ausnehmen des Tieres behindert, vorsichtig auslösen und herausnehmen. Nun vorsichtig den Zeigefinger in das Geflügel schieben, die Haltebänder aller Organe von den Wänden lösen und die Innereien nacheinander herausholen. Besonders darauf achten, daß die an der Leber hängende Gallenblase nicht reißt. Auf diese Weise Leber, Herz, Magen und Lunge für die spätere Verwendung gewinnen und bereitstellen. Nun auch, falls dies nicht schon beim Schlachten wie üblich gemacht wurde, den Darm herausnehmen. Schließlich die Sehnen der Keulen entfernen.
Die Innereien für die Verwendung vorbereiten: Die Gallenblase und die sehnigen Fasern von der Leber entfernen. Diese in 6 Stücke schneiden, mit Salz, Pfeffer und je etwas zerriebenem Thymian und gemahlenem Lorbeerblatt würzen, auf einen Teller legen und umwenden. Die beiden ausgelösten, von Sehnen befreiten, reinen Muskeln

des Kaumagens, das Herz, die Lunge und den gereinigten Hals dazulegen.
Nun die Füllung bereiten: Das magere Schweinefleisch in Würfel schneiden, ebenso den von der Schwarte befreiten Speck. Alles zusammen mit dem Herz, den beiden Magenlappen und der Lunge durch den Fleischwolf drehen und mit dem Gewürzsalz vermengen. Die Flomen in kleine Stücke schneiden, möglicherweise vorhandene Flechsen und Häute entfernen und das Fett in einem Mörser zerstampfen oder mehrmals durch den Fleischwolf drehen. Einige Zeit gut warm stehen lassen, damit das Fett weich wird, und durch ein feines Sieb streichen. In einem Brattopf 2 EL von diesem rohen Schmalz erhitzen und die Leberstücke darin rasch anbraten, ohne daß sie dabei bräunen. Sie sollen innen noch blutig bleiben. Herausnehmen, abtropfen und abkühlen lassen. Ebenfalls hacken oder durch den Fleischwolf drehen und in einer Schüssel bereithalten. Etwas zusätzliches Fett in den Topf geben, erhitzen und die feingehackten Schalotten darin weich und hellgelb werden lassen. Nun das mit dem Speck und den Innereien der Pute vermischte Schweinefleisch zufügen und unter ständigem Wenden auf gutem Feuer einige Minuten braten, bis die Masse etwas mehr als halbgar ist. Dabei darf sich das Fett des Specks nicht vom Feuer absetzen. Kurz bevor das Fleisch vom Feuer genommen werden soll, den Cognac hineingießen, anzünden und die Flamme sofort durch Auflegen des Deckels wieder ersticken. Beiseite stellen und nahezu vollkommen abkühlen lassen. Zu der bereitgestellten Leber geben und bis auf 2 bis 3 EL auch das rohe Schweineschmalz zufügen. Mit einem hölzernen Kochlöffel oder Spachtel kräftig durcharbeiten, bis sich alle Zutaten innig miteinander verbunden haben und die Masse glatt und cremig wird. Besser noch diese Mischung mit dem Stößel in einem Mörser vornehmen. Dann gut gekühlt etwas durchziehen lassen und auf jeden Fall ein kleines Stückchen Farce mit einem Löffel abstechen und in Salzwasser langsam pochieren, um den Halt und die richtige Würze zu überprüfen.
Die Kastanien einschneiden und einige Minuten in heißes Öl tauchen oder im Ofen aufbacken. Noch heiß die Schalen und die Haut ablösen. Mit der Selleriestange in eine hohe Kasserolle geben und mit Fleischbrühe auffüllen, bis sie gerade eben bedeckt sind. Aufkochen lassen, dann auf kleiner Flamme leise siedend zugedeckt garen, jedoch nicht zu weich werden lassen. Nicht zerdrücken. In der Brühe etwas abkühlen lassen und lauwarm, gut abgetropft, zu der Füllung geben. Alles sorgfältig und vorsichtig vermischen, damit die Kastanien nicht zerfallen. Die bratfertig vorbereitete Pute innen mit Pfeffer und Salz einreiben,

dann die Farce mit den Kastanien hineinfüllen. Die Haut des Halses zum Rücken hin umschlagen, so daß die Öffnung vollkommen verschlossen ist. Die Pute nun zusammenbinden, wie es für das Brathähnchen (Seite 446 f.) erklärt wurde, dabei auch diesen Halslappen gut befestigen. Die Speckscheiben jeweils über eine Brust und einen Schenkel legen und alles fest umwickeln.

Die Pute in einen großen Schmortopf legen, und zwar auf einer Seite ruhend. Mit dem zurückbehaltenen rohen Schmalz bestreichen, den Hals neben die Pute legen und alles mit etwas Salz bestreuen. Zudecken und im mittelheißen Ofen unter sehr häufigem Wenden und Begießen braten. Gegen Ende der Garzeit den Deckel abnehmen, die Speckscheiben entfernen und die Haut des Tieres bräunen. Man rechnet mit etwa 20 Minuten Garzeit pro kg; die Pute gefüllt gewogen. Die Pute ohne weitere Beilagen servieren (nur die Fäden entfernen), den etwas entfetteten Bratenfond dazu in einer Saucière reichen.

*Anmerkung:* Es ist zu beachten, daß hier alle Zutaten für die Füllung ganz oder teilweise gegart sind, ehe sie in die Pute gefüllt werden. Das hat den Vorteil, daß man die Pute braten kann, ohne auf das Garen der Füllung besondere Rücksicht nehmen zu müssen. Man kann die Pute also braten bzw. poêlieren, daß wie bei einem ungefüllten Tier das Fleisch gerade à point und wundervoll zart ist.

Füllte man die Pute mit rohen Zutaten, so würde man eine erheblich längere Garzeit benötigen. Dabei würde das Putenfleisch vollkommen austrocknen – es ist sehr bröselig, wenn es übergart wird. Im übrigen blieben die Kastanien trotz allem roh.

*Anm. der Übersetzer:* Um die unangenehmen Sehnen aus den Keulen zu entfernen, schneidet man diese am unteren Ende hinten ein, packt die Sehnen mit einer Zange und zieht sie mit einem kräftigen Ruck heraus (einige gute Firmen, die geradezu Markenqualität anbieten, ziehen die Sehnen bereits vor dem Verkauf maschinell heraus; man kann dies an den angeritzten Keulen erkennen). Wird die Farce bei der Garprobe zu fest und trocken, noch etwas Butter zufügen, bindet sie nicht richtig, gibt man 1 Eiweiß hinzu.

## Pigeonneaux aux petits pois
## Junge Tauben mit Erbsen

Für 6 Personen: *3 junge, gut gemästete Tauben, Salz, Pfeffer, 125 g magerer Brustspeck, 70 g Butter, 12 kleine weiße Zwiebelchen, 750 g gepalte, ausgelöste Erbsen, 1 kleines Kräutersträußchen, 1 Prise Zucker*

Die Tauben ausnehmen: Kopf, Darm und Magen entfernen, jedoch die Leben darin lassen, da sie keine Gallenblase besitzt.
Die Füße, wie bei den Hähnchen auf Seite 418 f. erklärt, zurechtstutzen, seitlich Einschnitte machen und die Fußgelenke in die Haut stecken. Die Flügel kürzen, einbiegen und die Vögel zusammenbinden, wie ausführlich beschrieben. Innen und außen salzen und pfeffern.
Den Speck von der Schwarte befreien und in grobe Würfel zerteilen. In kaltem Wasser aufsetzen, zum Kochen bringen und 5 Minuten abbrühen. Abtropfen, trocknen und in einen auch für die drei Tauben ausreichend großen Brattopf in ganz wenig Butter (20 g) auslassen. Mit einem Schaumlöffel herausnehmen und abgetropft auf einem Teller beiseite stellen. In diesem Fett die geschälten Zwiebelchen andünsten und leicht anbraten. Ebenfalls herausnehmen, abtropfen und zu den Speckwürfeln geben. An ihrer Stelle jetzt die Tauben von allen Seiten zugedeckt bei guter Hitze etwas Farbe nehmen lassen, insgesamt nur 12 Minuten Bratzeit rechnen. Herausnehmen und zwischen zwei heißen Schüsseln warm halten.
In den Topf nun die Zwiebelchen, die Speckwürfel und die möglichst frisch gepflückten, auf jeden Fall aber erst in letzter Minute ausgepalten Erbsen geben. Das Kräutersträußchen, etwas Salz (Vorsicht, der Speck ist salzig) und eine kleine Prise Zucker zufügen. 2 EL Wasser hineingießen, zudecken und auf starker Flamme je nach Größe und Alter der Erbsen 5 bis 20 Minuten garen. Dann die Tauben darauflegen, den Topf vom Feuer nehmen und die Vögel zugedeckt im Dampf wieder erwärmen. In einer runden, gut heißen Schüssel anrichten. Den Kräuterstrauß aus dem Topf nehmen und neben dem Feuer die restlichen 50 g Butter in die Erbsen mischen. Abschmecken und über die Tauben geben.
Der Bratfond muß sehr knapp gehalten werden, soll aber die Erbsen zum Kochen mit ausreichend Flüssigkeit versehen, damit sie nicht anbrennen. Nach der Butterzugabe müssen die Erbsen dann von einem reichlichen sirupartigen Saft umhüllt sein.

## Pigeon en bécasse à l'assiette
## Taube nach Schnepfenart auf dem Teller

*Für 4 Personen: 4 Tauben (aus der Bresse), Salz, Pfeffer, 100 g Butter, 1 Likörglas Cognac, ¼ l heller Geflügel-Fond, 50 g Stopfleber-Püree, 50 g Stopfleber in kleinen Würfelchen, 20 g Trüffeln in feinen Streifen, 4 in Butter geröstete Toastbrotscheiben*

Die Tauben wie im vorstehenden Rezept beschrieben ausnehmen, zurechtstutzen und zusammenbinden. In einem Brattopf in Butter braten. Sie sollen an den Knochen noch rosa sein. Zwischen 2 heißen Schüsseln warm halten.

Den Bratfond mit dem Cognac ablöschen, den Geflügel-Fond zugießen und alles einige Minuten durchkochen, ohne die Flüssigkeit zu stark zu reduzieren. Vom Feuer nehmen und die pürierte Stopfleber mit dem Schneebesen hineinrühren. Vorsichtig erhitzen, falls sich nicht sofort eine Bindung ergibt. Zum Schluß die Leberwürfel und die Trüffelstreifchen hineinziehen. Auf 4 gut vorgewärmte Teller je eine der in Butter gerösteten Toastbrotscheiben und darauf die in der Mitte gespaltenen Tauben legen. Reichlich mit der Sauce begießen und sofort servieren.

Auf diese Weise bereitet man auch wilde Holz- oder Ringeltauben zu.
*Anm. der Übersetzer:* Die Benennung des Gerichts leitet sich von der traditionellen Anrichteweise für Schnepfen ab, die man stets auf einem Toast liegend reichte, auf den der so begehrte Schnepfendreck (Darminhalt) gestrichen war.

Die Bindung der Sauce durch pürierte Stopfleber (von Gans oder Ente) ist sehr reich und kulinarisch wertvoll. Am besten geht dies mit frischer Leber, doch kann man sich auch mit Dosenware behelfen. Die Sauce darf nicht mehr kochen, da sich sonst das Fett der Leber absetzt. Verwendet man Dosentrüffel, so gibt man den Saft aus der Dose mit dem Cognac in den Topf.

## Canards et canetons
## Mastenten und Jungenten

Es gibt zwei grundsätzlich verschiedene Formen, in denen Enten angeboten werden – und zwar kulinarische Formen, die mit der Entenart nichts zu tun haben: Die Rouennaiser und die Nantaiser Ente. Darüber hinaus sind die Sümpfe und Flußlandschaften reich an Enten, deren Arten ebenso verschieden wie dekorativ und köstlich sind – ich werde im Kapitel Wildgeflügel auf diese Tiere zurückkommen und möchte mich hier auf die Zuchtenten beschränken.

Die Rouennaiser Ente gewinnt ihre besondere Qualität durch die Art der Tötung: Sie wird erstickt. Dabei bleibt das Blut im Tier erhalten, wird regelrecht in das Fleisch gedrückt. Dieses erhält dadurch eine bräunliche Farbe und hat einen ganz spezifischen Geschmack.

Allerdings hat diese Tötungsart den Nachteil, daß die Reifung des Fleisches vor allem in der heißen Jahreszeit sehr schnell vor sich geht und bald eine Zersetzung eintritt. Man muß daher auf absolute Sorgfalt bei der Frischhaltung achten. Eine Vergiftung mit dem halb roh genossenen Fleisch und dem ausgepreßten Blut kann sonst leicht eintreten und zu sehr unangenehmen Erscheinungen führen.

*Anm. der Übersetzers:* In Deutschland dürfen nur gestochene, ausgeblutete Enten in den Handel kommen. Nur wer selbst tötet, kann eine gewürgte oder gekragelte Ente (der das Genick gebrochen wurde) auf die Art einer Rouennaiser Ente zubereiten – allerdings ohne Zustimmung der Tierschutzvereine. Dieses Verbot läßt sich höchstens lebensmittelrechtlich begründen (siehe oben), »humaner« ist sie jedenfalls nicht. In Süddeutschland wurde früher nie gestochen, und wie die Marktfrauen, die noch eigene Enten verkaufen, zu berichten wissen, ist es völlig gleichgültig für die Qual des Tieres, ob man ihm das Genick bricht oder die Kehle durchschneidet (davor die Ente jedoch betäubt) – Hauptsache, es geschieht mit der nötigen Erfahrung und mit Können. Man wird aber bei uns auf den Genuß dieser Enten verzichten müssen. Das ist sehr bedauerlich, denn eine Vielzahl ausgezeichneter Entengerichte ist nur mit Blutenten zu verwirklichen. Die Vögel werden dabei nicht durchgebraten, Schenkel und Brüste werden gelöst und die verbleibende Karkasse wird in einer speziellen Entenpresse ausgepreßt. Das dabei ausfließende, reichliche Blut wird dann zur Saucenbindung verwendet. Brät man eine normale Ente so, daß sie innen noch blutig ist, so erhält man aus der Karkasse zwar auch noch etwas Flüssigkeit, jedoch nicht wirkliches Blut. Die folgenden Rezepte für Blutenten müssen also unter Vorbehalt als authentisch angesehen werden.

Ein weiterer Unterschied: Französische Enten werden nicht so fett gemästet wie deutsche. Dafür haben sie weitaus mehr Fleisch. Brät man eine deutsche Ente, so muß man auf jeden Fall die Haut mehrmals einstechen, damit das völlig überflüssige Fett ablaufen kann.

Grundsätzlich sollten deutsche Enten vor dem Zubereiten nach französischen Rezepten etwa 10 Minuten in den sehr heißen Ofen (280 Grad) gelegt werden, damit etwas von diesem Fett ablaufen kann. Aber auch dann ist die Bratzeit noch immer durch die schützende, isolierende Fettschicht länger als bei französischen Tieren. Bei den Rezepten wurde dem Rechnung getragen, die Original-Bratzeiten von Paul Bocuse für französische Enten stehen in Klammern dahinter. »Nantaiser Ente« bedeutet, daß es sich um eine ebenfalls wenig fette Mastente handelt, die gestochen wurde und eher mit unseren Enten (auch den tiefgekühlten, bei denen man jedoch vorsichtig sein sollte) verglichen werden kann. Auch hier gilt der Unterschied der Garzeiten. Für die Zubereitung der Rouennaiser Ente gibt es zwei verschiedene Arten der Zubereitung. Das ursprüngliche, echte Rezept ist eine Art Salmis, wie man ihn sich zarter und besser nicht vorstellen kann (den man aber mit einer normalen Ente unmöglich zubereiten kann – Anm. der Übers.).

Ich gebe aber einer anderen Methode den Vorzug, die sehr charakteristisch für die Normandie ist. Ich habe dieses Gericht nach dem berühmten Restaurant der Gebrüder Dodin benannt:

## Le canard rouennais de L'Hôtel de la Couronne
### Blutente »Hotel de la Couronne«

*1 junge ausgenommene (Blut-)Ente von etwa 1,5 kg mit Leber, Salz, Pfeffer, 3 weitere Entenlebern (ersatzweise Hühnerlebern), 100 g frischer, fetter Speck, 2 Schalotten, 1 Likörglas Calvados oder Cognac, 100 g in Milch geweichtes Toastbrot (ohne Rinde), Gewürz-Salz*

Die Ente durch die Kehle ausnehmen, wie es für die Pute auf der Seite 451 angegeben wurde. Die Leber beiseite legen. Das Tier innen mit Salz und Pfeffer einreiben.
Die anderen Lebern in große Würfel schneiden, salzen, pfeffern und gut umwenden. Den Speck raspeln oder durch den Fleischwolf drehen. 1 TL davon in einem kleinen Topf schmelzen lassen und die fein geschnittenen Schalotten darin weich dünsten. Die 3 Lebern zugeben und auf großer Flamme kurz anbraten, sie sollen innen blutig bleiben. Den Calvados oder den Cognac zugießen, flambieren, die Flamme jedoch durch das Auflegen des Deckels sofort löschen. Den Inhalt des Topfes in ein Sieb schütten und die Lebern mit den Schalotten durchpassieren. In einer Schüssel mit dem Speck, dem gut ausgedrückten

Weißbrot und Pfeffer gut vermischen. Mit Gewürz-Salz abschmecken und diese Masse in die Ente füllen. Die Haut des Halses über die Öffnung schlagen und die Ente wie auf Seite 418 f. angegeben bridieren. Im Ofen oder am Spieß bei sehr starker Hitze 25 bis 30 Minuten (18 bis 20 Minuten) scharf braten, so daß die Ente innen noch blutig ist. Zunächst die noch sehr blutigen Schenkel abschneiden und auf oder unter den Grill legen und die Innenseite weiter braten. Die Flügel ablösen, die Brüste in feinen Scheiben abheben. Die Scheiben fächerartig auf eine runde, sehr heiße Platte legen. Die Karkasse öffnen, die Füllung herausnehmen und am Fußende des Fächers anrichten. Die fertig gebratenen (gegrillten) Schenkel gekreuzt so danebenlegen, daß sie die Farce umrahmen. Mit einer anderen heißen Schüssel oder einer Speiseglocke zudecken und warm halten.

Die Karkasse sehr rasch grob hacken und in eine Enten- oder Fleischpresse legen. 2 Glas Cognac daraufgießen und alles auspressen. Den ausfließenden Saft auffangen und mit der vorher bereits hergestellten Rouennaiser Sauce vermischen. Die zurückgelegte Entenleber durch ein Sieb passieren und ebenfalls in die Sauce rühren. Vorsichtig erhitzen, bis die Sauce bindet – auf keinen Fall kochen lassen, sie würde sonst ausflocken. Durch ein feines Sieb passieren und mit Butter fertig machen. Abschmecken und über die angerichtete Ente gießen.

*Anm. der Übersetzer:* Kaum ein Haushalt dürfte über eine Entenpresse verfügen. Man kann sich jedoch mit einer Presse für Kartoffelpüree oder einem Pommes-frites-Schneider behelfen. Vor den Locheinsatz bzw. vor das Gitter legt man ein altes, sauberes Tuch und preßt dann die zerteilte Entenkarkasse mit aller Kraft aus. Das bringt zwar nicht das gleiche Ergebnis wie eine richtige Presse, immerhin erhält man aber doch etwas von dem köstlichen Fleischsaft.

## Steaks de canard
### Enten-Steaks

Für 2 Personen: *2 Entenbrüstchen (von einer Blutente), Salz, Pfeffer, 150 g Butter, 1 EL gehackte Schalotten, 1 EL alter Armagnac, ¼ l roter Burgunder Rotwein*

Die Entenbrüstchen von anhängendem Fett und allen Sehnen befreien, jedoch die Haut mit der aufliegenden Fettschicht darauflassen. Mit Salz und Pfeffer würzen. 50 g Butter in einem Brattopf erhitzen und die Brüstchen von beiden Seiten braten. Sie dürfen aber nicht zu lange braten, denn sie sollen innen rosa, fast noch blutig bleiben.

Herausnehmen, warm halten und etwas ruhen lassen. In dem Topf die Schalotten rasch weich dünsten, mit dem Armagnac und dem Rotwein ablöschen. Die Flüssigkeit auf großer Flamme um die Hälfte einkochen. Vom Feuer nehmen und mit 100 g frischer Butter verrühren. Abschmecken.

Zum Servieren die Brüstchen in Scheiben schneiden und mit der Sauce begießen. Mit glacierten Zwiebelchen und weißen Rüben, in Butter gebratenen Mousserons (Moospilzen, manchmal getrocknet in Delikatessengeschäften; ersatzweise Morcheln oder Steinpilze, jeweils mit einem Hauch Knoblauch zubereitet) und jungem Blattspinat garnieren.

## Canard Claude Jolly, création Michel Guérard
### Ente »Claude Jolly« nach Michel Guérard

*Entenstopflebern, Salz, Pfeffer, Portwein, Cognac, Enten-Fond, Stärke, Gelatine, Blutenten, Kalbs-Fond, roter Bordeaux*

Die frischen Entenstopflebern von allen Sehnen befreien und 2 Tage mit Salz, Pfeffer, Portwein und Cognac durchziehen lassen. In ein Tuch wickeln und in einem guten Enten-Fond (wie Kalbs-Fond mit Entenkarkassen zubereitet) je nach Größe ca. 10 Minuten pochieren. Abkühlen lassen. Den Fond stark einkochen und leicht binden (auf 2 l reduzierten Fond 1 EL Stärke und 8 Blatt Gelatine rechnen).

Abkühlen und nahezu fest werden lassen. Damit die Entenleber mit einer ersten Schicht überziehen. Mit geschrotetem oder grob gemahlenem Pfeffer bestreuen. Eine zweite Aspikschicht darübergeben und die Lebern so glacieren.

In einer Zwischenzeit die Enten in einem Fond halb aus Kalbs-Fond und halb aus rotem Bordeaux etwa 40 (30) Minuten pochieren. Die Brüstchen auslösen und abkühlen lassen. Den Fond einkochen. In Scheiben schneiden und mit demselben Aspik überziehen, mit dem die Lebern glaciert wurden, diesem aber noch den sehr starken und durch den Kalbs-Fond ebenfalls gelierenden Kochsud der Enten zugeben.

Jeweils eine Scheibe Entenbrust und eine Scheibe Entenleber mit Aspik servieren.

*Anm. der Übersetzer:* Paul Bocuse hat dieses Rezept nur sehr summarisch angegeben. Tatsächlich ist die Zubereitung einfach, Arbeitsaufwand und Preis jedoch sind beträchtlich. Es ist ein typisches Gericht für Restaurants, wo man es für viele Personen auf einmal herstellen kann. Claude Jolly, dem das Gericht gewidmet ist, hat für die Neue französische Küche sehr viel getan. Der reiche Industrielle ist Präsident des »Club des Cent«, der erlesensten Vereinigung von Feinschmeckern in Frankreich, der nur jeweils 100 Personen angehören dürfen. Auf seine Vermittlung kam das im Anhang beschriebene Essen im Palais Elysée zustande, und er managt die großen Vertreter der neuen Kochkunst. So auch Michel Guérard, der in Eugénie-les-Bains seine Drei-Sterne-Küche zum Schlankwerden kreiert hat.

## Caneton nantais
## Junge Nantaiser Ente

Während man die Rouennaiser Ente (Blutente) ausgewachsen vorzieht, verwendet man die normale Ente (Nantaiser) lieber in zartem Alter. Ihre Zubereitung ist fast immer identisch, erst später kommt die jeweilige Garnitur hinzu. Im allgemeinen werden die Jungenten gebraten oder poêliert, nur selten in der Blase oder in einem Tuch gekocht: Um die zarten Brüstchen vor einem Austrocknen zu bewahren, dürfen Jungenten keinesfalls kochen, schmoren oder dünsten.

Für das Grundrezept: *1 Jungente, Salz, Pfeffer, 1 große, dünne Scheibe frischer, fetter Speck, 30 g Butter*

Die Ente ausnehmen, abflämmen, das Innere mit Salz und Pfeffer würzen, wie auf Seite 418 f. angegeben bridieren und mit Speck umwickeln.
Die Ente auf allen Seiten in der heißen Butter in einem Brattopf leicht anbraten. Wenn sie eine schöne goldene Farbe angenommen hat, den Topf zudecken und 35 (25) Minuten weiterbraten – entweder auf dem Herd oder im heißen Ofen. Dabei öfters umwenden, aber möglichst nur auf die Seiten (Schenkel) legen und häufig begießen.
Nicht zu lange garen, denn die Ente soll innen rosa bleiben – nur dann ist das Fleisch zart und saftig. Werden die Brüstchen durchgebraten, so sind sie dunkel und trocken. Das Braten muß daher genau überwacht werden – die Ente wird dann immer ein Erfolg sein, auch wenn man die

aufgewendete Mühe beim Verspeisen kaum empfindet. So gesehen ist eine Ente eigentlich ein recht undankbares Gericht.

## Caneton aux navets
## Jungente mit weißen Rübchen

*1 Jungente, Salz, Pfeffer, 1 Scheibe frischer Speck, 60 g Butter, 15 kleine weiße Zwiebelchen, 1 EL Geflügelschmalz, 400 g weiße Rübchen, 1 TL Zucker, 1 gestrichener EL Mehl, 1/10 l trockener Weißwein, Kalbs-Fond oder schwach gesalzene Fleischbrühe (ersatzweise Wasser), 1 Knoblauchzehe, 1 kleines Kräutersträußchen (aus einigen Stengeln Petersilie, 1 Thymianzweiglein und 1/4 Lorbeerblatt), gehackte Petersilie*

Die Ente wie im Grundrezept oben angegeben vorbereiten und braten. Die Zwiebelchen schälen und 5 Minuten in Salzwasser blanchieren, wenn es nicht zarte Frühlingszwiebeln sind. Dann in einem Brattopf in 30 g Butter bei guter Hitze leicht bräunen. Mit einem Schaumlöffel herausnehmen, abtropfen und auf einem Teller beiseite stellen. In diese Bratbutter das Geflügelschmalz geben und darin die wie kleine Hühnereier zugeschnittenen weißen Rübchen anbraten. Ältere Rüben vor dem Anbraten in Salzwasser 5 bis 10 Minuten blanchieren. Mit etwas Salz würzen und, wenn sie schon etwas Farbe genommen haben, mit Zucker bestreuen. Dieser karamelisiert und färbt die Rübchen mit einem dunklen Goldton. Dann das Mehl darüberstäuben und ebenfalls 2 Minuten lang Farbe nehmen lassen. Den Weißwein zugießen und um 2/3 einkochen. Mit Kalbs-Fond, Fleischbrühe oder Wasser aufgießen, bis die Rübchen eben bedeckt sind. Wird Wasser verwendet, mit Salz und Pfeffer würzen. Die Zwiebelchen, die fein geriebene Knoblauchzehe und das Krautersträußchen zufügen, zudecken und bei sanfter Hitze schmoren, bis alles gar ist. Die Gemüse müssen schließlich schmelzend weich sein. Der Kalbs-Fond soll dabei stark einkochen.
Die fertig gebratene Ente in einer tiefen, vorgewärmten Servierschüssel anrichten, Speck und Fäden entfernen und warm halten. Die Rüben ohne den Kräuterstrauß in den Brattopf der Ente schütten und mit der Sauce den Bratfond loskochen. Gut durchrühren, damit alles gelöst wird und die Sauce eine gleichmäßige Konsistenz bekommt.
Die Gemüse rechts und links von der Ente anrichten, den dicklichen Fond über die Ente gießen und die Rübchen mit gehackter Petersilie bestreuen.

## Caneton aux olives
## Jungente mit Oliven

*1 Jungente, Salz, Pfeffer, 1 Scheibe fetter, frischer Speck, 60 g Butter, 250 g grüne Oliven*

Die Ente wie im Grundrezept auf Seite 418 f. angegeben vorbereiten und braten. Wenn sie fertig ist, aus dem Topf nehmen, die Speckscheibe und die Fäden entfernen und auf einer vorgewärmten Platte anrichten. Zudecken und warm halten. Die Oliven entkernen und 2 Minuten in reinem Wasser blanchieren, um Salz und Geschmack der Lake zu entfernen.
5 Minuten im Bratfond der Ente schmoren lassen. Dieser Bratfond sollte ausreichen, wenn die Ente im gut geschlossenen Topf poêliert wurde. Sollte es jedoch zuwenig Flüssigkeit geben, gießt man noch 2 El Kalbs-Fonds, Fleischbrühe oder Wasser zu und löst möglicherweise angebratenen Fleischsaft. Vom Feuer nehmen und 30 g frische Butter kräftig rührend in den Fond arbeiten. Die Ente damit übergießen.


## Caneton aux petits pois
## Jungente mit Erbsen

*1 Jungente, Salz, Pfeffer, 1 Scheibe frischer, fetter Speck, 60 g Butter, 750 g Erbsen – auf französische Art zubereitet, 125 g magerer Brustspeck*

Die Ente wie im Grundrezept auf Seite 418 f. angegeben vorbereiten und braten. Anrichten, die Speckscheibe und die Fäden entfernen. Die Erbsen, die mit dem gewürfelten, blanchierten und angebratenen Speck bereitet wurden, in den Brattopf geben und noch 5 Minuten leise schmoren lassen. Dabei den Bratfond loskochen. Vom Feuer nehmen und die restlichen 30 g Butter hineinarbeiten, so daß die Erbsen leicht gebunden werden. Sie dürfen auf keinen Fall in der Sauce schwimmen und müssen vollkommen von dem sirupartigen, durch die Butterzugabe cremigen Fond umhüllt sein. Abschmecken und über die Ente gießen.

## Caneton poêlé à l'orange dit »à la bigarade«
## Jungente mit Orangen »à la bigarade«

*1 Jungente, Salz, Pfeffer, 1 Scheibe frischer, fetter Speck, 80 g Butter, 3 ungespritzte Orangen, 2 Stück Würfelzucker, ¼ Zitrone, 2 TL Essig, 1–2 EL Kalbs-Fond, 1 Prise Tapioca-Mehl*

Die Ente wie im Grundrezept auf Seite 418 f. angegeben vorbereiten und braten (poêlieren). Inzwischen die Schale einer Orange hauchdünn abschälen, so daß nichts von dem bitteren Weißen mitkommt. Die Schale in feine Streifchen schneiden und diese 5 Minuten blanchieren. Abtropfen, trockentupfen und beiseite stellen. Diese und eine weitere Orange schälen und die einzelnen Schnitze ohne die umgebende Haut auslösen und entkernen. Die Schnitzchen als girlandenartige Verzierung auf den inneren Rand einer länglichen Servierplatte legen. An der Schale der dritten Orange 2 Stück Würfelzucker abreiben, bis sie vollkommen von den ätherischen Ölen durchdrungen sind. Diese Orange dann ebenso wie das Zitronenviertel auspressen. Die Zuckerwürfel in eine kleine Kasserolle geben, schmelzen und zu einem hellbraunen Karamel kochen. Den Essig zufügen und alles dick und sirupartig einkochen. Die blutig gebratene Ente aus dem Topf nehmen und zugedeckt 10 bis 15 Minuten warm stellen und ruhen lassen, so daß sie zum Schluß innen rosa ist. In den Bratfond 1 bis 2 EL Kalbs-Fond geben und den angebratenen Fleischsaft lösen. Den Fond durch ein Tuch in die Kasserolle mit dem Karamel seihen. Mit etwas Tapioca-Mehl verrühren und kochen lassen, bis der Fond eine leichte Bindung bekommen hat. Vom Feuer nehmen, die Schalenstreifchen, Orangen- und Zitronensaft zufügen und alles gut verrühren. Zum Schluß die restlichen 50 g Butter hineinarbeiten und abschmecken.
Die Ente auf die mit Orangenschnitzen verzierte Platte legen und mit etwas Sauce beträufeln, den Rest der Sauce in einer Saucière reichen.
Wichtig: Den Bratfond der Ente nicht zu stark einkochen lassen, notfalls während des Poêlierens etwas Kalbs-Fond zufügen.
*Anm. der Übersetzer:* Die Bezeichnung »à la bigarade« leitet sich von den gleichnamigen Bitterorangen (Pomeranzen) ab, mit denen man früher dieses Gericht bereitete. Heute schätzt man den bitterlichen Geschmack weniger. Häufig schmeckt man die Sauce noch mit Orangenlikör (Cointreau) ab.

## Pintades et pintadeaux
## Perlhühner und junge Perlhühner

Die beste Jahreszeit für Perlhühner ist der Januar und der Februar. Junge Perlhühner werden gebraten, poêliert oder geschmort. Ihr Fleisch sollte immer rosa sein; auch müssen sie stets in letzter Minute bereitet werden, denn läßt man sie stehen oder wärmt sie auf, so wird ihr Fleisch hart. Ausgewachsene Perlhühner werden fast ausschließlich als Kartäusergerichte (Chartreuse – Seite 501 f.) bereitet. Gebraten bekommt sie ein trockenes, zähes Fleisch, doch sind sie langsam geschmort ein ausgezeichnetes Gericht.

*Anm. der Übersetzer:* Perlhühner gibt es bei uns praktisch nie frisch, doch findet man sie ab und zu in guten Wildgeschäften oder in Kaufhäusern tiefgekühlt. Da sie sich ausgesprochen gut einfrieren lassen, spricht nichts gegen die Verwendung der gefrorenen Vögel. Vor der Zubereitung möglichst langsam (am besten im Kühlschrank) auftauen lassen. Den austretenden Saft auf jeden Fall abgießen, die Perlhühner waschen und sorgfältig abtrocknen.

## Oie
## Gans

Ganz allgemein werden junge Mastgänse wie Puten oder Enten zubereitet. Man kann sich dafür an die vorstehenden Rezepte halten. Als Faustregel nimmt man 30-35 Minuten pro kg, die fertig gebratene Gans noch 10-15 Minuten im ausgeschalteten, etwas geöffneten Bratofen ziehen lassen.

Ältere Gänse sollte man stets als Ragout zubereiten. Angebraten und anschließend mit weißen Rüben, Kastanien, Zwiebeln, Meerrettich, Reis, Kartoffeln, Kohlrabis oder Steckrüben fertig gegart, ergeben sie immer ein ansprechendes Gericht.

## Oison farci à la fermière
## Gefüllte Jung-Mastgans auf Pächterart

*1 Jung-Mastgans von etwa 1,5 kg, 60 g Toastbrot, Milch, 100 g Butter, 2 Schalotten, 1 mittelgroße Zwiebel, 2 Hühnerlebern, Salz, Pfeffer, 1 Likörglas*

*Cognac, 60 g frischer, fetter Speck, 1 kleiner TL gehackte Petersilie, 2 frische Salbeiblätter, 1 Messerspitze geriebene Muskatnuß, 1 Ei, 3 bis 4 grüne, noch nicht reife Äpfel, 2 große, frische, fette Speckscheiben, 2 EL Kalbs-Fond oder Wasser*

Die Gans (am besten sind die Gänse aus der ersten Brut) ausnehmen, wie für die Pute auf Seite 451 beschrieben. Die Leber vorsichtig herausnehmen, die Gallenblase und die Sehnen entfernen.

Zunächst die Füllung vorbereiten: Das Toastbrot (ohne Rinde) in Milch einweichen. In etwas Butter in einem flachen Brattopf die feingeschnittenen Schalotten und die Zwiebel weich dünsten, ohne sie dabei anzubraten. Die Leber der Gans und die Hühnerlebern grob hacken und, wenn die Zwiebeln weich sind, in der Butter einige Sekunden auf großer Flamme anbraten – sie sollten innen roh bleiben. Salzen und pfeffern. Den Cognac zugießen, anzünden und die Flamme durch das Auflegen des Deckels sofort ersticken. Den Inhalt des Topfes in ein Sieb über einer Schüssel kippen und Zwiebeln, Schalotten und Lebern durchpassieren. Das eingeweichte Toastbrot ausdrücken und diesem Püree zufügen. Den Speck reiben oder durch den Fleischwolf drehen und ebenfalls zu den Lebern geben. Mit Petersilie, den gehackten Salbeiblättern, Muskatnuß, Salz und Pfeffer würzen. Das Ei hineinschlagen und alles mit einem Kochlöffel zerdrücken und durchmischen, bis eine gleichförmige Farce entsteht.

Die noch recht säuerlichen Äpfel schälen, vierteln und die Kerngehäuse entfernen. In Scheiben schneiden und in etwas Butter in einem kleinen Topf nicht ganz weich dünsten. In die Lebermasse geben und nochmals durchmischen, bis die Masse homogen und locker geworden ist. Abschmecken und nach Belieben einen Löffel voll in Salzwasser pochieren, um Konsistenz und Würze zu prüfen.

Die Gans innen mit Pfeffer und Salz einreiben und mit der Farce füllen. Wie für die Pute angegeben zusammenbinden, Brust und Schenkel mit Speckscheiben belegen und mit Garn umwickeln. In einen großen Brattopf (Bräter) legen, mit Salz bestreuen und mit reichlich zerlassener Butter beträufeln. Etwa 50 Minuten unter häufigem Wenden und Begießen braten. Herausnehmen und etwas ruhen lassen.

Das Bratfett mit 2 EL Kalbs-Fond oder Wasser angießen, den Fond 2 Minuten loskochen und mit dem erhaltenen Fett in einer sehr heißen Sauciere zu der Gans servieren. Auf gut vorgewärmten Tellern vorlegen, damit das Fett nicht während des Essens erstarren kann.

## L'oie du réveillon
## Weihnachtsgans

*1 fette, fleischige Jung-Mastgans, 60 g Eßkastanien, Fleischbrühe, 2 Stangen Bleichsellerie, Butter, 200 g Flomen, 250 g Schweinefleisch aus dem Schlegel, Salz, Pfeffer, 12 Chipolatas (Würstchen) oder Netzkoteletts, 6 getrüffelte, kleine Schweinefüße, 200 g frische, kleine weiße Champignons, 1 mittelgroße Zwiebel, 2 Schalotten, 1 Likörglas Cognac, 1 Ei, 15 g Gewürzsalz, 1 knapper TL gehackte Petersilie, 1 große Scheibe fetter, frischer Speck*

Die Gans rupfen, abflämmen und durch die Kehle, wie für die Pute auf Seite 451 beschrieben, ausnehmen. Die Leber von der Gallenblase und den Sehnen befreien und aufbewahren. Das um die Eingeweide, den Magen und in der Bauchhöhle befindliche Fett auslösen und durch den Fleischwolf drehen. Dann durch ein Sieb streichen und beiseite stellen. Die Kastanien kreuzweise einschneiden und im Ofen rösten oder in heißes Fritierfett geben. Die Schalen und die Häute ablösen. Die schönsten Kastanien heraussuchen und beiseite legen. Die weniger schöne Hälfte der Kastanien mit Fleischbrühe und einer Stange Sellerie in einem Topf aufsetzen und zugedeckt gar, aber nicht zu weich kochen. Die schöneren Kastanien erst, während die Gans gebraten wird, in einen großen flachen Topf geben, der sie nebeneinanderliegend gerade aufnehmen kann. Die zweite Selleriestange in feine Scheiben schneiden und diese über die Kastanien streuen. Mit Fleischbrühe auffüllen, bis alles gerade eben bedeckt ist und 50 g Butter in kleinen Flöckchen darüber verteilen. Zudecken und zum Kochen bringen.

Kurz bevor die Kastanien gar sind, den Deckel abnehmen und die Flüssigkeit bei starker Hitze einkochen, bis sie eine sirupartige Konsistenz gewinnt. Den Topf in einer kreisenden Bewegung schwenken, bis sich die Kastanien vollkommen mit einer glänzenden Schicht von diesem Fond überzogen haben. Dabei vorsichtig sein, damit die Kastanien nicht zerdrückt werden, sondern ihre Form behalten. Sie sollen vollkommen gar und weich sein.

Inzwischen die Füllung bereiten. Dazu die Flomen in kleine Stücke schneiden und alle Flechsen und Sehnen entfernen. Im Mörser zerstoßen oder durch den Fleischwolf drehen. Warm stellen, bis die Masse etwas weich wird und durch ein Sieb treiben. Beiseite stellen. Das Schweinefleisch fein hacken oder ebenfalls durch den Fleischwolf drehen und bereithalten.

Die Leber der Gans in Würfel schneiden und diese in 2 El geschmolzenem Gänsefett in einem Topf rasch anbraten, so daß sie im Innern blutig bleiben. Mit Salz und Pfeffer würzen, mit einem Schaumlöffel herausheben, abtropfen und ebenfalls auf einem Teller für den späteren Gebrauch bereithalten. In diesem Fett nun nach und nach die übrigen Zutaten anbraten und jeweils abgetropft wieder auf einen Teller legen und für die spätere Verwendung bereithalten: Zunächst die Chipolatas oder die Netzkoteletts braten, die vorher einige Augenblicke in kochendes Wasser getaucht wurden, damit sich die Haut zusammenzieht und fest wird. Dann die getrüffelten Schweinsfüße auf allen Seiten leicht bräunen. Ebenso die geputzten und rasch gewaschenen Champignons, die mit einer Prise Salz gewürzt werden. Schließlich die feingeschnittene Zwiebel und die Schalotten langsam in dem Gänseschmalz weich werden lassen. 3 weitere EL rohes Fett zufügen und, sowie es ein wenig heiß geworden ist, das durchgedrehte Schweinefleisch zugeben. Auf guter Flamme mit dem Spachtel oder Kochlöffel kräftig durcharbeiten, bis es sich verfärbt hat. Den Cognac zugießen, anzünden und sofort durch Auflegen des Deckels wieder löschen. Den Topf vom Feuer nehmen.

Die Leber in einem Mörser zu Püree stampfen. Die Flomen zugeben und alles gut durchmischen. Nun das Schweinefleisch hineinarbeiten und 2 EL rohes Gänseschmalz zufügen. Das leicht verschlagene Ei, das gewürzte Salz und die gehackte Petersilie untermischen. Abschmecken, ein Stückchen Farce in Salzwasser pochieren und gegebenenfalls nachwürzen.

Die Farce in eine Terrine geben und vorsichtig die Champignons und die weniger schönen, abgetropften Kastanien untermengen. Die Gans innen salzen und pfeffern, dann die Farce hineinfüllen und dabei auch die Chipolatas oder Netzkoteletts sowie die Schweinsfüße abwechselnd in die Gans stopfen. Diese schließlich wie auf Seite 418 f. beschrieben zusammenbinden und mit Speck umwickeln.

Die Gans in einem großen Schmortopf auf allen Seiten in Butter oder Gänseschmalz golden anbraten. Dann zudecken und bei mäßiger Hitze gar braten (poêlieren). Zwischendurch umwenden und häufig begießen. 10 Minuten vor Ende der Garzeit den Speck und die Fäden entfernen und unbedeckt im Ofen knusprig werden lassen.

Der bei der geringen Hitze während des Bratens entstandene Saft sollte ausreichen, als Sauce zu dienen. Nötigenfalls den Fond mit etwas Wasser angießen.

Die Gans auf einer großen Platte anrichten und mit den eben gar gewordenen Kastanien erster Wahl umlegen.

Mit etwas Bratenfond begießen, den Rest ein wenig entfetten und in einer vorgewärmten Saucière getrennt reichen.

## Confit d'oie et rillettes d'oie
## Eingemachtes und eingekochtes Gänsefleisch

Gänsefleisch läßt sich auf eine sehr einfache Weise einmachen und stellt einen ganz ausgezeichneten Vorrat dar, der lange aufbewahrt werden kann. Dieses eingemachte Gänsefleisch hat einen ganz spezifischen Geschmack und wird vor allem in der Küche Süd-West-Frankreichs (Languedoc, Gascogne, Béarn) häufig verwendet. Das eingekochte Gänsefleisch wird auf genau dieselbe Art zubereitet wie das eingekochte Schweinefleisch.

> Für den Confit d'oie: *1 fette, ausgenommene, gerupfte, abgeflämmte Gans, 250 g Meersalz, 1,5 g Salpeter (Drogerie), 125 g Zucker, 1 Gewürznelke, ¼ l Lorbeerblatt, 1 kleines Zweiglein Thymian, Gänseschmalz (aus dem Fett der Gans), Schweineschmalz*

Die Gans der Länge nach in zwei Hälften teilen und alles Fett um Magen, Därme und am Hinterteil auslösen. Das Fett bei milder Hitze zu einem klaren Schmalz auslassen. Die Leber beiseite legen und für eine andere Zubereitung vorsehen. Die beiden Hälften jeweils wiederum quer teilen, so daß vier gleichmäßig große Stücke entstehen, zwei Stücke mit Flügeln und Brust und zwei Stücke mit den Schenkeln und Karkasse. Das ganze Knochengerüst jeweils daranlassen.

Das Salz mit Salpeter, Zucker und den Gewürzen in einem Mörser zerstoßen, bis alles ein feines, gut gemischtes Pulver geworden ist. Die Gänseviertel damit einreiben, in eine glasierte, irdene Schüssel legen, mit dem übrigen Gewürzsalz bedecken und ein Tuch darüberlegen. 24 Stunden durchpökeln lassen.

Die Gänseviertel herausnehmen, das anhaftende Salz abklopfen und die Stücke sorgfältig abwischen. In einen Topf das aus der Gans gewonnene Schmalz zerlassen, ebensoviel Schweineschmalz zufügen und in die gut lauwarme Mischung die Gänseviertel legen. Langsam erhitzen und die Gänsestücke in dem mäßig heißen Fett kochen, auf keinen Fall ausbacken lassen. Das Schmalz, das zunächst trüb wird, klärt sich bei zunehmendem Garwerden der Fleischstücke. Etwa 2 Stunden Kochzeit für den Confit rechnen. Das Schmalz muß dann

vollkommen klar und das Fleisch sehr weich sein, so daß es einer eindringenden Spicknadel keinen Widerstand mehr bietet.
Die Fleischstücke herausnehmen und die anhängenden Knochen entfernen. In einen glasierten Steinguttopf eine Schicht des Kochschmalzes gießen und erstarren lassen. Die Gänseviertel so darauflegen, daß sie die Topfwände nicht berühren. Mit dem restlichen Schmalz gut bedecken.
Zwei Tage später in den Topf eine neue Schicht Schweineschmalz gießen, damit die beim Abkühlen entstandenen Risse und Fugen ausgefüllt werden. Am darauffolgenden Tag nochmals eine Schicht Schweineschmalz aufgießen, die ebenfalls fest wird und den Confit wirkungsvoll gegen ein Verderben schützt. Schließlich ein passend zurechtgeschnittenes Stück Alufolie auf diese oberste Schicht legen, den Topf verschließen und an einem kühlen, trockenen Ort aufbewahren. Auf diese Weise eingemacht, hält sich das Gänsefleisch bis zu einem Jahr.
Verwendet man den Confit nicht auf einmal, so kann man den Topf wieder mit neuem bzw. wieder aufgekochtem Fett nach der oben angegebenen Methode verschließen. Immer mit einer Schicht Schweineschmalz aufhören, weil dieses besser als Gänseschmalz konserviert.

## Cassoulet languedocien
## Cassoulet (Eintopf) aus dem Languedoc

Für 8 bis 10 Personen: *1 kg weiße, getrocknete Bohnen, 250 g magerer Brustspeck, Salz, 250 g frische Schweineschwarten, 1 mittelgroße Möhre, 5 mittelgroße Zwiebeln, 1 Gewürznelke, 1 Kräuterstrauß (aus einigen Stengeln Petersilie, 1 Zweiglein Thymian und 1 Stück Lorbeerblatt), 800 g Schweinenacken, 1 Confit d'oie (siehe vorstehendes Rezept), Pfeffer, 3 Knoblauchzehen, 5 EL konzentriertes Tomatenpüree (oder Tomatenmark), 1 Knoblauchwurst (roh, 200 g), 2 EL Semmelbrösel*

Zunächst die Bohnen einweichen. Hat man Bohnen aus demselben Jahr, was empfehlenswert ist, so genügen 2 Stunden Einweichzeit. Ältere Bohnen brauchen bis zu 12 Stunden, doch sind sie weitaus weniger gut, weil die Kerne bei der langen Einweichzeit zu treiben beginnen und die Bohnen dadurch schwer verdaulich werden und die bekannten Begleiterscheinungen nach sich ziehen. Die eingeweichten Bohnen abtropfen lassen und in 4 l kaltem Wasser mit dem Speck aufsetzen. Langsam zum Kochen bringen, abschäumen, 5 Minuten heftig wallend kochen lassen und abgießen. Den Topf ausspülen, die Bohnen mit dem Speck in 2 l kaltem Wasser darin erneut aufsetzen. 10 g Salz, die zu einem Paket zusammengeschnürten Schwarten, die Möhre, eine mit einer Nelke gespickte Zwiebel und den Kräuterstrauß zufügen und alles langsam aufkochen lassen. Auf kleiner Flamme weitergaren, damit die Bohnen gleichmäßig weich werden, ohne dabei ihre Form zu verlieren und aufzuplatzen oder sich zu teilen. Unterdessen den Schweinenacken in einem großen Brattopf in reichlich Schmalz, das von dem Confit d'oie abgenommen wurde, rundum anbraten. Mit Salz und Pfeffer würzen. Wenn es auf allen Seiten eine goldbraune Farbe genommen hat, herausnehmen, abtropfen lassen und beiseite stellen. In demselben Schmalz nun die 4 restlichen fein geschnittenen Zwiebeln langsam weich werden lassen und anbraten. Dann die zerdrückten Knoblauchzehen zufügen, nur eben erhitzen und mit dem Tomatenpüree und $^1/_{10}$ l Bohnensud ablöschen. 5 Minuten auf kleiner Flamme durchkochen lassen.

Wenn die Bohnen beinahe gar sind, die Möhre, die Zwiebel und den Kräuterstrauß herausnehmen. Die Kochflüssigkeit so weit abgießen, daß die Bohnen nur gerade eben noch bedeckt sind. Den Schweinenacken, die Knoblauchwurst, die Gänseviertel und die Zwiebelmasse zugeben, den Deckel auflegen und alles bei sehr kleiner Hitze 1 Stunde so leise vor sich hinköcheln lassen, daß man das Kochen kaum wahrnehmen kann. Nun alle Fleischstücke herausnehmen. Den Schweinenacken und den Speck in Scheiben schneiden, die Gänseviertel in Stücke zerteilen, die Schwarten in Streifen und die gehäutete Wurst in 3 mm dicke Scheiben schneiden. Die Bohnen abschmecken und gegebenenfalls nachwürzen. Eine Suppenterrine oder einen großen irdenen Topf mit einer Kelle Bohnen und Kochsud ausgießen. Einige Schwarten, Fleisch, Speck und Wurstscheiben sowie Gänsestücke darauflegen und etwas Pfeffer darübermahlen. Eine neue Schicht Bohnen auffüllen und wieder Fleisch darauflegen. Pfeffern. Immer weitere Schichten abwechselnd einfüllen, bis alle verbraucht sind. Mit Speck- und Wurstscheiben abschließen. Die Semmelbrösel darüberstreuen und mit zerlassenem Gänseschmalz (von dem eingemachten Gänsefleisch) beträufeln. Zudecken und 2 Stunden bei milder Hitze im Ofen durchziehen lassen – am besten in einem Bäckerofen. 15 Minuten vor dem Servieren den Deckel abnehmen, damit die mit Gänseschmalz beträufelten Semmelbrösel eine schöne goldbraune Kruste bilden können. Die Garflüssigkeit muß nun so weit eingekocht und von den Zutaten aufgesogen sein, daß sie durch die in den Bohnen enthaltene Stärke leicht gebunden ist.

## Foie gras
## Stopfleber

Der Kauf einer frischen Stopfleber erfordert immer eine gewisse Erfahrung, auf jeden Fall einige Grundkenntnisse. Es werden heute ohne besondere Unterscheidung Stopflebern von Gänsen und Enten angeboten. Gänselebern sind Entenlebern vorzuziehen, vor allem für warme Zubereitungen.

Man muß auf allerhand gefaßt sein: Manche im Rohzustand sehr schön aussehende Lebern werden beim Garen grau, andere sind von schwärzlichen Adern durchzogen, wieder andere schmelzen beim Garen und geben ihr ganzes Fett ab, so daß zum Schluß nur ein trockenes Etwas zurückbleibt.

Es hilft nichts, man muß bereits beim Kauf der teuren Ware das Gute vom Schlechten unterscheiden können. Das aber ist nicht einfach.

Auf jeden Fall muß man die beiden Leberlappen auseinanderklappen und das Innere genau inspizieren. Lebern, die nicht eine sehr ausgeprägte rosa Farbe haben oder die von kleinen schwärzlichen Adern durchzogen sind, sollte man auf keinen Fall kaufen. Um die wirkliche Qualität zu prüfen, nimmt man mit einer Messerspitze aus dem Inneren einer der beiden Lappen ein erbsengroßes Stück. Dieses rollt man zwischen Daumen und Zeigefinger: Die Körperwärme macht die fette Leber weich. Sie ist von guter Qualität, wenn das Leberstück glatt und geschmeidig bleibt, jedoch von schlechter, wenn es ölig wird und sich auflöst. Der Kauf ist entschieden.

*Anm. der Übersetzer:* Frische Gänse- oder Entenlebern findet man bei uns in Deutschland, wo das Nudeln der Tiere ja verboten ist, nur äußerst selten. Manche ausgewählte Delikatessengeschäfte in einigen Großstädten bieten um Weihnachten herum frische Lebern aus Israel, Ungarn oder Frankreich an. Aber auch dann wird man sich schwertun, den Händler zu einer Probe zu bewegen, wie sie der große, berühmte Restaurateur bei seinen Lieferanten natürlich vornehmen kann (auch steht hier das deutsche Lebensmittel-Verkaufs-Gesetz im Wege!).

Im allgemeinen wird man sich bei uns mit Leberkonserven begnügen müssen. Von guten Firmen hergestellt, sind sie nicht schlecht – halten aber einen Vergleich mit von einem Könner zubereiteten, frischen Lebern nicht aus. Hier liegt aber auch die besondere Schwierigkeit: Stopflebern sind so empfindlich, reagieren auch auf kleinste Fehler so unangenehm direkt, daß man einem wenig erfahrenen Koch kaum zumuten kann, sich an dieser teuren Materie (Preis per kg ca. DM 250,-)

zu versuchen. Die beiden folgenden Rezepte für Stopflebern, aus 5 Rezepten der Originalausgabe des Buches ausgewählt, sind daher auch mehr als Kuriosität denn als realistische Aufforderung zur Nachahmung anzusehen.

## Foie gras chaud
## Warme Gänsestopfleber

*1 Gänsestopfleber (etwa 1 kg), frische Trüffel, Gewürzsalz, 1 Likörglas Cognac, 1 Schweinsnetz, 500 g Brioche-Teig oder Halb-Blätterteig*

Die Stopfleber, die nach den oben angeführten Gesichtspunkten sorgfältig ausgewählt wurde, von allen Spuren der schwärzlichen Fäden, welche die Galle festgehalten haben, befreien. Große Adern und Sehnen ebenfalls entfernen. Die Leber dann spicken, besser gesagt: nageln. Dazu in regelmäßigen, nicht zu weit voneinander entfernten Abständen mit einer Messerspitze kleine Einschnitte machen und recht ansehnliche Trüffelstifte hineinstecken. Diese Stifte haben vorher in einer fein ausgeklügelten Mischung aus Gewürzsalz und Cognac mariniert. Vor dem »Nageln« sollte man die Leber noch in dem nicht von den Trüffeln aufgesogenen Cognac wenden.

Dann die Leber in ein Schweinsnetz schlagen und 2 Stunden in einem kleinen, gut verschlossenen Gefäß kalt stellen. Die kalte Leber anschließend 2 Minuten in kochendes Wasser tauchen, damit sich die Oberfläche durch gerinnendes Eiweiß dicht verschließt.

Inzwischen den Teig bereiten und zwei ovale Platten von 7 bis 8 mm Stärke ausrollen, die jeweils ⅓ größer sein müssen als die Stopfleber. Mit einer dieser Platten den Boden einer Kuchenform ausschlagen. Die Stopfleber in die Mitte legen und den Rand der Platte mit einem Konditorpinsel anfeuchten. Mit der zweiten Platte, die etwas kleiner sein sollte, zudecken. Den Rand der unteren Teigplatte über die obere rollen und dabei mit einem leichten Fingerdruck fest verschließen. Dabei jeweils nur ein kleines Stück schräg eindrehen, so daß schließlich ein gewellter Rand entsteht.

Die Oberfläche mit einer Messerspitze leicht einritzen, dabei eine beliebige Verzierung (Gitter- oder Rautenmuster) anbringen. In die Mitte ein kleines Loch schneiden, damit die beim Garen entstehenden Dämpfe entweichen können. Bei guter Hitze im Ofen backen – etwa 35 Minuten für eine mittelgroße Leber rechnen. Hat man die Garzeit und die Temperatur richtig berechnet, so ist die Leber dann in der Mitte noch richtiggehend rosig, trotzdem aber schon fest geworden und hat kein Fett ausgeschwitzt.

Um den Garpunkt zu bestimmen, sticht man eine Spicknadel in die Leber: Zieht man sie nach einer Minute wieder heraus, muß sie, wenn man sie auf den Handrücken legt, gut lauwarm sein. Ist sie kalt, braucht die Leber noch ein Weilchen, ist sie schon heiß, so hat man Pech gehabt. Zum Servieren schneidet man erst am Tisch die Teigkruste auf und verteilt die Leber mit einem Löffel. Meist reicht man zur heißen Stopfleber Nudeln, etwa Lasagne oder Makkaroni, auch Reis, die jeweils normal gekocht und zum Schluß mit Butter oder Sahne umgeschwenkt werden.

## Terrine de foie gras de canard au naturel
## Entenstopfleber-Terrine

Für 12 bis 15 Personen: *3 ausgesucht schöne Entenstopflebern zu je 600 bis 800 g, 16 g Salz, 3 g sehr fein gemahlener Pfeffer, etwas geriebene Muskatnuß, 1 Messerspitze Cayennepfeffer, 1 g Salpeter (Drogerie), 3 Likörgläser Portwein, 2 Blatt Gelatine*

Die Entenstopflebern 2 Stunden in lauwarmes Wasser legen, das jedoch nicht mehr als 37 Grad Celcius haben darf. Herausnehmen, abtropfen lassen und die beiden Lappen jeweils mit den Händen etwas durchwalken. Vorsichtig die Äderchen, die zu der Galle führten, die anderen Adern und die Sehnen, die auf der Innenseite der Lebern verlaufen, herauslösen. Die Lebern in eine feuerfeste Terrine legen und mit einer Mischung aus den angegebenen Gewürzen bestreuen. Den Portwein leicht erwärmen und die vorgeweichten Gelatineblätter darin auflösen. Die abgekühlte, aber noch nicht erstarrte Mischung über die Lebern gießen, 24 Stunden an einem kühlen Ort durchziehen lassen.

Die zugedeckte Terrine in ein Wasserbad stellen und in den auf 200 Grad vorgeheizten Ofen schieben. Den Ofen abschalten und die Lebern 40 bis 50 Minuten im noch weiterhin heißen Ofen ziehen lassen. Die Terrine herausnehmen und die Lebern an einem kühlen Ort kalt werden lassen. In der Terrine servieren.

*Anm. der Übersetzer:* Für alle Stopfleberprodukte – seien sie frisch oder aus der Dose – gilt, daß kühl nicht gleich kühlschrankkalt ist.

Am besten schmecken ganze Lebern (bloc de foie gras) oder Leberpastete bei etwa 8 bis 10 Grad.

## Quenelles de volaille mousseline
## Klößchen von Geflügelschaum

*500 g reines Geflügelfleisch (Hühnerfleisch) ohne Fett, Haut und Sehnen, 2 Eiweiß, 9 g Salz, ¾ l frische, dicke Sahne (wirklich frische crème fraîche)*

Das Geflügelfleisch durch den Fleischwolf drehen und in einem Mörser zu einem feinen Püree zerstampfen. Nach und nach die Eiweiß und das Salz zufügen und alles zu einem feinen Püree verarbeiten. Durch ein Sieb passieren und in einer Schüssel auffangen. Die Schüssel mit dem Mus in fein zerstoßenes Eis stellen, die Masse mit einem Holzlöffel kräftig durcharbeiten, bis sie glänzend und schaumig wird. 2 Stunden im Eis stehen lassen.

Dann erneut durcharbeiten und dabei die immer wieder neu in kleinen Mengen zugegebene Sahne untermischen. Wenn alle Zutaten zu einer homogenen, schaumigen Masse gerührt worden sind, mit einem Teelöffel ein kleines Bällchen abstechen und in schwach siedendem Wasser gar ziehen lassen.

Die Masse sollte nun fest werden, aber doch leicht sein. Fällt sie wider Erwarten auseinander, noch etwas Eiweiß zufügen. Dabei aber beachten, daß die Konsistenz in erster Linie durch das kräftig zerkleinerte Fleisch erreicht werden soll, dessen Eiweißstoffe von sich aus eine Bindung begünstigen. Das Zufügen von fremdem Eiweiß soll nur unterstützend wirken und die Sahnezugabe ausgleichen. Die Masse wird stets um so feiner sein, je weniger Eiweiß zugefügt wird.

Man formt nun Klößchen je nach Bedarf mit zwei Tee- oder zwei Eßlöffeln und pochiert die Klößchen in ganz leicht siedendem Salzwasser oder in Geflügelbrühe.

*Anm. der Übersetzer:* Es ist unbedingt erforderlich, daß das Fleisch sehr fein zerstoßen und sehr kalt verarbeitet wird. Nur dann schließen sich die Eiweißstoffe in Verbindung mit Salz auf. Man kann jedoch das Fleisch ohne Bedenken auch in einem Küchenmixer oder in der Moulinette pürieren. Zum Aufschlagen mit Sahne kann man normale süße Sahne verwenden, die die Klößchen sogar noch leichter als crème fraîche macht.

## Gâteaux de foies de volailles à la bressane
## Geflügelleber-Pudding auf die Art der Bresse

*Für 8 bis 10 Personen: 1 kg Geflügellebern (Hühnerlebern – möglichst von Bresse-Hühnern), 1 mittelgroße Zwiebel, 50 g Butter, 2 Knoblauchzehen, 50 g gehackte Petersilie, 400 g frischer, fetter Speck, 300 g Toastbrot (ohne Rinde), 1/5 l Milch, 6 Eier, 1/3 l dicke Sahne (crème fraîche), 25 g Salz, frisch gemahlener Pfeffer, frisch geriebene Muskatnuß*

Die Lebern, die so frisch wie nur irgend möglich sein sollten, sorgfältig von der Gallenblase und den anhängenden Adern befreien. Die Zwiebel fein hacken und in etwas Butter weich dünsten. Mit den Knoblauchzehen und der gehackten Petersilie in den Küchenmixer geben und fein pürieren. Die Lebern, den in kleine Würfel geschnittenen Speck, das in Milch eingeweichte und wieder ausgedrückte Toastbrot, die Eier, die Sahne, Salz, Pfeffer und Muskatnuß zufügen und den Mixer so lange laufen lassen, bis eine feine, schaumige Creme entstanden ist.

Kleine, sich nach oben öffenende Puddingförmchen aus Weißblech mit zerlassener Butter ausstreichen und mit der Lebermasse füllen. In ein Wasserbad stellen und im mäßig warmen Ofen garen. Auf eine Servierplatte oder gleich auf Teller stürzen und mit einer Sauce begossen servieren. Als begleitende Saucen eignen sich Finanzmanns-Sauce (Demi-glace mit Trüffeln, Champignons und grünen Oliven, nach Belieben auch Hahnennieren und -kämmen), Madaira-Sauce oder Orly.

*Anm. der Übersetzer:* Man kann das Leberpüree auch anders herstellen, wenn man keinen ausreichend großen und starken Mixer besitzt: Alle festen Zutaten mehrmals durch den Fleischwolf drehen, dann durch ein Sieb streichen und mit den flüssigen Zutaten vermischen. Würzen und mit dem Handmixer so lange schlagen, bis eine leichte, schaumige Masse entsteht.

Zum Pochieren die Förmchen in einen großen Topf stellen und mit kochendem Wasser aufgießen. In den Ofen stellen und mit Alufolie, die glänzende Seite nach unten, abdecken. Der Pudding oder Schaum ist gar, wenn an einer hineingesteckten Spicknadel nichts mehr kleben bleibt.

# LE GIBIER

## WILD

Die Eröffnung der Jagdsaison gibt jedes Jahr im September den Auftakt zu einer in kulinarischer Hinsicht überaus reichen Zeit. Großes und kleines Haarwild, Federwild und Wasservögel liefern der Tafel eine Vielzahl ausgesuchter, häufig aufwendiger Gerichte.

*Hirsch, Damhirsch* und *Reh* werden auf dieselbe Art zubereitet. Von den drei Arten besitzt das Reh das zarteste und wohlschmeckendste Fleisch. Die begehrtesten Stücke dieser Tiere sind, in der Reihenfolge ihrer Qualität, die Keulen, der Rücken und die Koteletts. Die Schulter kann ausgebeint und zusammengerollt gerade eben noch gebraten werden, jedoch wird sie meist mit dem Nacken zu einem Wildpfeffer (Ragout) verwendet, also geschmort.

Der *Hase*, der für die Küche am besten geeignet ist, stammt aus demselben Jahr, ist höchstens 7 bis 8 Monate alt und wiegt etwa 3 kg. Hasen, die 4 kg und mehr wiegen, haben ein zähes und faseriges Fleisch und werden daher vorwiegend zu Pasteten und Terrinen verarbeitet.

Das *Wildkaninchen* ist nicht so fein wie der Hase. Doch schmeckt ein junges Tier, das man an dem leicht einzureißenden Knorpel im Ohr erkennt, ganz ausgezeichnet als Ragout (sauté). Die älteren Tiere werden ebenfalls in Terrinen verwendet.

Auch das *Federwild* muß jung sein, um die besten geschmacklichen Eigenschaften zu besitzen: Der *Fasan* bezeugt sein junges Alter mit einer biegsamen Brustbeinspitze und einem noch nicht oder nur schwach ausgebildeten Sporn. Das *Haselhuhn* ist etwas kleiner, jedoch ebenfalls ein sehr delikates Gericht.

Das *Rebhuhn* ist nur dann eine Köstlichkeit, wenn es jung ist, also aus demselben Jahr stammt. Seinen geschmacklichen Höhepunkt erreicht es Ende September/Anfang Oktober. Die jungen Tiere erkennt man an grauen Füßen, an den spitzen Enden der unteren Schnabelhälfte, die sich biegt, wenn der Vogel an ihr zwischen Daumen und Zeigefinger hochgehalten wird.

Die *Wachtel* muß frisch und fett sein, um ein herrliches Gericht darzustellen.

Die *Schnepfen* sind ein ganz erstklassiges Wild. Sie werden nicht ausgenommen, man entfernt lediglich den Kaumagen. *Sumpfschnepfe* und *Waldschnepfe* gehören zu derselben Familie. Die Schnepfe wird vor allem von Ragout-(Salmis-)Liebhabern besonders geschätzt. Weiterhin gibt es die Moor- oder Waldschnepfe, die im Herbst fettfleischig wie eine Wachtel ist und die Feinschmecker zum Träumen bringt.

Von der großen Familie der *Enten* sollen hier nur die allerwichtigsten Arten aufgezählt werden: Die einfache Wild- oder Stockente, aus der durch Kreuzung unsere Hausenten gezüchtet wurden; die *Löffelente*, die etwas kleiner ist und deren Fleisch sich durch eine außerordentliche Zartheit auszeichnet; die noch häufig anzutreffende *Krickente* und schließlich die *Knäkente*, deren Fleisch eine ganz besonders große Feinheit durch die Ernährung mit Kresse, wildem Kerbel und Samen aufweist.

*Anm. der Übersetzer:* Ein zum deutschen völlig unterschiedliches Jagdgesetz hat in Frankreich dazu geführt, daß es nur in wenigen Regionen (Vogesen, Pyrenäen, Alpen) einen erwähnenswerten Hochwildbestand gibt – zusätzlich in einigen geschützten Staatsjagden, wo die begehrten Tiere für repräsentative Veranstaltungen gehalten werden. Im übrigen Frankreich kann nahezu jeder Bürger auf die Jagd gehen und sein Glück versuchen. Es ist leicht einzusehen, daß großes Wild kaum entschlüpfen konnte – der Bestand an Hasen und Kaninchen dagegen weiterhin stattlich geblieben ist.
Entsprechend arm sind daher die Erfahrungen der großen Küchenchefs mit dem Fleisch von Reh und Hirsch, entsprechend reich die Zubereitungsarten, die dem Hasen zukommen. Wenn wir uns wundern, daß Paul Bocuse die Rehkeule vor den Rehrücken einordnet, so sollten wir uns diesen Hintergrund vor Augen halten.
Die Franzosen haben eine weitaus geringere Scheu, das Wild als solches erkenntlich auf den Tisch zu bringen. So wird die Rehkeule mit den Hufen serviert, der Hase mit dem Kopf, das Rebhuhn mit den Füßen und die kleinen Singvögel, die wir hier ohnehin nicht mehr jagen dürfen, mit Kopf und Füßen. Im folgenden wurden diese Anrichtungsgewohnheiten beibehalten – man kann sich jeweils vom Händler natürlich die entsprechenden Attribute entfernen lassen.

# Gigot, cuissot ou gigue de chevreuil rôti à la purée de marrons
## Gebratene Rehkeule (Schlegel) mit Eßkastanienpüree

*1 Rehkeule von etwa 2 kg, 150 g fetter Spickspeck, Butter, Pfeffer-Sauce (Seite 169 f.), Eßkastanien-Püree –* **Für die Marinade:** *1 Prise zerriebenes Meersalz, 3 Schalotten, 1 große Zwiebel, 1 mittelgroße Möhre, einige Stengel Petersilie, 1 Zweig Thymian, ½ Lorbeerblatt, 1 Prise frisch gemahlener Pfeffer, $3/10$ l trockener Weißwein, 4 EL Essig, 4 EL Olivenöl*

Die Keule sorgfältig aus der Decke schlagen (oder vom Händler das Fell abziehen lassen); die Schalen (Füße) jedoch daranlassen – vor dem Braten in mehrere Lagen geöltes Papier wickeln, damit die Haare und das Horn nicht versengt werden. Den Schenkelknochen herauslösen und von der Keule alle Sehnen und Häute abziehen. Mit mehreren, dicht nebeneinandergesetzten Reihen von fettem Speck in Richtung der Verlängerung des Fußes spicken. Anschließend gut marinieren, jedoch nicht länger als 24 Stunden.

Dazu die Keule flach in eine tiefe Schüssel legen. Das Salz darüberstreuen, die Schalotten, die Zwiebel und die Möhre in dünne Scheiben schneiden und über und neben der Keule verteilen.

Die Petersilienstengel, den Thymianzweig und das Lorbeerblatt dazulegen, mit Pfeffer würzen, den Weißwein, den Essig und das Olivenöl zugießen und alles durchziehen lassen. Die Keule ab und zu umwenden.

Wichtig: Da die Rehkeule ein sehr zartes Fleisch hat, darf man die Marinade nicht zu stark säuern!

Die fertig marinierte Keule aus der Marinade nehmen, abtropfen lassen und sorgfältig trockentupfen. Auf den Rost einer Bratplatte oder den Ofenrost legen (darunter dann eine Bratpfanne oder das Ofenblech schieben), mit reichlich zerlassener Butter beträufeln. In den sehr heißen Ofen schieben, damit die Oberfläche sofort scharf angebraten wird und sich unter der Hitzeeinwirkung verschließt. Dabei darauf achten, daß der abtropfende Fleischsaft und das Fett nicht anbrennen – die Bratplatte also nicht auf den Boden des Ofens stellen bzw. etwas dazwischenschieben. Während des Bratens häufig mit dem Fett beträufeln. Die Bratzeit beträgt ca. 40 Minuten; etwa 9 bis 10 Minuten pro Pfund im Ofen oder 11 bis 12 Minuten am Spieß. Das Fleisch ist dann innen blutig und nach weiterem 10minütigem Ruhen von der gewünschten schönen rosa Farbe.

Die Keule auf einer langen Platte anrichten. Die Pfeffer-Sauce mit dem Bratensaft der Keule vermischen und in einer Saucière getrennt reichen, das Kastanienpüree in einer Gemüseschüssel servieren. Die Keule wird wie eine Lammkeule aufgeschnitten.

## Selle de chevreuil Saint-Hubert
## Rehrücken »Sankt Hubertus«

*1 Rehrücken, Speck zum Spicken, Marinade wie im vorstehenden Rezept angegeben, Olivenöl, Pfeffer-Sauce, 1 Prise Korinthen, 1 Prise geröstete Mandelblätter*

Den Rücken sorgfältig von Häuten und Sehnen befreien, die Filets jeweils in 3 Reihen spicken, die Richtung der Spickstreifchen senkrecht zum Verlauf der Wirbelsäule orientieren. Die Streifchen immer nur flach unter die Oberfläche ziehen. Den Rücken, wie im vorstehenden Rezept die Keule, in eine Marinade geben. Unter den gleichen Bedingungen braten, jedoch dazu nicht mit Butter, sondern mit Olivenöl beträufeln. Die Pfeffer-Sauce mit den Korinthen und den Mandelblättern verrühren und in einer Saucière zu dem wie ein Lammrücken aufgeschnittenen Fleisch servieren. Als weitere Beilage rote, gedünstete Bohnen (wie weiße Bohnen zubereitet) reichen.

## Côtelettes de chevreuil à la purée de céleri-rave
## Rehkoteletts mit Sellerie-Püree

*1 Rehkarree, Marinade wie für die Rehkeule, Öl, Butter, herzförmig zugeschnittene, in Butter geröstete Weißbrotscheiben (Croûtons), $3/10$ l Kalbs-Fond, 1 Prise Tapioca-Mehl, Sellerie-Püree*

Das Karree wie für die Keule beschrieben in Marinade legen. Herausnehmen, abtropfen und sorgfältig trocknen. In ca. 4 cm dicke Koteletts schneiden, diese in einer Mischung zu gleichen Teilen aus Öl und Butter kräftig braten, aber innen rosa halten. Auf einer runden Platte kranzförmig abwechselnd mit den Croûtons anrichten. Warm halten. Das Öl aus der Bratpfanne abgießen, 4 EL der durchgeseihten Marinade hineingeben und um die Hälfte einkochen lassen. Den Kalbs-Fond angießen und das Tapioca-Mehl einstreuen. 10 Minuten kochen und dabei die Flüssigkeit um die Hälfte reduzieren. Vom Feuer nehmen, mit 40 g Butter verrühren, abschmecken und die Sauce durch ein feines Sieb über die Koteletts seihen. Mit den Koteletts eine Schüssel mit Sellerie Püree reichen.

*Anmerkung:* Man kann das Tapioca-Mehl auch durch ½ TL in kaltem Fond angerührter Stärke oder 1 TL Mehlbutter ersetzen.

## Côtelettes de chevreuil aux lentilles
## Rehkoteletts mit Linsen

*1 Rehkarree, Salz, frisch gemahlener Pfeffer, 3 EL Öl, herzförmig zugeschnittene, in Butter geröstete Weißbrotscheiben (Croûtons), Pfeffer-Sauce, Linsen-Püree*

Das Karree in Koteletts von mindestens 4 cm Stärke zerteilen (oder schon vom Wildhändler teilen lassen). Überflüssiges Fett, Sehnen und Häute von den Koteletts entfernen und diese leicht klopfen. Mit Salz und frisch gemahlenem Pfeffer würzen und in rauchend-heißem Olivenöl in einer Pfanne oder einem breiten, flachen Topf nebeneinandergelegt braten. Die Koteletts sollen auf großer Flamme so rasch wie möglich gar werden. Nur einmal umwenden, um auch die zweite Seite zu bräunen, und darauf achten, daß das Innere schön rosa bleibt. Auf einer länglichen Platte in Kreuzform anrichten, jeweils zwischen die Koteletts ein Croûton legen, das dieselbe Größe haben sollte. Das Öl der Rehkoteletts aus der Pfanne oder dem Bratentopf abgießen und den angesetzten Fond mit 1–2 EL Pfeffer-Sauce loskochen. Diese Mischung wieder in die Sauce zurückgeben und einrühren.

Die Koteletts mit etwas Sauce begießen, den Rest getrennt reichen. Das Linsenpüree in der Mitte aufhäufen oder getrennt in einer Gemüseschüssel servieren.

## Côtelettes de chevreuil à la crème
## Rehkoteletts in Sahne

*Für 3 Personen: 6 Rehkoteletts, 1 Prise Paprika, Salz, Pfeffer, Butter, 6 herzförmig zugeschnittene, in Butter geröstete Weißbrotscheiben, $^1/_{10}$ l Madeira, $^3/_{10}$ l dicke Sahne (crème épaisse), 1 TL Zitronensaft*

Die Koteletts wie oben angegeben vorbereiten und mit Paprika, Salz und Pfeffer würzen. Auf starker Flamme rasch braten und abwechselnd mit den Croûtons anrichten.

Den Madeira in den Bratfond gießen und auf 2 EL Flüssigkeit einkochen. Die Sahne zufügen, die zunächst in der Hitze schmilzt und nach einigen Minuten Kochen wieder dicklich wird. Vom Feuer nehmen, mit Butter kräftig verrühren und mit Zitronensaft würzen. Abschmecken und durch ein feines Sieb über die inzwischen warm gehaltenen Koteletts geben. Dazu Eßkastanien-Püree servieren.

## Noisettes de chevreuil à la Berny
### Rehnüßchen »Berny«

*1 Rehrücken, Marinade wie für die Rehkeule (Seite 480), Öl, 2 cm dicke Weißbrotscheiben, Butter, Kartoffel-Kroketten »Berny« (siehe S. 484), Pfeffer-Sauce, geröstete Mandelblätter, Johannisbeer-Gelee – Für die Kartoffeln: 1 kg Herzogin-Kartoffelteig, 100 g gehackte Trüffeln, 50 g gehackte, geröstete Mandeln, 1 Ei, frisches Paniermehr, Öl zum Ausbacken, Salz*

Die Rückenfilets aus dem Rehrücken lösen, häuten und entsehnen und für 12 Stunden wie die Keule in eine Marinade legen. Herausnehmen, abtropfen lassen und sorgfältig abtrocknen. In Nüßchen von 4 bis 5 cm Stärke schneiden und in heißem Öl rasch rosa braten. Die auf die Größe der Koteletts zugeschnittenen, in Butter gerösteten Weißbrotscheiben kranzförmig auf eine runde Platte legen und jeweils 1 Rehnüßchen darauflegen. In der Mitte die Berny-Kartoffeln aufschichten und getrennt dazu die mit den gehackten Mandeln verrührte Pfeffer-Sauce und eine Saucière mit Johannisbeer-Gelee reichen.

## Civet de chevreuil, cerf, daim
### Reh-, Hirsch- oder Damhirsch-Pfeffer

Das Fleisch von Schulter, Nacken und vorderen Rippen in Würfel von etwa 60 g zerteilen, 24 Stunden wie im Rezept »Rehkeule« (Seite 480) angegeben marinieren lassen und weiter wie bei Hasenpfeffer (Seite 487) erklärt zubereiten.

## Croquettes Berny
## Kroketten »Berny«

Den Herzogin-Kartoffelteig mit den Trüffeln und Mandeln vermischen. Jeweils Klößchen von 40 g abstechen und in Eiform rollen. Durch das leicht verschlagene Ei ziehen und in Paniermehl wälzen. 8 Minuten vor dem Servieren, also wenn die Koteletts garen, in das rauchende Öl geben und ausbacken. Wenn sie schön golden und knusprig geworden sind, herausnehmen und auf einem Tuch oder auf Küchenpapier abtropfen lassen. Abtrocknen und mit einer Prise Salz bestreuen.

*Anmerkung:* Auf diese Weise kann man auch andere Wildstücke zubereiten, etwa Schnitzel aus dem Schlegel, Nüßchen aus dem Rücken oder Koteletts aus dem Karree, gleichgültig, ob von Reh, Hirsch oder Damwild. Hierzu serviert man außer den in den vorstehenden Rezepten genannten Pürees oder Gemüsen Topinambur-Püree (mit Kartoffelpüree, Butter und Sahne gebunden) oder ein wenig oder überhaupt nicht gezuckertes, dickes Apfelmus.


## Sanglier ou marcassin
## Wildschwein oder Frischling

Wird wie Reh zubereitet. Bei nicht ganz jungen Tieren lediglich die Zeit des Marinierens verlängern. Frischlinge und Überläufer (6–12 Monate alte Tiere) werden vorzugsweise gebraten, ältere Tiere auch häufig poêliert oder geschmort.

## Lièvre
## Hase

Man kann den Hasen noch warm, also sofort nachdem er geschossen wurde, zubereiten. Ist er aber einmal abgekühlt, so sollte er zwei oder drei Tage in seinem Balg abhängen. Abhängen heißt hier keineswegs, daß er den früher so geschätzten Haut-goût bekommen oder gar verwesen darf. Das überlange Abhängen sollte man ganz energisch vermeiden, denn es ist wider jede Hygiene und schadet dem guten, echten Geschmack.

Man soll sich, wenn immer möglich, einen noch nicht jährigen Hasen auswählen, den man am Glanz seines Fells, der Zartheit der Pfoten und deren noch schwach entwickelten Krallen erkennt.
Am besten schmecken 3 bis 6 Monate alte Junghasen mit einem Gewicht von 2 bis 3 kg oder 2 bis 5 Monate alte Häschen (Levraut) von 1,5 bis 2 kg.

## Lièvre à la broche
## Hase am Spieß

*1 Junghase, Salz, Pfeffer, Thymianzweige, Dijon-Senf, Speckscheiben, 1 EL gehackte Schalotten, 1 Spritzer Weinessig, $^3/_{10}$ l Sahne*

Den abgebalgten Hasen ausnehmen und auswischen. Ohne ihn zu marinieren, mit Salz und Pfeffer einreiben, in die Bauchhöhle einige Zweiglein Thymian legen. Auf einen Spieß stecken und reichlich mit Senf einstreichen. Mit dünnen, großen Scheiben von frischem, fettem Speck umwickeln und einbinden. Etwa 35 Minuten vor einem kräftigen Holzfeuer braten. In der daruntergestellten Fettpfanne während dieser Zeit die Schalotten im abtropfenden Fett langsam ablöschen. Zum Schluß die Sahne zufügen und die Sauce rasch einkochen und abschmecken.
Hase und Sauce getrennt servieren, dazu eine Schüssel mit Pilaw-Reis reichen.

## Levraut Chabert
## Häschen »Chabert«

*1 Häschen von höchstens 5 Monaten – etwa 1,5 kg schwer, Salz, Pfeffer, je 1 Prise fein zermahlenes Lorbeerblatt und Thymian, 125 g frischer Brustspeck ohne Schwarte, 200 g Zwiebeln, 200 g Moospilze, ersatzweise andere Waldpilze oder Champignons, $^1/_5$ l trockener Weißwein, $^2/_5$ l Kalbs-Fond (Seite 150 f.), 35 g braune Einbrenne (aus 20 g Butter und 15 g Mehl), 1 Knoblauchzehe, einige Petersilienstengel, $^1/_5$ l dicke Sahne (crème fraîche), 10 herzförmig zugeschnittene, in Butter geröstete Toastbrotscheiben*

Das Häschen häuten und ausnehmen. Dabei das Blut auffangen, das sich im Innern vor allem um die Lungen herum angesammelt hat; die Leber herausnehmen und von der Gallenblase befreien. Das Häschen in Stücke schneiden oder hauen, mit Salz, frisch gemahlenem Pfeffer, Lorbeerpulver und zerriebenem Thymian bestreuen, alles gut vermischen.

Den Speck in kleine Würfel schneiden und in einem großen Schmortopf auslassen. Die Fleischstücke zufügen und bei guter Hitze rundherum im Schweineschmalz anbraten. Dann die in feine Streifchen geschnittenen Zwiebeln zufügen, alles miteinander vermischen und vom großen Feuer ziehen. Bei milder Hitze zugedeckt ¼ Stunde leise dünsten, so daß die Zwiebeln keine Farbe nehmen, sondern weiß bleiben und schmelzend weich werden.

In der Zwischenzeit die Moospilze oder die Champignons zubereiten. Die Pilze putzen und rasch, aber sorgfältig waschen. Die Stiele von den Köpfen trennen, gesondert bereitstellen. Wenn die Zwiebeln weich geworden sind, den Weißwein aufgießen und auf großer Flamme einkochen, bis nahezu alle Flüssigkeit verdampft ist. Den Kalbs-Fond aufgießen, die abgekühlte Einbrenne, die 15 Minuten langsam unter stetem Rühren geröstet wurde, in kleinen Stückchen dazugeben. Auch die Stiele der Pilze, die zerdrückte Knoblauchzehe und die zusammengebundenen Petersilienstengel zufügen. Der Spiegel des Kalbs-Fonds soll nun gerade alles bedecken. Fehlt noch Flüssigkeit, einige Löffel Wasser dazugeben. Unter ständigem Umrühren zum Kochen bringen, damit sich die Einbrenne vollständig auflöst und die Sauce bindet. Auf kleiner Flamme zugedeckt 25 Minuten köcheln lassen.

Nach dieser Zeit die Häschenstücke mit Hilfe eines Schaumlöffels und einer Gabel herausnehmen und in einen sauberen Brattopf legen. Die rohen Moospilz- oder Champignonköpfe darüberstreuen. Die Sauce durch ein Sieb über Fleisch und Pilze passieren, dabei kräftig umrühren, damit auch die Zwiebeln als Püree durchgedrückt werden. Wieder zum Kochen bringen, nach Bedarf nachwürzen, zudecken und weitere 20 Minuten köcheln lassen.

Häschen und Champignons sind nun gar. Um die Sauce zu binden, das Blut, die Sahne und die durch ein Sieb passierte Leber in einer Schüssel vermischen. Langsam und unter ständigem Schlagen eine Suppenkelle voll heißer Sauce in diese Mischung ziehen, die sich dabei schrittweise erwärmt. Das Häschen vom Feuer nehmen, den Brattopf kreisend schwenken und die erhaltene Blutmischung in dünnem Faden hineingießen. Stetig schwenkend erhitzen, bis die Sauce dicklich und cremig wird, auf keinen Fall mehr kochen lassen.

In einer tiefen Schüssel, umlegt von den Croûtons, servieren.

## Civet de lièvre
## Hasenpfeffer

*1 Junghase von etwa 2,5 kg, Salz, Pfeffer, 1 Prise Thymianblüten, fein zerriebenes Lorbeerblatt, 2 große Zwiebeln, 2 EL Olivenöl, 1 EL Armagnac, 250 g Brustspeck, 50 g Butter, 24 kleine Zwiebelchen, 250 g frische, feste und weiße Champignons, 2 mittelgroße Möhren, 45 g Mehl, 2 Knoblauchzehen, 1 l guter roter Burgunder, 1 Kräuterstrauß, $^1/_{10}$ l Cognac, 4 EL dicke Sahne (crème fraîche), 12 herzförmig zugeschnittene, in Butter geröstete Toastbrotscheiben (Croûtons), gehackte Petersilie*

Hase aus dem Fell lösen, ausnehmen und mit großer Sorgfalt das Blut auffangen, das sich um die Lungen herum und in der Kehle angesammelt hat. Die von der Gallenblase befreite Leber beiseite legen.
Den Hasen in Stücke schneiden bzw. hauen. Diese in eine Schüssel geben, mit Salz, frisch gemahlenem Pfeffer, Thymianblüten und zerriebenem Lorbeerblatt würzen. Eine in Scheiben geschnittene Zwiebel, das Olivenöl und den Armagnac zugeben, alles miteinander umwenden und 3 Stunden durchziehen lassen. Zwischendurch ab und zu durchmischen.
In der Zwischenzeit den Brustspeck in große Würfel schneiden. Mit ½ l kaltem Wasser aufsetzen und zum Kochen bringen, nach 5 Minuten abbrühen. Abgießen, abtropfen lassen und sorgfältig trocknen. Die Butter in einem großen Topf, der nachher das ganze Gericht aufnehmen muß, zergehen lassen. Beim ersten Aufrauschen die Speckwürfel hineingeben und anbraten. Wenn sie zur Hälfte gebräunt sind, die Zwiebelchen zufügen und langsam unter häufigem Wenden von allen Seiten goldgelb werden lassen. Dann die geputzten, rasch gewaschenen und gut getrockneten Champignons zugeben. Mit einer Prise Salz bestreuen und rasch auf großer Flamme anbraten. Mit dem Schaumlöffel alle Zutaten herausfischen und auf einem Teller beiseite stellen. In dem Fett aus Butter und geschmolzenem Speck, dem bei Bedarf noch ein neues Stück Butter zugefügt wird, nun die in Stücke geschnittene zweite Zwiebel und die Möhre leicht anbraten. Mit Mehl bestäuben, vermischen und mit einem Holzlöffel ständig rührend weiter braten, bis sich das Mehl hellbraun gefärbt hat.
Dann erst die inzwischen aus der Marinade genommenen, abgetropften und abgetrockneten Fleischstücke in den Topf geben und ständig umwendend auf allen Seiten anbraten. Wenn sich die Oberfläche des Fleischs unter der Hitzeeinwirkung verschlossen hat, die zerdrückten Knoblauchzehen zugeben und nur eben erhitzen. Mit dem Rotwein

aufgießen – das Fleisch sollte jetzt gerade bedeckt sein. Notfalls etwas Rotwein nachfüllen. Unter ständigem Rühren zum Kochen bringen, damit eine glatte Sauce ohne Klümpchen entsteht. Überprüfen, ob das Gericht ausreichend gesalzen ist, den Kräuterstrauß zufügen, den Topf zudecken und alles im mäßig heißen Ofen 45 Minuten sanft vor sich hin köcheln lassen. Diesen Topf dann auf einem Untersetzer auf einen Tisch stellen, einen zweiten, ebenso großen Brattopf daneben. Mit einem Schaumlöffel und einer Gabel die Hasenstücke herausheben, aus dem Gemüse heraussuchen, abtropfen und in den anderen Topf geben. Den bereits angebratenen Speck mit den Zwiebelchen und den Champignons darauf verteilen und die Sauce durch ein feines Sieb darüberpassieren. Dabei die angeschmorten Zwiebeln und Möhren sowie den Kräuterstrauß fest ausdrücken.

Auf dem Herd wieder zum Kochen bringen, noch einmal abschmecken und erneut 45 Minuten zugedeckt bei mittlerer Hitze im Ofen köcheln lassen.

Die zurückgelegte Leber über einem Teller durch ein feines Sieb treiben. Das aufgefangene Blut, den Cognac und die Sahne zufügen und alles innig miteinander verrühren. Wenn der Pfeffer fertig ist, eine Suppenkelle von seiner Sauce ganz langsam in die Leber-Blut-Sahne-Mischung träufeln lassen, die dabei ständig kräftig geschlagen werden muß. Durch allmähliches Erwärmen flockt die Sauce nicht aus, was sonst geschehen würde, wenn man die Blutsauce direkt in den Hasenpfeffer gießt.

Die erhaltene Mischung nun in ein sehr feines Sieb gießen und dieses kreisend über dem Pfeffertopf bewegen. Mit der anderen Hand den Topf ständig hin und her rütteln. Den Inhalt des Siebs dabei vollständig durchpassieren. Während dieser Zeit darf der Hasenpfeffer nicht kochen. Dann den Topf auf eine kleine Flamme setzen, den Inhalt langsam erwärmen und ständig rührend dicklich werden lassen. Vor dem ersten Aufkochen vom Feuer nehmen. Die Sauce muß nun vollkommen gebunden sein, beinahe cremig, von schwärzlich-aschfarbenem Aussehen.

Den Pfeffer in einer tiefen Platte anrichten, die Croûtons drumherum verteilen und die Mitte mit einer Prise frisch gehackter Petersilie bestreuen.

*Anm. der Übersetzer:* Statt das Mehl mit den Gemüsen zu bräunen, kann man im Ofen geröstetes Mehl verwenden, das den Hasenpfeffer etwas leichter verträglich macht. Der Hase sollte möglichst frisch geschossen, noch warm sein. Um das Blut in die Sauce zu rühren, am besten zu zweit arbeiten.

## Lièvre farci à la Diane
## Gefüllter Hase »Diana«

*1 Junghase von 2,5–3 kg, 125 g Spickspeck, 1 große Scheibe frischer Speck, 60 g Butter, Salz, 3 Likörgläser trockener Weißwein, 1 Zweig Thymian, 2 große Schalotten, $^1/_{10}$ l dicke Sahne (crème fraîche), Pfeffer, Johannisbeergelee – Für die Füllung: 2 Wildkaninchen, 18 g Salz, 1 Prise frisch gemahlener Pfeffer, 1 Prise Mischgewürz (Pastengewürz), je 1 Prise gemahlener Thymian, Majoran und Lorbeerblatt, 150 g frischer, fetter Speck, 150 g Wiesenchampignons (ersatzweise Zuchtchampignons), 1 große frische Trüffel, 50 g in etwas Fleischbrühe oder Kalbs-Fond eingeweichtes Toastbrot, 1 kleines Glas Cognac*

Dem Hasen das Fell abziehen, die Ohren jedoch daranlassen. In die Bauchdecke einen möglichst kleinen Einschnitt machen und den Hasen ausnehmen. Das Blut sorgfältig auffangen und die von der Gallenblase befreite Leber beiseite legen. Die Ohren kurz in kochendes Wasser halten, mit einem Lappen die Haare ausreißen und die Ohren fest abreiben, bis sie sauber sind. Die Schenkel und den Rücken des Hasen von allen Häuten und Sehnen befreien. Den Speck in Streifen von der Stärke eines Bleistifts und 4 cm Länge schneiden. Den Hasen auf ein Tuch legen und mit diesen Speckstreifchen die Schenkel und die Rückenfilets spicken.

Für die Füllung die beiden Wildkaninchen vorbereiten. Abziehen, ausnehmen, das Blut sorgfältig auffangen und mit dem Blut des Hasen vermischen. Die Lebern von den Gallenblasen befreien und beiseite legen. Die Kaninchen zwischen Rücken und dem Ansatz der hintersten Rippen durchteilen. Das Fleisch der Hinterstücke auslösen und von Sehnen und Häuten befreien. In Würfel schneiden, Salz, Pfeffer, Mischgewürz, Thymian, Majoran und Lorbeerblatt zugeben und alles gut vermengen. Zusammen mit den Kaninchenlebern grob hacken oder durch die grobe Scheibe des Fleischwolfs drehen. Diese Farce in eine Schüssel geben und mit dem im Mörser zerstoßenen, geriebenen oder mehrmals durch die feine Scheibe des Fleischwolfs gedrehten fetten Speck vermischen. Die Champignons putzen und rasch unter fließendem Wasser waschen. Wie die Trüffel nicht zu fein hacken und zu der Fleischfarce geben. Auch das eingeweichte, gut ausgedrückte Toastbrot und Cognac zufügen und alles mit einem Holzspachtel kräftig durcharbeiten. Um die Würze zu überprüfen, etwas von der Farce abstechen und in kochendem Salzwasser pochieren. Gegebenenfalls nachwürzen.

Den Hasen auf den Rücken legen, die Farce in die Bauchhöhle füllen und gleichmäßig darin verteilen. Die Bauchdecke mit einem dicken Faden zunähen und die Speckscheibe auf die Naht legen. Einige Male mit Küchengarn umwickeln, damit sich die Scheibe nicht lösen kann und beim Garen ein Aufplatzen des Bauchs verhindert beziehungsweise in einem solchen Fall die Farce zurückhält. Das Tier auf den Bauch umdrehen und die Vorder- und Hinterläufe so unter den Bauch schlagen, daß das Tier wie in einer hockenden Position zu liegen kommt. Die Läufe in dieser Form an den Körper pressend festbinden. Den Kopf auf die Schulter zurückdrücken und in dieser Lage ebenfalls mit Küchengarn umwickelnd befestigen. Die Ohren mit gebuttertem Papier oder Alufolie umlegen und zusammenbinden.

Den Hasen in einen ausreichend großen, mit einem Rost versehenen Brattopf legen – oder auf den Bratrost des Ofens und eine Fettpfanne darunterschieben. Mit 30 g zerlassener Butter einstreichen und mit etwas Salz bestreuen. In den sehr heißen Ofen schieben, damit der Hase sofort anbrät und sich die Oberfläche des Fleisches verschließt. Danach die Hitze etwas zurückschalten. In der Zwischenzeit den Weißwein mit der restlichen Butter aufkochen und den Hasen alle 7 Minuten mit dieser Mischung beträufeln. Dazu einen Thymianzweig nehmen und diesen immer wieder in die Weißwein-Butter-Mischung tauchen. Den Hasen auf diese Weise 1 Stunde braten. Für die Sauce inzwischen die Leber des Hasen und das Blut durch ein feines Sieb in einen Suppenteller passieren. Die Schalotten fein hacken und in kochendem Salzwasser einige Minuten blanchieren. Abgießen und abtropfen lassen.

Den fertig gebratenen Hasen aus dem Brattopf nehmen und warm halten. Den während des Bratens und Begießens im Topf (oder der Fettpfanne) aufgefangenen Fond durch ein feines Sieb in eine kleine Kasserolle gießen und sorgfältig entfetten. Auf die Hälfte einkochen, die Schalotten und die Sahne zugeben, alles verrühren und zum Kochen bringen. Einige Löffel der heißen Sauce nacheinander unter kräftigem Schlagen mit dem Schneebesen in das Blut geben und dieses so langsam und vorsichtig erwärmen. Dann umgekehrt das Blut nach und nach in die nicht mehr kochende Sauce gießen und mit dem Schneebesen unterschlagen. Erneut auf eine kleine Flamme setzen und weiterschlagend erhitzen, bis die Sauce dicklich und cremig wird. Bei den ersten Anzeichen des Aufkochens vom Feuer nehmen, damit sie nicht gerinnt. Die nicht zu reichliche, leicht gebundene Sauce abschmecken und mit frisch gemahlenem Pfeffer kräftig würzen.

Den Hasen auf einer länglichen Platte anrichten, die Speckscheibe und die Fäden entfernen. Auf den Bauch legen und die schützende Hülle von den Ohren abziehen. Nach Belieben garnieren und mit sehr wenig Sauce begießen. Den Rest der Sauce ebenso wie das Johannisbeergelee getrennt reichen.

## Lièvre à la royale du sénateur Couteaux
### Der Hase auf königliche Art des Senators Couteaux

*Vorbem. der Übersetzer:* Dieses Gericht wurde von Paul Bocuse wiederentdeckt und hatte anläßlich eines Essens des »Club des Cent«, der exklusivsten Vereinigung französischer Feinschmecker, in der »Auberge du Pont de Collonges au Mont d'Or« einen berechtigten Erfolg. Es stammt wohl ursprünglich aus der Küche des Poitou, doch ist es heute in ganz Frankreich verbreitet. Paul Bocuse vermutet, es sei durch Zufall entstanden, weil einmal ein Hase auf dem Herd vergessen wurde und schließlich schlicht und einfach verkochte. So machte man aus der Not eine Tugend und aß das Gericht nicht mit Messer und Gabel, sondern mit dem Löffel.

Eine besondere Erwähnung verdient die Menge an Knoblauch und Schalotten: Ihr im allgemeinen starker Eigengeschmack scheint sich hier gegenseitig und durch das lange Kochen aufzuheben, so daß ein unwissender Esser sie nicht mehr herausschmecken kann.

Die kulinarische Enzyklopädie Frankreichs, der »Larousse Gastronomique« hält dieses Gericht übrigens für keineswegs königlich, sondern für einen recht mittelmäßigen Brei, den er der überladenen Pseudo-Küche des ausgehenden 19. Jahrhunderts zurechnet und der in der modernen Küche nichts zu suchen habe. Nun, diese Meinung ist inzwischen wieder überholt, die Mode ändert sich schnell!

*1 Junghase von 2,5 bis 3 kg, 2–3 EL Cognac, 3–4 EL Gänseschmalz, 125 g frischer, fetter Speck in dünnen Scheiben, 1 mittelgroße Möhre, 4 mittelgroße Zwiebeln, 4 Gewürznelken, 30 Knoblauchzehen, 60 Schalotten, 1 Kräuterstrauß (aus ½ möglichst frischem Lorbeerblatt, 1 Zweiglein Thymian und einigen Stengeln Petersilie), ¼ l guter Rotweinessig, 2 Flaschen guter, mindestens 5 Jahre in der Flasche gelagerter Burgunder (vorzugsweise Chambertin), Salz, Pfeffer, 125 g fetter, frischer Speck*

Zunächst einen schönen Hasen auswählen, möglichst mit rötlichem Haar, im Gebirge oder in einer Heidelandschaft getötet, nicht mehr ganz jung, aber auch noch nicht erwachsen (Paul Bocuse verlangt weiterhin einen Hasen von feiner französischer Rasse, die sich durch die kraftvolle Eleganz von Kopf und Gliedern auszeichnet – Anm. d. Übers.). Wichtig: Der Hase muß sauber und schnell getötet worden sein, damit er nicht einen Tropfen Blut verloren hat. Diesen Hasen häuten und ausnehmen. Das Herz, die von der Gallenblase befreite Leber und die Lungen beiseite legen. Das Blut sorgfältig in einer Schüssel auffangen und mit etwas Cognac verrühren, der dazu beiträgt, ein Gerinnen des Blutes zu verhindern. Man kann jedoch auch auf diese alte Tradition verzichten.

Will man den Hasen am Abend reichen, so muß man bereits am frühen Nachmittag mit den Vorbereitungen beginnen. Im übrigen schadet jedoch ein Wiederaufwärmen dem Gericht nicht, im Gegenteil. Im folgenden eine genaue Zeittafel für die Zubereitung, wobei das Servieren für 20 Uhr vorgesehen ist.

13.30 Uhr: Einen am besten aus verzinntem Kupfer bestehenden 20 cm hohen, 35 cm langen und 20 cm breiten Schmortopf mit einem dicht schließenden Deckel innen vollständig mit Gänseschmalz ausstreichen. Den Boden mit dünnen Speckscheiben bedecken. Den Hasen nun entweder ganz und auf dem Bauch liegend in den Schmortopf setzen oder Kopf und Hals entfernen und den Rumpf mit den Läufen und dem Rücken nach unten hineinlegen. Mit den restlichen Speckscheiben zudecken. Die geviertelte Möhre, die 4 mit Nelken gespickten Zwiebeln, 20 Knoblauchzehen, 40 Schalotten und den Kräuterstrauß danebenlegen. Den Rotweinessig und 1½ Flaschen Rotwein angießen und mit Salz und Pfeffer würzen.

14 Uhr: Der auf diese Weise gefüllte Schmortopf wird mit seinem Deckel dicht verschlossen und auf das Feuer gesetzt. Nach dem ersten Aufkochen die Hitze so weit drosseln, daß der Inhalt nur ganz leicht siedend schmort. Die Hitze sollte möglichst sanft sein und während der folgenden 3 Stunden den Hasen sehr gleichmäßig garen.

16.30 Uhr: Die folgenden Zutaten nacheinander fein hacken oder durch den Fleischwolf drehen: 125 g fetten Speck, die zurückbehaltenen Innereien des Hasen (Herz, Leber, Lungen), die restlichen 10 Knoblauchzehen und die 20 Schalotten. Vor allem die Knoblauchzehen und die Schalotten müssen sehr fein gehackt sein, das ist eine der grundlegenden Bedingungen für das Gelingen des Gerichts. Alle Zutaten nun zusammengeben und in einer Schüssel kräftig durcharbeiten, bis eine vollkommen homogene Farce entstanden ist. Nach Belieben auch im Mixer durchmischen.

17 Uhr: Den Schmortopf vom Feuer nehmen. Den Hasen sehr vorsichtig herausheben und auf eine Platte legen. Sorgfältig alle

möglicherweise anhaftenden Speckreste, Möhren- oder Zwiebelteile, Knoblauchzehen oder Schalotten entfernen. Alle diese Reste in den Schmortopf zurückgeben.

Ein Sieb über eine große Schüssel legen und den gesamten Inhalt des Schmortopfes hineingießen. Mit einem kleinen Holzstößel alles so lange durcharbeiten, bis nur noch trockene Reste zurückbleiben und in der Schüssel eine dicke Sauce steht. Die kurz vorher fertiggestellte Farce zufügen und gut durchrührend mit der Sauce vermischen. Den zurückbehaltenen Wein erhitzen, zu der Sauce gießen und alles kräftig durcharbeiten.

17.30 Uhr: Diese Mischung in den Schmortopf zurückgießen und auch den Hasen mit allen Knochen, die sich möglicherweise schon gelöst haben, wieder hineinlegen. Zudecken und weitere 1½ Stunden bei milder Hitze auf dem Herd oder besser im Ofen garen.

19 Uhr: Von der Sauce, die durch die reichliche, aber für die Zartheit des Hasenfleischs nötige Speckzugabe sehr fett geworden ist, mit einem Löffel das obenauf schwimmende Fett abschöpfen. Die Sauce soll jetzt recht dick sein und schon beinahe die Konsistenz eines Kartoffel-Pürees haben. Sie darf aber auch nicht zu stark eingekocht sein, denn sie muß das Fleisch des Hasen, das während der Zubereitung recht trocken geworden ist, wieder mit der nötigen Flüssigkeit versorgen. Ist dies der Fall, so kann der Hase auf sehr leisem Feuer ganz sanft in der Sauce ziehen, bis das zurückbehaltene Blut schließlich zugefügt wird.

19.45 Uhr (bzw. ¼ Stunde vor dem Servieren): Durch die nun erfolgende Blutzugabe wird die Sauce vollendet gebunden und erhält eine herrlich braune Farbe, die um so appetitlicher wirkt, je dunkler sie ist. Bevor jedoch das Blut zugefügt wird, muß die Sauce noch einmal sehr gründlich entfettet werden. Dazu zunächst reichlich vorhandenes Fett mit einem Löffel abschöpfen, zum Schluß die Fettreste mit Lösch- oder Küchenpapier absaugen. Das Blut noch einmal mit einem Schneebesen durchschlagen und dann langsam in den Schmortopf gießen. Diesen dabei in einer kreisenden Auf-und-ab-Bewegung schwenken, so daß das Blut sofort von der Sauce aufgenommen wird und in alle Winkel des Topfes dringt. Die Sauce nochmals ein wenig erhitzen, aber auf keinen Fall mehr kochen lassen. Salzen und pfeffern, wenn nötig, und bald servieren (die Sauce darf auf keinen Fall länger als 15 Minuten warten).

20 Uhr: Den Hasen, der durch die lange Kochzeit natürlich seine Form weitgehend verloren hat, so vorsichtig wie möglich herausheben und auf eine Platte setzen. Völlig herausgelöste Knochen entfernen. Zum

Schluß über und um den Hasen herum die dicke, so sorgfältig hergestellte Sauce gießen.
Jeweils auf vorgewärmte Teller vorlegen, als Besteck auf keinen Fall Messer und Gabel, sondern nur einen Löffel vorsehen – die Verwendung eines Messers wäre ein Sakrileg!

## Râble de lièvre sauce poivrade
## Hasenrücken in Pfeffer-Sauce

*1 Hasenrücken (das Stück zwischen Rippenansatz und Schenkeln), 100 g fetter Speck, 1 Flasche Burgunder Rotwein, 2 Möhren, 1 Zwiebel, Thymian, Lorbeerblatt, Pfefferkörner, Salz, 100 g Butter, $^1/_{10}$ l Cognac, 1 Likörglas Essig, 1 Kräuterstrauß, 50 g Mehlbutter, 1 Glas Hasenblut*

Den Hasenrücken von allen Häuten und Sehnen befreien und mit Speckstreifen spicken. In eine Schüssel legen und 4 Stunden in einer Marinade aus Rotwein, in Scheiben geschnittenen Möhren, Zwiebelringen, Thymian, Lorbeerblatt und einigen zerdrückten Pfefferkörnern durchziehen lassen. Herausnehmen, abtropfen, trocknen und salzen. In einem irdenen Topf in Butter anbraten, dann unter häufigem Begießen 10 bis 15 Minuten im heißen Ofen braten. Das Fleisch soll an den Knochen rosa bleiben.
Den Rücken herausnehmen, auf eine vorgewärmte Platte legen und mit Alufolie bedeckt im geöffneten Ofen warm halten und ruhen lassen.
Den Bratfond mit dem Cognac ablöschen, auf die Hälfte einkochen und mit einer aus den Fleisch- und Knochenabfällen des Hasen, die in Öl gebräunt wurden, etwas Essig, den Gemüsen und dem Wein der Marinade sowie einen Kräuterstrauß bereiten. Pfeffer-Sauce angießen. Die Sauce durch ein Sieb seihen und mit Mehlbutter binden. Zum Schluß das Blut hineinrühren und die Sauce mit Salz und frisch zerdrückten Pfefferkörnern abschmecken. Nicht mehr kochen lassen.
Den Rücken in dünne Scheiben schneiden, diese wieder auf dem Rückgrat zusammensetzen und mit etwas Sauce beträufeln. Den Rest der Sauce getrennt in einer Schüssel reichen. Man kann zu diesem Gericht Eßkastanien-Püree, Zwiebel-Püree, Sellerie-Püree oder frische, in Butter geschwenkte Nudeln servieren.

## Râble de lièvre à la crème
## Hasenrücken in Sahne

*1 Hasenrücken, frischer, fetter Speck, Salz, Pfeffer, Olivenöl, 1/10 l Weißwein, 1 EL Essig, Butter, 1/5 l dicke Sahne (crème épaisse), 1/4 Zitrone*

Den Hasenrücken herrichten und dabei mit einem kleinen, schmalen Messer die sehnigen Muskeln und Flechsen entfernen, die auf den Filets liegen.

Mit jeweils 2 Reihen frischen und fetten Speckstreifchen vertikal zur Fleischfaser spicken. Das Rückgrat in der Mitte des Rückens durch einen kräftigen Schlag mit einem schweren Messer spalten, damit er sich nicht verzieht und aufbiegt. Mit Salz und Pfeffer bestreuen, in eine Schüssel legen und mit etwas Olivenöl, trockenem Weißwein und einer Spur Essig beträufeln. 12 Stunden durchziehen lassen, dabei öfters umwenden.

Herausnehmen, abtropfen, trocknen und in Butter im sehr heißen Ofen 15 Minuten braten. Der Rücken soll dann innen noch blutig sein, damit er nach 10minütigem Ruhen bei geöffneter Türe im abgeschalteten Ofen ein schön rosa gefärbtes Fleisch hat.

Die Butter aus dem Brattopf abgießen und durch die Sahne ersetzen. Den Bratfond loskochen und die Sahne um die Hälfte reduzieren. Vom Feuer nehmen, mit ein wenig Zitronensaft abschmecken und die Sauce mit 30 g frischer, in kleinen Stückchen zugegebener Butter kräftig durcharbeiten, bis sie gut gebunden ist. Abschmecken, durch ein Tuch oder feines Sieb gießen.

Den Hasenrücken auf einer länglichen vorgewärmten Platte anrichten und mit der Sauce begießen. Dazu eine Schüssel mit Eßkastanien-Püree oder Sellerie-Püree mit Sahne servieren.

*Anm.:* Es ist sehr wichtig, daß der beim Braten austretende Fleischsaft nicht anbrennt oder karamelisiert. Die abgelöschte Sauce wäre dann bitter und nicht zu verwenden, wodurch das Gericht einen Hauptteil seines Wohlgeschmacks verlieren würde.

## Lapin de garenne en gibelotte
## Wildkaninchen-Frikassee

*1 Wildkaninchen von etwa 1,5 kg, 150 g magerer Brustspeck, 15 kleine Zwiebelchen, 150 g frische Champignons, 30 g Butter, Salz, Pfeffer, zerriebenes Lorbeerblatt und Thymian, 2 gestrichene EL Mehl, 2 Knoblauchzehen, ⅖ l trockener Weißwein, Kalbs-Fond (ersatzweise Fleischbrühe oder Wasser), 1 Kräuterstrauß, gehackte Petersilie*

Das Kaninchen häuten, ausnehmen, die Leber von der Gallenblase befreien und beiseite legen. Das Kaninchen in Stücke schneiden oder hauen. Den Speck in grobe Würfel zerteilen, in ½ l kaltem Wasser aufsetzen und 5 Minuten abbrühen. Abtropfen lassen und trockentupfen. Die Zwiebelchen schälen und in kochendem Wasser blanchieren. Ebenfalls abtropfen lassen und trocknen. Die Champignons putzen, rasch waschen und auch trocknen.
In einem Topf, der das ganze Frikassee aufnehmen kann, die Butter schmelzen lassen und erhitzen. Die Speckwürfel zur Hälfte anbraten, dann die Zwiebelchen dazugeben. Häufig umwendend auf allen Seiten goldgelb werden lassen. Die Champignons zufügen und auf großer Flamme 5 Minuten trockenbraten. Alle Zutaten mit dem Schaumlöffel herausheben, das ablaufende Fett in den Topf tropfen lassen und Speck, Zwiebeln und Champignons für die spätere Verwendung auf einem Teller bereithalten.
In dem Bratfett, dem man, falls es nicht ausreicht, etwas frische Butter zufügt, die Kaninchenstücke (ohne die Leber) anbraten. Mit Salz, frisch gemahlenem Pfeffer sowie zerriebenem Lorbeerblatt und Thymian würzen. Dann mit dem Mehl bestäuben und dieses eine goldene Farbe nehmen lassen. Die zerdrückten Knoblauchzehen zugeben, alles gut vermischen und mit dem Weißwein angießen. Mit Kalbs-Fond, ersatzweise Fleischbrühe oder Wasser auffüllen, bis das Fleisch gerade eben bedeckt ist. Den Kräuterstrauß zufügen und unter ununterbrochenem Umrühren zum Kochen bringen. Zudecken und ganz langsam, möglichst im mäßig heißen Ofen 30 Minuten köcheln lassen. Dann die Speckwürfel, Zwiebeln und Champignons zufügen, abschmecken und weitere 25 Minuten leise köcheln. 5 Minuten vor Ende der Garzeit die zurückgelegte Leber des Kaninchens zugeben.
Wenn die durch das schwache Köcheln kaum reduzierte Sauce zu reichlich ist, das Kaninchen in einer tiefen Schüssel anrichten, den Kräuterstrauß herausnehmen und die Flüssigkeit auf großer Flamme

rasch auf die gewünschte, unbedingt notwendige Menge einkochen. Mit der Speck-Zwiebel-Champignon-Garnitur über das Kaninchen gießen und mit frisch gehackter Petersilie bestreuen.

## Lapereau de garenne sauté chasseur
## Junges Wildkaninchen auf Jägerart

*1 junges Wildkaninchen, 2 EL Schweineschmalz (ausgelassene Flomen oder Speck), Salz, Pfeffer, je eine Prise zerriebener Thymian und Lorbeerblatt, Butter, 4 Schalotten, 250 g frische Champignons, $1/5$ l trockener Weißwein, $1/5$ l schwach gesalzener Kalbs-Fond, 2 EL konzentriertes Tomatenpüree oder 1 EL Tomatenmark, je 1 Prise gehackter Kerbel und Estragon, gehackte Petersilie, in Rauten geschnittene, in Butter geröstete Weißbrotscheiben (Croûtons)*

Das Kaninchen herrichten, alle Häute und Sehnen entfernen und das Tier in Stücke schneiden oder hauen. Die von der Gallenblase befreite Leber beiseite legen. In einem Brattopf das Schweineschmalz erhitzen, bis es zu rauchen beginnt. Die Kaninchenstücke darin auf allen Seiten anbraten. Mit Salz, Pfeffer, Thymian und Lorbeerblatt würzen. Wenn die Stücke auf allen Seiten gut angebraten sind, das Bratfett vollständig abgießen. An seiner Stelle 60 g Butter in dem Topf schmelzen lassen, zudecken und 45 Minuten im mäßig heißen Ofen dünsten, dabei die Fleischstücke häufig umwenden.

Inzwischen in einem kleinen Topf die feingehackten Schalotten in Butter langsam weich dünsten und hellgelb werden lassen. Die Champignons putzen, rasch waschen und in dünne Scheiben schneiden. Zu den Zwiebeln geben und auf starker Flamme anbraten. Mit dem Weißwein angießen und diesen fast vollständig verkochen lassen. Den Kalbs-Fond zufügen. Abschmecken und gegebenenfalls nachwürzen.

Das in der Butter nun fertig gegarte Kaninchen mit der Sauce übergießen und alles 5 Minuten leise durchkochen lassen. Mit Kerbel und Estragon bestreuen und vorsichtig untermischen. In einer Schüssel anrichten und mit etwas gehackter Petersilie bestreuen.

Mit den Croûtons umlegen und servieren.

## Train de lièvre rôti
## Gebratenes Hasen-Hinterstück

*1 Hasen-Hinterstück, bestehend aus dem Rücken und den beiden Schenkeln, frischer, fetter Speck, Salz, Pfeffer, Butter, $1/10$ l Kalbs-Fond*

Die Filets und die Schenkel des Hinterstücks sorgfältig von allen Sehnen und Flechsen befreien und mit mehreren Reihen kleiner Speckstreifchen spicken. Stammt das Stück von einem jungen Tier, braucht es nicht mariniert zu werden. Sonst wie im Rezept Seite 495 in einer leichten Marinade durchziehen lassen.

Auf allen Seiten mit Salz und frisch gemahlenem Pfeffer einreiben und auf den Rost einer Bratplatte (oder den Rost des Backofens – in diesem Falle eine Fettpfanne daruntergeschoben) legen. Mit zerlassener Butter beträufeln und im sehr heißen Ofen unter häufigem Begießen mit der Bratbutter 20 Minuten braten. Darauf achten, daß der aus dem Fleisch austretende Saft nicht auf dem Boden der Bratplatte oder der Fettpfanne anbrennt. Er soll zwar leicht karamelisieren, aber nicht mehr als hellbraun werden.

Das fertig gebratene Hinterstück 5 Minuten im abgeschalteten Ofen bei geöffneter Türe ruhen und nachziehen lassen. In der Zwischenzeit den angesetzten Fond der Bratplatte mit dem Kalbs-Fond lösen und etwas einkochen. Das auf einer länglichen Platte angerichtete Hinterstück mit etwas Fond begießen, den Rest getrennt in einer Saucière reichen. Dazu gedünstete und in Butter glacierte Eßkastanien, Sahne-Champignons, Sellerie-Püree oder wenig bzw. gar nicht gesüßtes Apfelmus servieren.

*Anm.* Nimmt man das Hinterteil von einem ganzen Hasen, so kann man das Vorderteil in einen Hasenpfeffer zubereiten.

## Faisan
## Fasan

Den Fasan kann man auf sehr viele Arten zubereiten. Neben dem klassischen, gebratenen Fasan kann man alle Rezepte für Hähnchen oder Huhn im Topf, für Rebhühner, Enten in Ragout und Geflügel in Galantinen (gelierte Pasteten) für ihn verwenden.

## Faisan rôti
## Gebratener Fasan

Für 5 Personen: *1 junger Fasan, Salz, Pfeffer, 1 große Scheibe fetter, frischer Speck, zerlassene Butter, 1 große Scheibe Toastbrot (längs aus dem Brot geschnitten: 25 cm lang, 12 cm breit und 2 cm dick – notfalls mehrere kleine Scheiben nehmen), 1 Hühnerleber, Mischgewürz, etwas fetter, frischer Speck, 1 EL Cognac, 1 Bund Brunnenkresse, 1 Zitrone, 2 EL Kalbs-Fond (ersatzweise Fleischbrühe oder Wasser)*

Einen jungen, noch nicht jährigen Fasan auswählen. Wenn nötig, rupfen, abflämmen und ausnehmen. Die von der Gallenblase befreite Leber zurücklegen. Das Innere auswischen und mit Salz und Pfeffer würzen. Zusammenbinden und mit einer Speckscheibe umwickeln, damit das äußerst zarte Brustfleisch geschützt wird.

Den Vogel auf den Rost einer Bratform legen (oder auf den Rost des Backofens, darunter eine Bratform stellen, um den abtropfenden Fleischsaft und das Fett aufzufangen). Den Fasan immer nur auf die Seite legen. Mit reichlich zerlassener Butter begießen, salzen und pfeffern. Im heißen Ofen je nach Größe 25 bis 30 Minuten bei Oberhitze braten. Zwischendurch immer wieder umwenden, dabei darauf achten, daß die Brust nicht nach oben zeigt und der direkten Hitzeeinwirkung ausgesetzt wird. Häufig mit dem aufgefangenen Bratfett begießen.

5 Minuten vor Ende der Bratzeit die Speckscheibe entfernen und die Brust goldbraun werden lassen. In diesen letzten Minuten noch häufiger begießen. Der Fasan soll zunächst innen noch blutig sein und erst nach einigen Minuten, die er im abgeschalteten Ofen bei geöffneter Tür zum Ruhen benötigt, innen eine schöne rosa Farbe haben.

Die Toastbrotscheibe in Butter oder im Bratfett des Fasans anrösten. Letzteres bringt zwar keine so schöne Farbe, aber einen besseren Geschmack.

Die Leber des Fasans sowie die Hühnerleber jeweils in 2 oder 3 Stücke schneiden, mit Salz, Pfeffer und 1 Prise Mischgewürz bestreuen. Eine den Lebern entsprechende Menge Speck fein würfeln und in einem kleinen Brattopf auslassen. Die Lebern hineingeben und bei starker Hitze nur halb durchbraten. Vom Feuer nehmen und den Bratfond der Lebern mit dem Cognac lösen. Alles in ein Sieb gießen, das über einem Suppenteller aufgestellt ist. Die Lebern und den Speck mit einem kleinen Stößel oder einem Löffel zerdrücken und alles durch das Sieb streichen. Das erhaltene Püree in eine kleine Schüssel geben und mit einem Kochlöffel kräftig durcharbeiten, bis es glatt und glänzend wird. Diese Masse auf den fertig gerösteten Croûton streichen und diesen in den sehr heißen Ofen (oder unter den Grill) schieben, damit die Oberfläche leicht gratiniert.

Den Croûton in die Mitte einer vorgewärmten, länglichen Platte legen und den Fasan daraufsetzen. An den Enden der Platte jeweils ein Sträußchen Kresse anrichten. Den Fasan mit der zum Braten verwendeten, in der Zwischenzeit warm gehaltenen Speckscheibe bedecken und auf jede Seite der Platte $\frac{1}{2}$ Zitrone legen.

Den Bratenfond mit dem Kalbs-Fond ablöschen (notfalls Fleischbrühe oder Wasser, in letzterem Fall den Fond nachwürzen). In einer Saucière servieren.

Den Fasan am Tisch tranchieren. Zunächst die beiden Schenkel entfernen, dann die beiden Flügel abschneiden, wobei jeweils ein Teil der Brust mit abgeschnitten wird. Den Rest der Brust dann in einem Stück abheben. Diese 5 Teile jeweils auf $\frac{1}{5}$ des Croûtons auf gut vorgewärmten Tellern anrichten. Immer auch ein Stück der Speckscheibe dazulegen und etwas Bratfond auf den Teller gießen.

Wenn der Fasan richtig gegart wurde, hat das Fleisch eine hellrosa Farbe, ebenso wie die Tröpfchen, die beim Anschneiden aus dem Fleisch treten. Wenn der Fasan jedoch zu durchgebraten wurde, ist das Fleisch mattgrau und krümelt im Mund. Es hat dann seine ganze Zartheit, Saftigkeit und Schmackhaftigkeit verloren.

Im allgemeinen reicht man zu diesem erlesenen Gericht Pommes chips oder Strohkartoffeln.

*Anm. der Übersetzer:* Der Fasan wurde früher so lange abgehangen, bis er beinahe verwest war und das Fleisch in allen Regenbogenfarben schillerte. Ein an den Schwanzfedern aufgehängter Vogel fiel von diesen ab. Heute begnügt man sich mit einer weniger weit fortgeschrittenen »faisandage«. Gerade Paul Bocuse hat mit dieser als kulinarisch bezeichneten Methode radikal gebrochen und tritt für ein mäßiges Abhängen ein, gerade soviel, wie der Fasan braucht, um mürbe zu werden. Je nach Witterung sind dies 2 bis 3 Tage.

Den beim Zuschneiden des Fasans auslaufenden Fleischsaft vor dem Verteilen in die Sauce rühren.

## Faisan en casserole
## Fasan in der Kasserolle

*1 junger Fasan, Salz, Pfeffer, 1 Scheibe fetter, frischer Speck, Butter, 1 Likörglas Cognac*

Den Fasan wie im vorstehenden Rezept zum Braten vorbereiten, jedoch die Keulen in seitlich in die Haut gemachte Einschnitte stecken. In einen Topf legen, der den Fasan gerade eben aufnimmt, und mit zerlassener Butter begießen. Zugedeckt 25 bis 30 Minuten langsam braten (poêlieren), dabei häufig begießen. Einige Minuten vor Bratende die Speckscheibe entfernen und den Fasan bei geöffnetem Topf im Ofen eine schöne goldbraune Farbe nehmen lassen. Dazu sehr oft begießen.

Wenn er innen rosa ist, den Bratfond mit Cognac ablöschen und den Fasan im zugedeckten Topf servieren, der auf eine mit einer gefalteten Serviette ausgelegten Platte gestellt wird.

## Faisan à la cocotte
## Fasan im Schmortopf

Den Fasan wie im vorstehenden Rezept vorbereiten. In einem passenden, irdenen Topf 25 bis 30 Minuten langsam und zugedeckt braten (poêlieren). Nach ⅔ der Garzeit 1 Dutzend in Butter angebratene, kleine Zwiebelchen und 100 g gut gereinigte, geviertelte und ebenfalls in Butter angebratene Champignons zufügen.

## Faisan en chartreuse
## Kartäusergericht vom Fasan

Wie das Kartäusergericht vom Rebhuhn (Seite 510 f.) zubereiten und mit dem Kohl einen alten Fasan garen, der lediglich sein Aroma an den Kohl weitergeben soll und nicht mehr anderweitig verwendet wird. Der zum Gericht gereichte Fasan, der erst zum Schluß in die Chartreuse gegeben wird, muß jung sein und wird gebraten oder poêliert. Der Bratfond wird mit Kalbs-Fond abgelöscht und mit Butter gebunden zum Kohl gegeben.

## Faisan à la crème
## Fasan in Sahne

*1 junger Fasan, Salz, Pfeffer, 1 dünne Scheibe fetter, frischer Speck, Butter, 1 mittelgroße Zwiebel, 200 g feste, frische Champignons, ⅕ l dicke Sahne (crème fraîche), in Dreiecke geschnittene und in Butter geröstete Toastbrotscheiben (Croûtons)*

Den Fasan vorbereiten, wie im Rezept »Gebratener Fasan« (Seite 499 f.) angegeben. In einer Kasserolle oder einem irdenen Topf mit 30 g Butter und 1 geviertelten Zwiebel zugedeckt langsam 25 bis 30 Minuten braten (poêlieren). In der Zwischenzeit die Champignons putzen, rasch waschen und in nicht zu dünne Scheiben schneiden. Bei guter Hitze in einem flachen Brattopf oder einer Pfanne in Butter anbraten, bis sie trocken geworden sind. Die Sahne zugießen, mit Salz und Pfeffer würzen und heftig aufkochen lassen. Die Speckscheibe von dem zu ⅔ gegarten Fasan ebenso wie die Fäden entfernen und die Sahne mit den Champignons zu dem Fasan gießen. Diesen mit der Brust nach oben legen, damit das zarte Brustfleisch nicht in der Sahne kocht und hart wird. Für 3 Minuten unbedeckt in den Ofen stellen. Den Fasan dann herausnehmen, auf eine vorgewärmte Platte legen und wieder in den geöffneten, abgeschalteten Ofen schieben. Die Sahne etwas einkochen, bis sie die leicht dickliche Konsistenz einer Sauce bekommt. Mit den Champignons über den Fasan gießen. Den Rand der Platte mit den Croûtons belegen.
Auf diese Weise werden auch junge Rebhühner, junge Perlhühner und Wachteln zubereitet.

## Faisan farci aux marrons et aux truffes
## Mit Kastanien und Trüffeln gefüllter Fasan

*1 junger Fasan aus demselben Jahr, Salz, Pfeffer, 12 Eßkastanien, Fleischbrühe, 1 EL Olivenöl, 1 kleine Zwiebel, 2 Schalotten, 300 g Schweineflomen, 100 g frische Champignons, 200 g Trüffeln, 10 g Gewürzsalz, 3 EL Madeira, 3 EL Cognac, 1 Scheibe fetter, frischer Speck*

Den Fasan rupfen, abflämmen und durch die Kehle ausnehmen, wie für die Pute auf Seite 451 beschrieben. Das V-förmige Flügelbein entfernen, Leber und Herz herausnehmen und beiseite legen. Das Tier auswischen und innen mit Salz und Pfeffer würzen.

Die Kastanien kreuzweise einschneiden, im heißen Ofen grillen, die Schalen und Häute ablösen und die Kastanien in Fleischbrühe nicht zu weich kochen.

In einem kleinen Brattopf das Öl erhitzen und die feingeschnittene Zwiebel und die Schalotten zufügen. Ständig umrühren und langsam weich dünsten. Dann die geputzten, rasch gewaschenen, abgetrockneten, sehr fein gehackten Champignons zugeben und auf großer Hitze ebenfalls ständig rührend scharf braten, bis sie trocken werden. Mit einer Prise Salz würzen.

Haut und Fasern aus den Flomen entfernen, in Stücke schneiden und im Mörser pürieren oder mehrmals durch die feine Scheibe des Fleischwolfs drehen. Etwas warm stellen, damit das Fett weich wird, und durch ein feines Sieb streichen. In eine Schüssel füllen, die Champignons und die sorgfältig gebürsteten und gewaschenen, dann geviertelten oder in nicht zu große Stücke geschnittenen Trüffeln zugeben, mit Gewürzsalz bestreuen, Madeira und Cognac zugießen und die zu einem feinen Püree gehackte Leber des Fasans zufügen. Alles mit einem Kochlöffel oder Spachtel heftig stoßend untereinandermischen.

Diese Farce in den Fasan füllen, die inzwischen gegarten, abgetropften und getrockneten Kastanien darin gleichmäßig verteilen.

Den Fasan zusammenbinden, die Brust mit der Speckscheibe belegen und befestigen. In einen nicht zu großen, den Fasan gerade eben aufnehmenden irdenen Topf legen. Das Herz seitlich zufügen und den Fasan in Butter im zugedeckten Topf bei guter Hitze unter Begießen langsam braten (poêlieren). Als Richtzeit 20 Minuten pro Pfund rechnen, den Fasan gefüllt gewogen. Darauf achten, daß die zarte Brust nicht austrocknet. Zum Schluß die Speckscheibe abnehmen und unter sehr häufigem Begießen mit einer hellgoldenen Schicht überziehen lassen. Den fertig gebratenen Fasan einige Minuten nachziehen lassen, dabei die Brust mit der zum Braten verwendeten Speckscheibe schützen.

*Anm. der Übersetzer:* Man kann das Rezept auch ohne Trüffel zubereiten, wie Paul Bocuse selbst meint. Jedoch läßt sich auch eine geringere Menge an Dosentrüffeln nehmen. Dann auch die Konservierungsflüssigkeit mit zu der Farce geben.

## Salmis de faisan
## Fasanen-Salmis

Es gibt hier zwei Zubereitungsarten, die beide gleichermaßen empfehlenswert sind.

1. Rezept:

*1 junger Fasan, Salz, Pfeffer, 1 Scheibe frischer, fetter Speck, Butter, 3 Schalotten, 3 Likörgläser eingekochte Spanische Sauce oder Demi-glace, 10 kleine Champignons, 20 nicht zu dünne Trüffelscheiben, 2 EL guter Cognac, rautenförmig zugeschnittene, in Butter geröstete Weißbrotscheiben (Croûtons)*

Den Fasan vorbereiten, wie im Rezept »Gebratener Fasan« (Seite 499 f.) angegeben – die Leber beiseite legen. Im sehr heißen Ofen 25 bis 30 Minuten braten. Noch blutig in 6 Teile zerlegen: die beiden Schenkel, die beiden um die Spitzen gekürzten Flügel und die längs geteilte Brust. Mit etwas Butter in einem flachen Brattopf zugedeckt warm halten. Während der Fasan brät, in einem kleinen Topf die feingeschnittenen Schalotten in Butter langsam weich dünsten, ohne daß sie dabei anbraten. Spanische Sauce oder die Demi-glace zufügen und ganz leise 15 Minuten vor sich hinköcheln lassen. Die Karkasse, die Flügelspitzen und alles andere, was beim Zerlegen des Fasans anfiel, in einem Mörser fein zerstoßen und diese Masse in die Spanische Sauce bzw. die Demi-glace geben.

In dem Brattopf des Fasans und dessen Bratfett rasch die geputzten und sauber gewaschenen Champignons anbraten. Mit Salz und Pfeffer würzen. Die Fasanenleber zugeben und nur eben fest werden lassen, nicht durchbraten. Die Trüffelscheiben zufügen und erhitzen. Cognac zugießen und den Bratfond damit lösen. Alles über die Fasanenstücke gießen.

Die Leber, die innen noch blutig sein muß, herausnehmen und durch ein feines Sieb passieren. Neben dem Feuer in die Spanische Sauce bzw. die Demi-glace rühren, die jetzt um die Hälfte eingekocht sein muß. Mit dem Schneebesen gut durchrührend etwas erhitzen und sowie sich die ersten Anzeichen eines Aufkochens zeigen, vom Feuer nehmen. Alles in ein feines Sieb über die Fasanenstücke passieren, die Rückstände im Sieb gut durcharbeiten und ausdrücken, bis sie vollkommen trocken geworden sind. Etwas Butter in kleinen Stückchen zu der Sauce geben und leicht erhitzend fest durchrühren, bis die Sauce glänzend wird und gebunden ist. Abschmecken und in einer tiefen Platte anrichten. Mit den Croûtons umlegen und auftragen. Auf sehr heißen Tellern servieren.

## 2. Rezept:

*Butter, das rote Äußere von 1 Möhre, 1 mittelgroße Zwiebel, 2 Schalotten, Salz, zerriebener Thymian und Lorbeerblatt, 1 junger Fasan, Pfeffer, 1 große Scheibe frischer, fetter Speck, 1 gehäufter EL Mehl, ⅕ l Kalbs-Fond (Seite 150 f.) oder Fleischbrühe, ⅕ l trockener Weißwein, 1 EL guter Cognac, 10 kleine Champignons, 20 nicht zu dünne Trüffelscheiben, Weißbrotcroûtons*

In einem kleinen Topf etwas Butter zerlassen und darin die in winzige Würfel geschnittene Möhre, die Zwiebel und die Schalotten (Mirepoix) weich dünsten, ohne daß sie dabei Farbe nehmen. Mit Salz und je einer Prise zerriebenem Thymian und Lorbeerblatt würzen.
Inzwischen den Fasan vorbereiten, wie im Rezept »Gebratener Fasan« (Seite 499 f.) angegeben, und wie im ersten Rezept braten und zerlegen. Die Fleischstücke in Butter in einem zugedeckten Brattopf warm halten. Die Karkasse im Mörser zerstampfen, die Leber durch ein Sieb drücken oder so fein hacken, daß sie ein Püree ergibt. Die weich gedünsteten Gemüse mit Mehl bestäuben und dieses bei mäßiger Hitze in 15 Minuten zu einer hellgelben Einbrenne rösten. Mit Kalbs-Fond oder Brühe aufgießen und unter ständigem Rühren zum Kochen bringen, damit sich keine Klümpchen bilden. 15 Minuten leise köcheln lassen.
In den Brattopf des Fasans den Weißwein gießen und diesen um ⅔ einkochen. In die inzwischen zubereitete Sauce gießen und die zerstampfte Karkasse zugeben. Einen Augenblick durchkochen lassen, vom Feuer nehmen und das Leberpüree einrühren. Vorsichtig unter stetem Rühren erhitzen und bei den ersten Anzeichen eines Aufkochens vom Feuer nehmen. Abschmecken und durch ein feines Sieb über die Fasanenstücke passieren. Die Rückstände dabei fest durcharbeiten, bis sie trocken werden. Den Cognac und etwas Butter in kleinen Stückchen in die Sauce geben. Kräftig durcharbeiten, bis sich die Butter aufgelöst hat, die Sauce bindet und glänzend macht. Zum Schluß die wie im ersten Rezept zubereiteten Champignons und Trüffel zugeben. Wie oben angegeben den Fasanen-Salmis anrichten.
*Anm. der Übersetzer:* Verwendet man Dosentrüffeln, so gibt man die Konservenflüssigkeit mit an die Sauce.

## Faisan farci au foie gras dit à la Souvarov
## Mit Stopfleber gefüllter Fasan »Suwarow«

Frische Stopfleber und Trüffeln in grobe Würfel schneiden, würzen und in Cognac marinieren. In Butter leicht anbraten und in den Fasan füllen. Diesen zusammenbinden, in Butter rundum anbraten und in einem Topf garen, der mit einem Brei aus Mehl und Wasser dicht verschlossen wurde.
Junges Rebhuhn kann man auf die gleiche Weise zubereiten.

## Perdreaux
## Junge Rebhühner

Alle für den Fasan angegebenen Rezepte gelten auch für junge Rebhühner, ebenso wie umgekehrt. »Perdreau« heißt das junge Rebhuhn bis etwa Anfang Oktober, danach sagt man »Perdrix«.

## Perdreau rôti
## Gebratenes Rebhuhn

*1 junges Rebhuhn, Salz, Pfeffer, 1 frisches Weinblatt, 1 dünne Scheibe frischer, fetter Speck, Butter, in Butter geröstete Weißbrotscheiben, 1 EL Kalbs-Fond oder Fleischbrühe*

Das Rebhuhn ausnehmen, die Leber beiseite legen. Das Innere salzen und pfeffern. Auf die Brust zunächst ein frisches Weinblatt, darauf die Speckscheibe legen und den Vogel zusammenbinden. In Butter wie den Fasan im Ofen braten (Seite 499 f.). Etwa 18 bis 20 Minuten Bratzeit rechnen, anschließend ruhen lassen, damit das Fleisch innen rosa bleibt. Wie den Fasan mit der Leber auf Weißbrot-Croûtons anrichten. Dazu den mit Kalbs-Fond gelösten Bratfond reichen.

## Perdreau aux choux
## Junges Rebhuhn mit Kohl

Um dieses sehr beliebte Gericht zuzubereiten, opfert man ein altes Rebhuhn, das nur die Aufgabe hat, den Kohl zu aromatisieren, der schließlich mit einem jungen, gebratenen Rebhuhn serviert wird.

*1 fester Weißkohlkopf, Salz, Pfeffer, Schweineschmalz, 1 altes Rebhuhn, 1 Möhre, 1 Zwiebel, 1 Gewürznelke, 1 Kräutersträußchen, 150 g magerer Speck, Fleischbrühe (ersatzweise Wasser), 1 junges Rebhuhn, 1 dünne Scheibe fetter, frischer Speck, Butter*

Den Kohlkopf vierteln, den Strunk und die harten Blattrippen entfernen und in die einzelnen Blätter zerlegen. Diese gut waschen und einige Minuten in kochendem Wasser blanchieren. Herausnehmen, in kaltem Wasser abschrecken und sorgfältig abtropfen. Die Kohlblätter dann auf einem Tuch ausbreiten und mit Salz und frisch gemahlenem Pfeffer würzen. Mit einem dicken Messer grob hacken.
Inzwischen in einem Topf etwas Schmalz zerlassen und das vorbereitete alte Rebhuhn darin auf allen Seiten leicht bräunen. Die Kohlblätter dazugeben, die Möhre, die mit der Nelke gespickte Zwiebel, das Kräutersträußchen und den kurz blanchierten und dadurch entsalzenen Speck zugeben. Bis zur halben Höhe mit Fleischbrühe oder Wasser aufgießen. Zudecken und auf kleiner Flamme 1½ Stunden kochen lassen. Das junge Rebhuhn vorbereiten, innen salzen und pfeffern, mit der Speckscheibe belegen und zusammenbinden. Im Topf wie oben angegeben in Butter oder am Spieß braten. Dann ständig mit Butter bzw. dem abtropfenden Bratfett begießen. Den fertig gegarten Kohl kuppelförmig auf einer runden Platte anrichten, das gebratene Rebhuhn darauflegen und zum Schluß mit dem ausgezeichneten Bratfond des jungen Rebhuhns begießen – das alte Rebhuhn wird nicht gegessen.
*Anmerkung:* Man kann nach Belieben zusätzlich noch eine kleine Cervelat (eine fette, mit Knoblauch gewürzte Wurst aus Schweinefleisch – ersatzweise Kochsalami) und Kartoffeln zum Schluß mit dem Kohl kochen, um das Gericht reicher zu machen.

## Perdrix aux choux
## Rebhühner in Weißkohl

*2 ausgewachsene Rebhühner, 1 schöner fester Weißkohlkopf, 200 g magerer Brustspeck mit Schwarte, Meersalz, frisch gemahlener Pfeffer, 3 EL Geflügel- oder Schweineschmalz, 1 mittelgroße Möhre, 1 Zwiebel, 1 Gewürznelke, 1 Kräuterstrauß (aus einigen Stengeln Petersilie, 1 Zweiglein Thymian und 1 Stück Lorbeerblatt), 1 rohe Knoblauchwurst zu 150 g, 1 l Fleischbrühe, 6 lange Würstchen (Chipolatas – ersatzweise rohe Schweinsbratwürstchen)*

Die welken und sehr grünen Außenblätter des Kohls entfernen. Den Kohlkopf aufschneiden, den Strunk herauslösen, die einzelnen Blätter abheben und sorgfältig waschen. Darauf achten, daß die kleinen schwarzen Schnecken und anderes Getier entfernt werden. Die Blätter in einen großen Topf mit kochendem Wasser werfen und das Speckstück mit hineingeben. 15 Minuten überbrühen. Den Speck herausnehmen, abtropfen und beiseite legen. Den Kohl ebenfalls herausheben und unter kaltem Wasser abschrecken. Abtropfen lassen und alle Flüssigkeit fest auspressen. Die Blätter auf einer großen Platte ausbreiten und mit feinem Meersalz und frisch gemahlenem Pfeffer bestreuen.
Unterdessen die vorbereiteten Rebhühner im Ofen mit etwas Schmalz bräunen und 8 Minuten anbraten.
Auf den Boden einer hohen Kasserolle, die alle Zutaten gerade aufnehmen kann, die vom Speck gelöste Schwarte legen. $1/3$ der Kohlblätter darüberbreiten, die Rebhühner daraufsetzen und die Möhre, die mit der Nelke gespickte Zwiebel und den Kräuterstrauß danebenlegen. Das zweite Drittel der Kohlblätter darüber verteilen, mit dem Speck und der Knoblauchwurst belegen und mit den übrigen Kohlblättern abdecken. Das Schmalz in kleinen Stückchen daraufsetzen und mit der Brühe aufgießen, bis alles gerade eben bedeckt ist. Mit 2 EL Brühe den Bratfond der Rebhühner ablöschen und loskochen. Ebenfalls über den Kohl gießen und alles zum Kochen bringen. Mit einem auf die Größe der Kasserolle zugeschnittenen, eingefetteten Stück Alufolie abdecken, den Deckel auflegen und im mäßig heißen Ofen ganz langsam $1 1/2$ Stunden köcheln, also schmoren lassen.
Nach 30 Minuten die Wurst, nach 45 Minuten den Speck herausnehmen. Die fertig geschmorten Rebhühner herausheben und auf einem Teller warm halten. Die Kohlblätter mit einem Schaumlöffel herausfischen, gut abtropfen lassen und kuppelförmig auf einer runden Platte

anrichten. Die Rebhühner Rücken an Rücken mit den Füßen nach oben daraufsetzen. Dazwischen die gebratenen oder gegrillten Chipolatas (Schweinsbratwürste) und die aufgewärmte, in dicke Quader geschnittene Knoblauchwurst und die Möhrenscheiben anrichten.

*Anm. der Übersetzer:* Statt der Knoblauchwurst kann man ersatzweise ungeräucherte Bauernbratwürste nehmen und dem Gericht dann ½ Knoblauchzehe zufügen. Nach Belieben dazu getrennt die Fleischbrühe, in der Kohl und Rebhühner gegart wurden, servieren.

## Perdreaux à la mode d'Isigny
## Junge Rebhühner nach der Art von Isigny

*2 sehr junge Rehhühner, 4 schöne, etwas säuerliche Äpfel, 100 g Butter, $^1/_{10}$ l dicke Sahne (crème épaisse)*

Die Rebhühner vorbereiten, wie auf Seite 506 im Rezept »Gebratenes Rebhuhn« beschrieben.

Die Äpfel (am besten eignen sich Goldparmäne, Boskop oder Canada Reinette) schälen, vierteln und die Kerngehäuse ausschneiden. Diese wiederum in dicke Scheiben zerteilen. Die Scheiben rasch auf großer Flamme in einer Pfanne in etwas Butter anbraten, aber nicht weich werden lassen. Mit einer Prise Salz würzen. In der Zwischenzeit die vorbereiteten Rebhühner, in einen irdenen, feuerfesten Topf mit Butter gut anbraten. Herausnehmen und auf einen Teller legen. An ihrer Stelle nun eine Schicht Apfelscheiben auf dem Boden des Topfes verteilen. Die von der Speckscheibe und den Fäden befreiten Rebhühner auf dem Rücken drauflegen, mit den restlichen Äpfeln umlegen und die Rebhuhnbrüstchen mit der Sahne begießen.

Unbedeckt für 18 Minuten in den heißen Ofen schieben.

In dem Topf servieren, der auf einer mit einer zusammengefalteten Serviette ausgelegten Platte zu Tisch gebracht wird.

*Anm. der Übersetzer:* Isigny ist eine Stadt in der Normandie, die für ihre guten Äpfel, vor allem aber ihre Sahne bekannt ist.

## Perdreaux en chartreuse
## Kartäusergericht von jungen Rebhühnern

Zutaten wie für die »Rebhühner in Weißkohl« (Seite 508), jedoch statt der ausgewachsenen 2 junge Rebhühner nehmen. Zusätzlich:

*100 g zarte weiße Rüben in 4 cm langen, bleistiftstarken Stäbchen, 100 g vom roten Äußeren großer Möhren, in gleichmäßig großen Stäbchen, 150 g zarte grüne Bohnen, ebenfalls auf 4 cm Länge zugeschnitten. Knapp 100 g junge Erbsen, 80 g Butter, einige Wurstscheiben, 100 g sahnige Kalbfleischfarce, 150 g magerer Speck, 1/5 l Kalbs-Fond*

Kohl und Rebhühner wie im Rezept »Rebhühner in Weißkohl« vorbereiten und gar schmoren.
Die verschiedenen Gemüse kurz getrennt blanchieren: Rüben und Möhren jeweils in klarer Fleischbrühe, Bohnen und Erbsen jeweils in Salzwasser. Die beiden letzteren nach dem Kochen kalt abschrecken. Eine Charlotten-Form, die ausreichend groß sein muß, um Rebhühner und Kohl aufnehmen zu können, reichlich ausbuttern. Den Boden der Form vom Rand her kranzförmig abwechselnd mit Möhren und Rübenstäbchen auslegen. Am Rande des Bodens zwischen die einzelnen Stäbchen je eine Erbse legen. Die noch freie Mitte mit einer in der Stärke der Gemüse zugeschnittenen Wurstscheibe ausfüllen. Die schrägen Seitenwände der Form zunächst mit einer Reihe schief angelegter Rübenstäbchen auskleiden. Darauf eine Reihe in der anderen Richtung gelegte Möhrenstäbchen anordnen und so fort abwechselnd bis oben, wo der Rand gerade abgeschnitten wird. Man erhält so ein gleichmäßiges Zickzackmuster.
Die Gemüse mit einer dünnen Schicht Farce bestreichen und dabei darauf achten, daß die Stäbchen nicht verrutschen. Die Form dann mit gut abgetropften Kohlblättern ausschlagen. In Schichten abwechselnd nun die geviertelten Rebhühner, den in Quader geschnittenen Speck und die gut ausgepreßten Kohlblätter hineinfüllen. Zum Schluß die Form mit einer Schicht Kalbfleischfarce zustreichen.
Die Charlotten-Form in einen großen Topf stellen und bis 2/3 Höhe mit kochendem Wasser auffüllen. Bei milder Hitze zugedeckt 40 Minuten leise siedend pochieren. Die Chartreuse danach erst 5 Minuten ruhen lassen, dann in die Mitte einer runden, flachen, vorgewärmten Platte stürzen. Die Oberfläche innerhalb des Kranzes aus Gemüsestäbchen mit einem Ring aus Wurstscheibchen dekorieren, in der Mitte die in

Butter geschwenkten grünen Bohnen aufhäufen. Um die Chartreuse herum einige Löffel eingekochten, neben dem Feuer mit 50 g Butter gebundenen Kalbs-Fond gießen.

## Perdreaux farcis à la limousine
## Gefüllte Rebhühner nach Art des Limousin

*2 junge Rebhühner, Salz, Pfeffer, 2 Weinblätter, 2 Scheiben frischer, fetter Speck, 125 g magerer Brustspeck, 30 g Butter, 200 g feste, frische Steinpilze, 2 EL Olivenöl, 2 EL Kalbs-Fond, 1 Prise gehackte Petersilie – Für die Füllung: 30 g Butter, 1 kleine Zwiebel, 2 Schalotten, Salz, die Lebern der beiden Rebhühner, 2 Hühnerlebern, 50 g gekochter Schinken, 30 g in Milch oder Fleischbrühe eingeweichtes Toastbrot, gut ausgedrückt, 1 kleines Ei, Pfeffer, 1 Messerspitze Gewürzmischung (Pastetengewürz)*

Zunächst die Farce für die Füllung herstellen. Dazu in etwas Butter in einem kleinen Topf die feingehackten Zwiebeln und Schalotten anbraten, bis sie hellgelb werden. Die von den Steinpilzen für die Garnitur abgeschnittenen Stiele fein hacken, zu den Zwiebeln geben, mit einer Prise Salz würzen und auf größter Flamme 3 Minuten unter ständigem Rühren trockenbraten. Abkühlen lassen.

Die Rebhuhn- und die Hühnerlebern in der restlichen Butter ganz kurz anbraten, damit sie innen blutig bleiben. Herausnehmen und wie die Schinken und die vorbereitete Steinpilzmischung fein hacken oder durch den Fleischwolf drehen. Das Toastbrot, das verquirlte Ei, die gehackte Petersilie, Salz, Pfeffer und die Gewürzmischung zugeben und in einer Schüssel kräftig stoßend zerkleinern und vermischen.

Die durch die Kehle ausgenommenen Rebhühner auswischen und das Innere salzen und pfeffern. Die Farce hineinfüllen, die Haut des Halses umschlagen und die beiden Rebhühner bridieren. Auf die Brüste je 1 Weinblatt legen, die Speckscheiben darüberdecken und festbinden. Den Brustspeck von der Schwarte befreien und in kleine Würfel schneiden. In 1 l kaltem Wasser aufsetzen, 5 Minuten kochen lassen, abtropfen und trockentupfen. Diese Würfel in Butter auslassen und leicht anbraten, und zwar in einer feuerfesten, irdenen Kasserolle, die auch die beiden Rebhühner aufnehmen kann. Die gerösteten Speckwürfel mit einem Schaumlöffel herausnehmen, abtropfen lassen und auf einem Teller beiseite stellen. An ihrer Stelle nun die beiden Reb-

hühner in dem Fett auf allen Seiten eine schöne goldene Farbe nehmen lassen.
Inzwischen die Köpfe und festen Stiele der Steinpilze, die nicht für die Farce verwendet wurden, in nicht zu dünne Scheiben schneiden, mit Salz und Pfeffer würzen und in einer Pfanne in rauchend-heißem Olivenöl rasch anbraten. Herausheben und abtropfen lassen. Mit den Speckwürfeln vermischen und die Rebhühner damit umlegen. Die Kasserolle zudecken und die Rebhühner 25 Minuten im gut heißen Ofen garen.
Kurz vor dem Ende der Garzeit den Kalbs-Fond zugeben und das Ganze mit etwas gehackter Petersilie bestreuen. Den Deckel wieder auflegen und auf dem Herd noch 1 Minute durchkochen lassen. In der Kasserolle auf einer mit einer Serviette ausgelegten Platte reichen.
*Anm. der Übersetzer:* Das Weinblatt, das wie beim gebratenen Rebhuhn vor der Speckscheibe auf die Brust gelegt wird, ist inzwischen etwas umstritten. Eine alte Regel verlangt das zwar, doch scheinen sich dadurch auch Nachteile ergeben zu können; denn vor allem dann, wenn nicht bei großer Hitze gegart wird, isoliert das Weinblatt die zarten Brüstchen vor dem benötigten Fett des Specks. Bei großer Hitze (Braten, Grillen) kann dieser allerdings durch das Blatt gedrückt werden und nimmt das Aroma mit auf.

## Perdreau sauté aux truffes
## Rebhuhnragout mit Trüffeln

*1 großes, junges Rebhuhn, Salz, Pfeffer, 90 g Butter, 12 nicht dünn geschnittene Trüffelscheiben, 2 EL Madeira, 2 EL Kalbs-Fond*

Das Rebhuhn in 6 Teile zerlegen: 2 Keulen, 2 Flügel, Brust und Rücken. Mit Salz und Pfeffer würzen.
In einem Brattopf 60 g Butter erhitzen. Wenn sie aufzurauschen beginnt, die 6 Rebhuhnstücke nebeneinander hineinlegen und anbraten. Nach 7 bis 8 Minuten die Stücke umdrehen und ebensolang auf der anderen Seite braten. Herausnehmen, auf einer runden Platte anrichten, zudecken und warm halten. In der Bratbutter nun 2 Minuten lang die Trüffelscheiben erhitzen. Mit einer Prise Salz bestreuen, den Madeira und den Kalbs-Fond zufügen, nur eben einmal aufkochen lassen und dann neben dem Feuer 30 g frische Butter mit dem Kochlöffel in die Sauce arbeiten oder durch Schwenken einziehen. Diese Sauce über die Rebhuhnstücke gießen und jedes Stück mit 2 Trüffelscheiben belegen.

## Perdreaux froids »Café de Paris«
## Kalte Rebhühner »Café de Paris«

*2 junge Rebhühner, Salz, frisch gemahlener Pfeffer, 1 Messerspitze Gewürzmischung (Pastetengewürz), 1 Spritzer Cognac, 1 schöne große Trüffel, 1 Stück rohe Gänseleber – so groß wie ein halbes Hühnerei, in Cognac mit Gewürzen eingelegt –, 2 Scheiben fetter, frischer Speck, 1 Möhre, 1 mittelgroße Zwiebel, ¹/₁₀ l Portwein, geschmolzenes Aspik, 1 Eiweiß – Für die Farce: 20 g Butter, die Lebern der beiden Rebhühner, 1 Likörglas Madeira, 125 g mageres Kalbfleisch, 125 g mageres Schweinefleisch, 200 g fetter, frischer Speck, Salz, Pfeffer, 1 Messerspitze Gewürzmischung (Pastetengewürz), 1 EL Cognac, 1 kleines Ei*

Zunächst die Farce für die Füllung zubereiten: In etwas Butter die Lebern gerade eben anbraten, so daß sie innen blutig bleiben. Die Hälfte des Madeira dazugießen und abkühlen lassen. Das Fleisch und den Speck in Würfel schneiden, mit den Lebern vermischen und alles mehrmals durch die feine Scheibe des Fleischwolfs drehen oder im Mörser zerstampfen. Durch ein feines Sieb streichen und in einer Schüssel mit Salz, frisch gemahlenem Pfeffer, Gewürzmischung, dem restlichen Madeira, Cognac und dem verquirlten Ei kräftig durcharbeiten, bis eine glatte Paste entsteht. Den richtigen Würzgrad überprüfen. Dazu mit einem Teelöffel ein Bällchen abstechen und in Salzwasser pochieren.

Die Rebhühner entlang dem Rücken einschneiden und die Karkasse ohne die Schenkelknochen herauslösen. Mit der Haut nach unten auf den Tisch breiten und das Fleisch mit Salz, frisch gemahlenem Pfeffer und Gewürzmischung bestreuen, zum Schluß dann etwas Cognac darüberträufeln. Auf jedes Rebhuhn eine Schicht Farce streichen. In die Mitte jeweils längs gerichtet ½ Trüffel und die Hälfte der Gänseleber an den Schnittseiten zusammengesetzt einrichten. Mit einer weiteren, nicht zu dicken Farce-Schicht abdecken und die Rebhühner so zusammenbinden, daß sie ihre ursprüngliche Form wiederbekommen. Zunähen, mit Speckscheiben belegen und die Tiere mit einigen Umwicklungen gut in der Form halten.

Die ausgelösten Karkassen fein hacken und in eine Kasserolle oder einen Topf breiten, der gerade eben die beiden Rebhühner aufnehmen kann. Darüber die in dünne Scheiben geschnittene Möhre und Zwiebel streuen. Die Rebhühner daraufsetzen und mit Portwein angießen. Mit Aspik auffüllen, bis die Rebhühner gerade bedeckt sind. Den Deckel auflegen und vorsichtig erhitzen, bis die Flüssigkeit zu kochen beginnt. Auf ganz kleiner Flamme nur leise siedend 30 Minuten pochieren. Entweder in der Kasserolle oder einem gleichgroßen Steingut- oder Porzellantopf abkühlen lassen – die Rebhühner müssen dabei in der Flüssigkeit liegen. Bevor das Aspik vollkommen erstarrt, die Rebhühner herausnehmen und auf einer Servierplatte anrichten. Das Aspik ein wenig erwärmen, durchseihen, mit 1 Eiweiß verrühren und klären. Wieder abkühlen lassen und kurz vor dem Erstarren die Rebhühner damit mehrmals übergießen, damit sie einen schönen Glanz bekommen. Auch die Platte mit einem 3–4 mm dicken Spiegel aus diesem Aspik überziehen.

## Coq de bruyère et gelinotte ou grouse
## Auerhahn, Haselhuhn und schottisches Moorhuhn

Diese ausgezeichneten Vögel werden im allgemeinen gebraten oder poêliert. Lediglich die Schenkel des Auerhahns schmecken nicht gut. Werden die Tiere poêliert, so kann man den Bratfond mit einigen Löffeln Sahne ablöschen, die vorher mit einigen Tropfen Zitronensaft gesäuert wurde.
*Anm. der Übersetzer:* Alle diese Vögel gibt es bei uns fast nicht mehr. Jedoch werden Haselhühner aus den osteuropäischen Ländern und schottische Moorhühner aus Schottland ab und zu in guten Delikatessengeschäften angeboten. Ebenso wird das skandinavische oder sibirische Schneehuhn zubereitet.

## Cailles rôties
## Gebratene Wachteln

*Wachteln, Salz, Scheiben frischer, fetter Speck, Butter, in Butter geröstete Weißbrotscheiben, 1–2 EL Kalbs-Fond oder Wasser*

Die Wachteln rupfen, ausnehmen und auswischen. Das Innere mit 1 Prise Salz würzen, die Vögel bridieren und mit einer Speckscheibe umwickeln. In einen kleinen Brattopf geben, mit zerlassener Butter beträufeln und 12 Minuten im sehr heißen Ofen braten.
Die fertigen Wachteln aus den Speckscheiben wickeln und die Fäden entfernen. Auf kleinen Weißbrotcroûtons anrichten. Den Bratfond der Wachteln mit etwas Kalbs-Fond oder Wasser loskochen und mit der

Bratbutter in einer vorgewärmten Saucière servieren. Nicht über die Wachteln gießen, denn sonst würden die Croûtons alles aufsaugen, weich werden und ihre angenehme Knusprigkeit verlieren.
*Anm. der Übersetzer:* Wachteln werden heute kaum noch in freier Wildbahn geschossen, sondern fast ausschließlich aus Zuchtfarmen geliefert. Es gibt sie recht preiswert in guten Wildgeschäften tiefgekühlt zu kaufen. Langsam auftauen lassen, französische Ware ausnehmen. Den Kopf läßt man stets dran.

## Cailles aux raisins
### Wachteln mit Weinbeeren

*6 Wachteln, Salz, 6 kleine Scheiben frischer, fetter Speck, 40 g Butter, Pfeffer, 48 schöne Weinbeeren (vorzugsweise goldene Chasselas), etwas Kalbs-Fond (Seite 150 f.)*

Die Wachteln wie oben beschrieben vorbereiten. In eine feuerfeste, irdene Kasserolle legen und mit 40 g zerlassener und erhitzter Butter begießen. Mit Salz und frisch gemahlenem Pfeffer würzen, dann unzugedeckt im Ofen fertig braten. Die gesamte Bratzeit für An- und Fertigbraten sollte nicht mehr als 12 Minuten betragen.
Während des Bratens die Haut der Weinbeeren abziehen und die Kerne mit einer feinen Nadel herausholen. Wenn die Wachteln gar sind, die Weinbeeren in die Kasserolle geben, etwas Kalbs-Fond zufügen, um den Bratensaft zu lösen, und zudecken. Kurz aufkochen lassen und sofort in der Kasserolle auf einer mit einer gefalteten Serviette belegten Platte servieren.

## Cailles froides George Sand
### Kalte Wachteln »George Sand«

Für 6 Personen: *6 schöne Wachteln, Salz, 12 Stückchen Trüffeln, 12 Stückchen frische Stopfleber, Pfeffer, Gewürzmischung, Cognac, Butter, Möhren, weitere Trüffeln, Champignons, helles Aspik*

Die Wachteln ausnehmen und auswischen. Dann an den Seiten zwei Einschnitte machen, die Füße auf die Keule biegen und die spitzen Gelenke in die Einschnitte stecken. Das Innere mit einer Prise Salz

würzen und in jede Wachtel 2 Stückchen Trüffeln und 2 Stückchen Gänseleber legen, die vorher je mit einem Hauch Salz, frisch gemahlenem Pfeffer, Gewürzmischung und Cognac gezogen haben.
Die Wachteln dicht nebeneinander in einen gerade passenden Brattopf legen. Würzen und mit einer Spur zerlassener Butter beträufeln. 5 Minuten im sehr heißen Ofen anbraten. Das Bratfett abgießen, die Wachteln mit 3 EL Cognac beträufeln, flambieren, aber die Flamme durch Auflegen des Deckels sofort ersticken. Eine bereits vorher in Butter angedünstete Mischung aus kleinen Streifchen von Möhren (nur das Rote verwenden), Trüffeln und Champignons darüber verteilen. Mit dem Aspik aufgießen, bis alles gerade eben bedeckt ist. Aufkochen lassen und dann auf ganz kleiner Flamme 12 Minuten leise siedend pochieren.
Die Wachteln dann in einer Bratform (Timbale) anrichten. Das Aspik gründlich entfetten und mit den Gemüsen über die Wachteln gießen. Kühl stellen und erst nach dem Erstarren des Aspiks servieren.
Da das Gericht in einer Becherform serviert wird, kann man das Aspik weniger fest halten, als wenn es gestürzt werden müßte. Es gewinnt dadurch erheblich an Geschmack.

## Risotto de cailles
### Wachtel-Risotto

Für 2 Personen: *8 EL Reis, Butter, 1 EL gehackte Zwiebeln, 3/10 l Kalbs-Fond (Seite 150 f.) oder Fleischbrühe, 4 Wachteln, Salz, 4 kleine Scheiben frischer, fetter Speck, Pfeffer, 7 EL feine Champignon-Streifchen, 1 EL Trüffeln in Streifchen, 1 EL magerer Schinken in Streifchen, 3 EL gehäutete, entkernte, ausgepreßte und gehackte Tomaten*

Den Reis in einem Sieb unter fließendem lauwarmem Wasser waschen, bis das Wasser unten klar herausläuft. Abtropfen lassen. In einem Topf reichlich Butter schmelzen und die Zwiebeln darin glasig dünsten. Den Reis zugeben und unter häufigem Wenden andünsten, bis er sich mit der Butter vollgesogen hat. Dann 1/5 l Kalbs-Fond oder Fleischbrühe aufgießen und zum Kochen bringen. Zudecken und auf kleiner Flamme quellen lassen, bis der Reis alle Flüssigkeit aufgesogen hat – er ist dann gar.
Inzwischen die Wachteln ausnehmen, das Innere salzen, die Tiere zusammenbinden und mit je einer Speckscheibe umwickeln. Mit Salz und frisch gemahlenem Pfeffer würzen und in einer kleinen Kasserolle

zunächst auf dem Herd rundum anbraten, dann im Ofen unter Begießen fertigbraten. Insgesamt mit 12 Minuten Bratzeit rechnen. Die Wachteln herausnehmen und zwischen 2 heißen Tellern warm halten. Die Bratbutter stark erhitzen und darin zunächst die Champignon-Streifchen anbraten. Dann die Trüffeln und den Schinken zufügen und alles kurz anbraten, ohne daß etwas Farbe nimmt. Zu dem fertigen Risotto geben und vorsichtig untermischen.
In derselben Kasserolle den übrigen Kalbs-Fond mit den gehackten Tomaten vermischen und 2 Minuten heftig kochen lassen. Würzen. Den Reis in eine gebutterte Timbale (Becherform) füllen, etwas andrücken und auf eine runde, vorgewärmte Platte stürzen. Die Wachteln darum herum anrichten, die Beine mit den Krallen in die Luft gestreckt. Die Tomatenwürfelchen mit einem Löffel aus dem Fond fischen und in die Mitte des Reiskegels geben, die Wachteln mit dem verbleibenden Fond begießen.

## Bécasse rôtie

## Gebratene Schnepfe

Für 2 Personen: *1 Schnepfe, Salz, 1 große Scheibe fetter, frischer Speck, Butter, 1 große Toastbrotscheibe (10 cm lang, 6 cm breit, 1 cm dick), Gänseleber-Püree, etwas Kalbs-Fond (ersatzweise Wasser), frisch gemahlener Pfeffer, 3 TL guter Cognac*

Die Schnepfe erst kurz vor dem Braten rupfen. Nicht ausnehmen, lediglich den Kaumagen entfernen. Leicht abflämmen, die Augen ausstechen, die Füße ineinander verschlingend befestigen und in Höhe der Schenkel den ganzen Körper mit dem Schnabel durchstechen, der während des Bratens so steckenbleibt. Mit etwas Salz würzen, mit der Speckscheibe umwickeln und mit Küchengarn zusammenbinden.
Bei lebhaftem Feuer am Spieß oder bei starker Hitze im Ofen je nach Größe der Schnepfe 18 bis 20 Minuten braten, dabei häufig mit zerlassener Butter bzw. dem abtropfenden, in einer Fettpfanne aufgefangenen Bratfett beträufeln. Die Schnepfe soll innen leicht blutig sein. Einige Minuten warm stellen.
Inzwischen die Toastbrotscheibe in Butter oder besser dem Bratfett der Schnepfe rösten und, wenn möglich, mit einem guten EL Gänsestopfleber-Püree bestreichen. Den Croûton auf eine vorgewärmte Platte legen, die Schnepfe daraufsetzen und servieren. Das restliche

Bratfett und den Bratensatz mit etwas Kalbs-Fond aufgießen und loskochen.
Die Schnepfe vor den Gästen aufschneiden, die Innereien in einem heißen Suppenteller auffangen. Etwas Pfeffer darübermahlen und ein nußgroßes Stück Butter oder Gänseleber-Püree zufügen. Alles mit einer Gabel zerdrücken und vermischen, zwischendurch auch den Cognac zufügen. Auf den Croûton streichen, diesen halbieren und je mit ½ Schnepfe belegt auf Tellern servieren. Den Bratfond getrennt reichen.

## Salmis de bécasses à l'ancienne Christian Bourillot
## Schnepfen-Salmis auf alte Art von Christian Bourillot

*2 schöne Schnepfen, Salz, Pfeffer, 1 Scheibe frischer, fetter Speck, Butter, etwas Mirepoix (Mischung aus kleinen Würfelchen von Möhren, Zwiebeln, Lauch und ein wenig Sellerie), Cognac, 3/10 l Weiß- oder Rotwein, 1/5 l Demi-glace, Champignon-Sud, einige kleine Champignons, Trüffelscheiben, geröstete Weißbrotscheiben (Croûtons), etwas Gänseleber*

Die Schnepfen rupfen, abflämmen und die Kaumägen herausnehmen. Zusammenbinden, mit Salz und Pfeffer würzen, in eine Speckscheibe wickeln und bei lebhaftem Feuer am Spieß oder im heißen Ofen je nach Größe 15 bis 16 Minuten braten. Dabei häufig mit Butter begießen. Das Fleisch soll innen noch sehr blutig sein. Die Schnepfen zerlegen. Dabei die Flügel und Brüste sowie die Schenkel sauber abtrennen und die Haut abziehen. Die vier Fleischstücke in einer tiefen Platte oder einer Becherform anrichten und warm halten. Die Innereien aus den Karkassen lösen und warm halten. Die Köpfe beiseite legen.
Die Karkassen und die Häute hacken und mit den Gemüsewürfelchen (Mirepoix) in Butter anbraten. Sowie alles etwas Farbe genommen hat, mit Cognac flambieren und mit Weiß- oder Rotwein ablöschen. Die Demi-glace zufügen und ein Weilchen kochen lassen. Die Sauce durch ein feines Sieb passieren, dabei Fleisch und Gemüse fest ausdrücken bzw. beinahe zerstampfen und mit durch das Sieb treiben. Die aufgefangene Sauce soll eher einem dünnen Püree als einer Flüssigkeit gleichen. Mit etwas Champignon-Sud verdünnen, abschmecken und mit etwas frischer Butter verrühren. Inzwischen einige kleine Champignonköpfe in Butter dünsten, zum Schluß ein paar Trüffelscheiben zufügen. Auf die Schnepfenstücke geben und die Köpfe dazulegen. Mit

der heißen Sauce übergießen und noch einige Sekunden durchziehen lassen.

Die in Butter gerösteten Weißbrotscheiben mit den zurückbehaltenen Innereien bestreichen, die mit etwas Gänseleber verrührt wurden.

*Anmerkung:* Dieser klassische Schnepfen-Salmis kann als Grundrezept für andere Geflügel-Salmis gelten. Auch Fasan, Rebhuhn, Tauben, Enten und andere Wasservögel werden so zubereitet.

*Anm. der Übersetzer:* Christian Bourillot ist ein junger Küchenchef aus Lyon, der schon mehrere Auszeichnungen, unter anderem »meilleur ouvrier de France«, bester »Arbeiter«, das heißt also bester Koch Frankreichs errungen hat.

## Canard sauvage
### Wildente

Alle Arten von Wildenten werden auf die gleiche Art zubereitet, gleichgültig, ob es sich um Stock-, Löffel-, Krick- oder Knäkente handelt.

## Canard sauvage rôti
### Gebratene Wildente

Die ausgenommene Wildente wird zusammengebunden (bridiert), aber nicht mit Speck umwickelt (bardiert). Das Innere mit Salz und Pfeffer würzen.

Mit zerlassener Butter beträufeln, würzen und im sehr heißen Ofen je nach Größe 15 bis 20 Minuten braten, anschließend ruhen lassen – das Fleisch soll sehr stark rosa sein. Mit einem Kressesträußchen anrichten, ½ Zitrone danebenlegen. Dazu den mit 2 bis 3 EL Kalbs-Fond (Seite 150 f. – ersatzweise Fleischbrühe oder Wasser) abgelöschten Bratensatz mit der Bratbutter servieren.

## Canard sauvage à l'anglaise
### Wildente auf englische Art

Die Ente braten und mit kaum oder gar nicht gezuckertem Apfelmus reichen.

## Salmis de canard sauvage
### Wildenten-Salmis

Das Gericht wird wie Fasanen-Salamis (Seite 504) zubereitet. Die Bratzeit beträgt etwa 18 bis 20 Minuten, das Fleisch soll blutig-rosa sein.

## Canard sauvage à la bigarade
### Wildente mit Orangen

Wird wie Jungente mit Orangen (Seite 463 f.) zubereitet. Das Fleisch soll rosa gebraten sein.

## Sarçelle
### Knäkente

Die Knäkente, die als mageres Fleisch auch in der Fastenzeit gegessen werden darf, wird nach einem der oben angegebenen Rezepte zubereitet, jedoch nur 12 bis 14 Minuten gebraten.

## Poêlon de grives à la provençale
### Provenzalische Drosselpfanne

*8 Drosseln, Salz, Pfeffer, Butter, 100 g gesalzenen Brustspeck, 36 kleine schwarze Oliven (Nizzaer Oliven), 12 Knoblauchzehen, 1 Zweiglein Thymian, 1 Lorbeerblatt, kleine, rundum in Butter gebräunte Kartoffeln*

Die Drosseln sorgfältig rupfen, den Kaumagen entfernen, aber die Vögel nicht ausnehmen. Zusammenbinden und dabei die Füße kreuzen und den Schnabel in das Brustbein stecken. Mit Salz und Pfeffer würzen und in einer irdenen, feuerfesten, pfannenartigen Form auf allen Seiten in Butter kräftig Farbe nehmen lassen. Den in Würfel geschnittenen und blanchierten Speck, die entkernten Oliven, die ungeschälten Knoblauchzehen, Thymian und Lorbeerblatt sowie einige angebratene Kartoffeln zugeben. Zudecken und auf kleiner Flamme noch 5 Minuten leise vor sich hin köcheln lassen. In der Form servieren.

*Anm. der Übersetzer:* In Frankreich, vor allem im Süden und auf Korsika, werden auch heute noch häufig Singvögel gegessen. Drosseln und Fettammern stammen teilweise auch schon aus der Zucht. Bei uns nur sehr selten und nur auf Bestellung zu haben.
Im Grunde spricht nichts dagegen, Singvögel zu essen, wie es die südlichen Völker noch tun – und auch wir bis vor einigen Jahrzehnten getan haben. Wenn deutsche Tierschützer den Vögel fangenden Italienern die Schuld an der Ausrottung oder der Dezimierung bestimmter Arten geben, so ist das eine grobe Ungerechtigkeit – die Italiener fangen seit Jahrtausenden Vögel. Sie sterben erst aus, seit ihre natürliche Umwelt bei uns vernichtet wurde und wird: durch das Trockenlegen von Sümpfen, das Begradigen der Flüsse, das Abholzen der Hecken zwischen den Feldern, das maschinelle Mähen und vor allem durch die Verwendung von Insektiziden.

# LES LEGUMES

# GEMÜSE UND BEILAGEN

# Les légumes et leur cuisson
# Die Gemüsearten und ihre Zubereitung

Gemüse spielt bei der Zubereitung und Anrichtung der verschiedenen Speisen eine außerordentlich große Rolle. Es gibt unzählige Arten von Gemüse, mannigfaltige Möglichkeiten, es zu garen, und eine fast unerschöpfliche Vielfalt des Geschmacks. Gemüse ergänzt kleine wie große Gerichte und bringt eine Speisenfolge erst vollendet zur Geltung.

*Anm. der Übersetzer:* Bei den Gemüsezubereitungen unterscheidet man in der Küche zwischen den eigenständigen Gerichten, in denen das Gemüse die tragende Rolle spielt, Gemüse als Beilage, wobei es zu Fleisch oder Fischgerichten gereicht, aber getrennt zubereitet wird, und Gemüse als Garnitur, wo es von Anfang an oder zum Schluß mit anderen Speisen gegart wird. Außerdem kann Gemüse, etwa für Fonds oder beim Schmoren, eine rein würzende Funktion haben.

Gemüse kann man im Wasser kochen, im Dampf garen, dünsten oder schmoren, fritieren (ausbacken) oder grillen.

*Das Garen in Wasser:* Manche Gemüse, vor allem Spinat und grüne Bohnen, werden in viel sprudelndem Wasser gekocht, wobei sie vollkommen gar werden, ohne ihre grüne Farbe zu verlieren. Der Topf muß ausreichend groß gewählt werden, damit das Gemüse vollkommen von Wasser bedeckt ist. Das Wasser wird unbedeckt auf großer Flamme zum Kochen gebracht und mit 8 g Salz pro Liter gesalzen. Nun wird das sauber gewaschene und geputzte Gemüse in das heftig wallende Wasser gegeben und auf großer Flamme gar gekocht, ohne daß das starke Kochen dabei einmal unterbrochen werden darf. Am besten wird das Gemüse nun sofort herausgenommen oder abgegossen und abgetropft und natur, auf englische Art (natur mit danebengestellten Butterschälchen) oder in Butter geschwenkt serviert. Soll das Gemüse erst später verwendet werden, so wird es sofort nach dem Kochen abgeschreckt, das heißt unter fließendem kalten Wasser oder in reichlich kaltem Wasser in einer Schüssel bis in den Kern hinein abgekühlt. Auf keinen Fall das Gemüse im Wasser liegen lassen, denn dadurch würde es auslaugen und seinen Geschmack verlieren, sondern gleich nach dem Abkühlen gut abtropfen. Damit das Gemüse eine besonders schöne Farbe behält, kann man einen kupfernen, innen nicht verzinnten Topf nehmen. Kupfer hat die

Eigenschaft, besonders in Verbindung mit etwas Säure, das im grünen Gemüse enthaltene Chlorophyll aufzufrischen (die dabei entstehenden leicht giftigen Kupfersalze sind nur in sehr großen Mengen genossen für die Gesundheit schädlich – Anm. d. Übers.).

Manche Gemüse verlangen zum Kochen ganz bestimmte Bedingungen. Vor allem Artischockenböden, Kardonen (Disteln), Mangold, Schwarzwurzeln, Sellerie und ähnliche werden, einmal geschält und zurechtgeschnitten, beim Kontakt mit der Luft schwarz. Um dies zu vermeiden, werden sie sofort in kaltes, mit Zitronensaft gesäuertes Wasser gelegt. Gekocht werden sie dann in einer »Weißer Sud« (»blanc«) genannten Flüssigkeit.

*Weißer Sud für Gemüse:* Die Menge des Suds richtet sich natürlich nach dem zu kochenden Gemüse: Auch hier muß das Gemüse reichlich mit Flüssigkeit bedeckt sein und in den sprudelnden Sud gegeben werden. Auf 1 l Wasser gibt man 8 g (1 gehäufter EL) Mehl mit etwas kaltem Wasser verrührt, den Saft einer Zitrone und etwas Fett (1 EL Öl oder tierisches Fett) dazu. Während die Säure der Zitrone die in dem Gemüse enthaltenen Gerbstoffe naturalisiert und das Salz den Geschmack hebt, haben die anderen Zutaten die Aufgabe, das Gemüse zu umhüllen und einen Kontakt mit der Luft, der unvermeidlich eine Verfärbung nach sich ziehen würde, zu verhindern. Wird das Gemüse nicht sofort nach dem Kochen weiterverwendet, so muß man es in diesem Sud abkühlen lassen.

*Das Dünsten:* Das Dünsten, etwas weniger korrekt oft auch Dämpfen genannt, verlangt große Aufmerksamkeit und eine ständige Überwachung. Das auf diese Weise zubereitete Gemüse muß jung und zart sein wie die ersten Möhren, weißen Rüben, Erbsen, grünen Bohnen und Sauerampfer. Man kann auch die kleinen Frühkartoffeln dazurechnen, obwohl die Art ihrer Zubereitung leicht abweicht.

Zum Dünsten gibt man das geputzte, gewaschene Gemüse in einen Topf mit dickem Boden, salzt es leicht und fügt ein wenig Butter dazu. Man vermischt alles auf kleiner Flamme und läßt das Gemüse langsam schwitzen. Dabei verliert das Gemüse etwas von seinem Wasser, das für das Dünsten nötig ist, denn es muß ja Flüssigkeit zum Verdampfen vorhanden sein. Andererseits werden hierbei auch das Aroma und der Geschmack des Gemüses verstärkt. Jetzt wird der Topf so dicht wie möglich verschlossen, so daß sich das verdunstende Gemüsewasser am Topfdeckel kondensiert und auf das Gemüse zurücktropft. Die Hitzezufuhr muß während des Dünstens gleichmäßig auf einer mittleren Temperatur gehalten werden. Bei zu milder Temperatur zerfällt das Gemüse, bei zu hoher läuft es Gefahr, durch den in ihm enthaltenen

Zucker zu karamelisieren und am Boden des Topfes anzuhängen. Wenn das Gemüse fertig ist, sollte die Flüssigkeit verdunstet sein, ohne daß dabei das Gemüse regelrecht entwässert, trocken geworden ist. Man muß also, um ein gutes Ergebnis zu erzielen, langsam und gleichmäßig garen und die Verdunstung genau überwachen, damit die für den Dampf nötige Flüssigkeit nicht versiegt.

*Das Garen im Dampf:* Diese Methode ähnelt der des Dünstens. Man setzt das Gemüse hierbei einer Art Dampfbad aus, bis es vollkommen gar ist. Dazu benötigt man einen Topf mit einem gelochten Siebeinsatz oder einen zweistöckigen Topf, in dem das Gemüse mit der Flüssigkeit (meist gesalzenes Wasser – 8 bis 10 g pro Liter) nicht in Berührung kommt. Damit kein Dampf verlorengehen kann, muß der Deckel des Topfes luftdicht abschließen.

Außerdem muß, damit das Gemüse bei idealen Bedingungen gart, das Wasser ununterbrochen kochen. Sonst würde der Dampf nicht den gewünschten Druck und damit auch nicht den für das Garwerden notwendigen Hitzegrad erreichen.

In Frankreich werden auf diese Weise eigentlich nur Kartoffeln gegart, aber in England ist die Methode sehr beliebt und wird für alle möglichen Gemüsearten angewendet, ebenso für Fleisch, Fisch und Krustentiere. Die englische Industrie hat dem Rechnung getragen und erzeugt die sogenannten »steams«, Töpfe, die besonders dicht schließen und bei hohem Druck garen.

Im allgemeinen werden im Dampf gegarte Gemüse natur oder in Butter geschwenkt serviert.

*Anm. der Übersetzer:* Zum Dampfgaren verwendet man heute fast nur noch Schnellkochtöpfe mit Loch- oder Siebeinsatz. Neben allen vorgenannten Bedingungen und Eigenheiten kommt hier noch Energie- und Zeitersparnis dazu. Außerdem wird das Gemüse noch schonender gegart; die Nährstoffe, Salze und Vitamine bleiben besonders gut erhalten. Nachdem heute die technische Behandlung keine Schwierigkeiten mehr macht und auch keine Risiken mehr birgt, ist die Verwendung von Schnellkochtöpfen nur zu empfehlen.

*Das Grillen:* Lebensmittel direkt an der Hitze des Feuers zu rösten, zu grillen, war eine der ersten Garmethoden, die die Menschen herausgefunden haben. Das Grillen eignet sich besonders gut für Fleisch und Fisch, weniger jedoch für Gemüse. Für einige Gemüsearten lassen sich aber sehr gute Ergebnisse erzielen, wobei ein spezifischer, angenehmer Geschmack entsteht.

Tomaten, Pilze und andere Gemüsesorten, die viel Wasser enthalten, lassen sich sehr gut grillen. Sie werden zuvor gewürzt und mit einem

Fett bestrichen, am besten mit Olivenöl. Dann setzt man sie auf den sehr heißen Rost und gart sie unter häufigem Wenden und Beträufeln mit Öl. Die Hitze soll so stark sein, so daß sich die Oberfläche des Gemüses mit einem leichten Karamel überzieht. Das innere Fruchtfleisch wird durch das Verdampfen der enthaltenen Flüssigkeit gegart. Gegrilltes Gemüse wird meistens als Beilage oder Teil einer Garnitur zu Fleisch und Geflügel gereicht. Als Brennmaterial eignet sich zum Grillen am besten Holzkohle.

*Das Fritieren (Ausbacken):* Gemüse zu fritieren ist nicht ganz einfach und erfordert eine gewisse Erfahrung. Das Gemüse wird gegart, indem es in auf einen gewissen Grad erhitztes, tierisches oder pflanzliches Fett getaucht wird. Die zum Fritieren verwendeten Gemüse müssen reich an Stärke sein, wie etwa die Kartoffeln. Enthalten die Gemüse keine oder nur wenig Stärke, so muß man diesen Mangel beheben. Dazu wälzt man das Gemüse bzw. die Stücke in Mehl oder taucht sie in einen Ausbackteig. Zucchini, Auberginen und andere Gemüse werden so vorbereitet.

Was passiert während des Ausbackens? Die in das heiße Fritierfett getauchten Gemüse werden sofort von der Hitze angegriffen, die in ihnen oder im Ausbackteig enthaltene Stärke bildet zusammen mit dem Fett eine undurchlässige Schicht und schließt die im Gemüse enthaltene Flüssigkeit ein. Diese verdampft durch die Hitzeeinwirkung im Inneren und gart dadurch das Gemüse.

Ein richtig fritiertes Gemüse muß eine feste, knusprige und hell goldene Oberfläche haben und im Inneren vollkommen gar und weich sein. Um das zu erreichen, muß das Fett ausreichend heiß sein, ohne jedoch überhitzt zu werden. In diesem Falle würde der im Gemüse bzw. in der Stärke enthaltene Zucker zu stark karamelisieren und dem Gemüse einen bitteren Geschmack und eine zu dunkle Farbe geben. Die Garzeit kann man nicht genau bestimmen, sie richtet sich stets nach der Größe des Fritierguts. Auch darf man nie zu viel Gemüse auf einmal in das Fritierfett geben: Dadurch würde die Hitze des Fetts plötzlich herabgesetzt, was das Ergebnis sofort nachteilig beeinflußt. Das Fett dringt dann nämlich in das Fritiergut ein und löst dieses auf, ohne daß sich die erwünschte, schützende Kruste bildet.

Das fertig fritierte Gemüse muß man sofort abtropfen lassen und auf einem Tuch oder auf Küchenpapier abtrocknen. Rasch mit feinem Salz würzen und sofort servieren. Läßt man es stehen, so wird es weich und ist unangenehm zu essen.

*Ausbackteig für Gemüse:* In einer Schüssel 250 g gesiebtes Mehl mit 50 g zerlassener Butter und 2 Eiern vermischen. Salzen und mit so viel

Wasser verrühren, bis ein halbflüssiger Teig entsteht. Vor Gebrauch noch 1 Stunde stehen lassen.

Manche Gemüse werden vor dem Fritieren in Salzwasser gekocht, etwa Schwarzwurzeln, Blumenkohl und ähnliche. Für diese Gemüsearten bereitet man einen etwas festeren Ausbackteig, wie oben angegeben, und fügt kurz vor dem Gebrauch 4 zu festem Schnee geschlagene Eiweiß hinzu. Man kann den Teig statt mit Wasser auch mit Bier flüssig rühren.

*Das Schmoren:* Das Schmoren von Gemüse leitet sich vom Dünsten ab. Doch verwendet man meist nicht mehr das ganz junge, sondern ausgewachsenes Gemüse, das vorher blanchiert werden muß, um überflüssiges Wasser und häufig enthaltene Bitter- oder zu starke Würzstoffe zu entziehen. Dazu gibt man das gereinigte und zugeschnittene Gemüse in einen Topf mit sprudelnd gekochtem Wasser, das es völlig bedecken muß. Einige Minuten Kochzeit sind ausreichend, um den gewünschten Effekt zu erzielen. Die Gemüse, die nur halb gar sein sollen, werden dann herausgenommen, abgeschreckt und gut abgetropft. Die verschiedenen Kohlsorten, die Herzen von Stauden- und Bleichsellerie, Kopfsalat und ähnliche sind die wichtigsten Schmorgemüsesorten. Man legt das blanchierte Gemüse auf eine reiche Mirepoix (in kleine Würfelchen geschnittene Möhren, Zwiebeln, Sellerie und manchmal Lauch, denen man nach Belieben noch ebenfalls kleingewürfelten Schinken oder Schweineschwarte zufügen kann) in einen Topf mit dickem Boden. Bis zu $1/4$ der Höhe mit fetter Fleischbrühe aufgießen, salzen und aus der Mühle pfeffern. Die Gemüse werden, damit die Oberfläche während des Schmorens nicht austrocknet, mit einem genau zugeschnittenen gebutterten Blatt Papier oder Alufolie bedeckt, in dessen Mitte ein Loch geschnitten wird. Durch dieses Loch kann der beim Erhitzen entstehende Dampf nach oben steigen, sich am zusätzlich aufgelegten Deckel und an den Seitenwänden des geschlossenen Topfes niederschlagen. Von dort läuft er wieder nach unten und befeuchtet das Gemüse von neuem. Geschmort wird im Ofen, dessen Hitze so geregelt sein muß, daß ständig nur soviel Flüssigkeit verdampft, wie zum Garen nötig ist.

Die Dauer der Schmorzeit richtet sich jeweils nach den einzelnen Gemüsearten.

Schmort man Kohl, so legt man den Schmortopf zunächst mit dünnen Scheiben von frischem, fettem Speck aus und gibt in manchen Fällen noch eingesalzene (gepökelte) Schweinebrust oder Wild (Fasan, Rebhuhn usw.) dazu. Sellerieherzen und Kopfsalat nimmt man nach dem Schmoren aus dem Topf, läßt sie abtropfen und legt sie dicht nebeneinander in einen Topf mit niedrigem Rand. Den Schmorfond kocht man mit etwas gebundenem Kalbs-Fond (Seite 150) auf und reduziert ihn ein wenig. Dann wird er abgeschmeckt und durch ein feines Sieb über das betreffende Gemüse passiert. Diese nehmen einen Teil des Fonds auf, werden von ihm überzogen und geradezu mit einer glänzenden Schicht umhüllt (glaciert).

Man kann Gemüse vor dem Schmoren auch füllen.

*Gemüse auf griechische Art:* Diese Zubereitung ist keineswegs, wie man vielleicht glauben könnte, eine griechische Spezialität. Vielmehr haben französische Köche ein grundsätzliches Verfahren aus der griechischen Küche übernommen und dann im Laufe der Zeit immer weiter entwickelt und verfeinert.

Auf griechische Art zubereitetes Gemüse wird fast immer kalt als Vorspeise gereicht. Am meisten werden Artischocken, Lauch (Porree), kleine Zwiebelchen (Frühlingszwiebeln) und Champignons geschätzt. Je nach Menge des zu bereitenden Gemüses setzt man zunächst einen Sud an, der in folgenden Relationen zubereitet wird: Auf 1 l Wasser gibt man $^1/_{10}$ l kalt gepreßtes Olivenöl (huile vierge, olio vergine, Jungfernöl), 10 g Salz und den Saft von 3 Zitronen. Nun würzt man mit Fenchel, Sellerie, Korianderkörnern, Pfeffer, Thymian und Lorbeerblatt, wobei man genau der Würzkraft der einzelnen Zutaten Rechnung tragen muß. Manchmal ersetzt man einen Teil des Wassers durch trockenen Weißwein.

Das Gemüse wird in diesem Sud gekocht, der sich beim sprudelnden, unbedeckten Kochen ein wenig reduziert. Im Sud abkühlen lassen.

*Warum und wie wird Gemüse glaciert?* Man glaciert einige Gemüsearten, wie Möhren bzw. Karotten, weiße Rüben, kleine Zwiebelchen usw., um ihren Geschmack zu bewahren und sogar zu verstärken sowie um sie mit einem glänzenden Überzug zu versehen. Dabei soll weder ihre natürliche Farbe leiden noch ihre Festigkeit verlorengehen. Um dieses zu erreichen, wird das Gemüse zunächst geputzt und tourniert (olivenförmig und rund zugeschnitten bzw. mit Riefen versehen). Dann kommt es mit etwas Butter in eine flache, breite Kasserolle, so daß alles nebeneinander Platz hat und nicht übereinander liegt. Mit Salz und einer Prise Zucker würzen und mit Wasser aufgießen, bis das Gemüse gerade eben bedeckt ist. Auf mittelgroßer Flamme kochen, bis nahezu alle Flüssigkeit verdampft ist und nur noch ein sirupartiger Fond übrig bleibt. Das Glacieren selbst erfolgt nun durch das Schwenken der Kasserolle, wobei das Gemüse in der sirupartigen Reduktion herumrollt und sich mit einer glänzenden Schicht überzieht.

Die glacierten Gemüse werden als Beilage zu Fleisch und Geflügel gereicht und bilden einen Teil verschiedener gemischter Gemüsegarnituren (etwa Blumenmädchen-Art). Den Ausdruck »glacieren« verwendet man auch in anderem Zusammenhang, etwa für geschmortes Gemüse (Seite 528) oder auch für das Überziehen von Kuchen mit gelöstem Puderzucker, für das kurze Karamelisieren von Fleisch unter dem Grill oder Salamander und für das langsame Braunwerden unter häufigem Begießen von Fleisch im Ofen.

*Das Kochen von Trockengemüsen:* Trockengemüse nennt man die Samen der Hülsenfrüchte wie Bohnen, Linsen und Erbsen, die voll ausgereift gepflückt und dann durch Trocknen, also weiterem Wasserentzug, haltbar gemacht werden. Diese Trockengemüse dürfen nicht zu alt sein, am besten schmecken sie, wenn sie aus demselben Jahr stammen. Da man ihnen durch das Trocknen einen Teil ihrer natürlichen Flüssigkeit entzogen hat, muß man sie vor dem Zubereiten in Wasser einlegen, damit sie diese Flüssigkeit wieder aufnehmen. Dieses Einweichen darf jedoch nicht zu lange dauern, denn man läuft dann Gefahr, daß die Früchte zu keimen und zu gären beginnen, was ganz beträchtliche Verdauungsbeschwerden und -störungen verursachen kann. Vor der Zubereitung müssen Hülsenfrüchte stets gründlich gewaschen und durchgesehen werden, wobei Unreinheiten (Steine, fremde Pflanzenteile, schlechte Körner) sofort ausgelesen werden. Im Gegensatz zu frischem Gemüse setzt man sie in kaltem Wasser auf. Stets reichlich Wasser rechnen, damit die Früchte immer bedeckt sind und im Laufe der Kochzeit auch noch aufquellen können. Um ein vollkommenes Garen zu erreichen, darf das Wasser nur ganz langsam und behutsam zum Kochen gebracht werden. Nachdem der aufsteigende Eiweißschaum sorgfältig abgeschöpft wurde, aromatisiert man mit Möhren, Knoblauch, mit Nelken gespickten Zwiebeln und 1 Kräuterstrauß. Nach ½ Stunde Kochzeit ist es empfehlenswert zu salzen. Hülsenfrüchte werden stets bei guter Flamme im offenen Topf gekocht. Sie sollen langsam und leise, vor allem aber gleichmäßig kochen; auf keinen Fall darf das Kochen unterbrochen werden. Wenn die Flüssigkeit durch Verdunstung zu knapp wird, fügt man etwas kochendes Wasser hinzu, kein kaltes Wasser, denn dann könnten die stärkehaltigen Substanzen hart werden.

*Anm. der Übersetzer:* Man sollte zum Einweichen von Hülsenfrüchten möglichst kalkarmes Wasser verwenden – sie werden dann zarter, Man sollte auch nicht, wie häufig empfohlen, das Gemüse in seinem Einweichwasser aufkochen, denn dieses enthält reichlich Eiweiß, das beim Aufkochen unnötig schäumt. Da es ohnehin ausflockt, hat es auch für die Ernährung keinen Wert. Je langsamer man die Hülsenfrüchte zum Kochen bringt, desto mehr bindet das Eiweiß übrigens in den Bohnen ab, kann dann nicht mehr austreten und bleibt so für die Ernährung wertvoll.

Als weiteres Trockengemüse kann man getrocknete Pilze betrachten, die im Prinzip ähnlich behandelt werden. Auch hier gilt: möglichst kurz einweichen und ganz langsam zum Kochen bringen. Das Eiweiß in den Pilzen ist ein sehr wertvoller Stoff und sollte unbedingt soweit wie möglich in den Pilzen bewahrt bleiben.

# Les légumes
# Gemüse

## Artichauts à la barigoule
## Gefüllte Artischocken

*6 mittelgroße Artischocken, Salz, Pfeffer, 6 kleine Scheiben fetter, frischer Speck, Butter, 1 mittelgroße Möhre, 1 mittelgroße Zwiebel, 3 Stück frische Schweineschwarte, 1 Zweiglein Thymian, 1 Stück Lorbeerblatt, 1/5 l trockener Weißwein, schwach gesalzener, heller Kalbs-Fond (ersatzweise Fleischbrühe), 3 EL eingekochte Demi-glace oder frische Butter – Für die Füllung: 60 g frischer, fetter Speck, 2 Schalotten, 250 g weiße Champignons, Salz, Pfeffer, 60 g feines Wurstbrät, 1 TL frisch gehackte Petersilie, 60 g Butter*

Möglichst gleich große Artischocken auswählen, den Stiel am Ansatz der ersten Blätter abschneiden und diese um etwa 4 cm stutzen. Die Artischocken 15 Minuten in sprudelnd kochendem Wasser blanchieren und abtropfen lassen.

Den Speck entweder reiben oder in winzig kleine Würfelchen schneiden. Mit feingehackten Schalotten ganz langsam in einem Brattopf schmelzen. Während dieser Zeit die geputzten und rasch gewaschenen Champignons fein hacken. Wenn die Schalotten weich geworden sind, die Champignons in den Topf geben und auf großer Flamme 3 Minuten unter ständigem Rühren mit einem Holzlöffel trocken werden lassen. Mit Salz und Pfeffer würzen. Man kann jetzt auch noch etwas Wurstbrät zufügen. Vom Feuer nehmen und auch die gehackte Petersilie sowie die Butter zugeben. Die Mischung so lange durcharbeiten, bis die Butter vollkommen in ihr aufgegangen ist. Aus den lauwarmen Artischocken die mittleren Blätter herausziehen und das Heu entfernen. Das Innere leicht mit Salz und Pfeffer würzen und jede Artischocke mit einem guten EL der Farce füllen. Die gefüllten Artischocken mit einer Speckscheibe belegen und diese mit einer Schnur fest daraufbinden. Den Boden einer hohen Kasserolle, die gerade die 6 Artischocken aufnehmen kann, mit reichlich Butter ausstreichen. Darauf die in feine Scheibchen geschnittene Möhre und Zwiebel verteilen, die Schwarte, den Thymian und das Lorbeerblatt zufügen. Die Artischocken daraufsetzen, den Deckel auflegen und alles 10 Minuten auf ganz kleiner Flamme leicht andünsten. Dann mit dem Weißwein angießen und diesen einkochen, bis kaum mehr Flüssigkeit übrig ist. Bis zur halben Höhe der Artischocken mit dem Kalbs-Fond, ersatzweise mit Fleischbrühe auffüllen. Zum Kochen bringen, zudecken und 45 Minuten im mäßig heißen Ofen schmoren. Den Deckel abnehmen und die Speckscheiben golden werden lassen. Die Artischocken herausnehmen, von der Schnur befreien und auf einer runden, vorgewärmten Platte anrichten.

Den Schmorfond durch ein Sieb in einen kleinen Brattopf geben, das aufsteigende Fett weitgehend abnehmen und auf $1/5$ l Flüssigkeit einkochen. Abschmecken und die eingekochte Demi-glace zufügen oder die Sauce neben dem Feuer mit der Butter vermischen. Diesen Fond entweder auf die Platte mit den Artischocken gießen oder, was praktischer ist, in einer Saucière getrennt reichen.

*Anm. der Übersetzer:* Die Bezeichnung »barigoule« geht zurück auf das provenzalische Wort »berigoulo« für wilde Champignons (und ähnliche Pilze). Diese wurden gefüllt und gegrillt. Man kann daraus ersehen, daß die gefüllten Artischocken ursprünglich gegrillt wurden. Doch sind sie dann weniger zart und schmackhaft als in dieser geschmorten Zubereitung.

## Artichauts avec sauces diverses
### Artischocken mit verschiedenen Saucen

Von den Artischocken den Stiel am Ansatz der ersten Blätter abschneiden, von den äußeren Blättern mit einer Schere die Spitzen entfernen und die Artischocken von oben um $1/3$ kürzen. Waschen, mit Schnur einmal umwickeln, damit sich die Blätter beim Kochen nicht öffnen, und in einen Topf mit kochendem Wasser geben. Vom Feuer nehmen und 10 Minuten stehen lassen, damit die Bitterstoffe aus den Artischocken gezogen werden. Die Artischocken herausnehmen und abtropfen. Nun in mit 10 g je Liter gesalzenes, sprudelnd kochendes Wasser geben und kräftig wallend gar kochen. Aufpassen, daß der genaue Garpunkt erreicht wird: Gegen einen leichten Druck auf den Artischockenboden darf dieser nur noch einen schwachen Widerstand leisten, und die äußeren Blätter müssen sich leicht abnehmen lassen. Werden die Artischocken heiß serviert, so läßt man sie zunächst umgekehrt gut abtropfen und alles Wasser aus den Blättern laufen. Dann werden sie auf einer gefalteten Serviette angerichtet. Dazu reicht man zerlassene Butter, Holländische Sauce, Schaum-Sauce, Helle Sauce oder eine andere weiße Sauce.

Um sie kalt zu servieren, läßt man sie ebenfalls, umgekehrt auf die Blätter gestellt, gut abtropfen. Dann nimmt man die inneren Blätter alle zusammen mit einem geschickten Griff heraus, so daß sie nicht auseinanderfallen. Das Heu wird sorgfältig entfernt, und in die entstandene Öffnung setzt man nun umgekehrt die aus der Mitte gezogenen Blätter, so daß die Spitzen nach innen zeigen. In den dadurch entstandenen Kelch gibt man eine Prise gehackten Kerbel oder Estragon. Die kalten Artischocken werden schließlich ebenfalls auf einer gefalteten Serviette angerichtet.

Dazu reicht man eine kalte Sauce, etwa eine Vinaigrette, eine leichte, nach Belieben mit Senf zubereitete Mayonnaise, Tataren-Sauce oder ähnliches.

## Fonds d'artichauts Mornay
### Artischockenböden mit Käse-Sauce

Die Artischockenböden auslösen, vorbereiten und dünsten, wie im Rezept auf Seite 534 angegeben. In eine flache, feuerfeste, irdene Auflaufform eine dünne Schicht Mornay-Sauce streichen und die Artischockenböden nebeneinander hineinsetzen. Auf jeden Boden 1 EL Mornay-Sauce geben, mit einer Mischung zu gleichen Teilen aus geriebenem Gruyère und Parmesan bestreuen und eine starke Prise frisches Paniermehl darüber verteilen. Jeden Boden mit etwas zerlassener Butter beträufeln und alles im heißen Ofen gratinieren.

## Fonds d'artichauts princesse
## Artischockenböden auf Prinzessin-Art

Wie im vorhergehenden Rezept, doch legt man mit den Artischockenböden einige (grüne) Spargelspitzen in die Mornay-Sauce. Die Spargelspitzen in kochendem Salzwasser garen, abtropfen, 5 Minuten in einem kleinen Topf in Butter dünsten und mit etwas Mornay-Sauce umschwenken und binden. Weiter wie bei »Artischockenböden mit Käse-Sauce« verfahren.


## Fonds d'artichauts farcis
## Gefüllte Artischockenböden

*Frische Artischocken, Weißer Sud (aus 1 l Wasser, 1 EL Mehl, 2 EL Essig oder dem Saft von ½ Zitrone, 10 g Salz), Salz, Pfeffer, Butter, recht festes Champignon-Püree, frisches Paniermehl, Madeira-Sauce*

Die Artischocken putzen, die Böden zurechtschneiden und in einem weißen Sud kochen, wie im Rezept »Artischockenböden auf die Art der Bresse« (Seite 536) angegeben. Herausnehmen, abtropfen lassen und trocknen. Mit Salz und Pfeffer würzen und 15 Minuten in Butter in einer Bratplatte oder einer Pfanne dünsten. Dann in eine flache, feuerfeste, irdene Auflaufform setzen, mit dem Champignon-Püree füllen und mit Paniermehl bestreuen. Mit der für das Dünsten verwendeten Butter beträufeln und im heißen Ofen überbacken, bis eine goldbraune Kruste entstanden ist (gratinieren). Zu den Artischockenböden in einer Saucière Madeira-Sauce reichen.


## Beignets d'artichauts
## Artischocken-Krusteln

*Artischockenböden, Weißer Sud (Seite 154) oder Butter, Zitronensaft, Öl, Salz, Pfeffer, je 1 Prise gehackte Petersilie und Kerbel, Ausbackteig, Öl oder Pflanzenfett zum Ausbacken, fritierte Petersilie*

Die Artischocken, wie auf Seite 536 im Rezept »Artischocken auf die Art der Bresse« angegeben, in einem weißen Sud garen und in Butter fertig dünsten. Oder roh in Butter geben und ganz langsam weich dünsten. Herausnehmen, abtropfen lassen, abtrocknen und je nach Größe in 4 oder 6 Stücke teilen. In eine Schüssel geben, mit einigen Tropfen Zitronensaft und etwas Öl beträufeln, mit Salz und Pfeffer würzen und mit den gehackten Kräutern bestreuen. Gut vermischen und 20 Minuten durchziehen lassen.

Die Artischockenböden herausnehmen und einzeln durch den Ausbackteig ziehen. In das rauchend-heiße Fritierfett geben und ausbacken. Wenn sie schwimmen und schön golden und knusprig geworden sind, herausheben, abtropfen und auf einem Tuch oder Küchenpapier rasch abtrocknen. Leicht mit feinem Salz bestreuen und in der Mitte einer Platte aufschichten, die mit einer gefalteten Serviette ausgelegt wurde. Obenauf ein Sträußchen fritierte Petersilie anrichten.

## Artichauts à la grecque
## Artischocken auf griechische Art

*12 kleine, ganz junge Artischocken, etwas Zitronensaft, 1 Kräutersträußchen (aus 3 Stengeln Petersilie, 1 kleinem Blatt Sellerie, 1 Zweiglein Thymian und 1 Stück Lorbeerblatt), einige Korianderkörner, 1 Prise Fenchelsamen, 5 zerdrückte Pfefferkörner, Saft von 2 Zitronen, 6 EL Öl (vorzugsweise Olivenöl), 10 g Salz*

Im April oder Mai ganz kleine, frisch gepflückte Artischocken, »poivrade« genannt, auswählen. Vierteln, das möglicherweise schon herausgebildete Heu entfernen und die harten Blattspitzen abschneiden. Sofort in kaltes, mit Zitronensaft gesäuertes Wasser legen.
8 Minuten in kochendem Wasser abbrühen, herausnehmen und abtropfen lassen.
In der Zwischenzeit mit $3/4$ l Wasser und den angegebenen Zutaten einen Sud zubereiten und 10 Minuten kräftig durchkochen lassen. Die Artischockenviertel hineingeben und auf großer Flamme heftig wallend 15 bis 20 Minuten kochen. In eine Terrine abgießen und abkühlen lassen.
Die Artischockenviertel in einer kleinen Schüssel anrichten und mit etwas durchgeseihtem Sud begossen sehr kalt servieren.

## Fonds d'artichauts à la bressane
## Artischockenböden auf die Art der Bresse

*12 ganz frische, mittelgroße Artischocken, 1 Zitrone, 1 EL Mehl, evtl. 2 EL Essig, Salz, Butter, frisch gemahlener Pfeffer, 6 EL dicke Sahne (crème fraîche), ½ l leichtes Champignon-Püree*

Von den Artischocken die Blätter abbrechen und den Stiel abschneiden. Das Heu restlos entfernen. Das Äußere mit einem Messer glattschneiden, bis alle faserigen Teile entfernt sind. Rasch arbeiten und sofort mit Zitronensaft oder einem Zitronenviertel abreiben, damit die helle Farbe erhalten bleibt. Dann jeweils sofort in kaltes, leicht mit Zitronensaft gesäuertes Wasser legen. Inzwischen einen sehr leichten, weißen Sud aus 1 l Wasser, 1 EL Mehl, dem Saft von ½ Zitrone oder 2 EL Essig und 10 g Salz bereiten. Alle Zutaten kalt verrühren und unter häufigem Umrühren zum Kochen bringen. Die Artischockenböden hineinlegen und schwach kochend garen. Herausnehmen, abtropfen lassen und abtrocknen. In einer Bratplatte oder einer Pfanne 15 Minuten in Butter dünsten. Mit etwas Salz und frisch gemahlenem Pfeffer würzen. Dann auf größerer Flamme auf beiden Seiten etwas anbraten und leicht Farbe nehmen lassen. Mit einem Spachtel vorsichtig umwenden.

Mit der Sahne angießen und diese langsam um die Hälfte einkochen lassen. Schließlich das Champignon-Püree zufügen und vorsichtig erwärmen. Beim ersten Aufkochen vom Feuer nehmen und 30 g frische Butter hineinarbeiten. In einer Gemüseschüssel reichen.

*Anm. der Übersetzer:* Je frischer die Artischocken sind, desto besser und desto weniger bitter sind sie. Man kann die Frische leicht prüfen: Die Blätter sollen oben geschlossen sein und dürfen keine welken, eingeschrumpelten oder gar braunen Blattspitzen aufweisen. Die Stiele müssen straff und saftig sein und nicht biegsam. Ein Blatt muß sich nur mit einem lauten Knacks abbrechen lassen, und die Artischocken dürfen nicht trocken nach Heu riechen.

Während man in Frankreich die grünen, eher runden Artischocken vorzieht (außer in der Provence), findet man bei uns häufiger die länglichen Artischocken aus Italien oder Israel mit violetten Blattspitzen. Erstere sind milder und feiner, letztere haben ein leicht bitteres, kräftiges Aroma.

## Asperges
## Spargel

Die Zubereitung von Spargel ist sehr einfach: Die Stangen werden von oben nach unten dünn geschält, wobei der Kopf unversehrt bleibt. Dann die kleinen Blättchen abreiben, die den Kopf umgeben. Es genügt im übrigen nicht, eine Spargelstange nur zu schaben, denn so bleibt stets eine faserige und unangenehme Hülle auf dem Spargel haften. Sobald die einzelnen Stangen geschält und die holzigen Enden abgeschnitten sind, werden sie in kaltes Wasser gelegt – sie dürfen jedoch nicht lange darin liegenbleiben oder gar darin aufbewahrt werden. Den Spargel herausnehmen, abtropfen und in kleinen Bündeln zu 6 bis 10 Stangen, je nach Größe der Spargel, zusammenbinden. In reichlich normal gesalzenem Wasser (10 g pro Liter) 18 bis 25 Minuten kochen lassen.

Spargel darf nicht zu weich gekocht werden, er soll stets etwas knackig bleiben.

Soll der Spargel heiß gegessen werden, so darf er erst genau zum Servieren fertig werden, auf keinen Fall darf er stehen oder zu lange im Wasser nachziehen – er würde dann wäßrig, schlaff und gleichzeitig faserig. Zum Anrichten holt man die Spargelbündel mit einem Schaumlöffel aus ihrem Kochsud und taucht sie noch kurz in einen anderen Topf mit kochendem Salzwasser. Dieses Waschen im sauberen Wasser rundet das starke und eigenartige Aroma des Spargels noch ab, er wird dadurch süßer und angenehmer im Geschmack. Man läßt den Spargel dann auf einem Tuch oder Küchenpapier abtropfen und richtet ihn auf einer länglichen Spezialplatte an, die mit einem Rost oder einem Locheinsatz versehen ist. Der Spargel liegt dann nicht in der stets noch austretenden Flüssigkeit (man kann sich auch mit einer Serviette behelfen, die auf die Platte gelegt wird). Man legt den Spargel stets in mehreren Schichten, wobei jede Lage gegenüber der darunterliegenden um etwa 2 cm zurückgesetzt wird, damit die Köpfe schön zur Geltung kommen.

Sollen die Spargel kalt serviert werden, so geht man ganz genauso vor, läßt den Spargel jedoch in ein Tuch gewickelt abkühlen.

Heißer Spargel wird mit einer heißen Sauce gereicht, etwa Holländischer Sauce, Schaum-Sauce, Heller Sauce oder zerlassener Butter. Kalten Spargel begleitet man mit einer Vinaigrette, einer leichten Mayonnaise oder ähnlichem.

*Anm. der Übersetzer:* Während man bei uns in Deutschland den Spargel ganz weiß am liebsten mag, zieht man in Frankreich den mit violetten Köpfen oder sogar richtig grünen Spargel vor. Der weiße, der noch kein Tageslicht gesehen hat, schmeckt am mildesten. Der violette, der erst gestochen wird, wenn die Spitzen etwa 3 cm herausschauen, ist würziger und ausgeprägter im Geschmack. Grünen Spargel läßt man etwa 15 cm aus der Erde wachsen. Durch das Sonnenlicht, das die zarten Spitzen zunächst violett färbt, wird schließlich in den jungen Sprossen Chlorophyll aufgebaut, das dem Spargel die grüne Farbe gibt. Grüner Spargel hat einen weniger ausgeprägten Spargelgeschmack, besitzt dafür ein »gemüsigeres« Aroma, das etwa an junge Erbsen erinnert.

Leider ist grüner Spargel bei uns in Deutschland noch selten zu bekommen (der violettköpfige kommt aus Spanien, Frankreich, Italien, Holland und Belgien), doch erfreut er sich zunehmender Beliebtheit. Er wird hauptsächlich aus den USA, aus Ungarn und aus Italien importiert. Auch einige deutsche Spargelzüchter bieten ihn inzwischen an. Eine besonders wohlschmeckende Variante ist der wilde, ebenfalls grüne Spargel, den man in sandigen Flußlandschaften Südeuropas, Südenglands und auch um Berlin noch antrifft.

## Asperges au gratin
### Überbackener Spargel

Den Spargel kochen, abtropfen und die weichen, zarten Abschnitte der Stangen in 6 bis 8 cm lange Stücke schneiden. In einer Bratplatte oder Pfanne etwa 10 Minuten in Butter dünsten. Mit einem Hauch Salz und frisch gemahlenem Pfeffer würzen. Weiter in einer Auflaufform einrichten und fertig zubereiten, wie es für die »Artischockenböden mit Käse-Sauce« (Seite 533) angegeben ist.

## Pointes d'asperges vertes
### Grüne Spargelspitzen

Die grünen Spargelspitzen werden hauptsächlich als Garnitur verwendet. Es sind die Spitzen von nicht angehäufeltem Spargel, die nur etwa bleistiftstark sind. Der zarte, eßbare Teil ist meist nicht länger als 7 bis 8 cm. Man bricht sie vom unteren, holzigen und ungenießbaren Teil ab, indem man die Stangen unter kräftig biegendem Druck durch die Finger gleiten läßt. Aus 250 g grünem Spargel erhält man etwa 100 g zarte Spitzen.

Die Spitzen von diesen zarten Stangen schneiden und mit Faden zu kleinen Sträußchen zusammenbinden. Die übriggebliebenen, zarten Teile der Stangen in 1 cm lange Abschnitte teilen. In reichlich sprudelnd kochendes Salzwasser geben, auf großer Flamme gar kochen und abtropfen lassen. Auch die Bündelchen mit den Köpfen kurz abbrühen. Dann den Spargel nach der jeweils bei den Rezepten für die Garnitur angegebenen Art zubereiten.

*Anm. der Übersetzer:* Meist werden die grünen Spitzen dann mit anderem Gemüse oder Fleisch angerichtet. Vorher dünstet man sie im allgemeinen noch in Butter. Auf diese Weise fertiggemacht, mit einer etwas kräftig und säuerlich abgeschmeckten Sauce serviert, schmecken sie auch pur genossen am besten.

## Asperges à la polonaise
### Spargel auf polnische Art

Für 3 Personen: *15 bis 20 schöne, große Spargelstangen, Salz, 1 hartgekochtes Eigelb, 1 große Prise gehackte Petersilie, 125 g Butter, 30 g feine Semmelbrösel oder frisches Paniermehl*

Die Spargelstangen schälen und in gleichgroßen Bündeln zusammenbinden. In Salzwasser gar kochen und gut abgetropft auf eine lange, sehr heiße Platte legen. Dabei die oberen Schichten jeweils etwas nach hinten versetzt auf die unteren legen. Die Köpfe mit dem durch ein Sieb passierten Eigelb bestreuen und die noch feuchte Petersilie darüber verteilen. Die Butter in einer kleinen Pfanne haselnußbraun werden lassen, die Semmelbrösel hineingeben und hellgolden und knusprig rösten. Diese Mischung auf die Spargelköpfe gießen, so daß die heiße Butter mit der an der Petersilie haftenden Feuchtigkeit aufrauscht. Sofort servieren, die Butter sollte möglichst noch schaumig sein.

## Aubergines
## Auberginen

Von den vielen Auberginenarten ist die dunkelviolette, lange Früchte bildende am besten für die feine Küche geeignet. Sie wird auf sehr verschiedene Arten zubereitet und kommt als alleinstehendes Gemüsegericht wie auch als Garnitur auf den Tisch.

Es ist notwendig, die Auberginen vor dem Dünsten, Überbacken oder Braten mit Salz zu bestreuen und Wasser ziehen zu lassen. Dafür werden sie geschält, in Scheiben, Würfel oder olivenförmig zugeschnittene Bällchen zerteilt – je nach der gewünschten Verwendung. Dann gibt man sie in eine Schüssel, bestreut sie mit Salz, wendet sie gut um und läßt sie ruhen. Das Salz zieht nun das für die Zubereitung hinderliche Wasser aus dem Fruchtfleisch. Aus der entstandenen Flüssigkeit nehmen, abtropfen lassen und sorgfältig abtrocknen. Jetzt können die Auberginen nach beliebiger Art zubereitet werden.

Außer den in den folgenden Rezepten geschilderten Zubereitungsarten verwendet man die Auberginen noch in dicken, geschälten Scheiben gebraten als Unterlage für pochierte oder wachsweiche Eier, Tournedos, Kalbsnüßchen oder -grenadins und ähnliches.

## Aubergines au gratin
### Überbackene Auberginen

Für 6 Personen: *3 schöne, große Auberginen, Salz, Öl oder Pflanzenfett zum Ausbacken, 50 g Butter, 2 Schalotten, 1 mittelgroße Zwiebel, 1 EL Olivenöl, 125 g frische, weiße Champignons, Pfeffer, 1 Knoblauchzehe, 2 EL Tomatenpüree, braune Sauce oder Kalbs-Fond, 2 EL frisches Paniermehl, Petersilie*

Die Auberginen längs halbieren. Entlang der Schale in die Schnittflächen mit der Messerspitze alle 3 mm rundum kleine Einschnitte machen. Mit Salz einreiben und ½ Stunde durchziehen lassen. Abtropfen, trockentupfen und in das rauchend heiße Fritierfett tauchen. Etwa 5 bis 8 Minuten fritieren, bis sich das Fruchtfleisch mit einem Löffel leicht aus der Schale lösen läßt. Auf einem Tuch oder Küchenpapier abtropfen lassen und abtrocknen. Das Fruchtfleisch mit einem Löffel aus den Schalen schaben, diese dabei aber nicht verletzen.

Die Schalen nebeneinander mit der Wölbung nach unten in eine reichlich gebutterte flache Auflaufform setzen. Das Fruchtfleisch fein hacken und in eine Schüssel geben.
Die Schalotten und die Zwiebel fein schneiden und langsam in 15 g Butter und 1 EL Olivenöl weich dünsten. Dann auf stärkerer Flamme kurz anbraten und etwas Farbe nehmen lassen. Die geputzten, rasch gewaschenen und gehackten Champignons zugeben, mit Salz und Pfeffer würzen und auf großer Flamme rasch braten. Dabei ständig mit einem Holzlöffel umwenden. Wenn sie trocken geworden sind, die zerdrückte Knoblauchzehe zufügen, ebenso das Tomatenpüree, 2 EL braune Sauce oder Kalbs-Fond und das gehackte Auberginenfleisch. 5 Minuten köcheln lassen und etwas frisches Paniermehl zufügen, bis die Masse die Konsistenz eines Kartoffelpürees erreicht. Vom Feuer nehmen und noch 1 TL gehackte Petersilie zufügen. 15 bis 20 g Butter hineinarbeiten und abschmecken. Dieses Püree in die bereitgestellten Auberginenhälften füllen und dabei leicht aufhäufen. Mit frischem Paniermehl bestreuen und mit etwas Öl oder zerlassener Butter beträufeln. In den heißen Ofen schieben und überbacken (gratinieren). Sofort nach dem Herausnehmen mit etwas brauner Sauce oder eingekochtem und mit Butter angereichertem Kalbs-Fond umgießen. Auf jede Auberginenhälfte 1 Prise gehackte Petersilie streuen.

## Aubergines à la crème
## Auberginen in Sahne

*3 Auberginen, Salz, Butter, ³/₁₀ l dicke Sahne (crème fraîche), Pfeffer, 1 Prise gehackter Kerbel*

Die möglichst festen Auberginen schälen und in ½ cm dicke Scheiben schneiden. Mit Salz bestreuen, umwenden und 30 Minuten Wasser ziehen lassen. Abtropfen und trocknen. In einem breiten, flachen Brattopf in Butter zugedeckt dünsten, bis die Scheiben gar sind. Kurz vor dem Servieren die Sahne angießen und auf lebhaftem Feuer um die Hälfte einkochen. Dabei die Auberginenscheiben durch Rütteln des Topfes ständig hin und her bewegen, ohne daß sie zerdrückt werden. Mit Salz und Pfeffer abschmecken und durch Schwenken neben dem Feuer in diese stark reduzierte Sauce etwas frische Butter einziehen. In einer Gemüseschüssel anrichten und mit dem Kerbel bestreut servieren.

## Aubergines frites ou beignets d'aubergines
## Fritierte Auberginen oder Auberginen-Krusteln

*Auberginen, Salz, Pfeffer, Mehl, Öl oder Fett zum Ausbacken, für die Krusteln auch Ausbackteig*

Die Auberginen schälen und in ½ cm dicke Scheiben schneiden. Mit Salz und frisch gemahlenem Pfeffer würzen, mit Mehl bestäuben und alles vermischen. Das überflüssige Mehl wieder abklopfen und die Scheiben in das rauchend-heiße Fett geben.
Wenn sie schön golden und knusprig sind, sofort herausnehmen, abtropfen lassen, mit einem Tuch oder Küchenpapier abtupfen und auf einer runden, mit einer gefältelten Serviette belegten Platte anrichten. Sofort servieren, denn wenn diese Auberginenscheiben wirklich köstlich schmecken sollen, dann muß man sie knusprig essen. Sie dürfen also nicht warten – im Gegenteil, die Gäste sollten auf das Gemüse warten.
Die mit Salz und Pfeffer gewürzten Auberginenscheiben kann man auch durch Ausbackteig ziehen und dann zu leichten Beignets (Krusteln) ausbacken.

## Aubergines à la provençale
## Auberginen auf provenzalische Art

*Für 1 Person: 1 mittelgroße Aubergine, 3 EL Olivenöl, ½ Zwiebel, Salz, Pfeffer, 1 gestrichener TL Mehl, ½ Knoblauchzehe, 1 Tomate, 1 Prise gehackte Petersilie*

Die Aubergine schälen und in kleine Würfel von etwa 2 cm Kantenlänge schneiden. Das Öl in einer Pfanne erhitzen und die in Streifchen geschnittene Zwiebel darin ganz langsam und zart anbraten. Die Auberginenwürfel zufügen, salzen und pfeffern und mit einem Hauch Mehl bestäuben. Die Stücke ab und zu in der Pfanne mit einer ruckartigen Bewegung springen lassen, daß sie auf allen Seiten gleichmäßig eine hellbraune Farbe annehmen. Dann die mit einer Messerklinge zerdrückte Knoblauchzehe zufügen (man sollte Knoblauch nie hacken) und einen Augenblick in der Pfanne rührend erhitzen. Die Tomate häuten, auspressen, um die Kerne und das Fruchtwasser zu entfernen, mit einigen Messerschlägen zerkleinern und das Mus zu den Auberginen geben. Nochmals mit Salz und Pfeffer abschmecken und alles langsam gar werden lassen. Dabei ändert sich durch Zugabe der Tomate die Garmethode: Die Auberginenwürfel braten nun nicht mehr, sondern dünsten mit den anderen Zutaten, werden sozusagen zu einem Kompott. Langsam läßt man nun nahezu alle Flüssigkeit verdampfen, bis nach etwa ½ Stunde die Zutaten zu einer marmeladenartigen Masse zusammengekocht sind. Vor dem Servieren nochmals abschmecken, das Gemüse in einer gut vorgewärmten Schüssel anrichten und mit einer Prise frisch gehackter Petersilie bestreuen.

## Cardons
## Karde oder Kardonen

Die Karde gleicht einer riesigen Artischockenpflanze – wie diese gehört sie zu den Distelgewächsen. Wenn sie voll ausgewachsen ist, wird sie zusammengebunden und mit Erde angehäufelt oder in schwarze Plastikfolie gewickelt, damit sie – wie Bleichsellerie – hell und zart wird. Man verwendet lediglich die Hauptrippen der riesigen Blätter, so daß von einer 3 kg schweren Pflanze nur etwa 900 g Eßbares übrigbleibt. Gleichgültig, in welcher Weise man die Karde später zubereitet, die Vorbereitungen und die erste Phase der Zubereitung sind stets gleich. Vorbereitung und Grundzubereitung der Karde:

*1 Karde von etwa 3 kg, 2 Zitronen, eventuell Essig, 2 gehäufte EL Mehl, 20 g Salz, 125 g rohes Kalbsfett*

Zunächst die äußeren, harten und welken Blätter entfernen und wegwerfen. Dann die zarten Blätter nach und nach bis zum Herzen ablösen. Die Blätter von den fleischigen Blattrippen abschneiden, ebenso die oberen zähen Partien entfernen. Die Rippen nun von unten her in 8 cm lange Abschnitte zerteilen. Nur die wirklich dicken, fleischigen Stücke verwenden, denn nur sie werden nach dem Kochen zart. Von den einzelnen Stücken die Fasern, die vor allem an der äußeren Wölbung der Rippen verlaufen, abziehen. Die geputzten Stücke sofort mit einem Stück Zitrone abreiben, damit sie sich nicht dunkel verfärben. Jeweils gleich in eine Schüssel mit kaltem Wasser legen, das mit Zitronensaft oder Essig gesäuert wurde.
Einen weißen Sud aus 2 l Wasser, dem mit 4 EL Essig oder dem Saft einer Zitrone verrührten Mehl und 20 g Salz kalt aufsetzen und unter

häufigem Umrühren zum Kochen bringen. Dann das feingewürfelte Kalbsfett (Nierenfett) zugeben und schmelzen lassen, bis sich die Oberfläche des Suds mit einer dicken Fettschicht bedeckt hat, die später jeden Kontakt der Karden mit Luft unterbindet. Nun die Karden aus dem Wasser nehmen, schnell abtropfen und in den weißen Sud geben. Zudecken und etwa 2 Stunden langsam köcheln lassen. Die Karden sind gar, wenn sie auf Fingerdruck nachgeben. In eine glasierte, irdene Schüssel geben und bis zum Gebrauch aufbewahren. *Anm. der Übersetzer:* Karden findet man in Deutschland noch immer recht selten, obwohl sie ein sehr feines Gemüse sind. Allerdings werden sie von guten Delikatessen- bzw. Gemüsegeschäften jetzt häufiger aus Italien importiert. Man sollte sie nur im Winter essen, denn sie schmecken weitaus besser, wenn sie Frost mitbekommen haben. Gartenbesitzer können sie im übrigen problemlos ziehen, denn sie gedeihen recht gut auch in unserem Klima, auch wenn sie nicht ganz so groß werden wie in südlichen Ländern.

## Cardons au jus
## Karden in Kalbs-Fond

Die wie oben angegeben vorbereiteten und gegarten Karden 10 Minuten in einem breiten, flachen Topf in Butter dünsten. Dann mit gutem, wenig gesalzenem Kalbs-Fond (Seite 150) aufgießen, bis alles eben bedeckt ist. 15 bis 20 Minuten leise köcheln lassen. Die Karden herausnehmen, in einer Schüssel anrichten und den Kalbs-Fond einkochen, bis eben noch genügend Sauce übrig ist, um die Karden zu begleiten. Den Fond vom Feuer nehmen, mit frischer Butter binden und über die Karden gießen.

## Cardons à la moelle
## Karden mit Rindermark

**Für 6 Personen:** *1 schöne, weiße Karde, 2 l weißer Sud (Seite 154), 60 g Butter, 2 EL Mehl, 1 l gute Rindfleischbrühe, Salz, Pfeffer, 200 g Rindermark, 50 g geriebener Gruyère oder Emmentaler*

Die zarten und fleischigen Rippen der Karde vorbereiten, wie im Grundrezept angegeben. Dann in etwa 3 cm lange Stücke schneiden und im weißen Sud gar kochen.

Unterdessen in einer Kasserolle 50 g Butter schmelzen lassen, das Mehl zufügen und darin verrühren. Ganz langsam eine helle Einbrenne bereiten und mit der Rinderfleischbrühe aufgießen. Mit dem Schneebesen glattrühren und 20 Minuten auf kleiner Flamme kochen lassen. Abschmecken.
Die fertig gegarten Karden aus dem Sud nehmen, abtropfen, mit der Sauce vermischen und in eine gebutterte Auflaufform füllen.
Das 2 Stunden in kaltem Wasser gewässerte Rindermark kurz pochieren und in dünne Scheiben schneiden. Auf die Kardonen legen und mit dem Käse bestreuen. Im Ofen überbacken, bis sich eine goldgelbe Kruste gebildet hat. In der Form sofort nach dem Herausnehmen aus dem Ofen servieren.

## Cardons au beurre
### Karden mit Butter

Die wie im Grundrezept (Seite 543) angegeben vorbereiteten und vorgekochten Karden aus dem Sud nehmen, abtropfen und in einer Bratplatte 20 Minuten in Butter dünsten. Mit dieser Butter in einer Schüssel anrichten und mit einigen Tropfen Zitronensaft beträufeln.

## Cardons avec sauces diverses
### Karden mit verschiedenen Saucen

Die wie im Grundrezept vorbereiteten und gegarten Karden können wie Artischocken mit verschiedenen Saucen serviert werden. Es bieten sich dunkle wie helle Saucen an: Demi-glace, Bordelaiser Sauce, Holländische Sauce, Schaum-Sauce, Rahm-Sauce, Béarner Sauce. Ebenso kann man Karden mit kalten Saucen kalt servieren: Vinaigrette, Remouladen-Sauce und ähnliche.

## Carottes
## Möhren

Die Möhren spielen eine sehr wichtige Rolle in der Küche. Ihre Verwendung als würzendes Element in Saucen, Suppen und Fonds macht sie geradezu unentbehrlich.
Auch als Garnitur und allein als Gemüse zubereitet sind sie außerordentlich beliebt. Es gibt sie das ganze Jahr über zu kaufen: Die Gemüsegärtner versorgen den Markt ab März mit frühen Sorten, die unter Glas im Frühbeet gezogen werden; ihnen folgen die verschiedenen Sommersorten und schließlich die späten Herbstmöhren, die sich den ganzen Winter über gut aufbewahren lassen.
Die Frühlingsmöhren eignen sich am besten für die Zubereitung als Gemüse oder als Garnitur. Wenn möglich, sollte man die roten, kurzen Rüben nehmen, die an der Spitze abgerundet sind. Sie haben ein zarteres und dickeres Fleisch als die langen, spitz zulaufenden.
Junge Möhren werden gründlich gewaschen, nur dünn geschält oder mit einem scharfen Messer geschabt. Man soll dies stets so wenig wie möglich tun, denn die süßen, nährenden Substanzen konzentrieren sich wie die Vitamine in den äußeren Regionen der Möhren, die gleichzeitig auch die zartesten sind. Junge Möhren werden niemals blanchiert, also vor der eigentlichen Zubereitung mehr oder weniger lang abgebrüht. Nach dem Schälen oder Schaben teilt man sie je nach Größe in zwei bis sechs Abschnitte und rundet die Kanten ab, so daß sie die Form einer großen Olive erhalten. Erneut in kaltem Wasser waschen. Mit so viel kaltem Wasser in einer Kasserolle aufsetzen, daß sie gerade eben bedeckt sind. Auf je $1/2$ l Wasser 1 Prise Salz, 1 gestrichenen TL Zucker und 60 g Butter zufügen. Zudecken und schwach kochend garen, bis nahezu alle Flüssigkeit verdunstet ist – nötigenfalls gegen Ende der Kochzeit den Deckel abnehmen. Dabei verbinden sich die Butter, die ausgetretenen Gemüsesäfte und die eingekochte Flüssigkeit zu einer knappen, sirupartigen Flüssigkeit: Die Möhren in diesem Fond schwenken und schütteln, bis sie sich vollkommen mit einer leuchtenden Schicht überzogen haben. Man kann die auf diese Weise zubereiteten Möhren ohne weitere Zugaben servieren oder sie mit anderen Gemüsen mischen bzw. zu verschiedenen Garnituren reichen.
Ist man gezwungen, alte Möhren zu verwenden, so sollte man nur das rote Äußere nehmen. Das gelbe Herz ist hart und hat einen strengen Geschmack. Man kann es kräftig abbrühen und dann in mäßiger

Menge für verschiedene Suppen und Fonds verwenden. Die alten Möhren werden längs gespalten, so daß man das Innere herauslösen kann. Das Rote schneidet man nun in große Stäbchen, kürzt diese so, daß man aus den Abschnitten kleine, olivenförmige Bällchen schnitzen kann, und kocht sie vor jeder weiteren Zubereitung in Salzwasser gar. Dies ist das einzige Mittel, den bei alten Möhren zu stark ausgeprägten Geschmack zu beseitigen. Die Möhren sollen weich sein, aber nicht zerfallen.

Weiterhin werden Möhren gerne als Rohkost gereicht. Dazu werden sie in feine Streifchen geschnitten und geraspelt und mit Sahne und Zitronensaft angemacht, mit Mayonnaise gebunden oder mit einer von der Mayonnaise abgeleiteten Sauce gereicht.

*Anm. der Übersetzer:* Man unterscheidet nach Möhren und Karotten. Möhren sind die langen Wurzeln, Karotten die runden oder kurzen. Junge zarte Karotten werden nur dünn geschält und unzerteilt wie die Möhrenstücke verwendet.

## Purée de carottes
### Möhrenpüree

*400 g geputzte Möhren, 125 g gewaschener Reis, Salz, 1 knapper TL Zucker, 160 g Butter, etwas Milch, Sahne oder Fleischbrühe, Pfeffer, herz- oder rautenförmig zugeschnittene, in Butter geröstete Weißbrotscheiben (Croûtons)*

Die Möhren in dünne Scheiben schneiden und den Reis unter fließendem Wasser waschen, bis das Wasser unten klar herausläuft. Vermischen, in einen Topf geben, mit 1 Prise Salz und etwas Zucker würzen, mit Wasser aufgießen, bis alles bedeckt ist, und 60 g Butter hinzufügen. Heftig kochend garen, nötigenfalls noch etwas Wasser zufügen. Am Ende sollte alle Flüssigkeit verkocht bzw. vom Reis aufgesogen sein. Alles durch ein feines Sieb streichen. Das erhaltene Püree in einen breiten, flachen Brattopf geben und auf großer Flamme unter kräftigem Umwenden trocken werden lassen.

Vom Feuer nehmen und nach und nach 100 g Butter in kleinen Stückchen hineinarbeiten. Mit Milch, Sahne oder Fleischbrühe vermischen, bis das Püree die gewünschte Konsistenz bekommt. Nicht mehr kochen lassen. Abschmecken, in einer Gemüseschüssel anrichten und mit den Croûtons umlegen.

## Carottes glacées au beurre
### In Butter glacierte Möhren

Die Bezeichnung »glaciert« (verspiegelt) wäre ein Unsinn, wenn sie nicht in übertragenem Sinn die glänzende Hülle anspräche, die diese Möhren am Ende wie eine Glasur überzieht.

Die Möhren wie im Rezept auf Seite 546 angegeben vor- und zubereiten. Ganz zum Schluß neben dem Feuer etwas Butter in den sirupartigen Fond mischen. Dazu die Möhren mit einer heftigen, ruckartigen Bewegung schwenken und im Topf springen lassen.

Die Zubereitungszeit der glacierten Möhren sollte immer genau berechnet werden, das heißt, sie sollen so aufgesetzt werden, daß sie, wenn sie gar sind, sofort serviert werden können. Müssen sie warm gehalten werden oder kühlen sie gar ab, so verlieren sie ihren klaren, milden Geschmack, der sich in den unangenehmen, wäßrigen Geschmack von Wiederaufgewärmtem verwandelt.

## Carottes à la crème
### Möhren in Sahne

Die Möhren wie im vorstehenden Rezept zubereiten. Wenn die Flüssigkeit stark genug eingekocht ist, mit dicker Sahne (crème fraîche) aufgießen, bis die Möhren erneut gerade eben bedeckt sind. Die Sahne um die Hälfte einkochen lassen, abschmecken und alles kräftig durchschwenken. In einer Gemüseschale anrichten.

## Carottes Vichy
### Möhren »Vichy«

Die Möhren werden wie die glacierten Möhren in Butter zubereitet, jedoch nicht olivenförmig zuschneiden, sondern in dünne Scheiben hobeln. Dem Kochwasser etwas Vichy-Salz (oder Karlsbader Salz) zufügen. In einer Gemüseschüssel anrichten und mit frisch gehackter Petersilie bestreut servieren.

## Pieds de céleri et célerie-rave
## Stauden- und Knollensellerie

Der Sellerie wird in zwei sehr verschiedenen Formen angeboten. Als Ergebnis langer Zucht wird einmal die Knolle groß, fest und zugleich zart. Oder die Stangen bilden sich dick und fleischig heraus. Sie sind entweder grün und kräftig im Geschmack, oder sie werden angehäufelt bzw. mit schwarzer Folie umwickelt, so daß sie bleichen und danach mild und zart schmecken.

Beide Selleriearten werden roh und gekocht gegessen, die Zubereitungsarten sind jedoch unterschiedlich. Bei den Vorspeisen wurden bereits die Salate erwähnt, im folgenden geht es um Gemüse als Zwischengericht, Beilage oder Garnitur.

*Grundzubereitung von Staudensellerie:*

*Selleriestauden, Salz, Zwiebeln, Möhren, frische Schweineschwarten, guter, nicht entfetteter Kalbs-Fond, frischer, fetter Speck*

Von den Stauden die äußeren, sehr grünen und harten, bei Bleichsellerie oft etwas angefaulten Stangen entfernen. Der untere Teil der Staude wird von den harten, faserigen Stangenansätzen befreit. Den Wurzelansatz, den man daran läßt, damit er die Stangen des Herzens zusammenhält, schneidet man wie einen Zapfen zu, die Stangen werden auf eine Länge von etwa 20 cm gekürzt.

Gründlich waschen, dabei immer wieder frisches Wasser zwischen die Stangen laufen lassen, um die darin festgesetzte Erde und die dazwischen verborgenen Tierchen vollkommen zu entfernen. Die möglicherweise auf der Außenseite der äußeren Stangen verlaufenden Fäden abziehen, die Stauden nochmals waschen und in sprudelnd kochendes Salzwasser (10 g Salz pro Liter) tauchen. 10 Minuten kochen lassen, herausnehmen, abtropfen und abkühlen lassen. Das Innere mit einer Prise Salz würzen, mit Schnur zusammenbinden und gar schmoren.

Dazu den Boden einer hohen Kasserolle reichlich buttern und einige dünne Zwiebel- und Möhrenscheiben sowie frische Schweineschwarten darauf verteilen. Auf dieser Unterlage die Selleriestauden nebeneinander anordnen. Den Decken auflegen und alles auf ganz kleiner Flamme ein wenig dünsten lassen. Mit gutem, nicht entfettetem Kalbs-Fond aufgießen, bis die Selleriestauden gerade eben bedeckt sind, und je Liter Kalbs-Fond 100 g frischen, fetten, fein ge-

hackten Speck zufügen. Zudecken und im mäßig heißen Ofen 2 Stunden leise vor sich hin köcheln lassen.
Werden die Sellerieherzen nicht sofort weiterverwendet, so legt man sie in eine glasierte, irdene Schüssel und seiht den Kochsud darüber.

*Grundzubereitung von Knollensellerie:*
Die Knollen zunächst gründlich waschen. Dick abschälen, die Knollen in grobe Würfel zerteilen und diese wie riesige Knoblauchzehen zuschneiden oder in dicke Scheiben schneiden. Unter frischem Wasser abwaschen und in reichlich sprudelnd kochendem Salzwasser 5 Minuten blanchieren.
Herausnehmen, abtropfen lassen und auf einem Tuch abkühlen lassen. Zum Schluß in einer Bratplatte in Butter weich dünsten. Mit Salz und Pfeffer würzen.
Weiter werden diese Zehen oder Scheiben wie Staudensellerie zu Garnituren verwendet.

## Purée de céleri-rave
### Sellerie-Püree

*400 g gedünsteter Sellerie (Grundzubereitung vorhergehende Seite), 140 g Kartoffelpüree, 50 g Butter, kochende Milch oder Sahne, 1 Messerspitze geriebene Muskatnuß, Salz, Pfeffer*

Den gedünsteten Sellerie durch ein Sieb treiben. Das erhaltene Püree auf großer Flamme ständig mit einem Spachtel umrührend trocken werden lassen. Das Kartoffelpüree hineinarbeiten und neben dem Feuer die Butter untermischen. Das Püree nun nicht mehr kochen lassen, aber mit Milch oder Sahne auf die gewünschte Konsistenz verdünnen. Mit einer Messerspitze Muskatnuß, Pfeffer und Salz abschmecken und in einer Gemüseschüssel anrichten.

*Anm. der Übersetzer:* Man kann das Püree auch als Sellerie allein zubereiten, doch wird es dann sehr stark im Geschmack. Die hier angegebene Mischung von 2 Teilen Sellerie und 1 Teil Kartoffeln ist daher vorzuziehen. Man kann dieses Selleriepüree auch noch mit steifgeschlagenem Eiweiß vermischen, mit geriebenem Käse bestreuen und im Ofen überbacken. Die Milch- bzw. Sahnezugabe richtet sich nach der Verwendung des Pürees und ob man es eher dicker oder dünnflüssiger bevorzugt.

## Céleri au jus
## Sellerie in Kalbs-Fond

*Wie geschmorte Selleriestauden, schwach gesalzener Kalbs-Fond angegeben, von der Schmorflüssigkeit, Butter*

Die fertig geschmorten Selleriestauden aus ihrem Sud nehmen, abtropfen lassen und der Länge nach spalten. In einen breiten, flachen Topf nebeneinander legen und, bis sie gerade eben bedeckt sind, mit einer Mischung aus 2 Teilen gutem, schwach gesalzenem Kalbs-Fond und 1 Teil Schmorflüssigkeit der Selleriestauden aufgießen. Zudecken und 15 bis 20 Minuten leise köcheln lassen. Die Sellerieherzen in einer Gemüseschüssel anrichten. Den Sud, der meist noch nicht genügend eingekocht ist, rasch erhitzen und auf die zum Servieren des Selleries absolut nötige Menge reduzieren. Vom Feuer nehmen und mit reichlich Butter vermischen (50 g Butter auf $1/10$ l Fond rechnen). Über die Sellerieherzen gießen und sofort servieren.

## Endives
## Chicorée

Der beste Chicorée, wie der Endiviensalat ein Zichoriengewächs, stammt von der Sorte *Witloo*, deren zweite, gebleichte Triebe besonders weiß und zart sind.

*Anm. der Übersetzer:* Der Anbau von Chicorée (der witzigerweise in Frankreich *Endivie* heißt, während der bei uns Endivien genannte Salat in Frankreich Chicorée – oder Scarole – heißt) trennt sich in 2 grundverschiedene Phasen. Zunächst wächst eine normale Salatpflanze mit einer dicken Wurzel und großen grünen Blättern heran. Diese werden im Spätsommer oder Herbst entfernt, und die Wurzel wird in speziellen, absolut dunklen Gewächshäusern (meist aus Wellblech) in sandige Erde geschlagen. Der zweite, oben angesprochene Trieb sind die im Laden erhältlichen Chicorée-Herzen. Durch die Dunkelheit bleiben die Blätter hell und zart. Der beste Chicorée kommt aus Belgien.

*500 g Chicorée, Butter, Salz, 1/4 Zitrone (Saft), 3 EL Wasser*

Die Chicoréestangen putzen und rasch waschen – nicht lange im Wasser liegen lassen, denn dadurch werden sie bitter. In eine reichlich ausgebutterte Kasserolle legen und mit etwas Salz bestreuen. 30 g Butter in Flöckchen darüber verteilen, mit etwas Zitronensaft beträufeln, das Wasser zufügen und ein gebuttertes Papier darüberlegen. Den Deckel auflegen, zum Kochen bringen und 45 Minuten leise köcheln lassen, am besten dazu in den mäßig heißen Ofen stellen.

*Anm. der Übersetzer:* Oft ist der Strunk des Chicorée bitter. Man löst daher mit der Messerspitze den Kern am unteren Blattansatz heraus oder teilt die Stangen längs durch und schneidet das harte, untere Ende heraus, ohne daß die einzelnen Blätter auseinanderfallen.

## Endives à la crème
## Chicorée in Sahne

Wie oben gedünsteten Chicorée in einen breiten, flachen Brattopf legen und mit kochender Sahne begießen, bis die Stangen gut bedeckt sind. Auf kleiner Flamme um ⅔ einkochen. Den Chicorée herausnehmen und in einer gut vorgewärmten Gemüseschüssel anrichten. Die Sahne abschmecken und neben dem Feuer je ¹⁄₁₀ l 50 g Butter hineinarbeiten. Diese Sauce über den Chicorée gießen und sofort servieren.

## Endives Mornay
## Chicorée in Käse-Sauce

In Sahne zubereitete Chicorée-Stangen in einer flachen Auflaufform anrichten. Die Sahne sehr dick einkochen und so viel Mornay-Sauce (Seite 170) zufügen, daß der Chicorée damit gut bedeckt werden kann. Über den Chicorée gießen und eine Mischung aus halb geriebenem Parmesan, halb geriebenem Gruyère (oder Emmentaler) darüber verteilen. Mit einer guten Prise frischem Paniermehl bestreuen und mit zerlassener Butter beträufeln. Im heißen Ofen goldgelb überbacken (gratinieren). In der Auflaufform servieren.

## Endives à la meunière
## Chicorée Müllerin

Wie im Grundrezept angegeben, gedünsteten Chicorée gut abtropfen lassen. In einer Bratplatte oder einer Pfanne, die jeweils so groß sein muß, daß alle Chicoréestangen gut nebeneinander liegen können, nicht zu wenig Butter erhitzen. Wenn sie haselnußbraun geworden ist, die Chicoréestangen nicht zu dicht nebeneinander hineinlegen und langsam gut auf allen Seiten braten, bis sie eine schöne goldene Farbe bekommen haben. Auf einer länglichen Platte anrichten und mit der Bratbutter begossen servieren.

## Choux
## Kohl

Die Kohlfamilie bietet eine große Reihe verschiedener Arten, die unter sich wieder verschiedene Sorten vereinigen und deren Angebot sich auf alle Jahreszeiten verteilt. Die wichtigsten Arten: Weißkohl, grüner Kopfkohl (bei uns ebenfalls Weißkohl genannt – Anm. d. Übers.), Grünkohl, Rotkohl, Spitzkohl, Blumenkohl, Broccoli, Rosenkohl, Kohlrüben und Kohlrabi.
Der Weißkohl wird hauptsächlich zur Herstellung von Sauerkraut verwendet, nur manchmal wird er wie festköpfiger grüner Kohl zubereitet.

## Choucroute à la ménagère
## Sauerkraut Haushälterin-Art

Sauerkraut wird aus Weißkohl hergestellt – entweder aus dem runden, elsässischen Zentnerkohl oder aus dem spitzen Filderkohl. Dieser Kohl ist immer sehr weiß und muß fest geschlossen sein.
Der Kohl wird in Streifen gehobelt und lagenweise in kleine Fässer gefüllt. Auf jede Lage streut man grobes, mit Wacholderbeeren vermischtes Meersalz; man rechnet 1,5 kg Salz auf 100 kg Kohl. Dann wird der Kohl mit einem Brett belegt und mit einem Stein beschwert. Bereits am folgenden Tag hat der Kohl durch das Salz und das Pressen so viel Wasser abgegeben, daß er vollkommen mit Lake bedeckt ist.

Man läßt den Kohl nun an einem kühlen Ort stehen, wo eine zunächst schnelle, dann immer langsamer werdende Gärung den Kohl zu Sauerkraut werden läßt. Nach 3 Wochen ist das Sauerkraut fertig.

*1 kg Sauerkraut, Salz, Pfeffer, frischer fetter Speck, in dünnen Scheiben, frische Schweineschwarten, 1 große Zwiebel, 1 Gewürznelke, 1 große Möhre, 1 TL Wacholderbeeren, 1 gepökeltes und geräuchertes Schweineschulterstück, 150 g magerer, gepökelter Brustspeck, 1 rohe Knoblauchwurst (ersatzweise 2 rohe Bauernbratwürste und 1 Knoblauchzehe), 1 Kräuterstrauß (aus 1 Bund Petersilie, ½ Lorbeerblatt und 1 Zweiglein Thymian), nach Belieben 1 Stück gepökelte Rinderbrust und 1 Schinkenhesse, 100 g Schweine- oder Gänseschmalz, helle Fleischbrühe oder Wasser, Straßburger oder Frankfurter Würstchen*

Das Sauerkraut unter fließendem Wasser auswaschen. Wenn es nicht ganz jung ist, 2 Stunden in kaltes Wasser legen, um es zu entsalzen (beim Dosen-Sauerkraut im allgemeinen nicht nötig – Anm. d. Übers.). Abtropfen lassen und jeweils in kleinen Mengen fest ausdrücken. Auf ein Tuch legen und auseinanderzupfen. Mit Salz und frisch gemahlenem Pfeffer würzen. Beim Salzen beachten, daß das Gericht durch das gepökelte Schweinefleisch und Fleischbrühe später zusätzlich gesalzen wird.
Einen Schmortopf oder eine feuerfeste Terrine mit Speckscheiben und Schwarten auskleiden. Die Hälfte des Sauerkrauts auf dem Boden ausbreiten. Darauf die mit der Nelke gespickte Zwiebel, die geviertelte Möhre, die Wacholderbeeren, das Schulterstück, den Brustspeck, die mehrmals mit einer Messerspitze eingestochene Knoblauchwurst (damit sie nicht platzt – Bauernbratwürste ebenfalls einstechen und mit Knoblauchstiftchen spicken) und das Kräutersträußchen verteilen. Nach Belieben auch ein Stück gepökelte Ochsenbrust und eine Schinkenhesse zufügen. Den Rest des Sauerkrauts darüberbreiten, das Schmalz in Flöckchen darauf verteilen und alles mit frischen, fetten Speckscheiben abdecken. Mit Fleischbrühe oder Wasser aufgießen, bis alles bedeckt ist. Zum Kochen bringen und im nicht zu heißen Ofen zugedeckt 4 Stunden schmoren lassen. Nach 1 Stunde das Fleisch und die Wurst herausnehmen. Erst ganz zum Schluß wieder zugeben und nur eben erwärmen.
Das fertige Sauerkraut soll eine helle Farbe haben und durch die Gärung leicht säuerlich schmecken. Gut abtropfen lassen und in einer Schüssel anrichten; die Zwiebel, die Möhrenstücke und den Kräuterstrauß entfernen. Das Fleisch in dünne, die Wurst in dickere Scheiben

schneiden und alles auf das Sauerkraut legen, ebenso die 5 Minuten in Wasser pochierten Würstchen.
Dazu in einer Schüssel sahniges Kartoffelpüree oder Dampfkartoffeln reichen.

## Chou vert
### Grüner Kopfkohl (Weißkohl)

Der grüne Kopfkohl, den es das ganze Jahr über gibt, kommt mit den frühen Sorten bereits im Frühling auf den Markt. Als erste wird der Spitzkohl im März und April angeboten.
Junger Kohl wird fast immer in gesalzenem Wasser gegart, nachdem man ihn geviertelt und den Strunk entfernt hat. Man serviert ihn, nachdem er mit einem Schaumlöffel herausgehoben und ausgepreßt wurde, mit frischer Butter belegt und mit Salz und frisch gemahlenem Pfeffer bestreut. Dazu reicht man Damkpfkartoffeln.
Dieser Kohl gehört im Frühling in den Pot-au-feu (Seite 116 f.). Er wird dann 5 Minuten blanchiert, in ein Netz gewickelt, damit er nicht auseinanderfällt und mit den anderen Gemüsen zusammen im Pot-au-feu gekocht.

## Chou vert braisé
### Geschmorter grüner Kopfkohl (Weißkohl)

*1 grüner Kopfkohl (Wirsing oder glattblättriger Weißkohl), Salz, dünne Scheiben von frischem, fettem Speck, frische Schweineschwarten, Pfeffer, Muskatnuß, 1 große Zwiebel, 1 Gewürznelke, 1 Möhre, 1 Kräuterstrauß (aus einigen Petersilienstengeln, 1 Stück Lorbeerblatt, 1 Zweiglein Thymian), 2 Knoblauchzehen, fette, kalte Fleischbrühe, 3 EL Schweine- oder Gänseschmalz oder Bratfett, nach Belieben 1 Stück magerer, gepökelter Speck, ein gepökeltes Schweineschulterstück oder 1 Stück gepökelte Ochsenbrust*

Von dem Kohl, der vorzugsweise von einer späteren Sorte stammen sollte, die äußeren, grünen Blätter entfernen. Den Kopf vierteln, den Strunk und die harten Blattrippen entfernen. Die einzelnen Blätter waschen und in kochendem Salzwasser 10 Minuten blanchieren. Die Blätter herausnehmen und gut abtropfen lassen.
Den Boden einer hohen Kasserolle, die der Menge des Kohls ange-

messen ist, mit Speckscheiben und Schweineschwarten auslegen. Die mit Salz, frisch gemahlenem Pfeffer und geriebener Muskatnuß gewürzten Blätter hineingeben und die gespickte Zwiebel, die geviertelte Möhre, den Kräuterstrauß und die Knoblauchzehen hineinstecken. Mit Fleischbrühe aufgießen, bis alles gerade bedeckt ist, das Schmalz oder Bratfett in kleinen Flöckchen darauf verteilen und mit dünnen, fetten Speckscheiben abdecken.

Aufkochen und zugedeckt bei mittlerer Hitze im Ofen 2 Stunden köcheln lassen.

Man kann auch jeweils 1 Stück Brustspeck, Schulterstück oder Ochsenbrust zufügen, muß dann aber beim Salzen sehr vorsichtig sein.

*Anm. der Übersetzer:* Unter grünem Kohl versteht Paul Bocuse meist nicht eine bestimmte Kohlsorte, sondern alle nicht weißen und nicht roten Kopfkohl-Sorten. Neben Spitzkohl gehören der Gartenkohl und der Wirsing dazu, jeweils in vielen verschiedenen Untersorten.

## Chou vert farci
### Gefüllter grüner Kopfkohl (Weißkohl)

*1 mittelgroßer, fester grüner Kopfkohl, Salz, dünne Scheiben von frischem, fettem Speck, Fleischfarce oder Gehacktes (halb und halb aus frischem Speck und magerem Schweinefleisch, nach Belieben mit anderen Fleischresten und Champignons vermischt und gewürzt), Pfeffer, frische Schweineschwarten, 1 Möhre, 1 Zwiebel, 1 Gewürznelke, 1 Kräuterstrauß, klare, fette, schwach gesalzene Fleischbrühe*

Den Kohlkopf von allen dunkelgrünen, harten oder verwelkten Blättern befreien. Den Strunk herausschneiden und den ganzen Kopf 15 Minuten in Salzwasser blanchieren. Herausnehmen, abtropfen lassen und auf ein feuchtes, mit Speckscheiben belegtes Tuch setzen. Die einzelnen Blätter loslösen und aufklappen, bis auch das Herz geöffnet ist. Eine kleine Kugel aus Fleischfarce in die Mitte setzen und einige Kohlblätter darumschlagen. Fleischfarce um die Blätter verteilen und wieder einige Kohlblätter hochheben und fest um die Farce drücken. Auf diese Weise den Kohl wieder in seiner ursprünglichen Form zusammensetzen, jedoch ab und zu eine Schicht Farce dazwischenschieben. Dabei den Kohl immer wieder mit Salz und frisch gemahlenem Pfeffer würzen. Wenn der Kohlkopf schließlich wieder seine ursprüngliche

Form hat, das Tuch so um ihn schlagen, daß er vollkommen von den Speckscheiben umhüllt ist. Entweder das Tuch nun wegnehmen und die Speckscheiben fest umwickeln oder das Tuch zusammendrehen, damit der Kopf fest eingeschlossen ist, und zubinden.

Auf den Boden einer hohen Kasserolle, die den Kohlkopf gerade eben aufnehmen kann, die Schweineschwarten, die in Scheiben geschnittene Möhre, die mit der Nelke gespickte Zwiebel und den Kräuterstrauß legen. Den Kohlkopf daraufsetzen und mit der Fleischbrühe gerade eben bedecken. Zum Kochen bringen, zudecken und bei milder Hitze 2 Stunden im Ofen schmoren lassen.

Zum Servieren den Kopf aus der Brühe heben, das Tuch und die Speckscheiben entfernen und den Kohl vorsichtig auf eine Platte setzen. Mit einem Löffel von dem während des Schmorens zum großen Teil eingekochten Fond begießen. Den Rest des Schmorfonds in einer Saucière reichen und als Beilage Dampfkartoffeln bereitstellen.

## Chou farci aux marrons
### Mit Eßkastanien gefüllter Kohl

Ein ebenso deftiges wie köstliches Fastengericht, das eine sehr lange Garzeit benötigt – mindestens 5 Stunden. Man reicht es vorzugsweise zum Mittagessen.

Für 8 Personen: *1 fest geschlossener, weißer Kohl von etwa 1,5 kg, 500 g schöne Eßkastanien, 6 große Zwiebeln, 250 g Butter, 15 g Salz, 4 g frisch gemahlener Pfeffer, $^3/_{10}$ l Milch*

Den Strunk des Kohls am Ansatz der äußeren Blätter abschneiden. Die grünen und verwelkten Blätter entfernen. Den ganzen Kopf in einen großen Topf mit kochendem Wasser geben und ½ Stunde leise kochen lassen. Inzwischen von den Eßkastanien die braune Schale abheben. Die Früchte in eine Kasserolle legen und mit kaltem Wasser bedecken. Zum Kochen bringen, zudecken und 12 Minuten leise köcheln lassen. Vom Feuer nehmen, mit einem Schaumlöffel immer wieder einige Kastanien herausheben und nach und nach von der dünnen Haut befreien. In einer Schüssel bereithalten.

Die Zwiebeln schälen und in feine Scheiben schneiden. In einer hohen Kasserolle, die so groß ist, daß sie später den gefüllten Kohl aufnehmen kann, 50 g Butter zerlassen. Die Zwiebeln hineingeben, vorsichtig erhitzen, zudecken und ¼ Stunde leise dünsten lassen, ohne die Zwiebeln dabei Farbe nehmen zu lassen. Nun die Kastanien und weitere 125 g Butter zufügen. Wieder zudecken und langsam weiter dünsten. Häufig mit einem Spachtel umrühren; dabei darauf achten, daß die Kastanien nicht zerdrückt werden. Für dieses zweite sorgfältige Schmoren etwa ½ Stunde rechnen, die Kastanien bekommen dann schließlich das Aussehen und die Farbe von kandierten Kastanien. Mit der Hälfte des Salzes und des Pfeffers würzen, umwenden und in die schon verwendete Schüssel füllen.

Unterdessen den Kohlkopf aus dem Wasser heben, abtropfen lassen und schließlich fest ausdrücken, damit alles Wasser herausgepreßt wird. Auf ein Tuch legen und die Blätter einzeln nacheinander loslösen und auseinanderbiegen, bis auch das Herz erreicht ist. An seine Stelle eine Portion der inzwischen fertiggestellten Farce aus Kastanien und Zwiebeln setzen. Nun den Kohl wieder in seiner ursprünglichen Form zusammensetzen und nach jeder Lage Blätter etwas Farce einschließen. Den fertig geschlossenen Kohl mit einer Schnur einmal horizontal umwickeln und dann kreuzweise durch 2 senkrechte Umwicklungen zusammenbinden. Oben zubinden und die Schnurenden recht lang abschneiden, damit man den Kopf nachher leichter in den Schmortopf setzen und wieder herausheben kann.

Die restlichen 75 g Butter in kleinen Flöckchen in der für das Dünsten der Zwiebel und Kastanien verwendeten Kasserolle verteilen. Den Kohl mit dem Strunkansatz nach unten daraufsetzen. Mit dem restlichen Salz und Pfeffer bestreuen. Den Deckel auflegen und den Topf auf eine sehr kleine Flamme stellen. Die Butter schmilzt nun, und der Kohl gibt Feuchtigkeit ab, die den zum Garen nötigen Dampf bildet. Dieser setzt sich am Deckel an und fällt als Wassertropfen auf den Kohl und in die Kasserolle zurück: Der Kohl beginnt zu schmoren. Möglichst 5 Stunden vorzugsweise im schwach geheizten Ofen garen. Von Zeit zu Zeit den Kohl mit dem sich bildenden Fond begießen. Darauf achten, daß der Kohl nicht am Topfboden festschmort. Nach 2 Stunden von der Milch 4 EL abnehmen und zurückbehalten. Die übrige Milch aufkochen lassen und heiß über den Kohl gießen. ¼ Stunde vor dem Servieren die restliche Milch in die Kasserolle geben. Den fertig geschmorten Kohl mit Unterstützung eines untergeschobenen Schaumlöffels an den Schnurenden herausheben, auf eine vorgewärmte, runde, tiefe Servierplatte setzen und die Schnur entfernen. Mit dem Schmorfond das während des Schmorens an den Topfwänden angesetzte Braune ablösen. Den Fond abschmecken, gegebenenfalls nachwürzen, über den Kohl gießen und sofort servieren.

## Choux-fleurs
## Blumenkohl

Guter Blumenkohl ist immer schön weiß und hat dicht gedrängt nebeneinanderstehende feste Knospen. Blumenkohl, der eine gelbliche Farbe aufweist, hat zuviel Sonne bekommen und schmeckt streng.
Im allgemeinen verwendet man vom Blumenkohl nur den Blütenstand, doch kann man im Grunde auch die ihn umgebenden hellen Blätter und die weißen Blattrippen wie Grünkohl zubereiten. Der innere, in Abschnitte zerteilte Strunk und die Stiele der Röschen werden auf griechische Art (Seite 535 f.) zubereitet und als kalte Vorspeise gereicht.
Das Putzen des Blumenkohls besteht darin, eben diese Blätter und Stiele sowie den Strunk zu entfernen und den Blütenstand in einzelne Röschen mit etwa 2 cm langen Stielen zu zerteilen. Den Stiel schälen und die Röschen nach und nach in mit etwas Essig leicht gesäuertes, kaltes Wasser legen.
*Anm. der Übersetzer:* Es gibt verschiedene Sorten von Blumenkohl, die sehr unterschiedlich aussehende Röschen bilden: Diese können sowohl rundlich und gleichmäßig aussehen als auch spitze Kegel bildend eine sehr bewegte Oberfläche aufweisen. Für die Qualität ist das nicht entscheidend. Auf jeden Fall sollte der Blumenkohl sehr frisch und knackig sein. Hat er schon biegsame Blattansätze (die Blätter werden bei uns leider immer schon abgeschnitten) oder sind gar die Stiele der Röschen schon biegsam, so darf man ihn nicht mehr kaufen, da er dann unangenehm streng nach Kohl schmeckt. Diesen scharfen Geschmack kann man nur durch mehrmaliges Blanchieren in sprudelnd kochendem Salzwasser etwas abmildern. Blumenkohl stets sehr gründlich wässern, um auch alle möglicherweise noch vorhandenen Rückstände von Insektiziden abzuwaschen. Zusätzlich kann man ihn in gesalzenes Wasser legen, wodurch manchmal im Innern versteckte Schnecken oder Raupen entfernt werden.
In einem ausreichend großen Topf so viel Wasser zum Kochen bringen, daß der Blumenkohl voll darin eintaucht. Erst wenn das Wasser sprudelnd kocht, die Röschen hineinwerfen und 10 Minuten kochen lassen. Abtropfen und erneut in anderes kochendes Wasser geben, das mit 10 g Salz pro Liter gesalzen wurde. Darin leise gar kochen lassen. Insgesamt mit 24 Minuten Kochzeit rechnen. Behandelt man den Blumenkohl auf diese Weise, wird er niemals streng schmecken. Die Röschen vor dem Anrichten gut abtropfen lassen und

in einer Gemüseschüssel oder auf einer mit einer gefalteten Serviette ausgelegten Platte den ganzen Kopf wiederherstellend anrichten. Als Begleitung eine Saucière mit Holländischer Sauce, Schaum-Sauce, Weißer Sauce, Rahm-Sauce oder halb zerlassener und cremig gerührter Butter reichen.

## Chou-fleur au gratin
### Überbackener Blumenkohl

*500 g Blumenkohlröschen, Salz, Pfeffer, 60 g Butter, Mornay-Sauce, 1 gehäufter EL geriebener Gruyère oder Parmesan, 1 TL Paniermehl*

Die wie oben angegeben gegarten Blumenkohlröschen auf einem Tuch ausbreiten, gut abtropfen und mit Salz und Pfeffer würzen. In einer Bratplatte 50 g Butter schmelzen lassen, die Blumenkohlröschen hineingeben und 15 Minuten dünsten. Zwischendurch einmal mit einer Gabel vorsichtig umwenden. Wenn alle Feuchtigkeit verdampft ist und die Röschen sich mit Butter vollgesogen haben, in folgender Weise anrichten: In eine flache Auflaufform 2 EL Mornay-Sauce geben und eine Schicht Blumenkohlröschen kranzförmig mit den Stielen nach innen hineinlegen. Dünn mit einer zweiten Saucenschicht bedecken, wieder Blumenkohlröschen darüberlegen und mit Sauce überziehen. Auf diese Weise fortfahren, bis der Blumenkohl wieder in seiner ursprünglichen Form zusammengesetzt ist. Mit Mornay-Sauce einhüllen, den mit dem Paniermehl vermischten Käse darüberstreuen und mit der restlichen zerlassenen Butter beträufeln. Im heißen Ofen überbacken.

## Chou-fleur à la polonaise
### Blumenkohl auf polnische Art

*500 g Blumenkohlröschen, Salz, 200 g Butter, frisch gemahlener Pfeffer, 1 hartgekochtes Eigelb, 1 knapper EL gehackte Petersilie, 2 EL frisches Paniermehl*

Die Röschen wie im Grundrezept angegeben garen. Gut abtropfen lassen und in einer großen Pfanne, die alle Blumenkohlröschen nebeneinander auf dem Pfannenboden liegend aufnehmen muß, 100 g Butter erhitzen, aufschäumen und haselnußbraun werden lassen. Die Röschen vorsichtig nacheinander hineinlegen und mit Salz und frisch gemahlenem Pfeffer würzen. Die Röschen mit einer Gabel verschiedentlich umwenden, damit sie auf allen Seiten anbraten und eine schöne goldene Farbe nehmen. Vorsichtig herausheben und in einer Gemüseschüssel anrichten. Mit einem hartgekochten, durch ein Sieb gedrückten oder feingehackten Eigelb, vermischt mit der Petersilie, bestreuen In die Pfanne weitere 10 g Butter geben und schmelzen. Wenn sie zu singen beginnt, das frische Paniermehl einstreuen und anrösten. Sowie es eine goldgelbe Farbe anzunehmen beginnt, den Blumenkohl damit übergießen. Sofort servieren.

## Purée de chou-fleur
## Blumenkohl-Püree

*500 g Blumenkohlröschen, Salz, Pfeffer, 100 g Butter, 125 g Kartoffelpüree, Sahne oder Milch*

Die Blumenkohlröschen kochen und würzen und in 50 g Butter trockendünsten. Durch ein feines Sieb streichen und in einer Kasserolle mit dem Kartoffelpüree gut vermischen. Mit kochender Sahne oder Milch zu der gewünschten Konsistenz verdünnen. Zum Schluß neben dem Feuer 50 g frische Butter hineinarbeiten und abschmecken. Nicht mehr kochen.

## Chou-fleur à l'anglaise
## Blumenkohl auf englische Art

Einen absolut frischen, voll ausgereiften und daher weißen, festen und gut geschlossenen Blumenkohl auswählen. Den Strunk abschneiden, dabei aber darauf achten, daß der Kopf nicht auseinandergeschnitten wird und auch die zarten, den Blütenstand unmittelbar umschließenden Blätter nicht entfernt werden.
Den ganzen Kopf, der in Salzwasser gut gewaschen wurde, in kochendem Wasser überbrühen und dann in Salzwasser (10 g Salz pro Liter) gar kochen.
Im Ganzen auf einer gefalteten Serviette servieren und dazu ein Schälchen mit frischer Butter und ½ Zitrone reichen oder eine Saucière mit dicker Sahne (crème fraîche), die mit Zitronensaft gesäuert wurde, bereitstellen.

## Choux de Bruxelles
## Rosenkohl

Man kann Rosenkohl nach allen für Blumenkohl angegebenen Rezepten zubereiten. Am besten schmeckt er aber, wenn er in der Pfanne gebraten und rundum gebräunt wird. Die kleinen Kohlköpfchen, die sehr fest sein müssen, werden zunächst von den äußeren, vergilbten oder verwelkten Blättern sowie vom Stiel befreit. Dann werden sie gründlich gewaschen und abgetropft.

*500 g vorbereiteter Rosenkohl, Salz, 150 g Butter oder anderes Fett, frisch gemahlener Pfeffer, geriebene Muskatnuß, gehackte Petersilie*

Die Köpfchen in sprudelnd kochendes Wasser werfen und 10 Minuten blanchieren. Herausnehmen, abtropfen und in Salzwasser (10 g Salz pro Liter) langsam unbedeckt gar kochen. Dadurch bleiben sie grün, und die einzelnen Blätter lösen sich beim Kochen nicht ab. Auf einem Sieb gut abtropfen lassen und mit Salz bestreuen, wodurch die Feuchtigkeit zusätzlich und schneller entzogen wird. Die Butter in einer großen Pfanne, die alle Köpfchen nebeneinander aufnimmt, erhitzen und haselnußbraun werden lassen. Den Rosenkohl hineingeben und mit Pfeffer und einer Messerspitze Muskatnuß würzen. Rosenkohl ist geradezu gierig auf Fett, deshalb ist viel Butter nötig. Er schmeckt jedoch auch köstlich mit Gänse- oder Hühnerschmalz oder mit dem abgetropften Fett von Hammel- oder Schweinebraten.

Wenn die Köpfchen gut angebraten sind und eine schöne hellbraune Farbe genommen haben, in eine gut vorgewärmte Gemüseschüssel geben, mit gehackter Petersilie bestreuen und servieren. Von sehr heißen Tellern essen.

Auf diese Weise zubereitet, schmeckt der Rosenkohl sehr angenehm und ist leicht verdaulich.

*Anm. der Übersetzer:* Die französische Bezeichnung erinnert noch an den Ort, wo der Rosenkohl vor etwa 100 Jahren »erfunden« wurde. Rosenkohl sollte immer erst nach einem Frost gegessen werden, er ist dann durch Umwandlungsprozesse von Stärke in Zucker etwas süßer, die Zellwände sind zarter, und der Geschmack ist weniger ausgeprägt und damit feiner.

## Chou rouge à la mode alsacienne Paul Haeberlin
## Elsässer Rotkohl nach Paul Haeberlin

*Für 8 Personen: 1 mittelgroßer, fester Rotkohl, 250 g geräucherter Brustspeck, 20 Eßkastanien, 1 Zwiebel, 1 Gewürznelke, 1 Kräuterstrauß (aus einigen Petersilienstengeln mit Wurzeln, 1 Stück Lorbeerblatt und 1 Zweiglein Thymian), 1 Prise Salz, 1 Prise frisch gemahlener Pfeffer, $^1/_{10}$ l schwach gesalzene Fleischbrühe oder Kalbs-Fond, 3 EL Weinessig, 3 gehäufte EL Gänseschmalz oder abgetropftes Fett von einem Schweinebraten*

Den Rotkohl von den verwelkten Außenblättern befreien und den Strunk abschneiden. Vierteln, waschen und abtrocknen. Die Strunkteile aus den Vierteln lösen und diese quer in feine Streifen schneiden oder hobeln. In einem großen Topf reichlich Wasser zum Kochen bringen, die Kohlstreifen hineinwerfen und 6 Minuten abbrühen. In einem Sieb oder einem Durchschlag abtropfen lassen.

Vom Speck die Schwarte und sehr stark geräucherte Stellen entfernen. In Scheiben von 8 cm Breite, 10 cm Länge und 1 cm Stärke schneiden.

Die Kastanien kreuzweise einschneiden, auf ein Kuchenblech legen und 5 bis 6 Minuten in den sehr heißen Ofen schieben. Nach dieser Zeit jeweils 3 oder 4 herausnehmen, die Schale abheben und die dünne Haut abziehen. In einem Teller bereitlegen.

Eine hohe, etwa 2 l fassende Kasserolle, die auch in den Ofen gestellt werden kann, auswählen. Den Boden mit $^1/_3$ des Rotkohls bedecken, die Hälfte der Speckscheiben darauflegen und die Hälfte der Kastanien hineinfüllen. Das zweite Drittel des Rotkohls, die mit der Nelke gespickte Zwiebel und den Kräuterstrauß darauf anordnen, den Rest Speck und Eßkastanien dazu und mit dem übrigen Rotkohl abschließen. Mit Salz und Pfeffer bestreuen, mit Fleischbrühe oder Kalbs-Fond aufgießen, den Essig zufügen und Schmalzflocken darauf verteilen. Den Deckel auflegen, zum Kochen bringen und beim ersten Aufwallen die Oberfläche mit einem genau zugeschnittenen, gebutterten Stück Papier (oder Alufolie) bedecken. Gut zudecken und im mittelheißen Ofen ganz langsam 2½ Stunden garen lassen. Wenn diese Art von dünstendem Poêlieren gut verlaufen ist, so bleibt schließlich nur wenig Flüssigkeit übrig, etwa 4 EL. Den Kohl herausnehmen und mit den Kastanien in einer Gemüseschüssel anrichten; die Zwiebel und den Kräuterstrauß entfernen. Den Speck darauflegen und mit dem Fond

begießen, der, falls zu reichlich, auf die angegebene Menge eingekocht wurde.
*Anm. der Übersetzer:* Paul Haeberlin ist der kochende der beiden Brüder, die ihre kleine »Auberge de l'Ill« zu einem der besten Restaurants der Welt gemacht haben und dort auch die deftigen Traditionen der elsässischen Küche pflegen. Paul Bocuse ist mit ihm und seinem Bruder Jean-Pierre, der sich um die Organisation des Restaurants kümmert, gut befreundet.

## Chou rouge à la flamande
### Rotkohl auf flämische Art

*1 fester, mittelgroßer Rotkohlkopf, Salz, Pfeffer, 2 EL Weinessig, Butter, 3 würzige Äpfel (Goldparmäne, Canada Reinette oder Boskop), 1 Prise Zucker*

Es ist ebenso einfach wie gut: Den Kohl von den verwelkten Blättern befreien, vierteln, waschen und die Strunkreste und harten Blattrippen ausschneiden. In breite Streifen hobeln, mit Salz und Pfeffer würzen und mit etwas Essig besprengen. Alles gut vermischen.
Eine Terrine oder eine feuerfeste Ton-Pfanne sehr reichlich buttern. Die Kohlstreifen hineingeben, sehr dicht verschließen und im Ofen bei milder Hitze 2½ Stunden garen. Nach 2 Stunden die geschälten, geviertelten, vom Kerngehäuse befreiten und mit etwas Zucker bestreuten Äpfel zugeben. Die Viertel sollen gleichmäßig im Kohl verteilt sein. Wieder verschließen und fertig garen. In einer Gemüseschüssel oder in der Ton-Pfanne servieren.

## Concombres à la crème
### Gurken in Sahne

*2 Gurken, Butter, Salz, Pfeffer, dicke Sahne (crème fraîche)*

Die Gurken fein schälen und in Würfel von 2 cm Kantenlänge schneiden. 5 Minuten in kochendem Wasser abbrühen, dann herausnehmen, gründlich abtropfen und in einer großen Bratplatte oder Pfanne in Butter dünsten, bis alle Flüssigkeit verdampft ist. Mit Salz und Pfeffer würzen und mit kochender Sahne aufgießen, bis alles gerade bedeckt ist. Die Sahne auf die Hälfte einkochen, so daß eine dickliche Sauce entsteht. Vom Feuer nehmen und mit reichlich Butter (60 g je ¹⁄₁₀ l Sahne) kräftig durcharbeiten. Abschmecken und in einer Gemüseschüssel anrichten.

*Anm. der Übersetzer:* Gurkengemüse war in Frankreich immer beliebter als bei uns in Deutschland, und so kann man immer neben Salatgurken auch Gemüsegurken kaufen. Damit tut man sich bei uns schon etwas schwerer: Salatgurken mit wäßrigem, geschmacklosem Fleisch gibt es allenthalben, Gemüsegurken mit festem, würzigem und manchmal etwas bitterem Fleisch nur in guten Gemüseabteilungen oder auf dem Wochenmarkt. Man kann sich mit ausgewachsenen, aber noch nicht reifen (grünen, noch nicht goldgelben) Einlegegurken behelfen.

Die Gurken werden nach dem Schälen längs halbiert und von den Kernen und der sie umgebenden, glasigen Gallerte befreit. Dann würfeln oder olivenförmige Bällchen zuschneiden.

Sind die Gurken etwas bitter, so bestreut man sie vor dem Blanchieren mit etwas Salz und läßt sie ½ Stunde ziehen.

## Épinards
### Spinat

Gut zubereiteter Spinat ist ein erlesenes Gericht. Dieses Urteil hängt jedoch in erster Linie von der absoluten Frische des Spinats ab, daß die Blätter wirklich jung und zart sind und daß ihre Zubereitung präzise und erst im letzten Augenblick vorgenommen wurde.

Zunächst werden die Stiele entfernt und auch möglicherweise grobe Blattrippen. Dann wird der Spinat gründlich gewaschen, und alle vergilbten, verwelkten oder verfaulten Blätter werden ausgelesen. Nur die grünen Blätter stammen von gesunden Pflanzen, enthalten die gewünschten Nährwerte und den köstlichen, klaren Geschmack. Nach dem Waschen gut abtropfen lassen und bis zur Zubereitung aufbewahren.

Zwei Dinge muß man beachten, will man einen wirklich guten Spinat reichen: Das Garen muß so schnell wie möglich vonstatten gehen, und der Spinat darf nicht warten, auf keinen Fall warm gehalten werden, sondern sofort zu Tisch kommen.

*Grundzubereitung:* In einem großen Topf, vorzugsweise einem unverzinnten Kupferkessel (Marmeladentopf), reichlich Wasser zum Kochen bringen. Die Menge sollte so bemessen sein, daß der zugegebene Spinat, der ja sehr viel Platz einnimmt, möglichst sofort vollkommen im Wasser untertaucht und daß das Wasser durch die Zugabe des kalten Spinats nur ganz kurz aufhört zu kochen. Das Wasser mit 10 g Salz pro Liter salzen und auf größte Flamme stellen. Den gewaschenen, trockengeschüttelten Spinat in das heftig wallende Wasser geben. Die Blätter mit einem Spachtel oder Kochlöffel ganz in das Wasser drücken, bis dieses wieder zu kochen beginnt. Nach 8 Minuten 1 Spinatblatt herausheben und durch Zerdrücken zwischen den Fingern prüfen, ob es gar ist. Junger Spinat muß sich jetzt leicht zerdrücken lassen. Ist das Blatt noch fest, so muß der Spinat noch einige Minuten weiterkochen, ehe man eine neue Garprobe macht.

Den Spinat dann mit dem Wasser auf ein Sieb oder in einen Durchschlag gießen, kaltes Wasser in den Kochtopf laufen lassen und den abgetropften Spinat wieder hineingeben. Diese Prozedur 2mal wiederholen, bis der Spinat vollkommen abgekühlt ist.

Den auf diese Weise abgeschreckten Spinat abtropfen lassen und gut ausdrücken, damit alles Wasser entfernt wird. Entweder jeweils eine Handvoll auspressen oder den Spinat in ein Tuch geben und darin pressen.

Den Spinat nun durch ein feines Sieb streichen oder hacken. Man kann ihn, wenn er nicht gleich verwendet wird, in einer glasierten Steingut- oder Emailleschüssel ausbreiten und einige Zeit im Kühlschrank oder an einem kühlen Ort aufbewahren.

Soll der Spinat als Blattspinat, also unzerkleinert, serviert werden, so sollte er, wenn möglich, erst in letzter Minute blanchiert und dann nur abgetropft und ausgedrückt, nicht aber abgeschreckt werden. Es genügt, ihn in ein Tuch zu geben, von diesem zwei Seiten fassen und das Tuch wie zum Auswringen zusammendrehen.

Gleichgültig, auf welche Art er zubereitet wird, gibt man den Spinat nun in Butter (50 g Butter auf 500 g ausgepreßten Spinat) und läßt ihn auf großer Flamme einige Sekunden trocken werden. Schließlich je nach Rezept würzen und fertigmachen.

*Anmerkung:* Um 500 g gekochten Spinat zu erhalten, benötigt man etwa 2 kg rohen, ungeputzten Spinat.

*Anm. der Übersetzer:* Daß Spinat nicht nur gesund ist (oder sein soll – die Wissenschaft konnte inzwischen beweisen, daß der verwertbare Eisenanteil, um den es ja vor allem immer geht, keineswegs größer als etwa der von Kalbfleisch ist), sondern auch gut schmeckt, beweist vor allem die zweite Zubereitungsart als Blattspinat. Hier gibt es nicht nur einen Brei, sondern die Zähne haben etwas zu beißen.

Gewiß soll Spinat jung sein, aber Zartheit heißt nicht Geschmacklosigkeit, wie man nach dem deutschen Marktangebot des ersten, jungen

Treibhausspinats vermuten könnte. Die gelblich-moosgrünen Blättchen schmecken höchstens nach Dünger und muffiger Treibhausluft. Man sollte dann stets den zwar festeren, aber auch geschmackvollen Winterspinat vorziehen. Den besten Spinat mit sattgrünen, fleischigen Blättern gibt es Ende April bis Mitte Juni, wenn die Erde noch feucht und das Wetter warm, aber noch nicht heiß ist. Sowohl das Blanchieren im Kupferkessel als auch das Abschrecken haben die Aufgabe, den Spinat schön grün zu halten.

Spinat sollte möglichst nie aufbewahrt und aufgewärmt werden, vor allem nicht bei warmer und schwüler Witterung, da er sich leicht zersetzt und sich schnell Giftstoffe bilden. Stellt man ihn jedoch sofort nach dem Essen zugedeckt in den Kühlschrank, so ist er nach 24 Stunden noch absolut ungefährlich, muß aber sofort nach dem Aufwärmen verspeist werden.

## Épinards au beurre
### Butterspinat

*500 g blanchierter Spinat, 150 g Butter, Salz, Pfeffer, Muskatnuß, Zucker*

Wie oben angegeben vor- und zubereiten, trockendünsten und zum Schluß neben dem Feuer noch mit 10 g Butter auf 500 g Spinat verrühren. Gilt für Blattspinat wie für Püree. Mit einer Prise Salz, frisch gemahlenem Pfeffer und einem Hauch geriebener Muskatnuß würzen. Schließlich je nach Alter des Spinats noch eine mehr oder weniger große Prise Zucker zufügen, um die vor allem bei älterem Spinat auftretende Bitterkeit zu mildern. Aber Vorsicht, es handelt sich nicht drum, den Spinat zu zuckern!

## Épinards à la creme
### Rahmspinat

Wird ebenso zubereitet wie Butterspinat, doch gibt man zum Schluß ¹⁄₁₀ l Sahne und 25 g Butter hinzu. Auf die gleiche Weise abschmecken.

## Haricots verts
## Grüne Bohnen

Grüne Bohnen müssen so frisch wie möglich sein, sollten sofort nach dem Pflücken gekocht werden. Da man sie grün erntet, sollen sie auch grün gegessen werden, wobei sie ihren Nährwert und ihren köstlichen Geschmack ohne chemische Zusätze behalten.

Die Bohnen so gleichmäßig wie möglich einkaufen und putzen. Dazu die beiden Enden der Bohnen abbrechen und gleichzeitig möglicherweise vorhandene Fäden abziehen. Waschen, abtropfen und in einen großen Topf mit sprudelnd kochendem Salzwasser (10 g Salz pro Liter) werfen. Den Topf nicht zudecken und die Bohnen auf großer Flamme heftig wallend kochen. Der für das Grün-Blanchieren von Bohnen am besten geeignete Topf wäre ein unverzinnter Kupferkessel zum Eieraufschlagen oder zum Einkochen für Marmeladen.

Nach etwa 15 Minuten Kochzeit eine Bohne herausnehmen und darauf beißen. Wenn sie gerade ganz leicht knackig ist, die Bohnen vom Feuer nehmen und abgießen. In ein Sieb oder einen Durchschlag geben, mit Salz bestreuen und kräftig rütteln, damit das Wasser besser abläuft. In einen sehr heißen Topf schütten und je nach Rezept oder Menü weiter zubereiten. Nach englischer Art getrennt zu den Bohnen frische Butter reichen.

Die auf diese Weise (in heftig sprudelndem Wasser mit Salz, unbedeckt und möglichst in einem Kupfertopf) gekochten Bohnen werden ganz von allein sehr grün sein und ausgezeichnet schmecken.

Wenn die Bohnen aus irgendwelchen Gründen nicht erst in allerletzter Minute gekocht werden können, dann müssen sie sofort nach dem Kochen gründlich abgeschreckt werden, damit sie die grüne Farbe bewahren. Abtropfen lassen und auf einem mit einem Tuch belegten Gitter ausbreiten. Sie werden dann, wenn sie warm gereicht werden sollen, in etwas Butter gedünstet und gewürzt.

*Anm. der Übersetzer:* Haricots verts sind sehr jung geerntete, feine grüne Bohnen. Da die deutschen Gärtner sich konstant weigern, die Bohnen in dem Alter zu pflücken, in dem sie am besten schmecken, muß man einen eigenen Garten besitzen, um zu wirklich frischen Bohnen zu kommen. Haricots verts werden ansonsten aus Frankreich, Italien, Marokko, Senegal und vor allem aus Kenia importiert. Weil die Bohnen so klein und nicht länger als ca. 12 cm sind, werden sie nicht in der Mitte durchgebrochen oder anders zerteilt.

Wenn Paul Bocuse hier das Grün-Kochen auf natürliche Art so stark herausstreicht, so vor allem deswegen, weil früher häufig schlecht verträgliche, manchmal sogar giftige Salze und Zusätze genommen wurden, um die Bohnen zu färben bzw. ihre Farbe aufzufrischen. Dies hat sich im Bewußtsein der Gäste festgesetzt, die häufig, wenn sie grün zubereitete Bohnen auf dem Teller haben, nicht glauben wollen, daß hier alles mit natürlichen Mitteln zugegangen ist. Die Bohnen bleiben übrigens auch grün, wenn sie nicht in einem Kupfertopf gekocht werden – dies ist ja auch schon eine auf chemischen Reaktionen beruhende Manipulation.

## Haricots verts au beurre maître d'hôtel
## Grüne Bohnen Haushofmeister-Art

*500 g in Salzwasser gekochte grüne Bohnen, 100 g Butter, 1 gute Prise frisch gehackte Petersilie*

Die abgetropften Bohnen in einen gut heißen Topf geben, die Butter in kleinen Stückchen darauf verteilen und den Topf rütteln und schwenken, damit sich alle Bohnen gleichmäßig mit cremiger, schmelzender Butter überziehen. In einer vorgewärmten Gemüseschüssel anrichten und mit der Petersilie bestreuen. Auf heißen Tellern servieren.

## Haricots verts à la crème
## Grüne Bohnen in Sahne

*500 g in Salzwasser gekochte grüne Bohnen, $1/4$–$3/10$ l dicke Sahne, Salz, Pfeffer*

Die abgetropften Bohnen in einen gut heißen Topf geben und mit Sahne aufgießen, bis die Bohnen knapp bedeckt sind. Die Sahne auf die Hälfte einkochen und die Bohnen darin schwenken, bis sie sich vollständig mit Sahne überzogen haben. Zum Schluß etwas würzen und abschmecken.
*Anmerkung:* Man kann die Sahne durch Béchamel-Sauce oder Samt-Sauce ersetzen; dann mit der halben Menge aufgießen und die Bohnen sofort umschwenken, ohne einzukochen.
*Anm. der Übersetzer:* Man kann dieses Gericht auch gut mit normaler Sahne zubereiten: Etwas mehr Sahne nehmen und stärker einkochen lassen.

## Haricots verts à la normande
### Grüne Bohnen auf normannische Art

Wie die »grünen Bohnen in Sahne« zubereiten, nach dem Einkochen der Sahne diese jedoch noch mit einem Eigelb binden, das mit 1 EL frischer Sahne verquirlt wurde. Die von den Bohnen und der Sauce gespeicherte Hitze reicht aus, um das Eigelb teilweise zu garen und abbinden zu lassen.


## Purée de haricots verts
### Püree von grünen Bohnen

*500 g in Salzwasser gekochte grüne Bohnen, 50 g Butter, 500 g grüne Bohnenkerne, weitere 100 g Butter oder etwas dicke Sahne (crème fraîche), Pfeffer, Salz*

Die abgetropften Bohnen in 50 g Butter 10 Minuten dünsten. Dann durch ein feines Sieb streichen und mit der gleichen Menge Püree aus grünen Bohnenkernen (in Salzwasser gegart, gut abgetropft und in Butter gedünstet, dann durch ein Sieb gestrichen) vermischen. Neben dem Feuer mit frischer Butter vermischen oder mit Sahne auf die gewünschte Konsistenz bringen. Zum Schluß abschmecken.
*Anm. der Übersetzer:* Die Bohnen unbedeckt dünsten, damit sie noch vorhandene Feuchtigkeit abgeben. Sollte das Püree nach dem Passieren noch etwas dünnflüssig sein, auf großer Flamme unter ständigem Rühren etwas trocken werden lassen.
Grüne Bohnenkerne sind die jungen, noch unreifen Kerne derselben Bohnenart, die später in ausgereiftem Zustand weiß sind.


## Haricots panachés au beurre
### Gemischte Bohnen in Butter

Je 250 g in Salzwasser gekochte grüne Bohnen und 250 g getrennt gegarte grüne Bohnenkerne abtropfen lassen, vermischen und mit 100 g Butter umschwenken.

## Haricots blancs frais
## Frische weiße Bohnen

Die Schoten pflücken, wenn die Bohnen reif, aber noch frisch sind und noch eine weiche Schale haben. An einem kühlen Ort aufbewahren und die Bohnenkerne erst unmittelbar vor Gebrauch herauslösen.

### Erstes Rezept:

Für 4 Personen: *500 g frische weiße Bohnen, 1 l Wasser, 8 g Salz, 1 Zwiebel mit 1 Gewürznelke gespickt, 2 Knoblauchzehen, ½ Möhre, 1 kleines Kräutersträußchen (Petersilie, Thymian, Lorbeerblatt)*

Die Bohnen waschen und abtropfen lassen. Alle übrigen Zutaten in einen Topf geben und zum Kochen bringen. Erst dann die Bohnen hineingeben, nach einiger Zeit abschäumen, den Deckel auflegen und die Bohnen ganz langsam gar kochen lassen.
Noch besser schmeckt das Gericht, wenn man den Sud auf folgende Weise vorbereitet:

### Zweites Rezept:

Für 4 Personen: *500 g frische weiße Bohnen, 30 g Butter, 1 Zwiebel mit 1 Gewürznelke gespickt, ½ Möhre, 1 l Wasser, 2 Knoblauchzehen, 1 Kräutersträußchen, 150 g magerer Brustspeck*

Die Bohnen waschen und abtropfen lassen. Die Butter in dem für das Garen der Bohnen ausgewählten Topf zerlassen und die geviertelte Zwiebel und die zerteilte Möhre darin hellgelb werden lassen. Mit dem Wasser aufgießen, Knoblauch, Kräuterstrauß und Speck zufügen und zum Kochen bringen. Abschäumen und 2 Minuten leise köcheln lassen. Dann die Bohnen hineingeben, erneut abschäumen, den Topf zudecken und die Bohnen leise kochend garen.
Die nach dem einen oder anderen Rezept gegarten Bohnen werden anschließend nach einem der folgenden Rezepte fertig zubereitet.
*Anm. der Übersetzer:* Es gibt eine Vielzahl von Bohnensorten, die alle eine unterschiedliche Garzeit haben. Diese hängt immer von Wasser- und Stärke- bzw. Mehlgehalt ab und kann zwischen 12 und 60 Minuten schwanken. Man ist also auf eine genaue Überwachung und häufige Überprüfung des Zustandes der Bohnen angewiesen.

## Haricots blancs secs
### Getrocknete weiße Bohnen

Die getrockneten Bohnen sollten nie alt sein, sondern immer von der letzten Ernte. Es genügen dann 2 Stunden Einweichzeit. Zunächst werden die Bohnen aber verlesen, Hülsenteile, schlechte Bohnen, kleine Steinchen und anderes entfernt. Dann nochmals in kaltem Wasser waschen, damit der Geruch nach Staub und dem Sack, in dem sie verpackt waren, vollkommen verschwindet.

Man kann die getrockneten wie die frischen weißen Bohnen zubereiten, ich empfehle jedoch eine andere Methode:

Zunächst die Bohnen sehr reichlich mit kaltem Wasser bedecken, langsam erhitzen und 10 Minuten kochen lassen. Abgießen und abtropfen lassen. Dann erneut in kaltem Wasser zusammen mit den bei den frischen Bohnen angegebenen Zutaten (erstes Rezept) aufsetzen und zugedeckt langsam gar köcheln lassen.

Wenn die Bohnen gar, aber noch fest sind, nach einem der folgenden Rezepte fertigstellen.

*Anm. der Übersetzer:* Getrocknete Bohnen waren lange Zeit eines der wichtigsten Wintergemüse. Andere Methoden der Vorratshaltung ließen sie ein wenig in Vergessenheit geraten, und erst in den letzten Jahren, nicht zuletzt auch durch die Gastarbeiter, sind sie wieder in Mode gekommen. Von den unendlich vielen Sorten unterscheiden wir jedoch hauptsächlich nach Farbe (weiße, gescheckte, rote, schwarze, braune usw.), nicht nach Sorten, wie in anderen Ländern, in denen die Bohnen nie ihre Bedeutung verloren haben. In allen Balkan-Ländern, in Italien, Spanien und Frankreich wird man stets ganz bestimmte Gerichte nur mit einer ganz bestimmten, seit Urzeiten feststehenden Bohnensorte bereiten. Wir müssen mit dem Marktangebot zufrieden sein...

Immerhin kann man unterscheiden zwischen der hauptsächlich angebotenen »weißen Mittelbohne«, die halbmehlig und weich kocht. Die kleineren »Perlbohnen« zerfallen nicht so leicht, bleiben fester und werden vor allem für Salate verwendet. Die großen, sämig kochenden »Schmalzbohnen« nimmt man dagegen für Suppen und Eintöpfe. Dies alles sind keine Sortennamen, sondern Bezeichnungen für in verschiedene Gruppen zusammengefaßte, sich ähnelnde Sorten.

Bohnen aus der letzten Ernte haben eine glatte, glänzende, fest anliegende Schale, während die von alten Bohnen matt und glanzlos, uneben oder sogar runzelig ist.

Die Kochzeit der Bohnen richtet sich nach Sorte und Alter, sie beträgt im allgemeinen zwischen 45 Minuten und 2 Stunden. Auch der Kalkgehalt des Wassers spielt für die Garzeit eine Rolle, so daß man auf Abschmeckproben angewiesen ist.

Man rechnet etwa 250 g getrocknete Bohnen für 4 Personen, da die Bohnen sich beim Einweichen und Kochen mit Wasser vollsaugen und etwa 500 g ergeben.

## Haricots blancs ménagère
## Weiße Bohnen Hausfrauen-Art

Die Bohnen, wie im zweiten Rezept für die frischen Bohnen (Seite 571) angegeben, kochen, jedoch mit dem Brustspeck einen entsalzenen Schinkenknochen oder eine entsalzene, rohe Schinkenhesse zugeben.

*500 g gekochte Bohnen, 100 g Butter, 1 große Zwiebel, 4 kleine, rohe Mettwürste oder Netzkoteletts, $1/10$ l trockener Weißwein, 3 große Tomaten oder $1/10$ l Tomatenpüree, Salz, 1 Knoblauchzehe, Pfeffer, frisches Paniermehl, 1 guter EL zerlassene Butter, Gänse- oder Hühnerschmalz oder abgetropftes Fett vom Lamm- oder Schweinebraten*

Während die Bohnen kochen, wie im Rezept auf Seite 574 angegeben eine Sauce vorbereiten. Jedoch mit der Zwiebel die Würste oder die Netzkoteletts anbraten; herausnehmen, bevor der Weißwein angegossen wird. Mit den Bohnen und der restlichen Butter zu der Sauce etwa $1/10$ l Kochsud geben, so daß die Bohnen in mehr Flüssigkeit geschwenkt werden. Den in grobe Würfel geschnittenen Speck und den Schinken mit Schwarte, die gut gekocht und weich sein muß, zugeben und untermischen. Alles in eine tiefe, feuerfeste Auflaufform füllen und die Würste oder Netzkoteletts hineindrücken. Mit Paniermehl bestreuen und mit einem beliebigen Fett beträufeln. Unbedeckt in den gut heißen Ofen stellen und durchköcheln lassen, wobei sich eine schöne, gratinierte Oberfläche bilden soll.

In der Form servieren, die auf eine mit einer gefalteten Serviette ausgelegte Platte gestellt wird.

## Haricots blancs au beurre
## Weiße Bohnen in Butter

*500 g gekochte Bohnen, 3–4 EL Kochsud, 80–100 g Butter, Pfeffer, Salz, 1 Prise gehackte Petersilie*

Die flüchtig abgetropften Bohnen mit etwas Kochsud in einen Topf geben und die Butter in kleinen Stückchen darauf verteilen. Den Topf sanft schütteln und schwenken, bis der Sud und die schmelzende Butter sich vermischen und eine leichte, cremige Emulsion entsteht, welche die Bohnen vollkommen einhüllt. Etwas Pfeffer darübermahlen und vermischen, nach Bedarf noch mit Salz abschmecken. In einer Gemüseschüssel anrichten und mit Petersilie bestreuen.

Auf diese Weise zubereitet, werden die Bohnen niemals trocken sein. Es ist wichtig, nicht nur – wie üblich – Butter zuzufügen, sondern auch etwas Kochsud, der für die Geschmeidigkeit und den Geschmack entscheidend ist.

## Haricots blancs à la bretonne
## Weiße Bohnen auf bretonische Art

*500 g gekochte Bohnen, 1 große Zwiebel, 100 g Butter, $1/10$ l trockener Weißwein, 3 große Tomaten oder $1/10$ l Tomatenpüree, Salz, 1 Knoblauchzehe, Pfeffer, 1 Prise gehackte Petersilie*

Während die Bohnen kochen, die fein geschnittene Zwiebel in einem ausreichend großen Topf in 50 g Butter andünsten und hellgelb werden lassen. Dabei immer wieder umrühren, bis die Zwiebel weich geworden ist. Den Weißwein angießen und einkochen, bis nur noch 2 EL Flüssigkeit übrig sind. Die gehäuteten, geviertelten und entkernten Tomaten zugeben. Dabei nicht zu stark drücken, damit das im Fruchtfleisch enthaltene Wasser nicht ausgepreßt wird. In Ermangelung frischer Tomaten Püree verwenden. Mit etwas Salz, einer zerriebenen oder zerdrückten Knoblauchzehe und etwas frisch gemahlenem Pfeffer würzen. Gut 15 Minuten vor sich hin köcheln und zergehen lassen.

Die abgetropften Bohnen zugeben, ebenso die restliche Butter in kleinen Flocken. Vorsichtig schüttelnd und schwenkend, wie im vorstehenden Rezept angegeben, alles innig miteinander vermischen. Mit Petersilie bestreut servieren.

## Haricots mange-tout sautés au beurre
## Wachsbohnen in Butter gebraten

Es handelt sich hier um eine sehr zarte und im allgemeinen fadenlose Bohnenart, von denen manche Sorten grün, andere wieder gelb sind und dann Butterbohnen genannt werden. Man ißt stets die ganzen Bohnenschoten, die halbreif gepflückt werden und im allgemeinen schon die jungen Bohnenkerne enthalten.

*500 g Wachsbohnen, Salz, 100 g Butter, Pfeffer, gehackte Petersilie*

Die Bohnen vorbereiten, putzen und in Salzwasser kochen, wie für die grünen Bohnen beschrieben (Seite 568). Abtropfen lassen und in einer Pfanne in der heißen Butter auf großer Flamme rasch leicht anbraten und Farbe nehmen lassen. Mit Salz, frisch gemahlenem Pfeffer und Petersilie würzen.

## Laitues braisées
## Geschmorter Kopfsalat

*6 kleine, feste Salatköpfe, Butter, 1 mittelgroße Möhre, 1 Zwiebel, etwas frische Schweineschwarten, 1 kleines Kräutersträußchen, Salz, guter, schwach gesalzener und etwas fetter Kalbs-Fond, 12 herzförmig geschnittene, in Butter geröstete Weißbrotscheiben (Croûtons)*

Von den Salatköpfen die äußeren, welken oder angefressenen Blätter entfernen, den Strunk kegelförmig zuschneiden. Die Köpfe waschen, ohne die Blätter zu brechen oder zu zerreißen. In einen großen Topf mit reichlich kochendem Wasser werfen, in dem sie regelrecht schwimmen müssen. 10 Minuten blanchieren, herausnehmen, abtropfen und abschrecken. Erneut abtropfen lassen und gut ausdrücken, bis alles Wasser herausgepreßt ist.
Einen passend ausgewählten Brattopf reichlich buttern. Möhre und Zwiebel in Scheiben schneiden und zusammen mit den Schweineschwarten und dem Kräutersträußchen in dem Brattopf verteilen. Die Blätter der Salatköpfe in ihrer ganzen Länge zusammendrücken und mit einem Faden umwickeln. Auf das Gemüse legen, mit Salz bestreuen, zudecken und im schwach geheizten Ofen 15 Minuten lang Feuchtigkeit abgeben lassen. Diese verdampft, schlägt sich am Deckel nieder und tropft ab, wo sie am Boden leicht karamelisiert.

Aus dem Ofen nehmen und so viel Kalbs-Fond angießen, daß die Salatköpfe gerade eben bedeckt sind. Ein gebuttertes Stück Papier darauflegen und den Topf mit dem Deckel verschließen. Wieder in den Ofen stellen und bei mittlerer Hitze 50 Minuten schmoren.
Zum Servieren die Salatköpfe einzeln herausnehmen und die Fäden entfernen. Die Köpfe längs in 2 Hälften spalten, diese zusammenfalten und im Kranz auf einer runden, gut vorgewärmten Platte anrichten. Zwischen jeden Salat ein Croûton legen.
Den Schmorfond abseihen bzw. die Garnitur herausnehmen und rasch auf 6 EL Flüssigkeit einkochen. Dann in den voll kochenden Fond die in kleine Flöckchen verteilte Butter fallen lassen, auf großer Flamme kurz durchschlagen und diesen perfekt vermischten und gebundenen Fond über die Salatköpfe geben.
*Anmerkung:* Man kann die Garnitur auch im Fond belassen, die Schwarten noch in feine Streifchen schneiden und mit dem Salatgemüse servieren.
*Anm. der Übersetzer:* Selbstverständlich kann man zu diesem Gericht nur sehr festen Sommer-Freilandsalat verwenden, der einen kräftigen und würzigen Geschmack hat und dessen Blätter zwar weich werden, aber nicht zerfallen. Jeder Treibhaus- oder Frühbeetsalat ist ungeeignet.

## Laitues farcies et braisées
### Gefüllter und geschmorter Kopfsalat

Die Salatköpfe, wie im vorstehenden Rezept beschrieben, vorbereiten und blanchieren. Nach dem Auspressen von oben her in zwei Hälften schneiden, jedoch den Strunk nicht teilen, so daß die Hälften noch zusammenhalten. Die Köpfe öffnen und die Blätter flach drücken und wölben. In die Mitte eine Hackfleisch-Füllung aus Rind-, Kalb-, Schweinefleisch oder Geflügel geben, die eventuell mit gehackten Champignons vermischt wurde, oder eine beliebige Farce. Die Hälfte der Salatköpfe zusammenschlagen und um die Farce festdrücken. Mit etwas Schnur umwickeln und wie oben angegeben im Ofen in Kalbs-Fond schmoren. Zum Servieren die Schnüre entfernen und die Salatköpfe wie eine Rosette auf einer runden, vorgewärmten Platte anrichten. Mit dem eingekochten und mit Butter gebundenen Fond begießen.

## Lentilles
## Linsen

Linsen werden im allgemeinen nur getrocknet angeboten. Sie werden wie die getrockneten weißen Bohnen ausgelesen, gewaschen und eingeweicht. Auch sonst gilt für die Zubereitung alles, was für die weißen Bohnen gesagt wurde (Seite 572 f.), insbesondere die angegebenen Rezepte. Weiterhin werden Linsen häufig in Suppen gegessen, man gibt sie als Garnitur oder begleitendes Gemüse und kann sie als Fastenspeise oder mit Fleisch zubereiten.

## Le maïs
## Mais

Der Zuckermais, der nur selten auf französischen Tischen erscheint, ist eine Getreideart, deren Wert für die Ernährung und deren geschmackliche Qualitäten es verdienen, besser bekannt zu werden.
Die Kolben werden geerntet, wenn die Körner noch milchig und zart sind. Der Stengel wird am Kolbenansatz abgeschnitten, und die grünen Außenblätter werden entfernt. Die weißen Innenblätter dagegen bleiben an den Kolben, die in sehr viel Wasser gegart werden, dem man $1/10$ der Menge an Milch zugibt. Das Kochwasser wird nicht gesalzen.

*5 l Wasser, ½ l Milch, junge Maiskolben, Butter oder dicke Sahne (crème fraîche), Zitronenschnitze*

Wasser und Milch zum Kochen bringen, die vorbereiteten Maiskolben hineinlegen, zudecken und 10 Minuten leise kochen lassen. Die Kolben abtropfen und trocknen, die darangelassenen Blätter nach unten ziehen und zurückschlagen. Die Kolben mit den umgedrehten Blättern auf einer mit einer gefalteten Serviette ausgelegten Platte anrichten. Dazu in einer Saucière halbweiche und cremig gerührte Butter oder dicke Sahne sowie Zitronenschnitze reichen.
Die Gäste streifen die Körner von den Kolben auf ihren sehr heißen Tellern ab, begießen die Körner mit Butter oder Sahne und beträufeln sie mit einigen Tropfen Zitronensaft. Dann wird alles auf dem Teller vermischt, genau wie Erbsen auf englische Art (Seite 590).

*Anmerkung:* Man kann die gekochten Maiskolben auch in der Küche abstreifen, die Körner mit frischer Butter oder dicker Sahne binden und mit Zitronensaft abschmecken. Der Mais wird dann fertig zubereitet auf den Tisch gebracht.

*Anm. der Übersetzer:* Es handelt sich hier um Speise-Mais, der mit dem auf unseren Feldern wachsenden Futter-Mais nicht identisch ist. Die Kolben müssen geerntet werden, solange sie noch keine harte Schicht unter der Schale gebildet haben und noch gelbgrün sind. Die im Herbst angebotenen Kolben sind bereits goldgelb und nur noch zum Grillen geeignet.

## Crêpes au maïs dites à la Marignan
## Mais-Crêpes »Marignan«

Einen mit Butter oder Sahne angereicherten Crêpes-Teig (Seite 747 f.) mit einer beliebigen Menge von pochierten Maiskolben abgestreiften Maiskörnern vermischen – am besten etwa zur Hälfte Maiskörner und zur Hälfte Teig verwenden. Nach gewohnter Art etwas dickere Crêpes (Pfannkuchen) in Butter in einer Pfanne backen.

## Marrons
## Eßkastanien oder Maronen

Es gibt zwei Methoden, die Eßkastanien zu schälen: Auf jeden Fall wird die braune Schale zunächst kreuzweise eingeschnitten. Dann legt man die Kastanien entweder auf ein Backblech, in eine Pfanne oder irgendein geeignetes Gefäß, gibt 3 oder 4 EL Wasser dazu und schiebt sie für 8 Minuten in den sehr heißen Ofen, oder man taucht sie ebenfalls 8 Minuten in rauchendheißes Fritierfett. Sofort nach Ablauf der angegebenen Zeit die braune Schale und die innere Haut abziehen.

## Soufflé aux marrons
## Eßkastanien-Soufflé

*500 g vorbereitete Eßkastanien, 50 g Butter, helle, klare Fleischbrühe, 1 Zweig Sellerie, 1 Stück Zucker, 6 Eier, 110 g frische Butter, 1 Prise Salz, 1 Messerspitze Muskatnuß, Pfeffer, Milch oder Sahne*

Die Kastanien kochen, wie für die »gedünsteten Eßkastanien« beschrieben. Durch ein feines Sieb treiben und mit 6 Eigelb und 100 g Butter durcharbeiten. Mit 1 Prise Salz, frisch geriebener Muskatnuß und etwas Pfeffer aus der Mühle würzen. Durch eine leichte Zugabe von Milch oder Sahne auf die Konsistenz einer sehr dicken, sahnigen Creme verdünnen.

Die Eiweiß zu einem sehr festen Schnee schlagen und vorsichtig mit der Eßkastanienmasse vermischen. Dazu den Eischnee auf die Eßkastanien setzen und diese mit einem Spachtel hochheben, damit der Eischnee nicht zerdrückt wird oder zusammenfällt.

Eine feuerfeste Auflauf- oder Souffléform mit Butter ausstreichen und mit dieser Masse füllen – die Form darf aber nur ⅔ voll sein, da die Masse beim Backen aufgeht (souffliert). Bei mittlerer Hitze im Ofen etwa 20 Minuten überbacken. Sofort servieren, denn da das Soufflé schnell in sich zusammenfällt, wäre ihm jede Verzögerung nachteilig.

*Anmerkung:* Dieses Rezept kann auch für eine süße Zwischen- oder Nachspeise (entremets) angewendet werden. Pfeffer und Muskatnuß dann weglassen, die Salzzugabe geringer halten und 100 g Butter zufügen.

## Marrons à l'étuvée
## Gedünstete Eßkastanien (Glacierte Kastanien)

*500 g Eßkastanien, 50 g Butter, helle, klare Fleischbrühe, 1 Zweig Sellerie, 1 Stück Zucker*

Die vorbereiteten, geschälten und enthäuteten Kastanien in einem Brattopf in der zerlassenen Butter rundum ganz kurz andünsten. Mit Fleischbrühe auffüllen, bis die Kastanien eben bedeckt sind, Sellerie und Zucker zufügen und den Deckel auflegen. Etwa 30 Minuten kochen lassen, wobei durch den nicht dicht schließenden Deckel ständig Dampf entweichen muß, damit am Ende der Kochzeit nur noch wenig sirupartiger Fond zurückbleibt. Nötigenfalls die Kastanien einige Minuten unbedeckt kochen lassen und den Fond reduzieren. Die Kastanien vorsichtig in diesem Fond schwenken, damit sie sich gleichmäßig mit einer glänzenden Schicht überziehen: Man nennt sie dann »glaciert«.

## Purée de marrons
## Eßkastanien-Püree

Die Kastanien wie im vorstehenden Rezept zubereiten, in ein feines Sieb geben und durchstreichen. Das Püree in einem Topf auffangen und mit einem Stück frischer Butter kräftig durcharbeiten. Mit kochender Sahne oder Milch auf die gewünschte Konsistenz verdünnen. Abschmecken und in einer Gemüseschüssel servieren.

## Navets
## Weiße Rüben

Die weißen Rüben, vor allem die zarten Mai-Rübchen, werden hauptsächlich als Garnitur verwendet oder dienen als würzende Beigabe. Neue, junge Rüben sind sehr leicht verdaulich. Sie benötigen stets – bei welcher Zubereitungsart auch immer – eine bedeutende Fettzugabe. Dies kann Butter sein, Schweine- oder Geflügelschmalz und selbst Lamm- oder Hammelfett, mit dem sie sehr gut harmonieren.
Ganz anders als die Möhren besitzen die Rüben eine sehr dicke, faserige Schale, die man unbedingt vollständig abheben oder abschälen muß.
Die jungen, zarten Blätter der Frühjahrsrüben werden wie grüner Frühlingskohl auf englische Art zubereitet und ergeben ein sehr zu schätzendes Gemüse.
Außer nach den folgenden Rezepten können die Rüben auch nach allen für Möhren angegebenen Arten zubereitet werden.
*Anm. der Übersetzer:* Weiße Rüben sind bei uns nicht überall zu finden, auch kommen sie meist erst im Sommer auf den Markt. Man kann an ihrer Stelle auch Teltower Rübchen verwenden.

## Navets à l'étuvée dits glacés
## Gedünstete (glacierte) weiße Rüben

**Erstes Rezept (als Beilage)**

*800–1000 g junge weiße Rüben, 125 g Butter, 1 TL Zucker, 1 Prise Salz*

Die Rüben schälen und in Stücke von der Größe eines Flaschenkorkens schneiden. Alle Ecken abrunden und so olivenförmig zuschneiden. Es sollen nun rund 500 g Rüben übrigbleiben. Mit 100 g Butter in einem breiten, flachen Brattopf andünsten, dann den Zucker zufügen und mit Salz würzen. Mit Wasser aufgießen, bis die Rüben gerade bedeckt sind, den Deckel auflegen und etwa 20 Minuten köcheln lassen, bis die Flüssigkeit beinahe vollkommen verkocht ist. Die restliche Butter zugeben und die Rübchen neben dem Feuer darin schwenken, bis sie vollkommen mit dem leicht karamelisierten Fond überzogen sind und glänzend werden. Die Zubereitung muß so begonnen werden, daß die Rüben im richtigen Augenblick gar sind und mit der zu begleitenden Speise, ohne warten oder warm gehalten werden zu müssen, serviert werden können.

### Zweites Rezept (als Garnitur)

*500 g geschälte und zugeschnittene weiße Rübchen, 100 g Butter, 1 Prise Salz, 1 gestrichener TL Zucker*

Die Rübchen in der nicht zu heißen Butter in einer Pfanne anbraten. Das soll langsam bei recht milder Hitze geschehen, aber die Rübchen sollen braten und nicht Wasser ziehen und kochen, damit sie schließlich eine schöne goldbraune Farbe bekommen. Salzen und nach der halben Garzeit, also nach etwa 10 Minuten, mit dem Zucker bestreuen. Dieser schmilzt, karamelisiert leicht und überzieht die Rübchen mit einer braunroten Schicht.
Die Rübchen dann in den Fond des Fleischstückes, des Geflügels oder des Fisches geben, zu dem sie als Garnitur gereicht werden sollen.

## Purée de navets
## Rüben-Püree

Die Rüben wie im ersten Rezept der »gedünsteten weißen Rüben« zubereiten, jedoch den Zucker nicht karamelisieren lassen. Durch ein feines Sieb streichen und mit ⅓ der Menge cremigem Kartoffel-Püree vermischen.
Das Rüben-Püree alleine wäre ohne Bindung und Festigkeit. Man kann es auch mit einer Mischung aus Eigelb und Sahne vermengen und mit dieser Legierung auf etwa 90 Grad erhitzen, damit es abbindet. Auf keinen Fall kochen lassen, da das Eigelb sonst gerinnen würde. Zum Schluß etwas frische Butter unterrühren.

## Oignons
## Zwiebeln

Zwiebeln werden zum einen roh, gedünstet oder gebraten als Würze verwendet und dazu entweder in kleine Würfelchen, in Streifchen, in Ringe oder in Scheiben geschnitten und zum anderen als Garnitur oder Beilage zubereitet und dazu entweder püriert oder – vor allem kleine Zwiebelchen – ganz gelassen.

Um Zwiebeln in der richtigen Weise zu zerkleinern, darf man sie nicht hacken, sondern muß sie mit einem scharfen Messer sauber schneiden. Beim althergebrachten Hacken werden die Zwiebeln nämlich gequetscht, so daß sie ihren Saft abgeben, der schließlich in das Küchenbrett einzieht, statt der zu würzenden Speise zugute zu kommen. Auch für das anschließend geschilderte Kleinschneiden sagt man jedoch aus alter Gewohnheit immer noch »hacken«.

Die Zwiebel schälen und durch Wurzel- und Lauchansatz halbieren. Die Hälften auf die Schnittfläche legen und die Wurzelspitze abschneiden. Nun die Hälften so legen, daß die Lauchseite, die Spitze also, von der Messerspitze weg weist. Die Hälften in dünne Scheiben schneiden, die an der Lauchseite jedoch nicht ganz eingeschnitten werden, das Messer beginnt erst 1 cm unterhalb einzuschneiden. Auch waagrecht in feine Scheiben schneiden und schließlich nochmals rechtwinklig zu den bereits ausgeführten Schnitten aufschneiden, so daß kleine, regelmäßige Würfelchen entstehen. Mit etwas Übung schneidet man auf diese Weise eine Zwiebel in weniger als einer Minute ganz sauber auf. Sofort verwenden.

*Anm. der Übersetzer:* Patentschneider und Hackmesser jeder Bauart sind zum Zwiebelschneiden also durchaus nicht zu empfehlen, wie nach den Ausführungen von Paul Bocuse leicht einleuchtet – wer wollte schon auf den bei diesem Verfahren besonders reichlich austretenden Saft verzichten? Die aufgeschnittene Zwiebel nie stehenlassen, denn vor allem die schwefelhaltigen Substanzen oxydieren schnell, wodurch ein unangenehmer, aufdringlicher Geschmack entsteht.

## Oignons glacés
## Glacierte Zwiebeln

**Erstes Rezept (für helle Garnituren oder Saucen)**

*500 g kleine, möglichst weiße Zwiebelchen, ½ l helle, klare Fleischbrühe (ersatzweise leicht gesalzenes Wasser), 80 g Butter*

Möglichst kleine, murmelgroße Zwiebeln gleicher Größe auswählen und schälen, ohne sie dabei zu quetschen. Um die Arbeit zu erleichtern, kann man sie eine Minute abbrühen oder mit etwas Essig besprenkeln. In einem großen, breiten und flachen Brattopf oder in einer Pfanne, wobei alle Zwiebeln auf dem Boden liegen sollen, mit Fleischbrühe (ersatzweise Wasser) bedecken und 50 g Butter in kleinen Stückchen darauf verteilen. Zum Kochen bringen, zudecken und bei schwacher Hitze die Flüssigkeit so weit reduzieren, daß zum Schluß, wenn die Zwiebeln gar sind, beinahe alles verkocht ist. Die restlichen 30 g Butter in Flöckchen zufügen, schmelzen lassen und durch Schwenken mit dem sirupartigen Fond vermischen. Dabei überziehen sich die Zwiebelchen mit der fetten Sauce, werden glänzend, sind nach der Küchensprache »glaciert«.

### Zweites Rezept (für dunkle Garnituren oder Saucen)

*500 g kleine, möglichst weiße Zwiebelchen, 80 g Butter, 1 Prise Salz, 1 Prise Zucker, ¼ l helle Fleischbrühe (ersatzweise leicht gesalzenes Wasser)*

Die Zwiebeln schälen und in einem großen Brattopf oder einer Pfanne in 50 g Butter langsam hell anbraten. Mit Salz und Zucker würzen und beim weiteren Braten den Zucker karamelisieren und hellbraun werden lassen. Nach der halben Garzeit die Fleischbrühe angießen, so daß die Zwiebeln bis zur halben Höhe in Flüssigkeit liegen. Nun die Brühe langsam verkochen lassen, bis nur noch ein wenig brauner, sirupartiger Fond auf dem Boden übrig ist. Die restliche Butter in Flöckchen zugeben, schmelzen lassen und durch Schwenken innig mit dem Fond vermischen. Die Zwiebeln dabei mit der Sauce überziehen, die eine glänzende Schicht auf ihnen hinterläßt.

*Anm. der Übersetzer:* Wenn Paul Bocuse hier ausdrücklich sagt, daß die Zwiebeln beim Schälen nicht gequetscht werden dürfen, so bezieht sich das darauf, daß man in Restaurants häufig die Zwiebeln mit grobem Salz bestreut und dann kräftig gegeneinanderreibt, damit sich die Schale löst. Dieses Verfahren ist auf jeden Fall schneller, als das im Haushalt natürlich mögliche, einzelne Schälen der Zwiebelchen, was unbestreitbar die beste Methode darstellt. Nach diesem Rezept werden sie schließlich nach dem Blanchieren bzw. Beträufeln mit Essig ebenfalls gegeneinandergerieben – allerdings ohne großen Druck.

## Oignons farcis
## Gefüllte Zwiebeln

*Große Gemüsezwiebeln, Salz, Butter, Farce aus Fleisch, Geflügel, Wild, Fisch oder Krustentieren (eventuell aus Resten), beliebige Würze, heller oder brauner Fond oder eine helle oder braune Sauce, frisches Paniermehl, 2–3 EL Kalbs-Fond*

Vorzugsweise große, milde Winterzwiebeln, oder noch besser spanische Gemüsezwiebeln verwenden. Die Zwiebeln schälen und rund um den Lauchansatz einen tiefen Einschnitt machen. In kochendes, mit 12 g Salz pro Liter gewürztes Wasser werfen, 5 Minuten heftig kochen, dann herausnehmen und abtropfen. Die einzelnen Knollen dem vorherigen Einschnitt folgend aushöhlen, damit nur eine Art Hülle stehenbleibt. Diese nebeneinander in eine reichlich gebutterte Bratform setzen und mit etwas Salz bestreuen.

Das herausgelöste Zwiebelfleisch rasch fein schneiden und in Butter 15 Minuten langsam weich dünsten. Dabei häufig umrühren und kaum oder gar keine Farbe nehmen lassen. Eine beliebige Füllungsmasse zufügen, die noch mit Champignons, Tomaten, Trüffeln oder ähnlichem gewürzt werden kann. Je nach Bedarf die gehackte, durchgedrehte, zerstoßene oder kleingeschnittene Füllmasse mit einer Zugabe von hellem oder dunklem Fond verdünnen bzw. mit einer hellen oder dunklen Sauce binden. Man kann für die Füllung sehr gut Reste verwenden.

Die Füllung mit einem Löffel oder einer Spritztüte in die Zwiebeln füllen und kuppelförmig aufhäufen. Mit Paniermehl bestreuen und reichlich mit zerlassener Butter beträufeln. Bei mäßiger Hitze im Ofen langsam und unbedeckt backen, damit sich eine schöne goldbraune Kruste bildet. Zwischendurch häufig mit der Bratbutter begießen.

In eine runde, vorgewärmte, flache Schüssel 2 oder 3 EL guten, hellen Kalbs-Fond gießen und die Zwiebeln hineinsetzen. Die Bratbutter über die Zwiebeln träufeln und sofort servieren.

## Purée d'oignons ou purée soubise
## Zwiebel- oder Soubise-Püree

*500 g Zwiebeln, Salz, 160 g Butter, weißer Pfeffer, 1 Prise Zucker, 1 Messerspitze geriebene Muskatnuß, $\frac{1}{2}$ l eingekochte, sehr dicke Béchamel-Sauce, 3–4 EL dicke Sahne (crème fraîche)*

Die Zwiebeln in Ringe schneiden und diese in stark gesalzenem, sprudelnd kochendem Wasser 5 Minuten überbrühen. Abtropfen lassen und in einer Kasserolle in 100 g Butter mit 1 Prise Salz, etwas frisch gemahlenem Pfeffer und Muskatnuß weich dünsten, ohne Farbe nehmen zu lassen. Die Béchamel-Sauce zufügen und alles gut vermischen. 10 Minuten leise köcheln lassen, dann durch ein feines Sieb oder ein Passiertuch streichen und in einer anderen Kasserolle auffangen. Einige Sekunden aufkochen lassen, vom Feuer nehmen und mit den restlichen 60 g Butter durcharbeiten. Mit etwas Sahne auf die gewünschte Konsistenz verdünnen. Diese Konsistenz hängt vom Gebrauch des Zwiebelpürees ab, das man auch als eine Art dicker Sauce (Coulis) zum Binden von Gemüse und Fleisch verwenden kann.

## Oseille

## Sauerampfer

*500 g jungen, noch zarten Sauerampfer, 80 g Butter, 1 gestrichener EL Mehl, 1 Prise Zucker, Pfeffer, ¼ l Fleischbrühe oder heller Kalbs-Fond (Seite 150), 2 Eier oder 4 Eigelb, 4 EL dicke Sahne (crème fraîche), Salz, dunkler, fetter Kalbs-Fond*

Den Sauerampfer verlesen und alle welken, faulen oder gelben Blätter sowie die Stengel und dicken Blattrippen entfernen. Mehrmals in reichlich Wasser sehr gründlich waschen und grob abgetropft in einen Topf geben, so daß sich im Topf etwas Wasser sammelt. Zudecken, erhitzen und den Sauerampfer im Dampf zusammenfallen lassen. Beim ersten Aufkochen vom Feuer nehmen, abgießen und den Sauerampfer in einem mit einem Tuch ausgelegten Sieb gut abtropfen lassen.
Inzwischen aus 30 g Butter und dem Mehl ganz langsam eine helle Einbrenne bereiten (Seite 155) und 15 Minuten unter häufigem Wenden dünsten lassen. Den Sauerampfer zugeben, zuckern, aus der Mühle pfeffern und mit Fleischbrühe oder Kalbs-Fond angießen. Mit einem Spachtel umrührend langsam zum Kochen bringen und das Mehl in der Brühe auflösen. Zudecken, bei mittlerer Hitze im Ofen 2 Stunden leise köcheln lassen.
Den Sauerampfer mit der Sauce durch ein feines Sieb in eine Kasserolle passieren und das Püree kurz aufkochen. 2 ganze Eier oder 2 Eigelb mit etwas erwärmter Sahne verrühren und durch ein Sieb rühren, damit die Keime (Hagelstränge), die sonst im Püree unschöne

weiße Klößchen bilden würden, zurückbleiben. Diese Mischung neben dem Feuer langsam und kräftig schlagend in das Sauerampfer-Püree ziehen. Auf kleiner Hitze ständig schlagend wieder erhitzen, bis das Püree beinahe kocht, jedoch nicht mehr aufkochen lassen. Vom Feuer nehmen und mit mehr oder weniger Butter – mindestens aber den restlichen 50 g – aufschlagen, denn der Sauerampfer giert geradezu nach Butter. Mit Pfeffer und Salz abschmecken und mit gutem, dunklem und fettem Kalbs-Fond servieren.

## Chiffonade d'oseille
### Sauerampfer-Streifen (für Garnituren und Saucen)

Die Sauerampferblätter verlesen, gründlich waschen und jeweils 12 oder 15 Blätter aufeinanderlegen und zusammenrollen. Diese Röllchen in feine Ringe schneiden, die zu Streifchen auseinanderfallen. In einem Topf in Butter weich dünsten und mit etwas Salz und einer Prise Zucker würzen.
In einen glasierten Steinguttopf füllen und für den späteren Gebrauch kalt stellen. Man verwendet diesen Sauerampfer für Suppen, Eierspeisen, Saucen und ähnliches. Will man ihn länger aufbewahren, so gibt man eine mindestens 1 cm dicke Schicht gut ausgekochtes Schweineschmalz darüber.

## Poireaux
### Lauch

Man verwendet Lauch im allgemeinen mehr als würzende Beigabe für verschiedene Speisen denn als Gemüse für sich. Das ist an sich schade, denn er ist sehr gesund und auf verschiedene Arten sehr wohlschmeckend zuzubereiten. Man findet ihn das ganze Jahr über in guter Qualität, und zwar zu einem im Vergleich zu anderen Gemüsearten relativ günstigen Preis.

## Poireaux à la grecque
### Lauch auf griechische Art (kalt)

Die Lauchstangen werden von den äußeren, welken und den grünen Blattspitzen befreit, 5 Minuten in heftig kochendem Salzwasser blanchiert, abgetropft und dann wie »Artischocken auf griechische Art« zubereitet.

## Poireaux à l'étuvée
## Gedünsteter Lauch

*Das Weiße von 12 Lauchstangen, Salz, Pfeffer, Butter, ½ TL Zitronensaft*

Die Lauchstangen 5 Minuten in sprudelnd kochendem Salzwasser überbrühen. Gut abtropfen lassen, mit Salz und Pfeffer bestreuen und nebeneinander in eine Bratplatte oder flache Auflaufform legen, die mit reichlich zerlassener Butter ausgestrichen wurde. Mit 3 EL zerlassener Butter und ½ TL Zitronensaft beträufeln. Ein gebuttertes Papier darüberlegen und bei sehr milder Hitze 40 Minuten im Ofen dünsten. Zwischendurch immer wieder mit Butter beträufeln.


## Poireaux à la vinaigrette
## Lauch in Essig und Öl (heiß)

Das Weiße von einigen Lauchstangen zu Bündeln zusammenbinden und 5 Minuten überbrühen. Herausnehmen, abtropfen lassen und in viel mit 10 g Salz pro Liter gesalzenes, heftig kochendes Wasser werfen. Dann auf milder Hitze gar kochen, gut abtropfen lassen und mit einer Vinaigrette-Sauce (Salat-Sauce), die mit viel Senf angemacht wurde, wie Spargel servieren.


## Poireaux à l'italienne
## Lauch auf italienische Art

*Das Weiße von einigen Lauchstangen, Salz, Pfeffer, Butter, ½ TL Zitronensaft, geriebener Gruyère (oder Emmentaler), frisches Paniermehl*

Die Lauchstangen in reichlich Wasser 5 Minuten überbrühen. Gut abtropfen lassen und wie »gedünsteten Lauch« (oben) zubereiten. Hat man eine Auflaufform verwendet, darin lassen, sonst in eine solche umbetten. Den Lauch mit reichlich Käse bestreuen, der mit einer guten Prise Paniermehl vermischt wurde. Mit der zum Dünsten verwendeten Butter beträufeln und im heißen Ofen überbacken (gratinieren).

## Petits pois
## Erbsen

Frische Erbsen sind sehr empfindlich und daher anspruchsvoll. Man muß sie beispielsweise sofort nach dem Pflücken essen, wenn man sie wirklich in idealer Güte genießen will. Wenn diese Bedingung nicht erfüllt werden kann – was nur selten der Fall sein wird –, muß man sie unbedingt in den Schoten aufbewahren, und zwar an einem kühlen Ort gut auseinandergebreitet. Aber auch auf diese Weise halten sie sich nur 12 Stunden. Ist man gezwungen, sie länger aufzubewahren, so muß man sie auspalen (aus den Schoten lösen). Sie würden sonst nämlich anfangen zu schwitzen und muffig zu werden – schlichtweg eine Katastrophe. Das Auspalen sollte sobald wie möglich erfolgen, damit die Erbsen nicht schon beginnen, sich zu zersetzen. Man gibt sie in eine Terrine oder eine Salatschüssel und fügt auf 600 g ausgepalte Erbsen 125 g frische, nicht zu kalte Butter hinzu. Das Ganze wird sorgfältig durchgemischt, bis sich die Erbsen vollständig mit einer Schicht Butter überzogen haben. Dann macht man in die Mitte eine Vertiefung, indem man die Erbsen an den Wänden der Terrine oder Schüssel mit der Butter sozusagen anklebt. Bis zum Gebrauch kalt stellen. Diese Methode hält die Erbsen einwandfrei frisch, ohne daß dadurch eine besondere Ausgabe nötig wäre, denn die verwendete Butter entspricht genau der für das spätere Garen benötigten Menge.

Noch eine wichtige Empfehlung: Die frisch gepflückten Erbsen, die eine blaßgrüne Farbe haben, brauchen 15 bis höchstens 20 Minuten zum Garen. Sie müssen also um diese Zeit vor dem Servieren aufgesetzt werden – nicht früher, denn wenn sie einmal gar sind, darf man sie nicht länger stehen lassen. Die angegebene Garzeit verlängert sich jedoch um so mehr, je mehr Zeit zwischen Pflücken und Kochen vergeht, und ist auch von der bei der Konservierung aufgewandten Sorgfalt abhängig.

*Anm. der Übersetzer:* Wirklich gute Erbsen kann also nur ein Gartenbesitzer essen! Auch die Forderung, daß die Erbsen nicht länger als 12 Stunden nach dem Pflücken in den Schoten bleiben dürfen, ist im Normalverkauf nicht einzuhalten – dies dürfte nur über Gärtnermärkte möglich sein.

Man sollte deshalb auf den Kauf von sogenannten frischen Erbsen verzichten und auf tiefgekühlte Ware zurückgreifen. Gefrorene Erbsen haben heute eine kaum zu überbietende Qualität. Von Fachleuten wird der Reifeprozeß ständig überwacht, so daß die Erbsen nicht einen

Tag zu früh und nicht einen Tag zu spät geerntet werden. In einer beispiellosen »Schlacht« werden die Erbsen dann maschinell geerntet, ausgepalt, gewaschen, blanchiert, abgeschreckt und eingefroren – das Ganze dauert nicht länger als 60 Minuten und garantiert eine bei in Schoten gekauften Erbsen nie zu erlangende Frische. Zudem sind die gefrorenen Erbsen meist zarter als Gartenware. Die intensive grüne Farbe resultiert übrigens aus spezieller Züchtung und wird durch das Blanchieren und Abschrecken verstärkt, also nicht durch chemische Zusätze erzeugt. Gefrorene Erbsen sind etwas größer als gleich zarte Frisch-Erbsen – auch das ein Ergebnis langer Züchtung. Die schnelle Verarbeitung der Erbsen in den Tiefkühlbetrieben hat genau dieselbe Ursache und dasselbe Ziel wie das von Paul Bocuse vorgeschlagene Überziehen mit einem dünnen, isolierenden Butterfilm: Die chemische Zusammensetzung der Erbsen verändert sich durch Luftzutritt sehr schnell (in den ganzen Schoten sind die Erbsen ja vor Sauerstoff geschützt – achten Sie beim Einkauf von frischen Erbsen stets darauf, daß die Schoten nicht verletzt oder aufgeplatzt sind!), die Erbsen beginnen schon nach 2 Stunden zu oxydieren und sauer zu schmecken. Ehe es soweit kommt, müssen sie eben vor dieser schädlichen Entwicklung abgeschirmt werden – sei es durch die schützende Butter oder das Gefrieren.

Tiefgekühlte Erbsen sind übrigens meist erheblich billiger als in Schoten gekaufte Erbsen (man benötigt etwa knapp 2 kg Schoten für 500 gepalte Erbsen) – vor allem, wenn man die Arbeitszeit mit in Rechnung stellt.

## Purée de pois frais
### Erbsen-Püree

Vorzugsweise große, süß schmeckende Erbsen auswählen. Entweder auf englische (Seite 590) oder französische (Seite 591 f.) Art zubereiten. Die Erbsen abtropfen bzw., wenn sie auf französische Art zubereitet wurden, mit dem Fond durch ein feines Sieb in einen Topf passieren. Wieder erhitzen und neben dem Feuer 150 g in kleine Stückchen zerteilte Butter hineinarbeiten. Falls das Püree zu dick ist, mit etwas Kochsud auf die gewünschte Konsistenz bringen bzw., wenn die Erbsen auf englische Art bereitet wurden, mit etwas dicker Sahne (crème fraîche) verrühren.

## Petits pois à l'anglaise
## Erbsen auf englische Art

*600 g frische Erbsen (gepalt), 3 l Wasser, 30 g Salz, 1 weitere Prise Salz, Butter, 1 EL gehackter Fenchel, 1 EL gehackte, frische Minzblätter, 1 EL gehacktes Bergbohnenkraut (ersatzweise normales Bohnenkraut)*

Die Erbsen in sprudelnd kochendes Salzwasser – am besten in einem nicht verzinnten Kupfertopf oder -kessel – geben. Nach 15 Minuten zum ersten Mal prüfen, ob sie gar sind. Bei Bedarf noch etwas länger kochen lassen. Dann in ein großes Sieb gießen, mit einer Prise Salz bestreuen und kräftig rütteln, damit das Wasser besser abläuft. In einer sehr heißen Gemüseschüssel anrichten. Getrennt dazu Butter und 3 Schälchen reichen, die mit den Kräutern gefüllt sind. Sehr gut vorgewärmte Teller bereitstellen, denn jeder Gast macht sich die Erbsen auf seinem eigenen Teller zurecht.

## Petits pois à la menthe
## Erbsen mit Pfefferminze

*600 g gepalte Erbsen, Salz, einige frische Pfefferminzblätter, eventuell einige Fenchel- oder Dillspitzen, 125 g Butter*

Die Erbsen wie im vorstehenden Rezept in Salzwasser kochen, diesem jedoch einige frische Minzblättchen zufügen. Abtropfen lassen, in einen Topf geben, mit einigen ½ Minute blanchierten und feingeschnittenen Pfefferminzblättchen, Fenchel- oder Dillspitzen bestreuen und die Butter in kleinen Flöckchen darauf verteilen. Den Topf rüttelnd umschwenken, damit sich die Butter auflöst und die Erbsen bindet. Diese Bindung soll sehr leicht sein, bei Bedarf 1 oder 2 TL von dem Wasser kochend heiß zugeben, in dem die Erbsen gegart wurden. In einer heißen Gemüseschüssel anrichten und sofort servieren.

## Petits pois à la française
### Erbsen auf französische Art (klassisches Rezept)

*Für 6 Personen: 2,5 kg Erbsen in Schoten (oder 600 g gepalte Erbsen), 12 kleine weiße Frühlingszwiebeln, 1 großer, fester Kopfsalat, 1 Petersilienwurzel, 1 Zweiglein Bergbohnenkraut (ersatzweise Bohnenkraut), 1 Zweiglein Thymian, 1 Stück Lorbeerblatt, 5 g Salz, 20 g Zucker, 155 g Butter*

Die Erbsen auspalen, die Zwiebeln schälen, den Salat von den grünen Blättern befreien, das gelbe Herz waschen und in Streifen schneiden. Die Petersilienwurzel mit dem Kräuterzweiglein und dem Lorbeerblatt zusammenbinden. Alle Zutaten mit Salz, Zucker und 125 g Butter in kleinen Flöckchen in eine Salatschüssel geben und vorsichtig, aber gründlich vermischen. Etwas festdrücken, mit einem feuchten Tuch abdecken und 2 Stunden zum Durchziehen kühl stellen.

In einen hohen, passenden Topf 2 EL Wasser gießen, die Erbsen-Gemüse-Masse einfüllen, mit einem mit kaltem Wasser gefüllten Suppenteller zudecken, damit der beim Erhitzen entstehende Dampf sich an diesem niederschlägt und auf die Erbsen zurücktropft. Bei mittlerer Hitze langsam köcheln lassen, den Topf ab und zu schütteln und schwenken, damit sich die Zutaten gut vermischen. Die beim Garen aus den Gemüsen austretende Flüssigkeit, die wieder nach unten tropft, sollte genügen, um ein normales Dünsten zu ermöglichen.

Nach 20 bis 25 Minuten prüfen, ob die Erbsen gar sind. Bei Bedarf noch etwas länger dünsten. Abschmecken, den Kräuterstrauß entfernen und die Erbsen neben dem Feuer mit weiteren 30 g Butter schwenken.

*Anmerkung:* Wenn die Erbsen frisch sind und das Dünsten langsam und geschickt vorgenommen wurde, entsteht aus der von den Gemüsen abgegebenen Flüssigkeit und der Butter ein siruppartiger Fond, der weder dick noch flüssig ist und der die Gemüse leicht schaumig vollkommen einhüllt. In einer vorgewärmten Schüssel angerichtet, halten die Erbsen dann wie ein leichter Schaum in einer Kuppel zusammen. Dieses unvergleichliche Gericht ist eine Krönung der französischen Kochkunst, ein einzigartiger Genuß.

## Petits pois à la bourgeoise
## Erbsen auf bürgerliche Art

600 g Erbsen werden wie im vorstehenden Rezept beschrieben zubereitet. Unterdessen glaciert man wie auf Seite 548 beschrieben 1 Dutzend kleiner, runder Frühlingskarotten (Anm. Seite 546 f), und zwar in einem ausreichend großen Topf, der auch die fertig gegarten Erbsen aufnehmen kann. Diese gibt man zu den Karotten, kurz ehe diese vollkommen gar sind. Zum Schluß die Hitze etwas verstärken, damit die Flüssigkeit des sirupartigen Fonds ein wenig reduziert wird. Vom Feuer nehmen und mit 3 EL dicker Sahne (crème fraîche) binden. Die Erbsen sollen wie die »Erbsen auf französische Art« von dem schaumigen Fond umhüllt sein und werden ebenfalls kuppelförmig in einer vorgewärmten Schüssel angerichtet.

## Petits pois à la paysanne
## Erbsen auf Bauern-Art

Die Erbsen wie auf »französische Art« zubereiten, jedoch in dem Topf vorher in etwas Butter 100 g mageren, in Würfel geschnittenen und kurz abgebrühten Brustspeck anbraten. Die Erbsen zusammen mit dem Speck dünsten und zum Schluß wieder neben dem Feuer mit etwas frischer Butter binden.

## Piments doux
## Paprika

Paprikaschoten, die keinerlei Schärfe aufweisen, spielen in der französischen Küche keine große Rolle – selbst in der Familienküche werden sie selten verwendet. Es gibt drei unterschiedliche Arten, nämlich rote, gelbe und grüne Paprika.

*Anm. der Übersetzer:* Paprika, auch bei uns noch nicht lange auf dem Markt, ist in Deutschland schnell zu einem sehr beliebten Gemüse geworden. Die verschiedenfarbigen Paprika teilen sich in sehr viele Sorten auf, die im Geschmack wie in der Zubereitung grundsätzlich andere Eigenschaften aufweisen. Während Frankreich die meiste Ware aus Spanien bezieht, ist der deutsche Markt auch an den Balkanländern, Italien, Israel, Nordafrika, Belgien und Holland orientiert. Für

die verschiedenen Sorten und Arten gibt es jeweils beste Qualitäten aus unterschiedlichen Ländern. Es würde zu weit führen, die einzelnen Charakteristiken hier zu erörtern.
Für die »gefüllten Paprikaschoten« nimmt man (nach Paul Bocuse) am besten die langen, dünnfleischigen grünen oder gelben Schoten (vorzugsweise aus Italien oder Jugoslawien), für den »Paprika-Auflauf auf Piemonteser Art« die dickfleischigen grünen oder gelben, eher viereckigen aus Italien und für das »Paprika-Püree« dickfleischige, rote Schoten aus Ungarn.

## Piments farcis
## Gefüllte Paprikaschoten

*Paprikaschoten, Öl, Zwiebeln, Tomaten, Salz, Pfeffer, Butter* – Für die Füllung: *Fleischreste (Lamm, Kalb, Geflügel – alleine oder gemischt), kreolischer oder Pilaw-Reis, einige EL nicht entfetteter Kalbs- oder Schweins-Fond (Braten-Jus), eingekochtes Tomatenpüree oder -mark, Knoblauch, Zwiebeln, Butter, Pfeffer*

Die möglichst regelmäßig ausgesuchten Paprikaschoten kurz grillen oder in den heißen Ofen legen, damit die Haut leicht abgezogen werden kann. Die gehäuteten Schoten von den Stielansätzen befreien und die Samenkörner mit den Zwischenwänden herauslösen. 2 Minuten in kochendem Wasser blanchieren.
Aus feingehackten oder durchgedrehten Fleischresten und Reis (⅔ der Fleischmenge an kreolischem Reis oder ⅓ der Fleischmenge an Pilaw-Reis rechnen) eine Farce bereiten, diese mit einigen Löffeln fetten Kalbs- oder Schweins-Fond sowie etwas Tomatenpüree bzw. -mark binden. Mit reichlich geriebenem Knoblauch, in Butter weich gedünsteten, fein geschnittenen Zwiebeln und frisch gemahlenem Pfeffer würzen. Diese Farce in die Paprikaschoten füllen.
Einen Brat- oder Schmortopf mit reichlich Öl ausgießen und den Boden mit gehackten Zwiebeln bestreuen. Darauf dicht nebeneinander die gefüllten Paprikaschoten legen. Tomaten schälen und entkernen, jedoch nicht auspressen. Fein hacken und durch ein Sieb streichen. Mit dieser püreeartigen Sauce (coulis) die Paprikaschoten bis zu halber Höhe aufgießen. Zum Kochen bringen, zudecken und 35 Minuten im Ofen schmoren lassen. Die Schoten auf einer tiefen, runden Platte anrichten und mit dem eingekochten, neben dem Feuer mit fri-

scher Butter verrührten, nachgewürzten Schmorfond begießen. Dieser muß durch das Einkochen sirupartig dick geworden sein und bildet durch seinen süßlichen Geschmack eine angenehme Ergänzung zu dem Aroma der Paprikaschoten.

## Piments doux à la piémontaise
## Paprika-Auflauf auf Piemonteser Art

*Milde, fleischige Paprikaschoten (siehe Anmerkung auf Seite 592), Butter oder Öl, gut reife Fleischtomaten, Risotto auf Piemonteser Art, Salz, Pfeffer, geriebener Gruyère (oder Emmentaler), Butter*

Die Paprikaschoten häuten (dazu vorher kurz grillen oder in den sehr heißen Ofen legen), entkernen und in Butter oder Öl weich dünsten. Die Tomaten überbrühen, häuten, Stielansatz und Kerne entfernen und ebenfalls in Butter oder Öl dünsten. Paprika, Tomaten und das inzwischen zubereitete Risotto sollen jeweils in gleichen Mengen vorhanden sein.
Eine Auflaufform abwechselnd mit Paprika, Tomaten und Reis vollschichten und würzen, mit Paprika oder Tomaten abschließen. Mit geriebenem Gruyère bestreuen, mit zerlassener Butter beträufeln, 20 Minuten im Ofen köcheln lassen und goldbraun überbacken.

## Purée de piments doux
## Paprika-Püree

*Große, dickfleischige, rote Paprikaschoten, reichlich Butter, $1/3$ der Menge in Fleischbrühe gekochter Reis (Risotto), dicke Sahne (crème fraîche) oder Milch oder heller Kalbs-Fond*

Die Paprikaschoten häuten (dazu kurz grillen oder in den heißen Ofen legen), entkernen und in Butter weich dünsten. In der Zwischenzeit den Reis bereiten und sehr gar kochen. Beides vermischen, im Mörser zerstampfen und durch ein feines Sieb oder ein Passiertuch treiben. In einer Kasserolle auffangen und das Püree kräftig durcharbeiten. Mit ein wenig Sahne, Milch oder Kalbs-Fond verdünnen, aufkochen lassen und schließlich neben dem Feuer mit soviel Butter durchmischen, wie das Püree ohne auseinanderzufallen annimmt.

*Anmerkung:* Man kann den Reis auch durch die gleiche Menge dick eingekochter Béchamel-Sauce ersetzen. Das Paprika-Püree wird vor allem zu Hühnergerichten gereicht.

## Pommes de terre
### Kartoffeln

Es gibt unzählig viele Kartoffelsorten, die sehr verschiedene Eigenschaften haben. Für die meisten Zubereitungsarten sind die gelbfleischigen Sorten zu empfehlen, die eine mehlig kochende Konsistenz haben.
Damit die Kartoffeln ein gesundes und bekömmliches Nahrungsmittel bleiben, müssen sie sehr sorgfältig aufbewahrt werden. Sie müssen an einem etwas luftigen, nicht hell erleuchteten Ort kühl, sogar kalt, aber vor Frost geschützt lagern. Man muß sie von Zeit zu Zeit durchsehen und die entstehenden Keime entfernen, denn dadurch entwickeln sie giftige, der Gesundheit abträgliche Stoffe.
*Anm. der Übersetzer:* In Frankreich, wo die Kartoffel als ein Gemüse unter anderen betrachtet wird und kein Grundnahrungsmittel ist, wird auf ihren Anbau mehr Sorgfalt verwendet als bei uns. Es kommt nicht auf die Quantität (des Ertrags) an, sondern auf die Qualität. Hierzulande hat man möglichst wirtschaftliche Anbaumethoden und Kartoffelsorten entwickelt und dabei die Qualität vernachlässigt. Durch Überdüngung hat sich das Fruchtfleisch oft nicht regelmäßig ausgebildet und weist schwarze oder weiße, verhärtete Stellen auf. Seit die Kartoffelpreise gestiegen sind und man feststellen mußte, daß der Verbraucher auf andere Gemüse und Produkte ausweicht, denkt man jedoch auch in Deutschland wieder darüber nach, wie man die Knolle in besserer Qualität auf den Markt bringen kann. Erste Schritte sind unternommen worden, die Sorten auf gute Qualitäten zu beschränken und Futterkartoffeln nicht mehr in den Lebensmittelhandel kommen zu lassen.
In den letzten Jahren hat sich ein Trend entwickelt, festkochende Sorten den mehligen vorzuziehen. Für ausgebackene Kartoffeln (Pommes frites und ähnliche) sowie für Kartoffelpüree benötigt man jedoch die mehligen Sorten. Für erstere sind die holländischen Kartoffeln (Bintje) zu empfehlen, für letztere die gelbfleischigen Kartoffeln mit roter Schale oder die Sorten Irmgard, Maritta und Lori. Für Salz- und Dampfkartoffeln je nach Geschmack vorwiegend festkochende

Sorten (Clivia, Datura, Grata, Hansa, Olympia), die sich auch für Röst- und Bratkartoffeln eignen, oder festkochende Sorten (Sieglinde), die auch für Salate genommen werden sollten.

Neue Kartoffeln sind nur zum Kochen geeignet, da sie noch wenig mehlige Substanzen aufgebaut haben und sehr viel Wasser enthalten. Für Pommes frites oder Püree können nur gut ausgereifte, bis zum vollkommenen Absterben des Laubes im Boden verbliebene Kartoffeln verwendet werden.

Man sollte vorzugsweise ungewaschene Kartoffeln kaufen, denn beim Waschen wird nicht selten die Schale verletzt (wie auch durch Erntemaschinen), wodurch sich leicht Schimmelstellen bilden können. Außerdem hat man dadurch eine gewisse Garantie, daß die Kartoffeln nicht gegen das Austreiben mit chemischen Mitteln behandelt worden sind. Auch sollte man in Plastik verpackte Kartoffeln lieber liegenlassen und auf lose Ware zurückgreifen, denn die Plastikverpackung läßt Kartoffeln trotz der eingestanzten Löcher häufig schwitzen und muffig werden. Grüne Stellen an den Knollen sind ein Warnzeichen: Durch Lichteinwirkung hat sich in diesen Regionen giftiges Solanin aufgebaut. Diese Stellen unbedingt wegschneiden bzw. auf die Kartoffeln ganz verzichten.

## Préparations culinaires des pommes de terre
## Die Grundzubereitungen der Kartoffel

Man kann Kartoffeln auf folgende Arten zubereiten:
1. In heißem Fett ausbacken (fritieren).
2. In Wasser oder Dampf garen.
3. Trocken im Ofen backen.
4. Braten oder dünsten in Fett.

Diese vier Methoden sind der Ausgangspunkt für eine Vielzahl von Kartoffelrezepten. Die typisch ausgebackenen Kartoffeln sind die

## Pommes frites dites Pont-Neuf
## Pommes frites (»Pont-Neuf«)

*Mehlig kochende, gut ausgereifte Kartoffeln (vorzugsweise Bintje), Öl zum Ausbacken (ersatzweise gut geklärtes Rinder- oder Kalbsfett), Salz*

Die Kartoffeln schälen, waschen, abtrocknen und der Länge nach in höchstens 1 cm dicke Scheiben schneiden. Dann die einzelnen Scheiben in 1 cm breite Stäbchen zerteilen. Die Stücke niemals dicker zuschneiden, denn sonst verbleibt in der Mitte der Stäbchen auch nach langem Fritieren ein Kern von mehligem, schwer verdaulichem und im Mund unangenehm wirkendem Fruchtfleisch.

Die Stäbchen in einen Fritierkorb legen und in ein reichliches Ölbad (ersatzweise Fett verwenden) tauchen, das rauchendheiß sein muß. Beim Eintauchen in das etwa 180 Grad heiße Bad werden die Kartoffeln sofort von der Hitze angegriffen, ohne daß sie sich mit Fett vollsaugen. Da sie kalt sind, wird die Temperatur des Ölbads dabei auf etwa 160 Grad gesenkt. Bei dieser zurückgenommenen Temperatur werden die Kartoffeln nun unter ständiger Überwachung fritiert, bis sie eine hellgelbe Farbe anzunehmen beginnen. Die Temperatur des Öls sinkt dabei bis etwa 150 Grad ab, wo sie gehalten werden muß, da die Kartoffeln bei tieferer Temperatur nicht mehr ausbacken, sondern zu kochen beginnen. Nach 5 Minuten den Garungsgrad überprüfen. Dazu ein Stäbchen herausnehmen und zwischen den Fingern zerdrücken. Wenn sich das Fruchtfleisch leicht zerdrücken läßt, die Kartoffeln mit dem Fritierkorb herausheben und abtropfen lassen. Das Öl wieder erhitzen, bis es erneut zu rauchen beginnt und 180 Grad heiß ist.

Während dieses ersten Fritierbades hat das plötzliche Eintauchen der Kartoffeln in das heiße Fett dazu geführt, daß dieses mit der in den Kartoffeln enthaltenen Stärke auf der Oberfläche eine Verbindung eingegangen ist und eine dünne Schicht gebildet hat, wodurch ein Teil der in den Kartoffeln enthaltenen Feuchtigkeit eingeschlossen wurde. Durch die Erhitzung dieser Flüssigkeit ist das Fruchtfleisch im Innern der Stäbchen sozusagen gekocht worden und also gar.

Die während des erneuten Erhitzens des Öls lauwarm oder kalt gewordenen Stäbchen werden nun zum zweiten Mal sehr plötzlich in das heiße Ölbad getaucht. Dabei verhärtet sich die bereits gebildete, isolierende Schicht, wird golden und knusprig und bläht sich durch den im Inneren der Stäbchen entstehenden Dampfdruck auf.

Wenn die Stäbchen eine schöne dunkelgoldene Farbe bekommen haben, werden sie mit dem Fritierkorb aus dem Öl genommen, gut abgetropft und mit einer Prise Salz bestreut. Durchmischen und in Häufchen auf einer mit einer gefalteten Serviette ausgelegten Platte anrichten. Sofort servieren, solange die Stäbchen noch nicht aufgeweicht sind, denn das immer wieder angestrebte Ziel ist es, die Pommes frites so knusprig wie möglich auf den Tisch zu bringen.

*Anm. der Übersetzer:* Es ist immer empfehlenswert, die Stäbchen – die man auch mit einem speziellen Pommes-frites-Schneider zuschneiden kann – vor dem Fritieren zu waschen und abzutrocknen, denn dadurch wird auf der Oberfläche haftende überflüssige Stärke entfernt. Durch diese Stärke kleben die Stäbchen häufig aneinander und werden nicht gleichmäßig braun.
Statt Öl verwendet man heute häufig zum Ausbacken sehr gut geeignetes, in speziellen Verfahren gehärtetes Pflanzenfett. Die Hitze des Fett-Bades kann man durch einen eingetauchten Holzlöffel kontrollieren: Es müssen kleine Bläschen heftig daran aufsteigen.

## Pommes frites allumettes
## Streichholz-Kartoffeln

Die Kartoffelstäbchen werden nur halb so groß zugeschnitten wie die normalen Pommes frites, ansonsten aber gleich behandelt – die Garzeit ist entsprechend kürzer. Ebenfalls in goldenen, knusprigen Häufchen anrichten.

## Pommes paille
## Stroh-Kartoffeln

Die geschälten Kartoffeln in grobe Streifchen (Julienne) schneiden und 10 Minuten in kaltes Wasser legen. Dann sorgfältig abspülen, damit die außen haftende Stärke entfernt wird, welche die Streifchen sonst aneinanderkleben ließe. Gut abtropfen lassen und abtrocknen. Wie die normalen Pommes frites in zwei Arbeitsgängen fritieren. Während der ersten Phase mit dem Schaumlöffel vorsichtig und gründlich umrühren, damit sich alle Streifchen vollkommen voneinander lösen. Ebenfalls mit Salz bestreuen, durchmischen und in goldenen knusprigen Häufchen anrichten.

## Pommes chips
## Kartoffel-Chips

Die geschälten Kartoffeln in sehr dünne, gleichmäßige Scheiben schneiden. 10 Minuten in kaltes Wasser legen und zwischen den Händen reibend die außen haftende Stärke restlos ablösen. Gut waschen, abtropfen lassen und abtrocknen. In das sehr heiße Fritierbad tauchen und rasch, ohne das Öl abkühlen zu lassen, hellgelb ausbacken. Mit dem Schaumlöffel kräftig durchrühren, damit sich alle Scheiben voneinander trennen. Wenn sie eine schöne goldene Farbe bekommen haben und so trocken geworden sind, daß das Öl kaum mehr schäumt, herausheben, abtropfen lassen und mit Salz bestreuen. Durchmischen und servieren. Man reicht Pommes chips im allgemeinen zu gebratenem Wild.

Auf diese Weise hergestellte Pommes chips werden auch kalt gereicht: Reichlich mit Salz gewürzt, ißt man sie an der Bar zusammen mit gerösteten Salzmandeln, Oliven und ähnlichem zum Aperitif.

## Pommes de terre soufflés
### Aufgeblasene Kartoffeln

Um diese Kartoffeln zuzubereiten, benötigt man zwei Fritierbäder: Im ersten werden die Kartoffeln wie geschildert angebacken und gegart, im zweiten werden sie aufgeblasen und bekommen die knusprige Außenhaut.

Gute, gelbfleischige und mehlig kochende Kartoffeln (Bintje) auswählen und schälen. Waschen, abtrocknen und längs in möglichst große, gleichmäßige, 3 mm dicke Scheiben schneiden. In kaltem Wasser gründlich waschen, abtropfen lassen und abtrocknen.

Das erste Fritierbad auf 180 Grad heizen und nur wenige Kartoffelscheiben mit dem Schaumlöffel hineinlegen, so daß sich das Öl nicht abkühlt. Die Scheiben mit dem Schaumlöffel so verteilen, daß sie nicht mehr aneinanderkleben. Bei guter, jedoch nicht zu hoher Temperatur etwa 6 bis 8 Minuten ausbacken. Dabei den Topf ab und zu hin und her bewegen, damit die Scheiben etwas durcheinanderbewegt werden. Nach der angegebenen Zeit müssen die Scheiben hellgelb und weich sein und beginnen, an der Oberfläche zu schwimmen. In diesem Augenblick mit dem Schaumlöffel herausheben und sofort in das zweite Fritierbad legen, das auf 190 Grad vorgeheizt wurde, also richtiggehend rauchen muß. Auch hier stellen sich die bei den Pommes frites (»Pont-Neuf«) beschriebenen Vorgänge ein, so daß sich die Scheiben aufgrund ihrer ursprünglichen Form und ihrer Stärke aufblasen und die Form eines Eis bekommen. Sie werden sehr schnell goldbraun, trocken und knusprig. Herausheben, auf einem Tuch oder auf

Küchenpapier abtropfen, mit etwas Salz bestreuen und auf einer mit einer Serviette ausgelegten Platte oder an der Seite eines gegrillten Stücks Fleisch anrichten, wenn sie ein solches begleiten sollen.
Man kann diese aufgeblasenen Kartoffeln auch im voraus bereiten: Nach dem zweiten Fritierbad läßt man sie abtropfen und legt sie nebeneinander auf eine mit einem Tuch oder Küchenpapier ausgelegten Platte. Sie fallen dann zwar bald in sich zusammen, doch ist das ohne Nachteil, da sie sich bei einem erneuten Eintauchen in das heiße Fett sofort wieder aufblasen. Sie werden erst ganz kurz vor dem Servieren das dritte Mal und sehr heiß fritiert und dann schön golden und knusprig sofort aufgetragen.

## Pommes de terre cuites par ébullition ou à la vapeur
### Gekochte oder im Dampf gegarte Kartoffeln

Für viele Zubereitungen benötigt man ganz einfach in Wasser oder einer anderen Flüssigkeit gegarte Kartoffeln. Die einfachste Art sind die in Salzwasser gegarten, geschälten Kartoffeln, die *Salzkartoffeln*. Man kocht sie nicht zu weich, gießt dann das Wasser ab und läßt die Kartoffeln etwas ausdampfen. Man kann die Kartoffeln statt in Wasser jedoch auch in Dampf garen:

## Pommes de terre à l'anglaise
### Dampfkartoffeln

Möglichst gleichmäßige Kartoffeln von der Größe eines kleinen Hühnereis auswählen, und zwar vorzugsweise von einer nicht mehlig kochenden Sorte. Schälen und in einen Topf mit doppeltem Boden oder einem Loch- bzw. Siebeinsatz legen. Den Boden des Topfes mit Wasser bedecken. Dicht verschließen, das Wasser zum Kochen bringen und die Kartoffeln etwa 20 Minuten im Dampf garen. Besitzt man keinen solchen Spezialtopf, so kann man sich mit einem Teller oder einer Schüssel behelfen, die man umgekehrt in einen Topf legt und darauf die Kartoffeln gibt. Dampfkartoffeln reicht man zu gekochtem oder pochiertem Fisch und bestimmten anderen Gerichten.
In gewissem Sinne sind auch in Alufolie und dann in heißer Asche oder im Ofen gegarte Kartoffeln Dampfkartoffeln, denn sie garen in einer Dampfatmosphäre, die durch ihre eigene Flüssigkeit entsteht.

## Pommes en robe des champs
## Pellkartoffeln

Die Kartoffeln werden in der Schale ganz einfach in Salzwasser (10 g Salz pro Liter) bei schwachem Sieden gekocht. Wenn sie beinahe gar sind, wird das Wasser abgegossen und der Topf 10 Minuten auf kleinste Flamme gestellt, damit das Fruchtfleisch trocken werden kann.

## Purée de pommes de terre
## Kartoffel-Püree

*500 g mehlig kochende Kartoffeln, Salz, 100 g Butter, Milch, frisch geriebene Muskatnuß*

Die Kartoffeln schälen, waschen und in gleichmäßig große Stücke zerschneiden. In eine Kasserolle geben, mit kaltem Wasser bedecken und salzen (10 g pro Liter). Zum Kochen bringen und in sprudelnd kochendem Wasser garen. Von Zeit zu Zeit mit der Messerspitze in ein Kartoffelstück stechen, um zu prüfen, ob es gar ist. Das Wasser sofort abgießen, wenn kein Widerstand mehr zu spüren ist und das Messer leicht in die Kartoffeln eindringt, denn die Kartoffeln müssen gerade eben gar sein, dürfen sich nicht mit Wasser vollsaugen.
Nach dem Abgießen den Topf 8-10 Minuten auf kleinste Flamme stellen, damit die Kartoffeln ausdampfen können und möglichst trocken werden.
Die noch heißen Kartoffeln in ein möglichst feines Sieb schütten und mit einem Stampfer durchdrücken. Nur von oben nach unten drücken und die Masse nie mit horizontalen oder kreisenden Bewegungen durch das Sieb treiben. Durch diese Bewegungen würde die Masse nämlich aneinandergedreht und damit elastisch und pappig und würde sich auch im Geschmack verändern.
Das erhaltene Püree in eine Kasserolle geben und auf kleiner Flamme während der folgenden Arbeiten sehr warm halten, aber nicht kochen lassen. Die Butter in kleinen Flöckchen zugeben und kräftig mit dem Spachtel in die Kartoffelmasse mischen, die dabei leicht cremig und weiß wird. Dann ständig rührend mit kleinen Zugaben kochender Milch bis auf die gewünschte Konsistenz verdünnen. Mit Muskatnuß würzen und abschmecken, möglicherweise nachsalzen.
Am besten schmeckt das Püree, wenn es sofort nach der Fertigstellung serviert wird – es entwickelt dann seine ganze Feinheit, die durch jedes

Warten oder Warmhalten in zunehmendem Maße verlorengeht. Nur im Notfall im Wasserbad warm halten.

## Pommes de terre duchesse
## Herzogin-Kartoffeln

*500 g mehlig kochende Kartoffeln, Salz, 50 g Butter, 1 Prise frisch gemahlener weißer Pfeffer, 1 Messerspitze frisch geriebene Muskatnuß, 1 Ei, 2 Eigelb, noch etwas Butter, 1 weiteres Ei*

Die Kartoffeln vorbereiten und kochen wie für Kartoffel-Püree. Die gegarten Kartoffeln durch ein feines Sieb in einen breiten, flachen Topf drücken und auf großer Flamme mit einem Spachtel durcharbeiten, um möglichst viel Feuchtigkeit zu verdampfen. Wenn die Masse sehr trocken und wie ein fester Teig geworden ist, vom Feuer nehmen und die Butter hineinarbeiten, mit Pfeffer, Muskatnuß und Salz abschmecken und kräftig durchrühren. Am Schluß noch die leicht verquirlten Eier unterziehen.

Mit einem großen Löffel jeweils Portionen von etwa 60 g abnehmen und kleine Hörnchen, runde Häufchen, rechteckige, quadratische oder runde Scheiben von 1 cm Stärke, Klößchen oder ähnliches formen. Auf ein gebuttertes Backblech setzen und mit verquirltem Ei bestreichen und im heißen Ofen golden überbacken.

Man benötigt diesen Teig auch für verschiedene Kroketten, vor allem auch für Kronprinzessin-Kartoffeln. Um ihn für einen späteren Gebrauch vorrätig zu haben, buttert man eine flache Emaille- oder Porzellanschüssel, füllt die gerade fertiggestellte, heiße Püreemasse hinein und streicht sie glatt. Dann betupft man sie mit einem auf eine Gabel gespießten Stück Butter, damit die Oberfläche keine Kruste bilden kann.

## Croquettes de pommes de terre
## Kartoffel-Kroketten

*Herzogin-Kartoffel-Teig (wie vorstehendes Rezept), etwas Mehl, 1 Ei, 1 Prise Salz, 1 EL Olivenöl, frisches Paniermehl, Fett zum Ausbacken*

Den Herzogin-Kartoffel-Teig in Portionen teilen und diese wie eine Wurst auf einer leicht mit Mehl bestäubten Fläche ausrollen. In Stücke von der Größe eines dicken, langen Korkens schneiden. Das Ei mit Salz und Olivenöl verquirlen, die Röllchen durch diese Mischung ziehen und sofort im Paniermehl rollen. In ein rauchendes, aber nicht übermäßig heißes Fritierbad geben und ausbacken. Herausheben, wenn die Kroketten schön golden und knusprig sind, auf einem Tuch oder auf Küchenpapier abtropfen lassen und entfetten, mit Salz bestreuen und schließlich auf einer mit einer gefalteten Serviette belegten Platte aufhäufen.

## Gratin dauphinois
## Kartoffelauflauf auf die Art der Dauphiné

*Für 6 Personen: 500 g mittelgroße, regelmäßige, mehlig kochende Kartoffeln (Bintje), ½ l Milch, Salz, Pfeffer, Muskatnuß, 1 Ei, 125 g geriebener Gruyère (oder Emmentaler), 1 Knoblauchzehe, 60 g Butter, nach Belieben etwas dicke Sahne (crème épaisse)*

Zunächst die Milch aufkochen und wieder lauwarm werden lassen. Die Kartoffeln schälen, waschen, abtrocknen und in dünne Scheiben schneiden. Mit einer Prise Salz bestreuen, etwas Pfeffer darübermahlen und einen Hauch Muskatnuß darüberreiben. Alles gut vermischen und in eine Terrine oder Schüssel geben.
Das Ei verquirlen, durch ein Sieb passieren und mit der lauwarmen Milch verschlagen, bis alles gut miteinander vermischt ist.
⅔ des geriebenen Käses auf den Kartoffelteig verteilen und mit diesem vermischen. Die Milch dazugießen, die alle mit Kartoffelscheiben gerade eben bedecken muß – notfalls noch etwas Milch zugeben. Alles mit einem Spachtel gut umwenden und abschmecken.
Eine feuerfeste, breite und nicht zu tiefe Auflaufform mit Knoblauch ausreiben und buttern. Die Kartoffelmasse mit der Milch hineinfüllen – die Schicht sollte nicht dicker als 6 bis 7 cm sein, und es muß ein Rand von mindestens 1 cm frei bleiben, da die Milch sonst überkochen würde. Den Rand der Form sorgfältig abwischen, damit er nach dem Backen nicht von verbrannten Zutaten verunstaltet wird. Auf den Kartoffeln restlichen Käse und Butterflöckchen verteilen.
Bei mäßiger Hitze 45 bis 50 Minuten im Ofen überbacken. Der Auflauf, den man nach Belieben auch mit einer Zugabe von dicker Sahne reichhaltiger zubereiten kann, ist dann cremig, saftig und von einer herrlichen, goldenen Kruste bedeckt.

## Gratin de pommes de terre Fernand Point
## Kartoffelauflauf »Fernand Point«

*Für 4 bis 6 Personen: 1,2 kg mehlig kochende Kartoffeln (Bintje), Salz, frisch gemahlener weißer Pfeffer, 1 Knoblauchzehe, 50 g Butter, 2 Eier, ⅕ l Milch, 2 bis 3 EL dicke Sahne (crème fraîche), geriebene Muskatnuß*

Die Kartoffeln schälen, waschen und abtrocknen. In feine Scheiben schneiden, auf ein Tuch legen, salzen, pfeffern und durchmischen. Eine sehr große, flache Auflaufform mit Knoblauch ausreiben und sehr reichlich buttern. Den Boden der Form mit einer dünnen Schicht Kartoffelscheiben auslegen. In einer Schüssel Eier, Milch, Sahne und Muskatnuß verquirlen, leicht salzen und mit dem Schneebesen durchschlagen, bis alles gut miteinander vermischt ist. Die Kartoffeln reichlich mit dieser Mischung übergießen und einige Butterflöckchen darauf verteilen. Bei mittlerer Hitze etwa 45 Minuten im Ofen backen. Wenn der Auflauf fertig und die Oberfläche schön golden ist, noch einige Augenblicke bei geöffneter Ofentüre ruhen lassen, dann sehr heiß servieren.

## Pommes de terre à la crème
## Rahm-Kartoffeln

*Kartoffeln, Salz, weißer Pfeffer, geriebene Muskatnuß, Milch oder Sahne oder eine Mischung aus beiden, einige Löffel dicke Sahne (crème fraîche)*

Die Kartoffeln in Wasser nicht zu gar kochen. Abtropfen, noch heiß schälen, in ziemlich dicke Scheiben schneiden und in einen breiten, flachen Topf geben. Mit einer Prise Salz bestreuen, mit 1 Prise Pfeffer würzen und 1 Messerspitze Muskatnuß würzen und mit kochender Milch oder Sahne oder einer Mischung aus beiden aufgießen, bis die Kartoffelscheiben gerade eben bedeckt sind. Zum Kochen bringen und leise siedend fast die ganze Flüssigkeit einkochen. Kurz vor dem Servieren einige Löffel dicke Sahne zugeben und einrühren oder mit einer kreisenden Bewegung des Topfes unterziehen. In einer Gemüseschüssel anrichten und servieren.

## Pommes de terre rôties au four
## Im Ofen gebackene Kartoffeln

Große, längliche und mehlig kochende Kartoffeln von gleichen Ausmaßen wählen, waschen, abtrocknen und in den heißen Ofen legen. Sie sind nach etwa 1 Stunde gar, was man daran erkennt, daß die Haut aufzuplatzen beginnt. Noch etwas aufbrechen und auf einer runden Platte zwischen den Falten einer Serviette servieren. Dazu Salz, eine Pfeffermühle und frische Butter reichen.

## Pommes de terre rôties dans la cendre
## In der Asche gebackene Kartoffeln

Große, längliche und mehlig kochende Kartoffeln waschen, abtrocknen und in heißer, teilweise noch glühender Holzasche vergraben. Wie die im Ofen gebackenen Kartoffeln servieren.
Diese Garmethode dient als Basis für einige andere Kartoffelgerichte, zum Beispiel für

## Pommes de terre mousseline
## Schaumiges Kartoffel-Püree

*700 g in der Asche gebackene Kartoffeln (ergibt 500 g weiche Kartoffelmasse), 125 g Butter, 2 Eigelb, 1 Messerspitze geriebene Muskatnuß, 1 Prise Salz, etwa $^1/_{10}$ l Schlagsahne, eventuell noch etwas Butter oder ein blindgebackener Kuchenboden*

Die in der Asche gebackenen Kartoffeln noch heiß aufbrechen, das weiche Fruchtfleisch herauslösen und durch ein feines Sieb in eine Kasserolle drücken. Auf kleinster Flamme mit einem Spachtel kräftig durcharbeiten und dabei nach und nach die Butter, die Eigelb, Muskatnuß und Salz untermischen. Die Masse soll recht heiß werden, damit die Eigelb abbinden, darf aber nicht kochen. Wenn sie schön glatt und weiß geworden ist, die Sahne zugeben und so auf die Konsistenz eines normalen, cremigen Pürees verdünnen.
Entweder so in einer Gemüseschüssel anrichten oder in eine gebutterte Auflaufform füllen und im sehr heißen Ofen überbacken oder auch in einen blindgebackenen Kuchenboden streichen und ebenfalls im sehr heißen Ofen gratinieren.

## Pommes de terre Macaire
## Macaire-Kartoffeln

*600 g im Ofen gebackene Kartoffeln (für 500 g weiches Fruchtfleisch), 150 g Butter, 1 Messerspitze geriebene Muskatnuß, 1 Prise Pfeffer, 1 Prise Salz*

Die Kartoffeln noch heiß aufbrechen und das Fruchtfleisch herauslösen. In eine Terrine oder Schüssel geben, 100 g Butter zufügen, mit Muskatnuß, Pfeffer und Salz würzen und alles mit einer Gabel zerdrücken und vermischen. In einer Pfanne 25 g Butter erhitzen und haselnußbraun werden lassen. Den Kartoffelbrei hineingeben und zu einem runden, 3 cm dicken Fladen formen. Auf mittelgroßer Flamme anbraten, dabei die Pfanne wie beim Backen eines Pfannkuchens hin und her schieben, damit der Kartoffelfladen nicht anbrät. Wenn die Unterseite sich schön golden gefärbt hat, einen Teller auflegen, die Pfanne mit dem Teller umdrehen, weitere 25 g Butter in die Pfanne geben und den Fladen wieder hineingleiten lassen, um auch die zweite Seite zu braten. Sowie auch die golden geworden ist, den Fladen sehr heiß servieren.

## Pommes sautées à cru
## Rohe Bratkartoffeln

*Kartoffeln, Salz, Butter, Petersilie, Knoblauch*

Rohe, geschälte Kartoffeln in feine, sehr regelmäßige Scheiben schneiden. Diese in kaltem Wasser waschen, abtropfen lassen, abtrocknen und mit Salz bestreuen. In einer Pfanne nicht zuwenig Butter erhitzen und, wenn sie aufschäumt, die Kartoffelscheiben hineingeben und unter häufigem Hochwerfen und Wenden braten. Sie müssen schließlich alle gleichmäßig golden und in der Mitte weich sein, außen aber einen knusprig gebratenen Rand haben. In einer Gemüseschüssel anrichten und mit einer Mischung aus Petersilie und einer Spur Knoblauch bestreuen.

## Pommes sautées à la lyonnaise
## Bratkartoffeln auf Lyoner Art

*Gekochte oder rohe Kartoffeln, Butter, Salz, Zwiebeln, Petersilie, Knoblauch*

500 g gekochte, in Scheiben geschnittene und in Butter gebratene oder auch roh gebratene Kartoffeln kurz vor dem Servieren mit in feinen Streifen geschnittenen, in etwas Butter hellgelb gebratenen Zwiebeln vermischen und mit gehackter Petersilie, der etwas Knoblauch beigemengt wurde, in einer Gemüseschüssel anrichten.


## Pommes sautées à la provençale
## Bratkartoffeln auf provenzalische Art

*Gekochte oder rohe Kartoffeln, Butter, Salz, Knoblauch, Petersilie*

500 g gekochte, in Scheiben geschnittene, in Butter oder auch roh gebratene Kartoffeln mit einer halben, geriebenen Knoblauchzehe vermischen und noch kurz weiter braten. In einer Gemüseschüssel mit Petersilie bestreut anrichten.


## Pommes sautées à la bordelaise
## Bratkartoffeln auf Bordelaiser Art

*Gekochte oder rohe Kartoffeln, Butter, Salz, ½ TL Schalotten, 1 EL Rindermark, Petersilie, Knoblauch*

500 g gekochte, in Scheiben geschnittene und in Butter gebratene oder auch roh gebratene Kartoffeln kurz vor dem Servieren mit fein gehackten Schalotten und in Salzwasser pochiertem, in kleine Würfel geschnittenen Rindermark vermischen. Noch kurz anziehen lassen und mit gehackter Petersilie, der etwas Knoblauch beigemengt wurde, in einer Gemüseschüssel anrichten.

## Pommes de terre au beurre dites »château« ou pommes de terre rissolées
## Schloßkartoffeln

*Kartoffeln, Butter, Salz*

Vorzugsweise kleine Kartoffeln auswählen, schälen, waschen und abtrocknen. Sonst große Kartoffeln schälen, zerteilen und die Stücke in Nußgröße zuschneiden. Alle Stücke müssen gleich groß sein. In einem Brattopf reichlich Butter erhitzen und die Kartoffeln hineingeben. Sie sollen alle auf dem Boden des Topfes liegen. Salzen, zudecken und die Kartoffeln langsam braten. Zwischendurch immer wieder durchrütteln, damit sie auf allen Seiten gleichmäßig braten und bräunen. Wenn sie gar sind, sollen sie rundum eine schöne goldene Farbe haben, innen weich sein und sich mit Butter vollgesogen haben. Diese Zartheit der Kartoffeln erzielt man nur, wenn der Topf von Anfang an dicht geschlossen ist und auch möglichst während der ganzen Bratzeit verschlossen bleibt. Nur wenn die Kartoffeln nicht bräunen, deckt man den Topf kurz auf, damit überflüssige Feuchtigkeit verdampfen kann.

Man kann die Kartoffeln im Ofen oder auf dem Herd zubereiten. Bei der zweiten Methode kann man den Bratvorgang, der sehr genau überwacht werden muß, natürlich besser beobachten.

Schloßkartoffeln kann man aus neuen wie aus alten Kartoffeln zubereiten, lediglich die Garzeiten sind etwas unterschiedlich, denn die neuen Kartoffeln sind schneller gar, bräunen dafür aber nicht so leicht.

## Pommes noisettes ou à la parisienne
## Nuß-Kartoffeln oder Pariser Kartoffeln

*Große, mehlig kochende Kartoffeln (Bintje), Butter, Salz, Petersilie*

Die Kartoffeln schälen, waschen und abtrocknen. Einen runden Gemüseausstecher, der gut haselnußgroße Bällchen formt, jeweils tief in die Kartoffeln drücken und durch eine Drehbewegung eine Kartoffelkugel herauslösen. Die Bällchen in kaltes Wasser fallen lassen und aus jeder Kartoffel, solange sie es erlaubt, weitere Bällchen ausstechen. Die Reste der Kartoffeln in einer Suppe verwenden. Die Bällchen für die Nuß-Kartoffeln wie die Schloßkartoffeln zube-

reiten. Pariser Kartoffeln sind praktisch gleich, doch verwendet man einen noch kleineren Ausstecher. Vor dem Servieren jeweils mit gehackter Petersilie bestreuen.
*Anm. der Übersetzer:* Pariser Kartoffeln werden häufig nach dem Braten noch in flüssiger Fleischglace gerollt.

## Pommes de terre à la boulangère
## Kartoffeln auf Bäcker-Art

*500 g neue oder gleichmäßig zugeschnittene Kartoffeln, 125 g kleine Zwiebelchen, Butter, Salz – oder 500 g Kartoffeln in Scheiben, 125 g Zwiebeln in groben Streifen, Butter, Salz, Pfeffer, 1 Kräutersträußchen, Bratenfleisch*

Kartoffeln mit den Zwiebeln in Butter wie Schloßkartoffeln (Seite 608) zubereiten.
Oder: Kartoffelscheiben und Zwiebelringe vermischen. In einer dünnen Schicht in eine reichlich gebutterte Bratform füllen, mit Salz, Pfeffer und einem Kräuterstrauß würzen und ein Stück Bratenfleisch darauflegen. Im heißen Ofen Fleisch und Kartoffeln gemeinsam gar braten.

## Pommes de terre Lorette
## Lorette-Kartoffeln

*Herzogin-Kartoffel-Teig, ungezuckerter, schwach gebutterter Brandteig, Fett zum Ausbacken, Salz*

Herzogin-Kartoffel-Teig mit der gleichen Menge Brandteig vermischen. Mit einem EL etwas von dieser Masse abstechen, mit einem immer wieder neu in heißes Wasser getauchten Messer etwa walnußgroße Stücke abstreifen und in ein rauchendheißes Fritierbad fallen lassen. Wenn die Krusteln an die Oberfläche steigen und eine schöne goldene Farbe bekommen haben, herausheben und auf einem Tuch oder auf Küchenpapier abtropfen lassen. Mit einer Prise Salz bestreuen und auf einer mit einer Serviette ausgelegten Platte in Häufchen anrichten.

## Pommes de terre Anna
## Anna-Kartoffeln

*Längliche, mittelgroße, mehlig kochende Kartoffeln (Bintje), Salz, Pfeffer, Butter*

Die Kartoffeln schälen, waschen und abtrocknen; einen Teil davon in 1 mm dicke, sehr regelmäßig geformte Scheibchen schneiden, die übrigen, weniger gleichmäßig aussehenden Kartoffeln in 2 mm dicke Scheiben schneiden. Getrennt in kaltem Wasser waschen, abtropfen, auf einem Tuch oder auf Küchenpapier trocknen und mit Salz und Pfeffer würzen. Entweder eine Spezialform aus verzinntem Kupfer oder eine tiefe Kuchenform, einen dickwandigen Brattopf oder ähnliches mit geklärter Butter ausstreichen. Die Butter auf jeden Fall klären, denn das sonst in ihr enthaltene Wasser sowie die Molke würden die Kartoffeln ankleben lassen. Mit den regelmäßig geformten, dünnen Kartoffelscheiben zunächst den Boden der Form vom Rand her beginnend auslegen. Dazu einen ersten Kranz aus sich dachziegelartig überlappenden Scheiben legen. Die nächsten Kränze so legen, daß sich die einzelnen Scheiben untereinander wie auch die nachfolgenden Kränze die vorhergehenden überlappen. Auch die Wand der Form oder des Topfes mit einem Ring aus sich überlappenden Kartoffelscheiben auskleiden. Nun auf diese »Schmuckschicht« eine erste Lage der dickeren Kartoffelscheiben legen und mit einigen Lagen geklärter Butter begießen. Eine weitere Lage Kartoffelscheiben darauflegen, die jetzt nicht mehr sorgfältig angeordnet werden müssen. Wieder mit geklärter Butter begießen und so fortfahren, bis die Form mit 5 oder 6 Lagen gefüllt ist. Wenn nötig, den Rand mit einem zweiten Ring sorgfältig angeordneter Kartoffelscheiben auskleiden. Zum Schluß nochmals Butter über das Ganze gießen.

Die Form hermetisch verschließen, kurz auf dem Herd erhitzen und dann 35 bis 40 Minuten im gut heißen Ofen backen. Um festzustellen, ob alle Kartoffeln gar sind, nun mit einem Messer oder einer Spicknadel durchstechen – es darf sich kein Widerstand bemerkbar machen. Zum Servieren auf einen Deckel über einer Platte stürzen, damit die überflüssige Butter ablaufen kann. Diesen Kartoffelkuchen, der eine wunderschöne goldene Farbe haben soll, vorsichtig auf eine Servierplatte gleiten lassen. Sofort zu Tisch bringen.

## Pommes de terre à la sarladaise
### Kartoffeln auf die Art von Sarlat

*Längliche, mittelgroße, mehlig kochende Kartoffeln (Bintje), Salz, Pfeffer, Butter, frische, rohe Trüffelscheiben, Gänsestopfleber, möglichst etwas ausgelassenes Stopfleberfett*

Wie Anna-Kartoffeln zubereiten, zwischen den Kartoffelschichten einige Schichten aus Trüffelscheiben einschließen. In der Mitte auch einige in Würfel oder Scheiben geschnittene Stückchen Gänsestopfleber einlegen. Wenn es sich um rohe Leber handelt, diese in Butter kurz und heftig anbraten und steif werden lassen. Die Butter kann vorteilhafterweise zur Hälfte mit ausgelassenem Stopfleberfett vermischt werden.

## Pommes de terre fondantes
### Geschmolzene Kartoffeln

*Kartoffeln, Butter, Salz*

Die geschmolzenen Kartoffeln werden wie die Schloßkartoffeln zubereitet, sie werden lediglich doppelt so groß zugeschnitten. Auch müssen sie von Anfang bis zum Ende auf kleinem Feuer zugedeckt braten und nebeneinander auf dem Boden des Topfes liegen. Die einzelnen Kartoffeln werden, wenn sie auf einer Seite goldgelb geworden sind, vorsichtig umgedreht. Wenn sie schließlich bis ins Innere hinein gar sind, müssen sie mit Butter durchtränkt und schmelzend weich werden.

*Anm.:* Alle diese mehr oder weniger stark gebratenen Kartoffelzubereitungen müssen, will man sie in ihrer geschmacklichen Vollkommenheit genießen, sofort nach der Zubereitung serviert werden, sie vertragen kein Warten und Warmhalten. Ich rate auch von der häufig üblichen Methode ab, die Kartoffeln vor dem Braten zu blanchieren (in kaltem Wasser aufsetzen und 5 Minuten abbrühen). Gewiß wird dadurch die Garzeit verkürzt und Butter gespart, aber das Ergebnis kann verständlicherweise nicht dasselbe sein.

## Salsifis ou scorsonères
## Schwarzwurzeln und Bocksbart

Es handelt sich hier um zwei nahe verwandte Pflanzen, die sehr ähnlich schmeckende und aussehende Wurzeln bilden, wobei erstere außen schwarz, letztere weiß sind. Sie werden auf die gleiche Weise zubereitet (Bocksbart ist in Deutschland nicht mehr im Handel – Anm. d. Übers.).

Zunächst werden die Wurzeln dünn abgeschält. Man kann sie auch nur schaben, doch ist das weniger gründlich, und es können zähe Fasern zurückbleiben. Um zu verhindern, daß sie schwarz anlaufen, muß man die geschälten Wurzeln sofort in mit Zitronensaft oder Essig gesäuertes Wasser legen. In Abschnitte von 7 bis 8 cm Länge zerteilen. In der Zwischenzeit einen weißen Sud (Seite 154) bereiten. 1 l kaltes Wasser mit 1 gestrichenen EL Mehl verrühren, 2 EL Weinessig und 10 g Salz zufügen. Unter ständigem Rühren, damit sich das Mehl vollkommen auflöst, zum Kochen bringen und die Schwarzwurzeln darin mindestens 2 Stunden zugedeckt leise sieden lassen. Sie sind gar, wenn sie sich zwischen den Fingern leicht zerdrücken lassen.

Die auf diese Weise vorbereiteten Schwarzwurzeln werden nach den folgenden Rezepten weiterverarbeitet. Sie können in ihrem Sud an kühlem Ort einige Tage aufbewahrt werden. Nach dem Abkühlen deckt man sie mit einem gebutterten oder geölten Papier ab.

## Salsifis sautés au beurre
## Gebratene Schwarzwurzeln

*Gekochte Schwarzwurzeln, Butter, 1 Prise Salz, frisch gemahlener Pfeffer, Petersilie, 1 Spur Knoblauch*

Die wie oben angegebenen gekochten Schwarzwurzeln gut abtropfen lassen und abtrocknen. In einer Pfanne nicht zuwenig Butter erhitzen und haselnußbraun werden lassen. Die Schwarzwurzeln hineingeben, salzen und pfeffern und wie Bratkartoffeln auf allen Seiten goldbraun braten. Mit gehackter Petersilie bestreuen, der etwas Knoblauch beigemischt wurde.

## Salsifis sautés à la lyonnaise
## Gebratene Schwarzwurzeln auf Lyoner Art

*500 g gekochte Schwarzwurzeln, Butter, Salz, Pfeffer, 1 EL in feine Streifen geschnittene Zwiebeln*

Die Schwarzwurzeln wie im vorstehenden Rezept angegeben braten und zum Schluß mit in Butter hellgelb gedünsteten Zwiebelstreifen mischen.

## Salsifis au jus de veau
## Schwarzwurzeln in Kalbs-Fond

*500 g gekochte Schwarzwurzeln, guter, schwach gesalzener, heller und nicht entfetteter Kalbs-Fond*

Die wie im Grundrezept angegeben gekochten Schwarzwurzeln abtropfen lassen und abtrocknen. In höchstens 2 Schichten in einen großen, flachen Brattopf legen und mit dem Kalbs-Fond gerade eben bedecken. Zugedeckt 15 Minuten leise schmoren lassen. Die Schwarzwurzeln herausheben, in einer heißen Gemüseschüssel anrichten und zugedeckt warm halten. Inzwischen den Kalbs-Fond auf die zum Servieren unbedingt nötige Menge auf großer Flamme einkochen. Über die Schwarzwurzeln gießen und sofort servieren.

## Salsifis à la crème
## Schwarzwurzeln in Sahne

*500 g gekochte Schwarzwurzeln, Sahne, Salz, Pfeffer, etwas frische Butter*

Die wie im Grundrezept angegeben gekochten Schwarzwurzeln gut abtropfen lassen und abtrocknen. So flach wie nur möglich in einen breiten Brattopf legen und mit Sahne aufgießen, bis die Schwarzwurzeln gerade eben bedeckt sind. Zugedeckt schmoren lassen, bis die Sahne auf die Hälfte eingekocht ist. Abschmecken, etwas Pfeffer darübermahlen, endlich neben dem Feuer etwas frische Butter in die Sauce rühren.

## Fritots ou beignets de salsifis
## Ausgebackene Schwarzwurzeln

*500 g gekochte Schwarzwurzeln, Salz, frisch gemahlener Pfeffer, 1 TL gehackte Petersilie, 1 guter Schuß Öl, ½ TL Zitronensaft, leichter Ausbackteig, Fett zum Ausbacken, Petersilienbüschel*

Die wie im Grundrezept angegebenen gekochten Schwarzwurzeln abtropfen lassen und abtrocknen. In eine Schüssel geben, mit Salz, Pfeffer, Petersilie, Öl und Zitronensaft umwenden und ½ Stunde durchziehen lassen. Kurz vor dem Servieren durch den Ausbackteig ziehen und nacheinander einzeln in das rauchendheiße Fritierbad fallen lassen. Herausheben, sowie sie schön golden und knusprig geworden sind. Auf einem Tuch oder auf Küchenpapier abtropfen lassen und ganz leicht mit Salz bestreuen. Auf einer runden, mit einer gefalteten Serviette ausgelegten Platte aufhäufen. Auf die Spitze des Haufens ein Sträußchen fritierte Petersilie setzen, die nur eine Sekunde in das heiße Fritierbad getaucht und abgetropft wurde.

## Fondue de tomates
## Geschmolzene Tomaten

Die geschmolzenen Tomaten werden hauptsächlich für Garnituren und als Würze verwendet. Je nach dem späteren Gebrauch werden sie »natur« bereitet, also ohne aromatisierende Beigaben, oder mit verschiedenen Würzen. Die Zubereitung verläuft stets gleich.

Tomaten, natur:

*500 g gut reife Tomaten, Salz, Pfeffer, 1 Prise Zucker, 2 EL Olivenöl oder 1 EL Öl und 20 g Butter, 50 g Butter*

Aus den Tomaten den Stielansatz mit dem anhängenden, von harten Fasern durchzogenen Fruchtfleisch entfernen. Die Tomaten kurz in kochendes Wasser tauchen und häuten. Quer durchschneiden und die Kerne entfernen, dabei aber das Fruchtwasser soweit möglich in den Tomatenhälften lassen. Diese in grobe Würfel schneiden. Mit Salz, Pfeffer und 1 Prise Zucker würzen.

In einem breiten, flachen Topf Olivenöl oder ein Gemisch aus Öl und Butter erhitzen. Die gewürfelten Tomaten hineingeben und auf kleiner Flamme dünsten, bis das Fruchtwasser fast vollständig verdampft ist. Vom Feuer nehmen und mit der in kleine Stückchen zerteilten Butter kräftig rührend vermischen.

Tomaten, auf portugiesische Art:

Im Öl, bevor die Tomatenwürfel zugegeben werden, 2 feingeschnittene Zwiebeln langsam weich dünsten, ohne sie dabei Farbe nehmen zu lassen. Zum Schluß mit gehackter Petersilie würzen, der eine Spur Knoblauch zugegeben wurde.

Tomaten, auf Nizzaer Art:

Wie auf portugiesische Art mit Zwiebeln, zum Schluß aber 1 TL gehackte Petersilie, Kerbel und Estragon zu gleichen Teilen sowie 1 TL zerdrückte Kapern zugeben. Dann neben dem Feuer mit 30 g Anchovis- oder Sardellen-Butter verrühren.

Tomaten, auf provenzalische Art:

Die Tomaten »natur« schmelzen und zum Schluß mit Petersilie und 1 geriebenen Knoblauchzehe vermischen.
*Anm. der Übersetzer:* Wenn Paul Bocuse von Tomaten spricht, so meint er damit sonnengereifte, feste, dickfleischige Früchte. Für alle der hier und in den folgenden Rezepten verwendeten Tomaten gibt es bei uns in Deutschland nur in ausgesucht guten Läden (vor allem in Süddeutschland) das richtige Material: Fleischtomaten aus Italien oder Marokko, die ein mehliges, nicht wäßriges Fruchtfleisch haben. Es wäre vergebliche Liebesmüh, zu versuchen, etwa holländische Treibhaustomaten auszupressen und anschließend in einem Öl-Butter-Gemisch so zu braten, daß sie eine kleine Kruste bekommen und doch noch nicht zerfallen! Beim Tomateneinkauf stets darauf achten, daß die Früchte eine glatte, glänzende Haut haben, unregelmäßig geformt sind und möglichst tiefe Kerben bzw. Falten aufweisen. Wenn unter der Haut kleine gelbliche Pünktchen zu entdecken sind, so ist das ein Zeichen dafür, daß das Fruchtfleisch eher mehlig und nicht zu wäßrig ist. Für geschmolzene Tomaten eignen sich auch Eiertomaten ganz ausgezeichnet.

## Tomates farcies
## Gefüllte Tomaten

*Mittelgroße, reife, aber feste Tomaten, Öl oder Butter, Salz, Pfeffer, frisches Paniermehl, nach Belieben noch 1 EL Kalbs-Fond oder Demi-glace oder leichte Tomaten-Sauce – Für die Füllung: Feingehackte Fleischreste oder Wurstbrät mit gehackten Champignons oder Pilaw-Reis oder Paprikaschoten oder Zwiebeln oder Schalotten oder Knoblauch usw. oder gehackte, gedünstete Champignons (Duxelles), Geflügelleber- oder Nieren-Risotto usw.*

Auf der Seite des Stielansatzes eine Kappe abschneiden, das Fruchtwasser mit den Kernen entfernen (ausdrücken), ohne die Tomaten dabei zu beschädigen. Mit der aufgeschnittenen Seite nach oben in eine gebutterte oder geölte Auflaufform setzen. Jede Tomate mit etwas Salz und Pfeffer bestreuen und einige Tropfen Öl hineinträufeln oder 1 Flöckchen Butter hineinsetzen. Für ca. 5 Minuten in den heißen Ofen schieben.

Inzwischen eine beliebige Farce für die Füllung vorbereiten – besonders geeignet sind dafür alle möglichen Fleisch-, Gemüse- und Saucenreste. Diese Füllung mit der Flüssigkeit vermischen, die die Tomaten im Ofen abgegeben haben. Die Tomaten mit der Farce füllen, diese kuppelförmig aufhäufen. Alles mit Paniermehl bestreuen und mit einigen Tropfen Öl oder zerlassener Butter beträufeln. Wieder in den sehr heißen Ofen schieben, fertiggaren und goldgelb überbacken. Man kann die Tomaten so in der Form servieren oder in den Fond, der sich in der Auflaufform gebildet hat, etwas Kalbs-Fond, Demi-glace oder Tomaten-Sauce geben.

## Tomates grillées
## Gegrillte Tomaten

*Tomaten, Salz, Pfeffer, Öl oder Butter*

Die Tomaten wie im vorstehenden Rezept vorbereiten, mit einigen Tropfen Öl oder zerlassener Butter beträufeln. Die aufgeschnittene Seite zuerst bei milder Hitze grillen, die Tomaten umdrehen, wenn sie zur Hälfte gar sind. Man kann auch die ganzen, nicht angeschnittenen und vorher entkernten Tomaten grillen, wenn man sie vorher mit einigen kleinen Einschnitten versieht.

## Tomates sautées
## Gebratene Tomaten

*Tomaten, Öl, Butter, Salz, Pfeffer*

Je nach Art der Fertigstellung: Petersilie und Knoblauch, Zwiebeln, Butter und Petersilie; Petersilie, Kerbel und Estragon

Die Tomaten kurz in kochendes Wasser tauchen und häuten. Die Stielansätze herausschneiden und die Tomaten quer in Hälften schneiden. Das Fruchtwasser mit den Kernen so stark wie möglich auspressen, ohne dabei die Tomatenhälften zu beschädigen.

In einer Pfanne eine Mischung aus einigen Löffeln Olivenöl und Butter erhitzen und die Tomaten nebeneinander hineinlegen. Mit Salz und Pfeffer würzen. Auf großer Flamme rasch braten, damit die immer noch im Fruchtfleisch enthaltene Flüssigkeit möglichst schnell verdampft und die Tomaten etwas Farbe nehmen, ohne zu zerfallen. Während des Bratens einmal umwenden.

Zum Schluß nach beliebiger Art würzen:

Tomaten, gebraten auf provenzalische Art mit gehackter Petersilie bestreuen, die mit 1 geriebenen Knoblauchzehe vermischt wurde;

Tomaten auf Lyoner Art mit feingewürfelten oder in Streifchen geschnittenen und in Butter sehr weich gedünsteten Zwiebeln und gehackter Petersilie;

Tomaten mit feinen Kräutern, also einer Mischung aus gehackter Petersilie, gehacktem Kerbel und Estragon.

## Soufflé de tomates
## Tomaten-Soufflé

*500 g geschmolzene Tomaten (Seite 614; noch nicht mit Butter fertiggemacht), $1/10$ l dick eingekochte Béchamel-Sauce, 4 Eigelb, Salz, Pfeffer, 6 Eiweiß, Butter*

Die geschmolzenen Tomaten, die recht trocken und stark eingekocht sein müssen, durch ein feines Sieb oder ein Passiertuch streichen. Aufkochen und mit kochender, dick eingekochter Béchamel-Sauce vermischen. Vom Feuer nehmen und die 4 Eigelb einziehen. Mit Salz und Pfeffer nachwürzen. Die Eiweiß zu sehr steifem Schnee schlagen und vorsichtig unter das Tomatenpüree mischen, damit sie nicht zusammenfallen. Eine Soufflé- oder Auflaufform mit zerlassener Butter auspinseln und bis höchstens 2 cm unter den Rand mit der Soufflémasse füllen. Die Oberfläche glattstreichen und das Soufflé im heißen Ofen 15 Minuten backen.

*Anmerkung:* Das Soufflé darf erst im letzten Moment hergestellt und gebacken werden, damit man es auftragen kann, wenn es aus dem Ofen genommen wird. Es kann nicht warten, da es schnell zusammenfällt und dann nicht mehr schmeckt. Man kann mit dieser Soufflémasse auch – wie bei den gefüllten Tomaten angegeben – ausgehöhlte Tomaten füllen und überbacken oder gekochte und in Butter gedünstete Artischockenböden damit garnieren und anschließend im sehr heißen Ofen backen.

## Les champignons
## Pilze

### Champignons de couche
### Champignons (Zucht)

**Erstes Rezept:**

*500 g weiße, feste, kleine und noch geschlossene Champignons, ¹/₁₀ l Wasser, 40 g Butter, ½ Zitrone (Saft), 1 Prise Salz*

Von den Champignons die an den Stielen haftende Erde entfernen, in reichlich kaltem Wasser sorgfältig waschen, dabei das Wasser einmal erneuern. Dies muß so rasch wie möglich vor sich gehen, damit sich die Champignons nicht mit Wasser vollsaugen und schwammig werden. Sofort gut abtropfen lassen und mit einem Tuch oder Küchenpapier abtrocknen. Die Champignons putzen bzw. zurechtschneiden. Hierzu die Stiele (die anderweitig, etwa in Fonds, verwendet werden) am Kopf oder Hutansatz abschneiden. Die Köpfe tournieren, also die Oberfläche in einer dünnen Schicht abheben. Dieses Schälen erfordert eine gewisse Geschicklichkeit, denn Finger und Messer müssen wie eine Drehbank arbeiten.

In der Zwischenzeit einen Sud aus den übrigen Zutaten bereiten und aufkochen lassen. Die Champignons hineingeben, 5 Minuten heftig durchkochen und alles in eine glasierte, irdene Schüssel gießen. Mit einem gebutterten Papier abdecken, damit die obenauf schwimmenden Champignons nicht mit der Luft in Kontakt kommen und sich dunkel verfärben.

### Zweites Rezept:

*500 g weiße, feste, kleine und noch geschlossene Champignons, ½ Zitrone, Butter, 1 Prise Salz, 2 EL Madeira, Kalbs-Fond oder helle Hühnerbrühe*

Die Champignons waschen und vorbereiten, wie im ersten Rezept angegeben. Sofort nach dem Tournieren mit der halben Zitrone abreiben, damit sie schön weiß bleiben. In etwas geschmolzener Butter in einem flachen Brattopf andünsten und mit 1 Prise Salz würzen. Madeira und Kalbs-Fond oder Hühnerbrühe zufügen, zudecken und 8 Minuten dünsten lassen. Wie im ersten Rezept angegeben, abgießen und zudecken.

## Purée de champignons
## Champignon-Püree

Junge, weiße und feste Champignons rasch waschen, abtropfen und trocknen. Durch ein Metallsieb streichen oder mit einem Messer fein hacken. Diese Masse in einen Brattopf geben und auf lebhafter Flamme mit einem Holzspachtel so lange umwenden, bis alles in den Pilzen enthaltene Wasser verdampft ist. Zum Schluß etwas mit viel Sahne zubereitete Béchamel-Sauce zugeben und mit Salz, Pfeffer und Muskatnuß abschmecken.

## Champignons à la provençale
## Champignons auf provenzalische Art

Sie werden wie Steinpilze auf Bordelaiser Art (Seite 624) zubereitet, doch werden die Schalotten durch eine Mischung aus Petersilie und reichlich Knoblauch ersetzt.

## Champignons à la crème
## Champignons in Sahne

*500 g feste, kleine, weiße Champignons, 150 g Butter, Salz, Pfeffer, ⅕ l dicke Sahne (crème fraîche), etwas Zitronensaft*

Die Champignons putzen, rasch waschen und abtrocknen. Kleine Champignons ganz lassen, mittelgroße oder große vierteln. In einem großen Brattopf, einer Bratplatte oder eine Pfanne, in der alle Champignons nebeneinander Platz haben, 100 g Butter zerlassen. Wenn sie zu schäumen beginnt, auf sehr große Flamme stellen und die Champignons hineingeben. Mit einer Prise Salz und etwas frisch gemahlenem, weißem Pfeffer würzen. Auf großer Flamme braten, damit die in den Pilzen enthaltene Feuchtigkeit rasch verdampft und die Champignons schließlich leicht anbraten – die Butter darf dabei jedoch nicht braun werden. Dann die Sahne zufügen, mit Zitronensaft würzen und die Flüssigkeit auf die Hälfte einkochen. Vom Feuer nehmen und noch 50 g frische Butter in die Sauce arbeiten. In einer vorgewärmten Gemüseschüssel anrichten.

Für diese Zubereitung muß man ganz junge, sehr weiße und noch kaum ausgebildete Champignons auswählen, sonst werden sie beim Zubereiten weich und nehmen eine unschöne, graue Farbe an. Die Sauce und die Champignons müssen aber einen schönen Elfenbeinton haben.

Es gibt auch noch eine andere Möglichkeit, die Champignons in Sahne zuzubereiten:

Nach dem Putzen, Waschen und Tournieren werden die Champignons in Butter in einer Kasserolle langsam einige Minuten gedünstet. Dann mit Salz und Pfeffer würzen. Auf 1 kg Champignons ¼ l Sahne zugießen und alles leise köchelnd garen und ein wenig einkochen lassen. Abschmecken und noch etwas Sahne zugeben, damit die Sauce schön weiß und gebunden wird. Bei einem großen Essen, wenn sehr viel Sahne benötigt wird, kann man einige EL Béchamel-Sauce zufügen, damit die Sahne sich nicht absetzt und die Champignons stets von Sahne umhüllt sind.

## Champignons grillés
## Gegrillte Champignons

*Einige schöne, große und feste Champignon-Köpfe, Salz, Pfeffer, Öl oder zerlassene Butter, Haushofmeister-Butter*

Die Köpfe rasch waschen und abtropfen. Die Stiele herausdrehen. Mit Salz und Pfeffer würzen und mit Öl oder zerlassener Butter einstreichen. Auf oder unter den sehr heißen Grill legen. Zwischendurch umwenden und immer wieder mit Öl oder Butter einstreichen.
Man serviert die gegrillten Champignons auf einer Platte angerichtet und mit Haushofmeister-Butter im geöffneten Hut. Sie werden vor allem zu »gegrillten Hähnchen auf amerikanische Art«, zu einem gemischten Grillspieß und ähnlichem gereicht.

## Duxelles sèche de champignons
## Trockene Champignon-Duxelles

*500 g Champignons, Butter oder Öl, 50 g gehackte Schalotten und Zwiebeln, Salz, Pfeffer, gehackte Petersilie*

Die Champignons putzen, waschen, trocknen und sehr fein hacken. Diese Champignon-Masse in einem Tuch fest auspressen, damit möglichst viel Flüssigkeit aus ihr gedrückt wird. In Butter oder Öl die gehackten Schalotten und Zwiebeln leicht anbraten. Die Champignons zufügen, salzen und pfeffern und auf lebhaftem Feuer mit einem Holzlöffel rührend so lange dünsten, bis praktisch alle Flüssigkeit verdampft ist. Zum Schluß eine gute Prise gehackte Petersilie untermischen. Die fertige Duxelles in eine Schüssel füllen und mit einem gebutterten Papier abdecken. Man braucht sie je nach Rezept langsam auf, vor allem ist sie wichtiger Bestandteil in Farcen.
Variante:
Bereitet man eine Duxelles, um Tomaten, Artischocken, Champignon-Köpfe oder ähnliches zu füllen, so wird sie zunächst wie diese trockene Duxelles zubereitet. Zum Schluß fügt man jedoch noch 1 Messerspitze Knoblauch zu, etwas mit Tomatenpüree oder -mark verrührte und eingekochte Demi-glace sowie frisches Paniermehl.
*Anm. der Übersetzer:* Die Duxelles ist eine klassische Zubereitung für die

große Restaurant-Küche. Immer zur Hand, kann man mit ihr alle möglichen Farcen, Fonds und Saucen würzen. Im Haushalt lohnt es sich nur, sie für eine spezielle Zubereitung herzustellen, denn sie hält sich auch im Kühlschrank nicht lange.
Die klassische Zubereitung wurde von dem großen Koch *La Varenne* im 17. Jahrhundert erfunden und seinem Dienstherrn, dem Marquis d'Uxelles zugeeignet. Im Laufe der Zeit bildete sich die heutige Schreibweise heraus.

## Champignons sautés au beurre ou à la Mornay
### Gebratene Champignons in Butter oder Käse-Sauce

*Frische Champignons, Salz, Pfeffer, Butter, gehackte Petersilie, evtl. Mornay-Sauce und geriebener Gruyère*

Die Champignons putzen, waschen und trocknen. Kleine Pilze ganz lassen, größere in 3 bis 5 Scheiben schneiden. Mit Salz und Pfeffer würzen und auf sehr starker Flamme in einer Pfanne rasch in Butter braten. In einer Gemüseschüssel anrichten und mit frisch gehackter Petersilie bestreuen.
Man kann die gebratenen Champignons auch mit Käse-Sauce vermischen, in eine feuerfeste Form füllen, mit geriebenem Gruyère (oder Emmentaler) bestreuen und im Ofen überbacken.

## Champignons farcis Jean-Paul Lacombe
### Gefüllte Champignons nach Jean-Paul Lacombe

*Große, gleichmäßige Champignons, Salz, Pfeffer, Butter oder Olivenöl, frisches Paniermehl – Für die Füllung (Duxelles): 250 g Champignons (dabei die Füße der oben angegebenen Champignons), 1 mittelgroße Zwiebel, 1 Schalotte, 100 g Butter, $\frac{1}{10}$ l braune Sauce oder Kalbs-Fond, 1 EL Tomatenpüree oder das Fruchtfleisch einer frischen Tomate, Salz, Pfeffer, 1 Messerspitze geriebener Knoblauch, 1 TL gehackte Petersilie, einige Tropfen Zitronensaft, 1 gehäufter EL Semmelbrösel oder frisches Paniermehl*

Die Champignons putzen, rasch waschen, abtropfen lassen und abtrocknen. Die Stiele aus den Köpfen drehen. Diese mit der nun hohlen Seite nach oben in eine reichlich gebutterte, feuerfeste Form legen, mit Salz und frisch gemahlenem Pfeffer würzen, mit einigen Tropfen zerlassener Butter oder, falls man dieses vorzieht, Olivenöl beträufeln und zum Vorgaren 5 Minuten in den sehr heißen Ofen schieben. Herausnehmen und mit der wie unten angegeben zubereiteten Duxelles aus den Stielen und weiteren Champignons füllen. Mit Paniermehl bestreuen und mit zerlassener Butter oder Öl beträufeln. Im heißen Ofen überbacken.

Für die Füllung, die eigentlich nichts anderes als eine besonders reiche Duxelles ist, die Stiele der Champignons fein hacken und so viele Champignons zufügen, daß insgesamt 250 g gehackte Champignons vorhanden sind. Die Zwiebel und die Schalotte fein schneiden und in 50 g Butter in einem breiten, flachen Brattopf ganz langsam und ohne sie Farbe nehmen zu lassen anbraten. Wenn sie weich geworden sind, die gehackten Champignons zufügen und 3 Minuten unter ständigem Wenden auf großer Flamme die aus den Champignons austretende Flüssigkeit verdampfen. Dann die braune Sauce oder den Kalbs-Fond und das Tomatenpüree bzw. das Fruchtfleisch der Tomate zugeben. Salzen, pfeffern, mit Knoblauch würzen und einige Tropfen Zitronensaft darüberträufeln. Alles vermischen und etwas einkochen, bis eine dickliche Masse entsteht. Mit Semmelbröseln oder Paniermehl verrühren und damit binden. Nochmals abschmecken und neben dem Feuer mit 50 g frischer Butter durcharbeiten.

## Bolets ou cèpes
### Steinpilze

Der Steinpilz gehört zur Gruppe der Porlinge oder Röhrlinge, die eine ganze Reihe guter Speisepilze (Maronen, Birkenpilze, Rotkappen, Butterpilze) liefert. Doch das Aroma dieses schönen Pilzes, das von den Gerüchen des Waldes durchdrungen ist, bleibt unerreicht. Manche Exemplare können bis zu 2 kg schwer werden, doch sind die kleineren Pilze, die man vor allem im Herbst in manchen Jahren noch reichlich findet, den größeren vorzuziehen; denn mit zunehmendem Alter verlieren die Steinpilze an Wert, sind häufig von Ungeziefer, vor allem Maden, bewohnt, werden schwammig und können sogar giftig sein. Der Steinpilz neigt wie die oben erwähnten Verwandten dazu, sich während des Kochens zu zersetzen und schmierig zu werden. Bei den folgenden Rezepten ist diese Gefahr vermieden.

## Cèpes sautés à la bordelaise (méthode Escoffier)
## Steinpilze auf Bordelaiser Art — nach Escoffier

*250 g geputzte Steinpilze, Salz, Pfeffer, Öl, Butter, 30 g gehackte Steinpilzstiele, 1 TL fein geschnittene Schalotten, einige Tropfen Zitronensaft, gehackte Petersilie*

Junge Steinpilze werden nicht gewaschen, sondern nur abgewischt, die erdigen Partien an den Stielen werden abgeschnitten und hohle, feste und faserige Stielteile entfernt. Vollkommen geöffnete Steinpilze werden dagegen gewaschen und abgetrocknet. Manchmal ist es ratsam, die schleimige Oberhaut abzuziehen, auch sollten die schwammig gewordenen Röhren abgehoben werden. Die Pilze dann in Scheiben schneiden und madige Stellen entfernen.
Die Scheiben mit Salz und Pfeffer würzen und in sehr heißem Öl in einer Pfanne rasch anbraten, ohne daß sie Wasser ziehen. Dabei leicht Farbe nehmen lassen. Herausheben, abtropfen, das Öl abgießen und statt dessen etwas Butter in der Pfanne schmelzen. Die gehackten Steinpilzstiele und die Schalotten hineingeben und rasch auf guter Hitze unter ständigem Rühren trockendünsten. Dann die Steinpilzscheiben wieder zufügen und noch einige Minuten mitbraten. In einer Becherform anrichten, mit etwas Zitronensaft beträufeln und mit gehackter Petersilie bestreuen.
*Anm. der Übersetzer:* Dieses Rezept hat Auguste Escoffier, der bedeutendste Koch des ausgehenden 19. und beginnenden 20. Jahrhunderts aus der regionalen Küche des Südwestens von Frankreich entwickelt. Wie viele Steinpilze man braucht, um schließlich 250 g übrigzubehalten, hängt sehr von der Qualität der Pilze ab. Bei sehr kleinen, nicht wurmigen Pilzen genügen 300 g, bei älteren Pilzen steigt der Anteil am Abfall erheblich an, vor allem, wenn sie teilweise wurmig sein sollten.

## Cèpes grillés
## Gegrillte Steinpilze

*Mittelgroße Steinpilzköpfe (Hüte), Salz, Pfeffer, Olivenöl oder zerlassene Butter, Haushofmeister-Butter, etwas Knoblauch*

Die Köpfe auf der gewölbten Seite mit der Messerspitze einritzen. Mit Salz und Pfeffer würzen. Mit Olivenöl oder zerlassener Butter einstreichen und auf oder unter dem sehr heißen Grill garen. Zum Servieren in die Mitte der Hüte etwas Haushofmeister-Butter setzen oder die gehackten, in Butter gedünsteten, mit Salz, Pfeffer, gehackter Petersilie und Knoblauch gewürzten Stiele hineinfüllen.

## Cèpes à la bordelaise (méthode parisienne)
## Steinpilze auf Bordelaiser Art — nach Pariser Zubereitung

*500 g wurmfreie, feste Steinpilze, Butter oder Olivenöl, Zitronensaft, weitere 3 EL Olivenöl, Salz, Pfeffer, 3 Schalotten, 2 EL frisches Paniermehl, 1 TL gehackte Petersilie*

Die Steinpilze putzen, rasch waschen, abtrocknen und in Butter oder Olivenöl mit 1 TL Zitronensaft langsam weich dünsten. Herausnehmen, abtupfen und große Pilze in Scheiben schneiden. Die Stiele hacken und beiseite stellen.
In einer ausreichend großen Pfanne 3 EL Olivenöl stark erhitzen. Die Steinpilze in das rauchende Öl werfen und rasch anbraten. Mit Salz und frisch gemahlenem Pfeffer würzen und auf großer Flamme weiterbraten, bis sie leichte Farbe genommen haben.
Kurz vor dem Servieren die gehackten Stiele und die fein geschnittenen Schalotten zugeben, das Paniermehl darüberstreuen und alles noch 2 Minuten weiterbraten.
In einer Gemüseschüssel anrichten, gehackte Petersilie darüberstreuen und mit einigen Tropfen Zitronensaft würzen.

## Les morilles (morchella elata)
## Morcheln

Feinschmecker schätzen Morcheln so sehr, daß sie die gesuchtesten - und nach den Trüffeln - auch die teuersten Pilze geworden sind.
Manche empfehlen, die Morcheln vor dem Zubereiten nicht zu waschen. Das ist jedoch nicht richtig, denn in den Alveolen, den unregelmäßigen Vertiefungen in der Oberfläche, findet sich fast immer ein feiner Sand, den man restlos entfernen muß. Nachdem man die erdigen Stiele abgeschnitten hat, gibt man die Morcheln in reichlich

kaltes Wasser und spült zusätzlich jede einzeln unter fließendem Wasser aus. Das ist zwar eine etwas langwierige Arbeit, aber die einzige Garantie, den Sand so zu entfernen, daß er später beim Zubereiten nicht unangenehm in Erscheinung tritt.

Große Morcheln in mehrere Stücke schneiden, mittelgroße halbieren und kleine ganz lassen. Gut abgetropft und trocken gerüttelt mit Salz, frisch gemahlenem Pfeffer und einigen Tropfen Zitronensaft gewürzt in Butter dünsten – für 500 g Morcheln etwa 50 g Butter rechnen. Das Dünsten dauert auf recht lebhafter Flamme in zugedeckter Kasserolle etwa 10 Minuten. Die aus den Morcheln austretende Flüssigkeit genügt im allgemeinen, um den für das Garen notwendigen Dampf zu erzeugen.

*Anm. der Übersetzer:* Morcheln werden bei uns im Handel nur noch höchst selten frisch angeboten und erzielen dann sehr erhebliche Preise (bis zu 400,- DM/kg). In guten Delikateßgeschäften kann man sie jedoch getrocknet finden (ca. 8,- DM je 20 g). Meist kommen sie aus Indien (Himalaja), bessere Morcheln stammen aus der Schweiz und aus Frankreich. Da die Morcheln so teuer sind, werden sie häufig gefälscht – auch heute noch. Im allgemeinen sind es die ungekocht giftigen Lorcheln, die aus osteuropäischen Ländern eingeführt werden. Lorcheln haben keine Alveolen, sondern eher eine rundlich-verschrumpelte Oberfläche, die nicht grau-schwarz ist, sondern in ein rötliches Braun spielt. Sie sind geschmacklich nicht mit den Morcheln zu vergleichen.

Auf keinen Fall darf man die hier erwähnten Morcheln mit den weitaus preiswerteren, völlig anders schmeckenden chinesischen Morcheln vergleichen, die nur den Namen gemeinsam haben. Wenn heute in selbst guten Restaurants die chinesischen Morcheln nur Morcheln genannt werden und in Gerichten erscheinen, die traditionell mit echten Morcheln zubereitet werden, so ist das ein glatter Betrug.

Paul Bocuse spricht von der morchella elata, der Hohen Morchel. Feiner sind jedoch die kleinen Spitzmorcheln (morchella conica) und die köstlichen Morcheln (morchella deliciosa), die einen abgerundeten Fruchtkörper haben, beziehungsweise die gelblich-braunen, eher runden Speisemorcheln (morchella esculenta).

Die getrockneten Morcheln sind frischen kaum unterlegen. Sie werden etwa 2 Stunden in lauwarmem Wasser eingeweicht und dann gründlich gewaschen. Beim Einweichen nehmen die Morcheln das durch das Trocknen entzogene Wasser wieder auf, so daß sie schließlich wie frische Morcheln verwendet werden können. 20 g getrocknete Morcheln entsprechen etwa 80 bis 100 g frischen Morcheln.

## Morilles à la crème
## Morcheln in Sahne

Die Morcheln vorbereiten und dünsten, wie im vorstehenden Rezept beschrieben. Dann auf 500 g Morcheln $1/10$ l Sahne zufügen und einige Minuten leise köcheln lassen. Kurz vor dem Servieren noch etwas frische Sahne zufügen, um die Sauce zu binden und schön hell zu bekommen. Nochmals abschmecken.
*Anmerkung:* Morcheln werden – in verhältnismäßig kleinen Mengen – sehr häufig als Garnitur für Kalbs- und Geflügelfrikassee und bei der Herstellung von Torten-Pasteten, Blätterteig-Pasteten und -Pastetchen und ähnlichem verwendet.

## Girolles appelées aussi chanterelles
## Pfifferlinge oder Eierschwämme

Diese ausgezeichneten Pilze mit einem zarten und würzigen Geschmack verlangen keine besonderen Zubereitungen. Nachdem die erdigen Teile an den Füßchen entfernt wurden, werden sie rasch gewaschen, gut trockengeschüttelt und in Butter oder Öl gedünstet oder gebraten. Man kann sie auf Bordelaiser oder auf provenzalische Art zubereiten. Außerdem verwendet man sie als Garnitur zu Fleisch, Geflügel oder Wild.
*Anmerkung:* Große Pfifferlinge werden vor der Zubereitung der Länge nach gespalten. Man kann sie vor dem Braten auch kurz in Salzwasser blanchieren.
*Anm. der Übersetzer:* Kleine, feste Pfifferlinge mit geschlossenen Köpfen sind den großen trichterförmigen und meist etwas schwammigen Exemplaren vorzuziehen. Pfifferlinge dürfen nicht warm gehalten werden, da sie sonst austrocknen und zäh werden.

## Mousserons — roses des prés
## Moospilze und Wiesenchampignons

Beide Pilzarten werden wie Zuchtchampignons zubereitet. Am besten schmecken diese würzigen Pilze jedoch in Butter gebraten oder in Omeletts.
*Anm. der Übersetzer:* Moospilze wachsen bei uns in Deutschland leider

nicht, man findet jedoch manchmal italienische Importware. Der kleine, leicht nach Knoblauch schmeckende Pilz ist in Frankreich sehr beliebt. Aus dem Wiesenchampignon, der vor allem auf Pferdeweiden anzutreffen ist, wurde unser Zuchtchampignon entwickelt, der auch in Holland und Belgien angebaut wird. Der französische Zuchtchampignon dagegen wurde aus dem Waldchampignon gezüchtet, der ein dunkleres, nicht so weißes Fleisch hat – daher erklärt sich ein etwas anderer Geschmack.

## Les truffes
## Trüffeln

Trüffeln werden wegen ihres besonderen Aromas auch besonders geschätzt. Man verwendet sie vor allem zu Garnituren und zum Dekorieren.

Für das vollendete Dekorieren, das eine etwas mühsame und knifflige Arbeit ist, verwendet man im allgemeinen ausgesuchte Dosentrüffeln. Diese recht großen Trüffeln müssen fest sein und eine schöne schwarze Farbe haben. Sie werden in feine Scheiben geschnitten. Diese Scheiben werden flach auf eine Arbeitsplatte oder ein Holzbrettchen gelegt und mit einem kleinen Messer, meistens aber mit einem speziellen Ausstecher in verschiedenen Mustern zugeschnitten:

Zu Halbmonden, Rauten, Sternchen, Blumen und ähnlichem. Die ausgestanzten Stücke werden dann in einen Teller gelegt und mit etwas geschmolzenem Aspik begossen. Nun kann man mit ihnen nach Belieben dekorieren, indem man jedes Muster mit einer Spicknadel aufspießt und an den vorgesehenen Platz legt. Wenn die Dekoration abgeschlossen ist, überglänzt man das Ganze mit dem schmackhaften Aspik.

Für andere Zubereitungen, besonders, wenn das Aroma der Trüffeln den Speisen zugute kommen soll, sind frische, das heißt rohe Trüffeln, vorzuziehen.

Vor Gebrauch müssen die Trüffeln sorgfältig gereinigt werden. Dazu legt man sie zunächst in lauwarmes Wasser, damit sich die Erde, die noch an den Trüffeln haftet, auflöst. Dann wird jede Trüffel einzeln unter fließendem Wasser gebürstet, und schließlich löst man mit einer Messerspitze die in den Vertiefungen verbliebenen Erdreste heraus. Danach werden sie nochmals abgespült und endlich sorgfältig getrocknet.

Je nach Verwendung werden die Trüffeln geschält oder ungeschält in Würfel, kleine Stäbchen, Scheiben oder olivenförmige Bällchen geschnitten. Die aromareichen Schalen und beim Zuschneiden oder Ausstechen entstehenden Abfälle werden fein gehackt und für die Zubereitung einer Sauce Périgueux, zu Farcen oder verschiedenen Schaumspeisen verwendet.

Bevor Trüffeln an eine Speise gegeben werden, dünstet man sie immer in Butter, vor allem, wenn es sich um rohe Trüffeln handelt. Doch werden rohe Trüffeln auch in Streifchen, Stäbchen oder in Scheiben geschnitten für verschiedene gemischte Salate verwendet.

*Anm. der Übersetzer:* Die Trüffel ist die luxuriöseste Speise geworden, die man sich heute leisten kann: 1 kg frische Trüffeln kostet etwa 1000,- DM. Man ist daher gezwungen, sparsam mit ihnen umzugehen und vor allem auf Dosentrüffeln zurückzugreifen, die (noch) etwas günstiger angeboten werden. Am besten sind die Perigord-Trüffeln. Einfachere und billigere Ware kommt aus der Provence und aus Italien. Es handelt sich hier stets um die schwarze Trüffel, die es in den Wintermonaten, vor allem um Weihnachten, auch bei uns manchmal in Spezialgeschäften frisch zu kaufen gibt. Verwendet man Dosentrüffeln, so gibt man stets die in den Dosen enthaltene Flüssigkeit, meist ein Sud aus Portwein oder Madeira und Cognac, mit zu der Speise. Aus Piemont kommt schließlich die weiße Trüffel, die nur roh gegessen wird.

## Omelette aux truffes fraîches
## Omelett mit frischen Trüffeln

*100 g Trüffeln, Salz, Pfeffer, Butter, 6 Eier*

Die Trüffeln in dünne Scheiben schneiden, leicht salzen, aus der Mühle pfeffern und in Butter langsam etwas dünsten. Die Eier verquirlen, würzen und mit ¾ der Trüffelscheiben vermischen. Ein Omelett, wie auf Seite 104 angegeben, bereiten und nicht zu dunkel werden lassen. Auf einer vorgewärmten, länglichen Platte anrichten und die übrigen Trüffelscheiben darauf in einem Streifen anrichten. Sofort servieren. Man kann das Omelett auch ohne Trüffelzugabe bereiten und die Trüffeln, die man mit etwas eingekochter Demi-glace gebunden hat, in das Omelett füllen.

## Œufs brouillés aux truffes (œufs moulés Verdi)
## Rühreier mit Trüffeln (Gestürzte Eier »Verdi«)

*Für 6 Personen: 10 Eier, Salz, Pfeffer, einige Trüffeln, kleine runde, in geklärter Butter geröstete Toastbrotscheiben, Demi-glace, Trüffel-Essenz*

Aus 6 Eiern, wie auf Seite 113 beschrieben, Rühreier bereiten: Die Eier vorher mit Salz und Pfeffer würzen und dann in 60 g Butter zusammen mit den in Butter angedünsteten Trüffeln halb fest werden lassen. Zum Schluß etwas frische Butter unterziehen. Vom Feuer nehmen und die 4 übrigen Eier unterrühren. Nachwürzen. Kleine Puddingförmchen (Darioles) buttern und in jedes eine schöne Trüffelscheibe legen. Die Eimasse hineinfüllen und die Förmchen in ein Wasserbad stellen. Wenn die Eimasse vollkommen gestockt ist, auf die gerösteten Toastbrotscheiben stürzen. Dazu eine sehr leichte, mit Trüffel-Essenz abgeschmeckte Demi-glace reichen.
*Anm. der Übersetzer:* Als Trüffel-Essenz bezeichnet man den Saft der Dosentrüffel oder ein Konzentrat, das man aus eingekochtem Portwein, Madeira oder Cognac mit in Butter angedünsteten Trüffelresten herstellt.


## Truffes sous la cendre (méthode Escoffier)
## Trüffel in der Asche (nach Escoffier)

*Für 1 Person: 1 schöne, große, frische Trüffel, Salz, 1 Spritzer Champagner, 1 dünne Scheibe fetter Speck, Butter*

Die Trüffel gründlich reinigen, aber nicht schälen. Leicht salzen und mit etwas Champagner begießen. Zunächst in eine kleine Speckscheibe wickeln, dann mit einer doppelten Hülle aus gebuttertem Pergamentpapier (oder Alufolie) versehen. Das äußere Blatt innen mit Wasser anfeuchten. Die Trüffel in heiße Asche eingraben und darauf immer wieder von neuem frische Glut legen. Für eine Trüffel mittlerer Größe etwa ¾ Stunden Garzeit rechnen.
Die Trüffel aus der äußeren Papierhülle wickeln und auf einer Serviette anrichten. Mit frischer Butter servieren.

## Truffes au champagne
## Trüffeln in Champagner

*500 g Trüffeln, Salz, Pfeffer, 1/5 l Champagner (brut), 1 gehäufter EL in Butter gedünstete Mirepoix (Würfelchen von Zwiebel, Möhren und Sellerie), 1/10 l guter Kalbs-Fond*

Die sorgfältig gereinigten Trüffeln mit Salz und Pfeffer würzen und mit dem Champagner und der Mirepoix zugedeckt gar kochen. Die Trüffeln herausnehmen und in einer vorgewärmten, silbernen Becherform anrichten. Den Champagner-Sud fast vollständig einkochen. Den Kalbs-Fond zufügen und 5 Minuten kochen lassen. Abschmecken und den Fond durch ein Tuch über die Trüffeln gießen. Wieder erhitzen, aber nicht mehr kochen lassen – sofort servieren.
*Anmerkung:* Man kann das Gericht statt mit Champagner auch mit Sherry, Portwein oder Madeira zubereiten.

## Rissoles de truffes à la Valromey
## Ausgebackene Trüffeltäschchen »Valromey«

*Dicke, große Trüffelscheiben, Stopfleberscheiben, Salz, Pfeffer, Cognac, Blätterteig, Öl oder Pflanzenfett zum Ausbacken, Petersilie, Périgueux-Sauce*

Jeweils zwischen zwei Trüffelscheiben eine gleichgroße Scheibe Stopfleber legen und zusammendrücken. Leicht mit Salz und Pfeffer würzen und mit ein wenig ausgezeichnetem Cognac (fine champagne) beträufeln.
Aus einer dünn ausgerollten Blätterteigplatte mit einer runden Ausstechform Plättchen ausstechen, die etwas größer sind als die Trüffelscheiben. Die gefüllten Trüffelscheiben zwischen zwei Blätterteigplättchen legen und deren Ränder zusammendrücken. Diese Täschchen in rauchendheißem Fritierfett goldgelb ausbacken. Herausnehmen und abtropfen. Auf einer Serviette, umlegt mit fritierter Petersilie, anrichten und sofort servieren. Dazu Périgueux-Sauce reichen.

## Truffes à la crème
## Trüffeln in Sahne

*500 g frische Trüffeln, Salz, Pfeffer, 50 g Butter, 1 Spritzer Cognac oder Portwein, ³/₁₀ l Sahne*

Trüffeln in dicke Scheiben schneiden. Würzen und in Butter mit einem Spritzer Cognac oder Portwein langsam weich dünsten. Die Sahne aufgießen und langsam auf kleiner Flamme köcheln lassen, ohne daß sich die Sahne dabei absetzt. Zum Schluß noch einmal gut durchrühren und abschmecken.

## Truffes en surprises Roger Roucou
## Überraschungs-Trüffel »Roger Roucou«

Sehr gute Gänsestopfleber wird durch ein Sieb passiert. Das erhaltene Püree wird auf gestoßenem Eis dann mit in Madeira gegarten, gehackten Trüffeln durchgearbeitet. Daraus formt man kleine, verschieden große Bällchen und rollt diese in feingehackten, getrockneten Trüffeln. Wenn die Bällchen echten Trüffeln zum Verwechseln ähnlich sehen, läßt man sie auf einem Gitter an kühlem Ort durchziehen. Mit gutem Aspik überziehen und auf einer Serviette, in einem Körbchen oder einer Kristallschale servieren.

*Anm. der Übersetzer:* Roger Roucou, nach dem dieses Gericht benannt ist, führt das Zepter in dem sagenhaften Restaurant der »Mère Guy« in Lyon, das für seine Trüffelspezialitäten bekannt ist.

# Pâtes alimentaires
# Nudeln

## Nouilles fraîches
## Frische Nudeln

*500 g Mehl, 12 g Salz, 6 Eier* – Zum Kochen: *2 l Wasser, 20 g Salz*

Das Mehl in einem Kranz auf einen Tisch oder ein Backbrett sieben oder in einen Haufen eine Mulde drücken. 12 g feines Salz und 6 ganze Eier in die Mitte geben. Von der Mitte her die Eier mit dem Mehl vermischen, bis sie sich mehr und mehr mit ihm verbinden und schließlich ein sehr fester Teig entsteht. Um die beiden Zutaten innig miteinander zu vermischen, den Teig kräftig durchwalken: Dazu jeweils einen Teil des Teigs mit dem Handballen erfassen und fest gegen die Unterlage drückend vor sich hertreiben. Wieder nach und nach mit der Hauptmasse zusammenführen, wobei stets ein neuer Teil über die erste Lage gedrückt wird. Auf diese Art fortfahren, bis der Teig vollkommen glatt geworden ist. Zu einer Kugel formen, in ein Tuch wickeln, damit der Teig nicht dunkel wird und keine Kruste bildet, und je nach Qualität des Mehls 1 bis 2 Stunden ruhen lassen, damit er jegliche Elastizität verliert. Nach dem Ruhen den Teig in zitronengroße Stücke teilen und diese zu rechteckigen, 2 mm starken Blättern ausrollen. Diese Blätter wie Wäsche auf jeder Seite herunterfallend auf eine straff gespannte Schnur hängen und knapp 1 Stunde trocknen lassen. Herunternehmen, mit einem Hauch Mehl bestäuben und die einzelnen Scheiben aufrollen. In 2 mm breite Scheiben schneiden, die zu Streifen auseinanderfallen.

Die Nudeln sofort weiterverwenden oder zum Aufheben trocknen. Dazu in einer dünnen Schicht auf einem Backblech verteilen. Zum Kochen 2 l Wasser zum Kochen bringen und 20 g Salz darin auflösen. Die Nudeln hineingeben und das Wasser erneut zum Kochen bringen. Beim ersten Aufwallen den Topf auf kleine Flamme setzen, zudecken und die Nudeln 12 bis 15 Minuten, ohne zu kochen, gar ziehen lassen. Gut abtropfen lassen und nach beliebiger Art weiter zubereiten, auf keinen Fall abschrecken. Dies gilt übrigens für alle Teigwaren, gleichgültig ob getrocknet oder frisch und unabhängig von der Form.

## Macaroni à l'italienne
## Makkaroni auf italienische Art

Für 4 Personen: *250 g Makkaroni, 30 g Butter, 75 g geriebener Gruyère, Salz, Pfeffer*

Die Makkaroni in Salzwasser gar kochen, abgießen, gründlich abtropfen lassen und noch sehr heiß in den zum Kochen verwendeten Topf zurückgeben. Mit Butter, Käse, Salz und frisch gemahlenem Pfeffer fest umrührend gründlich vermischen, bis alle Zutaten miteinander verbunden sind. In einer Gemüseschüssel anrichten.

*Anm. der Übersetzer:* Nach italienischer Art wäre wohl korrekter ausgedrückt, wenn das Gericht mit Gruyère (oder Emmentaler) zubereitet wird. *Auf* italienische Art müßte eigentlich Parmesan verwendet werden.

## Macaroni au gratin
## Überbackene Makkaroni

Für 4 Personen: *250 g Makkaroni, 50 g Butter, 125 g geriebener Gruyère, Salz, Pfeffer, $1/10$ l Sahne, 1 Prise frisches Paniermehl*

Die Makkaroni wie im vorstehenden Rezept auf italienische Art zubereiten. Zum Binden die kochende Sahne zufügen. Eine große, flache Auflaufform buttern und die Makkaroni darin ausbreiten. Den übrigen Käse mit dem Paniermehl vermischen und darüberstreuen. Mit etwas zerlassener Butter beträufeln und im sehr heißen Ofen gratinieren – also goldbraun überbacken.

## Macaroni à la napolitaine
## Makkaroni mit Tomaten (Neapolitaner Art)

Für 4 Personen: *250 g Makkaroni, 30 g Butter, 75 g geriebener Gruyère, Salz, Pfeffer, 3 EL natur-geschmolzene Tomaten oder Tomatenpüree*

Die Makkaroni auf italienische Art (oben) zubereiten und erst ganz zum Schluß mit 3 EL geschmolzenen Tomaten oder Tomatenpüree (geschmolzene Tomaten, ohne Butterzugabe durch ein feines Sieb getrieben) vermischen.

## Macaroni à la milanaise
## Makkaroni auf Mailänder Art

Für 4 Personen: *250 g Makkaroni, 50 g Butter, 75 g geriebener Gruyère, Salz, Pfeffer, 2 gehäufte EL in Streifen geschnittene Champignons, 1 EL Trüffelstreifchen, 2 EL magere, gekochte Schinkenstreifchen, 5 cl Madeira, ¹/₁₀ l Demi-glace, 2 oder 3 EL Tomatenpüree*

Die Makkaroni auf italienische Art (oben) zubereiten. Die restliche Butter stark erhitzen und darin die Champignons anbraten und trocken werden lassen. Erst die Trüffel, kurze Zeit darauf den Schinken zufügen und alles auch etwas braten. Den Madeira angießen und auf die Hälfte einkochen. Zum Schluß die Demi-glace, die mit reichlich Tomatenpüree verrührt wurde, dazugeben. Alles kurz aufwallen lassen und zu den Makkaroni gießen. Kräftig durchmischen und in einer Gemüseschüssel servieren.

Alle diese Rezepte gelten auch für frische Nudeln, Lasagne und Spaghetti.

## Ravioli à la niçoise
## Ravioli auf Nizzaer Art

*Nudelteig (Seite 633 f.), Farce, Wasser, Salz, einige EL guter Kalbs- oder anderer Fond, geriebener Gruyère, frisches Paniermehl, zerlassene Butter – Für die Farce: 200 g Reste von geschmortem Rindfleisch, 200 g in Salzwasser blanchierter Spinat, 1 Lammhirn, 1 mittelgroße Zwiebel, Butter, 2 Eier, Salz, frisch gemahlener Pfeffer, 1 Messerspitze Muskatnuß*

Zunächst den Teig herstellen, dann die Farce für die Füllung bereiten. Dazu die Rindfleischreste fein hacken oder durch den Fleischwolf drehen. Den Spinat abtropfen lassen und durch ein Sieb treiben. Das Lammhirn pochieren und mit einer Gabel zerdrücken. Die Zwiebel in kleine Würfelchen schneiden und in etwas Butter weich dünsten, dabei keine Farbe nehmen lassen. Fleisch, Spinat und Hirn zugeben und alles

mit 2 verquirlten Eiern rasch und kräftig vermischen. Sehr vorsichtig erhitzen und bis zur vollständigen Bindung ständig umrühren, auf keinen Fall kochen lassen. Mit Salz, Pfeffer und Muskatnuß abschmecken.
Den Nudelteig in 2 Hälften teilen und jeweils zu rechteckigen, 2 mm dicken Platten ausrollen. Auf die eine Platte in regelmäßigen Abständen von etwa 3 cm olivengroße Farce-Häufchen setzen. Die Zwischenräume mit einem in Wasser getauchten Pinsel anfeuchten. Die zweite Teigplatte darüberlegen und in den Zwischenräumen an die befeuchtete, untere Teigplatte andrücken – entweder mit den Fingern, einem Bleistift oder einem Lineal. Mit einem Teigrädchen (ersatzweise einem Messer) zerschneiden, so daß quadratische, kissenartige Ravioli von 3 cm Kantenlänge entstehen.
Die Ravioli in kochendes Salzwasser geben und 6 Minuten leicht siedend gar ziehen lassen. Mit einem Schaumlöffel herausheben, abtropfen lassen und auf ein Tuch legen.
Eine große, flache Auflaufform mit etwas Kalbs- oder anderem Fond ausgießen, die Ravioli flach nebeneinanderliegend darin anordnen und leicht mit etwas Fond beträufeln. Geriebenen Gruyère (ersatzweise Emmentaler) mit etwas frischem Paniermehl vermischen und darüberstreuen. Mit einigen Tropfen zerlassener Butter beträufeln und im heißen Ofen gratinieren. In der Form servieren.

# Le riz
# Reis

Die Industrie hat die äußere Erscheinung der Reiskörner zur Vollkommenheit verändert: Glänzend poliert werden sie als Ware erster Wahl angeboten. Dies aber ist ein grober Fehler, denn der Reis hat dadurch zwar ein verführerisches Aussehen bekommen, jedoch seine Vitamine und für die Ernährung wichtigen Mineralien und Spurenelemente verloren. Ich empfehle daher, stets unpolierten, jedoch geschälten Reis zu kaufen.
Vor der Zubereitung wird Reis stets unter fließendem kalten Wasser gewaschen, bis das Wasser unten klar herausläuft. Danach gut abtropfen lassen.
Es gibt 3 grundsätzlich verschiedene Arten, Reis zuzubereiten, was sich auch durch die Bezeichnung der Gerichte ausdrückt: als Risotto, auf indische oder kreolische Art und als Pilaw (türkische Art).

*Anm. der Übersetzer:* Für alle folgenden Reisgerichte nimmt man vorzugsweise den Carolina-Reis, festkochenden Langkorn-Reis (beste Qualitäten: Patna-Siam-Reis) bzw. den harten italienischen Reis mit ovalen Körnern, für Süßspeisen dagegen den runden, mehligen Reis.

## Risotto à la piémontaise
## Risotto auf Piemonteser Art

Für 4 Personen: *250 g Reis, 1 große Zwiebel, 60 g Butter, ½ l helle, klare Fleischbrühe oder guter, heller Kalbs-Fond, 2 EL geriebener Parmesan (ersatzweise Gruyère)*

Den Reis sorgfältig verlesen, eventuell vorhandene Steinchen oder Spelzen entfernen, gründlich waschen und abtropfen lassen. Die Zwiebel fein schneiden, in 30 g Butter langsam weich dünsten und hellgelb werden lassen. Dann den Reis zufügen und auf kleiner Flamme umrühren, bis sich die Körner gut mit Butter vollgesogen haben. Nun mit Fleischbrühe oder Kalbs-Fond aufgießen, aufkochen lassen, mit einem Deckel dicht verschließen und bei milder Hitze im Ofen oder auf dem Herd etwa 25 Minuten (italienische Reissorten benötigen bis zu 35 Minuten – Anm. d. Übers.) gar ziehen lassen. 30 g Butter zufügen und den Reis mit einer Gabel lockern, so daß sich alle Körner voneinander trennen. Schließlich auch den Parmesan hineinarbeiten und abschmecken – im allgemeinen wird eine Salz- oder Pfefferzugabe nicht nötig sein, da Fleischbrühe oder Kalbs-Fond genug Würze in das Gericht einbringen.

## Riz pilaf
## Pilaw-Reis

Für 4 Personen: *250 g Reis, 1 große Zwiebel, 100 g Butter, ½ l klare, helle Fleischbrühe oder Kalbs-Fond*

Den Reis 2 Stunden in kaltes Wasser legen, abspülen und abtrocknen. Die Zwiebeln fein schneiden und wie für das Risotto auf Piemonteser Art in Butter anbraten, jedoch wesentlich mehr Butter nehmen – etwa 75 g. Den Reis zufügen und so lange verrühren, bis er die Butter aufgesogen hat. Mit Fleischbrühe oder Kalbs-Fond aufgießen und wie das Risotto fertigstellen – lediglich auf die Käsezugabe verzichten.

## Riz à l'indienne ou créole
## Reis auf indische oder kreolische Art

Für 4 Personen: *250 g Reis, mindestens 2 l Wasser, 20 g Salz*

Den Reis unter fließendem Wasser sorgfältig waschen und in einen großen Topf mit reichlich kochendem Salzwasser geben. 10 Minuten heftig kochen lassen, dann in ein Sieb abgießen und unter fließendem kalten Wasser erneut gründlich spülen, um alle Stärketeilchen zu entfernen, die den Reis später pappig machen würden. Gut trockenschütteln.

Den Reis in eine dickwandige (möglichst gußeiserne oder irdene) Kasserolle geben, diese dicht verschließen und in den sehr schwach geheizten Ofen stellen, bis die Körner fertig gequollen und gar sind – das dauert je nach Reissorte 15 bis 40 Minuten. Die Körner bleiben bei dieser Methode unversehrt erhalten und kleben nicht aneinander.

Den auf diese Weise gekochten Reis kann man auf verschiedene Arten würzen oder weiter zubereiten. Man reicht ihn zu einer Vielzahl von Gerichten, vor allem zu Currys, Ragouts, Frikassees, Krustentieren auf amerikanische Art und ähnlichem.

## Riz au beurre
## Butterreis

Pilaw-Reis aus 250 g Reis (Seite 637), jedoch ohne Zwiebel zubereitet und mit Wasser statt Fleischbrühe oder Kalbs-Fond vollgesogen. Nach dem Kochen mit 100 bis 125 g frischer Butter durcharbeiten und lockern – die Buttermenge ist lediglich eine Kostenfrage.

## Riz à la Valenciennes
## Reis auf die Art von Valenciennes

Für 4 Personen: *Pilaw-Reis aus 250 g Reis (Seite 637), 1 gehäufter El frische Erbsen, 1 gehäufter EL in 3 cm lange Stücke geschnittene, feine grüne Bohnen, 1 in Streifen geschnittenes Kopfsalatherz*

Wie Pilaw-Reis zubereiten, jedoch kurz vor dem Aufgießen mit Fleischbrühe oder Kalbs-Fond die Gemüse zugeben, untermischen und einige Minuten dünsten bzw. Wasser ziehen lassen.

## Riz à la grecque
## Reis auf griechische Art

*100 g Butter, 1 mittelgroße Zwiebel, 100 g Chipolata (ersatzweise rohe, ungeräucherte, mit Knoblauch gewürzte Bauernbrat- oder Mettwürste), 500 g Reis, 100 g Kopfsalatblätter in feinen Streifen, 100 g dickfleischiger, milder, roter Paprika, 125 g frische, ausgelöste, junge Erbsen, 1½ l klare, helle Hühner- oder Kalbfleischbrühe*

Die Butter in einem großen Topf mit dickem Boden zergehen lassen. Die Zwiebel fein schneiden und die Würfelchen in der Butter weich dünsten. Die Würste in Scheiben schneiden, diese kurz in der Butter anbraten und fest werden lassen. Den sorgfältig gewaschenen und abgetropften Reis zugeben und nach und nach mit der Butter vollsaugen lassen. Immer wieder vorsichtig umrühren, ohne die Wurstscheiben zu zerbrechen. Schließlich die Salatstreifen, die gewürfelten Paprikaschoten und die Erbsen zufügen.

Mit Brühe aufgießen, bis alles gut und reichlich bedeckt ist. Zum Kochen bringen, den Deckel auflegen und auf kleiner Flamme leise köcheln lassen.

Während des Kochens die Flüssigkeit, die der Reis zum Quellen aufnimmt, immer wieder durch kleine Zugaben kochender Brühe ergänzen. Dabei alles sehr vorsichtig umrühren. Dies alles mehrmals wiederholen, bis der Reis eine Flüssigkeitsmenge, die seinem dreifachen Volumen entspricht, aufgenommen hat. Mit etwa 20 Minuten Garzeit rechnen.

Der auf diese Weise gekochte Reis ist gar, jedoch nicht weich, so daß er seine Form behält, klebt nicht zusammen und ist doch sehr sämig. Zum Schluß noch abschmecken und bei Bedarf nachwürzen.

*Anmerkung:* Diese Methode, Reis zu kochen, ist besonders empfehlenswert und kann sehr gut auch für die Zubereitung eines Risottos angewandt werden.

## Riz à l'orientale
## Reis auf orientalische Art

Ein Risotto auf Mailänder Art, jedoch ohne Schinken (Trüffeln und Champignons) zubereitet und mit Safran gewürzt.

## Risotto à la milanaise
## Risotto auf Mailänder Art

*Risotto auf Piemonteser Art aus 250 g Reis (Seite 637), 4 EL Tomatenpüree oder 3 frische Tomaten, 1 EL magerer, gekochter Schinken in kleinen Streifchen, nach Belieben noch 1 schöne Trüffel und 3 Champignons*

Das Risotto wie angegeben zubereiten, jedoch zu der weich gedünsteten Zwiebel und dem mit Butter vollgesogenen Reis das Tomatenpüree oder die gehäuteten, entkernten und gehackten Tomaten geben und langsam schmelzen lassen. Nach dem Kochen die Schinkenstreifchen untermischen.
Sehr häufig ergänzt man diese Garnitur durch ebenfalls in feine Streifchen geschnittene Trüffel und Champignonköpfe, die man vor den Tomaten zu dem Reis gibt und kurz mitdünstet.

## Gnocchi
## Nocken oder Klößchen

Nocken können aus verschiedenen Grundzutaten bestehen:
Aus einem Brei (meistens Grieß), einem Teig (meistens Brandteig) oder einem mehligen Gemüsebrei (meistens Kartoffeln). Sie bilden kleine, köstliche Vorgerichte, die nicht teuer sind.

## Gnocchi à la romaine
## Nocken auf römische Art

*½ l Milch, 125 g Grieß, Salz, Pfeffer, 1 Messerspitze geriebene Muskatnuß, 60 g Butter, 2 Eigelb, 1 EL Milch, reichlich geriebener Parmesan oder Gruyère (ersatzweise Emmentaler)*

Die Milch zum Kochen bringen und den Grieß locker rieselnd einstreuen, dabei mit dem Kochlöffel ständig umrühren. Mit Salz, Pfeffer und Muskatnuß würzen und 20 Minuten kochen lassen. Vom Feuer nehmen und 25 g Butter hineinarbeiten. Die Eigelb mit etwas kalter Milch verrühren und in die noch heiße, aber nicht mehr kochende Masse ziehen, um sie zu binden. Abschmecken.

Ein großes Blech mit Rand mit kaltem Wasser abspülen und noch feucht mit einer gut 1 cm dicken Schicht Grießteig bedecken. Wenn die Masse erkaltet ist, mit einem runden Ausstecher von 5 cm Durchmesser oder einem 4-5 cm großen, quadratischen, rechteckigen oder rautenförmigen Ausstecher Nocken auslösen.

Eine flache Auflaufform reichlich buttern und mit geriebenem Käse bestreuen. Eine Schicht Nocken darauflegen und wieder reichlich mit Käse bestreuen. Mit zerlassener Butter gut begießen und im Ofen bei milder Hitze goldgelb überbacken. Sehr heiß in der Form servieren.

## Gnocchi à l'ancienne
## Nocken auf althergebrachte Art

*¼ l Milch, 50 g Butter, 1 Prise Salz, 1 Messerspitze geriebene Muskatnuß, 125 g Mehl, 3 Eier – Zum Kochen: 2 l Wasser, 16 g Salz*

Die Milch mit der Butter, Salz und Muskatnuß in einer Kasserolle aufsetzen und zum Kochen bringen. Sowie die Butter geschmolzen ist, das Mehl locker hineinsieben, dabei mit einem Kochlöffel ständig umrühren, bis ein zähflüssiger Teig entsteht. Diesen Teig auf sehr kleiner Flamme 5 Minuten trocknen lassen. Immer wieder umrühren, bis sich der Teig vom Topf löst. Dann neben dem Feuer nach und nach die 3 Eier einrühren, damit eine glatte, nicht zu feste Paste entsteht.

In einem großen Topf 2 l Wasser zum Kochen bringen und das Salz darin auflösen. Auf kleiner Flamme gerade eben sieden lassen.

Den Teig in einen mit einer glatten, mittelgroßen Tülle versehenen Spritzbeutel füllen, dieser über dem Topf langsam zudrücken. Mit der anderen Hand ein Messer nehmen, die Klinge immer wieder in das heiße Wasser tauchen und von dem aus der Tülle tretenden Teig 4 cm lange Abschnitte abteilen. Oder mit einem für jede Nocke neu in heißes Wasser getauchten Teelöffel kleine Portionen abstechen und mit dem Messer abstreifend in das siedende Wasser fallen lassen. Kurz aufkochen lassen und dann die Nocken siedend etwa 15 Minuten pochieren. Sie steigen dann nach und nach an die Oberfläche, wenn sie gar sind. Vorsichtshalber noch eine Druckprobe machen: Sie müssen unter leichtem Fingerdruck eine nachgiebige, aber feste und nicht matschige Konsistenz haben.

Mit dem Schaumlöffel herausheben und auf einem Tuch abtropfen lassen.

Die Nocken können auf römische, auf die Art der »Belle-de-Fontenay« oder auf Pariser Art angerichtet werden.

## Gnocchi à la parisienne
## Nocken auf Pariser Art

*Nocken nach vorstehendem Rezept zubereitet, leichte Mornay-Sauce, geriebener Gruyère (ersatzweise Emmentaler), frisches Paniermehl, zerlassene Butter*

Eine große, flache Auflaufform mit einigen EL Mornay-Sauce ausstreichen. Hierauf eine Schicht Nocken legen und mit reichlich Mornay-Sauce überziehen. Den geriebenen Käse mit ⅕ seiner Menge Paniermehl vermischen und darüberstreuen. Mit einigen Tropfen zerlassener Butter beträufeln und im mittelheißen Ofen goldgelb überbacken. Während des Gratinierens gehen die Nocken zum Dreifachen ihres ursprünglichen Volumens auf. Sehr heiß in der Form servieren.


## Gnocchi Belle-de-Fontenay
## Kartoffel-Nocken »Belle-de-Fontenay«

*700 g im Ofen gebackene Kartoffeln (für 500 g ausgelöstes, weiches Fruchtfleisch), 90 g Butter, Salz, Pfeffer, Muskatnuß, 1 Eigelb, 1 Ei, 125 g Mehl, 75 g geriebener Gruyère (ersatzweise Emmentaler)*

Die gewaschenen und im Ofen gebackenen Kartoffeln (Seite 605 – es müssen gelbfleischige, mehlige Sorten sein wie die Belle-de-Fontenay) noch heiß zerteilen und das Fruchtmark herauslösen. Sofort durch ein Sieb treiben und mit einem Holzlöffel in einer Terrine mit 25 g Butter, einer kleinen Prise Salz, etwas frisch gemahlenem Pfeffer und 1 Messerspitze geriebener Muskatnuß vermischen. Wenn das Püree glatt und weiß ist, nochmals abschmecken. Das Eigelb und dann löffelweise das verquirlte Ei hineinmischen, schließlich auch das Mehl und 25 g geriebenen Gruyère. Am Ende soll der Teig vollkommen gleichmäßig gemischt sein.

Abkühlen lassen und in etwa 30 g schweren Portionen abstechen. Diese zu Kugeln formen, auf den mit etwas Mehl bestäubten Tisch legen und in Form einer Brioche (Seite 647) rollen. Mit einer Gabel flachdrücken, dabei die Gabel rechtwinklig ein zweites Mal aufsetzen, damit ein Gittermuster entsteht.

Diese Nocken in einen großen Topf mit reichlich kochendem Salz-

wasser (8 g Salz pro Liter), in dem sie frei schwimmen können, geben. Wieder aufkochen lassen, dann den Topf auf eine kleine Flamme stellen, damit das Wasser gerade eben noch siedet, und die Nocken 15 Minuten pochieren. Wenn sie einem leichten Druck widerstehen und an die Oberfläche steigen, sind sie gar. Auf einem Tuch abtropfen lassen.
Eine tiefe, runde Auflaufform reichlich buttern und mit geriebenem Gruyère ausstreuen. Eine erste Schicht Nocken in Ringen hineinlegen, mit Gruyère bestreuen und eine zweite Schicht darauflegen. Wieder mit Käse bestreuen. In einer Pfanne unterdessen 50 g Butter haselnußbraun werden lassen und damit die oberste Käseschicht rasch beträufeln. Im heißen Ofen 7 bis 8 Minuten überbacken.
*Anmerkung:* Man kann die Butter auch durch eine leichte Mornay-Sauce ersetzen, wie es bei den Nocken auf Pariser Art angegeben wurde.

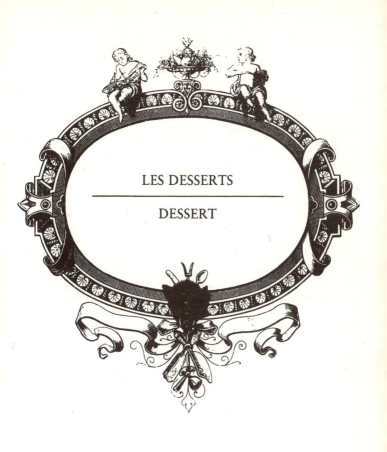

# LES DESSERTS

## DESSERT

# Les pâtes et leurs dérivés
## Die verschiedenen Teigsorten

Es gibt zwei grundsätzlich verschiedene Arten von Teig, nämlich die vergorenen, aufgehenden Teigarten und diejenigen, die nach einer bestimmten Methode aus Mehl mit Flüssigkeit und Fett gemischt werden. In die erste Gruppe gehören die Hefe- und Sauerteige, namentlich der Briocheteig, der Baba- und Savarinteig, der Gugelhupfteig und ähnliche, in die zweite gehören Blätterteig, Halbblätterteig, Auslegeteig, Sandteig und ähnliche.

Alle Teigarten lassen sich in einer normalen Familienküche ohne weiteres herstellen. Schwierigkeiten gibt es eher beim Backen: Man muß über einen Ofen verfügen, der eine sich gleichmäßig verteilende und ebenso gleichmäßig geregelte Hitze erzeugt. Dabei ist es besonders wichtig, daß der Ofen eine gute Unterhitze liefert. Es ist stets besser, sich der Mühe zu unterziehen, einen empfindlichen Tortenboden mit einer zusätzlich schützenden Schicht zu unterlegen, als durch eine unzureichende Hitzeentwicklung behindert zu werden. Denn das Aufgehen einer Brioche, das Heben eines Blätterteigs ist das Werk einer guten Unterhitze.

Man muß stets beachten, daß sich die Hitze des Ofens nach Art und Größe des Gebäcks zu richten hat. So muß zum Beispiel der Ofen sehr viel heißer eingestellt werden, um mehrere kleine Brioches oder kleine Blätterteig-Stückchen zu backen, als für eine große Brioche oder eine Blätterteig-Mandel-Torte. Die Temperaturangaben sind zwar sehr wichtig, können aber Erfahrung nicht ersetzen. Diese Erfahrung wird man um so schneller erwerben, wenn man – gewarnt und auf die Schwierigkeiten aufmerksam gemacht – seine Aufmerksamkeit verdoppelt.

# Les pâtes levées
# Hefeteig

## La pâte à brioche
### Briocheteig

Die Verbindung dreier Grundzutaten, nämlich von Butter, Eiern und Mehl, bringt unter idealen Bedingungen mit die wohlschmeckendsten Backwaren hervor. Besonders zu beachten sind die in langer Erfahrung herausgefundenen und schließlich festgelegten technischen Bedingungen, das genau berechnete Gehenlassen des Teiges sowie die absolute Frische und die untadelige Qualität aller verwendeten Zutaten.

Man kann den Briocheteig mehr oder weniger reich an Butter herstellen. Ich gebe im folgenden Rezept eine mittlere Menge an, die auf der einen Seite die geforderte Feinheit des Teiges garantiert, auf der anderen Seite aber auch die erwähnten Schwierigkeiten nicht zu groß werden läßt und so ein ausgezeichnetes Ergebnis erlaubt.

*500 g Mehl, davon 1/3 möglichst feinstes Auszugsmehl, je nach Jahreszeit und Temperatur 5 bis 10 g getrocknete Hefe, 10 g Salz, etwas Milch und Wasser, je nach Größe 6 bis 7 Eier, 500 g erstklassige Butter, je nach gewünschter Farbe der Brioche 10 bis 30 g Zucker, 1 Ei zum Bestreichen*

Auf dem Arbeitstisch, einem Backbrett (oder einer Marmorplatte, wie sie Konditoren haben) 125 g Mehl in Ringform oder zu einem Haufen sieben und in diesen eine Mulde machen. In die Mitte etwas Hefe krümeln. Die Menge richtet sich ganz nach der Temperatur: An einem heißen Sommertag sind 5 bis 6 g ausreichend, an einem recht kalten Wintertag benötigt man dagegen 10 g. Diese genaue Berechnung hat sehr wichtige Folgen, denn nur durch sie läßt sich das Gehen des Teiges genau lenken, wovon wiederum die Leichtigkeit und die Schmackhaftigkeit abhängen. Denn ein zu starkes Gehen, ein zu kräftiges Gären, erzeugt einen säuerlichen und unangenehmen Geschmack, der auch die Geschmeidigkeit und das Aroma der Butter zerstört. Ungenügendes Gehen dagegen läßt den Teig schwer und unverdaulich werden, und das Backen selbst wird durch mangelhafte Entwicklung des Teiges erschwert.

Über die Hefe 2 EL lauwarme Milch oder lauwarmes Wasser gießen und die Hefe vollkommen darin auflösen. Dann von der Mitte her nach und nach mit den Fingerspitzen immer mehr Mehl in die Masse arbeiten und immer gerade so viel Flüssigkeit nachgießen, daß ein zwar weicher, aber doch so fester Teig entsteht, so daß man, wenn alles Mehl verbraucht ist, eine Kugel daraus formen kann.

Diese Kugel auf der Oberseite kreuzförmig einschneiden und in eine kleine Terrine oder Salatschüssel setzen. Mit einem Tuch zudecken und an einen gut warmen Ort stellen, um die Aktivitäten der Hefebakterien zu erleichtern. Dieser Vorteig ist für den Gebrauch fertig, wenn er sein doppeltes Volumen erreicht hat – das dauert etwa 20 bis 30 Minuten. In der Zwischenzeit das übrige Mehl auf den Tisch sieben, ebenfalls eine Mulde in die Mitte drücken und das in 2 EL Wasser gelöste Salz hineingeben. Dann nacheinander 3 Eier zufügen, die man vorsichtshalber jeweils allein in eine Schüssel schlägt, ehe man sie an das Mehl gibt, damit ein möglicherweise schlechtes Ei – man erkennt das am Geruch – nicht den ganzen Teig verdirbt und ungenießbar macht. Die Butter mit den Händen verkneten, damit sie durch die Körperwärme weich und glatt und schließlich geschmeidig wird. Neben dem Mehl für den Gebrauch bereitstellen. Den Zucker in einem Schälchen mit 2 EL Wasser oder Milch verrühren, auflösen und ebenfalls bereitstellen.

Nun kann man mit dem Anrühren und Verkneten der Eier und des Mehls beginnen. Es entsteht zunächst ein recht harter Teig, in den man einzeln die 3 oder 4 zurückbehaltenen Eier und den aufgelösten Zucker arbeitet. Alle Zutaten werden nach und nach dazugegeben, bis der Teig, der zwischen Daumen und Zeigefinger geknetet, durchgearbeitet, abgeschlagen und zum Schluß mit den Fingerspitzen wie die Eier zu einem Omelett kräftig durchgerührt, hochgehoben und aufgelockert wird, immer mehr Elastizität bekommt, gleichzeitig Feuchtigkeit und Konsistenz gewinnt und schließlich nicht mehr an Händen und Tischplatte kleben bleibt. Wenn dieser Grad der Bindung erreicht ist, die weich geknetete Butter hineinwalken, dabei jedoch weniger heftig arbeiten. Den inzwischen aufgegangenen Vorteig darüberschlagen, sobald alles gut vermengt ist, und die Masse mit mäßigem Kraftaufwand erneut durchmischen. Dazu den Teig in vier Teile reißen und jedes Teil einzeln kneten. Dann alles wieder zusammendrücken und erneut teilen. Nach einigen Wiederholungen dieses Vorganges ist der Teig nahezu vollkommen gemischt. Er wird zu einer Kugel geformt, in eine Terrine gelegt, mit einem Hauch Mehl bestreut, mit einem Tuch bedeckt und zum Gehen an einen gut warmen Ort gestellt.

Dieses zweite Gehen läßt man etwa 5 bis 6 Stunden dauern. Danach drückt und schlägt man den aufgegangenen Teigballen auf dem leicht mit Mehl bestäubten Tisch mit den Händen flach und treibt so alle beim Gehen entstandenen Gase heraus. Dieses Abschlagen des Teiges gibt ihm noch mehr Festigkeit und verhindert, daß später zu große Hohlräume im Kuchen entstehen. Man schlägt den Teig nun mehrmals zusammen, formt ihn wieder zu einer Kugel und legt ihn in die Terrine oder Schüssel zurück. Mit einem Tuch bedeckt läßt man ihn zum dritten Mal gehen, und zwar nochmals je nach Temperatur 5 bis 6 Stunden, so daß er insgesamt 10 bis 12 Stunden Zeit zum Gehen hatte.

Der Teig ist jetzt zur Verwendung vorbereitet, kann je nach Bedarf zerteilt, geformt und in Formen gefüllt werden. Man kann ihn sogar einen Tag aufbewahren, muß dann aber die weitere Gärung unterbrechen, indem man ihn sehr kalt stellt, etwa in einen Kühlschrank. Trotzdem ist die sofortige Verwendung zu empfehlen. Der Teig muß jetzt sehr leicht und mäßig elastisch sein, wenn man das Gehen richtig beobachtet und durchgeführt hat.

Es gibt zwei Möglichkeiten, die Brioches zu backen: entweder in kleinen, becherartigen Förmchen oder in einer großen, sich nach oben öffnenden und wellenförmig kannelierten Form. Für die kleinen Brioches rollt man auf dem leicht mit Mehl bestäubten Tisch mit einer drehenden Bewegung kleine Kugeln in der hohl gewölbten Hand, die nur einen ganz leichten Druck auf den Teig ausüben darf, damit er nicht anklebt. Für große Brioches rollt man die Kugel zwischen den beiden aneinandergelegten Händen. Man muß beim Rollen schnell und geschickt arbeiten, damit sich die Wärme der Hände nicht dem Teig mitteilt und ihn dadurch klebrig macht.

Die entsprechenden Kugeln in die Formen legen, die nicht höher als bis zu einem Drittel gefüllt sein dürfen. In die Mitte der Brioche setzt man üblicherweise einen Kopf. Dieser wird keil- oder birnenförmig aus $1/4$ des für die einzelnen Brioches verwendeten Teigs geformt und mit der Spitze in ein Loch gesteckt, das man mit einem bemehlten Finger in die Mitte des Briocheteigs gemacht hat.

Die Brioches werden nun ein letztes Mal zum Gehen mit einem Tuch bedeckt, damit sie nicht dunkel werden und keine Kruste bilden, und an einen gut warmen Ort gestellt.

Wenn die Masse um $1/3$ aufgegangen ist, bestreicht man die Oberfläche mit einem leicht verquirlten Ei, wobei man darauf achtet, daß der Kopf dabei nicht flachgedrückt wird. Zum Schluß schneidet man den unteren Teil der Brioche mit einer in Wasser getauchten Schere kreuzweise ein, damit der Teig beim Backen besser aufgeht.

Größere Brioches in den mittelheißen Ofen, kleine in den heißen Ofen stellen und backen, bis sich die Oberfläche gebräunt hat. Für große Brioches aus 400-500 g Teig rechnet man 20 bis 25 Minuten, für kleine Brioches nur etwa 12 Minuten. In jedem Fall macht man eine Garprobe, indem man unter dem Kopf eine Spicknadel oder eine lange, schmale Messerklinge in die Brioche schiebt:
Beim Herausziehen darf kein Teig daran kleben, das Metall muß vollkommen blank bleiben.
Die Brioches erst aus der Form nehmen, wenn sie abgekühlt sind. Nimmt man sie sofort nach dem Backen heraus, so verformen sie sich schnell.
*Anm. der Übersetzer:* Die angegebene Teigmasse reicht aus für 3 große Brioches für je 6 Personen oder etwa 40 kleine Brioches. Man kann den Teig sehr gut auch einfrieren, am besten erst dann, wenn er zum dritten Male gegangen ist. Entweder in Alufolie packen oder gleich in die entsprechenden Formen füllen, luftdicht verschließen und rasch einfrieren. Vor dem Backen vollkommen auftauen und nochmals gehen lassen. Nicht länger als 1 Monat aufbewahren.
Die Menge der Zuckerzugabe beeinflußt die Färbung der Brioches – sie werden um so dunkler, je mehr Zucker man nimmt. Nur ganz frische, erstklassige und nicht schon tiefgekühlte Butter verwenden. Sauerrahmbutter ist ungeeignet.
Beim Bestreichen der Brioches mit Ei muß man darauf achten, daß nichts zwischen Teig und Form läuft. Der Teig würde sonst festbacken, das Herausnehmen der Brioche wäre schwierig, und es könnte leicht ein Stück Kruste herausbrechen.

## Brioche mousseline
### Schaumige Brioche

*500 g Briocheteig, etwas Mehl, 125 g Butter, etwas zerlassene Butter zum Bestreichen*

Den zum Formen fertigen, also zum dritten Mal gegangenen Briocheteig auf dem leicht mit Mehl bestäubten Tisch flach zu einem Fladen auseinanderdrücken. Die mit den Händen weich geknetete Butter daraufbreiten und den Teig mehrmals zusammenschlagen und wieder auseinanderdrücken, bis die Butter hineingearbeitet ist. Eine Kugel formen und in eine hohe, enge, glattwandige, runde und mit Alufolie ausgekleidete Form geben. Die Alufolie, die etwa 3 cm über die Form stehen soll, mit einer Schere zackenförmig einschneiden.

Die Brioche wie oben beschrieben nochmals etwas gehen lassen, dann die Oberfläche mit zerlassener Butter einstreichen und die Mitte mit der Schere kreuzförmig einschneiden. In den mittelheißen Ofen stellen und 25 bis 30 Minuten backen. Garprobe machen, wie im vorangehenden Rezept beschrieben. Nach dem Backen aus der Form nehmen, die schützende Alufolie jedoch nicht entfernen, damit der besonders feine Kuchen seine Weichheit behält.

*Anm. der Übersetzer:* Hat man keine passende Backform, so kann man sich mit einer großen Konservendose (1 l Inhalt) behelfen, von der man die Beschriftung löst, die Schnittränder glättet und die man ganz mit Alufolie ausschlägt.

## Pâte à brioche commune
### Einfacher Briocheteig

*500 g Mehl, 5 bis 10 g trockene Hefe (je nach Raumtemperatur), 10 g Salz, etwas Milch und Wasser, 5 Eier, 200–250 g Butter (je nach gewünschter Menge des Teiges), 10 g Zucker*

Der Teig wird genauso wie der normale Briocheteig zubereitet. Man verwendet ihn gewöhnlich für kleine Sandwichbrote (in länglicher Schiffchen-Form), bestimmte Pasteten (wie den Kulibiak), Stopfleber-Pasteten oder als reichen Auslegeteig für verschiedene Garnituren. Dann auf die Zuckerzugabe verzichten.

## Couronne de brioche
### Hefekranz

*500 g einfacher Briocheteig (obenstehendes Rezept), 1 Ei*

Hier wird einfach ohne Form gebacken. Aus dem Teig eine Kugel drehen und diese flachdrücken. In die Mitte mit den Fingern ein Loch machen, den Teig durch dieses Loch greifen, hochheben und wie einen Wollkranz drehen, wobei sich das Loch regelmäßig weitet. Wenn es 8 cm Durchmesser erreicht hat, den Teigring auf ein kalt abgespültes,

noch leicht feuchtes Backblech legen und die Kreisform korrigieren. Mit einem Tuch bedecken und gehen lassen.
Hat sich der Teig um ⅓ ausgedehnt, den Kranz mit 1 verquirltem Ei bestreichen und auf der Außenseite rundum mit einer in Wasser getauchten Schere kleine, oberflächliche Einschnitte machen, damit beim Backen kleine Zacken entstehen. Im heißen Ofen backen (etwa 25 Minuten).

## Pâte à savarin
### Savarinteig

Dieser Teig leitet sich vom normalen Briocheteig ab, ist jedoch schaumiger und stärker fermentiert, man läßt ihn länger gehen.

> Für 3 mittelgroße Savarins: *500 g Auszugsmehl, 15–20 g trockene Hefe, etwas Milch oder Wasser, 10 g Salz, 7 bis 8 Eier, 25 g Zucker, 375 g Butter, 1 EL gehacktes Zitronat, einige Mandeln*

250 g Auszugsmehl (ersatzweise anderes Mehl) in eine ausreichend große Schüssel sieben. In die Mitte eine Mulde machen und je nach Jahreszeit und Temperatur 15 bis 20 g Hefe hineinbröckeln. Mit ¹⁄₁₀ l lauwarmer Milch oder Wasser auflösen. Dann nach und nach das Mehl mit dieser Flüssigkeit zu einem etwas weichen Teig verarbeiten und immer wieder in kleinen Mengen die noch nötige vorgewärmte Milch (oder Wasser) zugießen. Die Wände der Schüssel mit einem Teigschaber säubern und den aufgefangenen Teig an die Hauptmasse geben. Die übrigen 250 g Mehl darübersieben und mit dem Salz bestreuen. Alles an einen gut warmen Platz stellen und gehen lassen.
Wenn man feststellen kann, daß der Vorteig das ihn bedeckende Mehl kräftig hochgehoben hat und darin Risse entstanden sind, 3 Eier zufügen und kräftig knetend mit dem Mehl und dem Vorteig vermischen. Der Teig soll sehr viel Festigkeit gewinnen, elastisch werden und sich schließlich, ohne zu kleben, leicht von den Händen lösen. Jetzt nach und nach 4 bis 5 weitere Eier hineinarbeiten. Je weicher der Teig dabei wird, desto intensiver muß er mit einer schnellen Bewegung mit den Fingerspitzen hochgehoben und leicht gemacht werden. Zum Schluß den Zucker hineinmischen, der dem Teig beim Backen eine schöne Farbe verleihen soll, und die zu einer Creme verrührte Butter einarbeiten.

Die Wände der Schüssel erneut mit einem Teigschaber säubern (notfalls kann man dazu auch eine aus einer großen Kartoffel geschnittene Scheibe nehmen), den Teig mit einem Tuch bedecken und an einem warmen Ort 10 Stunden gehen lassen. Nach 5 Stunden den Teig abschlagen, damit die inzwischen entwickelten Gase herausgetrieben werden. Schließlich, wenn der Teig vollkommen gegangen ist, ein weiteres Mal abschlagen, bis er wieder in sich zusammenfällt. 1 EL gehacktes Zitronat hineinmischen und in Savarinformen füllen.

Dies sind Kranzformen mit abgerundetem Boden, doch gibt es auch Formen, deren Boden in der Mitte nur leicht hochgewölbt ist, so daß der beim Backen aufquellende Teig in der Mitte zusammenstoßen kann.

Die Formen sorgfältig mit geklärter Butter ausstreichen und den Boden mit geschälten, längs in feine Scheibchen geschnittenen Mandeln ausstreuen. Die Formen nur zu ⅔ füllen. Mit einer zusammengefalteten Serviette von außen an die Formen schlagen, damit sich der Teig gut setzt und keine Luftblasen zwischen ihm und der Form verbleiben. Zugedeckt nochmals gehen lassen. Wenn der Teig die Formen beinahe ausfüllt, diese in den mittelheißen Ofen schieben und die Savarins backen. Sobald sie gar sind, auf ein Kuchengitter stürzen und beiseite stellen, bis sie mit Sirup getränkt werden (siehe unten).

*Anm. der Übersetzer:* Die Garzeit beträgt 20 bis 25 Minuten. Verwendet man kleine Portionsförmchen, so reichen 12 bis 15 Minuten bei guter Hitze aus.

## Pâte à baba
## Babatelg

Der Babateig unterscheidet sich vom Savarinteig nur durch eine geringere Buttermenge, nämlich 250 statt 375 g, und durch ein Ersetzen des Zitronats durch Sultaninen und Korinthen – jeweils 50 g. Die Rosinen werden zunächst mit etwas Mehl in einem Tuch gegeneinandergerieben, um die Stiele zu lösen. Dann gibt man sie auf ein grobmaschiges Sieb, so daß Mehl und Stiele durchfallen. Erst untermischen, kurz bevor der Teig in die Formen, die für den Baba übrigens nicht mit Mandelblättchen ausgestreut werden, verteilt wird.

Die Zubereitung des Teiges, das Kneten, das Gehenlassen, das Formen und das Backen erfolgen genau wie beim Savarin.

## Savarin au rhum ou baba au kirsch
## Savarin mit Rum oder Baba mit Kirschwasser

*1 Savarin oder 1 Baba, 680 g Zucker, 1 l Wasser, Rum oder Kirschwasser (oder anderer Alkohol)*

Aus Zucker und Wasser einen Sirup von 28 Grad auf der Zuckerwaage kochen; dazu die Mischung einige Minuten lang kochend in einem Topf auflösen, der etwas größer sein muß als der Savarin oder Baba. Vom Feuer nehmen und auf etwa 80 Grad abkühlen lassen. Rum, Kirschwasser oder anderen Alkohol daruntermischen und den Kuchen 1 Minute hineintauchen. Vorsichtig herausheben und auf ein über einen tiefen Teller gestelltes Kuchengitter legen. Mit einigen EL heißem Sirup begießen, damit sich der Kuchen bis ins Innere mit Sirup vollsaugt. Zum Schluß noch einen EL reinen Rum oder unvermischtes Kirschwasser darübergeben.
*Anmerkung:* Die kleinen, in kranz- oder becherförmigen Portionsformen gebackenen Savarins oder Babas werden ebenso behandelt.
*Anm. der Übersetzer:* Etwa ¼ l Rum oder Kirschwasser in den Sirup geben. Den Kuchen am besten noch warm in den Sirup setzen.

## Savarins au rhum Maurice Bernachon
## Savarins mit Rum »Maurice Bernachon«

*Für 8 Personen: 150 g Sultaninen, guter alter Rum, 250 g Weizenmehl, 10 g Bäckerhefe, etwas Wasser, 4 Eier, 150 g Butter, 8 g Salz, 20 g Zucker, nach Belieben Früchte und Aprikosen-Sauce – Für den Sirup: 1 l Wasser, ¼ l guter, alter Rum, 500 g Zucker*

Die Sultaninen bereits am Vortag zum Einweichen in Rum legen. Das Mehl in eine Schüssel sieben, die in etwas lauwarmes Wasser aufgelöste Hefe und die Eier zugeben. Aus diesen Zutaten einen gleichmäßigen Teig kneten. Die Butter in den Händen durcharbeiten und auf den Teig geben. Nicht durchkneten und den Teig 2 Stunden gehen lassen. Salz, Zucker und die Sultaninen zufügen und alles gut vermischen. In eine große oder mehrere kleine Backformen füllen und

1 Stunde gehen lassen. Den großen Kuchen bei mäßiger Hitze etwa ½ Stunde, die kleinen bei kräftiger Hitze etwa ¼ Stunde backen.
Die Savarins in einen aus den angegebenen Zutaten bereiteten Sirup legen und auf einem Kuchengitter abtropfen lassen. Mit Früchten dekorieren und nach Belieben mit Aprikosen-Sauce überziehen. Kann auch mit einem sehr guten Maraschino zubereitet werden.

## Pâte à kouglof
## Gugelhupfteig

Die Konditorkunst des Elsaß scheint gegen die Mitte des 18. Jahrhunderts die trockene Bierhefe als Treibmittel in die französische Bäckerei eingeführt zu haben. Bald nachdem sie für Kuchen verwendet wurde, tauchte sie auch bei der Brotherstellung auf, wozu sie in Polen und Österreich schon lange vor dieser Zeit verwendet worden ist.
Der Gugelhupfteig ähnelt in seiner Zusammensetzung und Festigkeit einem Brioche- und einem Babateig.

*Wie für den Babateig, jedoch 90 g Zucker zufügen*

Wie Briocheteig (Seite 647 ff.), er soll jedoch etwas geschmeidiger sein, jedoch nicht so weich wie ein Savarinteig. Das Gehenlassen, das Formen und das Backen entsprechen der Brioche-Herstellung. Sofort nach dem Backen stürzen. Die Gugelhupfform ist eine hohe Kranzform mit einer Art Tülle in der Mitte und mit verdrehten Riefen an der Außenseite. Sie wird vor dem Füllen gebuttert, mit gehackten Mandeln und nach Belieben auch 50 g Sultaninen bestreut. Der Gugelhupf wird wie eine Brioche serviert.

# Les pâtes feuilletées
# Die Blätterteigarten

## Le Feuilletage
### Blätterteig

Die Konditoren kennen Blätterteig schon seit dem 13. Jahrhundert, es scheint jedoch, daß erst im Laufe des 18. und 19. Jahrhunderts seine Herstellung zur Kunst entwickelt wurde.
Die Beschreibung ist einfach, die Technik jedoch für jemanden, der noch keine Erfahrung hat, recht schwierig. Da der Blätterteig aber eine große Rolle bei der Zubereitung von Nachspeisen spielt, soll die Herstellung im folgenden so deutlich und klar wie möglich beschrieben werden.

*500 g möglichst glutenreiches, gesiebtes Mehl (halb Auszugs-, halb normales Mehl), 12 g feines Salz, $^2/_{10}$–$^3/_{10}$ l kaltes Wasser, 500 g Butter*

Das Mehl entweder kranzförmig auf den Tisch (besser eine Marmorplatte) sieben oder in einem Haufen daraufgeben und eine Mulde hineindrücken. Das Salz und die Hälfte des Wassers zugeben. Mit den Fingern rührend das Salz im Wasser auflösen und dabei beginnen, das Mehl nach und nach mit dem Wasser zu einem Teig zusammenzukneten. Dabei immer wieder kleine Mengen von Wasser (entweder nur einen Teil oder alles verbliebene Wasser) zugeben, bis ein mittelfester Teig entstanden ist. Die Menge des zu verwendenden Wassers richtet sich nach der Qualität des Mehls, vor allem aber nach der Festigkeit der Butter: Ihren Festigkeitsgrad muß man fast immer beeinflussen und verändern. Im Winter muß man die Butter vorher warm, im Sommer kühl stellen. In jedem Fall wird sie vor Gebrauch in einem Tuch durchgemischt, damit sie weich und glatt wird und sich besser mit dem Teig verarbeiten läßt. Wenn man sich vorstellt, daß hierbei Teig und Butter in Schichten übereinanderliegend ausgerollt werden und sich so verbinden sollen, wird rasch verständlich, warum Butter und Teig dieselbe Konsistenz haben müssen. Denn es ist klar, daß ein harter Teig und eine weiche Butter bzw. eine harte Butter und ein weicher Teig sich nicht durch einfaches Ausrollen miteinander gleichmäßig verbinden lassen: Es würde sich jeweils der härtere Bestandteil durch den weicheren drücken, die Butter würde in jedem Fall an die Oberfläche des Teigs kommen und an der Rolle kleben bleiben, es wäre unmöglich, die verschiedenen »Touren« zu machen, und schließlich würden sich Butter und Teig während des Backens voneinander trennen, der Teig würde nicht blättrig aufgehen, sondern flach und zäh bleiben.

Die Konsistenz des Teigs muß sich also an der Butter orientieren. Die Mischung von Teig und Wasser muß ihr Rechnung tragen, und der Teig darf nicht zu stark geknetet werden, denn er würde sonst zu kräftig und vor allem elastisch. Es genügt, eine einfache Kugel zu formen. Diese Kugel in ein Tuch schlagen und 20 Minuten kühl lagern. Während dieses Ruhens verliert der Teig eine vielleicht trotz aller Vorsicht entstandene Elastizität und wird zu einer trägen, sozusagen leblosen Masse.

Nun wird der Tisch oder die Marmorplatte mit einem Hauch Mehl bestäubt und die Teigkugel daraufgelegt. Mit dem Handballen zu einem regelmäßigen, 3 cm dicken, runden Fladen ausdrücken. In die Mitte dieser Platte die vorbereitete, weiche Butter setzen und zu einem gleichmäßig dicken Quadrat austreiben, das etwa bis 4 cm an den Rand der Teigfläche reicht. Die 4 überstehenden, nicht mit Butter bedeckten, halbkreisförmigen Teiglappen über die Butter schlagen, so daß diese vollkommen eingeschlossen wird. Das solchermaßen entstandene, quadratische Paket wird kurz kühl gelagert. Es wäre aber ein Fehler, wenn man den Teigklumpen zu kalt oder zu lange kühl lagerte, denn dabei würde nur die Butter hart und krümelig, und eine Verbindung von Teig und Butter stellte sich als unmöglich heraus. Dies gilt auch für die späteren Male, wenn der Teig zwischen den Arbeitsgängen an einem kühlen Ort ruhen soll.

Gehen wir von einer perfekten Abstimmung der Konsistenzen von Teig und Butter aus. Das Teigpaket wird auf die leicht mit Mehl bestäubte Arbeitsfläche gelegt, ebenfalls leicht mit Mehl bestäubt und mit der Teigrolle (Nudelholz, Backrolle) von vorne nach hinten zu einer symmetrischen, rechteckigen, 60 cm langen und 1½ cm starken Teigplatte ausgerollt. Nun wird diese zusammengeschlagen, das »Touren-Machen« beginnt: Die Teigplatte wird wie eine Serviette in 3 Schichten übereinandergefaltet. Man nimmt dazu das eine (vordere) Ende der Teigplatte hoch, legt es über den mittleren Teil, bis die Kante noch 20 cm von der anderen (hinteren) Außenkante entfernt ist. Mit der Teigrolle leicht darüberfahrend plattdrücken. Nun dieses andere (hintere) Drittel der Teigplatte über die doppelte Lage schlagen, so daß wieder ein Rechteck entsteht. Ebenfalls leicht darüberrollen.

Dieses Paket um 90 Grad drehen, so daß die eben gemachten Falten links und rechts zu liegen kommen und nicht mehr nach vorne und hinten weisen. Wie eben beschrieben erneut ausrollen und zusammenschlagen. Leicht darüberrollen und die Teigplatte mit einem Tuch abdecken, damit sie nicht dunkel wird und keine Kruste bildet.

Nach 20 Minuten wie oben geschildert 2 weitere »Touren« machen, dabei jedesmal darauf achten, daß die Falten auf die Seiten zu liegen kommen, denn nur durch diesen Wechsel der Ausrollrichtungen verteilt sich die Butter gleichmäßig zwischen den Teigschichten. Nochmals 20 Minuten (oder auch etwas länger, wenn man besonders feines Mehl verwendet) zugedeckt ruhen lassen und die fünfte und sechste Tour machen. Der Blätterteig ist jetzt fertig und sollte sofort verarbeitet und im heißen Ofen gebacken werden.

Das Aufgehen beim Backen, das sogenannte Blättern, wird um so stärker und vor allem um so gleichmäßiger erfolgen, je genauer und sorgfältiger man die verschiedenen Arbeitsgänge durchgeführt hat. Es wurden schließlich aus dem einen in Teig geschlagenen Butterstück 729 dünne Schichten, die unter der Einwirkung der Hitze die 730 Teigschichten auseinander und in die Höhe treiben. Der Teig gewinnt dadurch seine spezifische Leichtigkeit, die am besten bei einer guten Unterhitze erzielt werden kann.

## Demi-feuilletage
### Halbblätterteig (aus Resten)

Hierunter versteht man einen Teig, den man aus den beim Zuschneiden oder Ausstechen von Blätterteig entstandenen Resten bereitet. Diese werden zu einer Kugel geknetet, die man flachdrücken und der man, wie im vorstehenden Rezept ausführlich beschrieben, zwei Touren gibt.

## Pâte pour galettes
### Halbblätterteig (für Kuchen)

Dieser Blätterteig, der weniger reich an Zutaten und in der Ausgestaltung ist, wird vor allem für Kuchen verwendet, in denen er nicht zu stark aufgehen soll. Die Zubereitung ist genau wie beim Blätterteig, doch nimmt man auf 500 g Mehl nur 250 g Butter und gibt nur 4 Touren.

## Gâteau aux amandes dit »Pithiviers«
## Blätterteig-Mandel-Torte »Pithiviers«

> Für 8 Personen: *500 g Blätterteig (Seite 656 f.), 1 Ei, Puderzucker* – Für die Mandelcreme: *125 g Mandeln, 125 g Zucker, 3 Eier, 125 g Butter, Vanille-Zucker, 1 TL Rum*

Den zum Backen fertigen Blätterteig mit einer Teigrolle 1 cm dick ausrollen und als Schablone einen Teller oder eine Kuchenform darauflegen. Mit der Messerspitze dieser nachfahrend einen Kreis aus dem Teig schneiden. Die abgeschnittenen Reste zu einer Kugel zusammenkneten, zwei Touren geben und wieder ausrollen. Diese zweite Scheibe soll den gleichen Durchmesser haben, jedoch nur ½ cm dick sein.

Inzwischen die Mandelcreme zubereiten: Die Mandeln 2 Minuten in kochendem Wasser abbrühen, abtropfen lassen und die braune Haut entfernen. Dazu die Mandeln einzeln zwischen Zeigefinger und Daumen pressen, so daß der Kern herausschießt, die Schale aber zwischen den Fingern bleibt. Die Mandeln dann in einen Mörser geben und zusammen mit möglichst grobem Zucker (Einmachraffinade) zu einer feinen Paste zerstoßen. Nun einzeln nacheinander die Eier zufügen und schließlich die halb geschmolzene, cremige Butter einarbeiten. Von Zeit zu Zeit mit einem Teigschaber die sich an den Wänden und am Rand des Mörsers absetzenden Partikel in die Creme zurückgeben. Um sie schön weiß und schaumig zu bekommen, läßt man den Stößel nur locker im Mörser kreisen. In eine Schüssel umfüllen und mit Vanille-Zucker und Rum vermischen. Die überaus feine Creme ist jetzt zum Gebrauch fertig.

Besitzt man keinen Mörser, so reibt oder raspelt man die Mandeln oder zerkleinert sie im Mixer bzw. in der Moulinette. Dann gibt man sie in eine Schüssel und arbeitet sie mit feinem Zucker kräftig durch. Eier und Butter zufügen und alles innig miteinander vermischen. Diese zweite Methode erreicht bei weitem nicht das Ergebnis der ersten, ist aber immerhin ein Ersatz.

Die dünnere Blätterteigplatte auf ein mit kaltem Wasser abgespültes, noch feuchtes Backblech legen. Leicht andrücken und 3- oder 4mal mit einer Gabel einstechen. Den Rand mit einem feuchten Pinsel einstreichen. In die Mitte der Teigplatte die vorbereitete Mandelcreme füllen und 3 mm dick ausbreiten – dabei rundherum einen 4 cm breiten Teigrand freilassen. Die zweite, dickere Blätterteigplatte umgekehrt

darauflegen und die Ränder mit den Daumen drückend aneinanderkleben (»löten«). Rundherum mit dem Messerrücken kleine Kerben hineindrücken, damit der Rand beim Backen schön zackig aufgeht, und nur die Oberseite mit verquirltem Ei einstreichen. Mit der Messerspitze eine feine Rosette hineinritzen.
In den Ofen schieben und bei guter Hitze backen. Einige Minuten vor dem Herausnehmen mit einem Hauch Puderzucker bestreuen und diesen schmelzend eine schöne dunkelbraune Farbe nehmen lassen.
Man kann nach der Fertigstellung des Kuchens auch auf das Bestreichen mit Eigelb verzichten und gleich Puderzucker daraufstreuen. Der Zucker karamelisiert beim Backen und gibt dem Gebäck einen angenehmen Geschmack.
Der Kuchen kann lauwarm oder kalt serviert werden.
*Anm. der Übersetzer:* Zum Backen den Kuchen in den auf 240 Grad vorgeheizten Ofen schieben, nach 5 Minuten auf 200 Grad herunterschalten und noch weitere 25 bis 30 Minuten backen.

### Petits Pithiviers
### Kleine Pithiviers

Sie werden aus denselben Zutaten bereits wie der oben erklärte Kuchen, jedoch als Portionsstücke angerichtet. Aus einer 6 mm dick ausgerollten Blätterteigscheibe mit einer runden, gewellten Ausstechform von etwa 8 bis 10 cm Durchmesser kleine Platten ausstechen. Die Abfälle zusammenkneten und mit zwei Touren versehen. Ebenfalls ausrollen und ausstechen. Ein kalt abgespültes, noch feuchtes Kuchenblech mit den Platten belegen. Die Ränder mit einem nassen Pinsel befeuchten. Darauf jeweils gut ½ EL Mandelcreme geben, mit den zuerst ausgerollten Teigplatten belegen und diese an den Rändern mit den unteren Teigplatten verlöten.
Dazu eine etwas kleinere Ausstechform nehmen und mit der stumpfen umgebogenen Seite andrücken. Mit Eigelb bestreichen und bei guter Hitze im Ofen backen. 2 Minuten vor dem Herausnehmen mit Puderzucker bestäuben, diesen schmelzen und leicht karamelisieren lassen.

## Jalousies aux amandes
## Jalousien mit Mandelcreme

*500 g Blätterteig, 500 g Mandelcreme, 1 Ei, Puderzucker*

Aus dem Blätterteig eine Teigplatte ausrollen und auf etwa 18 cm Breite, 30 bis 40 cm Länge und 6 mm Stärke zuschneiden. Aus den Resten eine weitere, nicht ganz so dicke, ebenso große Platte fertigen. Diese auf ein leicht befeuchtetes Kuchenblech legen und einige Male einstechen, damit sich keine großen Blasen bilden können. Die Ränder des Teigstreifens mit Wasser befeuchten. Über die ganze Länge eine 2 cm dicke, 8 cm breite Mandelcreme-Schicht streichen. Die erste Teigplatte darüberlegen und die Ränder durch Fingerdruck zusammenkleben (»löten«). Die Ränder mit einem Messer gerade abschneiden und mit der Spitze in regelmäßigen Abständen leicht einschneiden. Die Oberfläche mit verquirltem Ei bestreichen oder mit Puderzucker bestäuben. Mit einer Messerspitze den Kuchen quer alle 6 bis 8 cm einritzen, um Portionsstücke zu markieren. Jeden Abschnitt in der Art von Blattwerk einritzen und den Kuchen in den gut heißen Ofen schieben. Kurz vor dem Herausnehmen nochmals mit etwas Puderzucker bestreuen und im Ofen glacieren lassen. Den abgekühlten Kuchen in die vorgesehenen Stücke teilen.

## Gâteau des rois
## Dreikönigs-Kuchen

Für 6 Personen: *420 g Halbblätterteig, 1 getrocknete weiße Bohne, 1 Ei*

Das Teigstück zu einer Kugel formen. Diese etwas plattdrücken und mit der Teigrolle auf 1½ cm Stärke in einer perfekten Kreisform ausrollen. Dazu dreht man die Scheibe nach jedem Überfahren mit der Teigrolle.

Den Rand beinahe waagrecht mit einem Messerstück leicht einkerben, die Bohne irgendwo in dem Kuchen, jedoch nicht zu sehr in der Mitte, verstecken. Auf ein mit Wasser befeuchtetes Backblech legen, dabei umdrehen. Mit dem verquirlten Ei bestreichen, mit einer Messerspitze gitterförmig einritzen, 2- oder 3mal einstechen und bei guter Mittelhitze im Ofen backen.

*Anm. der Übersetzer:* Der Kuchen wird traditionell am 6. Januar, dem Dreikönigstag, gegessen. Die Bohne symbolisiert das Christkind, und derjenige, der sie in seinem Kuchenstück findet, wird zum König erklärt. Kauft man den Kuchen im Laden, bekommt man stets eine Papierkrone dazu, damit der König auch gekrönt werden kann. Zu Hause muß man sich diese Krone natürlich selbst herstellen. Statt den Kuchen aus einer Kugel neu zu formen, kann man ihn auch aus dem eben ausgerollten Halbblätterteig nach der letzten Tour ausschneiden, indem man einen Kuchenring als Schablone auflegt.

## Pâte à foncer et pâte sablée
## Auslege-, Mürbe- und Sandteig

Diese Art von Teig wird für alle möglichen Torten und Kuchen verwendet, ebenso für Timbale (Becherpasteten) und Pasteten. Seine Zusammensetzung kann sehr unterschiedlich sein, und neben den folgenden grundsätzlichen Varianten gibt es eine Unzahl von anderen Mischungen.

Für alle diese Teigarten gilt, daß die Mengen der flüssigen Bestandteile, also von Eiern, Milch oder Wasser, sich stets nach der Qualität des Mehls richten und nie mit mathematischer Genauigkeit angegeben werden können. Mit etwas Erfahrung wird man bald merken, wieviel Flüssigkeit noch zugegeben werden muß (oft werden nur mit nassen Fingerspitzen einige Tropfen auf den Teig gesprengt), um die richtige, stets etwas feste Konsistenz zu erreichen.

Feiner Auslegeteig: *500 g Mehl, 10 g Salz, 1 TL Zucker, 300 g Butter, 1 Ei, 2–3 EL Milch*

Einfacher Auslegeteig: *500 g Mehl, 10 g Salz, 1 TL Zucker, 250 g Butter, 1/10 l Wasser*

Sehr feiner Auslege- oder Sandteig: *500 g Mehl, 10 g Salz, 15 g Zucker, 375 g Butter, 2 Eier, einige EL Milch*

Königlicher Auslege- oder Sandteig: *500 g Mehl, 10 g Salz, 15 g Zucker, 500 g Butter, 4 Eigelb, 6 EL Milch oder besser dicke Sahne (crème fraîche)*

Bis auf die beiden folgenden Anmerkungen ist die Herstellung aller Teigarten die gleiche.

Der sehr feine Auslege- oder Sandteig darf nicht zu fest werden. Dieser Teig ist besonders für kleine Obst-Torteletts (etwa für Erdbeeren) geeignet.

Der königliche Auslege- oder Sandteig ist etwas schwieriger herzustellen. Er wird nicht, wie die anderen, durchgewalkt, sondern nur lose und vorsichtig ohne Hast zu einer Kugel geformt. Ebenfalls nicht zu fest werden lassen.

Grundsätzlich wird zunächst das Mehl auf den Tisch oder die Arbeitsplatte gesiebt, und zwar entweder in Kranzform oder als Haufen, in den man eine Mulde drückt. In diese Vertiefung das Salz, den Zucker, die zuvor etwas mit Mehl bestäubte und in einem Tuch durchgeknetete Butter, die Eier oder Eigelb sowie Wasser, Milch oder Sahne geben.

Zunächst das Salz und den Zucker in der Flüssigkeit auflösen. Diese dann mit der Butter und etwas Mehl vermischen, das man immer wieder mit den Händen vom Rand des Kranzes nach der Mitte schiebt. Falls nötig, mit den Fingerspitzen etwas Wasser über den Teig spritzen, der nie zu fest werden darf. Wenn alle Zutaten grob vermischt sind, den Teig zweimal gründlich durchwalken.

Walken heißt nicht kneten. Beim Walken vermeidet man nämlich, obwohl man auch bei diesem Verfahren eine perfekte Mischung der einzelnen Zutaten erreicht, daß der Teig Bindung bekommt, elastisch wird. Wäre dies der Fall, so würde der Teig unbrauchbar, da er sich dann beim Backen zusammenzöge. Die grob vermischten Zutaten zu einer Kugel formen. Kleine Stücke davon mit dem Handballen erfassen und gegen die Unterlage drückend von sich wegschieben. Wenn alles verbraucht ist, die einzelnen Teile wieder zu einer Kugel formen und diesen Arbeitsgang wiederholen. Mehl und Butter sind jetzt vollkommen miteinander vermischt. Nur Teig, der sehr reich an Butter ist, wird nicht gewalkt, denn dabei würde die Konsistenz der Butter, die hier mit den Eiern die Stütze des Teiges geworden ist, in Mitleidenschaft gezogen. Übrigens ist die Mischung gerade durch die reichliche Butterzugabe so einfach, daß es sich erübrigt, auf ein Durchwalken zurückzugreifen.

*Anm. der Übersetzer:* Alle diese Teigarten können ohne Mühe mit einem Mixer in einer Teigrührschüssel oder mit dem Teigrührgerät des Handmixers zubereitet werden. Vor Gebrauch mindestens 1 Stunde, besser 1 Tag im Kühlschrank ruhen lassen.

# Pâte sucrée
# Zuckerteig

*500 g gesiebtes Mehl, 1 Prise Salz, 250 g Zucker, je nach gewünschter Feinheit 125–250 g Butter, 3 Eier, Aromastoffe*

Den Teig wie normalen Auslegeteig (Seite 662 f.) mischen. Zum Schluß mit einem EL Orangenblütenwasser oder einem beliebigen Aroma parfümieren.

## Pâte à petits gâteaux sucrés pour le thé
## Teig für kleines, süßes Teegebäck

Für etwa 100 kleine Plätzchen: *500 g gesiebtes Mehl, 1 Prise Salz, 300 g Zucker, 300 g Butter, 1 Ei, 4 Eigelb, 3 EL dicke Sahne (crème fraîche), 1 El Orangenblütenwasser*

Den Teig wie normalen Auslegeteig (Seite 662 f.) mischen. Eine Kugel daraus formen, in ein Tuch hüllen und 1 Stunde an einem kühlen Ort ruhen lassen.

## Pâte à petits gâteaux salés pour le thé
## Teig für kleines, salziges Teegebäck

Für etwa 100 kleine Kuchen: *500 g gesiebtes Mehl, 8 g Salz, 1 TL Zucker, 300 g Butter, 1/5 l dicke Sahne (crème fraîche – ersatzweise Milch)*

Den Teig wie Blätterteig (Seite 656 f.) mischen. Die Butter dazu in sehr heißer Sahne oder Milch schmelzen lassen. Den Teig vor Gebrauch 1 Stunde ruhen lassen.

# Préparation de Croûtes ou de Gâteaux en Pâte feuilletée ou diverses Pasteten, Kuchen aus Blätterteig oder anderen Teigarten

## Croûte à vol-au-vent
### Große Blätterteig-Pastete

Für die Kruste einer Pastete für 6 bis 8 Personen: ½ *Portion Blätterteig (Seite 656 f.), 1 Ei*

Den Blätterteig nach der sechsten Tour auf die Stärke von 2½ cm auswalzen. Einen Suppenteller umgekehrt darauflegen und mit einer nach außen hin schräg gehaltenen Messerspitze rund um den Teller fahren und den Blätterteig dabei voll durchschneiden. Die abgeschnittenen Teigreste entfernen, den Teller abheben und die erhaltene Teigplatte umgekehrt auf ein leicht mit Wasser befeuchtetes Tortenblech legen. Mit den Fingern ganz leicht andrücken. In den Rand der Teigplatte mit dem Rücken eines senkrecht gehaltenen Messers alle 3 cm eine Einkerbung drücken.

Auf diese Blätterteigplatte nun einen Dessertteller umgekehrt legen, den Rand des Tellers mit einer Messerspitze nachfahren und dabei den Teig 3 mm tief einschneiden. Diese innere Scheibe wird später der Deckel. Die Oberfläche des Deckels und der Pastetenkruste mit Hilfe eines Pinsels oder einer Gänsefeder dünn mit dem verquirlten Ei einstreichen. Dabei peinlich genau darauf achten, daß der Einschnitt in der Oberfläche und der Seitenrand der Teigscheibe nicht mit Ei bestrichen werden, daß nicht zu dick aufgetragenes Ei hinein- bzw. herunterläuft und vom Pinsel nichts abtropft, denn sonst würde der Blätterteig an diesen Stellen nicht aufgehen. Mit der Messerspitze auf den zukünftigen Deckel ein Gittermuster ritzen.

In den heißen Ofen schieben. Es ist sehr wichtig für das Gelingen der Pastete, daß der Ofen über eine gute Unterhitze verfügt und daß die Temperatur sowohl gleichmäßig verteilt als auch konstant reguliert ist. Bei ungleichmäßiger Hitzeverteilung (etwa, wenn der Herd nicht gut schließt) kann der Blätterteig auch nicht gleichmäßig aufgehen – die Pastete wird schief.

Wenn die Pastetenkruste gar ist, nimmt man sie aus dem Ofen und zieht mit der Messerspitze den bereits vorhandenen, kreisförmigen

Einschnitt nach. Der Deckel wird abgehoben und die losen Krümel im Inneren herausgeholt.
Die Kruste ist jetzt bereit zum Servieren. Warm stellen und erst im letzten Moment füllen.

*Anm. der Übersetzer:* Die Garzeit beträgt etwa 35 Minuten bei 200 Grad. Der Vol-au-vent muß sehr leicht sein und eine dunkle Kruste haben. Paul Bocuse bereitet diese Blätterteigkrusten für die Restaurantküche in einem Ofen, der einen Boden aus feuerfesten Platten oder Gußeisen hat und der über eine starke und kräftige Hitzeentwicklung verfügt. Im heimischen Herd kann man sich nur mit zusätzlicher Unterhitze behelfen, wenn man diese einstellen kann. Auf jeden Fall das Backblech soweit unten wie möglich einschieben, möglichst auf den Boden des Herdes stellen.

## Tourte
### Blätterteigtorte zum Füllen

Die Tourte, ein tortenartiges Gebäck aus Blätterteig, kann mit salziger und süßer Füllung zubereitet, also Vor- oder Hauptgericht bzw. Dessert sein. Vor allem als Vorgericht wurde sie früher meist mit Füllung gebacken, doch bäckt man sie heute häufiger blind und füllt sie wie einen Vol-au-vent erst kurz vor dem Servieren.

*½ Portion Blätterteig (Seite 656 f.), 1 Ei*

Man sucht sich zunächst als Schablone einen Suppenteller, eine Kuchenform oder ähnliches aus. Von dem Blätterteig ein ausreichend großes Stück abschneiden und 2 cm dick auf die Länge des Schablonenumfangs ausrollen. Den Rest des Blätterteigs mit den abgeschnittenen Resten vermischen und 2 Touren machen. Zu einer Kugel formen, diese flachdrücken und 8 mm dick ausrollen. Die bereits ausgesuchte Schablone darauflegen und eine Scheibe ausschneiden. Auf ein angefeuchtetes Kuchenblech legen und mit einer Gabel häufig einstechen. Den wiederum verbliebenen Rest des Teiges verkneten, ausrollen und ihm erneut eine Tour geben. Dann eine Kugel formen, plattdrücken, 5 mm dick ausrollen und bereithalten.
Wird die Tourte mit ihrer Garnitur gebacken, so legt man diese in Klößchen in die Mitte und läßt rundum einen 5 cm breiten Rand.

Darauf legt man die zweite Blätterteigscheibe, die gut an die untere, befeuchtete Platte gedrückt wird. Wird die Tourte blind gebacken, also ohne Garnitur, so formt man ein kuppelförmiges Papierknäuel, das man auf die untere Teigscheibe legt, und bedeckt dieses mit der zweiten Scheibe. Diese wird nur lose auf die nicht befeuchtete, untere Platte gedrückt, damit sie die richtige Form bekommt.

In jedem Falle befeuchtet man nun die Oberfläche des flachgedrückten Bandes der letzten Scheibe und setzt darauf einen Kranz aus dem vorhin hergestellten Blätterteigstreifen. Die Enden des Streifens schräg zuschneiden und passend aufeinanderlegen. Alle Schichten des Blätterteigs rundum an der Seite grob mit dem Messerrücken einkerben.

Das Ei leicht verquirlen und die Oberfläche des Deckels und des Randes damit bestreichen. Aufpassen, daß vor allem vom gewölbten Deckel nichts an die Innenseite des Kranzes läuft, da dieser sich später nicht heben würde. Die Oberfläche des Kranzes mit einer Messerspitze leicht ritzend gitterförmig verzieren.

Wie einen Vol-au-vent im heißen Ofen backen.

Wenn die Tourte blind gebacken wurde, den Deckel noch heiß abheben, das Papier entfernen und die Tourte rasch füllen wie eine Blätterteig-Pastete. Sofort zu Tisch bringen. Das gleiche gilt für eine Nachtisch-Tourte, die mit Konditor-Creme, Frangipane-Creme, Mandel-Creme, gekochten oder frischen Früchten, mit Marmelade, Mus oder ähnlichem gefüllt wird.

Nachtisch-Tourtes werden manchmal ohne Deckel mit der Garnitur gebacken. Man muß dann sehr darauf achten, daß diese nicht an den Blätterteigkranz stößt und diesen dadurch am Aufgehen hindert. Je nach Größe mit Garnitur werden diese Tourtes 35 bis 45 Minuten bei mittlerer Hitze gebacken. 5 Minuten vor dem Herausnehmen bestreut man sie noch reichlich mit Puderzucker und läßt diesen die letzte Zeit bei erhöhter Temperatur noch leicht zu einem schönen Goldgelb karamelisieren. Man kann auch nach dem Backen eine dünne Schicht Marmelade oder frischen Frucht-Coulis (eine püreeartige Sauce) über die Früchte ziehen.

## Bouchées
### Blätterteig-Pastetchen

Diese sind im Grunde nichts anderes als kleine Vol-au-vents in Portionsgröße.

*500 g Blätterteig, 1 Ei*

Den Blätterteig in einer Stärke von 8 bis 9 mm gleichmäßig ausrollen. Mit einer gezackten Ausstechform von 8 cm Durchmesser so viele Teigscheiben wie möglich ausstechen, die etwa 25 g haben sollen. Die Teigreste zusammenkneten, eine Kugel daraus formen und erneut ausrollen. Wenn aller Teig verbraucht ist, hat man 20 Blätterteigplättchen.

Diese auf ein angefeuchtetes Backblech legen und mit dem verquirlten Ei bestreichen. Darauf achten, daß nur die Oberfläche bestrichen wird und nichts seitlich herunterläuft, denn dann würden die Pastetchen nicht gleichmäßig aufgehen. Mit einem kleinen, glattrandigen Ausstecher von 3 cm Durchmesser, der nach jedem Mal in lauwarmes Wasser getaucht wird, den Platz des späteren Deckels 1 mm tief in den Teig drücken. Den winzigen Deckel mit einer Messerspitze gitterförmig einritzen.

Im heißen Ofen 12 bis 15 Minuten backen. Sofort nach dem Herausnehmen aus dem Ofen die Deckel abheben und die lockeren Teigschichten innen etwas nach unten drücken und leicht stampfen, damit die Füllung hineingegeben werden kann. Deckel auflegen und sofort servieren.

## Croûte pour Timbale
### Teigkruste für eine Timbale (Becher- oder Füll-Pastete)

*750 g Auslegeteig (Seite 662 f.), Mehl, Butter, 1 Ei*

Den Teig in zwei Teile, einen zu 500 g und einen zu 250 g teilen. Beide Teile zu einer Kugel rollen.

Die größere Kugel plattdrücken und zu einem Kreis von 20 cm Durchmesser rollen. Umdrehen und die Oberfläche leicht mit Mehl bestäuben. Von vorne nach hinten so übereinanderschlagen, daß ein Halbmond entsteht. Nun mit der Teigrolle in entgegengesetzten Bewegungen von vorne nach hinten und von hinten nach vorne diesen Halbmond zu einer Art Mütze ausrollen: Dazu die Teigrolle immer wieder in sich verdrehend bewegen, so daß die Spitzen des Halbmondes, der sich nach und nach verlängert, nach innen getrieben werden. Wenn die Teigplatte gleichmäßig auf 8 mm Stärke ausgerollt ist, diese Tasche öffnen und vorsichtig in eine passende, gebutterte Timbale (Becherform) gleiten lassen. Den Teig der Tasche mit einem kleinen Teigbällchen vorsichtig von innen an die Wände und den Boden der Form drücken, bis sie überall fest anliegt. Den überstehenden Teigrand gerade 1 cm länger als die Form zurechtschneiden. Den Boden mehrmals mit einer Gabel einstechen. Die ganze Form mit dünnem, weißem Papier auskleiden und mit getrockneten Hülsenfrüchten füllen. Darauf ein zusammengeknülltes, kuppelförmiges Papierknäuel legen. Die zweite Teigkugel zu einer dünnen Platte ausrollen und darüberlegen. Diese Platte muß so groß sein, daß der überstehende Rand mit dem Rand der vorher eingesetzten Tasche gerade abschließt. Den Rand befeuchten und die beiden Teigteile gegeneinanderdrückend verkleben. Schließlich diesem Teigvorsprung zwischen Zeigefinger und Daumen drückend die Form eines Kammes geben und mit einer Konditorzange oder den Fingern wellenförmig innen und außen zusammendrücken und verzieren.

Den Deckel in Form einer Rosette verzieren: Dazu aus Teigresten sehr dünn ausgerollte und mit einem kannelierten Ausstecher geformte Teigplättchen auflegen, die mit einem Messerrücken gerieft wurden. Diese Plättchen wie Dachziegel vom Rand ausgehend kranzförmig übereinanderlegen. Auf die Mitte ein Teigmotiv setzen, das man in Größe einer Murmel aus 3 runden Teigplättchen zusammensetzt, deren Ränder man nach oben biegt, damit eine Art Kreisel oder Rose entsteht. Oben mit einem Messer kreuzförmig einschneiden.

Alle Oberflächen, nicht jedoch die seitlichen Ränder jeder Verzierung und der Becherform, mit verquirltem Ei bestreichen und im Ofen bei mittlerer Hitze etwa 40 Minuten backen. Herausnehmen, den Deckel vorsichtig abheben und beiseite legen. Den Papierknäuel entfernen, die Hülsenfrüchte ausleeren und das Papier herausnehmen. Auch das Innere mit verquirltem Ei bestreichen und die Timbale weitere 5 Minuten in den Ofen stellen, bis das Innere trocken geworden ist und eine schöne goldene Farbe bekommen hat. Den Teig vorsichtig aus der Form stürzen und jetzt die Außenseite mit Ei bestreichen. Erneut kurz in den Ofen stellen, bis sich die Oberfläche schön gefärbt hat. Herausnehmen und für die Garnitur bereitstellen.

## Petites Timbales
## Portions-Timbales (kleine Becher- oder Füll-Pastetchen)

Aus dem gleichen Teig werden die kleinen Timbales genau wie – im vorhergehenden Rezept beschrieben – die große zubereitet. Die Teigtasche wird aus kleinen Kreisen ausgerollt und soll nur etwa 6 mm stark sein. In kleinen Formen für Babas (oder ähnlichen, gleichgroßen) backen.

## Croûte à tarte cuite à blanc
## Blind gebackener Kuchenboden

*250 g Auslege- oder Sandteig (Seite 662 f.), Mehl, Butter, 1 Ei*

Den Auslege- oder Sandteig (je nach gewünschter Feinheit des Bodens ausgesucht) zu einer Kugel formen und auf bemehlter Unterlage zu einer Scheibe von 30 cm Durchmesser ausrollen. Eine flache Springform von 25 cm Durchmesser vorbereiten: Den Boden mit Wasser befeuchten, den Rand der Form mit Butter einstreichen.

Die Teigplatte vorsichtig zu einem Halbkreis zusammenfalten und so auf den Rand der Form legen, daß der gerade Knick auf einen Durchmesser der Form zu liegen kommt. Auseinanderfalten und die Teigplatte nach unten sinken lassen. Dabei vorsichtig am Rand der Form herunterdrücken, bis der Teig überall gut anliegt. Den überstehenden Teig nach außen schlagen und mit der Teigrolle über den Rand der Form fahren. Dadurch werden die überflüssigen Teile abgeschnitten, und es bildet sich ein Wulst, den man mit beiden Händen zwischen Daumen und Zeigefinger greift, um einen 1 cm hohen Kamm zu formen: Man dreht die ganze Kuchenform dabei immer ein kleines Stückchen und schiebt den Kamm so von der einen in die andere Hand, bis der Rand rundum gleichmäßig geformt ist. Das Äußere zwickt man nun noch mit einer schräg gehaltenen Konditorzange, bis der Rand rundum mit kleinen Kerben versehen ist.

Den Boden des Kuchens mit einer Gabel einige Male einstechen, damit er während des Backens keine Blasen wirft. Alles mit dünnem, gebuttertem Papier abdecken und bis zum Rand mit trockenen Hülsenfrüchten auffüllen, die man immer wieder zu diesem Zweck verwenden kann.

Bei mittlerer Hitze etwa 25 Minuten im Ofen backen. Herausnehmen, die Hülsenfrüchte ausleeren, das Papier entfernen, den Rand der Springform abnehmen und den Rand des Kuchenbodens innen und außen mit verquirltem Ei bestreichen. Nochmals 3 bis 4 Minuten in den Ofen schieben, trocknen und eine schöne goldene Farbe nehmen lassen. Warm oder kalt mit frischen oder gekochten Früchten garnieren.

## Croûtes pour tartelettes cuites à blanc
## Blind gebackene Torteletts

Torteletts kann man aus einem der angegebenen Auslege- bzw. Sandteige (Seite 662 f.) bereiten oder aus Blätterteigresten (Seite 656). In jedem Falle den Teig auf eine Stärke von höchstens 3 mm ausrollen. Dann mit einem kannelierten Ausstecher Teigscheiben ausstechen, die etwas größer als die verwendeten Formen sind. Die Förmchen mit Butter ausstreichen und je eine der kleinen Teigplatten hineindrücken. Dazu am besten eine kleine, mit etwas Mehl bestäubte Teigkugel verwenden. Den Boden mit einer Gabel mehrmals einstechen, damit sich keine Blasen bilden. Die Förmchen mit gebuttertem Papier auskleiden und getrocknete Hülsenfrüchte oder Kirschkerne hineinfüllen. Die Torteletts bei mittlerer Hitze 10 bis 12 Minuten im Ofen backen. Wie den blind gebackenen Kuchenboden mit verquirltem Ei bestreichen, nochmals kurz golden überbacken und mit Früchten garnieren.

## Croûte pour pâtés en croûte
## Teigkruste für Pasteten im Teigmantel

Man verwendet für diese Pasteten im allgemeinen hohe, runde oder ovale Formen, die häufig auch dekoriert sind. Für Stopfleberpasteten kommen auch Timbalen (Becherformen) in Frage. Normalerweise nimmt man Auslegeteig, manchmal auch Briocheteig.
Dabei geht man wie bei den Timbalen, Becher-Pasteten, vor (Seite 668 f.), indem eine Teigtasche von etwa 1 cm Stärke ausgerollt wird. Nachdem die Form mit Teig ausgekleidet wurde, sticht man den Boden mehrmals mit einer Gabel ein, damit er keine großen Blasen wirft. Mit den jeweils in den Rezepten angegebenen Zutaten füllen und eine Teigplatte als Deckel auflegen. Diesen Deckel mit dem Teig, der die

Form auskleidet, verkleben und den Rand zu einem verzierten Kamm formen, wie es für die Timbales angegeben wurde.
Darauf einen weiteren Teigdeckel legen, der aus Resten von Blätterteig, in zwei Touren verarbeitet, angefertigt wurde und nicht mehr als 8 mm Stärke haben sollte. Die Oberfläche mit verquirltem Ei bestreichen und mit der Messerspitze in Rosetten- oder Rankenform verzieren. In die Mitte des Deckels ein oder, wenn es sich um eine ovale Form handelt, auf der Mittelachse zwei Löcher einschneiden, kleine Röllchen aus gebuttertem Papier hineinstecken, die wie ein Kamin die beim Garen entstehenden Dämpfe abziehen lassen. Bei mittlerer Hitze nach den bei den jeweiligen Rezepten angegebenen Zeiten backen.

## Tartes et flans divers
## Verschiedene Obstkuchen

### Flan aux pommes Jérôme
### Apfelkuchen »Jérôme«

Für 6 Personen: *Butter, 250 g Auslegeteig (Seite 662 f.), 1 kg Äpfel (vorzugsweise Graue Herbstreinetten, Canada Reinetten oder Boskop), Zitronensaft, 170 g Zucker, 1 Likörglas Kirschwasser, 1 Ei*

Eine Springform von 25 cm Durchmesser mit zerlassener Butter ausstreichen. Den vorbereiteten Auslegeteig zu einer Kugel formen und zu einer runden Platte von ½ cm Stärke und etwa 32 cm Durchmesser ausrollen, wie es für den Dreikönigskuchen (Seite 661 f.) angegeben wurde. Die Teigplatte auf die Springform legen und hineinsinken lassen. Mit einer kleinen bemehlten Teigkugel so in die Form drücken, daß sie diese vollkommen auskleidet und nirgends Löcher bleiben. Den hervorstehenden Teig nach außen biegen und mit der Teigrolle über den Rand der Springform fahren, damit der überflüssige Teig abgetrennt wird. Den dadurch entstehenden Wulst wie auf Seite 661 f. angegeben hochziehen und zwischen Daumen und Zeigefinger einen wie einen Zopf gekerbten Kamm formen. Den Boden der Kuchenform einstechen, damit der Teig sich beim Backen nicht hebt.

Inzwischen die festen und aromatischen Äpfel waschen, schälen und in mit Zitronensaft gesäuertes Wasser legen. Die Schalen in $1/10$ l Wasser 15 bis 20 Minuten zugedeckt in einer Kasserolle kochen lassen. Mit dem Schaumlöffel herausheben und 3 EL von der Flüssigkeit abnehmen und bereitstellen. 1 gehäuften EL Zucker in den verbliebenen Saft geben und 4 bis 5 Minuten kochend darin auflösen. In ein Schälchen abgießen. Den bereitgestellten Saft in die Kasserolle geben und die in Viertel geschnittenen, von den Kerngehäusen befreiten Äpfel darin aufkochen – den schönsten Apfel jedoch zurückbehalten. Die Kasserolle zudecken und die Äpfel 20 bis 30 Minuten köcheln lassen, bis sie zu Mus geworden sind. Vom verbliebenen Zucker einen weiteren gehäuften EL abnehmen und bereitstellen.

Den Zucker in die Äpfel mischen und diese weitere 10 Minuten kochen, um die durch die Zuckerzugabe wieder etwas flüssiger gewordene Masse dicklich werden zu lassen. Das Mus durch ein feines Sieb streichen oder mit einem Schneebesen glattschlagen. Abkühlen. Kurz vor dem Einfüllen in den Tortenboden das Mus mit dem Kirschwasser aromatisieren. Den vorbereiteten Boden zu etwa $2/3$ damit füllen, die Oberfläche glattstreichen. Den zurückbehaltenen Apfel würfeln, von dem Kerngehäuse befreien und jedes Viertel längs in dünne Scheiben schneiden. Mit diesen Scheiben die Oberfläche des Kuchens belegen, und zwar an einem äußeren Rand beginnend und dabei die Schnitze schuppenförmig übereinanderlegen. Den nächsten Ring ebenso anordnen, er soll dabei den äußeren zu einem Teil überdecken, und so bis zur Mitte fortfahren. Mit dem zurückbehaltenen Zucker bestreuen.

Im mittelheißen Ofen etwa 25 bis 30 Minuten backen. Herausnehmen, den Ring der Form abnehmen, das Äußere und die Oberseite des Randes mit dem verquirlten Ei bestreichen und nochmals 3 Minuten in den Ofen schieben, damit der Rand schön golden wird.

Die 3 EL Apfelschalensud mit 1 EL Zucker etwas einkochen und abkühlen lassen – durch das aus den Schalen gekochte Pektin erstarrt die Flüssigkeit bald zu Gelee. Mit dem dickflüssigen Saft den Kuchen bestreichen und überglänzen.

*Anmerkung:* Auf die gleiche Art kann man kleine Torteletts zubereiten.

## Flans aux fruits, mirabelles, abricots, quetsches, reines-claudes
## Obstkuchen mit Mirabellen, Aprikosen, Zwetschgen oder Reineclauden

*250 g Auslegeteig, Butter, 1 TL Zucker, 1 kg frische Früchte, Puderzucker, Aprikosenmarmelade*

Eine Springform wie im vorstehenden Rezept angegeben mit Teig ausrollen. Mit etwas Zucker bestreuen.
Die Früchte waschen, abtropfen und abtrocknen. In zwei zusammenhängende Hälften öffnen und die Kerne herausnehmen. Die Früchte in Ringen von außen nach innen so auf den Kuchenboden setzen, daß die Innenseite sichtbar ist und sich jede Frucht an die davor hineingesetzte anlehnt. Die Innenseiten sollen stets nach der Mitte der Kuchenform gerichtet sein.
Im nicht zu heißen Ofen backen, jedoch muß eine gute Unterhitze vorhanden sein, damit der Kuchenboden wirklich gebacken wird und nicht durch den Saft der Früchte aufweicht. Etwa 30 bis 35 Minuten backen. Kurz vor dem Herausnehmen den Rand der Springform abnehmen und den gesamten Kuchen mit Puderzucker bestreuen. Nochmals kurz in den Ofen schieben und glacieren.
Den noch heißen Kuchen mit etwas angewärmter und geschmolzener Aprikosenmarmelade bestreichen, die beim Abkühlen wieder erstarrt und den Kuchen mit einer glänzenden Schicht überzieht.

## Tarte aux cerises
## Kirschkuchen

*250 g Auslegeteig (Seite 662 f.), Mehl, Butter, 1 EL Zucker, etwa 500 g Kirschen, Puderzucker oder Johannisbeergelee*

Wie im vorhergehenden Rezept die Kirschen entkernen und den Boden mit ihnen dicht an dicht belegen.
Nach dem Backen mit Puderzucker bestreuen oder mit erwärmtem, geschmolzenem Johannisbeergelee überziehen.

## Tarte aux fraises
### Erdbeerkuchen

*1 blind gebackener Kuchenboden (Seite 670) aus Zuckerteig, 500 g Erdbeeren, 80 g Johannisbeergelee, Kirschwasser*

Den Kuchenboden wie angegeben herstellen, jedoch nach dem Backen nicht mit Ei bestreichen, sondern in der Form fast ganz abkühlen lassen. Kurz vor dem Servieren die Erdbeeren hübsch darauf anrichten und die Oberfläche mit Johannisbeergelee überziehen (glacieren), das mit etwas Kirschwasser verrührt wurde.

## Tarte normande
### Normannischer Obstkuchen

*250 g feiner oder sehr feiner Auslegeteig (Seite 662 f.), Mehl, Butter, Frangipane-Creme, 500 g Äpfel oder Birnen, 1 EL Zucker, 1 Ei, dicke Sahne (crème fraîche), Schlagsahne*

Wie der »elsässische Obstkuchen«, jedoch die Konditor-Creme durch Frangipane-Creme ersetzen, die mit $1/5$ dicker Sahne vermischt wurde. Nach dem Backen eine 2 cm dicke Schicht Schlagsahne über den Kuchen streichen und mit einer Messerspitze – oder Sahne aus der Spritztüte mit einer großen, gezackten Tülle aufgetragen – verzieren.

## Tarte à la crème
### Creme-Kuchen

*250 g feiner Auslegeteig (Seite 662 f.), Mehl, Butter, Creme wie für »Gestürzte Creme«*

Eine Springform mit Teig ausschlagen, wie auf Seite 672 angegeben. Den Boden nicht einstechen und mit der Creme füllen. Im mittelheißen Ofen backen, bis die Oberfläche eine schöne goldne Farbe bekommen hat. Darauf achten, daß die Creme während des Backens nicht zu kochen beginnt.

## Tarte aux cerises à la crème
## Kirschkuchen mit Creme

*250 g feiner Auslegeteig (Seite 662 f.), Mehl, Butter, Konditor-Creme mit dicker Sahne (crème fraîche) oder Englischer Creme, 500 g Kirschen, Zucker, 1 EL Kirschwasser*

Den Boden vorbereiten, wie im Rezept »Apfelkuchen Jérôme« (Seite 672) angegeben. Den Boden nach dem Einstechen bis zu halber Höhe mit Konditor-Creme, die zu etwa $1/5$ mit Sahne verrührt und damit leichter gemacht wurde, oder mit Englischer Creme füllen. Die entsteinten und in etwas Zucker und Kirschwasser eingeweichten Kirschen darauflegen. Mit einer neuen Schicht leichter Konditor-Creme oder Englischer Creme bestreichen und im mittelheißen Ofen backen. Man kann den Kuchen auch lauwarm servieren.


## Tarte à l'alsacienne
## Elsässischer Obstkuchen

*250 g feiner oder sehr feiner Auslegeteig (Seite 662 f.), Mehl, Butter, Konditor-Creme, 500 g Äpfel oder Birnen, 1 EL Zucker, 1 Ei, 1 EL Apfelgelee oder Aprikosenmarmelade*

Den Boden vorbereiten, wie im Rezept »Apfelkuchen Jérôme« auf Seite 672 beschrieben. Den Boden nach dem Einstechen bis zu halber Höhe mit Konditor-Creme füllen und glattstreichen. Die Äpfel oder Birnen schälen, vierteln und die Kerngehäuse ausschneiden. Die Viertel längs in dünne Scheiben schneiden und damit in mehreren sich überschneidenden, dicht angeordneten Ringen die Creme belegen. Mit Zucker bestreuen und bei mittlerer Hitze (aber guter Unterhitze) im Ofen backen.
Nach dem Herausnehmen den Ring abnehmen und den Rand des Kuchens mit verquirltem Ei bestreichen. Nochmals 2 bis 3 Minuten in den Ofen stellen, bis der Teig schön golden geworden ist.
Die Äpfel oder Birnen mit einer dünnen Schicht von leicht eingekochtem Apfelgelee oder Aprikosenmarmelade überziehen.

## Tarte aux poires
## Birnenkuchen

Für 8 Personen: *250 g Mürbeteig wie im Rezept »Apfelkuchen Jérôme«, Butter, 500 g gut reife Williamsbirnen, ½ l dicke Sahne (crème double), 4 Eier, 150 g Zucker, 1 Prise Salz*

Eine gebutterte Springform mit dem Mürbeteig auskleiden, wie auf Seite 672 für den »Apfelkuchen Jérôme« beschrieben. Die Birnen schälen, vierteln und die Kerngehäuse und harten, steinigen Stellen entfernen. Die Viertel in dünne Scheiben schneiden und den Kuchenboden damit auslegen.
In einer Schüssel die übrigen Zutaten verrühren und die Birnen damit übergießen. ½ Stunde im mittelheißen Ofen backen.


## Tarte aux pommes pâte brisée
## Mürber Apfelkuchen

*250 g Mürbeteig (oder ein stark gesüßter Sandteig), 210 g Butter, 6 große Äpfel (vorzugsweise Reinetten), etwas Zucker, grober Kristallzucker (Einmach-Raffinade) – Für den Mürbeteig: 500 g Weizenmehl, 350 g Butter, 15 g Salz, 3 Eier – Für den Sandteig: 500 g Weizenmehl, 300 g Butter, 200 g Zucker, 10 g Salz, 3 Eier*

Zunächst einen Teig ausbreiten (der übrige Teig läßt sich bis zu 2 Wochen im Kühlschrank aufheben oder ¼ Jahr in der Tiefkühltruhe – Anm. der Übers.) und damit eine gebutterte Springform auskleiden. Zwei der Äpfel schälen, entkernen, kleinschneiden und mit etwas Zucker zu Mus kochen. Durch ein Sieb passieren und den Kuchenboden damit bestreichen. Die übrigen Äpfel schälen, vierteln und von den Kerngehäusen befreien. Die Viertel in Scheiben teilen und den Kuchen damit in mehreren sich überschneidenden, dichten Ringen belegen. Mit möglichst grobem Zucker bestreuen und mit in kleine Würfel geschnittener oder in Flöckchen zerteilter Butter reichlich belegen. Im mittelheißen Ofen etwa ½ Stunde backen.

## Tarte Tatin
## Gestürzter Apfelkuchen »Tatin«

*325 g Butter, 100 g Zucker, 1 kg Äpfel (vorzugsweise Reinetten), 250 g Mehl, 1 Ei, 1 Prise Salz*

Eine große Biskuitkuchen-Form mit 100 g Butterflöckchen belegen und 50 g Zucker darüberstreuen.
Die Äpfel schälen und die Kerngehäuse ausstechen. Äpfel mit einem Tuch abtrocknen und in große Scheiben oder in Viertel schneiden. Die Form damit füllen, dabei die Äpfel so dicht wie möglich hineindrücken. Mit dem übrigen Zucker bestreuen und 25 g zerlassene Butter darübergießen. 20 Minuten bei guter Hitze garen; der Zucker auf dem Boden der Form soll karamelisieren, aber hellbraun bleiben.
Inzwischen das Mehl auf ein Backbrett sieben und in der Mitte eine Mulde machen. Das Ei, 1 Prise Salz und die restlichen 200 g Butter, die zu einer weichen, lauwarmen Creme gerührt wurde, in die Mitte geben. Alles vermischen und nötigenfalls noch etwas Wasser zufügen, damit ein weicher Teig entsteht. Mit der Teigrolle so dünn wie möglich ausrollen, so daß die Platte etwas größer als die Biskuit-Form wird. Auf die Äpfel legen und die Ränder innen an der Form entlang nach unten hineindrücken. Im mittelheißen Ofen ½ Stunde backen. Herausnehmen, auf eine Kuchenplatte stürzen und lauwarm servieren.
*Anm. der Übersetzer:* Dieser köstliche Kuchen wurde vor gar nicht langer Zeit von den inzwischen berühmt gewordenen Schwestern Tatin in ihrem Restaurant in Lamotte-Beuvron, südlich von Orléans, erfunden. Er hat inzwischen einen unglaublichen Siegeszug durch Frankreichs Küchen angetreten – zu Recht.
Die reichliche Verwendung von Butter macht ein Gelingen von sorgfältiger Arbeitsweise und guter Hitzeregulierung abhängig, sonst könnte es passieren, daß nicht alle Butter von Zucker und Äpfeln aufgesogen wird und beim Stürzen herausläuft. Beim Garen auf dem Herd muß so viel Hitze herangeführt werden, daß die Äpfel kein Wasser ziehen. Wichtig ist auch, eine nicht zu wäßrige, etwas mehlige Sorte zu verwenden – neben Reinetten aller Art bieten sich besonders Boskop und Golden Delicious an. Sie nehmen in ausreichendem Maße Butter an, ohne Saft abzugeben. Vor dem Stürzen die Form eventuell mit einem heißen, nassen Handtuch umwickeln und den Kuchen dann von selbst nach unten sinken lassen. Als Form eignet sich am besten eine kupferne Biskuit-Form, doch kann man auch beschichtete Formen verwenden. Ebenso ist eine Jenaer-Glas-Form gut geeignet.

## Pâte à chou
## Brandteig

Dieser Teig wird sowohl in der Küche als auch in der Konditorei und Bäckerei verwendet. Je nach Bedarf ändert sich die Zusammensetzung leicht, oder es kommen einige Zutaten dazu bzw. entfallen. Die Art der Zubereitung ist jedoch immer gleich.

### Pâte à chou fine
### Feiner Brandteig

*½ l Wasser, 1 Prise Salz, 1 gestrichener EL Zucker, 250 g Butter, 250 g gesiebtes Mehl, 7 bis 8 Eier oder 6 bis 7 Eier und 3–6 EL Milch oder Sahne, 1 EL Orangenblütenwasser*

Das Wasser in eine breite Kasserolle mit dickem Boden geben. Salz, Zucker und die in Flocken zerteilte Butter zufügen. Zum Kochen bringen, bis sich die Butter beim heftigen Kochen etwas mit dem Wasser vermischt hat. Dann das Mehl auf einen Schwung zugeben, schnell und kräftig mit dem Schneebesen unterrühren, damit sich keine Klümpchen bilden können. Auf großer Flamme dann mit einem hölzernen Spachtel oder Kochlöffel durcharbeiten. Dabei bindet das Mehl immer mehr die Flüssigkeit, die zusätzlich verdampft, bis der Teig trocken wird. Man erkennt den notwendigen Grad der Trockenheit am Glänzen der Butter und daran, daß der Teig sich von den Topfwänden löst.

Vom Feuer nehmen, noch etwas durcharbeiten und nach und nach die Eier hineinmischen, nach Belieben auch Milch oder Sahne dazugeben. Die Eiermenge richtet sich sowohl nach der Beschaffenheit des Mehls wie auch nach der Größe der Eier. Schließlich Milch oder Sahne vor den letzten Eiern zugießen, damit man erkennt, ob der Teig dadurch nicht zu flüssig wird. Ansonsten macht die Sahnezugabe den Teig geschmeidiger, und man spart ein Ei. Der Teig hat dann die richtige Konsistenz, wenn er schwer vom Löffel fällt und dabei lange Spitzen läßt. Man erreicht dies durch kräftiges Durchmischen, wobei der Teig leicht, locker, glatt und glänzend wird. Zur Probe gibt man etwas Teig noch heiß in eine Spritztüte und spritzt ein Häufchen auf ein Blech: Der Teig darf kaum breiter fließen, aber ein ganz klein wenig einsinken.

## Pâte à chou ordinaire
## Einfacher Brandteig

*1 l Wasser, 1 Prise Salz, 125 g Butter, 1 gestrichener EL Zucker, 250 g Mehl, 7 bis 8 Eier*

Wie im vorstehenden Rezept angegeben. Wird der Teig in der Küche verwendet (für Aufläufe, Schaumspeisen, Nocken oder Füllungen), so gibt man keinen Zucker oder Aromastoff wie Orangenblütenwasser, Vanille usw. zu, sondern schmeckt eher mit Pfeffer und Muskatnuß ab.

*Anm. der Übersetzer:* Die Zuckerzugabe ist für das Gelingen des Teiges kaum von Bedeutung (viel Zucker würde allerdings ein Aufgehen verhindern), beeinflußt aber die Farbe sehr stark: Ohne Zucker bleibt der Teig hell, beinahe weiß, mit etwas Zucker wird er beim Trocknen (oder Abbrennen) je nach Menge des Zuckers bräunlich gefärbt.

## Pâte à beignets soufflés
## Krapfenteig (soufflierter Ausbackteig)

*½ l Wasser, 1 Prise Salz, 100 g Butter, 1 gestrichener EL Zucker, 300 g gesiebtes Mehl, je nach Größe 7 bis 8 Eier, 1 EL Orangenblütenwasser*

Wie in den vorstehenden Rezepten. Da dieser Teig zum Ausbacken im Fritierbad verwendet wird, ist der Butteranteil sehr gering gehalten.

## Pâte à ramequin et à gougère
## Teig für kleine Käsekuchen und Käsekranz

Dieselben Zutaten wie für den einfachen Brandteig, jedoch das Wasser durch Milch ersetzen. Nicht zuckern oder parfümieren. Den Teig herstellen wie angegeben. Zum Schluß 100 g frisch geriebenen Gruyère zufügen.

## Eclairs au café ou au chocolat
## Kaffee- oder Schokoladen-Eclairs

Für 12 Eclairs (Blitzkuchen): *400 g Brandteig (vorzugsweise feinen), 1 Ei, Schokoladen- oder Kaffee-Creme – mit Schokolade oder Kaffee parfümierte Frangipane-Creme, Konditor-Creme oder St. Honoratius-Creme, Schlagsahne, Kaffee- oder Schokoladen-Glasur oder -Fondant*

Den Brandteig in eine Spritztüte füllen, die mit einer glatten Tülle von 1½ cm Durchmesser versehen ist. Mit der einen Hand die Tüte zuhaltend und drückend, mit der anderen die Tülle führend, auf ein Backblech Stränge von 9 cm Länge spritzen. Diese müssen 5 cm Abstand voneinander haben, da sie beim Backen stark aufgehen. Um den Teigstrang zu unterbrechen, wenn die Stränge die gewollte Länge haben, genügt es, nicht mehr zu drücken und die Tülle mit einer ruckartigen Bewegung der Führungshand nach oben zu drücken. Zu jedem Eclair benötigt man gut 30 g Teig.
Mit einem Pinsel mit dem verquirlten Ei bestreichen und im mäßig vorgeheizten Ofen 25–30 Minuten backen. Abkühlen lassen. Mit einem Messer seitlich so aufschneiden, daß man sie aufklappen kann, und mit Schokoladen- oder Kaffee-Creme füllen. Wieder zudrücken und den Deckel der Eclairs in lauwarme Glasur oder Fondant tauchen. Auf eine Platte setzen und den Überzug fest werden lassen. Dann die Stellen, an denen der Überzug heruntergelaufen ist, von diesem befreien und die Eclairs auf einer Kuchenplatte servieren.


## Choux à la crème
## Gefüllte Windbeutel

Zutaten und Zubereitung wie im vorstehenden Rezept, jedoch den Teig nicht in Strängen ausspritzen, sondern in Kugeln, wie große Makronen. Etwa 7 bis 8 cm Abstand zwischen den einzelnen Kugeln lassen. Mit dem verquirlten Ei bestreichen und im mittelheißen Ofen gut 20 Minuten backen.
Nach dem Abkühlen eine Kuppe abschneiden, umgekehrt wieder daraufsetzen und darauf 5 bis 6 cm Höhe St. Honoratius-Creme oder Schlagsahne aufhäufen.

## Choux grillés
## Geröstete Windbeutel

Sie werden wie die gefüllten Windbeutel vorbereitet. Nach dem Bestreichen mit Eigelb werden sie jedoch leicht flach gedrückt und mit einer Prise gehackten Mandeln und darauf einer Prise Zucker bestreut. Alles leicht andrücken, damit es gut anhaftet. Bei mittelstarker Hitze im Ofen etwa 20 Minuten backen und abgekühlt servieren.


## Saint-Honoré
## St.-Honoratius-Kuchen

Dieser Kuchen ist einer der berühmtesten der ehemaligen Konditorei Chiboust, die zu einer Zeit im Palais Royal untergebracht war, als die mondäne Pariser Welt dort noch ein und aus ging. Genauer gesagt, der Kuchen erblickte, und daher sein Name, in der rue Saint-Honoré das Licht der Welt.

Für 6 Personen: *Feiner Auslegeteig (Seite 662 f.), ½ Menge feiner Brandteig (Seite 679), Schlagsahne, nach Belieben zum Bruch gekochter Zucker und Hagelzucker oder geröstete Mandelsplitter*

Ein Stück Auslegeteig zu einer tellergroßen, 1½ cm dicken Scheibe ausrollen. Einen Teller umgekehrt auf die Teigplatte legen und mit der Messerspitze dem Rand nachfahrend diesen glatt und regelmäßig zuschneiden. Den Teller abnehmen und die Platte mit einer Gabel mehrmals einstechen. Auf ein mit Wasser leicht befeuchtetes Backblech legen.
Den Brandteig in eine Spritztüte füllen, die mit einer glatten Tülle von 1½ cm Durchmesser versehen ist. Einen Teigstrang genau auf den Rand der Scheibe spritzen und dann eine Spirale nach innen ziehen, wobei zwischen den Strängen etwas Zwischenraum bleiben muß. Auf ein anderes Backblech 30 kleine Windbeutel von der Größe einer kleinen Nuß spritzen. Die Oberfläche aller gespritzten Brandteigteile mit dem verquirlten Ei bestreichen und im mittelheißen Ofen etwa 25 Minuten backen. Herausnehmen, Boden sowie Windbeutel auf ein Kuchengitter legen und abkühlen lassen.
Inzwischen die St. Honoratius-Creme oder Schlagsahne bereiten. Das

Innere des Kuchens bis hin zum äußeren Ring 4 cm hoch mit dieser Creme füllen. Die Oberfläche nun mit Klecksen aus derselben Masse dicht an dicht besetzen. Dazu einen Eßlöffel nehmen und jeweils mit einer eigroßen Portion Creme oder Sahne füllen und diese mit einer ruckartigen Bewegung in Form eines länglichen Eies absetzen, wodurch eine Art Kamm auf dem Klecks entsteht.

Von den kleinen Windbeuteln die Spitze abschneiden und mit einer kleinen, mit der Spritztüte aufgesetzten Spitze von Creme oder Sahne verzieren. Die Unterseite mit etwas Sahne bestreichen, die Windbeutelchen dicht an dicht auf den äußeren Brandteigring setzen, so daß sie die Creme- oder Sahnefüllung umschließen.

Man kann auch, aber das ist komplizierter, die Spitzen der kleinen Windbeutel in zum Bruch gekochten Zucker tauchen, der sie mit einer festen, glänzenden Schicht überzieht. Jeder zweite Windbeutel wird dann sofort in Hagelzucker oder geröstete Mandelsplitter getaucht. Auch die Unterseite in den noch sehr heißen Zucker tauchen und die Windbeutel damit fest auf den Brandteigrand des Kuchens kleben, bevor dieser mit Creme oder Sahne gefüllt wird.

## Croque en bouche
### Krachgebäck aus Windbeuteln

Für 10 Personen: *½ l Milch, 240 g Butter, 10 g Salz, 20 g Zucker, 400 g Mehl, 12 Eier, 300 g Puderzucker, mit Zucker überzogene Mandeln, karamelisierte Orangenschnitze – Für die Creme: 1 l Milch, 1 Bocurbon-Vanille-Schotte, 1 Prise Salz, 8 ganz frische Eigelb, 300 g Zucker, 80 g Weizenmehl*

In einer Kasserolle Milch, Butter, Salz und Zucker aufsetzen und zum Kochen bringen. Das Mehl zufügen, etwa 4 Minuten auf großer Flamme trocknen, vom Feuer nehmen und nach und nach die 12 Eier hineinarbeiten. Diesen Brandteig in einen Spritzbeutel füllen und 60 kleine Windbeutel auf leicht gebutterte Kuchenbleche spritzen. Im mittelheißen Ofen etwa 20 Minuten backen.

Inzwischen die Creme für die Füllung bereiten. In einem Topf in der heißen Milch die gespaltene Vanilleschote einige Zeit ziehen lassen. Salz zugeben. In einer Rührschüssel die Eigelb mit dem Zucker dick und weiß schaumig schlagen. Die heiße Milch langsam unter ständigem Schlagen zugießen. In den Topf zurückgeben, das Mehl unter-

mischen und die Creme bei langsamer Erwärmung stetig rührend dicklich werden lassen. Abkühlen lassen.
Die Windbeutel mit dieser Creme füllen. Auf eine Platte eine spitze, kegelförmige Form setzen und mit den Windbeuteln besetzen. Um sie aneinander zu verkleben, den Puderzucker ohne Zugabe von Flüssigkeit vorsichtig schmelzen lassen und die entsprechenden Stellen der Windbeutel damit einstreichen. Beim Abkühlen wird der Zucker fest und hält alles zusammen. Zum Schluß mit den Zuckermandeln und den in den übrigen Zucker getauchten Orangenschnitzen verzieren. Einige Zuckerstränge darüber verteilen.

*Anm. der Übersetzer:* Um die Windbeutel zu füllen, von hinten mit dem Finger eine Vertiefung hineindrücken und im Inneren ausweiten. Die Creme mit einem Spritzbeutel hineinfüllen.

Den spitzen Kegel, der den ganzen Aufbau hält, kann man leicht aus nicht zu dicker Pappe selbst zusammendrehen. Am Fußende gut verankern, am besten auf der Platte festkleben, damit er nicht kippen kann.
Beim Zusammenkleben der Windbeutel darauf achten, daß sie nicht an den Kegel, sondern nur untereinander festgeklebt werden. Man trägt jeweils mit einem Spachtel oder Löffelstiel nur ganz wenig Zucker auf die jeweils unteren Windbeutel auf. Diese »pièces montées«, »aufgebauten Stücke«, sind in Frankreich zu feierlichen Anlässen wie Taufe, Kommunion, Hochzeit sehr beliebt und werden stets an der Spitze mit einem entsprechenden Symbol verziert.


# Compositions diverses: Génoise, Madeleine, Biscuit, Plum-Cake
# Verschiedene Kuchen und Torten

## Génoise ordinaire
## Einfache Génoise (Genueser Kuchen)

*500 g Zucker, 16 Eier, 500 g Mehl, Aromastoffe, 200 g Butter, noch etwas geklärte Butter und Mehl für die Formen*

*Anmerkung:* Die angegebenen Proportionen können untereinander verändert werden. So kann man die Mehlzugabe auf 400 g beschränken, der Teig wird dann leichter. Verringert man den Butteranteil oder läßt man die Butter ganz weg, so wird der Kuchen weniger füllig und geschmeidig. Als Aromastoffe empfehlen sich in erster Linie Vanillezukker, verschiedene Liköre und mit einem Stück Zucker abgeriebene Zitronen- oder Orangenschale; das Zuckerstückchen vor dem Zufügen fein zerstampfen.

Den Zucker in eine Rührschüssel geben, notfalls eine Terrine oder eine Salatschüssel verwenden. Die Eier nach und nach in eine kleine Schüssel schlagen, jeweils ihre Qualität prüfen und dann erst in die Zuckerschüssel gleiten lassen. Mit dem Schneebesen oder Handrührgerät bei möglichst geringer Temperatur aufschlagen, bis die Masse aufgeht, weiß, dick und schaumig wird. Schließlich muß sie die Stäbe des Schneebesens oder des Handmixers dick überziehen und nur langsam abtropfen und dabei Fäden ziehen. Diese Arbeit dauert mit dem Schneebesen etwa 30 Minuten, mit dem Handmixer oder dem Teigrührwerk der Küchenmaschine 15-20 Minuten.

Man kann das Verfahren etwas abkürzen, wenn man die Rührschüssel leicht erhitzt. Die Eier binden schneller ab, die Masse wird schon nach 4 bis 5 Minuten dicklich. Nicht zu stark erhitzen, sonst wird sie zu fest und der Kuchen später zu trocken. Allerdings fällt der warm gerührte Teig leichter in sich zusammen, wenn man ihm Mehl und Butter hinzufügt. In jedem Fall die erwärmte Masse wieder kalt rühren.

Wenn der Schaum durch eines der Verfahren so dick gerührt worden ist, daß er Fäden zieht, statt des Schneebesens oder Handmixers einen Spachtel oder Kochlöffel nehmen und das Mehl in die Masse ziehen. Dazu das Mehl vollkommen darübersieben und nun mit der einen Hand den Schaum stets in dieselbe Richtung arbeitend hochheben und das Mehl untermischen, mit der anderen Hand die Schüssel in entgegengesetztem Sinn langsam drehen, damit das alles gleichmäßig geschieht. Danach den gewählten Aromastoff zufügen und schließlich die zerlassene Butter, von der man die weißen Molketeilchen abgeschöpft hat, in dünnem Faden zugießen und auf die gleiche Art wie das Mehl untermischen.

Beliebige flache Formen, die rund, oval, rechteckig, verziert oder unverziert sein können, mit geklärter Butter gründlich, aber nicht übermäßig ausstreichen. Mehl darüberstäuben und kräftig schütteln, damit es festhält. Die Teigmasse in die Formen gießen, die nicht mehr als zu $2/3$ gefüllt sein sollten. In den auf mittlerer Hitze vorgeheizten Ofen stellen und bei einen Spalt geöffneter Tür backen. Eine Génoise ist gar, wenn sie leichtem Druck etwas Widerstand entgegensetzt.

Aus dem Ofen nehmen, aus den Formen stürzen und auf einem Kuchengitter gleichmäßig abkühlen lassen, ohne daß der Kuchen unter

Dampfentwicklung leiden kann. Man kann den Teig auch in 3 cm tiefen Kuchenblechen backen und nachher in gewünschter Größe zerteilen.
*Anm. der Übersetzer:* Die bei uns relativ unbekannte Génoise dient in Frankreich als Grundlage für viele Kuchen und Torten, für die man hierzulande meist Biskuitteig nimmt.

## Génoise au chocolat
## Schokoladen-Génoise

*8 Eier, 250 g Zucker, 200 g Weizenmehl, 50 g Kakao, 100 g fein geriebene Mandeln, 150 g zerlassene Butter, Schokoladentrüffel-Creme*

In einem Wasserbad die Eier mit dem Zucker dick und schaumig schlagen. Dann das gesiebte Mehl zufügen, den Kakao und die Mandeln untermischen. Zum Schluß die zerlassene Butter einrühren. In eine Form geben und bei milder Hitze 35 Minuten backen. Aufschneiden und mit Schokoladentrüffel-Creme füllen.

## Gâteau du Président
## Präsidenten-Torte nach einem Rezept von Maurice Bernachon

*125 g Zucker, 4 Eier, 125 g gesiebtes Mehl, 100 g Butter, etwas Butter zum Falten der Form, Mehl zum Ausstäuben, ½ l Sahne, 600 g bittere Schokolade, kandierte Kirschen, Schokolade zum Verzieren*

Aus Zucker, Eiern, Mehl und Butter eine Génoise bereiten, wie auf Seite 684 f. angegeben. In eine gebutterte, gemehlte Form füllen und im mäßig heißen Ofen 20 Minuten backen. Inzwischen die Sahne mit der geraspelten Schokolade 10 Minuten kochen lassen. Vom Feuer nehmen und unter ständigem Schlagen mit einem Schneebesen aus Edelstahl oder Weidenholz abkühlen lassen. Die Kirschen zugeben und mit dieser Masse die Génoise füllen. Zum Schluß mit einem Messer Schokolade in Späne hobeln und den Kuchen damit verzieren.
*Anm. der Übersetzer:* Unter den kurzen Anweisungen verbirgt sich ein Rezept, das eher für Profis geeignet ist. Dabei sind eigentlich nur die Erfahrung, die Übung und das handwerkliche Geschick entscheidend. Den Teig in einer nicht zu flachen, runden Form backen. Stürzen und

auskühlen lassen. Quer mehrmals aufschneiden, die oberste Schicht etwas kleiner zuschneiden und jede Schicht mit der Schokoladen-Creme bestreichen. Die Scheiben wieder aufeinandersetzen und auch das Äußere mit Schokoladen-Creme überziehen, so daß schließlich eine Art Kuppel entsteht. Die Creme muß gut durchgekocht und recht schaumig geschlagen werden, damit sie auch nach dem Abkühlen geschmeidig ist, aber doch fest wird und Halt hat.

Die Schokoladen-Späne: Im Grunde etwas ganz Einfaches. Bittere Schokolade wird geschmolzen und auf eine kalte Marmorplatte gegossen und ausgestrichen. Nach dem vollständigen Abkühlen und Erstarren hobelt man mit einem schweren Küchenmesser schräg dünne Späne ab, mit denen man die Oberfläche des Kuchens von unten angefangen spickt. Sehr geübte Konditoren wie Maurice Bernachon, der Lyonnaiser Konditor, Vater des Schwiegersohnes von Paul Bocuse, schaffen es, die Späne so abzuhobeln, daß sie direkt auf den ständig gedrehten und entsprechend gehaltenen Kuchen fliegen und diesen »automatisch« spicken.

## Madeleine

### Madeleine- oder Magdalenen-Kuchen

Für 48 Madeleines: *500 g Zucker, 1 TL Vanille-Zucker, 12 Eier, 500 g gesiebtes Mehl, 500 g Butter, etwas geklärte Butter, Mehl zum Ausstäuben der Formen*

Zunächst Zucker und Eier, wie für die Génoise auf Seite 684 f. beschrieben, schaumig rühren, dabei aber nicht erhitzen. Wenn die Mischung Fäden zieht, das Mehl und danach die geklärte Butter hineinmengen. Das Klären der Butter, also das Abnehmen der weißen Molke, ist wichtig, denn diese setzt sich während des Backens an den Formen ab, so daß der Teig anbäckt und die Madeleines schwer herauszulösen sind. Die Kuchen sehen dann nicht schön aus.

Den Teig mit einer Spritztüte in die mit ebenfalls geklärter Butter ausgestrichenen und mit Mehl ausgestäubten und geschüttelten Formen füllen. Diese Formen sind manchmal einzeln, meist jedoch zu 6 oder 12 in ein Blech gestanzt und haben die Gestalt langgezogener, schmaler Rippenmuscheln. Bei mittlerer Hitze im Ofen backen und gleich nach dem Herausnehmen aus den Formen lösen (stürzen).

*Anm. der Übersetzer:* Zunächst im mäßig heißen Ofen 5 Minuten backen, dann die Temperatur hochstellen und noch 20 Minuten weiterbacken, bis die Hitze schließlich stark ist.

## Plum-Cake
## Königskuchen (Rosinenkuchen auf englische Art)

Dieser Rührkuchen gehört zu den besten Kuchen überhaupt, auf jeden Fall zu den besten seiner Art.

*250 g Butter, 8 Eier, 250 g Zucker, 60 g Sultaninen, 60 g Korinthen, 60 g Orangeat, 60 g Zitronat, $^1/_{10}$ l Rum, 1 TL Vanille-Zucker, 250 g gesiebtes Mehl*

Die Butter in einem Tuch oder in Plastikfolie weich kneten und in Stücke teilen.
Kochendes Wasser in eine Rührschüssel gießen, damit diese etwas warm wird. Abgießen, die Schüssel trocknen und die Butterstücke hineingeben. Sofort mit einem Holzlöffel oder dem Teigrührer des Handmixers gut durcharbeiten, damit eine glatte, weiche und weiße Creme entsteht.
Die Eier nach und nach zufügen, dabei ständig weiterrühren. Die Masse nimmt dabei nicht nur um das Volumen der zugegebenen Eier zu, sondern wird durch das lange Rühren auch luftig, leicht und schaumig. Den Zucker zufügen und immer noch weiterrühren, bis sich der Zucker vollkommen aufgelöst hat und die Masse, wenn man sie mit dem Löffel oder Rührer hochhebt, schwer reißend und einen dicken Faden ziehend herabläuft.
Die Sultaninen und Korinthen mit etwas Mehl bestäuben und in den Händen gegeneinanderreiben, damit alle Stielchen entfernt werden. Auf ein grobmaschiges Sieb geben und schütteln, wobei die Stiele und das überflüssige Mehl durchfallen und die gereinigten Beeren darauf liegenbleiben. In die cremige Kuchenmasse füllen, ebenso das in kleine Würfelchen geschnittene Orangeat und Zitronat. Dann auch den Rum und den Vanille-Zucker hineinarbeiten. Schließlich das Mehl darübersieben und die Masse vorsichtig mit dem Löffel hochhebend mischen, so daß das Mehl leicht daruntergezogen wird und die Teigmasse nicht schwer macht und zum Zusammenfallen bringt. Eine ausreichend große Kastenform mit geklärter Butter ausstreichen und mit ebenfalls gebuttertem Papier ausschlagen. Dieses 2 cm über den Rand der Form stehen lassen und oben zackenförmig einschneiden. Die Teigmasse mit einem Teigschaber in die Form füllen, die nicht mehr als zu $^2/_3$ gefüllt sein darf. Die Form einige Male auf ein zusammengefaltetes Tuch stoßen, damit sich die Masse gut setzt und gleichmäßig verteilt. Im mittelheißen Ofen backen.

In seiner Heimat, in England, wird der Kuchen mit einer Zugabe von 2 g Hirschhornsalz gebacken, das stark treibt und die Oberfläche des Kuchens spitz in die Höhe hebt, so daß sie in der Mitte aufbricht. Gibt man dieses Hirschhornsalz nicht dazu, dann muß man während des Backens der Länge nach mit einem Messer einen Einschnitt in die Oberfläche des Kuchens machen. Dadurch geht der Kuchen besser auf und bewahrt seine luftige Leichtigkeit.

Sofort nach dem Backen aus der Form nehmen, aber in der Papierhülle lassen und auf dem Kuchengitter auskühlen lassen. Vor Gebrauch 1 oder 2 Tage stehen und setzen lassen, damit er sein ganzes Aroma entwickelt und besser geschnitten werden kann. In 1 cm dicken Scheiben servieren.

*Anm. der Übersetzer:* Den Kuchen bei knapp 200 Grad etwa 70 bis 75 Minuten backen. Im allgemeinen gibt man bei uns heute zum zusätzlichen Treiben und schönen Aufspringen 1 Päckchen Backpulver hinzu. Man kann sich das Auskleiden der Form mit Papier sparen, statt dessen die ungebutterte Form mit Alufolie ausschlagen (blanke Seite nach innen) und mit geklärter Butter einstreichen. Die Enden mindestens 5 cm überstehen lassen. Nach dem Backen, abgekühlt in die Folie eingeschlagen, hält der Kuchen kühl gelagert bis zu 2 Wochen.

## Biscuit de Savoie
## Savoyer Biskuit

*12 Eier, 500 g Zucker, 500 g gesiebtes Mehl, 1 TL Vanille-Zucker, etwas zerlassene Butter, etwas Mehl oder Stärke, etwas Puderzucker*

Die Eier trennen, dabei darauf achten, daß keine Eigelbteilchen an das Eiweiß kommen. Den Zucker und die Eigelb in eine Rührschüssel geben und langsam, aber stetig mit einem Spachtel oder Kochlöffel, mit dem Schneebesen oder einem elektrischen Handmixer schlagend vermischen. Das Volumen muß sich dabei verdreifachen, die Masse muß weiß, cremig, schaumig und glatt werden und in dicken, zähen Fäden heruntertropfen, wenn man sie hochhebt.

Die Eiweiß in einer anderen, weiten Rührschüssel so steif schlagen, daß man den Schnee mit einem Messer schneiden kann. Auf die dickflüssige Eigelb-Zucker-Masse das Mehl sieben und mit dem Löffel hochhebend vorsichtig untermischen. Den Vanille-Zucker und $1/4$ des Eischnees zugeben und gründlich, aber vorsichtig durchmischen. Zum

Schluß den restlichen Eischnee unterheben, dabei mit sehr viel Aufmerksamkeit und Zurückhaltung vorgehen, damit er nicht zusammenfällt und schwer wird.

Runde, hohe, dekorierte und mit einer Tülle versehene Biskuitformen mit geklärter Butter ausstreichen und umdrehen, damit das überflüssige Fett abtropft. Das Innere mit einer Mischung zu gleichen Teilen aus Mehl oder Stärke und Puder- oder normalem Zucker ausstreuen. Die Biskuitmasse hineingeben, die Form höchstens zu $2/3$ füllen. Einige Male auf ein zusammengefaltetes Tuch stoßen, damit der Teig die Form gleichmäßig und ohne große Luftblasen ausfüllt.

In den mäßig heißen Ofen schieben und bei gleichmäßiger Hitze backen. Der Biskuit soll eine blaß-braune Farbe haben und durch das Ausstäuben von einer zarten, brüchigen Hülle umgeben sein. 5 Minuten nach dem Backen auf ein Kuchengitter stürzen und abkühlen lassen.

*Anm. der Übersetzer:* Das Rezept reicht für 4 Biskuits, je für 6 Personen. Biskuit läßt sich in Alufolie gewickelt 3 bis 4 Tage im Kühlschrank aufbewahren.

Backzeit: Etwa 30 Minuten bei 175–180 Grad. Statt der originalen Biskuitform kann man eine Gugelhupfform oder auch eine Kastenform verwenden.

Dazu reicht man Vanille-Sauce, Frucht-Püree oder Kompott.

## Biscuits à la cuiller
### Löffelbiskuits

*500 g Zucker, 16 Eier, 400 g gesiebtes Mehl, 1 TL Vanille-Zucker, Zucker zum Bestreuen*

Den Teig wie im vorstehenden Rezept angegeben zubereiten, in eine Spritztüte mit einer $2\frac{1}{2}$ cm dicken Tülle füllen und Stränge auf ein Backblech setzen, wie im Rezept für die Eclairs (Seite 681) erklärt wurde. Das Backblech vorher mit Butter einstreichen und mit Mehl bestäuben oder mit gutem Bienenwachs abreiben. Oder die Biskuits auf Butterbrotpapier oder gebutterte Alufolie spritzen. In jedem Fall 5 cm Abstand zwischen den einzelnen Strängen lassen.

Über alle Biskuits ein wenig Zucker sieben und 2 Minuten ruhen lassen. Dann Papier oder Backblech hochheben und den nicht festklebenden Zucker abrieseln lassen. Einen Pinsel zum Einstreichen in kaltes Wasser tauchen und etwas abtropfen lassen. Das noch immer darin enthaltene Wasser über den Biskuits ausschütteln. Dabei fallen winzige Tröpfchen auf den Zucker, der auf den Biskuits klebt. Diese Tröpfchen verbinden sich beim Backen mit dem Zucker, und so entsteht eine unendliche Zahl winziger Perlen.

Im mäßig heißen Ofen backen – die Biskuits dürfen dabei kaum Farbe bekommen. Nach dem Backen und vollständigen Auskühlen die Biskuits von den Blechen oder dem Papier lösen und je 2 mit den flachen Seiten aneinander in Blechschachteln stellen. Man kann sie auf diese Weise 2 bis 3 Wochen ohne Qualitätsverlust aufbewahren.

*Anm. der Übersetzer:* Ergibt etwa 50 Löffelbiskuits. Die Backzeit beträgt knapp 20 Minuten bei 180 Grad.

## Biscuit manqué
## Halb-Biskuit

*170 g Zucker, 6 Eigelb, Vanille-Zucker, 1 EL Rum, 130 g Mehl, 100 g Butter, 4 Eiweiß*

Wie den Savoyer Biskuit (S. 689) zubereiten und nacheinander zu dem aus Zucker und Eigelb gerührten Schaum den Vanille-Zucker, den Rum, das Mehl, die geklärte Butter und die zu einem sehr steifen Schnee geschlagenen Eiweiß untermischen. Wie Savoyer Biskuit backen oder in flachere, breitere Formen füllen.

## Pain de Gênes
## Genueser Brot

Das Genueser Brot, ein mit Mandeln oder sogar Marzipan angereicherter Biskuit, gehört zu den besten Nachspeisen der Kuchenbäckerei. Es ist nicht ganz einfach, den Kuchen wirklich perfekt zuzubereiten, doch kann auch ein nicht professioneller Bäcker mit Aufmerksamkeit und etwas Erfahrung die Schwierigkeiten überwinden. Beide der folgenden Methoden sind relativ sicher zuzubereiten, und es liegt – nicht zuletzt wegen der verwendeten Zutaten – am Leser, welches Rezept er bevorzugt.

### Erstes Rezept für den Teig:
*200 g Butter, 300 g Zucker, 200 g geschälte, geriebene Mandeln, 1 bittere Mandel, 8 Eier, 2 TL Curaçao, 60 g Mehl*

Die vorgeknetete Butter in einer mit heißem Wasser ausgespülten Rührschüssel etwas weich werden lassen und mit einem Kochlöffel oder Spachtel cremig rühren. Den Zucker zufügen und alles kräftig durchrühren, bis die Masse recht weiß wird. Die Mandeln (auch die bittere Mandel schälen und reiben) zufügen und 4 ganze Eier sowie 4 Eigelb hineingeben. Weiterrühren, bis die Masse leicht und schaumig wird. Nun ganz behutsam den Curaçao, das Mehl und die 4 restlichen, zu steifem Schnee geschlagenen Eiweiß unterheben. Dazu die Masse stets nur vorsichtig hochheben, damit sie nicht zusammenfällt.

### Zweites Rezept für den Teig:
*250 g Mandeln, 1 bittere Mandel, 6 Eier, 325 g Zucker, 60 g Mehl, 125 g Butter, 1 TL Anis-Likör*

Die Mandeln 1 Minute in kochendem Wasser überbrühen, zwischen Daumen und Zeigefinger pressen und aus den Häuten drücken. Im Mörser zerstoßen. Wenn sie eine feine Paste geworden sind, die Eier nach und nach dazugeben und den Zucker einrieseln lassen. Dabei ständig kräftig rühren, damit die Masse leicht und schaumig wird. Wenn alles gut vermischt ist, mit einem Spachtel die Masse ganz vorsichtig hochhebend mit dem Mehl und der halb geschmolzenen, schaumig gerührten Butter vermischen. Mit Anis-Likör aromatisieren.

*Fertigstellung für beide Rezepte (Anm. der Übers.):* Auf den Boden einer nicht zu flachen, runden Kuchenform von etwa 18-20 cm Durchmesser eine Lage gebuttertes Papier legen. Dieses nochmals mit geklärter Butter einreiben, ebenso die Wände. Die Wände mit Mandelsplittern bedecken. Eine der angegebenen Teigvarianten hineingießen, aber nicht mehr als ¾ voll machen. In den auf 200 Grad vorgeheizten Ofen schieben und den Thermostat auf 180 Grad zurückschalten. Backzeit: etwa 20 Minuten. Erst abgekühlt stürzen und mit der Papierseite nach unten auf einen Teller legen.

Zum Tee allein, als Dessert mit Vanille-Schaum (Seite 704) oder Fruchtpüree.

# Petits fours secs
# Trockene Petits fours

## Petits gâteaux feuilletés
## Kleines Blätterteiggebäck

*Blätterteig (Seite 656 f.), 1 Ei, Puderzucker*

Ein Stück Blätterteig ½ cm dick ausrollen. Mit einem Messer in Rauten, Rechtecke oder Quadrate von etwa 6 bis 8 cm Seitenlänge schneiden oder mit beliebigen, kannelierten Ausstechformen runde oder ovale Stücke ausschneiden. Diese kleinen Kuchen umgekehrt auf ein befeuchtetes Backblech legen, die Oberfläche mit verquirltem Ei bestreichen, nach Ermessen einritzen und im gut heißen Ofen 12 bis 14 Minuten backen. 1 Minute vor dem endgültigen Herausnehmen mit Puderzucker bestäuben. Wieder in den Ofen schieben: Der Zucker schmilzt und karamelisiert leicht, so daß er einen angenehmen Geschmack und schöne Farbe gibt.

## Sacristains
## Blätterteigstangen

*Halbblätterteig aus Resten (Seite 658), 1 Ei, gehackte Mandeln, Zucker*

Den zu einem Block geformten Halbblätterteig zu einer ½ cm dicken, rechteckigen Teigplatte ausrollen, deren Breite gleichmäßig auf 15 cm zugeschnitten wird. Die Oberfläche mit verquirltem Ei bestreichen, mit einer Schicht gehackter Mandeln und Zucker bestreuen. Beides mit der breiten Klinge eines großen Messers leicht andrücken. Den Teigstreifen umdrehen, ebenfalls mit Ei bestreichen, mit Mandeln und Zucker bestreuen und diese mit einem Messer andrücken.
In Streifen von etwa 3 cm Breite und 15 cm Länge schneiden. Diese Streifen an den Enden anfassend in entgegengesetzter Richtung drehen, damit sie sich in sich selbst verdrehen und eine Art von Gewinde bekommen. Auf ein befeuchtetes Backblech legen und im heißen Ofen sehr aufmerksam wie die Schweinsohren backen, da der Zucker schnell karamelisiert.
*Anmerkung:* Man kann diese Stangen auch sehr viel kleiner zuschneiden, wenn man sie als Petits fours reichen will.

## Palmiers
### Schweinsohren oder Palmblätter

*Blätterteig, Zucker*

Ein Stück Blätterteig nach der vierten Tour (Seite 656 f.) nehmen und nach 15minütiger Ruhepause die fünfte und sechste Tour geben, aber den Tisch reichlich mit Zucker statt mit Mehl bestäuben. Nach dem Falten der sechsten Tour das Teigstück ausrollen, als solle es eine weitere Tour erhalten. Es soll eine Platte von 40 cm Länge und 8 mm Stärke entstehen. Von jeder Seite her die Enden in die Mitte schlagen, wo sie zusammenstoßen. Nun nochmals übereinanderfalten, so daß ein länglicher Block von 10 cm Breite in 4 Lagen entsteht. Mit einem großen Messer quer 1 cm dicke Scheiben abschneiden und diese mit einer Schnittfläche nach unten auf befeuchtete Backbleche legen. Dabei jeweils einen Zwischenraum von 12 bis 15 cm lassen.
In den gut heißen Ofen schieben und unter aufmerksamer Beobachtung backen. Diese Kuchen öffnen sich dabei palmenartig, der Zucker beginnt rasch zu karamelisieren.
*Anm. der Übersetzer:* Bei etwa 220 Grad jeweils nur 1 Blech auf einmal backen, das andere in der Zwischenzeit in den Kühlschrank stellen. Die Backzeit beträgt knapp 10 Minuten. Die Schweinsohren niemals heiß aufeinanderlegen, sie würden sonst fest zusammenkleben.

## Palets au sucre
### Teeblätter

*Blätterteig oder Halbblätterteig (Seite 656 f.), Zucker*

Den Blätterteig 6 bis 7 mm dick ausrollen und mit einem runden, kannelierten Ausstecher kleine Blättchen ausstechen. Den Arbeitstisch mit reichlich Zucker bestreuen und diese Blättchen darauflegen. Mit einer Teigrolle zu einer ovalen Form ausrollen. Diese kleinen Stücke mit der gezuckerten Seite nach oben auf ein befeuchtetes Backblech legen und wie die Schweinsohren im heißen Ofen aufmerksam backen.

## Gâteaux sablés fins
## Feines Sandgebäck

*375 g Butter, 2 Eier, 500 g Mehl, 250 g Zucker, 250 g geriebene Mandeln, 1 TL Vanille-Zucker oder 1 EL Rum*

Auf einem Tisch die in Stücke geteilte Butter mit den Eiern, dem mit dem Zucker vermischten Mehl und den geriebenen Mandeln rasch zusammenkneten. Den Teig nicht walken. Sollte er zu fest sein und bröseln, 1 oder 2 Eigelb zufügen. Mit Vanille-Zucker oder Rum parfümieren. Den Teig nun in ein Tuch wickeln und 20 Minuten ruhen lassen.

Dann in eine 3 bis 4 mm starke Platte ausrollen und mit einem gezackten Teigrädchen in kleine Rechtecke oder Quadrate schneiden. Die Teigfleckchen auf ein Backblech setzen, mit einer Gabel häufig einstechen, damit sie beim Backen nicht übermäßig und ungleich aufgehen. Im heißen Ofen backen (etwa 8 Minuten).

Diese feinen, empfindlichen und zerbrechlichen Kuchen sollen eine schöne goldblonde Farbe haben. Man kann sie in einer gut verschlossenen Blechdose einige Zeit aufbewahren.

## Langues de chat
## Katzenzungen — einfaches Rezept

*125 g Zucker, 1 TL Vanille-Zucker, 1 Ei, $\frac{1}{10}$ l Sahne oder Milch, 125 g Mehl*

Zucker, Vanille-Zucker, Ei und Sahne oder Milch in einer Rührschüssel mischen, bis sich der Zucker auflöst. Das Mehl zugeben und alles weiter verrühren, bis der Teig glatt ist. In eine Spritztüte mit einer glatten Tülle von ½ cm Durchmesser füllen und auf ein leicht gebuttertes oder mit Bienenwachs abgeriebenes Backblech 8 bis 10 cm lange Streifen setzen. Zwischen den Streifen jeweils einen Zwischenraum von 6 cm lassen, damit der Teig etwas verlaufen kann, ohne aneinanderzustoßen.

Im mittelheißen Ofen 7 bis 8 Minuten backen. Die Farbe der Katzenzungen muß nun ein goldenes Braun sein, das von dunklen Rändern umgeben ist.

Die Katzenzungen vom Blech lösen, bevor sie vollkommen abgekühlt sind. Sehr trocken in einer gut schließenden Blechdose aufbewahren, damit sie schön mürbe bleiben.

## Langues de chat
## Katzenzungen — feines Rezept

*115 g Butter, 75 g Zucker, 25 g Puderzucker mit Vanille, 3 Eier, 100 g gesiebtes Mehl*

In eine kleine Rührschüssel etwas kochendes Wasser geben, um sie leicht zu erwärmen. Das Wasser abgießen, die Schüssel trocknen und die in kleine Stücke zerteilte Butter hineingeben. Mit einem Spachtel oder Kochlöffel zu einer geschmeidigen Creme rühren. Den Zucker zugeben und rühren, bis die Masse schaumig wird. Nun nach und nach die Eigelb zugeben, dann das Mehl hineinmischen und schließlich die zu einem festen Schnee geschlagenen Eiweiß unterheben. Die Masse in eine Spritztüte füllen und wie im Rezept »einfache Katzenzungen« auf ein gebuttertes oder gewachstes Backblech spritzen, backen und ebenso aufbewahren.

## Palets aux raisins
## Rosinenplätzchen

*125 g Korinthen, 2 EL Rum, 125 g Butter, 125 g Zucker, 3 Eier, 125 g Mehl*

Aus den Korinthen möglicherweise vorhandene unschöne Exemplare heraussuchen, die guten mit Mehl bestäuben und zwischen den Handflächen gegeneinanderreiben, damit das Mehl und die Stiele entfernt werden. Die Korinthen nun in Rum einweichen. In einer leicht erwärmten Schüssel (wie im vorstehenden Rezept verfahren) die in kleine Stücke zerteilte Butter mit einem Spachtel oder Kochlöffel cremig rühren. Den Zucker zufügen und weiter durcharbeiten, schließlich nacheinander die Eier, das Mehl und die Rosinen zufügen.

Eine Spritztüte, die mit einer nicht zu großen glatten Tülle versehen ist, mit diesem Teig füllen und damit nußgroße Häufchen auf ein gebuttertes oder gewachstes Backblech setzen. Dabei etwa 5 cm Zwischenraum lassen, damit die beim Backen verlaufenden Plätzchen nicht aneinanderkleben können. Im mittelheißen Ofen backen (10 Minuten) und wie Katzenzungen aufbewahren.

*Anm. der Übersetzer:* Diese Plätzchen schmecken frisch und noch lauwarm serviert am besten.

## Tuiles aux amandes
### Mandelziegel

*125 g geriebene Mandeln, 1 TL Stärke, 150 g Zucker, 1 TL Vanille-Zucker, 2 Eiweiß, 1 Eigelb, 50 g Mandelstifte*

In einer kleinen Rührschüssel die geriebenen Mandeln mit der Stärke, dem Zucker, dem Vanille-Zucker und einem Eiweiß durcharbeiten. Wenn die Masse glatt und ein wenig cremig geworden ist, zunächst das Eigelb und anschließend das zweite Eiweiß untermischen. Sie soll nun recht weich sein und muß ein wenig auseinanderfließen. Wenn sie zu fest scheint, noch etwas Eiweiß zufügen.

Mit einer Spritztüte, die eine glatte Tülle von 1 cm Durchmesser hat, oder einem TL auf ein gebuttertes Backblech nußgroße Häufchen setzen, die mindestens 6 cm Abstand voneinander haben müssen, denn der Teig verläuft. Auf jedes Plättchen eine Prise Mandelstifte streuen. Im schwach geheizten Ofen (170 Grad) etwa 10 Minuten backen.

Herausnehmen und die einzelnen Plättchen auf eine Teigrolle (oder über Babaförmchen, Gläser oder Flaschen – Anm. d. Übers.) legen, damit sie die charakteristische Rundung bekommen. Denn heiß sind sie noch weich und nehmen die Form des Gegenstandes an, auf dem sie schließlich trocknen und knusprig werden.

Man kann sie bis zu 6 Tagen in einer dicht schließenden Blechbüchse aufbewahren.

## Entremets de pâtisserie
### Torten

Diese Desserts der Konditorkunst bestehen zum größten Teil aus einer Mischung von Biskuit und Crème, Biskuit und Konfitüre oder Marmelade, Biskuit und Fondant (Schmelzglasur). Jeder Biskuitteig kann als Grundlage für eine Torte dienen – es läßt sich jedoch nicht leugnen, daß ein in einer Kuchenform oder einer anderen, nicht zu flachen Form gebackener Mandelteig der delikateste von allen ist.

Die verschiedenen Biskuits werden mit allen möglichen Cremes gepaart: Butter-Creme (Seite 703 f., ohne Kaffee zubereitete Mokka-Creme), die mit verschiedenen Aromastoffen angereichert werden kann,

Frangipane-Creme (Seite 701), Konditor-Creme (Seite 702), Schlagsahne (Seite 702 f.) oder St.-Honoratius-Creme (Seite 706).
Die Verzierung nimmt man meist mit Hagelzucker, gehackten Pistazien, gehackten oder gestiftelten Mandeln, die auch gebrannt oder gegrillt sein können, Schokoladenstreuseln und ähnlichem vor. Die Fondants sind fast immer mit Alkohol aromatisiert, etwa mit Kirschwasser, Anis-Likör, Maraschino, Rum und so weiter, auch mit Kaffee und Schokolade.

## Moka
### Mokka-Torte

Zusätzlich zu den verschiedenen, bereits erwähnten Biskuitarten hier noch ein zusätzliches Rezept, das durch seine Ausgeglichenheit und seine Leichtigkeit ganz besonders für mit Butter-Creme garnierte Torten geeignet ist.

*500 g Zucker, 16 Eier, 500 g Mehl, 1 TL Vanille-Zucker, Mokka-Creme, Hagelzucker*

Erst den Boden zubereiten: In einem weiten Topf oder in einer Rührschüssel den Zucker mit den Eiern schaumig schlagen. Auf eine kleine Flamme oder in ein Wasserbad setzen. Wenn die Masse dicklich geworden ist und Fäden zieht, das Mehl darübersieben und vorsichtig mit einem Spachtel oder Kochlöffel unterziehen. Mit dem Vanille-Zucker parfümieren, in eine nicht zu flache, gebutterte Biskuitform (oder mit Pergamentpapier ausgekleidete Springform – Anm. d. Übers.) füllen und im mäßig heißen Ofen backen (bei 180 Grad etwa 25 bis 30 Minuten). Den fertigen Tortenboden auf ein Kuchengitter stürzen und vor der weiteren Verwendung vollkommen auskühlen lassen.
Dann mit einer langen, schmalen Messerklinge waagrecht in gleichen Abständen 2mal durchschneiden, so daß 3 Platten entstehen. Auf die unterste eine 1 cm dicke Schicht Mokka-Creme streichen, die mittlere Platte darauflegen und ebenfalls mit der Creme 1 cm dick bedecken. Die dritte Platte auflegen und den ganzen Rand sowie die Oberfläche gleichmäßig mit einer guten Creme-Schicht bestreichen. Dazu die Torte auf ein etwas kleineres Kuchengitter legen, damit man mit dem Messer die Seiten wirklich gleichmäßig glattstreichen kann. Dann die

Seiten mit Hagelzucker bedecken, den man nur lose andrückt. Die dabei zwangsläufig herunterfallenden Körner mit etwas Papier auffangen und wiederverwenden.

Die Oberseite der Torte mit 2 EL Mokka-Creme aus einer Spritztüte mit sehr dünner, gezackter Tülle verzieren. Dabei kann man alle möglichen Muster ohne Schwierigkeiten auftragen, etwa Rosetten, Girlanden oder kleine Rosen, die man durch kleine kreisförmige Bewegungen der Tülle herstellt. Bis zum Servieren kalt stellen.

## Chocolatine pralinée
## Schokoladen-Torte mit Mandeln

Die Torte wird wie die Mokka-Torte zubereitet, doch ersetzt man die Mokka-Creme durch eine mit Kakao oder Schokolade vermischte Buttercreme. Die Oberseite mit Schokoladen-Creme verzieren und die Seiten statt mit Hagelzucker mit gehackten, gebrannten Mandeln bedecken.

## Gâteau mascotte
## Maskotte-Torte

*1 Tortenboden (wie für die Mokka-Torte, Seite 698, in einer schrägwandigen, sich nach oben stark öffnenden Kuchenform gebacken), Mokka- oder Schokoladen-Creme (Seite 703 f.), gebrannte Mandelstifte, Puderzucker mit Vanille*

Den Tortenboden mehrmals durchteilen und mit der Creme füllen. Jedoch den Boden so zusammensetzen, wie er in der Form war, also mit der am weitesten ausladenden Schicht oben. In der Mitte etwas dicker füllen, so daß sich die letzte Schicht etwas nach oben wölbt. Das Äußere wie angegeben mit Creme bestreichen und verzieren. Die Seiten reichlich mit den gebrannten Mandelstiften bedecken. Zum Schluß mit Puderzucker bestäuben.

*Anmerkung:* Man kann für die Torte jeden beliebigen runden oder viereckigen Biskuit- oder Génoise-Boden nehmen.

## Bûche de Noël
## Weihnachts-Baumstamm

Dieser Weihnachts-Baumstamm ist eigentlich nichts anderes als eine Mokka-Torte, die aus traditionellem Anlaß eine besondere Form hat.

*Biskuit- oder Génoise-Teig, Mokka- oder Schokoladen-Creme, 1 Boden aus Sandteig, feiner Auslegeteig oder Zuckerteig, nach Belieben noch Butter-Creme, feingehackte, grün gefärbte Mandeln, gefärbter Eischnee u. ä.*

Den Teig in eine längliche halbrunde Form füllen und backen oder, wenn man diese besondere Form nicht hat, auf ein Pergamentpapier streichen und auf dem Blech backen. In diesem Falle nach dem Abkühlen die Biskuitplatte mit dem Papier nach oben auf ein Tuch legen, das Papier befeuchten und abziehen. Die Oberseite mit einer etwa 2 cm dicken Schicht Mokka- oder Schokoladen-Creme bestreichen und alles durch Hochziehen des Tuches auf einer Seite zusammenrollen. Den Boden mit Creme bestreichen und auf einen Boden von Sand-, Auslege- oder Zuckerteig setzen, der auf allen Seiten 3 bis 4 cm über den Baumstamm ragen soll. Auf dem Baumstamm nun mit einer Spritztüte über die ganze Länge Streifen aus Creme ziehen, welche die rauhe Rinde eines Holzstückes darstellen sollen. Dafür nimmt man eine flache oder halbrunde, auf einer Seite gezackte Tülle.

Mit etwas Geschicklichkeit gelingt es, auf dem Baumstamm noch die abgeschnittene Abzweigung von 1 oder 2 Ästen darzustellen. Man nimmt dann ein schräg zugeschnittenes Stück Biskuit und hüllt es in Creme. Die Abschnitte werden jeweils mit heller Butter-Creme bedeckt, und an manchen Stellen kann man mit grün gefärbten, gehackten Mandeln etwas Moos vortäuschen. Die ganze Dekoration ist überhaupt eine Frage des Geschmacks und der Ideen. So kann man Pilze aus Eischnee aufsetzen oder Blattwerk imitieren und anderes mehr.

*Anm. der Übersetzer:* Diese Torte darf in kaum einem französischen Haushalt an Weihnachten fehlen – allerdings stellt man sie meist nicht selbst her, sondern besorgt sie sich vom Konditor, der mit Weihnachtsmännern aus allen möglichen Materialien, Christrosen und Stechpalmenblättern aus mit Speisefarben getöntem Marzipan die unglaublichsten Dekorationen anzubringen vermag.

# Les crèmes, les bavaroises, les charlottes, les puddings, le riz
# Torten-Cremes, Creme-Saucen, Puddings und Reisspeisen

## Les crèmes
## Cremes

### Crème frangipane
### Frangipane-Creme

*1 l Milch, 1 Vanilleschote, 200 g Mehl, 200 g Zucker, 1 Prise Salz, 4 Eier, 6 Eigelb, 100 g Butter, 4 EL zerdrückte Makronen*

In einer mindestens 2 l fassenden, mit einem dicken Boden versehenen Kasserolle die Milch mit der gespaltenen Vanilleschote aufkochen. Vom Feuer nehmen und ein wenig abkühlen lassen.
Inzwischen in einer Rührschüssel das Mehl, den Zucker und das Salz vermischen und die 4 Eier sowie die 6 Eigelb dazurühren. Die noch beinahe kochendheiße Milch ohne die Vanilleschote ganz langsam unter ständigem Schlagen mit dem Schneebesen in die Eiermasse gießen. Wieder in den Topf zurückgeben und ohne Unterbrechung rührend auf kleiner Flamme erhitzen, bis die Creme dick wird und beinahe zu kochen beginnt. Vom Feuer nehmen und die Butter sowie die fein zerdrückten Makronen einarbeiten.
Die Creme in eine Schüssel geben und immer wieder mit einem Holzlöffel umrühren, bis sie kalt geworden ist. Dadurch bildet sich keine Haut, die sonst beim Umrühren in der Creme Krümel hinterläßt. Man kann auch die Oberfläche der noch heißen Creme mit einem Stück Butter abtupfen, wodurch sich ebenfalls keine Haut bilden kann. Bis zum Gebrauch kühl aufbewahren.
*Anm. der Übersetzer:* Für die Makronen 125 g feingeriebene Mandeln mit 3 Eiweiß vermischen, bis eine gleichmäßige Paste entsteht. Den Zucker unterrühren und leicht plattgedrückte Kugeln daraus formen. Diese auf ein mit gebuttertem Papier ausgelegtes Backblech legen und im mittelheißen Ofen 15 Minuten backen.

## Crème pâtissière
## Konditor-Creme

Sie wird auf die gleiche Art zubereitet wie die Frangipane-Creme, doch ändert sich die Zusammensetzung der Zutaten.

*1 l Milch, ein beliebiges Aroma (Vanille, Kaffee-Essenz, Kakao, Orangen- oder Zitronenschale), 120 g Mehl, 500 g Zucker, 1 Prise Salz, 12 Eigelb*

Die Milch mit einer gespaltenen Vanilleschote bzw. Kaffee-Essenz, Kakao oder ohne das bittere Weiße abgeschnittener Orangen- oder Zitronenschale zum Kochen bringen. Ohne die Aromen noch heiß ganz langsam und ständig schlagend in die Mischung aus Mehl, Zucker, Salz und Eigelb ziehen. Nochmals erhitzen, in eine Schüssel gießen und kalt rühren.
*Anmerkung:* Die Konditor-Creme, wie die Frangipane-Creme, wenn sie abgekühlt ist, nochmals durchrühren und auch die an den Wänden der Schüssel abgesetzte Creme untermischen. Die Oberfläche glätten und mit gebuttertem Pergamentpapier oder mit Alufolie abdecken.

## Crème Chantilly
## Schlagsahne

*1 l Sahne, 125–250 g Zucker*

Die möglichst frische und fette Sahne sehr kalt aufbewahren, vor allem in der heißen Jahreszeit. Auch zum Schlagen muß sie sehr kalt sein.
In eine Schüssel geben und mit dem Schneebesen oder dem Handmixer zunächst langsam schlagen, bis sie ihr Volumen verdoppelt hat. Dann schneller schlagen, bis sie sehr fest wird und wie dick geschlagener Eischnee am Rührbesen hängenbleibt, ohne abzutropfen. Aufpassen, daß die Sahne nicht zu lange geschlagen wird, denn schon einige Sekunden können genügen, um sie zu Butter werden zu lassen. Zum Schluß vorsichtig den Zucker einmischen, die Menge richtet sich ganz nach dem Gebrauch der Sahne.
*Anmerkung:* Da die Schlagsahne sehr rasch zuzubereiten ist, sollte sie stets erst kurz vor dem Servieren geschlagen werden.
*Anm. der Übersetzer:* Unsere deutsche Sahne, meist pasteurisiert, ist für

Schlagsahne gut, sogar besser geeignet als die manchmal schon säuerliche französische dicke Sahne (crème fraîche). Man sollte sie stets gründlich schlagen und auf Zusätze, die sie besonders steif und haltbar machen sollen, verzichten.

## Crème moka
### Mokka-Creme (Mokka-Butter-Creme)

Die Konditorkunst hat mit dieser Creme eine geradzu ideale Mischung aus Zucker, Eigelb und Butter geschaffen. Unter den vielen verschiedenen Möglichkeiten, sie zu bereiten – die vom Ergebnis her gesehen alle gleich gut sind –, hier zwei Verfahren, welche auch im Haushalt leicht nachzuvollziehen sind.

### Erstes Rezept:
*200g Zucker, 8 Eigelb, ¼ l guter, starker Kaffee, 350 g sehr gute, frische Butter*

In einer Schüssel den Zucker und die Eigelb vermischen. Mit einem Spachtel, einem Kochlöffel oder dem Handmixer dick und weiß schaumig schlagen, dann nach und nach den heißen Kaffee zugießen und untermischen. In einen Topf geben und vorsichtig – wie eine Englische Creme – unter ständigem Rühren erhitzen. Vorsichtig arbeiten, damit die zunächst recht dünne Sauce dick und cremig wird, ohne daß sie kocht und das Eigelb gerinnt. Sobald die Creme den Löffel mit einer dicken Schicht überzieht, in die Schüssel zurückgeben, damit das weitere Garen gestoppt wird. Etwas abkühlen lassen, dabei immer wieder rühren.

Inzwischen die gut zimmerwarme Butter in kleine Stückchen zerteilen, in eine andere Schüssel geben und mit einem Schneebesen oder dem Handmixer zu einer glatten, geschmeidigen Masse rühren. In diese Butter die lauwarm gewordene Creme ziehen und alles mit dem Schneebesen oder dem Handmixer innig miteinander vermischen. Dabei wird die Creme immer glatter, sahniger und glänzender. Sie hat eine hellbraune Farbe und schmeckt deutlich nach einem guten, frischen Mokka. Sofort verwenden und auf keinen Fall kühl stellen, denn dann würde sie hart und wäre nicht mehr geeignet, für Torten oder andere Nachspeisen weiterverarbeitet zu werden.

**Zweites Rezept:**

*¼ l Englische Creme (siehe unten), 250 g gute Butter, 1 EL Kaffee-Essenz*

Die noch lauwarme Englische Creme in die, wie im ersten Rezept angegeben, schaumig gerührte Butter ziehen und gut durchmischen. Zum Schluß mit Kaffee-Essenz würzen.

Man kann die Englische Creme durch ¼ l Konditor-Creme ersetzen, doch ergibt diese eine weitaus weniger feine Mokka-Creme.

Wichtig: Als grundlegende Regel muß man beachten, daß für alle *Butter-Cremes* immer zur Hälfte eine Creme und zur anderen Hälfte Butter genommen wird. Nimmt man zuwenig Butter, so fetten Sauce und Butter auseinander – ein Fehler, den man jedoch sehr leicht korrigieren kann.

*Anm. der Übersetzer:* Die ohne Kaffe-Essenz (etwas löslichen Kaffee in sehr wenig heißem Wasser auflösen) zubereitete Creme ist die klassische *Butter-Creme*, die man mit allen nur denkbaren Aromastoffen verfeinern kann (z. B. Erdbeer-Püree, Schokolade, Kakao, Vanille, Marmelade, Spirituosen usw.).

## Crème anglaise
### Englische Creme oder Vanille-Sauce

Diese Creme ist die Grundlage für viele kalte und warme Nachspeisen, auch als Begleitung beliebt und Ausgangsprodukt für die »Parfait« genannten Eiszubereitungen.

Für 1 l Creme: *¾ l Milch, 1 Vanilleschote oder 1 TL Vanille-Zucker, 250 g Zucker, 8 Eigelb*

Die Milch zum Kochen bringen, vom Feuer nehmen und zugedeckt mit der halbierten Vanilleschote oder dem Vanille-Zucker ziehen lassen.

Inzwischen in einer Schüssel den Zucker und die Eigelb mit einem Holzspachtel oder dem Handmixer langsam, aber stetig schaumig rühren, bis die Masse beinahe weiß, schaumig und dick wird. Die heiße Milch in kleinen Mengen unter ständigem Schlagen hinzufügen, bis alles gut gemischt ist.

Die Sauce in den Topf, in dem die Milch erhitzt wurde, zurückgießen und auf kleiner Flamme erhitzen. Dabei mit dem Holzspachtel ständig umrühren und vor allem am Boden und seinen Ecken zur Topfwand immer wieder entlangschaben, um ein vorzeitiges Absetzen und Gerinnen eines Teils der Eigelb zu verhindern. Unter der Einwirkung der Hitze wird die Eigelbmasse immer fester und ruft dadurch ein Dickwerden der Milch hervor. Sowie diese den Holzspachtel mit einer Schicht gut bedeckt, wenn die Sauce sich dabei dem Moment des ersten Aufkochens nähert, vom Feuer nehmen und sofort in die Schüssel zurückgießen, damit sich die Sauce abkühlt, die Eigelb nicht gerinnen, ausflocken, und die Sauce mit kleinen Krümeln durchziehen, statt sie zu binden und geschmeidig zu machen. Bis zum völligen Abkühlen rühren.

Das genaue Abpassen dieses Zeitpunktes erfordert eine gewisse Erfahrung. Man kann einen Mangel an solcher ganz einfach durch die Zugabe von 1 TL Stärke zur noch nicht kochenden Milch ganz zu Anfang verschleiern, denn die Creme wird dann schneller dick, ohne bis kurz vor ihrem Zerfallpunkt erhitzt zu werden.

*Anmerkung:* Will man die Feinheit und die Geschmeidigkeit der Englischen Creme noch erhöhen, so kann man bis zu 20 Eigelb je Liter Milch verwenden und nach dem Abkühlen ⅕ l sehr dicke, frische Sahne (crème fraîche) dazurühren.

*Anm. der Übersetzer:* Die Englische Creme verlangt viel Zeit: Insgesamt sollte man, um ein wirklich gutes Ergebnis zu bekommen, mit 45 Minuten Rühren – davon 15 Minuten für das Heißrühren und 30 Minuten für das Kaltrühren – rechnen. Das Abkühlen geht schneller, wenn man die Schüssel in kaltes Wasser stellt.

Bei der Herstellung dieser wie auch anderer Cremes bleibt stets eine große Menge von Eiweiß übrig. Man verwendet sie am besten zu Meringuen, die sich gut aufheben und als Vorrat zubereiten lassen.

## Crème à la purée de marrons
### Eßkastanien-Creme

Eine Butter-Creme bereiten, wie auf Seite 703 f. angegeben. Die gleiche Menge an Eßkastanien zufügen sowie nochmals soviel Zucker, wie für die Butter-Creme bereits verwendet wurde. Das Eßkastanien-Püree erhält man aus geschälten und gekochten oder aus Resten von glacierten Eßkastanien, die jeweils durch ein feines Sieb gedrückt werden und denen man etwas Zuckersirup oder Milch zugibt, bis sie eine cremige, aber feste Konsistenz bekommen.

## Crème à Saint Honoré
## St.-Honoratius-Creme

*¼ l Milch, 30 g Weizen-, Reis- oder Stärkemehl, 125 g Zucker, ½ TL Vanille-Zucker, 1 Prise Salz, 6 Eier (getrennt), 2 Blatt Gelatine*

Wie die Konditor-Creme (Seite 702) herstellen. Wenn die Creme fertig ist, neben dem Feuer die 15 Minuten in kaltem Wasser eingeweichte und gut ausgepreßte Gelatine darin auflösen. Solange sie noch heiß ist, auch die zu sehr steifem Schnee geschlagenen Eiweiß unterheben. Hierfür gibt es zwei Möglichkeiten: Entweder die heiße Creme in kleinen Mengen und nach und nach an die geschlagenen Eiweiß geben und vorsichtig untermischen, indem die Masse immer wieder mit einem Spachtel oder Kochlöffel hochgehoben wird, damit die Eiweiß nicht zusammenfallen, oder die heiße Creme in eine große Schüssel gießen und die steifgeschlagenen Eiweiß in kleinen Mengen zugeben und ebenfalls vorsichtig unterheben. Das zweite Verfahren ist dem ersten vorzuziehen, das Eiweiß fällt nicht so leicht zusammen. Diese St.-Honoratius-Creme muß sofort verwendet werden, ehe sie abkühlt und die Gelatine sie erstarren läßt.

## Blancs d'œufs en neige
## Eischnee

Um Eiweiß in festen und glatten Eischnee umzuwandeln, benötigt man 2 Geräte: ein halbkugelförmiges Becken aus nicht verzinntem Kupfer und einen Schneebesen, dessen Drahtschlingen in einem Holzgriff stecken. Auch die am ausgeklügeltsten konzipierten mechanischen Rührwerke haben bis heute noch nicht das Handgelenk zur Vollkommenheit ersetzen können. Eine Ausnahme muß man nur für Industrie- und Laboratoriums-Rührwerke machen, welche die Kraft der Motoren über verschiedene Gelenke so übertragen, daß sie genau die Bewegungen von Unterarm und Handgelenk ersetzen.

Ganz frisches Eiweiß hat die Eigenschaft, gegen Ende des Schlagens zu Eischnee grieselig zu werden und sich schließlich abzusetzen. Man beseitigt diese Erscheinung durch die Zugabe einer Prise Salz genau zu Anfang und von 1–2 Löffeln Zucker am Ende.

Zunächst werden die Eiweiß ähnlich wie ein Omelett nur gerührt, noch nicht geschlagen. Man hält das Becken oder die Rührschüssel dazu leicht geneigt, so daß man stets unter die Eiweiß fahren kann. Je mehr bei diesem Rühren und Schlagen das Eiweiß gerinnt und je stärker es an Volumen zunimmt, desto schneller muß man auch schlagen, bis man schließlich den Schneebesen lebhaft an den Wänden entlangstreifend kreisen läßt. Zwischendurch etwas Zucker zugeben. Die Masse wird jetzt schnell steif und ist erst fertig, wenn ein Stück mit dem Schneebesen aus der Masse gehoben wird, dieses vollkommen von den Stäben gehalten wird und nicht mehr abtropft. Den Eischnee immer möglichst sofort nach der Herstellung verwenden. Um ihn mit einer anderen Zubereitung zu vermischen, muß man sehr vorsichtig arbeiten, damit die schaumige Masse nicht schwer wird und in sich zusammenfällt. Dieses vermeidet man am ehesten, wenn man den Eischnee stets nur mit einem Spachtel oder Kochlöffel von unten her hochhebt und so langsam, aber gründlich mit den anderen Zutaten vermischt – nicht umsonst lautet der Fachausdruck für das Mengen von Eiweiß mit etwas anderem: Unterheben.

*Anm. der Übersetzer:* Für ein 3-Sterne-Restaurant mögen die elektrischen Rührgeräte nicht genügen – in einem Haushalt sind sie durchaus zu verwenden. Doch sollte man stets darauf achten, daß man eine weite Rührschüssel (auch aus Plastik) hat, deren Wände die freie Entwicklung des Eischnees nicht einengen. Das Eiweiß sollte möglichst kalt sein, wenn man zu schlagen beginnt. Auch mit dem elektrischen Rührgerät, gleichgültig ob einem Handmixer oder einer Küchenmaschine, zunächst langsam beginnen und schließlich immer schneller schlagen.

## Crème moka délice
### Sehr feine Mokka-Creme (im Andenken an den Meister Urbain Dubois)

*8 Eigelb, 1 EL Puderzucker, $1/10$ l Sirup (30 Grad) aus sehr starkem und frischem Kaffee und Zucker, 400 g Butter*

In einer möglichst neutralen Rührschüssel – am besten aus unverzinntem Kupfer – die Eigelb mit dem Puderzucker in einem heißen Wasserbad dick und weiß schaumig schlagen. Nach und nach den Sirup zugießen und hineinrühren. Wenn die Mischung die Konsistenz einer Englischen Creme bekommen hat, vom Feuer nehmen und rühren, bis sie lauwarm ist. Unterdessen die Butter cremig rühren und schließlich die Mokka-Mischung unterschlagen.

*Anm. der Übersetzer:* Urbain Dubois war einer der bedeutendsten Küchenchefs in der zweiten Hälfte des 19. Jahrhunderts.

## Crème pour bavaroises, plombières, puddings, charlottes glacés
## Creme für geeiste Bayerische Cremes, Plombièren, Puddings und Charlotten

Eine Englische Creme (Seite 704) mit mindestens 9 Eigelb auf ¾ l Milch bereiten. 12 Blatt Gelatine (24 g) in kaltem Wasser 15 Minuten einweichen. Gut ausgedrückt in die Creme geben, wenn eben die Milch zu den Eiern gegossen wurde, erhitzen und dicklich abrühren. Dann durch ein feines Sieb gießen, um eventuell vorhandene Rückstände von Gelatine zu entfernen, und in einer Schüssel abkühlen lassen. Dabei häufig umrühren, damit sich keine Haut und daher Krümel bilden können.

*Anm. der Übersetzer:* Plombièren sind Eisspeisen, die aus Creme, kandierten Früchten, Orangeat, Zitronat und Alkohol hergestellt werden, meist mit Vanillegeschmack angereichert und mit Marmelade gefärbt.

## Crème renversée
## Gestürzte Creme

*200 g Zucker, 4 Eier, 8 Eigelb oder 8 ganze Eier, 1 l Milch, beliebiges Aroma*

In einer Schüssel den Zucker und die Eier einige Zeit schaumig rühren und nach und nach unter ständigem Schlagen mit dem Schneebesen (oder dem Handmixer) die kochende, mit einem Aroma versetzte Milch hineingießen. Durch ein feines Sieb passieren, den darauf schwimmenden Schaum abheben und in die gewünschte Form gießen: eine Biskuitform mit Tülle (einem in die Form hineinragenden Zylinder), flache, verschieden geformte oder verzierte Formen oder kleine Portionsförmchen.

Die Form oder die Förmchen in eine passende Bratplatte oder eine hohe Kasserolle je nach den Ausmaßen der gewählten Form stellen. Mit kochendheißem Wasser bis zu ⅔ Höhe der Creme-Form angießen und in den mittelheißen Ofen stellen. Darauf achten, daß dieses Wasserbad niemals zu kochen beginnt. Erkennt man, daß dies bald eintreten könnte, so gibt man rasch einige EL lauwarmes Wasser hinzu. Ein Kochen des Wassers im Wasserbad würde eine teilweise Trennung der Creme verursachen, die man erst später an den kleinen, überall in der Creme verteilten Wassertröpfchen erkennen kann.

Den richtigen Garpunkt kann man durch leichten Druck erkennen: (die Masse muß einen Widerstand leisten) oder durch Einstechen mit einer Nadel oder Messerklinge: Das Metall muß blank und ohne anhängende Creme herausgezogen werden können. In der Form abkühlen lassen und erst kurz vor dem Servieren stürzen. Die unterschiedliche Angabe zu der Eiermenge läßt sich leicht erklären: Das Eiweiß hat die Aufgabe, die Creme während des Erhitzens durch ein Gerinnen fest werden zu lassen, die Eigelb haben die Aufgabe, die Masse füllig und geschmeidig zu machen. Es ist leicht verständlich, daß die Creme um so mehr Feinheit gewinnt, je höher der Anteil an Eigelb und je geringer der Anteil von Eiweiß ist. 4 Eiweiß sind jedoch auf 1 l Milch nötig, um ein sauberes Stürzen zu ermöglichen.

Als Aroma bieten sich gespaltene Vanilleschote, dünn abgeschälte Orangen- oder Zitronenschale an, die man in der heißen Milch ziehen läßt; oder man löst Kakao oder Schokolade in ihr auf; oder man gibt Kaffee, Tee oder andere Flüssigkeiten dazu, wobei man die Milch dann um die entsprechende Menge verringert.

## Crème renversée au caramel
### Gestürzte Creme in Karamel

*Gestürzte Creme (wie vorstehendes Rezept), 4 Stück oder 2 EL Zucker*

Die Creme wie oben angegeben zubereiten. Inzwischen den Zucker in 2 EL Wasser auflösen und langsam zu einem Karamel kochen. Das heißt, das Wasser vollständig verdampfen lassen und anfangen, den Zucker anzubrennen. Sowie der Zucker eine helle, rotbraune Farbe angenommen hat, vom Feuer nehmen. Den Topf sofort in kaltes Wasser tauchen, damit das Bräunen rasch angehalten wird und der Karamel nicht bitter wird. Oder den Karamel in die Form gießen, in der die Creme bereitet werden soll. Diese Form hin und her schwenken, damit sich der Karamel gleichmäßig darin verteilt und eine 3 mm dünne Schicht bildet. Will man zu der Creme einen Karamelsirup reichen, so kocht man die doppelte Menge Zucker und Wasser ein, gießt nur die Hälfte des Karamels in die Creme-Form und löst den im Topf verbliebenen Rest mit $1/10$ l Wasser auf, bis ein Sirup entsteht. Beiseite stellen und später getrennt zu der Creme reichen.

In die mit Karamel ausgekleidete Form die fertige Creme-Masse füllen,

wenn der Karamel etwas abgekühlt und dabei erstarrt ist. Wie umseitig angegeben im Wasserbad fest werden lassen.
Diese Nachspeise sollte stets etwa 6 Stunden vor dem Servieren zubereitet werden. Durch die Wartezeit löst die Creme den Karamel etwas, der beim Stürzen dann in einer schönen goldbraunen Farbe über die Creme herunterrinnt.

## Pots de crème
## Creme-Töpfchen

Von allen gekochten Creme-Speisen können diese Creme-Töpfchen unleugbar als feinste Zubereitung hergestellt werden, denn da die Creme in den Töpfchen, in denen sie pochiert wird, auf den Tisch kommt und nicht gestürzt wird, kann man vollkommen auf das Eiweiß verzichten.

*Für 6 Personen: ½ l Milch, Vanille oder Schokolade, 120 g Zucker, 6 Eigelb*

Die Milch aufkochen lassen, Vanille darin ziehen lassen oder Schokolade auflösen. Zucker und Eigelb schaumig rühren, mit der heißen Milch aufgießen und in die Töpfchen füllen. Einige Minuten stehen lassen, dann den oben schwimmenden Schaum restlos abschöpfen. Die Töpfchen in ein Wasserbad stellen und zugedeckt sehr vorsichtig garen, da die Masse sehr empfindlich ist. Durch das Zudecken bleibt die Oberfläche hell und verfärbt sich nicht. Mit Vanille zeigt sie ein schönes glänzendes Goldgelb, mit Schokolade den charakteristischen Braunton, der wie glaciert erscheint.

## Œufs à la neige Gisou
## Schnee-Eier »Gisou«

Dieser häusliche Nachtisch hat immer Erfolg. Seine Qualität hängt vor allem von der Frische der Eier ab.

*8 ganze, besonders frische Eier, 250 g Zucker, ½ l Milch, 1 Bourbon-Vanilleschote*

Die Eier trennen und die Eigelb mit 250 g Zucker und der mit der gespaltenen Vanilleschote parfümierten Milch wie zu einer Englischen Creme (Seite 704) aufgeschlagen. Durch ein feines Sieb passieren und kalt rühren.

Die Eiweiß, wie auf Seite 706 angegeben, zu einem festen Schnee rühren, zum Schluß die restlichen 125 g Zucker vorsichtig unterheben. Eine große, flache Kasserolle zu ¾ mit Wasser füllen und dieses zum Kochen bringen. Mit einem möglichst hölzernen Kochlöffel eigroße Bällchen abstechen, auf die Oberfläche des Wassers absetzen, dem Topf von der Seite einen kleinen Stoß geben und so die Eiweißbällchen vom Löffel lösen. Jeweils etwa 1 Dutzend Bällchen pochieren. Immer nach 1 oder 2 Minuten mit einem Schaumlöffel umwenden, damit sie auf allen Seiten gleichmäßig gar ziehen. Herausheben und auf einem feinen Sieb oder auf einem Tuch abtropfen und abkühlen lassen. Die abgekühlte Creme in eine tiefe Platte geben, darauf die Schnee-Eier setzen und dabei etwas übereinanderlegen. Man kann darauf nach Belieben gestiftelte Mandeln, etwas Karamel oder geriebene Schokolade streuen.

Dieses ausgezeichnete Gericht wird kalt, aber nicht geeist gegessen.

## Les sabayons
### Sabayons

Sabayons werden fast immer als Sauce zu einer warmen oder kalten Süßspeise gereicht. Ihre Zubereitung und ihre grundsätzliche Zusammensetzung sind stets gleich, nur das beigegebene Aroma ändert sich je nach der Speise, zu der diese leichte Creme gereicht wird.

*400 g Zucker, 10 Eigelb, ⅖ l sehr trockener Weißwein, ein beliebiges Aroma*

In einer Kasserolle den Zucker mit den Eigelb schaumig schlagen, bis die Masse weiß und dick schaumig wird. Dies kann, wie bei der Génoise, kalt oder auch warm geschehen (Seite 684 f.). Wenn die Masse Fäden zu ziehen beginnt, den Weißwein unterschlagen und die Masse unter ständigem Schlagen im Wasserbad erhitzen, bis sie die Konsistenz einer leichten Creme bekommen hat und so heiß geworden ist, daß die Eigelb anfangen, unter der Einwirkung der Hitze fest zu werden. Nicht zu stark erhitzen, sonst verliert die Sauce ihre Leichtigkeit und Geschmeidigkeit.

In eine Schüssel umfüllen und häufig umrührend abkühlen lassen oder in einem Wasserbad bei mäßiger Temperatur warm halten.

Erst kurz vor dem Servieren mit einem Aroma abschmecken: Vanille-Zucker, Orangen- oder Zitronen-Zucker, $1/10$ l Rum, Kirschwasser, Kümmel-Likör, Maraschino, Grand Marnier, Marie-Brizard (Anis-Likör). Nimmt man als Aroma einen Südwein oder Champagner, so wird der Weißwein voll durch diesen ersetzt; geeignet sind Madeira, Portwein, Sherry, Marsala, Samos, Champagner.

*Orangen-, Mandarinen- oder Zitronen-Zucker:* Eine sehr einfache Methode, einen ausgezeichneten Aromastoff auf sehr sichere Weise zu erhalten. Ein oder mehrere Stücke Würfelzucker an der unbehandelten, nicht gewachsten Schale von Orangen, Mandarinen oder Zitronen reiben, bis sie auf allen Seiten von dem farbigen Teil der Schale bedeckt sind. Die Zuckerstückchen mit einem Messer schaben, bis sie wieder weiß sind und erneut an den Früchten reiben, bis alle gefärbten Schalenteile entfernt sind – nur sie sind voll der ätherischen, aromatischen Öle, nicht jedoch das darunterliegende Weiße, das unangenehme Bitterstoffe enthält.

*Anm. der Übersetzer:* Bocuse nimmt hierzu große Zuckerstücke aus Rohrzucker, wie sie früher auch bei uns üblich waren. Sie sind jedoch inzwischen vom Markt verschwunden, und so muß man sich mit normalem Würfelzucker behelfen.

# Sauces pour accompagnement d'entrements
# Saucen zu Süßspeisen

## Sauce crème au chocolat
## Schokoladen-Sahne-Sauce

*250 g bittere Schokolade oder 125 g Kakao mit 125 g Zucker, $1/10$ l Wasser, $1/5$ l dicke Sahne (crème fraîche), 30 g Butter*

Auf ganz kleiner Flamme die Schokolade (oder Kakao mit Zucker) in $1/10$ l Wasser schmelzen und köcheln lassen. Ab und zu umrühren. Kurz vor dem Servieren neben dem Feuer die Sahne und die Butter hineinrühren. Die Sauce noch 2 Minuten mit dem Schneebesen schlagen.

## Sauce aux abricots
## Aprikosen-Sauce (und andere Frucht-Saucen)

*⁷/₁₀ l Aprikosen-Konfitüre, ⅕ l Wasser, 50 g Zucker, beliebiges Aroma*

Alle Zutaten in eine Kasserolle geben und unter ständigem Rühren 5 Minuten leise köcheln lassen. Abschäumen und durch ein feines Sieb streichen, dabei auch die in der Konfitüre enthaltenen Stücke mit durchtreiben. Im Wasserbad warm halten und erst zum Servieren mit dem gewünschten Aroma vermischen. Besonders gut passen zu Aprikosen Kirschwasser, Maraschino oder Vanille.
Auf diese Weise kann man auch andere Frucht-Saucen herstellen, wobei immer eine ausgezeichnete Konfitüre als Grundlage dient:
*Erdbeer-Sauce* oder *Johannisbeer-Sauce*, mit Kirschwasser aromatisiert
*Himbeer-Sauce*, mit Curaçao aromatisiert und mit ⅓ Aprikosen-Sauce vermischt.

## Sauce Montmorency
## Sauerkirsch-Sauce

*250 g Sauerkirschen (Schattenmorellen), 250 g kalt gerührtes Johannisbeergelee, 125 g Himbeeren, 2 süße Orangen, 1 Prise Ingwerpulver, 60 g kandierte Kirschen, 2 EL Kirschwasser*

Die Sauerkirschen waschen und zerdrücken. Den Saft auspressen und in einer Schüssel mit dem halb geschmolzenen, kalt gerührten Johannisbeergelee vermischen. Den Saft der Himbeeren und der Orangen zufügen und mit einem Hauch Ingwer abschmecken. Die kandierten, nicht zu süßen Kirschen, die man vorher in dem Kirschwasser mit 1 EL warmem Wasser hat quellen lassen, zugeben und servieren.
*Anm. der Übersetzer:* Das kalt gerührte, also roh mit Zucker eingemachte Johannisbeergelee ist eine Spezialität aus der Stadt Bar-le-Duc, die östlich von Lothringen in Artoivis liegt. Die Johannisbeeren werden zerdrückt und in ein Tuch (Windel) zum Abtropfen gegeben. Den aufgefangenen Saft verrührt man mit der anderthalbfachen Menge Zucker, bis dieser sich aufgelöst hat, das dauert etwa 30 Minuten. Den entstandenen Schaum abschöpfen und den Saft in kleine Gläschen füllen. 3 Tage an einem sauberen, luftigen Ort offen stehen lassen und dann erst verschließen. Will man das Gelee fester, kann man die doppelte Menge Zucker zufügen. Nimmt man nur ein Verhältnis von 1:1, kann es passieren, daß das Gelee nicht fest wird.

## Sauce crème pralinée
## Krokant-Sauce

*1 l Englische Creme oder Champagner-Sabayon, 3 gehäufte EL Mandel-,
Haselnuß- oder Pistazien-Krokant*

Die Creme oder den Sabayon mit dem fein zerstampften Krokant vermischen.


## Le blanc-manger
## Mandelsulz

Zwar ist diese Süßspeise ein Gericht, das für die alte, klassische Küche typisch ist, sie gehört aber trotzdem zu den köstlichsten Leckereien, die man sich ausdenken kann. Bedauerlicherweise scheint die moderne Küche diese einfache und typisch französische Speise immer mehr zu vergessen. Ich möchte ihr daher in diesem Werk einen gebührenden Platz einräumen und daran erinnern, daß die Mandelsulz wahrscheinlich die Vorläuferin aller geeisten Puddings, Bayerischen Cremes und Plombières ist.

*250 g Mandeln, 2 bittere Mandeln, ⅖ l frische, leichte Sahne, 100 g Zucker,
½ TL Vanille-Zucker, 7–8 Blatt Gelatine, ¹⁄₁₀ l dicke Sahne (crème fraîche),
noch etwas Zucker*

Die Mandeln schälen, dazu vorher 5 Minuten in kochendes Wasser geben, abschrecken und zwischen Zeigefinger und Daumen drückend aus den Schalen pressen (oder die Mandeln schon geschält kaufen). Eine halbe Stunde in kaltes Wasser legen, damit sie schön weich werden. Abtropfen lassen, abtrocknen und im Mörser nach und nach zu einer Paste zerstampfen. Dabei nach den ersten Minuten ein wenig Wasser, später in kleinen Mengen die Sahne zufügen. Alles in ein festes Tuch über eine Schüssel geben und durch Auswringen (Gegeneinanderdrehen der beiden Enden) alle Flüssigkeit aus der Mandelmasse pressen.
Den Zucker kalt in der aufgefangenen Mandelmilch auflösen, den Vanille-Zucker zufügen und schließlich die in kaltem Wasser gequolle-

ne, gut ausgedrückte, in etwas erwärmter Mandelmilch gelöste Gelatine einziehen.
Alle Zutaten zusammen ergeben jetzt gut ⅓ Flüssigkeit. Wenn die Mischung beginnt, durch die sich abkühlende Gelatine zu erstarren, die sehr fest und schaumig geschlagene, leicht gezuckerte Sahne untermischen.
Wie eine Bayerische Creme in eine Form füllen, in den Kühlschrank stellen und stürzen.

# Les bavaroises
# Die Bayerischen Cremes

Die bayerischen und ähnlichen Cremes werden stets sehr kalt, also geeist gereicht und nehmen daher in einem Menü die Stelle von Sahne- oder Fruchteis ein. Diese abwechslungsreiche Nachspeise hat zudem den Vorteil, daß sie im Haushalt einfach zubereitet werden kann und nicht besondere Geräte verlangt wie zum Beispiel etwa Eis.
Es gibt zwei verschiedene Arten von Bayerischen Cremes, die eine geht von Sahne aus, die andere hat ein Frucht-Püree als Grundlage.

## Bayerische Creme auf Sahne-Basis

*½ l Milch, 1 Vanilleschote, 250 g Zucker, 8 Eigelb, 6-7 Blatt Gelatine (ca. 15 g), ½ l dicke Sahne (crème fraîche), 2 gehäufte EL Puderzucker (ersatzweise normaler Zucker), beliebige Aromaten oder Garnituren (im folgenden Rezept angegeben), Mandelöl oder Karamel*

Genau wie für die Englische Creme (Seite 704) angegeben, eine heiße Creme anrühren. In die noch heiße Creme die eingeweichte, gut ausgedrückte Gelatine geben und auflösen. Die Creme durch ein feines Sieb in eine glasierte Schüssel gießen.
Abkühlen lassen, dabei immer wieder durchrühren. Wenn die Creme beinahe kalt ist, beginnt sie zu erstarren. Bevor sie wirklich fest wird, solange sie also noch glatt und praktisch flüssig ist, vorsichtig die sehr dick und schaumig geschlagene Sahne, die mit etwas Puderzucker gesüßt wurde, hineinrühren bzw. unterheben. In diesem Augenblick auch das gewünschte Aroma oder eine Garnitur zufügen.
Die weitere Zubereitung folgt nachstehend.

## Bayerische Creme auf Frucht-Basis

*½ l Zuckersirup von 30 Grad (Seite 775 ff.), 15 Blatt Gelatine (30 g), ½ l Frucht-Püree (im folgenden Rezept angegeben), 3 Zitronen oder Orangen, ½ l dicke Sahne (crème fraîche), Mandelöl oder Karamel*

Den Sirup bereiten und noch warm mit der vorher eingeweichten, gut ausgepreßten Gelatine verrühren. Wenn die Mischung zu erstarren beginnt, das Fruchtpüree und den Orangen- oder Zitronensaft hineinschlagen und die sehr dick und schaumig geschlagene Sahne einbeziehen.

Für die weitere Zubereitung wie für die Bayerische Creme auf Cremebasis verfahren:

Die Bayerischen Cremes werden sehr häufig gestürzt serviert und dazu in spezielle Formen mit Tülle (einem zylindrischen Innenrohr, das in die Form hereinragt und eine gleichmäßige Temperaturverteilung im Inhalt der Form begünstigt) und mehr oder weniger reichen Verzierungen gefüllt. Hat man keine solche Form, so kann man sich mit einer Pudding-, Savarin-, Génoise-, Charlotten- oder Gugelhupfform behelfen. Oder man verzichtet auf das Stürzen und füllt die Creme in eine Kristall- oder Silberschüssel. In diesem Fall kann man, da ja nicht gestürzt wird, die Creme mit der Hälfte der Gelatine steif machen, was der Feinheit des Geschmacks deutlich zugute kommt.

Wenn die Bavaroise aber gestürzt werden soll, so muß die Form vor dem Füllen mit Mandelöl ausgestrichen oder mit einem sehr hellbraunen Karamel ausgekleidet werden. Letzteres Verfahren ist empfehlenswerter. Die gefüllte Form dann mehrmals auf ein zusammengefaltetes Tuch stoßen, damit sich die Creme gut setzt und in alle Winkel und Verzierungen gleichmäßig eindringt. Die Form dann in gestoßenes Eis oder in den Kühlschrank stellen, um sie mindestens 3 Stunden zu kühlen.

Zum Stürzen die Form kurz in warmes Wasser tauchen, abtrocknen und umgekehrt auf die Servierplatte stellen. Durch leichtes Hin-und-her-Schieben herausgleiten lassen.

Es ist zu empfehlen, zu einer Bavaroise einen gemischten Teller mit kleinen, weichen Makronen bereitzustellen, die mit Vanille und Schokolade zubereitet wurden.

## Bavaroises aux liqueurs et autres
## Bayerische Cremes mit Likören und anderen

Bavaroisen auf Creme-Basis kann man mit folgenden Parfüms, Aromaten und Garnituren zubereiten:
Grand Marnier, Cointreau, Marie-Brizard (Anis-Likör), Kirschwasser, Maraschino, Rum, Cognac, Prunelle (Schlehen-Likör), praktisch allen Sorten von Obstgeist und Likör.
Mandeln, Walnüsse, Haselnüsse, Krokant.
Zitrone, Orange, Kaffee, Schokolade, Portwein, Marsala, Frontignan (französischer Südwein) und ähnliche.


## Bavaroises aux fruits
## Bayerische Cremes mit Früchten

Stets nur gut ausgereifte, vollaromatische Früchte auswählen, die durch ein feines Sieb getrieben wurden. Am meisten werden geschätzt: Erdbeeren, Himbeeren, Brombeeren, Ananas, Pfirsiche, Aprikosen, Bananen, Kirschen und Melonen.
*Anm. der Übersetzer:* Man kann praktisch alle saftigen Früchte für eine Bavaroise verwenden. Besonders gut geeignet sind die meisten exotischen Früchte, die derzeit immer häufiger auf den Markt kommen. Im allgemeinen genügt hier oft schon ¼ bis ⅓ l Fruchtpüree auf ½ l Sirup (den Sirupanteil dann entsprechend mit Wasser verlängern, jedoch nicht zusätzlich süßen!).


## Bavaroises aux fleurs
## Bayerische Cremes mit Blumen

Blumen-Bavaroisen sind ausgesprochene Süßspeisen für den Frühling. Man bereitet sie mit Veilchen, Rosenblättern, Akazien, Orangen-, Holunderblüten oder Nelken zu, die stets ganz frisch gepflückt sein und von einer stark duftenden Sorte stammen müssen. Die Zubereitung ist einfach: Man gibt die Blumen in den noch heißen Sirup, läßt sie darin ausziehen und seiht sie anschießend ab. Anschließend wie bei den Frucht-Bavaroise vorgehen.

## Rêverie Candice et Stéphanie
## Träumerei »Candice und Stefanie«

*1 rundes Genueser Brot (Seite 691 f.) von 25 bis 30 cm Durchmesser, Maraschino, Mandelöl oder Karamel, kandierte Veilchen, Brombeeren, Zucker, kaltgerührtes Johannisbeergelee (Anmerkung Seite 713), Sandgebäck (Seite 695) – Für die umhüllende Creme: ¼ l flüssige Sahne, 125 g Zucker, 1 TL Stärkemehl, 4 Eigelb, 5 Blatt Gelatine, 1 Orange (ungespritzt, Schale), 1 Stück Zucker – Für die Füllung: 150 g Walderdbeeren (ersatzweise Monatserdbeeren), 75 g Himbeeren, 75 g Brombeeren, 200 g Puderzucker, 1 Likörglas Marschino oder Kirschwasser, 8 Blatt Gelatine, 3 EL leichter Zuckersirup, ¼ l dicke Sahne (crème fraîche), etwas Puderzucker*

Das Genueser Brot mit Maraschino beträufeln, auf eine Platte legen, die so viel Platz läßt, daß um das Brot ein Kranz von Brombeeren gesetzt werden kann, und zum Durchtränken kalt stellen.

Aus Sahne, Zucker, Stärkemehl, Eigelb und Gelatine eine Englische Creme (Seite 704) bereiten, recht dicklich werden lassen und durch ein feines Sieb in eine Schüssel gießen. Bis zum vollständigen Abkühlen durchrühren und mit der mit dem Zuckerstück abgeriebenen Orangenschale aromatisieren. Wenn die Masse dann zu erstarren beginnt, in eine mit einer Tülle versehene Bavaroise-Form, deren Durchmesser etwa 6 cm kleiner als das Genueser Brot sein soll, gießen und diese in zerstoßenes Eis setzen. Die Form dabei ständig drehen und wenden, so daß sich die Wände mit einer gleichmäßigen Schicht der unter dem Einfluß der Kälte erstarrenden Creme überziehen. Weiterhin kalt stellen. Inzwischen die möglichst frisch gepflückten Erdbeeren, Himbeeren und Brombeeren aussortieren und von den Stielen befreien. In eine Schüssel geben und mit dem Puderzucker bestreuen. Mit Maraschino oder Kirschwasser beträufeln, mit einem silbernen Löffel umwenden, mit einem Tuch bedecken und 15 Minuten kalt stellen. Durchziehen lassen. Dann vollkommen durch ein feines Sieb in eine daruntergestellte Schüssel streichen.

Die Gelatineblätter in kaltem Wasser einweichen, ausdrücken und in dem heißen Sirup auflösen. Diesen in das Fruchtpüree ziehen und mit dem Schneebesen durchschlagen, bis das Püree zu erstarren beginnt. Dann die sehr steif geschlagene, leicht gezuckerte Sahne unterheben und die Masse in die vorher ausgekleidete Form gießen. Mindestens 3 Stunden in Eis oder im Kühlschrank kalt und fest werden lassen. Die Form kurz in heißes Wasser tauchen, abtrocknen und die Bavaroise in die Mitte der Scheibe Genueser Brot stürzen. Um den Fuß der Bavaroise kandierte Veilchen legen und um das Genueser Brot in Zucker gewälzte Brombeeren setzen. Dazu eine Schüssel mit nur halb erstarrtem, kalt gerührtem Johannisbeergelee und eine Schale mit Sandgebäck reichen.


## Bavaroise nectarine
### Bayerische Creme »Nectarine«

*Etwa 30 gut reife und aromatische Pfirsiche, 250 g Zucker, 9 Blatt Gelatine, 2 Likörgläser Kirschwasser, $3/10$ l Sahne, Mandelöl oder Karamel, $1/10$ l leichter Zuckersirup, etwa 30 fruchtige, festfleischige Erdbeeren, kalt gerührtes Johannisbeergelee, Mandel-Ziegel*

Die Pfirsiche häuten, zerteilen und die Kerne entfernen. In einer Schüssel mit 125 g Zucker gut umwenden, mit einem Tuch bedecken und an einem kühlen Ort 30 Minuten durchziehen lassen. Von Zeit zu Zeit durchmischen. Dann die Früchte in ein Sieb geben und in eine Schüssel durchpassieren. Dieses Püree mit weiteren 125 g Zucker verrühren.

Die Gelatine in kaltem Wasser einweichen und ausdrücken. In 3 bis 4 EL heißem Wasser auflösen und durch ein Tuch in das Pfirsichpüree gießen. Mit dem Schneebesen unterrühren, bis die Masse anfängt zu gelieren. Dann die Hälfte des Kirschwassers zufügen und die sehr steif geschlagene Sahne unterziehen. Wie im Grundrezept angegeben, in eine Form füllen und zum Erstarren in den Kühlschrank stellen.

Inzwischen einen leichten Zuckersirup kochen, die zweite Hälfte des Kirschwassers zufügen und etwa 30 geputzte, von den Stielen befreite Erdbeeren hineingeben. Gut umrühren, damit alle Erdbeeren von dem heißen Sirup umhüllt werden, zudecken, abkühlen lassen und kalt stellen.

Die Bavaroise auf eine runde Platte stürzen und mit den in Sirup durchzogenen Erdbeeren umlegen. Alles mit kalt gerührtem Johannisbeergelee überziehen, das mit einigen Löffeln des Erdbeersirups halbflüssig gerührt wurde. Dazu eine Schale mit Mandel-Ziegeln reichen.

## Pudding glacé du prélat
## Geeister Prälaten-Pudding

Diese geeiste Süßspeise heißt zwar Pudding, ist aber tatsächlich den Bavaroisen viel näher verwandt als den eigentlichen Puddings.

> Für 6 Personen: Für den Pudding: ½ l Milch, 1 Vanilleschote, 250 g Zucker, 5 Eigelb, 12 bis 13 Blatt Gelatine (ca. 25 g), Mandelöl oder geschmacksneutrales Pflanzenöl, 50 g gemischte kandierte Früchte, 100 g Löffelbiskuits, 100 g Rosinen, Makronen, ¼ Zitrone (Schale) – Für die Sauce: 200 g Himbeeren, 80 g Zucker, 3 EL Wasser, 1 TL Zitronensaft, 1 EL Kirschwasser, ¹/₁₀ l dicke Sahne (crème fraîche)

Die Milch aufkochen, die gespaltene Vanilleschote 15 Minuten darin ziehen lassen. Zucker und Eigelb schaumig rühren, mit Milch aufgießen und auf dem Feuer abrühren wie eine Englische Creme (Seite 704). Zum Schluß die in kaltem Wasser eingeweichte Gelatine darin auflösen und alles durch ein feines Sieb in eine Schüssel gießen.
Eine Charlotten-Form oder eine Form mit Tülle, die 1½ l fassen kann, innen mit Mandelöl oder reinem, geschmacksneutralem Pflanzenöl sorgfältig auspinseln.
Eine Schicht geviertelte oder in Würfel geschnittene, kandierte Früchte hübsch auf dem Boden der Form verteilen. Darauf eine Lage Löffelbiskuits einrichten, die jeweils in 6 Stücke zerteilt wurden. In Wasser eingeweichte, abgetrocknete und von ihren Kernen befreite Rosinen darüberstreuen. Schließlich Makronenbrösel und 1 Prise fein gehackte Zitronenschale zugeben. Auf diese Weise abwechselnd die Form füllen, bis alle Zutaten verbraucht sind. Nun die heiße Englische Creme in kleinen Mengen dazugießen, damit die Biskuitstücke und die Makronenbrösel nach und nach mit Creme getränkt werden, sich vollsaugen, dabei aufgehen und so die Zutaten geradezu verkeilen, so daß sie nicht nach oben steigen können. Schließlich müssen diese Zutaten und die ganze Creme gleichmäßig in der Form verteilt sein. Abkühlen lassen und die Form 7 Stunden in Eis oder in den Kühlschrank stellen.
Den Pudding auf eine Platte stürzen; dazu entweder mit einem langen, dünnen Messer zwischen Pudding und Charlotten-Form entlangfahren oder die Form kurz in heißes Wasser tauchen, abtrocknen und umdrehen. Den Pudding mit einigen Löffeln Himbeer-Sauce überziehen.
*Himbeer-Sauce:* Die Himbeeren, die sorgfältig verlesen und von wurmi-

gen Früchten und Stielen befreit wurden, durch ein feines Sieb treiben. Saft und Fruchtmark in einer Porzellan- oder Glasschüssel auffangen, nicht mit Eisen oder Zinn in Verbindung bringen, denn durch Oxydation und Salzbildung würden die Himbeeren dann geschmacklich verändert.

In einem nicht verzinnten Kupferpfännchen (ersatzweise einem kleinen Emaille-Topf – Anm. d. Übers.) den Zucker, 3 EL Wasser und 1 TL Zitronensaft mischen und zum Kochen bringen. Abschäumen und so lange kochen, bis ein dicker Sirup entsteht, von dem sich ein Tropfen auf einem Teller, ohne zu laufen, in seiner ursprünglichen, runden und gewölbten Form erhält. Dann das Himbeer-Püree hineingießen und schnell mit einem silbernen Löffel alles vermischen. Sofort vom Feuer nehmen, denn das Himbeer-Püree würde durch ein Aufkochen viel von seinem Aroma verlieren. In eine Schüssel umfüllen, abkühlen lassen und kalt stellen.

Wenn das Püree völlig abgekühlt ist, 1 EL Kirschwasser und die sehr kalt geschlagene, steife Sahne untermischen. Diese herrlich rot gefärbte Himbeer-Sauce in einer schönen Schüssel servieren. Dazu eine Schale mit dünnen, kleinen Condé-Kuchen reichen (Blätterteig-Streifen mit Eiweißglasur und Mandelpulver bestreut), die in schönem Elfenbein schimmern und auf der Zunge schmelzen müssen.


# Les charlottes
# Die Charlotten

## Charlotte reine du Canada
## Apfel-Charlotte »Königin von Kanada«

*1 kg Canada-Reinetten (oder eine andere, möglichst aromatische Apfelsorte, etwa Graue Herbst-Reinetten, Boskop, Cox Orange oder Jonathan), 3 EL Zucker, 100 g Butter, 1 Vanilleschote, ½ Zitrone (Schale – ungespritzt), 2 EL trockener Weißwein, 4 EL Aprikosen-Konfitüre, 1 Toast- oder Kastenbrot*

Die Äpfel schälen, vierteln und die Kerngehäuse ausschneiden. Die Viertel in eine Kasserolle geben, mit Zucker bestreuen, 50 g Butter in Flöckchen darüber verteilen. Die Vanilleschote längs vierteln, die Zitronenhälfte hauchdünn abschälen und beides in die Äpfel stecken.

Den Weißwein darüberträufeln und die Äpfel auf kleiner Flamme hin und wieder umrührend weich kochen. Zerdrücken und auf starker Flamme einkochen, bis ein recht festes Mus, ähnlich einer Marmelade, entsteht. Vom Feuer nehmen und die durch ein feines Sieb gestrichene Aprikosen-Konfitüre hineinrühren. Abkühlen lassen.

Aus 2 etwa 4 mm dick geschnittenen Toastbrotscheiben etwa 12 kleine, dreieckige Stücke ausschneiden, die den Boden einer Charlotten-Form gerade eben ausfüllen. Die Scheiben auf der einen Seite in zerlassene Butter tauchen und mit dieser Seite nach unten in die reichlich gebutterte Charlotten-Form legen, so daß eine Art Rosette entsteht. Nun weitere Brotscheiben 1 cm dick vom Brot abschneiden, nötigenfalls das Brot längs aufschneiden, damit die Stücke lang genug sind: Es sollen Streifen von 4 cm Breite und einer Länge entstehen, welche die Streifen noch 2 cm über die Form herausragen läßt – es sei denn, diese ist sehr hoch, dann genügt die Länge der Form.

Mit diesen Streifen die Wände auskleiden. Jede Brotscheibe auf der einen Seite in zerlassene Butter legen und die Scheiben nach und nach mit der Butterseite zur Wand, die ebenfalls gebuttert wurde, in die Form stellen. Die Streifen sollen sich dabei jedesmal um etwa 4 mm überschneiden – am Boden der Form natürlich mehr als am Rand.

Vanilleschote und Zitronenschale aus dem Mus nehmen und dieses in die ausgelegte Charlotten-Form füllen. Oben glattstreichen und mit einer runden Scheibe Brot, das in Butter getaucht wurde, mit der gebutterten Seiten nach außen abdecken. Die Scheibe kann auch aus 2 oder mehreren Teilen bestehen.

In den sehr heißen Ofen schieben, damit das Brot sofort anbrät und sich nicht mit Flüssigkeit vollsaugt und zu einem weichen Teig wird. 40 Minuten bei guter Hitze backen. Vor dem Stürzen mindestens 15 Minuten stehen lassen. Erst direkt vor dem Servieren stürzen.

### Charlotte de la Saint-Jean
### Johannis- oder Beeren-Charlotte

*125 g Walderdbeeren (ersatzweise Monatserdbeeren), 1 guter EL Himbeeren, 175 g Zucker, 2 EL Kirschwasser, ¼ l Milch, ½ Vanilleschote, 4 Eigelb, 4 Blatt Gelatine, 250 g Löffelbiskuits, ¼ l dicke Sahne (crème fraîche) – Für die Garnitur: Große Walderdbeeren, kleine Himbeeren, 1 Stück Angelika (Engelswurz)*

Die Beeren verlesen, die Stiele entfernen und die Früchte in eine Schüssel legen. Mit 2 EL Zucker bestreuen, mit dem Kirschwasser beträufeln, vorsichtig umwenden und zugedeckt 45 Minuten durchziehen lassen.

Aus Milch, Vanilleschote, 125 g Zucker und Eigelb eine Englische Creme bereiten, wie auf Seite 704 beschrieben. In die heiße Creme die zuvor in kaltem Wasser eingeweichte, gut ausgedrückte Gelatine rühren und auflösen. Die Creme durch ein feines Sieb in eine Schüssel gießen und immer wieder durchrührend abkühlen lassen.

Inzwischen die Löffelbiskuits so zuschneiden, daß die Seiten und Enden vollkommen sauber und glatt sind. Auf dem Boden einer passenden Charlotten-Form ein entsprechend zugeschnittenes Stück Pergamentpapier oder Alufolie legen und darauf eine Schicht in Dreiecke zugeschnittene Biskuitstücke rosettenartig anrichten. Die Wände der Form mit an den Seiten leicht zugeschnittenen Biskuits dicht an dicht so verkleiden, daß kein Zwischenraum mehr besteht und die gewölbte Seite der Biskuits nach außen, zu den Wänden der Form zeigt und nach dem Stürzen sichtbar wird.

Wenn die Creme so weit abgekühlt ist, daß sie bald zu erstarren beginnt, die sehr fest geschlagene, leicht gezuckerte Sahne und die Früchte mit ihrem Saft untermischen. Diese Creme in die mit Biskuits ausgelegte Charlotten-Form füllen und die glatt gestrichene Oberfläche mit einer Schicht Biskuitbrösel (die beim Zuschneiden anfallen) bedecken. Im Kühlschrank oder an einem anderen kalten Ort mindestens 4 Stunden durchziehen und kalt werden lassen.

Die Charlotte erst ganz kurz vor dem Servieren auf eine runde, mit einem Spitzendeckchen ausgelegte Platte stürzen. Das auf der Charlotte klebende Papier abziehen und auf den Rand der Charlotte, also auf der Rosette, abwechselnd gleich große Walderdbeeren und Himbeeren anrichten, die wie eine Reihe großer Rubine aussehen sollen. In die Mitte 3 aus einem Stück Angelika ausgeschnittene längliche Blätter in Rautenform stecken.

*Anm. der Übersetzer:* Angelika (oder Engelswurz) wird bei uns nur selten zum Backen genommen, in Frankreich gehört sie zu der klassischen Mischung: Orangeat, Zitronat, kandierte Kirschen und kandierte Angelika-Stiele. Nur die festfleischigen, wie Stangensellerie aussehenden Stiele werden kandiert, gefärbt und zur Dekoration oder wie genannt verwendet.

## Charlotte de la Saint-Martin
## Martins- oder Eßkastanien-Charlotte

> Für die Biskuit-Umhüllung: *125 g Zucker, 1 TL Vanille-Zucker, 3 Eier, 100 g Mehl, 3 zerbröselte Makronen (Seite 701), 50 g zerlassene Butter, etwas Butter und etwas Mehl für die Form* – Für die Füllung: *⅖ l dicke Sahne (crème fraîche épaisse), 2 EL Puderzucker, ½ TL Vanille-Zucker, 175 g Zucker, ⅕ l Wasser, 300 g Reste oder Stücke von glasierten Eßkastanien, 30 g Butter, schöne glasierte Kastanien zum Verzieren*

Aus den angegebenen Zutaten einen Madeleineteig bereiten, wie auf Seite 687 beschrieben. Mit dem Mehl die fein zerbröselten Makronen dazugeben. Den Biskuit in einer rechteckigen, flachen, gut gebutterten und mit Mehl ausgestäubten Form backen. Mindestens 2 Tage ruhen lassen.

Den Boden einer Charlotten-Form mit einem passend zugeschnittenen Stück Papier oder Alufolie auslegen. Den Biskuit in 8 mm dicke Rechtecke schneiden, die 3 cm breit und so lang sind, wie die Form hoch ist. Die Wände der Biskuit-Form mit hineingestellten Biskuitstücken vollkommen bedecken, dabei darauf achten, daß sich die Rechtecke regelmäßig etwa 3 mm überschneiden.

Die Sahne schlagen und mit Puderzucker und Vanille-Zucker verrühren. Wenn sie sehr fest ist und ihr Volumen verdoppelt hat, in zwei Partien teilen: eine mit ¾ der Masse, eine mit ¼ der Masse. Diese kleinere Menge in den Kühlschrank stellen.

Die 175 g Zucker mit ⅕ l Wasser zum Kochen bringen, auflösen und abschäumen. 2 Minuten kochen lassen. Die Kastanien in ⅓ des Sirups einweichen und durch ein Sieb treiben. Das erhaltene Püree mit der Butter vermischen. Dazu in einer Schüssel mit einem Spachtel oder Kochlöffel kräftig durchmischen. Den restlichen Sirup hinzugießen, bis ein dünnes Püree (Coulis) entsteht. Wenn dieses glatt und glänzend geworden ist, den größeren Teil der Sahne untermischen. Dies muß sehr vorsichtig geschehen: Sahne leicht unterheben, damit sie nicht zusammenfällt.

Diese Mischung in die vorbereitete Form füllen und mit Biskuitbröseln (die beim Zerschneiden angefallen sind) bestreuen. Mindestens 3 Stunden an einem kalten Ort oder im Kühlschrank durchziehen und fest werden lassen.

Kurz vor dem Servieren auf eine runde, mit einem Spitzendeckchen ausgelegte Platte stürzen. Das aufliegende Papier abziehen und die

Oberseite der Charlotte mit der zurückbehaltenen Sahne verzieren, die mit Hilfe einer Spritztüte mit einer großen, gezackten Tülle aufgetragen wird. Rund um die Charlotte einen Kranz mit schönen glasierten Kastanien, in kleine Papierbecherchen (wie für Pralinen) gelegt, anrichten.

*Anmerkung:* Diese sehr feine Füllung verdankt ihre Festigkeit der Butter, die in das Kastanien-Püree gerührt wird. Deshalb wenn nötig etwas mehr Butter nehmen.

## Charlotte à la russe
## Russische Charlotte

*20 Löffelbiskuits, 1/5 l Milch oder je 1/20 l Milch und Sahne, 1 Vanilleschote, 100 g Zucker, 4 Eigelb, 3 Blatt Gelatine, 3/10 l Sahne, 2 EL Puderzucker, 1/2 TL Vanille-Zucker*

Die Charlotten-Form, die wie allgemein etwa 12 cm Durchmesser haben und 11 cm hoch ein sollte, mit Papier auslegen. Auf den Boden ein passend zugeschnittenes Blatt, an die Wände einen Streifen legen. Die Löffelbiskuits zuschneiden und in der Form anordnen, wie für die »Johannis-Charlotte« (Seite 722) beschrieben. Die 1 bis 2 cm über die Form herausstehenden Biskuits auf eine genau gleiche Länge schneiden, damit die Charlotte nach dem Stürzen gerade und fest steht.

Aus Milch (besser einer Mischung aus Milch und Sahne), Vanille, Zucker und Eigelb eine Englische Creme (Seite 704) abrühren. Noch heiß darin die vorher eingeweichte und ausgedrückte Gelatine auflösen. Durch ein feines Sieb in eine Schüssel passieren, kalt rühren und beim Beginn des Erstarrens mit der sehr steif geschlagenen, gezuckerten und mit Vanille aromatisierten Sahne vermischen.

Die vorbereitete Charlotten-Form mit dieser Masse füllen, die Oberfläche mit einem Messer oder einem Teigspachtel glattstreichen und mit Biskuitbröseln (vom Zuschneiden übrig) bestreuen. Mindestens 2 Stunden in den Kühlschrank oder an einen anderen kalten Ort stellen. Auf eine mit einem Spitzendeckchen belegte runde Platte stürzen.

*Anmerkung:* Man kann diese Charlotte auch mit St.-Honoratius-Creme füllen.

## Charlotte Chantilly
### Charlotte mit Schlagsahne

Dieses Rezept hat den Vorteil, sehr schnell zubereitet zu sein. Die Form wird, wie im vorstehenden Rezept angegeben, mit Löffelbiskuits ausgelegt – eine Arbeit, die man lange vorher erledigen kann. Der Rest geht dann sehr rasch.

*20 Löffelbiskuits, ½ l dicke Sahne (crème fraîche épaisse), 125 g Puderzucker, 1 TL Vanille-Zucker*

Die Charlotten-Form mit den Biskuits auskleiden. Die Sahne sehr steif schlagen, zuckern und mit Vanille aromatisieren. In die vorbereitete Form füllen, glattstreichen und mit Biskuitbröseln (Reste vom Zuschneiden der Löffelbiskuits) bestreuen. Auf eine runde, mit einer Spitzendecke belegte Platte stürzen und sofort servieren.

## Charlotte Antonin Carême
### Charlotte »Antonin Carême«

Diese nach dem großen Koch des beginnenden 19. Jahrhunderts benannte Charlotte wird wie die »Russische Charlotte« zubereitet, man mischt der Creme lediglich noch ¹⁄₁₀ l Himbeer-Püree bei, ehe man die Sahne unterzieht.
Auf eine ausreichend große, runde Silberplatte stürzen. Mit einer Reihe schöner, gleich großer Himbeeren umlegen, die in Kirschwasser durchgezogen haben, abgetropft und schließlich in grobem Zucker gewendet wurden, wodurch sie wie mit einer Kristallschicht überzogen sind.

# Les puddings
# Puddings

## Pudding soufflé Victoire
## Schaum-Pudding Viktoria

*200 g Butter, 10 Eigelb, 200 g Zucker, 3 EL Pfirsich-Püree (von der Sorte Viktoria), 1 EL Himbeer-Püree, 6 Eiweiß, Butter für die Form, Löffelbiskuits, einige EL Banyuls oder Frontignan, einige Himbeeren, Johannisbeergelee, 1 EL Kirschwasser, Banyuls- oder Frontignan-Sabayon, 1 Likörglas Cognac (fine champagne)*

In einer mit heißem Wasser ausgespülten, abgetrockneten Schüssel die in Stücke zerteilte Butter weich rühren. Nach und nach die Eigelb untermischen und schließlich den Zucker zugeben. Alles mit einem Spachtel (Kochlöffel oder einem elektrischen Teigrührer - Anm. d. Übers.) zu einer schaumigen, weißen Creme rühren.

Nun dieser Masse das Püree aus Vikoria-Pfirsichen und das Himbeer-Püree zufügen und gut untermischen. Zum Schluß die zu sehr steifem Schnee geschlagenen Eiweiß zufügen. Dafür den Eischnee auf die Pfirsichmasse setzen und diese mit dem Spachtel hochhebend mit dem Eischnee vermischen. Die Schwierigkeit, die sich mit ein wenig Erfahrung jedoch leicht meistern läßt, besteht darin, eine vollkommene Mischung zu erreichen, ohne daß das Eiweiß zusammenfällt.

Eine Pudding-Form reichlich mit zerlassener Butter ausstreichen und langsam in Schichten abwechselnd mit der Creme und mit in ein wenig sehr gutem Banyuls oder Frontignan getränkten Löffelbiskuit-Stükken füllen. Die gefüllte Form in ein heißes Wasserbad stellen und im mäßig heißen Ofen 25 Minuten gar ziehen lassen. Der Garpunkt läßt sich so feststellen: Der Pudding muß einem schwach aufgedrückten Löffel einen leichten Widerstand bieten.

Den fertigen Pudding auf eine runde Platte stürzen, das Innere des Puddings mit rohen, mit etwas kalt gerührtem, halbfestem Johannisbeergelee (Anmerkung Seite 713) gebundenen und mit Kirschwasser aromatisierten Himbeeren füllen. Den Pudding mit etwas heißem Banyuls- oder Frontignan-Sabayon überziehen, der mit etwas Cognac vermischt wurde. Den Rest des Sabayons getrennt in einer Saucière reichen.

*Anm. der Übersetzer:* Der Viktoria-Pfirsich zählt zu den feinsten, aroma-

reichsten Sorten. Er ist relativ klein, hat eine dunkel gefärbte, bis ins Purpur spielende Haut, ein weißes Fleisch, das unter der Haut und am Kern ins Rote übergeht, und ist sehr saftig.
Banyuls und Frontignan sind Dessertweine aus Südfrankreich (Languedoc), ersterer aus Grenache-Trauben, letzterer aus Muskateller-Trauben, die sich durch einen beinahe likörartigen Geschmack auszeichnen.

## Pudding de l'Aiglon
## Pudding »Aiglon«

Für den Pudding: *150 g Butter, 150 g Zucker, 1 TL Vanille-Zucker oder 1 Vanilleschote, 150 g Mehl, ½ l Milch, 1 Prise Salz, 9 Eier, Butter für die Form, Schlagsahne, feine Katzenzungen* – Für die Sauce: *250 g Milchschokolade, $^{2}/_{10}$–$^{3}/_{10}$ l Wasser, $^{1}/_{10}$ l dicke Sahne (crème épaisse), Vanille*

In einer leicht lauwarmen Kasserolle die Butter etwas warm werden lassen und zu einer weichen Creme rühren. Den Zucker und (falls nicht die Milch mit einer Vanilleschote gekocht wird) den Vanille-Zucker mit einem Spachtel oder Kochlöffel hineinarbeiten. Schließlich auch das Mehl zufügen und untermischen. Die Milch aufkochen lassen, nach Belieben eine gespaltene Vanilleschote hineingeben und abkühlen lassen. Zu dem Teig geben und restlos verrühren, bis eine gleichmäßige, glatte Masse entstanden ist. Leicht salzen und vorsichtig unter ständigem Rühren erhitzen, bis die Masse zu kochen beginnt. Auf guter Flamme immer weiterrühren, bis das Mehl vollkommen abbindet und so viel Flüssigkeit verdampft ist, daß die Masse trocken wird und sich wie ein Brandteig (Seite 679 f.) von Topf und Spachtel löst. Den Topf vom Feuer nehmen, Teig etwas abkühlen lassen und nach und nach einzeln die 9 Eigelb dazumischen. Schließlich wie zu einem Schaum-Omelett die zu sehr steifem Schnee geschlagenen Eiweiß unterheben.

Diese Mischung in eine reichlich mit zerlassener Butter ausgestrichene Soufflé- oder Charlotten-Form füllen und im Wasserbad bei mittlerer Hitze im Ofen 30 bis 35 Minuten garen. Der fertige Pudding muß leichtem Druck etwas Widerstand entgegensetzen. Vor allem zu Beginn des Garens darauf achten, daß der Pudding nicht zu schnell von der Hitze erreicht wird und eine Kruste bildet, die ein weiteres, gleichmäßiges Eindringen der Hitze schwierig macht. Vorsichtshalber den Pudding mit gebuttertem Papier abdecken.

Den fertigen Pudding stürzen und mit einer Schokoladen-Sauce überziehen, die zur Hälfte mit Schlagsahne vermischt wurde. Weitere Schokoladen-Sauce in einer Saucière sowie feine Katzenzungen in einer Schale dazu reichen.

*Schokoladen-Sauce:* Die Milchschokolade in kleine Stücke brechen und mit 2 bis 3 EL Wasser in einer Kasserolle schmelzen lassen. Mit bis zu $1/5$ l Wasser angießen und glattrühren, bis eine Art weiche Paste entsteht. 15 Minuten ganz leise köcheln lassen, bis die Sauce die Konsistenz einer Englischen Creme (Seite 704) hat. Kurz vor dem Servieren die Schlagsahne untermischen. Kräftig mit Vanille abschmecken – sei es, indem jetzt Vanillezucker zugegeben wird, oder daß in der Schokolade eine gespaltene Vanilleschote mitgekocht wurde.

*Anm. der Übersetzer:* »L'Aiglon«, der kleine Adler, war der Beiname des Sohnes von Napoleon I. (»L'Aigle«, der Adler) mit Marie-Luise von Österreich. Der Pudding ist nach diesem jung verstorbenen König von Rom und Herzog von Reichstadt benannt.

## Pudding Henry Clos-Jouve
## Pudding »Henry Clos-Jouve«

*Für 8 Personen: $1/4$ l Mandelmilch (Seite 714) aus 75 g süßen und 1 bitteren Mandel sowie $1/4$ l flüssiger Sahne, 1 Stück Zitronenschale (unbehandelt), 75 g Tapioca-Mehl, 1 Prise Salz, 6 Eier, 50 g Butter, 100 g Zucker, etwas Karamel, Sabayon aus halb Champagner, halb Mandelmilch, Mandelkrokant oder Makrone, 3 EL gehackte, rot gebrannte Mandeln*

Zunächst die Mandelmilch, wie auf (Seite 714) ausführlich beschrieben, herstellen. Die Mandelmilch dann erhitzen und die hauchdünn abgeschnittene Zitronenschale 5 Minuten darin ziehen lassen. Herausnehmen, die Mandelmilch zum Kochen bringen und unter ständigem Rühren mit dem Kochlöffel das Tapioca-Mehl locker einrieseln lassen. Salzen und nach 3 Minuten vom Feuer nehmen. Die Mischung, die einen recht festen Teig bilden soll, in eine ausreichend große Schüssel füllen und nach und nach einzeln die 6 Eigelb untermischen. Auch Butter und Zucker kräftig rührend dazumengen, bis sich ein etwas weicherer, geschmeidiger und glatter Teig bildet. Jetzt mit einem Spachtel (oder einem elektrischen Teigrührer – Anm. d. Übers.) durchschlagen, damit die Masse wie ein Babateig immer leichter und homogener wird.

Erst zum Garen der Speise die 6 zu sehr steifem Schnee geschlagenen Eiweiß wie zu einem Schaum-Omelett (Seite 758) unterheben. Den Teig sofort in eine vorher mit hellbraunem Karamel ausgegossene Charlotten-Form füllen, die nur etwa bis zur Hälfte gefüllt sein sollte, da die Masse stark aufgeht. Einen Deckel auflegen oder durch Alufolie abdecken, damit der Pudding beim Garen keine Kruste bekommt.

Die Form in einen hohen Topf stellen und mit heißem Wasser angießen, bis dieses in gut ¾ Höhe der Form steht. 45 Minuten (mittlerer Hitze) im Ofen pochieren. Zum Servieren auf eine heiße, runde Platte stürzen und einige Löffel eines sehr sahnigen, dickflüssigen Sabayons darum herumgießen. Diesen aus halb Mandelmilch und halb Champagner zubereiten und 1 guten Löffel fein zerriebenen Mandelkrokant oder zerdrückte Makronen zufügen. Den restlichen Sabayon in einer Kristallschale reichen und dazu kleine, weiche, mit zerriebenen Mandeln bestreute und mit Vanille aromatisierte Makronen reichen.

Im Augenblick des Auftragens den Pudding mit einer guten Prise grob gehackter, rot gebrannter Mandeln bestreuen und 2 EL davon über den Sabayon streuen. Beim Servieren mischen sich diese gebrannten Mandeln mit dem übrigen, der Zucker hat aber noch keine Zeit, zu schmelzen oder weich zu werden. Es ist sehr angenehm, beim Essen ab und zu zufällig auf eines der knusprigen und aromatischen Stücke zu stoßen.

*Anm. der Übersetzer:* Henry Clos-Jouve ist ein Feinschmecker, Journalist und Schriftsteller, der sich sehr um die Lyoner Küche bemüht hat und sowohl ihre Geschichte als auch ihre gegenwärtige Ausprägung in einem sehr eindrucksvollen Buch erfaßt hat.

## Pudding Gaston Lenôtre
### Pudding »Gaston Lenôtre«

*Für 8 Personen: ½ l Milch, ½ Zitrone (Schale – unbehandelt), 100 g Kartoffelmehl, 50 g Zucker, 1 Prise Salz, 25 g Butter, 3 Eier, 50 g Rosinen, 50 g Korinthen, 2 EL Rum, Butter und Mehl für die Form, 100 g Johannisbeergelee*

Die Milch zum Kochen bringen und die hauchdünn abgeschälte Zitronenschale darin ziehen lassen. Die Schale darf nur aus der gelben Haut-

schicht bestehen und nichts von dem bitteren Weißen an sich haben. Nach dem Abkühlen die Schale aus der Milch nehmen. Das Kartoffelmehl einrühren, den Zucker und das Salz darin auflösen. Die in kleine Stücke zerteilte Butter zufügen, alles wieder langsam unter ständigem Rühren erhitzen und wie einen Brandteig (Seite 679 f.) trocken werden lassen. Vom Feuer nehmen und nach einigen Minuten, wenn die größte Hitze aus dem Teig entwichen ist, nach und nach die Eier hineinarbeiten. Dabei den Teig mit einem Spachtel oder Holzlöffel kräftig schlagen, bis er glatt wird und eine gewisse Leichtigkeit gewinnt. Zum Schluß die in lauwarmem Wasser gewaschenen und sorgfältig abgetrockneten Rosinen und Korinthen sowie 1 EL Rum zugeben. Nochmals wie einen Babateig einige Minuten kräftig schlagen, um den Teig so leicht und luftig wie möglich zu machen.
Eine Charlotten-Form reichlich mit zerlassener Butter ausstreuen, mit Mehl bestäuben, schütteln und das überflüssige Mehl abklopfen. Die Teigmasse hineinfüllen, die jedoch nur etwa bis zu 2/3 Höhe stehen darf. Die Form mehrmals auf ein Tuch stoßen, damit sich der Teig gut setzt. In ein tiefes Wasserbad setzen und in den mittelheißen Ofen schieben. Die Oberfläche des Puddings abdecken. Etwa 1 Stunde gar ziehen lassen (pochieren).
Zum Servieren den Pudding auf eine runde, gut vorgewärmte Platte stürzen und mit einer einfachen Johannisbeer-Sauce reichen, die erst 8 bis 10 Minuten vor dem Servieren zubereitet wird: 100 g Johannisbeergelee mit etwas Wasser in einer nicht verzinnten Kupferkasserolle oder einem feuerfesten Porzellantöpfchen (das Zinn würde das Johannisbeergelee oxydieren lassen, und auch Emaille birgt diese Gefahr in sich) schmelzen lassen. Gut verrühren und ganz langsam einkochen, bis ein dicker Sirup entsteht. Den restlichen Rum zufügen und in einer Saucière auftragen.
*Anm. der Übersetzer:* Gaston Lenôtre ist der zur Zeit berühmteste Konditor Frankreichs, der in der Konditorkunst das eingeführt hat, was die neue französische Küche für die Kochkunst leistet: leichteres, unverfälschtes und einfallsreiches Backen. Natürlich nur mit besten Zutaten.

## Pudding Mousseline de la vieille Catherine
## Der Schaum-Pudding der alten Catherine

Für 8 Personen: Für den Pudding: *35 g süße Mandeln, dabei 1 bittere Mandel, 3 Apéritifgläser Milch, 1 Vanilleschote, 120 g Butter, 100 g Zucker, 80 g Stärkemehl, 6 Eigelb, Sabayon (Seite 711) oder die nachfolgende Creme:* Für die Creme: *¹/₁₀ l Milch, ½ Vanilleschote, 75 g Zucker, 3 Eigelb, 1 gestrichener EL Stärkemehl, 1 TL Kirschwasser oder Rum*

Zunächst die Mandeln häuten: Dazu 5 bis 6 Minuten in kochendes Wasser geben, abtropfen und auf einem Tuch trocknen. Jede Mandel einzeln nehmen und zwischen Daumen und Zeigefinger drücken, so daß die Mandeln herausschießen, die braunen Häute aber zwischen den Fingern zurückbleiben. Wer etwas geübt hat, kann mit beiden Händen gleichzeitig arbeiten. Danach die Mandeln in kaltem Wasser waschen und abtropfen. Die 12 schönsten Mandeln heraussuchen und längs in dünne Scheiben (Blätter) schneiden. Auf einem Kuchenblech verteilen. Die übrigen Mandeln fein hacken und ebenfalls auf das Kuchenblech geben. In den Ofen schieben und unter ständiger Beobachtung die Mandeln, die zunächst trocknen und später rösten, bakken, bis sie eine gleichmäßig hellgoldene Farbe bekommen haben. Zwischendurch häufig umwenden. Herausnehmen, getrennt aufbewahren.

Die Milch aufkochen lassen, die gespaltene Vanilleschote hineingeben, zudecken und 20 Minuten durchziehen lassen.

Von der Butter 20 g abnehmen und für das Ausstreichen der Form zurückstellen. Die übrigen 100 g in einen handwarmen Topf, der ungefähr 3 l fassen soll, geben und mit einem Spachtel durcharbeiten, bis die Butter zu einer geschmeidigen Creme geworden ist. Den Zucker zufügen und weiter durcharbeiten, bis die Masse weiß und sahnig ist. Das Stärkemehl darübersieben, hineinmischen und alles mit der etwas abgekühlten, stets nur in kleinen Mengen zugegebenen Milch verrühren. Auf kleiner Flamme ständig rührend erwärmen, bis die Masse beinahe kocht und recht dick wird. Vom Feuer nehmen und nach und nach die 6 Eigelb einziehen. Zum Schluß die gehackten, gegrillten Mandeln zufügen.

Diese Masse löffelweise in eine gut ausgebutterte Form füllen, die schließlich zu ⅔ gefüllt sein soll. Mehrmals auf ein zusammengefaltetes Tuch stoßen, damit der Pudding gut nach unten sinkt und die Form ohne Luftblasen voll ausfüllt.

Die Form in einen hohen Topf stellen, mit heißem Wasser möglichst hoch angießen, den Topf zudecken und in den heißen Ofen schieben. Etwa 40 Minuten pochieren. Den Deckel während der letzten Minuten abheben. Den fertigen Pudding aus dem Ofen nehmen und 10 Minuten im Wasserbad ruhen lassen. Dann die Form herausheben, sorgfältig abtrocknen und den Pudding auf eine vorgewärmte, runde Platte stürzen. Mit einem Sabayon oder der im folgenden beschriebenen Creme überziehen und mit den geblätterten Mandeln bestreuen. Den Rest der Sauce in einer Saucière reichen.

Für die Sauce zunächst die Milch aufkochen und die halbe Vanilleschote darin ziehen lassen. Zucker und Eigelb weiß und dick schaumig schlagen, das Stärkemehl zufügen und langsam mit der etwas abgekühlten Milch aufgießen. Auf kleiner Flamme wie eine Englische Creme (Seite 704) abrühren. Erst direkt vor dem Servieren mit Kirschwasser oder Rum aromatisieren.

## Pudding de Noël à la française
## Französischer Weihnachts-Pudding

*500 g glasierte Kastanien (Bruch – Seite 579), 100 g Butter, etwas dicke Sahne (crème fraîche), 8 Eigelb, 6 Eiweiß, Butter für die Form, Schokoladen-Sauce, Schokoladen-Makaronen, Aprikosenmarmelade*

Die Kastanien, die sehr stark nach Vanille schmecken sollen, fein zerdrücken und mit der Butter vermischen. Diese Paste mit einigen Löffeln Sahne so weit verdünnen, daß sie die Konsistenz eines normalen Brandteigs (Seite 679 f.) gewinnt. Das Püree durch ein feines Sieb in eine daruntergestellte Schüssel streichen. Dann mit einem Spachtel oder Kochlöffel glattrühren und zunächst nacheinander die einzelnen Eigelb hineinmischen, schließlich die zu einem festen Schnee geschlagenen Eiweiß unterheben.

Eine mit zerlassener Butter gut ausgestrichene Charlotten-Form zu ⅔ damit füllen und im Wasserbad 30 Minuten pochieren. Zum Servieren stürzen und mit Schokoladen-Sauce überziehen. Den Rest der Sauce in einer Schüssel reichen und dazu einen Teller mit kleinen, weichen Schokoladen-Makronen bereitstellen, von denen jeweils 2 mit etwas leicht eingekochter Aprikosenmarmelade zusammengeklebt wurden.

## Pudding Ile-de-France
## Grieß-Pudding »Ile-de-France«

*¼ l Milch, ¼ l flüssige Sahne, 75 g Zucker, 1 Prise Salz, 125 g Weizengrieß, 140 g Butter, 4 Eigelb, 1 EL gehackte Pistazien, 3 Eiweiß, gemischtes Fruchtkompott, Aprikosenmarmelade, Maraschino, Sabayon (Seite 711)*

Milch und Sahne zum Kochen bringen, Zucker und Salz darin auflösen und den Weizengrieß locker einrieseln lassen. Unter ständigem Rühren wieder zum Kochen bringen. 20 g Butter in Flöckchen darauf verteilen, den Deckel auflegen, den Topf in den heißen Ofen schieben und den Grieß 30 Minuten garen. Dann den Grieß aus dem Topf in eine Terrine umfüllen, dabei die möglicherweise angebrannten Stellen nicht abschaben. Nach und nach einzeln die Eigelb und 100 g in Stückchen geschnittene Butter in den Grieß arbeiten. So lange kräftig mit dem Spachtel oder einem Kochlöffel umrühren, bis die Masse vollkommen glatt ist und keine Klümpchen mehr vorhanden sind.
Schließlich die Pistazien und die zu sehr steifem Schnee geschlagenen Eiweiß unterheben.
Eine Puddingform mit der restlichen zerlassenen Butter ausstreichen und bis ⅔ Höhe füllen. In ein Wasserbad setzen und 30 Minuten pochieren.
Zum Servieren auf eine vorgewärmte runde Platte stürzen. In die Mitte des Puddings das noch heiße Kompott geben, das mit einigen EL Aprikosenmarmelade gebunden und mit etwas Maraschino aromatisiert wurde. Dazu in einer Schüssel den Sabayon reichen, der ebenfalls mit Aprikosenmarmelade (¼ der Menge) und Maraschino parfümiert wurde.

## Pudding au porto
## Portwein-Pudding

Der Pudding wird wie der Grieß-Pudding »Ile-de-France« (oben) zubereitet, jedoch gibt man vor dem Eischnee noch ein Apéritifglas Portwein dazu.
Dann füllt man eine reichlich gebutterte Savarin-Form mit der Hälfte der Puddingmasse (die Form ist jetzt zu ⅓ gefüllt) und bestreut sie mit

in Portwein getränkten Biskuitbröseln. Mit der übrigen Puddingmasse bedecken und 20 Minuten im Wasserbad pochieren.

Zum Servieren auf eine vorgewärmte runde Platte stürzen und mit einem Portwein-Sabayon (Seite 711) überziehen, der mit einem an einer Orange abgeriebenen Zuckerstück und ¼ seines Volumens an Schlagsahne vermischt wurde. Den Rest des Sabayons in einer Schüssel servieren und dazu einen Teil mit Rosinen-Plätzchen reichen.

*Anmerkung:* Statt Portwein kann man auch einen französischen Dessertwein, etwa Frontignan, Banyuls oder auch Château-Yquem (Sauternes) verwenden.

## Pudding au citron ou à l'orange
## Zitronen- oder Orangen-Pudding

*250 g Butter, 150 Zucker, 150 g gesiebtes Mehl, ½ l Milch, 2 an einer unbehandelten Zitrone oder Orange abgeriebene Zuckerstückchen, 8 Eigelb, 6 Eiweiß, Butter für die Form, Zitronen- oder Orangen-Sabayon (Seite 711), Mandel-Ziegel*

Die Butter in kleine Stückchen zerteilen und in einer lauwarmen Kasserolle mit einem hölzernen Spachtel oder Kochlöffel zu einer geschmeidigen Creme rühren. Zucker und Mehl zufügen und mit einer aufgekochten, aber wieder lauwarm gewordenen Milch langsam aufgießen und stetig verrühren. Zum Kochen bringen und wie einen Brandteig (Seite 679 f.) trockenrühren, bis sich der Teig von Topf und Kochlöffel löst.

Vom Feuer nehmen und die an der Zitrone oder Orange, wie auf Seite 711 beschrieben, abgeriebenen Zuckerstückchen zufügen und auflösen. Dann nach und nach die Eigelb einzeln hineinrühren und schließlich die zu einem sehr festen Schnee geschlagenen Eiweiß vorsichtig unterheben.

Eine Charlotten- oder Savarin-Form mit reichlich zerlassener Butter ausstreichen, die Puddingmasse hineinfüllen und 30 bis 35 Minuten in einem Wasserbad pochieren.

Auf eine vorgewärmte, runde Platte stürzen und dazu einen mit Zitronen- oder Orangen-Zucker aromatisierten Sabayon sowie eine Schale mit Mandel-Ziegeln reichen.

## Pudding à la crème
## Creme-Pudding

*50 g gemischte kandierte Früchte (vor allem Angelika und Kirschen), 25 g Korinthen, 25 g Sultaninen, ⅕ l Kirschwasser, Rum oder Grand Marnier, 6 Löffelbiskuits, Butter für die Form, Aprikosen-Konfitüre (möglichst mit halben Früchten), ½ l noch warmer Schaum für »Gestürzte Creme«(Seite 708f.), Vanille- oder Portwein-Sabayon oder Englische Creme*

Die kandierten Früchte mit den gewaschenen und abgetrockneten Korinthen und Sultaninen in ¹⁄₁₀ l Alkohol einweichen. Die Löffelbiskuits wie Brötchen längs durchschneiden und im restlichen Alkohol tränken. Eine Savarin-Form gut mit zerlassener Butter ausstreichen und mit Dekorationen aus in Form geschnittenen Angelikastücken und Kirschen verzieren. Darauf eine Schicht Löffelbiskuits legen, diese mit abgetropften Rosinen und eingeweichten Früchten bestreuen. Hin und wieder etwas Aprikosen-Konfitüre mit halben Früchten verteilen. Auf diese Weise in Schichten alle Zutaten in die Form legen. Nun ganz vorsichtig und in kleinen Mengen, damit die Zutaten nicht verrutschen oder weggeschwemmt werden, die vorbereitete Creme darübergießen. Die gefüllte Form in ein Wasserbad stellen und genau wie eine gestürzte Creme 40 Minuten pochieren. Vor dem Auftragen 10 Minuten stehen lassen, stürzen und heiß mit einer der angegebenen Saucen servieren.

## Pudding à l'allemande
## Deutscher Brot-Pudding

*150 g altbackenes Roggenbrot, ½ l Mosel- oder Pfälzer Wein oder Bier, 100 g Streu-Zucker, 5 Eier, 1 gute Prise Zimt, 100 g Butter, Butter für die Form, Semmelbrösel – Zum Servieren: Aprikosen-Sirup oder eine Buttercreme aus 150 g Butter, 3 EL Zucker und ¹⁄₁₀ l Rum oder Cognac*

Das Brot in Wein oder Bier mit dem Zucker einweichen. Durch ein feines Sieb in eine Schüssel streichen, nach und nach 2 ganze Eier und 3 Eigelb hineinarbeiten und mit Zimt würzen. Dann die gut zimmerwarme Butter zu einer Creme rühren und ebenfalls zu der Brotmasse mischen. Schließlich vorsichtig die restlichen 3 zu einem sehr steifen Schnee geschlagenen Eiweiß unterheben. Eine Gugelhupfform mit reichlich zerlassener Butter ausstreichen und mit Semmelbröseln ausstreuen. Den Puddingteig hineinfüllen und 35 Minuten im Wasserbad pochieren.

Auf eine vorgewärmte runde Platte stürzen und mit Aprikosen-Sirup oder folgender Mischung servieren: Die gut zimmerwarme Butter zu einer festen Paste rühren, den Zucker zufügen und so lange rühren, bis die Masse leicht und cremig wird. Dann Tropfen für Tropfen den Rum oder den Cognac einrühren, der sich innig mit der Butter-Creme verbinden muß.

Diese Creme kann man auch auf Crêpes oder Pfannkuchen streichen, die man anschließend zweimal zu Viertelkreisen zusammenklappt.

## Pudding à l'anglaise
## Englischer Plum-Pudding

*200 g geschälte und gehackte Äpfel, 500 g gemischte, gewaschene und abgetrocknete Rosinen (entkernte Malaga-Rosinen, Korinthen und Sultaninen), 100 g Orangeat, 100 g Zitronat, 100 g kandierte Zitronenschalen, 30 g Ingwer, 100 g geschälte und gehackte Mandeln, 1/4 Zitrone (Saft), 1/4 Orange (Saft), 1/2 TL gehackte Zitronenschale, 1/2 TL gehackte Orangenschale, 1/10 l Rum, 250 g Semmelbrösel, 125 g Mehl, 500 g feingehacktes oder geschabtes Rindernierenfett, 250 g Streu-Zucker, 1 große Prise Mischgewürz (viel Muskatnuß, Zimt und Nelken), 2 Eier, 1/10 l Madeira, 1/10 l Cognac, 10 g Salz, 1/5 l Bier – Zum Servieren: Rum, Zucker oder mit Rum aromatisierte Englische Creme (Seite 704)*

Die frischen und kandierten Früchte mit dem Saft und den Schalen 2 Stunden im Rum ziehen lassen. Dann alle Zutaten in eine große Schüssel geben und durchkneten, bis sie sich vollkommen vermischt haben.

Mit dieser Mischung spezielle Faycene-Schüsseln füllen und mit Papier bedecken oder jeweils Kugeln von etwa 750 g fest in ein nasses, gefettetes, mit Mehl bestäubtes Tuch wickeln. 3 Stunden in Wasser gar sieden.

Herausnehmen, abtropfen und abkühlen lassen. Aus dem Tuch oder aus den Schüsseln nehmen und in 1 cm dicke Scheiben schneiden. Diese auf eine sehr heiße Platte legen und im Ofen oder unter dem Grill wieder erwärmen. Mit Zucker bestreuen, mit erhitztem Rum be-

gießen und am Tisch flambieren oder mit einer mit Rum aromatisierten Creme auf sehr heißen Tellern reichen.
*Anmerkung:* Man bereitet diesen Pudding stets einige Tage vor Gebrauch zu. Man kann ihn auch im Ganzen servieren: Dann wird er in der Schale oder im Tuch in siedendem Wasser 20 Minuten lang erwärmt.
*Anm. der Übersetzer:* Die Angaben ergeben 3 große Puddings. In Anbetracht der Aufteilung der Zutaten lohnt es kaum, eine kleinere Menge an Puddingteig zuzubereiten. Will man nicht die ganze Menge selbst verspeisen, so lohnt es sich vielleicht, einen Teil der Puddings, der immerhin eine ausgefallene Spezialität ist, zu verschenken. Als Gewürz-Mischung ist hier ein fertig zu kaufendes Lebkuchen-Gewürz gut geeignet. Das Rindernierenfett kann auch durch den Fleischwolf gedreht werden, man kann es im übrigen auch durch Butter ersetzen.


# Le riz
# Reisspeisen


Reis wird für Desserts einmal als Hauptelement verwendet, kann aber auch nur eine Art Beilage für anderes, etwa für Früchte sein. Für beide Arten der Verwendung ist die Vorbereitung die gleiche. In diesem Kapitel geht es um den Reis als wesentliches Element, also in Puddings oder Aufläufen.
Man verwendet stets Carolina- oder Patna-Reis, im allgemeinen aber nicht die langkörnigen, sondern die rundkörnigen Sorten. Der Reis wird unter fließendem kalten Wasser in einem Sieb oder einem Durchschlag so lange gewaschen, bis das Wasser unten klar herausläuft. Dann gibt man ihn 2 Minuten in sprudelnd kochendes Wasser, läßt ihn abtropfen und wäscht ihn erneut, diesmal unter lauwarmem Wasser. Wieder abtropfen lassen und nach einem der beiden im folgenden angegebenen Verfahren kochen.

*2/5 l Milch, 1 Vanilleschote, 1 Prise Salz, 1 Stück hauchdünn abgeschnittene Zitronen- oder Orangenschale (unbehandelt), 100 g Reis, 3 Eigelb, 1 EL kochende Sahne oder Milch, 20 g Butter, 60 g Zucker*

*Erstes Verfahren:* Die Milch mit der gespaltenen Vanilleschote, etwas Salz und Zitronen- oder Orangenschale in einem Topf zum Kochen bringen. Den wie angegeben vorbereiteten Reis unter ständigem Rühren mit dem Kochlöffel locker einrieseln lassen. Wenn die Milch erneut aufkocht, den Deckel auf den Topf legen und diesen in den auf mittlere Hitze vorgeheizten Ofen schieben. 35 Minuten kochen, dabei auf keinen Fall umrühren. Herausnehmen, den Deckel entfernen und den Reis etwas ausdampfen und die größte Hitze verfliegen lassen. Die Vanilleschote und die Zitronen- oder Orangenschale herausnehmen. Den Zucker über den Reis streuen. Dann die Eigelb mit einer Mischung aus kochender Sahne und der in Flöckchen zerteilten Butter verquirlen. Mit einer Gabel vorsichtig unter den Reis mischen, dessen Körner dabei nicht beschädigt werden dürfen.

Den Zucker nicht am Anfang in die Milch geben, denn das würde das Garen der Reiskörner ungünstig beeinflussen.

*Zweites Verfahren:* Den wie angegeben vorbereiteten Reis in $1/10$ l kochende Milch geben, der schon die Butter, 1 Prise Salz, die gespaltene Vanilleschote und die Zitronen- oder Orangenschale zugesetzt wurden. Umrühren und auf kleiner Flamme zugedeckt ziehen lassen. Wenn die Milch vom aufgehenden Reis vollkommen aufgesogen ist, einen weiteren Zehntelliter kochende Milch angießen und so fort, bis alle Milch aufgebraucht ist. Dabei jedesmal mit einer Gabel vorsichtig umrühren. Nach dem Garen die Aromaten herausnehmen, den Reis mit Zucker bestreuen und mit den mit Sahne verquirlten Eigelb binden, wie im ersten Verfahren beschrieben.

Dieses zweite Verfahren ist dem ersten vorzuziehen, denn die damit bereiteten Süßspeisen werden weitaus cremiger. Es ist übrigens von einer in italienischen Haushalten immer geübten Praxis abgeleitet.

## Gâteau de riz au caramel
## Reis-Pudding mit Karamel

Den wie im Grundrezept gekochten und fertig gemachten Reis mit Vanille-Zucker und abgeriebener Zitronenschale aromatisieren und, wie im Rezept auf Seite 740 angegeben, mit Eischnee vermischen. In eine mit Karamel ausgegossene Form füllen und wie angegeben backen. Dazu Karamel-Sirup oder mit Karamel vermischte Englische Creme (Seite 704) reichen.

## Gâteau de riz
### Reis-Pudding oder Reis-Auflauf

*Wie im Rezept auf Seite 738 angegeben, gekochter Reis, 30 g Korinthen, 30 g Sultaninen, 1 Prise Mehl, Aroma (an einem Stück Zucker abgeriebene Orangen- oder Zitronenschale, Likör, Kirschwasser, Rum usw.), 3 Eiweiß, etwas Auslegeteig oder Karamel oder zerlassene Butter*

Während der Reis wie angegeben gekocht wird, die Korinthen und Sultaninen mit etwas Mehl bestäuben und zwischen den Händen gegeneinanderreiben, damit die Stiele abfallen. Auf ein grobmaschiges Sieb oder in einen Durchschlag legen und rütteln, bis Mehl und Stiele durchgefallen sind. Korinthen und Rosinen sowie das gewünschte Aroma an den Reis geben und vorsichtig mit ihm vermischen. Die Eiweiß zu einem sehr steifen Schnee schlagen und sachte unter den Reis heben. Eine Charlotten- oder Génoise-Form mit einer hauchdünnen Schicht Auslegeteig auskleiden oder mit Karamel ausgießen oder ganz einfach mit zerlassener Butter einstreichen. Die Reismasse hineinfüllen, dabei soll oben ein Rand von 2 bis 3 cm frei bleiben. Mit dem Deckel der Form oder Alufolie abdecken und etwa 45 Minuten in den mäßig heißen Ofen stellen. Garprobe machen: Eine Spicknadel oder ein Messer hineinstechen – beim Herausziehen muß das Metall ganz blank und sehr heiß sein.

Aus dem Ofen nehmen und 10 Minuten ruhen lassen. Dann auf eine runde Platte stürzen.

Eher lauwarm als sehr heiß servieren und dazu einen Sirup oder eine Creme-Sauce reichen.

## Gâteau de riz à la crème
### Cremiger Reis-Pudding

Die ausgewählte Form mit zerlassener Butter ausstreichen. Den wie im Grundrezept gekochten Reis mit Maraschino und abgeriebener Zitronenschale oder mit Curaçao und abgeriebener Orangenschale aromatisieren. Mit Eischnee vermischt in die Form füllen und wie im Rezept »Reis-Pudding« angegeben backen. Mit einer Englischen Creme (Seite 704) überzogen servieren, die mit Maraschino oder Curaçao aromatisiert und mit ¼ ihres Volumens an Schlagsahne angereichert wurde. Die übrige Creme in einer Schale dazu reichen.

### Gâteau de riz au sabayon
### Reis-Pudding mit Sabayon

Eine Form mit Auslegeteig dünn auskleiden und den wie im Grundrezept gekochten Reis mit Kirschwasser aromatisieren. Mit Eischnee vermischt in die Form füllen und, wie im Rezept »Reis-Pudding« angegeben, backen. Mit einem Kirschwasser-Vanille-Sabayon servieren.

# Les beignets, les gaufres, les crêpes, les omelettes, les soufflés
# Krapfen und ausgebackene Küchlein, Waffeln, Crêpes und Pfannkuchen, Omeletts und Soufflés

## Les beignets
## Krapfen und ausgebackene Küchlein

Zum Ausbacken oder Fritieren benötigt man, wie im Kapitel über die Kartoffeln bereits erwähnt, Stärke, die sich mit dem heißen Fett, in dem fritiert wird, zu einer undurchlässigen Schicht verbinden kann. Gibt es, wie etwa in Früchten, in dem Auszubackenden keine Stärke, so muß man auf einen umhüllenden Teig zurückgreifen. Hierzu hat man einen speziellen Ausbackteig entwickelt, der diese Hülle besonders wirksam aufbauen kann. Es gibt zwei Möglichkeiten: Entweder rührt man den Teig für eine sofortige Verwendung an, oder, und das ist vorzuziehen, er wird bereits einige Zeit vorher zubereitet.
Im ersten Falle muß man darauf achten, daß der Teig nicht stark durchgerührt oder gar geknetet wird, damit er nicht elastisch wird. Das Mehl darf keine Zeit und keine Gelegenheit bekommen, abzubinden und dadurch den Teig hart zu machen. Er würde an den eingetauchten Lebensmitteln dann nicht haften. Er muß also schnell und leicht gerührt werden. Im zweiten Fall hat ein gutes Durcharbeiten den nutzbringenden Effekt, daß der Teig sich erwärmt, so daß der Beginn einer Gärung beschleunigt und der Teig dadurch leichter wird. Die dem intensiven Vermischen folgende Ruhezeit zerstört die anfänglich erreichte Festigkeit, und der Teig hüllt die eingetauchten Lebensmittel vollkommen und gleichmäßig ein.

## Pâte à frire
### Ausbackteig

Für ¾ l: *250 g gesiebtes Mehl, 1 Prise Salz, 2 Eier, ⅕ l Bier, ⅕ l Wasser oder Milch, 2 EL zerlassene Butter oder Olivenöl*

In einer Schüssel das Mehl mit dem Salz und den beiden Eigelb vermischen. Nach und nach mit Bier und Wasser oder Milch verdünnen, zum Schluß die zerlassene Butter oder das Öl hineinrühren. Mindestens 2 Stunden an einem gut warmen Ort stehen lassen, damit eine Gärung beginnen kann. Im Augenblick der Verwendung die beiden zu Schnee geschlagenen Eiweiß unterheben. Der Ausbackteig muß jetzt die Konsistenz einer leichten, nicht zu flüssigen Creme haben.
*Anmerkung:* Dieser Ausbackteig kann für alle Gerichte in der Küche Verwendung finden, auch für Gemüse, Fisch oder Fleisch. Man kann die Gärung unterstützen und beschleunigen, wenn man eine Spur Hefe oder einen EL von einige Tage altem Ausbackteig, der schon vergoren ist, dazugibt.
*Anm. der Übersetzer:* Will man den Teig sofort verwenden, so verrührt man rasch das Mehl mit dem Wasser oder der Milch, gibt die übrigen Zutaten dazu und hebt zum Schluß die Eiweiß unter. Das Ganze darf nicht mehr als 1 Minute dauern.


## Pâte à frire pour beignets de fruits
### Ausbackteig für Früchte-Küchlein

Die Verarbeitung erfolgt genau wie im vorhergehenden Rezept, man gibt lediglich zu Anfang noch 1 TL Zucker dazu, der den Teig zusätzlich schön braun färbt.


## Beignets de reinettes
### Apfel-Küchlein

Für 4 Personen: *4 große, schöne Reinetten (Goldparmäne, Canada-, Graue Herbstreinette, Boskop), Zucker, Cognac, Rum oder Kirschwasser, Ausbackteig (wie im vorstehenden Rezept), Fritierfett (vorzugsweise Öl), Puderzucker*

Die Äpfel mit einem spitzen Messer oder einem Ausstecher von Kernen und dem umgebenden Gehäuse gründlich befreien. Dann schälen und in 8 mm dicke Scheiben schneiden. Diese auf einer großen Platte oder auf Tellern ausbreiten, beide Seiten mit Zucker bestreuen und reichlich mit Cognac, Rum oder Kirschwasser besprengen. 20 Minuten mit einer anderen Platte oder mit umgedrehten Tellern zugedeckt durchziehen (mazerieren) lassen.

8 Minuten vor dem Servieren der Küchlein die Apfelscheiben einzeln durch den Ausbackteig ziehen und in das rauchendheiße Fritierfett fallen lassen. Die Küchlein müssen sofort von der Hitze des Fetts angegriffen werden, so daß sich eine krustige, lockere, schützende und schön goldene Haut bildet. Ist das Fett nicht heiß genug, so kochen die Küchlein nur. Der Teig saugt sich voll Fett und macht ihn schwer, unangenehm im Geschmack und unverdaulich.

Die fertig gebackenen Küchlein auf einem Tuch oder auf Küchenpapier abtropfen lassen, vorsichtig abtupfen, mit Puderzucker bestreuen und flach auf ein Backblech legen. Eine Minute unter den Elektro- oder Gasgrill schieben, damit die gezuckerte Oberfläche ganz leicht karamelisiert. Diesen Vorgang nennt man glasieren. Auf einer vorgewärmten, runden Platte anrichten.

## Beignets de poires
### Birnen-Küchlein

Birnen-Küchlein werden wie Apfel-Küchlein gebacken. Man verwendet je nach Jahreszeit andere Sorten, die stets zarte und aromatische Früchte hervorbringen muß. Die Birnen müssen sehr reif ausgewählt werden. Im August nimmt man Williams-Christ, im September Gute Luise, im Oktober Dechantsbirnen, im Winter Butterbirnen, Alexander Lucas, Abate Fetel oder Passa Crassana.

Die Birnen werden zunächst geschält, in Scheiben geschnitten und dann erst vom Kerngehäuse und den umliegenden steinig-grießigen Stellen befreit (Ausstecher). Mit Zucker bestreuen und mit einem Likör, etwa Maraschino, Grand Marnier und ähnlichem, besprengen.

## Beignets d'ananas
## Ananas-Küchlein

Aus einer schönen, frischen Ananas können bis zu 24 Küchlein bereitet werden. Die Ananas schälen und den harten Mittelteil ausstechen. Die Frucht in 8 mm dicke Scheiben schneiden und diese auf einer großen Platte ausbreiten. Mit Zucker bestreuen, mit Kirschwasser beträufeln und 20 Minuten durchziehen lassen. Weiter wie Apfel-Küchlein.

## Beignets d'ananas marquisette
## Ananas-Küchlein Markgräfin-Art

*1 frische Ananas, Zucker, Rum, ⅕ l Milch, 1 Vanilleschote, 40 g Mehl, 1 Ei, 20 g Butter, 2 Eigelb, 1 EL Pistazien, Puderzucker, Ausbackteig (Seite 680), Fritierfett*

Die Ananas schälen und von oben bis unten in 2 gleiche Hälften teilen. Die Hälften flach auf den Tisch legen und quer in Scheiben von 8 mm Stärke schneiden. Die harte Mitte jeweils ausschneiden. Auf einer großen Platte nebeneinanderlegen, mit Zucker bestreuen und mit Rum besprengen. Mit einer umgedrehten Platte zudecken und 20 Minuten durchziehen lassen.

In der Zwischenzeit etwa ⅓ l Frangipane-Creme (Seite 701) bereiten. Dazu die Milch zum Kochen bringen, die gespaltene Vanilleschote einlegen und zugedeckt ziehen lassen. Inzwischen 40 g Zucker mit 40 g gesiebtem Mehl mischen, das Ei zufügen und mit der heißen Milch unter ständigem Rühren langsam aufgießen. Die Mischung erhitzen, bis sie dicklich wird. Neben dem Feuer die Butter und schließlich die Eigelb einarbeiten. Die Creme abkühlen lassen; immer wieder durchrühren, bis sie lauwarm ist, damit sich keine Haut und keine Klümpchen bilden können. Die Pistazien kurz in kochendem Wasser überbrühen, die Haut abziehen, trocknen, hacken und in die Creme mischen. Die mazerierten Ananasscheiben gut abtropfen lassen und einzeln in die gerade noch lauwarme Creme tauchen, die sie auf allen Seiten gleichmäßig bedecken soll. Auf eine mit etwas Puderzucker bestreute Platte legen, ruhen lassen, bis die Creme etwas fester geworden ist. Erst dann die Scheiben vorsichtig von der Platte heben und darauf achten, daß der Creme-Überzug nicht beschädigt wird. Nacheinander durch einen leichten Ausbackteig ziehen und in ein großes, rauchendheißes Fritierbad legen. Auf beiden Seiten goldbraun ausbacken, abtropfen lassen, das noch vorhandene Fett abtupfen und die Küchlein mit Puderzucker bestäuben. Unter dem Grill kurz glasieren und auf einer heißen Platte in Kranzform leicht übereinandergelegt servieren.

## Beignets de bananes
### Bananen-Küchlein

*Bananen, Zucker, Cognac (fine Champagne), Ausbackteig (Seite 680), Ausbackfett, Puderzucker*

Die Bananen schälen und flach auf den Tisch legen; jetzt waagrecht in zwei Hälften teilen. Die Hälften auf eine große Platte nebeneinanderlegen, mit Zucker bestreuen und mit Cognac beträufeln, 20 Minuten mazerieren lassen. Wie die Apfel-Küchlein (Seite 742) durch den Teig ziehen, in heißem Öl ausbacken, abtropfen, mit Puderzucker bestreuen und glasieren.

## Beignets soufflés
### Brandteig-Krapfen

*½ l Wasser, 5 g Salz, 100 g Butter, 10 g Zucker, 300 g Mehl, 6 bis 7 Eier, Rum oder ein anderes Aroma, Öl zum Ausbacken, Puderzucker*

Den Teig zubereiten, wie auf Seite 679 f. für Brandteig angegeben. Der Teig soll sehr glatt, glänzend und nicht zu dick sein. Mit Hilfe eines Löffels und eines Messers kleine Teig-Nüßchen in das nicht zu heiße Öl geben. Dazu den EL reichlich mit Teig füllen und mit der Klinge eines großen, jedesmal wieder in heißes Wasser getauchten Messers am Löffel entlangfahren. Der auf diese Weise abgeschabte Teig rollt sich dabei zu einer walnußgroßen Kugel zusammen, löst sich von der feuchten Klinge und fällt in das mäßig heiße Öl.
Die Hitze des Fritieröls entsprechend dem Aufgehen der Krapfen, die schließlich ihr Volumen zumindest verdoppeln sollen, immer weiter erhöhen. Zum Schluß sollen sie eine schöne goldene Farbe und eine trockene, nicht weiche Oberfläche haben. Herausnehmen, auf einem Tuch oder auf Küchenpapier abtropfen lassen, mit Puderzucker bestreuen und auf einer gefalteten Serviette in einer Pyramide anrichten.

## Beignets soufflés à la créole
## Brandteig-Krapfen auf kreolische Art

*Wie im vorstehenden Rezept, zusätzlich Schlagsahne und Schokolade*

Die Krapfen wie angegeben ausbacken. Eine Spritztüte, die mit einer glatten Tülle von 6 bis 8 mm Durchmesser versehen ist, mit einer wirklich eiskalten Mischung aus steifgeschlagener Sahne und fein abgeriebener oder gemahlener Schokolade füllen. Die gerade aus dem Fritierbad genommenen Krapfen mit der Tülle aufspießen und etwas Sahne hineindrücken. Sofort kranzförmig anrichten und in die Mitte mit einer gezackten Tülle einen Sahneberg dekorieren. Rasch auftragen, damit die Krapfen noch sehr heiß und die Füllung aber eiskalt bleibt und nicht zerläuft.


# Les gaufres
# Waffeln

## Gaufres de grand-mère Bocuse
## Die Waffeln der Großmutter Bocuse

*500 g Mehl, 1 Prise Salz, 1 Prise Backpulver, 1 EL Zucker, $1/4$ l Milch, $3/4$ l Sahne, 8 Eigelb, $1/10$–$1/5$ l Rum, 300 g zerlassene Butter, 4 Eiweiß, Butter für das Waffeleisen*

Mehl, Salz, Backpulver und Zucker in einer Schüssel vermischen. Nach und nach Milch, Sahne, Eigelb und Rum zufügen und alles gründlich vermischen. Schließlich die zerlassene Butter einrühren und die zu sehr steifem Schnee geschlagenen Eiweiß unterheben.
Das Waffeleisen gut vorheizen, die Innenseiten mit Butter bestreichen und auf die untere, waagrecht gehaltene Fläche so viel Teig gießen, daß die Ausbuchtungen gerade ausgefüllt werden. Das Eisen schließen und umdrehen, damit auch die andere Fläche vollkommen von dem Teig erreicht wird. Wenn das Eisen heiß genug war, erhält man auf diese Weise herrlich goldene und knusprige Waffeln.
Man kann die Waffeln ganz einfach mit Puderzucker bestreuen, mit

Schlagsahne garnieren oder mit ausgezeichneten, selbstgemachten Konfitüren servieren.

*Anm. der Übersetzer:* Paul Bocuse bereitet seine Waffeln mit einem alten Eisen zu, das in der Glut eines Ofens erhitzt wird. Es gibt heute spezielle Eisen, die nach ähnlichem Prinzip auf dem Gas- oder Elektroherd heiß gemacht werden können, doch wird man sich im allgemeinen eines elektrischen Waffeleisens bedienen – meist auch beschichtet, so daß die Waffeln ohne oder mit wenig Fett gebacken werden können. Das Umdrehen entfällt dabei – es ist bei deutschen Eisen ohnehin nicht notwendig, weil die Muster nicht so ausgeprägt sind wie bei französischen. Nicht zuviel Teig auf das Eisen geben, damit beim Schließen kein Teig herausläuft.

# Les crêpes
## Crêpes und Pfannkuchen

Aus Tradition werden Crêpes und Pfannkuchen vor allem in der Fastenzeit gegessen. Tatsächlich nimmt dieser ausgezeichnete Nachtisch heute so etwas wie eine Dauerstellung bei der Menügestaltung ein. Denn die Vielfalt der Zubereitungen reicht vom deftigen Pfannkuchen der heimischen Küche, der durchaus kein Festessen sein muß, über die dünnen, gefüllten Crêpes bis zu den zarten, leichten Oblaten-Röllchen oder Hohlrippen, die auf so köstliche Weise die einzig richtige Begleitung für Eisspeisen darstellen.

Gleichgültig, ob es sich um einen normalen oder feinen Pfannkuchenteig handelt, die Zubereitung ist stets dieselbe.

## Crêpes ménagères
### Einfache Pfannkuchen

*250 g gesiebtes Mehl, 100 g Zucker, 1 Prise Salz, 3 Eier, knapp ⅖ l gekochte Milch, Aroma (Orangenblüten, Rum, Kirschwasser, Mandelmilch), geklärte Butter, Zucker zum Bestreuen*

In einer Schüssel Mehl, Zucker und Salz vermischen. Die Eier nacheinander dazugeben und hineinarbeiten, bis ein glatter, völlig homogener

Teig entstanden ist. Dann langsam und in kleinen Mengen die Milch zugeben, um den Teig auf die gewollte dünne Konsistenz zu verdünnen.

Man muß diesen Teig unbedingt mindestens 2 Stunden vor dem Gebrauch herstellen und dann an einem gut warmen Ort ruhen lassen, damit eine noch kaum wahrnehmbare Gärung beginnen kann.

Erst unmittelbar vor der Verwendung des Teigs das gewünschte Aroma hineinmischen.

Zur Zubereitung benötigt man eine flache Pfanne oder mehrere, am besten aus Gußeisen. Die Pfanne wird mit zerlassener, geklärter Butter (oder Butterschmalz) bestrichen und recht stark erhitzt. Dann gießt man eine Portion Teig hinein, den man je nach Art der Pfannkuchen entweder durch Schwenken der Pfanne verlaufen läßt (dicke Pfannkuchen) oder rasch mit einem Bratenwender oder einem Spezialgerät möglichst dünn verteilt (Crêpes). Je dünner, leichter und auch schöner gefärbt (auf beiden Seiten goldgelb) Pfannkuchen sind, desto besser schmecken sie. Man kann sie mit einem Bratenwender umdrehen oder nach der klassischen Methode hochwerfen und wenden – letzteres ist mehr eine Frage der Geschicklichkeit als genauer Beschreibung.

Wenn die Pfannkuchen fertig sind, mit Zucker bestreuen und auf kleinen Spitzendeckchen anrichten.

## Crêpes châtelaines à la crème de marrons
### Crêpes Burgfrauen — Art mit Kastanien-Creme

Für die Crêpes: *250 g Mehl, 100 g Eßkastanien-Mehl, 100 g Zucker, 1 Prise Salz, 6 Eier, $^7/_{10}$–$^8/_{10}$ l gekochte Milch, Mandelmilch oder Cognac, Butter, Puderzucker* – Für die Creme: *$^2/_5$ l Milch, 1 Vanilleschote, 50 g Mehl, 100 g Zucker, 6 Eigelb, 40 g Butter, 125 g glacierte Kastanien*

Aus den angegebenen Zutaten wie im vorstehenden Rezept einen Pfannkuchenteig bereiten. Während der Teig ruht, die Füllung vorbereiten. Dazu eine Frangipane-Creme (Seite 701) aus den angegebenen Zutaten bereiten und zum Schluß die zerdrückten, durch ein feines Sieb gestrichenen Kastanien untermischen. Den Teig aromatisieren und in geklärter Butter möglichst dünne Crêpes backen. Sobald sie fertig sind, mit 1 EL der Creme bestreichen, in Vierteln zusammenfalten und auf einer langen Platte etwas übereinanderliegend anrichten. Wenn alle Crêpes gefüllt sind, Puderzucker darüberstreuen und 1 Minute in den sehr heißen Ofen oder unter den Grill schieben, damit der Zucker schmilzt und die Pfannkuchen glasiert.

## Crêpes légères
### Leichte Pfannkuchen

*250 g gesiebtes Mehl, 100 g Zucker, 1 Prise Salz, 6 Eier, 1/10 l gekochte Milch, 10 g Backpulver, 1/2 l Schlagsahne, Butter, Puderzucker*

Aus Mehl, Zucker, Salz, den Eigelb und der Milch, die lauwarm mit dem Backpulver verrührt wurde, einen Teig bereiten und 2 Stunden an gut warmem Ort gehen lassen. Dann die zu sehr steifem Schnee geschlagenen Eiweiß und die Schlagsahne unterheben. Nochmals 10 Minuten stehen lassen.
In einer großen, gebutterten Pfanne jeweils 2 bis 3 EL Teig zu nicht zu dünnen Pfannkuchen backen. Mit Puderzucker bestäuben und in den sehr heißen Ofen oder unter den Grill schieben, um sie zu glasieren.

## Crêpes Vatel
### Crêpes »Vatel«

*250 g gesiebtes Mehl, 75 g Zucker, 1 Prise Salz, 3 Eier, 3 Eigelb, 1/5 l dicke Sahne (crème fraîche), 100 g zerlassene Butter, 1/2 l gekochte Milch, Maraschino, Butter, Puderzucker*

Aus den angegebenen Zutaten einen recht flüssigen Teig bereiten und nach dem Gehen mit Maraschino aromatisieren. Rasch sehr dünne Crêpes backen, mit Puderzucker bestäuben und glasieren.
*Anm. der Übersetzer:* Vatel war jener Küchenchef, der sich zu Zeiten Ludwigs XIV. in seinen Degen stürzte, weil bei einem Essen seines Herrn, des Grafen von Condé, der Fisch nicht rechtzeitig kam. Ob er ohne diese Geschichte, also nur seiner Kochkunst wegen, berühmt geworden wäre, ist die Frage.

## Crêpes à l'eau de fleur d'oranger
## Pfannkuchen mit Orangenblütenwasser

*250 g gesiebtes Mehl, 100 g Zucker, 1 Prise Salz, 6 Eier, 2 Eigelb, 60 g halb geschmolzene, cremig gerührte Butter, 2 EL dicke Sahne (crème fraîche), 2 EL Cognac, Butter, Puderzucker, Orangenblütenwasser*

Aus den angegebenen Zutaten, wie im Rezept »Einfache Pfannkuchen« (Seite 747) ausgeführt, einen Teig bereiten. Statt der Milch werden hier mehr Eier, Butter und Sahne genommen. Ruhen lassen. In zwei großen, heißen, gebutterten Pfannen gleichzeitig recht dicke Pfannkuchen backen, damit man sie, ohne Zeit zu verlieren, servieren kann. Die sich auf der Oberfläche bildenden Blasen mit einer Gabel anstechen, bevor die Pfannkuchen umgedreht werden.
Einen fertigen Pfannkuchen unverzüglich auf eine heiße, mit Zucker bestreute Platte gleiten lassen, auch den Pfannkuchen selbst zuckern und einige Tropfen Orangenblütenwasser darübersprengen. Den zweiten Pfannkuchen darauflegen, ebenfalls zuckern und besprengen. Sofort servieren.
Am Tisch zerteilen, und während dieses erste Pfannkuchen-Gespann verspeist wird, das nächste zubereiten und sofort, damit die Pfannkuchen immer ganz frisch auf den Tisch kommen.


## Crêpes flambées au Grand Marnier
## Mit Grand Marnier flambierte Crêpes

*250 g gesiebtes Mehl, 1 EL Zucker, 1 Prise Salz, 4 Eier, 2 Eigelb, ½ l Milch, 250 g zerlassene Butter, wenig Butter zum Backen, 2 EL Puderzucker, ⅒ l Grand Marnier*

Aus den angegebenen Zutaten wie im Rezept »Einfache Pfannkuchen« einen Teig bereiten und mit reichlich Butter vermischen. Je einen guten EL Teig in die Pfanne geben, rasch ausbreiten und umwenden, sobald sich die Crêpes beim Schütteln der Pfanne lösen. Am besten in der Luft wenden, damit sie nicht zerreißen. Die fertigen, zusammengefalteten Crêpes auf eine gebutterte, feuerfeste Platte legen, mit Puderzucker bestreuen und unter dem Grill oder dem Salamander stark erhitzen, so daß der Zucker schmilzt und karamelisiert.

Zu Tisch bringen, reichlich mit Grand Marnier beträufeln und vor den Gästen flambieren. Pro Person 3 oder 4 Crêpes servieren.
*Anmerkung:* Da der Teig für diese Crêpes mit sehr viel Butter zubereitet worden ist, braucht die Pfanne nicht jedesmal gebuttert zu werden. Je dünner diese Crêpes bereitet werden, desto besser schmecken sie.

## Les pannequets
## Gefüllte Pfannkuchen oder Crêpes

Dies sind Varianten der gefüllten Crêpes, wobei die Füllungen in unendlich viele verschiedene Kompositionen abgewandelt werden können. Man kann für sie alle Teigarten von den einfachen bis zu den sehr feinen verwenden, die für die Crêpes angegeben wurden. Hier ein weiteres Rezept, das besonders gut ist:

*250 g Auszugsmehl, 8 Eier, ½ l Milch, 1/10 l dicke Sahne (crème fraîche), 50 g Zucker, 1 Prise Salz, 125 g halb geschmolzene Butter, 2 bittere Mandeln, 1 TL Vanille-Zucker, Butter zum Backen*

Das Mehl in eine Schüssel sieben und mit den Eigelb (Eiweiß zurückbehalten), die nach und nach dazugegeben werden, Milch, Sahne, Zucker, Salz und schließlich der halb geschmolzenen, zu einer Creme gerührten Butter vermischen. Die gehäuteten Mandeln in einem Mörser fein zerstoßen, den Teig damit aromatisieren, ebenso den Vanille-Zucker zufügen. 2 Stunden stehen lassen, dann die zu einem sehr steifen Schnee geschlagenen Eiweiß unterheben.
In kleinen Spezialpfannen in reichlich Butter sehr dünne Pfannkuchen backen, dazu den Teig schnell, gleichmäßig und dünn in der Pfanne verteilen. Nach dem Backen die Pfannkuchen übereinanderlegen und warm halten, bis sie nach einem der folgenden Rezepte gefüllt und fertiggestellt werden.

## Pannequets soufflés
## Soufflierte Pfannkuchen

*Wie im vorstehenden Rezept, Grundmasse für Kirsch-Soufflé, Puderzucker, Kirschwasser-Sabayon*

Die Pfannkuchen bzw. Crêpes wie angegeben zubereiten. In die Mitte jedes Pfannkuchens einen guten EL Kirsch-Soufflé-Masse geben und die Pfannkuchen so zusammenfalten, daß sie das Soufflé vollkommen einhüllen. Dabei sollen sie entweder zu einem quaderförmigen Paket oder wie eine Apfeltasche halbmondförmig gefaltet werden. Auf einer runden Platte anrichten, mit Puderzucker bestreuen und 3 Minuten in den Ofen stellen, damit der Zucker schmilzt und die Pfannkuchen glasiert, gleichzeitig auch die Soufflé-Masse aufgehen kann. Sofort servieren und dazu eine Schale mit Kirschwasser-Sabayon reichen.


## Pannequets à l'impératrice
## Pfannkuchen Kaiserin-Art

*Wie im Grundrezept »Pannequets«, für Süßspeisen vorbereiteter Reis (Seite 738), Sahne, Maraschino, Zucker, Birnen, Puderzucker, Schokoladen-Sauce*

Die Pfannkuchen wie angegeben zubereiten. Den Reis mit ¼ seiner Masse Schlagsahne, die mit Maraschino aromatisiert ist, sowie einigen Löffeln in kleine Würfel geschnittenen Birnen vermischen, die in Zuckersirup pochiert wurden und in etwas Maraschino gezogen haben. Jeweils 1 EL dieser Füllung in die Mitte eines Pfannkuchens setzen und diesen zu einer halbmondförmigen Tasche übereinanderschlagen. Diese Taschen dachziegelartig übereinandergelegt auf einer runden Platte in einem Kranz anrichten, mit Puderzucker bestreuen und 1 Minute in den sehr heißen Ofen stellen, um die Oberfläche zu glasieren. In die Mitte aufrecht gegeneinandergestellt pro Person eine schöne, gut abgetropfte, in Maraschino-Sirup pochierte Birnenhälfte setzen. Die Birnen mit einigen Löffeln Schokoladen-Sauce überziehen, die nach dem Einkochen mit dem Pochier-Sirup der Birnen verrührt wurde. Mit diesem Sirup wird auch der üblicherweise verwendete Zucker ersetzt. Die übrige Schokoladen-Sauce getrennt in einer Schale reichen.

## Pannequets aux confitures
## Pfannkuchen mit Konfitüren

Man kann zu diesem Nachtisch jede beliebige Konfitüre nehmen, nach der die Pfannkuchen dann auch benannt werden. Doch muß die Konfitüre recht fest sein, damit sie sich beim Kontakt mit den heißen Pfannkuchen nicht sofort in einen flüssigen Sirup verwandelt.

*Wie im Grundrezept »Pannequets«, beliebige Konfitüre, Puderzucker, eventuell der Konfitüre entsprechende in Zuckersirup frisch pochierte oder eingemachte Früchte und Kirschwasser*

Die Pfannkuchen wie angegeben zubereiten. Mit einer 2 bis 3 mm dicken Schicht Konfitüre bestreichen und nach einer der in den vorangehenden Rezepten beschriebenen Form zusammenfalten. In Kranzform auf einer runden Platte anrichten, mit Puderzucker bestreuen und im sehr heißen Ofen rasch glasieren. Man kann in die Mitte der Platte einige ganze, halbierte oder in große Würfel geschnittene Früchte derselben Sorte geben, aus denen die Konfitüre der Füllung besteht. Die Früchte in Sirup pochieren und mit einer Sauce binden bzw. begießen, die ebenfalls aus diesen Früchten bereitet und mit Kirschwasser aromatisiert wurde (Fruchtsaucen wie Aprikosen-Sauce zubereiten). Den Rest der Sauce in einer Schale getrennt reichen.


## Pannequets à la crème de marrons
## Pfannkuchen mit Kastanien-Creme

*Wie im Grundrezept »Pannequets«, glacierte Kastanien, Schlagsahne, Puderzucker, Maraschino-Sabayon*

Die Pfannkuchen wie angegeben zubereiten. Inzwischen glacierte Kastanien (Bruch) durch ein feines Sieb treiben und mit Schlagsahne leicht und geschmeidig rühren. Die Pfannkuchen damit füllen, falten, mit Puderzucker bestreuen, glasieren und anrichten. Dazu am besten eine Schale mit Maraschino-Sabayon reichen.

## Pannequets tonkinois
## Pfannkuchen mit Ananas

*Wie im Grundrezept »Pannequets«, frische Ananas, Aprikosen-Konfitüre, Apfelmus, Maraschino, Puderzucker, Aprikosen-Sauce*

Die Ananas in kleine Würfel schneiden und in einem Aprikosen-Sirup (Aprikosen-Konfitüre mit etwas Wasser aufkochen) weich werden lassen. Diese Mischung mit dick eingekochtem, mit Maraschino aromatisiertem Apfelmus binden.
Die Pfannkuchen, die wie im Grundrezept angegeben zubereitet wurden, mit dieser Mischung füllen und zusammenfalten. Auf einer runden Platte in Kranzform anrichten, mit Puderzucker bestreuen und im heißen Ofen glasieren. In die Mitte die restlichen Ananaswürfel, die mit dick eingekochter Aprikosen-Konfitüre gebunden und mit Maraschino aromatisiert wurden, pyramidenförmig anrichten. In einer Schüssel Aprikosen-Sauce dazu reichen.

## Pannequets à la crème frangipane
## Pfannkuchen mit Frangipane-Creme

Die wie im Grundrezept »Pannequets« angegeben zubereiteten Pfannkuchen jeweils mit 1 EL Frangipane-Creme (Seite 701) füllen, zusammenfalten, anrichten, mit Puderzucker bestreuen und im sehr heißen Ofen glasieren.

## Pannequets aux fruits
## Obst-Pfannkuchen

Man kann die wie im Grundrezept »Pannequets« zubereiteten Pfannkuchen mit allen möglichen Früchten füllen. Die Früchte werden zwar verschieden vorbereitet, stets aber mit einer Konditor-Creme (Seite 702) gebunden, die man mit einigen Tropfen Pastis (Pernod, Ricard usw.) aromatisiert.
Birnen, Äpfel, Ananas, Bananen und Pfirsiche werden in Zucker-Sirup pochiert, in Würfel geschnitten und mit der Creme vermischt.
Kirschen werden entkernt, ebenfalls in Sirup pochiert und gebunden. Erdbeeren und Himbeeren läßt man roh, doch wählt man besonders kleine Früchte aus, die ebenfalls mit Creme gebunden werden.

Die angegebenen Füllungen zeigen nur eine kleine Auswahl der Möglichkeiten, welche die Pfannkuchen für die Zubereitung von Nachtischen bieten. Sie mögen als Anregungen für andere Kompositionen nach eigenen Vorstellungen dienen.

## Les omelettes d'entremets
## Die süßen Omeletts

Die süßen Omeletts kann man in drei Gruppen für die einfachen Omeletts unterteilen: Das Omelett mit Zucker, das Omelett mit Likör und das Omelett mit Konfitüre. Hinzu kommt das soufflierte, Auflauf- oder Schaum-Omelett, das auch für die verschiedenen Überraschungs-Omeletts benötigt wird.

*Anm. der Übersetzer:* Omelett-Zubereitungen sind sehr reichlich bemessen, wie das in Frankreich üblich ist. Die Rezepte für 2 Personen reichen bei nicht übermäßigem Appetit auch für 3 oder sogar 4 Personen aus.

### Omelette au sucre
### Omelett mit Zucker (Grundrezept)

Für 2 Personen: *6 Eier oder 4 Eier und 3 Eigelb, 1 Prise Salz, ½ TL Zucker, 2 EL geschlagene Sahne (ersatzweise gekochte Milch), Butter, Puderzucker*

Die Eier mit einer Prise Salz leicht verquirlen, bis sie sich vollkommen vermischt haben – jedoch nicht schaumig schlagen. Den Zucker und die Sahne (Milch) einrühren. Das Omelett in Butter garen, wie es für die Vorspeisen-Omeletts auf Seite 104 beschrieben wurde. Das fertige Omelett auf eine vorgewärmte Platte geben und mit Puderzucker bestreuen. Einen glühenden Eisenstab jeweils kurz auf das Omelett so aufdrücken, daß ein Gitter aus braunen, karamelisierten Streifen entsteht.

*Anm. der Übersetzer:* Nur selten wird man im Haushalt noch über die Möglichkeit verfügen, einen Eisenstab glühend zu machen – man verzichtet also auf diese in großen Restaurants übliche Verzierung. Jedoch kann man das Omelett nach dem Zuckern noch einige Sekunden unter den sehr heißen Grill schieben, damit der Zucker schmilzt und leicht karamelisiert. Ob man das Omelett flach oder gerollt serviert, bleibt dem persönlichen Geschmack überlassen.

## Omelette aux liqueurs
### Omelett mit Likör

Das Omelett wie im vorstehenden Rezept beschrieben zubereiten. Auf eine unbedingt sehr heiße Platte stürzen, rasch mit Puderzucker bestreuen und mit einem beliebig ausgewählten Likör oder Alkohol begießen, der vorher erwärmt wurde. Sofort zu Tisch bringen, den Likör anzünden und das Omelett flambieren, bis der Alkohol von allein erlischt. Dabei die Platte schräg halten und das Omelett ständig mit dem sich auf der unteren Seite ansammelnden Alkohol begießen.
Neben anderem eignen sich vor allem folgende Alkoholarten und Liköre: Calvados, Mirabellengeist, Zwetschgenwasser, Himbeer- oder Brombeergeist, Grand Marnier, Cointreau, Anis-Likör, Pernod, Izarra (Kräuter-Armagnac) oder Chartreuse.

## Omelette aux confitures diverses
### Omelett mit verschiedenen Konfitüren

Zunächst bereitet man das Omelett wie ein Omelett mit Zucker zu. Dann gibt man in die Mitte 3 EL beliebige Konfitüre oder Marmelade, die nicht zu flüssig sein darf. Das Omelett zusammenschlagen, auf eine vorgewärmte Servierplatte stürzen, mit Puderzucker bestreuen und mit einem glühenden Eisenstab dekorieren (bzw. unter dem Grill karamelisieren).

## Omelette tahitienne
### Tahiti-Omelett

Für 2 Personen: *3 Scheiben Ananas (frisch oder aus der Dose), 3 EL Aprikosen-Konfitüre, 2 TL Maraschino, 6 Eier, 2 Eigelb, 1 Prise Salz, ½ TL Zucker, 2 EL geschlagene Sahne, Butter, Puderzucker*

Die Ananasscheiben von der faserigen und harten Mitte befreien und in kleine Würfel schneiden. In einem kleinen Topf die Aprikosen-Konfitüre auflösen und mit etwas Wasser verdünnen. Die Ananaswürfel hineingeben, aufkochen lassen und bei kleiner Hitze weich kochen. Vom Feuer nehmen und mit dem Maraschino aromatisieren. Aus den Eiern, wie im Grundrezept angegeben, ein Omelett bereiten.

Mit den abgetropften Ananaswürfeln belegen, zusammenschlagen und auf eine vorgewärmte Platte stürzen. Mit Puderzucker bestäuben und etwa 2 Minuten unter den Grill oder in den sehr heißen Ofen schieben, damit der Zucker schmilzt und hellbraun karamelisiert. Das Omelett mit etwas von dem Aprikosen-Sirup umgießen, in dem die Ananaswürfel gekocht wurden.

## Omelette aux griottes
### Sauerkirsch-Omelett

Für 2 Personen: *200 g Sauerkirschen, 1/10 l Wasser, 200 g Zucker, Kirschwasser, 6 Eier, 2 Eigelb, 1 Prise Salz, 1/2 TL Zucker, 2 EL geschlagene Sahne Butter, Puderzucker*

Die Sauerkirschen waschen und von den Stielen befreien. 1/4 der Sauerkirschen 15 Minuten in einem Sirup aus 1/10 l Wasser und 50 g Zucker pochieren. Die übrigen Kirschen mit den Kernen zerquetschen und den Brei mit 150 g Zucker so lange leise einkochen, bis eine Art Marmelade entstanden ist. Zunächst durch ein grobes, dann durch ein feines Sieb passieren, mit 1 TL Kirschwasser aromatisieren und die zu Kompott gekochten, abgetropften, entkernten Kirschen untermischen.
Aus den Eiern wie im Grundrezept angegeben ein Omelett bereiten und mit diesem köstlichen Püree füllen. Auf einer gut vorgewärmten Platte anrichten, mit Puderzucker bestreuen und mit Kirschwasser flambieren.

## Omelette de la belle Aurore
### Omelett der schönen Aurora

Für 2 Peronen: *4 EL Frangipane-Creme (Seite 701), 1 guter EL gemischter Mandel- und Pistazienkrokant, 1 TL Noyau, 2 EL geschlagene Sahne, 6 Eier, 2 Eigelb, 1 Prise Salz, 1/2 TL Zucker, weitere 4 EL geschlagene Sahne, Butter, Puderzucker*

Zunächst die Frangipane-Creme zubereiten, wobei die Makronen durch fein zu einer Paste zermahlenen, jeweils zur Hälfte gemischten Krokant ersetzt werden. Mit dem Noyau aromatisieren und die Sahne vorsichtig untermischen, damit die Creme leichter wird. Das Omelett wie beschrieben bereiten, jedoch etwas mehr geschlagene Sahne beimischen, damit es schaumig wird. Mit Puderzucker bestreuen und mit glühendem Eisenstab markieren oder unter dem Grill karamelisieren lassen.

*Anm. der Übersetzer:* Noyau ist ein Likör aus Aprikosen-, Pfirsich- oder Kirschkernen, der in Frankreich sehr beliebt ist und ein wenig Bittermandel-Aroma besitzt.

## Omelette Côte-d-Ivoire
## Omelett »Elfenbeinküste«

Für 2 Personen: *2 schöne Bananen, Zucker, Butter, 2 EL Mandeln, ½ bittere Mandel, 2 EL Sahne, 6 Eier, 2 Eigelb, 1 Prise Salz, ½ TL Zucker, 2 EL geschlagene Sahne, Puderzucker*

Die Bananen schälen und in ½ cm dicke Scheiben schneiden. Mit einer guten Prise Zucker bestreuen und in einer Pfanne bei guter Hitze in etwas Butter anbraten und weich werden lassen.

Inzwischen in einem Mörser oder in der Moulinette die frisch geschälten Mandeln zu einem Püree verarbeiten, mit einem guten EL Zucker vermischen und nach und nach mit 2 EL Sahne verrühren. Wenn diese Creme sehr glatt ist, so lassen, sonst noch durch ein feines Sieb streichen und die noch heißen Bananenscheiben vorsichtig damit vermischen und binden.

Aus den angegebenen Zutaten, wie im Grundrezept auf Seite 755 beschrieben, ein Omelett bereiten und mit den Bananen füllen. Das Omelett stürzen, mit Puderzucker bestreuen und unter dem Grill oder im sehr heißen Ofen leicht karamelisieren lassen. Die Oberseite des Omeletts über die ganze Länge einschneiden und in diesen 2 cm tiefen Schnitt 1 oder 2 EL von der Mandel-Creme geben, den Rest wie einen Ring um das Omelett gießen.

## Omelette soufflé
## Auflauf- oder Schaumomelett

Die Schaumomeletts werden immer aus der gleichen Grundmasse und immer auf die gleiche Art zubereitet. Außerdem dienen sie als beinahe

unveränderliche Grundlage für die Zubereitung der Überraschungs-Omeletts.
Ich gebe daher hier das Schaumomelett mit Vanille besonders ausführlich an. Bei der Fertigstellung der verschiedenen Überraschung-Omeletts beziehe man sich immer wieder auf diese Zubereitung.

## Omelette soufflé à la vanille
## Schaumomelett mit Vanille

Für 2 bis 3 Personen: *200 g Zucker, 4 Eigelb, 1 Stück Zucker, 1 Orange (natur), 1 TL Vanille-Zucker, 6 Eiweiß, Butter, Puderzucker*

In einer Rührschüssel 150 g Zucker und 4 Eigelb gründlich durchrühren, bis die Masse dickschaumig und von einem sehr weißlichen Gelb wird. Möglichst mit einem Spachtel arbeiten (das dauert etwa 20 Minuten) oder einen Handmixer bzw. eine Küchenmaschine nehmen. Mit einem Stück Zucker die Schale einer Orange abreiben, bis das Zuckerstückchen völlig von den ätherischen Ölen durchdrungen ist. Fein zermahlen mit dem Vanille-Zucker in den Eischaum rühren.
Die Eiweiß zu einem sehr steifen Schnee schlagen und ganz vorsichtig unter die Eigelb-Creme mischen. Dazu zunächst ¼ des Eischnees rasch und kräftig rührend hineinmengen, bis die Masse gut vermischt und leicht schaumig ist. Nun den Rest des Eischnees auf der Creme verteilen und unterheben: Mit der einen Hand von unten nach oben in eine Richtung arbeitend die Creme mit dem Spachtel hochheben, während die andere Hand die Schüssel in der entgegengesetzten Richtung dreht. So mischen sich Eigelb-Creme und Eiweiß-Schnee, ohne daß der Schnee dabei zusammenfällt. Dies ist unbedingt zu vermeiden, denn dann würde die Masse ihre Leichtigkeit und Luftigkeit verlieren, die sie erst zu einem so außerordentlichen Genuß macht.
Eine längliche, feuerfeste Platte mit Butter ausstreichen und mit den restlichen 50 g Zucker bestreuen. Darauf in Form eines ovalen Berges die Omelett-Masse anrichten und mit einem Teigspachtel oder einem Messer glattstreichen. In der Mitte fast über die ganze Länge eine Vertiefung hineinziehen, die das gleichmäßige Eindringen der Hitze ermöglichen und erleichtern soll. Zum Schluß auf der Oberfläche des Schaumomeletts mit einer Messerspitze Verzierungen einritzen oder mit einer großen, gezackten Tülle aus der Spritztüte Verzierungen aus einem zurückbehaltenen Teil der Omelett-Masse aufspritzen. In den

mittelheißen Ofen schieben und etwa 20 Minuten backen. Man muß dabei sehr darauf achten, daß die Hitze das Omelett nicht schnell und geradezu brutal angreift, wodurch es zu dunkel werden könnte. Das fertige Schaumomelett muß die Farbe eines sehr hellen Milchkaffees bekommen haben. Nach etwa 20 Minuten das Schaumomelett mit Puderzucker bestreuen und wieder in den Ofen schieben. Das Glasieren geht nun sehr schnell, am besten überwacht man den Prozeß genau und läßt das Omelett nicht aus den Augen. Wenn der Zucker karamelisiert ist, was man an dem schönen braunen Überzug und einem köstlichen Geruch erkennt, muß das Omelett sofort serviert werden. Die Gäste müssen es erwarten! Das ist sehr wichtig, denn wäre es umgekehrt, so kann nur eine große Enttäuschung dabei herauskommen: Schon die kleinste Wartezeit läßt das Schaumomelett in sich zusammensinken, es wird schwer und bietet kaum mehr einen verführerischen Anblick. Das heißt: Wenn ein solches Schaumomelett gereicht wird, muß man sich einen genauen Zeitplan aufstellen und auch die Zeiten für das Servieren und Essen ausrechnen. Danach richtet sich dann sehr exakt die Zubereitung des Omeletts in den einzelnen Phasen: Etwa 20 Minuten für die Vorbereitung der Eigelb-Creme und des Eiweiß-Schnees, 5 Minuten für das Anrichten und 20 bis 25 Minuten für das Backen und Glasieren.

## Omelette soufflé aux liqueurs
### Schaumomelett mit Likör

Die Zubereitung wie im vorstehenden Rezept, doch gibt man zu der Eigelb-Creme, wenn sie die gewünschte schaumige Konsistenz hat, noch 2 TL des ausgesuchten Alkohols oder Likörs: Rum, Kirschwasser, Maraschino, Curaçao, Himbeergeist usw. Wie beschrieben anrichten, backen und glasieren. Zum Servieren in den Einschnitt 4 EL des ausgewählten Alkohols oder Likörs gießen, der zuvor erhitzt wurde. Anzünden und brennend zu Tisch bringen.

## Omelette soufflé au Grand Marnier
### Schaumomelett mit Grand Marnier

Zubereitung wie für das Schaumomelett mit Vanille, doch gibt man der Eigelb-Creme noch 1 Likörglas Grand Marnier hinzu.

# Omelettes surprises
# Überraschungs-Omeletts

Die Überraschung dieser Speisen liegt im charakteristischen Kontrast zwischen heiß und kalt. Die Zusammenstellung folgt stets denselben Regeln: Auf einem Biskuit-Sockel wird eine geeiste Süßspeise (im allgemeinen Eis) angerichtet; diese wird mit Schaumomelett-Masse bedeckt. Im Ofen überbacken, wird das Gericht schließlich heiß serviert, wobei es seinen kalten Kern behält.

*Anm. der Übersetzer:* Obwohl die Zubereitung eines perfekten Überraschungs-Omeletts keineswegs eine leichte Sache ist, so läßt sich die Möglichkeit, Eis zu überbacken, ohne daß es schmilzt, doch sehr leicht erklären: Der Biskuitboden sorgt für eine Isolierung von unten, das Schaumomelett selbst gegen eine Hitzeeinwirkung von oben. Je mehr es aufgeht, desto besser ist diese Abschirmung. Es gilt nun, »nur« den Zeitpunkt abzupassen, an dem das Omelett ausreichend gebacken, das Eis aber noch nicht von der Wärme erreicht ist.

## Omelette norvégienne
## Norwegisches Omelett

Für 6 bis 8 Personen: *100 g Zucker, 3 Eigelb, 1 Stück Zucker, 1 Orange (natur) oder 1 Zitrone (natur), 1 gestrichener TL Vanille-Zucker, 3–4 EL Alkohol oder Likör (entsprechend dem verwendeten Eis), 5 Eiweiß, 1 ovale oder auf diese Form zugeschnittene höchstens 4 cm dicke Génoise bzw. ein entsprechender Biskuit-Boden, ½ l beliebiges Eis*

Aus Zucker, Eigelb, dem an der Orange oder Zitrone abgeriebenen und zermahlenen Zuckerstück, Vanille-Zucker, 1 EL Alkohol oder Likör sowie den zu steifem Schnee geschlagenen Eiweiß, wie im Rezept »Schaumomelett mit Vanille« angegeben, eine Schaumomelett-Masse zubereiten.

Mit dem restlichen Alkohol oder Likör die Génoise oder den Biskuitboden beträufeln. Auf einer feuerfesten Platte anrichten.

Das Eis aus einer flachen Form auf den Biskuitboden bzw. die Génoise stürzen oder mit einem Löffel kleine Kugeln ausstechen und über den ganzen Boden verteilen. Mit einer dicken Schicht Schaumomelett-Masse bedecken, wie für das Vanille-Omelett angegeben glätten und aus der Spritztüte dekorieren. In den gut mittelheißen Ofen schieben und das Omelett recht rasch von der Hitze angreifen lassen – freilich darauf achten, daß es sich nicht zu dunkel färbt. Dennoch ist das Backen etwas anders als beim normalen Schaumomelett, denn die Hitze darf ja hier nicht bis in die Mitte vordringen. Das etwas raschere Überbacken, wodurch sich sehr schnell eine Kruste bilden soll, die das weitere Eindringen der Hitze zwar nicht stoppt, aber doch verlangsamt, erlaubt es, das Eis in festem Zustand zu erhalten. Die Omelett-Masse bleibt dabei sehr schaumig, ist im Innern praktisch kaum gegart. Da die Schicht außerdem nicht ganz so dick ist wie bei einem normalen Schaumomelett, genügen 6 bis 7 Minuten. Dann wird das Omelett mit Zucker bestreut und glasiert.

Nochmals: Es ist sehr wichtig, diese Omeletts sofort zu servieren, wenn sie aus dem Ofen kommen. Auch hier gilt wie beim Schaumomelett, daß die Gäste auf das Gericht warten müssen und ein genauer Zeitplan vonnöten ist.

### Omelette princesse Elisabeth
### Omelett »Prinzessin Elisabeth«

Die Zubereitung folgt im Prinzip dem »Norwegischen Omelett« (vorstehenden Rezept). Jedoch als Sockel ein Genueser Brot (Seite 691) verwenden und leicht mit Kirschwasser durchtränken. Darauf in zwei Streifen Erdbeer- und Vanille-Eis anrichten. Die angegebene Schaumomelett-Masse mit Kirschwasser aromatisieren und mit 1 EL kandierten Veilchen vermischen. Wie angegeben backen und die Oberfläche mit kandierten Veilchen dekorieren.

### Omelette surprise aux pêches
### Überraschungs-Omelett mit Pfirsichen

Wie das »Norwegische Omelett« (siehe S. 761) zubereiten. Eine ausreichend große Platte auswählen. Die Génoise mit einigen EL Noyau tränken. Darauf in zwei Streifen eine mit Maraschino und Krokant parfümierte Eisbomben-Masse (Seite 790) anrichten. Mit der angegebenen Schaumomelett-Masse bedecken, die mit Maraschino aromatisiert wurde. Backen, glasieren und mit kleinen, weißen Pfirsichen umlegen, die von der Seite des Stielansatzes her vorsichtig entkernt und gehäutet, dann in Maraschino-Sirup pochiert und im Kühlschrank abgekühlt wurden. Die Pfirsiche jeweils mit ein wenig um halb geliertem, kalt gerührtem Johannisbeergelee überziehen.

## Omelette moscovite
## Moskauer Omelett

Wie das »Norwegische Omelett« (Seite 761) zubereiten. Den Génoise- oder Biskuitsockel mit einigen EL Kümmel-Likör tränken. Mit einer Veilchen-Parfait-Masse bedecken, die mit viel Sahne zubereitet und mit Kümmel aromatisiert wurde. In diese Eismasse auch einige wenig gezuckerte, kandierte Kirschen geben, die ebenfalls in Kümmel gezogen haben. Mit einer Schaumomelett-Masse bedecken, die ganz zart mit Pernod oder Anis-Likör abgeschmeckt wurde. Backen, glasieren und einen Kranz von vorbereiteten Alkohol-Kirschen darumlegen. Diese wurden in mit Kümmel aromatisierten Zuckerguß getaucht, in kleine Papiertütchen (wie für Pralinen) gelegt und kalt gestellt.

## Omelette soufflée merveilleuse
## Schaumomelett-Wunder

Wie für das »Norwegische Omelett« (Seite 761) vorgesehen. Als Sockel einen Madeleine-Biskuit (Seite 687) verwenden, der zusätzlich mit 1 gehäuften EL fein zerriebenen Makronen auf jeweils 125 g für den Madeleine-Teig verwendeten Zucker angereichert wurde. Diesen Boden mit etwas Maraschino beträufeln. Darauf eine 3 cm dicke Schicht Vanille-Bomben-Masse geben, eine 6 cm dicke Schicht leicht rosa gefärbtes Birnen-Eis (Seite 790) darüberziehen und schließlich mit einer wiederum 3 cm dicken Schicht Vanille-Bomben-Masse abschließen. Den Biskuit-Sockel und das Eis mit einer mit Maraschino aromatisierten Schaumomelett-Masse (Seite 758) gleichmäßig bedecken und aus der Spritztüte mit einer großen, gezackten Tülle Verzierungen aus der Omelett-Masse anbringen. Backen und glasieren. Vor dem Servieren um das Omelett 6 bis 8 geschälte, mit Stiel in leicht rosa gefärbtem, mit Maraschino aromatisierten Sirup schmelzend weich pochierte, in dem Sirup erkaltete, gut gekühlte und abgetropfte Birnen anrichten. Zum Schluß jede Birne mit 1 EL eisgekühltem Champagner-Sabayon (Seite 711) zur Hälfte überziehen, der ebenfalls mit Maraschino aromatisiert und mit ¼ seines Volumens an Schlagsahne vermischt wurde – er muß die Konsistenz einer Englischen Creme haben, was man durch die Zugabe von 1 oder 2 EL Birnen-Sirup erreicht. Den Rest des Sabayons gut gekühlt in einer Schüssel reichen.

# Les soufflés
# Die Soufflés

Man kann grundsätzlich zwei Arten von Soufflées unterscheiden: Die einen werden auf einer Basis von mit Eigelb gebunder Sahne oder Milch bereitet, die anderen auf einer Basis von mit Frucht-Püree angereichertem, zu Bruch gekochtem Zucker. In beiden Fällen ergänzen zu steifem Schnee geschlagene Eiweiß die Zusammensetzung und sorgen für das Aufgehen der Masse beim Backen.

## Soufflés à la crème
### Creme-Soufflé (Grundrezept: Vanille-Soufflé)

*Für 6 Personen: ⅕ l Milch, 50 g Zucker (2 gehäufte EL), 1 Vanilleschote, 30 g Stärke (ersatzweise Mehl), 4 Eigelb, 20 g Butter, Aroma nach Wahl, 5 Eiweiß, Butter für die Form, Puderzucker*

Von der Milch 2 EL abnehmen und zurückbehalten. Die restliche Milch in einer Kasserolle mit dem Zucker und der gespaltenen Vanilleschote zum Kochen bringen. Vom Feuer nehmen und 5 Minuten stehen lassen; dann die Vanilleschote herausnehmen. Die zurückbehaltene Milch in einer Rührschüssel mit der Stärke vermischen, bis sich diese vollkommen aufgelöst hat. Nach und nach unter ständigem Schlagen mit dem Schneebesen die heiße Milch zufügen. In die Kasserolle zurückgießen und unter weiterem Schlagen mit dem Schneebesen erhitzen, bis die Mischung wieder zu kochen beginnt. Sofort vom Feuer nehmen und in diesen nun ganz glatt gerührten Brei nacheinander und einzeln die Eigelb und die Butter einziehen, schließlich auch das gewählte Aroma untermischen. Die Eiweiß zu einem sehr steifen Schnee schlagen und unterheben.

Hierzu sind einige Bemerkungen zu machen, denn die Herstellung und das Unterheben des Eischnees erfordern besondere Sorgfalt – schließlich darf er nicht zusammenfallen und muß das Soufflé zum Aufgehen bringen.

Die Eiweiß müssen stets in einer ausreichend großen, weiten Schüssel geschlagen werden, damit sie sich ausdehnen und viel Luft in sich aufnehmen können. Oft bemerkt man – vor allem, wenn die Eier sehr frisch sind –, daß sich das Eiweiß im Augenblick des Festwerdens trennt, in einen flüssigen und einen festen Teil zerfällt. Sowie man die ersten Anzeichen dieses Vorgangs bemerkt, gibt man 1 EL Zucker hinzu, und die Gefahr ist behoben.

*Anm. der Übersetzer:* Den Schnee dann wirklich fest schlagen. Dabei kann man von einer sehr einfachen Grundregel ausgehen: Wenn man der Meinung ist, der Schnee sei jetzt fest genug, weitere 5 bis 10 Minuten durchschlagen. Der fertige Schnee läßt sich mit einem Messer schneiden und hoch auftürmen, ohne seine Form zu verlieren.

Zum perfekten Unterheben des leichten, luftigen Eischnees unter die doch recht kompakte Grundmasse bedient man sich eines einfachen Tricks: Man nimmt zunächst einen guten EL und sogar ¼ des Eischnees ab und rührt diesen in die Grundmasse ein, die dadurch leichter und schaumiger wird. Das Unterheben des Eischnees geht nun viel leichter. Diesen kann man auf einmal, besser in zwei Arbeitsgängen unterheben: Man verteilt den Eischnee über der Grundmasse und hebt sie nun im wahrsten Sinn des Wortes »unter«. Dazu fährt man mit dem Spachtel oder einem Teigschaber mit Stiel von einer Seite her mit einer stetigen, langsamen Bewegung von der Mitte her unter die Grundmasse und hebt diese nur leicht wendend nach einer Seite hin hoch. Gleichzeitig dreht man mit der anderen Hand die Schüssel in einer entgegengesetzten Bewegung, so daß nach und nach die ganze Schüssel durchgearbeitet wird. So mischen sich die beiden Komponenten, ohne daß der Eischnee gedrückt wird und dadurch seine Luftigkeit verliert.

Soufflés werden stets in der Form serviert, in der sie auch gebacken werden. Am besten eignen sich spezielle, versilberte oder Porzellan-Formen, die zylindrisch gestaltet sind. Ihre Höhe sollte 18 bis 20 cm auf keinen Fall übersteigen, die Grundfläche also relativ groß sein und glatt auf dem Boden des Ofens ruhen.

Die Form reichlich mit zerlassener Butter einstreichen und mit Zucker oder Puderzucker ausstreuen. Bis mindestens zu ¾ Höhe mit der Soufflé-Masse füllen. Diese glattstreichen und die Oberfläche in Form einer Rosette einritzen.

Die Form nun zunächst für 1 Minute auf eine heiße Platte stellen, damit der Boden erhitzt und das Aufgehen der Masse bereits in Gang gesetzt wird. Dann auf den Boden des auf mittlere Temperatur vorgeheizten Ofens schieben. Das Backen nun ständig und aufmerksam beobachten. Die Form häufig um ¼ Umdrehung drehen – das muß aber sehr vorsichtig zugehen, die Ofentüre darf dabei nur ganz kurz geöffnet werden und darf nie eine längere Zeit offenstehen. Nach 18 bis 20 Minuten hat sich das Soufflé vollendet gehoben, steht jetzt etwa 8 bis 10 cm über der Form und hat eine schöne dunkelgoldene Oberfläche bekommen.

*Anm. der Übersetzer:* Das Drehen der Form bewirkt ein gleichmäßiges Aufgehen des Soufflés, denn in keinem Ofen herrschen überall die gleichen Temperaturen. Es erfordert aber einiges Geschick, denn bleibt die Tür zu lange geöffnet, so bekommt das Soufflé Zug und fällt in sich zusammen.

Jetzt muß die Oberfläche glasiert werden. Dazu streut man mit einer raschen Bewegung einen Hauch von Puderzucker über das Soufflé und schiebt es sofort wieder an den heißesten Platz im Ofen. Nach 2 Sekunden ist der Zucker geschmolzen, und man wiederholt das Bestreuen. Auf diese Weise gibt man mindestens sechsmal ein wenig Zucker über das Soufflé. Der schmelzende und karamelisierende Zucker versiegelt das Soufflé mit einer gläsern wirkenden Schicht, die eine herrliche Farbe annimmt und in großen, goldenen Perlen seitlich herunterläuft wie die Glasur auf kunstvollem Töpferwerk.

Das fertige Soufflé aus dem Ofen nehmen, die Form auf eine mit einer edlen Spitzendecke ausgelegten Platte setzen und sofort zu Tisch bringen, wo die Gäste schon warten müssen – denn ein Soufflé hält nur kurz und darf auf keinen Fall seinerseits warten. Deshalb müssen Ablauf des Essens und Zubereitung des Soufflés genau koordiniert werden.

Hier noch zwei letzte Ratschläge:

Wer ein vollendetes Soufflé zubereiten will, muß diesem seine volle Aufmerksamkeit widmen und darf sich nicht von anderen Dingen ablenken lassen.

Ein Soufflé muß gar sein. Man darf es also nicht schon dann servieren, wenn es gerade aufgegangen ist. Ein wirklich gutes Soufflé ist von der Hitze des Ofens bis ins Innerste durchdrungen worden und bietet nicht mehr den Anblick (und den Geschmack!) von rohem, glasigem Eiweiß, dem man nur zu oft begegnet. Dies ist ein geschmacklicher und technischer Fehler, der nicht begangen werden darf.

Wenn man sich die hier gegebenen Erklärungen und Ratschläge gut einprägt und stets danach handelt, ist es fast unmöglich, ein Soufflé nicht in vollkommener Form zuzubereiten. Das trifft auf alle im folgenden aufgeführten Rezepte zu, für die Sie sich bitte immer nach diesem Grundrezept richten wollen.

## Soufflé au citron
### Zitronen-Soufflé

Zubereitung wie im Grundrezept angegeben (ohne Vanilleschote). Jedoch die Milch mit einigen Zuckerwürfeln süßen und würzen, die an einer Zitrone (natur) abgerieben wurden. Zusätzlich 30 g kandierte, in winzige Würfelchen geschnittene Zitronenschalen (Zitronat) zugeben, bevor der Eischnee untergezogen wird.

## Soufflé à l'orange
### Orangen-Soufflé

Zubereitung wie im Grundrezept angegeben (ohne Vanilleschote). Sonst wie Zitronen-Soufflé, doch die Zitrone (Zitronat) durch Orange (Orangeat) ersetzen.

## Soufflé aux pralines
### Krokant-Soufflé

Zubereitung wie im Grundrezept. Jedoch der Eigelbmasse 2 EL zu feinem Staub zerriebene gebrannte Mandeln oder Mandel-Nougat sowie 6 grob zerhackte gebrannte Mandeln vor dem Unterheben des Eischnees zufügen. Vor dem Backen mit 5 oder 6 ganzen gebrannten Mandeln belegen.

## Soufflé Martine
### Soufflé »Martine«

Wie Orangen-Soufflé. Jedoch 2 Lagen kleine Stücke von in Grand Marnier getränkten Löffelbiskuits (Seite 690) zwischen die Soufflé-Masse einschichten.

## Soufflé au chocolat
### Schokoladen-Soufflé

Zubereitung wie im Grundrezept. Jedoch die Stärke durch in 2 EL Wasser geschmolzene Schokolade ersetzen. Die Milch mit der Schokolade verrühren und wie angegeben weiter verfahren.

## Soufflé au café
### Mokka-Soufflé

Wie im Grundrezept angegeben, zubereiten, doch die Eigelbmasse mit 1 EL frischem, sehr starkem Kaffee oder 1 TL Pulverkaffee verrühren.

## Soufflé dame blanche
### Mandel-Soufflé

Zubereitung wie im Grundrezept. Die Milch jedoch durch Mandel-Milch ersetzen. Vor dem Eischnee noch 2 EL gehackte, gegrillte und leicht gebrannte Mandeln zufügen.

## Soufflé aux avelines
### Haselnuß-Soufflé

Zubereitung wie Mandel-Soufflé (mit Mandel-Milch), jedoch die Mandeln durch leicht gebrannte Haselnüsse ersetzen.

## Soufflé Palmyre
### Soufflé »Palmyra«

Zubereitung wie im Grundrezept. Jedoch einige Schichten von in Kirschwasser getränkten Löffelbiskuits beim Einfüllen zwischen die Soufflé-Masse geben.

## Soufflé Rothschild
## Soufflé »Rothschild«

Zubereitung wie im Grundrezept. Jedoch in die Eigelbmasse 3 EL kandierte, vermischte, in kleine Würfel geschnittene und in Kümmellikör eingeweichte Früchte mischen. Das fertige Soufflé mit einem Kranz von Walderdbeeren oder leicht gezuckerten Kirschen umlegen.

## Soufflé aux fleurs
## Blumen-Soufflés

Zubereitung wie im Grundrezept. Zusätzlich mit 2 EL grob zerdrückten, kandierten Blüten aromatisieren:
*Soufflé »Parma«:* mit kandierten Veilchen.
*Frühlings-Soufflé:* mit kandierten Akazienblüten.
*Soufflé »France«:* mit kandierten Rosenblättern.

## Fin soufflé de bonne-maman
## Das feine Soufflé der Oma

*100 g Zucker, 1 TL Vanille-Zucker, 6 Eigelb, 3 EL grob gehackte Walnüsse, 1 EL Noyau (Seite 757, Anmerkung), $1/10$ l geschlagene Sahne, 5 Eiweiß, Butter*

In einer Rührschüssel den Zucker und den Vanille-Zucker mit den nach und nach zugegebenen Eigelb dick und weiß-schaumig rühren, bis die Eigelb den Zucker vollständig aufgenommen haben. Die Nüsse und den Likör zufügen, die Sahne unterziehen und schließlich nach der im Grundrezept angegebenen Methode den Eischnee unterheben. Eine Soufflé-Form mit reichlich zerlassener Butter ausstreichen, die Soufflé-Masse hineinfüllen und wie angegeben backen.
*Anmerkung:* Dieses Soufflé enthält weder Stärke noch Mehl. Die zugegebene Sahne dient als sehr leichtes Bindemittel und gibt durch den Fettgehalt einen besonders weichen, sahnigen Charakter, wie er eigentlich immer angestrebt wird. Diese Zusammensetzung ist empfindlicher, aber überaus köstlich, vereint alle nur erdenkliche Zartheit und Leichtigkeit.

## Soufflés aux fruits
## Frucht-Soufflés

Diese Art von Soufflé hat mit der vorhergehenden eigentlich nur den Garprozeß, den Zucker und das für das Aufgehen der Masse verantwortliche Eiweiß gemeinsam, ist sonst aber eine ganz andere Zubereitung.

> Für 6 Personen: *200 g pürierte, frische, zu Kompott gekochte und/oder eingemachte Früchte, einige Stücke Zucker, 1 Zitrone (natur) oder 1 Orange (natur), 250 g Zucker, 4 EL Wasser, 2 TL Alkohol oder Likör (Kirschwasser, Rum, Maraschino oder Noyau – Anmerkung Seite 757), 5 Eiweiß, Butter, Zucker, Puderzucker*

Zunächst das Fruchtpüree bereiten: Sehr gut reife Erdbeeren, Himbeeren, Aprikosen, Pfirsiche, Melonen, Preiselbeeren, Johannisbeeren und Ananas werden roh durch ein feines Sieb gestrichen, Äpfel, Birnen und Quitten werden zu einem Mus gekocht und dann passiert.
Auf jeden Fall löst man im Fruchtpüree einige an einer Zitrone oder Orange abgeriebene Zuckerstückchen auf, um den fruchtigen Geschmack des Pürees hervorzuheben.
Den Zucker in einen kleinen, kupfernen, unverzinnten Topf geben und mit 4 EL Wasser schmelzen lassen. Zum Kochen bringen, abschäumen und bis zum Bruch weiter kochen (Seite 775). Vom Feuer nehmen und das Fruchtpüree hineinrühren. Nicht mehr kochen lassen, außer wenn diese Zugabe den Zucker auf weniger als die kleine Kugel (Seite 776) verdünnt: Die kleinere Kugel ist genau das für diese Zubereitung gesuchte Stadium, das normalerweise bei den angegebenen Mengen auch erreicht wird. Die Früchte müssen jedoch reif und süß sein.
Die Eiweiß zu sehr steifem Schnee schlagen. Den heißen, mit Fruchtpüree und 2 TL Alkohol oder Likör aromatisierten Sirup auf den Eischnee gießen und vorsichtig unterheben, wobei in diesem Falle das Eiweiß hochgehoben wird.
Alles Weitere wie für das »Creme-Soufflé« im Grundrezept (Seite 764) angegeben.

## Soufflé aux liqueurs et vins
## Likör- oder Wein-Soufflé

Zubereitung wie im Grundrezept »Creme-Soufflé« (Seite 764) angegeben. Jedoch auf die Vanilleschote verzichten und die Menge der Milch entsprechend der weiteren Flüssigkeitszugabe vermindern. Die Creme muß daher vor der Zugabe von Likör oder Wein recht dick sein, damit sie schließlich die gewohnte Konsistenz gewinnt. Likör oder Wein werden zugefügt, kurz bevor der Eischnee untergehoben wird. Am besten eignen sich relativ ausgeprägte Alkoholika, um als Haupt-Aromaträger zu fungieren: Rum, Curaçao, Grand Marnier, Marie-Brizard, Cointreau, Anis- oder Kümmel-Likör, Chartreuse oder anderer Kräuter-Likör, Kirschwasser, Aprikosen- oder Kakao-Likör, Marsala, Portwein, Frontignan, Madeira usw.

### Anmerkung zu den Soufflés

Alle die angegebenen Soufflés kann man auch anders zubereiten, wobei die Proportionen von Zucker und Eiern stets dieselben bleiben: Der zu Beginn im Grundrezept hergestellte Eigelb-Schaum kann durch die gleiche Menge Konditor-Creme (Seite 702) oder Frangipane-Creme (Seite 701) ersetzt werden. Auch kann man die Stärke durch Mehl ersetzen, das man in der angegebenen Butter rasch zu einer hellen Einbrenne röstet. Doch sind diese Zubereitungsarten veraltet, und die Verwendung von Stärkemehl oder noch besser die Zubereitung nach Art des »feinen Soufflés der Oma« ist bei weitem vorzuziehen.

## Oranges soufflés
### Soufflierte Orangen

Für 4 Personen: *4 große Blutorangen, 80 g Zucker, 4 Eier, Puderzucker*

Von den Orangen in ⅔ Höhe eine Kappe mit dem Stielansatz abschneiden. Mit Hilfe eines Löffels aushöhlen und das Fruchtfleisch auspressen bzw. durch ein feines Sieb streichen. In einen kleinen Topf geben und einkochen lassen. Von den abgeschnittenen Kappen die Schale hauchdünn abschneiden, blanchieren, fein hacken und in den Saft geben. Den Zucker zufügen, auflösen und alles einige Minuten kochen lassen. Vom Feuer nehmen und, wenn der Sirup lauwarm geworden ist, nach und nach die Eigelb hineinarbeiten. Schließlich die Eiweiß zu einem sehr steifen Schnee schlagen und in mehreren Arbeitsgängen, wie für das »Creme-Soufflé« (Grundrezept – Seite 764) angegeben, unterheben.

Die leeren Orangenschalen damit füllen und in den mittelheißen Ofen schieben. Wie ein normales Soufflé garen, auch mit Puderzucker bestäuben und karamelisieren lassen.
Sehr heiß und rasch servieren, damit die Soufflés nicht zusammenfallen.

# Le sucre, le chocolat, les meringues, les glaces, les sorbets
# Zucker, Schokolade, Meringen (Baiser), Eis und Sorbets

## Le sucre
## Der Zucker

Grundsätzlich über die Herstellung von Zucker-Sirup und das Kochen des Zuckers:
Als Sirup bezeichnet man nicht zu konzentrierte Lösungen von Zucker in Wasser, genauer Lösungen, die von 10 Grad Baumé bis zu 33 Grad Baumé je nach Verwendung mit verschiedenem spezifischem Gewicht hergestellt werden. Zucker-Sirup ist zwischen 32 und 33 Grad Baumé steril, in geringerer oder höherer Konzentration fängt er an zu gären. Jedoch wird er erneut steril, wenn fast alles in ihm enthaltene Wasser herausgekocht ist. Abgekühlt wird er fest, erstarrt, und die Zusammensetzung des erhaltenen Zuckers ist rein und natürlich. Die Dichte bzw. der Zuckergehalt – in Grad Baumé ausgedrückt – läßt sich sehr leicht mit einer speziellen Senk- oder Zuckerwaage feststellen. Dieses aus einem Glasröhrchen bestehende Gerät, auch Saccharometer genannt, wird einfach in die Lösung getaucht; je nachdem wie tief das Röhrchen einsinkt, zeigt eine Skala den Zuckeranteil in Grad Baumé, benannt nach dem Erfinder der Waage, an.
Dieses Instrument ist nach einer einfachen Regel aufgebaut, auf die man stets zurückgreifen kann, wenn man nicht über eine Zuckerwaage verfügt: Jeweils 25 g in 1 l Lösung enthaltenen Zucker entsprechen 1 Grad Baumé. Man braucht also nur den gewünschten Grad mit 25 zu multiplizieren, um das Gewicht des dafür nötigen Zuckers zu bekommen.
*Beispiel:* 1 l Sirup mit 20 Grad Baumé enthält 25 g × 20 = 500 g Zucker.

1 l Sirup mit 32 Grad enthält 25 g × 32 = 800 g Zucker.
Man hat nun den Gewichtsanteil des Zuckers auf 1 l Lösung ausgerechnet. Doch fehlt jetzt der Wasseranteil, der nötig ist, um auf diese Menge zu kommen. Man muß dazu nur wissen, daß 1 g geschmolzener oder gelöster Zucker ein Volumen von 0,06 cl hat. Für die oben genannten Beispiele bedeutet das:
500 g gelöster Zucker haben ein Volumen von 500 × 0,06 cl = $^3/_{10}$ l, müssen für 1 l Sirup also in $^7/_{10}$ l Wasser gelöst werden.
800 g gelöster Zucker haben ein Volumen von 800 × 0,06 cl = 48 cl oder knapp $^1/_2$ l, müssen für 1 l Sirup also in gut $^1/_2$ l Wasser gelöst werden.
Nach diesen Angaben kann man jeden gewünschten Sirup herstellen.

*Anm. des Übersetzers:* Das Verfahren ist tatsächlich einfach, doch ist eine Zuckerwaage stets zu empfehlen. Die Zuckerkonzentration ändert sich nämlich sehr schnell, und außerdem ist der Zucker oft in Mischungen enthalten, die ihrerseits wieder Zucker mitbringen (etwa Fruchtpüree für Eis) und dadurch den notwendigen Grad unbemerkt verändern. Eine Zuckerwaage, fälschlich auch Zucker-Thermometer genannt, weil die Skala in Grad mißt – diese Grade haben, wie erklärt, nichts mit Temperatur zu tun –, ist an sich ein billiges Instrument (DM 3,80), doch leider noch immer nur in Ausnahmefällen in Haushaltsgeschäften erhältlich. Jedoch wird es für Konditoren und Bäcker bei den Bäcker-Einkaufszentralen geführt. Wer häufig Süßspeisen, vor allem Eis ißt, sollte unbedingt versuchen, eine Zuckerwaage zu bekommen. Übrigens kann man auch auf die Errechnung der Wassermenge verzichten und die ausgerechnete Zuckermenge in einen Meßbecher geben. Mit Wasser auffüllen, bis 1 l erreicht ist: Der ungelöste Zucker nimmt nicht mehr Platz ein als der gelöste, man erhält nach Auflösung den gewünschten Sirup.

Fügen wir noch folgende Daten an für Sirup, den man in dieser Konzentration haufig braucht:

Sirup von 18 Grad
besteht aus 1 l Wasser und 540 g Zucker
Sirup von 20 Grad
besteht aus 1 l Wasser und 750 g Zucker
Sirup von 25 Grad
besteht aus 1 l Wasser und 860 g Zucker
Sirup von 27 Grad
besteht aus 1 l Wasser und 950 g Zucker
Sirup von 29 Grad
besteht aus 1 l Wasser und 1000 g Zucker

Man kann die ausgerechnete Zuckermenge kalt oder auch warm in Wasser auflösen. Das Erhitzen ist vorzuziehen, wenn man den Zucker nicht sofort verbraucht, damit er nicht in Gärung übergehen kann. Man nimmt einen vorzugsweise aus Kupfer bestehenden Topf, der nicht verzinnt ist, und bringt darin das Gemisch aus Wasser und Zucker zum Kochen. Beim ersten Aufkochen vom Feuer nehmen und die sich vor allem am Rand absetzenden Verunreinigungen abnehmen. Durch ein Tuch in einen für die Aufbewahrung vorgesehenen Behälter füllen.

Verwendet man eine Zuckerwaage, so wird man feststellen, daß ein Sirup, der heiß 30 Grad aufweist, im erkalteten Zustand 34 Grad anzeigt. Bei allen Angaben bezieht sich dieses Buch wie üblich immer auf die zweite, bei Zimmertemperatur gemessene Zahl. Übrigens ist die alte Baumé-Einteilung in Frankreich (wie in Deutschland – Anm. d. Übers.) offiziell nicht mehr gültig, sondern wurde im Rahmen internationaler Standardisierung durch die Messung des spezifischen Gewichts ersetzt. Hier eine Umrechnungsskala:

| Grad Baumé | Dichte | Grad Baumé | Dichte |
|---|---|---|---|
| 5 | 1,0359 | 21 | 1,1699 |
| 6 | 1,0434 | 22 | 1,1799 |
| 7 | 1,0509 | 23 | 1,1896 |
| 8 | 1,0587 | 24 | 1,1995 |
| 9 | 1,0665 | 25 | 1,2095 |
| 10 | 1,0745 | 26 | 1,2197 |
| 11 | 1,0825 | 27 | 1,2301 |
| 12 | 1,0907 | 28 | 1,2407 |
| 13 | 1,0989 | 29 | 1,2515 |
| 14 | 1,1074 | 30 | 1,2624 |
| 15 | 1,1159 | 31 | 1,2736 |
| 16 | 1,1247 | 32 | 1,2850 |
| 17 | 1,1335 | 33 | 1,2964 |
| 18 | 1,1425 | 34 | 1,3082 |
| 19 | 1,1515 | 35 | 1,3199 |
| 20 | 1,1609 | 36 | 1,3319 |

## La cuisson du sucre
## Das Kochen des Zuckers

Die folgenden technischen Erklärungen haben vor allem das Ziel, einige Vorgänge beim Kochen und dem Arbeiten mit Zucker zu veranschaulichen, wie sie etwa auch beim Kochen von Konfitüre auftreten. Außerdem sollen sie die Zubereitung kleinerer, haltbarer Süßwaren mit den begrenzten Mitteln des heimischen Herdes erlauben.

Man verwendet auch hierzu vorzugsweise einen Kessel oder Topf aus unverzinntem Kupfer (jedoch kann man sich im Haushalt mit einem guten, ganz sauberen Emaille-Topf begnügen; beinahe ebenso gut wie Kupfer ist Edelstahl – Anm. d. Übers.). Die gewünschte Zuckermenge hineingeben und je 500 g etwa $1/10$ l Wasser angießen. Auf das Feuer setzen und langsam erhitzen, dabei ab und zu umrühren. Zum Kochen bringen, sowie sich aller Zucker gelöst hat. Dieser bereits recht dichte Sirup stößt Verunreinigungen des Zuckers ab, die sich als Schaum am Topfrand niederschlagen und die mit dem Schaumlöffel entfernt werden müssen. Dann gut 1 TL Traubenzucker zufügen, der verhindert, daß der Zucker beim Kochen grießig wird.

Beim Aufkochen verdampft ständig ein Teil des im Sirup enthaltenen Wassers, so daß der Sirup immer dicker wird und bald von einer Schicht kleiner, dicht aneinandergedrängter Bläschen bedeckt ist. Von nun an muß das Kochen des Zuckers sehr genau überwacht werden, denn die Veränderungen treten nun außerordentlich schnell ein. Jetzt müssen auch die letzten sich an den Wänden ansetzenden Verunreinigungen abgenommen werden. Dazu bedient man sich eines einfachen, in langer Praxis erprobten Verfahrens:

Man stellt neben den Topf ein Gefäß mit sehr kaltem, absolut reinem Wasser. Mit raschen Bewegungen taucht man nun den Zeigefinger, abwechselnd in das kalte Wasser und in den heißen Sirup, wobei man am Rand des Topfes entlangstreift und die Unreinheiten aufsammelt. Den Finger taucht man sofort wieder in das kalte Wasser, wo der Schaum leicht entfernt werden kann. Die Geschwindigkeit, mit der man dabei verfährt, verhindert jedes Risiko, sich zu verbrennen – man muß nur darauf achten, stets vorher in das kalte Wasser zu tauchen. Auf diese Weise verfolgt man schließlich auch am besten die verschiedenen, dicht aufeinanderfolgenden Phasen beim Zuckerkochen.

*Erste Phase: Kleiner Faden* (33 Grad Baumé) – Einen Tropfen Sirup auf einen kalten Teller fallen lassen und die Spitze des Zeigefingers hineintauchen. Den aufgestippten Zucker zwischen Daumen und Zeige-

finger pressen. Die Finger ein wenig auseinandernehmen: Zwischen den Fingern spinnen sich zarte, dünne Fäden, die nicht zerreißen, jedoch kaum länger als 2 cm werden.
*Zweite Phase: Großer Faden* (35 Grad Baumé) – Wie oben angegeben prüfen. Es gibt mehr Fäden, die sich länger auseinanderziehen lassen, elastischer und kräftiger sind.
*Dritte Phase: Kleine Kugel oder Ballen* (39 Grad Baumé) – Den Zeigefinger, der zunächst ins kalte Wasser gehalten wird, ganz rasch und leicht in den Zucker tauchen und sofort wieder abkühlen. Der Finger ist mit einem dicken Sirup überzogen, der abgekühlt die Konsistenz von Pech hat. Wenn man Zeigefinger und Daumen in einer drehenden Bewegung aneinanderreibt, so bildet sich eine kleine, weiche Kugel.
*Vierte Phase: Große Kugel oder Ballen* (41 Grad Baumé) – Dasselbe einige Sekunden später wiederholen: Die Kugel ist jetzt größer und recht fest.
*Fünfte Phase: Kleiner Bruch* – Der abgekühlte Zeigefinger wird rasch in den heißen Sirup getaucht und sofort wieder ins kalte Wasser gehalten. Er ist bedeckt von einer beinahe festen Zuckerschicht. Beißt man darauf, so klebt sie an den Zähnen.
*Sechste Phase: Großer Bruch* – Einen Augenblick später dieselbe Probe machen: Die abgekühlte Zuckerschicht ist noch fester, klebt nicht mehr an den Zähnen, sondern bricht wie Glas auseinander.
Kocht man den Zucker nach dieser 6. Phase noch weiter, so beginnt er zu verbrennen. Zunächst wird er bernsteinfarbig und dient als *Karamel* für Süßspeisen. Dann wird er dunkelbraun und bitter und bei einer Temperatur von 215 Grad beinahe schwarz: Mit Wasser angegossen und gelöst ist er nur noch als Färbungsmittel (*Zucker-Couleur*) zu verwenden.
Man hat diese sechs geschilderten Stadien beim Zuckerkochen noch durch weitere Benennungen für bestimmte Augenblicke unterteilt, die jedoch keine sehr große Rolle mehr in der Küche spielen. So erkennt man vor dem kleinen Faden noch den Bratlauf (von einem Löffel rinnt der Faden nicht mehr rund, wie Wasser, sondern breit ab); nach dem großen Faden die große und die kleine Perle, was man am Kochen erkennen kann, wobei sich die kleinen Perlen auf der Oberfläche des Zuckers bilden; schließlich noch sich direkt danach entwickelnd den kleinen und den großen Flug, den man herausfindet, indem man durch die Löcher eines Schaumlöffels bläst – es müssen mehr oder weniger große Bläschen davonfliegen.
*Anm. der Übersetzer:* Da jede dieser Phasen sehr schnell in die nächste übergeht, ist es stets ratsam, den Kessel oder Topf, wenn der Zucker

den gewünschten Grad erreicht hat, sofort vom Feuer zu nehmen und in kaltes Wasser zu stellen oder in eine bereitgestellte Schüssel umzufüllen. Dasselbe gilt für den Karamel. Der Bruch läßt sich mit der Zuckerwaage nicht mehr messen.

## Glace
## Glasur

*Puderzucker, aromatisierter Sirup, etwas Traubenzucker*

Alle Zutaten auf milder Hitze vermischen, bis eine halbfeste Creme entsteht. Ebenfalls zum Überziehen von Kuchen und Gebäck.

## Nougat aux amandes
## Mandel-Nougat

*200 g Zucker, 200 g geschälte, gehackte und im Ofen getrocknete Mandeln, etwas Öl*

Den Zucker in einem nicht verzinnten Kupfer- oder Edelstahltopf ohne Zugabe von Wasser unter ständigem Rühren auf sanfter Hitze schmelzen lassen. Der Zucker, der bei einer Temperatur von etwa 160 Grad zu schmelzen beginnt, nimmt rasch eine hellbraune Farbe an. In den Sirup die noch warmen Mandeln geben und alles neben dem Feuer kräftig durcharbeiten, bis eine homogene Masse entstanden ist. Entweder auf eine leicht geölte Marmorplatte gießen und mit einem angefeuchteten Nudelholz ausrollen. Etwas fest werden lassen und mit einem nassen Messer in beliebige Stücke zerteilen.
Oder in eine mit Öl dünn ausgestrichene Kuchenform gießen und im geöffneten, schwach geheizten Backofen warm halten. Portionen davon abnehmen, auf geöltem Marmor dünn ausrollen und in geölte Förmchen drücken. In diesen erstarren lassen und herausnehmen.
*Anm. der Übersetzer:* Dieser Nougat hat nichts zu tun mit dem, was wir in Deutschland als Nougat bezeichnen, der aus Schokolade und Sahne oder Butter hergestellt wird. Man verwendet diesen Mandel-Nougat für alle möglichen Förmchen, die später gefüllt werden, oder auch getrocknet und zermahlen oder zerstoßen als würzende Beigabe.

## Sirop de framboises au naturel
## Himbeer-Sirup natur

*1 kg reife, schöne Himbeeren, Zucker*

Die Himbeeren verlesen, zerdrücken und durch ein feines Sieb treiben. Das erhaltene Püree abwiegen und die gleiche Menge Zucker hineinrühren. Diesen im Püree unter häufigem Durchmischen nach und nach schmelzen und auflösen.
Man verwendet diesen Himbeer-Sirup hauptsächlich um Früchte-Eisbecher zu überziehen.

## Fondant ou glacé
## Fondant oder Schmelzglasur

*500 g Zucker (möglichst Blockzucker, sonst S-Raffinade), einige EL Wasser, etwas Öl oder Wasser, Aroma (Alkohol, Kaffee, geschmolzene Schokolade, Likör) nach Belieben ½ TL Traubenzucker*

Den Zucker mit etwas Wasser in einem sauberen Topf (möglichst aus nicht verzinntem Kupfer oder aus Edelstahl) aufsetzen und rasch zur kleinen Kugel (Seite 776) kochen. Dabei sorgfältig, wie in der Einleitung angegeben, säubern. Auf eine leicht geölte, mit ebenfalls geölten Eisen-Linealen begrenzte Marmorplatte gießen und etwas abkühlen lassen. Man kann Platte und Lineal statt mit Öl auch mit Wasser einstreichen. Wenn der Zucker bereits etwas fest geworden ist, die Lineale entfernen und die Masse mit einem feuchten Metallspachtel durcharbeiten. Dabei immer vom Rand her die Zuckermasse in die Mitte schaffen. Während dieser Arbeit wird der Zucker weiß und immer fester, schließlich zu einer glatten, knetbaren und cremigen Masse, die man auch mit den Händen durcharbeiten kann.
In eine Schüssel geben und mit einem Tuch bis zur Verwendung zudecken. Den Zucker dann vorsichtig in einem Topf lauwarm werden lassen und mit dem gewünschten Aroma verdünnen. Dabei wird er leicht flüssig, muß aber seinen Glanz vollkommen behalten.
*Anm. der Übersetzer:* Man arbeitet für diese Glasur stets auf Marmor, weil dieser den Zucker rasch abkühlt. Es geht jedoch auch auf Holz oder Resopal, doch dauert die Abkühlzeit länger, und der Zucker haftet – trotz Befeuchtung – leicht auf der Arbeitsfläche. Man kann jedoch ganz gut auch in einer großen, flachen Schüssel arbeiten, die man

vorher am besten in den Eisschrank stellt – sie muß jedoch feuerfest sein, damit sie nicht zerspringt. Man verwendet diese Glasur zum Überziehen von Kuchen und Gebäck.

## Pralinée
### Krokant und kandierte Mandeln

*300 g Zucker, 200 g Mandeln, 100 g Haselnüsse, etwas Öl*

Wie Mandel-Nougat. Nach dem Abkühlen den Krokant grob, fein oder sehr fein zerstoßen – entweder im Mörser, in der Mandelmühle oder im Mixer. In einem Topf, zugedeckt mit geöltem Papier, aufbewahren. *Anm. der Übersetzer:* Krokant wird in drei verschiedenen Formen verwendet: grob zerstoßen als Überzug auf Petits fours, Kuchen und Torten oder über Eis gestreut; fein zerstoßen für Krokant-Eis und Krokant-Cremes; sehr fein zermahlen als Paste für Cremes, Eis und Füllungen von Kuchen und Petits fours. Man kann Krokant auch in Blechschachteln etwa 14 Tage aufbewahren. Häufig wird Krokant nur aus Mandeln oder aus Haselnüssen hergestellt. Man kann dazu ganze Mandeln (Haselnüsse) für gebrannte Mandeln nehmen oder Stifte bzw. Blätter.

## Fleurs pralinées
### Kandierte Blumen

*Von den Stielen und Kelchen befreite Veilchen- oder Akazienblüten, Rosen- oder Lilienblätter, Zucker in gleicher Menge, etwas Wasser*

Den Zucker in einen nicht verzinnten Kupfer- oder Edelstahltopf geben, mit etwas Wasser angießen und rasch zu einem Sirup von 37 Grad Baumé (also zwischen großem Faden und kleiner Kugel) einkochen. Die Blüten zugeben und kurz aufkochen lassen. Mit dem Schaumlöffel wieder herausnehmen und auf einen Teller legen. Den Zucker weiter bis zur kleinen Kugel (39 Grad Baumé) einkochen, vom Feuer nehmen und mit einem Spachtel durcharbeiten, bis er weiß und körnig wird. Die Blüten wieder zufügen und so lange durchmischen, bis der Zucker alle Blüten vollkommen einhüllt. Auf einer feuerfesten Platte ausbreiten und 10 Stunden bei sanfter bis mäßiger Hitze trocken werden lassen. Auf einem groben Sieb rütteln, bis nur noch die von Zucker umhüllten Blüten übrigbleiben.

Man kann den Zucker auch mit Speisefarben wie die verwendeten Blüten einfärben.

## Marrons confits
## Kandierte oder glacierte Kastanien

*Schöne, gleichmäßig geformte Eßkastanien, Wasser, Mehl, 1 Vanilleschote, Zucker*

Die Kastanien schälen (dazu kreuzweise einschneiden, kurz überbrühen, in den heißen Ofen legen oder in ein heißes Fritierbad geben und häuten; sie sollten keine Zwischenwände haben).
In einer kalt angerührten Mischung aus Wasser und etwas Mehl so lange kochen, bis sie sich mit einer Nadel leicht durchstechen lassen. Abtropfen und mit einer gespaltenen Vanilleschote in eine Glas- oder Steingutschüssel legen. Mit kochendem Sirup von 20 Grad Baumé übergießen. 48 Stunden stehenlassen, dann den Sirup abgießen und auf 24 Grad Baumé einkochen. Wiederum kochendheiß über die Kastanien gießen und 48 Stunden durchziehen lassen. Nach jeweils weiteren 48 Stunden den Sirup auf 28 bzw. 32 Grad Baumé einkochen und heiß über die Kastanien gießen. Schließlich den Sirup auf 36 Grad Baumé einkochen und mit einem Spachtel weißrühren. Die Kastanien vorsichtig einzeln hineintauchen und mit dem Zucker überziehen. Auf ein Kuchengitter legen und trocknen lassen.
*Anm. der Übersetzer:* Bei dieser empfindlichen Prozedur zerbrechen einige der Kastanien unweigerlich. Dieser Bruch, den man in Frankreich ebenso wie die glacierten Kastanien fertig kaufen kann (natürlich billiger), wird zu Kastanienpüree oder für Cremes und Füllungen verwendet.

# Le chololat
# Schokolade

## Truffes
## Trüffel

*½ l dicke Sahne (crème double), 750 g bittere Schokolade, 100 g ausgezeichnete, ganz frische Butter, bitterer Kakao (Pulver)*

Die Sahne zum Kochen bringen und mit der im Wasserbad geschmolzenen Schokolade vermischen. Über Nacht kühl stellen. Am nächsten

Tag im Wasserbad ganz leicht erwärmen und die Butter hineinarbeiten. Die Masse in eine Spritztüte füllen, diese ausdrücken und von der ausgetretenen Masse mit einem in Wasser getauchten Messer kleine Stücke abteilen. Diese in bitterem Kakaopulver rollen und kühl stellen.

## Les meringues
## Meringuen (Baiser)

Meringuen können aus verschiedenen Eiweiß-Zucker-Massen bestehen, die jeweils auf andere Art zubereitet werden:

1. *Einfache Meringuen-Masse:* Kalt gerührte Mischung aus 8 sehr steif geschlagenen Eiweiß, in die man 500 g Zucker lose einrieseln läßt, wenn der Eischnee bereits eine recht feste Konsistenz hat. Die Menge der Eiweiß kann zwischen 6 bis 12 auf 500 g Zucker je nach Verwendung schwanken, doch kann man von einem Mittelwert von 8 Eiweiß für die meisten Zubereitungen ausgehen. Diese Eischnee-Masse wird in vielen feinen Backwaren verwendet.

2. *Italienische Meringuen-Masse:* 500 g zur Kugel gekochter Zucker (Seite 776) wird in 6 bis 8 zu sehr steifem Schnee geschlagene Eiweiß gezogen. Für Süßspeisen.

3. *Gekochte Meringuen-Masse:* 8 Eiweiß werden mit 500 g Puderzucker auf ganz kleiner Flamme geschlagen, bis eine sehr dicke Creme entsteht. Für Petits fours, Damenfinger (wie Katzenzungen aus der Meringuen-Masse gespritzt) oder Felsen (hoch aufgetürmte Anrichtungen aus Meringuen und Creme) usw.

4. *Schweizer Meringuen-Masse:* In einer Schüssel werden 500 g Puderzucker mit 2 Eiweiß und einigen Tropfen Essigsäure kräftig mit einem Spachtel durchgearbeitet, bis die Masse aufgeht, fest und cremig wird. Dann 4 weitere, zu sehr steifem Schnee geschlagene Eiweiß zugeben. Vor allem für Glasuren und Tortenüberzüge, die man nach Belieben mit Krokant überstreuen kann.

*Anm. der Übersetzer:* Meringuen werden häufig auch als Baiser bezeichnet. Im allgemeinen gibt man noch 1 Prise Salz an die Masse. In dieser Form können auf ganz ausgezeichnete Weise übriggebliebene Eiweiß verwertet werden. Man erhält sie vor allem beim Bereiten von aufgeschlagenen Saucen und bei den Dessert-Cremes.

## Meringues ordinaires
## Einfache Meringuen

*8 Eiweiß, 500 g Zucker, Vanille-Zucker, etwas Butter und Mehl, noch etwas Zucker und Puderzucker zum Bestäuben*

Die Eiweiß zu sehr steifem Schnee schlagen, den Zucker unter ständigem Schlagen hineinrieseln lassen, den Schaum mit Vanille-Zucker parfümieren und in eine Spritztüte füllen. Durch eine glatte Tülle mit 1,2 cm Durchmesser auf ein gebuttertes und mit Mehl bestäubtes Blech spritzen; dabei den einzelnen Häufchen die Form von länglichen, eigroßen Windbeuteln geben. Mit einer Mischung von 1 Teil Zucker auf 4 Teile Puderzucker bestäuben, wie für Löffelbiskuits (Seite 690) angegeben, und mit Wasser besprengen, damit sich beim Backen schöne Perlen bilden. In den ganz schwach geheizten Ofen schieben und vollkommen trocken werden lassen, bis die Meringuen die Farbe von altem Elfenbein bekommen haben. Beim Herausnehmen die Unterseite mit einem hartgekochten Ei etwas eindrücken, damit man sie später beim Aneinanderkleben besser füllen kann.
Die abgekühlten, völlig getrockneten Meringuen halten sich gut verschlossen in Blechdosen sehr lange Zeit.

## Meringues garnies
## Gefüllte Meringuen

*Meringuen (vorstehendes Rezept), Füllung (Schlagsahne, Sahne- oder Früchte-Eis, St.-Honoratius-Creme)*

Die Meringuen jeweils zu zweit mit einer 3 cm dicken Schicht Creme oder Eis aneinanderheften. Man kann in dieser Art eine große Zahl von feinen Desserts zusammenstellen, verlangt wird nur etwas feinschmeckerische Vorstellungskraft.

## Bouchées exquises
## Köstliche Meringuen-Bissen

*Meringuen (Rezept »Einfache Meringuen«), Schlagsahne, Walderdbeeren, Maraschino, Kirsch-Fondant*

Die Meringuen jeweils zu zweit mit einer rosa gefärbten Schlagsahne aneinanderheften. Dazu die Schlagsahne mit einigen EL Walderdbeer-Püree und einem Hauch Maraschino vermischen. Die Meringuen auf eine Seite legen und mit einer dünnen Fondant-Schicht überziehen, wobei die rosa Farbe der Füllung zart durchscheinen muß. Auf einer mit eleganten Spitzen ausgelegten Platte anrichten.

## Zéphirs antillais
## Karibische Schaum-Meringuen

Die Meringuen mit einer Eis-Mischung für die Vanille-Eisbombe aneinanderheften, die mit Rum aromatisiert ist. In Form eines Felsens aufschichten. Dazu einen leichten, sehr kalt gerührten Schokoladen-Sabayon in einer Kristallschale und einen Teller mit Katzenzungen reichen.

## Mousselines au marasquin
## (œufs à la neige ou îles flottantes)
## Maraschino-Schäumchen
## (Schnee-Eier oder schwimmende Inseln)

*Einfache Meringuen (Seite gegenüber) – mit Vanille aromatisiert, Milch, Zukker, 1 Vanilleschote, Eigelb, Maraschino, Sandgebäck oder Schaumige Brioche*

Eine einfache Meringuen-Masse zubereiten. In einem Topf auf leise kochender, gezuckerter und mit 1 gespaltenen Vanilleschote aromatisierter Milch pochieren. Dazu von der Meringuen-Masse mit einem EL kleine Bällchen abstechen und vorsichtig auf die siedende Milch setzen. Nach einigen Minuten die Schäumchen umwenden, damit sie vollkommen gegart werden. Wenn sie bei leichtem Berühren etwas Widerstand leisten und fest erscheinen, auf einem Tuch oder auf Küchenpapier abtropfen lassen. In einer ausreichend großen, weiten Schüssel anrichten. Aus der Milch, wie auf Seite 704 angegeben, eine Englische Creme bereiten, dabei 10 Eigelb auf 1 l Milch rechnen. Die Creme etwas abkühlen lassen, mit Maraschino aromatisieren und über die Schäumchen gießen. Gut gekühlt mit einem Teller Sandgebäck oder einer Schaumigen Brioche reichen.

# Les compositions glacées
# Die verschiedenen Eisarten

Je nach ihrer Zusammensetzung und der Art ihrer Herstellung kann man fünf verschiedene Eisarten unterscheiden:
1. Creme- oder Sahne-Eis
2. Frucht-Eis
3. Eisbomben
4. Schaum-Eis, Eis-Biskuit und Eis-Parfait
5. Sorbets.

Dabei ist die Zubereitung von Eis grundsätzlich immer gleich: Zunächst wird die Masse hergestellt, dann in einem Eisbehälter in gesalzenes Eis gepackt oder anderswie gekühlt, erneut gefroren und aus der Form gestürzt. Für kleine Anrichtungen in einzelnen Portionen oder Sorbets wird das Eis nach dem ersten Überfrieren verteilt und mit einem Löffel oder Eiskugel-Portionierer geformt.

*Anm. der Übersetzers:* Paul Bocuse führt lange und genau aus, wie man mit Salz und Salpeter auf Eis, mit Spachtel, Handrührwerk oder Elektromotor früher Eis hergestellt hat. Das Verfahren besitzt nur noch historischen Wert, wird höchstens in gastronomischen Betrieben noch angewendet, in denen man sich noch keine elektrisch kühlende und vollautomatisch rührende Eismaschine leisten kann oder ganz besonders auf Qualität achtet. Die Ergebnisse der Herstellung kann man, laut Paul Bocuse, mit denen neuer Methoden vergleichen, lassen aber das Rühren auf Eis keineswegs als veraltet ablehnen. Für einen Privathaushalt ist dieses Verfahren ohne Bedeutung. Hier bieten sich 2 Möglichkeiten an, die jeweils von einem Tiefkühlfach (im Kühlschrank), einer Tiefkühltruhe oder einem Tiefkühlschrank ausgehen. Im ersten Falle benötigt man lediglich eine Schüssel und einen Handmixer, im zweiten eine elektrisch betriebene Sorbetière (Eismaschine), die es in guten Haushaltsgeschäften und -abteilungen zu kaufen gibt. Wer häufig Eis bereiten will, sollte ein solches Gerät erstehen; es ist nicht sehr teuer, spart viel Zeit und Geld und stellt ein ausgezeichnetes Eis her.

Das Prinzip: Die Eismasse kommt in eine Schüssel, in der ein ausgeklügelt funktionierendes Rührwerk die Masse ständig durchmischt, während sie gefriert. Das Gerät wird dazu einfach in einen TK-Schrank (-Truhe, -Fach) gestellt, die elektrische Leitung durch die Abdichtung problemlos herausgeführt und in die Steckdose gesteckt. Das

Rühren verhindert nun, daß sich sofort Eis an der Schüssel absetzen kann und zu großen Kristallen gefriert. Durch das ständige Abschaben der Eismasse von Wänden und Boden und ein kräftiges Durchmischen entsteht eine glatte, weiche und homogene Masse. Dasselbe erreicht man, wenn man die Eismasse in einer Schüssel einfriert und alle 5 bis 10 Minuten mit dem Handmixer durchschlägt und von den Wänden löst, damit die sich bildenden Kristalle zerstört werden. Da diese Bildung nur im unteren Temperaturbereich stattfindet (etwa von -2 bis -6 Grad), ist ein Rühren nicht mehr nötig, wenn die Masse fest zu werden beginnt. Das fertige Eis kann problemlos im TK-Fach gelagert werden.

Ähnliches gilt für das Überfrieren in speziellen, dekorierten oder einfachen Formen: Man gibt zuvor die gewählte Form in das TK-Fach, füllt die vorgefrorene Eismasse ein und läßt sie fest werden. Die Eismasse muß vorgefroren sein, damit sich keine Kristalle bilden können. Zum Herausnehmen die Eisform kurz in heißes Wasser tauchen.

Für das Servieren ist wichtig, daß das Eis cremig und weich, nicht hart ist. Gerade im TK-Gerät aber wird es so hart, daß es Stunden braucht, um genießbar zu werden, wenn man es lange im Einfrierfach aufbewahrt hat. Da die Geräte unterschiedliche Leistungen haben, die Gefrierzeit außerdem sehr von der Mischung und der Sorbetière abhängt, benötigt man einige Versuche, um zwei Möglichkeiten des perfekten Servierens herauszubekommen: Entweder man stellt das Eis so in den Gefrierer, daß es zum baldigen Verspeisen gerade die richtige Konsistenz bekommt (ca. 2- 2½ Stunden), oder man nimmt das bereits vor einiger Zeit eingefrorene Eis heraus und läßt es im Kühlschrank oder zugedeckt im Zimmer langsam wärmer werden, bis es wieder die gewünschte Geschmeidigkeit besitzt (ca. 1½-8 Stunden, je nach Temperatur des Eises, die ja von -18 bis -32 Grad schwanken kann, und Temperatur des Raums, in dem aufgetaut wird).

Portionsweise richtet man das Eis in Schälchen (oder Gläsern) an, Bomben werden auf mit Spitzendeckchen (Papier) ausgelegte Platten gestürzt und nach Belieben verziert.

In den folgenden Rezepten (Gruppe 1 bis 4) habe ich stets dafür gesorgt, daß die Basis dieser köstlichen Zubereitungen so eindeutig erklärt und genau zusammengestellt ist, daß man nie eine Enttäuschung erleben wird. Allerdings ist es wichtig, sich strikt an die Anweisungen zu halten und mit peinlicher Sorgfalt zu arbeiten – nur dann gelingen die Eisspeisen, über deren Zubereitung man keine Geheimnisse mehr hat und die eigentlich denkbar einfach ist.

Freilich habe ich eine Auswahl getroffen: Man könnte eine eindrucks-

volle Aufzählung von verschiedenen Eisbereitungen anfügen, die einzelne Aroma-Zugaben wie auch Zusammenstellungen mehrerer Aromen aufführen müßte. Hier einige Angaben, die es Leserinnen und Lesern leichter machen mögen, nach ihrem Geschmack eine der Eisspezialitäten zu parfümieren:
Kaffee, Schokolade, Vanille, Tee.
Mandeln, Haselnüsse, Pistazien, Walnüsse, Krokant.
Orangen, Mandarinen, Zitronen.
Johannisbeeren, Himbeeren, Erdbeeren, Kirschen, die man, um das Aroma zu haben und durch die Säure besser zum Ausdruck zu bringen, mit dem Saft einer Orange bzw. Zitrone vermischt.
Aprikosen, Bananen, Ananas, Melonen.
Kandierte Veilchen und kandierte Rosenblätter.
Maraschino, Benedictine, Grand Marnier, Pernod oder andere Anis-Liköre, Cointreau, Chartreuse usw.
Rum, Kirschwasser, Himbeergeist, Izarra usw.
Das fertige Eis muß keineswegs in einer Form serviert werden. So füllt man ein Ananas-Eis zum Beispiel kurz vor dem Auftragen in die ausgehöhlte, geeiste Ananasschale zurück und garniert die Spitze mit einigen Ananasblättern. Orangen-, Mandarinen- und Zitronen-Eis gibt man in ebenfalls geeiste, ausgehöhlte Schalen und setzt einen Deckel mit Stiel und einigen Blättern darauf. Man kann hier seine Fantasie frei walten lassen, solange man die Regeln des guten Geschmacks und die freie Abstimmung der verschiedenen Aromen nicht außer acht läßt.
Mit einem Aroma oder einer Fruchtart parfümiertes Eis erhält jeweils den Namen der verwendeten Zutat. Bestimmte Bezeichnungen weisen dagegen auf eine Mischung verschiedener Beigaben hin. Hier nur einige Beispiele:
*Aida:* Die Form wird mit Himbeer-Eis ausgekleidet, in die Mitte wird Vanille-Eis gefüllt. Nach dem Stürzen wird das Eis mit Schlagsahne aus der mit einer großen, gezackten Tülle versehenen Spritztüte reich garniert.
*Aiglon:* Die Form mit Ananas-Eis ausgekleidet, die Mitte mit Mandarinen-Eis gefüllt.
*Botschafter:* Die Form dick mit Erdbeer-Eis ausgekleidet, das Innere gefüllt mit Schlagsahne, die mit in Kirschwasser durchzogenen Walderdbeeren vermischt wurde.
*Erzherzog:* Die Form mit Aprikosen-Eis ausgekleidet, in die Mitte Vanille-Eis, dem frisch geschälte, gehäutete und zerstoßene Walnußkerne beigemischt wurden.

*Aschenputtel:* Die Form mit Pistazien-Eis ausgekleidet, die Mitte mit Schaum-Eis gefüllt, dem frische oder kandierte, in Maraschino durchgezogene Früchte zugefügt wurden.
*Coppelia:* Die Form mit Kirsch-Eis ausgekleidet, die Mitte gefüllt mit einem Vanille-Eis, das mit halbgezuckerten, kandierten und in Kirschwasser durchzogenen Kirschen angereichert ist.
*Mireille:* Die Form mit Aprikosen-Eis ausgekleidet, das Innere mit Maraschino-Eis gefüllt.
*Nelusko:* Die Form mit Vanille-Eis ausgekleidet, das Innere mit Schokoladen-Eis garniert.
*Victoria:* Die Form mit Johannisbeer-Eis ausgekleidet, mit einem Schaum-Eis von Himbeeren gefüllt, das mit in Himbeergeist durchzogenen Walderdbeeren vermischt wurde.
Diese Liste könnte durch Hunderte von Kombinationen fortgesetzt werden, wobei außer einer Kombination von verschiedenen Eisarten auch bestimmte Formen von Dekorationen eine Rolle spielen.

## 1. Glaces à la crème
### 1. Creme- oder Sahne-Eis (Grundrezept)

Für 8 bis 10 Personen: *¾ l Milch, 1 Vanilleschote, 300 g Zucker, 8 Eigelb*

Die Milch aufkochen, die gespaltene Vanilleschote hineingeben und 5 Minuten durchziehen lassen. In der Zwischenzeit in einer Schüssel Zucker und Eigelb mit einem Spachtel (oder dem Handrührer – Anm. d. Übers.) durcharbeiten, bis eine dickschaumige, weißliche Masse entsteht, die Fäden macht. Die Milch, ohne die Vanilleschote, langsam unter ständigem Rühren in diesen Eischaum gießen und auf kleiner Flamme – immer rührend – nach und nach erhitzen. Nicht kochen, sondern nur etwas dicklich werden lassen, bis die Masse den Spachtel mit einer dünnen Schicht überzieht. Dann vom Feuer nehmen und durch ein feines Sieb in eine Schüssel gießen. Unter häufigem Durchrühren vollkommen abkühlen lassen.
Wie in der Einleitung angegeben überfrieren, nach Wunsch auch in Formen füllen.
*Anmerkung:* Das Garen der Eigelb, die nur abbinden sollen (wie bei einer Englischen Creme – Seite 704), ist mit großer Sorgfalt durchzuführen. Überhitzt man die Mischung, wird das Eigelb hart und bröselig und macht die Masse nicht mehr weich und geschmeidig.

Man kann für feineres, reicheres und noch geschmeidigeres Eis bis zu 16 Eigelb je Liter Milch und entsprechend auch bis zu 400 g Zucker verwenden.
Die Milch kann teilweise oder ganz durch frische, flüssige Sahne ersetzt werden.

## Glace au café
### Mokka-Eis

Zutaten und Zubereitung wie »Creme-Eis«, zum Aromatisieren in der Milch an Stelle der Vanilleschote 50 g frisch gerösteten und gemahlenen Kaffee durchziehen lassen, dann durch ein feines Sieb abgießen.

## Glace au chocolat
### Schokoladen-Eis

Wie im Grund-Rezept »Creme-Eis«, jedoch ohne Vanilleschote, dafür zum Schluß 250 g in $^1/_{10}$ l Wasser geschmolzene und 10 Minuten sanft gekochte Schokolade zufügen. Lediglich 200 g Zucker mit den Eiern aufrühren. Bei Verwendung von ungezuckertem Kakao (150 g) die Grunddosis von 300 g Zucker beibehalten.

## Glace pralinée
### Krokant-Eis

Zutaten und Zubereitung wie »Creme-Eis«. Zum Schluß diesem Vanille-Creme-Eis noch 125 g fein zerstoßenen und durch ein Sieb passierten Mandel- oder Haselnuß-Krokant zufügen. Dazu in heißen, hellbraunen Karamel die gleiche Menge Mandeln oder Haselnüsse geben, abkühlen lassen und im Mörser zerstoßen.

# 2. Glaces aux fruits
## 2. Frucht-Eis

### Glace à la groseille
### Johannisbeer-Eis

Für 8 bis 10 Personen: *750 g vollreife rote und 250 g weiße Johannisbeeren, 1/10 l Zucker-Sirup von 32 Grad Baumé (kalt gemessen)*

Die Johannisbeeren entsaften. Nach dem Waschen in einem Tuch auspressen. Den Zucker-Sirup mit diesem Saft (etwa 3/5 l) vermischen – die Mischung muß nun 20 Grad auf der Zuckerwaage haben. Sollte der Sirup noch zu schwer sein, etwas Wasser zufügen, im gegenteiligen Fall soviel Zucker wie nötig darin auflösen. Wie auf Seite 784 f. beschrieben gefrieren.
*Anm. der Übersetzer:* Die Mischung von roten und weißen Johannisbeeren ist deshalb zu empfehlen, weil die weißen einen milderen Geschmack haben, die Mischung daher weniger intensiv ist. Das Pressen im Tuch kann mit Stielen vorgenommen werden, weil der Druck darin nicht so groß wird, daß die Gerbsäure herausgepreßt würde. Am besten verwendet man hierzu eine Windel, die man kräftig eindreht.

### Glace aux fraises
### Erdbeer-Eis

Für 8 bis 10 Personen: *500 g Wald- oder Monatserdbeeren oder reife Beeren einer besonders aromatischen Sorte (Senga Sengana), 1/2 l Zuckersirup von 32 Grad Baumé kalt gemessen), 1 Orange, 1 Zitrone*

Die Erdbeeren zerdrücken und durch ein feines Sieb treiben. Mit dem Zucker-Sirup sowie dem Saft von Orange und Zitrone vermischen. Mit der Zuckerwaage nachprüfen und – wenn nötig – die Konzentration durch Verdünnen mit Wasser oder durch Verstärken mit Zucker auf 18 Grad Baumé bringen.
Wie auf Seite 784 f. beschrieben gefrieren.

## Glace à l'orange au à la mandarine
## Orangen- oder Mandarinen-Eis

Für 8 bis 10 Personen: *500 g Zucker, ½ l Wasser, 4 Orangen oder 6 bis 8 Mandarinen (jeweils natur), 1 Zitrone*

Zucker und Wasser kochen und die hauchdünn ohne das bittere Weiße abgeschnittene Orangen- oder Mandarinenschalen hineingeben. Abkühlen lassen, durchseihen und mit dem Saft der Früchte wie der Zitrone vermischen. Mit Zuckerwaage überprüfen. Falls nötig, mit Wasser oder Zucker auf 21 Grad Baumé bringen. Wie auf Seite 784 f. beschrieben gefrieren.

## Glace aux citrons
## Zitronen-Eis

**Erstes Rezept:**

Für 10 bis 12 Personen: *1 l Milch, 1 Vanilleschote, 3 Zitronen (Schale), 400 g Zucker, 10 Eigelb*

Die Milch zum Kochen bringen, die gespaltene Vanilleschote und die fein abgeschnittenen Zitronenschalen darin 5 Minuten ziehen lassen, durchseihen und in die cremig und weiß-schaumig geschlagene Zucker-Eigelb-Mischung schlagen. Wie auf Seite 784 f. beschrieben gefrieren.

**Zweites Rezept:**
Wie das vorangehende Rezept »Orangen-Eis«, jedoch aus dem Saft von 4 Zitronen bereiten.
*Anm. der Übersetzer:* Möglichst milde, große Zitronen aus Griechenland, Sizilien oder Spanien verwenden, die relativ wenig Säure haben.

## 3. Appareils à bombe glacée
## 3. Eisbomben-Masse

Für 10 bis 12 Personen: *³⁄₁₀ l Wasser, 350 g Zucker, 16 Eigelb, beliebiges Aroma, ¾ l frische Sahne, etwas Creme- oder Sahne-Eis*

Das Wasser zum Kochen bringen und den Zucker darin auflösen. Man erhält so einen Sirup von 28 Grad Baumé – heiß gemessen –, der nach dem Abkühlen 32 Grad Baumé aufweist. Die Eigelb zugeben und alles auf ganz sanfter Hitze – am besten in einem halbrunden, nicht verzinnten Kupferkessel – schaumig schlagen wie für eine Génoise (Seite 684 f.). Die Eigelb dürfen dabei nicht gerissen, sondern sollen, nur teilweise gegart, die Masse wie eine »Englische Creme« (Seite 704) oder einen »Sabayon« (Seite 711) geschmeidig binden. Wenn die Masse schaumig ist und nur leicht ziehend auseinandergeht, den Topf vom Feuer nehmen und die Mischung kalt rühren.

Dann das gewählte Aroma untermischen und die sehr steif geschlagene Sahne vorsichtig unterziehen.

Diese Masse, die während des Gefrierens nicht gerührt wird, in eine passende Form füllen, die dünn mit einer Schicht-Creme oder Sahne-Eis ausgekleidet wurde.

Diese Schicht gibt der zarten und empfindlichen Masse den nötigen Halt; sie sollte ein anderes Aroma als die Füllung haben.

Wie auf Seite 784 f. beschrieben gefrieren – mindestens 1½ Stunden im Tiefkühlgerät stehen lassen. Erst direkt vor dem Servieren auf eine gefaltete Serviette stürzen und mit kleinen, getrockneten oder frischen Petits fours servieren.

*Anm. der Übersetzer:* Es empfiehlt sich, die Masse im Wasserbad aufzuschlagen – sie wird hierin besonders schaumig und kann vor allem nicht so leicht auseinanderfallen. Als Aroma bieten sich alle auf Seite 786 angeführten Zutaten an.

## 4. Les pâtes à mousse, biscuits et parfaits
### 4. Schaum-Eis, Eis-Biskuit und Parfait

### Mousse glacée aux fruits
### Schaum-Eis mit Früchten

Es gibt zwei verschiedene Arten von Schaum-Eis, entweder mit Creme oder mit Zucker-Sirup zubereitet. Die Zubereitung mit Sirup ist sehr einfach, auch wenn man nicht über eine Zuckerwaage verfügt.

**Sirup-Mischung:**

Für 8 Personen: *8 EL Wasser (0,16 l), 175 g Zucker, ¼ l Fruchtpüree, ½ l sehr steif geschlagene Sahne*

Das Wasser erhitzen, den Zucker darin auflösen und 3 Minuten kochen lassen. Abgekühlt mit dem durch ein feines Sieb passierten Fruchtpüree mischen und schließlich die Schlagsahne unterheben.
In nicht zu hohe Formen füllen und, ohne umzurühren, gefrieren. Man kann die Mischung auch 4 Stunden in dem auf 0 Grad gestellten Kühlschrank nur eben steif werden lassen.

**Creme-Mischung:**

Für 8 Personen: *250 g Zucker, 8 Eigelb, ¼ l Milch, ¼ l Sahne, 10 g Tragant, ¼ Fruchtpüree*

Aus Zucker, Eigelb und Milch eine »Englische Creme« (Seite 704) bereiten und in eine Schüssel füllen. Kalt rühren und die steifgeschlagene Sahne, den fein zerstoßenen Tragant und das durch ein feines Sieb passierte Fruchtpüree zufügen. Die Schüssel auf Eis stellen und die Masse kräftig schlagen, bis sie ganz leicht und schaumig wird, aber auch einen gewissen Halt bekommt.
In eine nicht zu hohe Form füllen und ohne weiteres Rühren gefrieren oder nur im kalten Kühlschrank fest werden lassen.
*Anm. der Übersetzer:* Tragant ist eine pflanzliche, gummiartige Masse, die sich auflöst und dabei dem Schaum eine etwas zähe Festigkeit gibt. Man kann statt dessen 2 Blatt Gelatine einweichen, in heißem Wasser auflösen und kurz vor dem Erstarren an das Schaum-Eis geben.

---

## Soufflé glacé aux cerises
### Kirsch-Eis-Soufflé

*½ l wie im vorstehenden Rezept zubereitete Schaum-Eis-Masse mit pürierten Kirschen, aromatisiert mit Maraschino, einige Kirschen, etwas Zucker und Maraschino, Himbeer-Püree, Feine Brioche, Vanille-Zucker*

Mit Hilfe eines Bindfadens ein Pergamentpapier um eine Soufflé-Form befestigen, so daß das Papier 5 cm über den Rand der Form steht. Die Form bis 1 cm über den Rand des Papiers mit der Masse füllen, glattstreichen und die Oberfläche mit entsteinten Kirschen garnieren, die in mit Maraschino aromatisiertem Zucker-Sirup pochiert wurden und darin erkaltet sind. 3 Stunden in den sehr kalten Kühlschrank oder 1 Stunde in das Tiefkühlfach stellen.

Vor dem Servieren das Papier entfernen und die Kirschen mit etwas gut gekühltem Himbeer-Püree dünn überziehen.

Dazu 2 cm dicke Scheiben auf einer kranzförmig gebackenen, feinen Brioche reichen, die mit einem Hauch Vanille-Zucker bestreut und kurz – um den Zucker gerade eben karamelisieren zu lassen – unter den Salamander oder einen heißen Grill geschoben wurden.

## Appareil à biscuits glacés
### Eis-Biskuit-Masse

Für 10 bis 12 Personen: *625 g Zucker, 12 Eigelb, 4 Eiweiß, beliebiges Aroma*

500 g Zucker mit den Eigelb im Wasserbad dick und weiß-schaumig schlagen wie für eine »Englische Creme« (Seite 704). Unter stetigem Schlagen abkühlen lassen. Aus den Eiweiß und dem restlichen, zur Kugel gekochten Zucker (Seite 776) eine italienische Meringue (Seite 781) bereiten. Creme und Meringue vorsichtig vermischen und die Masse parfümieren – meist teilt man die Masse in drei gleiche Teile und aromatisiert jeden Teil anders. Diese werden in rechteckige oder quadratische Formen gefüllt, nach dem Gefrieren und Erstarren herausgelöst und übereinandergesetzt. Zum Gefrieren entweder 3 Stunden in den sehr kalten Kühlschrank oder 1 Stunde in ein Tiefkühlfach stellen.

*Anm. der Übersetzer:* Zum Parfümieren nimmt man in Geschmack und Farbe unterschiedliche Substanzen, etwa für ein dreistöckiges Eis-Biskuit Schokolade, Vanille und rote Früchte. Man kann alle auf Seite 786 aufgeführten Zutaten verwenden.

## Le parfait
### Parfaits

Unter einem typischen Parfait stellt man sich im klassischen Sinn ein besonders fein zubereitetes Kaffee-Eis vor. In der modernen Küche bereitet man die Grundmischung auch mit anderen Aromen zu – ich möchte mich hier mit dem Rat begnügen, auf 1 l Parfait-Masse 3 EL zerstoßenen Mandel-Krokant zuzugeben.

Für 4 bis 6 Personen: ¼ l Zucker-Sirup von 28 Grad Baumé, 8 Eigelb,
¼ l Sahne, Kaffe-Extrakt

Die Eigelb im Wasserbad dick und weiß-schaumig schlagen, dabei den noch warmen Zucker-Sirup langsam einrühren. Wenn die Masse einen Löffel dick überzieht, vom Feuer nehmen, durch ein feines Sieb gießen, kalt schlagen und in einer auf zerstoßenes Eis gestellten Schüssel 15 Minuten weiter schlagen. Die steifgeschlagene Sahne und starken Kaffee-Extrakt einziehen.

Wie auf Seite 784 f. beschrieben, in eine Form füllen und gefrieren oder nur im sehr kalten Kühlschrank fest werden lassen.

*Anm. der Übersetzer:* Parfaits werden meist in konischen, oben abgerundeten, sehr hohen Formen geeist. Statt Kaffee-Extrakt kann man sehr gut löslichen Kaffee verwenden.

## 5. Les sorbets

## 5. Sorbets (Scherbets)

Unter einem Sorbet versteht man eine Art von leichtem Eis, das so wenig geeist wird, daß es noch zu trinken bzw. sehr weich und geschmeidig ist. Man unterscheidet dabei vier verschiedene Kategorien: Granité oder Gramolata, Marquise, Punch und Spoom. Alle diese Sorbet-Arten sind nichts anderes als geeiste Mischungen oder Abwandlungen von diesen, die ursprünglich nur aus einem Likör, aus Wein oder Südwein und Zucker-Sirup bestehen. Heute verwendet man mehr und mehr auch frische Fruchtsäfte.

Man rechnet etwa 1 l Sorbet für 12 Personen.

Wein-Sorbets: ½ l Wein (Champagner, Portwein, Madeira, Samos, Sauternes) mit ½ l Zucker-Sirup von 22 Grad Baumé (kalt gemessen) vermischt und mit dem Saft von 2 Orangen und 1 Zitrone aromatisiert

Frucht-Sorbets: ½ l Fruchtsaft (von Johannisbeeren, Himbeeren, Erdbeeren, Ananas, Melonen, Kirschen) mit ½ l Zucker-Sirup vermischt, der je nach Süßigkeit der Früchte 18 bis 22 Grad Baumé auf der Zuckerwaage anzeigen muß

Die Mischungen werden jeweils erst kurz vor dem Servieren in einer Schüssel oder Sorbetière (Eismaschine) in ein Tiefkühlgerät gestellt und kurz überfroren, so daß sie halbflüssig sehr rasch in kleinen Schalen oder Gläsern serviert werden können.

*Anm. der Übersetzer:* Das Sorbet, früher meist als Erfrischungsgetränk nach dem Braten gereicht, hat heute mehr und mehr die Funktion eines Desserts bekommen. Seine Leichtigkeit hat es zum Star der neuen Küche gemacht, so daß es überall dort in reicher Auswahl anzutreffen ist, wo man seinen Gästen einen erfrischenden Abschluß bieten will. Die Konsistenz hat sich dabei geändert: Man serviert das Sorbet jetzt meist in weichen Kugeln, die wie eine dicke Creme mit dem Löffel gegessen werden. Die Beliebtheit hat auch dazu geführt, daß immer neue Arten »erfunden« wurden: Vor allem exotische Früchte, aber auch andere als die aufgeführten Beeren (vor allem Cassis – schwarze Johannisbeeren) und sogar Gemüse (Tomaten, Gurken), selbst Käse (Camembert) werden zu Sorbets verwendet. Ein neuer Trend setzt diese erfrischenden Speisen auch wieder an den früheren Platz, nämlich als den Magen aufmunternde Zwischenspeise hinter den Braten. Die Gläser oder Schalen vor dem Füllen in den Kühlschrank oder in ein Tiefkühlgerät stellen, damit das schnell schmelzende Eis nicht sofort zerläuft.

## Granités
### Granités oder Gramolate

Hierzu verwendet man Saft von den säuerlichen Früchten wie Orangen, Zitronen, Johannisbeeren oder Kirschen und mischt ihn zu gleichen Teilen mit einem leichten Sirup, so daß die Mischung schließlich nur 14 Grad Baumé auf der Zuckerwaage anzeigt. Durch den geringen Zuckergehalt bilden sich beim Überfrieren kleine grießelige Kristalle, wovon diese Eisart ihren Namen erhalten hat.

## Marquises
### Marquisen

Diese Art von Sorbet wird fast ausschließlich aus Ananas- oder Kirschsaft und aus pürierten Erdbeeren bereitet. Mit gleichen Teilen Zucker-Sirup vermischen, bis man 17 Grad Baumé auf der Zuckerwaage erreicht. Zum Gefrieren in ein Tiefkühlgerät stellen und etwas fester als ein normales Sorbet werden lassen. Auf 1 l fertiges Eis noch ½ l Schlagsahne untermischen.

## Punchs
## Punchs

½ l Zucker-Sirup mit 22 Grad Baumé (kalt gemessen) aus ⅓ l Wasser und 275 g Zucker, 2 Orangen, 2 Zitronen, trockener Champagner (brut), 2 Eiweiß, 100 g Zucker, ⅒ l Rum

Den Sirup bereiten, aufkochen und darin die dünn abgeschnittenen Schalen einer Orange und einer Zitrone ziehen lassen. Den abgekühlten Sirup mit Champagner, dem Orangen- und Zitronensaft auf 17 Grad Baumé verdünnen. In einem Tiefkühlgerät überfrieren. In die noch weiche Mischung eine italienische Meringue (Seite 781) aus den zu steifem Schnee geschlagenen und mit dem Zucker vermischten Eiweiß vorsichtig unterziehen und mit Rum aromatisieren. Wie ein normales Sorbet in Gläsern oder Schalen servieren.

## Spooms
## Spooms

Von den vier Sorbet-Abkömmlingen sind die Spooms die festesten. Sie werden fast immer aus Zucker-Sirup von 20 Grad Baumé (kalt gemessen) und Champagner, Muskateller oder gutem Sauternes hergestellt. Sie sollen besonders leicht und schaumig sein, und deshalb wird die überfrorene Mischung aus Sirup und Wein mit der gleichen Menge italienischer Meringue (Seite 781) sehr vorsichtig vermengt. Auch die Spooms werden in Schalen serviert.

## L'orange à l'orange
## Orangen in Sirup

Für 6 Personen: *12 schöne Orangen (natur), ⅕ l Wasser, ⅕ l Grenadine-Sirup, 2 Zitronen, 200 g Zucker*

Mit einem Schälmesser sechs Orangen hauchfein schälen. Die Schalen in feine Streifchen (Julienne) schneiden und in dem mit Wasser verdünnten Grenadine-Sirup einige Minuten kochen. Abkühlen lassen. Die dünn abgeschälten Orangen nun vollends schälen und von allen Schalenteilchen befreien. In dünne Scheiben schneiden und in einer

Schüssel anrichten. Den Sirup mit den Schalenstreifchen darübergießen und kalt stellen.
In der Zwischenzeit von den restlichen Orangen auf ¾ Höhe eine Kappe mit dem Stielansatz abschneiden. Das Fruchtfleisch vorsichtig auslösen, damit die Schalen ganz bleiben und sozusagen kleine Schüsselchen entstehen. Diese in den Kühlschrank legen. Den Saft der Orange mit dem Saft von den Zitronen sowie dem Zucker vermischen und in einer Schüssel (dann häufig durchrühren) oder einer Eismaschine im Tiefkühlfach wie ein Eis gefrieren lassen. Die nicht zu feste Mischung in die gekühlten Orangen füllen und die Deckel wieder daraufsetzen. Die Grenadine-Orangen und das Sorbet gleichzeitig servieren.

# Les entremets de fruits
# Süßspeisen mit Früchten

## Abricots
## Aprikosen

### Compote d'abricots
### Aprikosen-Kompott

Für 6 Personen: *12 sehr reife, große Aprikosen, 150 g Zucker, ca. ⅓-l Wasser, 1 Vanilleschote, 1 guter EL Kirschwasser oder Noyau (Anmerkung Seite 757)*

Die Aprikosen kurz in kochendes Wasser tauchen und sofort danach schälen. Halbieren und die Kerne auslösen. 4 davon aufknacken, die darin enthaltenen Mandeln herausnehmen und halbieren. Aus Zucker und Wasser einen Sirup bereiten, die Aprikosenhälften, die ausgelösten Mandeln und die halbierte Vanilleschote hineingeben. Die Aprikosenhälften nur schwach siedend in etwa 8 Minuten darin pochieren, damit sie noch fest bleiben und nicht zerfallen. Abkühlen lassen, noch lauwarm mit Kirschwasser oder Noyau aromatisieren. Vanilleschote und Mandeln herausnehmen und in einer Schüssel servieren.
Man verwendet diese pochierten Aprikosen für eine Vielzahl von Süßspeisen wie auch für Torten und Eis.

## Abricots compotés au marasquin
## Aprikosen mit Maraschino

Für 6 Personen: *2 El dicke Sahne (crème fraîche), 12 Aprikosen, Puderzucker, 1 guter El Maraschino*

Den Boden einer feuerfesten Porzellanform mit der Sahne bedecken: Die Aprikosen kurz in kochendes Wasser tauchen und schälen. Halbieren und dicht an dicht auf die Sahneschicht legen. Reichlich mit Puderzucker bestreuen und in den mäßig heißen Ofen schieben. Wenn sie weich sind, mit dem Maraschino beträufeln und lauwarm in der zum Garen verwendeten Form servieren.

## Abricots Colbert
## Ausgebackene, mit Grieß gefüllte Aprikosen »Colbert«

Für 6 Personen: *12 zu Kompott gekochte Aprikosen, 1 Ei, 1 EL zerlassene Butter, Semmelbrösel, Fett zum Ausbacken, Puderzucker, Aprikosen-Sauce, Kirschwasser oder Maraschino – Für den Grieß: 50 g Weizengrieß, ⅕ l Milch, Zucker, Vanille, 1 Prise Salz, 2 Eigelb, 1 EL Butter, Kirschwasser oder Noyau*

Die Aprikosen wie angegeben pochieren, jedoch nicht halbieren, sondern ganz lassen und nicht zu weich kochen.

In der Zwischenzeit den Grieß bereiten: Den Grieß locker in die kochende Milch rieseln lassen, die mit Zucker etwas gesüßt, mit Vanille aromatisiert und leicht gesalzen wurde. Zugedeckt im mäßig heißen Ofen 30 Minuten pochieren. Herausnehmen, mit einer Gabel lockern und die Eigelb sowie die Butter hineinarbeiten. Mit Kirschwasser oder Noyau abschmecken.

Die fertig pochierten und etwas abgekühlten Aprikosen aus dem Sirup nehmen, abtropfen lassen und auf einer Seite aufschneiden. Die Kerne herauslösen und an ihre Stelle jeweils eine entsprechend große Menge Grieß füllen. Die Früchte wieder zudrücken und nacheinander in dem mit zerlassener Butter leicht verquirlten Ei wenden. Dann in den Semmelbröseln rollen. 8 Minuten vor dem Servieren in ein rauchendheißes Fritierbad geben und goldbraun ausbacken.

Herausheben, auf einem Tuch oder auf Küchenpapier abtropfen las-

sen, leicht mit Puderzucker bestäuben und auf einer mit einem Spitzendeckchen belegten Platte aufhäufen.
Dazu eine Schüssel mit Aprikosen-Sauce reichen, die mit Kirschwasser oder Maraschino aromatisiert wurde.

## Abricots meringués Clairette
### Aprikosen in Meringue »Clairette«

Für 6 Personen: *1 Genueser Brot, Noyau (Anmerkung Seite 757), 50 g Reis für Süßspeisen, 12 zu Kompott gekochte Aprikosen, Makronen, Butter, 2 Eiweiß, 150 g Zucker, 1 Prise Vanille-Zucker, Johannisbeer- oder Aprikosengelee*

Die verschiedenen vorbereitenden Arbeiten erledigen: Ein Genueser Brot in Größe eines Dessert-Tellers herstellen und mit Noyau durchtränken. Den Reis nach den Angaben zubereiten, mit Vanille und ebenfalls Noyau aromatisieren.
Die Aprikosen wie angegeben zu Kompott kochen, jedoch ganz lassen und erst entkernen, wenn sie etwas abgekühlt sind. An Stelle der Kerne eine Mischung aus je zur Hälfte zerbröselten Makronen und Butter füllen, die ebenfalls mit Noyau parfümiert wurde. Die Eiweiß in Art einer Meringue (Seite 781 f.) mit 125 g Zucker und Vanille-Zucker zu einem steifen Schnee schlagen. Das Genueser Brot auf eine ausreichend große Platte legen. Den Reis in einer gleichmäßig dicken Schicht darauf verteilen, mit den wieder sorgfältig geschlossenen Aprikosen belegen und alles wie ein norwegisches Omelett (Seite 761) mit der Meringuen-Masse überziehen. Diese mit einem Spachtel glattstreichen und nach Belieben Rosen, Rosetten und ähnliches mit einer Spritztüte in die Oberfläche drücken.
Im Ofen bei mittlerer Hitze backen, zum Schluß mit dem restlichen Zucker bestreuen und nochmals in den Ofen schieben, bis sich die Meringue mit einer hellbraunen Farbe überzogen hat. In die Vertiefungen der Rosen oder Rosetten mit Hilfe einer kleinen Tüte etwas Johannisbeer- oder Aprikosengelee laufen lassen.
Man kann diese Speise auch sehr gut kalt servieren. In diesem Falle muß man genau darauf achten, daß die Eiweiß-Masse vollkommen durchgebacken wird. Man verwendet hierzu eine Meringue mit gekochtem Zucker.

## Abricots Condé
## Aprikosen auf Reis »Condé«

*Für 6 Personen: 12 als Kompott zubereitete Aprikosen (S. 799), 125 g Reis für Süßspeisen, 3 Eiweiß, Kirschwasser, kandierte Früchte (Zitronat, Kirschen, Angelika*

Die Aprikosen wie angegeben zubereiten und warm halten. Inzwischen den Reis zubereiten, lockern, binden, mit den zu steifem Schnee geschlagenen Eiweiß mischen und mit Kirschwasser aromatisieren. In eine Kranz-Form (Savarin-Form) mit abgerundetem Boden füllen, wie angegeben pochieren und stürzen. Bis auf zwei die Aprikosenhälften aus dem Sirup nehmen, abtropfen und auf dem Reisrand anrichten, sie sollen dabei etwas übereinanderliegen. Die Aprikosen mit kleinen, hübsch zugeschnittenen Stückchen von kandierten Früchten dekorieren. Den Sirup unterdessen mit den zurückgelassenen Aprikosenhälften auf knapp $1/5$ einkochen und durch ein feines Sieb passieren. Mit 4 EL Kirschwasser aromatisieren und über die Aprikosen und den Reis gießen.
*Anmerkung:* Außerhalb der Aprikosen-Saison verwendet man eingemachte Aprikosen und bindet den eingekochten Sirup mit 1 EL Aprikosen-Marmelade.

## Abricots Robert d'Ardeuil
## Aprikosen-Gelee »Robert d'Ardeuil«

*Für 10 Personen: $2/5$ l Wasser, 300 g Zucker, 9 Blatt Gelatine, 30 Aprikosen, 1 Orange, $1/2$ Zitrone, etwas Öl, 50 g Mandeln, 1 bittere Mandel, $1/10$ l flüssige Sahne (ersatzweise Milch)*

Aus $1/5$ l Wasser, 125 g Zucker und der in kaltem Wasser eingeweichten Gelatine ein Aspik bereiten. 20 der gut reifen und aromatischen Aprikosen entkernen und durch ein feines Sieb treiben, das Püree in einer Schüssel auffangen. Die Kerne der Aprikosen aufknacken, die darin enthaltenen Mandeln herausnehmen, 1 Minute überbrühen, schälen und in feine Blättchen schneiden.
Das abgekühlte, aber noch nicht fest gewordene Aspik mit dem Aprikosenpüree und den Mandelblättchen vermischen, mit dem Oran-

gen- und Zitronensaft vermischen und in eine halbkugelartige Form oder Schüssel füllen, die dünn mit geschmacksneutralem Öl ausgestrichen wurde. Vor dem Servieren 3 Stunden in den Kühlschrank stellen. Unterdessen die 10 anderen Aprikosen schälen und vorsichtig entkernen, damit sie nicht auseinanderreißen. In einem Sirup aus 175 g Zucker und $1/5$ l Wasser so kurz schwach siedend pochieren, daß sie zwar gerade weich sind, aber noch nicht zerfallen. Mit dem Schaumlöffel herausheben und auf einem Teller kalt werden lassen. Den Sirup auf die Hälfte einkochen. Die Mandeln kurz überbrühen, schälen und in einem Mörser zerstoßen bzw. wie auf Seite 714 angegeben zerkleinern und mit Sahne oder Milch zu einer Paste verarbeiten. In ein Tuch geben und dieses fest auswringen, bis alle Milch aus den Mandeln gedrückt ist. Diese Milch neben dem Feuer in den Aprikosensirup rühren, alles durch ein Tuch gießen und in einer kleinen Schüssel kalt stellen.

Alle Zutaten müssen nun gut gekühlt sein. Das Aprikosen-Gelee auf eine runde, ausreichend große Platte stürzen. Dazu die Form vorher kurz in heißes Wasser tauchen und abtrocknen, damit die Platte nicht mit Wassertropfen besprenkelt wird. Mit den ganzen, pochierten Aprikosen umlegen und diese mit etwas Mandelsirup beträufeln. Den übrigen Sirup in einer Schüssel getrennt servieren.

## Abricots Bourdaloue
### Aprikosenkuchen »Bourdaloue«

Für 6 Personen: *12 zu Kompott gekochte Aprikosen, $1/2$ l Frangipane-Creme, 1 feiner Sandteigboden, Puderzucker, Aprikosen-Sauce, Kirschwasser*

Das Aprikosen-Kompott mit Noyau aromatisieren. Die Frangipane-Creme in den blindgebackenen Tortenboden füllen und die sorgfältig abgetropften Aprikosenhälften darauf anrichten. Mit reichlich zerbröselten, getrockneten Makronen bestreuen und leicht mit Puderzucker bestäuben. Einige Minuten in den sehr heißen Ofen schieben, damit der Zucker schmilzt und leicht karamelisierend einen aromatischen, hellbraunen Überzug bildet. Dazu eine Schale mit Aprikosen-Sauce reichen, die mit Kirschwasser aromatisiert und mit dem eingekochten Aprikosen-Sirup vermischt wurde.

## Abricots flambés au Grand Marnier
## Mit Grand Marnier flambierte Aprikosen

*Für 6 Personen: 12 zu Kompott gekochte Aprikosen, 1 EL gehackte Mandeln, Zucker, Vanille-Zucker, 1 gute Prise Stärkemehl, 6 EL Grand Marnier – Für die Sauce: 6 Aprikosen, 1/5 l Zucker-Sirup, Likör nach Wahl, eventuell 25 g Butter*

Die Aprikosen häuten, aber ganz lassen und wie angegeben zu Kompott kochen. Danach entkernen, in dem möglichst knapp bemessenen Sirup warm halten und schließlich dicht an dicht in einer feuerfesten Porzellanform einrichten. Zu den Mandeln zwei aus den Kernen gelöste, ebenfalls gehackte Aprikosen-Mandeln geben, alles vermischen, mit Zucker und Vanille-Zucker leicht bestreuen und im Ofen kurz grillen, bis sie hellbraun werden. Über den Aprikosen verteilen und auf den Boden der Form etwas mit einer Prise Stärkemehl knapp gebundenen Aprikosen-Sirup gießen. Kurz vor dem Servieren noch einmal kurz aufkochen lassen und im Augenblick des Vorzeigens mit Grand Marnier begießen und flambieren. Dazu eine Aprikosen-Sauce reichen.

### Aprikosen-Sauce

Die 6 gut reifen und aromatischen Aprikosen durch ein feines Sieb streichen und mit Zucker-Sirup in einem sauberen Topf – möglichst aus nicht verzinntem Kupfer – wie eine Konfitüre zum Breitlauf kochen. Wenn die Sauce nur noch lauwarm oder schon kalt ist, mit einem beliebigen Likör parfümieren. Verwendet man die Sauce lauwarm, so zieht man nach dem Kochen neben dem Feuer noch etwas Butter hinein.

## Ananas
## Ananas

Diese herrliche Frucht, die ein so ausgeprägtes Aroma hat und leicht verdaulich ist, sollte man stets frisch und roh verspeisen. Gerade zu solcher Verwendung eignet sich die Ananas auch ganz besonders gut.

## Ananas Condé
## Ananas auf Reis »Condé«

Für 6 Personen: *1 gut reife, aromatische Ananas, Zucker, Kirschwasser, Reis für Süßspeisen, Aprikosen-Sauce*

Die Ananas schälen und entweder längs teilen und die harte Mitte herausschneiden oder ganz lassen und diesen holzigen Strang mit einem Ausstecher herausholen. In 1 cm dicke Scheiben schneiden, in eine Schale legen, mit Zucker bestreuen und mit einigen EL Kirschwasser beträufeln. Gut durchziehen lassen, zwischendurch ab und zu umwenden.

Inzwischen den Reis zubereiten, in eine flache Génoise-Form (hohe Kuchen-Form) füllen und wie angegeben pochieren. Sofort noch sehr heiß auf eine runde Platte stürzen und auf diesen Kuchen eine Rosette mit den vorher gut abgetropften Ananas legen. Mit einer Aprikosen-Sauce überziehen, die mit dem Kirschwasser und dem Saft verrührt wurde, den die Ananasscheiben beim Durchziehen abgegeben haben.

## Ananas meringué
## Ananas mit Meringue

Wie die »Aprikosen in Meringue« (Seite 799) zubereiten. Die Ananas jedoch nicht kochen, sondern nur in grobe Würfel schneiden, die man in Zucker und Kirschwasser durchziehen läßt. Diese Würfel abgetropft auf die Reisschicht legen, wie beschrieben mit Meringue abdecken und backen.

## Ananas aux liqueurs
## Ananas mit Likör

Die Ananas schälen, längs halbieren, die harte Mitte herausschneiden und die Hälften in 1 cm dicke Scheiben schneiden. Diese in eine Schüssel legen, mit Zucker bestreuen und in Kirschwasser einige Zeit durchziehen lassen.

Dann in einer heißen, nicht zu flachen Platte anrichten, die mit Puderzucker bestreut wurde. Auch die Scheiben mit Puderzucker bestäuben. Den ausgewählten Likör erhitzen, über die Ananas gießen und anzünden. Mit großer Flamme zu Tisch bringen und die Scheiben mit dem brennenden Sud begießen, bis er von alleine erlischt.

## Ananas et zéphirs normands
## Ananas mit normannischen Schaum-Meringuen

Für 6 Personen: Für die Ananas: *1 frische, gut reife Ananas, Zucker, Marie-Brizard oder Cointreau, 1/5 l Aprikosen-Sauce (Seite 713), halb gezukkerte, kandierte Kirschen* – Für den Grieß-Pudding: *50 g Weizengrieß, 1/5 l Milch Zucker, 1/2 Vanilleschote, 1 Prise Salz, 4 Eigelb, 40 g Butter, 2 Eiweiß, Butter für die Form* – Für die Meringuen: *2 Eiweiß, 125 g Zucker, Vanille-Zucker* – Für die Apfel-Füllung: *2 Äpfel (Reinetten, etwa Canada oder Goldparmäne, im Winter Boskop), 20 g Butter, 1 EL Zucker, Vanille-Zucker, Schlagsahne*

Die Ananas schälen, längs halbieren und die harte Mitte herausschneiden. In 1 cm dicke Scheiben schneiden. 3 Scheiben abnehmen und in Würfel von 1 cm Kantenlänge schneiden. Nun mit Zucker bestreuen und einem Likörglas Marie-Brizard oder Cointreau begießen. Auch die Scheiben in dieser Mischung durchziehen lassen, jedoch eine andere Schüssel nehmen. Inzwischen aus den angegebenen Zutaten wie für die »Aprikosen auf Grieß« (Seite 798) eine Masse bereiten und vor dem Zufügen des Eischnees mit den Ananaswürfeln samt dem gezogenen Saft vermischen. In eine gebutterte halbkugelförmige Schüssel füllen und im Wasserbad pochieren.

Für die Meringuen aus Eiweiß und Zucker einen steifen Schnee schlagen, in eine Spritztüte füllen und kleine Meringuen formen (Seite 781 f.) oder mit einem EL Häufchen abstechen und auf ein Backblech setzen. Im sehr heißen Ofen backen.

Für die Apfel-Füllung die Äpfel schälen, vierteln und von den Kerngehäusen befreien. Die Viertel in einem Topf mit Butter, Zucker und 1 TL Wasser zugedeckt ganz langsam dünsten, bis das Fruchtfleisch völlig zerfällt. Mit einer Gabel zerdrücken, mit Vanille-Zucker aromatisieren und mit der halben Menge Schlagsahne vermengen.

Den Grieß-Pudding auf eine runde Platte stürzen, deren Durchmesser um etwa 1/3 größer als der des Puddings ist. Auf dieser Halbkugel die Ananasscheiben wie eine Rosette – und sich dabei dachziegelartig überlagernd – anrichten. Sie stehen dabei jeweils mit den Schnittflächen auf dem Boden der Platte. Den Raum zwischen Ananasscheiben und Plattenrand mit einer Aprikosen-Sauce dünn überziehen, die mit Marie-Brizard oder Cointreau aromatisiert wurde. Hier hinein die mit der Apfel-Masse gefüllten Meringuen rundherum verteilen. Zum Füllen jeweils zwei Meringuen mit eingedrücktem Boden mit einer 3 cm dicken Schicht Apfelmus aneinanderkleben. Jeweils zwischen ein Meringuen-Paar eine kandierte Kirsche legen. Auf der Spitze des Grieß-Puddings 3 Meringuen und 1 Kirsche anordnen. Die Aprikosen-Sauce mit dem Sirup und dem Kirschwasser der mazerierten Ananasscheiben vermischen und damit die Ananas dünn überziehen. Die übrige Sauce in einer Schale getrennt reichen.

## Ananas Paul et Raymonde
## Ananas »Paul und Raymonde«

Für 6 bis 8 Personen: *1 goldfarbene, reife und aromatische Ananas, etwas Zucker-Sirup, Kirschwasser, ½ l Bayerische Creme (Seite 708 f.), Walderdbeeren, 1 TL Génoise. ½ Blutorange*

Die Spitze der Ananas mit den Blättern 1 cm unter deren Ansatz abschneiden. Mit einem langen, schmalen Messer entlang der Schale im Abstand von 2 cm einen kreisförmigen, tiefen Einschnitt machen. 3 cm über dem Stiel das Messer waagerecht in die Frucht einführen und mit einer Drehbewegung den eben von den Schalen getrennten Mittelblock vom Boden abschneiden, so daß man den Zylinder herausnehmen kann. Bei diesem letzten Schnitt soll die zwangsläufig in die Schale gestoßene Öffnung so klein wie möglich bleiben. Das Fruchtfleisch längs halbieren und die harte Mitte herauslösen. Die eine Hälfte in 1 cm dicke Scheiben, die andere in Würfel von 1 cm Kantenlänge schneiden. Nacheinander kurz in etwas Sirup pochieren, dann getrennt in kleine Schalen legen, mit Kirschwasser beträufeln und kalt stellen.
Die Bayerische Creme mit Sahne wie auf Seite 708 f. angegeben bereiten, mit Kirschwasser aromatisieren und kurz vor dem Erstarren die Hälfte des Pochier-Sirups der Ananas hinzufügen. Die Ananaswürfel und 4 EL in etwas Kirschwasser und Zucker mazerierte Walderdbeeren hineinmischen. Bevor die Bavaroise erstarrt, in die ausgehöhlte Ananas füllen und 3 Stunden in den Kühlschrank stellen.
Auf eine ausreichend große, runde Platte den 4 cm dicken Génoise-Boden legen. In diesen in der Mitte ein Loch schneiden und die gefüllte Ananas hineinsetzen, die fest stehen soll. Auf den oberen Rand einen Kranz von mazerierten Walderdbeeren setzen und darüber in die Mitte die vorher abgeschnittenen Ananasblätter stellen. Rund um die Génoise, auf der Platte stehend und gegen den Kuchen gelehnt, die hal-

ben Ananasscheiben wie eine Girlande anrichten, jeweils in die ausgehöhlte Mitte der Scheiben eine ebenfalls in Kirschwasser mazerierte Erdbeere setzen.

In den Rest des Pochier-Sirups noch den Saft der halben Blutorange pressen und die Flüssigkeit, in der die Erdbeeren durchgezogen haben, zufügen. Noch 2 EL Kirschwasser zugeben und damit kurz vor dem Auftragen die Ananasscheiben begießen. Der ablaufende Sirup wird von der Génoise aufgenommen, die sich gut damit durchtränken soll. Jeweils von der Bavaroise und der in Stücke geteilten, vollgesogenen Génoise sowie Ananasscheiben auf Tellern servieren.

*Anm.:* Dieses Rezept hat Paul Bocuse seiner Frau und sich selbst gewidmet – beide lieben es besonders.

## Bananes
## Bananen

Die geschälten Bananen kann man in Sirup pochieren und wie Aprikosen auf die Art »Bourdaloue« (Seite 801), »Condé« (Seite 800) oder »in Meringue« (Seite 799) anrichten. Man bereitet aus ihnen auch ausgezeichnete Crème-Soufflés:

### Bananes soufflés pralinées
### Soufflierte Bananen mit Krokant

*Bananen, Butter, Zucker, Soufflé-Grundmasse, 2–3 Mandel-Krokant, ersatzweise zerbröselte Makronen, Puderzucker*

Zunächst werden die ungeschälten Bananen längs in zwei Hälften geschnitten, aus den möglichst unversehrten Schalen gelöst und ganz langsam in einer Pfanne in Butter, bestreut mit Zucker, weich gedünstet; dann zu Püree gemacht und der Soufflé-Grundmasse beigemischt. Mit 1 EL Mandel-Krokant oder Makronenbrösel vermengen. Man kann diese Masse natürlich in einer normalen Soufflé-Form bakken, doch bietet dieses Rezept die Möglichkeit zu einer überraschenden Spielerei: Die sorgfältig aufbewahrten und unversehrten Schalen in ihrer natürlichen Form wie eine Rosette auf einer großen, feuerfesten

Platte anrichten. Die Soufflé-Masse in eine Spritztüte mit einer großen Tülle füllen und die Bananenschalen damit garnieren. Leicht mit weiterem Mandel-Krokant oder Makronenbröseln bestreuen, mit Puderzucker bestäuben und 5 Minuten im heißen Ofen überbacken. Sofort auf der Platte servieren.

# Cerises
# Kirschen

### Cerises flambées
### Flambierte Kirschen

Die Kirschen von den Stielen befreien, entkernen und in einem mit Noyau (Anmerkung Seite 757) parfümierten Zucker-Sirup kurz pochieren. Weiter wie »Flambierte Aprikosen« behandeln.

# Fraises
# Erdbeeren

### Fraises mignonnes glacées
### Geeiste Walderdbeeren

Für 12 Personen: *1 kg Walderdbeeren (ersatzweise Monatserdbeeren), 4 EL Zucker, 2 TL Vanille-Zucker, 1/10 l Curaçao, 1/10 l Champagner, 1 l Zitronen-Eis, 100 g kandierte Veilchen, 2/5 l halbfeste Sahne, 1/2 EL kandierte Orangenschalen (Orangeat), 20 kandierte Orangenblüten*

Die Walderdbeeren abzupfen, in eine Schüssel geben. Mit 3 EL Zucker und 1 TL Vanille-Zucker bestreuen. Mit Curaçao und Champagner begießen. Kalt stellen und zugedeckt 1/2 Stunde durchziehen lassen, die Früchte ab und zu sehr vorsichtig umwenden, damit sie sich vollkommen mit dem Aroma der likorösen Flüssigkeit imprägnieren können.

In der Zwischenzeit ein Zitronen-Eis bereiten und in der Tiefkühltruhe überfrieren, aber nicht zu fest werden lassen – das Eis soll eher die Konsistenz eines dicken Sorbets haben, also weich sein.
Die kandierten Veilchen zerstoßen. Die Sahne gut kühlen und mit 1 EL Zucker und 1 TL Vanille-Zucker vermischen.
Ganz kurz vor dem Servieren das Zitronen-Eis in eine Kristall- oder Silberschüssel füllen und die Oberfläche glattstreichen. Darauf in einer gleichmäßigen Schicht die abgetropften Erdbeeren geben. Den Sirup, in dem sie gezogen haben, durch ein Tuch seihen und über die Erdbeeren gießen. Mit der Sahne bedecken und darauf die zerstoßenen Veilchen und die in kleine Würfelchen geschnittenen, kandierten Orangenschalen streuen. Die kandierten Orangenblüten gleichmäßig über die ganze Oberfläche verteilt hineinstecken. Sehr schnell arbeiten, damit das Eis nicht schmilzt.

*Anm. der Übersetzer:* Es empfiehlt sich, die Schüssel vor dem Anrichten 15 Minuten in das Tiefkühlfach zu stellen. Das Eis schmilzt dann nicht so schnell. Der Sirup wird abgeseiht, damit die kleinen Kernchen, die sich beim Umwenden von den Erdbeeren lösen, abgefiltert werden.

## Fraises aux fruits d'or
### Erdbeeren mit goldenen Früchten

Für 6 Personen: *1 mittelgroße, gut reife und aromatische Ananas, Zucker-Sirup, Kirschwasser, 2 gut reife Bananen, 500 g aromatische Erdbeeren, 3 EL Zucker, 1 Orange*

Die Ananas schälen und längs halbieren. Den harten Kern in der Mitte herauslösen und aus den Hälften an der breitesten Stelle 12 halbe 1 cm dicke Scheiben schneiden. Den Rest der Ananas in Würfel von 1 cm Kantenlänge teilen. Die Scheiben in eine Schüssel legen, mit einigen Löffeln Zucker-Sirup begießen, der mit Kirschwasser aromatisiert wurde, und zum Durchziehen zugedeckt kalt stellen. Die Ananaswürfel in eine größere Schüssel geben. Die Bananen, die eine goldgelbe, schon braun gesprenkelte Schale haben sollen, schälen, wie die Ananas in Würfel schneiden und zu diesen in die Schüssel geben. Die Erdbeeren abzupfen, rasch unter fließendem kalten Wasser waschen und mit den Ananas- und Bananenwürfeln vermischen. Mit 3 EL Zucker bestreuen und mit einem Likörglas Kirschwasser beträufeln. Kalt stellen und gut durchziehen lassen, zwischendurch vorsichtig umwenden.

In einer weiteren Dessertschüssel die Ananasscheiben kranzförmig am Rand anrichten, in der Mitte die abgetropften, gemischten Früchte aufhäufen. Alles mit den vermischten und durch ein Tuch geseihten Flüssigkeiten übergießen, in denen die Früchte gezogen haben.

# Marrons
# Eßkastanien

## Mont-Blanc aux marrons
## Kastanien Mont-Blanc

Den Bruch von glacierten Kastanien (Seite 780, Anmerkung) durch ein nicht zu feines Sieb in eine Savarin-Kranzform passieren. Das wie dünne Fadennudeln herunterfallende Kastanien-Püree in der Form auffangen und diese mit den danebengefallenen Teilchen, ohne sie in die Form zu drücken, locker auffüllen. Auf eine Platte stürzen und in der Mitte des Kranzes mit einem Löffel einen Berg von mit Chartreuse parfümierter Schlagsahne aufhäufen.

*Anm. der Übersetzer:* Zum Stürzen eine Platte auf die Savarin-Form legen und diese zusammen mit der Platte mit einer raschen Bewegung umdrehen.

# Melons
# Melonen

## Melon royal
## Melone auf königliche Art

Für 4 Personen: *2 große, gut reife Melonen, Zucker-Sirup, Curaçao, Puderzucker, guter Cognac (fine champagne)*

Die eine Melone öffnen, die Kerne und die in der Mitte anhängenden Fasern entfernen, das Fruchtfleisch herauslösen und durch ein feines Sieb streichen. Aus diesem Püree mit Zucker-Sirup und Curaçao, wie auf Seite 794 angegeben, ein leichtes Sorbet (Granité) bereiten.

Von der anderen Melone mit dem Stielansatz einen Deckel so abschneiden, daß eine ausreichend große Öffnung entsteht, um die Kerne und Fasern herauszuheben. Das Fruchtfleisch mit einem silbernen Löffel oder einem Melonenportionierer in kleinen Bällchen herausstechen. Die Schale muß dabei vollkommen unversehrt bleiben. Um sie so zu bewahren, in den Kühlschrank stellen.
Die Melonenbällchen in eine Schüssel geben, reichlich mit Puderzucker bestreuen und mit 2 EL Curaçao und 4 EL Cognac begießen. Kalt gestellt 1 Stunde durchziehen lassen, zwischendurch vorsichtig umwenden.
Zum Servieren die ausgehöhlte Melone auf eine Unterlage aus zu feinem Schnee zerstoßenem Eis setzen, so daß sie nicht kippen kann. Lagenweise mit dem Sorbet und den Bällchen füllen. Darauf den mit dem Stiel abgeschnittenen Deckel setzen.
*Anm. des Übersetzers:* In Frankreich meint man, wenn einfach von Melonen gesprochen wird, stets die Netz-Melone der Herkunft und Sorte Cavaillon, die ein orangegelbes, sehr fruchtiges und aromatisches Fleisch besitzt. Sie gilt als die feinste Melone überhaupt. Es gibt jedoch auch andere gute Netz-Melonen oder Cantaloupe-Melonen. Nicht geeignet sind Ogen-, Honig- und grüne oder gelbe Zuckermelonen, die in anderen Zubereitungen besser schmecken.

## Melon de la bonne auberge
### Die Melone der guten Herberge

Für 6 Personen: *9 nicht zu große, portionsgerechte, gut reife Cantaloupe-Melonen (am besten »Charentais«), Puderzucker, 1 Flasche sehr guter, alter Portwein, 6 Gläser guter Cognac (grande fine champagne)*

Von den Melonen, wie im vorstehenden Rezept angegeben, eine Kappe mit dem Stiel abschneiden. Die Kerne und Fasern entfernen und das Fruchtfleisch mit einem kleinen silbernen Löffel in Bällchen ausstechen. Die 6 schönsten, ganz gebliebenen Schalen aufheben und in den Kühlschrank legen. Die Bällchen in eine Schüssel geben und mit Puderzucker bestreuen – die Menge muß sich nach der Süße der Melonen richten. Den Portwein und den Cognac darübergießen und ½ Stunde gut verschlossen im Kühlschrank durchziehen lassen.
Zum Servieren die ausgehöhlten Melonen in fein zerstoßenes Eis setzen, mit den Melonenbällchen füllen und die likörartige Mischung

aus Zucker, Portwein und Cognac, in denen die Bällchen gezogen haben, gleichmäßig und bis auf den letzten Tropfen hineinträufeln. Die Kappen wieder darauflegen und zu Tisch bringen.
Die Gäste genießen dieses köstliche Gericht, indem sie mit dem Löffel gleichzeitig Melonenstückchen und etwas von dem rosenholzfarbenen Likör aufnehmen.

# Pêches
# Pfirsiche

Pfirsiche werden immer gehäutet. Bei sehr reifen Früchten und manche Sorten geht das sehr einfach ganz ohne Vorbereitung, andere müssen vorher kurz in kochendes Wasser getaucht werden. Anschließend werden sie wie die Aprikosen (Seite 797) entweder ganz oder halbiert in Zucker-Sirup pochiert. Neben den im folgenden angegebenen Rezepten können sie wie Aprikosen zubereitet werden.

## Pêches archiduc
### Pfirsiche Erzherzog-Art

*Für 6 Personen: ½ l Konditor-Creme, Schlagsahne, 1 Likörglas Kümmel-Likör, 100 g Zucker, ⅕ l Wasser, 1 Vanilleschote, 6 große, schöne Pfirsiche, Mandelöl für die Form, halbflüssige Sahne, 12 TL Erdbeer- oder Himbeer-Püree, Makronen – Für den Grieß-Pudding: 125 g Grieß, ½ l Milch, 1 Vanilleschote, 1 Prise Salz, 75 g Zucker, 3 Eigelb, 1 Likörglas Kümmel-Likör, Schlagsahne oder eine italienische Meringue aus 3 Eiweiß und 180 g Zucker*

Zunächst den Grieß zubereiten: Den Grieß locker in die kochende, mit einer gespaltenen Vanilleschote aromatisierte, mit Salz und Zucker verrührte Milch rieseln lassen. Zudecken und bei mittlerer Hitze im Ofen 30 Minuten, ohne umzurühren, leise gar kochen. Herausnehmen und, solange er noch beinahe kochendheiß ist, mit einer Gabel lockern und die 3 Eigelb hineinarbeiten. In einer Schüssel abkühlen lassen, dabei immer wieder mit der Gabel lockern, damit die Masse nicht abbindet und fest wird. Nach dem völligen Abkühlen den Kümmel-Likör und ¼ der Grießmenge an fest geschlagener Sahne oder die Italienische Meringue unterheben.

In der Zwischenzeit die Konditor-Creme herstellen, kalt rühren, ¼ ihrer Menge Schlagsahne unterheben und mit Kümmel-Likör aromatisieren. Aus Zucker, Wasser und der gespaltenen Vanilleschote einen Sirup bereiten und die gehäuteten, halbierten und entkernten Pfirsiche darin pochieren. Im Sirup abkühlen lassen.

Eine Savarin-Kranzform mit Mandelöl einstreichen und mit der Grießmasse füllen. 15 Minuten an einen kühlen Ort oder in den Kühlschrank stellen. Dann die Form kurz in heißes Wasser tauchen, abtrocknen und den Pudding auf eine runde Platte stürzen.

In die Mitte des Kranzes die Hälfte der gut gekühlten Konditor-Creme gießen. Die Pfirsichhälften kreisförmig darauf anrichten. Die andere Hälfte der Konditor-Creme mit halbflüssiger Sahne verdünnen, bis sie wie eine dicke Sahne fließt. Hiermit die äußere und die Oberseite des Grießkranzes überziehen, dabei darauf achten, daß nichts in die Mitte läuft. Den Rest in einer Schüssel getrennt servieren. Jede Pfirsichhälfte nun noch mit 1 TL rohem Erdbeer- oder Himbeer-Püree überziehen, das leicht gesüßt und mit Kümmel-Likör aromatisiert wurde.

Auf den Kranz eine gute Prise grob zerdrückte Makronen streuen.

## Pêches du bocage
### Pfirsiche auf normannische Art

Für 12 Personen: *18 schöne, große Pfirsiche, Zucker-Sirup von 30 Grad Baumé (heiß gemessen), 1 Likörglas Calvados, 6 schöne, große, aromatische, weißfleischige Äpfel, 2 El Zucker, 40 g Butter, 1 Stück Zitronenschale, Walderdbeeren, wilde Brombeeren, feine Waffelröllchen (Hohlrippen)*

Die Pfirsiche kurz in kochendes Wasser tauchen und häuten. 12 Pfirsiche vorsichtig von der Seite des Stielansatzes her entkernen, so daß sie ganz und möglichst unversehrt bleiben. Die restlichen oder kaputtgegangenen Pfirsiche zum späteren Gebrauch beiseite legen.

Die ganzen Pfirsiche im Zucker-Sirup nicht zu weich pochieren. Dabei nicht kochen lassen, da sie sonst zerfallen. In eine Salatschüssel geben, mit Calvados begießen und mit dem Pochier-Sirup bedecken. Zudecken und im Kühlschrank abkühlen lassen.

Inzwischen aus den Äpfeln ein Mus zubereiten: Die Früchte schälen, achteln und von den Kerngehäusen befreien. Mit Zucker, Butter und Zitronenschale zugedeckt weich dünsten und recht dick einkochen. Durch ein feines Sieb streichen, in einer Schüssel kalt stellen. Die zurückbehaltenen Pfirsiche entkernen und das Fruchtfleisch roh durch ein Sieb streichen. Das Püree mit dem abgekühlten Apfelmus vermischen und in einer weiten Dessertschale in der Mitte kuppelförmig anrichten. Rundherum die gut abgetropften, pochierten Pfirsiche setzen und jeden mit einem rohen Püree aus Walderdbeeren und wilden Brombeeren zu gleichen Teilen überziehen, das mit einigen Löffeln eingekochtem und geeistem Pfirsich-Sirup gesüßt wurde. Das übrige Püree in einer Schale getrennt servieren. Dazu eine Schüssel mit knusprigen, zarten Waffelröllchen reichen.

*Anm. der Übersetzer:* Der Bocage ist die typische Landschaft der Normandie, die geprägt ist von Mauern und Hecken, die Weiden und Obstgärten voneinander trennen. Aus der Normandie kommt der in diesem Rezept verwendete Calvados, hier gibt es Äpfel und in den Hecken die wilden Brombeeren.

## Pêches déesses
## Göttliche Pfirsiche

Für 6 Personen: *12 schöne, gut reife, pochierte Pfirsiche, Vieille Cure de Cénon (chartreuse-artiger Kräuterlikör), ½ l Frangipane-Creme (Seite 701), Makronen (Seite 701, Anmerkung), kalt gerührtes Johannisbeer-Gelee (Seite 712, Anmerkung), kandierte Rosenblätter*

Die geschälten Pfirsiche pochieren und im Sirup abkühlen lassen. Dann mit dem Likör aromatisieren.
Inzwischen die Frangipane-Creme bereiten, die sehr leicht, aber doch dick genug und kräftig mit Makronen abgeschmeckt sein soll.
Die Pfirsiche vom Stielansatz her vorsichtig entkernen und mit der Öffnung nach unten in einem Kranz in eine weite Kompottschüssel setzen. In der Mitte die Frangipane-Creme kuppelförmig aufhäufen. Die Pfirsiche mit halb geliertem, roh gerührtem Johannisbeer-Gelee überziehen und ab und zu wie zufällig mit kandierten Rosenblättern garnieren. Dazu in einer Kristallschüssel weiteres Johannisbeer-Gelee reichen.

## Pêches glacées au sirop
## Geeiste Pfirsiche in Sirup

Schöne, regelmäßige und gut reife Früchte auswählen. Die Haut ohne vorheriges Überbrühen abziehen und die Pfirsiche sofort in einen Sirup von 35 Grad Baumé legen. Vorsichtig pochieren, jedoch nicht kochen lassen, damit sie nicht zu weich werden. In eine Kristallschüssel geben, mit ihrem Sirup bedecken und abkühlen lassen. Dann mit einem Likörglas Kirschwasser, Maraschino oder Noyau (Seite 757, Anmerkung) beträufeln und vor dem Servieren noch 1 Stunde in den Kühlschrank stellen.


## Pêches Astoria
## Pfirsiche »Astoria«

Für 6 Personen: *12 schöne, gut reife, pochierte Pfirsiche (wie geeiste Pfirsiche in Sirup – siehe oben), Mandel-Krokant, Butter, Orangen-Eis (wie für die mit Eis gefüllten Orangen), 1 kg schwarze Johannisbeeren, 750 g Puderzucker, 1 Messerspitze gemahlene Nelke, Kirschwasser, kandierte Rosenblätter*

Die Pfirsiche schälen, in Zucker-Sirup pochieren, abkühlen lassen, vom Stielansatz her entkernen und mit einer Mischung zu gleichen Teilen aus zerstoßenem Mandel-Krokant und Butter füllen.
Eine Kristallschüssel mit dem Orangen-Eis füllen und die sehr kalten Pfirsiche daraufsetzen. Die Pfirsiche mit einem Sirup aus schwarzen Johannisbeeren überziehen, den man aus dem Saft der in einem Tuch ausgepreßten Johannisbeeren bereitet hat. Diesen Saft kalt mit dem Puderzucker verrühren, bis er 28 Grad Baumé auf der Zuckerwaage erreicht, und mit Nelkenpulver und Kirschwasser aromatisieren. Mit den Rosenblättern wie zufällig überstreuen. Rasch servieren, damit das Eis nicht zu schnell schmilzt, den Rest der Sauce in einer Schüssel dazustellen und auch kleine Schweinsohren oder Palmblätter reichen.
*Anm. der Übersetzer:* Damit das Eis beim Einfüllen in die Schüssel nicht schmilzt, diese vorher 15 Minuten ins Tiefkühlfach stellen.

## Les pêches de mon moulin
## Die Pfirsiche meiner Mühle

*Für 6 Personen: 12 frühe Pfirsiche, Zucker-Sirup von 35 Grad Baumé, Cherry (Kirschlikör), 500 g große Monatserdbeeren, 3 EL Zucker, 1 EL Kirschwasser, 1/5 l Schlagsahne, Vanille-Zucker*

Die Pfirsiche kurz in kochendes Wasser tauchen, häuten und in dem Sirup pochieren. Im Sirup abkühlen, dann mit Cherry aromatisieren und im Kühlschrank durchziehen lassen.
Die Erdbeeren mit Zucker bestreuen und mit Kirschwasser beträufeln. Zugedeckt und kalt gestellt mazerieren lassen. Die Pfirsiche aus dem Sirup nehmen, abtropfen lassen und vorsichtig von der Stielseite her entkernen. Das entstandene Loch mit einer entsprechend großen, mazerierten Erdbeere füllen. Die Pfirsiche in einer weiten Dessertschale in einem Kranz anrichten. Die übrigen Erdbeeren mit der kräftig mit Vanille abgeschmeckten Schlagsahne vermischen und im Pfirsichkranz kuppelförmig aufhäufen. Die Pfirsiche jeweils mit 1 TL Cherry-Sirup beträufeln.

## Pêches Melba
## Pfirsiche »Melba«

Dieses feine Dessert hat der große Meister Auguste Escoffier für die berühmte Sängerin kreiert, als diese einmal in London weilte.

*Gut reife Pfirsiche, Zucker-Sirup, Vanille-Parfait, Himbeer-Püree, Zucker, Kirschwasser*

Die Pfirsiche schälen, wie im Rezept auf Seite 814 pochieren und im Sirup in den Kühlschrank stellen. Eine Kristallschale mit Vanille-Parfait garnieren, die abgetropften und vorsichtig entkernten, ganzen Pfirsiche darauflegen und mit einem Püree aus frischen Himbeeren überziehen, das leicht gezuckert und mit Kirschwasser aromatisiert wurde.

## Pêches sultane
## Pfirsiche Sultans-Art

Wie Pfirsiche »Melba« anrichten, jedoch statt des Vanille-Parfaits Pistazien-Eis nehmen und die Früchte mit dem auf 35 Grad Baumé eingekochten Zucker-Sirup überziehen, der stark gekühlt und mit Rosen-Essenz aromatisiert wurde.

# Poires
# Birnen

Ganz reife und schmelzend weiche Früchte werden geschält und in einem nach Belieben aromatisierten Zucker-Sirup gekocht. Man kann Birnen nach allen für Aprikosen, Pfirsiche und Äpfel aufgeführten Rezepten zubereiten.

## Flan de poires flambées
## Flambierter Birnenkuchen

*1 blindgebackener Kuchenboden von 30 bis 35 cm Durchmesser aus feinem Mürbeteig, Apfelmus aus 6 fruchtigen Äpfeln, gemahlener Zimt, 1 EL Walnußkerne, Zucker, 6 reife Birnen, ½ l alter Portwein, 1 Stück Zimt, ½ Zitrone (Schale), 12 in rotem Zucker gebrannte Haselnüsse, 4–5 EL alter Trester (Marc) oder Calvados, Butter*

Zunächst den Kuchenboden backen und etwas abkühlen lassen. Dann das Apfelmus bereiten, mit Zimt würzen und mit zerstoßenen, gezuckerten, im Ofen leicht angerösteten Walnußkernen vermischen. Die Birnen schälen und in einem Sirup aus ½ l alten Rotwein und 250 g Zucker, der mit 1 Stück Zimt und der fein abgeschnittenen Schale der halben Zitrone gewürzt wurde, leicht siedend pochieren.
Wenn alle Zutaten lauwarm geworden sind, das Apfelmus auf dem Kuchenboden verteilen. Die Birnen halbieren und das Kerngehäuse mit einem Teelöffel auslösen. In diese Vertiefungen jeweils eine rot

gebrannte Haselnuß legen und die Birnenhälften in einer Rosette, die spitz zulaufenden Enden in die Mitte weisend, auf dem mit Apfelmus bestrichenen Boden anordnen. Den Trester oder Calvados erwärmen und über die Birnen gießen, anzünden und sofort, noch brennend, servieren. Dazu den auf $1/10$ l eingekochten, mit etwas Butter verrührten Birnen-Sirup reichen.

*Anm. der Übersetzer:* Bei uns findet man nur selten rot gebrannte Haselnüsse oder Mandeln, die in Frankreich bei keinem Fest, vor allem nicht bei einer Taufe, fehlen dürfen. Man kann sie nach dem Rezept auf Seite 778 f. leicht herstellen, wobei der Zucker mit Speisefarbe (Kaufhaus oder Drogerie) gefärbt wird.

## Poires Félicia
### Birnen »Félicia«

*Für 6 Personen: Für die Creme: $1/2$ l Milch, 1 Vanilleschote, 4 Eigelb, 2 Eier, 100 g Zucker, 3 EL Karamel – Für den Sirup: 350 g Zucker, $1/3$ l Wasser, 1 Vanilleschote, $1/5$ l Burgunder Rotwein, 1 Prise Zimt – Für die Birnen: 6 große, gut reife und weiche Birnen, 12 kleine, eigroße Birnen, $3/10$ l Sahne, 1 EL Zucker, 1 TL Vanille-Zucker, 5 in rotem Zucker gebrannte Mandeln, Johannisbeer-Gelee*

Zunächst, wie auf Seite 706 f. beschrieben, eine gestürzte Creme zubereiten, in eine mit Karamel ausgekleidete Kranzform füllen und im Wasserbad pochieren. In der Form abkühlen lassen. Aus 250 g Zucker und $1/3$ Wasser mit der Vanilleschote zum Kochen bringen. Ein Drittel davon abnehmen und mit dem Rotwein und weiteren 100 g Zucker sowie einer Prise Zimt würzen – die Vanilleschote bleibt im hellen Sirup. Die großen Birnen schälen, vierteln und von den Kerngehäusen befreien. Im hellen Sirup, ohne zu kochen, pochieren, bis sie weich sind. Mit dem Sirup in eine Schüssel geben und zugedeckt abkühlen lassen.

Die kleinen Birnen schälen, die Oberfläche hübsch verzierend einritzen oder kannelieren (tournieren). Das Kerngehäuse mit und durch den Butzen (den Blütenansatz) herauslösen. Im Rotwein-Sirup leise siedend pochieren, in eine Schüssel umfüllen und im Sirup abkühlen lassen.

Wenn Creme und Birnen im Kühlschrank gut kalt geworden sind, die Speise fertigstellen und anrichten:

Die Creme auf eine runde Platte stürzen, deren Durchmesser 10 cm größer als die der Creme-Form sein muß. In der Mitte die gut abgetropften Birnenviertel pyramidenförmig aufschichten und mit der steifgeschlagenen Sahne vollkommen überziehen, die mit Zucker und Vanille-Zucker abgeschmeckt wurde. Darüber die grob gehackten Mandeln streuen. Die auf einem Rost ebenfalls vollständig abgetropften kleinen Birnen in nur halbfestes Johannisbeer-Gelee tauchen, um sie vollständig mit Gelee zu überziehen, und aufrecht in einen Kranz um die gestürzte Creme setzen.
Dazu eine Platte mit winzigem Sandgebäck reichen.

## Poires Rose-Marie
### Birnen »Rose-Marie«

*6 große, weiche Birnen, ½ l Zucker-Sirup von 35 Grad Baumé, Maraschino, 1 gehäufter EL Krokant, 30 g Butter, 1 Genueser Brot vom Durchmesser eines Desserttellers, mit Maraschino aromatisiert, Kirschwasser, kalt gerührtes und mit Himbeeren aromatisiertes Johannisbeer-Gelee, ⅓ l Schlagsahne, Vanille-Zucker, kandierte Rosenblätter*

Die Birnen schälen, halbieren und die Kerngehäuse mit einem Löffel herauslösen. In dem Sirup leise siedend pochieren, in eine Schüssel umfüllen und abkühlen lassen. Dann mit Maraschino aromatisieren und zugedeckt in den Kühlschrank stellen. Den Krokant sehr fein zerdrücken oder zermahlen und mit der zimmerwarmen Butter vermischen. Kühl stellen.
Das Genueser Brot auf eine runde Platte oder in eine weite Dessertschüssel stürzen und sehr reichlich mit Kirschwasser tränken. Mit einer dicken Schicht lauwarmem, halb aufgelöstem Johannisbeer-Gelee bestreichen. 10 Minuten in den Kühlschrank stellen, bis das Gelee wieder fest geworden ist. Die Birnenhälften aus dem Sirup nehmen und gut abtropfen lassen. Die ausgestochenen Vertiefungen der Kerngehäuse mit jeweils einem haselnußgroßen Stück Krokant-Butter füllen und die Hälften in Form einer Rosette auf dem mit Gelee bestrichenen Genueser Brot anrichten.
Die mit Vanille parfümierte Schlagsahne in eine Spritztüte mit großer, gezackter Tülle füllen und zwischen die Birnenhälften eine reichliche Verzierung spritzen. Einen Rest Sahne mit etwas aufgelöstem Johannisbeer-Gelee hellrosa färben und ebenfalls in die Spritztüte füllen. In

die Mitte der Verzierungen eine schöne Rose spritzen. Den Rand der Platte oder Dessertschüssel unregelmäßig mit kandierten Rosenblättern bestreuen.
Dazu einen Teller Katzenzungen reichen.

## Marmelade de poires
### Birnenmus in Pfannkuchen

*Für die Birnen: 3 große, gut reife, aromatische und weiche Birnen, weißer süßer Anjou-Wein (Coteaux de Layon), Zucker, 2 EL dicke Sahne (crème fraîche épaisse), Cointreau, Cognac (fine champagne) – Für die Pfannkuchen (Crêpes): 500 g Mehl, 6 Eigelb, ¾ l Milch, 1 Prise Salz, 1 EL Zucker, 1 TL Vanille-Zucker, 100 g Butter, Butter zum Backen*

Zunächst den Teig für die Pfannkuchen anrühren. Dazu das Mehl mit den Eigelb und der abgekochten, wieder erkalteten Milch vermischen. Salz, Zucker und Vanille-Zucker zufügen und, wenn die Masse glatt und flüssig geworden ist, die weiche, schaumig gerührte Butter hineinarbeiten.
Dieser Teig darf nicht zu dünn sein – stets auf die Beschaffenheit des Mehls achten und nötigenfalls die Milchmenge verringern. Mindestens 3 Stunden in einer Schüssel an einem gut warmen Ort mit einem Tuch bedeckt stehen lassen. In diesem Zeitraum beginnen die Fermente zu arbeiten, und das Mehl verliert die Bindung und Festigkeit, das es beim Durchmischen entwickelt haben könnte.
Während der Ruhezeit einen Sirup von 35 Grad Baumé bereiten, der aus einer Mischung aus 2 Teilen Wasser und 1 Teil Loire-Weißwein angesetzt wird. Die Birnen schälen, vierteln und von den Kerngehäusen befreien. In den Sirup legen, pochieren und weich werden lassen. In eine Schüssel umfüllen und, sowie sie abgekühlt sind, abgetropft durch ein Sieb treiben. Das Püree in einer Schüssel auffangen und mit Sahne sowie etwas zur Kugel (Seite 776) gekochtem Pochier-Sirup vermischen. Bis zum Gebrauch in den Kühlschrank stellen.
Die Pfannkuchen, wie auf Seite 746 f. beschrieben, in Butter backen. Die heißen Pfannkuchen mit dem sehr kalten Birnen-Püree dick bestreichen, zu Viertelkreisen zusammenschlagen und auf einer gut vorgewärmten Platte in einem Kranz anrichten. Aus einer Mischung zu gleichen Teilen von Cognac und Cointreau, die über einer Flamme erhitzt, aber nicht gekocht wurde, begießen, anzünden und brennend zu Tisch bringen.

## Poires à la beaujolaise
### Birnen auf die Art des Beaujolais

Für 6 Personen: *6 schöne Birnen (Williams Christ oder Passa Crassana), 1 Flasche Beaujolais Villages (0,7 l), 150 g Zucker, 10 g Zimt, 1 Gewürznelke, 2 Orangenscheiben, 2 Zitronenscheiben, 5 schwarze Pfefferkörner*

Die Birnen schälen, jedoch die Stiele daranlassen. Aus den übrigen Zutaten (der Pfeffer ist unerläßlich) einen Sirup bereiten und die Birnen darin 15 Minuten pochieren. Dieses ausgezeichnete Dessert wird gut gekühlt serviert.

# Pommes
# Äpfel

Auch Äpfel kann man nach allen für Aprikosen (und Pfirsiche) angegebenen Rezepten zubereiten. Außerdem gibt es noch einige besondere Rezepte:

## Pommes bonne femme
### Äpfel Hausfrauen-Art

Für 6 Personen: *6 schöne Äpfel (Canada-Reinette oder Boskop), einige EL Wasser oder Weißwein, Zucker, Butter, 6 Weißbrotscheiben (oder kleine Genueser Biskuits, Genueser Brot oder Madeleine-Biskuits), Puderzucker oder Johannisbeer-Gelee und Kirschwasser*

Die gleichmäßig groß ausgewählten Äpfel sauber waschen und abtrocknen. Mit einem spitzen Messer oder einem Apfelausstecher in die Mitte ein Loch von 2 cm Durchmesser stechen, so daß Stiel, Blütenansatz und Kerngehäuse vollkommen herausgelöst werden.
Die Äpfel auf halber Höhe rundum einschneiden. Nicht schälen. In eine feuerfeste Form setzen und mit etwas Wasser oder Weißwein angießen. Die Höhlung der Äpfel mit Zucker füllen und obenauf jeweils eine große Butterflocke setzen. Bei mittlerer Hitze im Ofen backen, bis die Äpfel weich sind.

In der Zwischenzeit die 1 cm dicken Brotscheiben (oder die Biskuits) in Butter leicht rösten und auf eine vorgewärmte Servierplatte legen. Jeweils einen fertig gebackenen Apfel daraufsetzen.
Den Kochsud der Äpfel um die Croûtons gießen und in die Mitte der Äpfel nochmals Zucker geben oder mit halb geschmolzenem Johannisbeer-Gelee füllen, das mit Kirschwasser aromatisiert wurde.

## Mousseline de reinettes aux noix
### Schaumiger Apfel-Pudding mit Walnüssen

Für 8 Personen: *11 mittelgroße Reinetten (etwa Goldparmäne, Herbstreinette, Jonathan), 110 g Butter, 165 g Zucker, 1 TL Vanille-Zucker, 1 Stück hauchdünn abgeschnittene Zitronenschale, 1 Vanilleschote, $^3/_{10}$ l dicke Sahne (crème fraîche épaisse), 3 Eier, 3 Eigelb, 2 EL Walnußkerne, etwas Noyau (Seite 757, Anmerkung)*

8 Äpfel schälen, von den Kerngehäusen befreien und in Scheiben schneiden. Mit 40 g Butter, 60 g Zucker (3 EL), 1 TL Vanille-Zucker und der winzig fein gehackten Zitronenschale zugedeckt weich dünsten. Aus $^1/_{10}$ l Wasser, den restlichen 125 g Zucker und der gespaltenen Vanilleschote einen Sirup bereiten. Die übrigen 3 Äpfel schälen, jeweils achteln und die Scheiben von den Kerngehäusen befreien. In den Sirup geben und bei schwacher Hitze pochieren, bis die Schnitze nur gerade eben nicht mehr roh sind. 15 von ihnen jetzt herausnehmen, abtropfen und beiseite stellen. Die übrigen Schnitze weiterkochen, bis sie ganz weich geworden sind; im Sirup aufbewahren.

Das inzwischen fertig geschmolzene Apfelmus mit einer Gabel fein zerdrücken und auf großer Flamme unter ständigem Rühren einkochen, damit möglichst viel des in den Äpfeln enthaltenen Wassers verdampft und eine richtige Paste entsteht. Vom Feuer nehmen und noch heiß mit $^1/_{10}$ l geschlagener Sahne, den verquirlten Eiern und den Eigelb vermischen. Die grob gehackten Walnußkerne dazugeben und schließlich die nicht ganz gar pochierten Apfelschnitze untermischen.

Eine Charlotten-Form reichlich mit zerlassener Butter (20 g) ausstreichen und die Apfelmasse hineinfüllen. Die Form einige Male auf ein Tuch stoßen, damit die Masse dicht eingeschichtet ist. Im Wasserbad 40 Minuten im mittelheißen Ofen pochieren. Mit dem Finger prüfen, ob der Pudding gar ist: Auf leichten Druck muß er wie eine »Gestürzte Creme« etwas Widerstand leisten.

Vor dem Servieren 10 Minuten ruhen lassen; dann auf eine runde, lau-

warme Platte stürzen und mit einer Apfel-Sahne überziehen. Hierzu den Pochier-Sirup der Äpfel auf ⅒ l einkochen, mit den Apfelschnitzen durch ein feines Sieb treiben und neben dem Feuer die restlichen 50 g Butter einziehen, die übrige, sehr steif geschlagene Sahne (⅕ l) unterheben und mit dem Noyau aromatisieren.
Dazu einen Teller mit Katzenzungen oder anderem kleinen, trockenen und delikaten Gebäck reichen.

## Pommes au four Martiniquaise
### Backäpfel auf die Art von Martinique

*Für 6 Personen: 6 schöne, große, feste, Äpfel, Zucker, Wasser oder Weißwein, Butterflocken, 1 kleine Genueser Brot, Rum, frische Ananas, Frangipane-Creme, Makronen*

Die Äpfel, wie für »Äpfel Hausfrauen-Art« (Seite 820) angegeben, vorbereiten und im Ofen backen. Auf einem nicht zu großen, in einer Kuchenform gebackenen Genueser Brot anrichten, das ganz leicht mit Rum durchtränkt wurde. Die ausgehöhlten Äpfel mit kleinen Ananaswürfeln füllen, die in Rum durchgezogen haben und mit 1 oder 2 EL Frangipane-Creme gebunden wurden.
Reichlich mit recht leicht gehaltener (eventuell mit etwas Sahne aufgelockerter), mit Rum aromatisierter Frangipane-Creme überziehen. Mit zerbröselten Makronen bestreuen, einige Butterflöckchen daraufsetzen und alles im sehr heißen Ofen goldgelb überbacken.

## Pommes à la limousine
### Äpfel auf die Art des Limousin

*Für 6 Personen: Für die Äpfel: 6 schöne, große Äpfel (Boskop, Canada), ½ l Wasser, 250 g Zucker, 1 Vanilleschote, 1 Handvoll Mandeln, 1 Prise Zucker – Für die Kastanien: 800 g Eßkastanien, 1 Prise Salz, 1 Vanilleschote, Milch, 125 g Zucker, einige EL dicke Sahne (crème fraîche) – Für die Sauce: 3 Eigelb, 125 g Zucker, 1 gehäufter EL Mehl, ½ l Milch, 1 Vanilleschote, 50 g Butter*

Die Äpfel schälen und nach Belieben das Äußere noch verzieren (kannelieren, spiralförmig einschneiden usw.). Mit einem leichten

Sirup aus Wasser, Zucker und der gespaltenen Vanilleschote auf ganz kleiner Flamme vorsichtig pochieren, damit sie ihre schöne Form vollkommen behalten.

Die Mandeln rasch überbrühen, schälen und längs in dünne Blättchen schneiden. Auf ein Kuchenblech legen, mit etwas Zucker vermischen und im Ofen leicht grillen, damit ein heller Krokant entsteht.

In der Zwischenzeit die Kastanien kreuzförmig einschneiden, in kaltem Wasser aufsetzen und 5 Minuten sprudelnd kochen lassen. Sofort von den heißen Kastanien die harte äußere Schale wie auch die feine Haut abziehen. Die Kastanien dicht an dicht in eine hohe Kasserolle schichten, die Prise Salz und die gespaltene Vanilleschote zufügen und mit Milch auffüllen, bis alles gut bedeckt ist. 40 Minuten leise köcheln lassen. Die Kastanien herausheben, abtropfen lassen und durch ein Sieb streichen. Das Püree in einem breiten Topf auffangen, mit dem Zucker vermischen und aufkochen. So viel Sahne zufügen, daß die Creme die Konsistenz eines leichten Pürees erhält. In einer Schüssel die Eigelb mit dem Zucker vermischen und dick und weiß-schaumig rühren. Das Mehl zufügen und mit der abgekochten, noch heißen Milch langsam unter ständigem Schlagen mit dem Schneebesen aufgießen. Die gespaltene Vanilleschote zugeben und alles in dem für die Milch verwendeten Topf unter ständigem Rühren wieder erhitzen. Kurz vor dem Aufkochen vom Feuer nehmen, die Vanilleschote herausfischen und die Butter einziehen. Zum Servieren die Kastanien-Creme auf die Servierplatte streichen, die Äpfel kranzförmig darauf anrichten, alles mit der Sauce begießen und mit den gegrillten Mandeln bestreuen.

## Pommes exquises
### Köstliche Äpfel

Für 6 Personen: *125 g Reis für Reispudding, Kirschwasser, Karamel, Butter, 8–9 Äpfel (Reinetten), Zucker, etwas Mehl, Johannisbeer-Gelee oder Erdbeeren, 6 gebrannte Mandeln*

Den Reis wie angegeben zubereiten, mit Kirschwasser aromatisieren und in eine Savarin-Form mit flachem oder leicht gewölbtem Boden füllen, die mit sehr hellem Karamel ausgekleidet wurde. Fertigbacken. Inzwischen 4 oder 5 Reinetten (Goldparmänen, Jonathan oder auch Glockenäpfel) schälen, von den Kerngehäusen befreien, in Scheiben schneiden und 40 bis 50 g Butter mit 2 EL Butter weich dünsten. Zu einem feinen Mus zerdrücken und neben dem Feuer mit 50 g frischer Butter vermischen.

Die 4 übrigen Äpfel, die sehr gleichmäßig sein sollen, schälen, halbieren und die Kerngehäuse herauslösen. Die Apfelhälften in 1½ cm dicke Scheiben schneiden, in eine Schüssel geben, mit Zucker bestreuen, mit einem Likörglas Kirschwasser beträufeln und mindestens 15 Minuten durchziehen lassen. Dann einzeln abtrocknen, ganz leicht mit Mehl bestäuben und rasch auf beiden Seiten in einer Pfanne in Butter goldgelb braten – die Scheiben müssen dabei weich werden, dürfen aber keinesfalls zerfallen.

Ein Glas möglichst kalt gerührtes Johannisbeer-Gelee (Seite 713) halb schmelzen lassen und mit Kirschwasser aromatisieren. Oder im Frühjahr, wenn die Äpfel zur Neige gehen, die ersten Erdbeeren verwenden: 250 g durch ein Sieb streichen mit 2 El Zucker vermischen und dieses rubinrote Püree mit 1 EL Kirschwasser aromatisieren.

Den inzwischen fertiggebackenen Reisrand auf eine runde, gut heiße Platte stürzen und darauf dachziegelartig übereinandergelegt die Apfelscheiben anordnen. In der Mitte das Apfelmus kuppelförmig anrichten. Die Apfelscheiben mit dem Johannisbeer-Gelee oder dem Erdbeer-Püree überziehen und die Kuppel aus Apfelmus mit den in grobe Stücke zerteilten Mandeln spicken.

## Pommes belle angevine
### Äpfel »Schöne von Angers«

*Für 6 Personen: 6 gut reife Äpfel (Reinetten, besonders gut: Gravensteiner), Butter, süßer weißer Anjou-Wein (Coteaux du Layon), 9 TL Zucker, 1 TL Vanille-Zucker, 6 kleine Savarins, Zuckersirup von 35 Grad Baumé, Cointreau, 6 Walnüsse, ½ l Sahne (crème fraîche)*

Die Äpfel sorgfältig waschen und abtrocknen. Stiele, Blütenansätze und Kerngehäuse mit einem Ausstecher entfernen und die Äpfel rundum mit einem Messer an der breitesten Stelle einschneiden. Eine feuerfeste Platte reichlich buttern, die Äpfel hineinsetzen und mit ⅒ l Anjou-Wein angießen. 6 TL Zucker mit 1 TL Vanille-Zucker vermischen und in jeden Apfel gut 1 TL geben. Jeweils eine Butterflocke daraufsetzen und die Äpfel wie üblich bei mittlerer Hitze im Ofen backen. Dabei häufig mit dem Wein übergießen und immer wieder mit einem Löffel Wein zufügen, damit die Flüssigkeitsmenge trotz der Verdunstung stets gleichbleibt. Wenn die Äpfel fertig gebacken sind, sollen sie eine schöne goldene Farbe haben und einen braunen Rand aufweisen, der aus dem teilweise leicht karamelisierten Zucker und der im Wein enthaltenen Süße entstanden sind. Auf jeden Fall müssen sie noch vollkommen in ihrer ursprünglichen Form erhalten sein und dürfen nicht zerfallen. Der Wein, beinahe vollkommen von den Äpfeln aufgesogen, ist zu einem knappen, dicken und zähflüssigen Sirup geworden. Abkühlen lassen und in den Kühlschrank oder an einen sehr kalten Ort stellen.

Inzwischen die sechs Savarins in kleinen Kranzformen backen. Noch heiß in den mit Cointreau aromatisierten Zucker legen und vollsaugen lassen. Auf einem Kuchengitter abtropfen und abkühlen lassen; in den Kühlschrank stellen.

Die Nüsse grob hacken. Von ganz jungen Nüssen die dünne Haut abziehen, die in den ersten Wochen nach der Ernte noch sehr bitter schmeckt. Auf ein Kuchenblech legen, mit dem übrigen (3 TL) Zucker bestreuen, etwas vermischen und einige Minuten in den heißen Ofen schieben, damit sie leicht karamelisieren (hellgolden brennen). Abkühlen lassen.

Die sechs kleinen Savarins auf einer ausreichend großen, möglichst silbernen Platte in einem Kranz anrichten und erneut jeweils mit einem TL Cointreau tränken. Je einen Apfel in einen Savarin setzen und mit den gebrannten Nüssen bestreuen. In die Mitte der Platte wie einen hohen Felsen die Schlagsahne mit einem Löffel aufhäufen. Die Sahne mit dem besonders sorgfältig aus der dazu noch einmal nur kurz erwärmten Platte geschabten Wein-Sirup aromatisieren.

Man kann die Sahne – allerdings nachteilig – durch Frangipane-Creme oder St.-Honoratius-Creme ersetzen.

# Pruneaux
# Backpflaumen

## Pruneaux au vin de Bourgogne
## Backpflaumen in Burgunder

Für 6 Personen: *1 kg Backpflaumen, 1½ l Burgunder Rotwein, 150 g Zucker, 20 g Zimt in Stangen, 1 Orange (natur), 1 Zitrone (natur)*

Die Backpflaumen einige Stunden in kaltes Wasser legen und quellen lassen. Abtropfen und in einen Topf geben. Mit Wein aufgießen und den Zucker, die Zimtstangen sowie die in Scheiben geschnittenen Zitrusfrüchte zufügen. Zum Kochen bringen, nach dem ersten Aufwallen vom Feuer ziehen und abkühlen lassen. In einer Schüssel oder breiten Schale servieren.
*Anm. der Übersetzer:* In Frankreich gelten die Backpflaumen aus Agen, einer Stadt im Südwesten Frankreichs (Département Lot-et-Garonne), als die besten Früchte.

## Fruits rafraîchis ou macédoines de fruits
## Gemischter Obstsalat

Verschiedene, gut reife und aromatische Früchte auswählen. Reinigen, schälen, nötigenfalls entkernen, in kleine Würfel oder Scheiben schneiden bzw. kleine Früchte oder Beeren ganz lassen. Alle Früchte roh verwenden, bei Bedarf in Zitronenwasser legen, damit sie nicht braun werden.
Die Früchte vermischen und mindestens 2 Stunden mit Zucker, Kirschwasser, Maraschino oder einem anderen Likör oder auch Champagner an einem kühlen Ort durchziehen lassen. Ab und zu vorsichtig umwenden oder durchschütteln, damit sich alle Aromastoffe gegenseitig vollkommen durchdringen. 15 Minuten vor dem Anrichten in eine weite Schüssel oder eine Becherform umfüllen und in gestoßenem Eis oder im sehr kalten Kühlschrank wirklich eiskalt werden lassen. Dann sofort servieren.

# Entremets froids divers aux fruits
# Verschiedene kalte Süßspeisen mit Früchten

## Riz à l'impératrice
## Reis auf Kaiserin-Art

Für 6 Personen: *125 g Carolina- oder Patna-Reis, ½ l Milch, 1 Vanilleschote, 1 Prise Salz, 30 g Butter, 100 g Zucker, 3 EL Aprikosen-Marmelade, 200 g gemischte kandierte Früchte (Orangeat, Zitronat, Engelswurz – Angelika, Kirschen etc.), 4 EL Kirschwasser Maraschino oder Grand Marnier, ½ l Englische Creme, 3 Blatt Gelatine, ³⁄₁₀ l Schlagsahne, Mandelöl für die Form, beliebige Frucht-Sauce*

Den Reis unter fließendem kalten Wasser waschen, bis das Wasser unten klar herausläuft. 5 Minuten in kochendem Wasser überbrühen. In einem Sieb abgießen, mit kaltem Wasser abschrecken und erneut gut abtropfen lassen. Die Milch mit der gespaltenen Vanilleschote unterdessen aufkochen und ziehen lassen. Die Vanilleschote herausnehmen, die Milch mit einer Prise Salz würzen und wieder zum Kochen bringen. Den Reis locker einrieseln lassen, die Butter zufügen und zugedeckt im mäßig heißen Ofen, ohne umzurühren, 35 Minuten backen.

Aus dem Ofen nehmen, mit 60 g Zucker bestreuen und den Reis mit einer Gabel vorsichtig lockern. Dann mit der Aprikosen-Marmelade und 125 g von den kandierten, gemischten, gewürfelten und in Alkohol mazerierten Früchten vermischen. Etwas abkühlen lassen.

Die Englische Creme mit 3 Blatt eingeweichter, ausgedrückter Gelatine vermischen und ebenfalls lauwarm werden lassen. Reis und Creme vermengen und kurz vor dem Erstarren der Gelatine die mit dem restlichen Zucker gesüßte Schlagsahne unterheben. In eine dünn mit Mandelöl ausgestrichene Kranzform oder eine Biskuitform mit Tülle in der Mitte oder eine Gugelhupfform füllen und in zerstoßenes Eis oder den recht kalten Kühlschrank stellen, bis die Masse sehr kalt geworden ist. Sie darf jedoch nicht gefrieren, denn dann würde der Reis hart und verlöre seine Geschmeidigkeit. Auf eine runde Platte stürzen und den Sockel mit den übrigen kandierten Früchten verzieren. Dazu eine beliebige, mit Kirschwasser aromatisierte Frucht-Sauce reichen: Kirschen, Aprikosen, Johannisbeeren usw. sind geeignet.

## Fruits divers à l'impératrice
## Verschiedene Früchte auf Kaiserin-Art

Die im vorstehenden Rezept zubereitete Reis-Masse kann allein gereicht werden, doch dient sie häufig als Grundlage für in Sirup pochierte Früchte, etwa Pfirsiche, Birnen, Äpfel, Aprikosen, Bananen usw. auf Kaiserin-Art.

Die Früchte werden in einem Sirup von 35 Grad Baumé pochiert, nachdem sie je nach Art geschält, entkernt und halbiert wurden (Aprikosen ganz lassen). Man läßt sie stets in dem ganz nach Geschmack mit einem Likör aromatisierten Sirup abkühlen. Den Reis in eine Kranzform mit abgerundetem oder flachem Boden füllen, stürzen und mit den Früchten um den Ring herum oder auf diesem garnieren. Das Ganze mit einer Frucht-Sauce oder einem Sabayon überziehen. Je nach Art der Zusammenstellung erhält man so aus dem Reis auf Kaiserin-Art eine Fülle von köstlichen Nachspeisen, die aus frischen, ebenso wie aus eingemachten (konservierten) Früchten bereitet werden können.

## Diplomate aux fruits
## Diplomaten-Pudding mit Früchten

In einer großen, flachen Form für Genueser Brot (Seite 691) einen Boden aus Madeleine-Teig (Seite 687) backen. Eine Frucht-Bavaroise (Seite 715 f.) bereiten und in eine Form mit Mitteltülle (Pudding-Form) füllen, die einen 8 bis 10 cm geringeren Durchmesser als der Madeleine-Boden haben muß. Früchte nach Wahl in einem Sirup pochieren. Alle Zutaten abkühlen lassen.

Den Madeleine-Boden mit leicht eingekochter und mit Noyau (Seite 757, Anmerkung), parfümierter Aprikosen-Marmelade bestreichen und auf eine Servierplatte legen. Die Bavaroise in die Mitte daraufstürzen und rundherum auf dem Biskuitboden die pochierten, gut abgetropften Früchte wie einen Kragen sich überschneidend auslegen. Das Ganze mit einer entsprechenden Frucht-Sauce, einem cremigen Champagner-Sabayon oder einer mit Portwein aromatisierten Englischen Creme überziehen.

ANHANG

# Déjeuner

offert par

Monsieur le Président de la République

et

Madame Valéry Giscard d'Estaing

à l'occasion de la réception

de

Monsieur Paul Bocuse

dans le grade de Chevalier de la Légion d'Honneur

25 février 1975

*Montrachet 1970*
*magnum du Domaine de la Romanée-Conti*

*Château Margaux 1926*

*Morey Saint-Denis 1969*
*en magnum du Domaine Dujac*

*Champagne Roederer 1926*
*en magnum*

*Grand Bas-Armagnac Laberdolive 1893*

*Grande Fine Champagne*
*(âge et origine inconnus)*

*Soupe de truffes*
Paul Bocuse

*Escalope de saumon de Loire à l'oseille*
Pierre et Jean Troisgros

*Canard Claude Jolly*
Michel Guérard

*Les petites salades du Moulin*
Roger Vergé

*Fromages*

*Les desserts*
Paul Bocuse

# Register

## A

Aal 198
- grün 199
- »Meurette« 200
- Pastete 81
- »Pochouse« 199
- Sahne 201
Apfel-Charlotte 721
Äpfel 820
- Back 822
- Hausfrauen-Art 820
- köstliche 823
- Limousin 822
- »Schöne von Angers« 824
Apfelkuchen, gestürzter 678
-, mürber 677
- »Jerôme« 672
Apfelküchlein 742
Apfelpudding 821
Aïoli 181
Ananas 802
- mit Likör 803
- mit Meringue 803
- »Paul und Raymonde« 805
- auf Reis 803
- mit Schaum-Meringue 804
Ananasküchlein 744
- Markgräfin-Art 744
Anchovisstäbchen 57
Anchovisstangen, kleine 70
Aprikosen 797
- ausgebacken 798
- flambiert 802
- mit Maraschino 798
- in Meringue 799
- auf Reis 800
Aprikosengelee 800
Aprikosenkompott 797
Aprikosenkuchen 801
Artischocken 531
Artischocken, gefüllte 531
- auf griechische Art 56, 535
- mit verschiedenen Saucen 532
Artischockenböden 534
- auf Bresse-Art 536
- gefüllte 534
- mit Käse-Sauce 533
- auf Prinzessin-Art 534
Artischockenkrusteln 534
Aspik-Herstellung 189
Auberginen 540
- Krusteln 542
- auf provenzalische Art 62, 542
- in Sahne 541
- überbacken 540
Auerhahn 514
Ausbackteig 680, 742
- für Früchte-Küchlein 742
Ausgebackenes 63
Auslegeteig 662
- einfacher 371, 662
- feiner 371, 663
- königlicher 371, 663
- sehr feiner 371, 662
Austern 258
- auf Florentiner Art 60
- überbacken 258
Austernspießchen, fritierte 258

# B

Baba mit Kirschwasser 654
Babateig 653
Baiser 781
Banane 806
- mit Krokant 806
Bananenküchlein 745
Barsch 211
Beignets, Anchovis- 66
-, Fischmilch 66
Birnen 816
- Art des Beaujolais 820
- »Felicia« 817
- »Rose-Marie« 818
Birnenkuchen 677, 816
Birnenküchlein 743
Birnenmus 819
Biskuit 691
- Halb- 691
- Löffel- 690
- Savoyer- 689
Blätterteig 656
-, Halb- 658
- Pastetchen 665, 668
- Pastete 347
Blätterteiggebäck 693
- Palmblätter 693
- Schweinsohren 694
- Teeblätter 694
Blätterteigstangen 693
Blätterteigtorte 659, 666
Blumen, kandiert 779
Blumenkohl 559
- auf englische Art 561
- auf griechische Art 58
- auf polnische Art 560
- Püree 561
- Salat 52
- überbacken 560
Blutwurst mit Äpfeln 383
Bohnen 568 ff.
- gemischte 568
- grüne 568
- - Haushofmeister Art 569

- - auf normannische Art 570
- - Püree 570
- - in Sahne 569
- weiße 570 ff.
- - in Butter 570, 574
- - auf bretonische Art 356, 574
- - frisch 571
- - getrocknet 572
- - Hausfrauen-Art 573
Borschtsch, Russischer 136
Brandteig 679
- einfacher 680
- feiner 679
Bratensaft 150 f.
- brauner 151
- heller 152
Brathähnchen 446
Bratkartoffeln 606 f.
- auf Bordelaiser Art 607
- auf Lyoner Art 607
- auf provenzalische Art 607
- rohe 606
Brioche, schaumige 650
Briocheteig 647
- einfacher 651
Brotsuppe 136
- mit Sellerie 137
Butt 215
- filets 215
Butter 72 ff.
- Anchovis 72
- Grüne 73
- Hummer 76
- Knoblauch 73
- Krabben 75
- Krebs 75
- Langusten 76
- Mandel 74
- Meerrettich 76
- Ochsenmark 75
- Paprika 76
- Roquefort 74
- Schnecken 74
- Senf 76
- Stopfleber 73

- verschiedenartig gemischte 72
- Walnuß 76

## C

Cassoulet 469
Champignon (Zucht) 618
- Duxelles 621
- gebraten 622
- gefüllt 622
- gegrillt 621
- auf griechische Art 57
- auf provenzalische Art 619
- Püree 619
- in Sahne 620
- Salat 58
Charlotte 721
- »Antonin Carême« 726
- Apfel 721
- Eßkastanien 724
- Johannisbeeren 722
- russische 725
- mit Schlagsahne 726
Châteaubriand 298
Chicorée 551
- in Käse-Sauce 552
- »Müllerin« 553
- in Sahne 552
Chipolata 70
Cremes 701
- Bayrische 708 f., 715 f.
- - mit Blumen 717
- - auf Frucht-Basis 716
- - mit Früchten 717
- - mit Likören 717
- - »Nectarine« 719
- - auf Sahne-Basis 715
- englische 704
- Eßkastanien 705
- Frangipane 701
- gestürzte 708
- - in Karamel 709
- St. Honoratius 706

- Konditor 702
- Mokka 703
- - sehr fein 707
Cremekuchen 675
Cremetöpfchen 710
Crêpes 747
- Burgfrauen-Art 748
- flambiert 750
- »Vatel« 749

## D

Damhirschpfeffer 481
Dreikönigskuchen 661
Drosselpfanne, provenzalische 520

## E

Eclairs 681
Eier in Förmchen 97
- - mit Champignons 99
- - mit Sahne 99
- - mit Tomaten 98
- gebackene 103
- - auf amerikanische Art 104
- - Mailänder Art 104
- gefüllte 59
- gestürzte 96
- - »Antonin Carême« 97
- harte 99
- - auf verschiedenen Pürees 101
- - mit Sauerampfer 100
- - mit Zwiebeln 100
- pochierte 92
- Rühr 113
- Setz 102
- verlorene 97
- wachsweiche 101
- - mit Zwiebelpüree 102
- weichgekochte 98
Eierschwämme 627
Eierspeisen 57
Einbrennen 155

Einbrennen braun 155
- hell 155
- weiß 155
Eis 784
- Biskuit 791
- - Masse 793
- Bombe 790
- Frucht 789
- Erdbeer 789
- Johannisbeer 789
- Krokant 788
- Mandarinen 790
- Mokka 788
- Orangen 790
- Sahne 787
- Schaum 791
- - mit Früchten 791
- Schokolade 788
- Soufflé 792
- Zitronen 790
Eischnee 706
Ente 455
- Blut 457
- »Claude Jolly« 459
- Junge 455
- - mit Erbsen 462
- - Nantaise 460
- - mit Oliven 462
- - mit Orangen 463
- - mit weißen Rübchen 461
- Mast 455
- Pastete 82
- Steaks 458
- Stopfleber 473
Erbsen 588
- auf Bauern-Art 592
- auf bürgerliche Art 592
- auf englische Art 590
- auf französische Art 591
- mit Pfefferminze 590
- Püree 589
Erdbeeren 807
- mit Früchten 808
- geeiste 807
Erdbeerkuchen 675

Eßkastanien 578, 809
- gedünstet 579
- Püree 580
- Soufflé 578


F

Farce 78
- Fisch 214
Fasan 498
- gebraten 499
- gefüllt mit Kastanien 502
- gefüllt mit Stopfleber 506
- Karthäusergericht 501
- in der Kasserolle 501
- in Sahne 502
- im Schmortopf 501
Fasanensalmis 504
Felchen 209
Filet, gebraten 299
-, kalt 321
Filetspitzen 300
Filetsteak 299
Fischklößchen 214
Fischsude, verschiedene 196
Fischsuppe 137
- provenzalisch 216
Fond 150 f.
- brauner 151
- Fisch 153
- Geflügel 152
- heller 152
- Wild 152
Fondant 778
Forelle 212
- blau 212
- »Müllerin« 213
Forellenschaum, heißer 211
Frischling 484
Froschschenkel 272
- gebraten 272
- fritierte 274
- auf Lyoner Art 273
- »Poulette« 273

Früchte, verschiedene 828
Füllpasteten 86
- auf Mailänder Art 86

## G

Gänsefleisch 468
- eingekochtes 468
- eingemachtes 468
Gänsestopfleber 472
Gans 464
- Mast 464
- Weihnachts- 466
Garbure 135
- Béarner 135
- Zwiebel 136
Garnelen 260
Geflügel 424
- Brüste 424
- - »Antonin Carême« 429
- Filets 424
- Frikassee 430
- gebraten 446
- kaltes 448
- Koteletts 424, 430
- Mayonnaise 450
- Ragout 430
- Schaum 84, 449
- - Klößchen 474
Geflügelleber-Pudding 475
Genueser Brot 691
Genueser Kuchen 684
- einfacher 684
- Schokoladen 686
Glasur 777
- Schmelz 778
Goldbrasse 220
- »Bercy« 222
- gefüllt 221
Gramolate 795
Granités 795
Gründling 210
- fritiert 210
Gugelhupfteig 655

Gurken in Sahne 564
Gurkensalat 52

## H

Hacksteak 297
Hähnchen in Fleurie 444
- gegrillt auf amerikanische Art 447
- - auf Teufelsart 448
- geschmort 446
- Mast 446
- - am Spieß 438
- Ragout mit Champignons 432
- - mit Frühlingsgemüse 435
- - mit Estragon 435
- - auf Jägerart 434
- - auf Lyoner Art 436
- - »Marengo« 436
- - mit Morcheln 434
- - auf portugiesische Art 437
- - mit Steinpilzen 434
- - mit Trüffeln 438
- in Salzkruste 440
- in der Suppenterrine 439
Hahn in Rotwein 442
Hamburger 297
Hammel 351
- Curry 372
- Fleisch, kalt 376
- Füße 412
- - »Poulette« 412
- - mit Remouladen-Sauce 414
- Keule, gebraten 353
- -, gekocht 353
- Kotelett »Champvallon« 363
- - »Pompadour« 364
- - mit Steinpilzen 364
- Nieren, gegrillt 402, 406
- - »Wiesengrün« 408
- Schulter, gefüllt 369
- -, geschmort 368
- Zunge 400
- - mit Linsenpüree 401
Häschen »Chabert« 485

Hase 484
- gefüllt 489
- auf königliche Art 491
- am Spieß 485
Haselhuhn 514
Hasen-Hinterstück, gebraten 498
Hasenpfeffer 487
Hasenrücken in Pfeffersauce 494
- in Sahne 495
Hecht 202
- geschmort mit Champignons 204
- auf Nanteser Art 202
- »Tantchen Nano« 202
Hechtklößchen, alte Art 208
-, Lyoner 206
Hefekranz 651
Hefeteigtasche 380
Hering 224
- mariniert 54
- - grün 225
Hirn 392 f.
- mit brauner Butter 392
- gebacken 393
- gebraten 394
- vom Hammel 392
- vom Kalb 392
- Krapfen 68
- Art der Müllerin 393
- vom Schwein 392
Hirschpfeffer 483
Hühnerfrikassee 441
Huhn, Essig- 428
- mit Krebsen 433
Hummer 264 f.
- amerikanische Art 264
- Mayonnaise 267
- mit Portwein 268
- in Sahne-Sauce 267
- Salat 49
- »Thermidor« 268
- Topf 266

I

Innereien 391
Irish Stew 374

J

Jakobsmuscheln 256
- Hausfrauenart 256
- Ragout 257
Jalousien mit Mandelcreme 661
Jus 150 f.
- brauner 151
- heller 152

K

Kabeljau 218
- Hausfrauenart 218
Käse, ungarischer 60
Käsekranz 680
Käsekuchen 680
Käsetörtchen 67
Kalb 323
- Beinscheibe 330
- Braten 324
- Bries 406
- - gebraten 405, 408
- - geschmort 409
- - mit Krebsen und Zuckererbsen 407
- - auf Marschallart 410
- - Schnitzel 410
- Brust 340
- Brustspitzen 341
- - geschmort 342
- Fleisch 323
- - kalt 351
- Fricandeau 326
- Frikassee 344
- Grenadins 334
- Haxe 342
- - mit Frühlingserbsen 343

- - Hausfrauenart 342
- Hirn 392
- Karree 328
- Klößchen 349
- Kopf 411
- Kotelett 330
- - mit Champignons 331
- - Hausfrauenart 331
- Leber 398
- - »Bercy« 397
- - gebraten 398
- - geschmort 395
- - Spieß 396
- Medaillons 335
- - mit Estragon 336
- - auf Jägerart 337
- - auf Zwiebelkompott 335
- Nieren 402
- - in Senfsauce 404
- Nüßchen 335
- Ragout »Marengo« 346
- - weißes 345
- Rücken 327
- Rückenmark 392
- Saft, gebunden 162
- Sattel 327, 328
- - »Prinz Orlof« 328
- Schnitzel 332
- - auf Mailänder Art 333
- Terrine 78
- Vögel 338
Karde 543
- mit Butter 545
- in Kalbs-Fond 544
- mit Rindermark 544
- mit verschiedenen Saucen 545
Kardonen 543
Karpfen 207
Karpfenmilcher 209
- mit Senfsauce 66
Kartoffeln 595
- Anna 610
- aufgeblasene 599
- Auflauf 603, 604
- Bäcker 609
- Brat 606
- Chips 598
- Dampf 600
- gebacken 605
- gebraten 607
- gekocht 600
- geschmolzen 611
- Herzogin 602
- Kroketten 602
- Lorette 609
- Macaire 606
- Nantua 70
- Nuß 608
- Pariser 608
- Pell 601
- Püree 601
- - Schaum 605
- Rahm 604
- Salat 50
- auf Sarlat-Art 611
- Schloß 608
- Streichholz 598
- Stroh 598
Kastanien 579
- glaciert 579
- kandiert 780
- Eß 579
- »Mont Blanc« 809
Katzenzungen 695, 696
Kirschen 807
- flambiert 807
Kirschkuchen 674
- mit Creme 675 f.
Knäkente 520
Kohl 553
- mit Eßkastanien 557
Kopfkohl 555
- grün 555
- - gefüllt 556, 557
- - geschmort 555
Kopfsalat 575 f.
- gefüllt 576
- geschmort 575
Krabben 260
Krachgebäck 683

Kraftbrühen 120
- mit Brotkrüstchen 123
- »Colbert« 122
- mit pochierten Eiern 122
- mit Estragon-Essenz 125
- auf Frühlingsart 121
- Geflügel 120
- – kalt 125
- mit Geflügelklößchen 123
- mit Gemüse 122
- mit kleinen Gemüsen 122
- kalt 124
- königliche Art 121
- Madrider Art 125
- mit Profiteroles 123
- mit Sellerie-Essenz 124
- mit Trüffeln 124
Krapfen 741
- Brandteig 745
- kreolische Art 746
- Teig 680
Krebse 262
- gekocht 264
Krebsschwanzauflauf 262
Krokant 779
Kroketten Berny 484
- Geflügel 65
- Muschel 63
Krustenpastete 68
Küchlein, ausgebackene 741
Kuchen 661
- Dreikönig 661
- St. Honoratius 682
Kuchenboden 670


L

Lachs 240
- Kulibiak aus 240
- roh 242
- Schnitzel 241
Lamm 351
- Brust 370
- Filet 360, 361

- Fleisch, kalt 376
- Karree 360
- Keule 354
- – gebraten 354, 356
- – gekocht 355
- Kotelett 362, 363 f.
- – auf Pariser Art 364
- Nüßchen 366
- Sattel 358
- Schulter 367
- – auf Bäckerart 368
- – gebraten 367
- Topf 370 f.
- – auf Frühlingsart 373
Langusten 269
- gegrillt 270
- Salat 49
Langustinen 269
Lauch 586
- in Essig und Öl 587
- gedünstet 587
- auf griechische Art 58, 586
- auf italienische Art 587
Leber 394
Lende vom Rind 290
Linsen 577


M

Madeleine 687
Magdalenenkuchen 687
Mais 577
- Crêpes 578
Makkaroni 634
- auf italienische Art 634
- auf Mailänder Art 635
- mit Tomaten 634
- überbacken 634
Makrele 230
- mit Butter 230
- Filet 230
- gegrillt 231
- mariniert 55
Mandeln 777

- kandiert 779
- Nougat 777
- Sulz 714
- Ziegel 697

Maraschino-Schäumchen 783
Marinaden 186
- gekocht 187
- ungekocht 186

Maronen 578
Marquisen 795
Mayonnaise 179
- Sahne 182

Medaillon vom Rind 300
Meerbarben 236
- mit Basilikum-Sauce 238
- auf orientalische Art 55, 236
- auf provenzalische Art 238
- rote 236

Melonen 809
- der guten Herberge 810
- auf königliche Art 809

Meringuen 781
- Bissen 782
- einfache 782
- gefüllte 782
- Masse 781
- - einfache 783
- - gekochte 783
- - italienische 782
- - Schweizer 783
- Schaum 783

Merlan 232
Milchlamm 351, 375
- Ragout 376

Möhren 546
- in Butter 548
- Püree 547
- in Sahne 548
- »Vichy« 548

Moorhuhn 514
Moospilze 627
Morcheln 625
- Pastete 84
- in Sahne 627

Mürbeteig 662

Muscheln 259
- Safran 56
- Seemannsart 259

## N

Nieren 402
- mit Champignons 405
- in Madeira 403

Nocken 640 f.
- auf althergebrachte Art 641
- Kartoffel 642
- auf Pariser Art 642
- auf römische Art 640

Noyau 757
Nudeln, frische 633

## O

Obstkuchen 672 ff.
- elsässischer 676
- normannischer 675

Obstsalat 826
Ochse an der Schnur 298
Ochsenbrust 317
- gepökelt 318

Ochsenpansen 399
Ochsenrippe 311
Omelett 104
- »André Theuriet« 112
- »Schöne Aurora« 757
- Champigon 106
- »Elfenbeinküste« 758
- »Prinzessin Elisabeth« 762
- Flach 110
- Gänseleber 110
- garniert 106
- mit Geflügelleber 109
- nach Jägerart 109
- Käse 107
- Kräuter- 107
- auf Lyoner Art 107
- Morchel 108

Omelett, Moskauer 763
- Nieren 111
- norwegisches 761
- Nuß 111
- »Parmentier« 112
- Pfirsich 762
- Sahne 111
- Sauerampfer 107
- auf Savoyer Art 112
- Schaum 758
- - mit Grand Marnier 760
- - mit Likör 756, 760
- - mit Vanille 759
- - Wunder 763
- Schinken 106
- Spargelspitzen 110
- Speck 106
- süßes 422
- Tomaten 108
- Trüffel 108
- »Überraschung« 761
- Zucchini 110
- Zucker 755
- - mit Konfitüren 756
- - Sauerkirsch 757
- - »Tahiti« 756
Orangen in Sirup 796
- souffliert 771

## P

Palmblätter 694
Pansen 400
Paprika 592
- Auflauf 594
- Püree 594
- Schoten, gefüllt 593
Parfait 793
Parmesanstangen, kleine 71
Pastetchen 69
Pasteten 81 ff.
- Aal 81
- Enten 82
- Morchel 84

- Torten 88
Perlhühner 464
Pfannkuchen 747 ff.
- einfache 747
- mit Ananas 754
- mit Frangipane 754
- Kaiserin-Art 752
- mit Kastanien 753
- mit Konfitüre 753
- leichte 749
- mit Orangenblütenwasser 750
- soufflierte 752
Pfifferlinge 627
Pfirsiche 811
- »Astoria« 814
- Erzherzog-Art 811
- göttliche 813
- »Melba« 815
- »Mühle« 815
- auf normannische Art 812
- in Sirup 814
- Sultans-Art 816
Pflaumen 826
- Back 826
Pilgermuscheln 256
Pithviers, kleine 660
Pökeln 188
- naß 188
- trocken 188
Pommes frites 596
Poularde 446
- in Aspik 449
- Brüstchen 428
- auf Burgfrauenart 421
- getrüffelt »Mutter Brazier« 427
- - »Joannés Nandrou« 426
- pochiert mit Estragon 422
- - Prinzessin-Art 424
- mit Reis 422 f.
- mit grobem Salz 421
Pudding 728 ff.
- »Aiglon« 728
- Brot 736
- Creme 736
- mit Früchten 828

- »Gaston Lenôtre« 730
- Grieß 734
- »Henry Clos-Jouve« 729
- Orangen 735
- Plum 737
- Portwein 734
- Prälaten 720
- Schaum »Catherine« 732
- - »Viktoria« 727
- Weihnachten 733
- Zitronen 735
Püree, Champignon- 619
Punchs 796
Pute 450
- gefüllt 451
- getrüffelt 450


# R

Ravioli 635
Rebhuhn 506 ff.
- gebraten 506
- gefüllt 511
- kalt 513
- jung 506
- - nach der Art von Isigny 509
- - Kartäusergericht 510
- - mit Kohl 507
- Ragout 512
- in Weißkohl 508
Reh 480 ff.
- Keule 480
- - mit Linsen 482
- - in Sahne 482
- - mit Sellerie-Püree 481
- Nüßchen 483
- Pfeffer 483
- Rücken 481
Reis 636
- Auflauf 740
- Butter 638
- auf Art von Valenciennes 638
- auf griechische Art 638
- auf indische Art 638
- auf Kaiserin Art 827
- auf kreolische Art 638
- Pilaw 637
- Pudding 739, 740
- - cremiger 740
- - mit Karamel 739
- - mit Sabayon 741
Renke 210
Rinderrückenmark 392
Rinderschmorbraten 308, 322
Rinderzunge 400
- bürgerliche Art 401
Rindfleisch 276 ff.
- auf Burgunder Art 312
- gekocht 319
- geschmort 313
- kalt 320
- Salat 49
- Topf 118
Rindsfilet 172 ff.
- nach Art der Blumenmädchen 292
- auf Finanzmannart 296
- nach Hausfrauenart 292
- »Richelieu« 290
- »Saint-Germain« 295
Rindsragout 315
Risotto 637
- Geflügelleber 62
- auf Mailänder Art 640
- auf Piemonteser Art 637
Roastbeef 321
Rochen 235
- mit Butter 236
Rosenkohl 562
Rosinenkuchen 688
Rosinenplätzchen 696
Rostbraten auf Bordelaiser Art 310
- auf flämische Art 310
Robe-Rüben-Salat 50
Rotkohl auf flämische Art 564
- nach Paul Haeberlein 563
- Salat 54
Rotzunge 229
Rüben 580
- gedünstet 580

Rüben, Püree 581
- weiße 580
Rückenstück vom Rind 290
Rühreier 113
- mit Champignons 114
- mit Frühstücksspeck 113
- mit Spargelspitzen 114
- mit Trüffeln 630
Rumpsteak 290


S

Sabayons 711
Saibling 211
Salate 48
- Blumenkohl 52
- Bohnen 48
- »Café de Paris« 48
- Gurken 52
- »Halbtrauer« 51
- Hummer 49
- Kartoffel 50
- Langusten 49
- Nizzaer 49
- rote Rüben 50
- Rotkohl 54
- Sellerie (Knolle) 53
- - (Staude) 52
- Tomaten 51
- Wirsing 54
Salatsaucen 47
Sandgebäck 695
Sandteig 662
- sehr feiner 662
- königlicher 662
Sardinen 239
- auf die Art von Antibes 239
Saucen
- Aïoli 181
- Andalusische 181
- Aprikosen 713
- Béarnaise 178
- Béchamel 160
- Bordelaiser 162

- braune 99
- Butter 158
- Champignon 170
- Chaudfroid, braun 185
- -, weiß 185
- »Choron« 179
- Curry 175
- Deutsche 160
- Estragon 164
- Fisch 172
- Garnelen 172
- Geflügelrahm 158
- Genfer 161
- Gratin 165
- Gribiche 184
- grüne 183
- Grund 156
- Holländische 176
- -, einfach 176
- Hummer 173
- Italienische 166
- Jäger 165
- »Joinville« 173
- Käse 170
- Kalbssaft 99
- kalte 179
- Kapern 173
- Kräuter 176
- Kraft 157
- Krebs 173
- Krokant 714
- Madeira 163
- - Champignon 164
- Malteser 179
- Mark 169
- Meerrettich 184
- Mornay 170
- Nantua 173
- Normannische 172
- Périgneux 166
- Périgord 167
- Pfeffer 169
- Pikant 163
- Portugiesische 167
- -, kalt 183

- Portwein 167
- Rahm 171
- Ravigote 182
- Remouladen 182
- Robert 164
- Rotwein 168
- Roueneser 168
- –, kalt 186
- Sahne 171
- Salat 158
- Samt 158
- Sauerkirsch 713
- Schaum 178
- –, einfach 175
- Schokoladen-Sahne 712
- »Smitane« 174
- Spanische 156
- Suprême 158
- »Vincent« 184
- Tataren 182
- Teufel 166
- Tomaten 159
- Vanille 704
- Weißwein 171
- nach Wurstmacher Art 163
- Zwiebel (»Soubise«) 174
- – mit Tomaten 174

Sauerampfer 585
- Streifen 586

Sauerkraut 553

Savarin 652
- »Maurice Bernachon« 654
- Teig 652

Schälrippe 317
- gepökelt 318

Schellfisch 224

Schinken 377
- in Heu 383
- vom Schwein 377
- Schaum 382

Schlagsahne 702

Schmelzglasur 778

Schmorbraten 321

Schnecken 270
- auf Burgunder Art 272

- auf die Art des Chablis 272
- auf elsässische Art 271

Schnee-Eier 710, 783

Schnepfe 517
- Salmis 518

Schnitzel 332
- Wiener 333

Schokolade 780
- Trüffel 780

Schwarzritter 211

Schwarzwurzeln 612
- und Bocksbart 612
- ausgebacken 614
- gebraten 612
- – auf Lyoner Art 613
- in Kalbs-Fond 613
- in Sahne 613

Schwein 377 ff.
- Braten 386
- – eingekocht 387
- – kalt 386
- Füße 414
- – gegrillt 414
- Karree 385
- Kopfsülze 388
- Kotelett 384
- Leberpastete 389
- Nacken 384
- Ohren 694
- Rücken 385

Seehecht 219
- auf portugiesische Art 220

Seeteufel 225
- Leber 229
- – gebraten 229
- Schnitzel 229
- – gebraten 227

Seewolf 226
- in Seetang 228

Seezunge 242
- Bercy 248
- auf Burgunder Art 250
- in Champagner 244
- in Champignons 248
- fritiert 245

Seezunge gegrillt 246
- Müllerin 246
- - auf Nizzaer Art 247
- mit Muscheln 250
- auf normannische Art 251
- mit Tomaten 249
Sellerie 549
- Cremesuppe 88
- in Kalbs-Fond 551
- Knollen 549
- Püree 550
- Salat, Knolle 53
- -, Staude 52
- Stauden 312
Setzeier 102
- mit Tomaten 102
Sirup 778
Sorbets 794
Spargel 537
- auf polnische Art 539
- Spitzen 538
- überbacken 538
Specktorte, Lothringer 61
Soufflés 764
- Blumen 769
- Creme 764
- Frucht 770
- Haselnuß 768
- Kirscheis 444
- Krokant 767
- Likör 770
- Mandel 768
- »Martine« 767
- Mokka 768
- »Oma« 769
- Orangen 767
- »Palmyra« 768
- Parmesan 64
- »Rothschild« 769
- Schinken 64
- Schokoladen 768
- Wein 770
- Zitronen 767
Spiegeleier 90
- mit Butter 91

- mit Schinken 94
- mit Speck 92
- auf Spinat 91
- mit Tomaten 92
Spinat 565
- Butter 567
- Rahm 567
Spooms 796
Steinbutt 252
- pochierter 253
Steinpilze 623
- auf Bordelaiser Art 624, 625
- gegrillt 624
Stint 222
Stockfische 233
- auf Lyoner Art 235
- Püree 234
- - mit Trüffeln 234
Stör 223
- Spickbraten 223
Stopfleber 471
Sud 154
- für Champignons 154
- Essig 197
- Fisch 196
- Krustentiere 260
- Mehl 154
- Rotwein 197
- Steinbutt 197
- Weißwein 197
Suppe 116, 126
- Ardenner 130
- nach Art der Auvergne 129
- Bauern 131
- Blumenkohl 146
- Brot 136
- - mit Sellerie 137
- Creme 144
- Erbsenpüree 147
- Fisch 137
- -, provenzalische 216
- Flädle 123
- -, gebundene 140
- Hausfrauen 132
- Holzbein 119

- Hühnercreme 145
- Hummercreme 144
- Kartoffel 146
- Knoblauch 126
- Krebs 138
- Kresse 143, 147
- Kürbis 129
- nach Art der Landwirte 135
- Lauch 145
- Minestrone 134
- Muschel 139
- Nimeser 133
- Normannische 133
- Ochsenschwanz 128
- Pächterin 128
- Püree 145
- Sahne 142
- Samt 141
- Sauerampfer 131
- Savoyer 132
- Selleriecreme 143
- Spargelcreme 142
- Trüffel 127
- Zwiebel 130
Suppen-Eintopf 116
Suppentopf, Burgunder 132

T

Taschenkrebs 261
- auf Pariser Art 261
- Pastetchen 261
- Pilaw 262
Tatar 296
- Beefsteak 296
- mit Spiegeleiern 297
Taube 454
- mit Erbsen 454
- nach Schnepfenart 455
Teeblätter 694
Teegebäck 664 f.
Teig 664
- für salziges Teegebäck 664
- für süßes Teegebäck 664
Teigkruste für Pasteten 668, 671

Terrinen »Blaues Band« 80
- Kalb 80
Thunfisch 251
- gegrillt 251
- Hausfrauenart 252
Timbales 670
-, Teigkruste für 671
Tomaten 394 ff.
- gebraten 617
- gefüllt 616
- gegrillt 616
- geschmolzen 394, 614
- natur 614
- auf Nizzaer Art 615
- auf portugiesische Art 615
- auf provenzalische Art 615
- Salat 51
- Soufflé 617
Torten 697
- Maskotte 699
- Mokka 698
- Präsidenten 686
- Schokoladen 699
Torteletts 671
Tortenpastete 88
Tournedos 300 ff.
- auf die Art von Arles 302
- auf die Art des Bearn 301
- auf Bordelaiser Art 303
- mit Champignons 304
- »Choron« 308
- »Clamart« 307
- auf Försterart 305
- auf Jägerart 303
- »Heinrich IV« 306
- mit Mark 306
- nach Art der Weinhändler 304
Träumerei »Candice und Stefanie« 718
Trüffeln 628, 780
- in der Asche 630
- in Champagner 631
- »Roger Roucou« 632
- in Sahne 632
- Täschchen 631

## V

Verlorene Eier 92
- nach der Art von Bordeaux 95
- »Heinrich IV« 96
- auf Sauerampfer 96
- auf Spinat 94

## W

Wachsbohnen 575
Wachteln 514 f.
- gebraten 514
- kalt 515
- Risotto 516
- mit Weinbeeren 515
Waffeln der Großmutter Bocuse 746
Walliser Toast 67
Weihnachts-Baumstamm 700
Weißkohl 555
Wiesenchampignons 627
Wildente 519
- auf englische Art 519
- gebraten 519
- mit Orangen 520
- Salmis 520
Wildkaninchen 496 f.
- Frikassee 496
- auf Jägerart 497
Wildschwein 484
Windbeutel 681
- gefüllte 681
- geröstete 682
Wirsingsalat 54
- Wittling 232
- fritiert 232
- gebraten 232
Wolfsbarsch 226
Würstchen 72
Wurst in Brioche-Teig 71
Wurstwaren 387

## Z

Zucker 772
- Kochen 775
- Teig 664
Zwiebel 582
- gefüllt 584
- glaciert 582
- auf orientalische Art 59
- Püree 584
- Suppe 80
- Zwischenrippenstück 310

# Table Alphabetique des Recettes

## A

Abricots 797
- Bourdaloue 801
- Colbert 798
- Compotés au marasquin 798
- Condé 800
- flambés au Grand Marnier 802
- meringués Clairette 799
- Robert d'Ardeuil 800

Agneau (double, baron et selle) 376
- froid 376
- de lait (baron, gigot, carré ou quartier rôti et persillé) 377
- Parmentier (filet) 361
- rôti (carré d') 360
- rôti (filet) 360

Aloyau rôti 290
Amourette de bœuf 392
Ananas 802
- Condé 803
- aux liqueurs 803
- meringué 803
- Paul et Raymonde 805
- et zéphirs normands 804

Anguille 198
- à la crème 201
- à la flamande dite »au vert« 199

Anguille en pochouse 199
Artichauts à la barigoule 531
- (beignets d') 534
- à la bressane (fonds) 536
- farcis (fonds) 534
- à la grecque 56, 535
- Mornay (fonds) 533
- princesse (fonds) 534
- avec sauces diverses 532

Asperges 537
- au gratin 538
- pointes vertes 538
- à la polonaise 539

Aubergines 540
- à la crème 541
- frites 542
- au gratin 540
- à la provençale 62, 542

## B

Bananes 806
- soufflés pralinées 806

Barbue 215
- (filets grillés Saint-Germain) 215

Baron d'agneau de lait rôti et persillé 375

Bavaroises aux fleurs 717
- aux fruits 717
- aux liqueurs 717
- nectarine 719

Bécasse rôtie 517
Beignets 741
- d'ananas 744
- d'ananas marquisette 744
- d'artichauts 534
- d'aubergines 542
- de bananes 745
- de cervelle 68
- de cervelle sauce tomate ou Orly 393
- de laitances 66
- de poires 743

Beignets de reinettes 742
- soufflés 745
- soufflés à la créole 746
Beurres composés 72
Beurre d'ail 73
- d'amandes 74
- d'anchois 72
- Bercy 75
- de crevettes 75
- d'écrevisses 75
- d'escargots 74
- de foie gras 73
- de homard 76
- de langouste 76
- de moutarde 76
- de noix 76
- de paprika 76
- de raifort 76
- de Roquefort 74
Biscuits 791
- à la cuiller 690
- glacés (appareil à) 793
Biscuit manqué 691
- de Savoie 689
Blanc-manger 714
Blancs d'œufs en neige 706
Blanquette de veau 345
Bœuf 276
- à la bourguignonne 312
- à la ficelle 298
- froid 320
- en miroton 319
- à la mode (chaud) 308
- - (froid) 322
Bolets ou cèpes 623
Bombe glacée (appareils à) 790
Bortsch à la russe 136
Bouchées 668
- exquises 782
Boudins noirs aux pommes reinettes 383
Bouillabaisse 216
Brandade de morue à la ménagère 234
- - aux truffes 234

Brioche en couronne 651
- mousseline 650
Brochet 202
- braisé aux champignons 204
- à la nantaise 202
Brochetons »Tatan Nano« 204
Brochettes de foie de veau 396
Bûche de Noël 700


C

Cabillaud 218
- à la ménagère 218
Cailles aux raisins 515
- (risotto) 516
- froides George Sand 515
- rôties 514
Canards et canetons 455
Canard Claude Jolly, création Michel Guérard 459
- rouennais de l'Hôtel de la Couronne 457
- sauvage 519
- à l'anglaise 519
- sauvage à la bigarade 520
- - rôti 519
Canard (steaks de) 458
Caneton nantais 460
Caneton nantais 460
- aux navets 461
- aux olives 462
- aux petits pois 462
- poêlé à l'orange 463
Carbonade à la flamande 316
Cardons 543
- au beurre 545
- au jus 544
- à la moelle 544
- avec sauces diverses 545
Carottes 546
- à la crème 548
- glacées au beurre 548
- Vichy 548
Carpe à la juive 207

Cary de mouton aux reinettes 372
Cassoulet languedocien 469
Céleri (pieds de) et céleri-rave 549
– au jus 551
Cèpes à la bordelaise 625
– grillés 624
– sautés à la bordelaise 624
Cerises flambées 807
Cervelle (beignets) 392
– au beurre noir ou noisette 392
– à la meunière 393
– de mouton, de veau, de porc 392
– sautée à la niçoise 394
Champignons 618
– à la crème 620
– farcis Jean-Paul Lacombe 622
– à la grecque 57
– grillés 621
– à la provençale 619
– sautés au beurre ou à la Mornay 622
Charlotte Antonin Carême 726
– Chantilly 726
– reine du Canada 721
– à la russe 725
– de la Saint-Jean 722
– de la Saint-Martin 724
Châteaubriand 298
Chausson Lucas-Carton 380
Chevreuil à la Berny (noisettes) 483
– (côtelettes) 481
– rôti la purée de marrons (gigot, cuissot ou gigue) 480
– Saint-Hubert (selle) 481
Chocolat 780
Chocolatine pralinée 699
Choux 553
– de Bruxelles 562
– à la crème 381
– grillés 381
Choucroute à la ménagère 553
Chou farci aux marrons 557
Choux-fleurs 559
– à l'anglaise 561
– au gratin 560

– à la grecque 58
– à la polonaise 560
Chou rouge à la flamande 564
– – à la mode alsacienne Paul Haeberlin 563
Chou vert 555
– – braisé 555
– farci 556
Civet de chevreuil, cerf, daim 483
– de lièvre 487
Colin 219
– à la portugaise 220
Concombres à la crème 564
Confit d'oie 468
Consommés 120
Consommé brunoise 122
– Célestine 123
– Colbert 122
– froid 124
– au fumet du céleri 124
– au fumet d'estragon 125
– julienne 122
– madrilène 125
– aux œufs pochés 122
– printanier 121
– aux profiteroles 123
– aux quenelles de volaille 123
– à la royale 121
– aux truffes 124
– de volaille 120, 129
Coq de bruyère 514
– au fleurie 444
– au vin à la bourguignonne 442
Coquilles Saint-Jacques 256
– – à la ménagère 256
– – aux truffes fraîches (ragoût) 257
Côtes de bœuf à la moelle au vin de Brouilly 311
– de porc 384
– de veau 330
– de veau aux champignons 331
– de veau à la ménagère 331
Côtelettes d'agneau panées, santées ou grillées 362
– d'agneau à la parisienne 364

851

Côtelettes de chevreuil à la crème 482
- de chevreuil à la purée de céleri-rave 481
- de chevreuil au lentilles 482
- de mouton à la Champvallon 363
- de mouton Pompadour 364
- de mouton sautées aux cèpes 364
- de volaille 430
Coulibiac de saumon 240
Courts-bouillons 154, 196
Court-bouillon blanc pour turbot ou grosses barbues 197
Courts-bouillons divers 154
Court-bouillon pour crustacés 260
- au vin blanc 197
- au vin rouge 197
- au vinaigre 197
Crabes 261
- (bouchées) 261
Crabe à la parisienne (froid) 261
- en pilaf 262
Crèmes 142
Crème (pots) 710
- anglaise 704
- d'Argenteuil ou d'asperges 142
- pour bavaroises, plombières, puddings, charlottes glacés 708
- de céleri 143
- Chantilly 702
- de cresson et d'oseille 143
- frangipane 701
- Germiny 144
- de homard 144
- moka 703
- moka délice 707
- pâtissière 702
- à la purée de marrons 705
- renversée 708
- renversée au caramel 709
- à Saint-Honoré 706
Crêpes châtelaines à la crème de marrons 748
- à l'eau de fleur d'oranger 750
- flambées au Grand Marnier 750
- légères 749

- au maïs dites à la Marignan 578
- ménagères 747
- Vatel 749
Crevettes 260
Croque en bouche 683
Croquettes à la Berny 484
- de coquillages 63
- de pommes de terre 602
- de volaille 65
Croustade bressane 68
Croûte-au-pot 123
Croûte pour pâtés en croûte 671
- à tarte cuite à blanc 670
Croûtes pour tartellettes cuites à blanc 671
Croûte à vol-au-vent 665


## D

Daube froide 321
Daube du maître Philéas Gilbert 313
Daurade 220
- Bercy 222
- farcie 221
Demiglace 157
Dinde de Cremieu truffée 450
- farcie aux marrons 451
Diplomate aux fruits 828
Duxelles sèche de champignons 621


## E

Echine de porc aux chou farcis 384
Eclairs au café 681
- au chocolat 681
Ecrevisses à la bordelaise 263
- (gratin de queues d') 262
- à la nage 264
Endives 551
- à la crème 552
- à la meunière 553
- Mornay 552
Entrecôte à la bordelaise 310

Epaule d'agneau rôtie 367
- boulangère 368
- de mouton braisée aux navets 368
- de mouton farcie à la mode du Berry 369

Eperlans 222

Epinards 565
- au beurre 567
- à la crème 567

Escalopes panées au beurre noisette 332
- de veau 332
- de veau à la milanaise 333
- de veau à la viennoise 333

Escargots 270
- à l'alsacienne 271
- à la bourguignonne 272
- à la mode de Chablis 272

Estouffade de bœuf 315

Esturgeon 223

# F

Faisan 498
- en casserole 501
- en chartreuse 501
- à la cocotte 501
- à la crème 502
- farci au foie gras dit à la Souvarov 506
- farci aux marrons et aux truffes 502
- rôti 499

Farce pour pâtés et terrines 78

Féra 209

Feuilletage 650

Filet de bœuf bouquetière 292
- de bœuf à la financière 296
- de bœuf Richelieu 290
- de bœuf Saint-Germain 295
- de bœuf sauce madère et champignons à la ménagère 292
- de bœuf sauté ou grillé 299
- ou contre-filet froid ménagère 321

- et contre filet rôtis 290
- de maquereaux à la florentine 230

Filets mignons 300

Flans aux fruits (mirabelles, abricots, quetsches, reines-claudes) 674
- - pommes Jérôme 672

Fleurs pralinées 779

Foie 394
- gras 471
- gras chaud 472
- de veau à l'étuvée 395
- de veau grillé Bercy 397
- de veau sauté à la lyonnaise 398

Foies de volaille à la bressane (gâteaux) 475

Fond blanc 152
- brun 151
- de gibier 152
- de poisson dit »fumet de poisson« 153
- de volaille brun ou blanc 152

Fondant 778

Fraises aux fruits d'or 808
- mignonnes glacées 807

Fricandeau 223, 326

Fricassée de poulet vallée d'Auge 441
- de veau à l'ancienne 344

Fritots (hors-d'-œuvre chauds) 63

Fromage hongrois 60
- de tête de porc 388

Fruits divers à l'impératrice 828
- rafraîchis 826

# G

Garbure béarnaise 135
- à l'oignon 136

Gâteau aux amandes 659
- mascotte 699
- du Président 686

Gâteaux sablés fins 695

Gâteau de riz 740
- au caramel 739
- à la crème 740

853

Gâteau au sabayon 741
- de rois 661
Gaufres de grand-mère Bocuse 746
Gelées diverses 189
Gelinotte 514
Génoise au chocolat 686
- ordinaire 684
Gigot d'agneau de lait rôti et persillé 375
Gigot bouilli à l'anglaise 355
- de mouton rôti 353
- de pré-salé rôti 354
- rôti aux haricots à la bretonne 356
Girolles 627
Glace 777
- au café 788
- au chocolat 788
- aux citrons 790
Glaces à la crème 787
Glace aux fraises 789
Glaces aux fruits 789
Glace à la groseille 789
- à l'orange 790
- pralinée 788
Gnocchi à l'ancienne 641
- Belle-de-Fontenay 642
- à la parisienne 642
- à la romaine 640
Goujon 210
Goujons frits 210
Granités 795
Gras-double de bœuf 399
- à la lyonnaise 400
Gratin dauphinois 603
- de pommes de terre Fernand Point 604
- de queues d'écrevisses Fernand Point 262
Gratinée lyonnaise 130
Grenadins 334
Grenouilles frites 274
- à la lyonnaise 273
- à la poulette 273
- sautées à la bordelaise 272
Grives à la provençale (poêlon) 520

## H

Haddock fumé 224
Hamburger 297
Hareng 224
- frais marinés 225
Harengs marinés 54
Haricots blancs au beurre 574
- blancs à la bretonne 574
- blancs frais 571
- ménagère 573
- blancs secs 572
- à la bretonne 356
- mange-tout sautés au beurre 575
- panachés au beurre 570
- verts 568, 569
- verts au beurre maître d'hôtel 569
Homard à l'américaine 264
- à la crème 267
Homards (navarin) 266
Homard au porto 268
- thermidor 268
Huîtres 258
- à la florentine 60
- frites en brochettes 258
- au gratin 258

## J

Jalousies aux amandes 661
Jambon chaud garni de légumes divers 382
- au foin 383
Jarret de veau à la ménagère 342
- de veau aux petits pois printaniers 343
Jus lié 162

## L

Laitances de carpe 209
- - sur toast sauce moutarde 66

Laitues braisées 575
- farcies et braisées 576
Langue de bœuf 400
- de bœuf braisée à la bourgeoise 401
Langues de chat 695, 696
Langues de mouton à la purée de lentilles 401
Langoustes 269
Langouste grillée aux deux sauces 270
Lapereau de garenne sauté chasseur 497
Lapin de garenne en gibelotte 496
Lavaret 210
Lentilles 577
Levraut Chabert 485
Lièvre 484
- à la broche 485
- farci à la Diane 489
- rôti (train de) 498
- à la royale du sénateur Couteaux 491
Limande Limande-sole 228
Lotte (escalopes sautées) 227
- (foie) 229
- (foie au plat) 229
- de mer 225
Loup de la Méditerranée en croûte 226
- au varech à la façon de Michel Guérard 228

# M

Macaroni au gratin 634
- à l'italienne 634
- à la milanaise 635
- à la napolitaine 634
Madeleine 687
Maïs 577

Maquereau 230
Maquereaux au beurre noir 230
- grillés 231
- marinés 55
Marcassin 484
Marinades 186
Marinade crue 186
- cuite 187
Marmite (petite) 118
Marquises 795
Marrons 578, 809
- confits 780
- à l'étuvée 579
Matelote d'anguille à bourguignonne dite »meurette« 200
Mayonnaise de homard 267
- de volaille 450
- de veau 335
- de veau à la compote d'oignons 335
- de veau à l'estragon 336
- de veau sautés chasseur 337
Melons 809
Melon de la bonne auberge 810
- royal 809
Meringues 781
- garnies 782
- ordinaires 782
Merlan frit 232
- au plat 232
Moka 698
Mont-Blanc aux marrons 809
Morilles à la crème 627
Morue 233
- à la lyonnaise 235
Moules 259
- à la marinière 259
- au Safran 56
Mousse chaude de truite de rivière au coulis d'écrevisses 211
- froide de jambon 382
- de volaille 449
- de volaille froide 84
Mousselines au marasquin 783
Mousseline de reinettes aux noix 821
Mousserons 627

## N

Navarin 371
Navets 580
- à l'étuvée dits glaces 580
Noisettes d'agneau à la dauphine 366
- de veau 335
Nougat aux amandes 777
Nouilles fraîches 633

## O

Œufs 90
- aux bacon ou au lard maigre 92
- brouillés aux truffes 630
- en cocotte 97
- en cocotte aux champignons 99
- en cocotte à la crème 99
- en cocotte aux tomates 98
- à la coque 98
Œufs durs 99
- durs à la crème d'oseille 100
- durs aux oignons dits à la tripe 100
- durs dur purées diverses 101
- farcis au paprika 59
- frits 103
- frits à l'americaine 104
- frits à la milanaise 104
- mollets 101
- mollets soubise 102
- moulés 96
- moulés Antonin Carême 97
- à la neige Gisou 710
- sur le plat 90
- sur le plat au beurre noir 91
- sur le plat à la florentine 91
- sur le plat au jambon 94
- sur le plat aux tomates 92
- pochés 92
- pochés à la bordelaise 95
- pochés à la florentine 94
- pochés Henri IV 96
- pochés à l'oseille 97
- poêlés 102
- poêlés aux tomates 102
Oie 464
- du réveillon 466
Oignons 582
- farcis 584
- glacés 582
- (petits) à l'orientale 59
Oison farci à la fermière 464
Omble chevalier 211
Omelettes 104
Omelette André Theuriet 112
- de la belle Aurore 757
- aux champignons 106
- chasseur 109
- aux confitures diverses 756
Omelette Côte-d'Ivoire 758
- aux courgettes 110
Omelette à la crème 111
Omelettes d'entremets 755
Omelette aux fines herbes 107
- au foie gras 110
- aux foies de volaille 109
- au fromage 107
Omelettes garnies et fourrées 106
Omelette aux griottes 757
- au jambon 106
- au lard 106
- aux liqueurs 756
- lyonnaise 107
- aux morilles 108
- moscovite 768
- aux noix 111
- norvégienne 761
- à l'oseille 107
- Parmentier 112
- aux pointes d'asperges 110
- princesse Elisabeth 762
- aux rognons 111
- à la savoyarde 112
- soufflée 758
- soufflée au Grand Marnier 760
- soufflée aux liqueurs 760
- soufflée à la vanille 759
- au sucre 755
Omelettes surprises 761

Omelette surprise aux pêches 762
- tahitienne 756
- aux tomates 108
- aux truffes 108
- aux truffes fraîches 629
Orange à l'orange 797
Oranges soufflées 771
Oseille 585
- (chiffonnade) 586
Oxtail clair 128

P

Paillettes d'anchois 57
- aux anchois 70
- au parmesan 71
Pain de Gênes 691
Palets aux raisins 696
- au sucre 694
Palmiers 694
Panade 136
- au céleri 137
Pannequets 751
- aux confitures 753
- à la crème frangipane 754
- à la crème de marrons 753
- aux fruits 754
- à l'impératrice 752
- soufflés 752
- tonkinois 754
Parfait 793
Pâte à baba 653
- à beignets soufflés 680
- à brioche 647
- à brioche commune 651
- à chou 679
- à chou fine 679
- à chou ordinaire 680
- à foncer et pâte sablée 662
- à frire 742
- à frire pour beignets 742
- pour galettes 658
- à kouglof 655
Pâtes à mousse, bisquits et parfaits 791
- à petits gâteaux salés pour le thé 664
- à petits gâteaux sucres pour le thé 664
- à ramequin et à gougère 680
- à savarin 652
- sucrée 664
Pâté d'anguilles 81
Pâtés (petits) à la bourgeoise 69
Pâté chaud ou froid de caneton Gaston Richard 82
- de foie de porc 389
Pantin du maître Ferdinand Wernert 347
Paupiettes de veau 338
Pêches 811
- archiduc 811
- Astoria 814
- du bocage 812
- déesses 813
- glacées au sirop 814
- Melba 815
- de mon moulin 815
- sultane 816
Perche 211
Perdreaux 506
- en chartreuse 510
Perdreau aux choux 507
Perdreaux farcis à la limousine 511
- froids »Café de Paris« 513
- à la mode d'Isigny 509
Perdreau rôti 506
- sauté aux truffes 512
Perdrix aux choux 508
Petits fours secs 693
Petits gâteaux feuilletés 693
Petits pois 588
Petits pois à l'anglaise 590
- à la bourgeoise 592
- à la française 591
- à la menthe 590
- à la paysanne 592

857

Petit-salé d'échine aux choux farcis 384
Pieds de mouton 412
- de mouton à la poulette 412
- de mouton sauce rémoulade 414
- de porc 414
- de porc grillés sauce béarnaise 415
- de porc grillés sauce rémoulade 415
Pigeon en bécasse à l'assiette 455
Pigeonneaux aux petits pois 454
Piments doux 592
- doux à la piémontaise 594
- farcis 593
Pintades et pintadeaux 464
Plat de côtes 317
- de côtes salé 318
Plum-Cake 688
Poireaux 586
- à l'étuvée 587
- à la grecque 58, 586
- à l'italienne 587
- à la vinaigrette (chauds) 587
Poires (marmelade) 819
Poires à la beaujolaise 820
Poires 817
- Félicia 817
- Rose-Marie 818
Poissons d'eau douce 198
Poitrine ou épigrammes d'agneau 370
- de veau farcie et braisée 340
Pommes belle angevine 824
- bonne femme 820
- exquises 823
- au four Martiniquaise 822
- à la limousine 822
Pommes de terre 595
- (cuisson par ébullition ou à la vapeur) 600
Pommes à l'anglaise 600
- Anna 610
- au beurre dites »château« ou pommes de terre rissolées 608
- à la boulangère 609
Pommes chips 600

Pommes de terre à la crème 604
- à la dauphine (appareil) 370
- duchesse 602
Pommes frites allumettes 598
- - dites Pont-Neuf 596
Pommes de terre Lorette 609
- Macaire 606
- mousseline 605
- Nantua 70
Pommes noisettes ou à la parisienne 608
- paille 598
- en robe des champs 601
- de terre rôties dans la cendre 605
- de terre rôties au four 605
- de terre à la sarladaise 611
- sautées à la bordelaise 607
- sautées à cru 606
- sautées à la lyonnaise 607
- sautées à la provençale 607
- de terre soufflés 599
Porc 377
- frais (carré) 385
- frais (filet) 385
- froid 386
- rôti froid avec salade de chou vert ou rouge 386
Pot-au-feu 116
Potage cressonnière 147
- Dubarry ou crème de chou-fleur 146
Potages liés 140
Potage Parmentier 146
- poireaux et pommes de terre 145
Potée bourguignonne 132
Poularde de Bresse au riz sauce suprême 423
- de Bresse truffée mère Brazier 427
- de Bresse truffée en vessie Joannes Nandron 426
- au gros sel 422
- pochée à l'estragon et au riz 422
- pochée à la gelée 449
- pochée princesse 424
- poêlée châtelaine 421

Poulet de Bresse au sel 440
- de Bresse en soupière 439
- en cocotte à la bonne femme 446
- de grain grillé à l'americaine 447
- de grain grillé à la diable 448
Poulet sauté aux champignons 432
- - chasseur 434
- - à l'estragon 435
- - lyonnaise 436
- - à la Marengo 436
- - aux morilles ou aux cèpes 434
- - à la portugaise 437
- - printanier 435
- - aux truffes 438
Praliné 779
Pruneaux 826
- au vin de Bourgogne 826
Pudding de l'Aiglon 728
- à l'allemande 736
- à l'anglaise 737
- au citron ou à l'orange 735
- à la crème 736
- Gaston Lenôtre 730
- glacé du prélat 720
- Henry Clos-Jouve 729
- Ile-de-France 734
- mousseline de la vieille Catherine 732
- de Noël à la française 733
- au porto 734
- soufflé Victoire 727
Punchs 796
Purées 145
Purée de carottes 547
- de céleri-rave 550
- de champignons 619
- de chou-fleur 561
- de haricots verts 570
- de marrons 580
- de navets 581
- d'oignons ou purée soubise 584
- de piments doux 594
- de pois 147
- de pois frais 589
- de pommes de terre 601

## Q

Quasi de veau bourgeoise 324
Quenelles de brochet 208
- de brochet à la lyonnaise 206
- de poisson 214
- de veau au beurre 349
- de volaille mousseline 474
Quiche Lorraine 61

## R

Râble de lièvre à la crème 495
Râble de lièvre sauce poivrade 494
Ragoût de mouton à l'irlandaise (Irish stew) 374
- de mouton printanier 373
Raie 235
- au beurre noir 236
Ramequins au fromage 67
Ravioli à la niçoise 635
Rêverie Candice et Stéphanie 718
Rillettes de porc 387
Ris de veau 406
- braisé à blanc 409
- aux écrevisses et aux pois gourmands 407
- (escalopes sautées) 410
- grillé maréchal 410
- poêlé 408
Risotto aux foies de volailles 62
- à la milanaise 640
- à la piémontaise 637
Rissoles de truffes à la Valromey 631
Riz 636, 738
- au beurre 638
- à la grecque 639
- à l'impératrice 827
- à l'indienne ou créole 638
- à l'orientale 639
- pilaf 637
- à la Valenciennes 638
Rognons de mouton grillés 406
- vert-pré 408

Rognons sautés aux champignons 405
- sautés au madère 403
- de veau à la moutarde 404
- de veau ou de mouton 402
- au riz pilaf 404
Rouelle de veau 330
Rougets (rougets-barbets) 239
- de la Méditerranée-Sauce au pistou 238
Rouget à l'orientale 237
Rougets (petits) à l'orientale 55
Rouget à la provençale 238
Roux: brun-blond-blanc 155
Rumsteak rôti 250

## S

Sabayons 711
Sacristains 693
Saint-Honoré 682
Salade de betteraves 50
- de bœuf Parmentier 49
- Café de Paris 48
- de céleri ou rémoulade 52
- de céleri-rave ou rémoulade 53
- de champignons 58
- de chou-fleur 52
- de chou rouge ou de chou de Milan 54
- de concombre 52
- demi-deuil 51
- de haricots verts 48
- de homard ou de langouste 49
- niçoise 49
- de pommes de terre 50
- de tomates 51
Salmis de bécasses à l'ancienne Christian Bourillot 518
- de canard sauvage 520
- de faisan 504
Salsifis ou scorsonères 612
- à la crème 613
- (fritots ou beignets) 614

- au jus de veau 613
- sautés au beurre 612
- sautés à la lyonnaise 613
Sanglier 484
Sarcelle 520
Sardines 239
- antiboises 239
Sauce aux abricots 713
- aïoli 181
- allemande appelée aussi sauce parisienne 160
- andalouse 181
- béarnaise 178
- béchamel 160
- Bercy pour poisson 172
- au beurre 158
Sauces blanches 170
Sauce bordelaise 162
Sauces brunes 161
Sauce aux câpres commune 173
- cardinal 173
- au cary 175
- Chantilly ou sauce mousseline commune 175
- charcutière 163
- chasseur 165
- chaud-froid blanche 185
- chaud-froid brune 185
- Choron 179
- -crème 171
- crème au chocolat 712
- -crème pralinée 714
- crevette 172
- demi-glace 157
- diable 166
- Duxelles 170
- espagnole 156
- à l'estragon 164
Sauces froides 179
Sauce genevoise 161
- gratin 165
- gribiche 184
- aux herbes 176
- hollandaise 176
- hollandaise commune 176

- italienne 166
- Joinville 173
- madère 163
- madère et champignons 164
- maltaise 179
- mayonnaise 179
- mayonnaise à la crème 182

Sauces mères (grandes sauces) 156

Sauce à la moelle 169
- Montmorency 713
- Mornay 170
- mousseline 178
- Nantua 173
- normande 172
- périgourdine 167
- Périgueux 166
- piquante 163
- poivrade 169
- portugaise 167
- portugaise (froide) 183
- raifort 184
- ravigote 182
- rémoulade 182

Sauces riches émulsionées 176

Sauce Robert 164
- rouennaise 168
- rouennaise (froide) 186
- Smitane 174
- soubise 174
- soubise tomatée 174
- suprême 158
- tartare 182
- tomate 159
- velouté 158
- verte 183
- au vin blanc 171
- au vin de Porto 167
- au vin rouge 168
- Vincent 184

Saucisses au vin blanc 70

Saucisson en brioche 71
- chaud à la lyonnaise 72

Saumon 240
- (coulibiac) 240
- cru Renga-Ya 242
- à l'oseille des frères Troisgros (escalope) 241

Saumures 188

Saumure liquide 188
- au sel 188

Sauté d'agneau de lait printanier 376
- de veau Marengo 346

Savarin au rhum 654

Savarins au rhum Maurice Bernachon 654

Selle d'agneau des gastronomes 358
- de veau 327
- de veau prince Orlof 328

Sirop de framboises au naturel 778

Sole 242
- Bercy 248
- à la bourguignonne 250
- au champagne 244
- aux champignons ou sole bonne femme 249
- frite 245
- grillée 246
- meunière 246
- meunière à la niçoise 246
- aux moules dite marinière 250
- normande 251
- aux tomates ou à la portugaise 249

Sorbets 794

Soufflés 764

Soufflé aux avelines 768
- (fin) de bonne-maman 769
- au café 768
- au citron 767
- à la crème 764
- dame blanche 768
- aux fleurs 769

Soufflés aux fruits 770

Soufflé glacé aux cerises 792

Soufflés au jambon 64

Soufflé aux liqueurs et vins 770
- aux marrons 578
- Martine 767
- à l'orange 767
- Palmyre 768

Soufflés au parmesan 64

Soufflé aux pralines 767
- Rothschild 769
- de tomates 617
Soupes 126
Soupe à l'ail ardennaise 126, 130
- auvergnate 129
- de courge 129
- cultivateur 135
- d'écrevisses 138
- fermière 128
- à la jambe de bois 119
- ménagère 132
- minestra 134
- de moules 139
- nîmoise 131
- à la normande 133
- à l'oseille 131
- paysanne 131
- poissons 137
- savoyarde 132
- aux truffes Elysée 127
Spooms 796
Steak haché 297
- aux œufs au miroir 297
- tartare 296
Sucre 772
- (cuisson) 775
Suprêmes de volaille 424
- Antonin Carême 429
- Françoise 428

## T

Tarte à l'alsacienne 676
- aux cerises 674
- aux cerises à la crème 676
- à la crème auxpoires 675
- aux fraises normande 675
- aux pommes pâte brisée 677
- Tatin 678
Tendron de veau 341
- braisé 342
Terrine du cordon bleu 80

Terrine de foie gras de canard au naturel 473
- de veau 78
Tête de veau 411
Thon braisé à la ménagère 252
- grillé 251
Timbales 86
Timbale (croûte pour) 668
- à la milanaise 86
Timbales de morilles Antonin Carême 84
- (petites) 670
Tomates farcies 616
- (fondue) 614
- grillées 616
- à la provençale (fondue) 394
- sautées 617
Tournedos 300
- à l'arlésienne 302
- à la béarnaise 301
- Bercy 304
- chasseur, Choron, Clamart 303, 306, 308
- forestière 305
- Henri IV 306
- à la moelle 306
- sautés à la bordelaise 303
- sautés aux champignons 304
Tourte 666
- des gastronomes 88
Truffes 628
- sous la cendre 630
- au champagne 631
- (au chocolat) 780
- à la crème 632
- en surprises Roger Roucou 632
Truites au bleu 212
- de rivière »à la meunière« 213
Tuiles aux amandes 697
Turbot ou turbotin poché 253

## V

Veau 323
- (carré de) 328

– froid 351
Veloutés 141
– princesse 145
Volaille de Bresse à la broche 438
– aux écrevisses 433
– sautée au vinaigre 428
Volailles froides 448
– rôties 446
– sautées 430

**W**

Welsh rare bit ou rôtie galloise 67

**Z**

Zéphirs antillais 783

# Dr. Oetker bei Heyne

Koch- und Backvergnügen für jede Gelegenheit

978-3-453-85553-3

*Grundkochbuch*
978-3-453-85553-3

*Grundbackbuch*
978-3-453-85554-0

*Kochen Last Minute*
978-3-453-85545-8

*Die besten Nudelsalate und Kartoffelsalate*
978-3-453-85557-1

*Neue Modetorten*
978-3-453-85520-5

*Die allerbesten Partyrezepte*
978-3-453-87946-1

*Die allerbesten Grill-Rezepte*
978-3-453-85500-7

*Die allerbesten Wok-Rezepte*
978-3-453-66006-9

*Vegetarisch kochen*
978-3-453-85559-5

*Die allerbesten Blechkuchen-Rezepte*
978-3-453-85501-4